国家社科基金
GUOJIA SHEKE JIJIN HOUQI ZIZHU XIANGMU
后期资助项目

浙江道教史

The History of Zhejiang Taoism

孔令宏　韩松涛　王巧玲　著

中国社会科学出版社

图书在版编目(CIP)数据

浙江道教史／孔令宏，韩松涛，王巧玲著．—北京：中国社会科学出版社，2015.7

ISBN 978 – 7 – 5161 – 6740 – 3

Ⅰ.①浙…　Ⅱ.①孔…②韩…③王…　Ⅲ.①道教史 – 浙江省　Ⅳ.①B959.2

中国版本图书馆 CIP 数据核字（2015）第 166463 号

出 版 人	赵剑英
责任编辑	宫京蕾
特约编辑	许继起
责任校对	董晓月
责任印制	李寡寡

出　　版	中国社会科学出版社
社　　址	北京鼓楼西大街甲 158 号
邮　　编	100720
网　　址	http：//www. csspw. cn
发 行 部	010 – 84083685
门 市 部	010 – 84029450
经　　销	新华书店及其他书店

印刷装订	北京市兴怀印刷厂
版　　次	2015 年 7 月第 1 版
印　　次	2015 年 7 月第 1 次印刷

开　　本	710 × 1000　1/16
印　　张	51.25
插　　页	2
字　　数	918 千字
定　　价	146.00 元

凡购买中国社会科学出版社图书，如有质量问题请与本社营销中心联系调换

电话：010 – 84083683

国家社科基金后期资助项目

出 版 说 明

后期资助项目是国家社科基金设立的一类重要项目，旨在鼓励广大社科研究者潜心治学，支持基础研究多出优秀成果。它是经过严格评审，从接近完成的科研成果中遴选立项的。为扩大后期资助项目的影响，更好地推动学术发展，促进成果转化，全国哲学社会科学规划办公室按照"统一设计、统一标识、统一版式、形成系列"的总体要求，组织出版国家社科基金后期资助项目成果。

全国哲学社会科学规划办公室

序

20 世纪最后十几年，曾经出版过几部地方道教史著作，开风气之先。如李远国著《四川道教史话》（四川人民出版社 1985 年版）；黄兆汉与郑炜明著《香港与澳门之道教》（香港加略山房 1993 年版）；赵亮、张凤林与負信常著《苏州道教史略》（华文出版社 1994 年版）；樊光春著《长安·终南山道教史略》（陕西人民出版社 1998 年版）；赖宗贤著《台湾道教源流》（台湾中华道统出版社 1999 年版）；郭武著《道教与云南文化——道教在云南的传播、演变及影响》（云南大学出版社 2000 年版）等。

近几年，对地方道教史的研究，又有较大收获。张宗奇著《宁夏道教史》（宗教文化出版社 2006 年版）；萧霁虹与董允著《云南道教史》（云南大学出版社 2007 年版）；昆明市宗教事务局与昆明市道教协会著《昆明道教史》（云南大学出版社 2007 年版）；樊光春著《西北道教史》（商务印书馆 2010 年版）；孔令宏与韩松涛著《江西道教史》（中华书局 2011 年版）等，相继与读者见面。

此外，《河北道教史》自 2005 年启动编写，几易其稿，至今仍在精雕细刻之中。据说还有几个省市的道教史著作正在撰写或策划。

孔令宏、韩松涛和王巧玲合著的《浙江道教史》即将付梓，这意味着又一部地方道教史著作即将面世。

2003 年 11 月，在浙江省宁波召开了"首届葛洪与中国文化国际学术研讨会"，孔令宏教授为大会提交了题为《浙江道教史发凡》的论文。看来，孔令宏教授早已有意撰写《浙江道教史》一书，这篇论文小试牛刀，只是"前奏"。2005 年 5 月，"天台山暨浙江区域道教国际学术研讨会"在浙江省天台县召开。这次会议是首次以"浙江道教"为主题的大型国际学术研讨会，无疑对撰写《浙江道教史》一书大有裨益。2006 年，"主题曲"浙江文化工程研究课题"浙江道教史"获得批准立项，三位作者开始动笔。历时四年，《浙江道教史》一书于 2010 年完稿。

三位作者都在浙江工作，拥有研究浙江道教史的得天独厚的条件。孔令宏博士是浙江大学哲学系教授、博士研究生导师。韩松涛君是浙江大学图书馆副研究馆员。王巧玲博士是浙江万里学院文化与传播学院中文系讲师。孔令宏教授与韩松涛副研究馆员合著过《江西道教史》（中华书局2011年版）和《丹经之祖——张伯端传》（浙江人民出版社2007年版）。三位作者研究浙江道教史，在某种意义上可视为对工作地区恩德的回报。

　　古代浙江，涌现出一大批对道教的发展产生了重大影响的道士。《浙江道教史》在吸收前人成果的基础上，全面描绘了道教在浙江发生、演化、生存的轨迹，称浙江为"道教大省"，历数高道之道行，具有综合之功。春秋时期以前，今浙江地界为越国的本部。五代十国时，临安人钱镠曾以今浙江地界为主建立吴越国，偏安近百年。而今，浙江全省操吴语的人口占总人口的98%以上。《浙江道教史》追根溯源，探寻了道教在浙江特别兴盛的原因，成一家之言。

　　已出版的地方道教史著作，颇受好评。但其中大多数著作，或对田野资料，或对口述史料，或对政府文档材料用得不够，未免美中不足。

　　从我阅读过的《河北道教史》草稿和即将出版的《浙江道教史》可以看出，这些美中不足，在此前和今后一段时间，难以避免。

　　近几年，我作为顾问，多次随《河北道教史》编写组，在燕赵大地上进行田野考察和社会调查，东临渤海，南步临漳，西登太行，北履坝上，中渡唐河，增长了不少见识，获益良多。以碑刻为例，在考察中，散落城乡各处的古代道教碑刻，不时闯入眼帘。这些碑文，内容丰富，记载了有关当地道教的大量史实。可以推断，全省散落碑刻数量众多，《河北道教史》编写组想"临时抱佛脚"也抱不了。因为，收集全省碑刻的工作，已经超出了课题的任务之外，时间和经费都不允许。即使对闯入眼帘的碑刻，也只能走马观花，来不及仔细辨读，更不可能拓片和考证。为客观条件所限，《河北道教史》不能充分征引全省散落的碑刻，情有可原。

　　孔令宏教授的代序《浙江道教史在中国道教史上的重要意义》解释说："浙江道教史跨度长，问题繁复，近现代部分，受精力和课题结项的时间限制，更重要的是近现代部分搜集资料比较困难，田野调查耗费很高，经费严重短缺，加之古代部分即已达到近六十万字的篇幅，我们不得已先完成古代部分，而把近现代部分付诸未来。"

　　这一解释是说，《浙江道教史》没有写出近现代部分，实出无奈。三位作者遇到的难题，带有普遍性。关于"结项的时间限制"和"经费严重短缺"，牵涉到课题申报制度的不完善及存在着重理轻文的不当倾向等复杂问题。关于"近现代部分搜集资料比较困难"，主要是搜集口述史料和查阅政府文档材料比较困难。

我相信，课题申报制度会进一步完善，重理轻文的不当倾向会得到纠正，但这需要多方面的共同努力，需要一个较长的过程。我们自己可以争取较快行动起来的是，将搜集并整理有关地方道教史的田野资料、口述史料的工作做在前面，查阅与地方道教史有关的政府文档材料。

关于田野资料，仍以碑刻为例。从全国来看，大量道教碑刻已被各种金石录收录在册。亦有专门的道教碑刻集，如陈垣先生编纂的《道家金石略》（陈智超、曾庆瑛校补，文物出版社 1988 年版）、龙显昭与黄海德主编的《巴蜀道教碑文集成》（四川大学出版社 1997 年版）等。但各地没有被文献收录的散落碑刻还有很多。近年来，赵卫东博士和他的同伴一直在搜集并整理山东道教碑刻，已经出版了赵卫东、庄明军编《山东道教碑刻集·青州昌乐卷》（齐鲁书社 2010 年版）和赵卫东、宫德杰编《山东道教碑刻集·临朐卷》（齐鲁书社 2011 年版）。其余各卷仍在搜集、整理之中。但愿其他省市也有赵卫东博士似的学者挺身而出，主动搜集碑刻和其他田野资料，甘为他人做"嫁衣裳"。

改革开放以来，海峡两岸不少有条件的宫观对大陆学者纯学术性道教著作的出版，给予了宝贵的帮助，赵卫东博士搜集山东道教碑刻的学术工程获得香港青松观的大力资助，就是一例。香港青松观二十余年如一日，坚持不懈地支持大陆学者出版著作，资助了巨额资金，成果突出。这些宫观的道士或董事，在修庙行善、讲经度人、印经弘道的同时，与学者为友，推动道教学术研究，道、术、学皆不偏废，达到了很高的境界。

关于口述史料，举一位道长为例。2011 年 12 月 22 日，我开完会后在西安逗留时，曾邀请佳县白云观张明贵道长、省社科院张应超研究员小聚，有道教界、学术界七位年轻人作陪。身兼多职、年逾八旬的张道长那天非常兴奋，忘情地哼唱陕北小曲。张道长用筷子击节，敲打饭桌，一首接一首哼唱，赢得阵阵掌声。他谈笑风生，还滔滔不绝地讲述自身经历和陕西道教人物及掌故，实为现场口述陕西道教史料。我写了一首题为《记张明贵道长》的七绝，描写这一场面："竹筷击桌小曲哼，沧桑尽在笑谈中。高原黄土黄河水，佳县白云白髯翁。"张道长讲的许多内容，我感到新鲜，年轻人听得入神。整个晚餐的气氛，使人陶醉。我当场建议，希望在座的年轻人花费一段时间采访张道长，帮助他写出一本访谈录。当时我脑海中浮现出获赠不久的《学海悠游·刘枝万先生访谈录》（林美容、丁世杰、林承毅访录，国史馆 2008 年版）的影像。这本书是 2011 年 10 月 18 日我在台北拜访近 90 岁高龄的刘枝万先生时，他当面送给我的。

《河北道教史》编写组即多次访问各界人士，听他们讲述口传或亲历的道教事迹及传说。访谈录工作，时间性很强，早做胜于晚做，晚做可能会造成无法弥补的遗憾。比如，1957 年当选中国道教协会第一届理事会理事的阮至清、李理志（坤道）、葛明瀛、满永森四人，生平不详。熟悉这四位的人，大概皆已作古。现在想找知情人访谈这四位的生平，希望渺茫，大概已成奢望。

我希望各地健在的老道长、道教老学者和道教工作老干部，都能留下访谈录或回忆录。腹中存储史料较多的人，可以一人出版数册；腹中存储史料较少的人，可以数人合出一册。总之是将口述或笔写道教史料尽可能详尽地留给后人，不要带走。各地道教史料访谈录和回忆录的工作，学术界、道教界和宗教管理部门都能做，最好是有组织地、有计划地去做。

关于政府文档材料，仍从张明贵道长谈起。在 2011 年 12 月 22 日前一天大聚会时，张道长郑重地对我说，他决心编写 1949 年以来一百名著名道士的传记。张道长希望我帮他请人写北京的王沐、刘厚祜、刘之维三位。王沐先生和刘厚祜先生是在中国道教协会工作过的著名道教学者，也应当为他们写传记。王沐先生是我 1978 年至 1981 年在中国社会科学院研究生院读书时的授课老师。那时，我通过王利器先生和王伟业先生，实现了王沐先生去北京白云观里的中国道教协会帮忙工作的愿望。我认识刘厚祜先生，知道他是《老残游记》作者刘鹗之孙、古文字学家罗振玉之孙婿，对他在阶级斗争年代的备受打击深表同情。我认识刘之维道长，他病重期间我去看望过他。但是，我对这三位早年间的经历仅略知一二。介绍刘之维道长生平的文章有一些，内容简略；介绍王沐先生和刘厚祜先生事迹的文章则很少见。尽管如此，张道长抢救道教史料的使命感和对道友的真挚感情令我感动，我还是答应帮他请人写。

张道长的写作计划，属于全国现代道教史和地方现代道教史的范围。要真正写好现代道教史，需要查阅道教人物经历过的单位和宗教管理部门等收藏的文档材料。而查阅文档材料，门槛很高，离不开宗教管理部门的大力支持。

《河北道教史》采用了不少政府文档材料，因而书中讲述现代的部分做到了资料翔实。《河北道教史》由河北省民族宗教事务厅鞠志强原厅长担任主编，宗教处刘庆文原处长为执笔者之一，查阅政府文档自然比较方便。这一实例启示我们：由政府宗教管理部门牵头或参与，亦不失为一种现代道教史编写人员的组成模式。

当搜集到足够的关于地方道教史的田野资料和口述史料时，当能够方便地查阅与地方道教史有关的政府文档材料时，相信地方道教史著作会写得更充实、更精彩；相信已出版的地方道教史著作，以及将要出版的《浙江道教史》和《河北道教史》，会修订、充实，趋向完美。

孔令宏教授说"把近现代部分付诸未来"。期望这一"未来"不会过于遥远。

朱越利

2012 年 1 月 18 日

浙江道教史在中国道教史上的重要意义（自序）

道教在当下的社会文化生活中似乎显得颇为稀少淡薄，浙江道教亦然。但在古代却不然。记得 2005 年我筹办"天台山暨浙江区域道教国际学术研讨会"时，一位道教学者说过："写不出浙江道教史，就写不好中国道教史。"言下之意，浙江道教在中国道教史上地位很重要。这体现在哪些方面呢？

第一，洞天福地，仙境广布。在宗教地理学上，全国十大洞天，浙江占有三；三十六小洞天，浙江占有九；七十二福地，浙江占十八。具体地说：

十大洞天在浙江的是：第二委羽山洞，周回万里，号曰大有空明之天。在台州黄岩县，距县三十里，青童君治之，即今台州黄岩区城南二公里的委羽山。第六赤城山洞，周回三百里，名曰上清玉平之洞天。在台州唐兴县，属玄洲仙伯治之，即今台州天台县赤城山。第十括苍山洞，周回三百里，号曰成德隐玄之洞天。在处州乐安县，属北海公涓子治之，即今台州仙居县内。

三十六小洞天在浙江的是：第九四明山洞，周回一百八十里，名曰丹山赤水天。在越州上虞县，真人刁道林治之。今为距余姚梁弄镇南八里的白山石层峰北瀑布出水处的岩洞，叫祠宇观，又名白水宫。第十会稽山洞，周回三百五十里，名曰极玄大元天。在越州山阴县镜湖中，仙人郭华治之。今为会稽山旅游度假区宛委山景区。又名"阳明洞天"、"禹穴"。虽名为洞，实为一群山回抱的山谷。相传黄帝曾建侯神馆于此。第十八华盖山洞，周回四十里，名曰容成大玉天。在温州永嘉县，仙人羊公修治之。今为温州华盖山西麓的石窟蒙泉。第十九盖竹山洞，周回八十里，名曰长耀宝光天。在台州临海，属仙人商丘子治之。盖竹山位于临海城以南约十五公里处，盖竹洞天则在盖竹山上。第二十七金庭山洞，周回三百里，名曰金庭崇妙天。在越州剡县，属赵仙伯治之。今为绍兴市嵊县东三十五公里处金庭乡的金庭观，为东晋大书法家王羲之故宅。观内原奉有王羲之塑像，建有右军书楼、玩鹅亭、右军祠等。又一说，此洞乃天台之桐柏山，即今日桐柏宫所在地。第二十九仙都山洞，周回三百里，名曰仙都祈仙天。在处州缙云县，属赵真人治之。今为缙云县仙都风景区。第三十青田山洞，周回四十五里，名曰青田大鹤天。在处州青田县，属傅真人治之。今为丽水市青田县鹤城镇北隅太鹤山公园。相传唐朝道士叶法善在此炼丹试剑，丹成得道，跨鹤升天而去，故被列为道教胜地第三十洞天。第三十四天柱山洞霄宫，周回一百里，名曰天盖涤玄天。在杭州余杭县，属姜真人治之。今为临安市青山镇大涤山主峰天柱山。第三十六金华山洞，周回五十里，名曰金华洞元天。在婺州金华县，属戴真人治之。现为金华双龙风景名胜区之双龙洞。

七十二福地在浙江的有：第二盖竹山，在台州临海，真人施存治之。今为台州临海盖竹山。第三仙磕山，在温州梁城县十五里，近白溪草市，真人张重华治之。一说即今雁荡山，有待考证。第四东仙源，在台州黄岩县，属地仙刘奉林治之。清《委羽山志》则称在委羽山委羽洞"洞前百余步"。新《黄岩县志》疑县东5公里朱砂堆山上的叠石山即东仙源，不知所据。第五西仙源，在台州黄岩县峤岭一百二十里，属地仙张兆期治之。今为台州温岭市温峤张老桥村西源山。第六南田山，在东海东，舟船往来可到，属刘真人治之。据《舆地纪胜》称，在浙江青田县南田，南田山在青田县城南一百五十里处。第七福地玉溜山，在东海近蓬莱岛上。台州玉环县珍港镇的玉环岛，旧称玉溜山或木榴屿。南朝梁陶弘景于天监七年至十一年（508—512）间曾携弟子居此，并遍游大雷山。第八福地青屿山，在东海之西，与扶桑仙境相接。今为台州温岭县青屿乡的青屿山。据传古仙人刘子光在此修道。第十二大若岩，在温州永嘉县东一百二十里，属地仙李方回治之。今为温州市永嘉县境内楠溪江风景名胜区。第十四灵墟，在台州唐兴县北，是白云先生隐处。今为天台县北60里华峰乡天封村后石笋山。第十五沃州，在越州剡县南，属真人方明所治之。今为新昌县东25华里处沃洲山。第十六天姥岑，在剡县南，属真人魏显仁治之。今为新昌沃洲湖风景区之天姥山。第十七若耶溪，在越州会稽县南，属真人山世远所治之。今为会稽山旅游度假区中的若耶溪景区。第二十八陶山，在温州安国县，陶先生曾隐居此处。今为距温州市区西北15公里的瑞安市陶山镇陶山。第二十九三皇井，在温州横阳县，真人鲍察所治处。今为温州瓯海区仙岩镇境内之仙岩风景区。第三十烂柯山，在衢州信安县，王质先生隐处。今为衢州市东南13公里处的烂柯山，又名石室山、石桥山。第五十七天柱山，在杭州于潜县，属地仙王伯元治之。今为余杭天柱山。一说与第三十四天目山洞同。第六十司马悔山，在台州天台山北，是李明仙人所治处。今为天台县城西北三十里的司马悔山。第六十三福地莶湖鱼澄洞，一说在四明山莶湖，即余姚莶湖纱帽岩，又一说在西古姚州（今云南姚安），有待考证。①

由上可见，浙江洞天福地占全国的比重很高，这可从一个侧面看出浙江在全国道教中的地位之重要。

第二，道派林立，传播活跃。在宗派方面，如把道教分为符箓派和丹鼎派的话，可以看到，张天师后裔曾在浙江一带传播，灵宝派、上清派的诞生和发展与浙江有密切的关系，茅山宗曾在浙江传播并与浙江道教有互动交流关系，叶法善道教世家是天师道的重要传人，温州籍道士林灵素是神霄派的创始人之一。署名宁全真授，林灵真编的《灵宝领教济度金书》长达三百二十卷，是《道藏》中篇幅最大的著作，该书是科仪之学的集大成著作。道教与民间宗教相交融而成的闾山夫人教等符箓类支派在浙江也有传播。就丹鼎派而言，丹鼎派最重要的著作都是由浙江籍道教学者所撰写的。《周易参同契》被誉为"万古丹经王"，它的作者是绍兴上虞人魏伯阳。《悟真篇》是内丹术的代表性著作，被誉为"千古丹经之祖"，它的作者张伯端是天台人。张伯端也是丹鼎派南宗的始祖，后人以他为祖师而开出以清修为主的紫阳派和刘永年递传的双修派。明清时期，浙江是全真道，尤其是龙门派传播和"中兴"的重镇。湖州金盖山古梅花观的嗣龙门派在全国范围内都有广泛的影响。华山派等全真支派在浙江也有传播。上述这些道派在浙江的传播都取得了很大的成功，影响深远。

第三，高道辈出，人才济济。浙江在道教史上涌现出了一大批著名道士、宗派领袖、思想家，一大批籍贯不是浙江的道教学者、思想家和著名道士也长期在浙江传道、讲学。他们中较为显著的有葛玄、葛洪、杜子恭、孙恩、卢循、许迈、陆修静、陶弘景、孙游岳、顾欢、司马承祯、杜光庭、闾丘方远、罗隐、施肩吾、张伯端、林灵素、胡莹微、白玉蟾、莫月鼎、王惟一、刘大彬、杜道坚、林灵真、黄公望、金志扬、冷谦、何道全、傅金诠、闵一得、卫真定、李理山、陈撄宁、闵智亭等众多宗师、学者。他们要么因开宗立派，要么因传道布教，要么因著述传世，都对后世道教有较大影响。例如，孙恩、卢循发动的暴动严重动摇了东晋的政权，

---

① 《道教洞天福地旅游攻略——浙江篇》，http：//hi. baidu. com/168000/blog/item/764b0d2418-49c439c9955994. html，2011 年 8 月 20 日。

是晋代政治史上的一件大事。晚唐杜光庭是道教史上的一个大学者，他的著述遍及道教的哲学、教义、历史、文学、地理、道术等各方面，种类众多，并在多个领域的著述活动中对前人的成果进行归纳、总结、提炼，从而对道教道、学、术的交融和道教的发展做出了集大成的贡献。

第四，著述宏富，异彩纷呈。前面提及的浙江籍道士或长期在浙江传道的著名道士，他们中的大多数人都有著述传世，在道教史上占有重要的地位。例如，闵一得的著作有《金盖心灯》八卷，编纂有《古书隐楼藏书》。《古书隐楼藏书》收书三十种，一部分为他的著作，这类书是：《读吕祖师三尼医世说述管窥》、《天仙心传》、《养生十三则阐微》、《管窥编》、《二懒心话》、《琐言续》。一部分是对他人之书的注释，这类书是：《牺云山悟元子修真辩难参证》、《阴符经玄解正义》、《皇极阖辟证道仙经》、《泄天机》、《吕祖师三尼医世说述》、《吕祖师三尼医世功诀》、《雨香天经咒注》、《智能真言注》、《一目真言注》、《增智能真言》、《祭炼心咒注》、《密迹金刚神咒注》、《大悲神咒注》、《西王母女修正途十则》、《李祖师女宗双修宝筏》。另一部分是闵一得对他人著作的重编、订正，如《太乙金华宗旨》等。

第五，影响深远，价值重大。浙江道教人士观念开放、务实，注重创新。南宋之前的大批道教学者及其思想构成了浙东学派诞生的部分前奏和思想背景。南宋之后，他们的思想构成了浙东学派发展的思想背景。浙东学派的诸多大家，如吕祖谦、陈亮、叶适、王阳明、黄宗羲等，他们虽然站在儒学的立场上对道家、道教多有批判并有较强的门户之见，但他们的人生经历往往在早年多与道教人物有交往，研究、阅读过道家、道教著作，思想上受道家、道教影响很深，成年后往往也没有完全割断与道家、道教的思想联系。这使得他们的思想中杂有道家、道教的成分或有鲜明的受道家、道教影响的痕迹。同时，道家、道教的影响使得浙东学派形成了一些独到的特点和富于特色的面貌，如功利观念较强等。此外，浙江乃至中国传统文化的很多领域都深受浙江道教的影响，例如，元代四大画家有三人均为浙江人，且均为道士，最著名的就是《富春山居图》的作者黄公望。在浙江诞生或传世的一些著作甚至有世界性的影响。例如，闵一得订正的《太乙金华宗旨》在20世纪初对荣格创立分析心理学影响很大，被翻译为多种文字在国外出版。时至今日，不少浙江的非物质文化遗产中都深深地印有道教的痕迹或者本身就是道教文化的组成部分，例如，畲族民歌、俞源村古建筑群营造技艺、诸葛村古村落营造技艺、磐安县"赶茶场"（又称"茶场庙庙会"）、磐安县炼火、象山县石浦妈祖信仰及迎亲习俗、道教音乐（如平阳东岳观道教音乐、苍南道教正一派科仪音乐、松阳道教音乐——月宫调、洞头海岛道教音乐）、洞头妈祖祭典，等等。今天，浙江道教文化的不少内容，对建构和谐社会，发展养生、休闲、旅游、文化等产业有巨大的现实意义。

第六，道士云集，信徒众多。过去，浙江的道士人数和信徒人数比较多，这为古代浙江道教的兴盛奠定了坚实的人才基础。正因为有过去的底子，今天，浙江道教的宫观数量和信众人数在中国大陆地区各省中也是最多的，全真、正一道士人数都占中国大陆地区总数的五分之一左右，同样在全国道教界占据重要地位。

综上所述，浙江当之无愧地可以称为道教大省。为此，我们从2002年就开始了浙江道教史的研究工作。2003年10月，我在宁波筹办并成功召开了首届"葛洪与中国文化国际学术研讨会"，会上有二十多篇文章涉及浙江道教的研究，我提交了《浙江道教史发凡》的论文。2005年5月，我在浙江省社科联和天台县政府的支持下，筹办并成功召开了"天台山暨浙江区域道教国际学术研讨会"，这是学术史上首次针对浙江道教而召开的国际学术研讨会。学者们提交的论文中有关浙江道教的占了很大比重。2008年，我筹办并成功召开了"道家文化国际学术研讨会"，其中也有数篇论文涉及浙江道教。

在这些工作的基础上，2006年我以"浙江道教史"为题申报了浙江文化工程研究课题并获得批准立项。考虑到工作量巨大，我于是邀请韩松涛、王巧玲参与，三人精诚合作，苦心竭力，在繁重的教学任务之余，耗时四年多，数次修改，终于完成了《浙江道教史》古代部分的写作。应该指出的是，浙江道教史跨度长，问题繁复，不像江西道教史有张天师和许逊两条清晰的主线，而是缺乏明晰的主线，各时期的点多且分散，梳理颇为不易。近现代部分，受精力和课题结项的时间限制，更重要的是近现代部分搜集资料比较困难，田野调查耗用经费很高，而研究经费严重短缺，加之古代部分即已达到六十万字的篇幅，我们不得已先完成古代部分，而把近现代部分付诸未来。现在呈现在读者面前的，就是我们多年辛勤耕耘的答卷。其中，第一、第二、第三、第六、第七章由韩松涛写作，第八、第九章除第七、第十一节和章前语外的部分为王巧玲写作。他们二人完成初稿后，由我统改。其余部分由我写作。限于我们的学养还有待提高，研究受多方面的条件制约，所以，倘有错漏不足之处，尚请方家不吝指教。应该提及的是，在我们进行田野调查的过程中，湖州道教协会副秘书长王宗耀热情帮助并给我们提供了有关湖州道教，尤其是张志和的一些资料。给予我们帮助的还有不少同志，不再一一列举，在此一并向他们表示衷心的感谢。本书在完成获得浙江省社科规划办结项提交中国社会科学出版社出版后，责任编辑认为书稿质量颇佳，建议我们申报国家社科规划后期资助项目，我们采纳了这一建议并申报成功，在获得经费资助后，我们采纳了评审专家们的建议，并做了一些田野调查的工作，对书稿进行修改，增加了近十万字的篇幅，形成现在的样子，呈现给读者，敬请批评指正。

孔令宏

2011 年 8 月 21 日草于香港旅途中，2012 年 2 月 3 日改于杭州，

2013 年 11 月 27 日再改于浙江大学

目　录

第一章　浙江地域史概要与浙江道教前史

古代浙江是吴越族人的居住地，由于历史上海平面的上升和下降，吴越族人随之迁徙，形成了于越、外越和句吴三个主要民族。吴越族人的可考年代，从考古发现看可以上溯到七千年前的河姆渡文化。吴越族人创造的最有影响的文化则是距今五千年左右开始的良渚玉文化。吴越族人在春秋时代进入了文字记载的历史，并且在春秋末年先后称霸。吴越族人的原始信仰主要是以鸟为图腾的凤鸟崇拜和巫术信仰。东王公和西王母的信仰在吴越族人的信仰中也很盛行，从考古资料看，至少在两汉时期东王公和西王母信仰已经在民间流行；从一些文献来看，其信仰或可上推至春秋末年。

吴越争霸之时，吴越两国都产生了自己的思想家，如孙武、伍子胥、计然、范蠡、文种等。其中范蠡是后世道家和道教关注的人物，其思想对后世黄老道家的形成有较大的影响。范蠡被写入了刘向的《列仙传》，也就是说范蠡在汉代就被当作是仙传中的人物。后世还将范蠡尊为财神。

春秋末年越灭吴后，迁都琅邪，其国土占有了从山东半岛南面至江苏、浙江的沿海地区，并与外越所在的岛屿相关联，所以吴越文化在春秋战国时期的影响力不仅仅只限于浙江一地。琅邪①是天师道发源地，作为越国国都有一百余年（据钱穆考证为 124 年），我们可以以之来探讨吴越文化对东部道教起源的文化影响问题。

---

① 陈寅恪曰："案，琅邪为于吉、宫崇之本土，实天师道之发源地。"参见陈寅恪《天师道与滨海地域之关系》，《金明馆丛稿初编》，第 1—40 页。

第一节　吴越族起源及浙江地域史概要①

一　吴越族的起源与越国迁都琅邪

（一）吴越族的起源

在1.5万年前，东海海平面约是现在的－136米，也就是今舟山群岛以东约360公里都是陆地，这片广阔的平原是古代于越族人的聚居地。这时钱塘江口约在今河口以东300公里，当时的平原面积约是现在浙江的两倍，是于越族人繁衍生息的乐土。但是随后便开始了名为"卷转虫海侵"的海平面上升运动，到距今1.2万年前后，海平面到达现在的－110米的位置上，到1.1万年前后，上升到－60米的位置上，到了距今8000年前，海面更上升到－5米的位置上。这次海侵在7000—6000年前达到最高峰，海平面超过了现在的海平面高度，东海海域内伸到今杭嘉湖平原西部和宁绍平原南部。也就是浙江大地除山地和丘陵外，都成为一片浅海。我们的祖先于越族人开始了长达数千年的逐渐迁移，距今7000—6000年的这次迁移对后世于越各族的形成影响最大。于越族居民在这次迁移中的主要路线，估计有三条：他们中的一部分，越过钱塘江进入今浙西和苏南的丘陵区；另一部分随着宁绍平原自然环境自北向南的恶化过程，逐渐向南部丘陵区转移；还有一部分则向外迁移，主要居住地在今三北半岛南缘和南沙半岛南缘的丘陵地带，最终随着海平面的上升，与舟山群岛的越族居民一样成为岛民。②

越过钱塘江进入今浙西和苏南的丘陵区的于越族居民，后世形成句吴族。"句吴与于越属于一个部族的两个分支，这是非常明显的。《越绝书》曾经两次提到它们'为邻同俗'、'同气共俗'的话。"谭其骧也认为句吴和于越是一族两国。③

留在宁绍平原的居民，不断向南部的高地迁移，最后进入会稽四明山区，《越绝书》称之为"内越"。居住在三北群岛、舟山群岛甚至更远岛

① 先秦越族的变迁概述，主要参考了浙江大学著名历史地理学家陈桥驿先生的多篇论文，谨以致谢。陈桥驿先生的多篇关于吴越文化研究的论文主要收入其论文集《吴越文化论丛》。

② 陈桥驿：《越族的发展和流散》，《吴越文化论丛》，中华书局1999年版，第40—57页。

③ 邹逸麟：《谭其骧论地名学》，《地名知识》1982年第2期。

屿上的居民，《越绝书》称之为"外越"。由于越族人"水行而山处，以船为车，以楫为马"，所以内陆的越族与外海的越族，仍然互有往来。有学者认为"内越"和"外越"是卷转虫海侵时期迁居山地和海岛的两个相互有着密切联系的越族分支。①

　　于越族7000年以来的历史有考古资料为证。根据目前已经获得的考古发掘的成果，于越族人的聚居地发现的最早新石器遗址是余姚的河姆渡文化，据C¹⁴测定，距今约在7000—6000年之间。与河姆渡文化在地层和年代上密切衔接的是嘉兴的马家浜文化，根据C¹⁴的年代测定，这种新石器文化距今约在6000—5500年之间。与马家浜文化相衔接的是上海青浦县的崧泽文化，其年代据C¹⁴的测定距今约在5800—5200年之间。比崧泽文化更接近越人历史时期的是余杭县的良渚文化，据C¹⁴的年代测定，距今约在5200—4300年之间。在良渚文化时代，越族居民在今杭嘉湖平原的分布已经相当广泛。在湖州的钱山漾和杭州市半山附近的水田畈都是该时期的遗址。紧接着良渚文化的，则是上海市闵行以北的马桥文化，这个遗址的最下层，其年代测定距今约在3900—3200年左右，仍属良渚文化层。②

　　于越人进入有文字记载的历史，公元前1040周成王二十四年，今本《竹书纪年》就有记载"于越来宾"的记录。今本《竹书纪年》虽然成书较晚，但此条记录却是可信的，因为它不是孤证。王充《论衡·超奇篇》曰："白雉贡于越。"③ 其《异虚篇》说得更为详细："周时，天下太平，越尝献雉于周公。"④ 周公的生卒年份虽然不详，但据《史记·鲁周公世家》，周公在其还政于成王后仍居于丰，成王二十四年时，周公虽然已不再执政，但由于他的崇高声望，于越使者为了表示尊敬，在聘问周朝时向他献雉，这是很可能的。⑤

　　其后句吴和于越的见于史籍的活动出现于春秋时代。《左传·成公七年》（前584年）有"吴伐郯"和"吴入州来"的记载。这是句吴登上

① 乐祖谋：《历史时期宁绍平原城市的起源》，《中国历史地理论丛》第三辑，陕西人民出版社1988年版。

② 陈桥驿：《〈吴越春秋〉及其记载的吴、越史料》，《吴越文化论丛》，第93—105页。"马桥文化距今约在3900—3200年左右"，参见曹峻《试论马桥文化与中原夏商文化的关系》，《中原文物》2006年第2期，第40—45页。

③ （东汉）王充：《论衡》，上海人民出版社1974年版，第214页。

④ 同上书，第71页。

⑤ 陈桥驿：《〈论衡〉与吴越史地》，《吴越文化论丛》，第137—147页。

春秋历史舞台的最早史料之一。于越在《左传》的出现比句吴要晚得多，《春秋·昭公五年》（前537年）："冬，楚子、蔡侯、陈侯、许男、顿子、沈子、徐人、越人伐吴。"越人作为一个诸侯伐吴的配角而被写入这项史料。①

句吴和于越两国连年交战不断，最早记载两国交战的是《春秋·襄公二十九年》（前544年）："阍弑吴子余祭。"②《左传》曰："吴人伐越，俘获焉，以为阍，使守舟。吴子余祭观舟，阍以刀弑之。"③

关于句吴与于越两国的国界有两说，一种是《国语·越语上》所说："句践之地，南至于句无，北至于御儿。"韦昭注："今嘉兴御儿乡是也。"④ 其地约当今桐乡西南。另一说始于《史记·货殖列传》："浙江以南则越。"这是说两国以钱塘江为界。两种说法都是成立的。《国语》所说的吴越国界，是句践战败入质于吴之前的国界，而吴王夫差将句践放归越国后，至越灭吴之前，两国则是以钱塘江为界了。秦统一中国后，浙江分为吴、会稽两郡，也是以吴、越两国旧界钱塘江为界。⑤

（二）越国迁都琅邪

越国的王族或先在今山东之地，后世通过海上通道，一迁至今江苏、上海之地，再迁至今浙江绍兴，并与内、外越土著融合形成新的分布于内陆与海上的百越民族，而其中的于越族建立越国。越国灭吴后，将其国都迁回今山东之琅邪，统领着内、外越族人，为建立百世之霸业而努力。也有学者认为琅邪或只是越国的都城之一，越国没有放弃其在浙江的会稽之地。

据文献记载，越国始受封于夏。《吴越春秋》谓少康"封其庶子于越，号曰无余，余始受封。"⑥《史记》肯定了无余受封的事件，《越王勾践世家》曰："越王勾践，其先禹之苗裔，而夏后帝少康之庶子也，封于会稽，以奉守禹之祀。文身断发，披草莱而邑焉。"⑦ 少康封无余是"奉守禹之祀。"禹之祀为何在会稽呢？《史记·夏本纪》曰："十年，帝禹东巡狩，至于会稽而崩。……禹会诸侯江南，计功而崩，因葬焉，命曰会

---

① 陈桥驿：《〈吴越春秋〉及其记载的吴、越史料》，《吴越文化论丛》，第93—105页。

② （清）洪亮吉：《春秋左传诂》，中华书局1987年版，第133页。

③ 同上书，第607页。

④ 《国语》，上海古籍出版社1978年版，下册，第635页。

⑤ 陈桥驿：《〈论衡〉与吴越史地》，《吴越文化论丛》，第137—147页。

⑥ 《吴越春秋》卷六《越王无余外传》。

⑦ 《史记》，中华书局1959年版，第1739页。

稽。会稽者，会计也。"① 禹之葬处称"会稽"，故封无余在"会稽"是"奉守禹之祀"。这里的会稽，钱穆先生认为不在今浙江绍兴："禹会诸侯于会稽，后世言地理者，率谓会稽在浙江绍兴，禹迹之远，今人疑之者多矣。余考《吕氏春秋·有始览》言九山、九塞：'何谓九山？会稽、太山、王屋、首山、太华、太行、羊肠、孟门；何谓九塞？太汾、冥陀、荆阮、方城、殽、井陉、令疵、句注、居庸。'……自殽以上皆在大河两岸，井陉以下稍远，亦均冀州山。'九山'、'九塞'独会稽僻在南越，决不类。故知古人所谓会稽必别有所指，非后世浙江绍兴之会稽也。……禹会诸侯于会稽，会稽山本称茅山，以地望之，其相当于河东大阳之山乎？《水经·河水注》大阳之山亦通谓之为薄山者是也。"② 钱穆先生引《吕氏春秋》认为，一是会稽与泰山等山并举其地应相近，二是提到了会稽或在河水之东。其他学者继承了其观点，提出了更为具体的证据，并认为古会稽在山东境内。

《管子·封禅篇》、《史记·封禅书》均曰："禹封泰山，禅会稽。"罗香林认为"封禅是古代帝王祭祀天地的大礼，封、禅二地不会相距很远。"③《淮南子·氾论训》："东至会稽浮石。"④ 高诱注曰："会稽，山名。浮石，随水高下，言不没。皆在辽西界。一说会稽山在太山下，'封于太山，禅于会稽'是也。"高诱则直接指出了会稽有在太山下一说。泰山之地是明确的，那此"会稽"当也在山东之地。

又"禹会诸侯江南"之江南或并不是长江之南，因为夏代初年的疆域其实还没到今浙江一带。有学者认为古代的大河都可以称江，则此江实为"河水"，如是则可以得出夏初越国都城会稽在今山东的结论。⑤

"会稽"在今山东还有一证，《春秋·桓公元年》曰："三月，公会郑伯于垂。郑伯以璧假许田。夏，四月丁未，公及郑伯盟于越。"⑥ 杜预注："垂，犬丘，卫地。越近垂，地名。"鲁桓公与郑伯相会之地首先在"垂"，垂属卫地，在今定陶县，春秋时曹地。第二次是在"越"，该地称越或是越人曾经居住过地方，故称之为"越"，或此处即是越国之"会

---

① 《史记·夏本纪》。

② 钱穆：《古史地理论丛》，生活·读书·新知三联书店2004年版，第20—22页。

③ 罗香林：《越族源出于夏民族考》，《青年中国季刊》1940年第1卷第3期。

④ 《淮南子·氾论训》。

⑤ 参见林志方《越国都城迁徙考》，《越文化国际学术研讨会论文集》，浙江古籍出版社2006年版，第84—98页。

⑥ （清）洪亮吉：《春秋左传诂》，第11页。

稽"。由于"垂"与"越"相近，罗香林认为两地"据邹钜兴《春秋战国地图》，列于今山东菏泽与濮阳之间，即古雷泽境上。与江永《春秋地理考实》所谓'当在兖州府曹州附近，今称曹地'者，大致亦合。"又曰："其地昔时所曾居止之越，按其年代，非自越国灭吴称霸后所移植，盖越国势力向北扩展，乃在周元王三年即西元前473年以后，而鲁桓公元年，鲁与郑伯相会于越，乃在周桓王九年即西元前711年，其时期早于越国称霸二百余年，鄫地之被称越，当由来已久。"①

越国都城迁移或是从山东附近的海上迁至今上海、苏州一带。董楚平认为"从新石器时期到商周时期，山东与江南海路畅通。江南'会稽'地名与越国王室宗族，都是从山东经海路迁来"②。其从山东出发的港口，应该就是琅邪。《吴越春秋》卷五："城既成，而怪山自生者，琅琊东武海中山也，一夕自来，故名怪山。"《越绝书·外传记地传》曰："龟山者，勾践起怪游台也……怪山者，往古一夜自来，民怪之，故谓怪山。"③《太平寰宇记》曰："龟山，即琅琊东武山，一夕移于此。"三条文献所记都是同一事件，都与"琅琊"有关，都是说越国在今浙江之会稽筑城时，出现了一座由琅邪飞来的山峰。山或不会飞来，但这个传说却是越国王室与琅邪有关的证明。从逻辑上讲，越国王室必定先在琅邪，后至浙江之会稽，才有可能出现在浙江之会稽筑城时出现有山峰自琅邪飞来的传说。那么，这三条文献或可证明越国王室正是从琅邪迁来。

苏州南有"越城"，据考古发掘报告"越城遗址又称越王城、勾践城或黄壁山，位于苏州市西南郊，距胥门7公里，地处横山之下，石湖之滨。遗址原是高出地面5米的土墩，由于长期耕作和自然力的破坏，现高出地面1.5米。南北长约450、东西宽约400米，面积约18万平方米。西、北两面残留有高4.5米的夯土城垣，即春秋末年的越城遗址"④。这个越城有文献为证，《越绝书·吴地传》曰："阖闾之时，大霸，筑吴越城。城中有小城二。"⑤吴国国都称吴越城，说明吴越城处原为越国都城所在地，而其中之小城之一，或即是"越城"。上海附近也有故越王城。

①　罗香林：《越族源出于夏民族考》，《青年中国季刊》1940年第1卷第3期。

②　董楚平：《〈国语〉"防风氏"笺证》，《历史研究》1993年第5期，第3—16页。

③　（东汉）袁康、吴平辑录：《越绝书》，乐祖谋点校本，上海古籍出版社1985年版，第59页。

④　南京博物院：《江苏越城遗址的发掘》，《考古》1982年第5期，第463—473页。

⑤　《越绝书·吴地传》。

《越绝书·吴地传》曰："娄门外鸿城者，故越王城也。去县百五十里。"① 即距前吴越城一百五十里处有故越王城。

前面提到的上海地区的考古发掘出现的"马桥文化"，或可以说明越国王室宗族从山东迁至上海、苏州地区，并与当地土著融合的过程。据宋健的研究，"马桥文化的陶器分为三群，它们反映了不同的文化因素，说明马桥文化是若干种文化因素相互融合的产物。分析这些因素的来源，实际上就是追寻马桥文化的来源。根据本文分析，马桥文化的主要来源有两个，一个是太湖地区的良渚文化，另一个是浙南闽北地区以江山肩头弄期第一单元遗存为代表的文化。在马桥文化的发展过程中，还程度不同地接受了来自中原地区夏商文化和山东半岛岳石文化的影响"②。"中原地区夏商文化和山东半岛岳石文化"或即是由越国王室宗族带来的文化因素。

越国王室最后迁至的都城是在今浙江之会稽。之后即发生吴越争霸之事件，勾践先败后胜，终于灭吴。但灭吴后，勾践迁都琅邪。据今本《竹书纪年》，勾践灭吴后于周贞定王元年癸酉（前468年）"于越迁都琅邪"③。此事《越绝书》亦有记载，其卷八曰："越王夫镡以上至无余，久远，世不可记也。夫镡子允常，允常子句践，大霸称王，徙琅琊，都也。句践子与夷，时霸。与夷子子翁，时霸。子翁子不扬，时霸。不扬子无疆，时霸，伐楚，威王灭无疆。无疆子之侯，窃自主为君长。之侯之尊，时君长。尊子亲，失众，楚伐之，走南山。亲以上至句践，凡八君，都琅邪二百二十四岁。"④

此事《史记集解》曰："《地理志》：越王句践尝治琅邪县，起台馆。"⑤《史记正义》曰："《括地志》云：'密州诸城县东南百七十里有琅邪台，越王句践观台也。台西北十里有琅邪故城。'《吴越春秋》云：'越王句践二十五年（前472），徙都琅邪，立观台以望东海，遂号令秦、晋、齐、楚，以尊辅周室，歃血盟。'即句践起台处。"⑥ 可证越王迁都琅邪之事。

后世之学者大多数对勾践迁都至偏于山东大陆一隅的琅邪迷惑不解，

① （东汉）袁康、吴平辑录：《越绝书》，第12页。

② 宋健：《马桥文化探源》，《东南文化》1988年第1期，第11—19页。

③ 今本《竹书纪年》。

④ （东汉）袁康、吴平辑录：《越绝书》，第58页。

⑤ 《史记》，第244页。

⑥ 同上。

但如果了解了两个问题，一是越国王室本就是从琅邪迁至浙江之会稽，二是"对于海洋民族来说，大海是联系的通道，而不是阻隔，越王句践徙都琅邪，就是一个典型事例"①。那么，对于越国灭吴后，为了争霸中原而迁都琅邪的事件就应该表示相当的理解了。

不过据钱穆《先秦诸子系年》考证，前文所述"都琅邪二百二十四岁"当是"一百二十四岁"之误。钱穆考证曰：

> 然自句践徙瑯琊下推一百二十四年，则适值楚围徐州后一年，而世次亦适得八代。（句践一，鹿郢二，不寿三，朱句四，王翳五，无余之六，无颛七，无颛之后则八也。）《水经·渐江水》注云："越王无疆为楚所伐，去琅邪"，则越都琅邪，实至王无疆时始离去。则《越绝书》《吴越春秋》两书所载，固有依据，非尽凿空向壁之谈。②

以上越王世系为金文所证。传世的出土文物或收于文献的越国金文"共有58件。其中兵器有35件，有'句践'名字的只有二件，还有四件仅铭'戉王'，未铭王名，权作句践之器计算，共6件。句践儿子者旨於赐有8件，其孙不寿有10件，曾孙州句有12件。礼乐器23件，王翳时期的铜器，目前只发现一套豪华的《者汈钟》。纵观现有的越国金文，最早是《越王之子句践剑》，作于允常时；最晚是《者汈钟》是王翳为太子诸咎所作，越国金文用实物证实了从允常至诸咎七代越王的连续世系，这为别国所罕见"③。

陈寅恪先生《天师道与滨海地域之关系》一文，其中详述了"琅邪"一地与道教的紧密关系。《太平经》的出现便与琅邪于吉、宫崇有关。后世葛玄、葛洪；天师道之孙秀、孙泰、孙恩均是琅邪人，而琅邪王氏亦世代奉道。陈寅恪曰："案，琅邪为于吉、宫崇之本土，实天师道之发源地。"④

这里需要说明的是陈寅恪先生所言之"天师道"与我们现在认可的

---

① 辛德勇：《越王句践徙都琅邪事析义》，《文史》2010年第1期，第5—61页。
② 钱穆：《先秦诸子系年》，《一一八滈于髣考·［附］辨〈越绝书〉〈吴越春秋〉记越年》，商务印书馆2001年版，第420页。
③ 董楚平：《越国金文综述》，《杭州师范学院学报》1993年第5期，第35—40页。关于越国世系各王名称各文献记载略有不相同之处，差别较大的是勾践之子"鹿郢"又记作"者旨于赐"。
④ 陈寅恪：《天师道与滨海地域之关系》，《金明馆丛稿初编》，第1—40页。

张陵一系的天师道或不同。用最简洁的语言来论述，陈寅恪先生所言之天师道或即是"道教"，这个"道教"并不是由张陵所创的，而是由多个点同时发展的，应该包括了张角的太平道、帛家道、李家道、于君道等各种原始道教的种类，或还包括张角太平道以前的孕育《太平经》的民间信仰和社会心理基础上体现出来的原始道教基因。刘屹认为："陈先生所言的'天师道'，与今之一般学者认为的'天师道'不同。他既承认天师道与张陵祖孙的传道有关，又认为天师道本起源于东方滨海地域，后来才由张陵传入巴蜀地区。"同时，我们"不应该否认或忽视在东方滨海地域还可能存在着不晚于汉末三张的早期道教的'东部传统'。因此，陈先生关于天师道与滨海地域关系的论述，至今仍有尚待阐扬的价值。但前提是要重新界定'天师道'的内涵，并非只有张陵祖孙所传才是'天师道'。这恐怕是重新认识早期道教史一系列问题的一个前提"①。

东部道教传统最有影响的道教派别是太平道，"从《玄妙内篇》到《三天内解经》和《大道家令戒》，天师道对《太平经》的传统都是一种虽然不喜欢，但又不能不提及的态度。这是因为《太平经》是东部道教传统的标志，来自西部的五斗米道——天师道在发展过程中，不能对此传统的存在置若罔闻"②。太平道也使用"天师"之称，《太平经》卷三十五载："今天师为王者开辟太平之阶路，太平之真经出。"③ 魏晋时代江南地区的所谓天师道或都是具有东部传统的道派组织，并非都是由蜀地传来的三张天师道。"所谓'天师'、'祭酒'和'静室'、'治'等通常被认为是西部米道专有的概念，汉末以降的东部道教传统也在使用。"④ 这些"东部传统"上承的是什么文化？陈寅恪《天师道与滨海地域之关系》曰："若王吉、贡禹、甘忠可等者，可谓上承齐学有渊源。"⑤ 也就是说陈先生把近于齐地的琅邪作为齐国的土地，故而认为道教的起源与齐文化有关。但琅邪之地，一开始似就非齐国所有，后又为越国国都一百余年，则琅邪之地的文化渊源应该以越文化为主，以其地近齐，故又可能受齐文化之影响，但仅可能是受到一些影响而已。如此则道教起源之滨海文化之渊

① 刘屹：《神格与地域：汉唐间道教信仰世界研究》，上海人民出版社 2011 年版，第 190—191 页。

② 同上书，第 231—232 页。

③ 王明：《太平经合校》，中华书局 1960 年版，第 34 页。

④ 刘屹：《神格与地域：汉唐间道教信仰世界研究》，第 189 页。

⑤ 陈寅恪：《天师道与滨海地域之关系》，《金明馆丛稿初编》，第 1—40 页。

源当可另行考证。越国迁都琅邪则是这个问题中的一个非常关键之点，如果从琅邪及琅邪以南都是越国的土地，则这所有的东部道教传统是否都与吴越的文化有关？这是一个非常具有诱惑力的研究课题。

（三）越国迁都琅邪后疆域考

研究越国迁都琅邪后疆域的目的，是要确定越文化的影响地，从而对陈寅恪的《天师道与滨海地域之关系》所提出的孕育道教的滨海文化所包含的文化传承，作一个新的考证。

越国迁都琅邪后疆域考证，首先要从对琅邪的考证开始。因为《史记·田敬仲完世家》曰："平公即位，田常为相。……行之五年，齐国之政皆归田常。田常于是尽诛鲍、晏、监止及公族之强者，而割齐自安平以东至琅邪，自为封邑。封邑大于平公之所食。"① 钱穆也指出，勾践徙都琅邪之时，"田常尚在，其势方盛"，故勾践能否入主琅邪都是一个问题，更何况以此为越国国都。辛德勇认为："纵观战国秦汉间行文之通例，可知似此某一属地'至某地'云云，本不必一定要将其所'至'之处包括在内"，并举例予以说明，如《史记·秦始皇本纪》曰："地东至海暨朝鲜，西至临洮、羌中，南至北向户。"其中的大海、朝鲜、北向户均不在秦朝版图内。② 所以《史记·田敬仲完世家》中田常之属地"至琅邪"当不包括琅邪。并且，此琅邪指的是"琅邪山"，而不是琅邪之地。

《战国策》卷八载苏秦为赵合纵说齐宣王曰："齐南有太山，东有琅邪，西有清河，北有渤海，此所谓四塞之国也。"③ 所谓"四塞"之"塞"是要塞之义，即齐国四方皆有险固。所以文中四面的名称都指山川形势而言，南面有太山山脉，东有琅邪山脉，西有黄河天险，北有大海为屏障。这虽然是说齐国的地理优势，同时也阐明了齐国的疆域。其中东至"琅邪山脉"是本文要讨论的重点。从地形图上看，齐国的南面是泰山山脉、沂蒙山脉，而其东南的"五莲山脉"与沂蒙山脉相连，将齐国国土与"琅邪"一地相隔开，今称"五莲山脉"或即是当时所称之"琅邪山"。齐国的疆界以这些山脉为界，这从战国齐长城的修筑就可以清楚看到春秋时期齐国的南疆所至，基本为这些山脉的中线。④ 琅邪在齐长城的

---

① 《史记》，第1884页。

② 辛德勇：《越王句践徙都琅邪事析义》，《文史》2010年第1期，第5—61页。

③ 《战国策》，上海古籍出版社1978年版，第1册，第337页。

④ 《中国历史地图集》编辑组：《中国历史地图集》，中华地图学社1975年版，第一册，第43—44页。

南面。直至战国，齐国扩张后，琅邪仍不在齐国疆域中。也就是说田常之属地"至琅邪"是指其属地抵达"琅邪山"之北麓，而琅邪在"琅邪山"南麓，并且琅邪面向大海，有一块狭长的海边平原，为其提供必要的耕作，以作粮食的来源。

　　第二个问题是琅邪与长江以南的会稽是否陆路隔绝，只有海上通道相连的问题。《史记·楚世家》曰："（楚惠王）十六年，越灭吴。四十二年，楚灭蔡。四十四年，楚灭杞。与秦平。是时越已灭吴而不能正江、淮北，楚东侵，广地至泗上。"①《史记·越王句践世家》曰："渡淮南，以淮上地与楚，归吴所侵宋地于宋，与鲁泗东方百里。当是时，越兵横行于江、淮东。"② 《越绝书》卷十四则说得更为详细，"越王勾践即得平吴……，于是度兵徐州，致贡周室。元王以之中兴，号为州伯，以为专勾践之功，非王室之力。是时越行伯道，沛归于宋；浮陵以付楚；临期（沂）、开阳，复之于鲁。中邦侵伐，因斯衰止"。③

　　有学者认为："句践或与楚，或与宋，或与鲁，总之完全放弃了淮河北岸的所有土地而退居于江、淮以南的吴越故地。"也就是认为越国由于北上争霸的道路被阻，所以才迁都琅邪，以求从海路北上，以琅邪为基地开展霸业。④ 其实不然，《史记》虽然说淮北之地由楚所占，却还说："当是时，越兵横行于江、淮东。"也就是在江、淮东面靠海的地区还是由越国所控制。越国有舟师之利，又因为江淮之间有邗沟相连，所以沿海之地当为越所控制。越国的国土从琅邪以南为郯，郯之南为徐，徐之南为吴，吴之南为越故地。勾践称霸后，上述之地基本还是为勾践所占领。徐国于公元前 512 年为吴所灭。越灭吴之后"度兵徐州，致贡周室"，徐当为越所有。《春秋·成公五年》（前 586 年）有"吴伐郯"的记载，约公元前414 年，越灭郯，则郯亦为越所有。越国占有这些地区，可证越国的疆域在长江以北是沿海而狭长的地带，而过长江以后，则基本占有今浙江之地，其腹地较大。

　　吴、越、徐、郯均以鸟为其信仰，各国或有共同的文化基础。吴越人借助凤鸟来制定自己的时令，即是神话传说中的"凤鸟司历"。杜预《左

① 《史记》，第 1719 页。

② 同上书，第 1746 页。

③ （东汉）袁康、吴平辑录：《越绝书》，第 101 页。

④ 参见辛德勇《越王句践徙都琅邪事析义》，《文史》2010 年第 1 期，第 5—61 页。

传集注》曰："凤鸟知天时，故以名历正之官。"① 文献记载的"凤鸟司历"似与春秋时郯人之祖先有关。《左传·昭公十八年》曰："秋，郯子来朝，公与之宴。昭子问焉，曰：'少皞氏鸟名官，何故也？'郯子曰：'吾祖也，我知之……我高祖少皞挚之立也，凤鸟适至，故纪于鸟，为鸟师而鸟名。'"② 郯国在鲁之南面，与徐相邻。郯、徐同为嬴姓，《史记·秦本纪》曰："秦之先为嬴姓。其后分封，以国为姓，有徐氏、郯氏……"③徐与吴相邻，且徐人与越人在上古有十分密切的交往，至今在浙江境内仍有许多徐人的遗迹。故上述郯子所述鸟官之名可能是上古东夷族的后人，包括吴、越、徐、郯人共同的习俗。

所谓琅邪之地的滨海文化，以琅邪与齐为琅邪山脉所隔，并为越国国都一百二十四年来看，琅邪之地的文化主要应该是以吴、越、徐、郯人所共有的以凤鸟崇拜为其象征的夷文化。由于琅邪近于齐国，所以会被误认为琅邪是在齐文化圈内，其实不然。琅邪由于地近齐国，或是会受到齐文化的影响，但其主流文化来看，应当是以吴越文化为主。

于越一族有内越、外越一说。外越是居住在海岛中的居民，后世孙恩亦是琅邪人，其起事后，失利往往退入海外，然后再集合兵力进攻内陆，其基地当在海外之海岛上，这说明居于海外之外越，其宗教信仰与"天师道"有共通之处，或其信仰即是与原始《太平经》有相同基础的原始宗教。此可以旁证琅邪一地的文化基础，与外越人有相同之处，而外越人的信仰当与内越相同。以内外越的信仰情况来论证，琅邪一地的文化当以越文化为其主流。

后世东部之道教，琅邪为《太平经》的起源地，吴地先为帛家道的信仰地，后又为上清派的起源地，越地为杜子恭教团之所在地。以此观之，则后世东部滨海之地的道教都在古越国的地区内，故道教的"东部影响"与吴越文化或是有传承关系的。

二 秦汉以后浙江地域概要

秦灭六国统一中国，浙江北部属会稽郡、南部属闽中郡。大约是南部的台州、丽水、温州境内属闽中郡，其余属会稽郡。会稽郡还包括江苏南部太湖流域。

---

① 《左传集注》。

② （清）洪亮吉：《春秋左传诂》，第726—727页。

③ 《史记》，第221页。

西汉时，会稽郡之辖地包括了秦时闽中郡之地，所以西汉时浙江大部分都是会稽郡属地。属会稽郡辖下东西南三部都尉之地。浙江西北有部分属丹阳郡地。东汉时分会稽郡为会稽郡与吴郡，故杭州及以北大约属吴郡，原浙江西北仍属丹阳郡，其余属会稽郡。

三国时浙江属吴国，又将东汉时的会稽郡分为临海、会稽二郡，丹阳郡又分为丹阳、新都二郡，则浙江属吴、丹阳、会稽、临海、新都五郡。丹阳郡所辖为安吉及天目山地区。新都郡所辖为今淳安县等地。临海郡主要辖地为今台州、丽水、温州。会稽郡主要辖地为今绍兴、宁波、舟山、衢州。吴郡主要辖地为今湖州、嘉兴、杭州。

西晋浙江属扬州部。西晋时将吴郡分为吴郡和吴兴二郡，杭州、嘉兴属吴郡，湖州、天目山属吴兴郡。并将丹阳郡缩小，故浙江不再属丹阳郡。又将会稽郡分为会稽、东阳二郡，东阳郡辖金华、衢州，会稽郡辖今宁波、舟山。则浙江分属吴郡、吴兴郡、新安郡、会稽郡、东阳郡及临海郡。

东晋又从临海郡中分出永嘉郡。温州、衢州约属永嘉郡。

南朝时期，从扬州部分出东扬州。会稽、东阳、新安、永嘉、临海诸郡属东扬州。梁时，又改临海郡为赤城郡。

隋朝将吴、吴兴郡重新分为吴郡和余杭二郡，湖州、嘉兴属吴郡。杭州属余杭郡。又将新安郡分为新安、遂安二郡，建德、桐庐等新安江流域属遂安郡。永嘉与赤城二郡并为永嘉郡。则隋初浙江分属吴、余杭、遂安、会稽、东阳、永嘉六郡。

后置吴、杭二州总管府（改东扬州为吴州，废钱塘郡置杭州）及婺州、处州、睦州等，大业初（约605年）改为会稽、余杭、东阳、永嘉、遂安五郡及吴郡。

唐时，浙江主要属江南东道，设州。湖州、杭州、台州、温州、衢州均如今名。今嘉兴在唐苏州南部，今绍兴设越州；今宁波、舟山设明州；今丽水设括州；今淳安、建德设睦州、今金华设婺州。唐代起，各州的行政区划已经与现在的各市相接近。

五代时，浙江为吴越国，即今嘉兴之地与苏州分开，增置秀州。其余诸州不变。

北宋浙江属两浙路，所领十三州，除常州、苏州外，其余十一州基本均为浙江之地。十一州为秀州（今嘉兴、上海）、湖州（今湖州）、杭州（今杭州大部）、睦州（今杭州之桐庐县、淳安县、建德县）、越州（今绍兴）、明州（今宁波、舟山）、婺州（今金华）、衢州（今衢州）、台州

（今台州）、处州（今丽水）、温州（今温州）。

南宋定都临安（今杭州），分两浙路为东西两路。改秀州为嘉兴府，改杭州为临安府、改睦州为严州，改越州为绍兴府、改明州为庆元府，其余各州名称如旧。

元代浙江属江浙行省之浙东道宣慰司。将前嘉兴府分为嘉兴路（今嘉兴）和松江府（今上海），各州均称路。浙江各州称嘉兴路、湖州路、杭州路、建德路、绍兴路、庆元路、衢州路、婺州路、台州路、处州路、温州路。

明代浙江置行省，各州改路为府，庆元改称宁波府、建德改称严州府、婺州改称金华府，其余各州名称如元代，只是路改为府。

清代属浙江行省，行政区划基本与明代同，共领杭州府、嘉兴府、湖州府、宁波府、绍兴府、台州府、金华府、衢州府、严州府、温州府、处州府。

现浙江省管辖地级市 11 个，分别为杭州市、宁波市、温州市、嘉兴市、湖州市、绍兴市、金华市、衢州市、舟山市、丽水市、台州市。东西和南北的直线距离均为 450 公里左右，陆域面积 10.18 万平方公里，占全国的 1.06%，是中国面积最小的省份之一。至 2010 年 11 月 1 日零时，第六次人口普查的数据，全省常住人口为 5442.69 万人。[①]

第二节　浙江道教前史与信仰文化

一　吴越原始宗教与巫术信仰

（一）吴越太阳与凤鸟崇拜

吴越民族的图腾崇拜是以鸟为主的。一般认为，河姆渡文化时期的双鸟朝阳象牙刻纹，可以视为吴越鸟图腾的滥觞。[②] 1973 年 6 月，浙江省余姚县罗江公社河姆渡村在建造一个机电排水站时发现了震惊世界考古学界的新石器时代文化遗址——河姆渡遗址。河姆渡遗址是由四个相互叠压的文化堆积层组成的，其中第四层年代最早，距今 7000 年左右。河姆渡遗址是吴越地区最早的新石器时代文化遗址之一。在这里，考古工作者发现

---

① 据浙江省人民政府网公布的数据。http://www.zj.gov.cn/，2011 年 7 月 18 日查询。
② 林蔚文:《周代吴越民族原始宗教略论》，《民族研究》1996 年第 4 期，第 105—112 页。

了许多具有崇鸟文化特征的珍贵文物。比较重要的有双鸟纹骨匕、钻刻鸟纹骨匕和雕刻有"双鸟朝阳"的象牙蝶形器。① 在象牙蝶形器上,"中间雕刻着五个大小不等的同心圆,外圆上端刻出炽烈的火焰状,以象征太阳的光芒两侧各有一振翅欲飞的双鸟,作圆眼、钩咏、伸脖昂首相望之态"②。这个被命名为"双鸟朝阳"的图案生动地再现了中国古代长江下游,特别是吴越地区先民们的爱鸟、崇鸟的文化信仰,是考察和研究河姆渡人鸟图腾崇拜的重要物证。自河姆渡文化之后,历经马家浜、良渚等史前文化,鸟图腾崇拜在吴越先民的原始宗教中占有十分重要的地位。良渚玉琮等玉器中的著名神兽及鸟组合徽记,突出反映了当时人们对鸟神虔诚的崇拜心理。1986 年余杭县长命乡反山良渚文化墓地中出现了大批玉器,其中有鸟四件,并且在玉琮、玉钺和三叉形冠饰中均雕有鸟。1987 年,浙江省余杭县安溪乡瑶山良渚文化祭坛遗址的墓葬中也出土有玉鸟,并且在冠状饰件的人、兽合体图象的两侧雕有鸟的图案。其余在上海福泉山良渚文化墓地出土的玉琮上,江苏吴县草鞋山墓葬出土带盖壶,浙江吴兴钱山漾良渚文化陶刀上都刻有相似的鸟纹,可以认为鸟在良渚文化部族的心目中占据了极其重要的地位。③

在吴越文化中,凤鸟与太阳有着密不可分的关系。河姆渡遗址出土了双凤朝阳、双凤太阳复合纹,良渚文化玉璧上有立鸟和日、月的组合纹。吴越人将太阳和凤鸟组合的信仰,在学术界有诸多理解。有学者认为这是吴越人对时间的一种感知方式,即候鸟的迁徙与太阳年运动有着密切的关系。每当春夏日暖之时,凤鸟由吴越之地迁往北方;而当秋冬天寒之际,凤鸟又从北方返回吴越之地。上古人在认识世界过程受着一种类比、互渗的思维规律支配,因此当感知到凤鸟往返与太阳运动有着同步联系时,便自然将凤鸟与太阳视作同质同构的事物,甚至认为凤鸟是太阳的一个组成部分,这样才有了河姆渡、良渚文化中凤、日复合的艺术写意,也有了《禹贡》中将鸟称作"阳鸟"的说法。④ 也有学者认为凤鸟的形象来源于具有特殊生物习性——会准时啼鸣的生物钟——的原鸡。鸡啼日出,鸡的生物习性与太阳运转(实为地球自转)的天然耦合,组成了太阳鸟的原

---

① 史延廷:《鸟图腾崇拜与吴越地区的崇鸟文化》,《社会科学战线》1994 年第 3 期,第 109—113 页。

② 李永飞:《七千年前的瑰宝》,《光明日报》1993 年 5 月 9 日第六版。

③ 王士伦:《越国鸟图腾和鸟崇拜的若干问题》,《浙江学刊》1990 年第 6 期,第 25—29 页。

④ 杨建华:《吴越凤鸟神话论》,《浙江学刊》1990 年第 1 期,第 107—110 页。

型，鸡（日）信仰，奠定了河姆渡以来太阳鸟信仰的基因。① 吴越人赋予凤鸟以日神的意义，进而与火相关，吴越人的这种思想在以后的古书中仍有保存。《初学记》卷三十引纬书《春秋演孔图》曰："凤，火之精也。"《鹖冠子·度万》第八亦曰："凤凰者，纯火之禽，阳之精也。"

吴越人崇拜鸟图腾的确切证据，可首推绍兴306号战国墓出土的铜屋模型（见图1－1）。1982年，考古工作者在浙江省绍兴市坡塘狮子山西北坡发掘了一处战国墓葬。在出土的大量珍贵先秦文物中，最引人注目的是一座铜质居室建筑模型。"这个铜质房屋模型南向置于壁龛之中，模型高17厘米，平面呈长方形，南北进深11.5厘米，东西面宽13厘米。它的建筑结构为三开间，明间较两侧次间宽0.3厘米，其中三间深度都是均等。模型南面一律敞开，没有门、窗和墙等结构，只立圆形的两根明柱。它的东西两侧的墙是长方格透空落地式立壁，北墙在中心部位置开一个高1.5厘米、宽达3厘米的微型小窗。最值得注意的是铜屋的房顶。房顶为四角攒尖顶，顶心上立有一根高达7厘米的柱子。柱子断面呈八角形，柱身中空，却不与铜屋屋顶相连通。在这根房顶柱子上端特塑有一只大尾鸠。顶柱各面饰有S形勾连云纹，无疑是高耸入云的蕴意及象征。此外，该铜屋模型下有四阶，屋顶、四级和铜屋的后墙也都饰有方形结构的勾连回纹。"②

这件铜屋模型中，塑有大尾鸠和图腾柱，有学者认为其与早期良渚文化等遗址出土的一些鸟型玉器有类同的文化内涵。③ 同时证实了《搜神记》"越地深山中有鸟，大如鸠……越人谓此鸟为越祝之祖也"的记载不谬，可以证实周代吴越人确以鸠鸟为图腾崇拜物。④ 但也有学者认为在屋顶立图腾柱，尚无其他资料可证，于情于理不合，并认为"此鸠在这里是相风鸟，整个形制当是相风仪。"从而提出"鸠非越族图腾"的观点。⑤殊不知吴越人借助凤鸟确定时令，并制作"相风鸟"来观察季风的来去、消长，以进一步细致地确定人们生活的节律，正是吴越人崇拜鸟图腾的证

---

① 陈建勤：《越地鸡形盘古神话与太阳鸟信仰》，《民俗研究》1994年第1期，第31—38页。

② 浙江省文物管理委员会、浙江文物考古研究所等：《绍兴306号战国墓发掘简报》，《文物》1984年第1期。

③ ［日］林巳奈夫：《关于良渚文化玉器的若干问题》，《南京博物院集刊》1984年。

④ 林蔚文：《周代吴越民族原始宗教略论》，《民族研究》1996年第4期，第105—112页。

⑤ 周幼涛：《一件研究百越文化的重要实物——绍兴M306：13铜屋模型考辨》，《文史知识》1993年第11期。

图 1-1 绍兴 306 号战国墓出土的伎乐铜屋

据之一。① 吴越人借助凤鸟来制定自己的时令，即是神话传说中的"凤鸟司历"。杜预《左传集注》曰："凤鸟知天时，故以名历正之官。"文献记载的"凤鸟司历"似与春秋时郯人之祖先有关。《左传·昭公十七年》曰：

> 秋，郯子来朝，公与之宴。昭子问焉，曰："少皞氏鸟名官，何故也？"郯子曰："吾祖也，我知之。……我高祖少皞挚之立也，凤鸟适至，故纪于鸟，为鸟师而鸟名。凤鸟氏，历正也；玄鸟氏，司分者也；伯赵氏，司至者也；青鸟氏，司启者也；丹鸟氏，司闭者也。祝鸠氏，司徒也；鴡鸠氏，司马也；鸤鸠氏，司空也；爽鸠氏，司寇也；鹘鸠氏，司事也。五鸠，鸠民者也。五雉为五工正，利器用、正度量，夷民者也。九扈为九农正，扈民无淫者也。自颛顼以来，不能

---

① 《舜家族与季风观测》，《浙江学刊》1988 年第 5 期。

纪远，乃纪于近，为民师而命以民事，则不能故也。"仲尼闻之，见于郯子而学之。既而告人曰："吾闻之：'天子失官，学在四夷'，犹信。"①

郯国在鲁之南面，与徐相邻。郯、徐同为嬴姓，《史记·秦本纪》曰："秦之先为嬴姓。其后分封，以国为姓，有徐氏、郯氏……"② 徐与吴相邻，且徐人与越人在上古有十分密切的交往，至今在浙江境内仍有许多徐人的遗迹。故上述郯子所述鸟官之名可能是上古东夷族的后人，包括吴、越、徐、郯人共同的习俗。

春秋时期的鸟书也是吴越人崇鸟的证据之一。鸟书在春秋战国时盛行于越、吴、楚、蔡、宋等国，但细审其字体风格还是有区别的。越国兵器中铸有越王名称的，据董楚平先生统计已有二十八件。③ 从已发表的材料得知，在发现的越王兵器中，铸有越王（可能是勾践之物）、鸠浅（勾践）、其子者旨於赐、其孙兀北古、其曾孙朱勾这祖孙四代的剑、矛或戈。这四代越王的兵器上，"王"字大多写成双首联体鸟书（见图1－2），这在当时其他诸国的鸟书中似乎少见。王士伦认为，越王勾践及其子孙四代的兵器上，"王"字均写成双首联体鸟书，可能与下列情况有关：（1）唐代唐玄度《十体书》云："越在文代，赤鸟集于户；降及武朝，丹鸟流室。今鸟书之法，是二祥者也。"唐代韦续《五十六种书》亦云："周武王赤鸟衔书集户，武王丹鸟入室，此二祥瑞作鸟书。"（2）河姆渡文化中的双鸟联体纹饰明显是鸟图腾和鸟崇拜，这里肯定含有神秘的寓意，而这种寓意是否在越地一直流传下来？（3）晋人王嘉《拾遗记》等书记载说："越王入国，有鸟夹王而飞，以为是吉祥。"双首联体鸟书是否与此传说有关？总之，鸟书不应该是春秋战国时的美术体，而是与鸟崇拜有关，甚至可以说是从鸟崇拜中产生出来的。④

（二）会稽鸟田

吴越地区有著名的"鸟田"传说。《越绝书》卷八曰："大越海滨之民，独以鸟田，小大有差，进退有行，莫将自使。"⑤ 而其原因是"禹始

---

① （清）洪亮吉：《春秋左传诂》，第726—728页。

② 《史记》，第221页。

③ 参见董楚平《越国金文综述》，《杭州师范学院学报》1993年第5期，第35—40页。

④ 王士伦：《越国鸟图腾和鸟崇拜的若干问题》，《浙江学刊》1990年第6期，第25—29页。

⑤ （东汉）袁康、吴平辑录：《越绝书》，第57页。

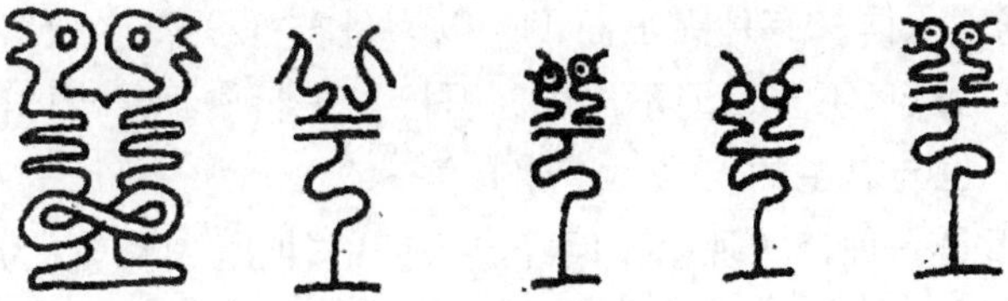

图 1 - 2　双首联体鸟书

也"。《水经·浙江水》注说得最为详细："昔大禹即位十年，东巡狩，崩于会稽，因而葬之。有鸟来，为之耘，春拔草根，秋啄其秽，是以县官禁民，不能妄害此鸟，犯则刑无赦。"①

东汉王充《论衡》已经对鸟田为"禹始也"提出了批判，称"禹到会稽，非其实也"。并称："会稽众鸟所居……鸟自食苹。土瓯草尽，若耕田状，壤靡泥易，人随种之。"② 又曰："雁鹄集于会稽，去避碣石之寒，来遭民田之毕，蹈履民田，啄食草粮，粮尽食索，春雨适作，避热北去，复之碣石。"③

陈桥驿先生认为王充所述"会稽鸟田"的实情是被称为"雁鹄"的候鸟的越冬过程。这种候鸟，来到今绍兴北部的这片沼泽平原时，正值秋末冬初，当时庄稼已经收割，大批候鸟在田间啄食野草害虫，这当然有利于来年的春耕。在王充时代，这片平原上还有大面积未曾开垦的沼泽地，在此越冬的候鸟，数量必然十分巨大，王充一定是观察了这种自然现象，所以才能揭示"会稽鸟田"的实况。④

虽然"会稽鸟田"是一种自然现象，非是自禹而始。但吴越的先民将之与本部族传说中的英雄（神人）——禹相联系是创造了一种道德神话。⑤ 王充《论衡》曰："禹葬会稽，鸟为之田，盖言圣德所致，天使鸟兽报祐之也。"⑥ 泽备于民，于是凤鸟就会出现，否则凤鸟将遁隐。越王

---

① （北魏）郦道元著，陈桥驿校证：《水经注校证》，中华书局 2007 年版，第 941 页。

② （东汉）王充：《论衡》，第 58 页。

③ 同上书，第 35 页。

④ 陈桥驿：《〈论衡〉与吴越史地》，《吴越文化论丛》，第 137—147 页。

⑤ 杨建华：《吴越凤鸟神话论》，《浙江学刊》1990 年第 1 期，第 107—110 页。

⑥ （东汉）王充：《论衡》，第 58 页。

无余始受封后，乃"安集鸟田之瑞，以为百姓请命"①。晋人王嘉《拾遗记》曰："越王入国，有鸟夹王而飞，以为是吉祥。"② 春秋年间，孔子见周德衰而曰："凤鸟不至，河不出图，吾已矣夫!"③ 凤鸟的出现与否，既是一种祥瑞，也与君主的人格、道德有关。

群鸟耘田是一种自然现象，但经过人们的神化，将其视为一种超自然的现象，从而在一定程度上推进了吴越先民的凤鸟崇拜，同时"会稽鸟田"也成为凤鸟崇拜的一个组成部分。

（三）吴越巫术与鸟占鸡卜

句吴与于越都信巫，但其所奉的巫神不同。《越绝书》卷二《外传·记吴地传第三》曰：

> 近门外櫺溪楗中连乡大丘者，吴故神巫所葬也，去县十五里。④
> 虞山者，巫咸所出也。虞故神出奇怪。去县百五里。⑤

吴国的阖闾城有巫门，说明巫在吴人观念中是有相当地位的。据《越绝书》上述所引之文，吴国所尊奉的巫神是巫咸。越国的巫神则不详其人。杨成鉴认为吴与越两者属于不同的巫术流派。

《越绝书》卷十《外传·记吴王占梦第十二》曰：

> 吴王劳曰："越公弟子公孙圣也，寡人昼卧姑胥之台，梦入章明之宫。入门，见两□炊而不蒸；见两黑犬嗥以北，嗥以南；见两铧倚吾宫堂；见流水汤汤，越吾宫墙；见前园横索生树桐；见后房锻者扶挟鼓小震。子为寡人精占之，吉则言吉，凶则言凶，无谀寡人心所从。"公孙圣伏地，有顷而起，仰天叹曰："悲哉! 夫好船者溺，好骑者堕，君子各以所好为祸。谀谗申者，师道不明。正言切谏，身死无功。伏地而泣，非自惜，因悲大王。夫章者，战不胜，走偉偉；明者，去昭昭，就冥冥。见两□炊而不蒸者，王且不得火食。见两黑

---

① 《吴越春秋·越王无余外传第六》。周生春：《〈吴越春秋〉辑校汇考》，上海古籍出版社1997年版，第109页。

② （晋）王嘉：《拾遗记》。

③ 《论语·先进》。

④ （东汉）袁康、吴平辑录：《越绝书》，第12页。

⑤ 同上书，第14页。

犬嗅以北，嗅以南者，大王身死，魂魄惑也。见两锌倚吾宫堂者，越
人入吴邦，伐宗庙，掘社稷也。见流水汤汤，越吾宫墙者，大王宫堂
虚也。前园横索生树桐者，桐不为器用，但为甬，当与人俱葬。后房
锻者鼓小震者，大息也。王毋自行，使臣下可矣。"①

如上所述，吴国东掖门的公孙圣就是夫差时代一个著名的巫人。上文
所述吴王之梦就是著名的"两锌倚吴宫"之梦。巫咸派重于梦境之游，
属于游仙派的巫，后或是发展为道教游仙派。唐玄宗曾请临邛道士鸿都观
张通幽寻找杨贵妃的灵魂，道士张通幽或即属这一派别。②

越国的巫术是巫教中的事鬼派。《越绝书》卷八《外传·记地传第
十》曰：

> 巫里，句践所徙巫为一里，去县二十五里。其亭祠今为和公群社
> 稷墟。
> 巫山者，越神巫之官也，死葬其上，去县十三里许。
> 江东中巫葬者，越神巫无杜子孙也。死，句践于中江而葬之。巫
> 神，欲使覆祸吴人船。去县三十里。③

以上可见越人所尊奉的是巫神以蛊诅为主要手段。后来或演变为民间
方术，如后世凤阳门法术及《万法归宗》之法术。由此可见，吴与越信
仰不同的巫教派别。

吴越人会稽鸟田、凤鸟相风、太阳鸟等崇拜给予了凤鸟以神性，从而
产生了吴越人特有的鸟占鸡卜的卜筮方式。《史记·孝武本纪》曰："是
时（元封二年初），既灭南越，越人勇之乃言：'越人俗信鬼，而其祠皆
见鬼，数有效。昔东瓯王敬鬼，寿至百六十岁。后世谩怠，故衰耗。'乃
令越巫立越祝祠，安台无坛，亦祠天神上帝百鬼，而以鸡卜。上信之。越
祠鸡卜始用焉。"④ 张守节《正义》释之曰："鸡卜法，用鸡一，狗一，
生祝愿讫，即杀鸡狗，煮熟又祭，独取鸡两眼骨，上自有孔，似人物形则

---

① （东汉）袁康、吴平辑录：《越绝书》，第74—75页。
② 参见杨成鉴《吴越文化的分野》，《宁波大学学报》（人文社科版）1995年第4期，第8—16
页。
③ （东汉）袁康、吴平辑录：《越绝书》，第62—63页。
④ 《史记》，第478页。

吉，不足则凶。今岭南犹此法。"①

吴越人的鸟占鸡卜方法还延绵到后世，如《正义》所言"今岭南犹有此法"。唐宋时多有人记载。柳宗元《柳州峒氓》诗曰："郡城南下接通津，异服殊音不可亲；青箬裹盐归峒客，绿荷包饭趁虚人。鹅毛御腊缝山罽，鸡骨占年拜水神；愁向公庭问重译，欲投章甫作文身。"② 苏东坡对扶乩卜筮多有记载，其被贬谪海南岛，见冼夫人庙，咏诗曰："爇牲菌鸡卜，我尝一访之。铜鼓葫芦笙，歌此迎送诗。"③

宋人范成大在《桂海虞衡志》中更是详细记载了当时南人的这种鸟占鸡卜的方法，其曰："鸡卜，南人占法。以雄鸡雏执其两足，焚香祷所占，扑鸡杀之。拔两股骨，净洗，线束之，以竹筳插束处，使两骨相背于筳端，执竹再祝。左骨为侬，侬，我。右骨为人，人，所占事也。视两骨之侧所有细窍，以细竹筳长寸余遍插之，斜直偏正，各随窍之自然，以定吉凶。法有十八变，大抵直而正、或近骨者多，吉；曲而斜、或远骨者多，凶。亦有用鸡卵卜者，据卵以卜，书墨于壳，记其四维；煮熟横截，视当墨处，辨壳中白之厚薄之定侬、人吉凶。"④

鸟占鸡卜的盛行既是凤鸟信仰的组成部分，又加强了凤鸟神话的建构和传播。

（四）吴越人的东皇公与西王母信仰

东皇公与西王母的信仰，一般以为西王母早出，而东皇公晚出。

大部分学者认为西王母与昆仑由西北方所流传演变而来的。在中国有关西王母的记载，最早见于《山海经》。《山海经》是一部上古流传的口头文学，据西汉刘向《上〈山海经〉表》说："《山海经》者，出于唐虞之际……禹别九州，任土作贡，而益等类物善恶，著《山海经》。"其中数篇的年代可上推到大禹的年代，但大多数学者认为《山海经》以文字的形式定稿可能相当晚，且《山海经》经各篇成书年代不一。有学者认为《山海经》大致可以分为三个部分：一、《大荒经》四篇和《海内经》一篇；二、《五藏山经》五篇和《海外经》四篇；三、《海内四经》四篇。三个部分以《大荒经》四篇和《海内经》一篇成书最早，大约在战

① 《资治通鉴》，第 683 页注引。

② （唐）柳宗元：《柳州峒氓》。

③ （宋）苏轼：《咏冼庙》。

④ 《岭外代答》卷十，转引自（宋）范成大著，胡起望、覃光广校注《桂海虞衡志辑佚校注》，四川民族出版社 1986 年版，第 229 页。

国初年或中期；《五藏山经》和《海外经》四篇稍迟，是战国中期以后的作品；《海内四经》四篇最迟，当成于汉代初年。①

西王母在《山海经》中凡三见。成书年代最早的《大荒经》中的《大荒西经》曰：

西海之南，流沙之滨，赤水之后，黑水之前，有大山，名曰昆仑之丘。有神，人面虎身，有文有尾，皆白，处之。其下有弱水之渊环之，其外有炎火之山，投物辄然。有人戴胜，虎齿，有豹尾，穴处，名曰西王母。此山万物尽有。②

由此段记载可以得知，最早的西王母不是"神"，但与"人面虎身"之神同居"昆仑"之中，而其形象虽然虎齿、豹尾，但称为"人"且"戴胜"。在其后成书的《五藏山经》中的《西山经》曰：

又西北三百五十里，曰玉山，是西王母所居也。西王母其状如人，豹尾虎齿而善啸，蓬发戴胜，是司天之厉及五残。③

在此段记载中，西王母已经成为了替天展现威猛严厉及降临五种灾害的神祇。其面貌与前面引文记载的基本相同，保持了"豹尾"、"虎齿"、"戴胜"三个特点。《山海经》中成书最晚的《海内四经》中的《海内西经》曰：

西王母梯几而戴胜杖。其南有三青鸟，为西王母取食。在昆仑虚北。④

在这里，西王母的形象已经有了较大的转变，仅"戴胜"与前相同，而"豹尾"、"虎齿"的形象则不再被记载。关于三青鸟，《大荒西经》中曰："有西王母之山……有三青鸟，赤首黑目，一名曰大鵹，一名曰少

---

① 袁珂：《〈山海经〉写作的时地及篇目考》，《中华文史论丛》第7辑。
② 袁珂：《〈山海经〉校释》，上海古籍出版社1985年版，第272页。
③ 同上书，第31页。
④ 同上书，第226页。

驾，一名曰青鸟。"① 这三只青鸟是为西王母的侍从。

到了与《海内四经》成书年代相仿的《穆天子传》里，西王母的形象再次演变。《穆天子传》曰：

> 吉日甲子。天子宾于西王母。乃执白圭玄璧，以见西王母，好献锦组百纯，组三百纯西王母再拜受之。乙丑，天子觞西王母于瑶池之上。西王母为天子谣曰："白云在天，丘陵自出。道里悠远，山川间之，将子无死，尚能复来。"天子答之曰："予归东土，和治诸夏。万民平均，吾顾见汝。比及三年，将复而野。"西王母又为天子吟曰："徂彼西土，爰居其野。虎豹为群，于鹊与处。嘉命不迁，我惟帝女。彼何世民，又将去子。吹笙鼓簧，中心翱翔。世民之子，惟天之望。"天子遂驱升于弇山，乃纪丌迹于弇山之石而树之槐。眉曰"西王母之山"②。

在《穆天子传》里，西王母的言行却又像一位温文儒雅的统治者。当周穆王乘坐由造父驾驭的八骏周游天下时，西巡到昆仑山区，他拿出白圭、玄璧等玉器去拜见西王母。第二天，穆王在瑶池宴请西王母，两人都作了一些诗句相互祝福。再到后世的《汉武帝内传》中，则将西王母描写成容貌绝世的女神，曰：

> 王母上殿，东向坐，着黄锦袷襦，文采鲜明，光仪淑穆。带灵飞大绶，腰分头之剑。头上大华结，戴太真晨婴之冠，履玄琼凤文之舄。眄之可年卅许，修短得中，天姿掩蔼，容颜绝世，真灵人也。③

《山海经》中记载的西王母，经过《穆天子传》至《汉武帝内传》的逐渐演变，从而演变为后世作为女仙之首的西王母的基本形象。

有学者认为西王母是由月神演变来的。汉《淮南子》记载有西王母的神话，可以看出西王母与"月"的关系。《览冥篇》曰："羿请不死药于西王母，姮娥窃以奔月。"④《淮南子》中的这则神话，其年代可以上溯

---

① 袁轲：《〈山海经〉校释》，第270—271页。
② 《道藏》第5册，第40—41页。
③ 同上书，第48页。
④ 《淮南子·览冥篇》。

至先秦。《文选·祭颜光禄文》注引《归藏》曰："昔常娥以西王母不死药服之，遂奔月为月精。"①《归藏》一书约为战国时所作。1993 年 3 月，湖北江陵王家台 15 号秦墓中出土了《归藏》。王家台《归藏》举世瞩目，一些学者认为它就是商易。但有学者根据王家台《归藏》内容多出《穆天子传》本事的事实，认定王家台《归藏》必成书于《穆天子传》之后，属战国作品。② 故西王母与月神之联系当上推于先秦之战国时代，可知西王母的形象出现确实较早。

东皇公又称东王公，一般认为东皇（王）公的出现，最早不会早于汉代。但也有学者认为东皇公是屈原《九歌》中第一篇所述"东皇太一"神的演变，则可将东皇公的出现上推至战国时代。但"东皇太一"神除屈原所述之外，并无其他文献参证，是为孤证。

东王公或在汉初已普遍流传，李昉《太平广记》卷一引前蜀杜光庭《仙传拾遗》："昔汉初，小儿于道歌曰：'著青裙，入天门，揖金母，拜木公。'"③ 其来源可上推至陶弘景《真诰》，其卷五曰：

> 昔汉初有四五小儿，路上画地戏，一儿歌曰："著青裙，入天门，揖金母，拜木公。"到复是隐言也。时人莫知之，唯张子房知之。乃往拜之，此乃东王公之玉童也。所谓金母者，西王母也。木公者，东王公也。仙人拜王公，揖王母。④

据后汉成书的《吴越春秋》，或可将东王（皇）公的出现提前至春秋末期。《吴越春秋·勾践阴谋外传》曰：

> 大夫种曰："夫九术者。汤文得之以王，桓穆得之以霸。其攻城取邑，易于脱屣。愿大王览之。"种曰："一曰尊天事鬼以求其福；二曰重财币以遗其君，多货贿以喜其臣；三曰贵籴粟槁以虚其国，利所欲以疲其民；四曰遗美女以惑其心而乱其谋；五曰遗之巧工良材，使之起宫室以尽其财；六曰遗之谀臣，使之易伐；七曰强其谏臣，使之自杀；八曰君王国富而备利器；九曰利甲兵以承其弊。凡此九术，

---

① 《文选·祭颜光禄文》。
② 朱渊清：《王家台〈归藏〉与〈穆天子传〉》，《周易研究》2002 年第 6 期。
③ 《太平广记》卷一。
④ 《道藏》第 20 册，第 518 页。

君王闭口无传，守之以神，取天下不难，而况于吴乎?"越王曰：
"善。"乃行第一术，立东郊以祭阳，名曰东皇公，立西郊以祭阴，
名曰西王母。祭陵山于会稽，祀水泽于江州。事鬼神二年，国不被
灾。越王曰："善哉，大夫之术！愿论其余。"①

　　文种破吴九术，第一术便是"尊天事鬼以求其福"，而勾践尊行之，
"立东郊以祭阳，名曰东皇公，立西郊以祭阴，名曰西王母"。《吴越春
秋》称东皇公、西王母是古代越人的信仰之一，如果《吴越春秋》的记
载属实的话，则东皇公的出现，当前推于春秋末期。可惜这似乎又是孤
证，尚无其他文献提到东皇公（东王公）为春秋时期越人所信仰。不过，
《吴越春秋》是后汉山阴人赵晔所撰，所以至少我们可以肯定在东汉时，
东皇公和西王母确实是当时于越人的信仰。这一点可以从考古资料中获得
证实。
　　从汉代绍兴，即越人的聚集地出土的汉代铜镜来看，东王公和西王母
信仰至少在东汉时代已经是融入浙江民间的生活中了。在中国考古中，中
国古镜以汉镜出土的数量最多。从考古资料来看，汉代是我国铜镜发展的
重要时期，整个汉代铜镜发展的演变来看大致可分为三个阶段：汉武帝时
期、西汉末王莽时期和东汉中期。其中东汉中期及以后，是中国古代铜镜
的一个重要发展阶段，不但在铜镜的技巧和纹饰结构上更为复杂，而且此
际的铜镜题材更为广泛。其中，可以异军突起的画像镜为代表。何谓画像
镜？是指以神像、历史人物、车骑、歌舞、龙虎瑞兽等为题材，配以浮雕
手法来表现的一种铜镜。从目前的考古资料来看，画像镜是以浙江绍兴出
土最多。除了绍兴以外，浙江杭州、江苏扬州、南京、湖北鄂城都有画像
镜出土。从上述出土的画像镜之表现题材来看，最常见的就是神仙思想中
的人物——东王公和西王母。② 东王公与西王母除以图像出现在画像镜中
之外，还有铭文出现，在汉"尚方"镜铭中，有"尚方作竟其大巧，上
有仙人不知老，渴饮玉泉饥食枣，东王公、西王母"③。东王公和西王母
的题材此际频频出现在画像镜的主题纹饰和铭文之中，正反映出东王公和
西王母的信仰已经作为一种民俗文化融入民间生活之中，同时可以证实在

---

① 周生春：《〈吴越春秋〉辑校汇考》，上海古籍出版社1997年版，第142—143页。
② 张秀君：《浅论绍兴出土汉代画像镜之主神及其反映之神仙思想——试以东王公与西王母来
　　探讨》，《道教学探索》第五号，道教学探索出版社1991年版，第1—66页。
③ 王士伦：《浙江出土铜镜（修订本）》，文物出版社2006年版。

道教诞生之前，民间信仰已经为道教的产生做了充足的准备。

东汉以后，最早较详细记载东王公的是《神异经》。此书托名汉东方朔撰。《四库全书总目》卷一四二云："此书既刘向《七略》所不载，则其为依托，更无疑义。《晋书》张华本传，亦无注《神异经》之文，则并华注亦似属假借。（陈）振孙所疑，诚为有见。然《隋志》载此书，已称东方朔撰，张华注，则其伪在隋以前矣。观其词华缛丽，格近齐梁，当由六朝文士影撰而成，与《洞冥》、《拾遗》诸记先后并出。"①

《神异经》模仿《山海经》体例，分《东荒经》、《东南荒经》等九个篇目，其《东荒经》云：

> 东荒山中有大石室，东王公居焉。长一丈，头发皓白，人形鸟面而虎尾，载一黑熊，左右顾望。恒与一玉女投壶，每投千二百矫，设有人不出者，天为之哑嘘；矫出而脱悮（悟）不接者，天为之笑。②

《中荒经》云：

> 昆仑之山，有铜柱焉，其高入天，所谓天柱也。围三千里，周圆如削。下有回屋，方百丈，仙人九府治之。上有大鸟，名曰希有，南向，张左翼覆东王公，右翼覆西王母。背上小处无羽，一万九千里。西王母岁登翼，会东王公也。③

晋葛洪《元始上真众仙记》记曰："元始君经一劫乃一施，太元母生天皇十三头，治三万六千岁，书为扶桑大帝东王公。"④《真灵位业图》将其排在上清左位，号曰"太微东霞扶桑丹林大帝上道君"⑤，《仙传拾遗》称"木公，亦云东王父，亦云东王公。盖青阳之元气，百物之先也。冠三维之冠，服九色云霞之服，亦号玉皇君"⑥。显示了其由日神演变而来。

---

① 《四库全书总目提要》卷一四二。
② （汉）东方朔：《神异经》，光绪元年湖北崇文书局版，第1页。
③ 同上书，第9页。
④ 《道藏》第3册，第269页。
⑤ 同上书，第273页。
⑥ 《仙传拾遗》，《太平广记》卷一引。

二　范蠡及其道家思想

春秋战国之际，吴、越两国先后振兴，是我国古代历史文化发展过程中的一件大事。当时的吴、越文化，不仅体现在物质方面，在思想方面有其殊异的表现。吴国、越国都产生了自己的思想家。在吴国，有如伍子胥（《汉书·艺文志》杂家有《伍子胥》八篇，兵家有《伍子胥》十篇）、孙武（《汉志》兵家《吴孙子兵法》八十二篇）；在越国，有如计然、范蠡（《汉志》兵家有《范蠡》二篇）、文种（《汉志》兵家有《大夫种》二篇）。①

以上诸人仕于吴、越，其思想有明显的特点，与道教有关的主要是范蠡。《史记·越世家》说"范蠡三迁，皆有荣名，名垂后世"，范蠡在当时便是著名的人物，范蠡之师为计然。范蠡之生平和思想主要散见于《国语·越语下》、《史记》、《越绝书》、《吴越春秋》等古籍中，范蠡的思想当属黄老一派道家。1973 年冬发现的长沙马王堆帛书中发现了佚书四篇，唐兰先生在 1975 年发表的论文中将佚书四篇与范蠡在《越语下》的言论进行了对比，发现了较多的共同之处，并认为此四篇佚文即《汉书》道家《黄帝四经》，并认为《黄帝四经》的思想是继承了范蠡的思想。范蠡助勾践灭吴后，便泛舟五湖而经商，三致千金，而被后世道教尊为"文财神"。

（一）范蠡之师计然

计然为范蠡之师。《史记·货殖列传》载："昔者越王勾践困于会稽之上，乃用范蠡、计然。"② 关于此处的"计然"有两说，一说计然为人名，刘宋裴骃《史记集解》引徐广曰："计然者，范蠡之师也，名研，故谚曰'研、桑心筭'。"③ 裴骃又引《范子》所载以为佐证："计然者，葵丘濮上人，姓辛氏，字文子，其先晋国亡公子也。尝南游于越，范蠡师事之。"④

又一说计然为书名，赵穆夫认为据钱穆考证，"计然"乃范蠡所著书名（意思为谋事之然者，也即谋行事成功之书），钱氏列十事以证之，确凿可信。又补充证据：《国语·吴语》中言"越王勾践乃召其五大夫"，

---

① 李学勤：《范蠡思想与帛书〈黄帝书〉》，《浙江学刊》1990 年第 1 期，第 97—99、90 页。

② 《史记》，第 3256 页。

③ 同上。

④ 同上。

以下大夫舌庸、大夫苦成、大夫种、大夫蠡、大夫皋如皆有进言，独无所谓计然。并认为从"昔者越王勾践困于会稽之上，乃用范蠡计然"一句看，"计然"显然是书名。①

计然，当以人名为是。除上述《史记集解》中的论述外，《汉书·古今人表》中，计然列在第四等，则汉代"计然"是被作为人名的。《越绝书》、《吴越春秋》中称为计砚、计倪。又《旧唐书·经籍志·五行类》曰："《范子问计然》十五卷。范蠡问，计然答。"《新唐书·艺文志·农家类》载有："《范子计然》十五卷。范蠡问，计然答。"此书虽然亡佚，但后人多有辑本，如黄奭辑《范子计然》一卷；马国翰辑《范子计然》三卷；洪颐煊辑《范子计然》一卷；茆泮林辑《范子万物录》一卷，《补遗》一卷。②

这里还可以补充一条论据，《古今图书集成》曰："宁波府：计然冢，在奉化县北三十里，名计然村。绍兴府：周文种墓，在会稽，卧龙山北麓，水经注：文种城于越西，伏剑于山阴。"③ 计然与文种均居于越，文种伏剑见于史传，计然卒虽不见于史传，但据《古今图书集成》，计然葬于越地，既然有冢存在，则"计然"是人名可知。

关于计然的思想，《史记·货殖列传》云：

昔者越王勾践困于会稽之上，乃用范蠡、计然。计然曰："知斗则修备，时用则知物，二者形则万货之情可得而观已。故岁在金，穰；水，毁；木，饥；火，旱。旱则资舟，水则资车，物之理也。六岁穰，六岁旱，十二岁一大饥。夫粜，二十病农，九十病末。末病则财不出，农病则草不辟矣。上不过八十，下不减三十，则农末俱利，平粜齐物，关市不乏，治国之道也。积著之理，务完物，无息币。以物相贸，易腐败而食之货勿留，无敢居贵。论其有余不足，则知贵贱。贵上极则反贱，贱下极则反贵。贵出如粪土，贱取如珠玉。财币欲其行如流水。"修之十年，国富，厚赂战士，士赴矢石，如渴得饮，遂报彊吴，观兵中国，称号"五霸"。④

---

① 赵穆夫：《〈文子〉成书及其思想·序》，见葛刚岩《〈文子〉成书及其思想》，巴蜀书社2005年版，第4—5页。

② 葛刚岩：《〈文子〉成书及其思想》，第7页。

③ 《古今图书集成·方舆丛编·坤舆典》第一三四卷《冢墓部》，第7册，第7630页。

④ 《史记》，第3256页。

按《货殖列传》所载，计然俨然是一个经济学家。计然的"知斗则修备，时用则知物，二者形则万货之情可得而观已"。意思是说：要了解人们什么时候最需要什么货物，才算是懂得商品的奥妙。体现了要适应市场需求而生产商品的思想。

计然又曰："夫粜，二十病农，九十病末。末病则财不出，农病则草不辟矣。上不过八十，下不减三十，则农末俱利，平粜齐物，关市不乏，治国之道也。"这是认为粮食价格过低会伤害农民的利益，过高又会伤害工商业者的利益。如果工商业者的利益受到伤害，会使工商业者受损而影响社会财富的生产与流通；如果农民的利益受到伤害，则农业生产就会荒废。因此，只有平抑粮食价格，使之最贵不超过八十钱一斗，最贱不少于三十钱一斗，则对农民与工商业者都有利。粮食价格平抑、稳定了，其他商品的价格也会趋于平稳，这样一来，市场就会繁荣而供应充足。由此可见，平抑与稳定粮食价格，实为平抑物价的根本。限定粮食收购价而保障农民利益的思想，其源头可上溯至春秋末年的计然。①

计然又曰："积著之理，务完物，无息币。以物相贸，易腐败而食之货勿留，无敢居贵。"又说："财币欲其利如流水。"这是典型的市场经济中有必须重视商品质量和资金周转速度的论点。

计然又曰："论其有余不足，则知贵贱。贵上极则反贱，贱下极则反贵。"这是明显的市场经济供求关系的论点。物贵而生产的人必然增多，从而贵到极点，就会变成贱。又曰："贵出如粪土，贱取如珠玉。"也就是既然商品的贵与贱是相转化的，那么经商应该是贵要快出手，人弃则我取。②

计然之策据前都是经济理论，计然的思想当不止上述之经济。与经济思想相关的是天下物产的情况，黄奭辑《范子计然》曰："墨出三辅，上价石百六十，中三十，下十。秦椒出陇西天水，细者善。人参出上党，状如人者善。黄莲出蜀都，黄肥坚者善。"③ 范蠡传世则有《养鱼经》。从上可知计然、范蠡对经商和物产的知识都是非常丰富的。

《史记·货殖列传》曰："范蠡既雪会稽之耻，乃喟然而叹曰：'计然之策七，越用其五而得意。既已施于国，吾欲用之家。'"④《汉书·货殖

---

① 高敏：《范蠡与计然》，《河南社会科学》1998 年第 1 期，第 93—95 页。

② 同上。

③ 葛刚岩：《〈文子〉成书及其思想》，第 7 页。

④ 《史记》，第 3257 页。

列传》则曰："计然之策，十用其五而得意。既以施国，吾欲施之家。"①
不论计然之策几，反正是多而未用完，而功已成。范蠡将计然的经济学思
想用之于家，难怪可以"三致千金"。

计然的思想还包括阴阳五行学说。黄奭辑《范子计然》曰："天者，
阳也，规也。地者，阴也，矩。夫地有五土之宜，各有高下。日者，寸
也。月者，尺也。尺者，纪度而成数也。寸者，制万物阴阳之短长也。"②

计然在《越绝书》中称计倪，其思想都包含在《计倪内经第五》中，
上述《史记·货殖列传》中关于计然的论述，实际是《计倪内经第五》
中的节略。从《计倪内经第五》中看计然的思想，基本不出富国之经济
和阴阳五行之学说。

（二）计然与文子

世传计然即《文子》的作者文子。计然是范蠡之师，当无疑义。而
文子是否是计然则有证据但不充分，故有争议。又有一说，文子即文种。
文种亦称文子，葛洪《抱朴子外篇·知止》曰："公旦之放，仲尼之行，
贾生逊揍于下士，子长熏胥乎无辜，乐毅平齐，伍员破楚，白起以百胜拓
疆，文子以九术霸越，韩信功盖于天下，黥布灭家以佐命，荣不移晷，辱
已及之。不避其祸，岂智者哉！"③ 文中提及的都是功成不退、"不避其
祸"之人，文种被越王赐剑而伏剑于山阴，故此处称"文子"者，即
文种。

首先，文种与计然同时存在，在《越绝书》等书中记载明确，所以
文种并非范蠡之师计然。其次，文种与《文子》的作者也并非一人。《汉
志》著录有《文子》，也著录有《大夫仲》二篇，并注曰："与范蠡俱事
句践。"又《汉书·古今人表》将文子列于中中，大夫种列于中上，可知
《汉书》即认为文子与文种为两人。考《文子》作者为文种说，出于清人
江瀍的《读子卮言》，其论证可疑之处甚多，今之学者多不从其说。故文
种与《文子》的作者文子应是不同之人。

《汉书·艺文志》"道家类"著录有《文子》九篇，班固自注曰：
"老子弟子，与孔子并时。而称周平王问，似依托。"④ 今本《文子》中
多称为文子问老子答，而从 1973 年定州出土的古本《文子》看，都是平

---

① 《汉书·货殖列传》。
② 葛刚岩：《〈文子〉成书及其思想》，第 7 页。
③ 《抱朴子外篇·知止》。
④ 《汉书·艺文志》。

王问而文子答。关于"平王"的问题，《汉志》认为文子为春秋末期老子弟子，即春秋末期人，而周平王为春秋初期人，故称"似依托"。后人也有认为平王为"楚平王"，楚平王之时代正春秋末年，约与文子同时。此说有争议，关于"平王"为"周平王"之说，葛刚岩从定州出土的古本《文子》中找到了两条称"平王"为"天王"的证据。

　　（一）2391　辞曰：道者，先圣人之传也。天王不赉不□
　　（二）0892　之。天王若能得其道而勿废，传之后嗣。

　　西周时期，依据周礼规定，只有天子才能称王，"周礼未改。今之王，古之帝也"。后来，随着周天子权势的下落，最高统治者对诸侯国的控制力也随之下降，许多诸侯王开始以王自称。《六书故》："周衰，列国皆僭号自王。"为了体现天子国无二主的尊严，自平王宜臼起，周的统治者又重新改用"天王"这一称呼，以示与诸侯王的区别。① 顾炎武《日知录》卷四曰："《尚书》之文但称王，《春秋》则曰天王，以当时楚、吴、徐、越皆僭称王，故加天以别之也。赵子曰：称天王以表无二尊是也。"②所以《汉志》释"平王"为"周平王"是正确的。
　　魏启鹏认为裴骃所引《范子》称"文子姓辛氏"和"晋国亡公子也"是两条重要的线索，并作了详细的考证，不但考证了文子之家世，也为《汉志》的"依托周平王说"作了恰当的解释。现录其在《〈文子〉学术探微》③中的论证：

　　　　据《通志·氏族略·以国为氏》："辛氏，周太史辛甲，文王封之于长子。有辛俞美，昭王友。"《史记·周本纪·集解》引刘向《别录》亦云"辛甲，故殷之臣，事纣。盖七十五谏而不听，去至周。召公与语，贤之，告文王。文王亲自迎之，以为公卿，封长子"。辛甲封国即辛国所在长子，春秋时已纳入晋国势力范围，公元前555年，"夏，晋人执卫行人石买于长子，执孙蒯于纯留"（《左传·襄公十八年》）。是其证，辛国沦为晋之附庸。故辛文子其先人

---

① 葛刚岩：《〈文子〉成书及其思想》，第17—18页。
② （清）顾炎武：《日知录》卷四。
③ 魏启鹏：《〈文子〉学术探微》，《道家文化研究》第十八辑，生活·读书·新知三联书店2000年版，第151—162页。

乃"辛国亡公子"，本人乃"辛国公孙"，后世学者不辨这一史輈，再加之辛氏后人在晋为史官，就笼统而称辛文子为"晋之公孙"了。

辛氏乃周史辛甲之后，《国语·晋语四》载周文王"访于辛、尹"，韦昭注："辛，辛甲；尹，尹佚。皆周之太史。"辛氏世为周史，目睹亲历周王朝的兴亡，世代相传历史的沧桑。《左传·僖公二十二年》："初，平王之东迁也，辛有適伊川，见被发而祭于野者，曰：'不及百年，此其戎乎！其礼先亡矣。秋，秦、晋迁陆浑之戎于伊川。'""辛有之二子（即次子）董之晋，于是乎有董史。"（见《左传·昭公十五年》所载）章太炎《左传读》卷七指出："董氏世为晋史官，《晋语·九》，董安于曰：'方臣之少也，进秉笔赞为名命，称于前世，立义于诸侯'是也，不止一董狐。"而文子当亦辛史之苗裔，耳熟先祖传述的周室典故，能传述周平王史事，并非出人意料之举。只不过文子一派后学，辗转传授，将与周平王问答的辛有在传闻中演变了先师辛文子，直至形成《文子》古本。

如此说不谬，可为班固"道家者流，盖出史官，历记成败存亡祸福古今之道"又添一旁证。王充《论衡·自然》尝称"老子、文子，似天地者也"，道家双圣，皆出于史，可谓佳话。

上述论证颇为精彩，魏启鹏同时认为"计然即文子之说不可信"，但在其上述论证中似乎没有详细论证这个问题，同时将裴骃《集解》"计然姓辛，字文子，其先晋国公子"中的内容考证出了文子的事迹，当是认为计然即文子才对。

同意"计然即文子"的其他学者也颇多。裴骃《史记集解》引《范子》曰："计然者，葵丘濮上人，姓辛氏，字文子，其先晋国亡公子也。尝南游于越，范蠡师事之。"裴骃是说计然是范蠡之师，字文子，没有提到计然与道家著作《文子》的关系。

饶恒久认为：据晁公武《郡斋读书志》，北魏李暹为《文子》作注，则指出：文子"姓辛，葵丘濮上人，号曰计然，范蠡师事之。本受业于老子，录其遗言为十二篇"。李暹是第一个将计然和《文子》联系起来的人。其实"计然为文子"的主要文献证据就是上述李暹在《文子》注中的论据。有学者认为这是计然即老子的弟子文子的重要文献证据，正是这条材料使我们可以将范蠡与老子的学术连接起来。并认为，"从年代上来看，范蠡在老子之后约四、五十年，而计然正好处在老子与范蠡之间，他就是老子之弟子文子的可能性是不能排除的"①。杭州的地方志中也有相关的记载，明万历《钱塘县志》曰："辛沂，一名计然，师老子，为范蠡师，作《文子》，号'通玄真人'，隐居杭州禺山，即计筹山，山半在邑，邻广化寺。"② 清人孙星衍也认为："《范子》称文子为辛计然之字，而为其师，当可引据。范蠡之学，出于道家，其所教越，以亡取存，以卑取尊，以退取先之术也。又自齐遗大夫种书曰：'蜚鸟尽，良弓藏，狡兔死，走狗烹。'亦出《文子》。是文子即计然无疑。李善、徐灵府亦谓为是。宋人又疑之，特以《唐志》农家自有计然，不知此由范蠡取师名以号其书，自非一人也。"李学勤先生也说：文子为范蠡之师的说法"恐怕不是纯出偶然"。对《文子》一书颇有研究的李定生先生也认为文子与范蠡的思想可能有师承关系。③

北魏李暹《文子注》中始将"计然"、"文子"、"老子"以及《文子》一书牵扯到了一起。有两个可能，一是李暹所云是由《史记》、《汉书》、《范子》所云推演而来，二是另据可靠的材料。反对计然即文子的学者认为从现有的材料来看，后一种的可能性比较小。④《四库全书总目》直接指出错讹的原因出于李暹之手：

　　因《史记·货殖列传》有"范蠡师计然"语，又因裴骃《集解》有"计然姓辛，字文子，其先晋国公子"语，北魏李暹作《文子》注遂以计然、文子合为一人。文子乃有姓、有名，谓之辛钘。案马总《意林》列《文子》十二卷，注曰："周平王时人，师老君。"又列《范子》十三卷，注曰："并是阴阳、历数也。"又曰："计然者，葵丘濮上人。姓辛，名文子，其先晋国公子也。其书皆范蠡问而计然答。"是截然两人、两书，更无疑义。暹移甲为乙，谬之甚矣。⑤

计然与文子这一段公案，各有其说，而所本文献，其实并不多，而从

---

①　白奚：《先秦黄老之学源流述要》，《中州学刊》2003 年第 1 期，第 134—141、152 页。

②　明万历《钱塘县志·外纪》，见《武林掌故丛编》第十六集，第 17 页。

③　饶恒久：《范蠡与文子之师承关系考论——范蠡思想渊源考论之二》，《宁夏大学学报》（人文社会科学版）2000 年第 4 期，第 26—31 页。

④　葛刚岩：《〈文子〉成书及其思想》，第 4 页。

⑤　《四库全书总目提要》卷一百四十六，子部道家类。

计然之《计倪内经》所述之思想与古本《文子》比较，不同之处亦颇多，而《汉书·古今人表》将文子与计然均列其中。文子列于中中，而计然列于中上。说明汉代时将文子与计然作为两人看待。范蠡之思想与文子似有关联，盖因文子之思想为道家，而范蠡之思想为黄老，黄老与老子之道家之学有渊源关系，则两者的思想有相关联之处，未必能说明两者有直接的师承关系。故在没有新的证据的情况下，我们认为撰写《文子》的作者文子和计然应该是两个人。

（三）范蠡的生平和思想

《史记》中没有范蠡传，只是在《勾践世家》中详述了他的事迹。范蠡的生平可以从《勾践世家》、《国语·越语下》、《越绝书》、《吴越春秋》等书中勾勒出大概的轮廓。

关于范蠡的籍贯，《吴越春秋》注引《吕氏春秋》高诱解云"范蠡楚三户人也，字少伯"；又引《太史公素王妙论》云"范蠡本南阳人"；引《列仙传》云"徐人"。

魏启鹏认为"战国时三户属南阳郡，郡治在宛，故以大地望言之，或云宛人、南阳人"①。也就是三户和南阳同地，则上述三个说法其实只有两个。概而言之，是范蠡是楚人或徐人。

王博认为"范蠡《太史公素王妙论》以为南阳人，《列仙传》说是徐人。徐人，有学者以为即是夏禹涂山氏的后裔，属于夏文化的范围之内。昭公三十年（前512年）吴灭徐，范蠡此后可能先赴南阳宛地，故有南阳人、宛人（《吴越春秋》）的说法。后又赴越，越乃夏后，与徐渊源颇深，故范蠡欲助越灭吴，以报灭国之仇。惟其有如此之动机，故助勾践灭吴后，能功成身退，浮于五湖"②。

孙以楷同意王博"范蠡为徐人"的意见，并在《范蠡徐人考》③中作了补证：

> 周穆王伐徐，徐堰王"北走彭城原武县东山下，百姓随之者以万数，因名其山为徐山。"（《后汉书·东夷传》）徐山，今徐州南，

---

① 魏启鹏：《范蠡及其天道观》，《道家文化研究》第六辑，上海古籍出版社1997年版，第88页。

② 王博：《论黄帝四经产生的地域》，《道家文化研究》第二辑，上海古籍出版社1993年版，第234页。

③ 孙以楷：《范蠡徐人考》，《皖西学院学报》2002年第1期，第48—49页。

泗县北，这是周穆王以后徐人活动的中心，其活动范围西至怀远涂山，东至苏皖交界的泗县、五河、泗洪。……公元前512年，吴灭徐，楚救徐不及，只把徐子及其随从安置于城父。范蠡及其家人可能正是此时随迁到城父（今安徽亳州境内）。至今在距城父不远处还有范蠡村和范蠡墓。范蠡很可能在经商致富后晚年归守其父母庐墓所在之地。寄导于城父的少年范蠡满怀国亡家破的仇恨。他披发佯狂，寻求同道，志在复仇。他西行至宛，所以史称他"始居楚"，并未说他是楚宛人。后人附会，才有宛人、南阳人、三户人之说。范蠡要报仇的对象是吴国，自然不会投奔吴国，楚虽是吴之敌国，但国力日衰，数次败于吴。他投奔越国，正是想借越国力量消灭吴国。……据学者考证，吴灭徐之后，徐氏中一支辗转南下投奔越国。今在绍兴坡塘狮子山东距禹陵5公里处出土了徐国铜器，其中一铜鼎铭文曰："ㄐ律涂俗，以知龏褥"，意即继承徐人之俗，以知忧耻，正是指徐被吴灭之事。① 范蠡投奔越国，或者是居越之同族人的召唤，或者是自己要到同族人中去策划消灭吴国的斗争。……总之，范蠡是徐人，只有这样，我们才能对范蠡的一生行事做出合乎情理的解释。

综观范蠡一生，其行迹大体可划分为三个主要阶段，第一阶段：入越之前的佯狂负俗及入越之初未得重用，往来楚越之间；第二阶段：深谋灭吴；第三阶段：功成身退、泛舟五湖及十九年三致千金。兹录范蠡的生平年表②如下，以代范蠡的生平介绍：

前536年（鲁昭公六年，楚灵王五年）：范蠡出生于宛地三户邑。其时孔子十五岁。

前516年（鲁昭公二十五年，楚平王十三年，吴王僚十一年）：宛令文种见范蠡，范蠡年龄在二十岁以内。

前511年（鲁昭公三十一年，楚昭王五年，吴阖闾四年）稍后：范蠡邀文种入越，年龄在二十五岁左右。孙武始以《兵法》十三篇见阖闾。

前494年（鲁哀公元年，楚昭王二十二年，越勾践三年）：勾践兵败栖于会稽山，始重用范蠡、文种等。范蠡年龄四十刚过。

前493年（鲁哀公二年，楚昭王二十三年，越勾践四年）：勾践、范蠡君臣入吴为奴。

---

① 李修松：《徐夷迁徙考》，《历史研究》1996年第4期。

② 饶恒久：《范蠡生平考论》，《社会科学战线》2000年第6期，第135—143页。

前490年（鲁哀公五年，楚昭王二十六年，越勾践七年，吴夫差六年）：勾践、范蠡君臣离吴返越。是年范蠡四十六七岁，为勾践谋划强国待时大计。

前486年（鲁哀公九年，楚惠王三年，越勾践十一年，吴夫差十年）：勾践欲起兵伐吴，范蠡劝阻。是年范蠡已经年届五十。

前484年（鲁哀公十一年，楚惠王五年，越勾践十三年，吴夫差十二年）：吴再次伐齐，战于艾陵。越王君臣朝见吴王，君臣皆有贿赂，进一步麻痹吴人。夫差杀伍子胥。

前482年（鲁哀公十三年，楚惠王七年，越勾践十五年，吴夫差十四年）：吴、晋黄池之会，越师乘机袭击吴国，大败之，杀吴太子等，年底吴、越讲和。是年范蠡五十五岁左右。

前479年（鲁哀公十六年，楚惠王十年，越勾践十八年，吴夫差十七年）：越兴师伐吴，兵至于五湖。

前478年（鲁哀公十七年，楚惠王十一年，越勾践十九年，吴夫差十八年）：三月，越伐吴，吴师迎战于笠泽，双方夹吴淞江而阵。越人大败吴师。范蠡已经年届六十。

前475年（鲁哀公二十年，楚惠王十四年，越勾践二十二年，吴夫差二十一年）：十一月，越围吴，但范蠡采用围而不攻的战略，令吴师自溃。

前473年（鲁哀公二十二年，楚惠王十六年，越勾践二十四年，吴夫差二十三年）：年底，越灭吴，夫差自杀。是年范蠡六十三岁左右。

前468年（鲁哀公二十七年，楚惠王二十一年，越勾践二十九年）：越王实现霸业。若依司马迁之说，范蠡于此时前后隐去。时年六十八岁。

前465年：越王勾践卒。

前448年：范蠡卒于此年前后，享年约八十七岁（依司马迁之说）。

关于范蠡的思想，主要依据的是《国语·越语下》。今之学者多认为其本于道家。任继愈先生主编的《中国哲学发展史》，对《越语下》所反映的范蠡思想作了很好的论述，肯定了"范蠡的天道思想在认识自然之天的本来面貌上起了很大的推进作用"，并认为"把天道思想进一步发展成为一种唯物主义的自然哲学体系，是直到战国时期的道家才完成的"①。这是暗示了范蠡思想与道家的某种联系。

1973年长沙马王堆帛书《黄帝书》四篇，《老子》二篇，西汉初期

---

① 任继愈主编：《中国哲学发展史》，人民出版社1983年版，第130—131页。

并称"黄老"。据唐兰《〈老子〉乙本卷前古佚书引文表》统计,《黄帝书》四篇与记载范蠡言行的《越语下》有约十八处共通的文句,散见于《经法》、《十六经》、《称》三篇中。李学勤先生认为《越语下》范蠡思想的性质,在长沙马王堆帛书《黄帝书》① 发现后,就得到了清楚的揭示。

《黄帝书》在《越语下》之外,还与若干种古书有共通文句。这些书有的明显属于道家,如《老子》、《六韬》(《六韬》出于《汉书·艺文志》"道家类"的《太公》一书,今人已有公论)、《管子》(《汉志》列入道家)、《文子》、《鹖冠子》、《鬼谷子》、《淮南子》。有些属于法家,如《申子》、《慎子》、《韩非子》。三家虽是法家,但《史记》曰:"申子之学本于黄老而主刑名",慎子"学黄老道德之术","韩非喜刑名法术之学,而其要归本于黄老"。三家著作与黄帝书相涉,正是这一事实的反映。从以上共通的文句来看,《越语下》所述范蠡思想,显然是应该划归黄老一派了。② 对于范蠡思想的黄老学派归属,除李学勤先生外,陈鼓应先生指出:"范蠡上承老子思想而下开黄老学之先河。"③ 王博先生在其博士论文《老子思想的史官特色》中认为:"范蠡的思想可以说正是所谓黄老之学的雏形。"④ 魏启鹏先生在《范蠡及其天道观》一文中也认为:"范蠡学术思想,已略具黄学与老学之长。"⑤

黄老连称最早见于《史记·老子韩非列传》中之申不害传:

> 申不害者,京人也,故郑之贱臣。学"术"以干韩昭侯,昭侯用为相。内修政教,外应诸侯,十五年。终申子之身,国治兵疆,无侵韩者。申子之学本于黄老而主刑名。著书二篇,号曰申子。⑥

---

① 1973 年马王堆出土《老子》乙本卷前古佚书四篇,唐兰先生于 1975 年在《考古学报》第 1 期撰文认为此四篇佚书即《汉志》著录的《黄帝四经》,同意此观点的学者众多,不过尚有争论,但其是黄老学派的著作是无疑义的,故李学勤先生称之为《黄帝书》。本书后面提到此四篇古佚书均用此名称。

② 李学勤:《范蠡思想与帛书〈黄帝书〉》,《浙江学刊》1990 年第 1 期,第 97—99、90 页。

③ 陈鼓应:《黄帝四经今注今译》,台湾商务印书馆 1995 年版,第 5 页。

④ 王博:《老子思想的史官特色》,文津出版社 1993 年版,第 360 页。

⑤ 魏启鹏:《范蠡及其天道观》,《道家文化研究》第六辑,上海古籍出版社 1995 年版。

⑥ 《史记》,第 2146 页。

司马贞《索隐》按："'术'即刑名之法术也。"[1] 而"刑名"一词《黄帝书》之《道法》篇多次提到：

> 祸福同道，莫知其所从生。见知之道，唯虚无有，虚无有，秋毫成之，必有刑名。刑名立，则黑白之分已。故执道者之观于天下也，无执也，无处也，无为也，无私也。是故天下有事，无不自为刑名声号矣。刑名已立，声号已建，则无所逃迹匿正矣。[2]

《汉书·艺文志》所谓道家，主要可分两类，第一类是以《老子》、《庄子》为代表，讲道德，主张无为的道家，《文子》、《关尹子》、《列子》等，大概相近。第二类是以《黄帝四经》为首的黄老派，《蜎子》（环渊）、《田子》、《鹖冠子》、《捷子》、《郑长者》等大体都应该属此派，是由老子学派发展出来的一个支派，是讲道法，主刑名的"治国派"，即将道家的理论应用于治国实践的学派。这一派产生时，应该在战国之时。儒家讲复古，上推于尧舜。其他学派为了压倒儒家，于是拿出神农黄帝来。《孟子》书中记载有为神农之言的许行，而黄帝则是道家治国派所推出的上古帝王。这一派本于老子而又上推于黄帝，故后世称黄老。[3] 也就是说"黄老"与"老子"是有区别的。如司马迁在《史记·庄周传》只说庄周之言"其要本归于老子之言"，"以明老子之术"，说明庄周不是继承黄老学派的。

在《汉书·艺文志》中，《申子》、《慎子》、《韩子》（韩非子）等都本于黄老，却又别列于法家，说明法家尽管在思想方法上本于黄老，其实践的重点是把"法"放在第一位。这说明思想上同本于黄老，而后世又演变出多个派别。《韩非子·定法》说"申不害言术而公孙鞅为法"，也就是当时的黄老学派的人，就发现了"黄老之学"有多个流派。"术"与"法"是其中的两个派别。

三国曹魏人刘劭，撰有《人物志》一书，其书《流业第三》讲到"人之流业"有十二种表现形式时，谓第三种表现为"术家"，并解释说："思通道化，策谋奇妙，是谓术家，范蠡、张良是也。"又同书《接识第

---

① 《史记》，第2146页。

② 唐兰：《〈老子〉乙本卷前古佚书释文》，《考古学报》1975年第1期，第28—36页。

③ 唐兰：《马王堆出土〈老子〉乙本卷前古佚书的研究》，《考古学报》1975年第1期，第7—16页。

七》谓"术谋之人，以思谟为度，故能成策略之奇，而不识遵法之良"。根据刘劭所说"术家"的"思通道化"和"不识遵法之良"这两个特征，可知"术家"不属于法家而近乎道家。①

范蠡是术家的代表人物之一。范蠡的师傅计然提出了关于天地阴阳刑德吉凶的理论和时变因循的理论，是对老子道家学说的重要发展，这些理论为范蠡所承袭并进一步运用发挥，后来成为战国时期以《黄帝书》和《管子》等为代表的道家黄老之学的重要内容。从计然到范蠡，在长期的政治、军事和经济活动中，对老子思想加以运用和创新发展，终于形成了道家的治国思想，开辟了道家学说理论发展的新领域——黄老之学。黄老之学创立后，应当主要是在南方的荆楚、吴越等地域流传，而战国中后期的道家黄老之学，又以东方的齐国为中心。这其中的原因，白奚认为在道家思想传播与发展的过程中，范蠡入齐是一个极为重要的事件。范蠡所传承的老子道家思想也随着他在齐国传播，最终发展成为道家学派的重要分支——主刑名的黄老学派，其标志是帛书《黄帝四经》。由此我们就可以解释《国语·越语下》同《黄帝书》、《管子》等战国黄老作品为什么有那么密切的思想联系，也就可以清楚地勾画出一条从春秋战国之际南方的原始道家到战国的北方黄老之学之间流传演变的清晰线索。②

（五）仙传中的范蠡与财神范蠡

范蠡虽然是历史人物，但其功成身退，颇有道祖遗风，故后世神化其事，将其列入仙班。又因为其三致千金，能聚财，又能散财，故后世尊其为财神。历代之仙传多载有范蠡，最早见于汉代刘向《列仙传》，曰：

> 范蠡，字少伯，徐人也。事周，师太公望。好服桂饮水。为越大夫，佐句践破吴。后乘轻舟入海，变名姓。适齐，为鸱夷子。更后百余年，见于陶，为陶朱君，财累亿万，号"陶朱公"。后弃之，兰陵卖药。后人世世识见之。范蠡御桂，心虚志远。受业师望，载潜载恾。龙见越乡，功遂身返。屣脱千金，与道舒卷。

在《列仙传》中，范蠡的形象有二，一是"财累亿万"，号陶朱公。后世尊其为财神的基本要素在汉代基本就具备了，二是"兰陵卖药，后人世世识见之"，能世世见之，则其当是得道之人。《列仙传》之后有东

① 高敏：《范蠡与计然》，《河南社会科学》1998 年第 1 期，第 93—95 页。
② 白奚：《先秦黄老之学源流述要》，《中州学刊》2003 年第 1 期，第 134—141、152 页。

晋葛洪之《神仙传》,《神仙传》虽然没有范蠡篇,但也提到了范蠡。《太平广记》有《神仙传》佚文,其《孔安国》篇曰:"孔安国者,鲁人也。常行气服铅丹,年三百岁,色如童子。隐潜山……谓之曰:'吾亦少更勤苦,寻求道术……而昔事海滨渔父,渔父者,故越相范蠡也。乃易姓名隐,以避凶世。哀我有志,授我秘方服饵之法,以得度世。'"范蠡得道后隐居海滨为渔父,传道法与孔安国。《仙鉴》卷三《范蠡》篇全抄写《列仙传·范蠡》,但多了一些补注:"李元膺记范蠡学道于丽元山,属彭州。《二十四化志》云范蠡于北邙山得仙。"①

范蠡最为人所乐道的身份还是财神。民间所崇信的财神众多,其中赵公明、关公、范蠡、比干地位最著,被称为四大财神。其中两文两武,赵公明、关公是武财神,而范蠡、比干为文财神。而唯一经商致富被称为财神的,只有范蠡一人。所以范蠡被后世称为"商圣",及"道商"始祖。

《史记·越王勾践世家》曰:"范蠡三迁皆有荣名,名垂后世。"②《史记·货殖列传》概括其平生曰:"与时逐而不责于人"③;世人誉之:"忠以为国;智以保身;商以致富,成名天下。"④

---

① 《道藏》第 5 册,第 116 页。

② 《史记》,第 1756 页。

③ 同上书,第 3257 页。

④ 高君平:《范蠡故里考》,《中原文物》2008 年第 3 期,第 73—74 页。

第二章 东汉至南北朝时期浙江
道教的兴起（上）

东汉是道教起源时期，浙江道教虽然并非太平道和五斗米道活动的中心区域，但也出现了一些对后世非常有影响的人物和经典。会稽上虞人魏伯阳所著《周易参同契》，被称为万古丹经之王。《后汉书·方术传》中所记的赵炳，被宋代皇帝先后封侯封王，民间称其为白鹤大帝，其信仰流传至今。金华牧羊之黄大仙，其影响广为传播，成为东南亚一带的主要信仰之一。《史记·日者列传》中唯一记述的司马季主，道教称其主道教十大洞天之一的委羽山，对后世上清派也有较大的影响。

晋代是道教迈向成熟的重要时期，葛洪及其道教著作的出现是其重要标志。葛洪是著名的炼丹家和医药学家，在浙江有很多遗迹。据道书所记，葛洪之师郑隐、郑隐之师葛玄、葛玄之师左慈、葛洪妻父鲍靓等都曾在浙江游憩或隐居。许迈和郭文都是长期隐居浙江的名道，在道教和民间都有较大的影响，方志和道教志书中记述了两人的较多遗存。

第一节 汉末六朝浙江道教地理

陈寅恪先生有《天师道与滨海地域之关系》一文，其"引言"曰："若通计三百余年间之史实，自后汉顺帝之时，迄于北魏太武刘宋文帝之世，凡天师道与政治社会有关者，如汉末黄巾、米贼之起源，西晋赵王伦之废立，东晋孙恩之作乱，北魏太武之崇道，刘宋二凶之弑逆，以及东西晋，南北朝人士所以奉道之故等，悉用滨海地域一贯之观念为解释者，则尚未之见。故不自量，钩索综合，成此短篇。或能补前人之所未逮，而为读国史者别进一新解欤？"① 陈寅恪先生之述已为较多学者所接受。

---

① 陈寅恪：《天师道与滨海地域之关系》，《金明馆丛稿初编》，第1页。

　　自北而南沿海之地山东、江苏、浙江、福建，加上江西、四川二省基本是汉末魏晋时期道教之发源地，除四川外，其余诸省基本是在东部及沿海地区，并且代表了齐、楚、吴、越四个文化。这与这四个文化多尚巫法、立淫祀有关。

　　宋代以后有张陵出生于吴天目山的说法，于是有了张陵出生于何地的讨论。讨论张陵出生地的潜台词，其实是对影响道教起源的文化的争论，是齐文化？是江南之吴、越、楚文化？抑或蜀文化？东汉末年至魏晋，是道教的诞生期，当时各道派的产生主要在上述三个文化圈内。

　　本书题名为《浙江道教史》，故今以陈寅恪先生所谓的滨海地域之浙江一地作《汉末六朝浙江道教地理》一篇，以作汉末至六朝浙江道教史的开篇。汉末六朝浙江道教分布见图2-1。

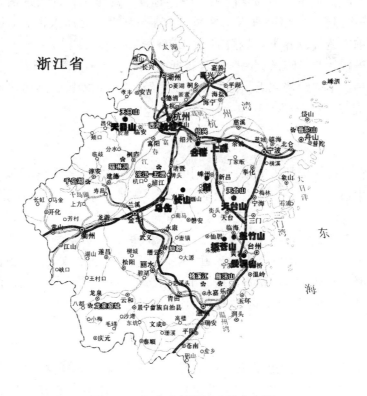

图2-1　汉末六朝浙江道教分布图

乌伤溪

　　乌伤溪为方士徐登与赵炳聚会之地，后赵炳为章安令华表所害，又葬于乌伤溪，后人称为"白鹤大帝"。《后汉书·方术列传下》曰："徐登者，闽中人也。本女子，化为丈夫。善为巫术。又赵炳，字公阿，东阳人，能为越方。时遭兵乱，疾疫大起，二人遇于乌伤溪水之上，遂结言约，共以其术疗病。各相谓曰：'今既同志，且可各试所能。'登乃禁溪水，水为不流；炳复次禁枯树，树即生荑，二人相视而笑，共行其道焉。"① 关于乌伤溪的位置，《后汉书》注引《水经注》曰："郦元长注《水经》曰：'吴宁溪出吴宁县，经乌伤，谓之乌伤溪，在今婺州义乌县东也。'"②

会稽上虞

会稽上虞有魏伯阳著《周易参同契》。

署名阴长生注《周易参同契·序》称："盖闻《参同契》者，昔是《古龙虎上经》，本出徐真人。徐真人，青州从事，北海人也。后因越上虞人魏伯阳造《五相类》以解前篇，遂改为《参同契》。"

又五代后蜀彭晓《周易参同契通真义·序》曰："魏伯阳者，会稽上虞人也……不知师授谁氏，得古文《龙虎经》，尽获妙旨，乃约《周易》，撰《参同契》三篇。"③

会稽

会稽王氏为天师道世家，家族中多人任会稽内史。会稽王氏以书法名世，其中最有名的是王羲之、王献之父子，古人称书家之中"钟张二王，四贤共类，洪荒不灭"。二王即指王氏父子。王羲之次子王凝之亦笃信天师道。《王凝之传》曰："次凝之，亦工草隶，仕历江州刺史、左将军、会稽内史。王氏世事张氏五斗米道，凝之弥笃。孙恩之攻会稽，僚佐请为之备。凝之不从，方入靖室请祷，出语诸将佐曰：'吾已请大道，许鬼兵相助，贼自破矣。'既不设备，遂为孙所害。"

钱塘

钱塘杜氏为天师道世家，杜子恭（又字叔恭）为钱塘天师道领袖，《云笈七签》所收《洞仙传·杜昺传》曰："杜昺字叔恭，吴国钱唐

---

① （南朝）范晔：《后汉书》，中华书局 1965 年版，第 2741 页。

② 同上书，第 2742 页。

③ （五代）彭晓：《周易参同契分章通真义·序》，《道藏》第 20 册，第 131 页。

人也。"

《真诰》十九《翼真检第一》曰："许黄民乃奉经入剡（今浙江嵊县），钱唐杜道鞠道业富盛，数相招致。于时诸人并未知寻阅经法，止禀奉而已。"① 杜子恭其孙杜道鞠"道业富盛"，数次招许黄民来居，后许黄民卒于钱塘，部分《上清经》流入杜道鞠之手。钱塘因此成为上清经主要的流传地之一。

委羽山大有宫

委羽山为道教十大洞天之二，位于今浙江省黄岩市南约二公里处。南北朝时的道经中多次提到委羽山。

《紫阳真人内传》曰："乃登委羽山遇司马季主，受石精金光藏景化形。"② 《太平御览》卷六六四引《列仙传》曰："司马季主，汉文帝时人，受西灵子都剑解之道，在委羽山大有宫服明丹之华，抱扶晨之晖。……"③

陶弘景《真诰》卷十四曰："司马季主后入委羽山石室大有宫中，受石精金光藏景化形法于西灵子都。"④

《太平御览》卷六七一引《上元宝经》曰："裴君受支子元服食之法，焦山蒋山人所传能长生久视。……蒋先生曰，此二方是大有之要法，长生神仙之秘宝也。大有者，谓委羽山洞天，大有宫中之书，法彼人当有服之者……清虚真人年十二便受此方……"⑤

《太平御览》卷六七三引《太微黄书经》曰："天真三皇藏八会之文于委羽山太微天。"⑥（北周《无上秘要》所引道经中有《洞真太微黄书经》）《太平御览》卷六七四引《清虚真人王君内传》曰："委羽山洞周回万里，名曰大有空明天，司马季主在其中。"⑦

与委羽山首先有关的道教人物就是司马季主，他是《史记·日者列传》中唯一一个被传人物，也是后世道教上清派非常推崇的人物。作为

---

① 陈寅恪：《天师道与滨海地域之关系》，《金明馆丛稿初编》，第21页。
② 《道藏》第5册，第545页。
③ （宋）李昉：《太平御览》卷六六四，《四部丛刊三编》"子部"，上海书店1985年影印本，第三叶。叶：古籍对折正反为同一叶。
④ 《道藏》第20册，第575页。
⑤ （宋）李昉：《太平御览》卷六七一，《四部丛刊三编》"子部"，第三叶。
⑥ （宋）李昉：《太平御览》卷六七三，《四部丛刊三编》"子部"，第五叶。
⑦ （宋）李昉：《太平御览》卷六七四，《四部丛刊三编》"子部"，第五叶。

道教十大洞天之二的委羽山，后世有多位名道隐居于此。

天台山

天台山在浙江省东部，绵亘于天台、临海、宁海、新昌、嵊县五县之间。在天台县境内则包括天台、赤城、桐柏诸山。

晋葛洪《抱朴子内篇·金丹》曰："又按仙经，可以精思合作仙药者，有……大小天台山……此皆是正神在其山中，其中或有地仙之人。上皆生芝草，可以避大兵大难，不但于中以合药也。若有道者登之，则此山神必助之为福，药必成。"①

唐代钱塘方瀛观著名道士徐灵府《天台山记》曰："孙绰云：'涉海则有方丈、蓬莱；登陆则有四明、天台。'信矣哉！盖寰瀛之灵墟，三清之别馆。按《真诰》云：'天台山高一万八千丈，周回八百里，山有八重，四面如一。当斗、牛之分，以其上应台宿光辅紫宸，故名天台，亦曰桐柏、棲山。'陶隐居《登真隐诀》云：'大少台处五县中央（即余姚、临海、唐兴、句章、剡县是）。大小台乃桐柏山；六里乃至二石桥。先得小者，复行百余里，更得大者，在最高处。'"②

《道藏·洞玄部·纪传类》之《天台山志》曰："今言天台者，盖山之都号，如桐柏、赤城、瀑布、佛垄、香炉、华顶、东苍皆山之别名，大概以赤城为南门，石城为西门、据神邕所记如此，而徐灵府小录又以剡县金庭观为北门，盖持山之所至言。"③

天台山之道迹自吴始，魏晋南北朝时，梁陶弘景即记载葛玄游踪已至天台山。天台山道观最早者是传孙权为葛玄所建之天台观。此后传有褚伯玉亦曾隐居于此。唐代有司马承祯居之。一直传承至今的桐柏观，唐崔尚《桐柏观碑》云建于景云（710—711）中。④

剡

剡，即今之嵊县之地，汉末六朝时为上清派的中心之一。《真诰》卷

---

① 王明：《抱朴子内篇校释》，中华书局 1985 年增订版，第 85—86 页。

② （唐）徐灵府：《天台山记》，（明）潘珹《天台胜迹录》，浙江大学出版社 2010 年版，第 1 页。

③ 《道藏》第 11 册，第 90 页。

④ 同上书，第 93 页，参见《中国道教·天台山》，卿希泰《中国道教》，知识出版社 1994 年版。

十九《翼真检第一》曰："元兴三年，京畿纷乱，（许）黄民乃奉经入剡（今浙江嵊县）。"① 后顾欢等人亦在剡地整理上清经，并编撰《真迹经》、《道迹经》。

据早期道经记载，剡地又有赵广信居于小白山修道。《太平御览》卷六六二引《真诰》曰："赵广信，阳城人，魏末来渡江入剡（今浙江嵊县）小白山中学道。受左慈玄中之道并彻视法，如此积年，周行郡国，或卖药，人莫知也。多来都下，市丹砂作九华丹仙去。"②《太平御览》卷六六九引《真诰》曰："赵广信，阳城人。魏末渡江入剡小白山，受李法服气，又受左君玄中之道，如此积年，或卖药人间，多来都下，市丹砂作九华丹仙去。"③

南朝时钱塘人褚伯玉为会稽孔氏之孔稚圭及朱僧标之师，齐高祖萧道成在剡为其建太平观。《太平御览》卷六六六引《太平经》曰："褚伯玉字元璩，吴郡钱塘人。早慕冲虚，年十八，父为娶。妇入前门，伯玉后门出，往剡，居瀑布山。……帝追恨，诏瀑布山下立太平观，孔稚圭立碑。"④

南宋高似孙撰之《剡录》为古代著名的方志。其卷三《仙道》列有剡县人刘晨、阮肇、孙韬，以及在剡县有遗迹留存的葛洪、褚伯玉、赵广信、顾欢、吴筠诸人。⑤ 南朝刘义庆《幽明录》中"刘阮遇仙"的故事主角就是前述刘晨、阮肇，其故事的时间可上推至汉明帝时期。

剡之一地，其仙道传说从前汉的"刘阮遇仙"故事为开始。其后，汉末至南北朝道士又以其小白山、瀑布山等地隐居修炼。并曾经一度为上清派经典保存和整理的中心。可以认为从汉至南北朝，剡是浙江道教的中心之一。

括苍山

括苍山亦是早期道经中提及的修道名山。《太平御览》卷六六九引《真诰》曰："平仲节，河东人也，刘聪乱中夏，仲节度江入括苍山，体

---

① ［日］吉川忠夫、麦谷邦夫编：《真诰校注》，朱越利译，中国社会科学出版社2006年版，第573页。

② （宋）李昉：《太平御览》卷六六二，《四部丛刊三编》"子部"，第二叶。

③ （宋）李昉：《太平御览》卷六六九，《四部丛刊三编》"子部"，第四叶。

④ （宋）李昉：《太平御览》卷六六六，《四部丛刊三编》"子部"，第六叶。

⑤ （宋）高似孙：《剡录》，《中国方志丛书·华中地方·第六四号·浙江省》，成文出版社有限公司1983年版，第97—101页。

有真气，服饵仙去。"①《真诰》卷十二《稽神枢第二》曰："左慈今在小括山……［注曰：］左慈字元放，李仲甫弟子，即葛玄之师也。魏武父子招集诸方士，慈亦同在中……小括即小括苍山，在永嘉桥谿之北。"②

唐司马承祯《天地宫府图》列括苍山为第十大洞天："第十括苍山洞，周回三百里，号曰成德隐玄之洞天。在处州乐安县，属北海公涓子治之。"③司马承祯《天地宫府图》来源甚早，至少可以上推至南北朝梁陶弘景的时代，故括苍山是早期道教所关注的名山之一。

长山、盖竹

长山、盖竹山为葛玄游憩之地。《抱朴子内篇·金丹》云："今中国名山不可得至，江东名山之可得住者，有霍山，在晋安；长山、太白，在东阳；四望山、大小天台山、盖竹山、括苍山，并在会稽。"④虽然长山、盖竹山一在东阳，一在会稽，但在南北朝道经中往往并提。

陶弘景《吴太极左仙公葛公之碑》曰："公驰涉川岳，龙虎卫从，长山盖竹，尤多去来。"⑤《真诰》卷十二《稽神枢第二》曰："问葛玄，玄善于变幻，而拙于用身。今正得不死而已，非仙人也。初在长山，近入盖竹，亦能乘虎使鬼，无所不至，但几于未得受职耳。"⑥

上清经流传过程中，楼惠明与马洪居于东阳长山。陶弘景《真诰》卷十九曰："楼从都还，仍住剡，就钟求先所留真经。钟不以还之，乃就起写，久久方得数篇。既与马洪为恨，移归东阳长山，马后遂来潜取，而误得他经。"⑦

天目山

张陵出生于天目山之文献考察。

明四十二代天师撰《汉天师世家》称："（张陵）汉建武十年正月十五夜生于吴之天目山。"又曰："从学者千余人，天目山南三十里、西北

---

①　（宋）李昉：《太平御览》卷六六九，《四部丛刊三编》"子部"，第四叶。

②　［日］吉川忠夫、麦谷邦夫编：《真诰校注》，朱越利译，第381页。

③　《云笈七签》第二十七卷《天地宫府图》，《道藏》第22册，第199页。

④　王明：《抱朴子内篇校释》，第85页。

⑤　《道藏》第6册，第853—854页。

⑥　［日］吉川忠夫、麦谷邦夫编：《真诰校注》，朱越利译，第381页。

⑦　（南朝）陶弘景：《真诰》卷十九，《道藏》第20册，第605页。

八十里皆有讲诵之堂，临安神山观、余杭通仙观即其地也。"①

关于张陵出生于"吴之天目山"，学者质疑颇多，认为其为宋人伪造，不过也有学者认为此事亦有可能，在提出有力的反证之前当姑且信之。

从现存的文献来看，明确提出张陵生于吴之天目山的观点，出自宋代，也就是说明《汉天师世家》所论张陵出生于吴之天目山，非其所自创，实早有渊源。

南宋时天目山属临安府于潜县，是时潜说友撰有《临安志》，成书于咸淳四年（1268 年），故又俗称《咸淳临安志》。《咸淳临安志》中有数处提到张陵的遗迹。

"张公舍：在山南峭壁间，阔五丈，门高二百余丈，即汉天师隐室，旁有张公小舍，相去半里，一名天师外室，登者扪萝而入，可坐数人。"

"石门：有二，在半岭，东、西向各一，高二十余丈，小者百尺。自张公舍眺之，四扉对峙，一山之绝致也。古记云：'西崦落晖，未张于锦绘；东乌炎彩，先布于黼黻。'世传唐元宗有诗云：'双扉起岩石，尘客过应稀。千古掩不得，从教云夜归。'"

"石屋：有二，与张公舍不远，常有阴云怪风生于昼，俗谓徐、五二仙修炼之所。"

"生仙山：在县（于潜县）南三十里，天师张道陵生于此山之西，因以名之。今集仙观即基宅基，旧名生仙观，山下有炼丹井，尚存。"②

南宋道经中亦有关于张陵出生于天目山的记载。南宋谢守灏《混元圣记》曰："初陵（文中小字注）［后名道陵字辅汉］以光武建武十年甲午正月十五日生于余杭之天目山，七岁能诵《道德经》，后为书生，博综五经，通河洛象纬之文章。帝元和二年乙酉，以博士召不起，时年五十二……（文末小字注）［已上见《天师传》及《蜀图经》］"③

---

① 《道藏》第 34 册，第 820 页。

② 《咸淳临安志·山川五·于潜县》，《浙江省地方志》编纂委员会编《宋元浙江方志集成》，第 2 册，第 637—643 页。

③ 《道藏》第 17 册，第 846—847 页。

从《混元圣记》小字注看，其称张陵生于天目山似有所本，当出于宋代能见到的张天师传记的一个版本《天师传》。南宋志磐《佛祖统纪》亦引《天师传》的文字，但同书卷一引其文时称作《天师家传》，则此处《天师传》亦是《天师家传》。

元初钱塘羽士邓牧撰《大涤洞天记》，卷中"天目山"称："《太平寰宇记》云：天目山高三千九百丈，周五百五十里，多美石甘泉，有数百年古木。山上两湖若左右目，故名。古有东山铭，略曰：'列岳霞上，标峰雾里，翠滴烟峦，名不可纪。'有蛟龙池，上中下三潭，源脉相接，徐伍仙故居在石室峰西，又汉天师举家于此上升，兹盖天柱之鼻祖，而钱塘所谓龙飞凤舞又其云仍也。"① 邓牧乃宋元间人，此书成于大德九年（1305年），此书称张陵居于西天目山出自北宋初之《太平寰宇记》，则此处所记与《混元圣记》所记相同，皆是有所本的。《天师家传》的撰写时间不详，而《太平寰宇记》则撰于宋太宗太平兴国年间（976—983年），则张陵出生于天目山的记载可明确上推至宋初。由于唐前的地方史志没有被很好地保存，所以我们无法进一步清楚地了解到张陵出生于天目山是否还可以找到更早的文献记载。

关于天目山，《云笈七签》卷二十七，唐司马承祯的《天地宫府图》将其列为三十六小洞天之一，曰："第三十四天目山洞，周回一百里，名曰天盖涤玄天。在杭州余杭县，属姜真人治之。"② 但到了杜光庭的《洞天福地岳渎名山记》中，名称有了变化。《名山记》之《三十六洞天》曰："天柱山，大涤玄盖洞天，一百里，在杭州余杭县天柱观。"③ 唐初的"天目山洞"至唐末变成了"天柱山"，在唐初司马承祯的《天地宫府图》中，"天柱山"属七十二福地中的第五十七福地，《天地宫府图·七十二福地》曰："第五十七天柱山，在杭州于潜县，属地仙王伯元治之。"④ 而到杜光庭的《洞天福地岳渎名山记》，可能由于天柱山成了三十六洞天之一，故七十二福地中已无天柱山的名称。

《天地宫府图》虽然是唐司马承祯所撰，但其必有来源，如在《天地宫府图·十大洞天》中曰："第三西城山洞，周回三千里，号曰太玄惣真

① 《道藏》第18册，第146页。
② 《道藏》第22册，第201页。
③ 《道藏》第11册，第58页。
④ 《道藏》第22册，第203页。

之天，未详在所。《登真隐诀》云：疑终南太一山是属，上宰王君治之。"① 梁陶弘景时已不明其所在，而用"疑"字，则说明《天地宫府图》来源甚早。也就是说在南北朝时期，天目山为三十六洞天之一，直到唐初，尚以其说为是，而后地点相近之天柱山声名鹊起，故天目山洞天之名被天柱山大涤玄盖洞天所替代。从以上讨论来看，我们不得不对天目山在南北朝以前受重视的原因进行思考，或许它与张天师出生地有关。

《神仙传》称："陵年五十方退身修道，十年之间已成道矣，闻蜀民朴素可教化，且多石山，乃将弟子入蜀，于鹤鸣山隐居。"② 就是说，张陵修道约十年后，方才入蜀。这一说法也见于南唐陈乔《新建信州龙虎山张天师庙碑》，曰："天师姓张氏，讳道陵，字辅汉，沛国丰人也。……初杖策以游吴，忽拂衣而向蜀。"③ 文中称张天师陵，先游于吴地，而后入蜀。张天师入蜀之前既然在东部活动约有十年之久，应该会留下一定的遗迹和传说。有学者甚至认为"太上老君与张道陵天师在蜀地神遇和神授的关系，实际上是在东部传统的影响下得以确立的"④。也就是说，张道陵除四川外，还在东部留下了关于其修道的遗迹和传说，从而影响了后世张道陵"天师"地位的形成。

南唐沈汾《续仙传》中，亦有张天师的传说：

　　鄞去奢，衢州龙丘人也，家于九峰山下。少入道，游学道术，精思忘疲。年三十余，便居处州松阳县安和观，即叶静能故乡学道之所。而观北五里，有茅山，高五十余丈。相传云："汉张天师及叶静能皆居此山修道。"……人为之构屋及造堂宇，设老君，写张天师像及叶静能真景，朝夕焚修朝礼。⑤

五代时处州即现浙江丽水市，而松阳在其辖下。文中提到的叶静能与叶法善同出浙江松阳县的叶氏道教世家，同时出现于高宗、中宗朝。在710 年睿宗复位的宫廷政变中，叶静能因参与了韦皇后一党的阴谋活动而被诛杀，道士叶法善则积极襄助玄宗李隆基举事而立下大功，被封为国

---

① 《道藏》第 22 册，第 199 页。
② （晋）葛洪：《神仙传》，中华书局 2010 年版，第 190 页。
③ 《全唐文》卷八七六，中华书局 1983 年影印版，第 9 册，第 9159—9163 页。
④ 刘屹：《敬天与崇道——中古经教道教形成的思想史背景》，中华书局 2005 年版，第 663 页。
⑤ （南唐）沈汾：《续仙传》卷上，《道藏》第 5 册，第 82 页。

师。此文中的茅山当非江苏的茅山，此茅山是距叶氏家不远的茅山，此茅山多被称为卯山。《神仙传》尚有"初，天师值中国纷乱，在位者多危，退耕于余杭"① 的说法，可知张天师在浙江的传说是多处流传的，虽然尚未有确切的证据证明，但从种种线索来看，张天师出生于天目山的传说起源甚早，并非毫无可能。

第二节　魏伯阳及其《周易参同契》

《周易参同契》被称为万古丹经王，最早引用《周易参同契》的是三国时期的虞翻。陆德明《经典释文》曰："虞翻注《参同契》云：'易从日下月'"，故《周易参同契》的成书年代基本可定为后汉。《周易参同契》的作者并没有直接署名，而是在书的最后写了一节，既写了自己的经历，又用廋词（即一种隐语的方法，类似猜谜）隐入了自己的姓名，其词曰：

> 委时去害，依托丘山。循游寥廓，与鬼为邻。化形而仙，沦寂无声。百世一下，遨游人间。陈敷羽翮，东西南倾。汤遭厄际，水旱隔并。柯叶萎黄，失其华荣。吉人相乘负，安稳可长生。②

委与鬼为邻为"魏"；百世一下为"白"，遨游人间为"亻"，合则为"伯"；"汤"遭旱而无水，则为"易"，"际"与"隔"并有之为"阝"，"阝"与"易"合为"陽"；"柯"失其华容，则去木为"可"，"可"相乘为"哥"，负为"欠"字，则合而为"歌"。四字相合为"魏伯阳歌"。

魏伯阳正史无传，晋葛洪《神仙传》有传，曰：

> 魏伯阳者，吴人也。本高门之子，而性好道术，不肯仕宦，闲居养性，时人莫知之。后与弟子三人入山作神丹，丹成，弟子心不尽，乃试之曰："此丹今虽成，当先试之。今试饴犬，犬即飞者，可服之，若犬死者，则不可服也。"伯阳入山，特将一白犬自随。又有毒

---

① （晋）葛洪：《神仙传》，第190页。
② 《道藏》第20册，第156页。

丹，转数未足，合和未至，服之暂死。故伯阳便以毒丹与白犬，食之
即死。伯阳乃问弟子曰："作丹惟恐不成，丹即成，而犬食之即死，
恐未合神明之意，服之恐复如犬，为之奈何？"弟子曰："先生当服
之否？"伯阳曰："吾背违世俗，委家入山，不得仙道，亦不复归，
死之与生，吾当服之耳。"伯阳乃服丹，丹入口即死。弟子顾相谓
曰："作丹欲长生，而服之即死，当奈何？"独有一弟子曰："吾师非
凡人也，服丹而死，将无有意耶？"亦乃服丹，即复死。余二弟子乃
相谓曰："所以作丹者，欲求长生，今服即死，焉用此为？若不服
此，自可数十年在世间活也。"遂不服，乃共出山，欲为伯阳及死弟
子求市棺木。二人去后，伯阳即起，将所服丹内死弟子及白犬口中，
皆起。弟子姓虞。皆仙去。因逢人入山伐木，乃作书与乡里，寄谢二
弟子。弟子方乃懊恨。伯阳作《参同契》、《五行相类》，凡三卷，其
说似解《周易》，其实假借爻象，以论作丹之意，而儒者不知神仙之
事，反作阴阳注之，殊失其大旨也。①

　　葛洪《神仙传》中有大段文字叙述魏伯阳的"仙迹"，但对魏伯阳的
生平和《参同契》的传承语焉不详，不过在《周易参同契》的后世注本
中亦有魏伯阳生平的线索。

　　《道藏》中有署名阴长生注《周易参同契》。原题"长生阴真人注"，
书中引述隋朝萧吉、唐初李淳风著作，故近人陈国符考证此书当为唐人假
托东汉阴长生而作，今从其说。该注《序》称：

　　　盖闻《参同契》者，昔是《古龙虎上经》，本出徐真人，徐真
人，青州从事，北海人也。后因越上虞人魏伯阳造《五相类》以解
前篇，遂改为《参同契》。更有淳于叔通补续其类，取象三才，乃为
三卷。叔通亲事徐君，习此经夜寝不寐，仰观乾象而定阴阳……惟此
还丹之理参同皎然，遂见诸贤所注，悉皆隐密。余饶其术颇得其旨，
劳苦不辞，所失无怨，志在金鼎而饶参同……余今所注，颇异诸家，
合正经理，归大道，论卦象即火候为先，释阴阳则药物为正，其事显
其理明，看之炯然，必无疑惑。使后来君子同归大道，岂不善欤？②

----

① （晋）葛洪：《神仙传》，第63—64页。
② 《道藏》第20册，第63页。

又五代后蜀彭晓《周易参同契通真义·序》曰:

魏伯阳者, 会稽上虞人也, 世袭簪裾, 唯公不仕, 修真潜默, 养志虚无, 博赡文词。通激纬候, 恬愉守素, 唯道是从。每视轩裳, 如糠粃焉。不知师授谁氏, 得古文《龙虎经》, 尽获妙旨, 乃约《周易》, 撰《参同契》三篇, 又云未尽纤微, 复作《补塞遗脱》一篇。继演丹经之玄奥, 所述多以寓言借事, 隐显异文, 密示青州徐从事, 徐乃隐名而注之。至后汉桓帝时, 公复传与同郡淳于叔通, 遂行于世。①

两注所言虽然略有出入, 但都称魏伯阳为上虞人, 窥《龙虎经》之妙旨, 乃约《周易》而著《参同契》。先传之青州徐真人或称徐从事, 后传之同郡淳于叔通, 而《参同契》行于世。

无论是阴注还是彭注, 两书均成于唐或五代, 此时离后汉已远, 其说必有出处, 余嘉锡《周易参同契通真义三卷》条谓其出于梁陶弘景《真诰》②。考《真诰》卷十二曰:

定录府有典柄执法郎, 是淳于斟, 字叔显, 主试有道者。斟, 会稽上虞人, 汉桓帝时作徐州县令。灵帝时, 大将军辟掾, 少好道, 明术数, 服食胡麻、黄精饵。后入吴乌目山中隐居, 遇仙人慧车子, 授以《虹景丹经》, 修行得道。今在洞中为典柄执法郎。[陶弘景自注曰]《易参同契》云: “桓帝时, 上虞淳于叔通受术于青州徐从事, 仰观乾象以处灾异, 数有效验。以知术故, 郡举方士, 迁洛阳市长。” 如此亦为小异。吴无乌目山, 娄及吴兴并有天目山, 或即是也。慧车子无别显出。③

又《太平御览》也记有上述淳于斟隐居 “乌目山” 事。卷六七九引《天戒经》曰: “淳于斟字叔通, 会稽人, 汉桓帝时为徐县令。好道术, 数服饵胡麻黄精。后入吴乌目山中隐居。人授以《虹景丹经》, 修行得道, 在洞中为典柄执法郎, 主诚有道者。”

---

① （五代）彭晓:《周易参同契分章通真义·序》,《道藏》第 20 册, 第 131 页。
② 余嘉锡:《四库提要辨证》, 中华书局 1980 年版, 第三册, 第 1211—1214 页。
③ [日] 吉川忠夫、麦谷邦夫编:《真诰校注》, 朱越利译, 第 388 页。

汉魏人著书，有在序中叙其书之源流及其人之仕履，与刘向《别录》之体同。故陶弘景引《易参同契》之言，应是《易参同契》之序。而今传之《周易参同契》无此篇，或是传承中佚失了。以梁时陶弘景所见之《参同契》序文来看，徐从事与淳于叔通两人为考证魏伯阳生平与《参同契》流变的关键。

徐从事事迹无考，元俞琰《周易参同契发挥》则言，魏氏密示青州徐景休从事，则俞琰认为徐从事名或字为景休，但不知其出于何处。明代杨慎则亦言徐从事名景休，似从俞琰之说。

关于淳于叔通生平，余嘉锡考辨甚详，列其主要线索为《开元占经》、《真诰》、《续汉书》、《后汉纪》等书。余嘉锡《周易参同契通真义三卷》条曰：

> 考《开元占经》卷百二十引《会稽典录》曰："淳于翼字叔通，除洛阳市长。桓帝即位，有大蛇见德阳殿上翼，占曰以蛇有鳞甲，兵之应也。"此与弘景所注《参同契》言桓帝时上虞淳于叔通为洛阳市长者，姓字乡贯、时代官职，无一不合。……翼占蛇妖事，亦见《续汉书·五行志》注引《搜神记》曰："桓帝即位，有大蛇见德阳殿上，洛阳市令淳于翼曰蛇有鳞甲，兵之象也。见于省中，将有椒房大臣受甲兵之诛也，乃弃官遁去。到延熹二年，诛大将军梁冀，捕家属，扬兵京师也。"（见今本《搜神记》卷六）……袁宏《后汉纪》卷二十二云："（度）尚字博平，初为上虞长，县民故洛阳市长淳于翼，学问渊深，大儒旧名，常隐于田里，希足长吏。尚往候之，晨到其门，翼不即相见。主簿曰还，不听，停车待之。翼晡乃见，尚宗其道德，权谈乃退。"按：《后汉书·孝女曹娥传》言："元嘉元年县长度尚改葬娥为立碑。"元嘉元年为桓帝即位后之五年，则度为上虞长正在翼弃官遁归之后，故隐于田里，不见长吏。
>
> 《（太平）御览》卷三百八十五引《会稽先贤传》（吴谢承撰）曰："淳于长通年十七，说宓氏易经，贯洞内事万言，兼春秋，乡党称曰圣童。"今人周作人辑会稽郡书，以为即《典录》之淳于翼是也。草书"叔"字与"长"笔画颇相近，传写致误耳。两汉不闻有宓氏易，惟《隋书·经籍志》五行家有"《周易集林》十二卷，京房撰"。又引《七录》云伏万寿撰。《唐书·艺文志》有伏氏《周易集林》一卷，伏与宓通，盖即所谓宓氏易也。……
>
> 《元和姓纂》卷三云：会稽上虞《列仙传》有淳于斟，字叔孙，

与《真诰》复不同，不足据。①

关于上虞令度尚，《后汉书》卷三十八《度尚传》曰：

> 度尚，字博平，山阳湖陆人也。家贫，不修学行，不为乡里所推举。积困穷，乃为宦者同郡侯览视田，得为郡上计吏，拜郎中，除上虞长。为政严峻……时冀州刺史朱穆行部，见尚甚奇之。
>
> 延熹五年，长沙、零陵贼合七八千人，自称将军……遣御史中丞盛修募兵讨之，不能克。……桓帝诏公卿举任代刘度者，尚书硃穆举向，自右校令擢为荆州刺史。②

上述关于淳于斟的资料中，可考纪年为：

1. "桓帝即位，有大蛇见德阳殿上"，汉桓帝即位为146年。
2. "延熹二年（159），诛大将军梁冀"。
3. "元嘉元年（151）县长度尚改葬娥为立碑"。
4. 度尚于元嘉元年（151）时尚为上虞令，而于延熹五年（162）擢为荆州刺史，在做荆州刺史前，还做过右校令。则度尚为上虞令的时间当在160年以前。

综上所述，146年前，淳于斟已经做了"洛阳市长"。这里要说明一下，汉代的"市"指集市。汉代的市不仅仅是从事商业活动的场所，同时也是封闭的行政区域。政府规定在市中从事商业活动的人及其家庭必须围绕着市居住，在此基础上形成了市籍制度及与此相关的专职官吏，也就是"市长"。③桓帝即位后，由于大将军梁冀专权，故淳于斟退回籍里上虞，而度尚闻其学问渊深，故上门拜访。此时当在151—159年之间，而更近于151年，一是汉代大县设"令"，小县设"长"，"上虞长"之职相当于后世的八品官，一般来说，三四年后便会升迁；二是151年度尚已经任上虞令了，对于素有名声的淳于斟应有所闻，并直接会去拜访。而此时辞官而回的淳于斟年龄应该不是很轻，当在40—50岁。

考虑到托名阴长生注本曰："昔是《古龙虎上经》，本出徐真人，后因越上虞人魏伯阳造《五相类》以解前篇，遂改为《参同契》。"彭晓注

---

① 余嘉锡：《四库提要辨证》第三册，中华书局1980年版，第1211—1214页。
② （南朝）范晔：《后汉书》，第1284—1285页。
③ 陈乃华：《论汉代的市》，《山东师范大学学报》2001年第2期。

本称："密示青州徐从事，徐乃隐名而注之。至后汉桓帝时，公复传与同郡淳于叔通，遂行于世。"可知魏伯阳似与徐从事平辈论交，而淳于斟则师事徐从事或魏伯阳，则魏伯阳年龄应大于淳于斟，故桓帝 151 年时，魏伯阳年龄应在 60—70 岁。

以此推论，则魏伯阳大约生于东汉永元年间（89—105），《周易参同契》应成书于汉顺帝在位时期（126—144），彭晓注曰："汉桓帝时，公复传与同郡淳于叔通，遂行于世。"则魏伯阳传《周易参同契》与同郡淳于斟应在其弃官回上虞之后。

汉魏至南北朝，《参同契》一书除上述虞翻引以注《易》外，罕见他书征引，以致后人怀疑《周易参同契》是否成书于后汉的问题，马叙伦是主要的提出疑义者，马叙伦《读书小记》卷二云："《周易参同契》，隋唐《经籍志》皆不载，据《神仙传》谓出魏伯阳。……盖出于道流附会。又《抱朴子·遐览篇》列叙道家著作，有《魏伯阳内经》而无《周易参同契》之名。《颜氏家训·书证篇》曰：'《参同契》以人负告为造。'是颜氏犹见此书，稚川自无不见之理，而《遐览篇》无之，则古有《周易参同契》，非此书也。且《抱朴子》中，皆独尊道家，于《易》无取，而此书附会《易》象，以论神丹，篇题则仿诸纬。观其义，实和会儒佛而成修养之术（其文多五字句，亦仿佛经）。……至陆元朗云：'虞翻注《参同契》云："易从日下月。"'晁子止以此证为古书，亦不然。《说文》'易'字下云：'秘书说：日月为易。'凡许称秘书者，即诸纬也，然则可证古自有易纬名《参同契》，仲翔所注，是彼非此，伪作者既冒其名，后人转揉而一之，适为所欺矣。"①

马叙伦以"秘书"一般是纬书的习惯性称呼，又因秘书称"日月为易"，而虞翻曾引《参同契》中"易从日下月"，从而断定隋代颜之推所见之《参同契》非虞翻所引之《参同契》。这个推断有几个不合理之处。

一是纬书可以称"秘书"，但秘书所指范围大于纬书，像魏伯阳所作之以修炼大丹而能飞升成仙的《参同契》之类，当亦可称为"秘书"。二是《参同契》少有人征引，也可能是因为其是秘书而流传不广的原因。《三国志·吴书十二·虞翻传》曰："虞翻字仲翔，会稽余姚人也。"虞翻之所以能够注引《参同契》，很有可能是因为虞翻与魏伯阳、淳于斟同为会稽人，故能较早得到《参同契》。

---

① 参见孟乃昌《周易参同契考辨》，上海古籍出版社 1993 年版，第 31 页。陈国符：《道藏源流续考》，明文书局 1983 年版，第 354 页。

上述托名阴长生的唐代注本《周易参同契》于卷下"委时去害，依托丘山。循游寥廓，与鬼为邻"。句下注云："虞翻以为委边著鬼是魏字。斯得与鬼？不然其悟道之后，何得与鬼为邻行耳。"可知廋词的破解第一人很可能就是与魏伯阳时代相差无几的同郡人虞翻①。萧汉明甚至认为"虞翻是第一个有条件传播和诠释《周易参同契》的人，后世所知的有关魏伯阳身世点滴情况，诸如姓名籍贯门第等，大抵都出自虞翻对《周易参同契》所作的注"②。

魏伯阳所著《周易参同契》，题解即有争论，朱熹《周易参同契考异》曰："参，杂也；同，通也；契，合也。"这一说有很大的影响。王明先生则训"参"为"叁"，倡"大易、黄老、炼丹叁同"之说，亦有很大影响。又言"契"为"书契"，并认为《周易参同契》书名盖仿纬书而来，如《易纬稽览图》、《孝经援神契》。

关于《周易参同契》丹法属性，主要有两说：一是外丹说，二是内外丹说，或有人以为尚有内丹一说，姑且存之。一般认为唐及以前注本所持观点，均以《参同契》为外丹著作，而自宋代以后始有内外丹之说。王明先生以为《参同契》为外丹之作，而内丹、房中二说为附会之言。萧汉明先生则根据陈国符先生《说周易参同契与内丹外丹》一文中通篇只证《参同契》与内丹的关系，推断陈国符先生"主内丹说无疑"，亦可备一说。

《周易参同契》与易学的关系不容忽视，特别是与汉易的关系尤为密切。《参同契》与汉易的关系主要有四个方面：一为纳甲说，二为十二消息说，三为六虚说，四为卦气说。

就丹法而言，《周易参同契》的意义巨大，一般认为《参同契》之前有炼制服食金丹之实，而无成熟的金丹思想，将之形成系统的理论自

---

① 《三国志·虞翻传》曰："权既为吴王（吴黄武元年，公元222）……翻性疏直，数有酒失。权与张昭论及神仙，翻指昭曰：'彼皆死人，而语神仙，世岂有仙人也！'权积怒非一，遂徙翻交州。……权即尊号（吴黄龙元年四月丙申日，孙权即皇帝位。改年号黄龙，国号大吴。时229），翻因上书曰：'臣伏自刻省，命轻雀鼠，性輶毫厘，罪恶莫大，不容于诛，昊天罔极，全宥九载，退当念戮，频受生活，复偷视息。臣年耳顺，思咎忧愤，形容枯悴，发白齿落，虽未能死，自悼终没，不见宫阙百官之富，不睹皇舆金轩之饰，仰观魏魏众民之谣，傍听钟鼓侃然之乐，永陨海隅，弃骸绝域，不胜悲慕，逸豫大庆，悦以忘罪。'（裴松之注引《翻别传》）……在南十余年，年七十卒。归葬旧墓，妻子得还。"据前引文则虞翻于222年左右被贬，在南十余年，而于七十岁时卒，则虞翻生于160年左右，正是汉桓帝年间。

② 萧汉明、郭东升：《〈周易参同契〉研究》，上海文化出版社2001年版，第173页。

《参同契》始。《周易参同契》对后世的影响很大，无论内外丹之传，多祖于魏伯阳。《周易参同契》亦有版本与作者的纷争，《新唐书·艺文志》即载有《参同契》二卷、《五相类》一卷之说，则后世有《五相类》为他人所作，或称五为三之误，应称为《三相类》等诸说。今人也有从化学的角度讨论《周易参同契》，《参同契》成为研究古代化学成就的主要著作之一。

《周易参同契》历代作注者很多，隋唐时期外丹术盛行，唐代出现的托名汉阴长生的《周易参同契阴长生注》、《道藏》容字号《周易参同契无名氏注》（据陈国符先生考证，上述两书均为唐代注本，今从其说）都将《周易参同契》作外丹经书解。五代时期内丹已经较为成熟，五代彭晓《周易参同契通真义》秉承魏伯阳《周易参同契》的本义，只讲修丹的原理，并不偏重于内丹或外丹，或者说以内外丹共同的原理为《周易参同契》作注，故后人以为彭晓的注本最契合魏伯阳的原意。它融合内外丹学的注释，可以为后世内丹或外丹学者所同时接受和发挥，从而使彭晓的注本成为众多注本中最受人关注的一个注本。

两宋以后，内丹学盛行，外丹衰落，故两宋以后的《周易参同契》注本都作内丹解。宋代有储华谷注《周易参同契》三卷，抱一子陈显微《周易参同契解》等；元代全阳子俞琰《周易参同契发挥》，上阳子陈致虚《周易参同契分章注》等；明代有陆西星《周易参同契测疏》；清代有陶素粗《周易参同契脉望》等。

第三节 白鹤大帝与黄大仙

一 白鹤大帝赵炳

赵炳，《后汉书·方术列传下》曰：

> 徐登者，闽中人也。本女子，化为丈夫。善为巫术。又赵炳，字公阿，东阳人，能为越方。时遭兵乱，疾疫大起，二人遇于乌伤溪水之上，遂结言约，共以其术疗病。各相谓曰："今既同志，且可各试所能。"登乃禁溪水，水为不流；炳复次禁枯树，树即生荑，二人相视而笑，共行其道焉。
>
> 登年长，炳师事之。贵尚清俭，礼神唯以东流水为酌，削桑皮为

脯。但行禁架，所疗皆除。

后登物故，炳东入章安，百姓未之知也。炳乃故升茅屋，梧鼎而爨，主人见之惊懅，炳笑不应。既而爨孰，屋无损异。又尝临水求度，船人不和之，炳乃张盖坐其中，长啸呼风，乱流而济，于是百姓神服，从者如归。章安令恶其惑众，收杀之。人为立祠室于永康，至今蚊蚋不能入也。①

《后汉书》中没有提到赵炳活动的年代，根据所说的兵乱和疾疫，以及东晋葛洪《抱朴子内篇》中将赵炳与左慈并列，而左慈是汉献帝时曹操大批招致的方士之一，有学者认为两人活动年代约略一致，《后汉书》所记载的赵炳或即汉献帝时事②。关于赵炳的年代，还有一条线索，据南宋陈耆卿所撰《嘉定赤城志》卷三十一："（徐）登死，炳人章安，神幻事甚众，后为章安令华表所害。"③《嘉定赤城志》中还有一处提到华表为章安令，即在历代县令名录中，将华表的名字列于临海县令的名录中，并有附记曰："右五政皆为章安令。"即陈耆卿认为临海在汉代时称为章安。又在章安令华表名下注曰："见后汉书徐登传"，但《后汉书·徐登传》中只有赵炳为章安令所杀之记载，并无章安令的姓名。估计当时华表为章安令被方志所记，而陈耆卿在编定《嘉定赤城志》时，沿用了这种说法。这是一条重要的线索，根据华表的年代，可以推断出赵炳的大致活动年代。

华表为三国末、西晋初人。《晋书·华表传》曰：

华表，字伟容，平原高唐人也，父歆，清德高行，为魏太尉。表年二十，拜散骑黄门郎，累迁侍中。正元初，石苞来朝，盛称高贵乡公，以为魏武更生。时闻者流汗沾背，表惧祸作，频称疾归下舍，故免于大难。后迁尚书。五等建，封观阳伯。坐供给丧事不整，免。泰始中，拜太子少傅，转光禄勋。迁太常卿。数岁，以老病乞骸骨。诏曰："表清贞履素，有老成之美，久干王事，静恭匪懈。而以疾固

① （南朝）范晔：《后汉书》，第 2741—2742 页。

② 林富士：《东汉晚期的疾疫与宗教》，《中央研究院历史语言研究所集刊》第 66 册（1995），第 716—718 页。

③ （宋）陈耆卿：《嘉定赤城志》，《中国方志丛书·华中地方·第五六〇号·浙江省》，成文出版社有限公司 1983 年版，第 7304 页。

辞，章表恳至。今听如所上，以为太中大夫，赐钱二十万，床帐褥席禄赐与卿同，门施行马。"表以苦节垂名，司徒李胤、司隶王宏等并叹美表清澹退静，以为不可得贵贱而亲疏也。咸宁元年八月卒，时年七十二，谥曰康，诏赐朝服。有六子：廙、岑、峤、鉴、澹、简。①

　　华表卒于咸宁元年（275），时年七十二，则华表生于后汉建安八年（203）。华表之父华歆为魏太尉。太尉为三公之一，据《汉书》，太尉为掌武事且禄比丞相，故华表年二十，也就是于魏黄初四年（223）就拜为散骑黄门郎。《三国志·华歆传》曰："华峤谱叙曰：歆有三子。表字伟容，年二十余为散骑侍郎。"此处又称为散骑侍郎，无论是侍郎还是黄门郎都属于郎官。汉魏时散骑为加官，无常职。郎官也是散职，也可以看作当时的一种官员的选拔制度。先通过各种途径选为郎官，然后再授以实职。② 一般来说郎官任职可以通过多种途径，一是通过选拔，如以岁举孝廉、诏举贤良方正等形式；二是通过长辈的原因，如荫任，而华表明显是以荫任的方式为郎的。无论是侍郎还是黄门郎都是秩禄较低的官职，侍郎秩四百石，黄门郎较高为秩六百石。授以实职时，除议郎多补为参议、顾问之职外，其余郎官，如中郎、侍郎、郎中等主要补县令长居多。③

　　汉魏县的长官有令、长之分。《汉书·百官公卿表第七上》曰："县令、长，皆秦官，掌治其县。万户以上为令，秩千石至六百石；减万户为长，秩五百石至三百石。"④ 华表为章安令，故章安应为万户以上大县。秩应为六百石以上，千石以下。《晋书·华表传》中曰："累迁侍中。"侍中则是秩二千石之官。

　　从上面的讨论可以得出以下结论，华表应该是先任"散骑黄门郎"（或"散骑侍郎"），此时是魏黄初四年（223），数年后，被选为章安令。由于其父华歆为太尉，故华表升迁的速度应不慢，则其任章安令的时间，应在魏黄初末（220—226）。由此可推断赵炳被杀时为魏建国初，而其活动的年代确为汉献帝时期。

　　据《后汉书》赵炳为东阳人，"能为越方"。又"炳复次禁枯树，树即生荑"，则赵炳又擅长"禁术"。葛洪《抱朴子内篇》卷五《至理》述

① 《晋书》，中华书局1974年版，第1260页。
② 本章关于汉魏的官制主要参考安作璋、熊铁基著《秦汉官制史稿》，齐鲁书社2007年版。
③ 安作璋、熊铁基：《秦汉官制史稿》，第380—381页。
④ 《汉书》，第742页。

禁呪曰：

> 吴越有禁呪之法，甚有明验，多炁耳。知之者可以入大疫之中，与病人同床而己不染。又以群从行数十人，皆使无所畏，此是炁可以禳天灾也。或有邪魅山精，侵犯人家，以瓦石掷人，以火烧人屋舍。或形见往来，或但闻其声音言语，而善禁者以炁禁之，皆即绝，此是炁可以禁鬼神也。入山林多溪毒蝮蛇之地，凡人暂经过，无不中伤，而善禁者以炁禁之，能辟方数十里上，伴侣皆使无为害者。又能禁虎豹及蛇蜂，皆悉令伏不能起。以炁禁金疮，血即登止。又能续骨连筋。以气禁白刃，则可蹈之不伤，刺之不入。若人为蛇虺所中，以炁禁之则立愈。近世左慈、赵明等，以炁禁水，水为之逆流一二丈。又于茅屋上然火，煮食食之，而茅屋不焦……①

据葛洪所述，禁术的作用可以用来治病，特别是瘟疫中，有禁术者可以不被传染。故《后汉书》曰："（徐登与赵炳）二人遇于乌伤溪水之上，遂结言约，共以其术疗病。"方玲认为禁法作为疗疾之术进入了医学教育，就是说承认禁法是中国医学的一个组成部分。太医署的医学教育隋朝始有分科，分三科：医，按摩，咒禁。并按各种不同特点和需要设置了不同层次的人员。咒禁设博士两人。到了唐朝，分四科：医，针，按摩，咒禁。有咒禁博士一人，咒禁师二人，咒禁工八人，咒禁生十人。唐孙思邈在《千金翼方》中设《禁经》两卷。显然与这些背景有关，而且很可能它也是当时咒禁教学的用书之一。《禁经》蒐集了十六种治疗用途的近一百五十个禁法。虽然一些法有明显的道教、佛教影响，比如天师道的上章、梵文咒语等，但从总体上来说，它属于自古一直存在的法术医疗传统②。

《抱朴子内篇》上述文字中，将左慈与赵明并举，曰："近世左慈赵明等，以气禁水。"王明《抱朴子内篇校释》曰："赵明等以气禁水，赵明即赵昺，《后汉书·徐登传》作赵炳，能以气禁水禁火。"③

---

① 王明：《抱朴子内篇校释》，第 114 页。

② 方玲：《赵炳香火的历史考察》，《天台山暨浙江区域道教国际学术研讨会论文集》，浙江古籍出版社 2008 年版，第 307—319 页。

③ 王明：《抱朴子内篇校释》，第 120 页。

又《抱朴子内篇》卷三《对俗》曰："龙鱼瀺灂于盘盂。"① 王明注曰：

> 《后汉书·方术·徐登传》注引异苑（九）云："赵炳以盆盛水，吹气作禁，鱼龙立见。"又《左慈传》："曹操方会宴宾客，欲得松江鲈鱼，左慈求铜盘贮水，以竿饵钓于盘中，须臾引一鲈鱼出。"瀺灂，鱼浮沉貌。②

左慈与赵炳数处并提，说明赵炳之禁术得以与当时的左慈相提并论。可见赵炳是早期禁法的代表人物之一。方玲甚至认为"禁"最早作为法术名称是出现在赵炳故事中，因此可以说当时禁法的闻名、传播是与赵炳分不开的。③

《后汉书》中徐登与赵炳相遇于"乌伤溪"，《太平御览》卷七三七引《后汉书》注曰："郦元长注《水经》曰：'吴宁溪出吴宁县，经乌伤，谓之乌伤溪，在今婺州义乌县东也。'"④ 直到唐代早期，唯一见于文字记载的赵炳香火是永康县东的赵侯祠。赵侯祠的一个特点就是"蚊蚋不能入"。据《仙都志》："考之此地实永康故地，神之显灵无所不在。虽邻邑皆有祠，无如此庙有石像可表。至今庙中无蚊蚋，境内不生蛭蟆，水旱疾疫祷之必应，岂非祖庙耶？"⑤ 其他文献中也有类似记载，《太平御览》卷四七"会稽东越诸山""金胜山"条引《郡国志》曰："金胜山，昔有人于此拾得金胜，因以名之。山有赵炳祠，炳善方术，庙至今无蚊虫。"⑥ 这种蚊蚋不能入的传说，到明代还有影响，文人徐师有《蚊赋》，在饱尝蚊咬之苦时感叹"难为赵炳之道术"⑦。

赵炳有一个称呼为"乌伤侯"，其文献见于宋代徐无党之《汉乌伤侯

---

① 王明：《抱朴子内篇校释》，第 51 页。

② 同上书，第 65 页。

③ 方玲：《赵炳香火的历史考察》，《天台山暨浙江区域道教国际学术研讨会论文集》，第 307—319 页。

④ （宋）李昉：《太平御览》卷七三七，《四部丛刊三编》"子部"。

⑤ 《仙都志》卷上，第 12 页。

⑥ （宋）李昉：《太平御览》卷四七，《四部丛刊三编》"子部"。

⑦ 徐师曾：《蚊赋》，《明文海》卷三十九，《四库全书》第 1543 册，台湾商务印书馆 1986 年版，第 307—308 页。

赵炳庙碑》①，其碑曰：

> 乌伤侯赵君祠者，自后汉立焉，载于祀典久矣。按其传云："侯讳炳，字公阿，东阳人，能为越方，疗人疾病。"抱朴子云："能钩执虎豹，召至鱼龙，乃道士也。"

> 蔚宗，谓立祠于永康，至今蚊蚋不能入。吴分乌伤县始为永康。蔚宗宋人在其后，则立庙之初乃在乌伤之县。其俗相传袭为乌伤侯者，予按其始封之时，而问诸故老，皆曰不知也。又无碑碣可考，而图经亦缺焉。独庙门有古隶书数大字甚奇，古亦曰乌伤侯，不知为何时人也。乌伤县碑云："汉孝乌伤，颜乌所居之乡，有群乌衔土而来，其口皆伤，因即立县而名焉，唐武德中始改为义乌。"然风俗所传为乌伤侯者，岂在隋唐之前乎，章怀太子贤谓俗呼赵侯庙亦尚矣。又云：庙在县东，今乃在斗牛山之下，西距县五十余里，岂其故时之遗址欤！

> 每岁旱灾，吏民奔之祈祷不暇，虽国家亦往往致祭焉。然至朔望，乡人耄耋咸相率拜祭。邑之乡，所谓太平者，皆能造纸凿钱以售，以衣食于庙者数十家多由此富者，其地无风暴之灾，他乡虽隔车辙而时或有焉。若祭不洁与黯慢者，竟祸以震动之，故民事之如严吏也。予尝求先人葬地，驰走县境月余而卜之不从，乃阴祷于侯，是日自庙之后行约五里渡水而北得地曰吉。以问其人曰：吾昔梦侯告我于是葬焉，乃为纪其事，使刻于石立之庑下，所以报神之祝业。

> 嘉祐五年，岁在庚子八月望日，东海徐无党记。

> 治平二年六月将仕郎宋县尉徐涤书并题额。

> 将仕郎试秘书省校郎知县事颜复立石。

碑文作者徐无党为永康人，宋仁宗皇祐五年（1053）进士，是为欧阳修注五代史者。因赵炳托梦，徐为先人找到了安葬之地，因而撰文立碑谢神。② 按此碑文所述，首先，"乌伤侯"之称的来历无考，徐无党认为唐代改乌伤为义乌，故推断乌伤侯之称应在隋唐之前，但不肯定。其次，"每岁旱灾，吏民奔之祈祷不暇，虽国家亦往往致祭焉。然至朔望，乡人

---

① （元）吴师道：《敬乡录》卷二，《四库全书》第 451 册，第 264—265 页。

② 方玲：《赵炳香火的历史考察》，《天台山暨浙江区域道教国际学术研讨会论文集》，浙江古籍出版社 2008 年版，第 307—319 页。

毫釐咸相率拜祭"。说明，除百姓自发以外，官府也参与了赵炳的祭祀。再者，"若祭不洁与黯慢者，竟祸以震动之，故民事之如严吏也"。说明，民众是相当敬畏赵炳的。

　　赵炳的信仰在宋代达到了一个高潮。元丰七年（1084），宋神宗对临海方士赵炳祠赐额灵康，从此开始了宋朝对赵炳的一系列褒封：宋徽宗崇宁三年（1104）封"仁济侯"，大观二年（1108）进"显仁公"，政和三年（1113）进"灵顺王"，宣和四年（1122）加"显佑"；宋高宗建炎四年（1130）加"广慧"；宋宁宗惠庆元年（1196）加"善应"，开禧三年（1207）改"善应"为"威烈"。父忠泽侯，加封显庆宗泽侯；母赞佑夫人，加封赞佑顺应夫人；妻协顺夫人，加封昭助协顺夫人。① 天泰间（1215—1233）易封"显灵忠烈昭德仁济王"。也就是说在一百三四十年间，赵炳得到两宋五个皇帝先后九次褒封，连传说从未提及的父母、妻子也受封、加封，褒誉、荣耀达到了顶峰。②

　　宋代如此多的褒封，是与宋代赵炳诸多灵验事件相关联的。宋绍兴间（1131—1162），台州重修灵康庙，著名学者石公孺写了《临海县灵康庙碑》③，石公孺在碑文中叙述了撰文起因，是台州郡人对他说："一是金国敌骑凭陵南犯，深入明、越（今宁波、绍兴），到处烧杀抢掠，官民遭殃，被杀殆尽。而我台州却能平安，百姓能睡得好觉。二是海上飓风怒号，骇浪磅礴，鱼龙出没，百怪呈露，而吾高宗皇帝海上乘船，往来于明州、台州、温州之间，如同航行在有轨的道路上一样。三是夏秋水旱，米价如珍珠宝石，一谷不登，将要饿死沟壑，而台州反而粮仓告满。这三件大事，都是神之赐予也。只要有一件，就要大书特书，何况三件事，如果不写，何以宣扬皇帝对赵炳的褒宠。"④ 而后《临海县灵康庙碑》写了赵炳的诸多灵迹，其文曰：

　　　　于是公孺稽首为之序次曰：
　　　　惟王赵氏，讳炳，字公阿，东阳人。后汉与闽人徐登遇于乌伤溪

① 《宋会要辑稿》，中华书局1957年版，第790、875页。
② 方玲：《赵炳香火的历史考察》，《天台山暨浙江区域道教国际学术研讨会论文集》，第307—319页。
③ 《赤城集》卷十，《四库全书》集部八，第1356册，第6—10页。
④ 王及：《天妃以前的海洋保护神——白鹤崇和大帝赵炳》，《台州学院学报》2009年第2期，第19—23页。

上，各试其术以疗疾。登死，东入章安，或挟鼎升屋而爨，或张盖绝流而渡，远近服其神。遭章安令之害，见于方术传，郡人俎豆之，立祠白鹤山下。

元丰中始建灵康庙额，俄封仁济侯、显仁公、灵顺王。宣和中加号显佑，今天子复加广惠，凡三号焉。历代血食，今千载矣。

先是郡大饥，有诣闽广告其贾客曰："吾赵氏，台之富人也，台贵籴，倘运而往，将稛载而归吾台宅也。"不阅旬，海舶麇至，访赵氏，乃王也。元章简公刺州事，未之信，夏旱甚，祷于祠而钥之，约曰："三日不雨则毁庙，五日不雨毁像。"登舟，风雨遽集，高下告足。公谢焉。洪光寺曳殿材，阻隘不得进，其徒祷之，溪谷暴溢，一夕自至。绍兴中，增修祠宇，工人度材，未施斤斧，忽空中有若引锯者，郡守槛其木于屋壁，其灵响概如此。公孺尝谓昔之详以事神者，备牺牲，严器币，求于杳冥之间，荒唐恍惚，疑不可得。及积诚之感假，则若鉴之取水，燧之取火，俄顷而有合。耿恭拜井而溢，裴行俭致水泉之异，信不诬也。……

白鹤山势奇伟，真一郡之胜，水浮陆转，将事络绎，箫鼓之声不绝。永康故有庙，奉尝不减临海，而行宫所及，遍于远迩矣。

此碑文首先是简述了赵炳于汉代的事迹，其结果是"立祠白鹤山下"。赵炳历代血食，至此已千载。其次是写了宋传皇帝在元丰和宣和年间及现在［建炎四年（1134）］三次给予赵炳封号，称"灵顺显佑广惠王"。三是写了赵炳的一些灵迹：赵炳幻化人形通知福建广东的米商，让他们运粮入台州；知州元绛求雨有应，元绛到庙答谢；等等，而白鹤山，已成为台州名胜，水路、陆路而来，"箫鼓之声不绝"。并说赵炳在永康也有庙，崇拜祭祀不减临海。各种祭祀赵炳的庙宇，则已遍布各地。

此后，宋孝宗淳熙八年（1181），台州知州唐仲友重修灵康庙，又写了一篇碑记，其文曰：

白鹤山在郡城东行二十里，有庙曰灵康，其神曰灵顺显佑广惠王。汉人，姓赵氏，讳晒，字公阿，生于东阳，行于乌伤，死于章安。人为立祠永康，祀于山之址，未有知其所起者。自太平兴国暨庆历间继显灵异，元丰赐额，崇宁始封侯，大观进爵，政和锡王号，宣和、建炎增衍鸿名，以迄于今。盖王生有道术，没为明灵。固尝应水旱之祷，诱闽广之米商，扬神兵以殄寇，澄海波以济龙舟。其事迹功德，宠荣本末，具见于《方术传》及乡贡进士石公孺、知州事侍郎陈公岩肖之碑。

宣和辛丑，方腊乱睦，仙居贼吕师囊应之，将逼郡城，祷于庙，不吉，焚之。再攻不克，贼退。数月，新庙成。仲友奉命来守，以淳熙辛丑岁正月丁巳谒于庙。行视栋宇，漏腐倾欹，像设图画，漶漫剥落，供帐杂器，故暗阙败。念承歉岁，方急救饥，幸得中熟，当议补葺。越六日癸亥乙夜，城南火，西风急，将及城闉，仲友率官兵扑灭，退祷于神，须臾风转西北，城获全。六月不雨，复以丁巳祈于庙，毕事登舟，有云如练，自前山覆庙上，急雨，俄顷止。薄莫大雨，旬日霑足。

己巳，既谢神庥，即计工费，命临海令陈处俊、主薄向士斐董其事。于是州民欲献其力，有登仕郎应世荣者，谨恪能干，慨然先众人，身督工役，度材必良，择匠必能，易敝而新，坚壮工致。经始于八月乙巳，落成于正月壬午。竹木土石、搏埴刮摩、设色之工凡一千八十二，用公钱二十七万有奇。民钱二十五万有奇。自寝至门，旁及廊庑斋祓之馆，无不葺，图像器物，悉改旧观，距宣和复建六十年矣。自兹以往，民之事神，不懈益虔。①

碑文回顾了赵炳汉代的事迹及前面石公孺、陈岩肖碑文所提到的灵迹，而后述写了赵炳新的灵迹。

方腊之乱时，仙居吕师囊附贼，进攻郡城，在赵炳庙祈祷，结果是不吉，于是将庙焚毁。后来进攻郡城而不克，数月后，赵炳新庙落成。此后，唐仲友于淳熙辛丑（1181）正月到白鹤山灵康庙谒拜赵炳，看到庙宇已较荒落，因为是歉收之年，如果有幸今年丰收，要重修庙宇。而过六天后的正月十六夜二更，城南失火，唐仲友率官兵救火，西风急，即将延烧至城内，唐仲友祷于赵炳，风势转向西北，州城得以保全。淳熙辛丑（1181）六月，因天旱久不下雨，唐仲友又于丁巳日祈雨于白鹤山灵康庙，仪式完毕后登舟，就看到天上"有云如练"，而后下了一场阵雨，到黄昏下起了大雨，雨大约下了十余日。到了十二日后的己巳日，大约是雨停之后，唐仲友就计划重修赵炳庙，到第二年正月始完工。

关于赵炳的封号，宋代五个皇帝先后九次对他进行了褒封。事见前，先是封侯，进而封公，最后封王。现台州当地称赵炳为"白鹤大帝"或

① （宋）陈耆卿：《嘉定赤城志》卷三十一《祠庙门》。

"白鹤崇和大帝"。关于赵炳称"帝"的由来，文献中首见于明代《天台山方外志》中："白鹤大帝，庙在县北二里九都，俗名白鹤庙。"宋代以后，赵炳不再受到皇帝的册封，但民间的信仰仍在继续，赵炳被当地民众抬上了大帝的宝座。① 关于"白鹤崇和大帝"一说不详所出，只是流传于民间。②

海洋保护神，近今最为崇奉的，是天妃娘娘，亦即妈祖。关于天妃妈祖的最早记载，是南宋洪迈的《夷坚支志·林夫人庙》曰："兴化军境内，地名海口，旧有林夫人庙，莫知何年所立，室宇不甚广大，而灵异素著。凡贾客入海，必致祷祠下，求杯笅，祈阴护，乃敢行。盖尝有至大洋遇恶风，而遥望百拜乞怜，见神出现于樯竿者。"③ 在福建、台湾、广东一带尤为信仰。宋代及以前，赵炳在台州一带的香火很盛。但到了元代，由于朝廷特重海运，于是崇奉海神天妃，敕命沿海各地建庙。而后航海渐兴，福建、广东海运发达，天妃的影响范围扩大到东南亚一带。

王及认为："历代以来，凡买船造屋、购田置业、娶亲嫁女、搬迁开张、张网捕鱼、航海出行等一应大事，都要在大帝爷座下祈求平安如意。这个影响，一直延续到现在……在元代以前，赵炳作为海洋与地方的保护神，受到人民百姓的信仰崇拜和朝廷地方官的重视，一再加封和到处修建庙宇，其地位是很高的，影响范围也是很大的。直至近今，其祠庙在浙江至少超过妈祖数倍。在江浙一带，民间信仰的一位水陆保护神，时代更早、影响更大、名声更著的是白鹤崇和大帝赵炳。"④

二　黄大仙

黄大仙，名黄初平，又名皇初平，晋代人，其传始见于晋葛洪之《神仙传·皇初平》曰：

> 皇初平者，丹溪人也。年十五而使牧羊，有道士见其良谨，使将至金华山石室中，四十余年，忽然不复念家。其兄初起，入山索初

① 方玲：《赵炳香火的历史考察》，《天台山暨浙江区域道教国际学术研讨会论文集》，第307—319页。

② 王及：《天妃以前的海洋保护神——白鹤崇和大帝赵炳》，《台州学院学报》2009年第2期，第19—23页。文中称"此后不知何时，赵炳又加封为白鹤崇和大帝"。也即民间传说如此，但文献尚未寻获。

③ 《夷坚支志·林夫人庙》。

④ 王及：《天妃以前的海洋保护神——白鹤崇和大帝赵炳》，第19—23页。

平，历年不能得见。后在市中，有道士善卜，乃问之曰："吾有弟名初平，因令牧羊失之，今四十余年，不知生死所在，愿道君为占之。"道士曰："金华山中有一牧羊儿，姓皇名初平，是卿弟非耶？"初起闻之惊喜，即随道士去寻求，果得相见，兄弟悲喜。因问弟曰："羊皆何在？"初平曰："羊近在山东。"初起往视，了不见羊，但见白石无数，还谓初平曰："山东无羊也。"初平曰："羊在耳，但兄自不见之。"初平便乃俱往看之，乃叱曰："羊起！"于是白石皆变为羊，数万头。初起曰："弟独得神通如此，吾可学否？"初平曰："唯好道，便得耳。"初起便弃妻子，留就初平。共服松脂茯苓，至五千日，能坐在立亡，行于日中无影，而有童子之色。后乃俱还乡里，诸亲死亡略尽，乃复还去，临去以方授南伯逢，易姓为赤，初平改字为赤松子，初起改字为鲁班，其后传服此药而得仙者，数十人焉。①

关于黄初平的籍贯，《神仙传》称"丹溪人"，而康熙《金华府志》卷二十二《仙释》曰："晋皇初平，兰溪人。"兰溪县于唐咸亨五年（674）析金华县而置，为后起的地名。晋时丹溪或亦在今金华义乌一带，现金华、义乌均有丹溪区或丹溪路，或是上古地名的遗存。关于黄初平兄弟两人的出生年月，《神仙传》不载，而《道藏》洞玄部记传类，宋倪守约《金华赤松山志》记曰："丹溪皇氏，婺之隐姓也。皇氏显于东晋，上祖皆备德不仕，明帝大宁三年四月八日，生长子，讳初起，是为大皇君；成帝咸和三年（328）八月十三生次子，讳初平，是为小皇君。"②

《神仙传》记述了后世最有影响的传说——"叱石成羊"。自《神仙传》记述后，金华民间流传至今。赤松子本是神农时雨师，传是黄初平之师。《金华赤松山志·宝积观》曰："宝积观即赤松宫，按观碑目，二皇君因赤松子传授，以道而得仙。"③ 而《神仙传》记黄初平"易姓为亦初平，改字为赤松子"，则是后世将黄初平看作赤松子的化身，并将金华山改称赤松山，《金华赤松山志》曰："金华山，周回数十里，即赤松山是也。"④

---

① （晋）葛洪：《神仙传》，第41—42页。
② 《道藏》第11册，第70页。
③ 同上书，第73页。
④ 同上书，第71页。

晋代以后关于黄初平的事迹，唐代《元和郡县图志》、宋代《太平寰宇记》以及明、清时期所编的地方志都有记载。另外，《道藏》洞玄部记传类尚有宋倪守约《金华赤松山志》。宋代，皇帝加封神仙名号较多，黄大仙亦在其列。宋倪守约《金华赤松山志》的《二皇君》篇曰："淳熙十六年封大皇君冲应真人，小皇君养素真人，景定三年加封冲应净感真人，养素净正真人。"① 并在其后《制诰类》录三份制诰，曰：

> 勅道无方，体供物之求兆见机祥发于感忽，赤松真君纪于仙录，神农之师，雨旸并时，有求必应，一方所仰千载若存，祇答灵休，用伸茂典，可加号赤松凌虚真君。
> 元符二年制 制在台

二皇君诰

> 勅黄老之学虽以虚无为主，淡泊为宗，而原其用心，实以善利爱人为本，初起真君，初平真君，尔生晋代，隐于金华，叱石起羊，以为得道之验；汲井愈疾，亦广救人之功。肖然仙宫，赫尔庙貌，一方所恃，千载若存。东阳之民，合辞以请，其案仙品，崇以美名，缅想灵流，鉴吾宝典。
> 初起真君可特封冲应真人；
> 初平真君可特封养素真人。
> 淳熙十六年六月十七日

加封

> 勅至真之妙，昉于庄老之论；神仙之事，盛于秦汉以来。然超乎冥漠之无形，而邈若昭彰之有验。第一位冲应真人，第二位养素真人，惟尔兄弟，流芳史书，石叱而能起；成形丹存，而尚留遗焰。驾雾腾云，则若恍若惚；祈晴祈雨、则随感随通。至今宝积之祠，起敬金华之地，宜加徽号，以称真风。
> 第一位冲应真人可特封冲应净感真人；
> 第二位养素真人可特封养素净正真人。

---

① 《道藏》第11册，第70页。

景定三年十二月十日①

　　赤松山上本建有赤松宫，于宋大中祥符元年改称宝积观。据《金华赤松山志》，宋代赤松山宫观颇多，在双龙洞侧又有金华观，是赤松宫之下院，又有云巢庵、太清殿、二皇君祠、壶天真人祠、圣石仙官祠、丹山仙官祠、云台观、凝神庵等处。②

　　有宋一代随着皇帝的加封，金华当地以皇初平兄弟为中心兴建了众多祠宇加以祭拜，香火兴盛到达顶峰。宋代以后，元、明、清三朝，金华的黄大仙民间信仰进入衰微期，祠院荒芜，香火不再。黄大仙的信仰至清末，南移至岭南。清末以来广东有三间黄大仙祠：（广州）芳村普济坛，（佛山）西樵稔岗普庆坛及芳村普化坛。三坛的基本情况如下：

　　1. 普济坛的创设：原来广东的黄大仙信仰，是在 1897 年间，由一群读书人在番禺开始的。据记载，他们后来联集 10 名"善友"，请黄初平实设箕坛，并于同年农历十月，得黄大仙赐坛名为"普济"。

　　2. 普庆坛的创设：晚清广东第二间供奉黄大仙的庙宇，是位于南海的普庆坛"赤松黄大仙祠"。该祠始建于 1901 年，约在 1903 年竣工，占地十五六亩。主要创建人是稔岗梁仁庵道长。

　　3. 普化坛的创建：普化坛设于广州花埭，建于 1930 年，与被破坏的普济坛，相距约半公里，占地只有四五亩。由当年出掌广东军政的南天王陈济棠和他的姨太太莫秀英主力兴建。

　　1915 年普庆坛负责人之一的梁仁庵将黄大仙的画像带来香港，1921年设啬色园普宜坛。1919 年的"破除迷信运动"，1958 年的"反迷信运动"，1967 年的"文革"，广东三间仙祠先后被破坏，啬色园成为硕果仅存的供奉黄大仙的祠。③ 当今啬色园的赤松黄仙祠已经成为香港著名的宗教名胜。每年农历正月初一，在啬色园赤松黄仙祠"上头炷香"的习俗，已成为许多香港人必行的节礼之一。④

　　随着社会的变革和发展，作为黄大仙信仰发源地的金华，还有广州，黄大仙的信仰都在恢复中。如表 2 - 1 所示，这些信仰的恢复是由民众和

①　《道藏》第 11 册，第 75—76 页。

②　同上书，第 73—74 页。

③　游子安：《二十世纪前期香港道堂——"从善堂"及其文献》，《华南研究资料中心通讯》2000 年第 19 期。

④　高致华：《金华牧羊——黄大仙传》，宗教文化出版社 2006 年版，第 87 页。

政府部门共同参与的。

表2-1　　　　　　　　广东、浙江两地黄大仙庙宇一览表①

建造年	地区	规模	创办者	资金来源
1987	广东东部	庙宇之偏厅	庙宇经理人、文化局	游客
1989	广东新会	中等	祖籍新会的香港多金信徒	附近居民
1990	广东仁岗	小村庙	村民	村民
1991	浙江金华山双龙洞（金华观，为旅游景点）	小型	金华政府（双龙管委会）、商人	游客（主要是国人，部分为海外人士）
1993	浙江金华山（徐公庙）	村庙	村民	村民及少数当地游客
1995（尚有争议）	浙江兰溪（兰溪黄溢黄大仙宫）	中等	刚开始为村民，而后由政府接手	村民、地方补助、海外华人、游客
1996	浙江金华山接近山顶处（黄大仙祖宫）	非常大	市政府、地方商人	游客、都市人、村民、海外人士、国内外宗教团体
1998	浙江金华山山顶（赤松黄大仙宫）	中等	台湾与香港的企业家	村民、游客、宗教团体、台湾团
1999	广东广州芳村（广州黄大仙祠）	非常大	芳村政府、富有的香港企业家	芳村及广州之赞助

　　其中浙江金华山的黄大仙祖宫规模最大，是黄大仙信仰的核心宫观。黄大仙祖宫坐落于黄大仙景区的中心，祖宫内祀奉的是名扬海外的中国道士黄大仙。整个祖宫呈九进阶布局，从南向北依次为山门、石照壁、祠牌楼、灵官殿、钟楼、鼓楼、祭坛、赤松宫、三清殿、祈仙殿等。整个布局错落有致，体现了道观建筑庄重的宗教氛围。祭坛是宗教法事活动的主要场所，祭坛还有个非常神奇有趣的现象，每当游客站在坛中央鱼形太极图的中心喊一声，就能听到四面传来较大的回音，人犹如站在谷底。殿内的黄大仙神像座坛高1.668米，像高5米，整个神像由香樟精心雕刻彩绘而成，散发出阵阵清香。大殿左右两壁仿青铜的根木浮雕展现了1700年前流传至今的黄大仙升仙的传说故事，从出生到得道成仙再到香港显灵，分别为"玉帝赐胎、初平牧羊、叱石成羊、赠桃度仙、大仙行道"等26个故事。②

①　高致华：《金华牧羊——黄大仙传》，第107—108页。

②　盛珍：《黄大仙信仰的文化内涵》，《中国宗教》2005年第7期，第38—39页。

　　笔者于 2014 年 7 月陪同香港一支信仰黄大仙的宗教团体"儒释道功德同修会"的信众，拜访了黄大仙祖宫，与住持施清纯道长作了一些交流。施道长为全真华山派传人，也是金华道教协会会长。施道长称华山派虽然为全真七子之一的郝大通所创，但也奉华山陈抟老祖为祖师。施道长作为道教内丹之传承人，将黄大仙祖宫作为内丹传承的基地，并开辟多处灵气充足的炼功场所。距黄大仙祖宫不远，有朝真洞，一位李道长带我们游览了洞天，称该洞天是历代修真者的修炼之地，现在也是来黄大仙祖宫学习内丹弟子的上佳炼功场所。在道教内丹衰落的今天，有施道长不热衷于香火科仪，而将其管辖之地做成道教内丹人才的培养基地，这对道教的发展必将影响深远，可谓功德无量。

　　此次金华之行，还拜访了黄大仙出生地黄湓村的黄大仙宫，前面所列表中称浙江兰溪黄湓黄大仙宫建于 1995 年，但注称"尚有争议"，故此，此次特地与兰溪黄大仙宫住持陆阳道长进行了交流。陆阳道长为天师府弟子，也是兰溪市道教协会会长。据陆道长提供的资料称："1992 年春，在黄湓村村民和国内众多信仰黄大仙的善信们以及新加坡华侨陈志民、陈志亮、陈志发诸位先生的捐资下，选址在黄湓村黄大仙兄弟当年烧窑遗址上祭祀黄大仙并动工兴建黄大仙宫。1995 年主殿落成开光并经省民宗部门批准成为道教活动场所。"此段文字可解释兰溪黄大仙宫对是否建成于 1995 年有争议的问题。也就是兰溪黄大仙宫始建于 1992 年，主殿落成开光为 1995 年。

　　宫中诸道长带领我们一行参观了兰溪黄大仙宫。兰溪黄大仙宫主殿奉祀黄大仙师，神像高 3.98 米，采用香樟木高艺精雕。宫为大五开间，歇山顶式，宫前为祭台，祭台前为大广场。北侧普济堂（慈航殿）建于 1996 年，主供慈航真人（又称"观音大士"），侧供白衣观世音和地母；南侧劝善堂（财神殿）建于 1996 年，主供财神，侧供文昌帝和姚大将军；藏经阁建于 1997 年，内供奉道教始祖老子、儒教鼻祖孔夫子、神医扁鹊、炎帝神农氏。在社会各界信众的支持和捐资助建下，2008 年至今，宫观内又增建了放生池和凌虚桥；对宫观内广场进行了绿化改造建设，分阶段的对普济堂、劝善堂和藏经阁重新进行了内外修缮，为供奉的神像重塑金身并举行了一系列隆重的开光法会；等等。2012 年新建药王殿、龙王殿和斋堂等，其中药王殿内供奉药王孙思邈，龙王殿内供奉龙王、龙王三太子、龙女。园、宫、堂、阁的匾额和照壁的"普济劝善"分别为中国道教协会前会长傅元天，啬色园董事会前主席、全国政协委员黄允畋等亲笔题书，楹联系凌禹门、朱峰、杨一萍、苗育田等书画名家手笔，内涵富蕴，书艺高超。

　　至今，黄大仙信仰已经成为华人的一个重要信仰，在后人不断地加工下，神灵攀附与传说异文成为黄大仙信仰不断扩散的内在生产机制，而信仰灵验与地方风物的结合成为各地信众不断得以确认的文化资源，在这过程中传说被生产并且不断被再讲述，形成日益扩大的黄大仙信仰圈。[①]

第四节　司马季主及其影响

一　司马季主生平简述

　　司马承祯《天地宫府图》记有十大洞天，其中浙江占有其三。《天地宫府图》记第二大洞天为："第二委羽山洞，周回万里，号曰大有空明之天。在台州黄严县，去县三十里，青童君治之。"[②] 杜光庭《洞天福地岳渎名山记》所记之十大洞天虽然未变，但记述都略有不同，《名山记》曰："第二委羽洞大有虚明天，周回万里，司马季主所理。"[③] 司马季主是一位非常有名的人物。其事迹散见于《史记》、《真诰》、《云笈七签》等文献。而其驻于委羽山之说，至少可以上溯至六朝梁代陶弘景之《真诰》。《云笈七签》卷八十五为司马季主所立之小传，综合了多种资料，可以窥见司马季主生平事迹之全貌，故录如下：

　　　　司马季主者，楚人也。卜于长安市。文帝时，贾谊、宋忠为中大夫，曰：吾闻圣人不在朝廷，或游遯肆，试往观之焉。见季主闲坐，弟子侍而论阴阳之纪。二人曰："望先生之状，听先生之辞，世未尝见也。尊官高位，贤者所处，何举之卑？何行之污？"季主笑曰："观大夫类有道术，何言之陋？今蛮夷不服，四时不和，徒越趄而言，相引以势，相延以利，贤者乃何羞尔！夫内无饥寒之累，外无劫夺之忧，处上而人敬，居下而无害，君子之道也。卜之为业，所谓上德不德也。凤凰不与燕雀同群，公等琐琐，何足知长者乎！"二人忽

① 阎江：《黄大仙民间传说与庙宇的考察——以粤港为背景》，《学习与实践》2007 年第 5 期，第 160—165 页。

② 《道藏》第 22 册，第 199 页。

③ 《道藏》第 11 册，第 56 页。

尔自失，后相谓曰："道高者安，势高者危，卜而不审，不见夺糈，为人主计而不审，身无所处。"宋忠抵罪，贾谊感鹏，梁孝王坠马，吐血而死。

季主入委羽山大有宫中，师西灵子都，受石精金光藏景化形之道，临去之际，留枕席以代形，粗似如其真身不异也。家人乃葬之于蜀升盘山之南，诸葛亮为其碑赞云："玄漠大寂，混合阴阳。天地交泮，万类滋彰。先生理著，分别柔刚。鬼神以观，六度显明。"季主得道后，常读《玉经》，服明丹之华，挹扶晨之辉，颜如少女，须三尺，黑如墨。有子二人，男名法育，女名济华，乃俱在委羽山，并读《三十九章》。①

引文中第一段内容出于《史记·日者列传》，有节略。《日者列传》其实只记述了司马季主一人，基本上是为司马季主一人量身定做的，体现了司马迁对司马季主的崇敬之心。第二段中所述诸葛亮为司马季主立碑铭，也表达了崇敬之意。卢国龙认为"至于司马迁、诸葛亮这等人物……他们要钦崇某个人，只能是由于精神人格"②。其教导宋忠、贾谊两人的宏论所展现出来的"既有洞彻天地的智慧，又不被名位财富等身外之物所羁绊，始终保持着精神上的独立和自由，就是司马季主的人格魅力"③。或是令司马迁、诸葛亮心有戚戚焉的主要原因。

《史记》称司马季主为楚人，却没有提供更为详细的资料。不过司马贞《索隐》曰："云楚人而太史公不序其系，盖楚相司马子期、子反后，芈姓也。季主见《列仙传》。"也就是《索隐》认为是战国时楚相司马氏之后人。今《列仙传》无司马季主篇，盖唐后有散失。

《史记·日者列传》主要记述司马季主与中大夫贾谊会面的经过，由于贾谊任中大夫时间很短，在汉文帝三年（前178）任中大夫，四年（前177）被贬长沙。故《史记》所记述的中大夫贾谊与司马季主会面只有在这两年中。据此，司马季主基本可以算是汉惠帝、文帝时人。《史记》中没有记述司马季主的生卒年，《真诰》陶注也说："汉史既不显其终，无以别测其事也。"《汉书》中无司马季主，《史记》则写于汉代，故此处"汉史"或是指《史记》而言。也就是陶弘景也不清楚司马季主的卒年。

---

① （宋）张君房：《云笈七签》第4册，第1910—1911页。

② 卢国龙：《司马季主的人格风范与学术传承》，《中国道教》2010年第2期，第16—24页。

③ 同上。

《真诰》曰："季主托形隐景，潜迹委羽，《紫阳传》具载其事。"不过，现今流传的《紫阳真人周君内传》为华侨所撰，其记述司马季主的事迹十分简略，仅有一句："（周紫阳）乃登委羽山，遇司马季主，受石精金光藏景化形。"①似与《真诰》所述不附，但这种情况在陶弘景的年代已经存在，《真诰》陶注曰："今有华撰《周君传》，记季主事殊略，未见别真手书传，依此语则为非也。"又，《太平御览》引《清虚真人王君内传》曰："委羽山洞周回万里，名曰大有空明天，司马季主在其中。"②不过此条内容不在今传本《王君传》中，故当是佚文。

二　司马季主的师承与弟子

司马季主的师父为西灵子都。《真诰》卷十四《稽神枢第四》曰："司马季主后入委羽山石室大有宫中，受石精金光藏景化形法于西灵子都。西灵子都者，太玄仙女也。"③《云笈七签》卷七十九："《五岳真形》、《神仙图记》，并出太玄真人。汉初，有司马季主师事太玄仙女（太玄仙女，号西灵子都，居委羽石室大有宫中，有诸妙法，《五岳》备焉），咨受《五岳》，以奏孝文帝。帝不能勤行，又教贾谊。"④从中可知西灵子都即太玄宫仙女，其所居之处即委羽山大有宫。司马季主所受太玄仙女之道术及秘法，主要有二：一为"石精金光藏景化形法"，二为《五岳真形图》。

"石精金光藏景化形法"是所谓尸解之法。《云笈七签》卷八十四有《太极真人石精金光藏景录形经说》一篇，其法或传自太极真人。同卷又有《释石精金光藏景录形法》⑤释其法为剑解之道，剑为神兵，故剑解亦可称之为兵解。上述《云笈七签》之司马季主之小传，就列在《尸解部》。《真诰》中多次提到司马季主最终用兵解之法得道。《真诰》卷十四《稽神枢第四》陶注曰："司马季主亦以灵丸作兵解，故右英云：头足异处。"其卷四《运题象第四》曰："南人告曰：'季主服云散以潜升，犹头足异处。'"卷十四《稽神枢第四》陶注曰："《剑经》注云：'吞刀圭而虫流。'今东卿说云：托形枕席，为代己之像，似当是作录形灵丸兵解去

---

① 《道藏》第5册，第545页。

② （宋）李昉：《太平御览》卷六七四，《四部丛刊三编》"子部"，第五叶。

③ 《道藏》第20册，第575页。

④ （宋）张君房：《云笈七签》，第1796页。

⑤ 同上书，第1890—1891页。

也。"《真诰》录有司马季主弟子四人，陶注亦曰："寻此四人，亦用灵丸杂解之道。"《太平御览》所引《列仙传》之语，则说得更为清楚："司马季主，汉文帝时人，授西灵子都剑解之道。在委羽山大有宫……云季主服灵散潜升，犹首足异处。此语似作剑兵解法。兵解则不得在太极。"①

《云笈七签》卷七十九讲述了五岳真形图的传承，最早出自太玄真人，其功用可以"行戒立功"、"为百姓祈福"，并有"休征"之效。以此观之，其似可以安邦定国。但"世尘难荡，善始少终"。最后《五岳真形图》传至鲍靓手中，"鲍为广州长史，南海太守，化行丹天，传授葛洪。洪传滕叔，叔传乐玄真，条流稍广，约在至诚，修行唯密也"。以后《五岳真形图》在诸修道之士间密传。

《云笈七签》云司马季主"咨受《五岳》，以奏孝文帝。帝不能勤行，又教贾谊。谊未练习，粗谙本源。文帝受厘，坐于宣室。未央殿前正室也，祠还至福祚曰厘。因问鬼神事，谊具道之。帝曰：'吾久不见贾生，自以为过之，今不及也。'虽有此言，犹斥远谊。谊既失志，法遂不行"。司马季主将《五岳真形图》传于贾谊或是捕风捉影之事。《史记》载有贾谊见司马季主之事，而《云笈七签》所云文帝问贾谊鬼神事，正史也确有载。《汉书》卷五十九曰："后岁余，文帝思谊，征之。至，入见，上方受厘，坐宣室。上因感鬼神事，而问鬼神之本。谊具道所以然之故。至夜半，文帝前席。即罢，曰：'吾久不见贾生，自以为过之，今不及也。'乃拜谊为梁怀王太傅。"后有好事者或从这两件事情中推断出"司马季主将《五岳真形图》传于贾谊"之故事。但贾谊本为博学之士，与皇帝谈鬼神之事可以与《五岳真形图》无关。虽然贾谊见司马季主于长安东市由《史记》言之凿凿，但贾谊三十三岁英年早逝，并没有跟司马季主学道的故事，所以也不存在接受司马季主秘传《五岳真形图》的可能。

关于司马季主的道术，其他文献还有一些记载。司马季主会服气之法，其弟子刘玮惠"后事季主，晚服日月炁"。司马季主自己服气的效果也很好，《真诰》曰："季主读《玉经》，服明丹之华，挹扶晨之晖，今颜色如二十女子，须长三尺，黑如墨也。"司马季主又会"守五斗内一"。《真诰》曰："九华真妃言，守五斗内一，是真一之上也，皆地真人法也。上党王真，京兆孟君，司马季主，皆先按于此道而始矣。"司马季主又有"导仙八方"。《真诰》曰："黄子阳者……后逢司马季主，季主以导仙八方与之，遂以度世。"从上述服气存神之法来看，司马季主之道术与上清

---

① （宋）李昉：《太平御览》卷六六四，《四部丛刊三编》"子部"，第三叶。

派道术有紧密的联系。上清派的经典《真诰》对司马季主的师承弟子有详细的介绍，故司马季主与上清派的关系是相当紧密的。

《真诰》所记，上清派"一杨二许"之中的杨羲和许穆准备撰写一部《真仙传》。此事陶弘景注曰："长史撰《真仙传》，欲以季主宗在前，所以杨君为请问本末也。"杨羲又写信曰："季主学业幽玄，且道迹至胜，乃当在卷之上首耶。东卿君大叹季主之为人，又羡委羽之高冲矣。"也就是说，许穆想把司马季主放在《真仙传》之首位，请神媒杨羲请问，东卿君适下降，所以杨羲就问东卿君司马季主的本末。没想到东卿君不但盛赞司马季主的为人，还对司马季主所居之地表示羡慕。东卿君又称"司命东卿"、"司命东卿君"、"东卿大君"，据《真诰》，"东卿司命监太山之众真，总括吴越之万神，可谓道渊德高，折冲群灵者也。"连总管吴越万神的东卿君都对司马季主赞赏有加，且羡其所居之委羽山，可知杨羲所说其"学业幽玄"、"道迹至胜"当非虚言。

又《紫阳真人周君内传》称："（周紫阳）乃登委羽山，遇司马季主，受石精金光藏景化形。"① 可知其还是上清派祖师之一的紫阳真人的师父之一。

《真诰》记司马季主有子女二人，弟子多人。《真诰》曰："季主一男一女俱得道，男名法育也，女名济华，今皆在委羽山中。济华今日正读《三十九章》，犹未过竟。"《太平御览》引《真诰》曰："一男名法育，一女名济华，同得《道真诀》。……而其女尚读《洞经》，便是别修高法也。"② 此处直接称其女读《洞经》，则其女读的当是《大洞真经》，《大洞真经》共三十九章，故又称其为《三十九章经》。

司马季主有入室弟子四人，《真诰》曰：

> 广宁鲍叔阳者，汉高帝时赵王张耳、张敖之大夫也。少好养生，服桂屑而卒死于厕溷间。今墓在辽东蓟城之北山。（汉高置燕郡，以蓟属燕，当是未分时也。）
>
> 太原王养伯者，汉高吕后摄政时中常侍中琅琊王探也，少服泽泻，与留侯张良俱采药于终南山，而养伯不及，遂师事季主。（前汉中常侍不用阉人，中郎非侍郎之官，或是后别为此位耳。）
>
> 颍川刘玮惠，汉景帝时公车司马刘讽也。后事季主，晚服日月

---

① 《道藏》第5册，第545页。

② （宋）李昉：《太平御览》卷六六四，《四部丛刊三编》"子部"，第三叶。

烸，为入室弟子。道成，晚归乡里，托形杖履，身死桑树之下。今墓在汝南安城县西山。

岱郡段季正，本隐士也，不闻有所服御，晚乃从季主学道，行度秦州溺水，拘得尸而葬川边，今南郑秦川是也。此人亦季主入室弟子。

（寻此四人，并是用灵丸杂解之道。）①

司马季主的其余弟子有黄子阳、范零子，均见《真诰》卷五。"黄子阳者，魏人也，少知长生之妙，学道在博落山中，九十余年，但食桃皮，饮石中黄水。后逢司马季主，季主以导仙八方与之，遂以度世。（此六国时魏，非汉后魏世也）。"②"范零子少好仙道，如此积年，后遇司马季主，季主将入常山中，积七年，入石室，东北角有石隁（此作之弃反，音即是大瓮也，或可是石牖）。季主出行则语之，曰：'慎勿开此。'如此数数非一。零子忽发视，下见其家父母大小，近而不远，乃悲思。季主来还，乃遣之归，后复取之，复使守一铜柜，又使勿发。零子复发之，如前见其家。季主遣之，遂不得道。（此事乃入不可思议之境。然每当依此，触类慎之。）"③

三 司马季主的数术传承

《史记》称司马季主为日者，并曰："然则古人占候卜筮，通谓之'日者'。墨子亦云，非但史记也。"日者，卜筮者也。

《史记·日者列传》曰："夫司马季主者，楚贤大夫，游学长安，通易经，术黄帝、老子，博闻远见。观其对二大夫贵人之谈言，称引古明王圣人道，固非浅闻小数之能。"司马季主通《易经》，并认为"自伏羲作八卦，周文王演三百八十四爻，而天下治"。有学者以为伏羲始作八卦，文王重而为六十四卦的说法始自司马季主，并对后世产生深远的影响。

司马季主的其他数术内容，《日者列传》记述有"天地之道，日月之运，阴阳吉凶之本"。"分别天地之终始，日月星辰之纪，差次仁义之际，列吉凶之符。""今夫卜者，必法天地，象四时，顺于仁义，分策定卦，旋式正钅。"

---

① 《道藏》第20册，第576页。
② 同上书，第518页。
③ 同上书，第521页。

　　司马季主的数术之传承，或由管辂得之。管辂为三国时著名的卜筮者，《三国志·魏书·方技传·管辂传》述写了非常多的筮例，来说明管辂的神奇之处。裴松之在《管辂传》中还大段引用《管辂别传》的内容，进行了非常详细的说明，其注又多出原文数倍。

　　裴松之注引《管辂别传》曰："经欲使辂卜，而有疑难之言，辂笑而咎之曰：'君侯州里达人，何言之鄙！昔司马季主有言，夫卜者必法天地，象四时，顺仁义。伏羲作八卦，周文王三百八十四爻，而天下治。病者或以愈，且死或以生，患或以免，事或以成，嫁女娶妻或以生长，岂直数千钱哉？以此推之，急务也。苟道之明，圣贤不让，况吾小人，敢以为难！'彦纬敛手谢辂：'前言戏之耳。'于是辂为作卦，其言皆验。经每论辂，以为得龙云之精，能养和通幽者，非徒合会之才也。"管辂引述司马季主之言以明其论，说明至少管辂研究过司马季主之学。

　　司马季主之数术至唐代或由李虚中得之。唐代有《李虚中命书》传世，其序言称：

> 　　昔司马季主居壶山之阳，一夕雨余，风清月朗，有叟踵门，自谓鬼谷子。季主因与谈天地之始，论河洛之书，箕子九畴，文王八卦，探赜幽微造化，至晓出遗文九篇，包括三才，指陈万物。季主得而明之，每言人之祸福，时数吉凶，应如神察，为当时所贵。今余得其旧文，稽考颇经证效。惟历世之久，篇目次序似乎乖异。其五行之要尚或备载，余恐其本术将至淹没，故掇拾诸家注释成集，非敢补于阙文，且传之不朽，高明君子，毋我诮焉。唐元和初载九月十三日，殿中侍御史李常容虚中序。①

　　《四库全书总目提要》称《李虚中命书》曰："以其议论精切近理，多得星命正旨，与后来之幻渺恍惚者不同，故依晁氏原目，釐为三卷，著之于录，以存其法。"其实李虚中是命理文化的开创者，"后世传星命之学者，皆以虚中为祖"。李虚中命理的特点是以年月日为主，而后世以四柱，即年月日时为主，李虚中命书可称为中国命理文化的奠基之作。《李虚中命书》认为其法由鬼谷子经由司马季主传出，可知司马季主与数术有很深的渊源。

　　卢国龙认为："司马季主的精神人格是富有魅力的，绍承司马季主的

---

① 《四库全书》"子部"七"数术类"五。

学术也是丰富的。但迄今为止，没有一处场所自觉充当司马季主精神人格和学术传承的载体，其所蕴含的历史文化也因此隐而不显。若就传统而言，司马季主所代表的精神文化，只能由委羽山来发挥载体作用。在到处抢夺历史文化名人，以争取历史文化遗产的今天，委羽山承担司马季主精神文化的地位，是别处所不可取代的"①。或是一个相当好的提议。

第五节　以葛洪为中心的道派、道士传承与交游考

葛洪是晋代的著名道教学者，在道教哲学、丹道思想、医学、化学等领域有很大的贡献。葛洪师从不止一个。其从祖葛玄，称太极左仙公，师左慈，传郑隐，郑隐传葛洪，这是关于葛洪的一个灵宝派的传承。葛洪本是丹阳（今江苏）人，但自左慈至葛洪，这一个道派活跃在今江苏、江西、浙江、福建、广东等地，故在上述各地都有关于葛氏的传说和遗迹，而浙江也有数处葛氏的遗迹流传至今，如杭州的抱朴道院便是相传葛洪的炼丹地之一。葛洪还有一个师承是南海鲍靓，鲍靓不但传授葛洪道术，还"以女妻洪"。《晋书·许迈传》，则称许迈亦师事鲍靓，许迈是丹阳人，长时间隐居于临安（今浙江临安）等地，与时居会稽的王羲之等人交游甚多。晋代杭州还有名道郭文，《晋书》称曾与葛洪碰面，则郭文亦是葛洪同时代人。元邓牧撰《洞霄图志》，记有晋代两位道士，"灵曜郭真君"即郭文，"归一许真君"即许迈。这说明上述两人是浙江道教有影响的人物。

本节即以浙江地域为限，简述以葛洪为中心的道派、道士的传承与交游。

一　左慈

葛洪在《抱朴子内篇·金丹》中自述其传承曰：

> 昔左元放于天柱山中精思，而神人授之金丹仙经，会汉末乱，不遑合作，而避地来渡江东，志欲投名山以修斯道。余从祖仙公，又从元放受之。凡受《太清丹经》三卷及《九鼎丹经》一卷、《金液丹经》一卷。余师郑君者，则余从祖仙公之弟子也，又于从祖受之，

---

① 卢国龙：《司马季主的人格风范与学术传承》，《中国道教》2010 年第 2 期，第 16—24 页。

而家贫无用买药。余亲事之，洒扫积久，乃于马迹山中立坛盟受之，并诸口诀之不书者。江东先无此书，书出于左元放，元放以授余从祖，从祖以授郑君，郑君以授余，故他道士了无知者也。然余受之已二十余年矣，资无担石，无以为之，但有长叹耳。①

按上文，葛氏之道实起于左慈，其传承为左慈—葛玄—郑隐—葛洪。左慈字元放，《后汉书·方术传下》、葛洪《神仙传》中均有传。《后汉书·左慈传》曰："左慈字元放，庐江人也。"而后所言之事与曹操有关，但较《神仙传·左慈》为略，且《神仙传·左慈》不但讲述了左慈与曹操，还叙述了左慈与刘表、孙权等人的故事，并就左慈的仙迹有所叙写，故引《神仙传·左慈》全文于下：

左慈者，字元放，庐江人也。少明五经，兼通星纬，见汉祚将尽，天下乱起，乃叹曰："值此衰运，官高者危，财多者死，当世荣华不足贪也。"乃学道术，尤明六甲，能役使鬼神，坐致行厨。精思于天柱山中，得石室内九丹金液经，能变化万端，不可胜纪。

曹公闻而召之，闭一室中，使人守视，断其谷食，日与二升水，期年乃出之，颜色如故。曹公曰："吾自谓天下无不食之人。"曹公乃欲从学道。慈曰："学道当得清净无为，非尊者所宜。"曹公怒，乃谋杀之，慈已知之，求乞骸骨，曹公曰："何忽去耳？"慈曰："公欲杀慈，慈故求去耳。"曹公曰："无有此意，君欲高尚其志者，亦不久留也。"乃为设酒。慈曰："今当远适，愿乞分杯饮酒。"公曰："善。"是时天寒，温酒尚未热，慈解剑以搅酒，须臾剑都尽，如人磨墨状。初，曹公闻慈求分杯饮酒，谓慈当使公先饮，以余与慈耳，而慈拔簪以画杯酒，酒即中断，分为两向。慈即饮其半，送半与公，公不喜之，未即为饮，慈乞自饮之，饮毕，以杯掷屋栋，杯悬着栋动摇，似飞鸟之俯仰，若欲落而不落，一座莫不瞩目视杯。既而已失慈矣，寻问之，慈已还所住处。曹公遂益欲杀慈。乃勅内外收捕慈，慈走群羊中，追者视慈入群羊中，而奄忽失之，疑其化为羊也，然不能分别之。捕吏乃语羊曰："人主意欲得见先生，暂还无苦。"于是群羊中有一大者，跪而言。吏乃相谓曰："此跪羊慈也。"复欲擒之，

---

① 王明：《抱朴子内篇校释》，第71页。"并诸口诀诀之不书者"，王明《校勘记》："口诀"下"诀"字，金泐经、慎校本、宝颜堂本、《御览》六百七十及九百八十五皆无，盖衍文。

羊无大小悉长跪，追者亦不知慈所在，乃止。

　　后有知慈处者以告曹公，公遣吏收之，得慈。慈非不得隐，故欲令人知其神化耳。于是受执入狱，狱吏欲考讯之，户中有一慈，户外亦有一慈，不知孰是。曹公闻而愈恶之，使引出市杀之。须臾，有七慈相似，官收得六慈，失一慈。有顷，六慈皆失，寻又见慈走入市，乃闭市四门而索之，或不识者问慈形貌何似，传言慈眇一目，青葛巾单衣，见有似此人者便收之。及尔一市中人皆眇一目，葛巾单衣，竟不能分。曹公令所在普逐之，如见便杀。

　　后有人见慈，便断其头以献曹公，公大喜，及至视之，乃一束茅耳。有从荆州来者，见慈在荆州，荆州牧刘表以为惑众，复欲杀慈，慈竟已知，表出耀兵，乃欲见其道术，乃徐去诣表，说"有薄礼愿以饷军"。表曰："道人单侨，吾军人众，非道人所能饷也。"慈重道之，表使人取之。有酒一器，脯一束，而十余人共舁之不起，慈乃自取之，以一刀削脯投地，请百人运酒及脯，以赐兵士，人各酒三杯，脯一片，食之如常酒脯味，凡万余人皆周足，而器中酒如故，脯亦不减。座中又有宾客数十人，皆得大醉。表乃大惊，无复害慈之意。

　　慈数日委表东去入吴，吴有徐随者，亦有道术，居丹徒。慈过随门，门下有客车六七乘，客诈慈云："徐公不在。"慈便即去。宿客见其牛皆在杨柳树杪行，适上树即不见，下即复见牛行树上，又车毂中皆生荆棘，长一尺，斫之不断，摇之不动。宿客大惧，入报徐公，说："有一眇目老公至门，吾欺之，言公不在，此人去后，须臾使车牛皆如此，不知何意？"徐公曰："咄咄，此是左公愚我，汝曹那得欺之，急追之！"诸客分布逐之，及慈，罗列叩头谢之，慈意解，即遣还去。及至，见车牛如故系在，车毂中无复荆木色。慈见吴先主孙权，权素知慈有道，颇礼重之。权侍臣谢送知曹公刘表皆忌慈惑众，复谮于权，欲使杀之。后出游，谓慈俱行，令慈行于马前，欲自后刺杀之。慈著木屐，持青竹杖，徐徐缓步行，常在马前百步，著鞭策马，操兵器逐之，终不能及。送知其有道，乃止。

　　慈告葛仙公言："当入霍山中合九转丹。"丹成，遂仙去矣。[①]

　　关于此篇篇首提到之"天柱山"有两解：一为今安徽之天柱山，又名霍山、潜山。隋唐以前以为南岳，诸学者考之甚详，今不赘述；又一天

---

① （晋）葛洪：《神仙传》，第275—277页。

柱山则在杭州于潜县。《云笈七签》卷二七《天地宫府图·七十二福地》曰："第五十七天柱山，在杭州于潜县，属地仙王伯元治之。"① 此《天地宫府图》虽然是唐司马承祯所撰，但其来源甚早，如在《天地宫府图·十大洞天》中曰："第三西城山洞，周回三千里，号曰太玄惣真之天，未详在所。《登真隐诀》云：疑终南太一山是属，上宰王君治之。"② 梁陶弘景时已不明其所在，而用"疑"字，说明《天地宫府图》来源甚早。《天地宫府图·十大洞天》又曰"第二委羽山洞，周回万里，号曰大有空明之天，在台州黄岩县，去县三十里，青童君治之"。《太平御览》卷六七四引《清虚真人王君内传》曰："委羽山洞周回万里，名曰大有空明天，司马季主在其中。"③《清虚真人王君内传》传为魏华存所撰，而隋志已著录。《道藏》中有《紫阳真人内传》曰："乃登委羽山遇司马季主，受石精金光藏景化形。"④《紫阳真人内传》据陈国符先生考证为华侨所撰，其年代也当是晋代。故从上可知《天地宫府图》之来源至少可上溯至晋代。

一般来说，一山有多名往往是不同之人的称呼不同，而同一人对某山某地的称呼一般都是相同的。葛洪《抱朴子内篇·金丹》曰：

> 是以古之道士，合作神药，必入名山，不止凡山之中，正为此也。又按仙经，可以精思合作仙药者……霍山……安丘山、潜山……大小天台山、四望山、盖竹山、括苍山，此皆是正神在其山中，其中或有地仙之人。上皆生芝草，可以避大兵大难，不但于中以合药也。若有道者登之，则此山神必助之为福，药必成。⑤

上述诸山中有"潜山"，王明注曰："安丘山、潜山。校勘记云：'《御览》六百七十作"安丘、衡灂"，约文也。此无衡山。"潜"与"灂"同。孙云，古以潜山为衡岳，故谓之衡潜。'按安丘山在今山东安丘县，潜山在今安徽潜山县。"⑥ 则葛洪称"衡潜"为"潜山"，而不用"天柱山"之称呼。则称左慈"精思于天柱山中"之天柱山为杭州于潜县

① 《道藏》第 22 册，第 203 页。

② 同上书，第 199 页。

③ （宋）李昉：《太平御览》卷六七四，《四部丛刊三编》"子部"，第五叶。

④ 《道藏》第 5 册，第 545 页。

⑤ 王明：《抱朴子内篇校释》，第 85—86 页。

⑥ 同上书，第 107 页。

之天柱山，则大有可能。

关于篇末"当入霍山中合九转丹"之霍山，盖建民称《神仙传·左慈》篇中，前称左慈精思于天柱山，后称入霍山中合"九转丹"，由于南岳天柱山又称霍山，一篇之中，一个地名不会用两个不同的称呼，故篇前之天柱山如是指南岳，篇末之霍山则当是福建之霍山，并举同为葛洪所撰之《抱朴子内篇·金丹》云："今中国名山不可得至，江东名山之可得住者，有霍山，在晋安；长山、太白，在东阳；四望山、大小天台山、盖竹山、括苍山，并在会稽。"① 晋安之霍山即是今宁德之霍童山。②

但是，如果如本书前面所述，天柱山是杭州于潜县之天柱山，则盖氏之论据当称为：葛洪在《抱朴子内篇·金丹》中并称潜山与霍山，同段文字中不会以两个名称重复叙述一个山名，则潜山指安徽之衡潜，而霍山为福建晋安之霍山，而葛洪也在《抱朴子内篇》中明确提出了霍山在晋安。如此则《神仙传》之霍山当亦指福建之霍山。盖氏称左慈最终入福建合"九转丹"之结论正确。

关于左慈的行踪，陶弘景《真诰》中亦多次提及。

《真诰·稽神枢第一》曰："中茅山玄岭独高处，司命君埋西胡玉门丹砂六千斤于此山……左元放时就司命乞丹砂，得十二斤耳。〔注曰：〕左氏乞丹砂，当是入洞时所请，以合炉火九华丹。"③

《真诰·稽神枢第二》曰："左慈今在小括山，常行来数在此下，寻更受职也。慈颜色甚少，正得炉火九华之益。〔注曰：〕左慈字元放，李仲甫弟子，即葛玄之师也。魏武父子招集诸方士，慈亦同在中。建安末，渡江寻山，仍得入洞。又乞丹砂合九华丹。九华丹是《太清中经》法。小括即小括苍山，在永嘉桥豁之北。④"

以《真诰》中所言，左慈先在中茅山，而后至永嘉之小括苍山。关于左慈的行踪，《太平御览》卷六六七引《真诰》曰："汉建安中（196—220），左慈闻句曲山在金陵通峨眉、罗浮，故渡江寻之，遂斋戒三月而登此山，乃得其门人，茅君受以三种神芝，宿启功仪曰：捧香仙女下卫斋戒之人。"⑤ 又《太平御览》卷六六七引《东卿司命经》曰：

---

① 王明：《抱朴子内篇校释》，第 85 页。

② 盖建民：《左慈、葛洪入闽炼丹略考》，《中国道教》1997 年第 1 期，第 39—40 页。

③ 〔日〕吉川忠夫、麦谷邦夫编：《真诰校注》，朱越利译，第 361 页。

④ 同上书，第 381 页。

⑤ （宋）李昉：《太平御览》卷六六七，《四部丛刊三编》"子部"，第二叶。

"……昔左慈斋戒三月，拜礼灵山，竭诚三年，然后二茅君引前。"① 则与前说相合。

《真诰·稽神枢第一》认为李仲甫是左慈之师。《云笈七签·道教相承次第录》亦曰："太上老君命李仲甫出神仙之都，以法授江南左慈字元放，故令继十六代为师相付。"② 《太平御览》卷六七八引《登真隐诀》曰："李翼字仲甫，以七变法传左慈。慈修之，以变化万端。此经在《茅真人传》，后道士以还丹方殊秘，故略出别为一卷。"③ 此处说左慈之师为李翼，字仲甫。《真诰》中还提到李仲甫也在霍山的说法，《真诰·协昌期第一》曰："大方诸宫，青君常治处也。其上人皆天真高仙，太极公卿诸司命所在也。有服日月芒法，虽已得道为真，犹故服之。［注曰：］霍山赤城亦为司命之府，唯太元真人、南岳夫人在焉。李仲甫在西方，韩众在南方，余三十一司命皆在东华，青童为太司命总统故也。杨君亦云东轸执事，不知道当在第几位耳？"④

左慈为葛玄之师，以左慈为师者，还有赵广信，并隐于"剡"，即今浙江嵊县。《太平御览》卷六六二引《真诰》曰：

> 赵广信，阳城人，魏末来渡江入剡小白山中学道。受左慈统玄之道并徼视法，如此积年，周行郡国，或卖药，人莫知也。多来都下，市丹砂作九华丹仙去。⑤

《太平御览》卷六六九引《真诰》曰："赵广信，阳城人。魏末渡江入剡小白山，受李法服气，又受左君玄中之道，如此积年，或卖药人间，多来都下，市丹砂作九华丹仙去。"⑥ 则赵广信的师从不止左慈一人，还有李姓师父授其服气之法。

二　葛玄

元谭嗣先造《太极葛仙公传》，录有陶弘景《吴太极左仙公葛公之

---

①　（宋）李昉：《太平御览》卷六六七，《四部丛刊三编》"子部"，第四叶。

②　《道藏》第22册，第22页。

③　（宋）李昉：《太平御览》卷六七八，《四部丛刊三编》"子部"，第三叶。

④　［日］吉川忠夫、麦谷邦夫编：《真诰校注》，朱越利译，第300页。

⑤　（宋）李昉：《太平御览》卷六六二，《四部丛刊三编》"子部"，第二叶。

⑥　（宋）李昉：《太平御览》卷六六九，《四部丛刊三编》"子部"，第四叶。

碑》①曰：

　　道冠两仪之先，名绝万世之始者，固言语所不得辨，称谓所莫能筌焉。……昔在中叶，甘左见骇于魏王，象奉擅奇于吴主，至如葛仙公之才英俊迈，盖见尤彰彰者矣。公于时虽历游名岳，多居此岭。此岭乃非洞府，而跨据中川，东视则连峰入海，南眺则重嶂切云，西临江浒，北旁郊邑，斯潜显之奥区，出处之关津。半寻石井，日汲莫测其源，三足白麂，百龄不异其质，精灵之所弗渝，神祇之所司卫，麻衣史宗之俦，相继栖托。后有孙慰祖，亦嗣居弥岁。山阴潘洪，字文盛，少秉道性，志力刚明，前住余姚四明陬，国为立观，直上百里，榛途险绝，既术识有用，为物情所怀。天监七年，郡邑豪旧，遂相率舆出，制不由己。以此山在五县冲要，舍而留止于兹十有五载。将欲移想坛上，先有一空碑，久已摧倒，洪意以为荫其树者，尚爱其枝，况仙公真圣之遗踪，而可遂沦乎？乃复建新碑于其所，愿勒名迹以永传，隐居不远千里，寓斯石而镌之。

　　仙公姓葛，讳玄，字孝先，丹阳句容都乡吉阳里人也。本属琅邪，后汉骠骑僮侯庐让国于弟，来居此土。七代祖艾，即骠骑之弟，袭封僮侯。祖矩，安平太守黄门郎。从祖弥，豫章等五郡太守。父焉，字德儒，州主簿、山阴令、散骑常侍大尚书。代载英哲，族冠吴史。公幼负奇操，超绝伦党，神挺标峻，精辉卓逸，坟典不学而知，道术才闻已了，非复轨仪所范，思识所该，特以域之情理之外，置之言象之表。

　　吴初，左元放自洛而来，授公白虎七变、炉火九丹，于是五通具足，化遁无方。孙权虽爱赏仙异，而内怀猜害，翻、琰之徒，皆被挫斥，敬惮仙公，动相咨禀。公驰涉川岳，龙虎卫从，长山盖竹，尤多去来，天台兰风，是焉游憩，时还京邑，视人如戏，诡谲倡佯，纵倒山河，虽投兔履坠，叱石羊起，蔑以加焉。于时有人，漂海随风，眇沵无垠，忽值神岛，见人授书一函，题曰"寄葛仙公"，令归吴达之。由是举世翕然，号为仙公。故抱朴著书，亦云余从祖仙公，乃抱朴三代从祖也。俗中经传所谈，云己被太极铨授，居左仙公之位。如《真诰》并《葛氏旧谱》，则事有未符，恐教迹参差，适时立说，犹如执戟侍陛，岂谓三摘灵桃，徒见接神役鬼，安知止在散职，一以权

---

① 《道藏》第6册，第853—854页。

道推之，无所复论其异同矣。仙公赤乌七年太岁甲子八月十五日平旦升仙，长往不返，恒与郭声子等相随久，当授任玄都，祇秩天爵，佐命四辅，理察人祇，瞻望旧乡，能无累累之叹，顾盼后学，庶垂汲引之慈，敢藉邦族末班，仰述真仙遗则云尔。

陶弘景所述，葛氏本是琅邪人，后徙为丹阳人。《抱朴子外篇·自序》详细地讲述了迁徙的经过："抱朴子者，姓葛，名洪，字稚川。丹阳句容人也。……洪曩祖为荆州刺史，王莽之篡，君耻事国贼，弃官而归，与东郡太守翟义共起兵。将以诛莽，为莽所败，遇赦免祸，遂称疾自绝于世。莽以君宗强，虑终有变，乃徙君于琅邪。……君之子浦庐……遂南渡江而家于句容。子弟躬耕，以典籍自娱。文累使奉迎骠骑，骠骑终不还。又令人守护博望宅舍，以冀骠骑之反，至于累世无居之者。"琅邪之地与道教有密切的关系，无论是于吉所出之《太平清领书》，还是献书于汉帝的宫崇，以及后世奉道之王氏及晋代之孙恩均为琅邪人，此陈寅恪氏考之甚详。①

葛玄师左慈（字元放）的时间为吴初，当是吴孙权黄武（222—229）年间。文中所谓"翻、琰"则是指虞翻、介琰。虞翻以易学名世，而介琰亦以道术闻名。

关于葛玄的主要活动地域，文中称："长山盖竹，尤多去来，天台兰风，是焉游憩。"《抱朴子内篇》曰："今中国名山不可得至，江东名山之可得住者，有霍山，在晋安；长山、太白，在东阳；四望山、大小天台山、盖竹山、括苍山，并在会稽。"②据此，则长山在东阳，天台、盖竹山在会稽，而兰风一地，据南宋《嘉泰会稽志》记载，当时余姚县城外有十五乡，其中有兰风乡。则兰风亦在会稽。以上述观之，葛玄的主要修道活动地点是以浙江为主。

陶弘景《吴太极左仙公葛公碑》记载了葛玄被称为仙翁并太极左仙公的原因是，海上仙岛有人寄书与葛玄，称其为葛仙公，于是自葛洪起均称其从祖为仙公，并以为职授"太极左仙公"。但陶弘景却说"安知止在散职"，也就是对葛玄任"太极左仙公"之职有疑义。这个疑义在《真诰》中有详细的说明。《真诰》卷十二《稽神枢第二》曰：

---

① 参见陈寅恪《天师道与滨海地域之关系》，《金明馆丛稿初编》，第1—40页。

② 王明：《抱朴子内篇校释》，第85页。

问葛玄，玄善于变幻，而拙于用身。今正得不死而已，非仙人也。初在长山，近入盖竹，亦能乘虎使鬼，无所不至，但几于未得受职耳。亦恒与谢稚坚、黄子阳、郭声子相随。［原注曰］葛玄字孝先，是抱朴从祖，即郑思远之师也。少入山得仙，时人咸莫测所在。传言东海中仙人寄书呼为仙公，故抱朴亦同然之。长史所以有问，今答如此，便是地仙耳。灵宝所云太极左仙公，于斯妄乎?①

葛洪《神仙传》中有《葛玄》篇，与陶弘景《吴太极左仙公葛公碑》事略有不同。陶氏称葛玄师从左慈，但《神仙传》曰："从仙人左慈，受《九丹金液仙经》，玄勤奉斋科，感老君与太极真人，降于天台山，授《玄灵宝》等经三十六卷。久之，太上又与三真人项负图光、乘八景玉舆、宝盖幡幢旌节，焕耀空中，从官千万。命侍经仙郎王思真披九光玉韫，出洞元大洞等经三十六卷，及上清斋二法……灵宝斋六法……及洞神太一涂炭等斋升戒法等件，悉遵太上之命。修炼勤苦不怠，尤长于治病收劾鬼魅之术，能分形变化。"② 依此文葛玄还在天台山受老君与太极真人之传，并受灵宝诸经三十六卷和上清、灵宝及涂炭斋法。葛洪为葛玄从孙，且有师承关系，故对葛玄有意张扬。陶弘景站在上清派立场上，对与灵宝派关系至密的葛玄则颇有贬抑之辞。

关于太极真人，《云笈七签》卷三《灵宝略纪》曰："三真未降之前，太上又命太极真人徐来勒为孝先作三洞法师。"③ 据此太极真人为徐来勒。

《神仙传》又记葛玄另有一弟子名为张恭，曰："语弟子张恭言：'吾为世主所逼留，不遑作太乐，今当以八月十三日中时去矣。'至期，玄衣冠入室，卧而气绝，颜色不变。弟子烧香守之，三日三夜，夜半忽大风起，发屋折木，声响如雷，烛灭良久。风止燃烛，失玄所在，明旦问邻人，邻人言：'了无大风。'风止在一宅内，篱落树木并败折也。"

陶弘景《吴太极左仙公葛公碑》记"赤乌七年（245）太岁甲子八月十五日平旦升仙"，而《神仙传》称是"八月十三"，并且大风刮了三天三夜，正到了八月十五日，"失玄所在，但见委衣床上，带无解者。"意即于八月十五"升仙"，与陶弘景所记略同，只是过程更为曲折。又《太平御览》卷六六四引《神仙传》曰："葛玄，字孝先，从左慈授《九丹金

---

① ［日］吉川忠夫、麦谷邦夫编：《真诰校注》，朱越利译，第381页。

② （晋）葛洪：《神仙传》，第269—270页。

③ 《道藏》第22册，第15页。

液经》，常饵术，语弟子张奉曰：'当尸解去，八月十二日时当发。'至期，玄衣冠而卧，无气而色不变，尸解而去。"① 此处引为八月十二，不知是否为十五日减去三得出的日期，以合《葛公碑》所云之"平旦"。

又据舟山地方志记载，葛玄因避战乱，曾入海山修道炼丹于定海临城高道山，葛玄羽化后，人们还在舟山第二高峰黄杨尖上建寺庙，主供葛仙翁。

葛玄还被后世尊为灵宝派的创始人。唐初孟安排《道教义枢》卷二引《真一自然经》曰：

> 太极真人、夏禹通圣达真，太上命钞出灵宝自然，分别大小劫品经……以己卯年正月一日日中时，于会稽上虞山传仙公葛玄。玄字孝先，于天台山传郑思远、吴主孙权等。仙公升天，合以所得三洞真经，一通传弟子，一通藏名山，一通付家门子孙，与从弟少傅奚，奚子护军悌，悌子洪，洪又于马迹山诣思远受。洪号抱朴子，以晋建元二年三月三日，于罗浮山付弟子海安君望、世等。至从孙巢甫，以晋隆安之末传道士任延庆、徐灵期之徒，相传于世，于今不绝。②

宋初的《云笈七签》卷三《灵宝纪略》也有相类似记载：

> 至三国时，吴主孙权赤乌之年，有琅琊葛玄，字孝先。……三真未降之前，太上又命太极真人徐来勒，为孝先作三洞法师。孝先凡所受经二十三卷，并语禀、请问十卷，合三十三卷。孝先传郑思远，又传兄太子少傅海安君，字孝爱。孝爱付子护军悌，悌即抱朴子之父。抱朴从郑君盟，郑君授抱朴于罗浮山，去世以付兄子海安君，至从孙巢甫，以隆安之末传道士任延庆、徐灵期等，世世录传，支流分散，孳孳非一。③

以上《真一自然经》及《灵宝纪略》都勾勒了以葛玄为始的灵宝派的传承，而其中的关键人物是葛巢甫。陶弘景《真诰·叙录》曰：

① （宋）李昉：《太平御览》卷六六四，《四部丛刊三编》"子部"，第二叶。
② 《道藏》第 24 册，第 813 页。
③ （宋）张君房：《云笈七签》第 1 册，第 40—41 页。

复有王灵期者，才思绮拔，志规敷道，见葛巢甫造构《灵宝》，风教大行，深所忿嫉。于是诣许丞求受上经。丞不相允，王冻露霜雪，几至性命，许感其诚到，遂复授之。王得经欣跃，退还寻究，知至法不可宣行，要言难以显泄，乃窃加损益，盛其藻丽，依王魏诸传题目，张开造制，以备其录，并增重诡信，崇贵其道，凡五十余篇。①

《真诰》撰于南北朝时期，这是传世最早肯定葛巢甫与灵宝派关系的文献。《真一自然经》及《灵宝纪略》都肯定了"古灵宝经的传授，实际是从葛玄开始的"②。但是依《真诰·叙录》所言，"《灵宝》风教大行"是由于葛巢甫"造构《灵宝》"的缘故，后人也将葛巢甫作为灵宝派的实际创始人。这其实有一个道派标准的问题。有师徒传承就可以作为道派的存在，还是要有庞大道团才可以被称为一个道派？从中国道教的实际情况看，前者的标准更加符合道教支派众多，道坛林立的实际情况。

关于灵宝派的流传地，涉及浙江、安徽、广东等地。具体来说，葛玄修炼之地多在浙江，郑隐、葛洪授受之地马迹山是在安徽，葛洪到过浙江，最后修炼之罗浮山是在广东。而葛巢甫所在之处不详，不过王灵期为秣陵县（今南京）人，见葛巢甫"风教大行"，故去浙江之剡地（今嵊县）见许黄民而求得《上清经》，可知葛巢甫所处之地应该是以吴地为主，即江南为其主要的传授地区。

关于葛巢甫所传授之任延庆已不可考，而徐灵期因曾隐居衡山，则见于《南岳总胜集》。《南岳总胜集·孙星衍序》曰："南岳多古志。率皆佚而不传。隋经籍志有宋居士撰《衡山记》。《太平御览》引徐灵期《南岳记》。宋《艺文志》有卢鸿《衡山记》，钱景衍《南岳胜概》。诸书既不得见。惟有唐道士李仲昭撰《南岳小录》一卷。"其中提到的"宋居士"与"徐灵期"或是一人，因为徐灵期正是刘宋时人。说明徐灵期曾撰有《衡山记》（或称《南岳记》）。关于徐灵期的生平，《南岳总胜集》卷中《上清宫》曰：

上清宫
去庙东北七里，吴人徐灵期真人修行之所。徐幼遇神人，授以玄

① （梁）陶弘景：《真诰》，中华书局 2011 年版，第 341 页。
② 卿希泰主编：《中国道教史》第一卷，四川人民出版社 1996 年修订版，第 393 页。

丹之要，含日晖之法，守泥丸之道，服胡麻之饭，故得周游海岳，来往南山积有年矣。采访山洞岩谷，作《衡岳记》，叙其洞府灵异。言紫盖云密二峰，皆高五千余丈。而云密有禹治水碑，皆蝌蚪之字。碑下有石坛，流水萦之，最为胜绝。而紫盖常有鹤集其顶，而神芝灵草生焉。下有石室，有香炉、杵、臼、丹灶。祝融峰上有碧玉坛，方五尺。东有紫梨，高三百尺，乃夏禹所植，实大如斗，赤如日，若得食长生不死。义熙中，山人潘觉至峰西，石裂有物，出如紫泥，香软可食，觉不知其石髓，竟不食弃去。忽悟而还已不见，此君之所记圣异。又能役使鬼神。降伏龙虎。以宋元徽元年（473）九月九日冲真。重和元年（1118）徽宗皇帝赐号明真洞微真人。①

与徐灵期同时，有陆修静总括三洞，编定灵宝经目，修定灵宝斋法，故后世多以陆修静为灵宝派的传人，而任延庆及徐灵期则湮没无闻了。如《道法会元》卷二四四《玉清灵宝无量度人上道·灵宝源流》载有灵宝派历代祖师有："徐来勒、葛玄、郑思远、葛洪、高钦之、陆修静……"②隋唐之后，灵宝派的中心则转入江西阁皂山，称为阁皂宗，于唐宋时极为昌盛，元代成为三山符箓之一，其法脉一直延续到明代，其后则趋于衰亡。③葛玄所传道经有《太清丹经》、《九鼎丹经》、《金液丹经》、《正一法文》、《三皇内文》、《五岳真形图》、《洞玄五符》等。④托名葛玄的著作较多，有《周易杂占》、《老子次序》、《神仙服食经》、《葛氏杂方》、《葛仙翁肘后救卒方》、《孤刚子万金诀》、《广陵吴谱杂方》、《清静经》等，但大多不靠谱。⑤

三　郑隐

郑隐为葛玄之徒，葛洪之师，《洞仙传》有其传，传曰：

郑思远少为书生，善律历、候纬。晚师葛孝先，受正一法文、三皇内文、五岳真形图、太清金液经、洞玄五符。入庐江马迹山居，仁

---

① （宋）陈田夫：《南岳总胜集》卷中，第14页。

② 《道藏》第30册，第496页。

③ 孔令宏、韩松涛：《江西道教史》，中华书局2011年版，第232—242页。

④ 卿希泰主编：《中国道教》第一卷，知识出版社1994年版。

⑤ 倪定胜：《葛玄、葛仙庵及其他》，《江苏地方志》2003年第3期，第46—48页。

及鸟兽。所住山虎生二子，山下人格得虎母，虎父惊逸，虎子未能得食，思远见之，将还山舍养饲。虎父寻还，又依思远。后思远每出行，乘骑虎父，二虎子负经书衣药以从。时于永康横江桥逢相识许隐，且暖药酒，虎即拾柴然火。隐患齿痛，从思远求虎须，谷及热插齿间得愈，思远为拔之，虎伏不动。①

此篇仙传似是辑佚得来，于郑隐之事言之未详。关于郑隐之事，葛洪于《抱朴子内篇》多有提及。《抱朴子内篇·金丹》曰："余师郑君者，则余从祖仙公之弟子也，又于从祖受之，而家贫无用买药。余亲事之，洒扫积久，乃于马迹山中立坛盟受之，并诸口诀诀之不书者。"②《洞仙传》称郑隐居于马迹山，而葛洪称于马迹山中立坛盟受郑隐之传，当是。《抱朴子内篇·黄白》曰：

> 神仙经黄白之方二十五卷，千有余首。黄者，金也。白者，银也。古人秘重其道，不欲指斥，故隐之云尔。或题篇云庚辛，庚辛亦金也。然率多深微难知，其可解分明者少许尔。世人多疑此事为虚诞，与不信神仙者正同也。郑君言：曾与左君于庐江铜山中试作，皆成也。然而斋洁禁忌之勤苦，与金丹神仙药无异也。③

此处可见郑隐虽然是葛玄弟子，但也见过左慈，并与左慈一起炼过黄金，地点是在庐江。左慈是庐江人，则郑隐之隐居庐江，或是为了受教于师公左慈的缘故。

《抱朴子内篇·遐览》曰：

> 郑君时年出八十，先发鬓班白，数年间又黑，颜色丰悦，能引强弩射百步，步行日数百里，饮酒二斗不醉。每上山，体力轻便，登危越险，年少追之，多所不及。饮食与凡人不异，不见其绝谷。余问先随之弟子黄章，言郑君尝从豫章还，于掘沟浦中，连值大风。又闻前多劫贼，同侣攀留郑君，以须后伴，人人皆以粮少，郑君推米以恤诸人，己不复食，五十日亦不饥。又不见其所施为，不知以何事也。火

---

① 《云笈七签》卷一百一十，《道藏》第22册，第751页。

② 王明：《抱朴子内篇校释》，第71页。

③ 同上书，第283页。

下细书，过少年人。性解音律，善鼓琴，闲坐，侍坐数人，口答谘问，言不辍响，而耳并料听，左右操弦者，教遣长短，无毫厘差过也。……郑君不徒明五经、知仙道而已，兼综九宫三奇、推步天文、河洛谶记，莫不精研。太安元年（302），知季世之乱，江南将鼎沸，乃负笈持仙药之扑，将入室弟子，东投霍山，莫知所在。①

郑隐年过八十，尤当益壮，且可辟谷。最终知战乱将来，带领入室弟子，东投霍山而去。而前述《神仙传·左慈》篇末曰："慈告葛仙公言：'当入霍山中合九转丹。'丹成，遂仙去矣。"可见郑隐与师公左慈的确有机缘，早年就与左慈一起炼黄金，晚年隐居之地也与左慈相同。

四 葛洪

葛洪为东晋道教学者，著名炼丹家、医药学家。《晋书·葛洪传》曰：

葛洪，字稚川，丹阳句容人也。祖系，吴大鸿胪。父悌，吴平后入晋，为邵陵太守。洪少好学，家贫，躬自伐薪以贸纸笔，夜辄写书诵习，遂以儒学知名。性寡欲，无所爱玩，不知棋局几道，摴蒱齿名。为人木讷，不好荣利，闭门却扫，未尝交游。于余杭山见何幼道、郭文举，目击而已，各无所言。时或寻书问义，不远数千里，崎岖冒涉，期于必得，遂究览典籍，尤好神仙导养之法。从祖玄，吴时学道得仙，号曰葛仙公，以其炼丹秘术授弟子郑隐。洪就隐学，悉得其法焉。后师事南海太守上党鲍玄。玄亦内学，逆占将来，见洪深重之，以女妻洪。洪传玄业，兼综练医术，凡所著撰，皆精核是非，而才章富赡。

太安中，石冰作乱，吴兴太守顾秘为义军都督，与周玘等起兵讨之，秘檄洪为将兵都尉，攻冰别率，破之，迁伏波将军。冰平，洪不论功赏，径至洛阳，欲搜求异书以广其学。

洪见天下已乱，欲避地南土，乃参广州刺史嵇含军事。及含遇害，遂停南土多年，征镇檄命一无所就。后还乡里，礼辟皆不赴。元帝为丞相，辟为掾。以平贼功，赐爵关内侯。咸和初，司徒导召补州主簿，转司徒掾，迁谘议参军。干宝深相亲友，荐洪才堪国史，选为

① 王明：《抱朴子内篇校释》，第331—332页。

散骑常侍，领大著作，洪固辞不就。以年老，欲炼丹以祈遐寿，闻交阯出丹，求为句屚令。帝以洪资高，不许。洪曰："非欲为荣，以有丹耳。"帝从之。洪遂将子侄俱行。至广州，刺史邓岳留不听去，洪乃止罗浮山炼丹。岳表补东官太守，又辞不就。岳乃以洪兄子望为记室参军。在山积年，优游闲养，著述不辍。其自序曰：

　　……世儒徒知服膺周孔，莫信神仙之书，不但大而笑之，又将谤毁真正。故予所著子言黄白之事，名曰《内篇》，其余驳难通释，名曰《外篇》，大凡内外一百一十六篇。虽不足藏诸名山，且欲缄之金匮，以示识者。

　　自号抱朴子，因以名书。其余所著碑、诔、诗、赋百卷，移、檄、章表三十卷，神仙、良吏、隐逸、集异等传各十卷，又抄《五经》、《史》、《汉》、百家之言、方技杂事三百一十卷，《金匮药方》一百卷，《肘后要急方》四卷。

　　洪博闻深洽，江左绝伦。著述篇章富于班、马，又精辩玄赜，析理入微。后忽与岳疏云："当远行寻师，克期便发。"岳得疏，狼狈往别。而洪坐至日中，兀然若睡而卒。岳至，遂不及见。时年八十一。视其颜色如生，体亦柔软，举尸入棺，甚轻，如空衣，世以为尸解得仙云。①

据《葛洪传》，葛洪有两位师父，一为从祖葛玄之弟子郑隐，二为丈人鲍靓。

关于葛洪的行踪，其父为昭陵太守，则其幼年当在湖南昭陵。又于余杭山见何幼道、郭文举，《晋书·郭文传》曰："余杭令顾飏与葛洪共造之"，则此时葛洪当居于余杭，并与余杭令顾飏相友善。后葛洪以战功封伏波将军，至都城洛阳搜求异书。此时是西晋末，葛洪见天下已乱，至广州在刺史嵇含手下为官。嵇含于永兴三年（306）被害后，葛洪"遂停南土多年"。葛洪在浙江的杭州、宁波等地都有遗迹，当是在此时留下的。至东晋咸和（326—334）初，葛洪闻交阯出丹，求为句漏令，至广州，刺史邓岳强留，葛洪于是在罗浮山炼丹。洪传玄业，兼综练医术，在山多年，著述篇章富于班马。年八十一，得尸解云。据考证，葛洪生年为西晋武帝太康四年（283），卒年为东晋建元元年（343），年六十一卒，可备

---

①　《晋书》，中华书局1974年版，第6册，第1911—1913页。

一说。①

杭州地方志中多处记载有葛洪的遗迹，有些地方葛玄与葛洪没有很好地加以区分，有些地方仅称葛仙翁，现将两人的相关遗迹并录如下。《晋书》本传称葛洪曾经于余杭山见过郭文举、何幼道，则葛洪曾经在杭州停留过是无可置疑的。现存最早的地方志虽然为宋代，但其引用的文献可上溯至唐代。

现存最早记载葛洪遗迹的地方志为南宋《淳祐临安志》，曰："案《乐史》、《寰宇记》云：杭州灵隐山旧名稽留山，许由、葛洪所隐。"②稍后的南宋《咸淳临安志》、明《万历杭州府志》和《西湖游览志》等则记载更多。综合来看葛洪在杭州的遗迹主要分三个地方，一是灵隐天竺，二是龙井，三是葛岭。

天竺山附近的遗迹，《咸淳临安志》卷二十三《山水》之《城西诸山》记曰：

> 稽留峰：《太平寰宇记》云：许由、葛洪皆隐此山忘反，故号稽留。
>
> 岩石室、龙泓洞：在天竺山灵鹫院理公岩之北，晏元献公云：在灵隐山下，吴赤乌二年，葛仙翁于此得道。
>
> 炼丹井、烹茗井：晏元献公《舆地志》："天竺山下有葛仙翁炼丹井，今在下天竺寺藏院。"又云：灵隐山有白少傅烹茗井。
>
> 葛坞、朱墅：晏元献公《舆地志》：葛坞，在灵隐山，吴方士葛孝先所居也。陆羽《寺记》云：晋葛洪亦曾居此。朱墅者，梁隐士盐官朱世卿之别墅。
>
> 丹灶堂：陆羽《记》云葛洪炼丹之所。（已废，姑仍旧志。）③

从上述记载来看，陆羽为中唐人。故葛洪与灵隐稽留峰等处的关系至少在中唐时已经存在。上文称其撰写的《记》、《寺记》，或如卷二十三引称的《二寺记》全称为《灵隐天竺二寺记》，《咸淳临安志》中引录《二

① 崔红建：《葛洪生卒年考辨》，《潍坊教育学院学报》2006 年第 4 期，第 41—43 页。

② （宋）施谔：《淳祐临安志》（不著年代批校抄本），《中国方志丛书·华中地方·第五一四号》，第 117 页。

③ 浙江省地方志编纂委员会编：《宋元浙江方志集成》，杭州出版社 2009 年版，第 2 册，第602—605 页。

寺记》的文字，有 30 多处。所以陆羽的《二寺记》在南宋年间还未散失。从引文可以看出，《二寺记》并非专志灵隐、天竺二寺的内容，还包括了灵隐、天竺二寺周围的山川古迹。《太平寰宇记》撰于宋初。另一个引用多次的文献是"晏元献公《舆地志》"，晏元献公即北宋著名词人晏殊，为宋仁宗时人。则上述所引内容基本都从文献中辑录出来，文献的时间从唐代至北宋。

关于葛坞，《咸淳临安志》录有北宋郭祥正诗："二葛既成仙，犹存炼丹处。有时化鹤来，徘徊不知去。"① 诗中二葛据万历《杭州府志》，却不是指葛玄、葛洪。其曰："葛坞、葛井：稚川遗迹也，相传吴赤乌二年葛稚川得道于此，唐时有方士葛孝仙亦隐兹坞，故郭祥正诗云：'二葛既成仙，犹存炼丹处'是也。"② 上述引文将葛玄与葛洪事迹混淆，吴赤乌二年得道的应该是葛玄而非葛洪。

关于龙井的葛洪遗迹，《淳祐临安志》卷三十七《井》曰："龙井：本名龙泓，吴赤乌中，葛洪炼丹于此，井有《记》，秦少游撰。……秦少游撰《龙井记》：龙井旧名龙泓，吴赤乌中，方士葛洪曾炼丹于此，事见《图记》。"③ 秦少游为宋代著名词人秦观，为北宋神宗、哲宗时人，时约为北宋末年。而其所引的《图记》则不详是何书。

在杭州周边的县城，也有多处葛洪炼丹井的遗迹。《咸淳临安志》曰："新城县，炼丹井：晏公《舆地志》：葛仙翁炼丹之所。""葛仙翁炼丹井：在硖石紫微山。"④

葛岭是葛洪最为主要的遗迹。万历《杭州府记》卷二十曰："葛岭：在西湖北，赤霞岭东，昔葛洪炼丹之所。宋贾似道赐第于此，有别墅名'养乐园'，久废。"⑤ 葛岭也有葛翁井，万历《杭州府记》卷二十二曰："葛翁井：在葛岭北，寿星石南，在智果寺西南可数十步，上方下圆，人饮井中水者，多不染时疾，相传为葛稚川投丹之所。"⑥ 关于"饮井水不

① 浙江省地方志编纂委员会编：《宋元浙江方志集成》第 2 册，第 606 页。

② （明）陈善等修：《杭州府志》（明万历七年刊本），《中国方志丛书·华中地方·第五二四号》，台湾成文出版社 1983 年版，第 6 册，第 1639 页。

③ 浙江省地方志编纂委员会编：《宋元浙江方志集成》第 2 册，第 746 页。

④ 同上书，第 751—752 页。

⑤ （明）陈善等修：《杭州府志》（明万历七年刊本），《中国方志丛书·华中地方·第五二四号》第 5 册，第 1502 页。

⑥ （明）陈善等修：《杭州府志》（明万历七年刊本），《中国方志丛书·华中地方·第五二四号》第 6 册，第 1639 页。

染时疾”的故事，可上溯至宋代，《咸淳临安志》卷三十七曰："葛公双井：在治平寺西，居人饮此水，不染时疾，传言葛公炼丹于此。"①

元张雨，字伯雨，隐居于葛岭，有数首诗咏葛岭。如"一宿葛翁丹井上，化为蝴蝶梦魂清"②；"葛洪井上访真君，一饮丹泉足自如。拂袖莫嫌狂散甚，子非知我我知鱼"③；等等。

《西湖游览志》还记录"葛岭上有葛仙翁墓"，并引"吴立夫《登初阳台谒抱朴子墓》诗：人生扰扰间，颇觉天地窄"④ 为证。不过葛岭上有葛仙翁墓或是以讹传讹的结果。

孙向中认为葛岭有抱朴子墓的所有证据，其实只有吴莱一首名为《景阳宫登初阳台谒抱朴子墓》的诗，而其肇始者为成化《杭州府志》，并认为吴莱喜欢虚构，作游仙诗。《四库全书提要》称吴莱诗风"恃气纵横，与覃思冶炼门户固殊"⑤，其意思是吴莱称其谒抱朴子墓只是一个虚构的故事。

不过孙向中在同一篇文中说"根据这首诗的题目《景阳宫登初阳台谒抱朴子墓》的字面含义，抱朴子墓应当在景阳宫的初阳台，而非西湖葛岭的初阳台。西湖葛岭的初阳台在宋吴自牧《梦粱录》卷十一《岭》中有记载：'南高峰下烟霞岭、葛岭。在西湖之西。葛仙翁炼丹于此，有初阳台。'但葛岭并没有景阳宫；《梦粱录》卷一《车驾诣景阳宫孟飨》中提及景阳宫。当为临安朝廷大内宫观之一"。孙向中认为景阳宫为大内宫观之一，也就是认为景阳宫在大内，是其误解。《梦粱录》卷一《车驾诣景阳宫孟飨》提到景阳宫称："次日，驾再诣行后殿礼，幸太乙宫、景阳宫，行款谒礼。"其中太乙宫也非大内宫殿，而是所谓的"御前宫观"，太乙宫分东太乙宫和西太乙宫，如果不冠以东西之称于前，则是指东太乙宫，如《咸淳临安志》称东西太乙宫为"太乙宫"、"西太乙宫"。据《咸淳临安志》，东太乙宫在"新庄桥之南"。据《咸淳临安志》，景阳宫是"郊庙"之属，供奉历代皇帝的灵位，"前为圣祖殿，宣祖至徽宗皇帝

① 浙江省地方志编纂委员会编：《宋元浙江方志集成》第 2 册，第 748 页。

② （明）陈善等修：《杭州府志》（明万历七年刊本），《中国方志丛书·华中地方·第五二四号》第 6 册，第 1639 页。

③ （明）田汝成：《西湖游览志》（明嘉靖二十六年刊本），《中国方志丛书·华中地方·第四八七号》第 1 册，第 282 页。

④ 同上书，第 287—288 页。

⑤ 孙向中：《葛洪生地葬地新探》，《河南大学学报》（社会科学版）2008 年第 1 期，第 109—115 页。

殿居中"，位置在"新庄桥之西"。这就是说，两个宫观位置相近，且均不在大内。

新庄桥即民国时的凤起桥，后来填河建路，称凤起桥河下，现位置就是在今杭州凤起路和延安路口，该桥以西，则接近宝石山。从南宋时的景灵宫位置去初阳台可以有两种走法，一是从不远处保俶路的小路直接上宝石山，至保俶塔，然后再至初阳台。二是从湖边走北山路，从葛岭上山，至葛洪炼丹井，然后至初阳台。其路程步行均不到一小时。所以根据诗题，其意思应该是诗人从景阳宫（或其附近）出发登初阳台，然后谒抱朴子墓。

不过确如孙向中所言，所有关于杭州的方志资料，都没有指出墓的具体位置，只是因旧志有这个说法，而葛岭确实因葛洪为名，所以就沿袭了葛岭有抱朴子墓的说法。同时在葛岭抱朴道院里有一块明代的《重建葛仙庵碑记》①，其中提到了葛洪的后代，却仍没有提到葛洪有墓在葛岭，故葛洪墓在葛岭之说并不确实。

《重建葛仙庵碑记》由"赐进士第资政大夫刑部尚书余姚沈应文撰"，撰写之时为"龙飞万历壬子（1612）春二月吉旦"。《重建葛仙庵碑记》虽然没有提到葛洪之墓，却提到了很多非常有价值的内容。比如其说："（葛洪）喜西湖山水之秀，卜居宝云山初阳台。结草庐，吸日月之精华，收山川之灵气；炼丹药以济疲癃，浚丹井以便民用。井有三十六口，甘露、梅泉，其最洌也。又开砌山岭坦途，以便行人往来。烧丹朱，炼铅粉，刮铜绿，洗红花，染胭脂，造库酒。杭城贫民富户，无不乐其乐而利其利。"葛洪除了炼丹外，还与梅福同被认为是染料的发明者，其中提到其"炼铅粉，刮铜绿，洗红花，染胭脂"，正是其写照。葛岭抱朴道院在民国初还由染业公所管理，并于民国二十五年派代表奉聘请书于福星观李紫东，要求其接管。②

《重建葛仙庵碑记》又曰："唐刺史李君构室祀之，题额曰初阳山房，造初阳台。石台历五代，至宋尚存。"据此，抱朴道院的前身是"初阳山房"，而初阳台也建于唐，且至宋尚存。吴莱所称抱朴子墓或是指奉祀葛洪之处，如此，则其诗《景阳宫登初阳台谒抱朴子墓》可以理解为到初阳台谒抱朴子祠。

《重建葛仙庵碑记》又曰："仙翁后裔葛栋，同男志淳、成纬、成纶、

---

① 朱越利：《释杭州〈重建葛仙庵记〉》，《浙江学刊》1990 年第 1 期，第 74—77 页。

② 《杭州玉皇山志》卷十八，杭州市图书馆 1985 年影印本。

伾正荣，捐资□地，拓山重建楼宇。上祀仙翁，下奉祖考宗亲。"葛洪后人在当时尚存，出资购地，建设了葛仙庵，其作用不但是祀葛洪，而且奉历代葛氏先祖。并述其位置曰："祠在宝云山之巅，东观海日，南对江潮，西邻孤山，北连古荡。"

葛岭上现存抱朴道院，其炼丹井亦尚存。抱朴道院现所祀主要是葛洪，还祀奉纯阳祖师、东岳大帝。此外有元辰殿，供斗姥元君及六十甲子太岁。抱朴道院现为浙江省道协和杭州市道协的驻地。

五　鲍靓

鲍靓为葛洪妻父，亦为葛洪师父，《晋书·鲍靓传》曰：

> 鲍靓，字太玄，东海人也。年五岁，语父母云："本是曲阳李家儿，九岁坠井死。"其父母寻访得李氏，推问皆符验。靓学兼内外，明天文河洛书，稍迁南阳中部都尉，为南海太守。尝行部入海，遇风，饥甚，取白石煮食之以自济。王机时为广州刺史，入厕，忽见二人著乌衣，与机相捔，良久擒之，得二物似乌鸭。靓曰："此物不祥。"机焚之，径飞上天，机寻诛死。靓尝见仙人阴君，授道诀，百余岁卒。

关于鲍靓的籍贯有多种说法，《太平御览》卷六六四引《神仙传》曰：

> 鲍靓，字太玄，琅邪人。晋明帝时人。葛洪妻父。阴君授其尸解法。一说云靓，上党人，汉司隶鲍宣之后，修身养性，年过七十而解去。有徐宁者师事靓，宁夜闻靓室有琴声而问焉，答曰："嵇夜昔示迹东市，而实兵解耳。"①

《太平御览》卷六六六引《道学传》曰：

> 鲍靓，字太玄，上党人，汉司隶鲍宣之后，禀性清慧，学通经史，修身养性，蠕动不犯。闻人恶如犯家讳，人多从受业，杨道化

---

① （宋）李昉：《太平御览》卷六六四，《四部丛刊三编》"子部"，第二、三叶。

物，号曰儒林。①

　　关于鲍靓的籍贯有东海、琅邪、上党三说，此外尚有《云笈七签》卷四《三皇经说》中晋陵一说，众说纷纭，莫衷一是，不过鲍靓官至南海太守则各书均无疑义。

　　据《晋书》，鲍靓师从于阴长生。《云笈七签》卷一百六有《鲍靓真人传》，亦认为其师从于阴长生，但又师从左慈。《云笈七签·鲍靓真人传》为集各书所成。传中所述诸事，开篇第一段所述见于《真诰》卷十二，且较《真诰》为略，故引《真诰·稽神枢第二》曰：

　　　　鲍靓，靓及妹，并是其七世祖李湛、张虑，本杜陵北乡人也。在渭桥为客舍，积行阴德，好道希生，故今福逮于靓等，使易世变练，改氏更生，合为兄弟耳。根胄虽异，德荫者同，故当同生氏族也。今并作地下主者，在洞宫中。靓所受学本自薄浅，质又挠滞，故不得多也。欲知之，其事如此。亦如子七世祖父许肇字子阿者，有赈死之仁，拯饥之德，故今云荫流后，阴功垂泽。是以今得有好尚仙真之心者，亦有由而然也。物皆有因会，北徒尔而得之者矣。〔自注曰：〕此书时，先生诚事未授，所以论及子阿功荫也。鲍亦通神，而敦尚房中之事，故云挠滞。后用阴君"太玄阴生符"为太清尸解之法，当是主者之最高品矣。缘运事乃如此相关，今人之善恶，岂曰徒然？②

　　第二段为师从左慈，不见于他书，曰："靓学明经术纬候，师左元放受中部法及三皇五岳劾召之要，行之神验，能役使鬼神，封山制魔。"③

　　第三段见于《太平御览》卷六六三引《道学传》曰：

　　　　鲍靓，字太玄，以太兴元年八月二十日步道上京。行达龙山，见前有一少年，姿容整茂，徒行甚徐，而去殊疾。靓垂名马，密逐数里，终不能及，意甚异之。及，问曰："视君似有道者。"少年答曰："我中山阴长生也。"④

---

① （宋）李昉：《太平御览》卷六六六，《四部丛刊三编》"子部"，第三叶。
② 〔日〕吉川忠夫、麦谷邦夫编：《真诰校注》，朱越利译，第380—381页。
③ 《道藏》第22册，第729页。
④ （宋）李昉：《太平御览》卷六六三，《四部丛刊三编》"子部"，第五叶。

《太平御览》引至此处，而《云笈七签》所引更多，且所述略有不同，故仍录如下曰：

> 晋太兴元年靓暂往江东，于蒋山北道见一人，年可十六七许，好颜色。俱行数里，其人徐徐动足，靓奔马不及，已渐而远，因问曰："相观行步，必有道者。"其人答曰："我仙人阴长生也。太上使到赤城，君有心故得见我尔。"靓即下马拜问寒温，未及有所陈，阴君曰："此地复十年当交兵流血。"计至苏峻乱，足十年也。君慕道久矣，吾相见当得度尔仙法。考得仙者，尸解为妙。上尸解用刀，下尸解用竹木，皆以神丹染笔书太上太玄阴生符于刀刃，左右须臾便灭所书者，而目死于床上矣。其真身遁去勿复还家，家人谓刀是其人也。用竹木如刀之法。阴君乃传靓此道，又与靓论晋室修短之期，皆演一为十，广十为百，以圫元帝托云推步，所知不言。见阴君所说，是阴君戒其然矣。①

《三皇文》又称《三皇经》，后人增其他道经及斋仪，编成《道藏》三部之一的《洞神经》。《云笈七签》卷四《三皇经说》曰：

> 至于晋武皇帝时，有晋陵鲍靓官至南海太守。少好仙道，以晋元康二年二月二日登嵩高山，入石室清斋，忽见古三皇文，皆刻石为字。而时未有师，靓乃依法以四百尺绢为信，自盟而受。后传葛稚川，枝孕相传，至于今日。②

也即《三皇经》的传授与鲍靓有关。陈国符认为"三皇文，三国帛和所得者为最古。又郑隐以授葛洪，其师授今不可考。至晋鲍靓所传，云于嵩山石室中得之，亦以传葛洪"③。按陈国符的考证，三皇文的传授有两条途径，一是帛和，二是鲍靓，后均传至葛洪。

帛和之《三皇经》得之西城山王君，《神仙传》曰：

> 帛和，字仲理。师董先生行炁断谷术，又诣西城山师王君，君谓

---

① 《道藏》第 22 册，第 729 页。
② （宋）张君房：《云笈七签》第 1 册，第 57 页。
③ 陈国符：《道藏源流考》上册，第 71 页。

曰："大道之诀，非可卒得，吾暂往瀛洲，汝于此石室中，可熟视石壁，久久当见文字，见则读之，得道矣。"和乃视之，一年了无所见，二年视有文字，三年了然见太清中经、神丹方、三皇文、五岳图，和诵之，上口。王君回曰："子得之矣。"乃作神丹，服半剂，延年无极，以半剂作黄金五十斤，救惠贫病也。①

《道藏·洞神部》有《洞神八帝妙精经》，其曰："帛公曰：前汉太初二年，王君明授余大道之诀，使烧香清斋三日三夜，乃见告。"② 其说与《神仙传》相合。《抱朴子内篇·遐览》曰："余闻郑君言，道之重者，莫过于《三皇文》、《五岳真形图》也。……如帛仲理者，于山中得之。自立坛委绢，常画一本而去也。"③ 《遐览》篇内容为葛洪所述其藏书的目录，故《三皇文》当为葛洪所受。说明帛和所得之《三皇文》为郑隐所得，后传于葛洪。

《三皇文》的另一个版本为鲍靓所传。南朝孟安排《道教义枢》卷二曰："晋时，鲍靓学道于嵩高。以惠帝永康年中，于刘君石室清斋思道，忽有《三皇文》刊成字。仍依经以四百尺绢告玄而受。后亦授葛法子孙。按《三皇经》序，鲍君所得石室之文，与世不同。陆先生所得，初传弟子孙，后传陶先生。先生分折技派，遂至兹也。"④ 陈国符认为帛和的《三皇文》先出，文中才会说鲍靓所得之《三皇文》"与世不同"。文中陆先生即陆修静，弟子为孙游岳，陶先生即陶弘景。

《道藏·正一部》唐张万福《传授三洞经法箓略说》卷上曰："《洞神经》十四卷，陶先生所传十三卷。"⑤ 也就是《洞神经》初传时，有十四卷，至陶弘景所传为十三卷。《洞神部·威仪类》《大上洞神三皇仪》记述了十四卷洞神经，其中有《大有箓图三皇内文》（天、地、人）三卷，《八帝妙精经》上中下三卷，《八帝玄变经》上中下三卷，《八帝神化经》上下二卷，《三皇斋仪》一卷，《三皇朝仪》一卷，《三皇传授仪》一卷，共十四卷⑥。陈国符认为上述十四卷，前十三卷即为陶弘景所传之

① （晋）葛洪：《神仙传》，第251页。

② 《道藏》第11册，第389页。

③ 王明：《抱朴子内篇校释》，第336页。

④ 《道藏》第24册，第814页。该文中"亦授葛法子孙"，法当为"洪"字，晋葛洪也。

⑤ 《道藏》第32册，第186页。

⑥ 《道藏》第18册，第302页。

十三卷，最后一卷是后增的科仪。又认为"《大有箓图三皇内文》（天、地、人）三卷，当即《大有三皇文》。故鲍靓所传，即《大有三皇文》，又称《大有经》。大有者，谓此经秘在大有宫中也"①。

鲍靓有著作传世，名为《晋鲍靓施用法》，收入《云笈七签》卷七十九。② 鲍靓之徒除葛洪外，还有多人。徐宁，东海人。顾恺之《嵇康赞》曰："南海太守鲍靓，通灵士也，东海徐宁师之。"③ 又有许迈，《晋书·许迈传》："时南海太守鲍靓隐迹潜遁，人莫之知。迈乃往候之，探其至要。"④《历世真仙体道通鉴》卷二十七还记载吴猛师鲍靓："年四十，得至人丁义神方，继师南海太守鲍靓，复得秘法。"⑤ 不过《通鉴》晚出，此说仅作参考。

六 许迈

许迈，《晋书》有传，其《许迈传》曰：

> 许迈，字叔玄，一名映，丹阳句容人也。家世士族，而迈少恬静，不慕仕进。未弱冠，尝造郭璞，璞为之筮，遇《泰》之《大畜》，其上六爻发。璞谓曰："君元吉自天，宜学升遐之道。"时南海太守鲍靓隐迹潜遁，人莫之知。迈乃往候之，探其至要。父母尚存，未忍违亲。谓余杭悬霤山近延陵之茅山，是洞庭西门，潜通五岳，陈安世、茅季伟常所游处，于是立精舍于悬霤，而往来茅岭之洞室，放绝世务，以寻仙馆，朔望时节还家定省而已。父母既终，乃遣妇孙氏还家，遂携其同志遍游名山焉。初采药于桐庐县之桓山，饵术涉三年，时欲断谷。以此山近人，不得专一，四面藩之，好道之徒欲相见者，登楼与语，以此为乐。常服气，一气千余息。永和二年，移入临安西山，登岩茹芝，眇尔自得，有终焉之志。乃改名玄，字远游。与妇书告别，又著诗十二首，论神仙之事焉。羲之造之，未尝不弥日忘归，相与为世外之交。玄遗羲之书云："自山阴南至临安，多有金堂玉室，仙人芝草，左元放之徒，汉末诸得道者皆在焉。"羲之自为之

---

① 陈国符：《道藏源流考》上册，第 74 页。

② 《道藏》第 22 册，第 568 页。

③ 转引自王丽英《道教南传与岭南文化》，华中师范大学出版社 2006 年版，第 104 页。

④ 《晋书》第 7 册，第 2106 页。

⑤ 《道藏》第 5 册，第 254 页。

传，述灵异之迹甚多，不可详记。玄自后莫测所终，好道者皆谓之羽化矣。①

《晋书》本传中称其名迈，一名映，《道学传》曰："许迈字叔玄，少名映，后改名远游。"② 《真诰》所述相同，曰："从曾祖本名映，改名远游。"③

《晋书》本传中有"与妇书告别"，于书信的内容却没有说明，《太平御览》卷六六六中有此书信的内容，引《太平经》曰：

> 许迈，字叔玄，少名映，后改名远游。志求仙道，入临安西山，经月不返，人亦不知其所之。先娶散骑常侍吴郡孙宏女为妻。迈居临安山中，为书谢遣其妻云：欲闻悬雷之乡，山鸟之鸣，自为箫韶九成，不胜能也。偶景青葱之下，栖息岩岫之室，以为殿堂广厦，不能过也。情愿所终志绝于此，吾其去矣，长别离矣。④

《真诰》曰："永昌元年（322），先生（许迈）年二十三。"⑤ 则许迈当生于西晋永康元年（300）。许迈未弱冠便拜南海太守鲍靓为师，据年龄推算，拜鲍靓为师当在西晋建兴年间（313—316）左右。许迈早年亦拜天师道祭酒李东为师。据陶弘景《真诰·翼真检第二》曰："有云李东者，许家常所使祭酒，先生亦师之。家在曲阿，东受天师吉阳治左领神祭酒。"⑥《真诰·翼真检第二》曰："副有八男……第四迈，即先生也。第五某，即长史也。"⑦ 可知此处"先生"特指许迈。

此后许迈便隐居于余杭之悬雷山，但回家定省其父母。父母去世后，写信与妻告别。于是采药于桐庐县之桓山，又于永和二年（345）入临安西山。王羲之也曾为许迈著传。

《晋书》卷三十二《孝武文李太后传》曰："帝常冀之有娠，而弥年

---

① 《晋书》第 7 册，第 2106—2107 页。

② （宋）李昉：《太平御览》卷六六九，《四部丛刊三编》"子部"，第五叶。

③ ［日］吉川忠夫、麦谷邦夫编：《真诰校注》，朱越利译，第 554 页。

④ （宋）李昉：《太平御览》卷六六六，《四部丛刊三编》"子部"，第六叶。

⑤ 参见马晓坤《东晋的名士和道术——许迈与鲍靓交游考论》，《西南民族大学学报》（人文社科版）2007 年第 4 期，第 89—92 页。

⑥ ［日］吉川忠夫、麦谷邦夫编：《真诰校注》，朱越利译，第 595 页。

⑦ 同上书，第 586 页。

无子。会有道士许迈者，朝臣时望多称其得道。帝从容问焉，答曰：当从扈谦之言，以存广接之道。帝然之。"可知许迈当时以道术名世，帝王大臣均知之，并时有征询。

许迈之弟许谧为上清派创始人之一，但上清派似与许迈无关，后世许谧之曾孙许荣弟求真经不得（详见"上清经在浙江的整理和流传"一节），而以王灵期所造之经其后加注"某年某月某真人授许远游"，是为伪托。陶弘景辩之曰："于时世人多知先生（特指许迈）服食入山得道，而不究长史（许谧）父子事迹故也。人亦初无疑悟者。"① 按陶弘景此文的意思即是许迈并未参与上清派的造经事。

元邓牧《洞霄图志》卷五《人物门》中有"归一许真君"篇，其中有一些上述材料中没有写到的内容。一是许迈的另一师承，曰："后于山中师王世隆，著诗十二首论神仙事。"二是关于其妻的情况，曰："初以书弃妻，即孙骠骑之女，妻有书答之，载《丹台录》中，其后妻亦入山得道。"关于此"登仙"之地，《洞霄图志》卷三有"升天坛"，曰："旧志云：升天坛在山中峰之上，又名法象坛，上应天而圆，下应地而方，中应易卦而八角。许远游真君精研洞典，登其上而仙去，时天降白鹿下迎，故中峰名白鹿山。"② 三是许迈得道的景况，曰："先生四十八，于大涤中峰，丹成，天降玉童白鹿下迎而去。"四是后世封号，曰："梁乾化三年封归一真君。"③

许迈是当时的名道，在杭州民间也有较大的影响，后世的方志和道教志书都记载了许迈的事迹，也记述了很多以其命名的遗迹，如宋《咸淳临安志》记载，杭州附近的于潜县就留有遗迹"许迈宫"，称"在西尖下，乃修真之遂宇也，余址尚存。居民至今呼为道士迈"。④

七 郭文

《晋书》卷九十四《郭文传》曰：

---

① ［日］吉川忠夫、麦谷邦夫编：《真诰校注》，朱越利译，第 576 页。

② 邓牧：《洞霄图志》，《中国方志丛书·华中地方·第五五九号·浙江省》，据元至大年间旧钞本影印 1983 年版，第 86 页。

③ 同上书，第 111 页。

④ 《咸淳临安志》卷二十六《山川五·于潜县》，浙江省地方志编纂委员会编《宋元浙江方志集成》第 2 册，第 637 页。

郭文，字文举，河内轵人也。少爱山水，尚嘉遁。年三十，每游山林，弥旬忘反。父母终，服毕，不娶，辞家游名山，历华阴之崖，以观石室之石函。

洛阳陷，乃步担入吴兴余杭大辟山中穷谷无人之地，倚木于树，苫覆其上而居焉，亦无壁障。时猛兽为暴，入屋害人，而文独宿十余年，卒无患害。……余杭令顾飏与葛洪共造之，而携与俱归。①

郭文本是河内人，至西晋末来至余杭大辟山隐居。《葛洪传》曰："于余杭山见何幼道、郭文举，目击而已，各无所言。"与《郭文传》中"余杭令顾飏与葛洪共造之"所述相合。

《太平御览》卷六六六引《抱朴子内篇》佚文曰："郭文举，河内轵县人。入陆浑山学道，独能无情，意不生也。"②关于郭文之"意不生而无情"在当时大为有名，《晋书·郭文传》中详细的描述：

温峤尝问文曰："人皆有六亲相娱，先生弃之何乐？"文曰："本行学道，不谓遭世乱，欲归无路，是以来也。"又问曰："饥而思食，壮而思室，自然之性，先生安独无情乎？"文曰："情由忆生，不忆故无情。"

后世所传郭文训虎有方，也是其异迹之一。《郭文传》记其事迹："尝有猛兽忽张口向文，文视其口中有横骨，乃以手探去之，猛兽明旦致一鹿于其室前。"又曰：

王导闻其名，遣人迎之，文不肯就船车，荷担徒行。既至，导置之西园，园中果木成林，又有鸟兽麇鹿，因以居文焉。于是朝士咸共观之，文颓然箕踞，傍若无人。

郭文以驯虎闻名，后世文献亦有记载，唐吴筠《天柱山天柱观记》曰："昔高士郭文举，创隐于兹，以云林为家，遂长住不复，元和贯于异类，猛兽为之驯扰。《晋书·逸人传》记其事。"吴越国王钱镠撰《天柱观记》曰："今天柱山即《真诰》所谓大涤洞天者也，内有隧道，暗通华

---

① 《晋书》第8册，第2440页。

② （宋）李昉：《太平御览》卷六六六，《四部丛刊三编》"子部"，第二叶。

阳林屋……东晋有郭文举先生，得飞天之道，隐居此山，群虎来柔，史籍俱载。乃于蜗庐之次，手植三松，虬偃凤翔，苍翠千载，今殿前者是也。"五代后梁时，封郭文为"灵曜真君"。南宋邓牧编《洞霄图志·灵曜郭真君》，有"手植三松，与虎游息树下"之语，与钱镠《天柱观记》中所记相合。

能预知后世也是敦文异迹之一，其本传曰：

> （郭文）居导园七年，未尝出入。一旦忽求还山，导不听。后逃归临安，结庐舍于山中。临安令万宠迎置县中。及苏峻反，破余杭，而临安独全，人皆异之，以为知机。自后不复语，但举手指麾，以宣其意。病甚，求还山，欲枕石安尸，不令人殡葬，宠不听。不食二十余日，亦不瘦。宠问曰："先生复可得几日？"文三举手，果以十五日终。宠葬之于所居之处而祭哭之，葛洪、庾阐并为作传，赞颂其美云。

除《晋书》本传外，《云笈七签》卷一百一十《洞仙传》中有《郭文举》篇，曰：

> 郭文举，河内轵人。少爱山水，常游名山，观华阴石室。洛阳陷，入吴，居大辟山，停本于树，苫覆而止。时猛兽为暴，文举居之十余年无患。丞相王导使迎至京师，朝士咸共观之。文举颓然箕踞，旁若无人，周颛问曰："猛兽害人，先生独不畏邪？"文举曰："吾无害兽之心，故兽不害人。"周颛、庾亮、桓温、刘恢共叹，文举虽无贤人之才，而有贤人之德。
> 咸和元年，恳求还山，导不许。复少日遁入临安白土山。明年苏峻作乱，时人谓文举逆知，故去也。有《老子经》二卷，缊盛悬屋，未尝读之。山外人徐凯师事文举受箓，箓上将军吏兵，并见形于凯，使役之，令凯见社灶神，戒凯曰："不可有房室，不复为卿使。"凯后娶暨氏女，诸神即隐。唯余箓吏二人，不复从命。语凯云："汝违师约，天曹已摄吏兵，留我等守太上箓，不复可使。"文举亡如蝉蜕，山下人为之立碑。文举书箬叶上，著《金雄诗》、《金雌记》。后人于其所住床席下得之。次第寻看，谶纬相似，乃传于世。[①]

---

① 《道藏》第22册，第753页。

　　《洞仙传》所述大部分与《晋书》本传同，只是较为简略，《洞仙传》为仙传，其后加述郭文修道、收徒之事，并称其能召请天曹吏兵，死后如蝉蜕，意即郭文尸解得仙及著谶诗之事。

　　元邓牧《洞霄图志·人物门》中有"灵曜郭真君"篇，所记与上略同，最后曰："梁乾化一年七月，封灵曜真君，今临安冲虚宫，武康郭林，余杭天真仙洞亦各有遗迹。"① 郭文与许迈相同，都在浙江民间有较大的影响，并存有较多以其命名的遗迹。除前文所述外，宋潜说友《咸淳临安志》卷二十四、卷二十五《山川》曰："余杭山，一名由拳山……《晋书·仙逸传》载，郭文举隐于余杭山，常著鹿裘葛巾……亦名郭公山，今岩室中炼药石灶犹存。"又有"郭山"，当亦与郭文有关。又据宣统《临安县志》载，郭文墓在郭公山。

---

① 邓牧：《洞霄图志》，《中国方志丛书·华中地方·第五五九号·浙江省》，据元至大年间旧钞本影印 1983 年版，第 110 页。

第三章　东汉至南北朝时期浙江 道教的兴起（下）

晋代有很多奉道的世家大族。居于浙江的有钱唐杜氏、吴兴沈氏、会稽孔氏、琅邪王氏和高平郗氏。其中钱唐杜氏之杜子恭为三吴天师道的领袖。杜氏道团传于孙泰，孙泰起兵被杀，其侄孙恩及孙恩妹夫卢循先后继其志，最终兵败身死。孙恩道团自称长生人，投水而死者被称为水仙。这与四川起源的天师道有明显不同的信仰，可以认为是东部传统天师道影响下的道派。

上清派本是江苏句容的道派，但自许黄民于元兴三年（404）奉经入剡（今浙江嵊县），至陶弘景于"庚午年（490）东行浙越并得真人遗迹十余卷"，并将所得之上清经封之于茅山昭真台（简称"昭台"），上清经在浙江整理、敷衍、流传近百年。上清经在浙江的流传是以剡、钱塘（今浙江杭州）、东阳（今浙江东阳县）等地为中心，其所涉及的人物较著名的有杜道鞠、顾欢、陆修静、孙游岳等，这些高道既是中国道教史上的著名人物，也都为浙人，故晋宋之际上清经及上清派的流传与浙江有很大的关系，是浙江道教史六朝时期重要的研究内容。

名道陆修静改革南朝道教，对设立道教分类，制定斋醮科仪和整顿道教组织有很大的贡献，对后世道教产生了非常大的影响。其徒孙游岳，上承陆修静，下启陶弘景，也是当时的名道。顾欢和孟景翼都是夷夏之辩中的人物，从顾欢《夷夏论》开始的佛道之辩一直延续到了宋元时期，佛道两家都在辩论中得到了提升，并促进了三教合一思想的形成，成为中国思想史上的重要事件。

上述人物和事件，本为中国道教史上的重要内容，因之可以看出浙江道教在这一时期对中国道教史的突出贡献。

第六节　晋代浙江天师道世家考

一　钱唐杜氏

葛洪于东晋初年撰《抱朴子》，对他所了解的各种民间黄老道派有不少介绍，却从未说到天师道。钟国发认为"江东之有天师道，当是永嘉之乱后随南渡士庶传入的"①。而刘屹认为"北方人在永嘉之乱（307—313）开始南迁时，当时的移民并非是从关中、洛阳地区直接渡江到达江东的，江东最初所接纳的主要是来自山东、淮北方向的移民。而这些来自东部滨海地区的北方人，他们自有产生了太平道的那个宗教信仰和社会心理基础，而不一定非要五斗米道传来"②。从文献来看，作为钱唐天师道团组织的领袖杜子恭似是钱唐本地人，而其师是余杭陈文子，余杭与钱唐相邻，故其师亦是本地人，则杜子恭作为三张天师道传人的说法多从推测而来，"五斗米道要在两晋之际以前就深入三吴之地，这从现有的材料是得不到印证的"③。如果刘屹所言"所谓'天师'、'祭酒'和'静室'、'治'等通常被认为是西部米道专有的概念，汉末以降的东部道教传统也在使用"④ 的论断成立的话，杜子恭是当地江东道团的领袖。而后世称杜子恭为三张天师道传人，应是另有曲折，这一点将在下面详细讨论。

关于杜子恭的名、字，唐人王悬河《三洞珠囊》卷一《救导品》引《道学传》卷四《杜炅传》遗文，称"杜炅字子恭"⑤；《洞仙传·杜昺传》称"杜昺字叔恭"⑥。此杜昺字叔恭与杜炅字子恭当即同一人，其名

---

① 钟国发：《东晋江东天师道首领杜昺考论》，《天台山暨浙江区域道教国际学术研讨会论文集》，第251—260页。
② 刘屹：《神格与地域：汉唐间道教信仰世界研究》，上海人民出版社2011年版，第189页。
③ 同上书，第188页。
④ 同上书，第189页。
⑤ 陈国符：《〈道学传〉辑佚》，《道藏源流考》，中华书局1963年版，下册，第461页。
⑥ 《云笈七签》卷一百十一，《道藏》第22册，第757页。

似应作杜昺字叔恭又字子恭。①《洞仙传》最早著录于《隋书·经籍志》，为十卷，当作于南北朝时期。原书已佚，《云笈七签》所录只是节本。《云笈七签》之《洞仙传·杜昺传》记其事最详，年代也较早，《洞仙传·杜昺传》曰：

> 杜昺字叔恭，吴国钱唐人也。年七、八岁，与时辈北郭戏，有父老召昺曰："此童子有不凡之相，惜吾已老，不及见之。"昺早孤，事后母至孝，有闻乡郡，三礼命仕，不就。叹曰："方当人鬼淆乱，非正一之炁无以正之。"于是师余杭陈文子，受治为正一弟子，救治有效，百姓咸附焉。后夜中有神人降云："我张镇南也。汝应传吾道法，故来相授诸秘要方、阳平治。"昺每入静烧香，能见百姓三世祸福，说之了然，章书符水，应手即验，远近道俗，归化如云，十年之内，操米户数万。
>
> 晋太傅谢安时为吴兴太守，见黄白光，以问昺，昺曰："君先世有阴德于物，庆流后嗣，君当位极人臣。"
>
> 尚书令陆纳，世世临终而并患侵淫疮，纳时年始出三十，忽得此疮。昺为奏章，云："令君大厄得过。"授纳灵飞散方，纳服之，云年可至七十。大司马桓温北伐，问以捷不？昺云："公明年三月专征，当挫其锋。"温至坊头，石门不开，水涸粮尽，为鲜卑所摄，谓弟子桃叶云："恨不从杜先生言，遂至此败。"苻坚未至寿春，车骑将军谢玄领兵伐坚，问以胜负。昺云："我不可往，往必无功；彼不可来，来必覆败。是将军效命之秋也。"坚果散败。
>
> 卢竦自称先生，常从弟子三百余人。昺以白桓温："竦协东治老木之精，炫惑百姓，比当逼挨官阙，然后乃死耳。"咸安中，竦夜半从男女数百人直入宫，称海西复位，一时间官军诛剿，温方叹伏。
>
> 后桓冲欲引昺息该为从事，昺辞曰："吾儿孙并短命，不欲令进仕。至曾玄孙，方得吾福耳。"昺曰："吾去世后，当以假吾法以破

---

① 钟国发在《东晋江东天师道首领杜昺考论》中对于该问题注曰：唐长孺师指出："《晋书》不称其名，当是避唐高祖父李昺讳，《宋书·自序》、《南齐书·杜京产传》并只称杜子恭，当由其为天师道大师，受到高度尊敬，习俗不敢径称其名，史籍亦随之字而不名。"（《钱唐杜治与三吴天师道的演变》，《魏晋南北朝隋唐史资料》第 12 期，武汉大学出版社 1993 年版，第 2 页。）其先田余庆已说过："据云昺字犯李渊父讳，唐人改写为昺，又别作烱。杜子恭以字行，当即此故。……谢文学先生函示上述高见，并寄赠大作，谨致谢忱。"（《东晋门阀政治》，北京大学出版社 1989 年版，第 312 页注 1。）

大道者，赤是小驱除也，与黄巾相似，少时消灭。"素书此言，函封付妻冯氏。若有灾异，可开示子侄，勤修德自守。隆安中，琅琊孙泰以妖惑陷咎，及祸延者众，曷忽弥日聚集，纵乐无度，敕书吏崇桃生市凶具，令家作衣衾，云："吾至三月二十六日中当行。"体寻小恶。至期于寝不觉，尸柔㸒洁。诸道民弟子为之立碑，谥曰明师矣。①

　　杜子恭师余杭陈文子入正一道，关于这一点，或是有疑问的。如前所述，正一道与三张天师道是同一概念，杜子恭幼年当在 4 世纪初，而其师陈文子应当处于更早的时代，此时三张天师道或尚未传入江东。较《洞仙传》更早的《道学传》②曰："杜昺，字子恭。及壮，识信精勤，宗事正一。少参天师治箓，以之化导，接济周普。"③ 关于"天师"的称呼最早见于《庄子·徐无鬼》，也出现于《太平经》中，"天师"一词并非如后世专称张道陵及其子孙。杜子恭"少参天师治箓"只能说明其少年学道。从陈文子与杜子恭的籍贯来看，都是钱唐本地之人，陈文子与杜子恭所奉的或是东部之道教，及杜子恭壮年时才"宗事正一"。其时约为 4 世纪 60—70 年代，正一道或已经传至三吴，且为正朔，即是当时政权所承认的，故道教信徒多以三张天师道为正宗。这或是杜子恭"及壮""宗事正一"的原因。而称张镇南来"相授诸秘要方、阳平治"则是一则杜子恭"宗事正一"应有的神话，说其是神话是因为"阳平治"是三张天师道"二十四治中地位最高的一个治，也是传说中三张天师的本治，应该只有天师的子孙、继任的天师才能够掌管阳平治"④。正是有这样的"神话"，说明杜子恭其道团，原本并不属于三张天师道，通过此"神话"才让杜氏道团有了正统的三张天师道的道法。同时也说明，在杜子恭壮年时，三张天师道已经南传至江东，并有一定的影响，但还不足以控制原来南方的道团。

　　关于杜子恭之道法，《洞仙传·杜昺传》中主要说了两个方面，一是"能见百姓三世祸福，说之了然"，其例即为后面所说的六例：谢安当

① （宋）张君房：《云笈七签》，中华书局 2003 年版，第 2423—2424 页。

② 《道学传》最早著录于《隋书·经籍志》，为二十卷，不著撰人；《旧唐书·经籍志》与《新唐书·艺文志》皆录作《学道传》二十卷，马枢；《通志·艺文略》录作《道学传》二十卷，马枢。据《茅山志》（《道藏》"洞真部""记传类"卷十五），马枢活动于梁陈时期，卒于陈太建十三年（581）。

③ 陈国符：《〈道学传〉辑佚》，《道藏源流考》下册，第 461 页。

④ 刘屹：《神格与地域：汉唐间道教信仰世界研究》，第 188 页。

"位极人臣"；陆讷寿为七十；桓温北伐失利；谢玄伐苻坚有功；卢竦败亡及孙泰孙恩将作乱。

　　二是"章书符水，应手即验"。《三洞珠囊》卷一引其《杜炅传》曰："杜炅，字子恭。……行己精洁，虚心拯物，不求信施。遂立治静，广宣救护，莫不立验也。"① 又曰："杜炅，字子恭。为人善治病，人间善恶，皆能预睹。上虞龙稚、钱唐斯神，并为巫觋，嫉炅道王，常相诱毁。人以告炅，炅曰：非毁正法，寻招冥考。俄而稚妻暴卒，神抱隐疾，并思过归诚。炅为解谢，应时皆愈。神晚更病，炅语曰：汝藏鬼物，故气祟耳。神即叩首谢曰：实藏好衣一箱。登取于治烧之，豁然都差。王羲之有病，请杜炅，炅谓弟子曰：'王右军病不差，何用吾为！'十余日而卒。"② 此处说到王羲之有病请杜子恭，杜子恭却不去，而王羲之遂卒。《真诰》卷十六《阐幽微第二》曰："王逸少有事系禁中已五年，云事已散［注曰：］……先与许先生周旋，颇亦慕道。至升平五年辛酉岁亡，年五十九。今乙丑年，说云五年，则亡后被系。被系之事，检迹未见其咎，恐以恚憾告灵为谪耳。"③ 此处说王羲之"有事"死后被拘禁五年，不知杜子恭不去治王羲之病，是否是知道王羲之将"有事"的原因。

　　道法灵迹显现后，杜子恭称"张镇南"（即张鲁）下降，传其道法，于是"十年之内，操米户数万"。也就是杜子恭通过自己的道术产生的先期影响，又利用了张鲁正一道正朔的名义来扩大影响，用了十年的时间，建立起了数万人的信仰团体，成为一支很大的力量，杜子恭已成为以钱唐为中心的江东天师道的领袖。

　　这支力量后来被孙泰和孙恩用作叛乱，但杜子恭却知其叛乱必败，故曰："吾去世后，当以假吾法以破大道者，赤是小驱除也，与黄巾相似，少时消灭。"并以书告诫其妻及子孙"勤修德自守"不要参与。《晋书·孙恩传》记曰："孙恩字灵秀，琅琊人，孙秀之族也。世奉五斗米道。恩叔父泰，字敬远，师事钱唐杜子恭。而子恭有秘术……子恭死，泰传其术。"④

　　杜炅没有将该道团的领袖地位传与杜氏子孙，不知道是预见到了孙泰有作乱的可能，还是道团过于庞大，已经很难驾驭，自己的子孙都无法操

---

① 陈国符：《〈道学传〉辑佚》，《道藏源流考》下册，第461页。
② 同上。
③ ［日］吉川忠夫、麦谷邦夫编：《真诰校注》，朱越利译，第496页。
④ 《晋书》第8册，第2631—2632页。

控这支力量，于是把道团领导权传给了孙泰。但孙泰死后，孙恩所率以起事的道团似又非原杜子恭的道团。孙泰卒后，原杜子恭道团全部或部分回到杜氏后人手中，以致后面有杜道鞠"道业富盛"的情况。《真诰》十九《翼真检第一》曰："许黄民乃奉经入剡（今浙江嵊县），钱唐杜道鞠道业富盛，数相招致。于时诸人并未知寻阅经法，止禀奉而已。"① 许黄民为上清派创始人"一杨二许"中之许翙之子。称杜道鞠"道业富盛"，可能既是道法高深，又是信仰人数众多、道团庞大的意思。元兴三年（404），上距孙泰之死之东晋隆安二年（398）不过六年。杜子恭死后，道团传于孙泰，孙泰聚众起事，应该带走了部分与孙泰一起起事的道徒。孙泰被杀后，杜氏子孙或又掌握了道团的领导权，所以杜道鞠之"道业"或是其原杜子恭道团的一部分。

杜道鞠之子杜京产，《南齐书》有本传，本传中列出了从杜子恭至杜栖一门五代的情况。《南齐书·杜京产传》曰：

> 杜京产，字景齐，吴郡钱唐人。杜子恭玄孙也。祖运，为刘毅卫军参军。父道鞠，州从事，善弹棋，世传五斗米道，至京产及子栖。京产少恬静，闲意荣宦。颇涉文义，专修黄老。会稽孔觊，清刚有峻节，一见而为款交。郡召主簿，州辟从事，称疾去。除奉朝请，不就。与同郡顾欢同契，始宁（中）东山开舍授学。建元中，武陵王晔为会稽，太祖遣儒士刘瓛入东为晔讲说，京产请瓛至山舍讲书，倾资供待，子栖躬自屝屦，为瓛生徒下食，其礼贤如此。孔稚珪、周颙、谢瀹并致书以通殷勤。
>
> 永明十年，稚珪及光禄大夫陆澄、祠部尚书虞悰、太子右率沈约、司徒右长史张融表荐京产曰："窃见吴郡杜京产，洁静为心，谦虚成性，通和发于天挺，敏达表于自然。学遍玄、儒，博通史、子，流连文艺，沈吟道奥。泰始之朝，挂冠辞世，遁舍家业，隐于太平。茸宇穷岩，采芝幽涧，耦耕自足，薪歌有余。确尔不群，淡然寡欲，麻衣藿食，二十余载。虽古之志士，何以加之。谓宜释巾幽谷，结组登朝，则岩谷含欢，薜萝起抃矣。"不报。建武初，征员外散骑侍郎，京产曰："庄生持钓，岂为白璧所回。"辞疾不就。年六十四，永元元年卒。会稽孔道徽，守志业不仕，京产与之友善。②

---

① 陈寅恪：《天师道与滨海地域之关系》，《金明馆丛稿初编》，第21页。

② 《南齐书》，中华书局1972年版，第3册，第942—943页。

《真诰》卷二十《翼真检第二》曰:"孔璪贱时,杜居士京产将诸经书往剡南墅大墟住,始与顾欢、戚景玄、朱僧标等数人共相料视。顾先已写在楼间经,粗识真书,于是分别选出,凡有经传四五卷、真嗳七八篇。今犹在杜家。"① 可知杜京产家藏有原传之上清经书。

杜氏世传五斗米道,杜子恭传子杜运,杜运出仕任参军之职,而杜道鞠也任州从事之职,但这似都不妨碍其掌握一支数量庞大的道团。杜运传子杜道鞠,杜道鞠不但修道,且"道业富盛"。杜道鞠传子杜京产,杜京产与当时的名道或隐士多有往来,主要有会稽孔氏的孔觊、孔道徽、孔稚珪,还有写《夷夏论》的顾欢等。杜京产又传子杜栖。

对杜子恭及其子孙领导一个道团长期居于钱唐一地来看,钱唐杜氏是东晋天师道最重要的领袖。特别是杜子恭传法于孙泰之后,孙泰及其侄孙恩进行的反政府运动被镇压,杜氏子孙仍能够在钱唐一地"道业富盛",可以认为其信仰在当地民众的接受度和忠诚度是很高,用根深蒂固来形容也不为过。钱唐杜氏作为道团领袖的早期,应该是具有东部传统的地方天师道领袖,随着东晋政权和道民的南迁,其与影响朝廷的五斗米道会有着交流与影响。杜氏道团也以张氏五斗米道的身份开展了活动,这说明张氏五斗米道在朝廷或更具有认同性,也说明不同地域道教团体之间的信仰、斋醮仪式、道术等有很多共同之处。两个道团的融合,只需要道团领袖的认可。这是中国道教的最具特色的地方,即中国道教虽然是从多个点同时并发出现的,但其信仰和民众基础都具有基本相同的特征。这些信仰和民众基础可以用刘勰《灭惑论》中所说的:"案道家立法,厥品有三:上标老子,次述神仙,下袭张陵"② 来概括。即道教的三个最主要的来源即是:老子的道家思想、秦汉神仙信仰及张陵所代表的巫鬼方术,这些内容在秦汉时的中国各地都有着基本相同的内容,这种情况也导致了道教从东部、西部和三吴多地并发的情况出现。

钱唐杜氏对道教的发展,还是保持着较大的关注的。在上清派许黄民入剡时,杜道鞠数次邀在剡为马家供养的许黄民前来,最终许黄民带着部分上清经至杜家。而后许黄民卒,其经书留于杜家:钱唐杜氏参与了上清经的整理和流传,在上清派的发展史中也应该有其一席之地。

---

① [日]吉川忠夫、麦谷邦夫编:《真诰校注》,朱越利译,第580页。
② 许地山:《道教史》,上海古籍出版社1999年版,第3页。

二　吴兴沈氏

吴兴沈氏自汉光武帝刘秀时定居于吴兴。沈约《宋书》卷一百《自序》①曰：

> （沈）靖子戎，字威卿，仕州为从事，说降剧贼尹良，汉光武嘉其功，封为海昏县侯，辞不受。因避地徙居会稽乌程县之余不乡，遂世家焉。顺帝永建元年，分会稽为吴郡，复为吴郡人。灵帝初平五年，分乌程、余杭为永安县，吴孙皓宝鼎二年，分吴郡为吴兴郡，复为郡人，虽邦邑屡改，而筑室不迁。

吴兴沈氏亦世奉天师道。据沈约《自序》，沈氏之沈警，字世明，学通《左氏春秋》，家世豪富。曾数任"参军"之职，但"内足于财，为东南豪士，无仕进意"，后谢职归家，时杜子恭为东晋天师道领袖，故沈氏之沈警敬事杜子恭。

沈约《自序》又曰："初，钱唐人杜子恭通灵有道术，东土豪家及京邑贵望，并事之为弟子，执在三之敬。警累世事道，亦敬事子恭。子恭死，门徒孙泰、泰弟子恩传其业，警复事之。"后杜子恭传道于门徒孙泰，泰又传弟子孙恩，沈警均事之。

沈警之子为沈穆夫，"字彦和，少好学，亦通《左氏春秋》。王恭命为前军主簿，与警书曰：'足下既执不拔之志，高卧东南，故屈贤子共事，非以吏职婴之也。'"

隆安三年（399），孙恩于会稽作乱，自称征东将军，三吴皆响应。沈穆夫则参与孙恩起事。沈约《自序》曰：

> 穆夫时在会稽，恩以为前部参军、振武将军、余姚令。其年十二月二十八日，恩为刘牢之所破，辅国将军高素于山阴回踵埭执穆夫及伪吴郡太守陆瑰之、吴兴太守丘尪，并见害，函首送京邑，事见《隆安故事》。先是，宗人沈预素无士行，为警所疾，至是警闻穆夫预乱，逃藏将免矣，预以告官，警及穆夫、弟仲夫、任夫、预夫、佩夫并遇害；唯穆夫子渊子、云子、田子、林子、虔子获全。

---

① 《宋书》，中华书局 1974 年版，第 8 册，第 2443—2444 页。

沈警本来已经逃藏，但由于原来的仇家告密，所以沈警及其五子均遇害，只有沈穆夫的五个儿子获免。

沈约为沈穆夫子沈林子之孙，《梁书·沈约传》曰："沈约，字休文，吴兴武康人也。祖，林子，宋征虏将军。父璞，淮南太守。璞元嘉末被诛，约幼潜窜，会赦免。"故沈约《宋书·自序》曰："史臣年十三而孤。"

沈约奉道师事的是陶弘景。《太平御览》卷六七九引《珠囊》曰："陶弘景，字通明，魏郡平阳人也，自云华阳隐居。梁高祖太子从而授道。梁简文邵陵诸王，谢览、沈约、阮忻、虞权并服应师事之。"①《沈约传》还记载了沈约请道士上章之事，传曰：

> 初，高祖有憾于张稷，及稷卒，因与约言之。约曰："尚书左仆射出作边州刺史，已往之事，何足复论。"帝以为婚家相为，大怒曰："卿言如此，是忠臣邪！"乃辇归内殿。约惧，不觉高祖起，犹坐如初。及还，未至床，而凭空顿于户下。因病，梦齐和帝以剑断其舌。召巫视之，巫言如梦。乃呼道士奏赤章于天，称禅代之事，不由己出。高祖遣上省医徐奘视约疾，还具以状闻。先此，约尝侍宴，值豫州献栗，径寸半，帝奇之，问曰："栗事多少？"与约各疏所忆，少帝三事。出谓人曰："此公护前，不让即差死。"帝以其言不逊，欲抵其罪，徐勉固谏乃止。及闻赤章事，大怒，中使谴责者数焉，约惧遂卒。

陈寅恪先生认为："休文受其家传统信仰之薰习，不言可知，赤章之事即其一例也。"②沈约有病，呼道士奏"赤章"于天，并向上天申明，萧梁禅代之事，不是自己主动参与的。刘屹认为，"赤章"是类似巫觋诅咒那样来"厌"，即"压"住、控制住对自己不利的神秘力量。而赤章所要"厌"的对象，往往是那些已死的鬼魂。③按天师道治病，先要"首过"，然后上章或服符水。而沈约这样的申明某事与己无关的行为，似有抵赖的嫌疑，与天师道首过的原则不符，且沈约又"召巫视之"，故沈约虽然师事之陶弘景，但应不是一个虔诚的天师道徒。再看沈约的先祖沈警

① （宋）李昉：《太平御览》卷六七九，《四部丛刊三编》"子部"，第七叶。

② 陈寅恪：《天师道与滨海地域之关系》，《金明馆丛稿初编》，第33页。

③ 刘屹：《神格与地域：汉唐间道教信仰世界研究》，第206页。

先师事杜子恭，接着师事杜之传人孙泰及泰之传人孙恩。可见此"师事"的意思，大约是将杜子恭及其传人作为自己的精神导师，而不是真正地拜师。故吴兴沈氏一族只是道教的崇敬者，与其他奉道世家所具有道法和道仪行为有较大的区别。

三　会稽孔氏（褚伯玉附）

会稽孔氏有数族，陈寅恪先生亦不能考订是否为同族。晋时有孔愉。孔愉先祖本是梁国（今山东西南部）人，后迁于会稽定居。《晋书·孔愉传》曰："孔愉，字敬康，会稽山阴人也。其先世居梁国。曾祖潜，太子少傅，汉末避地会稽，因家焉。"孔愉之族亦为名门。孔愉少时即成名于当地。《孔愉传》曰："祖竺，吴豫章太守。父恬，湘东太守。从兄侃，大司农。俱有名江左。愉年十三而孤，养祖母以孝闻，与同郡张茂字伟康、丁潭字世康齐名，时人号曰'会稽三康'。"

孔愉有修道的经历。《孔愉传》曰："东还会稽，入新安山中，改姓孙氏，以稼穑读书为务，信著乡里。后忽舍去，皆谓为神人，而为之立祠。"关于为孔愉立庙之事，《世说新语·栖逸篇》曰："孔车骑少有嘉遁意，自称孔郎，游散名山。百姓谓有道术，为生立庙，今犹有孔郎庙。"[1]孔愉修道，曾失踪过一段时间。《孔愉传》曰："永嘉中，元帝始以安东将军镇扬土，命愉为参军。邦族寻求，莫知所在。"其隐居之地，刘孝标注引《孔愉别传》曰："永嘉大乱，愉入临海山中，不求闻达。"[2]

晚年孔愉又出仕，并定居会稽山阴。《孔愉传》曰："建兴初，始出应召。为丞相掾，仍除驸马都尉、参丞相军事，时年已五十矣。……出为镇军将军、会稽内史，加散骑常侍。句章县有汉时旧陂，毁废数百年。愉自巡行，修复故堰，溉田二百余顷，皆成良业。在郡三年，乃营山阴湖南侯山下数亩地为宅，草屋数间，便弃官居之。"[3]

会稽山阴之孔氏，修道的有孔灵产、孔稚珪父子。《南齐书·孔稚珪传》曰：

> （孔）灵产，泰始中罢晋安太守。有隐遁之怀，于禹井山立馆，事道精笃，吉日于静屋四向朝拜，涕泗滂沱。东出过钱塘北郭，辄于

---

[1]　陈寅恪：《天师道与滨海地域之关系》，《金明馆丛稿初编》，第21页。

[2]　同上书，第22页。

[3]　同上。

舟中遥拜杜子恭墓，自此至都，东向坐，不敢背侧。元徽中，为中散、太中大夫。颇解星文，好术数。太祖辅政，沈攸之起兵，灵产密白太祖曰："攸之兵众虽强，以天时冥数而观，无能为也。"太祖验其言，擢迁光禄大夫。以篾盛灵产上灵台，令其占候。饷灵产白羽扇、素隐几，曰："君性好古，故遗君古物。"①

关于孔灵产，除正史外，道书亦有其传，《太平御览》卷六六六引《老氏圣记》曰：

> 孔灵产，会稽山阴人也。遭母忧，以孝闻宴酌珍羞，自此而绝馔蔬布素志毕终身。父见过毁，恻然命具馔，灵产勉从父命，咽以成疾，父以人有天性不可移，遂不复逼。深研道几，遍览仙籍。宋明帝于禹穴之侧立怀仙观，诏使居之，迁太中大夫，加给事。高帝赐以鹿巾、猿裘、竹素之器。手诏曰：君有古人之风，赐以林下之服，登泛之日，可以相存也。②

《南史》记述了孔灵产"颇解星文，好术数"，且以星占预测兵事而有验，这是从史传的角度记述的内容。道书则关注的是其学道的内容，故记述其"深研道几，遍览仙籍"。刘屹认为，孔灵产"真正修道的内容只有'深研道要，遍览仙籍'而已。……《南齐书》和《道学传》都把灵产塑造为个人隐遁修仙的形象，这与晋宋天师道的宗旨差距不小。"③ 这或即是奉道世家所具有的特点，奉道甚笃，却属于士大夫阶层，不与其他道教势力发生关系。

孔灵产之子为孔稚珪，《南史·孔稚珪传》曰：

> 孔稚珪，字德璋，会稽山阴人也。祖道隆，位侍中。父灵产，泰始中罢晋安太守。……稚珪风韵清疏，好文咏，饮酒七八斗。与外兄张融情趣相得，又与琅邪王思远、庐江何点、点弟胤并款交。……永元元年，为都官尚书，迁太子詹事，加散骑常侍。三年，稚珪疾，东

---

① 《南齐书》，第835页。
② （宋）李昉：《太平御览》卷六六六，《四部丛刊三编》"子部"，第八叶。刘屹认为该篇应引自《道学传》，《三洞珠囊》卷一、卷二引《道学传》有该篇部分，可参照。
③ 刘屹：《神格与地域：汉唐间道教信仰世界研究》，第204页。

昏屏除，以床舆走，因此疾甚，遂卒。年五十五。赠金紫光禄
大夫。①

孔稚珪与当时的道教人物多有往来，如当时的居士顾欢。《太平御
览》卷六六六引《道学传》提及孔稚珪与顾欢的交往：

> 刘法先，彭城人也，时顾欢著道经义于孔德璋（稚珪字德璋），
> 多有与夺，法先与书讨论同异，顾道屈服，乃答曰：吾自古之遗狂，
> 水火不避，得足下此箴，始觉醒悟。既往狂言，不足在怃。又云：法
> 先每见道释二众亟相是非，乃著息争之论。顾欢又作《夷夏辩》，或
> 及三科论明释老同异。②

孔稚珪学道于褚伯玉，《南齐书·褚伯玉传》曰：

> 褚伯玉，字元璩，吴郡钱唐人也。高祖含，始平太守。父襜，征
> 虏参军。伯玉少有隐操，寡嗜欲。年十八，父为之婚，妇入前门，伯
> 玉从后门出。遂往剡，居瀑布山。性耐寒暑，时人比之王仲都。在山
> 三十余年，隔绝人物。……太祖即位，手诏吴、会二郡，以礼迎遣，
> 又辞疾。上不欲违其志，敕于剡白石山立太平馆居之。建元元年卒，
> 年八十六。常居一楼上，仍葬楼所。孔稚圭从其受道法，为于馆侧
> 立碑。③

褚伯玉执意不出山，太祖敕建"太平馆居之"。为何称为"太平"的
原因，《南齐书》没有提及。但《道学传》则称"初，伯玉好读《太平
经》，兼修其道。故为馆名也"④。褚伯玉不但读《太平经》，并修太平经
所述之道法。刘屹认为"从葛洪所见的《太平经》五十卷到褚伯玉所读
《太平经》，似乎是一条在江南隐逸高士中秘传《太平经》古本的线
索"，⑤ 并认为这种传承方式或是以个人秘传的形式在进行。

---

① 《南齐书》，第835—840页。
② （宋）李昉：《太平御览》卷六六六，《四部丛刊三编》"子部"，第四叶。
③ 《南齐书》，第926—927页。
④ 陈国符：《〈道学传〉辑佚》，《道藏源流考》下册，第465页。
⑤ 刘屹：《神格与地域：汉唐间道教信仰世界研究》，第235页。

《太平御览》卷六六六引《太平经》曰："一说云：伯玉初游南岳，路入闽中，飞湍走险。伯玉泊舟晚濑，冲飚忽起，山水暴至，激船上巅，崩落绝嶂。徒侣以为水渍，缘阻寻求，见伯玉自若，以小杖舟，涉不测之泉。众以骇伏，入霍山而去。"① 此《太平经》肯定不是现《道藏》太平部中的《太平经》，或即是褚伯玉所读秘传之《太平经》。

会稽孔氏又有孔佑、孔道徽父子。《南史·隐逸上》曰：

> （孔）佑至行通神，隐于四明山，尝见山谷中有数百斛钱，视之如瓦石不异。采樵者竞取，入手即成沙砾。曾有鹿中箭来投佑，佑爲之养创，愈然后去。太守王僧虔与张绪书曰："孔佑，敬康曾孙也。行动幽祇，德标松桂，引爲主簿，遂不可屈。此古之遗德也。"
>
> （孔）道徽少厉高行，能世其家风。隐居南山，终身不窥都邑。豫章王嶷为扬州，辟西曹书佐，不至。乡里宗慕之。
>
> （孔）道徽兄子总，有操行，遇饥寒不可得衣食，县令吴兴丘仲孚荐之，除竟陵王侍郎，竟不至。②

孔佑、其子孔道徽及其孙孔总，都是隐逸之士。孔佑"至行通神"，可以算修道之士，隐于四明山。"曾有鹿中箭来投佑，佑爲之养创，愈然后去"与敦文以驯虎闻名略同，都是彰显其作为有道之士的异迹。而孔道徽和孔总只能算是不慕权贵的"有操行"之隐士。

四　琅邪王氏、高平郗氏

琅邪王氏为奉道世家③，正史中记载王氏奉道起于前汉。《新唐书》卷七十二中述琅邪王氏世系曰：

> 王氏出自姬姓……元避秦乱，迁于琅邪，后徙临沂。四世孙吉，字子阳，汉谏议大夫，始家皋虞。后徙临沂都乡南仁里。生骏，字伟山，御史大夫。二子：崇、游。崇字德礼，大司空、扶平侯。生遵，字伯业，后汉中大夫、义乡侯。生二子：皆、音。音字少玄，大将军

① （宋）李昉：《太平御览》卷六六六，《四部丛刊三编》"子部"，第六叶。

② 《南史》，中华书局1975年版，第6册，第1881—1882页。

③ 参见陈寅恪《天师道与滨海地域之关系》一文之《东西晋南北朝之天师道世家》一节，《金明馆丛稿初编》，第15—19页。

掾。四子：谊、叡、典、融。融字巨伟。二子：祥、览。①

四世孙王吉，《汉书·王吉传》曰：

> 王吉字子阳，琅邪皋虞人也。……自吉至崇，皆好车马衣服，其自奉养极为鲜明，而亡金银锦绣之物。及迁徙去处，所载不过囊衣，不蓄余财。去位家居，亦布衣疏食。天下服其廉而怪其奢，故俗传王阳能作黄金。②

《真诰》卷十六《阐幽微第二》曰：

> 夫至廉者不食左已之食，不衣非已之布帛，王阳有似也（此目应以夷齐为标，高士中亦多有此例。而今乃举王阳。当年淳德自然，非故为皎洁者也。王阳先汉人也）。……右此五条，皆积行获仙，不学而得。③

世系中最后之王祥、王览兄弟两人已至晋代。《晋书·王祥（王览）传》曰：

> 王祥，字休徵，琅邪临沂人，汉谏议大夫吉之后也。祖仁，青州刺史。父融，公府辟不就。……（王）览孝友恭恪，名亚于祥。……咸宁四年卒，时年七十三，谥曰贞。有六子：裁、基、会、正、彦、琛。……裁子导，别有传。

裁之子王导，是晋代名相。琅邪王氏子孙东渡后有部分子孙迁于浙江，《王羲之传》曰："羲之雅好服食养性，不乐在京师，初渡浙江，便有终焉之志。"

王氏子孙多任会稽之官职。《晋书·王舒传》曰："王舒，字处明，丞相导之从弟也。父会，侍御史。……时将征苏峻，司徒王导欲出舒为外援，乃授抚军将军、会稽内史，秩中二千石。舒上疏辞以父名，朝议以字

---

① 《新唐书》，中华书局 1975 年版，第 9 册，第 2601 页。

② 《汉书》，中华书局 1962 年版，第 3058、3068 页。

③ ［日］吉川忠夫、麦谷邦夫编：《真诰校注》，朱越利译，第 508—509 页。

同音异，于礼无嫌。舒复陈音虽异而字同，求换他郡。于是改‘会’字为‘郐’。舒不得已而行。"朝廷任王舒为会稽内史，而王舒之父名"会"，以父讳求换他职，但朝庭居然将"会稽内史"的官职名改为"郐稽内史"而劝王舒上任，可见王氏在朝廷有相当的势力。而后王羲之及其子亦任会稽内史之职。

《晋书·王廙传》曰："王廙，字世将，丞相（王）导从弟，而元帝姨弟也。"道书传王廙为部鬼将军。《真诰》卷十六《阐幽微第二》曰：

> 王廙为部鬼将军。（廙，字世将，琅琊人，修龄父也。多才艺，攻书，善属文，解音声，位至平南将军、荆州刺史。年四十七病亡，赠骠骑，谥康侯也。）①

《晋书·王羲之传》曰："王羲之，字逸少，司徒导之从子也。"王羲之在当今最为有名，《晋书·王羲之传》曰：

> 起家秘书郎，征西将军庾亮请为参军，累迁长史。亮临薨，上疏称羲之清贵有鉴裁。迁宁远将军、江州刺史。……羲之既拜护军，又苦求宣城郡，不许，乃以为右军将军、会稽内史。……羲之雅好服食养性，不乐在京师，初渡浙江，便有终焉之志。会稽有佳山水，名士多居之，谢安未仕时亦居焉。孙绰、李充、许询、支遁等皆以文义冠世，并筑室东土，与羲之同好。尝与同志宴集于会稽山阴之兰亭。……羲之既去官，与东土人士尽山水之游，弋钓为娱。又与道士许迈共修服食，采药石不远千里，遍游东中诸郡，穷诸名山，泛沧海。②

《王羲之传》又附有次子《王凝之传》曰：

> 次凝之，亦工草隶，仕历江州刺史、左将军、会稽内史。王氏世事张氏五斗米道，凝之弥笃。孙恩之攻会稽，僚佐请为之备。凝之不从，方入靖室请祷，出语诸将佐曰："吾已请大道，许鬼兵相助，贼

---

① ［日］吉川忠夫、麦谷邦夫编：《真诰校注》，朱越利译，第 496 页。
② 《晋书》，第 2097—2102 页。

自破矣。"既不设备，遂为孙所害。①

从上可以看出琅邪王氏与天师道的密切关系。首先，王氏先人王吉在前汉时便被认定"会黄白术"，"能做黄金"。陶弘景《真诰》认为王吉是"不学而得"的积行成仙之人。其次，王氏之王廙任道职为"部鬼将军"，并在《真灵位业图》有职位，列"第七右位"。最后，《王凝之传》中称"王氏世事张氏五斗米道，凝之弥笃"。从王氏在上清派之《真灵位业图》中列有职位来看，或其道术亦有东部的传统。刘屹认为王凝之所请之"大道""不见于汉末三张米道，史书中反而有'张角伪托大道，妖惑小民'的记载。"汉末三张时代虽然自称为鬼卒（鬼兵），但"王凝之所祈请的'鬼兵'则应是如《洞渊神咒经》所见的那些虚幻的神鬼部众，应该是来自江南的信仰，与三张时代的'鬼兵'不可等同"②。

高平郗氏亦是奉道世家。郗氏与王氏乃姻亲。《王羲之传》曰：

> 时太尉郗鉴使门生求女婿于导，导令就东厢遍观子弟。门生归，谓鉴曰："王氏诸少并佳，然闻信至，咸自矜持。惟一人在东床坦腹食，独若不闻。"鉴曰："正此佳婿邪！"访之，乃羲之也，遂以女妻之。③

郗鉴，《晋书·郗鉴传》曰：

> 郗鉴，字道徽，高平金乡人，汉御史大夫虑之玄孙也。……帝就加辅国将军、都督兖州诸军事。……鉴以尚书令领诸屯营。……寻而帝崩，鉴与王导、卞壶、温峤、庾亮、陆晔等并受遗诏，辅少主，进位车骑大将军、开府仪同三司，加散骑常侍。……咸和初，领徐州刺史。……拜司空，加侍中，解八郡都督，更封南昌县公。……鉴寻薨，时年七十一。时兄子迈、外甥周翼并小，常携之就食。……后并得存，同过江。迈位至护军，翼为剡县令。鉴之薨也，翼追抚育之恩，解职而归，席苦心丧三年。二子：愔、昙。④

---

① 《晋书》，第 2102—2103 页。
② 刘屹：《神格与地域：汉唐间道教信仰世界研究》，第 194—195 页。
③ 《晋书》，第 2097 页。
④ 《晋书》，第 1796—1801 页。

道书记载郗鉴亦有道职。《真诰》卷十六《阐幽微第二》曰："郗南昌云先为北帝南朱阳大门灵关侯，后又转为高明司直。昔坐与刘庆孙争，免官，今始当复职也。高明司直如世之尚书仆射。"① 古之通例以官职为名，郗鉴与郗愔都封南昌公。但《真灵位业图》第七右位有"北帝南门亭长二人"，一曰"郗鉴"，二曰"周抚字道和代郗鉴"②，故此郗南昌当指郗鉴。

《晋书·何充传》曰："于时郗愔及弟昙奉天师道，而充与弟崇准信释氏，谢万讥之云：'二郗谄于道，二何佞于佛。'"从中可知郗愔及其弟郗昙奉道甚笃。《晋书·郗愔传》曰：

> 愔字方回。少不交竞，弱冠，除散骑侍郎，不拜。性至孝，居父母忧，殆将灭性。服阕，袭爵南昌公，征拜中书侍郎。骠骑何充辅政，征北将军褚裒镇京口，皆以愔为长史。再迁黄门侍郎。时吴郡守阙，欲以愔为太守。愔自以资望少，不宜超莅大郡，朝议嘉之。转为临海太守。会弟昙卒，益无处世意，在郡优游，颇称简默，与姊夫王羲之、高士许询并有迈世之风，俱栖心绝谷，修黄老之术。后以疾去职，乃筑宅章安，有终焉之志。十许年间，人事顿绝。③

郗氏虽是高平人氏，但南渡后郗愔就居于浙江，他任临海太守后，与姊夫王羲之、高士许询交游往来，同修道术。后以疾去职，在临海的郡治章安县定居。郗王两家都以书法名于世，故《太平御览》卷六六六引《太平经》曰："郗愔，字方回，高平金乡人。为晋镇军将军。心尚道法，密自遵行。善隶书，与右军相埒，手自起写道经，将盈百卷，于今多有在者。"④ 郗愔所写的道经与"一杨二许"所写的道经同为书法精品，故后世多有藏之者。此外，《世说新语·术解篇》曰：

> 郗愔信道甚精勤，常患腹内恶，诸医不可疗。闻于法开有名，往迎之。既来，便脉云："君侯所忌，正是精进太过所致耳。"合一剂汤与之。一服即大下，去数段许纸如拳大，剖看，乃先所服符也。

---

① ［日］吉川忠夫、麦谷邦夫编：《真诰校注》，朱越利译，第503页。
② 《道藏》第3册，第281页。
③ 《晋书》，第1801—1802页。
④ （宋）李昉：《太平御览》卷六六六，《四部丛刊三编》"子部"，第五叶。

据葛洪记载，郗愔有道书传世。《太平御览》卷六七二引《太上大宵琅书》曰：

> 吴王阖闾十二年正月，使龙威丈人入包山洞庭，取之以出，有符而无说。又齐人乐子长受之于霍林仙人韩众，乃敷演服御之方，藏于东海北阴之室。太一金液经者，按《剑经》序云：高丘子服金液水。长史书云：欲合金液，意皆是此方。今有葛洪注：是郗愔《黄素书》，又有别诀一卷，此亦太清上丹法也。①

郗氏与王氏同是信奉道教，《晋书》却说王氏信奉"张氏五斗米道"，郗氏信奉"天师道"。"五斗米道"与"天师道"或是有区别的。《三国志·张鲁传》注曰：

> 太平道者，师持九节杖为符祝，教病人叩头思过，因以符水饮之，得病或日浅而愈者，则云此人信道，其或不愈，则为不信道。修法略与角同，加施静室，使病者处其中思过。又使人为奸令祭酒，祭酒主以老子五千文，使都习，号为奸令。为鬼吏，主为病者请祷。请祷之法，书病人姓名，说服罪之意。作三通，其一上之天，着山上，其一埋之地，其一沉之水，谓之三官手书。②

《三国志》注中又称："有道士琅邪于吉，先寓居东方，往来吴会，立精舍，烧香读道书，制作符水以治病。吴会人多事之。"③ 太平道治病以符水为法，具有东部传统的于吉也"制作符水以治病"，这与天师道信徒郗愔"信道服符"有相合之处。太平道也使用"天师"之称，《太平经》卷三十五载："今天师为王者开辟太平之阶路，太平之真经出。"④ 故《晋书》所称之天师道或是具有东部传统的太平道之传承，由于太平道起事被镇压，后世信徒或都以天师道自称。

---

① （宋）李昉：《太平御览》卷六七二，《四部丛刊三编》"子部"，第二叶。
② 裴松之注引：《典略》，《三国志》，中华书局1959年版，第1册，第264页。
③ 《三国志》，第1110页。
④ 王明：《太平经合校》，中华书局1960年版，第34页。

第七节 孙恩、卢循道团及其活动

孙恩、卢循是东晋时期的天师道领袖，曾起兵叛乱，转战各地十余年。朝廷平乱过程中，门阀大族势力受损，而普通士族之刘裕治兵有方，不但屡战屡胜，且纪律严明，与民无犯，故刘裕声誉日隆，为其建立刘宋王朝打下了坚实的基础，可以说刘裕是孙恩叛乱的最终受益者。

孙恩为东晋人。西晋之孙秀，为孙恩之族人。《晋书·孙恩传》云："孙恩，字灵秀，琅邪人，孙秀之族也。世奉五斗米道。"孙秀曾加入西晋八王之乱中赵王伦之阵营。晋书《赵王伦传》曰："伦、（孙）秀并惑巫鬼，听妖邪之说。秀使牙门赵奉诈为宣帝神语，命伦早入西宫。又言宣帝于北芒为赵王佐助，于是别立宣帝庙于芒山，谓逆谋可成。"据此来看，赵王伦与孙秀似都是信奉巫鬼，却不知道属什么教派。关于孙秀所信奉的教派，唐长儒认为或是太平道。"陈寅恪先生已据《晋书·赵王伦传》证泰族人孙秀信巫术，但孙秀所奉是否五斗本道，却无明证。"并引其传称"使杨珍昼夜诣宣帝别庙祈请，辄言宣帝谢陛下，某日当破贼。拜道士胡沃为太平将军，以招福佑"。并称"这些宗教活动看不出什么特点，却封了个道士为太平将军，似有太平道的嫌疑"①。并最终认为"高平郗氏，琅邪王氏、孙氏之奉天师道，很可能倒是由太平道转事的"。

孙恩对三吴天师道团的掌握，自其族叔孙泰起。《晋书·孙恩传》中提到了孙泰，曰：

> 恩叔父泰，字敬远，师事钱唐杜子恭。而子恭有秘术……子恭死，泰传其术。然浮狡有小才，诳诱百姓，愚者敬之如神，皆竭财产，进子女，以祈福庆。王珣言于会稽王道子，流之于广州。广州刺史王怀之以泰行郁林太守，南越亦归之。太子少傅王雅先与泰善，言于孝武帝，以泰知养性之方，因召还。道子以为徐州主簿，犹以道术眩惑士庶。稍迁辅国将军、新安太守。
>
> 王恭之役，泰私合义兵，得数千人，为国讨恭。黄门郎孔道、鄱阳太守桓放之、骠骑谘议周勰等皆敬事之，会稽世子元显亦数诣泰求其秘术。泰见天下兵起，以为晋祚将终，乃扇动百姓，私集徒众，三

---

① 唐长儒：《天平道与天师道札记十一则》，《中华文史论丛》（总第八十三辑），第43—76页。

吴士庶多从之。于时朝士皆惧泰为乱，以其与元显交厚，咸莫敢言。会稽内史谢辅发其谋，道子诛之。恩逃于海。众闻泰死，惑之，皆谓蝉蜕登仙，故就海中资给。恩聚合亡命得百余人，志欲复仇。①

孙恩之叔父孙泰，传钱唐杜子恭的道术，也接替杜子恭成为三吴天师道团的领袖。据《洞仙传·杜昺传》："昺每入静烧香，能见百姓三世祸福，说之了然，章书符水，应手即验，远近道俗，归化如云，十年之内，操米户数万。"② 也就是说孙泰所掌握的道团，其人数多达数万户之众。

孙泰于钱唐杜子恭习得"秘术"，而所传之人，有黄门郎孔道、江西鄱阳太守桓放之、骠骑咨议周勰、会稽世子司马元显等人。这说明孙泰之道团势力已经达于朝廷官员及皇族。故陈寅恪先生言："晋代天师道之传播于世胄高门，本为隐伏之势力，若渐染及皇族，则政治上立即发生钜变。西晋赵王伦之废惠帝而自立，是其一例，前已证明。东晋孙恩之乱，其主因亦由于皇室中心人物早成天师教之信徒。"③ 后王恭起兵反晋，孙泰以此为由私自募兵数千人，"三吴士庶多从之"。三吴之地，晋时以吴、吴兴、会稽三地合称三吴。④ 当时朝廷害怕孙泰以手上掌握的势力作乱，但由于孙泰与皇族之司马元显交厚，所以大多数人是敢怒不敢言。但会稽内史谢辅运用谋略，孙泰被另一位皇族会稽王司马道子所杀。孙泰死后，其原来所掌握的杜子恭道团或仍然还到了杜氏子孙的手上，这才有后世杜氏子孙杜道鞠"道业富盛"的情况。孙泰虽死，但孙恩逃往海上，纠合了数百亡命之徒准备复仇。《晋书·孙恩传》曰：

及元显纵暴吴会，百姓不安，恩因其骚动，自海攻上虞，杀县令，因袭会稽，害内史王凝之，有众数万。于是会稽谢鍼、吴郡陆瑰、吴兴丘尫、义兴许允之、临海周胄、永嘉张永及东阳、新安等凡八郡，一时俱起，杀长史以应之，旬日之中，众数十万。于是吴兴太守谢邈，永嘉太守谢逸，嘉兴公顾胤，南康公谢明慧，黄门郎谢冲、

① 《晋书》第 8 册，第 2631—2632 页。
② 《云笈七签》卷一百一十一，《道藏》第 22 册，第 757 页。
③ 陈寅恪：《天师道与滨海地域之关系》，《金明馆丛稿初编》，第 6—7 页。
④ 此三吴之说出北魏郦道元《水经注·渐水》，曰："永建中，阳羡周嘉上书，以县（会稽）远，赴会至难，求得分置，遂以浙江西为吴，以东为会稽。汉高帝十二年，一吴也，后分为三，世号'三吴'。吴兴、吴郡，会稽其一焉。"

张琨，中书郎孔道，太子洗马孔福，乌程令夏侯愔等皆遇害。吴国内史桓谦，义兴太守魏俦，临海太守、新蔡王崇等并出奔。于是恩据会稽，自号征东将军，号其党曰"长生人"，宣语令诛杀异己，有不同者戮及婴孩，由是死者十七八。畿内诸县处处蜂起，朝廷震惧，内外戒严。遣卫将军谢琰、镇北将军刘牢之讨之，并转斗而前。吴会承平日久，人不习战，又无器械，故所在多被破亡。诸贼皆烧仓廪，焚邑屋，刊木堙井，虏掠财货，相率聚于会稽。其妇女有婴累不能去者，囊簏盛婴儿投于水，而告之曰："贺汝先登仙堂，我寻后就汝。"

初，恩闻八郡响应，告其属曰："天下无复事矣，当与诸君朝服而至建康。"既闻牢之临江，复曰："我割浙江，不失作句践也。"寻知牢之已济江，乃曰："孤不羞走矣。"乃虏男女二十余万口，一时逃入海。惧官军之蹑，乃缘道多弃宝物子女。时东土殷实，莫不粲丽盈目，牢之等遽于收敛，故恩复得逃海。朝廷以谢琰为会稽，率徐州文武戍海浦。

隆安四年，恩复入余姚，破上虞，进至刑浦。琰遣参军刘宣之距破之，恩退缩。少日，复寇刑浦，害谢琰。朝廷大震，遣冠军将军桓不才、辅国将军孙无终、宁朔将军高雅之击之，恩复还于海。于是复遣牢之东屯会稽，吴国内史袁山松筑扈渎垒，缘海备恩。明年，恩复入浃口，雅之败绩。牢之进击，恩复还于海。转寇扈渎，害袁山松，仍浮海向京口。牢之率众西击，未达，而恩已至，刘裕乃总兵缘海距之。及战，恩众大败，狼狈赴船。寻又集众，欲向京都，朝廷骇惧，陈兵以待之。恩至新州，不敢进而退，北寇广陵，陷之，乃浮海而北。刘裕与刘敬宣并军蹑之于郁洲，累战，恩复大败，由是渐衰弱，复沿海还南。裕亦寻海要截，复大破恩于扈渎，恩遂远迸海中。

及桓玄用事，恩复寇临海，临海太守辛景讨破之。恩穷戚，乃赴海自沈，妖党及妓妾谓之水仙，投水从死者百数。余众复推恩妹夫卢循为主。自恩初入海，所虏男女之口，其后战死及自溺并流离被传卖者，至恩死时裁数千人存，而恩攻没谢琰、袁山松，陷广陵，前后数十战，亦杀百姓数万人。①

"元显纵暴吴会"之事指司马元显于隆安三年（399）征调江南诸郡已免除奴隶身分的佃客移置京师，以充兵役，称为"乐属"。此事激起孙

---

① 《晋书》第 8 册，第 2632—2634 页。

恩起义。孙恩所在的根据地则据《晋书·刘牢之传》云：

> 恩浮海奄至京口，战士十万，楼船千余。牢之在山阴，使刘裕自海盐赴难，牢之率大众而还。裕兵不满千人，与贼战，破之。恩闻牢之已还京口，乃走郁洲，又为敬宣、刘裕等所破。①

孙恩有"楼船千余"，且传中多次称其"一时逃入海"，"恩复得逃海"，说明其基地在海中岛上。具体来说是在"郁洲"。关于"郁洲"，《抱朴子内篇·金丹》篇云：

> 若不登地诸山者，海中有大岛屿，亦可合药。若会稽之东翁洲、亶洲、纾屿，及徐州之莘莒洲、泰光洲、鬱洲，皆其次也。②

陈寅恪先生认为"鬱洲"即"郁洲"，则孙恩之后方基地是在徐州之海上之"大岛屿"。孙恩的道团以岛民为其基础，故有"恩穷戚，乃赴海自沈，妖党及妓妾谓之水仙，投水从死者百数"。虽然史书称孙恩"世奉五斗米道"，但是按其所称"水仙"等语，根本不可能是来自西蜀的五斗米道的传统。"水仙"这样的概念，应该来自东方滨海地区。越族本有内越和外越之族，外越生活在近海的岛屿上，孙恩道团的基础或是当年外越的后人。

《晋书·卢循传》曰："卢循，字于先，小名元龙，司空从事中郎谌之曾孙也。双眸冏彻，瞳子四转，善草隶弈棋之艺。……循娶孙恩妹。"③陈寅恪先生考证，卢循之卢氏亦有天师道世家之可能。④《晋书·卢循传》曰："（卢循）司空从事中郎谌之曾孙也。"《三国志·魏书·卢毓传》注引《卢谌别传》曰："永和六年，卒于胡中，子孙过江。妖贼帅卢循，谌之曾孙。"卢谌之伯祖为卢钦，《晋书·卢钦传》曰："累迁琅邪太守。"卢谌所投靠的刘琨为赵王伦之阵营中人。卢循娶孙恩之妹，以南朝士族之婚嫁习惯，两者均为五斗米道世家的可能性很大。卢循的姊夫为徐道覆，而徐道覆为琅邪人。种种迹象表明，卢氏为奉道家族的可能性很大。

---

① 《晋书》第 7 册，第 2190 页。

② 王明：《抱朴子内篇校释》，第 85 页。

③ 《晋书》第 8 册，第 2634 页。

④ 陈寅恪：《天师道与滨海地域之关系》，《金明馆丛稿初编》，第 10—11 页。

《晋书·卢循传》又曰：

> 恩亡，余众推循为主。元兴二年正月，寇东阳，八月，攻永嘉。
> 刘裕讨循至晋安，循窘急，泛海到番禺，寇广州，逐刺史吴隐之，自
> 摄州事，号平南将军，遣使献贡。时朝廷新诛桓氏，中外多虞，乃权
> 假循征虏将军、广州刺史、平越中郎将。①

卢循于元兴二年（403）正月攻占东阳、永嘉，但为刘裕所败，于是
从海路转战番禺，成功占领了广州，由于当时朝廷无力征讨，故封卢循为
"征虏将军、广州刺史、平越中郎将"。

《晋书·卢循传》又曰：

> 义熙（405—418）中，刘裕伐慕容超，循所署始兴太守徐道覆，
> 循之姊夫也，使人劝循乘虚而出，循不从。道覆乃至番禺，说循……
> 循甚不乐此举，无以夺其计，乃从之。②

卢循胸无大志，对于占据广州已经较为满足，在其姐夫徐道覆的极力
劝说下，才出兵，却又"多谋少决"，且征战之事应随机应变，而卢循却
"欲以万全之计"，故被刘裕战败。"裕乘胜击之，循单舸而走，收散卒得
千余人，还保广州。"最终"循乃袭合浦，克之，进攻交州。至龙编，刺
史杜慧度谲而败之。循势屈，知不免，先鸩妻子十余人，又召妓妾问曰：
'我今将自杀，谁能同者？'多云：'雀鼠贪生，就死实人情所难。'有云：
'官尚当死，某岂愿生！'于是悉鸩诸辞死者，因自投于水。慧度取其尸
斩之，及其父嘏；同党尽获，传首京都"③。

民间道派在汉末、晋末两次大规模卷入农民暴动，情况已不完全相
同。钟国发认为汉末的太平道和五斗米道是要用他们自己理想中的政治制
度来取代现实政治制度，他们相信一种积极进取的宗教救世福音。因此，
汉末太平道和五斗米道几乎全体一致地投入了创建神权政体的斗争。汉末
太平道的口号是"苍天已死，黄天当立"，其态度是要推翻汉朝而建立一
个新的政权，虽然最后太平道以失败而告终，但其态度是坚决的。张鲁五

---

① 《晋书》第 8 册，第 2634 页。

② 同上书，第 2634—2635 页。

③ 同上书，第 2636 页。

斗米道则用了一个实用的方式，在汉中建立割据政权，并遥受汉封，但内政上完全使用政教合一的，道教徒最理想的政治制度方式来进行统治。

晋末杜氏道团的主流已经没有了与汉末民间道派相同的政治奢望，其实际行动是希望与现实政治制度相适应，这是早期道教向宫观道教发展的一个转折点。这种思想保证了杜子恭的后裔一直在钱唐合法地"世传五斗米道"。关于孙恩集团，钟国发认为孙恩虽然起事，始终无建号自立之意，政治制度上也无创革。孙恩于元兴元年（402）失败自杀后，余众推其妹夫卢循为首，又坚持到义熙七年（411），最后失败。卢循显然不再有孙氏叔侄那种对天师道徒的号召力，从《晋书·卢循传》来看，他的部队已没有什么宗教色彩了。①

第八节　上清经在浙江的整理与流传

一　上清经源流

考上清经的源流，先是由"一杨二许"，即杨羲、许谧、许翙扶乩而得。陈国符曰："上清经乃晋哀帝兴宁年间扶乩降笔。杨羲用隶字写出，以传许谧、许翙。"② 扶乩之法道教中多用之。关于上清经的扶乩之所，《真诰·卷二十》曰："真降之所，无正定处，或在京都，或在家舍，或在山馆。山馆犹是雷平山许长史廨。杨桓数来就掾，非自山居也。"③《真诰》所言扶乩之所主要是京都建康（今江苏南京）和句容小茅山后之雷平山两处。上清经经过整理后出世，共四十余卷，但也有少许在亲友间传阅。陶弘景《真经始末》叙写详尽。《真诰》卷十九《翼真检第一·真经始末》云：

> 伏寻上清真经出世之源，始于晋哀帝兴宁二年（364）太岁甲子，紫虚元君上真司命南岳魏夫人下降，授弟子琅琊王司徒公府舍人杨某，使作隶字写出，以传护军长史句容许某并弟三息上计掾某某。

① 参见钟国发《神圣的突破——从世界文明视野看儒佛道三元一体的由来》，四川人民出版社2003年版，第623页。

② 陈国符：《道藏源流考》上册，第7页。

③ ［日］吉川忠夫、麦谷邦夫编：《真诰校注》，朱越利译，第592页。

二许又更起写，修行得道。凡三君手书，今见在世者，经传大小十余篇，多掾写，真嗳四十余卷，多杨书。［琅琊王即简文帝在东府为相王时也。］长史、掾立宅在小茅后雷平山西北。掾于宅治写、修用，以泰和五年（370）隐化。长史以泰元元年（376）又去。掾子黄民，时年十七，乃收集所写经符秘箓历岁。于时亦有数卷散出在诸亲通间，今句容所得者是也。①

段末称"于时亦有数卷散出在诸亲通间"是指许黄民整理时散失的经文。"今句容所得者是也"是指陶弘景撰写《真诰》时在句容所收集到的十数卷"一杨二许"所写之经文，此事见后，此句并非许黄民当时的事件。

许黄民于元兴三年（404）奉经入剡（今浙江嵊县），至陶弘景于"庚午年（490）东行浙越并得真人遗迹十余卷"，并将所得之上清经封之于茅山昭真台（简称昭台），上清经在浙江整理、敷衍、流传近百年。据《真经始末》，上清经在浙江的流传是以剡、钱唐（今浙江杭州）、东阳（今浙江东阳县）等地为中心，其所涉及的人物，较著名的有杜道鞠、顾欢、陆修静、孙游岳等，既是中国道教史上的著名人物，也多为浙人，故上清经及上清派的流传与浙江有很大的关系。流行的数部《中国道教史》，往往在"一杨二许"之后，直接写到上清经的集大成者陶弘景，从而略过了上清经在浙江的整理和流传的一段重要时期，本书即还原这段重要的历史。

陶弘景《真经始末》云：

> 元兴三年（404），京畿纷乱，黄民乃奉经入剡［长史父昔为剡县令，甚有德惠。长史大兄亦又在剡居，是故投憩焉］，为东闻马朗家所供养［朗一名温公］。朗同堂弟名罕，共相周给。时人咸知许先生得道，又祖父亦有名称，多加宗敬。钱塘杜道鞠［即居士京产之父］，道业富盛，数相招致。于时诸人并未知寻阅经法，止禀奉而已。②

此篇记录中，关于上清经流传过程中的几个重要的人物都出现了。泰

---

① ［日］吉川忠夫、麦谷邦夫编：《真诰校注》，朱越利译，第572—573页。
② 同上书，第573页。

元元年（376）时，许黄民17岁，元兴三年（404）许黄民奉经入剡时，当已45岁。居于奉道之士马朗家，而马朗与其堂弟马罕"共相周给"。在钱唐又有世传五斗米道之杜氏，杜氏名声起于杜子恭，后传子杜运，杜运出仕任参军之职，杜运传子杜道鞠，杜道鞠不但修道，且"道业富盛"，估计其仍然是一个道团的领袖。杜道鞠闻知许氏之名，多次请许黄民至钱唐交游。

上清经的流传分为两个阶段，首先是许黄民在世时，由许传上清经于数人。其次是许黄民卒后，上清经逐渐流散传播，线索众多。

二　许黄民时上清经传授三人

孔默与王兴

先是义熙（405—418）中有"鲁国孔默崇信道教，为晋安太守，罢职回钱塘。闻有许郎，先人得道，经书具存，乃往诣许。许不与相见，孔膝行稽颡，积有旬月，兼献奉殷勤，用情甚至。许不获已，始乃传之。孔仍令晋安郡吏王兴缮写"[1]。以此而见，孔默祖籍为鲁国，但居于钱唐，亦崇信道教。但其得上清经后，没有修炼。其子孔熙先、孔休先虽然亦崇道，但却不信奉上清经法，故"一时焚荡，无复子遗"。

替孔默缮写经书的王兴，私自多留了一份副本，本想依经修道，但多次遇天灾，所写经书一无留纳。陶弘景曰"此当是兴先不师受，妄窃写用，所致如此也"。"于是孔、王所写真经二本，前后皆灭，遂不行世。"[2]

菜买

许黄民又传一人名菜买，陶称"其迹不复具存"。

王灵期

除上述数人外，许黄民还传王灵期。王灵期为秣陵县（今南京）人。先是王灵期见葛巢甫造构《灵宝经》，风教大行，于是于许黄民处求得上清真经，"乃窃加损益，盛其藻丽，依王、魏诸传题目，张开造制，以备其录。并增重诡信，崇贵其道。凡五十余篇。趋竞之徒，闻其丰博，互来宗禀"。这是王灵期的第一步造经行动。不过造经并非王灵期一人所为，《真经始末》云："此则杨君去后，便以动作。故《灵宝经》中得取以相揉，非都是灵期造制，但所造制者自多耳。"也就是经书真伪或敷衍之事自杨羲去后就已经存在了，但王灵期是有计划地大规模造作经书。

---

① ［日］吉川忠夫、麦谷邦夫编：《真诰校注》，朱越利译，第573页。

② 同上书，第574页。

《真经始末》又云：“王既独擅新奇，举世崇奉，遂讬云真授，非复先本。”也就是王灵期后期自己造经后，伪称是降授的新经，而非是从许黄民处得来。而许黄民见“卷裒华广，诡信丰厚，门徒殷盛，金帛充积，亦复莫测其然”。也就是说，许黄民见王灵期门徒众多，又称有新经降授，所以一下子也“莫测其然”，对王灵期后续所造经书的真伪问题也无法给出明确的判断。《真诰》曰：“（许黄民）乃鄙闭自有之书，而更就王求写。”① 许黄民不再外传自己手上的上清经，却从王灵期处把新经抄来，两人同气，流布开去。其结果“于是合迹俱宣，同声相赞，故致许王齐辔，真伪比纵，承流向风，千里而至”②。

三　许黄民卒后上清经分藏两处

元嘉六年（429），许黄民时已 69 岁，欲移归钱唐，将经书分为两部分，一部分由自己随身携带，另一部分将真经封在一橱子，交付马朗，并嘱咐马朗非自己亲来，哪怕是有人拿自己的亲笔书信也勿交予。没想到，许黄民至钱唐杜家后，“数月疾患”，并到了“虑恐不差（瘥）”的地步。于是派人到马朗处取经书，马朗因许黄民嘱咐在先，因其非亲来故不与经书。随后许黄民卒于钱唐，所随身携带的真经便留在了杜道鞠家。自此，上清经分藏两处，钱唐杜家所有之上清经，内容包括许黄民携来之“经传及杂书十余卷”。上清经共有经传十余篇，真嗳四十余卷，除留在亲友间数卷外，许黄民都携入剡，归钱唐时带十余卷至杜家，则留在剡县马家应有三十余卷。

四　剡县马家之上清经传承

元嘉六年（429）许黄民去世，其长子许荣弟归葬父亲后，赴剡马家求还上清经，而马不与其经。许荣弟停留在剡，以王灵期所造之经书，教授众人，并抄录副本，在其后注“某年某月某真人授许远游”。许远游即许迈，许迈虽然是著名之道士，却与上清派的传承无关，故陶弘景曰：“于时世人多知先生（指许迈）服食入山得道，而不究长史父子事迹故也，人亦初无疑悟者。”其意为虽然当时众人不疑，但后来终归对经后注“授许远游”事产生了疑问。不过许荣弟最终还是在马家得到了“两三卷真经”，这两三卷真经“颇亦宣泄”，流传较广，得之者有王惠朗等人。

---

① ［日］吉川忠夫、麦谷邦夫编：《真诰校注》，朱越利译，第 575 页。

② 同上。

许荣弟后于元嘉十二年（435）卒，葬于剡之白山，亦称小白山。

此时有山阴何道敬，工书画，为马家所供事。马罕因与马朗住处不同，所以委托何道敬缮写了真经的副本，因而马罕家藏有真经之副本。何道敬见真经宝贵，于元嘉十一年（434）就摹写了部分真经之副本，离开马家后，其经书多有散失，但犹有数卷，传与其女弟子始丰后堂山张玉景。由于何道敬泄说真经之事于世间，马朗知后，忿恨不已，"乃洋铜灌厨簏，约敕家人不得复开"。

马朗、马罕在世时，对真经多有崇敬，两人卒后，马朗之子马洪、马真，马罕之子马智初时亦尊崇真经，但后来三人改信佛教，于是对真经的尊崇有弛废之意。

大明七年（463）居士楼惠明与女师盐官钟义山入剡，马洪请楼惠明宗事，楼于景和元年（465）令嘉兴戺季真"启敕封取"。因认为天下纷乱，真经尚未到出世的时机，所以只取"真经真传及杂咉十余篇，乃置留钟间，唯以《豁落符》及真咉二十许小篇并何公所摹二录等将至都，戺即以呈景和。于华林暂开，仍以付后堂道士。泰始初，戺乃启将出私解（廨）"①。从上可知，马家之经卷在景和元年又一分为二，一部分留钟义山处，另一部分最后由戺季真所得。戺季真所得部分，后藏于陆修静所建之崇虚馆，陆卒，随其灵柩回庐山，归于徐叔标。建元三年（481），董仲民奉齐高帝旨往庐山营功德，徐叔标将一篇真经分成两篇与董，董还上高帝。高帝交于五经典书戴庆。故有一篇真经在戴庆处。此后徐叔标带其余真经至下都，即建康（今南京）。徐叔标卒，其弟子李果之取了一篇真经和《豁落符》去，其余真经则在陆修静侄子陆璬文处。

楼惠明还剡，至钟义山处求当年所遗之真经，钟义山不还，楼惠明只能缮写副本，得了数篇副本，与马洪还归东阳长山。

马罕之子马智，晚年改信佛教，"悉以道经数十卷送与钟，皆是何公先为其父写者，亦有王灵期杂经。唯四五篇并真咉，六七篇是真手，不关楼所得者。钟亡后，所余亡，应在兄女及戚景玄处"。钟义山之兄女，当是钟兴女名傅光。

五　钱唐杜家之上清经传承

杜家之经流传甚广。先是"杜居士京产将诸经书往剡南墅大墟住，始与顾欢、戚景玄、朱僧标等数人共相料视"。其后，"宋大明末有戴法

---

① ［日］吉川忠夫、麦谷邦夫编：《真诰校注》，朱越利译，第578页。

兴兄延兴作剡县，亦好道，及吴兴天目山诸玄秀并颇得写杜经。楼徒弟道济及法真、钟兴女傅光，并得写楼、钟间经，亦相互通涉"。

按上所述，则杜家之经流传多人，必已广为人知。

六　其他单篇经文的流传

《真诰》中还提到了多个单篇上清经的流传，并提到了众多的相关人物，现录如下：

陈雷，东阳人，为许谧"门附"。得许谧自步《七元星图》及其他经书副本。"义熙十三年（417）与东阳太守任城魏欣之兄子二人共合丹。丹成，三人前后服。服皆有神异，托迹暂死，化遁而去。"而后《七元星图》在陈雷之孙陈长乐处，而存于永康。《真诰》又曰："菁山（今江苏无锡）道士樊仙亦颇得所写经书。"则菁山樊仙得了陈雷的部分经书副本。

杨羲书《灵宝五符》一卷，为句容葛粲所得。泰始（465—471）年间陆修静得以观看此《灵宝五符》，敷述成《真文亦书》、《人鸟五符》二篇，并将此二篇传于弟子孙游岳与女弟子梅令文。陆修静卒，存徐叔标处，徐亡，在陆修静兄子陆璹文处。

杨羲书《王君传》一卷，先在句容葛永真处，后在王文清家，最后为茅山道士葛景仙所得。

许翙书《飞步经》一卷，先在句容严虬家，大明七年（463）王文清从严虬手中购得。

许黄民予以上虞吴昙拔一瓠瓻道书，中间有许翙书《西岳公禁山符》和杨羲书《中黄制虎豹符》二短卷。吴将此二短卷送褚伯玉，褚卒后二短卷在其弟子朱僧标处。后来，褚伯玉五弟之孙褚仲俨从朱僧标处取走。

东阳章灵民偶然得到了许翙书《太素五神》、《二十四神》并《回元隐道经》一卷及《八素阴阳歌》一卷。先是章灵民以为其为寻常道书，将此书示顾欢。顾欢将《回元隐道经》单独分出为一卷。章后来得知是真迹，便从顾欢处要回。又有《二景歌》一卷，章灵民给了孙游岳。章灵民所得之道书中尚有《曲素》、《金华》、《金华》等数卷，他不知道是真迹，只是录下了文字。

许翙书《列纪》、《黄素书》合为一短卷。先是许黄民传于弟子苏道会，苏授上虞何法仁，何传朱僧标，朱奉于钟义山，楼惠明见而求取，后在楼处。

许翙书《黄庭经》及"真授数纸"，先是在剡山王惠朗间，王亡后，在其女弟子及同学章灵民处。

永兴有一解家，亦曾供养许黄民，得"小小杂书"，包括有杨羲书《鄞宫事》一卷。后菁山女道士樊妙罗得到《鄞宫事》，樊卒，在其女弟子沈偶处，沈又予四明山孔总。

上述所有上清经真迹，最后都由陶弘景还封于茅山昭台。

上述上清经在浙江的传承中，涉及人数众多。许黄民之后，在上清经传承中起主要作用的，一是陶弘景的师承，即其师祖陆修静，其师父孙游岳；二是陶弘景于庚午年（490）在浙江游历所拜会的诸人："至会稽大洪山，谒居士娄慧明，又到余姚太平山，谒居士杜京产；又到始宁跂山谒法师钟义山；又到始丰天台山谒诸僧标"；三是比陶弘景撰写《真诰》还要早整理上清经的顾欢。一、二项所述诸人的事迹见前，顾欢的事迹详后。

七　顾欢整理上清经

顾欢写了著名的《夷夏论》，其整理上清经的功绩似都被《夷夏论》的光辉所掩盖，从而少有人研究。关于顾欢整理上清经，从《真诰》中可以看出众多线索。

山阴何道敬从马家录有真经副本，顾欢曾去拜访。《真经始末》曰：

> 何常以彭素为事，质又野朴。顾居士闻其得经，故往诣，寻诣，正遇见荷锄外还。顾谓是奴仆，因问何公在否，何答不知。于是还里，永不相见。顾留停累日，谓苦备至，遂不接之。时人咸以何鄙耻不除，而失知人之会也。

相见而不相识，故无缘相见。《真经始末》又曰：

> 孔璪贱时，杜居士京产将诸经书往剡南墅大墟住，始与顾欢、戚景玄、朱僧摽等数人共相料视。顾先已写在楼间经，粗识真书，于是分别选出，凡有经传四五卷，真咒七八篇，今犹在杜家。①

顾欢先已经写在楼惠明处的上清经，又料视杜家之上清经，则顾欢整

---

① ［日］吉川忠夫、麦谷邦夫编：《真诰校注》，朱越利译，第 580 页。以下所引《真经始末》均为此书第 580—582 页。

理的上清经相比之于《真诰》之篇幅，虽不完全，但应在一半以上。《真经始末》又曰：

> 杨书《灵宝五符》一卷，本在句容葛粲间……陆既敷述《真文赤书》、《人鸟五符》等，教授施行已广，不欲复显出奇迹，因以绢物与葛请取，甚加隐闭。顾公闻而苦求一看，遂不令见。

《灵宝五符》出示陆修静后，顾欢听闻此消息，但求见不成。《真经始末》又曰：

> 掾书《太素五神二十四神》，并《回元隐道经》一卷，及《八素阴阳歌》一卷，并东阳章灵民先出都，遇得之。章于时未识真书，唯言是道家常经而已，归东阳以示顾，顾不即向道，仍留之，分《回元》为二卷。

从上述事迹可以看出顾欢实际是在四处寻访上清经，《华阳隐居先生本起录》曰：

> 《真诰》一秩七卷，此一诰并是晋兴宁中众真降授杨许手书遗迹。顾居士已撰，多有漏谬，更诠次叙注之尔，不出外闻。

也就是在《真诰》之前，顾欢已经开始整理上清经，《真诰》卷十九曰："《真诰》者，真人口受之诰也，犹如佛经皆言佛说，而顾玄平谓为《真迹》，当言真人之手书迹也，亦可言真人之所行事迹也。"故顾欢所撰之经称为《真迹经》，按卿希泰《中国道教》称："顾欢还根据搜集到的杨、许真迹加以整理，编纂成《真迹经》。陶弘景的《真诰》就是以《真迹经》为底本，加以增删改写并注释而成。《真迹经》，一名《道迹经》，已佚，今《无上秘要》中尚有其不少佚文。另外，顾欢还撰有《上清源流经目》，《云笈七签》卷四收有《上清源统经目注序》，陈国符《道藏源流考》认为是顾欢所作。"上述对顾欢整理上清经的评述，成为多数学者的共识。

从《无上秘要》的引文来看，其引《道迹经》14处204行，引《真迹经》8处51行，还有一处引文写的是"右出《洞真经》及《道迹》、《真迹经》"计引269行，一处引文写的是"引《洞玄经》及《真迹经》"

计引 42 行。《无上秘要》还引《真诰》9 次 137 行。这说明《真诰》、《真迹经》、《道迹经》是同时存在的三部经书。而《无上秘要》在编写时，三经均引则说明三经内容虽然有重复之处，但文字略有不同，选择者择善而引。《无上秘要》所引《道迹经》中有四条内容不见于真诰，这对于研究《道迹经》与《真诰》的异同提供了很好的资料。《无上秘要》中还引有《仙果道迹经》，这是众多研究者没有提到的，或是从《道迹经》中摘出的关于果品的内容。

《正统道藏》中还收有《道迹灵仙记》一篇，当是《道迹经》的佚文。《道迹灵仙记》共分八章，所记述之内容在《真诰》中均有，分别在《真诰》卷十五、卷十六、卷十三和卷十四。与《真诰》互校，有些段落次序略有不同，且文字互有出入，有些文本似较《真诰》本更为通顺。

从上述这些内容来看，顾欢的《真迹经》、《道迹经》内容至少包括以下三个方面："一是今本《真诰》中所见的杨许受降及修道的记录；二是与'仙真宫府'、'三界洞天'、'修道口诀'及'上清药品'等主题有关的仙真降唉；三是杨许手中上清诸位仙真之修真经历及传记资料。"①

第九节　陆修静、孙游岳及其道教活动

陆修静于正史中虽然无传，但记述其生平的文献还是比较多的。除马枢的《道学传》中《陆修静传》外，还有梁朝沈璇《简寂观碑》②，唐代吴筠《简寂先生陆君碑》③，李渤《真系传》中《宋庐山简寂陆先生传》④，元代赵道一《历世真仙体道通鉴》和张雨《玄品录》等。

陆修静（406—479），字元德，谥简寂先生。吴兴东迁（今浙江吴兴）人。《南史》中记有陆修静之名，曰："融字思光，弱冠有名。道士同郡陆修静以白鹭羽麈尾扇遗之，曰：'此既异物，以奉异人。'"⑤ 张融为吴郡人，此可旁证陆修静为吴郡人，吴兴属吴郡，故陆修静之籍贯当无误。陆修静出身士族家庭，其先祖陆凯为吴丞相，父陆琳九征不起，谥为

---

① 程乐松：《即神即心——真人之诰与陶弘景的信仰世界》，中国人民大学出版社 2010 年版。

② 《雍正江西通志》卷一百二十。

③ 《全唐文》卷九二六，第 9659—9660 页。

④ 《全唐文》卷七一二，第 7315—7316 页。

⑤ 《南史·张邵传》，中华书局 1975 年版，第 3 册第 833 页。

高道处士。他少宗儒学，博览典籍，后以经术不能致长生而弃儒学道，遍游江南名山，隐云梦山修道。①

宋文帝元嘉三十年（453）至京城卖药，为左仆射徐湛之请入宋宫讲道，太后王氏曾降尊执弟子礼。《太平御览》卷六七九引《珠囊》曰："陆元德，吴兴东迁人。宋文帝召入内，服应尊异。时太后王氏雅信黄老，降母后之尊，执门徒之礼。"②

太初之难起，离京至庐山，隐居修道。自大明五年（461）起在庐山太虚观隐居七年，至太始三年（467）始离开。唐吴筠《简寂先生陆君碑》称："元嘉末，因市药京邑。文皇帝闻之，使大臣宣旨固请。先生确乎不拔，遽有太初之难。或推独见之明，遂拂衣南游。遐讨绝境，志悦庐岳。乃卜其阳，众峰干霄，飞流注壑，窈窕幽蔼，宜其为至人之所止焉。"③ 李渤《真系》中《宋庐山简寂陆先生传》亦曰："宋元嘉末，因市药京邑，文帝味其风而邀之，先生不顾。及太初难作，人心骇疑，遂沂江南游。嗜匡阜之胜概，爰构精庐，澡雪风波之思，沐浴浩气，挹漱元精。"④ 两篇文献均对陆修静隐居庐山表示肯定。

在庐山隐居的七年中，陆修静"缘岩茸宇，依平考室，即岭成封，因夷置埠"，致力于太虚观的修缮和扩建，最终使之成为一座规模宏伟的一方名观。南朝梁太子仆射沈璇在《简寂观碑文》中追述当时道观之盛况曰："耸构瓦甍，升降相邻。峻坡六层，倾涂九折。丹崖翠壁，削刻殊形。……玉阙金台，路寂寞而方启。"陆修静在太虚观最大的活动便是建置道藏阁。据传阁中珍藏有道家经书、药方和符图1200卷，是当时全国最大的道教经库。陆修静潜心研究道经，为最终编定"三洞四辅经书"打下了坚实的基础。⑤

宋明帝即位，思弘道教，广求名德，悦先生之风，遣使招引。陆修静先是辞之以疾。后"帝未能致，弥增钦伫，中使相望，其在必至"。陆修静乃曰："主上聪明，远览至不肖，猥见采拾。仰惟洪眷，俯深惭惕。老子尚委王官以辅周室，仙公替金锡佐吴朝。得道高真犹且屈己。余亦何

---

① 《三洞珠囊》卷一《救导品》引《道学传》，转引自陈国符《道藏源流考》，第39页。

② （宋）李昉：《太平御览》卷六七九，《四部丛刊三编》"子部"，第七叶。

③ 《全唐文》卷九二六，第9659页。

④ 《全唐文》卷七一二，第7315页。

⑤ 江西省地方志编纂委员会：《江西省宗教志》，方志出版社2003年版，第227—228页。

人，宁可独善乎。"① 于是于太始三年（467）奉诏再度入京。明帝于北效天印山（陈国符认为是方山）为其筑崇虚馆以居之。② 陆修静大约在崇虚馆住了十年。在此期间，陆修静"大敞法门，深弘典奥，朝野注意，道俗当心。道教之兴，于斯为盛也"③。

《三洞珠囊》卷一《救导品》引《道学传》曰："宋太始七年四月，明帝不豫。先生（指陆修静）即其馆率众建三元露斋，为国祈请。至二十日，云阴风急，轻雨洒尘。二更再唱，堂前忽有黄气，状如宝盖，从下而升，高十丈许，弥覆堦墀，数刻之顷，备成五色，映暧檐楹，徘徊良久，忽复回转，至经台上，散漫乃歇。预观斋者百有余人，莫不皆见，事奏，天子疾瘳，以为嘉祥。"④ 《太平御览》卷六六七所引《道学传》记载了同一件事，但有异文，曰："陆修静，字元德，吴兴人。太始七年率众建三元露斋，太真上仓元上录，经曰：凡有生之域清少浊多，秽障相缠，行善不立，邪气来侵，强魔守试，上学之人，斋戒存思，禁隔嚣尘，北类之物，唐突去来，皆是秽浊当择日斋戒，佩破淹之符，以升玉清。"⑤ 此事在正史中也有记载，《宋书·志第十九·符瑞下》曰："泰始七年四月戊申夜，京邑崇虚馆堂前有黄气，状如宝盖，高十许丈，渐有五色，道士陆修静以闻。"⑥

宋太始七年陆修静上《三洞经书目录》，此盖道经目之最古者。⑦ 三洞之上清经，陆修静得之殳季真。据陶弘景《真诰叙录》曰："修静既立崇虚馆，殳氏所宝经诀，并归于陆氏。"《玄品录》曰："遂以殳季真取到杨许真人上清经法勒付先生。总括三洞，为世宗师。"

陆修静于元徽五年（477）卒，时年七十二岁。弟子奉其灵枢还庐山，诏谥简寂先生，取"止烦日简，远嚣在寂"之意，庐山旧居太虚观因此改为简寂观。其弟子最著者为孙游岳、李果之等。宋徽宗宣和（1119—1125）间，封为丹元真人。⑧

陆修静一生著作甚丰，有关斋戒仪范者尤多。刘大彬《茅山志》谓

---

① 陈国符：《道藏源流考》上册，第40页。

② 同上书，第41页。

③ 《道藏》第25册，第306页。

④ 陈国符：《道藏源流考》上册，第41—42页。

⑤ （宋）李昉：《太平御览》卷六六七，《四部丛刊三编》"子部"，第六叶。

⑥ 《宋书·志第十九·符瑞下》。

⑦ 《道教义枢·三洞义》，转引自陈国符《道藏源流考》上册，第42页。

⑧ 陈国符：《道藏源流考》，第43—44页。

其"著斋戒仪范百余卷"，今《正统道藏》存有《太上洞玄灵宝众简文》、《洞玄灵宝五感文》、《陆先生道门科略》、《太上洞玄灵宝授度仪》、《洞玄灵宝斋说光烛戒罚灯祝愿仪》各一卷。另有《灵宝经目序》、《古法宿启建斋仪》、《道德经杂说》、《三洞经书目录》、《陆先生答问道义》、《陆先生黄顺之问答》各一卷，均佚。《灵宝道士自修盟真斋立成仪》、《然灯礼祝威仪》、《金箓斋仪》、《玉箓斋仪》、《九幽斋仪》、《解考斋仪》、《涂炭斋仪》、《三元斋仪》等也已亡佚，某些内容散见于《无上黄箓大斋立成仪》中。《通志·诸子类·道家略》中著录有《服御五芽道引元精经》、《升元步虚章》、《灵宝步虚词》、《步虚洞章》各一卷。在唐法琳《辩正论》中，尚见其著有《必然论》、《荣隐论》、《遂通论》、《归根论》、《明法论》、《自然因缘论》、《五符论》、《三门论》各一卷，《破邪论》中又见其著有《对沙门记》。[①]

陆修静对南朝道教改革与发展主要有如下三个方面。

（一）建立三洞四辅的道经体系

陆修静继承了东晋末期以来的"三洞"概念，使之完善化、定型化，把它作为道教经书分类的方法。"三洞"分类法的理念和特色，一是渊源于道教的神学思想，二是与上清、灵宝、三皇三个道派有直接的关系。关于"三洞"，《云笈七签》曰："三洞者，洞言通也，通玄答妙，其统有三，故三洞，第一洞真，第二洞玄，第三洞神。""洞真以不杂为义，洞玄以不滞为名，洞神以不测为用，故洞言通也，三洞上下，玄义相通。洞真者，灵秘不杂，故得名真。洞玄者，生天立地，功用不滞，故得名玄。洞神者，召制鬼神，其功不测，故得名神。此三法皆能通凡入圣，同契大乘，故得名洞也。"[②]

在陆修静看来，"三洞"不仅是道教经典的分类方法，也是道经品级的高低和道士进阶的次序。道士入道后修持经法由低到高，依次授经修行，不得逾越。一般是先授予正一，次洞渊或太玄，次洞神，次升玄，次洞玄，最高为洞真上清。[③]

"四辅"指的是太玄部、太平部、太清部、正一部。太玄部辅洞真，太平部辅洞玄，太清部辅洞神，正一部为《正一法文》、《云中音诵新科

---

① 参见陈国符《道藏源流考》，第43页。卿希泰：《中国道教》第一卷《陆修静》，知识出版社1994年版。

② （宋）张君房：《云笈七签》，第86页。

③ 孔令宏：《中国道教史话》，河北大学出版社1999年版，第119—120页。

诚经》等流行的天师道书。为便于"总括体用，分别条贯"，陆修静在每洞编排时，均按本文、神符、玉诀、灵图、谱录、戒律、威仪、方法、众术、记传、玄章、表奏等十二类顺序进行编排。三洞四辅十二部类组成的"三洞分类法"，奠定了历代《道藏》及传世的明代《正统道藏》分类方法的基础。

　　陆修静于泰始七年（471）编成的《三洞经书目录》是我国历史上第一部道经目录。为编定《三洞经书目录》，陆修静做了大量的准备工作。元嘉十四年（437），陆修静即着手刊正《灵宝经》，编撰《灵宝经目》。泰始三年（467）从庐山入京，居崇虚馆，又得当时朝廷收藏的杨羲、许谧手书上清经真诀。相传由鲍靓所造之《大有三皇经》亦为其所得。于是他"总括三洞"，校理卷数目录，于泰始七年奉敕撰《三洞经书目录》献上。据称，陆修静共著录道家经书并药方、符图一千二百二十八卷，内一千九十卷已行于世，一百三十八卷"犹在天宫"。[1]

　　（二）整顿道教组织

　　早期五斗米道奉行的是祭酒领道民的政教合一的教团组织形式，并相应地建立了诸如三会制、宅录制、缴纳租米的命信制和道官授箓升迁制等一整套科制。[2] 但在张鲁降曹后，原来的治所领民制度消亡，相应的其他制度均遭到不同程度的破坏。陆修静在《陆先生道门科略》中说："明科正教，废不复宣，法典旧章，于是沦坠。民不识逆顺，但肴馔是闻，上下俱失，无复依承。""或初化一人，至子孙不改，三会之日，又不投状，既无本末，本师不能得知，为依先上年。或死骨烂，籍犹载存，或生皓首，未被纪录。或纳妻子不上，或出嫁不除，乃有百岁童男，期颐处女。"[3]

　　针对道教组织的散乱，陆修静提出诸多的解决方案。《陆先生道门科略》曰："天师立治置职，犹阳官郡县城府治理民物，奉道者皆编户著藉，各有所属，令以正月七日、七月七日、十月五日，一年三会。民各投集本治，师当改治录籍，落死上生，隐实口数，正定名簿，三宣五令。令民知法，其日天官地神咸会师治，对校文书，师民皆清静肃然，不得饮酒食肉，喧哗言笑。会竟，民还家，当以闻科禁威仪，教敕大小，务共奉

---

① 卿希泰：《中国道教》第一卷《陆修静》，知识出版社 1994 年版。
② 汤其领：《东晋南朝道教论略》，《南京晓庄学院学报》2000 年第 3 期，第 15—20 页。
③ 《道藏》第 24 册，第 780 页。

行。"① 也就是说，奉道者之道籍是非常重要的，其制度的主要形式是
"三会制"，在每年正月七日、七月七日、十月五日道民"投集本治"，在
所属的道治中集中，然后可以"正定名簿，三宣五令。"所以道教组织的
整顿要从恢复"三会制"开始。

陆修静《道门科略》曰："民有三勤为一功，三功为一德。民有三
德，则与凡异，听得署箓。受箓之后，须有功更迁，从十将军箓阶至百五
十。若箓吏中有忠良质朴，小心畏慎，好道翘勤，温故知新，堪任宣化，
可署散道士。若散气中有清修者，可迁别治职任。若别治中复有精笃者，
可迁署游治职任。若游治中复有严能者，可署下治职任。若下治中复有功
称者，可迁署配治职任。若配治中复有合法者，本治道士皆当保举，表天
师子孙，迁除三八之品。先署下八之职，若有伏勤于道，劝化有功，进中
八之职。若救治天下万姓，扶危济弱，能度三命，进上八职。能明炼道
气，救济一切，消灭鬼气，使万姓归伏，便拜阳平、鹿堂、鹤鸣三气治
职。当精察施加功德，采求职署，勿以人负官，勿以官负人。"② 也就是
说，道徒入道，均须举行授箓仪式，即将箓授予入道者，随身佩戴，并据
其入道年限和道行深浅更换不同等级。箓级的高低标志着道士权力的大
小。因此，箓实际上成了职位和权力的象征。南北朝时期，授箓制度在天
师道内部十分盛行。北朝寇谦之在改革北朝道教时，曾让魏太武帝亲备法
驾受箓。陆修静在改革江南道教中承继并完善了这一制度。他把授箓和箓
级的更换与道徒的功德联系起来，有功方可升迁。③ 其等级从十将军箓开
始，至百五十箓将军，再上可为散道士，再上可分别至别治、游治、下八
治、中八治、上八治任职，最后可至阳平、鹿堂、鹤鸣最高的三治任职。
陆修静对道教组织的整改不仅有效地克服了道教组织散乱，加强了对道民
的控制，而且为南朝道教由祭酒制向宫观制发展奠定了基础。

（三）制定斋醮科仪

陆修静十分重视道教斋仪的作用，认为"斋直是求道之本"，主张
"身为杀盗淫动，故役之以礼拜；口有恶言，绮妄两舌，故课之以诵经；
心有贪欲嗔恚之念，故使之以思神。用此三法，洗心净行，心行精至，斋

---

① 《道藏》第 24 册，第 782 页。

② 同上书，第 781 页。

③ 汤其领：《陆修静与南朝道教》，《江南大学学报》（人文社会科学版）2005 年第 5 期，第
51—55 页。

之义也"①。

原始五斗米道的斋醮仪式十分简单，仅有"指教斋"、"涂炭斋"等仪式。其后由于道教组织的散乱，斋醮科仪也不被道徒所重视。"奉道之家，多无静室，或标栏一地为治坛，未曾修除，草莽刺天。或虽云屋宇，无有门户。六畜游处，粪秽没膝。或名为静室，而藏家什物，唐突出入，鼠犬栖止。"② 鉴于这种状况，陆修静对斋醮科仪进行了改革，建立和完善了斋戒、授度、灯烛等方面的仪式。他在总结前代斋仪的基础上，制定了"九斋十二法"的斋醮体系。其体系保存在道藏《洞玄灵宝五感文》中。"九斋十二法"为：（一）洞真上清斋两法：一曰绝群离偶；二曰孤影夷额。（二）洞玄灵宝斋九法：一曰金箓斋；二曰黄箓斋；三曰明真斋；四曰三元斋；五曰八节斋；六曰自然斋；七曰洞神三皇斋；八曰太一斋；九曰指教斋。（三）涂炭斋。洞真上清斋主要强调眠神静气、遗形忘体，被列为上等；洞玄灵宝斋以有为为宗，列为中等；涂炭斋以苦节为功，列为下等。③"九斋十二法"建立后，道教斋醮仪式基本形成完整的体系，对后世影响甚大。直至隋唐，后来的道士如张万福、杜光庭等继续撰集斋仪，都以陆所撰为本。一些道士所作的调整，也基本上没有超出"十二法"的范围。④ 陆修静"九斋十二法"的建立还奠定了道教斋法的坛场布置和仪式流程。蒋叔舆曰："陆天师复加撰次，立为成仪，祝香启奏，出官请事，礼谢愿念，罔不一本经文……相去虽数百年，前后盖一辙也。"⑤ 文中"祝香启奏，出官请事，礼谢愿念"是对斋仪流程的举例，并称这些流程实际上是陆修静制定的，并且流传数百年后，这些流程"前后一辙"依然未变，可见陆修静在斋仪上的贡献。金允中曰："陆君主张教法，立万代之范模；考订经典，别千古之真伪。身得度世，名列仙阶。编撰科书，所存虽少，无非按据经典，参合条纲。后人不究其源，凡有好奇尚异之事，多委之简寂斋科。"⑥ 该文的意思，陆修静于斋仪来说已经成为一个标志性的人物，所谓"凡有好奇尚异之事，多委之简寂斋科"，也就是说只要是与斋仪有关的事，都说成是陆修静（谥简寂）制定

---

① 《道藏》第 9 册，第 821 页。

② 《道藏》第 24 册，第 780—781 页。

③ 《道藏》第 32 册，第 620 页。

④ 卢国龙、汪桂平：《道教科仪研究》，方志出版社 2009 年版，第 64 页。

⑤ 《道藏》第 9 册，第 378 页。

⑥ 《道藏》第 31 册，第 477 页。

的，可见陆修静所在斋仪领域的崇高地位。

陆修静还注重斋仪理论的构建。对于斋仪的研究，今人多注重其外在形式，并提出了从娱神到娱人的过程理论，将之看作戏剧的来源之一。也就是将其看作是一种与戏剧相类似的，具有表演性质的宗教仪式。其实斋醮仪式是具有功效的，陆修静在《洞玄灵宝五感文》中说："道以斋戒为立德之根本，寻真之门户。学道求神仙之人，祈福希庆祚之家，莫不由之。"① 又在《洞玄灵宝斋说光烛戒罚灯祝愿仪》中说："夫斋直是求道之本，莫不由斯成矣。此功德巍巍，无可比者，上可升仙得道，中可安国宁家，延年益寿，保于福禄，得无为之道，下除宿愆，赦见世过，救厄拔难，消灭灾病，解脱死人忧苦，度一切物，莫不有宜矣。"② 斋仪的功能是通过一系列的斋仪过程实现的，从"祝香启奏，出官请事，礼谢愿念"等形式来看，斋醮是将设醮之人的意愿与神灵沟通后，达到某种宗教愿望，并且针对不同愿景的斋醮仪式也是不相同的。

陆修静于斋醮来说，不仅是理论大家，本身也立坛行法，成为其弘扬道法的重要方式。《三洞珠囊》卷一引《道学传》记载有陆修静为宋明帝建醮之事：

> 《道学传》第七云：陆修静，字元德，吴兴东迁人也。宋大始七年四月，明帝不豫，先生率众建三元露斋，为国祈请，至二十日，云阴风急，轻雨洒尘，二更再唱，堂前忽有黄气，状如宝盖，从下而升高十丈许，弥覆垆墀，数刻之顷，备成五色，映曖檐楹，徘徊良久，忽复回转至经台上，散漫乃歇，预观斋者，百有余人，莫不皆见，事奏天子疾瘳，以为嘉祥。③

从陆修静"为国祈请"且"天子疾瘳"来看，其通过斋法实践，体现了斋醮的实际功效。这说明斋醮其实与其他的众多道法，如符水、符箓、雷法等类似，都具有其实际的效验。斋醮由于其仪式与布置具有一定的观赏性，现代学者多从其可供观赏的角度来对其进行研究，并不讲求宗教体验，此直观研究应该只是研究的一个方面。将其仪式与其对应的宗教功能相联系，或是进一步研究斋醮的一个重要途径。不过正由于斋醮具有

---

① 《道藏》第 32 册，第 619 页。

② 《道藏》第 9 册，第 824 页。

③ 《道藏》第 25 册，第 298—299 页。

可观赏性，所以斋醮在信众之间的影响是很大的，斋醮为道教吸引教众提供了一个重要的方式。《真诰》中记述："远近男女互来依约，周流数里，廨舍十余坊。而学上道者甚寡，不过修灵宝斋及章符而已。"① 又曰："三月十八日辄公私云集，车有数百乘，人将四五千，道俗男女状如都市之众。看人唯共登山作灵宝唱赞，事讫便散，岂有深诚密契，愿睹神真者乎。"② 从中可以看出斋醮之观赏性也是其一个重要的特色，大凡信众，往往从羽仪可观的角度来参与宗教活动，斋醮具有弘扬道法，增加普通百姓对道教的直观感受的作用，这或许也是陆修静制定斋仪的目的之一。

　　孙游岳，字玄达，一字颖达。东阳永康人，吴之裔也。幼而恭，长而和。其静如渊，其气如春。甄汰九流，潜神希微。拜简寂（即陆修静）于缙云山。却粒，饵麻屑松与术，服榖仙丸。居缙云山四十七年，不与世接。宋太始中，简寂至京，游岳往从之。授三洞并所秘杨真人许掾手迹。暨简寂上宾，方旋旧室，捃摭道机，断核真假，与褚、章、朱四君交密。齐永明二年，诏以代师，并任主兴世馆。于是搜奇之士，知袭教有宗，若凤萃于桐，万禽争赴矣。孔德璋、刘孝标争结尘外之好。名士沈约、陆景真、陈宝识等咸就学焉。后频谢病归山，朝命未许。至永明七年五月十五日，内以挥神托化，沐浴称疾，怡然而终，年九十一。门徒弟子数百人，唯陶弘景入室焉。自恭事六载，义贯千祀，唯贵知真，特蒙赏识。经法诰诀，悉相传授。五金欲共营转炼，已集药石，将就治合，事故不遂。③

　　孙游岳为浙江东阳人，并于浙江缙云山居住四十七年。关于孙游岳的字，陈国符认为《云笈七签》编于宋代，称其为"颖达"是而避宋帝之讳，故以"玄达"为是。

　　孙游岳师从陆修静，《太平御览》卷六七九引《珠囊》曰："孙游岳，字玄达，东阳永康人也。宋泰始中，陆元德自庐岳下都阐扬至教。游岳乃出京师问道，亲侍帷席，预入室之流。其弘言奥旨，非游岳不传。"④ 可知孙游岳是陆修静的首徒。而孙游岳虽然徒众较多，但入室弟子只有陶弘景一人。师徒间传授的是"授三洞并所秘杨真人许掾手迹"，故陆、孙、陶师徒三人是上清派的主要传承人。后世往往将陆修静和陶弘景称为上清

---

① 《道藏》第20册，第558页。

② 同上书，第557页。

③ 参见李渤《真系》，（宋）张君房《云笈七签》，第76页。陈国符：《道藏源流考·孙游岳》，第44—46页。

④ （宋）李昉：《太平御览》卷六七九，《四部丛刊三编》"子部"，第七叶。

派宗师，而遗漏孙游岳。从对后世的贡献来看，陆修静的贡献很多，而陶弘景也整理上清经并撰《真诰》，孙游岳由于没有著作传世，也减少了对后世的影响力。但孙游岳对于上清经的整理也是有贡献的，前文称"与褚、章、朱四君交密"。陈国符注曰："疑即褚伯玉、章灵民、朱僧标，见《真诰叙录》。其第四人未详。"[1] 褚伯玉、章灵民、朱僧标均与上清经的传承有关。此处只提到褚、章、朱三人，所谓四君交密或是连同孙游岳共计四人，故称"四君交密"。从上清经出现到陶弘景再次收集，中间其实经过了多人的整理，包括了孙游岳在内的多人，较著名的有杜道鞠、顾欢，及前文提到的褚伯玉、章灵民、朱僧标等，他们的整理成果主要有《真迹经》、《道迹经》，这些成果为陶弘景的整理并撰成《真诰》奠定了很好的基础，孙游岳等人在上清经流布中的贡献应该得到相应的重视。

第十节　顾欢、孟景翼的道教哲学

顾欢为南朝齐著名道教学者。《南齐书》顾欢本传曰："顾欢，字景怡，吴郡盐官（今浙江海宁县西南）人也。"《真诰》卷十九曰："顾玄平谓为《真迹》。"如《南史·顾欢传》所言，顾欢一字景怡，又字玄平。顾欢"年六七岁书甲子，有简三篇，欢析计，遂知六甲。……八岁，诵《孝经》、《诗》、《论》。……年二十余，更从豫章雷次宗谘玄儒诸义。……于剡天台山开馆聚徒，受业者常近百人"[2]。

顾欢早年虽然学儒，但"年六七岁，知推六甲"，晚年学道。《南史·顾欢传》多载其神异之处，曰：

　　顾欢晚节服食，不与人通。每旦出户，山鸟集其掌取食。好黄、老，通解阴阳书，为数术多效验。初以元嘉中出都，寄住东府。忽题柱云"三十年二月二十一日"，因东归。后元凶弑逆，是其年月日也。弟子鲍灵绶门前有一株树，大十余围，上有精魅，数见影。欢印树，树即枯死。山阴白石村多邪病，村人告诉求哀，欢往村中为讲老子，规地作狱。有顷，见狐狸鼍鼉自入狱中者甚多，即命杀之。病者皆愈。又有病邪者问欢，欢曰："家有何书？"答曰："唯有《孝经》

① 陈国符：《道藏源流考》上册，第45页。
② 《南齐书》，第928—929页。

而已。"欢曰："可取仲尼居置病人枕边恭敬之，自差也。"而后病者果愈。后人问其故，答曰："善禳恶，正胜邪，此病者所以差也。"①

关于顾欢的生卒年，《南齐书》与《南史》均曰顾欢"克死日，卒于剡山，身体柔软，时年六十四"②。都没有记录其卒年。《顾欢传》中最后提到的是"永明元年（483），诏征欢为太学博士，同郡顾黯为散骑郎。黯字长孺，有隐操，与欢俱不就征"③。则顾欢之卒年当在永明元年（483）以后。此外，《华阳隐居先生本起录》，陶弘景于庚午年（490）在浙江游历拜会诸人："至会稽大洪山，谒居士娄慧明，又到余姚太平山，谒居士杜京产；又到始宁跂山谒法师钟义山；又到始丰天台山谒诸僧标。"陶弘景在《真诰》中多次提到顾居士（欢）对上清经的整理。按理，陶弘景游历浙江，理应拜会整理上清经的重要人物顾欢，此处没有提及，可旁证顾欢其时已卒。如此，顾欢的卒年可以限定在483年与490年之间。《太平御览》卷六六四引《真诰》佚文曰："顾欢，字玄平，吴郡人，齐永平中卒于剡山，葬盐官乐附里，木连理生墓，县令江山图表状，欢尸解而去。"④ 问题是萧齐没有"永平"年号。萧齐时代前后之永平年号主要有西晋惠帝永平（291）；北魏南安王承平或作永平（452）；北魏宣武帝永平（508—512）。均与萧齐年号无关。故此处引文有错，当以"永明（483—493）"为是，则顾欢应卒于"永明中"，即约为488年前后。其在世64岁，则出生于425年左右，即宋文帝元嘉（424—453）初。

据史籍记载，顾欢前半生治儒学，撰有《王弼易二系注》、《尚书百问》和《毛诗集解叙义》等。晚年服食，事黄老，崇奉道教，是上清派经典的整理者和重要传人，事见本章第八节。顾欢是老子学一大家，《南齐书·顾欢传》载，顾欢撰有《老子义纲》、《老子义疏》。唐末道士杜光庭《道德真经广圣意·序》中列六十家注，其中有："吴郡征士顾欢字景怡，南齐博士，注四卷。"⑤《正统道藏·洞神部·玉诀类》收有题名顾欢的《道德真经注疏》八卷。近人蒙文通先生在《校理成玄英疏叙录》中，

---

① 《南史》第6册，中华书局1975年版，第1874—1875页。
② 《南齐书》，第930页。《南史》，第1880页。
③ 《南齐书》，第930页。
④ （宋）李昉：《太平御览》卷六六四，《四部丛刊三编》"子部"，第一叶。
⑤ 《道藏》第14册，第309页。

证其非顾氏撰，是宗顾氏学派之徒所作。但他指出："隋唐道宗之盛，源于二孟（指孟景翼和孟智周——引者注）……孟氏之传，出于顾氏，而道士之传此为最早，诚以景怡所造之宏也。""其径题顾欢作者，应自有故。"①

顾欢对道教的贡献主要有三：一是整理上清经，撰成《真迹经》、《道迹经》。二是注疏《老子》，撰有《老子义纲》、《老子义疏》，并授徒孟景翼，而成一家之学。三是著《夷夏论》，发起了夷夏之辩，通过辩论促进了道教义理的发展。

顾欢是南朝释道斗争中的著名人物。他见释、道二家互相非毁，欲辨其是与非，于宋末作《夷夏论》，以论释、道二家的是非、优劣。《南齐书·顾欢传》录其《夷夏论》曰：

> 夫辩是与非，宜据圣典。寻二教之源，故两标经句。道经云："老子入关之天竺维卫国，国王夫人名曰净妙，老子因其昼寝，乘日精入净妙口中，后年四月八日夜半时，剖左腋而生，坠地即行七步，于是佛道兴焉。"此出《玄妙内篇》。佛经云："释迦成佛，有尘劫之数。"出《法华无量寿》。或"为国师道士，儒林之宗"，出《瑞应本起》。
>
> 欢论之曰：五帝、三皇，莫不有师。国师道士，无过老、庄，儒林之宗，孰出周、孔？若孔、老非佛，谁则当之？然二经所说，如合符契。道则佛也，佛则道也。其圣则符，其迹则反。或和光以明近，或曜灵以示远。道济天下，故无方而不入；智周万物，故无物而不为。其入不同，其为必异。各成其性，不易其事。是以端委缙绅，诸华之容；剪发旷衣，群夷之服。擎跽磬折，侯甸之恭；狐蹲狗踞，荒流之肃。棺殡椁葬，中夏之制；火焚水沈，西戎之俗。全形守礼，继善之教；毁貌易性，绝恶之学。岂伊同人，爱及异物。鸟王兽长，往往是佛，无穷世界，圣人代兴。或昭五典，或布三乘。在鸟而鸟鸣，在兽而兽吼；教华而华言，化夷而夷语耳。虽舟车均于致远，而有川陆之节；佛道齐乎达化，而有夷夏之别。若谓其致既均，其法可换者，而车可涉川，舟可行陆乎？今以中夏之性，效西戎之法，既不全同，又不全异。下弃妻孥，上废宗祀。嗜欲之物，皆以礼伸；孝敬之典，独以法屈。悖礼犯顺，曾莫之觉。弱丧忘归，孰识其旧？且理之

---

① 卿希泰：《中国道教·顾欢》，知识出版社 1996 年版。

可贵者，道也；事之可贱者，俗也。舍华效夷，义将安取？若以道邪，道固符合矣；若以俗邪，俗则大乖矣。

屡见刻舷沙门，守株道士，交诤小大，互相弹射。或域道以为两，或混俗以为一。是牵异以为同，破同以为异。则乖争之由，淆乱之本也。寻圣道虽同，而法有左右。始乎无端，终乎无末。泥洹仙化，各是一术。佛号正真，道称正一。一归无死，真会无生。在名则反，在实则合。但无生之教赊，无死之化切：切法可以进谦弱，赊法可以退夸强。佛教文而博，道教质而精：精非粗人所信，博非精人所能。佛言华而引，道言实而抑：抑则明者独进，引则昧者竞前。佛经繁而显，道经简而幽：幽则妙门难见，显则正路易遵。此二法之辨也。圣匠无心，方有体，器既殊用，教亦异施。佛是破恶之方，道是兴善之术。兴善则自然为高，破恶则勇猛为贵。佛迹光大，宜以化物；道迹密微，利用为己。优劣之分，大略在兹。

夫蹲夷之仪，娄罗之辩，各出彼俗，自相聆解。犹虫噆鸟聒，何足述效。①

顾欢之《夷夏论》中虽有调和二教之辞，如云："二经所说，如合符契"，"道则佛也，佛则道也"。但重点是强调二者之异，说道教是产生于华夏的圣教，佛教则是出于西戎的戎法。虽然二教皆可化俗，但只能各自适用于自己的国度，即道教适用于中国，佛教只适用于西戎，其目的是论证华夏之邦只能施行道教，不能"述效"戎法，佛教应该回到它的本土去。② 其论点如《南齐书·顾欢传》所言"虽同二法，而意党道教"。所以此论一出便引来佛教徒及其信仰者的强烈反对，纷纷著文反驳，形成南朝齐初一场规模颇大的释道斗争。首先就有"宋司徒袁粲托为道人通公驳之"，《南齐书·顾欢传》引双方辩论之言曰：

> 宋司徒袁粲托为道人通公驳之，其略曰：
> 白日停光，恒星隐照，诞降之应，事在老先，似非入关，方炳斯瑞。
> 又老、庄、周、孔，有可存者，依日末光，凭释遗法，盗牛窃善，反以成蠹。检究源流，终异吾党之为道耳。

① 《南齐书》，第931—932页。
② 卿希泰：《中国道教·顾欢》。

西域之记，佛经之说，俗以膝行为礼，不慕蹲坐为恭，道以三绕为虔，不尚踞傲为肃。岂专戎土，爰亦兹方。襄童谒帝，膝行而进；赵王见周，三环而止。今佛法在华，乘者常安；戒善行交，蹈者恒通。文王造周，大伯创吴，革化戎夷，不因旧俗。岂若舟车，理无代用。佛法垂化，或因或革。清信之士，容衣不改；息心之人，服貌必变。变本从道，不遵彼俗，教风自殊，无患其乱。

孔、老、释迦，其人或同，观方设教，其道必异。孔、老治世为本，释氏出世为宗。发轸既殊，其归亦异。符合之唱，自由臆说。

又仙化以变形为上，泥洹以陶神为先。变形者白首还缁，而未能无死；陶神者使尘惑日损，湛然常存。泥洹之道，无死之地，乖诡若此，何谓其同？

欢答曰：

案道经之作，著自西周，佛经之来，始乎东汉，年逾八百，代悬数十。若谓黄老虽久，而滥在释前，是吕尚盗陈恒之齐，刘季窃王莽之汉也。

经云，戎气强犷，乃复略人颊车邪？又夷俗长踞，法与华异，翘左跂右，全是蹲踞。故周公禁之于前，仲尼戒之于后。又舟以济川，车以征陆。佛起于戎，岂非戎俗素恶邪？道出于华，岂非华风本善邪？今华风既变，恶同戎狄，佛来破之，良有以矣。佛道实贵，故戒业可遵；戎俗实贱，故言貌可弃。今诸华士女，民族弗革，而露首偏踞，滥用夷礼。云于翦落之徒，全是胡人，国有旧风，法不可变。

又若观风流教，其道必异，佛非东华之道，道非西戎之法，鱼鸟异渊，永不相关，安得老、释二教，交行八表？今佛既东流，道亦西迈，故知世有精粗，教有文质。然则道教执本以领末，佛教救末以存本。请问所异，归在何许？若以翦落为异，则胥靡翦落矣。若以立像为异，则俗巫立像矣。此非所归，归在常住。常住之象，常道孰异？

神仙有死，权便之说。神仙是大化之总称，非穷妙之至名。至名无名，其有名者二十七品，仙变成真，真变成神，或谓之圣，各有九品，品极则入空寂，无为无名。若服食茹芝，延寿万亿，寿尽则死，药极则枯，此修考之士，非神仙之流也。[①]

其余直接与顾欢辩论者，以《弘明集》所载有谢镇之《与顾道士

---

① 《南齐书》，第932—934页。

书》。顾欢非道士，实是居士，如陶弘景《真诰》便尊称其为顾居士。谢镇之称"顾道士"则有贬义。对于谢镇之之驳难，顾欢作《答谢镇之书》予以回应，惜此文已佚。谢镇之又作《重书与顾道士》再次进行辩论。其余众人尚有朱昭之作《难顾道士夷夏论》，朱广之《疑夷夏论顾道士》，慧通《驳顾道士夷夏论》，僧愍《戎华论折顾道士夷夏论》，明僧绍《正二教论》等。

参与夷夏之辩的还有刘法先。《太平御览》卷六六六引《道学传》曰："刘法先，彭城人也，时顾欢著道经义于孔德璋，多有与夺，法先与书讨论同异，顾道屈服，乃答曰：吾自古之遗狂，水火不避，得足下此箴，始觉醒悟。既往狂言，不足在怪。又云：法先每见道释二众亟相是非，乃著息争之论。顾欢又作《夷夏辩》，或及三科论明释老同异。"① 关于刘法先，卷六七九引《珠囊》曰："刘法先，彭城人也，为宋明帝崇灵馆主。帝先师陆元德，元德卒，又师事法先，尽北面之礼。"②

孟景翼为南朝齐梁间著名道士。除《南齐书》在《顾欢传》中提到孟景翼外，其生平仅见于《道学传》之佚文。

《道学传》曰："孟景翼，字辅明，平昌安丘人也，轲之后也。性至孝。"③ 又一说"孟景翼字道辅"④。可知孟景翼字辅明（或字道辅），平昌安丘（今属江苏）人。《道学传》称其为孟轲之后人，不知何据。《中国道教》称"一说吴兴（今浙江湖州）人"。其以孝闻于世。

孟景翼为道士，《太平御览》中有一段不见于陈国符辑录之《道学传》佚文，曰"孟景翼字辅明。义嘉构难，景翼星夜往赴，经行失道。时一人黄衣黄冠，在其前引路。既得道，乃失所在"⑤。此种奇闻怪谈为道教传记所常见，加强了孟景翼作为修道之士的奇异之处。此外，卢国龙认为"《正一经》七部法的创立者是孟景翼"⑥，可聊备一说。

孟景翼于梁代曾任道官。《道学传》曰："梁武帝天监二年（503），置大小道正。平昌孟景翼，字道辅，时为大正，屡为国讲说。"⑦ 以其"屡为国讲说"可见精于道教教义。又后世称孟景翼为大孟，而孟智周为

① （宋）李昉：《太平御览》卷六六六，《四部丛刊三编》"子部"，第四叶。

② （宋）李昉：《太平御览》卷六七九，《四部丛刊三编》"子部"，第七叶。

③ 陈国符：《〈道学传〉辑佚》，《道藏源流考》，第468页。

④ 同上书，第469页。

⑤ （宋）李昉：《太平御览》卷六七五，《四部丛刊三编》"子部"，第一叶。

⑥ 卢国龙：《〈道藏〉七部分类法源考》，《中国道教》1991年第3期，第31—37页。

⑦ 陈国符：《〈道学传〉辑佚》，《道藏源流考》，第469页。

小孟，或从此而来。

孟景翼也是当时佛道辩论中的重要人物之一。《道学传》记载了部分辩论的经过。《道学传》曰："齐景陵王盛洪释典，广集群僧，与景翼对辩二教邪正。景翼随事部析，辞理无滞。虽蔺生拒赢，来公折隗，蔑以加焉。"① 又曰："（梁武帝天监）四年（505），建安王伟于座问曰：'道家经教，科禁甚重，老子二篇，盟誓乃授，岂先圣之旨，非凡所说耶？'景翼曰：'崇秘严科，正宗妙化。理在相成，事非乖越。'"②

《南齐书·顾欢传》记载孟景翼著有《正一论》以回应明僧绍正的《二教论》。《南齐书》录其大略曰："宝积云：'佛以一音广说法。'老子云：'圣人抱一以爲天下式。'一之为妙，空玄绝于有境，神化赡于无穷。为万物而无为，处一数而无数。莫之能名，强号为一。在佛曰'实相'，在道曰'玄牝'。道之大象，即佛之法身。以不守之守守法身，以不执之执执大象。但物有八万四千行，说有八万四千法。法乃至于无数，行亦达于无央，等级随缘，须导归一。归一曰回向，向正即无邪。邪观既遣，亿善日新。三五四六，随用而施，独立不改，绝学无忧。旷劫诸圣，共遵斯一。老、释未始于尝分，迷者分之而未合。亿善遍修，修遍成圣，虽十号千称，终不能尽。终不能尽，岂可思议。"③

卢国龙认为孟景翼此《论》写得十分委婉，表达了这样几层意思：第一，佛道二教虽法有不同，但都以"一"为要妙，所以没有必要在佛道间强生分别；第二，世间教法无数，如果"遍修"无数教法，则"终不能尽"而反为其所累，所以孟氏既自为道士，便没有必要再去学佛法；第三，信佛或奉道，应该随人所好……根据己意自由选择；第四，佛道二教起初并未互分为二，现在迷茫者分而未合，所以要点破各执一端的双方偏滞，遣除邪见，导归于"正一"，即所谓"等级随缘，须导归一"；第五，导归"正一"则"亿善日新"，既是佛道二法修持的共同追求，又是复归二教教主创教法之初意，此所谓"归一曰回向"④。此论精妙。但从孟景翼的言外之旨来看，孟景翼的本意是佛、道两教本已存在，辩论其正邪高下是无意义的事情，《正一论》最后的结论是"终不能尽，岂可思议"。虽然前面讲的是"教法"无数，修不能尽，但"终不能尽，岂可思

---

① 陈国符：《〈道学传〉辑佚》，《道藏源流考》，第 468 页。

② 同上书，第 469 页。

③ 《南史》，第 1879 页。

④ 卢国龙：《〈道藏〉七部分类法源考》，《中国道教》1991 年第 3 期，第 31—37 页。

议"又何尝不是指辩不能尽呢？虽然孟景翼是辩论的核心人物之一，但他似乎对这种辩论兴趣不大，所谓辩不可尽，何必要辩呢？故其真正的态度应该是"既成事实，置之不论"。

顾欢与孟景翼都是夷夏之辩中的人物，顾欢的《夷夏论》引发的这场辩论其实一直延续了下去，李养正认为夷夏之辩从南朝刘宋明帝至北宋仁宗时期[①]。夷夏之辩的意义首先是道教开始有意识地构建道教的精细教义和理论。道教在斗争中已感受到在义理方面的不足，于是向道家、儒家、玄学融摄营养，建立起一系列的道教理论。也向佛教学习，新造了一些道经以与佛教抗衡。

其次，促进了佛教的汉化。夷夏辩论中佛教给予的有力反驳并取得的理论上的优势，对于佛教日后在中国的顺利传播都有重要意义。经此一役，佛教在夷夏之辩讨论的范围和深度上都达到了很高的程度，以后虽然还有零星的夷夏之辩，但对佛教的冲击力量已经式微。夷夏之辩从反面上提醒佛教在中国的发展当何去何从，使佛教徒意识到要完全地融入中国，必须要注意中西双方在文化思想、道德风尚、民族意识、思维方式上的差别，谨慎地对待忠、孝、礼仪等较中国化的范畴。佛教也从初传时的忽略中国伦理向与后者渐渐靠拢转变，融摄华夏传统文化，如我国哲学思想主干《老子》、《周易》的思想，以及中国人尊崇的孝道思想，渐变成了能够适应华夏社会的中国佛教。

再次，促进了三教合一的趋向，产生了一系列的"成果"，如佛道双修的陶弘景。他曾在浙江阿育王塔自誓授五大戒，他的弟子中，有不少僧人，《续高僧传》佛教净土宗始祖昙鸾，就曾经跟陶弘景学道术。道教则有多个道派持三教合一的观点，如张伯端创立的南宗、王重阳创立的全真道等。儒家则产生了从三教思想汲取思想元素的宋明理学。宋明理学一方面批判佛道二教，另一方面又对佛教和道教吸收颇多，如佛教的禅宗、华严宗，道教的"重玄学"。

总之，夷夏之辩的出现使中国传统文化及宗教呈现出新的发展局势，从一定程度上推动了中国文化宗教向思辩的方向发展。

---

① 李养正：《顾欢〈夷夏论〉与"夷夏"之辩述论（下）》，《宗教学研究》1998 年第 4 期，第 1—8 页。

第四章　隋唐时期浙江道教的发展（上）

隋代国家得到统一，道教南北各宗交流顺畅，同时，道教得到了朝廷较大程度的支持，因而继南北朝时期之后，大力推进其一体化进程。唐代，李渊、李世民政权基于稳固政权的考量，借神权保君权，把道教教主李耳认定为自己的祖先，用政权的力量采取一系列措施尊崇道教，弘倡道教，如把道教定为国教并在儒道佛三教中列为第一，追封道教教主老子为"太上玄元皇帝"，把道士、女冠（女道士）作为皇族宗室看待，规定士人习《老子》、《庄子》、《文子》、《列子》者可以参加科举考试，等等。道教因而得到了较大的发展。唐代道教宫观达一千九百余所，道士近两万人①，形成了青城山、王屋山、委羽山、西城山、西玄山、赤城山、罗浮山、句曲山、林屋山、括苍山等十大道教名山②，产生了如潘师正、史崇玄、成玄英、司马承祯、王玄览、施肩吾等著名的道教理论家③。在此背景下，浙江由于经济发达、文化繁荣，道教也获得了很大发展，涌现出了叶法善、丁飞、张志和、吴善经、徐灵府、杜光庭等一大批著名的道士、道教学者，新建了杭州天元宫、余杭天柱观、天台桐柏崇道观、金华宝鹜观、慈溪清道观等著名宫观，为浙江道教乃至全国道教的发展都做出了较大贡献。

第一节　从叶法善等道士看浙江道教之术

南朝萧梁时期（502—556），天师道在浙江广泛传播，绍兴、湖州一带的南渡世家大族中部分有知识文化程度较高的天师道道士造作了大量经

---

① （唐）杜光庭：《历代崇道记》，《道藏》第11册，第1页。

② 《云笈七签·洞天福地天地宫府图并序》，《道藏》第22册，第199页。

③ 陈澍：《从司马承祯、王玄览看唐代道教对宋明理学的影响》，《中国道教》1996年第2期。

籍。在浙江南部的括苍地区，天师道的传播也颇为兴盛。

叶乾昱大约活动于公元 490 年前后，是括苍地区一位具有出世情怀的隐士①。叶乾昱之子叶道兴已经是受箓的天师道职业道士。《叶有道碑》描写叶道兴说："性守宫廷，道敷邦同，居鬼从地，帅神从天，受箓以怛之。"叶法善的祖父叶国重（字雅镇）"灵承道宗，异闻训诱"，而且"专精五龙，遍游群岳"。五龙术是天师道安宅术的一种，据唐前天师道仪式经典《赤松子章历》卷三中天师道道士常用的《言功安宅章》记载，这种道术的功用是"五龙治宅，辟除不祥，消灭凶恶，扫荡千殃"。道士施行五龙术之后必须上章，"上请天官将吏，乞为收除鬼气，安慰冥司，迎请五龙安宅保护人口乞恩宝章一通"。《叶有道碑》记载精通天师道术的叶国重因"不饮不食，数十载于兹"，擅长于辟谷术而被朝廷嘉许："迹发皇眷，简才受命，降尊加礼。"从叶国重这一辈起，浙江松阳叶家的家业开始兴旺："乃周览庐室，躬省仓庙，考畴人之疆亩，讯家僮之作业，皆俭以遵约，安能维始，味不甘口，色无养目。"一个职业道士能拥有田地和家僮，在隋末初唐的社会已经可以算是乡村社会中的中等阶层。这同时说明此时道士的职业活动在当地有广泛的市场。叶国重在括苍延续家族血脉，其子叶慧明"启秘篆之高妙。扬玄津之洪波，道征若声，心么苦气"，也是括苍地区的在家受箓道士②。

叶国重的弟弟叶静能（即叶法善叔祖），先后在唐高宗与中宗朝廷充任内道场道士，以擅符禁法术而著名。叶静能在政治上投靠韦皇后政治集团，景龙四年（710）睿宗政变复位，他因参与以韦皇后为首的党羽的阴谋活动而被杀③。叶静能撰注《真龙虎九仙经》（也称为《天真皇人九仙经》），对道教炼丹术有贡献。

叶法善（616—720）早年在括苍，不惑之年才到帝京。他积极襄助玄宗李隆基举事而立下大功，先后被封为鸿胪卿、光禄大夫、越国公。在叶法善充任高宗时期宫廷内道场的道士期间，曾经以叶氏家族擅长的劾鬼法术在洛阳凌空观打醮。《旧唐书》卷一九一记载：

① 本节有关叶法善的内容请参考孔令宏、李玉用《温泉文化与养生——叶法善与武义温泉文化》，中国文联出版社 2012 年版，第 86—114 页。

② 吴真：《唐宋时期道士叶法善崇拜发展研究——内道场道士、法师、地方神祇》，香港中文大学 2006 年博士学位论文。

③ 吴真：《中晚唐江南氏族兴起与道观、道士》，《中国社会历史评论》第 11 卷，天津古籍出版社 2010 年版，第 38—49 页。

　　法善又尝于东都凌空观设坛醮祭，城中士女竞往观之，俄顷数十人自投火中，观者大惊，救之而免，法善曰："此皆魅病，为吾法所摄耳。"问之果然，法善悉为禁劾，其病乃愈。

　　可见，叶法善所行道术与公元七八世纪上清一系道士是不同的。

　　叶氏家族自叶法善的曾祖叶道兴至父亲叶慧明，三代道士都为受箓的天师道在家道士，故《叶有道碑》总结叶法善家族史说："道开幽键，性与真筌。一门累祖，四世百年。"叶法善不仅在生前获得唐代道士最高世俗爵位——越国公，去世十九年后（739），唐玄宗亲自撰写了《故金紫光禄大夫鸿胪卿越同公景龙观主赠越州都督叶尊师碑铭并序》悼念他，《旧唐书》评价叶法善说："当时尊宠，莫与为比。"明代周思得（1359—1451）《灵宝济度大成金书·朝真谒帝门》总结东汉至宋元时期道教诸位科仪宗师的贡献时说："唐叶靖天师行飞神御气之道，神虎追摄之法，杜光庭天师立黄箓斋醮之仪，二师兼行，此道愈大。"① 宋代以来道书多把叶法善误写成"叶靖"或"叶靖能"天师，这里也是这样。

　　关于叶法善的道派归属，卿希泰主编《中国道教史》、李远国《神霄雷法——道教神霄派沿革与思想》都认为叶法善是唐代北帝洞渊法的创始人，张广保在《唐宋内丹道教》中将叶法善列为唐代内丹法的大宗师，李显光《许逊信仰小考》和郭武《〈净明忠孝全书〉研究》则将叶法善归入唐代胡慧超所提倡的净明道门下，小林正美根据叶法善于678年获得"大洞三景法师"法位这一史实，认为叶法善自始至终是天师道派的领袖。还有学者指出叶法善与上清派道法颇有渊源关系②。对这个问题，由于史籍没有明确记载，只能从叶法善及其家族所用道术来考察。叶道兴擅长天师道符箓辟邪制鬼的道术。叶道兴之子叶国重除精通天师道五龙安宅术之外，也"达死生之占，体物气之变"，擅长天文占卜。《叶慧明碑》对于叶国重的儿子叶慧明的道法没有明确记载，但却详细叙说叶法善"幼得父书，早传成法"，成年后"讯远岳之福庭，媾幽寻之方士"，四处云游拜师学道。显庆中（656—661），高宗征召叶法善到京师，将其留在两京的内道场。叶法善遂以家传道术活跃一时："陈咒雷骇，吐刃电光，沉海莫濡，蹈冶匪熟，呵万鬼，搦百神，启阴官之符，变冥司之箓，追究往事，坐知来兹。"这段说明叶法善擅长于劾鬼禁咒、预测占卜等道术。

---

① （明）周思得：《灵宝济度大成金书·朝真谒帝门》，《藏外道书》第16册，第110页。

② 赖萱萱、郑长青：《叶法善道法简析》，《中国道教》2011年第1期，第20—23页。

此外，《旧唐书·叶法善传》说叶法善"自曾祖三代为道士，皆有摄养占卜之术。法善少传符箓，尤能厌劾鬼神。"从叶道兴开始（520 年左右），叶家道士习服食之术。总之，叶门道法多着重于天师道的风水地理、符咒治病、天文占星、役使召考养生（辟谷、胎息、服食、导引等）之术，这些注重实用技术与疗效的法术，既是对传统天师道法术的继承，也是在家道士在地方社会行道的职业需要①。叶法善精通养生之道，活到 105岁。道士史崇玄撰写的《妙门由起·序》把初唐时期的道士分为七个阶层，说：

> 一者天真，二者神仙，三者幽逸，四者山居，五者出家，六者在家，七者祭酒。其天真、神仙、幽逸、山居、出家等，去尘离俗，守道全真，踪寄寰中，不拘世务。其在家、祭酒等愿辞声利，希入妙门，但在人间救疗为事。今剑南江表此道行焉。所以称之为道士者，以其务营常道故也。

这里提到的四川、江南一带盛行"在人间救疗为事"的在家道士，所用的正是天师道传统的上章符咒之术，叶氏家族尤其专精天师道五龙安宅术。它以家族香火延续天师道传统，兼具《妙门由起序》所说的"在家"与"祭酒"两种道士身份。由此可知，叶法善的道派归属当为天师道。叶法善之所以与诸多道派有或深或浅的种种关系，是因为其家学渊源深厚，寿命颇长，善于交际，行踪广远，作为宫廷内道场道士深受权贵宠信，政治地位较高，所以有机会接触道教各派。

叶法善为人正直，敢说真话。他的辉煌业绩被人们代代相传，演绎成许多有关他的令人神往的怪诞故事，其中明朝的《初刻拍案惊奇》中就有一篇《唐明皇好道集奇人　武惠妃崇禅斗异法》的故事。

叶法善家族代有传人。唐大历十二年（777）所组织铸宣阳观铜钟所刻《宣阳观钟铭》上名单中的"都检校道门威仪，紫极宫道士叶修然"是叶法善族裔中的道士。叶法善的侄子叶仲容是道士。叶仲容的儿子叶藏质同样是道士，他已进入晚唐时期。叶藏质是在道教史上有重大影响的人物，他字含象（一作涵象），处州松阳人，一说括苍人。大概生于唐大中六年（852），死于后唐同光二年（924）。叶藏质遍游名山，汲取众长，

---

① 《唐叶真人传》说叶法善曾获授太上三五盟威正一之法，并有可能获授上清道法，《道藏》第 18 册，第 80、82、211 页；第 32 册，第 75 页。

博采众术，曾在天台桐柏观修道，师事冯惟良，受三洞经箓，是上清天台派的主要传人。懿宗咸通（860—874）初，在玉霄峰建石门山而居。叶藏质来到天台以后，精勤不怠，习道不倦，日诵《黄庭》、《度人》、《道德》诸经，晚年尤精符术，朝野倾慕，请之者如织。进而得到了唐懿宗的信任，赐居玉霄观①。咸通十三年（872），懿宗诏改玉霄观为玉霄宫。叶藏质擅长檄召之术，颇能祈祷雷雨，驱祛疫疠，役使鬼神，驱邪治病，精于道法。他还重修桐柏观，为天台山道教的繁荣和发展作出了很大的贡献。桐柏观和玉霄宫成为晚唐五代时期天台山的著名道观。叶藏质在天台期间，交游甚广。会昌中，与刘处静、应夷节为林泉之友，被称为叶道士或叶尊师，深受时人敬重。贯休、王贞白、方干、皮日休、陆龟蒙、徐铉等诗人都与叶藏质往来唱和，他们的许多作品一直保存到现在②。叶藏质有徒弟间丘方远（？—902），受法箓并得真文秘诀。间丘方远为唐末著名道士，著有《太平经钞》十卷、《太上洞玄灵宝大纲钞》等道书。由此可见，叶藏质可能也是《太平经》的传人。叶藏质在道教活动中还十分重视道书的收集和整理，编纂《玉霄藏》。叶藏质与杜光庭皆属上清茅山宗弟子，且杜氏之师应夷节与叶藏质本为好友兼师兄弟。此外，唐懿宗时江西洪州高道叶千韶一系也是叶法善后裔③。

宋代末年，叶法善后裔中出现了一位见诸于史料记载的道士，即叶云莱，名希真，号云莱子，1251 年生于福建建宁，黄舜申弟子，得清微道法之妙，入武当山。1286 年获授都提点，住持武当山。

父死子继，是南北朝时期道教传承的主要方式。叶法善家族就是这一传承方式的典型例子。中唐以后，家族传承已不占主流地位，但在民间还有保留，尤其是那些不住庙的正一派散居道士，直到现代，依然有家族传承道教的情况。

唐玄宗前后一段时期，浙江如叶法善这样以术闻名的道士还有不少，丁飞就是一个例子。丁飞，字翰之，万历《杭州府志》和万历《钱塘县志》说他是济阳（今河南兰考）人，《中国道教大辞典》作钱塘人，当以济阳为是。他是唐玄宗时杭州著名道士，长期居住于杭州西湖北山龙泓洞。好读老庄书，长于养生，年八十六尚齿不坠发不白，登高如履平地。能作文、鼓琴。唐代诗人陆龟蒙（？—881）尝访之并作《丁隐君歌》。

---

① 叶贵良：《天台山玉霄宫叶尊师道迹考》，《宗教学研究》2006 年第 2 期。

② 同上。

③ 相关记载见《续仙传·叶千韶》、《逍遥山万寿宫志》、《历世真仙体道通鉴》卷三十五。

此外，唐代中晚期值得一提的道士还有李季兰（713？—784？）。出家前名冶，以字行，唐代乌程人。聪慧异常，五六岁时即能诗。长大后姿容美艳，神情潇洒，专心翰墨，善弹琴，尤工格律。后在剡中玉真观出家为道士，改名李季兰，与陆羽、皎然、刘长卿等交游。唐天宝（742—755）中，玄宗闻其才，召入京都，款留宫一月有余，临归又厚加赏赐。李季兰诗作很多，在当时盛名一时，尤以《感兴》、《蔷薇花》、《相思怨》为上乘佳作。现存世十八首，五言、律诗居多，十二首属赠答。

第二节　司马承祯对道与术结合的贡献

司马承祯（646—735）[①]，字子微，法号道隐，自号白云子，河内温人（今河南温县）。据《旧唐书》，司马承祯出身仕宦世家，饱读诗书却不肯做官，21岁出家为道。先居嵩山，以上清派第十一代传人潘师正为师。"传其符箓及辟谷、导引、服饵之术"[②]，为陶弘景第四代再传弟子，故后世茅山宗封之为第12代宗师。后游衡山、嵩山、茅山、天台山、大霍山和王屋山等名山[③]。在其修道生涯中，最重要的当属天台山和王屋山。[④] 他曾隐于天台山之玉霄峰，自号"白云子"或"白云道士"。

司马承祯一生历经唐代太宗、高宗、中宗、武后、睿宗、玄宗六朝，颇受帝王礼遇，尤得武后、玄宗的高度赞扬。唐睿宗召司马承祯，问以阴阳数术，回答说："道者，损之又损，以至于无为，安肯劳心以学术数乎！"睿宗再问："理身无为则清高矣，如理国何？"回答说："国犹身也，顺物自然而心无所私，则天下理矣。"睿宗叹息说："广成之言，无以过也。"[⑤] 司马承祯固请还山，上许之。"司马承祯尝召至阙下，将还山，藏用指终南曰：'此中大有嘉处。'承祯徐曰：'以仆视之，仕宦之捷径耳。'

---

① 本节内容为第二届国际道家文化学术讨论会（1999年12月，广东罗浮山）参会论文《从道、术关系看隋至中唐道教义理的特点——以司马承祯思想为例》，后收入会议论文集《道家与道教》，广东人民出版社2001年版。这里略有修改。

② （后晋）刘昫：《旧唐书》卷一九二《隐逸传》，中华书局1975年版，第16册，第5127页。

③ （唐）卫陟：《唐王屋山中岩台正一先生庙碣》，《道藏要籍选刊》，上海古籍出版社1989年版，第7册，第535页。

④ 张敬梅：《司马承祯与道教名山》，《中国道教》2004年第6期，第56页。

⑤ 《资治通鉴》卷二一〇，第438页。

藏用惭。"① 这就是"终南捷径"一词的由来。卢藏用早年曾在终南山隐修，后被"招隐逸"入朝为官。司马承祯看不起这种靠清修沽名钓誉博取功名的行径，因此出言相讥。真修道与假修道的分别一目了然。司马承祯孤洁的个性也尽见于此。唐玄宗曾诏司马承祯制《玄真道曲》②。死后谥曰"贞一先生"，玄宗御制其碑文。司马承祯与赵贞固、陆余庆、卢藏用、陈子昂、杜审言、宋之问、毕构、郭袭微、释怀一被当时的人们称为"方外十友"③。此外，司马承祯与道人法成、诗人李适等有交往。

司马承祯的著作有《坐忘论》、《修真秘旨》、《修真秘旨事目历》、《修身养气诀》、《服气精义杂论》、《白云真人灵草歌》、《登真系》、《素琴传》、《采服松叶等法》、《太上升玄经注》、《太上升玄消灾护命妙经颂》、《洞玄灵宝五岳名山朝仪经》、《上清天地宫府图经》、《上清含象剑鉴图》、《道体论》、《茅山贞白先生碑阴记》等，并为《天隐子》作注④。其中《坐忘论》是最著名的。司马承祯在其早期、中期、晚期的思想均有所不同⑤。司马承祯弟子众多，最著名者为李含光、焦静真等。

一　司马承祯早期的道术思想

受学习上清派法术的影响，司马承祯在其早期提出了与这些法术相一致的"道气冲凝"哲学本体论。他继承老子的"道生一，一生二，二生三，三生万物，万物负阴而抱阳，冲气以为和"的观点，又作了发展，他说：

> 夫气者，道之几微也。几而动之，微而用之，乃生一焉，故混元全乎太易也。夫一者，道之冲凝也，冲而化之，凝而造之，乃生二焉，故天地分乎太极。是以形体立焉，万物与之同禀；精神著焉，万象与之齐受。在物之形，唯人为贞，在象之精，唯人为灵。并乾坤，居三才之位，含阴阳，当五行之秀。故能通玄降圣，炼质登仙。⑥

---

① （宋）欧阳修、宋祁：《新唐书》卷一二三，中华书局 1975 年版，第 4375 页。

② （宋）欧阳修、宋祁：《新唐书》卷〇二二，第 476 页。

③ （宋）欧阳修、宋祁：《新唐书》卷一一六，第 4239 页。

④ 彭运生：《论〈天隐子〉与司马承祯〈坐忘论〉的关系》，《中国哲学史》1998 年第 4 期，第 72—76 页。

⑤ 本节前三部分参考了何建明所著《道家思想的历史转折》，华中师范大学出版社 1997 年版，第 212—267 页。

⑥ （唐）司马承祯：《服气精义论·序》，《道藏》第 18 册，第 447 页。

道产生"混元"之"一"，是气的"几"而动生、"微"而顺化，二者交融的结果。"冲"表示分化，"凝"表示构造，混元之气冲而动分为二，凝而结为形体，就成为天、地，天地交通成和，于是人和万物开始产生出来。人不但有了形体，还有了精神。司马承祯以气释道，用道的几、微、冲、凝来解释老子的宇宙生成论，确实是对老子之说的一个发展。以此为基础，司马承祯提出了炼质登仙的理论。他认为，人虽然与万物一样是道气冲凝的结果，但毕竟人还有比万物优越的特征，就物的形貌来说，人的最正。就象之精而言，只有人的最灵。人与天、地合而构成三才，内含阴阳之精、五行之秀，所以"能通玄降圣，炼质登仙"①。

气是万物生成的本源，也是构成万物形体的要素："观夫万物，未有有气而无形者，未有有形而无气者。"② 万物如此，人类当然也不能例外。"夫气者，胎之元也，形之本也。"因此，修炼要固守本元之气。如果能够纳气以凝精，保气以炼形，巩固本元，那么，形体便"可以固存耳"③。

气也是沟通天人的中介，有了它，天与人之间便可以相互感应，从而气成为实现天人合一的媒介。《服气精义论·服气疗病论第八》说："夫气之为功也，广矣妙矣。故天气下降则寒暑有四时之变，地气上腾则风云有八方之异。兼二仪而为一体者，总形气于其人。"④ 人的形体兼有天地阴阳，人体是小宇宙，宇宙是大人体，二者之间息息相通。这个观点，当然不是司马承祯的独创。把天人合一论、天人感应论与养生结合起来，是道教产生伊始就已经有的观点，在《太平经》、《周易参同契》等经典中已经有很明确的论述。司马承祯在这里的论述，显然没有以人事感天，也没有天降灾祥以惩罚人类等政治性的内容，而是将生理学意义上的人与所处的自然环境结合起来研究，这具有科学的理性精神，有一定的积极意义。

关于修炼方法，司马承祯指出：

> 隐景入虚无之心，至妙入登仙之法。所学多途，至妙之旨，其归一揆，或消飞丹液，药效升腾，或斋戒存修，功成羽化。然金石之药，实虚费而难求，习学之功，弥岁年而易远，若乃为之速效，专之

---

① （唐）司马承祯：《服气精义论·序》，《道藏》第18册，第447页。
② 同上书，第448页。
③ 同上。
④ （唐）司马承祯：《修真精义杂论·服气疗病论第八》，《道藏》第4册，第959页。

克成，与虚无合其道，与神灵合其德者，其唯气乎？黄帝曰：食谷者智而夭，食气者神而寿，不食者不死。①

以"隐景入虚无之心，至妙入登仙之法"为评价、选择道术的标准，他认为，炼制金丹耗费资金很多，而且不容易炼成，服食之后见效也很慢。斋戒也是道术的一种。他虽然不完全否定金丹烧炼服食和斋戒，但更看重的是养气、纳气。他说："真人曰：夫可久于其道者，养生也。常可与久游者，纳气也。气全则生存，然后能养志。养志则合真，然后能久登生气之域，可不勤之哉！"② 在他看来，纳气能够使人生存，然后养志，逐步趋近于本真之道，自然就能长生不死。"志"是心的表现形式之一。这显然是以上清派的思想为基础，又向心性方面作了发展。对服气何以能够长生，他从气与形的关系作了一些理论分析，认为万物没有有气而无形的，也没有有形而无气的。所以，"摄生之子，可不专气而致柔乎！"气是生命的元精。形体的本质："夫气者，胎之元也，形之本也。胎既诞矣，而元精已散；形既动矣，而本质渐蔽。是故须纳气以凝精，保气以炼形，精满而神全，形休而命延。元本充实，可以固存耳。"③ 纳气可以使精凝、形休、神全、命延，充实本元，长生不死。他认为，服气的关键是呼吸的调节，"人命在呼吸之间"，应该以自然为本，"任性调息"、"忘心遗形"，不刻意地调节呼吸的频率和强弱。关于服气的具体方法，他讲述了服气断谷法、服六戊气法、服三五七九气法、养五脏五行气法等。

司马承祯认为，众多的服气方法，或者分散在很多经籍中，不便寻找；或者记载它们的经籍没有讲透其实质，阅读后让人疑窦丛生，按照这些方法修炼则劳而无功。为了解决这些问题，他广泛阅读和研究了众多的经典，"纂类篇目，详精源流"④ 而写成了《服气精义论》。贯穿这本书的核心思想，就是纳气、养气、保气以安神全形。这部书的内容主要是五牙气、服气、导引、符水、服药、慎忌、五脏、服气疗病、病候等九论。

五牙气法中的"五牙"也作"五芽"。五牙气即五方灵气。道教认为面向东、西、南、北、中五个方位叩齿念咒，口生津液，咽之可分别滋补五脏。该法首见于上清经重要经典《大洞真经》卷一《诵经义诀》。后来

---

① （唐）司马承祯：《服气精义论·序》，《道藏》第18册，第447页。

② 同上。

③ 同上书，第448页。

④ 同上书，第447页。

的《灵宝五符经》也有类似的方法。司马承祯对这种方法从理论的高度作了分析，说："夫形之所全者，本于脏腑也；神之所安者，质于精气也。虽禀形于五神，已具其象，而体衰气耗，乃至凋败。故须纳云牙而溉液，吸霞景以孕灵荣，卫保其贞和容貌，驻其朽谢，加以久习。"① 在此基础上，他综合前述二经，简洁明了地叙述五牙气法，把"静虑澄心注想而为之"作为修炼的要点，认为五牙气法具有安神、开窍、通畅五脏、挽救人体机能衰竭、治疗疾病的功效，服气应该先用它，久习成妙，积感通神，然后再使用其他方法提升修炼功效。

导引是以畅通气脉、活跃气机为目的的一种养生方法。司马承祯对它也从理论的高度作了分析。他认为，从生理结构来看，"人之形体，上下相承；气之源流，升降有叙"②。必须使气顺着人体的上下结构作有序的升降。这是因为人的肢体关节本来就是用来完成动作、使用物体的；经脉的荣卫也取决于气机的宣通畅达。人如果闲居而不做体力活动或不运动，往往会导致气血不通畅。为此，必须"导引以致和畅，户枢不蠹，气义信然"。针对当时流行的一些导引书"文多无次第"的弊端，司马承祯根据自己的切身体会作了具体的阐明。

气在身中的运动犹如水的流动。司马承祯从气本论的立场分析了符水养生的方法。他认为，符是"神灵之书字"而且"神气存焉"③，有利于人祛病延年。水是指"气之精，潜阳之润也"，即滋润万物生长的水源。从气本论的立场，司马承祯把它称为"气之津"。水是万物和人生长的源泉，"故水为气母，水洁则气清。气为形本，气和则形泰"。符水是浸泡过符的水，融合了符与水的功能，可以畅通五脏，补接元气。"虽身之荣卫，自有内液而腹之脏腑，亦假外滋，即可以通腹胃，益津气，又可以导符灵，助祝术。"④ 这里固然有一些神秘主义的内容，但不可否认，符水所具有的心理暗示功能于生理机能是有一定的益处的。

服食草木之药祛病健身，是养生的方法之一。司马承祯系统地从理论上论述了服药。他说：

　　　清阳为天，浊阴为地；清阳出上窍，浊阴出下窍；清阳发腠理，

---

① （唐）司马承祯：《服气精义论·序》，《道藏》第18册，第447页。

② （唐）司马承祯：《修真精义杂论·导引论第三》，《道藏》第4册，第953页。

③ 同上书，第954页。

④ 同上。

浊阴走五脏；清阳实四肢，浊阴归六府；清阳为气，浊阴为味。味归形，形归气，气归精。精食气，形食味。气为阳，味为阴。阴胜则阳病，阳胜则阴病。是知阴以通之，味以实之，通之则不惫，实之则不羸矣。①

他认为，气为阳，味为阴。味归于形，形之本为气，气凝聚为精。精需要气来加以补养，形需要味来加以滋润、充实。在他看来，应该根据人体各部分阴阳协调平衡的需要，选择阴阳性质与此相吻合的药物来调理人之形体。阴与阳、气与味之间应该互补平衡，人体方能补虚化实，健康无病。

司马承祯依据《黄帝内经·素问》，本着人体生理结构进一步从理论上分析了养气的慎忌。他指出，养气重在"固气"、"保气"："夫气之为理也，纳而难固，吐而易竭。难固须保而使全，易竭须惜而勿泄。"② 固气、保气必须懂得天人合一、阴阳平衡、五行和谐的道理。"夫人之为性也，与天地合体，阴阳混气，皮肤骨髓、脏腑荣卫、呼吸进退、寒暑变异，莫不均乎二仪，应乎五行也。是知天地否泰，阴阳乱焉；脏腑不调，经脉之侯病焉。因外所中者，百病起于风也；因内所致者，百病生于气也。"③ 司马承祯从病理上主张，人得病的原因在于气，或者受害于外气的阴阳失调，即风；或者得咎于内气阴阳五行失调。养生"须知形神之性，养而全之，内外之疾，畏而慎之"④。就外在的方面来说，要"因天时而调血气"，促进体内体外虚实平衡。如果在月郭空时犯冒虚邪，"以身之虚而逢天之虚，两虚相感，其起至骨，入则伤五脏"⑤，所以"天忌不可不知也"。为此必须像爱自己的面部一样爱惜气。知天忌，还要知人忌。人忌的根本就是要"精神内守"，做到"恬澹虚寂"。如此，气固而神安形全。养气一定要使五脏通畅。司马承祯强调，五脏如果"闭塞而不通，形乃大伤，以此养生则殆也"⑥。他尤其强调心是五脏之根本。养气还可以疗疾。司马承祯发展了陶弘景提出的以气攻疾的方法，明确提

① （唐）司马承祯：《修真精义杂论·导引论第三》，《道藏》第 4 册，第 956 页。
② （唐）司马承祯：《修真精义杂论·慎忌论第六》，《道藏》第 4 册，第 957 页。
③ 同上。
④ 同上。
⑤ 同上。
⑥ 同上书，第 959 页。

出："以我之心，使我之气，适我之体，攻我之疾。"① 引气攻击病灶，虽然不能包医百病，但在中医上也是一种行之有效的方法。对于疗疾中所涉及的病理，司马承祯认为，形神相资则生命长久，脏腑滋润则气和而延年。所以他强调"脏腑清休，则气泰而无病"②。为此，要加强调养，做到阴阳中和，勿使阴阳盛衰失度。这与中医药学阴平阳秘方为健康的看法大体上是相同的，应该是受了中医药学的影响的结果。

司马承祯强调，任何一种方法都既有利，也有弊。多种方法并用，才能祛弊得利。例如，服气使得五脏之气充盈有余，为此，养气必须服药。辟谷往往会导致六腑之味不足，为此需腑食茯苓、巨胜之类的药物。如果服气的同时辟谷，可使脏腑气味兼全平衡，不疲不赢。

二　司马承祯中年时期的心性思想

司马承祯在其中年时期，受时代的心性思潮的影响，迫于佛教心性思辨理论对道教的压力，不得不出入佛教，融汇佛教思想，进一步推展了他对道教义理和道术的认识。这主要表现在他的《太上升玄消灾护命妙经颂》中。《太上升玄消灾护命妙经》继承了支遁以"色不自色"、僧肇以"色之非色"证"即色是空"的思想，讲的是有无、色空等佛教般若空宗之理。该经据说有"保性不老"的护命功用。司马承祯隐居天台山时受佛教天台宗影响而为它作《颂》的指导思想是"妙性之本，万法之宗"，这虽然未必紧扣该经的实质，但却表达了他自己的思想。据此，他在《颂》中主要是对道性论进行了探讨。

司马承祯认为，《太上升玄消灾护命妙经》所说的"元始天尊"，只是不得已而用之的假名："假名元始号，元始虚无老，心源是元始，更无无上道。"在他看来，"元始天尊"只是"虚无"之道的化身，道是人感知的道，是人的思维世界中的道。所以，心与道是二而一，一而二的关系。在心与道是一这个意义上，心就是万物产生最根本的源头，宇宙万物最根本的本体，所以称为"心源"。心源实际上是道心。道心的本质是虚无的道性。对此，他阐述说："道性本虚无，虚无亦假呼。若生有无见，终被劫来拘。"用虚无来说明道性，并不意味着虚无是空无、无有。如果这样认为，那就陷入了人为的有、无之偏见，落入了浩劫的自我束缚。正如他所说："物向无中有，道从有里无，莫生有无见，迷见自消除。"也

---

① （唐）司马承祯：《修真精义杂论·服气疗病论第八》，《道藏》第4册，第959页。

② （唐）司马承祯：《修真精义杂论·病候论第九》，《道藏》第4册，第960页。

就是说，作为"有"之"物"是从作为"无"的道那里产生出来的，无必须依托有来表现其存在。"物"是"无之有"，"道"是"有之无"。但说有说无，都是偏见，要真正把握道，必须有无双遣。这就把道归结为"心源"。同样，对色与空，也不能执着于其中任何一方，甚至"非空"、"非色"、"空及色"也不能执着，因为"空"、"色"都是假名。"要认真空色，回心向己观"。拘执心神住于空境、虚静而对色、动如临大敌、如履薄冰，这就是病上加病。正如他所说：

> 是空及是色，究竟总非干。要认真空色，回心向己观。
> 空色宜双泯，不须举一隅。色空无滞碍，本性自如如。
> 一心观一切，一切法皆同。若能如斯解，方明智慧通。

他认为，真正的空、色存在于自己心中。心内的中道之性即是道性。这样的道性是人人都具有的。但由于"众生情性劣"，导致"如何颠倒性，自起万般心"，沉迷于声、色，迷惑于有、无，从而迷失了"道"。为此，要"虚心忘形，破疑悟道"。虚心即使得心成为虚寂而无所执着的"自由心"、"真心"。"忘形"即摆脱形体的滞碍和蔽障。"虚心"、"忘形"的目的，必须破除人的视、听所带来的疑惑与偏见，了悟道性。可见，司马承祯通过汲取佛教的思想精华和思辨方法，大大提高了道教哲学的思辨水平。

三　司马承祯晚期的道术思想

道性论必须落实于形而下的具体的修仙活动中才有着落。司马承祯在其后期撰写的著作《坐忘论》和《天隐子》中，以"修炼形气、养和心灵"为主旨，比较令人满意地完成了这一工作，体现了他对先秦老庄思想的创造性领会，对他的老师潘师正所片面强调的上清正一派服气思想的超越，对陶弘景佛道兼摄，"调运丹液，形神炼化，同归一致"[①]思想的继承与发展。

司马承祯认为，得道者"心有五时，身有七候"。就心的动静而言，他把得道的过程划分为五个阶段，即"五时"：其一，动多静少；其二，动静相等；其三，静多动少；其四，无事则静，事触还动；其五，心与道

① （唐）司马承祯：《茅山贞白先生碑阴记》，陈桓编《道家金石略》，文物出版社1988年版，第109页。

合，触而不动。就内丹修炼功夫的深浅在身体上的反映，即七候而言，他以七个阶段的证验来说明得道的过程："举动顺时，容色和者，一也。宿疾尽除，身心轻爽者，二也。填补夭伤，还年复命者，三也。延数万岁，名为仙人者，四也。炼形为气，名为真人者，五也。炼气成神，名为神人者，六也。炼神合道，名为至人者，七也。"[1] "炼形为气"、"炼气成神"、"炼神合道"，就是五代之后内丹术所强调的炼精化气、炼气化神、炼神还虚的修道的三个大的阶段。司马承祯的首创之功和对内丹术铺路之功的贡献，于此可见。

那么，用什么方法达到"五时七候"呢？司马承祯提倡的方法是坐忘。坐忘一法来源于《庄子》。他认为，道"神用无方"，"通生无匮"。人心"以道为本"，即本来是与道合一的，但在社会生活中"心神被染，蒙蔽渐深，流浪日久，遂与道隔"[2]。为此，要发挥"心者，一身之主，神之帅也"[3] 的作用，"净除心垢"，使之恢复本来的虚静，达到"内不觉其一身，外不知乎宇宙，与道冥一，万虑皆遗"[4] 的境界，如此就能成为得道的"大人"或"神人"。他认为，这种在心地行功夫的修道之法就是《庄子·大宗师》所说的"坐忘"。他直接继承了庄子的"坐忘"论和《老子》的思想，对南北朝以来诸家坐忘之论进行了选择、综合，对《太清经》、《定观经》和孙思邈等人的"五时七候"等观点作了梳理、糅合，从而把"坐忘"发展成为一种既有很强的理论性又有很具体的操作步骤的修道方法。他把坐忘之法分为七个步骤：

信敬。"决定无疑"，发大志愿，下定决心，尊师重法，务实修炼。

断缘。"迹弥远俗，心弥近道"，远离尘俗，归心于道。与佛教不同，他强调"若事有不可废者，不得已而行之"，则"勿遂生爱系心为业。"他比较认同《庄子》的"不将不迎"之说，把它视为断绝矫俗之情的原则，其关键是应物无心。断缘的方法是："我但不唱，彼自不和；彼虽有唱，我不和之，旧缘渐断，新缘莫结，醴交势合，自致日疏。"这样，内心与世俗社会的联系便渐渐疏远而终至断绝。

收心。心为"一身之主，百神之帅。静则生慧，动则成昏。"只有保持内心的绝对清静才能产生智慧。静是智慧的源泉，动是昏乱的根源。不

---

[1]　（唐）司马承祯：《道枢·坐忘篇上》，《道藏》第 20 册，第 615 页。

[2]　（唐）司马承祯：《坐忘论·收心》，《道藏》第 22 册，第 893 页。

[3]　（唐）司马承祯：《道枢·坐忘篇上》，《道藏》第 20 册，第 614 页。

[4]　（唐）司马承祯：《坐忘论·信敬一》，《道藏》第 22 册，第 892 页。

只如此，"心为道之器宇，虚静至极，则道居而慧生"。所以，"学道之初，要须安坐，收心离境，住无所有。因住无所有，不着一物，自入虚无，心乃合道"。他认为："道经之旨，为道日损，损之又损，以至于无为。且心目所知见者，每损之尚未能已，岂复攻乎异端而增其智虑哉。"①保持绝对清静的办法就是每日每时都不乱思，排除心中的杂念，要损之又损做到一念不生，除此以外别无他法。这就是说，收心就是使"心与目皆不离我身，不伤我神"②，其原则是"实则顺中为常，权则与时消息"③。如此"除病、息论"以"虚心"，把散漫的心收拢起来，逐步做到"心气调和，久益轻爽"。司马承祯强调：

> 至道之中，寂无所有，神用无方，心体亦然。原其心体，以道为本，但为心神被染，蒙蔽渐深，流浪日久，遂与道隔。若净除心垢，开识神本，名曰修道；无复流浪，与道冥合，安在道中，名曰归根。守根不离，名曰静定。静定日久，病消命复。复而又续，自得知常。知则无所不明，常则永无变灭，出离生死，实由于此。是故法道安心，贵无所着。

他继承王玄览"识体是常是清静，识用是变是众生"的观点，把识（心）作了体与用的区分，提出了"心体"与"心垢"的概念，认为"心体"本与"道"同，但如果受情欲的蒙蔽，就会产生"心垢"，成为得道的隔障。根据这一原则，他指出了修道中的四种错误。一是"心起皆灭，不简是非，永断知觉，入于盲定"。二是"任心所起，一无收制，则与凡夫元来不别"。三是"唯断善恶，心无指归，肆意浮游，待自定者，徒自误耳"。四是"遍行诸事，言心无染者，于言甚美，于行甚非"。这四种错误的根本都是知与行没有统一起来。如果心念起来都想灭除，那就是执心住空，实际上还是有所执，这是不懂得"权可与时消息"的道理；反之，如果任心念肆意浮动而求静定，那也只是自欺。他认为，收心离境非一日之功，只能渐修，不能顿悟。他主张言行一致，反对空谈玄言："夫法之妙者，其在能行，不在能言，行之则此言为当，不行则此言为妄。"心不被外物所染，也不追逐外物，无所执着，自然就能收心、安

---

① （后晋）刘昫：《旧唐书·隐逸传》，第5127页。
② （唐）司马承祯：《天隐子·存想六》，《道藏》第21册，第700页。
③ （唐）司马承祯：《坐忘论·收心》，《道藏》第22册，第893页。

心、静心。

简事。这是对待外物的态度。司马承祯所提倡的态度是要懂得自己的性分，只做分内之事，不徒劳地去做分外之事。即使是分内之事，也要区分轻重缓急，只做那些紧要的事。如他所说："知生之有分，不务分之所无，识事之有当，不任事之非当……断简事物，知其闲要，较量轻重，识其去取。非要非重，皆应绝之。"如此做事，可以"处事安闲，在物无累"，不为事所扰，不为物所累。但人要生存就必须靠物来滋养，司马承祯提出的原则是："于生无所要用者，并须去之；于生之用有余者，亦须舍之"，办事求物只以能生存的最低限度为满足，"不以名害身，不以位易志"。对待外物要简事，对待神仙之学也要"易简"："凡学神仙，先知易简，苟言涉奇诡，适足使人执迷，无所归本，此非吾学也。"① 不能因为学仙而反为神仙所误。"神仙亦人也"，神仙就在自己心中，关键是你有没有开悟："太上本来真，虚无中有神，若能心解悟，身外更无身。"②

真观。这是"将离境之心观境"，用道的观念来指导自己看待问题和处理事务，"得见机前，因之造适，深祈卫足，窃务全生，自始至末，行无遗累"。具体地说，一切境色都因"想"而生，但"想"空幻不实，所以境色也空幻不实，必须摆脱它们。善恶二端均由我所取，不必喜善疾恶，执着于善恶的区分。身处贫苦之中应该乐天知命。疾病乃因拘执于我身的存在，超越了这，就可万病均消。不能"恋生恶死，拒违变化"，应该"当生不悦，顺死无恶"，理解生死齐一的道理。

泰定。这就是"无心于定而无所不定"，"慧出本性"，使前面几个阶段修炼的成果得以巩固成为自己自然而然的行为，合乎本来真性。司马承祯强调，"心为道之器宇"，心若澹泊，"虚静至极，则道居而慧生"。生慧是容易的，关键在于"慧而不用"。世人往往"知得慧之利，未知得道之益，因慧以命至理，纵辩以感物情，与心殉事，触类而长，自云处动而心常寂，焉知寂者寂以待物乎？"贪恋功名，执着于慧，是得道的大碍。从慧而得道的根本来看，修道的法与术都不过是"方便法"，不可执着，"妙门方便法，是法勿留存"。

得道。这就是《道德经》所说的"同于道者，道亦得之"，与道一样无所不能。他说："道者，神异之物，灵而有性，虚而无象，随迎不测，影响莫求。不知所以然而然，通生无匮，谓之道。"修道必须"资熏日

①　（唐）司马承祯：《天隐子·易简》，《道藏》第21册，第699页。

②　（唐）司马承祯：《太上升玄消灾护命妙经颂》，《道藏》第5册，第755页。

久，变质同神，炼形入微，与道冥一"。具体说来：

> 上士纯信，克己勤行，虚心谷神，唯道来集。道有深力，徐易形神，形随道通，与神合一，谓之神人。神性虚融，体无变灭，形与道同，故无生死。隐则形同于神，显则神同于气，所以蹈水火而无害，对日月而无影，存亡在己，出入无间。身为滓质，犹至虚妙，况其灵智益深益远乎？《生神经》云："身神并一，则为真身。"又《西升经》云："形神合同，故能长久。"然虚无之道，力有深浅。深则兼被于形，浅则唯及于心。被形者神人也，及心者但得慧觉而身不免谢。何耶？慧是心用，用多则心劳。初得少慧，悦而多辩，神气泄漏，无灵润身光，遂致早终，道故难备。经云"尸解"，此之谓也。是故大人含光藏辉，以期全备，凝神宝气，学道无心，神与道合，谓之得道。经云："同于道者，道亦得之。"①

爱气凝神，无心无为而修道，形神兼修，最终会成就"失人之本"而"变质同神"的真实功夫。司马承祯认为，得道实为无所得。得道的人，形、神、道能够做到完全合一。这样，"人怀道，形骸以之永固"。不只如此，"身与道同，则无时而不存，心与道同，则无法而不通"，以至于"散一身为万法，混万法为一身，智照无边，形超靡极，总色空以为用，合造化以为功"②，人不仅可以长生不死，而且能够智照万方，功泽万类。这既是发《庄子》真人、至人、神人、天人之义，也是对道教修道果位理论的一个重大发展③，是后世内丹修炼出阳神后形神可随意离合，聚则现形，散则无影的思想的先声。

在《坐忘论》的末尾，司马承祯附以"枢翼"，强调简缘、无欲、静心这三大修道之戒。他认为，在修道之中，对心的调节要"宽急得中，常自调适"，定慧双修。如此可依次出现"五时"、"七候"。只有五时七候都出现的，才是真正的得道。

---

① （唐）司马承祯：《坐忘论·得道》，《道藏》第 22 册，第 896—897 页。
② 同上书，第 897 页。
③ 类似的意思，通玄先生曾著《道体论》，《太玄宝典·登云章》云："真人了生死之源，真一之道，炼气全真，定神虚一，久火气自圆，神自定。气固然后圆转，神固然后通灵，知生死之期，达出世之妙，故了生了死，是谓真人。出死入生，是谓仙人，欲知死期应数不可过者三。"（《正统道藏》"太玄部"）证得道极，则得其无身有体，是谓得道。

　　司马承祯著有《天隐子》①，其立论本于老庄思想。《天隐子》首章《神仙章》开门见山就说，人禀得灵气，精明通悟，学习无滞无塞，就叫做神。神存于体内，表露于体外，自然与俗人不同，叫做神仙。在这个意义上，神仙也是凡人修炼而成的。那神仙是怎么修炼成的呢？该书开卷第一句话就是："神仙之道，以长生为本。长生之要，以养气为先。夫气，受之于天地，和之于阴阳。阴阳神虚谓之心，心主昼夜寤寐谓之魂魄。是故人之身大率不远乎神仙之道。"② 这就把斋醮祈禳、禁咒符箓、外丹服食等术都贬低了。司马承祯认为，真正的长生之道在于"修我虚气，勿为世俗所论折，遂我自然，勿为邪见所凝滞，则成功矣"③。这就把从前向身外虚幻的神灵和实在的丹药等对象祈求的方向根本改变了。这些论述虽然是旧瓶装新酒，但毕竟把修真长生的基点转移到人自身上来了。灵气是人与生俱来的，神仙无非是让自己的灵气"与天地真气冥契同运"④，能保持自身的灵气不耗损罢了。但"休粮、服气是道家之权宜"，目的还在于修真达性。按照这里所说，心气可以调和，养心就是养气，养气就是养心。这就把传统道教修炼的重点改变了。传统道教以炼形为上、炼形为主，修心成了佛教的法门，炼形与修心甚至被目为道教与佛教区分的标志。到司马承祯的这一观点提出，这一标志不再成立。当然，南北朝时期道教对心性也并非毫无所究，一无所用。但那时的思路是放浪形骸，舒心任性于自然被视为对生命存在的一种满足。如陶弘景的"仰青云，睹白日，不觉为远矣"。虽然这样做的最高境界也是忘我于自然，但自然意境的追求所获得的毕竟只是生命的外在价值，而难以企及生命的内在价值。当人们把修炼重点从炼形转移到修心之后，情况就完全不一样了。心与形、气、神、性、命等的关系，开始进入道教学者们关注的核心领域。

　　司马承祯认为，俗人只要本着修道在内不在外的原则，按照"澡身虚心"（通过"节食调中"和"摩擦畅外"调理形骸）的斋戒、"深居静室"的安处、"收心复性"的存想、"遗形忘我"的坐忘、"万法通神"的神解这五个"渐门"的程序就可以修炼成仙。他重点论述了后三个步

---

① 有学者认为不是他所作，或司马承祯仅作《序》、《跋》。待考。
② （唐）司马承祯：《天隐子·序》，《道藏》第 21 册，第 699 页。
③ （唐）司马承祯：《天隐子·神仙》，《道藏》第 21 册，第 699 页。
④ （唐）司马承祯：《天隐子·后序口诀》，王云五主编《丛书集成初编》，商务印书馆 1937 年版，第 573 册，第 16 页。

骤。《天隐子》认为，"坐忘因存想而得也，因存想而忘也"①。存想就是收心复性。"存谓存我之神，想谓想我之身。……凡人目终日视他人，故心亦逐外走。终日接他事，故目亦逐外瞻。营营浮光，未尝复照，奈何不病且夭邪？"② 他要人们把对外物的认识，引向对内心的认识。对外物的认识是求道之累，不但不能得道而且要"病且夭"。存想的下一步骤是坐忘。"夫坐忘者，何所不忘哉？内不觉其一身，外不知乎宇宙，与道冥一，万虑皆遗。"坐忘进而神解。"神解"就是无心。无心则神与道合一不二。这三个步骤的修炼要从丹田着手。正如他所说："人之根本，由丹田而生，能复，则长命，故曰归根复命"。"归根复命"的标志是"成性众妙"，即"性通则妙万物而不穷"③。从丹田下手而性命双修，这是后世内丹学的精义。司马承祯在这里已经明白地点出来了。

道教在魏晋南北朝时期，很重视术的实践，往往秘珍其术，鲜谈理论。但道教的修炼是有明确的目标指向的，行为的修炼不能仅仅停滞于方术上，必须作出理论上的解释和说明，所以，南北朝末期，道教对方术作了一定的理论总结，波及隋及唐初，道教学者们往往奢谈玄言而忽略了术，忽略了玄言与术的关系。到唐高宗时期，道教重玄思潮仍然多讲心性修养的理趣，不甚重视术的实践。司马承祯一生的思想发展历程，正好体现了这一需求。他早期重术，中期求道，晚期则把道与术融会贯通。他的思想，既有很强的理论性，又是可以付诸实践的修炼方法，道与术已经比较好的结合起来了。他以老庄思想为本，汲取佛教天台宗止观、定慧的思想，对道教炼养术由外丹转向内丹在理论上做了准备，开宋元内丹修炼的风气之先。

司马承祯主静去欲的修养方法、反省内求的认识论、坐忘的求知方法对后世儒家宋明理学影响很大。④ 司马承祯的高足李含光（682—769）是唐代著名的道教理论家。李含光受唐王室的优宠比其师有过之而无不及，从而进一步扩大了茅山宗的影响。他的著作有《本草音义》二卷，《老子庄子周易学记》三卷，此外还有《仙学传》、《论三玄异同》等，可惜这

---

① （唐）司马承祯：《天隐子·坐忘》，《道藏》第 21 册，第 700 页。

② （唐）司马承祯：《天隐子·存想》，《道藏》第 21 册，第 700 页。

③ （唐）司马承祯：《天隐子·后序口诀》，王云五主编《丛书集成初编》，商务印书馆 1935 年版，第 573 册，第 14 页。

④ 陈渊：《从司马承祯、王玄览看唐代道教对宋明理学的影响》，《中国道教》1996 年第 2 期；陈渊：《司马承祯、王玄览思想对宋明理学的影响》，《中国道教》2005 年第 1 期。

些著作均已佚失。现《全唐文》中收有《太上慈悲道场消灾九幽忏》等。他的思想特点是以玄学义理为基础进行各派宗教思想的汲取与贯通。

四　司马承祯对道教其他方面的贡献

司马承祯把天台山道教带入鼎盛时期。景云二年（711），唐睿宗下旨在天台山修建桐柏观为司马承祯修道之所，选拔精进的道士与侍从跟随司马承祯，规定桐柏观周围四十里严禁采伐，并令地方官与司马承祯相交相知，以便随时给予保护与帮助。在此之前，桐柏观原址已十分荒芜，树木被砍伐，土地被开垦为农田，一部分甚至沦为坟场。从景云二年起，在司马承祯的推动下，经过不断的重建与扩建，桐柏观规模逐渐扩大，至五代后梁开平年间（907—910），升观为宫。在司马承祯及其后世弟子的影响下，天台山的道教迅速发展起来，桐柏宫到五代宋初终于成为道教金丹派南宗的祖庭。[①]

司马承祯对王屋山道教影响也很大。开元十五年（一说为开元十二年）[②]，玄宗再次召时已八十高龄的司马承祯赴京。考虑到天台山离京师太远，来往迎请不便，玄宗令他在王屋山自选形胜，建造阳台观作为其清修之所。阳台观建造得颇为奢华。据《天坛王屋山圣迹记》记载："明皇御书寥阳殿榜，内塑五老仙像。阳台有钟一口，上篆六十四卦，曰万象钟。有坛曰法象坛。有钟楼名气象楼。殿西北有道院，名曰白云道院。司马承祯号白云先生。有亭曰松亭。有先生庙堂。"玄宗不仅亲自题写"廖阳殿"三字为匾额，还令其妹玉真公主及光禄卿韦绦到王屋山跟随司马承祯修金箓斋。一时之间，王屋山成为当时朝野关注的焦点，在道教界的地位得以大大提升。据金人李俊民《重修王屋山阳台宫碑》所说："玄祖之教，由此而振山林，学者皆生无上道心，不退转志，宜其为福地之冠也。"司马承祯对王屋山道教的影响颇为深远。南宋金元时期，王屋山出现了一个新兴道派——上方真元派。据该派的经典《上方大洞真元图书继说终篇》记载，司马承祯曾在王屋山清虚洞发现两部用篆字写的上古仙经：《元精》与《丹华》。它们是上方真元派道术之源，司马承祯是该

---

① 张敬梅：《司马承祯与道教名山》，《中国道教》2004 年第 6 期。

② 开元十五年的说法据《旧唐书》，《天坛王屋山圣迹记》则说是在开元十二年，哪一种说法更准确，待考。

派的祖师之一。这虽是托古之词①，但足见司马承祯在王屋山道教中的地位与影响。②

司马承祯对五岳的道教发展也有重大影响。开元十五年，唐玄宗召他入京，询问五岳主神。"承祯因上言：'今五岳神祠，皆山林之神，非正真之神也。五岳皆有洞府，各有上清真人降任其职，山川风雨，阴阳气序，是所治焉。冠冕章服，佐从神仙，皆有名数。请立斋祠之所。'玄宗从其言，因敕五岳各置真君祠一所，其形象制度，皆令承祯推按道经创意为之。"③从《南岳总胜集》有关真君观的记载可知，自从按司马承祯之言立五岳神祠后，每逢立夏，都要举行由州官亲自参加的盛大的斋醮活动。④有学者揭示了建立五岳神祠的意义："这件事的影响，应该说是很大的。五岳崇拜，由来古远，中国古代的民间神祠，亦由来泛滥、所谓'淫祠'，历禁不绝。五岳崇拜虽为民间信仰之大端，泰山封禅更是封建国家的政治和宗教大典，但五岳神祠也同样杂乱不堪。司马承祯试图将五岳崇拜纳入道教，以杜绝神祠淫滥，有使之规范化的作用。从道教方面看，将五岳神编入道教之神仙谱系，在五岳分置道观，以道教斋醮轨仪为五岳祭祀之法式，对确立道教的正统地位，有某种象征意义。"⑤

司马承祯对道教的宗教地理学影响也很大。道教把神仙所居的名山称作洞天福地。"洞"意味着"通"，即洞室可上通于天，或居山修道可成神通天。"福"意谓福祥，即在此地修道可得福度世。洞天、福地分为十大洞天、三十六小洞天、七十二福地三大层次。此说从东晋即已出现，司马承祯的《天地宫府图》是这一体系的系统总结。《天地宫府图》描述了王屋山洞等十大洞天、霍桐山洞等三十六小洞天、地肺山等七十二福地的名称、地点、方圆面积、所属神仙的名号。如"第一王屋山洞。周回万里，号小有清虚之天。在洛阳、河阳两界，去王屋县六十里，属西城王君

---

① 据王卡考证，上方派的经法对上清派的《上清大洞经》法有所继承，也有所发展，带有宋元新道派儒道结合、内丹符箓双修的特点。因此上方派是新兴教派，有关司马承祯的传说是托古之词。详见王卡《王屋山与上方真元道派》。

② 张敬梅：《司马承祯与道教名山》，《中国道教》2004年第6期。

③ （后晋）刘昫：《旧唐书·隐逸传》，第5128页。

④ 张敬梅：《司马承祯与道教名山》，《中国道教》2004年第6期。

⑤ 卢国龙：《中国重玄学》，人民中国出版社1993年版，第349页。

治之"①。司马承祯书画俱佳，《天地宫府图》图文并茂（现图亡而文存)②。他在序言中说："所以披篆经文，据立图象，方知兆朕，庶观希夷。则临目内思，驰心有诣，端形外谒，望景无差。"③ 也就是说，把传说中的仙境生动地描绘成图，可使修道者形成具体的精神寄托，对坚定其修道的信念有益。《天地宫府图》影响深远。晚唐五代时期，杜光庭的《洞天福地岳渎名山记》就是以《天地宫府图》为蓝本的。

第三节　吴筠"不出六合外，超然万累忘"的思想

吴筠（？—778），字贞节④，华州华阴（今陕西华阴）人。至迟在嗣圣元年（684）被度为道士，主度者应是潘师正。其后，兼修儒经。因科举不第，才笃志于道。道名日振后，被征至京师，入官方道士籍。天宝初年，入嵩山，师从冯齐整习正一之法⑤，成为此法的重要传人。天宝十三年（754），随着道名日隆，他更加为玄宗所敬重，又被"召入大同殿，寻又诏居翰林"，"献《元纲》三篇，优诏嘉纳"⑥。有鉴于玄宗天宝一朝的政治日非，他"每开陈，皆名教世务，以微言讽天子，天子重之"⑦。特别是当玄宗问他神仙冶炼之法时，他并没有误导玄宗，而是从君主的不良举动对社稷治乱的影响角度，回答道："此野人事，积岁月求之，非人主所宜留意。"⑧ 不以道术邀宠，表明他是一个正直的道士。安史之乱爆发，东下游居。他先后修道于南阳倚帝山、江苏茅山、江西庐山。此后，

---

① 《云笈七签·天地宫府图》，《道藏要籍选刊》，上海古籍出版社 1989 年版，第 1 册，第 201 页。
② 张敬梅：《司马承祯与道教名山》，《中国道教》2004 年第 6 期
③ 《云笈七签·天地宫府图》，《道藏要籍选刊》，第 200 页。
④ 本节内容是在孔令宏所著《中国道教史话》（河北大学出版社 1999 年版）第 173—181 页的基础上增补深化而成。
⑤ 权德舆《集序》说："天宝初，元纁鹤版，征至京师，用希夷启沃，吻合元胜，请度为道士，宅于嵩邱，乃就冯尊师齐整受正一之法。初，梁贞白陶君以此道授升元王君，王君授体元潘君，潘君授冯君。自陶君至于先生，凡五代矣。"如此说正确，《旧唐书》本传、《新唐书·吴筠传》所言以潘师正为师之说有误。
⑥ 权德舆：《中岳宗元先生吴尊师集序》，董诰等编《全唐文》，上海古籍出版社1990年版，第 2214 页。
⑦ （宋）欧阳修：《新唐书·隐逸传》，第 5604 页。
⑧ 同上。

吴筠继续向东游走入越，到达会稽，浮渡浙江，居于天柱山，并以剡中为主要活动区域，与一些文人、道释交游。如参加过大历八年（773）起任湖州刺史的颜真卿组织的岘山联句唱和；大历十三年（778）为浙江余杭天柱观作《天柱观碣》，同年卒于宣城。卒后，门人私谥为宗玄先生。

吴筠的著作有《玄纲论》、《心目论》、《形神可固论》、《思还淳论》、《神仙可学论》、《坐忘论》、《辅正除邪论》、《明真辩伪论》、《道释优劣论》等①。今存《宗玄先生文集》分上中下三卷，卷中收《神仙可学论》、《心目论》、《形神可固论》等。《玄纲论》为另外独自成篇。吴筠的众多著作中，以义博文精而宏阐"高虚独化之兆，至士登仙之由"的《玄纲论》最为著名。

一　"真精自然"的形上学

吴筠把道视为最高的本体。"道者，何也？虚无之系，造化之根，神明之本，天地之源。其大无外，其微无内，浩旷无端，杳冥无对。至幽靡察而大明垂光，至静无心而品物有方。混漠无形，寂寥无声。万象以之生，五音以之成。生者有极，成者必亏，生生成成，今古不移，此之谓道也。"② 道是万物的本源，也是万物的本体。作为万物的本体，它无所不在，至虚至静，永恒存在，是万物存在的根源，是万物运动变化的规律。"夫道者，无为之理体，玄妙之本宗，自然之母，虚无之祖。高乎盖天，深乎包地。与天地为元，与万物为本。"③ 道具有无为、玄妙、自然、虚无等性质，其中，自然是最根本的。《真精章第三》："天地不能自有，有天地者太极。太极不能自运，运太极者真精。真精自然。"④ 这里所谓的太极相当于元气，真精相当于道。道与自然处于同等重要的地位。《玄纲论·道德章》说："人有之末，出无之先，莫究其朕，谓之自然。自然者，道德之常，天地之大纲。"自然就是"不然而然"，不以人的意志为转移的客观性和必然性。

在形而上的层次，吴筠有把重点从道本体论转到元气本源论的倾向。

---

① 《通志》卷六七录吴筠箸作，除《心目论》、《形神可固论》、《坐忘论》、《道释优劣论》（均为一卷）外，名称稍有不同，为：《复淳化论》、《明真辩伪论》、《辅正除邪论》、《契真刊谬论》、《辩方正惑论》，均为一卷。

② （唐）吴筠：《宗玄先生玄纲论》，《道藏》第23册，第674页。

③ （唐）吴筠：《宗玄先生文集》卷中《形神可固论·守道》，《道藏》第23册，第663页。

④ （唐）吴筠：《宗玄先生玄纲论·真精章第三》，《道藏》第23册，第674页。

《形神可固论·序言》说：“余常思大道之要，玄妙之机，莫不归于虚无者矣。虚无者，莫不归于自然矣。自然者，则不然而然矣。是以自然生虚无，虚无生大道，大道生氤氲，氤氲生天地，天地生万物，万物剖氤氲一气而生矣。”这里自然、虚无、大道的递生关系，只是说明三者的重要性，并不是实有的生成关系，因为自然、虚无都是道的性质。所谓“氤氲”即元气。对大道生元气，元气产生万物，吴筠作了具体解释。他说：

> 太虚之先，寂寥何有，至精感激，而真一生焉。真一运神，而元气自化。元气者，无中之有，有中之无，旷不可量，微不可察。氤氲渐著，混茫无倪，万象之端，兆朕于此。于是清通澄朗之气浮而为天，浊滞烦昧之气积而为地，平和柔顺之气结而为人伦，错谬刚戾之气散而为杂类。自一气之所育，播万殊而种分，既涉化机，迁变罔穷。然则生天地人物之形者，元气也。①

对这里所说的“至精”、“真一”、“神”，应该如何理解呢？吴筠认为：“人之禀形模范天地。”② 这是因为，人与天地均有共同的来源，即元气。“夫人生成，分一炁而为身，禀一国之象，有炁存之，有神居之，然后安焉。”③ 由此来看，所谓“至精感激”，就是把男女因情而感，父精母血交合而生成人体比拟为天地宇宙生生不已的动力源泉。所谓“真一”，是指虚极而无情思，体内无阴阳升降运动时的状态。从宇宙生成的角度来说，是指气尚未剖分为阴阳的元始状态。如《形神可固论·养形》说：“夫人未有其兆，则天地清宁，剖道之一气，承父母余孕，因虚而生，立有身也。有一附之，有神居之，有气存之，此三者递相成，可齐天地之寿，共日月而齐明。何者？为修身慎行，助育元气，胎息脏腑，存神想思，含虚守元，宗皇之（疑作三）一。”所谓“真一运神”之“神”，同样是以人之神比喻天地之神。“神”、“一”、“气”名称为三，实则为一，均从不同角度描述初生之态，说明人的生理与心理在原初阶段就具有统一性。他说：“块然之有起于廖然之无，积虚而生神，神用而孕之，气凝而渐著，累著而成形，形立神居乃为人矣。”神是无生有、有体无的中介。以神为有、无相互转化的中介，既可以说明本于心性的内养修炼，还可以

---

① （唐）吴筠：《宗玄先生玄纲论·元气章第二》，《道藏》第 23 册，第 674 页。
② （唐）吴筠：《宗玄先生文集》卷中《神仙可学论》，《道藏》第 23 册，第 661 页。
③ （唐）吴筠：《宗玄先生文集》卷中《形神可固论·守神》，《道藏》第 23 册，第 664 页。

把神实体化而说明上清派历来修炼的存思守神的法术："且人之禀形，模范天地，五脏六腑，百关四肢，皆神明所居，各有主守。"① 进一步，还可以说明信仰道教神谱中的诸神和行斋醮祈禳之术的根据。吴筠认为，身内的神明效法于身外的神明，最高的神明就是"为神明所宗极、独在窅冥之先、高居紫微之上"的太上真人，也就是《玄纲论》所说的"真一"或"虚皇"，实际上就是"道"。"道"同此"神"，故"有情有信"、"道亦思人"。这样，吴筠终于把"无"、"道"、"神"三者之间的关系，从形而上、形而下两个方面都给予了圆满的说明。在对神的解释上，他把天地运化灵奥莫测之"神"、人之"心神"、宗教意义上的"神明"三者有机衔接起来作了很好的整合，把哲学与宗教紧密结合，颇具新意。可见，适应于心性论思潮的高涨，吴筠的本源论也有了变化。

表现在仍然就有无而论本源论。吴筠认为："通而生之之谓道。"②"道体虚玄"而产生万有，"无"是"有"的源与本，"有"是"无"的作用，"有"因"无"而生而存，"无"因"有"而表现，二者相依相成："有自无而生，无因有而明，有无混同，然后为至。故空寂玄廖，大道无象之象也；两仪三辰，大道有象之象也。若但以空虚为妙，不应以吐纳元气、流阴阳、生天地、运日月也。故有以无为用，无以有为实。"③有与无不可偏废，应该"以无系有，以有合无"④。吴筠引入"元气"的范畴来把有与无之间的关系打通，他说："元气者，无中之有，有中之无，旷不可量，微不可察。"⑤ 这是一个很新颖的观点，它把有、无与道教以元气为本进行修炼之间的隔阂消除了。

与有无之间的相互转化有关的范畴是动静，对此，吴筠认为："夫道本无动静，而阴阳生焉；气本无清浊，而天地形焉。"形而上的道是无所谓动静的，动静是就形而下的事物来说，尤其是对心而言。

> 夫道至无而生天地，天动也而北辰不移，含气不亏，地静也而东流不辍，兴云不竭。故静者天地之心也，动者天地之气也，心静气动，所以覆载而不极。是故通乎道者，虽翱翔宇宙之外而心常宁，虽

---

① （唐）吴筠：《宗玄先生文集》卷中《神仙可学论》，《道藏》第 23 册，第 661 页。

② （唐）吴筠：《宗玄先生玄纲论·道德章第一》，《道藏》第 23 册，第 674 页。

③ （唐）吴筠：《宗玄先生文集》卷中《神仙可学论》，《道藏》第 23 册，第 661 页。

④ （唐）吴筠：《玄纲论·以有契无章第三十三》，《道藏》第 23 册，第 681 页。

⑤ （唐）吴筠：《宗玄先生玄纲论·元气章第二》，《道藏》第 23 册，第 674 页。

休息毫厘之内而气自运。故心不宁则无以同乎道，气不运则无以存乎
形。形存道同，天地之德也。是以动而不知其动者，超乎动者也；静
而不知其静者，出乎静者也。故超乎动者，阳不可得而推；出乎静
者，阴不可得而移。阴阳莫能变，而况于万物乎？故不为物之所诱
者，谓之至静；至静然后能契于至虚；虚极则明，明极则莹，莹极则
彻。彻者，虽天地之广，万物之殷，而不能逃于方寸之鉴矣。①

至虚至无之道产生天地，天动地静，动为天地之气，静为天地之心。
修道者当法天则地，心常静气自运，超越动静，使阴阳莫能变，最终契合
于至静至虚、明莹透彻之道。显然，这是重玄思潮向修仙复归的趋势在吴
筠思想中的反映。

二　神仙可学论

基于上述本体论和本源论，吴筠论证了修仙的合理性。他说："有以
无为用，无以有为资，是以覆载长存，真圣不灭。故为生者，天地之大德
也。"②"真圣"即太上神，是道的化身。有与无相资互用，道生化万物的
机制无时无刻不在起作用，神作为有、无转化的中介也随时发挥着作用，
所以人应该效法道的机制追求长生。他认为，人能够"混同有无"的根
据在于："道能自无而生于有，岂不能使有同于无乎？"道既能生化，人
当然也能通过修炼而归返。当修炼到形超性彻时，就"可使有为无，可
使虚为实，吾将与造物者为俦，奚死生之能累乎？"③

吴筠的这一思想，实际上承认了神仙可学。神仙是否可学，这对道教
来说是一个大问题。葛洪在《抱朴子》中有自相矛盾的两种看法。他一
方面主张"受命应仙"，认为成仙者是受命偶值神仙之气，为自然所禀。
另一方面又认为"仙人无种"，没有不学而能长生度世的人。嵇康的《养
生论》也认为神仙是禀受异气，非积学所能致。陶弘景的《真诰·甄命
授第一》所记录的清灵真人裴玄仁的观点则是："人生有骨录，必有笃
志，道使之然。若如青光先生、谷希子、南岳松子、长里先生、墨羽之
徒，皆为太极真人所友，或为太上天帝所念者，兴云驾龙以迎之，故不学
道而仙自来也。过此以下，皆须笃志也。"按这里所说，除了青光先生等

---

① （唐）吴筠：《玄纲论·超动静章第六》，《道藏》第 23 册，第 675 页。

② （唐）吴筠：《宗玄先生文集》卷中《神仙可学论》，《道藏》第 23 册，第 661 页。

③ （唐）吴筠：《宗玄先生玄纲论·同有无章第七》，《道藏》第 23 册，第 676 页。

极少数人可以不学而仙外，其他人都必须笃志苦学才有成仙的可能。这是一种调和的观点。在这个问题上，吴筠也以"两有"的观点持调和的立场，修仙得具有仙"骨"，"禀阳灵之气"，即有先天的才质。这还不够，还得有慕仙之心，有后天的"学"和"炼"的功夫才成。① 与葛洪否定帝王将相有成仙的可能不同，吴筠立足于"道德、天地、帝王一也"的观点，认为帝王将相有修道的才质也可修炼成仙。更广泛地说，成仙"有不因修学而致者，禀受异气也。有必待学而后成者，功业充也。有学而不得者，初勤中堕，诚不终也。三者各有其旨，不可以一贯推之"②。吴筠依据修炼成仙的难易程度把人划分为上、中、下三等，并把关注的重心放在中等人身上：

> 夫道本无动静，而阴阳生焉；气本无清浊，而天地形焉。纯阳赫赫在乎上，九天之上无阴也；纯阴冥冥处乎下，九地之下无阳也。阴阳混蒸而生万有，生万有者，正在天地之间矣。故气象变通，晦明有类，阳以明而正其粹为真灵，阴以晦而邪其精为魔魅。故禀阳灵生者为睿哲，资阴魅育者为顽凶。睿哲惠和，阳好生也；顽凶悖戾，阴好杀也。或善或否，二气均合而生中人。三者各有所禀，而教安施乎？教之所施为中人尔。何者？睿哲不教而自知，顽凶虽教而不移，此皆受阴阳之纯气者也。亦犹火可灭不能使之寒，冰可消不能使之热，理固然矣。夫中人为善则和气应，为不善则害气集。③

他认为，道生元气，元气生阴阳。阳生天，阴成地。天地相交，阴阳融混而生万物。纯阳之气清、明、真、灵，故所生之人聪睿而为圣哲，性格平和而好生；纯阴之气晦、邪、魅、育，故所生之人愚昧、顽固而凶恶，生性悖戾而好杀。阴气阳气混合而生的，就是介乎圣哲和顽凶之间的一般人。这类"中人"占总人口的绝大多数。吴筠说："玄圣立言，为中人尔。"④ 之所以圣贤立言是为中人，不仅因为中人数量庞大，更主要地是因为圣哲是不教而自知的，用不着教化。顽凶则即使教化也不可能有所改变，同样用不着教化。需要教化的，只有中人。中人只要按照圣哲的教

---

① （唐）吴筠：《宗玄先生玄纲论·明取舍章第三十二》，《道藏》第 23 册，第 681 页。

② （唐）吴筠：《宗玄先生文集》卷中《神仙可学论》，《道藏》第 23 册，第 659 页。

③ （唐）吴筠：《宗玄先生玄纲论·天禀章第四》，《道藏》第 23 册，第 675 页。

④ （唐）吴筠：《宗玄先生玄纲论·长生可贵章第三十》，《道藏》第 23 册，第 680 页。

化行善并踏实地修行，就能够生长和气，消灭害气，入于作为圣哲之列的仙人。吴筠认为，神仙之道"无为无形有情有信"，"人能思道，道亦思人；道不负人，人负于道"①。他具体指出了远于仙道的七种情形，近于仙道的七种情形。在他看来，只要自己努力，方法对头，则神仙是可学的，学是能够成功的。

三 "以阳炼阴"的仙道理论

对于修仙得道的方法，吴筠的主张是："中人入道，不必皆仙，是以教之先理其性。理其性者，必平易其心。心平神和而道可翼。"② 这可以看作他的仙道理论的总纲。具体地，他阐述说：

> 夫道包亿万之数而不为大，贯秋毫之末而不为小，先虚无而不为始，后天地而不为终，升积阳而不为明，沦重阴而不为晦。本无神也，虚极而神自生；本无气也，神运而气自化。气本无质，凝委而成形；形本无情，动用而亏性。形成性动，去道弥远。故溺于生死，迁于阴阳，不能自持，非道存而亡之也。故道能自无而生于有，岂不能使有同于无乎？有同于无，则有不灭矣。……与道为一，可使有为无，可使虚为实，吾将与造物者为侔，奚死生之能累乎？③

这涉及道、性、情、欲望、神、气、阴阳、形等范畴及它们之间的关系。

平心理性的关键是处理好性与情的关系。吴筠认为，性本静，动而为情，情是与道相反的。"以性动为情，情反于道，故为化机所运，不能自持也。"④ 之所以"情动性亏"，是因为人有情，便不能自持而必定要去追逐外物，受外物的牵制和摆布，从而扰乱神的清静。这个外物，既指声色名利，也指泥塑木构、人心自造、他人强制或引诱的种种偶像和执着。为了避免乱神而性得以理，就得灭情，情灭性方可存在。灭情的关键是祛除欲望。吴筠在《形神可固论·序言》中说："故天得一自然清，地得一自然宁，长而久也；人得一气，何不与天地齐寿而致丧亡，何也？为嗜欲之

① （唐）吴筠：《宗玄先生文集》卷中《神仙可学论》，《道藏》第23册，第661页。
② （唐）吴筠：《宗玄先生玄纲论·长生可贵章第三十》，《道藏》第23册，第680页。
③ （唐）吴筠：《宗玄先生玄纲论·同有无章第七》，《道藏》第23册，第676—676页。
④ （唐）吴筠：《宗玄先生玄纲论·性情章第五》，《道藏》第23册，第675页。

机所速。"由此观点出发，他提出了黜嗜欲、隳聪明，恬淡无为的主张。

灭情总得从心入手。因此，吴筠对心与"情"、"神"、"性"、"道"等的关系作了探索。"夫心者，神灵之府，神栖于其间。"① 在他看来，心是神的载体，神禀道而存，神静则合乎性而生，神动则合乎情而死。有人问："神主于静，使心有所欲，何也？"他回答说："神者，无形之至灵也。神禀于道，静而合乎性。人禀于神，动而合乎情。故率性则神凝，为情则神扰。凝久则神止，扰极则神迁。止则生，迁则死，皆情之所移，非神之所使。"② 情的产生，关键在于神动。但神之动纯粹是外界因素所致，不是它本身欲动。因为人"内则阴尸之气所悖，外则声色之态诱，积习浩荡，不能自宁，非神之所欲动也"③。

这里涉及气与神的关系。就人而言，形体是由气构成的。气对于人的形、神均有至关重要的作用。"气之为功，如人之量器，如水之运流，堤坏则水下流矣，闭通则气不居矣。……人与天地，各分一气，天地长存，人多夭逝，何也？谓役气也。气者，神也；人者，神之车也，神之室也，神之主人也。主人安静，神则居之，躁动，神则去之。神去则身死者矣。"④ 气在形体中保持平和的流动状态，人才能健康长寿。气的状态如何，取决于神。对气、形（身）、神三者的关系，吴筠论述说："夫人未有其兆，则天地清宁，剖道之一气，承父母余孕，因虚而生。立有身也，有一附之，有神居之，有气存之。此三者递相成，可齐天地之寿，共日月而齐明。"⑤ 一人之身（形），内有道、气与神。道隐秘而不见，气是构成形体的材料。神是这三者中最具有能动性的部分。如果道存则气盛，气盛则神旺。这样人的生命就能够长住久存。

就内在实质而言，道、气、神三者的关系，可以约化为形与神的关系。对此，吴筠从历时态和共时态两个方面作了探讨。

就历时态而言，人和万物的产生就是虚而神、神而气、气而形的生化过程。吴筠认为，"人之禀形模范天地"⑥，"天人生成，分一炁而为身，

---

① （唐）吴筠：《宗玄先生玄纲论·畏神道章第二十六》，《道藏》第23册，第679页。
② （唐）吴筠：《宗玄先生玄纲论·率性凝神章第二十七》，《道藏》第23册，第680页。
③ 同上。
④ （唐）吴筠：《宗玄先生文集》卷中《形神可固论·服气》，《道藏》第23册，第663—664页。
⑤ （唐）吴筠：《宗玄先生文集》卷中《形神可固论·养形》，《道藏》第23册，第664页。
⑥ （唐）吴筠：《宗玄先生文集》卷中《神仙可学论》，《道藏》第23册，第661页。

禀一国之象，有氕存无，有神居之，然后安焉"①。人随顺这个生的过程就必死无疑，只有逆反它修炼才能成仙，"任其流遁则死，反其宗源则仙"。吴筠给人指出了逆反人生的过程而修炼的步骤："招真以炼形，形清则合于气，合道以炼气，气其清则合于神，体与道冥，谓之得道，道固无极，仙岂有穷乎？"所谓"真"，指"两半之前"，即道尚未剖判为阴阳二仪的元始状态。就修炼而言，指虚极无情思的意境，体内无阴阳升降的迹象。他认为，只要按照这个步骤去修炼，不愁不成仙。何况，冥冥之中还有太上之神"阴骘兆庶"，修炼者"感则应，激则通"，精诚所至，金石为开。"丹恳久著，真君岂不为之潜运乎？"②只要心诚，真君自然会来引度。这里的关键在于必须心静。因为宇宙的本源是"至静"、"至虚"，如此元气才能生化万物，所以人心也必须"静"，才能运气存形。

就共时态而言，吴筠说："人之所生者神，所托者形。方寸之中，实曰灵府，静则神生而形和，燥则神劳而形毙。"③从共时态进行考察得出的结论，大致与历时态的考察结论相同。

吴筠认为，处理好形与神的关系，是修道的要点。一般人容易重神轻形。为此，他强调，形是神、性的基础，不能忽视："形骸者，乃神之宅，性之具也。"他认为，在修炼过程中要形神并重，通过"虚静去躁"而达到"神生形和"，也就是要达到形神合和。

为了使人容易把握，吴筠把形神关系化为精、气、神三者之间的关系作了阐述，强调"益精易形"，"守神固氕"，并把静心作为操作的关键，因为"心动则形神荡"。

炼形、炼气、炼神三者交相为用，是吴筠修炼成仙思想的关键。由此不难理解他对佛教的批判。吴筠对佛教钻研很深，但他能入乎其内而出乎其外，汲取其精华来丰富道教的理论。《玄纲论》中，有人问："道本无相，仙贵有形。以有契无，理难长久。曷若得性遗形者之妙乎？"他回答说：

> 夫道至虚极也，而含神运气，自无而生有。故空洞杳杳者，大道无形之形也，天地日月者，大道有形之形也。以无系有，以有合无，故乾坤永存而仙圣不灭。故生者，天地之大德也。所以见六合之广，

① （唐）吴筠：《宗玄先生文集》卷中《形神可固论·守神》，《道藏》第23册，第664页。
② （唐）吴筠：《宗玄先生文集》卷中《神仙可学论》，《道藏》第23册，第659页。
③ （唐）吴筠：《宗玄先生文集》卷中《心目论》，《道藏》第23册，第661页。

三光之明者，为吾有形也。若一从沦化而天地万物尽非吾有，即死者人伦之荼毒也。是以炼凡至于仙，炼仙至于真，炼真合乎妙，合妙同乎神。神与道同，即道为我身。所以升玉京，游金阙，能有能无，不终不殁。何为理难长久乎？若独以得性为妙，不知炼形为要者，所谓清灵善爽之鬼，何可与高仙为比哉！①

他首先肯定生之大德，然后借助道教四关锻炼：炼凡成仙、炼仙成真、炼真合妙、合妙同神而得道，架起了有与无、形与道之间的桥梁。这种理论突破得益于传统道教的精、气、神三个互相连环的概念。其微妙之处又在于神，因为神连接形、气与道，乃超越与下落之中界，若无神这一中介，道教心性之学就无法建立自己的超越。"炼凡至于仙，炼仙至于真，炼真合乎妙，合妙同乎神。神与道同，即道为我身"是后世内丹学炼精化气、炼气化神、炼神还虚、炼虚得道四阶段思想的雏形。炼凡成仙的实质就是炼精化气，炼仙成真即炼气化神，炼真合妙即炼神还虚，合妙同神而得道即炼虚得道。

这里的关键是形神并重。吴筠批判佛教有性无形，重性轻形，认为："乾坤毁无以见易，形气者为性之府，形气败则性无所存，无所存，于我何有？"有肉体方有精神，肉体毁亡，精神怎么还能存在？由此看来，佛教千种万般理论的最根本的前提，"三世因果"、"六道轮回"之说是不能成立的："游魂迁革，别守他器，神归异族，识昧先形，犹鸟化鱼，鱼化鸟，各从所适，两不相通。"② 在吴筠看来，佛教最严重的错误，就是把形与神分离开来了。神离开了形体，就无所依托，作为神之实质的性当然也就无法存在。佛教的修性之说，在理论上不能成立，在实践中也行不通。如果仅仅修性而不修形，只能成为清灵善爽之鬼，而不能成为真正的神仙。吴筠在《神仙可学论》中所说的远于仙道的七种情况中，有两种是针对佛教而言的。其一是取性遗形："雷同以泯灭为真实，生成为假幻，但所取者性，所遗者形，甘之死地，乃谓常理"，却不知形气为性之府库，"形气败则性无所存"，取性必然落空。修道首先要守养形体。吴筠在《形神可固论·养形》说："有此形骸而不能守养之，但拟取余长之财，设斋铸佛，行道吟诔，祈祷鬼神，以固形骸，还同止沸加薪，缉纱为

① （唐）吴筠：《宗玄先生玄纲论·以有契无章第三十三》，《道藏》第23册，第681—682页。
② （唐）吴筠：《宗玄先生文集》卷中《神仙可学论》，《道藏》第23册，第660页。

缕，岂有得之者乎？"① 其二是重来生而轻现世，修灵魂而忘形体："强以存亡为一体，谬以前识为悟真"，以为形体终究要消散，灵魂可以再生，于是"厌见有之质，谋将来之身。安知入造化之洪炉，任阴阳之鼓铸，游魂迁革，别守他器，神归异族"。

为了加深对形神关系的理解，吴筠引入了阴阳学说，主张阳为与神相关的方面，阴为与形相关的方面，形神关系处理得好的标志是"形动心静"，"以阳炼阴"而达到"虚明合元"。这是他的一个比较独特的思想。他在《玄纲论·阳胜则仙章第十二》中说："阳与阴并而人乃生。魂为阳神，魄为阴灵，结胎运气，育体构形。然势不俱全，全则各返其本。故阴胜则阳竭而死，阳胜则阴销而仙。"他指出："有纤毫之阳不尽者，则未至于死；有锱铢之阴不灭者，则未及于仙。"② 这里所说的阴阳往往有所偏而难以两全，含有阴阳相依互用的思想，与传统的道教思想是一致的，如《太平经》、《周易参同契》、《黄庭经》都强调"和合阴阳"。但这是就修炼的过程而言，就修炼的目标指向来说，吴筠则重阳贱阴，主张要使"阳胜阴伏"。在他看来，仙人就是纯阳而无阴。他在《玄纲论·以阳炼阴章第十四》中说："仙者，超至阳而契真。死者，沦太阴而为鬼。……务以阳灵炼革阴滞之气，使表里虚白，洞合至真，久于其事者，仙岂远乎哉？"即所谓"阴滓落而形超，阳灵全而羽化"③。那他所说的阴、阳，其内涵究竟是什么呢？他说：

> 又悲哀感患者，与阴为徒；欢悦忻康者，与阳为徒。故心悲则阴集，志乐则阳散。不悲不乐，恬澹无为者，谓之元和。非元和无以致其道也。④

> 柔和慈善贞清者，阳也；刚狠嫉恶淫浊者，阴也。心澹而虚则阳和袭，意躁而欲则阴气入。明此二者，制之在我，阳胜阴伏，则长生之渐也。⑤

---

① （唐）吴筠：《宗玄先生文集》卷中《形神可固论·养形》，《道藏》第23册，第664页。
② （唐）吴筠：《宗玄先生玄纲论·以阳炼阴章第十四》，《道藏》第23册，第677页。
③ （唐）吴筠：《登真赋》，周绍良主编《全唐文新编》卷九二五，吉林文史出版社2000年版，第五部第1册，第12710页。
④ （唐）吴筠：《宗玄先生玄纲论·虚白其志章第二十二》，《道藏》第23册，第679页。
⑤ （唐）吴筠：《宗玄先生玄纲论·阳胜则仙章第十二》，《道藏》第23册，第677页。

他从三个层次来探讨阴阳的内涵。其一，将心之悲伤、愤怒等消极类的感情与阴划为一类，将欢乐、喜悦等积极的感情归为阳类。与中医药学把阴平阳秘，即阴阳平衡、合和作为身体健康的标志一样，吴筠也把阴阳平和、不喜不怒、不悲不忻作为修心炼神的目标，追求一种淡泊无为的元和之境。其二，以心之慈和贞清之质为阳，以刚狠嫉恶为阴。这一层次的阴阳内涵关乎善恶，阳为善，阴为恶，所以他主张以阳制阴。其三，区分心之动静，并以阴阳解释之，以阳为动，以阴为静。因而提倡使心境恒处于一种虚极明莹的境地。到此心境，人既不执着于静，亦不执着于动，因此可视为动静双超。既已超越动静，便为阴阳所不能约束，从而与道体合而为一。总之，吴筠把柔和、慈善、贞清等称为阳，把刚狠、嫉恶、淫浊等称为阴。所以，"阳胜阴伏"也被他理解为"制恶兴善"。但是，应该看到，这不是伦理学意义上的善恶，因为他把悲哀也归入阴，把欢悦也归入阳。他谈阴论阳的目的是"虚白其志"、"虚凝静息"，即心静神凝，灭情而现性、得道。

对此，还可以从吴筠在功夫论上主张无为来看。《玄纲论》说："道不欲有心，有心则真气不集，又不欲苦忘心，苦忘心则客邪来舍。"修道不能有心，因为有心则真气不可能凝聚。有心与无心相对。无心不是不要心，而是心不能执着。为此要忘心。但忘心也不能着意太浓、太重，否则就会走向无为的反面而沦于有心有为，反而会招致外界之邪气的侵扰。修道的关键在于心的"平和恬澹，澄静精微，虚明合元，有感必应，应而勿取，真伪斯分。故我心不倾，则物无不正：动念有属，则物无不邪。邪正之来，在我而已"[1]。心气平和宁静，则有感即应，应而不取、不留；触物而不倾不滞，则物就无所谓邪，也无所谓正，所谓邪正，其实就取决于自己的价值标准。当然，修道的无为，不纯粹是心上功夫。做到无为，还要处理好形神关系。"夫形动而心静，神凝而迹移者，无为也。闲居而神扰，恭默而心驰者，有为也。无为则理，有为则乱。"[2] 人们往往认为无为就是形体不动，其实不然。形体不动而神受干扰，不言不语而心中纷弛不定，那仍然不是无为而是有为。相反，形动而心静者，仍然可以是无为。这也透露出，虽然形、神对做到无为都不可少，但二者之间，神毕竟更加具有重要性。神的无为取决于心和目。"动神者心，乱心者目，失真

---

① （唐）吴筠：《宗玄先生玄纲论·虚明合元章第十三》，《道藏》第23册，第677页。

② （唐）吴筠：《宗玄先生玄纲论·形动心静章第十五》，《道藏》第23册，第678页。

离本，莫甚于兹。"① 目乱心并非"目"之过错，关键在于"心"。吴筠
主张，在修道的初级阶段，应该收心离境，在中、高级阶段，人心应该
"睹有而如见空寂，闻韶而若听谷音，与自然而作侣，将无欲以为
朋。……窒欲于未兆，解纷于未扰"②。如此，心中"无欲"、"无累"，
心自然就失去乱的可能性。所以说，修道的关键是挥斥"意燥而欲"，主
静无欲，"不悲不乐，恬憺无为"，保养"元和"。这正是体验和认识
"道"的最根本的方法。

保养"元和"，吴筠认为，应该达到"动寂两忘而天理自会"③ 之
境。这一境界的实质是与道同一的自然。因自然而自得，因而也就达到了
自由。"上学之士，时有高兴远寄陶然于自得之境，为真仙可接、霄汉可
升者，神之王也。"④ "神之王"是什么意思呢？"神王者，谓之阳胜。阳
胜者，道其邻乎！"⑤ 原来，"神之王"就是以神为王，也就是阳胜而阴
伏。要做到这一点就要"宝神"。"不知宝神者，假使寿同龟鹤，终无冀
于神仙矣。"⑥ 宝神就是保养神。如何保养神呢？吴筠强调："不必金丹玉
芝，可俟云耕羽盖矣。若独以嘘吸为妙，屈伸为要，药饵为事，杂术为利
者，可谓知养形不知宝神矣。"⑦

吴筠还将阴阳概念与其思想体系中的两个主要概念魂、魄结合起来，
进而深化对形神关系的理解。魂魄是唐代之前就已经存在的一对概念。唐
代道教学者们吸收了传统文化对魂魄的解释，论述道："言人受生始化，
但有虚，像魄。然既生，则阳气充满虚魄。魄能运动，则谓之魂。如月之
魄，照日则光生矣！故《春秋》子产曰：'人生始化曰魄，既生魄阳曰
魂。'言人初载虚魄，当营护阳气，常使充满，则生全。若动用不恒，毗
散阳气，则复成虚魄而死灭也。"⑧ 魂属阳，能动，为生的方面；魄为阴，
不能动，为死的方面。魄充满阳气就转化为魂。但在唐初，由于传统道教
拘魂制魄观念的约束，学者们认为，魂魄二者都是对神气有害的。如成玄
英认为："营魂是阳神，欲人之善，魄是阴神，欲人之恶。故魂营营然而

① （唐）吴筠：《宗玄先生文集》卷中《心目论》，《道藏》第23册，第661页。

② 同上书，第662页。

③ （唐）吴筠：《玄纲论·会天理章第二十五》，《道藏》第23册，第679页。

④ （唐）吴筠：《宗玄先生玄纲论·神清意平章第十六》，《道藏》第23册，第678页。

⑤ （唐）吴筠：《宗玄先生玄纲论·虚明合元章第十三》，《道藏》第23册，第677页。

⑥ （唐）吴筠：《宗玄先生玄纲论·学则有序章第十一》，《道藏》第23册，第677页。

⑦ 同上。

⑧ （前蜀）强思齐：《道德真经玄德纂疏》卷三，《道藏》第13册，第379—380页。

好生；魄，泊也，欲人之泊著生死。又魂性雄健，好受喜怒，魄性雌柔，好受惊怖。惊怖喜怒，皆损精神。故修道之初，先须拘魂制魄，使不驰动也。"① 成玄英的这种拘魂制魄的思想到了唐中期，就有了改变。吴筠认为：

> 阳之精曰魂与神，阴之精曰尸与魄。神胜则为善，尸强则为恶。制恶兴善则理，忘善纵恶则乱。理久则尸灭而魄炼，乱久则神逝而魂销。故尸灭魄炼者，神与形合而为仙；神逝魂销者，尸与魄同而为鬼，自然之道也。②

这是把人的存在状态分为三种：仙、人、鬼。这三种状态的双向转换取决于阴与阳、魂与魄之间的相互力量对比关系。阳之精为魂与神，阴之精为尸与魄。前者强则神与形合而成仙，后者强则神逝魂销，尸与魄同而为鬼。在吴筠看来，阳魂是对人有益的，修炼不是制魂，而是以魂胜魄，最终成就阳胜阴销，人身成为全体纯阳之仙体："阳与阴并而人乃生，魂为阳神，魄为阴灵。结胎运气，有体构形。然势不俱全，全则各返其本。故阴胜则阳竭而死，阳胜则阴销而仙。"这是把成玄英拘魂制魄的思想进一步作了发展，把魂、魄二者之间的对立关系推向极端，认为二者水火不相容，非此即彼，不能同时并存。

正是在这一思想基础上，吴筠明确提出了以阳炼阴的思想。他在《玄纲论》中宣称："是以有纤毫之阳不尽者，则未至于死；有锱铢之阴不灭者，则未及于仙。仙者超至阳而契真，死者沦太阴而为鬼。是谓各从其类。"这是在以心气规定心之动静的意义上说的。在这个意义上说，以阳炼阴是能够成立的。但是，应该看到，阴阳范畴也可以用来解释形神关系。形为阴，神为阳。在这个意义上说，以阳炼阴，阴尽阳胜而为仙的思想就意味着形灭神存，这就与形神兼顾并重的修炼观相矛盾③。之所以如此，是因为吴筠在将阴阳学说纳入其心性思想体系时存在着矛盾。他一方面以阴阳界定动静，视阳为动，阴为静；另一方面又以心气来规定动静。阴、阳的实质是气。他没有区分物质性的阴阳之气和精神性的阴阳之气，

---

① （前蜀）强思齐：《道德真经玄德纂疏》卷三，《道藏》第 13 册，第 380 页。
② （唐）吴筠：《玄纲论·制恶兴善章第二十一》，《道藏》第 23 册，第 679 页。
③ 张广保：《唐代道教上清派的心性之学》，张广保《道家的根本道论与道教的心性学》，四川出版集团 2008 年版。

阴阳概念的气性内容没有被完全抽掉，致使他的阴阳概念在内涵上比较模糊、笼统，其界定不是很确定。应该指出，气是物质性的东西，精神性的气在现实中是不存在的。但是，基于阴阳的这两层含义来阐释，深化了对形神关系的理解。

吴筠认为，以阳炼阴的目的，是为了"以有契无"。这里，"有"为形，"无"为性，以有契无就是以形接性，"形性相资"①，如此修炼可以兼收"益形""存性"之效。以此为原则，"阳胜则仙"，炼仙而同于神，"神与道合，即道为我身"。"道为我身"即得道时人仍然是形神合一的。最后，吴筠对上述修道思想总结道：

> 生我者道，灭我者情。苟忘其情，则全乎性。性全则形全，形全则气全。气全则神全，神全则道全。道全则神王，神王则气灵。气灵则形超，形超则性彻。性彻则反覆流通，与道为一，可使有为无，可使虚为实，吾将与造物者为俦，奚死生之累乎！②

吴筠通过心气双修来体现形神并重的修炼原则，并把修炼的目标界定为阴尽阳纯，这对后世道教影响深远。吴筠的上述思想，是唐代末年、五代时期钟吕内丹派思想的先声。后世内丹学炼纯阳，以阴尽阳纯为成仙的标志，其思想的直接源渊就是这里。同时，应该看到，吴筠这一思想的含混、模糊与矛盾，对后世也有比较明显的消极影响。

从吴筠的这一思想可能看出，道教在心性体悟中超证的实体与禅、儒二家有重大的区别。道教是心气双合，形神俱超，在整全的统一中实现向终极本体的超越。佛教禅宗和儒家则只是单纯地做心性体悟的工夫，企图以此上达于终极本体，在功夫上显得偏颇，与人的生命发展应该形神合一的整体性要求是有很大距离的。

根据上述修道思想，吴筠对修道之术提出了具体的看法。

他认为，在"识元命之所在，知正气之所由"后，应该认识到，经法广博，可以博览，难以尽行，所以应该"周览以绝疑，约行以取妙，则不亏于修习"③。而且，仙道无方，学则有序：先学"正一"打下基础，

---

①　（唐）吴筠：《宗玄先生文集》卷中《神仙可学论》，《道藏》第23册，第659页。

②　（唐）吴筠：《玄刚论·同有无章第七》，《道藏》第23册，第676页。

③　（唐）吴筠：《玄纲论·神道设教章第十》，《道藏》第23册，第677页。

再学"洞神"，接着修"灵宝"，最后修"洞真"①。在修仙过程中，要"以至静为宗，凝结神性；以精思为用，感激神明；以斋戒为务，感应真精；以慈惠为先，激助功成"。然后，"吐纳以炼藏，导引以和体，怡神以宝章，润骨以琼体"②。其中的要点仍然是"心静"、"宝神"和"养形"，促进"气液通畅，形神合同"。总之，修炼的原则是："识元命之所在，知正气之所由，虚凝淡泊怡其性，吐故纳新和其神，高虚保定之，良药匡补之，使表里兼济，形神俱超。"③

关于修道之术，吴筠谈及了食气（吐纳）、导引、服食、外丹。他认为，外丹炉火"修身未合其真"，修道"须宗玄一气"④。他虽然没有完全否定外丹服食，但认为如果"汲汲于炉火，孜孜于草木，财屡空于八石"，而不知"金液待诀于灵人，芝英必滋于道气"⑤，那就是舍本逐末，必然无所成就。他与司马承祯一样，主张"守静去躁"，认为"设斋供佛，行道吟唱，祈祷鬼神"如同"止沸加薪"，只会起到相反的作用，无益于长生之道。从这可以看出，对斋醮科仪之术，吴筠也是持保留态度的。对于修道之术，他的看法是应该众术共用，在不同的阶段用不同的术，而不应该偏用、孤用一术。

总之，吴筠的修仙理论以老庄的清虚无为为宗旨，以形神兼顾的言语初步提出了性命双修的概念，表现了内丹开始兴盛，外丹没落的过渡时期的特点。

四　伦理思想与王道之术

唐玄宗时期以来，道教成为唐代的国教。唐玄宗对《道德经》的注疏成为官方意识形态。它以融合儒家伦理规范为特色。在这种情况下，道教对儒家伦理思想的攻击就不可能如成玄英时期那样坚锐、猛烈。道教学者们只能以道教的思想框架来容纳儒家的伦理规范。吴筠也是如此。他在《玄纲论·明本末章第九》中说："夫仁义礼智者，帝王政治之大纲也。而道家独云遗仁义、薄礼智者，何也？道之所尚，存乎本。故至仁合天地之德，至义合天地之宜，至礼合天地之容，至智合天地之辩，皆自然所

①　（唐）吴筠：《玄纲论·学则有序章第十一》，《道藏》第23册，第677页。
②　同上。
③　（唐）吴筠：《宗玄先生文集》卷中《神仙可学论》，《道藏》第23册，第661页。
④　（唐）吴筠：《宗玄先生文集》卷中《形神可固论·金丹》，《道藏》第23册，第665页。
⑤　（唐）吴筠：《宗玄先生文集》卷中《神仙可学论》，《道藏》第23册，第660页。

禀，非企羡可及。矫而效之，斯为伪矣。"他认为，道德是本，仁、义、礼、智是末。必须以本统末，不能舍本逐末。仁、义、礼、智的根据在于道和德，尤其是道。仁、义、礼、智等行为规范的制定，必须合乎天地之理。遵循它们，应该合乎自然，如果矫揉造作，就会流于虚伪。这是一种自然主义的伦理学说。

吴筠把伦理与仙道联系在一起，主张修仙与道德品性的涵养是一而二，二而一的同一过程。"神胜则为善，尸强则为恶。制恶兴善则理，忘善纵恶则乱。"制恶兴善的根本在于强固阳神，泯灭阴尸。在日常生活中，应该立功改过，并且认识到：

> 功欲阴，过欲阳。功阴则能全，过阳则可灭。功不全，过不灭，仙籍何由书？长生非可翼。然功不在大，遇物斯拯；过不在小，知非则悛。不必弛骤于立功，奔波于改过。过在改而不复为，功惟立而不中倦，是谓日新其德，自天佑之。若尔者，何必八节三元。言功悔过，神真明察，固其常焉。又谢过祈思，务在精诚，恳志注心于三清之上，如面奉金阙之前，不必屈伏形体，宣通言辞。若徒加拜跪、扣搏、诵课平常之文者，可谓示人以小善，实未为感激之弘规耳。①

要迁善而立功不止，改过而不复犯。做到了这一点，又何必拘泥于非要在"三元八节"等道教节日向神言功悔过呢？如果非要用谢过祈思这样的形式，也须"务在精诚"。如果仅仅知道"跪拜、扣搏、诵课平常之文"，有口无心，停留于形式，大作表面文章，那就是舍本逐末，只有事倍功半之效，甚至于劳而无功。当然，修道是在社会中，对世俗的伦理规范也要遵守。所以吴筠说："至忠至孝至贞至廉，按《真诰》之言不待修学而自得。"② 忠、孝、贞、廉等世俗的伦理规范是必须自觉遵守的。在日常生活中，时时要"剪阴贼，树阴德"。行为处事，要"奉上以忠，临下以义，于己薄，于人厚，仁慈恭和，宏施博爱"。这样做，可以让人际关系和谐融洽，避免不必要的纠纷，阻抑情欲的产生。这实质上是为了"含至静"，促使"性耽玄虚，情寡嗜好"③，清静寡欲以存神养炁。这反映了道教对伦理道德的看法，确实不同于儒家。

---

① （唐）吴筠：《玄纲论·立功改过章第二十》，《道藏》第 23 册，第 678—679 页。

② （唐）吴筠：《宗玄先生文集》卷中《神仙可学论》，《道藏》第 23 册，第 661 页。

③ 同上书，第 660 页。

吴筠认为，以道德为本的修养，对所有的人都很重要。帝王尤其如此。他认为，身为帝王，要把修道和仁义礼智的涵养并重。如他所说："贵淳古而贱浇季，内道德而外仁义，先素朴而后礼智。"之所以以道德为内，仁义为外，素朴为先，礼智为后，是因为"道丧而犹有德，德衰而犹有仁，仁亏而犹有义，义缺而犹有礼，礼坏则继之以乱，而智适足以凭陵天下矣"。① 从本源论来说，仁义礼智是由道德产生出来的，而在道、德二者之间，道又是根本性的，道是万物最初的本源。从本体论来说，仁义礼智均应以道德为本。德又以道为本。道是万物的最高本体。据此，在吴筠看来，社会历史观是本体论中本体由形而上向形而下堕落的过程，这与本源论中由本源衍生万物的过程是同一的。也就是说，道有所丧失而有德，德衰落才需要讲仁，仁有所亏欠才需要用义。义有所缺乏才需要强化礼，礼崩乐坏则社会走向离乱，为此就需要智来平治天下。道教通常把道作为修身的内容，而把仁义礼智视为儒家治国之所需。本着上述把修道和仁义礼智的涵养并重的思想，吴筠继承此前道教身国同治的主张，在《形神可固论》中说："夫人生成，分一炁而为身，禀一国之象……身者，道之器也。"② 由此，对于王道之术，吴筠提出了道德、天地、帝王三位一体的主张："道德者，天地之祖；天地者，万物之父；帝王者，三才之主。然则，道德、天地、帝王三者一也。"③ 这三者虽然是三位一体，但道德是最根本的。吴筠强调："父不可不教于子，君不可不治于人。教子在乎义方，治人在乎道德。"其次，对治国而言，"天地"是时运的表现。他阐述说："夫道德无兴衰，人伦有否泰，今古无变易，情性有推移。故运将泰也，则至阳真精降而为主，贤良辅而奸邪伏矣；时将否也，则太阴纯精升而为君，奸邪弼而贤良隐矣。天地之道，阴阳之数，故有治乱之殊也。"④ 时运虽然是客观的，但也要通过人来把握。对于治国来说，这一任务就落到了帝王的身上。帝王肩负着调节天、地、人三者关系的重任。其中的关键是以道德为本，以仁义礼智为末。本敦厚，末自然牢固，犹如根深叶自然茂盛，源浚流自然长。"故礼智者，制乱之大防也；道德者，抚乱之宏纲也。然则道德为礼之本，礼智为道之末，执本者易而固，执末者难而危。故人主以道为心，以德为体，以仁义为车服，以礼智为冠冕，

① （唐）吴筠：《玄纲论·明本末章第九》，《道藏》第23册，第676页。

② （唐）吴筠：《宗玄先生文集》卷中《形神可固论》，《道藏》第23册，第664页。

③ （唐）吴筠：《玄纲论·化时俗章第八》，《道藏》第23册，第676页。

④ 同上。

则垂拱而天下化矣。"① 以道为心，以德为体，以仁、义、礼、智为用，这才是无为而治。如此治国，可以事半功倍。当然，对于无为而治，吴筠清醒地认识到，它有两种表现，其一是"主闇而无为"，其二是"主明而无为"②。他认为必须把这两种无为而治分清，并反对前者而肯定后者。这或许是针对唐玄宗的无为而治的弊病而发的，但也有一般性意义。

五　对吴筠思想的评价

与司马承祯不同，吴筠直接反驳佛教，积极面对隋代唐初佛教对道教理论基础的攻讦，在消化佛教思想以宏通道教理论方面显得更加成熟。

在总的思想倾向上，吴筠表现出明显的向老庄思想复归的倾向。他在回答唐玄宗问道时明确回答说："道法之精，无如《五千言》，其诸枝词蔓说，徒费纸墨耳。"③ 这绝不是为了讨好皇帝的违心之言，而是他在重玄思潮的影响下经过深刻的思想历练后得出的结论。有人诘难吴筠为什么把道家思想引入道教中来："道之大旨莫先乎老庄，老庄之言不尚仙道，而先生何独贵乎仙者也？"该人的根据是老子有"死而不亡者寿"、"子孙祭祀不辍"，庄子有"孰能以死生为一条"、"圣人以形骸为逆旅"等与道教长生不死的信念相矛盾。对此，他以性与天道的存在为立场，回答说：

> 玄圣立言为中人尔。中人入道，不必皆仙。是以教之先理其性，理其性者必平易其心。心平神和而道可冀，故死生于人最大者也。谁能无情，情动性亏，只以速死。令其当生不悦，将死不惧，脩然自适，忧乐两忘，则情灭而性在，形殁而神存，犹愈于形性都亡。故有齐生死之说，斯为至矣。何为乎不尚仙者也？夫人所以死者，形也；其不亡者，性也。圣人所以不尚形骸者，乃神之宅、性之具也。其所贵者，神性耳。若以死为惧，形骸为真，是修身之道，非修真之妙矣。老子曰"深根固蒂，长生久视之道"，又曰"谷神不死"④，庄子曰"千载厌世，去而上仙，乘彼白云，至于帝乡"，又曰"故我修身千二百岁而形未尝衰"，又曰"乘云气，驭飞龙以游四海之外"，

---

① （唐）吴筠：《玄纲论·明本末章第九》，《道藏》第 23 册，第 676 页。

② （唐）吴筠：《玄纲论·形动心静章第十五》，《道藏》第 23 册，第 678 页。

③ （后晋）刘煦：《旧唐书·隐逸传》，第 5129 页。

④ 分别见《老子》第五十九章、第六章。

又曰"人皆尽死，而我独存"，"神将守形，形乃长生"①，斯则老庄之言长生不死神仙明矣，曷谓无乎？又《道德经》、《南华论》多明道以训俗，敦本以静末，神仙之奥存而不议，其幽章隐书，炼真妙道，秘于三洞，非贤不传。②

抓准老庄思想的内在精神实质而不拘泥于其具体的言词，并把它灵活地用于解释道教的修炼理论，这是吴筠思想的特色。这对后世道教学者们颇有影响。

吴筠的思想，对宋元之后道教内丹学的心性本体论哲学有很深的影响。他以道家、道教的无为政治理论为本，把儒家以德为本的王道政治观吸收进来做了融会贯通，应该说是对中国古代政治思想的一个重要发展。此外，吴筠也是一个著名的诗人。他的诗作中有很多道教的内容，这对后世道教学者们以诗词或者其他文学手段宣传道教思想不乏示范作用。

第四节　张志和的道隐及其新庄学

一　张志和的生平

张志和（732—774），字子同，初名龟龄，自称"烟波钓徒"，浙江金华兰溪人。关于其生卒年，学界有多种观点。一种看法是约生于730年，卒于810年。另一种看法是，约生于武则天万岁通天二年（697），卒于唐代宗大历十二年（777），享年八十一岁③。有一种观点是"生于开元末叶，卒年不可知，但宪宗时尚闻其在世，绝非如时贤所论卒于大历八年或九年"④。此外，《张志和小传》认为生于唐开元二年（714），卒于唐大历九年（774），享年六十岁⑤。这与祁门润田《张氏宗谱》中所载相同。吴建之先生在《张志和探微》中说：陈少游撰写的《唐·金吾志

---

① 分别见《庄子》的《天地》、《在宥》、《逍遥游》、《在宥》、《在宥》。
② （唐）吴筠：《玄纲论·长生可贵章第三十》，《道藏》第 23 册，第 680—681 页。
③ 张应斌：《张志和生卒年考》，《韩山师范学院学报》（社会科学版）1995 年第 4 期。
④ 周本淳：《张志和生卒年考述》，《江海学刊》1994 年第 2 期。
⑤ 《自然与文化·名人名家·文学家》，http://www.chinahuangshan.com/lyzt/whkmain1208.htm。

和玄真子先生行状》中云："先生兄弟三人，孟霞龄、仲鹤龄、季即先生，开元二年正月一日生。"《张氏源流谱系序》云："夫人（指游朝妻李氏、志和母）娠龟龄之初，梦腹生枫，有神以灵龟献而吞之，夫人弟李泌解之曰'当应跋麟之喜'，既而产次男于行馆，时开元二年正月一日也。"二者记载，均表明志和诞生于开元二年（714）正月。吴建之依据《大成宗谱》认为张志和生于唐开元二年，卒于大历九年，即公元714—774年，享年六十岁①。但是，《新唐书·本纪第七》载："贞元五年（789），三月甲辰，李泌薨。"《新唐书·列传第六十四》又载："（李泌）贞元五年，果卒，年六十八，赠太子太傅。"据此推算，李泌于贞元五年卒，活了六十八岁，则李泌的出生年份应该是开元十年（722）。如果张志和是开元二年生的话，则张志和比李泌反而还要大八岁。这样一来，张志和在714年出生时，李泌尚未出生，他怎么能为李氏解梦呢？如此，则张志和的生年至少应该比李沁晚十年。北宋司马光《资治通鉴》卷第二百一十五云："李林甫为相，凡才望功业出己右及为上所厚势位将逼己者，必百计去之；尤忌文学之士，或阳与之善，啖以甘言而阴陷之。世谓李林甫'口有蜜，腹有剑'。"又云："天宝六年（747），上欲广求天下之士，命通一艺以上者皆诣京师。李林甫恐草野之士对策斥言其奸恶，建言：'举人多卑贱愚聩，恐有俚言污浊圣听。'乃令郡县长官精加试练，灼然超绝者，具名送省，委尚书覆试，御史中丞监之，取名实相副者闻奏。既而至者皆试以诗、赋、论，遂无一人及第者，林甫乃上表贺'野无遗贤'。"那年杜甫、元结等才子亦去应试，却被忌文学之士的李林甫拒之门外而不第。唐肃宗李享崇尚黄老学说，李林甫只忌妒有文学才华而有可能将来威胁到自己的才子，张志和出身传统的黄老世家，受家庭和其父张游朝清静好道的影响，从小就耳濡目染道家、道教，在道术方面有其一技之长，十六岁的张志和在文学方面也远远逊色于杜甫、元结等才子。所以，他非但没有被李林甫淘汰，反而深蒙肃宗重赏，留在太学学习待诏。天宝六年（747）张志和十六岁，向前顺推十六年可以推算出他应该是732年即唐玄宗开元二十年出生的。他的卒年，祁门润田《张氏宗谱》中载："张志和，卒于唐大历九年（774），祖籍金华。"宗谱中有张志和的挚友淮南节度使陈少游撰写的《唐金吾志和玄真子先生行状》，其中提及："先生生还造化越十一载，子衢奉先生遗书若干卷远来淮南。"这就是说张志和死后第十一年，其子张衢来找当时任淮南节度使的陈少游，请

---

① 吴建之：《张志和探微》，《东南文化》1991年第2期。

陈少游为其父作传，陈少游写了这篇《行状》并最后落款"建中五年春月吉旦"。建中五年即兴元元年（784），由此向前顺推十一年正是大历十一年（774）。故张志和的卒年为大历十一年，享年四十二岁。

张志和三岁能读，六岁成文，八岁随父游朝。翰林宋学士以锦林文集戏之，过目成诵。帝益奇之，御笔赐第优养之。十六岁游太学，"以经游太学，瓒榜进士第，帝令待诏翰林，献策南宫，寻以扈跸功授金吾将军，更名志和，字子同"①。以明经耀第，献策肃宗，深蒙重赏，任翰林待诏授左金吾卫录事参军，并赐名"志和"。在安史之乱中，他给唐肃宗出谋划策，并征调四千回纥兵，与郭子仪夹击叛贼收复东都洛阳，显示出了卓越的将才。至德二年（757）十月两京收复后，被荣封金紫光禄大夫。但不久，李辅国当权，张志和的舅父留进遭到受唐肃宗重用的李泌诬陷，作为外甥的张志和被卷入旋涡，被贬任南浦尉。"时逢母丧，帝特赦之。"张志和没有到任，直接回金华本籍守制三年，克尽孝道。"服阕，朝廷屡诏不起，复游吴楚山，泛舟于江湖，挹清风，载明月，垂钓不设饵，志不在鱼也。"兄鹤龄，恐志和遁世不归，为之在越州会稽（今绍兴）城东筑茅屋一所。志和居之至大历九年，与当时的浙东观察使陈少游过从甚密。大历八年正月颜真卿到湖州任刺史，秋八月，张志和到达湖州见颜真卿，随后在湖州一带游历。在大历十二年四月颜真卿罢湖州刺史赴京前离开湖州②，或如《太平广记》卷二十七引《续仙传》所说船上醉酒而水中升仙（溺亡）。

张志和博学多才，歌、词、诗、画俱佳，是唐代著名山水画家。著作有《大易》十五卷（已佚），《玄真子》三卷，诗文若干。《说郛》（宛委山堂本）卷一百收录《玄真子渔歌记》一卷，题唐张志和撰，李德裕录。其中最著名者为《玄真子》，因以为号。

关于《玄真子》，文献记载颇多歧异。《新书·艺文志·道家类》著录三种，《太易》十五卷，《玄真子》十二卷（原注：韦诣作《内解》），又《玄真子》二卷。清人沈炳正《新旧唐书合钞》言张氏著述为两种，其于《玄真子》十二卷下加按语云"十字疑衍"，于《玄真子》二卷下加按语云"上已有十二卷，疑上十字衍，此届重出焉"。《历代名画记》卷十则言志和"著《玄真子》十卷"。《新传》未著卷帙。明代高儒《百

---

① （唐）陈少游：《唐金吾志和玄真子先生行状》，见《张志和年谱》，《张氏宗谱·张氏源流谱系序》，http://xiaotuer.bokee.com/5989445.html。

② 周尚兵：《唐诗人张志和事迹考》，《郧阳师范专科学校学报》2000年第8期。

川书志》卷七题为"《玄贞子》一卷，凡三篇"。可见《玄真子》有一卷、二卷、十卷、十二卷四种异说。颜《碑》说："著十二卷，凡三万言，号《玄真子》，遂以称焉。客或以其文论道纵横，谓之造化鼓吹；京兆韦诣为作《内解》。玄真又述《太易》十五卷，凡二百六十有五卦（按：《新传》作'卦三百六十五'），以有无为宗，观者以为碧虚金骨。"颜与张同时，且为非常熟悉的诗友，其言《玄真子》三万言，十二卷，当可信。如以现存《玄真子》三卷本八千六百八十字的字数计算，上卷为二千七百二十五字，中卷为二千二百一十五字，下卷三千七百四十字。以每卷平均二千八百九十三字计，十二卷则为三万四千七百二十字，与颜《碑》"凡三万言"相符。由此可知，《新旧唐书合钞》疑十二卷之"十"为衍字，不足为信；断言二卷本为"重出"，证据似亦不足。然十二卷本至北宋时已仅存三卷。《崇文总目》卷四《道书类》二录存《玄真子》三卷。又载《神异书》三卷。朱锡鬯按："《通志略》：道士元真子撰。疑非张志和也。"陈振孙《直斋书录解题》卷九著录《玄真子外篇》三卷。《解题》曰："唐志：《玄真子》十二卷。今才三卷，非全书也，既曰《外篇》，则必有《内篇》矣。"从陈氏《解题》可知，《玄真子》十二卷本至宋仅残存三卷，并明题为《外篇》。清代钱曾《读书敏求记》卷三"子部"亦著录《玄真子外篇》三卷，并题云："著书名为《外篇》，应有《内篇》，失传于世。此于《邓析子》同册，俱是元人手抄本，不知与新本有异否？"至元朝尚存《玄真子》三卷手抄本和二卷本（即《才子传》所录）。今存版本有《道藏》（明正德十年内府刻本）亦著录《玄真子外篇》上中下三卷（《道藏辑要》第五类所收同此），《子汇》丛书（明万历五年南京国子监刻本）题曰《玄真子外篇》一卷，不分卷，唯分碧虚、鸾鹜、涛之灵三部分，其后分三卷者均依此。《知不足斋丛书》第十三集本则分为上、中、下三卷（《且且初笺·十六子》、《金华丛书·子部》、《丛书集成初编·哲学类》所收均据此影印，曾参照《道藏》本）。明归有光辑评《玄真子》，不分内、外篇，亦不分卷，是书收入《诸子汇函》，当较接近《玄真子》原貌，可参考。《玄真子》不分篇、卷者还有《十二子》、《二十家子书》、《四库全书·子部道家类》、《子书百家、道家类》、《百子全书·道家类》等版本①。

张志和的五首《渔父词》（又名《渔歌子》）是流传至今最早的文人词作之一。它们构思新颖，语言清丽流畅，声调和谐宛转，富有音乐美，

① 卢国龙：《隋唐五代道教学者志》（续），《道协会刊》1986 年第 18 期。

色彩鲜明，形象飞动，富于诗情画意。它是一幅绝妙的春江渔隐画，每一句都是一幅画，既有以素描淡彩勾勒出的山水画，又有以浓墨翰笔描绘出的鱼乐图，还有烟雨空蒙中的渔父独钓图①，在意境的创造、思想的表述、艺术的构思、色彩的搭配等方面都很独到，艺术地表现了词人爱自然、爱自由的生活情趣，兼融自然美、生活美和精神美，堪称上乘佳作。后世李煜、欧阳炯、苏轼、黄庭坚、张元干、陆游、徐俯、朱敦儒、张羽、谢常、查慎行等，反复用其原句增写、届和和仿仍，影响深远。张志和《渔歌子》是唐代文人填词的滥觞。词的兴起与其他文学样式的兴起一样，都来自民间。敦煌曲子词是它的源头。初盛唐时期虽然有某些文人模仿它来作新词，以配合"大曲"，但基本上还是采用五七言的绝句来写的，严格地说还不能算是"词"。相传为李白所作的《清平调》三章即是其例。真正用长短句来填词的文人作家，还是在中唐时代。张志和的五首《渔父词》就是唐代文人作词的滥觞②。

　　《渔父词》不仅是中国唐词的宗祖，而且也是日本词学的开山。大约在《渔歌子》写成五十年后（823 年，即日本平安朝弘仁十四年），它们即流传到日本。当时的嵯峨天皇读后备加赞赏，亲自在贺茂神社开宴赋诗，其时皇亲国戚、学者名流，皆随嵯峨天皇和唱张志和的《渔歌子》。日本嵯峨天皇对汉诗造诣很深，在宴会上亲作五首，其中第三首曰："青春林下渡江桥，湖水翩翻入云霄。闲钓醉，独棹歌，往来无定带落潮。"席间天皇年仅十七岁的女儿内亲王智子，聪颖过人，她吟和的两首，更为神社开宴生色不少："春水洋洋沧浪清，渔翁从此独濯缨。何乡里？何姓名？潭里闲歌送太平。"③ 大臣滋野贞主亦有和作五首。近代词学家夏承焘在咏嵯峨天皇绝句中曾云："一脉嵯峨孕霸才……桃花泛飘上蓬莱。"④正是对此极好的赞颂。张志和的词作，不仅为日本词学家所模拟仿作，他的行谊、品藻也为日本文人所仰慕推崇。日本天保年间（1830—1843）词人日下部香作有《梦香词》集（刊印于 1839 年），他的好友翠岩为其

① 陈耀东：《张志和〈渔歌子〉的流传和影响》，《浙江师范学院学报》1983 年第 4 期。

② 同上。

③ 近代日本学者浦松友久在《关于越调诗的二、三问题——唐代新声在日本的遗留》中指出，《越调诗》的体裁特点很容易使人联想起《经国集》卷十四保存的《渔歌》组诗，关于这一组以嵯峨天皇的五首诗为中心的十三首诗，是一些与《渔歌子》谱系，即以张志和《渔父》为原作的称为（词）的诗歌新形式有关的作品。

④ 词见日本《经国集》卷十四。参见夏承焘选校《域外词选》附录《填词的滥觞》，书目文献出版社 1981 年版。

作"序"，有"混迹钓徒，遥慕玄真之逸致，托名词隐，每追万俟之芳踪"①。对他淡泊功名利禄，寄迹江湖，追慕张志和之逸致，作了生动的描述。可见，张志和的《渔歌子》对日本词学的兴起和盛行，产生了巨大的影响。此外，张志和的品格和词作的影响，还远及波斯国（今伊朗）。唐五代冈人李珣"土生波斯"，但长期旅居中国，学习中国文化，《尊前集》收有其词十八首，《域外词选录》五十四首，其中就有仿效张志和的《渔父》三首。其一曰："水接衡门十里余，信船归去卧看书。轻爵禄，慕玄虚，莫道渔人只为鱼。"② 无论是设辞、命意、情趣都能得张志和《渔父词》的精髓。③

张志和既为山川隐逸，著作玄妙，故后世传为神仙中人。如《续仙传》云，玄真子"守真养气，卧雪不寒，入水不濡"。唐李德裕评论说："隐而有名，显而无事，不穷不达，严光之比。"可谓恰如其分。

二 张志和的新庄学

张志和继承其父庄子家学而有新发展，在新的时代和思想背景条件下，《玄真子》对庄子思想作了多方面的新阐发，张志和由此成为唐代著名的道家学者。促成张志和庄学思想创新的思想渊源，主要是道教重玄学和佛教三论宗、天台宗、唯识学等。

大道为自然造化者，是先秦道家的观点。到了唐代，受佛学的影响，自然无为而造化万物的传统观点开始发生改变。《道教义枢·自然义》说："自然者，本无自性；既无自性，有何作者？作者既无，复有何法？此则无自无他无物无我。"张志和继而以"空"遣"有"和"无"（虚无而不有），阐明作为"中道"的"空"的"造化者"："无自而然，自然之元。无造而化，造化之端。廓然惢然，其形团。"④ 这就是说，"造化者"具有如圆形一样的圆融无碍、无所执滞的性质。"无自而然，是谓玄然。无造而化，是谓真化。之玄也，之真也。无玄而玄，即谓真玄。无真而真，是谓玄真。"⑤ 自然即自成。"无自而然"即无自性而成。无自性而成就，便是玄（然）。无造作而化生，便是真（化）。进而排除玄，便是

① 夏承焘选校：《域外词选》附录《填词的滥觞》。
② 同上。
③ 陈耀东：《张志和〈渔歌子〉的流传和影响》，《浙江师范学院学报》1983 年第 4 期。
④ （唐）张志和：《玄真子外篇》卷上，《道藏》第 21 册，第 719 页。
⑤ 同上。

真玄；进一步排除真，便是玄真。这里显然运用了重玄学的双遣双非的思辨逻辑。张志和进而指出："无然乎？其然一乎然，然后观乎自然。无化乎？其化一乎化，然后观乎造化。无玄乎？其玄一乎玄，然后观乎真玄。无真乎？其真一乎真，然后观（乎）玄真。"①　通过对无然与然、无化与化、无玄与玄、无真与真的层层排遣，消融概念之间的差异，说明重玄与造化之理不可以惯常的认知方式来获得，"造化者"是玄而又玄，离却名言概念的②。

　　这样一来，人们还有可能认识"造化者"吗？答案是肯定的："夫无有也者，有无之始也。有无也者，无有之初也。无有作，有无立，而造化行乎其中矣。"③"造化者"的"体"象就存在于有无与无有的变化之中。这种变化形态，张志和从三个方面进行了阐发。其一，有与无转化的历时性。"有之非未无也，无之非未有也。且未无之有而不有，未有之无而不无，斯有无之至也。故今有之忽无，非昔无之未有，今无之忽有，非昔有之未无者，异乎时也。"④　在"今之有"变成"无"之前，已经存在着"昔之无"。此时之"有"突然变成"无"，实是彼时已有之"无"突然显现出来而已。其二，有无转化的同时性。"若夫无彼无有，连既往之无有而不殊，无此有无，合将来有无而不异者，同乎时也。"⑤　"有"与"无"是同时存在的。此时之"有"与彼时之"无"、此时之"无"与彼时之"有"是相互关联的，它们的相互转化是缘于各自处于不同的时间域。有与无是在时间流程中相互转化的，也就是说，时间是与事物的运动相连的，没有物质的运动就没有时间。运动的形式虽然多种多样，但最基本的运动形式，仍是事物存亡——有无的相互转化过程。而且，时间的规定性，取决于物质运动的速度（爱因斯坦的相对论证实了这一点，物体运动速度越快，时间流逝就越慢，反之亦然）。张志和当然没有发达的科学知识奠定其时空与物质运动观的基础，但他在思辨哲学中揭示了时间与物质运动从无到有、从有到无的过程的内在联系，应该说是难能可贵的⑥。其实这个问题，南北朝时期著名和尚僧肇（384—414）有过论述：

---

① （唐）张志和：《玄真子外篇》卷上，《道藏》第21册，第719页。

② 何建民：《〈玄真子〉造化观探析》，《中国道教》1994年第2期。另参李大华、李刚、何建民《隋唐道家与道教》，广东人民出版社2003年版，第447—464页。

③ （唐）张志和：《玄真子外篇》卷上，《道藏》第21册，第719页。

④ （唐）张志和：《玄真子外篇》卷下，《道藏》第21册，第725页。

⑤ 同上。

⑥ 卢国龙：《隋唐五代道教学者志》（续），《道协会刊》1986年第18期。

求向物于向，于向未尝无；责向物于今，于今未尝有。于今未尝
有，以明物不来；于向未尝无，故知物不去。复而求今，今亦不往。
是谓昔物自在昔，不从今以至昔，今物自在今，不从昔以致今。①

然则万物果有其所以不有，有其所以不无。有其所以不有，故虽
有而非有，有其所以不无，故虽无而非无。虽无而非无，无者不绝
虚；虽有而非有，有者非真有。若有不即真，无不夷迹，然则有无称
异，其致一也。②

前一段论述，僧肇否定了物质运动与时间的联系，只看到时间和运动
的间断性，没有看到它们的不间断性。后一段论述，僧肇揭示了事物的有
无与空间的矛盾。事物有"有"的一方面，也有"无"的一方面。前者
并不意味着事物永恒存在，后者并不意味着事物是绝对的空无。每一个具
体事物的生命周期都是有一个相对的界限的，存在的时间越长，就意味着
距离死亡越近。在这一点上，张志和与僧肇颇为接近，"且未无之有而不
有，未有之无而不无"，不包含无的存在是不真实的，不包含有的无也不
是我们所说的无。较之二者，僧肇的论述要明确些，但僧肇却由具体事物
的有无统一引申出"万物非真"，事物只是"假号"，就失之远矣。因为
具体事物固然可生可灭，改变存在形式，但物质却是永恒存在的，物理学
的"物质不灭定律"证明了这一点。由此看来，张志和的观点总体上胜
于僧肇，在哲学史上是有贡献的。

其三，有无转化的必然性与偶然性。"今有之忽无"和"今无之忽
有"是"不然"，即偶然现象；"有连既往之无"和"无合将来（之）
有"是"今有之忽无"和"今无之忽有"的必然。张志和说："异乎时
者，代以为必然，会有不然之者也。同乎时者，代以为不然，会有必然之
者也。"③　其四，有与无的区分与造化的必然性无关。"有之与无，由君之
与。吾何背何正，妄推乎造化之命哉。"④　有与无的区分，只是人们在认
识过程中的主观分辨罢了。

---

① （东晋）僧肇：《肇论·物不迁论》，冯契主编《中国历代哲学文选（上）》，上海古籍出版
社 1991 年版，第 409 页。
② （东晋）僧肇：《肇论·不真空论》，石峻主编《中国哲学名著选读（上）》，中国人民大学
出版社 1988 年版，第 368 页。
③ （唐）张志和：《玄真子外篇》卷下，《道藏》第 21 册，第 725 页。
④ 同上。

张志和进而指出，要基于有无关系的种种体象去认识"造化者"，就必须端容节气、默寂两忘而进入"真无之域"：

> 默之来也，默曰一，寂能一之，默曰二，寂能二之。默之一也无，寂之一也有。默之二也无有，寂之二也有无。一之一也，不离乎二，二之二也，不离乎一。然则知寂之不一，明默之不二者，斯谓之真一矣。夫真一者，无一无二，无寂无默，无是四者，又无其无，斯谓之真无矣。夫能游乎真无之域者，然后谒乎真一之容者焉。夫游乎真无之域，谒乎真一之容者，乃见乎诸无矣。①

从"一"的"有"和"无"到"二"之"无有"和"有无"，再到"不一""不二"之"不有"和"不无有"，经历了肯定—否定—否定之否定的过程。但是，这种否定之否定的"不一不二，无默无寂"，只是"真一"而不是"真无"。要达到"真无"，尚须否定，即"无其无"。"真一"即"至有"，"真无"即"至无"。"真一"或"至有"表达了"道""有"而不虚的存在性质，"真无"或"至无"是"道"的"无"的本质存在性质。这就从本体层面揭示了"有"与"无"的统一关系。"造化"与"太虚"是"道"处于"动"与"寂"或"混"（与物为混）与"寂"的状态中表现出来的存在形式，是"有"与"无"两种基本特性的表现。"取之而不得，舍之而不克，谓无而有，谓有而无。其来也儵，见乎造化，其去也寂，归乎太虚。能游乎不物之域者，方睹乎吾之逍遥之墟域。"② 能"藏中闭目"、"虚心实腹"，才能"儵见乎造化"之"有"，即"道"之"来"。但只有"能游乎不物之域者"，才能真正认识道"寂归乎太虚"之"无"，即"道之去"。所以说，"道"的本质即是"无"而"有"，"有"而"无"，不可执着于有或无，实际上，造化本也如此："无自而然是谓玄然，无造而化是谓真化。"③

虽然人们可通过体象认识"造化者"。但是，"造化者"的终极本性则是玄之又玄的。

张志和进而指出，"道"就是"造化"之"道"，"造化"是"道"之"造化"。"造化之域"是超绝时空的，具有"自然"、"常然"、"太

---

① （唐）张志和：《玄真子外篇》卷下，《道藏》第 21 册，第 725 页。

② （唐）张志和：《玄真子外篇》卷中，《道藏》第 21 册，第 722 页。

③ （唐）张志和：《玄真子外篇》卷上，《道藏》第 21 册，第 719 页。

极"、"无极"等性质，有与无只是造化的具体呈现形态。

以无、有关系论道，是道家、道教一贯的主张。张志和对此作了深化：

> 太寥问乎无边曰：若夫造化之间，万象不一，求小大有无之至者可得而言乎？无边曰：以吾之观，至小者大而至大者小，至无者有而至有者无。若知之乎？太寥曰：以吾闻之，至小不可以大，至大不可以小，至无不可以有，至有不可以无。子之所谓者何也？无边曰：吾请告若，至小至大者莫甚乎空，至无至有者莫过乎道。其所然者何也？包天地至有外者唯乎空，非空之至大耶？判微尘至无内者成乎空，非空之至小邪？巡六合求之而不得者，非道之至无邪？出造化离之而不免者，非道之至有邪？故曰：至小者大，至大者小，至无者有，至有者无，不亦然乎。①

从这一段话中可以看出三点：其一，张志和受佛学影响，把不有不无、无所不包又无所不至的"空"作为阐发有无关系的逻辑出发点。其二，他踵庄子之后，用相对主义的思辨方法，站在"道"的高度，抹杀经验领域中具体事物之间的差别，以此凸显作为"造化"过程中所显现的"道"的绝对本性。其三，张志和进而得出结论："道"既是"至无"，又是"至有"，是二者的统一体。如何理解"至无"和"至有"呢？他说："有之非未无也；无之非未有也。且未无之有而不有，未有之无而不无，斯有无之至也。"②　"有"的否定并不是"无"，而是包含着"无"的"有"（"未无"）；"无"的否定并非"有"，而是包含着"有"的否定"无"（"未有"）。包含着"无"的"有"的否定（"未无之有而不有"），则是"至有"；包含着"有"的"无"的否定（"未有之无而不无"），则是"至无"。这是以阴中有阳，阳中有阴的阴阳辩证法为基础，把肯定—否定—否定之否定的辩证法和从佛教吸收过来的双遣双非的思辨逻辑结合起来，消除滞障，深化对形而上的探讨。

那如何才能得"道"呢？张志和之前及同时代的道家、道教学者们提出过外观及坐忘两法。外观基于万物为道所造，故通过观万物之变动而知"道"。坐忘之法源自庄子而为中唐的司马承祯所发展，主张安坐收心

---

① （唐）张志和：《玄真子外篇》卷上，《道藏》第21册，第721页。
② （唐）张志和：《玄真子外篇》卷下，《道藏》第21册，第725页。

离境，兼忘物我而知"道"。张志和认为，这两种方法都不足以"知道之妙"。因为外观之法执着于"有"，坐忘之法执着于"无"。在他看来，要认识真正的"至道"，必须剖判"古今不明之癖"，破除各种"执滞之碍"，以"合至道之有无"①。其实质是"无心"，即"澄神湛虑，丧万物之有，忘一念之怀"，如此可知"一生一灭"，"似神而有"的"造化之道"，而非虚寂无形无为之道，这可视为对道家、道家功夫论的深化与发展。

三 张志和的科学思想

在《玄真子外篇》中有很多科学思想。

其一，天地关系。张志和把天之王称为"神尊"，把地之王称为"祇卑"，把碧虚（天地间之空气）之王称为"灵荒"，说：

> 神尊曰：朕有天。祇卑曰：朕有地。灵荒怪天地之名，问之曰："朕之仰视不异碧虚，朕之俯察不异碧虚。碧虚之中，其又奚物？帝言天地，厥状若何？"祇卑曰："朕之地，体大质厚，资生元元，中高外垂，其势坤。层然如坛辇……"。神尊曰："朕之天，体虚形高，资始化化。中员外转，其行乾。穹然如帐帱……"。灵荒未之信，曰："天如帐，胡县（悬）乎其上？地如坛，厥下平何安？"神尊曰："天之帐非上县，飘轮下载常左旋，三光随之以西迁。"祇卑曰："地之坛，有湫盘凝浮其上，所以安。"②

这一关于天地关系的理论，显然是中国古代天文学的"盖天说"与"宣夜说"的结合。它的基础是盖天说，但张志和并不认为地是倾斜——西北高而东南低。他认为天地间是无形质的碧虚，这与汉末前出现的"宣夜说"相吻合。宣夜说认为，宇宙间只有天体（日、月、星及其构成的有形物质）与地体才是有形有质的，此外是无限的虚空。天体不依附于任何实物，而只是飘浮于元气之上，自由运动。③张志和的这一天地关系理论，在古代天文学史上有是一定价值的。

其二，关于日食、月食。张志和对此有精湛的解释：

---

① （唐）张志和：《玄真子外篇》卷下，《道藏》第21册，第725页。
② （唐）张志和：《玄真子外篇》卷上，《道藏》第21册，第718页。
③ 盖建民：《道教科学思想发凡》，社会科学文献出版社2005年版，第147页。

日月有合璧之元，死生有循环之端。定合璧之元者，知薄蚀之交有时。达循环之端者，知死生之会有期。是故月之掩日而光昏，月度而日耀；日之对月而明夺，违对而月朗。是故死之换生而魂化，死过而生来。生之忘死而识空，失忘而死见。然则月之明由日之照者也，死之见由生之知者也。非照而月之不明矣，非知而死之不见矣。且薄蚀之交，不能伤日月之体，死生之会，不能变至人之神。体不伤，故日月无薄蚀之忧，神不变，故至人无死生之恐者矣。①

这里，日月"合璧"是指日、月、地球在一条直线上，"薄蚀"就是发生日食、月食。整段话有三个层次。首先，"日月有合璧之元"，"定合璧之元者，如薄蚀之变有时"指出日、月在宇宙中是不断运动的，有发生"合璧"的时候，所以日食、月食发生的时间可以像推算日月"合璧"那样推算出来。其次，日食、月食发生的机理。月之明由日之照。月亮所发出的光亮，是对日光的反射，日、月食的发生是有规律的。"月之掩日而光昏，月度面日耀"是说日食是因为月球运动到地球和太阳之间，遮住了太阳而形成的，当月球继续运动遮不住太阳时，太阳就恢复它的光耀。"日之对月而明夺，违对而月朗"是说月食是因为月球运动到地球的另一面和太阳相对，太阳光被地球遮住而形成的，当月球离开这个位置，不再和太阳相对，太阳光重新射到月球上，月亮就恢复它的明朗。这一解释比较简单粗略，但是大致符合现代科学原理②。最后，张志和明确指出："薄蚀之交不能伤日月之体……日月无薄蚀之忧。"这就是说，发生日食、月食这种自然现象时，对日月本身是毫无伤害的，人们不必杞人忧天似的去担心日食、月食对日、月的伤害。发生日食、月食时人们用不着敲锣打鼓、鸣炮呼天，救日救月。这就排斥了对日、月食这一自然现象的神学解释。

其三，张志和对一些天文、气象也有独到的科学或迷信解释。

《玄真子·涛之灵》说："吾观之太寰之内，似神而无者六：海波诉江而杰涛，天文皎夜而为汉，炎光闪云丽为电，雨色映日而为虹，阳气转空而为雷，心智灭境而为道。其所然者皆有由也。"③"寰"泛指广大的境

---

① （唐）张志和：《玄真子外篇》卷下，《道藏》第21册，第725页。

② 杨樟能：《张志和〈玄真子〉中的物理知识及其人造虹霓实验》，《浙江师大学报》（自然科学版）1989年第1期。

③ （唐）张志和：《玄真子外篇》卷下，《道藏》第21册，第724页。

域，"太"即"大"，"太寰"即整个宇宙；"涛"指海涛；"汉"即古人常说的银河。张志和认为海涛、银河、闪电、雷雨这些自然现象看起来似乎有神灵在操纵，其实没有，它们的发生都是有其内在原因的。海涛形成的原因是"海波溯江"，海水逆水上溯到江里就形成潮。潮水有涨有落，过程往往呈现出一定的周期性。对潮水涨落的机理，张志和力图搞清楚："若欲知涛之说者，观乎脉之血有往来之势，察乎槐之叶有开合之期，气之应也。"[①] 用血液在脉里流动的"往来之势"类比潮水形成的原因，用槐叶开合的周期性来说明潮水涨落的周期，反映了张志和具备较高的科学思维素养，但他受时代的局限，借用血脉、槐叶的实物模型来类比推理潮汐现象形成的机理而归结为"气之应也"，失之于模糊和笼统，不可能精确地揭示潮水涨落的机理。

张志和指出，天上的银河是由日月星辰的分布、运行而成的，云际间的火光闪烁形成电，雷则是"阳气"在空中激荡形成的。这些认识也都在一定程度上揭示了银河、电、雷形成的原因，是一种朴素的科学思想。他的这一思想，对后世道教探索自然理解有影响。例如，南宋道士托名的道书《无上妙道文始真经》也探讨了风雨雷电形成的原因，说："衣摇空得风，气嘘物得水，水注水即鸣，石击石即光。知此说者，风雨雷电皆可为之，盖风雨雷电皆缘气而生。"[②] 这显然是继承了张志和把风雨雷电产生的原因归结为自然之气的作用的观点。

其四，关于液体表面张力的探索。

《玄真子外篇》提及："荷水为珠，其圆也非规，而不可方者，离乎著也。"[③] "规"即用以画圆的工具，"著"即附着。张志和认为荷叶上的水珠因为有离开荷叶而不黏附于其上的趋势，所以水珠不用规也自成圆形，而不是方形。对此，有学者给予了充分的肯定，指出："一千二百多年前的张志和能对因液体的表明张力而形成的现象进行如此周密的观察和记载，并用水滴与荷叶的附着作用不大来解释水滴在荷叶上成圆珠形的原因，实在是难能可贵的。"[④]

其五，关于人造虹霓实验。

张志和做过人造虹霓的实验："背日喷乎水，成虹霓之状，而不可直

① （唐）张志和：《玄真子外篇》卷下，《道藏》第21册，第724页。

② 《无上妙道文始真经》，《道藏》第11册，第515—516页。

③ （唐）张志和：《玄真子外篇》卷下，《道藏》第21册，第725页。

④ 杨樟能：《〈玄真子〉中的物理知识》，《中国科技史料》第11卷，1990年第4期。

者，齐乎影也。"① 前半句"背日喷乎水，成虹霓之状"指出用"背日喷水"的办法可以观察到和天然虹霓相似的人造虹霓。这是对前人的认识作了概括。在张志和之前，东汉蔡邕在《蔡氏月令》中说过："虹见有赤青之色，常依云而昼见于日冲，无云不见，太阳亦不见，见则与日互立，率以日西，见于东方。"唐初，孔颖达说："若云薄漏日，日照雨滴则虹生。"② 张九龄的《湖口望庐山瀑布》诗中也有"日照虹霓似"之句。后半句"而不可直者，齐乎影也"，因叙述过于简略，导致学者们理解上有分歧。有人认为"大概是人们已经发觉在这个实验里，观察角度十分重要，如不适当，就无法看到虹霓现象，或者是探索虹呈弓形的原因"③。也有人认为："不可直者"是记录实验中所观察到的现象，"齐乎影也"是说明人造虹霓的弧形是以观察者的头影为圆心对称分布的④。对比之下，杨樟能的观点更可取。他认为，"不可直者"是记录实验中观察到的虹霓是弧形而不是直的，"齐乎影也"是对虹霓形成的原因的解释。"齐"是相当或等同的意思，"影"同"景"，可作"象"解释。整句话的意思是人造虹霓是日光在雨滴里形成的影象。⑤ 综上所述，对"背日喷乎水，成虹霓之状，而不可直者，齐乎影也"的理解，可以概括为以下三点：首先，张志和以背日喷水，边喷边观察的方法，成功地进行了人造虹霓和日光色散的实验。实验注意事项中所强调的"背日"是观察条件，而不是喷水条件。整个实验的方法、步骤、注意事项都符合光学原理，它是在初步了解有关虹霓的性质、成因以及虹霓和太阳的方位关系等知识的基础上进行了实验设计之后进行的。其次，张志和如实地记录了实验结果，说明在实验过程中确实观察到了和天然虹霓色彩、形状都相似的人造虹霓，而且特别强调人造虹霓是圆弧形的，而不是直线形的。最后，张志和在实验的基础上，经过分析研究，得出虹霓是日光在雨滴里形成的影象的科学结论。

张志和的人造虹霓实验具有很高的科学价值和意义，表现在：

① （唐）张志和：《玄真子外篇》卷下，《道藏》第 21 册，第 725 页。
② 《礼记·月令》的"虹始见"疏。（汉）郑玄注，（唐）孔颖达疏，龚抗云整理，王文锦审定：《礼记正义》，北京大学出版社 2000 年版。
③ 王锦光、洪震寰：《中国光学史》，湖南教育出版社 1986 年版，第 118—120 页。
④ 杨良工：《张志和与中国古代人工模拟虹霓实验》，《纪念实验物理学重大事件暨物理实验史学术讨论会论文集》上册，1988 年 6 月。
⑤ 杨樟能：《张志和〈玄真子〉中的物理知识其人造虹霓实验》，《浙江师范大学学报》（自然科学版）1989 年第 1 期。

其一，开创性地用实验方法研究了虹霓，成功模拟了人造虹霓，用实验方法验证了虹霓是雨滴反射日光而成的光学现象，验证了虹霓和太阳的方位关系，得出了虹霓是日光在雨滴里形成的影象的科学结论，把我国对虹霓的研究推进到当时世界上遥遥领先的水平。西方对虹霓的研究达到这个类似水平是在 13 世纪。英国的罗吉尔·培根（Roger Bacon，1247—1294）认为虹是太阳光照射空中无数水滴所致；意大利的维特罗（Vitellio 或 Witelo，1230—1275）认为虹霓是太阳光经过水滴的折射和反射而形成的光学现象。对比起来，张志和的实验研究要比他们早五百多年。①

其二，古代对虹霓的研究，通常伴随着对日光色散现象的研究。因此，张志和的人造虹霓实验也是开创性地用实验方法成功地研究了日光通过雨滴时的色散现象。

其三，我国古代对虹霓的认识曾经长期存在着迷信。迷信邪说给虹霓涂上种种神秘的色彩，说它是美人，是妖怪、是能饮水止雨的动物，说它的出现象征着灾乱，等等。人造虹霓的模拟成功，给这些迷信邪说以毁灭性的打击，是科学无神论的胜利。

其四，张志和在科学还处于猜想和思辨阶段的 8 世纪就能对虹霓进行实验研究，在认识上是符合科学的认识论的，在研究方法上跳出了单纯思辨和猜想的圈圈，采取"理论—实践—理论"的方法，把理论和实践结合起来。这在科学研究上、哲学上都具有十分重要的意义，至今也有借鉴的价值。②

其五，关于视错觉。《玄真子外篇》记载了两种视错觉现象。

第一，"烬火为轮，其常也，非环而不可断者，疾乎连也"③。这是说，燃烧后带有星火的木炭，让它以一定速度旋转时呈轮状，而急速旋转时看起来像一个连续的环，其实它并不是环，只是烬火旋转速度太快而造成无间断的环状错觉。

第二，"夫以百尺之竿戴乎盘，卧之立之，远近适等，而小大不同，信目之有夷险者矣"④。这里"戴"是置的意思，"乎"同于，"夷"即平坦，"险"与"夷"相对，如化险为夷，这里"夷险"连在一起，说明

---

① 王锦光、洪震寰：《中国光学史》，湖南教育出版社 1986 年版，第 119—120 页。

② 杨樟能：《张志和〈玄真子〉中的物理知识其人造虹霓实验》，《浙江师范大学学报》（自然科学版）1989 年第 1 期。

③ （唐）张志和：《玄真子外篇》卷下，《道藏》第 21 册，第 725 页。

④ 同上书，第 724 页。

人眼的主观感觉有截然相反的感受，可以理解为错觉。这里所述，实为一个有关视觉现象的物理实验：在长竿的一端放置一个圆盘，将竿横放或者竖放（做两次视觉观察对比实验），观察者距离盘的距离一样，但在观察者看起来，盘的大小却不同。这一实验设计十分巧妙，有相当高明的实验物理思想。通过实验说明，由于人眼的主观感觉，视觉会有错觉。现代科学认为，视觉是整个视分析器活动的结果。由光源直射或物体反射的光线作用于眼球的视网膜，引起其中感觉细胞的兴奋，再经视神经传入大脑的皮层视区产生视觉。人的视觉受观察者的经验制约，同时受到观察对象的背景的干扰，因此，观察某一对象时，常常会产生某种视觉偏差，造成错觉现象。现代心理学把因人的经验，或者观察时对象受背景的干扰或有机的制约而产生的人在知觉上的错误称为错觉，表现在视觉方面的称为视错觉。光学上的错觉，在物理学上称为光渗作用①。张志和把视错觉称为"信目之有夷险者矣"，表明他对视觉现象作了相当深入系统的观察认识。距今1200多年的张志和发现了人的视错觉，并作了如此缜密细致的实验，显示了他对自然万物之理探索的努力及其科学思想水平，从一个侧面说明了道教对中国古代科学技术的重大贡献。

第五节　吴善经、胡愔与徐灵府的道教行迹或思想

一　三洞法师吴善经的道教行迹

吴善经（731—814），缙云仙都山（今浙江缙云）人，号三洞法师。幼习儒学，后读《道德经》，至"为学日益，为道日损"，感而改习四真《灵宝》等经。十七岁（748）时居本郡缙云山，后遍登匡庐、天台、茅山，踵至京师，隶太清宫籍。吴善经有两位老师，一是申泰芝，字广祥，洛阳人，寓居长沙，传说他曾遇真人授"金丹火龙之术"，开元二十六年（738）召入宫中②。吴善经曾从申氏受"三洞经法"。二是申泰芝的老师清简泉。清简泉师从来君，来君师从万君。吴善经曾为二师各立石碑。吴善经敏于道学，声名日著。贞元（785—804）年间，于宫院立仙坛，德宗赐以篆节幡佩。后在京郊筑露仙馆而居，在此仙逝。所注《道德经》

① 杨樟能：《〈玄真子〉中的物理知识》，《中国科技史料》1990年第4期。
② 《历世体道真仙通鉴》卷三十三，《道藏》第5册，第291—292页。

即《道德经小解》二卷，在老学史中有一定地位，惜已佚。此外，他著文二十篇，“元览至颐，通乎徽妙”①，另有诗作若干。目前存世之作仅有《毕原露仙馆虚室记》一篇，兹录如下：

毕原露仙馆虚室记

吾素与太虚同体，俄而道生一，欻尒而有形，禀之于父母，其乃自然而然也。既而有形，形体抱神，各正性命。其间贤愚寿夭、富贵贫贱、妍丑工拙，性情智能，无不悉备矣，不可以加也。是谓一受其成形，不忘以待尽者也。

有生以来，七十余载。生崖之分，其可久耶。乃于此原，先修露仙之馆，虚室以待终纵。当年之乐，任其去留，所遇皆安，不忮不求。仙馆已成，松柏已青。时游其庭，回望郊垧，云山峨峨，畅我之情。泛然自得，心与物冥，生便忘生，达乎至精。言乎尔志，盖亦强名。

时贞元廿年甲申岁仲春月七日　太清宫道士缙云吴善经　记

道士卢元卿　书②

吴善经传三景真箓者五百余人。其徒赵常盈曾经参加过大和元年（827）唐文宗朝廷的“三教论衡”③，从其学者有符洞幽、周元德、晏元寿、董太珣等。与其友善如吴郡归冲之、广平刘素芝、天水权载之皆从其游。毒杀唐宪宗的宦官陈弘志（在吴善经死后接掌太清宫）也是其弟子。周元德状其崖略，并勒金石。吴善经是唐代品学兼优的著名道士、道教学者，被时人尊称为“公老真人”或“公老三洞真人”。当时宰相兼文学家权德舆颇为推崇，为之作《唐故太清宫三洞法师吴先生碑铭》。

① 权德舆：《唐故太清宫三洞法师吴先生碑铭》，《全唐文》卷五〇一，上海古籍出版社1990年版，第2262页。

② 池田温《唐长安毕原露仙馆略考》（南华大学敦煌学研究中心编：《敦煌学》第二十六辑，乐学书局有限公司2005年版）提及，2000年4月在陕西省长安县细柳乡出土两件石刻：其一为《毕原露仙馆虚室记》，是贞元二十年（804）二月七日，太清宫道士吴善经记，太清宫道士卢元卿（曾在宫廷整理贵重法帖）书。其二为《吴尊师毕原露仙馆诗序》，是贞元二十年（804）十月，礼部侍郎权德舆文，兵部员外郎归登书，其中的“吴尊师”指吴筠。

③ 见《旧唐书·白居易传》，第4353页；又朱金城《白居易年谱》，上海古籍出版社1982年版，第3178页。

二　胡愔的道教医学思想

胡愔为唐宣宗时期的女道士，自称太白山见素子。关于胡愔的生平，唯一的记载是《黄庭内景五脏六腑补泻图》，首题"太白山见素子胡愔述"，自云：

> 愔凤性不敏，幼慕玄门，炼志无为，栖心淡泊，览《黄庭》之妙理，穷碧简之遗文，焦心研精，屡更岁月。伏见旧图奥密，津路幽深，词理既玄，赜之者鲜指以色象，或略记神名。诸氏纂修异端斯起，遂使后学之辈罕得其门。差之毫厘，谬逾千里。今敢搜罗管见，馨竭□闻，按据诸经，别为图式，先明脏腑，次说修行，并引病源，吐纳除疾，旁罗药理，导引屈伸，察色寻证，月禁食禁。庶使后来学者披图而六情可见，开经而万品昭然。

该序言末题为"大中二年戊辰岁述"。据此可知《黄庭内景五脏六腑补泻图》当撰于唐宣宗大中二年（公元 848 年）。盖建民断定太白山在今浙江金华地区的东阳、义乌一带，而非陕西的太白山①，我们认可这一看法，并补充几点证据。第一，葛洪所说太白山明确说明是在江东，并非陕西地区。第二，从胡愔自号见素女，应与葛洪号抱朴子相对，所以，胡愔是深受葛洪《抱朴子》一书影响的一位女道士，其隐居之地自然是葛洪提到的东阳太白山，而不会是西安的太白。第三，东阳太白山也称东白山，也是道教名山之一。南宋孙德之在《玉溪书院记》中记载："太白山，一名东白，跨越、婺、台三州，地数百里，连岩崔巍……及《抱朴子》所谓与泰、华齐名，信乎其为名山哉。"孙德之曾被当时誉为"文坛大元帅"，其书斋即太白山斋，以太白山取名。北宋施宿《嘉泰会稽志》卷九记载东白山"峻极崔嵬，吐云含影，乃赵广信炼九华丹登仙处"。可见东阳太白山历来为道教圣地，且流传有序。第四，太白山洞天就是今天东阳的东白山。三十六小洞天中除五岳中泰山、华山、常山（恒山）、嵩山外，基本上在南方，绝大多数在江南，而且第七洞天庐山开始就没有越过淮河，而位在第十一洞天的太白山洞天正在此范围内，如果一下跳到京兆府长安县（今西安），则于理不合。第五，太白山洞天由仙人张季连治之，而张季连生平主要活动于浙江东阳一带。陶弘景的《真诰卷之十

---

① 　盖建民：《唐代女道医胡愔及其道教医学思想》，《中国道教》1999 年第 1 期。

四·稽神枢》载："张季连、赵叔达、郭子华，此三人在霍山欲师司命君者"，即张季连所治在霍山。与张季连一同修道的有戴孟，其弟子有谢允。《无上秘要卷八三·太真下元斋品》说："谢允，历阳人。戴孟弟子，晋成帝时得道。"该书把谢允及张季连、赵叔达、郭子华等 139 人都列为地仙，"有姓名，此皆内为阴德，外行忠孝，但世功未就，不得上升三境，且为地仙之任，升进之科别，有年限，得地真道人名品"。上清派道士谢允，《真诰》陶注说："谢允，字道通，历阳人。小时为人所略，卖往东阳，后告官被诬，在乌伤狱，事将欲入死，夜有老公授其符，又有黄衣童子去来，于是得免。咸康中，至襄阳入武当山，见戴孟，即先来狱中者，因是受道。又出仕作历阳、新丰、西道三县，年七十余犹不老，后乃告终也。"《太平御览》引《甄异传》记谢允生平甚详，兹录如下：

> 历阳谢允，字道通。年十五，为苏峻贼军王免所掠卖，属东阳蒋凤家，尝行山中，见虎栏中狗，窃念狗饿以饭贻之，入槛方见虎攀木仰看。允谓曰："此槛木为汝施，而我几死其中，汝不杀我，我放汝。"乃开槛出虎。贼平之后，允诣县别良善，乌伤（今浙江义乌）令张球不为申理，桎梏拷楚。允梦见人曰："此中易入难出，汝有慈心，当救拯。"回见一少年，通身黄衣，遥在栅外，时进狱中，与允语言。狱吏知是异人，由此不敢枉允，蒙理还都，西上武当山。太尉庚公闻而愍之，给其粮资，随到襄阳，听一道士说："吾师戴先生孟盛之非世间人也，敕若有西上欲见我者可将来，得无是君乎？"允因随去人武当。斋戒三日，进见先生，乃是昔日所梦之人也，问允复见黄衣童否？因赐以神药三丸，服之便不饥渴，无所思欲。

戴孟活动的地方在乌伤，今义乌东阳一带，张季连、赵叔达、郭子华也应在附近一带。会稽山洞由仙人郭华治之，无疑暗示了张季连也在会稽山一带。霍山一般指南岳天柱山。

第六，东阳一带原为越国故都所在，由于越国政治中心的北移，会稽山地名北移到绍兴，致使原来在东白山（古会稽山）祭祀也随之北移。且在行政隶属上，太白山也为三县之间，兼一地有多名，又加上西安太白山与之同名，造成历史名山东阳太白山一直隐没不闻。

第七，有学者指出："其实东白山脚下的观里胡村从唐朝永泰年间（765 年）就已经是胡氏族居地，并且，东白山也是胡氏的产业，唐五代时，胡氏与东白山土著许氏联姻，历代祖先墓也在东白山。到元朝东白山

人胡减火 有《东白山赋》留世。可惜由于宗谱不记女名，胡愔之名一直以来不被人所注意。"①

胡愔继承了魏末时期道士赵广信的学说，赵则"师左君守玄中之道，内见五脏彻视法"② 胡愔的著作，《唐志》著录《黄庭内景经》一卷。宋《崇文总目》医书类著录《黄庭内景五藏六腑图》一卷，道书类著录《黄庭外景图》一卷，均为女子胡愔撰。《总目》又著录《黄庭内景图》一卷，余锡邕云："《唐志》、《通志》并作胡愔撰，考医书类三有《黄庭内景五脏六腑图》一卷，亦胡愔所撰，或是一书"，但《宋志》著录胡愔撰《黄庭内景五藏六腑图》一卷，又有《黄庭内景图》一卷，似为二本书，或同一著作的两种抄本。《宋志》著录胡愔的著作还有《黄庭外景图》一卷、《补泻内景方》三卷。又，见素子《洞仙传》十卷，此见素子疑为另一人。今所见胡愔的著作有《黄庭内景五脏六府图》一卷，收入明正统《道藏》洞真部方法类，《修真十书》卷五十四；《黄庭内景五胜六腑图说》一卷，见收于《道书全集》；正统《道藏》洞玄部灵图类国字号还收有《黄庭内景五脏六腑补泻图》一卷。《黄庭内景五胜六腑图》与《黄庭内景五脏六腑补泻图》二著前均有序文，大意相契，论旨相同，但文字略有文字差异。以前者为例，它阐述了肺、心、肝、脾、胆各脏，阐述的次序是：一、图说，明某脏之生理解剖位置、形状、重量、功能等；二、修养法，言以气、津、思等方式调和各脏；三、相病法，诊断脏腑病症；四、治病方，对症下药，各有处方；五、吐纳法，以气调理肝、脾、肾、胆四脏；六、忌食法，分时节禁忌食物，如肾病"十月勿食椒"等；七，导引法，劳动肢体，旨在活动筋脉，去诸脏积聚风邪之气③。全书继承《黄庭经》的思想，构成了一个上承魏晋道教上清派炼养系统，下开宋明著名的"八段锦"脏腑炼养导引系统的道教炼养体系④。

贯穿于这一炼养体系中的思想主要是三点：第一，否定外丹烧炼，主张内修。胡愔生活的时代，外丹服食中毒的事例已经很多，其弊端暴露得很明显了。道教界和社会中人都对其由怀疑而严厉指斥，产生了建立新的

①　《唐代女道医胡愔隐居太白山》，http：//blog.sina.com.cn/s/blog_ 62daf01a01013yex.html，2015 年 3 月 19 日。

②　《历世真仙体道通鉴》卷十七。

③　卢国龙：《隋唐五代道教学者志》（续），《道协会刊》1986 年第 18 期。

④　王家佑、郝勤：《黄庭碧简 琅嬛奇姝——胡愔及其〈黄庭内景五脏六腑补泻图〉》，《中国道教》1993 年第 1 期。

炼养体系的要求和需要。胡愔看到了这一点，力图一扫外丹服食之风而重振以《黄庭经》为代表的道教内炼内养体系。她以天人合一观念为指导，把人的养生实践活动置于一个宏观的环境中去考察，说：

> 夫天主阳，食人以五气，地主阴，食人以五味，气味相感结为五脏，五脏之气散为四肢十六部三百六十关节，引为筋脉，津液血髓蕴成六腑三焦十二经，通为九窍。故五脏者为人形之主，一脏损则病生，五脏损则神灭。故五脏者神明魂魄志精之所居也。每脏各有所主，是以心主神，肺主魄，肝主魂，脾主意，肾主志，发于外则上应五星，下应五岳，皆模范天地，禀象日月，触类而取，不可胜言。若能存神修养，克己励志，其道成矣。①

胡愔认为内修不仅可以使"五脏坚强，诸毒不能损"，"却老延年，志高神仙"，甚至能"神化冲虚，气合太和而升云汉"。

> 五脏坚强则内受腥腐诸毒不能侵，外遭疾病诸风不能损，聪明纯粹，却老延年，志高神仙，形无困疲，日月精光来附我身，四时六气来合我体。入变化之道，通神明之理，把握阴阳，呼吸精神，造物者翻为我所制。至此之时，不假金丹玉液，琅牙大还，自然神化冲虚，气合太和而升云汉。五脏之气结五云而入天中，左召阳神六甲，右呼阴神六丁，千变万化，驭飞轮而适意。是以不悟者，劳苦外求，实非知生之道。②

胡愔基于长生不死，得道成仙的终极信仰目标，积极发扬"我命在我不在天"的努力奋斗精神，不但否定了外炼成仙模式，而且肯定了内炼精气神的意义，宣称："精是吾神，气是吾道，藏精养气，保守坚贞，阴阳交会，以立其形。"③ 所以，在修炼手段上，要"把握阴阳，呼吸精气，造物者翻为我所制"。她指出，只要按此去实践，便可"不假金丹玉液、琅牙大还，自然神化冲虚，气合太和"。显然，这一观点对唐宋道教炼养体系由外丹转向内丹起到了推动作用。

---

① 《黄庭内景五脏六腑补泻图》，《道藏》第 6 册，第 686 页。
② 同上书，第 687 页。
③ 同上。

第二，认为修炼必须以掌握医学知识为前提，即所谓"先明脏腑，次说修行"①。《黄庭内景五脏六腑补泻图》以传统医学的脏象说为理论基础，系统阐明了肺、心、肝、脾、肾这五脏以及胆腑各自的生理结构、功能，与其他脏腑、形体、官窍的关系，五行属性，病理现象；结合中医的诊断理论和方法，依次阐述肺、心、肝、脾、肾以胆各脏腑的养生祛病之术。她指出，人体脏腑各有其颜色、重量、形状、功能及病理机制。如肺脏是"五藏之华盖，本一，居上对胸，有六叶，色如缟映红"，"重三斤三两，西方白色，入通于肺，开窍于鼻，在形为皮毛。肺脉出于少商。肺者诸藏之长，气之本也，是以诸气属之"，"肺者相传之官也，治栉出焉。于液为涕，涕者肺之津液"。又如心，"心，火宫也，居肺下肝上，对鸿尾下一寸，色如缟映绛，形如莲花未开"。"心重十二两，南方赤色，入通于心，开窍于耳，在形为脉，心脉出于中冲。心者生之本，神之处也。且心为诸脏之主，主明运用生，是以心脏神亦君主之官也。""舌为心之官，心气通则舌知五味，心病则舌焦卷而短，不知五味也。心合于脉，其荣色也，心之合也。血脉虚少而不能荣于脏腑者，心先死也。"再如肾，"肾，水宫也。左肾右命门，前对脐博，著腰脊，色如缟映紫"。"人之有肾，如树之有根，重一斤二两，北方黑色入通于肾，开窍于二阴，在形为骨，故久立即伤骨损肾。肾脉出于涌泉。肾者，封藏之本，精之处也。肾经于上焦，荣于中焦，卫于下焦。""肾之外应北岳，上通辰星之精，冬三月存辰星在肾中，亦作黑气存之。肾合于骨，上主于齿。齿之痛者，肾伤也。又主于耳，耳不闻声者，肾亏也。人之骨疼者，肾虚也。人之齿多龃者，肾虚也。人之齿随者，肾风也。人之耳痛者，肾气奎也。人之多欠者，肾邪也。人之腰不伸者，肾乏也。人之色黑者，肾衰也。"对肝、脾、胆等，她也有论述②。明了颜色、重量、形状、功能及病理机制，是为了进而治病养生。她开出的治病养生方法是：

> 治心用呵，呵为泻，吸为补。心火宫也，居肺下、肝上，对鸠尾下一寸，色如映绛，形如莲花，未开丈夫至六十。心气衰弱，言多错忘。心重十二两。南方赤色入通于心，开窍于耳（舌），在形为脉。心脉出于中卫。心者，生之本神之处也，且心为诸脏之主……心藏神

---

① 《黄庭内景五脏六腑补泻图》，《道藏》第6册，第687页。

② 王家佑、郝勤：《黄庭碧简　琅嬛奇姝——胡愔及其〈黄庭内景五脏六腑补泻图〉》，《中国道教》1993年第1期。

亦君主之官也，亦曰灵台。心之为噫，雷气通于心，于液为汗。肾邪
入心则多汗。六腑小肠为心之腑，小肠与心合为受盛之腑。五官舌为
心之官，心气通则舌知五味，心病则舌焦，卷而短不知五味也。心合
于脉，其荣色也……血脉虚少而不能荣于脏腑者，心先死也。为南
方，为夏日，为丙丁辰，为巳午……其性礼，其情乐。心之外应南
岳，上通荧惑之情。心合于小肠，主其血脉，上主于舌。故人之心风
者，即舌缩不能语也；人之血壅者，心惊也；舌不知味者，心虚也；
多忘者，心神离也；重语者，心乱也；多悲者，心伤也；好食苦味
者，心不足也；面青黑者，冰也；容色赤好者，心无他恶也；肺邪入
心则多言。……心之有疾，当用呵，呵者，心之气，其气札，呵能静
其心，和其神。所以人之昏乱者多呵，盖天然之气也。故心病当用呵
泻之也。①

　　从这段论述来分析，胡愔谙熟以《黄帝内经》为代表的中医典籍。
对人体脏腑进行如此详尽的观察和研究，在《黄帝内经》之后至宋以前乃
第一人。其成果不仅在道教养生学中首屈一指，就是在当时医学界中也是
罕见的。她的研究包括了古典解剖学、生理学、病理学及医学养生学领
域，可以说是集《黄帝内经》以降脏腑学说之大成②。另外，还应注意的
是，除了吸取前人的论述外，她对脏腑的观察还采取了道教炼养家特有的
"内视"、"内观"即存思的方法。总之，将"明医理"作为"说修行"
的先决条件，显然增强了道教炼养术的科学性，是道教与中医药学一贯有
密切关系的反映。

　　第三，药疗、食疗与导引、吐纳、服气、咽液、叩齿之术结合的综合
养生思想。胡愔继承葛洪以来道教徒众术合修的传统，发展了综合养生的
思想。《黄庭内景五脏六腑补泻图》按脏腑分为六节，每节先绘一图，再
根据脏腑理论简要说明该脏器的生理功能、病理特点在这基础上，依次论
述修养法、相病法、处方、行气法、月禁食忌法及导引法。如心脏的修养
法："常以四月五月玄朔清旦，面南端坐，叩金梁九，漱玉泉三，静思以
噁，吸离宫赤气入口三，吞之，闭气三十息，以补呵之损。"心脏的导引
法（四月五月行之）是："可正坐，两手作拳，用力左右，五筑各五六

① 《黄庭内景五脏六腑补泻图》，《道藏》第 6 册，第 688—689 页。
② 王家佑、郝勤：《黄庭碧简 琅嬛奇姝——胡愔及其〈黄庭内景五脏六腑补泻图〉》，《中国道
　教》1993 年第 1 期。

度。又可正坐，以一手向上拓空，如拓重石。又以两手急相叉，以脚踏手中各五六度。然去心胸间风邪诸疾，闭气为之，毕良久，闭目三咽液，三叩齿而止。"治疗心脏病的药方是"五参丸"："秦艽七分，人参七分，丹参七分，玄参十分，干姜十分，沙参五分，酸枣仁八分，苦参粉八分，右捣筛，蜜和丸如梧桐子，空腹，人参汤下，二十九日再服。"

从上述可见，道教的脏腑炼养理论与中医药学有很大的不同，其独特之处在于，第一，它有宗教信仰的背景，具有一定的宗教神秘色彩。第二，它的宗旨是自我炼养，并非如中医是为他人治病，这决定了它属于养生学而非医学。第三，它是在长期的内修之术的实践中形成的，主要是为导引、行气、内视、存想、内丹等自我炼养实践提供理论上的依据，具有强烈的自我内向体验性质[①]。

胡愔的这一套道教炼养体系，在道教养生史上做出了三大贡献。第一，它开创了按月令养生的方法体系[②]。该体系依五行生克关系，将人体脏腑按月令季节一一对应，使自然界、人体与存想、导引、吐纳、按摩、咽液等各种方法配合起来，形成一个新的炼养方法体系。这是胡愔对中国养生学的一大卓越贡献。这一炼养方法体系上承《黄帝内经》及葛洪、陶弘景、孙思邈等道教养生家的"天人合一"炼养思想及方法，下启宋明声势浩大的时令摄生养生学派[③]。自胡愔开其先以后，宋明以来养生学家不断对时令养生加以丰富。如周守忠《养生月览》、姜蜕《养生月录》、马永卿《懒真子》、韦行规《保生月览》、赵希鹄《调燮类编》、姚称《摄生月令》、丘处机《摄生消息论》、崔实《四时月令》、吴球《四时调摄论》等。日本名医直獭玄朔亦受此影响，编撰了《养生月览》。在方法上，这一体系的代表和典范是定形于明代铁峰居士《保生心鉴》中的"二十四气导引图象"（亦称"太清二十四气水火聚散图"，也就是见于王忻《三才图会》和高濂《遵生八笺》等文献中的"陈希夷二十四气导引坐功图"）。

第二，改革六字气法，为吐纳养生方法的完善做出了重大贡献。六字

---

① 王家佑、郝勤：《黄庭碧简　琅嬛奇姝——胡愔及其〈黄庭内景五脏六腑补泻图〉》，《中国道教》1993 年第 1 期。

② 《道藏》中另收有题名晋人许逊所著《灵剑子》及《灵剑子引导子午诀》，亦载月令养生内容。但此书为宋人伪托，不可据信。

③ 王家佑、郝勤：《黄庭碧简　琅嬛奇姝——胡愔及其〈黄庭内景五脏六腑补泻图〉》，《中国道教》1993 年第 1 期。

气法亦称六字气诀，始见于齐梁陶弘景《养性延命录》，至唐代成为道教内部普遍流传的炼养方法。《养性延命录》说："凡行气，以鼻内（纳）气，以口吐气。微而引之谓之长息。内（纳）气有一，吐气有六。内（纳）气一者，谓吸也。吐气六者，谓吹、呼、唏、呵、嘘、呬，皆出气也。"它把中医八纲、六淫及脏腑等理论运用于行气吐纳术中，"吹以去热，呼以去风，唏以去烦，呵以下气，嘘以散滞，呬以解极"，以治病泻实为主。"当令气声逐字吹、呼、嘘、呵、唏、呬吐之"，说明魏晋时六字气法是发声的。到隋唐之际，著名道士和医学家孙思邈又规定了具体炼功时辰及吐纳次数，使该法趋于完备。到了胡愔，她依据脏腑功能的认识和自己的吐纳实践，调整了晋唐六字气法中六气与五脏的配合关系，将逐字发声的吐气法改为按六字语音口型吐气但不发声的吐气法，奠定了后世六字气法的基本结构和形式，如表 4 - 1 所示，为后世炼养家所普遍遵循，从而为吐纳技术的发展作出了巨大功绩。

表 4 - 1　　　　　　　胡愔对传统六字气功法主要变革表

脏腑	《养性延命录》六气配合	《补泻图》变动	《补泻图》论调整变动缘由根据
肺	嘘	呬	"治肺用呬。呬为泻，吸为补。……肺之疾当用呬，呬者肺之气也。其气义，能抽肺之疾。所以人之有怨气填塞胸臆者，则长呬而泄之，盖自然之理也。"
心	吹、呼	呵	"治心用呵，呵为泻，吸为补。…… 心之有疾，当用呵。呵者心之气，其气礼，能静其心，和其神，所以人之昏乱者多呵，盖天然之气也。故心病当用呵泻之也。"
肝	呵	嘘	"治肝用嘘为泻，吸为补。…… 肝之有疾，当用嘘。嘘者肝之气，其气仁，能除毁痛，皆自然之理也。"
脾	唏	呼	"治脾用呼。呼为泻，吸为补。…… 故脾之有疾，当用呼，呼者脾之气，其气信，能抽脾之疾，故人中热者则呼以驱其弊也。"
肾	呬	吹	"治肾用吹，吹为泻，吸为补。…… 肾之有疾当用吹，吹者肾之气，其气智，能抽肾之疾。故人有积气冲臆者，则强吹也。肾气沉滞重，吹则渐通也。"
胆	原无	唏	"治胆用唏，唏为泻，吸为补。"

第三，胡愔的"脏腑导引法"在中国养生史上首次将各种散式功法和导引术按五行、五脏、五时加以组合编排，开创了三国华佗"五禽戏"以来导引术套势发展的新篇章。这其中值得注意的有三点。其一，"脏腑导引法"姿势全采用坐式。这一点在导引发展史上是颇为重要的。早期的导引术，如西汉马王堆帛画导引图，三国时期华佗的"五禽戏"都是

采用立式，到陶弘景《养性延命录》中才出现了坐式，但还是与立式、卧式等混合编排。唐初孙思邈《千金方》中著录的《天竺按摩法》与《老子按摩法》也是各种姿势混合。胡愔引法则全部用坐式。这反映出晚唐时期导引术已受当时主静哲学及佛教坐禅、道教内丹术的影响，并因向社会扩散而由道教徒的炼养术逐渐转化为世俗社会中中老年的保健术及士大夫文人阶层的健身方法。胡愔"脏腑导引法"开辟的坐式导引体系至明代产生了著名的"文八段"即坐式八段锦及"陈希夷二十四气导引坐功图"，对中国的保健事业作出了贡献。

其二，胡愔的导引方法简练质朴，更具有市俗化色彩，更表现出科学性和实用性。胡愔继承了道教"众术合一"的传统，其导引法除肢体运动外，吸收了胎息、咽液、叩齿等方法。但与晋唐上清派繁冗且带神秘色彩的导引术不同，胡愔的导引术更加简练实用。其肝脏导引法包括两臂交叉转体与两手交叉向前伸臂两个动作，心脏导引法包括左右冲拳、单手上引臂、两手相叉踏脚三个动作，另加胎息（闭气）、咽液、叩齿。脾脏导引法为跪坐屈单腿双手向后反撑和两手据地转头颈（虎视），肺脏导引法为双手据地坐向上引背及双拳反捶背，以及胎息、咽液、叩齿，肾脏导引法为三个动作：两手引臂上举、双臂抱膝左右翻滚、左右足轮流向前蹬踏，胆腑导引法包括正坐双手握踝前后摇滚及两手据地伸腰两个动作。可以看出，"即使从现代体操理论及健身科学角度来评价，胡愔这套导引术无论是动作编排还是练习布局都是十分科学合理的"[①]。

其三，胡愔继承了传统医学的导引术，但经过她的改革，变成了较为纯粹的道教养生术体系。在功效上，胡愔在书中列举了"脏腑导引法"能够治疗的各种脏腑疾病，即驱散脏腑所聚积的风邪。从这一点来看，她显然受隋代巢元方《诸病源候论》中"养生方导引法"的影响。但是，胡愔的导引术不是单一的术的堆积，而是按时令脏腑编排的一个体系，显然与医疗导引术一术一病的散式功法的体例不同，所以，它主要还是属于道教特有的养生导引术体系。

总之，正如王家佑、郝勤所指出的，胡愔继承了《黄庭内景经》的脏腑炼养思想，但抛弃了其身神等过于神秘的宗教性内容，大胆变革传统的修养、吐纳、导引诸法，使这些方法由神秘走向科学，由玄虚走向实用。经她改造的脏腑修养、六字气诀、导引法大多具有简捷、质朴、实

---

① 王家佑、郝勤：《黄庭碧简　琅嬛奇姝——胡愔及其〈黄庭内景五脏六腑补泻图〉》，《中国道教》1993 年第 1 期。

用、科学的特点，适合世俗民间保健治病之需。在宋明市民文化兴起，世俗养生崛起后，经胡愔整理改造的六字气诀、季节性保养和导引方法，以及脏腑保健养生观点，得到了民间养生家的普遍推崇，因而得以广泛流传。她所坚持的脏腑炼养理论方法体系成为民间养生学派的主流，即使以道教内丹所代表的心（思维系统）、肾（生殖系统）经脉炼养体系于明清渐趋式微的情况下，胡愔的脏腑炼养观和实践方法通过八段锦、易筋经、导引吐纳诸法的传播仍在民间方兴未艾。这可从宋、元、明、清大量的民间养生学著述中看出，如《活人心法》、《类修要诀》、《保生心鉴》、《遵生八笺》、《修龄要旨》、《摄生总要》、《颐养途要》、《寿世真传》等等。从这个意义上说，胡愔是将道教炼养学转变为民间养生文化的关键人物之一①。

三　徐灵府的道教思想

徐灵府，号默希子，钱塘天目山人。关于他的生卒时间，史籍无载。《历世真仙体道通鉴》所言，徐灵府在唐武宗会昌初曾被征诏，但因"衰槁"而"免命"。此后"绝粒"直至羽化，享年八十二岁②。依此推算，他至少经历了唐朝代宗、德宗、顺宗、宪宗、穆宗、敬宗、文宗、武宗八个皇帝的统治时期③。徐灵府师承田虚应，田则师承薛季昌，薛师司马承祯。由此可知，徐灵府为司马承祯的三传弟子，属于南岳天台系。徐灵府于元和十年（815）到天台，曾主持重修桐柏观。徐灵府著有《玄鉴》五篇，注《通玄真经》十二篇，撰《天台山记》、《三洞要略》、《寒山子集序》。可惜目前仅存《通玄真经》注和《天台山记》。

在修身上，他主张"内保精神，外全形体"④，形体相保，但更强调养神，说："神者，生之本；形者，生之末。致本则形全而合道，重末则形逝而归土。上古务本不顺末，在乎适中；下世遣神而养形，诚于太过也。"⑤ 但这不意味着可以把末去掉，而是"视本知末"⑥，"本末相济"⑦。

---

① 王家佑、郝勤：《黄庭碧简　琅嬛奇姝——胡愔及其〈黄庭内景五脏六腑补泻图〉》，《中国道教》1993 年第 1 期。

② 《历世真仙体道通鉴》卷四十，《道藏》第 5 册，第 328 页。

③ 袁清湘：《徐灵府与上清派南岳天台系》，《中国道教》2009 年第 6 期。

④ 《通玄真经注》，《道藏》第 16 册，第 685 页。

⑤ 同上书，第 714 页。

⑥ 同上书，第 685 页。

⑦ 同上书，第 723 页。

养神的关键是去除嗜欲。他在《通玄真经注》里明确反对唐代所盛行的以外丹固形的做法："人能知飞金炼石，以祈久寿，而不能节欲平和，以全天性。且喜怒妄作，药石奚救？若审得其理，自合神明矣。"① 他反对那种为了满足嗜欲而疲于修炼方术的做法。注释"道者，守其所已有，不求其所以未得。求其所未得即所有者亡，循其所已有即所欲者至"时说："以有者，一身之精神；未有者，多方之伎术。今废已有之精神，祈未得之方术，未得者未至，所得者以忘，不保得一之由，难追两失之悔，故至人守其本，不寻其末，贵得于内，而制于外也。"② 正确的做法是："圣人内守真旨，外应物宜，故得精神之和，而游乎无穷者也。"③

去欲养神的关键是治心。徐灵府继承司马承祯和吴筠关于心与神关系的思想，说："心为神主，总统五脏六腑、四肢九窍之要，上通于天，下应于地，中合于万物，所谓神。"④ 治心的关键是让"心正"，做到"一心"："六情所欲，一心为制。气正于中，则欲不害性，心邪于外，则伪已惑真。故知邪正在我，与夺因心。且一心自正，群物何累也。"⑤ 如何做到这一点呢？徐灵府继承司马承祯、吴筠和李筌的思想，强调要处理好心、眼、耳等之间的关系，"反听内视"⑥。徐灵府的这些观点，新意不多，但在外丹衰落的背景下，强调心神修养，有为内丹铺路的历史意义。

徐灵府坚持道教传统的"理身理国同道"思想路线，致力于把理身与理国打通。其中的关键是认同时人"天下安宁，要在一人"的观点，把国家的安危治乱系于最高统治者个人的治身及其是否任贤。他在注释"天下安宁，要在一人"时阐释说："一人，天子也。一人正则天下获其安；一人乱则万姓罹其害。故系欲天地，通于六合，可不慎欤！"⑦ 在君主专制、中央集权的政治体制下，皇帝掌握最终决断权，徐灵府的观点是这一事实的反映。他进而把天下安宁与否的基础深入到皇帝的心是邪还是正，说："邪正存心，治乱由君。心邪则邪，君治则治，故兴亡匪天，成败在我，不系于物，贵在诸道，道被一人，则淫俗可变，醇德复兴，何忧

---

① 《通玄真经注》，《道藏》第 16 册，第 677 页。
② 同上书，第 691 页。
③ 同上书，第 681 页。
④ 同上书，第 685 页。
⑤ 同上书，第 692 页。
⑥ 同上书，第 700 页。
⑦ 同上书，第 716 页。

乎不治者也。"① 这与后世宋代理学家如朱熹的观点颇有异曲同工之妙，在一定意义上可谓是后者的思想先驱。

徐灵府的治国思想首重道与德，强调尊道贵德。他主张"道为生化之主，德为蓄养之资。群物之根，莫不待而生，百福之门，莫不由而出也"②。在政治活动中，"有道即王，无道即亡"③，"道德高妙，知见明了，则功业可就"④。在心性论成为时代思潮的背景下，徐灵府以道性为政治理论的依据。他认为，道性有几种特性：一是"深微不可测"："道性深微不可测"⑤；二是"自然"："自然，盖道之绝称，不知而然，亦非不然，万物皆然，不得不然。然而自然，非有自然，无所因寄，故曰自然也"⑥；三是"无为"："大道无心，任物自然，故曰无为"⑦；四是"好谦"："道性好谦，故以谦而受益"⑧。他希望帝王根据道性治理天下。例如，根据道性之无为，政治活动也要无为："无为而万物生，无形而万物化。修身治人，无为无形，与天为邻，与道俱冥，合乎无为而无不宁也。"⑨ 根据道性之"好谦"，政治如果能"惟保谦柔，众不能屈，故能成其胜也"⑩。

基于《道德经》"故失道而后德，失德而后仁，失仁而后义，失义而后礼"的观点，继承唐玄宗《道德真经注》的观点，徐灵府鲜明地提出了"三代之道废，五霸之德衰"⑪ 的观点："玄古帝王，以道治天下也。五帝以德治天下也。三王以仁治天下也。五霸以义治天下也。"⑫ 依据传统的历史退化论，政治的理论基础从道、德、仁、义依次退化。最高的政治理论典范是"道"，政治依据道性开展。其次是"德"。如果不能根据道与德治理天下，就必然内外不一，做不到无心、自然，必然留下勉强之迹："五帝自然无为，与天同心，物禀其生，感而化也。三王精诚发内，

---

① 《通玄真经注》，《道藏》第16册，第699页。
② 同上书，第695页。
③ 同上书，第697页。
④ 同上书，第695页。
⑤ 同上书，第674页。
⑥ 同上书，第710页。
⑦ 同上书，第674页。
⑧ 同上书，第674页。
⑨ 同上书，第695页。
⑩ 同上书，第694页。
⑪ 同上书，第700页。
⑫ 同上书，第718页。

动应于外，而犹有迹，未同于无心也。五霸诚不由中，物无应者，故虽怒而不威。"① 这样，情、欲展现为意志和争名夺利的行动，崇尚仁、义、礼、乐却不能解决问题，必然导致天下大乱："道德既亡，仁义不足以制其情，礼乐不足以禁其欲，一人尚之，百姓争之，则乱也。"② 不过，徐灵府务实地认识到，在现实政治中，仁、义、礼也是不可不用的。所以，他主张人君应该道、德、仁、义、礼并行："上德者，天下归之；上仁者，海内归之；上义者，一国归之；上礼者，一乡归之。无此四者，则民不归也。"③ 不过，他所理解的德、仁、义、礼与儒家的看法虽有相通之处，却不完全相同。他所追求的是超越于仁、义、礼等伦理规范的"至德"，说："蓄之成之，无为无私，泽滋万物，合乎天地，谓之至德。贵为天子而不骄，贱为匹夫而不忧，慈惠不偏，博施济众，所谓仁也。扶倾拯溺，固穷守节，随宜顺理，所谓义也。敬尊抚下，卑己先物，秉谦柔之德，无怠奥之容，此之谓礼者也。四者有亏，以治人即败国，以修身则丧身。"④ 这内蕴有自然、自由、平等、谦卑的道家精神。

求贤任才是徐灵府政论思想的重要方面之一。他认为，人君必须重视人才。原因在于："为车者必假众辐，求致远之用；治国者亦籍群才，保久安之业。"⑤ "善用众者，可以倾河置海，善用人者，可以尽心竭力。"⑥ "善用众者，天下无强，用众力，则山丘虽重，其势可移；用众智，则鬼神虽隐，其理可明。"⑦ 有了人才，怎么用？立官分职当然是第一位的，但更重要的还在于选人用人的态度。这首先要坚持用人不疑、疑人不用的原则："夫人主居上，以御群下，所任忠正，不必形神，其由乘马，假在相御，可至千里，不为难也。"⑧ 其次，要坚持用其所长、不求全责备的原则："人之才，不能尽善尽美，故当无疑其小疵，乃全其大用，闾里之行，谤黜之言，不足信也。"⑨ "人无全能，物无双美。"⑩ 人不可能十全

---

① 《通玄真经注》，《道藏》第 16 册，第 720 页。
② 同上书，第 730 页。
③ 同上书，第 719 页。
④ 同上书，第 696 页。
⑤ 同上书，第 702 页。
⑥ 同上书，第 718 页。
⑦ 同上书，第 713 页。
⑧ 同上书，第 720 页。
⑨ 同上书，第 725 页。
⑩ 同上书，第 702 页。

十美。每个人不独有优点，也有缺点。如果抓住缺点不放，那天下就没有人可用了。"夏后氏之璜，明月之珠，尚有瑕秽，贤人君子岂能尽善尽美？弃其所短，取其所长，则无遗才必矣。"① 徐灵府强调，用人的关键是根据人的才能所在和才能的大小，把人放在一合适的位置上："人无全能，量其力而任之也。"② "圣人用人，务以其才而官之，不相逾越，则天下治也。"③

在政治中，如何区分人的正与邪是非常重要问题。有才华却用于歪门邪道，必然给政治带来动乱。人君必须"黜奸去邪，任贤使能"④。徐灵府认为，人是正是邪，固然与其品性有关，但也与体制、规范是否恰当，用人是否合宜有关。他说："君子小人，岂有定分？举措合宜，即为君子；动用乖分，即为小人。"⑤ 解决好体制、用人本身的问题后，君子与小人的区分就相对容易了："小人从事，以苟得为利，利而害之。君子真道，不以利为期，而名归之。"⑥ "君子之交，不假结约，一言而定，终身不易；小人之交，要以誓盟，未盈旬时，以违旧要也。"⑦ 这是本于君子重义而小人逐利的原则而论的。重义则讲求诚信，重利则拉帮结伙，不讲信誉，为达目的不择手段，胡作非为。君子与小人分辨不清，人君就成为"暗主"，小人得势，国家就会陷入混乱。能分清君子与小人，人君就是"明主"，这样小人就没有乱国之机。"明主者，修身以静，养生以俭，上无乱政，下无怨民，则贤自为谋，勇自为斗也。"⑧ 明主之为明主，是因为他能够"修身以静，养生以俭"。

徐灵府指出，虽然在政治地位上国君高于大臣，但是，国君与大臣的关系却是双向的、相对的。人君贤明，忠贤自至。"夫君臣相为用也，由鱼之投水，鸟之依林，纵其所利，不召而来，明君处世，而忠贤自至也。"⑨ 国君通过修身而清明于上，臣下才会尽心奉职："圣人之治者，明四目，达四聪，屏邪愚，任贤能，则上垂拱无为自化，则下尽心而奉职，

① 《通玄真经注》，《道藏》第 16 册，第 725 页。
② 同上书，第 725 页。
③ 同上书，第 729 页。
④ 同上书，第 693 页。
⑤ 同上书，第 707 页。
⑥ 同上书，第 694 页。
⑦ 同上书，第 692 页。
⑧ 同上书，第 719 页。
⑨ 同上书，第 700 页。

岂有交争之理？即根本日固，枝叶繁盛也。"①

　　以民为本是徐灵府政论思想的又一个重要方面。他提出："国以人为本，本明则邦宁也。"② 他进而强调，"君民相依，犹山川相通，河水深则膏润在山，君厚敛则民货财匮乏，上有所求，下有所竭，民力殚而君位危，则唇亡齿寒之义者是也。"③ 也就是说，藏富于民，国家才能富强。君民之间是唇亡齿寒的关系，国君如果与民争利，老百姓很容易陷于困顿贫乏，最终的结局必然是自己的利益受损。赏罚公正和财富利益分配的公正是政治的基本原则，让天下的老百姓普遍受益是政治决策的基本出发点："明主赏罚在于公正，益于国便于人则行，利于己不利于人则止也。"④ 国君应该与人民感同身受，与人民同忧同乐："忧于民，民亦忧之；乐于民，民亦乐之。忧乐共之，民不戴者，未之有也。"⑤ 与人民心连心的统治者，老百姓没有不拥戴的。进一步，还要如同爱自己的孩子一样爱惜老百姓："赤子之心，岂言饥饱？慈母觑侯之情，察其燥湿而恩育之。夫人主抚百姓，如爱赤子，何忧天下不治，四海不平？"⑥ 真正做到了爱民如子，天下怎么还会有动乱发生呢？

　　徐灵府的《通玄真经注》，在新的时代背景下，对道家、道教的社会政治理论作了较为系统的阐述，开晚唐道教政论之先河，对宋代的朱牟和元代的杜道坚注解《文子》有深刻的影响。徐灵府的学识、诗文、修真水平都非常出众，尤其是他主持桐柏观事务后，重修桐柏观，并请当时的名人元稹写碑记，扩大了桐柏观的影响，吸引了许多人来此求法学道，不仅使上清派在天台山的传承地位得到稳固，还为后来培养出像杜光庭、闾丘方远等优秀的道教人才创造了条件，为天台山道教自司马承祯之后再次长时间内趋向繁荣作出了贡献。⑦ 徐灵府的弟子中最著名的是左元泽。左元泽是晚唐著名道教学者闾丘方远的三位老师之一（另两位是叶藏质、刘处静）。

①　《通玄真经注》，《道藏》第 16 册，第 708 页。

②　同上书，第 695 页。

③　同上书，第 701 页。

④　同上书，第 707 页。

⑤　同上书，第 684 页。

⑥　同上书，第 683 页。

⑦　袁清湘：《徐灵府与上清派南岳天台系》，《中国道教》2009 年第 6 期。

第五章　隋唐时期浙江道教的发展（下）

第六节　杜光庭对道教的多方面贡献

杜光庭（850—933），字宾圣，道号东（登）瀛子。另有以下四种道教别称：华顶羽人、弘教大师、广成先生、天师。关于他的籍贯，史籍中有四种记载，即括苍、缙云、长安、天台。《天台县志》和《长安县志》中均无与他有关的记载，故天台、长安这两种说法是靠不住的。括苍县在唐大历十四年（779）更名为丽水县，宋、元、明、清历朝因之，民国所修《丽水县志》也没有与杜光庭有关的记载。清光绪年间所修《缙云县志》卷九引《宣和书谱》，认为杜光庭是处州缙云（今天浙江缙云）人。《宣和书谱》记载杜光庭为"括苍人也"。《缙云县志》为什么引用其为括苍人的材料来证明其为缙云人呢？这与括苍县和缙云县的建置沿革有关。《浙江通志》卷八记载：唐武德四年（621）置括州，领括苍、丽水二县。武德八年（625）废松州，改松州为松阳县，并遂昌县入松阳县。松阳县属括州，同时并丽水入括苍，括州因此领括苍、松阳二县。唐圣历元年（698）析括苍婺州之永康置缙云县，又析括苍县置青田县，重置过去已并入松阳县的遂昌县。此时括州下辖括苍、松阳、缙云、青田、遂昌五县。乾元二年（759）析遂昌、松阳置龙泉县。括州由下辖五县增至六县。大历十四年（779）为避唐德宗李括讳，改括州为处州，改括苍县为丽水县，以后历朝基本沿用这一建置[①]。从上述建置沿革中可知，缙云属于括州。《宣和书谱》所说括苍，是指整个处州，而不是指括苍县。处州境内有括苍山，古人常以括苍泛指整个处州地区。如是确指为括苍县，宋人应称杜光庭为丽水人。

---

①　王瑛:《杜光庭事迹考辨》,《前后蜀的历史与文化——前后蜀历史与文化学术讨论会论文集》,巴蜀书社 1994 年版,第 84—93 页,此文另发表于《宗教学研究》1992 年第 2 期。

因为早在唐大历十四年，括苍已更名为丽水。而《丽水县志》并无杜光庭其人的记载。因此，"史籍记载杜光庭为括苍人或缙云人两种说法均属正确，区别只是前者是指大的处州府，后者是指确切的缙云县"①。

杜光庭早年业儒，科举不中，于是弃儒，入天台山学道。随后返回长安，得到潘尊师的举荐而获得僖宗的重用，曾任麟德殿文章应制、上都太清宫内供奉。关于其师承，通常认为他是陶弘景的第八代弟子，茅山宗司马承祯的五传弟子。他的经师为田虚应（？—811），籍师是冯惟良，度师是应夷节（810—894）。876 年春季至 877 年夏季之间由剑阁经梓潼入成都，此后足迹遍至蜀中各地。杜光庭在蜀中，得到了前蜀皇帝王建的赏识和重用。曾任户部侍郎、谏议大夫、光禄大夫、检校太傅太子宾客、传真天师崇真（文）馆大学士等职。王建对其"礼加异等，事越常伦"，不仅除授其为尚书户部侍郎上柱国蔡国公，赐号广成先生，还特降恩旨，让杜光庭每遇起居朝贺，独入引对，不与"道众僧人齐班"。杜光庭专门写了《谢恩奉宣每遇朝贺不随二教独入引对表》，向皇帝王建表达自己的感激之情。此谢恩表又被王建宣付史馆，令史馆将其编入国史，这一行动本身就是对杜光庭的极高礼遇。杜光庭在前蜀国内的地位，确实达到了他自己所说的"宠荣增极"地步。王建死后，王衍继立，乾德三年（921）封他为传真天师兼崇真馆大学士，此后不久即解官隐青城山白云溪，死后葬于青城山清都观，终年八十五岁。

一　著述

杜光庭著述甚丰，所著科教仪范、经诰注疏、章词表式、诗歌杂文等有数百卷之多。因年代久远，述作博杂，加以后人多有伪托，存世作品零章散帙、真伪并存，亟待整理考辨。这里综合多位学者的考辨成果②，对

---

① 王瑛：《杜光庭事迹考辨》，《宗教学研究》1992 年第 2 期。

② 罗争鸣：《杜光庭著述考辨》，《宗教学研究》2004 年第 4 期。张亚平：《前后蜀的历史与文化——前后蜀历史与文化学术讨论会论文集》，巴蜀书社 1994 年版，第 71—83 页。张亚平：《杜光庭著述叙录》，《四川文物》1999 年第 6 期，第 18—25 页。王瑛：《杜光庭事迹考辨》，《宗教学研究》1992 年第 2 期。王瑛：《杜光庭蜀中著述考略》，《成都大学学报》1993 年第 3 期，第 47—55 页。李大华：《杜光庭及其著作考》，《上海道教》1993 年第 4 期，第 16—18 页。王文才：《青城山志》第六《纪事》，四川人民出版社 1982 年版，第 75 页。［日本］吉冈义丰：《道藏编纂史》，《吉冈义丰著作集》第三卷，第 99—113 页，五月书房，昭和六十三年。［日本］今枝二郎：《杜光庭小考》，《道教研究论集》，第 523—532 页，昭和五十二年。Franciscus Verellen（傅飞岚）：*Du Guangting 850—933: Taoiste de cour a la fin la china medieval*（《杜光庭——中古中国末叶的皇家道士》），Paris: College de France, 1994.

其分类简述如下。

（一）斋醮科仪

《太上黄箓斋仪》五十八卷，存《道藏》洞玄部威仪类。其中卷五十四《镇坛真文玉诀》、卷五十二《转经》、卷五十七《八天真文》各有本卷的小序。各序有纪年文字，卷五十四《镇坛真文玉诀》文尾题"庚子年（880）中元日集"；卷五十二《转经》文末题"大顺二年（891）辛亥八月庚辰，成都玉局化阅省科教，聊记云耳"；卷五十七《八天真文》题"天复元年（901）辛酉十月五日癸未，天姥峰羽衣杜光庭宾圣序"。杜光庭搜集编撰黄箓斋仪前后至少历二十余年。另外，宋元书目仅见杜光庭单行斋仪，未见有关《黄箓斋科》或《太上黄箓斋仪》的著录。由此，《太上黄箓斋仪》在当时，或许尚未纂成一帙，可能是后人据杜光庭搜集整理的黄箓斋仪纂辑而成，名之曰《太上黄箓斋仪》。现存《太上黄箓斋仪》有宋人修改之迹。杜光庭《太上黄箓斋仪》尚有佚文篇目。南宋蒋叔舆所编《无上黄箓大斋立成仪》卷十九为《科仪门·禁坛仪》，署"广成先生杜光庭"。《禁坛仪》不见于《太上黄箓斋仪》，但金允中《上清灵宝大法》卷三十九留存的杜光庭《黄箓斋科》尚保留"禁坛行事"条目。可见此《禁坛仪》能补光庭科仪之失。《无上黄箓大斋立成仪》同卷《禁坛仪》后叙及《礼灯仪》，与《太上黄箓斋仪》卷五十六《礼灯》基本一致，然文字错舛衍脱甚多。《无上黄箓大斋立成仪》卷二十为《科仪门·投龙璧仪》，署"广成先生杜光庭集"。《太上黄箓斋仪》卷五十五为《投龙璧仪》，取与对勘，《无上黄箓大斋立成仪》仅作局部删改，卷末题："右禁坛、礼灯、投龙璧仪并出杜光庭黄箓斋仪。"《无上黄箓大斋立成仪》卷二十一为《科仪门·升坛转经仪》，署"广成先生杜光庭集太上执法仙士蒋叔舆修"，取与《太上黄箓斋仪》卷五十二《转经》对勘，蒋氏重修有限，基本保持原貌，其中《三洞真经部帙品目》漏《化胡经》，其他错漏之处也很多。杜光庭黄箓斋科仪，也许曾见单行。《崇文总目》卷四有"《太上黄箓斋坛真文玉诀仪》一卷"，今佚，此卷或与《太上黄箓斋仪》卷五十四《镇坛真文玉诀》、卷五十七《八天真文》相类①。

《道门科范大全集》八十七卷，存《道藏》正一部。最后成书，当在明际。其中为杜光庭编辑的科仪如下：卷一至卷九均署"广成先生杜光庭删定"。卷十至卷十八为《灵宝太一祈雨醮仪》、《祈求雨雪道场仪及拜章仪》，亦署"广成先生杜光庭删定"。然经过真宗朝或徽宗朝以后人的

---

① 罗争鸣：《杜光庭著述考辨》，《宗教学研究》2004 年第 4 期。

修改。卷十九至卷二十四为《文昌注禄拜章道场仪》，署"广成先生杜光庭删定"，后人有较大幅度修改。卷四十五至卷四十八为《解禳星运仪》。大概为仲励在杜光庭一卷基础上增修补阙。卷四十九至卷六十二为礼斗科仪，为杜光庭删定，后人改饰较少。卷六十三至卷六十八为《真武灵应大醮仪》，卷六十五至卷六十七"清旦"、"临午"、"晚朝"三时行道科仪为杜光庭删定，其余为"三洞经录弟子仲励修"。卷六十九至卷七十四为《道士修真谢罪仪》，非杜光庭原本，或后人在杜光庭纂修的基础上改饰而成。卷七十五至卷七十八为《上清升化仙度迁神道场仪》，卷七十五署"广成先生杜光庭删"，后三卷无署名，非杜光庭原作。卷七十九至卷八十五为《东岳济度拜章大醮仪》，卷七十九、卷八十四、卷八十五三卷署"广成先生杜光庭删"，但从内容看，属后人在杜光庭科仪基础上重修，或托名增修，绝非杜光庭原作。卷八十六、卷八十七为《灵宝崇神大醮仪》，前卷《自然行道》署"广成先生杜光庭删"，后卷《设醮行道》未署名。两卷《讲称法位》仪节中，前卷当非光庭原作。完全署"三洞经录弟子仲励编"的有《祈嗣拜章醮仪》卷二十五、卷二十六及卷二十九，卷三十至卷四十四《誓火禳灾仪》及《安宅解犯仪》。不署撰人的科仪，多为同一项科仪，第一卷署名，后卷省略，亦非光庭修订。

　　《金箓斋启坛仪》一卷，存《道藏》洞玄部威仪类。《金箓斋忏方仪》一卷，存《道藏》洞玄部威仪类。《太上灵宝玉匮明真斋忏方仪》、《太上灵宝玉匮明真大斋忏方仪》，同卷，存《道藏》洞玄部威仪类。《明真大斋忏方仪》或为后人增修。《太上灵宝玉匮明真大斋言功仪》一卷，存《道藏》洞玄部威仪类。《太上洞渊三昧神咒斋忏谢仪》一卷，存《道藏》洞玄部威仪类。《太上洞渊三昧神咒斋清旦行道仪》、《太上洞渊三昧神咒斋十方忏仪》，同卷，存《道藏》洞玄部威仪类。《太上正一阅录仪》一卷，存《道藏》洞神部威仪类。《太上三五正一盟威阅录醮仪》一卷，存《道藏》洞神部威仪类。《续修四库全书总目提要》谓此书："是编文字，颇伤俚俗。意者殆五代宋元间道流摭拾道书，砌合成编，而托之光庭删定耶？"[①] 该书真伪，因文献不足征，暂付阙疑。《太上宣词助化章》五卷，存《道藏》洞玄部表奏类。此章文格式与《赤松子章历》同，属正一章法，署"广成先生杜光庭集"，文辞稍欠典雅，系光庭集他人之作。《洞神三皇七十二君斋方忏仪》一卷，存《道藏》洞神部威仪类。《太上老君说常清静经注》一卷，存《道藏》洞神部玉诀类。《太上洞渊神咒

① 《续修四库全书总目提要》第 20 册，第 660 页。

经》二十卷，存《道藏》洞玄部本文类。《太上洞神太元河图三元仰谢仪》一卷，存《道藏》洞神部威仪类。序为杜光庭撰，但正斋部分似经后人修订。《太上三洞传授道德经紫虚箓拜表仪》一卷，存《道藏》洞神部威仪类，据张万福《传授三洞经戒法箓略说》编定。

已佚著作：《北帝斋仪》（不详卷数）、《醮章奏仪》十八卷、《黄箓斋坛真文玉诀仪》一卷、《灵宝明真斋仪》一卷、《灵宝明真斋忏灯仪》一卷、《太上明真救护章仪》一卷、《上元醮仪》一卷、《太上河图内元经禳灾九曜醮仪》一卷、《灵宝自然行道仪》一卷、《灵宝天宫斋方忏仪》一卷、《灵宝安宅斋仪》一卷、《安镇城邑宫阙醮仪》一卷、《阴符经注》一卷、《注老君说》十卷。

（二）诗文、道论

《二十四化诗》一卷，佚。二十四化即二十四治，因避唐高宗李治讳改。

《送毛仙翁诗集》一卷，存计有功《唐诗纪事》卷八十一，包括杜光庭序及诗17首、序5篇。杜光庭序文署"通正元年丙子三月七日辛酉杜光庭序"，知为杜光庭在前蜀通正元年（916）编集。

《全唐诗》卷八五四收杜光庭诗20首，散句若干。诗作为：《初月》、《题仙居观》、《题鸿都观》、《题都庆观》、《赠将军》、《题鹤鸣山》、《题空明洞》（委羽山空明洞）、《题北平沼》、《题平盖沼》、《题本竹观》、《题福堂观》之一、《题福堂观》之二、《题莫公台》、《读书台》、《赠人》、《赠蜀州刺史》、《题剑门》、《题龙鹄山》、《纪道德》、《怀古今》。散句《月》"铜壶滴滴禁漏起，三十六宫争卷帘"。《山居百韵》"丹灶河车休砣砣，蚌胎龟息且绵绵。驭景必能趋日域，骑箕终拟蹑星躔。返朴还淳皆至理，遗形忘性尽真铨"。（据《鉴戒录》卷五"遗形忘性尽真铨"下有"玄妙之门实为奇"一句）"斜阳古岸归鸦晚，红蓼低沙宿雁愁。""霜雕曲径寒芜白，雁下遥村落照黄。""恩威欲寄黄丞相，仁信先闻郭细侯。""兵气此时来世上，文星今日到人间。降因天下思姚宋，出为儒门继孔颜。""兵气"当为"岳气"，"孔颜"当为"闵颜"。"闵"指孔子弟子闵子骞（前536—前487），名损，字子骞，以孝友闻，和颜渊以德行并称。

此外，《全唐诗续补遗》卷十三辑有《上清宫》散句："十年重到上清宫，石磴泉梯屈曲通。"此句见于《舆地纪胜》卷一五一《永康军》。陈尚君《全唐诗续拾》卷五十一《蜀上》从杜光庭编集整理的道书及《大理县志稿》、《锦绣万花谷》、《宛委别藏》、《诗渊》、《天坛王屋山圣迹记》中辑录大量诗作，其中包括道教仪轨中许多步虚词、咒诀、赞词、颂歌等《道藏》歌诗。这些歌诀"虽未必皆为杜光庭之作，但皆可信为唐或唐以前人之作"①。《道藏》歌诗内容隐晦，年代不明，一时难以稽考，但《寓玉局山寺感怀》并非杜光庭所作。

无标题的诗作：

"五百年中降岳灵，神仙风骨鹤仪形。剑光带日冲南斗，鹏翼翻云起北溟。"②

《生死歌诀》即《广成先生玉函经》，属于医药养生类诗歌。

《寿邓将军》见上文。

《天坛王屋山圣迹颂》："王屋天坛福地玄，清虚小有洞天仙。无穷圣境于人物，有感神通古今传。"

除《全唐诗》、《全唐诗补编》辑录的杜诗外，陈贻焮主编的《增订注释全唐诗》有《贺府主令公甘雨应祈》、《送先辈诗》两首。

此外，可从《广成集》辑得存目诗五首：《贺黄云诗》（拟题）、《嘉禾合穗诗》、《贺获神剑诗》（拟题）、《贺鹤鸣化枯树再生诗》（拟题）、《宣进天竺僧诗》（拟题）。

（三）文集和单篇文章

《广成集》，残存《道藏》洞玄部表奏类。

《兼明书》十二卷，存。见载于康熙年间吴任臣的《十国春秋》卷四十七《杜光庭传》。《兼明书》实际是五代丘光庭所作。丘光庭，乌程人，唐末进士，曾为国子太学博士，著有《兼明书》等。此书在《宋志》、《直斋》均有著录，天一阁藏有明抄本，《说郛》、《四库》、《真意堂三种》等均有收载，其版本有五、六种之多。足见丘光庭的《兼明书》因同名，误为杜光庭的作品了。

已佚文集：《规书》一卷、《历代忠谏书》五卷（真实作者存疑）、《谏书》八十卷（真实作者难以定论，或非杜光庭作品）、《唐谏诤论》十卷（很可能是"赵元拱《唐谏诤集》十卷"之误）、《三教论》一卷、《大宝论》一卷、《玄门枢要》一卷、《道门枢要》一卷、《壶中集》三卷、《大质论》一卷、《东瀛子》一卷、《老君宝箓》一卷。

已佚单篇文章：《全唐文》卷九二九除了收录《道藏》本《广成集》

---

① 陈尚君：《全唐诗补编》，中华书局 1992 年版，第 1535 页。

② 《锦绣万花谷》卷二十三，罗争鸣《杜光庭道教小说研究》附录二《杜光庭著述考辨》，巴蜀书社 2005 年版，第 355 页。

全部内容外，还有相当多散见的单篇文字。其中序文，除去《道德真经广圣义序》、《天坛王屋山圣迹序》、《墉城集仙录序》、《录异记序》、《洞天福地岳渎名山序》、《洞渊神咒经序》、《道教灵验记序》、《玉函经序》、《无上黄箓大斋后序》外，还见如下四篇：《太上洞玄灵宝素灵真符序》、《道德真经元德纂序》、《太上洞神太元河图三元仰谢仪序》、《太上洞元灵宝无量度人上品妙经序》。其他单篇如下：《贺江神移堰笺》、《青城山记》、《修青城山诸观功德记》、《迎定光菩萨祈雨文》（或属误收）、《隶书解》（是否杜光庭所作，有待确证）、《黔南李令公安宅醮词》、《真圣生辰贺词》、《老君赞》、《释老君盛唐册号》、《毛仙翁传》。

　　除《全唐文》所收外，据王瑛《杜光庭蜀中著述考略》，杜光庭还有如下石刻碑记：青城县《重修冲妙观记》、丰都县《石函记》、资中《醮坛山北帝院记》、云阳县《杨云外尊师碑》、金堂《功德记》、泸州《刘真人碑记》、《云安军碑记》。以上碑记已全部佚亡。

　　（四）仙传及仙道笔记

　　《神仙感遇传》，残存《道藏》洞玄部记传类。《太平广记》、《三洞群仙录》有部分佚文，今各种总集和研究著作多据以辑录和考索。《墉城集仙录》，残存《道藏》洞神部谱录类。目前仅存《道藏》六卷，另外张君房《云笈七签》卷一一四至卷一一六收 27 篇，附杜光庭序，与《道藏》本仅 2 篇重出，有很高的文献价值。《仙传拾遗》，辑存。今人李剑国从《太平广记》、《三洞群仙录》等书辑一百二十余则。《洞玄灵宝三师记》存《道藏》洞玄部谱录类。《毛仙翁传》存《全唐文》卷九四四。此传从署名杜光庭的《毛仙翁赠行诗后序》中析出。《王氏神仙传》，后人从《三洞群仙录》、《类说》中辑出 39 篇。《补五代史艺文志》道家类著录杜光庭《缑岭会真传》一卷，疑为后人据《缑岭会真王氏神仙传》五卷的删节改订本。《王氏神仙传》，存。《集仙传》二卷，佚。《录异记》，残存《道藏》洞玄部记传类。《道教灵验记》，残存《道藏》洞玄部传记类。《历代崇道记》一卷存《道藏》洞玄部记传类。《虬髯客传》一卷，存《顾氏文房小说》等，杜光庭是此书较早的改编者之一。

　　（五）史地图谱

　　《天坛王屋山圣迹记》一卷，存《道藏》洞神部记传类。该书详细记载了司马承祯在王屋山修炼、神化、显化的故事，有后人增补内容，不全是杜光庭作品。《青城山记》一卷，载于《全唐文》、《说郛》等。《洞天福地岳渎名山记》一卷，存。

　　此类著作已佚者有：《圣祖历代瑞现图》三卷、《混元图》十卷、《道经降传世授年载图》一卷、《古今类聚年号图》一卷、《帝王年代州郡长历》二卷、《二十四化图》一卷、《名贤姓氏相同录》一卷、《武夷山记》一卷、《续成都记》一卷、《吴南郊图记》一卷。

（六）医药养生

《广成先生玉函经》一卷，存《宛委别藏》等。与《了证歌》一卷或为同一书。是否杜光庭所作，因缺乏充足证据，历史上多有争议。

《道德真经广圣义》是杜光庭道学著作中的代表作，《五代史补》卷一及《十国春秋》卷四十七记载其卷数为八十卷，现存五十卷。此书对以往六十家《道德经》注进行比较研究，特别颂扬和发挥唐玄宗的御注，认为御注"内则修身之本，囊括无遗；外则理国之方，洪纤毕举"。前人对这部书的评价很高，《五代史补》卷一记载："光庭尝以道德二经注者虽多，皆未能演畅其旨，因著《广成（疑为'圣'）义》八十卷，他述称是，识者多之。""多"即赞扬的意思，也就是说，《道德真经广圣义》得到当时许多见识广博的人的称赞和肯定。该书是一部集研究《道德经》之大成的书，对道教学说的发展毫无疑义地起到了重要作用。

杜光庭学识渊博，遍及三教，主张"凡学仙之士，若悟真理，则不以西竺东土为分别"，强调融通三教："三教圣人所说各异，其理一也。"[1] 正是基于渊博的学识和开放的心胸，他对道教的各主要方面都有论述，形成了博大的思想体系。

二　哲理

（一）道体

1. "不滞有无，不滞中道"的"重玄之道"

杜光庭的《道德真经广圣义》对他之前六十家所注解的《道德经》进行了分析。他认为，就事迹而言，有明理身、理家、理国、因果、重玄、虚极、无为之道的区分；就理体而言，诸家的宗旨也不相同，有虚玄、无为、道德、非有非无、重玄之别。以虚玄为宗者有严遵、王弼、何晏、郭象等。严遵注老不拘泥于章句，而注重义理的发挥，例如，他对"道"注释说："万物所由，性命所以，无有所名者，谓之道。""道体虚无，而万物有形。"[2] 这是以无名、虚无规定道的本性。又如，他对有、无、虚、实作了如下规定：

---

① 《太上老君说常清静经注》，《道藏》第17册，第187页。
② 严均平：《指归论》，《道藏》第12册，第370页。

虚之虚者生虚虚者，无之无者生无无者，无者生有形者。

有生于无，实生于虚。

无动不生，无而生有。①

同样是遣有归无、遣实归虚。严遵乃扬雄之师友，扬雄《太玄》在营造博大的哲学体系时，是明确以"玄"标宗的，并解释说："玄者，幽攡万类而不见其形者也。"② 这也是用"无形"规定"玄"的本性。可见严遵对扬雄确实不无影响。杜光庭所列以虚玄之宗者还有王弼、何晏、郭象等人。他们均是玄学家，皆从玄学立场注释《道德经》。严遵开了以虚无立宗注释《老子》的先河。考察《老子指归》的思想，可以更好地了解魏晋贵无论酝酿、产生的前期过程。③ 杜光庭以严遵为虚无之宗之首，确是对玄学渊源的洞见。

重玄之家以孙登为首。孙登乃孙盛之侄，孙盛是东晋大思想家，学问渊博，"善言名理"。孙登从学于孙盛。孙盛作《老子疑问反讯》，其中说道："《道德经》云：'故常无欲以观其妙，故常有欲以观其徼，此两者同出而异名，同谓之玄，玄之又玄，众妙之门。'旧说及王弼解，妙谓始，徼谓终，夫观始要终，靓妙知着，达人之鉴也。既以欲澄神昭其妙始……何以复须有欲得其终乎？宜有欲俱出妙门，同谓之玄，若然以往，复何独贵于无欲乎？"④ 这是对以虚无为宗的严君平、王弼于有欲与无欲、始与终、妙与徼遣其一端，执着一面的有力批评。然而作为孙登重玄学之宗的双遣方法也于此崭露端倪。蒙文通先生说："重玄之说，实由'有欲俱出妙门，同谓之玄'之难诘而属之也。"⑤ 可见，重玄思想是在对老子的"故常无欲以观其妙，故常有欲以观其徼，此两者同出而异名，同谓之玄，玄之又玄，众妙之门"进行解释时，纠正执着于虚无之偏的解释而产生的。

孙登之后，南朝道教学者们对这一思想有所阐发。对玄学贵无与崇有的偏执，后世学者们从两个方向力图进行纠正。道教学者们主张要兼顾有与无两个方面。顾欢解释"有之以为利，无之以为用"，说："神为存生

---

① 严均平：《指归论》，《道藏》第 12 册，第 349 页。

② （宋）司马光：《集注太玄经》，《道藏》第 27 册，第 724 页。

③ 任继愈主编：《中国哲学发展史》（秦汉），人民出版社 1985 年版，第 650 页。

④ （唐）释道宣：《广弘明集》卷五，《四部丛刊初编》本，商务印书馆 1919 年版，第 473 册，第 62 页。

⑤ 蒙文通：《古学甄微》，巴蜀书社 1987 年版，第 350 页。

之利，虚为致神之用，明道非有非无，无能致用，有能利物，利物在有，致有在无，无谓清虚，有谓神明。而俗学未达，皆师老君全无之道，道若全无，于物何益？今明有之为利，利在用形，无之为用，以虚容物故也。"① 臧矜也持类似的主张。这大体上可以视为以无为体，以有为用。

佛教学者们主张要对有与无均进行否定。罗什师徒所立中观学派被称为"三论宗"。三论宗最著名的思辨方法是"中道"方法。何为"中道"？《中观论疏》解释说："非有非无则是中道。"②《大乘玄论》卷四说得更详细："虽无而有，不滞于无；虽有而无，不累于有。不滞于无，故断无见灭；不累于有，故常着冰销……不累于有，故不常；不滞于无，故非断，即中道也。"③ 既不滞于有，也不滞于无，不常不断，就是中道。

此后，成玄英对这两个方向的纠偏作了综合。李荣在成玄英的基础上进一步推演道："借玄以遣有无，有无既遣，玄亦自丧，故曰又玄。又玄者三翻不足言其极，四句未可致其源，廖廓无端，虚通不碍，总万象之枢要，开百灵之户牖，达斯趣者，众妙之门。"④ 俗人容易滞于有，学道者容易滞于无，既不滞于有，也不滞于无，这是玄。但这还不够，还要把对玄的执着也祛除，无所局滞，保持思想的开放性，无限逼近对终极真理的认识，这才是重玄。

杜光庭直接因陈了成、李的重玄理论，并作了阐发。在理体上，他推崇孙登的重玄，在事迹上，他认为要把理身与理国结合起来。理体必须结合于事迹，所以他尤其推崇唐玄宗之注，因为它把理身与理国紧密结合起来了。而且，他本着孙登的重玄宗旨对它作了补充和发挥。对"玄"，他认为，"玄，深妙也，不滞也"。也就是对事物持否定态度，不执着。对"又玄"，他说："寄又玄以遣玄，欲令不滞于玄，本迹两忘，是名不住，无住则了出矣。"⑤ 就形而上而言："道之为无，亦无此无，德之为有，亦无此有。斯则无有无，无执病都尽，乃契重玄，方为双绝。"⑥ 重玄的思辨方法要求人们既不执着于有，也不执着于无，因为"执无者则病于有，执有者则病于无"。但一般人要做到这一点很难。唯有"圣人知道非有非

① 顾欢：《道德真经注疏》，《道藏》第 13 册，第 282 页。
② 汤用彤：《隋唐佛教史稿》，中华书局 1982 年版，第 124 页。
③ 同上。
④ 强思齐：《道德真经玄德纂疏》，《道藏》第 13 册，第 361 页。
⑤ （唐）杜光庭：《道德真经广圣义·道可道章第一》"玄之又玄，众妙之门"疏，《道藏》第 14 册，第 344 页。
⑥ （唐）杜光庭：《道德真经广圣义·释疏题明道德义》，《道藏》第 14 册，第 347 页。

无，两无所执，能病所执，是以不病"①。不执着就是忘。根据这一点，杜光庭对重玄方法总结道："夫摄迹忘名，已得其妙，于妙恐滞，故复忘之，是本迹俱忘，又忘此忘，总合乎道。有欲既谴，无欲亦忘，不滞有无，不滞中道，是契都忘之者尔。"② 这里所说的"不滞有无，不滞中道"是对此前"重玄之道"思想的一个很好概括。

作为一种理论方法，重玄和佛教禅宗"四照用"的方法有相似之处，二者都是要剥落主体能思能执的功能。但是作为一种思想体系，重玄又与佛教意趣相异。佛教以周围世界为虚幻不实，修炼讲究存思存神。从实质上讲，佛教是"不有"，道教是"无执"，其分殊由此可见一斑。但是，重玄理论对佛教确有涵摄之功，南北朝时期佛道互相诘难，佛教对道教也有吸取，但就这一时期的总的态势来说，是"融合贯通少，模仿乃至抄袭比较多"③。这一局面是到了唐代才有改变的。

2. 作为本体与本源的道

重玄既是一种思想体系，又是认识终极真理的方法。就后者而言，"道"就是道教的终极真理。

杜光庭对"道"有如下几种含义的界定：1. 道在气物、形质之先。2. 道超有无、时空。3. 道是万物运动之根源。4. 道即气。5. 道可悟得。6. 道即老君。前三种含义是就本体论而言，第四种含义是就本源论而言，第五种含义是就认识论而言，第六种含义是就宗教理论而言。这里先谈本体论。

杜光庭认为，道存在于万事万物中："道非阴阳也。在阳则阳，在阴则阴，亦由在天则清，在地则宁，所在皆合，道无不在。非阴阳也，而能阴能阳；非天地也，而能天能地；非一也，而能一；周旋反复，无不能焉。"④ 道虽然存在于万物中，但并不混同于万物。它是万物之所以成为自身的依据。这就是说，道是万物的本体。

杜光庭认为，作为万物的本体，道可以通过对有与无的相互关系的考察而加深认识。他说："无者，道之本；有者，道之末。因本而生末，故天地万物形焉。形而相生，是生于有矣。考其所以，察其所由，皆资道而

---

① （唐）杜光庭：《道德真经广圣义》卷四十六，《道藏》第 14 册，第 548 页。

② （唐）杜光庭：《道德真经广圣义》卷六，《道藏》第 14 册，第 344 页。

③ 曾召南：《简论南北朝时期的儒释道关系》，四川大学学报编辑部、四川大学宗教研究所编《宗教学研究论集》，《四川大学学报丛刊》第二十五辑。

④ （唐）杜光庭：《道德真经广圣义》卷三十一，《道藏》第 14 册，第 463 页。

生，是万有生于妙无矣。能自有而复无者，几于道矣。"① 无为道之本，有为道之末，因本而生末，于是万物产生。万物产生后，不再是自无生有，而是有有相生。但归结起来，这两种情况都是依据道而生，万有生于妙无。妙无就是道。之所以要把道界定为妙无而不是通常所说的无，是因为学道者容易拘泥于无来认识道，不合重玄本义。正是在这个意义上，杜光庭对上述所谓"生"的思想解释说："此明有无性空也。夫有不自有，因无而有。凡俗则以无生有。无不自无，自有而无，凡俗则以有生无。故云相生，而有无对法，本不相生，相生之名由妄执起，亦如美恶非自性生，是皆空。"② 这里的言外之意，是对有、无不可执着，对无生有、有有相生，同样不可执着。

通过有无关系明了道的本体性后，杜光庭进而考察了道的性质。他系统地总结了前人对道的种种描述，认为道的"形体"有"虚无"、"平易"、"清静"、"柔弱"、"淳粹"、"素朴"六个方面："此六者道之形体也。虚无者，道之舍也；平易者，道之素也；清静者，道之鉴也；柔弱者，道之用也；淳粹者、素朴者，道之干也。"他认为，能够把这六个方面作为行动的原则并遵守它们的人就是"道人"，因为他们"行与道同，故曰能顺事而不滞，悟言教而同道也"③。

上述六个方面中，杜光庭认为，虚无是根本性的。为此，他专门把虚无提出来与自然并列，讨论了它们与道的关系。他在《道德真经广圣义》中说："大道以虚无为体，自然为性，道为妙用。散而言之，即一为三，合而言之，混三为一，通谓之虚无自然大道归一体耳。非是相生相法之理，互有先后优劣之殊也。非自然无以明道之性，非虚无无以明道之体，非通生无以明道之用。"④ 这可视为他对虚无、自然与道三者关系的总论。其要点主要是两个：一是大道以虚无为体，以自然为性，以道为用；二是虚无、自然、道三者是相统一的，三者之间不存在着相生相法的关系，也不存在先后、优劣之别。在这个总论的指导下，杜光庭对三者作了分别论述。对于虚无，他引孔颖达《周易正义》的话解释说："义曰：道者，虚无之称也。以虚无而能开通于物，故称曰道无不通也，无不由也。若处于有则为物滞碍，不可常通。道既虚无为体，无则不为滞碍，言万物皆由之

---

①　《道藏要籍选刊》，上海古籍出版社 1989 年版，第 2 册，第 166 页。

②　（元）刘惟永编集：《道德真经集义·天下皆知章》，《道藏》第 14 册，第 128 页。

③　（唐）杜光庭：《道德真经广圣义》卷二十，《道藏》第 14 册，第 408 页。

④　《道藏辑要选刊》，上海古籍出版社 1989 年版，第 2 册，第 111 页。

而通，亦况道路以为称也。……无中之有，有中之无，不得指而定名。"
正因为虚，所以能变为实；正因为无，所以能生有。道正因以虚无为体，
所以能够通生万物而不会遭遇障碍而停滞。体与用是相互依存的。没有虚
无之体，也就没有道之用。通生万物是道之用。对于道之用，杜光庭说：
"义曰：夫道之无也，资有以彰其功。无此有则道功不彰矣。物之有也，
资道以察其质，无此道则物不生矣。"① 无通过有而表现其存在，道通过
无而表现其通生万物的伟大功能。至于自然，主要表明道的存在的客观
性、不可改变性。

杜光庭进而根据上述思想推导出道的三个方面的含义，即理、导、
通。这并非他的首创。《道德真经广圣义·释疏题明道德义》说："臧玄
静云：'道者通物，以无为义。'"又说：

> 臧玄静云："智能为道体，神通为道用也。"又云："道德一体而
> 具二义，一而不一二而不二。二而不二，由一故二；一而不一，由二
> 故一。不可说言有体无体，有用无用。是无体为体，体而无体；无用
> 而用，用而无用。然则无一德非其体，无一用非其功，寻其体也，离
> 空离有，非阴非阳，视听不得，搏触莫辩，寻其用也，能权能实，可
> 左可右，以小容大，以大容小。体既无已，故不可思议之；用而无
> 功，故随方不示见。"

这说明，杜光庭认为道有理、导、通三个方面的含义的观点，是对臧
玄静即臧矜思想的继承与发展。他对此作了详细的阐述。他认为，道的含
义有三方面："一理也，二导也，三通也。"具体来说，"理者，理实虚
无，以明善恶；导者，导执令忘，引凡入圣；通者，通生万法，变通无
壅。"②"理"即客观地存在于现象背后的"虚无"之实体。在社会生活
中，它是善恶规范的依据，所以具有鉴别善恶的功能。"导"的含义，一
是返归真性之本而去妄情，二是"摄有用之迹，归无为之本"。这包括理
身与理国两个方面。"通"是生化万物而无滞碍。

如果以体用这一对范畴而论，理为体，导、通则属于用。体为形而
上，用为形而下。对二者的关系，杜光庭继承《易传·系辞上传》"形而
上者谓之道；形而下者谓之器"的思想而阐发说：

---

① （元）刘惟永编集：《道德真经集义·三十辐章》，《道藏》第14册，第297页。
② （唐）杜光庭：《道德真经广圣义》卷五，《道藏》第14册，第337页。

形而上者道之本，清虚无为，故处乎上也。形而下者道之用，秉
质流行，故处乎下也。显道之用以形于物，物秉有质，故谓之器。器
者，有形之类也。……此乃道是无体之名，形是有质之用。凡万物从
无而生，众形由道而立，先道而后形，道在形之上，形在道之下。故
自形而上谓之道，自形而下谓之器。形虽处道器两畔之际，形在器
上，不在道也。既有形质，可为器用，故云形而下者谓之器。夫道，
无也。形者，有也。有故有极，无故长存。[①]

在他看来，道无形无体，为无；器则有形有质，为有。道在器先，器
由道立。道是体，器是用。这一思想，后来五代时的道士施肩吾简洁地加
以概括为："形而上者谓之道，形而下者谓之器。上以下为基，道以器
为用。"[②]

道如何生化万物，是涉及道的体与用的大问题。为此，杜光庭探讨了
本源论。具体地说，就是探讨了道与气的关系。

对道与气的关系，前人已经有所探讨。《淮南子》说："道始于虚廓，
虚廓生宇宙，宇宙生元气，元气有涯垠，清阳者薄靡而为天，重浊者凝滞
而为地。天地之袭精为阴阳，阴阳之专精为四时，四时之教散为万物。"[③]
由此可引申出道生气的观点。那么，道与气在化生万物的过程中究竟如何
在职能上分工呢？《老子河上公章句》说："言道禀与，万物始生，从道
受气。"[④] 这里虽然提到"从道受气"，但对于道与气的关系却说得不够清
晰。《太平经》进了一步，它指出："夫道者何等也？万物之元首，不可
得名也。六极之中，无道不能变化。元气行道，以生万物，天地大小，无
不由道而生者也。故元气无形，以制有形，以舒元气，不缘道而生。"[⑤]
元气之上还有更加根本的道，"元气行道"明确把气与道的功能作了分
工，道是万物的主宰，是万物变化的根据。元气则具体生化万物，但在这
过程中道仍然发挥控制、规范的作用。这暗含有道是元气生化万物的所以
然的意思。《太平经》的这个思想对此后的道教有深远的影响，基本上奠

---

① （唐）杜光庭：《道德真经广圣义·三十辐章》第十一，《道藏》第 14 册，第 370 页。

② 《西山群仙会真记》卷一《识物》，《道藏》第 4 册，第 426 页。

③ （西汉）刘安：《淮南子·天文训》，高诱注《诸子集成》第 7 册，中华书局 1954 年版，第
35 页。

④ 《老子河上公章句》虚心第二十一释"以阅众甫"，《道藏》第 12 册，第 6 页。

⑤ 王明：《太平经合校》卷十八至三十四《守一明之法》，中华书局 1960 年版，第 16 页。

定了道教对道与气在化生万物过程中道靠气来推动而发挥作用的思想。杜光庭在这基础上作了发展。他说："道，通也，通以一气生化万物，以生物故，故谓万物之母。"① 在他看来，道最根本的特性在于"通"，气最根本的特性在于"生"。"通"体现的是规律性，"生"体现的是变化性。在杜光庭看来，在万物衍生的过程中，道的功能体现为衍生这一运动的规则、规范、规律、秩序，也就是变中的不变性、稳定性。气的功能体现为衍生这一运动的具体活动，即变化的方面、不稳定的方面、适应环境的方面。这就是说，道与气的功能是有区别的，道的功能是"通"，气的功能是"生"。道在化生万物中起控制的作用，具体的化生万物则是元气的功能。杜光庭所提出的"道通气生"的命题，对道气关系的争论作了一个总结："以其道气化生，分布形兆，乃为天地。而道气在天地之前，天地生道气之后。"②

杜光庭认为，以道通气，"通"与"生"两性相合，"道—气"则达于直接的无差别的同一。所以说："道者，虚无之气也。混沌之宗，乾坤之祖，能有能无，包罗天地。"③ 把道直接等同于气，也就是把本体与本源合而为一成为"混元"，目的是把本体论和本源论统一起来，更好地解释在万物衍生的过程中道与气的关系，即"混元以道气生化"。

据此，杜光庭推出了道气—形气（阴气、阳气）—器物的宇宙生成图式："道本包于元炁，元炁分为二仪，二仪分为三才，三才分为五行，五行化生万物。"④ 具体来说，首先，道的起源是："道之起也，无宗无祖，无名无形，冲而用之，渐彰于有。其初也，示若无状之状，无象之象，无物之物，无名之名。天地未立，阴阳未分，清浊圆通，含众象于内而未明，藏万化于中而未布，不可以名诘，不可以象言，故云有物混成，先天地生。"⑤ 这是由道而化生一的过程。对《道德经》中的"道生一，一生二，二生三，三生万物"一句，杜光庭的注释是："一者，冲气也。言道动出冲和妙气。于生物之理未足，又生阳气。阳气不能独生，又生阴

---

① （唐）杜光庭：《道德真经广圣义·释御疏序下》，《道藏》第14册，第334页。又见《太上老君说常清静经注》。

② （唐）杜光庭：《道德真经广圣义·释御疏序下》，《道藏》第14册，第334页。

③ 《太上老君说常清静经注》"老君曰：大道无形，生育天地"注，《道藏》第17册，第183页。

④ 《太上老君说常清静经注》"降本流末，而生万物"注，《道藏》第17册，第186页。

⑤ （唐）杜光庭：《道德真经广圣义》卷二十一，《道藏》第14册，第413页。

气。积冲气之一，故云一生二；积阳气之二，故云二生三。"① 阴气、阳气、冲气是为"三"，"三"中的阴气、阳气各自分阴分阳，是为五行，即金、木、水、火、土，金为老阴、木为少阳、水为少阴、火为老阳、土为中（冲）。"三才"尚为无质之气，由三才所生之五行则已经有质，五行所派生之万物则既有质又有形。

3. 道与德

杜光庭对道与德的关系也有新的发展。他从"道者，德之通；德者，道之功"这个基本点出发，从本迹、理教、境智、人法、生成、有无、因果七个方面，详细辨析了道与德的体用、同异关系。

杜光庭认为，道与德是两个独立的范畴，它们之间是有区别的。从有无来说，"有无者，无则为道，有则为德。"② 从各自的内涵来说，与道有理、导、通三方面相对应，德也有得、成、不丧三个方面的含义。

但是，道与德毕竟是两个有紧密联系的概念。杜光庭说："道非德无以显，德非道无以明。"③ 虽然说道是无，德是有，但是，"虚无不能生物，明物得虚无微妙之气而能自生。是自德，任其自德，故谓之德也"④。道作为虚无，不能产生万物。道只能通过德来显示自己的存在。德作为有，能够产生万物，但如果没有道，德产生万物的功能同样也不能完成。这就是说，道与德之间存在着"因待"关系。杜光庭这一思想的直接来源是成玄英，成玄英说过："道体窈冥，形声斯绝，既无因待，亦不改变。"⑤ 不过，成玄英所谓的"因待"，只是说明事物之间依赖、联系的性质，并没有对立面双方互相得到说明和印证的意思，杜光庭对成玄英所用的这一概念显然是有所体得，因而能够创发新义。

除了"因待"，"互陈"也是杜光庭对矛盾同一性的另一种描述。如果说"因待"概念侧重于描述矛盾双方的依赖和印证关系的话，那么，"互陈"概念则重在描述矛盾双方的交叉关系，即你中有我、我中有你，二者不离不散。由此来看，对道与德的关系，他说："道资于德，德宗于道，是互陈也。互者交也，差也。陈者布也。互观其理，皆过精微，斯所

① 《唐玄宗御注道德真经》，《道藏》第 11 册，第 734 页。

② （唐）杜光庭：《道德真经广圣义·释疏题名道德义》，《道藏》第 14 册，第 337 页。

③ （唐）杜光庭：《道德真经广圣义·释御疏序下》，《道藏》第 14 册，第 335 页。

④ 同上书，第 334 页。

⑤ 顾欢：《道德真经注疏》卷三，《道藏》第 13 册，第 298 页。

谓不可散也。"①"互陈"就是"互观其理"。"互观其理"就是对立着的矛盾双方交互显示对方所由以存在的根据，表现对方所具有的内涵。就道与德而言，"外分道德之殊，而经有互陈之义"②。通过"互陈"，明了"道与德有相资相禀之义"③，于是可以断言道、德不可分为绝对离散之两体，杜光庭把这种关系称为"道德相须"。这是对道与德关系提出的一个崭新命题。

杜光庭把"因待"、"互陈"两方面综合起来，进而以同异这一对范畴来描述上述道与德的关系。他说："道德不同不异而同，而异不异而异。用辨成差不同而同，体论惟一。不异异者，《经》云：道德混沌，玄妙同也。知不异而异无所可异，不同而同无所可同，无所可同无所不同，无所可异无所不异也。"④ 道与德既对立又同一。"同"描述了同一的方面，"异"描述了对立的方面。以同异而论，道与德既不同，也不异，但究其本则是同；二者是两个相异的概念，虽然就其本来说是同，但毕竟还是异。这就是说，同是就体而言的，异是就用而言的。体为形而上，用为形而下。体通过用而呈现其存在，并对用有统御之能。所以说"不异而异无所可异"，"无所可异无所不异"。用虽然千差万别，但终究都以体为本，并以体为终极归宿。所以说"不同而同无所可同"，"无所可同无所不同"。

这样看来，道与德的同异关系可以通过体与用的关系而得到更清楚的说明。为此，杜光庭着力阐述了道与德之间的体用关系。这首先涉及体用这一对范畴的内涵。他推崇唐玄宗《御注道德经》，玄宗云："知道者德之体，德者道之用。"⑤ 杜光庭疏曰："真实凝然之谓体，应变随机之谓用。杳冥之道变化生成，不见其迹，故谓之体也，言妙体也……此妙体展转生死，生化之物，任乎自然，有生可见而不为主，故谓之用，此妙用也。子曰'昭昭生于冥冥，有伦生于无形'是也。"⑥ 他还说过："有以无为本（体），无以有为用，道德相须为上下二经之目也。"⑦ 综合这两方

① （唐）杜光庭：《道德真经广圣义·释御疏序下》，《道藏》第14册，第335页。
② （唐）杜光庭：《道德真经广圣义·释疏题名道德义》，《道藏》第14册，第337页。
③ （唐）杜光庭：《道德真经广圣义·释疏题名道德义》，另见《道德真经广圣义序》，《道藏》第14册，第310页。
④ （唐）杜光庭：《道德真经广圣义·释疏题名道德义》，《道藏》第14册，第338页。
⑤ （唐）杜光庭：《道德真经广圣义·释御疏序下》，《道藏》第14册，第334页。
⑥ 同上书，第334—335页。
⑦ 同上书，第334页。

面可见，在他看来，"体"可谓无、精、本、朴，"用"可谓有、粗、末、器，即所谓"精粗先后可两言之，体精而为本朴也，用粗而为末器"①。

杜光庭认为，道与德之间，一般来说，道是体，德是用。但是，对道与德的这种体用关系，不能泛泛而论。在他看来，体与用的关系可以从分与合（"混一"）两个方面来看。谈论体与用的关系，是就分而言的。"分而为二者，体与用也，混而为一者，归妙本也。"② 以分而论，体与用确实是有差异的两个互不相同的事物。"体用虽异，是何故也。相资而彰，不可散也。"③ 就分而论体用，应该说是很简单、很容易的。要把二者之合说清楚，可就不那么简单、容易了，而且这是更重要的方面。如前所述，体与用相互依存，缺一不可，无体则用无法显现，无用则体的存在无法判明，二者"相资而彰，不可散也"。这是以合而论体用的方面之一。

体用除了"相资"之义，还有"相明"之义。杜光庭说："可道可名者，明体用也。义云体用者，相资之义也。体无常体，用无常用，无用则体不彰，无体则用不立，或无或有，或实或权，或色或空，或名或象，互为体用，转以相明，是知体用是相明之义也。"④ "相明"即相互开显，相互作为认识对方的出发点和依据。体用关系具体表现在无有、实权、色空、名象等方面，可以通过它们对道与德的体用关系有一个系统的认识。

既然体与用是"相资"、"相明"的，那么，对二者就不能偏废。为此，杜光庭提出了"体用双举"的原则："无为有为，可道常道，体用双举，其理甚明。"⑤ 这一观点，应该说是很有实在意义的。因为玄学有"崇本息末"的观点，学者们很容易受其影响而出现崇体息用、重体轻用的弊端。杜光庭"体用双举"的观点，显然有纠正这一偏弊的实际意义。

在上述体用内涵及其关系的基础上，杜光庭对道与德之间的体用关系阐述道：

> 不可说言有体无体，有用无用。盖是无体为体，体而无体；无用为用，用而无用。然则无一德非其体，无一用非其功。寻其体也，离

---

① （唐）杜光庭：《道德真经广圣义·释御疏序下》，《道藏》第 14 册，第 335 页。

② 同上。

③ 同上。

④ （唐）杜光庭：《道德真经广圣义·道可道章第一》疏，《道藏》第 14 册，第 331 页。

⑤ （唐）杜光庭：《道德真经广圣义·道可道章第一》"玄之又玄，众妙之门"疏，《道藏》第 14 册，第 344 页。

空离有，非阴非阳，视听不得，博施莫辩；寻其用也，能权能实，可左可右，以小容大，以大容小。体既无已，故不可思而议之；用而无功，故随方不示见。今不异此，但知道德不同不异，而同而异。不异而异，用辩成差；不同而同，体论惟一。不异异者，《经》云：道生之，德育之也；不同同者，《西升经》云，道德混沌玄妙同也。知不异而异，无所可异；不同而同，无所可同。无所可同，无所不同；无所可异，无所不异也。①

　　体用之合的本义是"混一"。由此，杜光庭秉承重玄思想的精义，援引臧玄静之语："无体为体，体而无体，无用为用，用而无用，然则无一德非其体，无一用非其功"②，对道与德的体用之义开出了新义。在他看来，就体而言，它既不是空，也不是有；既非阴，也非阳，人的感觉器官不能直接感觉到；就用而言，它既是权，又是实，可左可右，能以小容大，以大容小。体没有一成不变的实体，所以不可以理性思维去谈论它；用无所不能而不见其功，所以就某一事物而言看不到它的存在。所以说，从体用来看，道与德是混沌玄妙的同一。

　　与体用有紧密联系的范畴还有本迹。这是此前道教学者们已经有较多论述的。成玄英所提出的本迹相即、从本降迹、摄迹归本的思想对后来唐玄宗疏解《老子》颇有影响，如玄宗解释"同谓之玄"说："玄，深妙也。自出而论则名异，是从本而降迹也；自同而论则深妙，是摄迹以归本也。归本则深妙，故谓之玄。"③ 受这一思想的影响，杜光庭首先对本迹的内涵作了界定，说："本者，根也；迹者，末也。"④ 本为要，迹为末。然后，他也如成玄英一样阐述了本迹关系的三个方面。一是由本降迹，摄迹归本，他说："标宗一字为名之本，可名二字为名之迹。迹散在物，称谓万殊，由迹归本，乃合于道。是知道为名之本，名为道之末，本末相生，以成化也。"⑤ 不可名为道，即本，可名为德，即迹、末。由迹降本即道产生万物。由迹归本即万物遵守道的规律而运动变化。这主要是从本源论的角度来说。二是本迹相即。杜光庭说："无名有名者，明本迹也。

---

① （唐）杜光庭：《道德真经广圣义·释疏题明道德义》，《道藏》第14册，第338页。
② 同上。
③ 杜光庭：《唐玄宗御制道德真经疏》卷一，《道藏》第11册，第750页。
④ （唐）杜光庭：《道德真经广圣义·道可道章第一》疏，《道藏》第14册，第341页。
⑤ （唐）杜光庭：《道德真经广圣义》卷六，《道藏》第14册，第332页。

本迹者，相生之义也。有本则迹生，因迹而见本，无本则迹不可显，无迹则本不可求，迹随事而立，以为本迹。"① 本与迹相互依存，不可分离。有本则迹生，因迹而见本，无本则无迹，无迹则本不可见。本迹共同存在于事物之中。这是力图把本源论与本体论统一起来。不仅如此，杜光庭还开出新意，即如体用关系一样有"相明"之义一样，本迹关系也有相明之义。他在《道德真经广圣义》卷六说："本迹门中分为二别，以无为本，以有为迹，无名有名也。以有为本，以无为迹，互相明也。万物自有而终归于无也。"以无为本，以有为迹，这是无名与有名之别，是站在本源论的立场上，就道产生万物而言的。在万物和人产生之后，是以有为本，以无为迹，是就有而及迹，是就认识论而言的，目的是摄迹归本，这是本体论的反映。把这两个方面综合起来，本迹互为有无，互相发明，合为一体。这就是本迹相即之义。

正是在上述"有无互陈"、"无同无异"、"体用双举"、"因迹见本"等一系列命题的基础上，杜光庭把"道德相须"的思想作了深化和发展，提出了"道资于德"、"德宗于道"的观点。这对道教道与德的关系的争论应该说是作了一个很系统的总结。

4. 无为之理

"无为"是道家、道教哲学中的一个重要范畴。历来的解释可谓仁者见仁、智者见智。杜光庭继承《淮南子》的思想阐释说："无为之理，其大矣哉。无为者，非谓引而不来，推而不去，迫而不应，感而不动，坚滞而不流，卷握而不散也。谓其私志不入公道，嗜欲不枉正术，循理而举事，因资而立功，事成而身不伐，功立而名不有。"② 他的这一阐释，就外在的方面来说，晚唐社会秩序趋于混乱，世俗权威衰堕，面临着崩溃和重建，消解了它作为人们的伦理道德观念之源的功能，人们的道德水准大大下降。就道教的内部来说，此时内丹术日益兴盛。在这种情况下，杜光庭的阐释显然有其匡正时局和顺应道教发展的主流思潮的积极意义。无为是与有为相对而言的。杜光庭当然不赞成有为，从重玄的观点出发，他也反对执着于无为。他说："至道自然，亦非有为，亦非无为。……湛寂清静，混而不杂，和而不同，非有非无。"③ 这仍然有把无为与有为"混一"的企图。实际上，从前面引文可见，杜光庭对无为的阐释，不再如此前道

---

① （唐）杜光庭：《道德真经广圣义·道可道章第一》疏，《道藏》第 14 册，第 341 页。

② 《道藏要籍选刊》，上海古籍出版社 1989 年版，第 2 册，第 48—49 页。

③ 《道藏要辑选刊》，第 260 页。

教学者们一样仅仅站在本源论和本体论的立场上，而更多地是就认识论而言的。在他看来，无为就是认识事物时的客观的态度和方法，没有先入之见、成见，在处理社会事务时没有私心杂念、没有欲望，以客观事物为本，遵守客观规律。

5. 穷理尽性

前面说过，杜光庭认为，理是道的三个方面的含义之一。它与道一样同处形而上，因而是抽象的，难于言表，非日常理性思维所能及。如他所说："理非言说所及，非心智所思。"

与此前道教学者们不同，杜光庭谈论理，主要不是就本体论而言，而主要是就认识论而言。而且，他不是就理而谈理，而是侧重于谈"穷理"，力图把穷理与尽性联系起来谈。他说："穷极万物深妙之理，穷尽生灵所禀之性。物理既穷，生性又尽，以至于一也。"①"一"既是宇宙的本根，也是人的终极的归宿。对此，徐复观在《中国人性论史》中分析说："老学的动机与目的，并不在于宇宙论的建立，而依然是由人生的要求，逐步向上推求，推求到作为宇宙根源的处所，以作为人生安顿之地。因此，道家的宇宙论，可以说是他的人生哲学的副产物。他不仅是要在宇宙根源的地方来发现人的根源，并且是要在宇宙根源的地方来决定人生与自己根源相应的生活态度，以取得人生的安全立足点。"②道教把这一点向前推进了一步，不仅要取得"人生的安全立足点"，而且要使个体生命与道一样永恒长存，即得道成仙。穷理与尽性，就是得道的先决条件。

杜光庭认为："穷理者，极其玄理；尽性者，究其真性。玄理真性，考幽洞深，可以神鉴，不可以言诠也。"③为什么说玄理真性不可以用语言来解释呢？他说："教必因言，言以明理，执言滞教，未曰通途。在乎忘言以祛其执。既得理矣，不滞于言，是了筌蹄之用也。……若执筌蹄，乃非鱼兔矣，若执于言，又非教意矣。"④也就是说，穷理尽性必须以语言为中介，但不可以执着于语言。犹如捕到了鱼，网就无用了。获得了意，言也就可忘。所以说："无言之言，穷理之理，庶乎神洞幽赜，了悟

①（唐）杜光庭：《道德真经广圣义·释御疏序下》，《道藏》第14册，第332页。

② 陈鼓应：《老庄论集》，齐鲁书社1987年版，第86页。

③（唐）杜光庭：《道德真经广圣义·释御疏序下》，《道藏》第14册，第332页。

④（唐）杜光庭：《道德真经广圣义·希言自然章第二十三》"希言自然"疏，《道藏》第14册，第407页。

忘言，此故非文字可诠评也。"① 在杜光庭看来，世俗的学者永远也达不到对道的体知。

第一，"道在乎知，不在乎博，知而行之者，至道不烦，一言了悟。悟而勤久，久而弥坚，则得道矣。知而求博，博而不修，言之于前，行之不逮，则失道矣。"② 这里的关键是"知而行之"。杜光庭把知、行关系引入对得道的讨论，强调即知即行，知行为一。知以观为前提，故他进而分析了观与行的关系。他说："观者所行之行也。以目所见为观（音'官'），以神所鉴为观（音'贯'），悉见于外，凝神于内，内照一心，外忘万象，所谓观也，为习道之阶，修真之渐，先资观，行方入妙门。夫道不可以名得，不可以形求，故以观行为修习之径。"③ 所谓观行，就是目见而有感性认识，思考后而有理性认识，把所知贯彻落实到行动中。正如杜光庭所说："目见者为观（音'官'）览之观也，神照者观（音'贯'）行之观也。"④ 观在先，行在后，又以行来充实、验证、强化观之所得，如此才能避免以知为行、知而不行、不知而盲行、知行脱节等弊端。

第二，"道在悟不在于求"。杜光庭把"绝俗学"称为绝"日求而得"之学，为什么呢？他解释说："贵道之意不日求以得者，言道在于悟，悟在于心，非如有为之法，积日计年，营求以致之尔，但澄习窒俗，则纯白自生也。"⑤ "日求而得"的俗学之所以应该抛弃，是因为它不用心去悟。"悟"可分为两类："悟有渐顿之殊，顿悟者不假于从权，渐化者须资于善诱，乃有权实之别。"⑥ 在这两类中，杜光庭推重后者："道之所以为天下贵者，顿悟而得，不在营求。"⑦

① （唐）杜光庭：《道德真经广圣义·释御疏序下》，《道藏》第14册，第332页。

② （唐）杜光庭：《道德真经广圣义·信言不美章第八十一》"知者不博"疏，《道藏》第14册，第565页。

③ （唐）杜光庭：《道德真经广圣义·道可道章第一》疏，《道藏》第14册，第331—342页。

④ （唐）杜光庭：《道德真经广圣义·道可道章第一》"玄之又玄，众妙之门"疏，《道藏》第14册，第344页。

⑤ （唐）杜光庭：《道德真经广圣义·道者万物之奥章第六十二》"不日求以得，有罪免耶，故为天下贵"疏，《道藏》第14册，第531页。

⑥ （唐）杜光庭：《道德真经广圣义·将欲翕之章第三十六》"将欲翕之，必固张之"疏，《道藏》第14册，第542页。

⑦ （唐）杜光庭：《道德真经广圣义·道者万物之奥章第六十二》"不日求以得，有罪免耶，故为天下贵"疏，《道藏》第14册，第531页。

　　总之，杜光庭继承了《道德经》"静观玄览"和《庄子》"心斋坐忘"之意，结合《易大传》"穷理尽性"说，融摄佛教"觉悟"说，提出融感性、理性为一体，以"神鉴"、"了悟"为内核的主观直觉认识论，主张以"闭缘息想"为路径，以"渐"、"顿"两种"悟"的方式，实现对道的认识，然后凭借道的临照，穷尽万物之理，究尽生灵之性。

　　性本无善恶可言。性发为情，情却有善有恶，是因为情在后天的环境中，在人的言行中表露。为此，初唐道士李荣的《老子注》明确提出了"以性制情"的命题，但缺乏系统的论述。随着内丹学逐渐酝酿成熟，性情关系的理论日臻成熟。中唐道士陶埴有"推情合性，此道之返也"的观点①。到了晚唐，杜光庭作了一个总结，说："自道所禀谓之性，性之所迁谓之情。人能摄情断念，返性归元即为至德之士矣。至德之本即妙道也。故言修性返德，自有归无。情之所迁者有也，摄情归本者无也。既能断彼妄情，返于正性。正性全德，德为道阶，此乃还冥至道也。"② 先天之性虽大同，但由于天地生人时各人的气禀有所不同，导致情有"性分"之别。杜光庭说："有欲无欲之人同受气于天地，秉中和滋液，则贤圣而无为。秉浊乱之气则昏愚而多欲，苟能洗心易虑，澄欲含虚，则摄迹归本之人也。"③ 这样，同样得阴阳二气，禀"中和"、"清明充朗"之气者成为圣贤，禀"浊乱"、"浊滞烦昧"之气者成为愚昧、多欲而有妄情之人。这样说，并非意味着后一类人不能返性归本。因为，第一，杜光庭并不认为情都是坏的恶的。只有那些坏的恶的情，即"妄情"才会扰神。④ 第二，每一个人均应安于气禀："安其所禀之分，则无过求之悦矣。若所禀之外越分过求，悦而习之，则致淫悖之患而伤其自然之和，乱其天禀之性矣。"⑤ 安于自己的气禀而不追求气禀之外的东西，情即不生，性即不迁而全，得道就有希望。

　　根据上述观点，杜光庭主张："夫初修道者，既闭恶缘又息恶想，以降其心，心澄气定，想念真正，稍入道分。善缘善想亦复忘之，穷达妙

---

① （五代）陶埴：《还金述》，《道藏》第 19 册，第 285 页。

② （唐）杜光庭：《道德真经广圣义》卷十九"恍兮惚兮其中有物"义疏，《道藏》第 14 册，第 403 页。

③ （唐）杜光庭：《道德真经广圣义》卷六，《道藏》第 14 册，第 344 页。

④ （唐）杜光庭：《道德真经广圣义》卷八，《道藏》第 14 册，第 353 页。

⑤ （唐）杜光庭：《道德真经广圣义·绝学无忧章第二十》"绝学无忧"义疏，《道藏》第 14 册，第 397 页。

理，了尽真性，想缘俱忘，乃可得道。故云：穷理尽性，闭缘息想也。"①只有将恶缘恶想、善缘善想都排除在外，才能达到穷尽天下之理，人、物之性，才能了通入道。在这一点上，杜氏与成玄英一脉相承，成玄英说："前以无名遣有，次以无欲遣无，有无既遣，不欲还息。不欲既除，不中斯泯，此则遣之又遣，玄之又玄，所谓探微索隐，穷理尽性者也。"②

人是心理、文化和社会的复合体，结构复杂而又经常变化。在这三层结构中，心理是中介。在流动不居的发展进程中，它既是改造客观的手段，也是需要不断改造的对象，这就往往导致人的各种需要相互冲突、不协调，导致人难以把握自身，陷入自身的分裂、异化，缺乏归依感。此外，人类的生理、情感、意志、理想的追求，受到客观的限制。客观不能为主观所左右，人又有自身的局限，即使求得幸福、满足、享受，往往也是暂时性的，转瞬即逝，由此产生失落感和痛苦。个人往往不仅不能把握人生的价值和意义，而且他所追求的反过来成为对他自己的否定，例如希望长生不死却做不到。这样一来，孤独感由此而产生。如何破解这些难题呢？这涉及道与术的关系问题。

（二）道与术、生与死

杜光庭对道与术的关系有自觉的认识。他在《仙传拾遗》中说："术之与道，相须而行。道非术无以自致，术非道无以延长。若得术而不得道，亦如欲适万里而足不行也。术者虽万端隐见，未除死箓，因当栖心妙域，注念丹华，立功以助其外，炼魄以存其内。内外齐一，然后可适道，可以长存也。"术与道相辅相成。道是术的观念背景和指导性的理论，既是万物的本源和本体，又是修炼的最终境界。没有术就不能得道，没有道，术也没有修持的必要。得术就是通过修炼它而得道。

道教认为，人为道所生，既生之后，离道越来越远，最终失道而死。杜光庭认可这种观点，说："有形之物，有情无情之众，禀冲和道气则生，失冲和道气则死也。"③就人而言，人禀道受气、得俱形神，也就具有现实的生命。杜光庭清醒地认识到，一切有形的生命存在，它们的时间、空间都是有限的。人也如此。"元精播气，大冶匠形，禀阳和则出生，归阴寂则入死，将明辍死延生之路，丧生趣死之由。"④由于生命是

---

① （唐）杜光庭：《道德真经广圣义·释御疏序下》，《道藏》第 14 册，第 333 页。

② 顾欢：《道德真经注疏》卷四，《道藏》第 13 册，第 310 页。

③ （唐）杜光庭：《道德真经广圣义》卷三十一，《道藏》第 14 册，第 466 页。

④ （唐）杜光庭：《道德真经广圣义》卷三十六，《道藏》第 14 册，第 497 页。

由"元精播气，大冶匠形"而成，都将禀"阳和"而出生，归"阴寂"而入死。杜光庭认为，人的自然寿命是一百二十岁左右："人之生也，天与之算，四万三千二百算主日也，与之纪，一百二十纪主年也。此为生人一期之数矣。得金丹不死之道者，则延而过之，无修养之益，有减夺之过者，则不足而夭枉之矣。"① 如果通过修行而获得了道，就能超过这一寿限。他说："人之死生虽赋以天命，然亦系其所履。君子察其所履而知其寿夭。"② 那么，"辍死延生之路，丧生趣死之由"是什么呢？如何行动才能超过人的寿限呢？杜光庭说：

> 人之生也，参天而两地与气为一。天地所以长存者，无为也，人所以生化者，有为也。情以动之，智以役之，是非以感之，喜怒以战之，取舍以弊之，驭努以劳之。气耗于内，神疲于外，气竭而形衰，形凋而神逝，以至于死矣。故曰委和而生，乘顺而死，率以为常也。③

杜光庭将人与天地相比较来说明，人之所以不能像天地那样长存，就在于天地无为，自然任运，而人却积极有为，使气耗于内，神疲于外，最终导致气竭而形衰，形凋而神逝，以至于死矣。因此，他在诠释《道德经》"天下有始以为天下母，既得其母以知其子，既知其子复守其母，殁身不殆"④ 时，极力宣扬守道而得道、得道则生的道理。他说："既知身之所禀，道生我身，即洗心返神，复守其道，无是非之惑，绝声利之尘，终身行之，道可得矣。"⑤ 既然知道人的生命是由禀道而来，那么，人就应该在现实生活中，洗心返神，复守其道，这样就能"无是非之感，绝声利之尘"，坚持如此，人的生命就能因得道而获得超越⑥。

杜光庭认为，在得道之前，人还是要以一种超然的态度来对待死亡。在他看来，生与死是一体之两面，"《阴符》所谓生者死之根，死者生之根，是阴阳相胜之义，终始之机也"⑦。人只有明白了生与死的辩证关系，

---

① （唐）杜光庭：《道德真经广圣义》卷二十七，《道藏》第 14 册，第 446 页。

② 同上。

③ （唐）杜光庭：《道德真经广圣义》卷三十六，《道藏》第 14 册，第 497 页。

④ 《毛仙翁传》，《全唐文》卷九四四，第 4351 页。

⑤ （唐）杜光庭：《道德真经广圣义》卷三十七，《道藏》第 14 册，第 503 页。

⑥ 孙亦平：《试论杜光庭的生死观》，《中国道教》2004 年第 3 期。

⑦ （唐）杜光庭：《道德真经广圣义》卷三十四，《道藏》第 14 册，第 488 页。

才可以在活着的时候以一种豁达超脱的心态面对死亡。换言之，得道则生就意味着，只有不执着于延生，延生才能真正做到，也就是说，延生应该是"生自延矣"。杜光庭在诠释《老子》"出生入死，生之徒十有三，死之徒十有三"[①] 时说：

> 　　将生不以为乐而安其生，此生之徒也。夫当其生也，不以利欲乱其心，不以厚养伤其性，安于澹默，顺其冲和，则神守于形，气保于神，志和于气，心寂于志，静定其心，如此则不求于延生，生自延矣。不求于进道，道自至矣。
>
> 　　将死不以为忧而顺其死，此死之徒也。达人处世，了悟有无，知道之运化委和，所禀有厚薄。厚于阳和之气者则寿，薄于淳粹者则夭。知寿夭皆由于分则生死可齐矣。生死既齐则忧乐不入，泰然而身心无挠也。[②]

这是以有无相生、道之运化、气之厚薄等来排遣、消解人对生的迷恋与执着。他认为，人如果能懂得寿夭皆由性分决定的道理，就可以把生死平等看待，生死齐同则忧乐之情不入，心中泰然而无挠，自然不会贪生怕死，更不必垂死挣扎，而应当"将死不以为忧而顺其死"。在顺道而行中，由生死可齐自然地达到与道相冥之境。杜光庭进一步以《庄子·至乐》中"骷髅见梦于庄子"的故事来说明，人在活着的时候，应当通过了达生与死的辩证关系而在心理上摆脱对生命局限性的恐惧。他说："庄子以世人乐生者为生所拘，乐死者为死所系，滞于生死，所以有死有生。唯至人在生无生，不为生之所系，在死无死，不为死之所拘，既而不系不拘，故能无生无死。然而变而生也，不可以止，变而死也，不可以留，但冥契大道，则为达生死尔。"[③] 在他看来，世俗之人执着于生死，认为生就是生，死就是死，所以有死有生。至人做到了在生无生，在死无死，所以能够做到无生无死，冥契大道。正是因为这样，死在"骷髅"的眼中就是一种快乐："骷髅见梦于庄子，曰：死，无君于上，无臣于下，无四时之事，泛然以天地为春秋，虽南面而王，乐不能过矣。"[④] 如果说，庄

---

① 《道德经》第五十章，《道藏》第 14 册，第 497 页。
② （唐）杜光庭：《道德真经广圣义》卷三十六，《道藏》第 14 册，第 497 页。
③ 同上。
④ 同上。

子所说的死是摆脱了人世种种烦扰后的自得其乐，那么，杜光庭则从道教得道成仙的信仰出发，一方面要人在精神上"了达生死"，另一方面要人通过"修真炼形"以"出死之表"。他说："其出死之表，长生为期者，在乎修真炼形，可以与语议其玄要尔。"① 这显示出道家与道教在生死观上的差别②。据此，杜光庭批评那些执着于生反而失道则死的愚迷之人，说："愚迷之人不知生生者不生，化化者不化，以生为乐，以死为哀，畏死贪生，故养生过分，希生乖其道，则反丧其生。"③ 但愚迷之人妄自分割生死，"畏死贪生"，执着于养生，结果反而违背了生命的自然之道，导致夭折死亡。

既然人的生命都是秉自于道，同源于气，"一切众生皆有道性"，为什么现实中人们却有外形美丑、性分贤愚、寿命长短的种种差别呢？杜光庭认为，这是因为所受之气有清有浊。他说：

> 人之生也，禀天地之灵，得清明冲朗之气，为圣为贤。得浊滞烦昧之气，为愚为贱。圣贤则神智广博，愚昧则性识昏蒙。由是有性分之不同也。老君谓孔子曰：易之生人及万物鸟兽昆虫，各有奇偶，谓气不同。而凡人莫知其情，唯达道德者，能原其本焉。④

圣贤之人得清明之气，故智慧聪颖。愚昧之人得浊昧之气，故心识昏蒙。只有通达于道德的人，才能明白这个根本的道理。他说："人之生也，气有清浊，性有智愚，虽大块肇分，元精育物，富贵贫贱，寿夭妍媸，得之自然，赋以定分，皆不可移也。然道无弃物，常善救人，故当设教以诱之，垂法以训之，使启迪昏蒙，恭悟真正，琢玉成器，披沙得金，斯之谓矣。"⑤ 人的气禀得自先天，但"道无弃物，常善救人"，智愚之人只要遵循道教的教化进行修炼，就都能得道而实现生命的超越。

杜光庭进而指出，道并非在遥远的彼岸，而是就在当下的心中。"清浊之气生育万物，世人若求长生之道，炼阴为阳，炼凡成圣，皆因清自浊之所生，动因静之所起。清浊者，道之别名也。学仙之人，能坚守于至

---

① （唐）杜光庭：《道德真经广圣义》卷三十六，《道藏》第 14 册，第 497 页。

② 孙亦平：《试论杜光庭的生死观》，《中国道教》2004 年第 3 期。

③ （唐）杜光庭：《道德真经广圣义》卷三十六，《道藏》第 14 册，第 498 页。

④ （唐）杜光庭：《道德真经广圣义》卷八，《道藏》第 14 册，第 352 页。

⑤ （唐）杜光庭：《道德真经广圣义》卷三十二，《道藏》第 14 册，第 473 页。

道，一切万物自然归之。"① 心清则道自生，心浊则道息。由于人的生命是由禀道受气而来的，坚守至道就意味着可以得道而长生，因此，修道就是由道出发而复归于道，或者说，自无而显有，摄迹还本复归于无。如他所说："初则妙本降生，自无而显有，次复摄迹还本，自有而归无。"② 从这个意义上说，人生就是修道的历程。杜光庭说：

> 人之受生，禀道为本，所禀之性，无杂无尘，故云正也。既生之后，其正迁讹，染习世尘，沦迷俗境，正道乃丧，邪幻日侵，老君戒云：修道之士，当须息累欲之机，归静笃之趣，乃可致虚极之道尔。③

就先天本然状态而言，人的生命"禀道为本"，所获得的是"无杂无尘"的道性。但人出生之后，受情欲的浸染而"染习世尘，沦迷俗境"，使"正道乃丧"。但是，本来清静的道性隐潜于人性之中，所以，人通过修道完全可以重归于本有的"虚极之道"，恢复生命的本真。所以杜光庭有"人能归于根本，是谓调复性命之道"④ 之说。

修后天之人性而回归于先天的道性，在杜光庭看来，就是要修炼术。如能通过术的修炼而重新回归到与道合一的状态，就能成仙而不死。从《抱朴子》、《黄庭经》、《登真隐诀》、《老子西升经》等经典中可以看到，道士们发明了种种术，希望凭借它们达到长生不死的目的。杜光庭在继承前人思想的基础上，主张"理身者，宝气啬神，气全神王，形神交固则命纪遐延，斯神仙可致也"⑤，希望通过"形神交固"来超越生死，强调得道则生，失道则死。

杜光庭指出，神仙之道数百，非一途所限，非一法所拘，有飞升、隐化、尸解等各种各样的术。术虽然有千千万万种，但都必须内外兼修，把内在的心性修炼与外在的积功累德结合起来。他把《道德经》的"大略宗意"总括为"三十八别"，既三十八种化导世俗的教法，特别强调立功不休、为善不倦，死后成为"鬼仙"，"魂神受福"。他要求修仙的人积功

---

① 《太上老君说常清静经注》，《道藏》第 17 册，第 184 页。

② （唐）杜光庭：《道德真经广圣义》卷十九，《道藏》第 14 册，第 403 页。

③ （唐）杜光庭：《道德真经广圣义》卷十五，《道藏》第 14 册，第 384 页。

④ 《太上老君说常清静经注》，《道藏》第 17 册，第 184 页。

⑤ （唐）杜光庭：《道德真经广圣义》卷三十六，《道藏》第 14 册，第 496 页。

累德，说："修道者，在适而无累，和而常通，永劫无穷。济度一切，此之长生，乃可为重。长生难得，由忠孝仁义；忠孝仁义立者，功及于物，生自可延。无此德者，独守山林，木石为偶，徒丧一生，后方堕苦。"①

关于修炼术的原则，杜光庭认为，首先要灭三毒，即断华饰、远滋味、绝淫欲，其次要守三元：上元泥丸脑宫、中元心府绛宫、下元炁海肾宫，即上、中、下三丹田。"此之三元，上主于神，中主于气，下主于精，故乃掌人性命也。"② 守此三元，可以达到"神和、炁畅、精固"，接着再进一步，就可以"炼阴为阳，炼凡成圣"③。总之，"所以静而致道者，是复归所禀妙本之性命也"④。这是老庄的无为法向内丹的有为法的过渡。杜光庭已清醒地认识道："饵金石以毒其中……本欲希生，反之于死。"⑤ 不过，他又承认"仙之上者，骨肉升飞，与天无极"⑥，这显示了外丹向内丹过渡时期的思想特点。

在修炼上，杜光庭主张"静而致道"，"重玄去滞"，这些原则落实到修炼的实践中："但修之既契即忘，其修旋修旋忘，无所滞着，即为妙矣。夫法者，所以诠道也。悟道则忘法；言者，所以观意也，得意而忘言。若滞于法，则道不能通；滞于言，则意不可尽。故令于法不滞，转更增修于言不滞，旋新悟入，次来次灭者。"⑦ 修道的方法是悟道的工具。法诀只是说明或诠释大道的手段，不可执着于心，这是把重玄的哲理从形而上灌注到形而下的功夫论，弥补重玄学专注于形而上的缺憾，可视为对重玄学的发展之一。

（三）修道即修心

在重视心性的佛教的刺激下，初唐以来道教重玄哲学就已耽于心性哲理。例如，成玄英强调"能所两忘，境智双遣"，王玄览则标榜"识所知为大心，大心性空为解脱"。司马承祯更是于天台禀"三观"之法，引合道家"虚心实腹"之说，提出一个以修心为主旨的七阶次五渐门的修炼之术。在晚唐以来道教从外丹向内丹转折，心性修炼思想鼎兴的思潮中，杜光庭承继前人，开掘新慧，进一步强化、提升了心、性在修道中的

① 《墉城集仙录》卷一，《道藏》第 18 册，第 166—167 页。
② 《太上老君说常清静经注》，《道藏》第 17 册，第 185 页。
③ 同上。
④ （唐）杜光庭：《道德真经广圣义》卷一五，《道藏》第 14 册，第 386 页。
⑤ （唐）杜光庭：《道德真经广圣义》卷四十八，《道藏》第 14 册，第 555 页。
⑥ 《毛仙翁传》，《全唐文》卷九四四，第 4351 页。
⑦ （唐）杜光庭：《道德真经广圣义》卷十五，《道藏》第 14 册，第 383 页。

地位。

杜光庭说："仙者，心学，心识则成仙；道者，内求，内密则道来；真者，修寂，洞静则合真；神者，须感，积感则灵通。常能守一，去仙近矣。"① 在他看来，修道就是修心，修心就是修道，修道的众多方术都可归结为修心的方术。也就是说，得道成仙的修炼可以归结为心性功夫。他认为："理身之道，先理其心，心之理也，必在乎道。得道则心理，失道则心乱。""道果所极，皆起于炼心。"② 心修炼好了，道自然就能得。得道也就意味着心修炼好了。为什么呢？"心之照也，通贯有无，周遍天地，因机即运，随境即弛，不以澄静制之，则动沦染欲，既滞染欲，则万恶生焉。万恶生则弊病作焉。"③ 心中意念不起，欲望不生，作为虚、无的道就朗朗呈现。心中有意念，不能抵抗外在环境的诱惑，心境散乱，道则隐沦。而且，"《西升经》云：生我者神，杀我者心。以其心有人我，故形有生死，无心者可阶道矣。《灵宝经》云：道为无心宗是也"④。只有心中无念无欲的"无心"者才有可能得道。

传统道教重视形体的修炼，目标直指长生不死和肉体飞升成仙。心的修炼事实上也必须以肉身为载体和依托。那么，在上述观念下，杜光庭如何来理解形体与心神的关系呢？对此，他不得不承认："形为神之宅，神为形之主。"⑤ 他用阴阳学说来理解形体与心神的关系，说："夫神者，阴阳之妙也；形者，阴之体也；气者，阳之灵也。人身既生，假神以运，因气以屈伸。神气全则生，神气亡则死。"⑥ 这就是说，在形体、神与气三者的关系中，形为阴，气为阳，神为阴阳之妙。在神与气的关系中，"神者，炁之子；炁者，神之母"⑦。神其实就是心。这就强调了心的重要性。他进而宣称："心者，形之主；形者，心之舍。形无主则不安，心无舍则不立。心处于内，形见于外。内外相承，不可相离。"⑧ 把心当作形体的

① 《墉城集仙录》卷一，《道藏》第 18 册，第 166—167 页。
② （唐）杜光庭：《道德真经广圣义》卷四十九，《道藏》第 14 册，第 561 页。
③ （唐）杜光庭：《道德真经广圣义》卷十一，《道藏》第 14 册，第 367 页。
④ （唐）杜光庭：《道德真经广圣义》卷四十九，《道藏》第 14 册，第 561 页。
⑤ 《道德真经广圣义·人不畏威章第七十二》"无厌其所生"义疏，《道藏》第 14 册，第 549 页。
⑥ 同上。
⑦ 《太上老君说常清静经注》"能遣之者内观其心，心无其心"注，《道藏》第 17 册，第 185 页。
⑧ 《太上老君说常清静经注》"外观其形，形无其形"注，《道藏》第 17 册，第 185 页。

主宰和统帅，形虽然还具有"心之舍"的存在意义，但已经不重要了。

杜光庭把传统的阴阳学说强调阴阳平衡和谐也颠覆了。他说："仙与阳为徒也。炼阳气尽，则沦于九泉而为鬼，鬼与阴为徒也。故当保守阳魂，营护阴魄，以全其生。"① "世之得道者，炼阴而全阳，阴滓都尽，阳华独存，故能上宾于天，与道冥合。"② 修炼也就是"炼阴气尽，即超九天而为仙"③，质言之，就是"炼阴为阳"④。这虽然是对唐玄宗在疏《老子》"载营魄抱一，能无离乎"时所说"人初载虚魄，当营护阳气，常使盈满，人则生全。若动用不恒，则散阳气复成虚魄而死灭矣"⑤ 的继承，但显然杜光庭作了显发。这样，养心和炼形就是一回事。通过去欲、澄心、绝虑，就可以达到神和、恬畅、精固的效果⑥。

杜光庭认为，"理身"得从"炼心"入手："理身之道，先理其心。"⑦ "道果所极，皆起于炼心。"⑧ 炼心首先要"安静心王"。让心安静的核心在于窒其欲心，以全其和。他说："修道之士不察察于存祝，不孜孜于漱咽，无为无欲，自全其和，可阶于道矣。"⑨ 存祝、漱咽之事并非杜氏所不为，《全唐文》所收杜文中，为人祈命消灾之祝文为最多，这里贬抑存祝、漱咽等修道活动，意在抬举无欲无为的修心方术。

修心其次要消除心中的执着。杜光庭认为："修心之法，执之则滞着，忘之则失归，宗在于不执不忘，惟精惟一尔。"对此，他吸收佛教思想阐释说："心法之中，唯《定观经》得其旨矣。经曰：欲修道，先以能舍事，外事都绝，无起于心，然后安坐，内观心起，若觉一念心起，即须除灭，随动随灭……"这方法简单地说就是"灭心"："善恶二趣，一切世法，因心而灭，因心而生。习道之士，灭心则契道。世俗之士，纵心而危身。心生则乱，心灭则理。"⑩ 他所谓的"灭心"并不是从实体上把心

① 《道德真经广圣义》卷十一，《道藏》第 14 册，第 365 页。

② 《毛仙翁传》，《全唐文》卷九四四，第 4351 页。

③ 《道德真经广圣义》卷十一，《道藏》第 14 册，第 365 页。

④ 《太上老君说常清静经注》，《道藏》第 17 册，第 184 页。

⑤ 《道德真经疏》卷三，见杜光庭《道德真经广圣义》卷十一，《道藏》第 14 册，第 365 页。

⑥ 《太上老君说常清静经注》"自然六欲不生，三毒消灭"注，《道藏》第 17 册，第 184 页。

⑦ 《道德真经广圣义》卷十九，《道藏》第 14 册，第 404 页。

⑧ 《道德真经广圣义》卷四十九，《道藏》第 14 册，第 561 页。

⑨ 《道德真经广圣义·知其雄章第二十八》"故大制不割"义疏，《道藏》第 14 册，第 428 页。

⑩ 《道德真经广圣义》卷八，《道藏》第 14 册，第 353 页。

消灭，而是"灭动心"，"忘照心"①，使心静如明镜，不起波澜，不产生欲念，达到"心泰志定，境不能诱，终日指挥未始不晏如"②的境界。

担心人们把握不住分寸，杜光庭引《定观经》的"五时七候"说进行阐发："夫欲修道，先能舍事，外事都绝，无起于心，然后安坐，内观心起。若觉一念心起，即须除灭，随动随灭，务令安静，惟灭动心，不灭照心。于此修之，务其长久。久而习者，则心有五时，身有七候。"③这里所说的"动心"指欲心，"照心"指"无名之朴"。心有五时：第一时心动多静少；第二时心动静相半；第三时心静多动少；第四时心无事特静，事触运动；第五时心与道冥，触亦不动。五时表示修道的次第，修完五时始得安乐，了契于道。身有七候：第一候心得定已，觉无诸尘漏，举动顺时，容色和悦；第二候宿病普消，身心轻爽；第三候填补天损，迥年复命；第四候廷数千岁，名曰仙人；第五候炼形为气，名曰真人；第六候炼气成神，名曰神人；第七候炼神合道，名曰圣人。这是表示修行所得之结果，修行功夫越深，得果越硕。按照修行次第，人们能务在长久，"去性任运，不贪物色，不着有无，能减动心，了契于道。即契道已，复忘照心。动照俱忘，然可谓长生久视，升玄之道尔"④。

此外，为了让人们进一步理解修心的次第，本着修道即修心的观念，杜光庭改造了佛教的"观行"思想，把"观"分为"气观"之"定"和"神观"之"慧"两种，具体阐述了"观"的十四种门径，小乘初门三观是假法观、实法观、遍空观；中乘观行四门是无常观、入常观、入非无常观、入非常观；大乘观法四门是妙有观、妙无观、重玄观、非重玄观；圣行三门是真空观、真洞观、真无观。杜光庭认为按照这十四种观法修心，循序渐进，就能使得心与道合，从而位登仙品。

唐玄宗时，道士们意识到心与性的直接联系，明确提出了"了性修心"⑤的命题。《常清静经》把道性看作清静之心，说："真常应物，真常得性，常应常静常清静矣。如此清静，渐入真道，既入真道，名为得道。"《常清静经》开通了个体与道体、个性与道性、心与性的联系，为

---

① 《道德真经广圣义》卷四十九，《道藏》第 14 册，第 561 页。

② 《道德真经广圣义》卷八，《道藏》第 14 册，第 352 页。

③ 《道德真经广圣义·和大怨章第七十九》"是以圣人执左契，不责于人"义疏，《道藏》第 14 册，第 561 页。

④ 同上。

⑤ 《道德真经注》第十三章，《道藏》第 12 册，第 296 页。

内修内炼奠定了理论上的基础。这也是它在中唐以后倍受重视的原因。杜光庭是《常清静经》的第一个注家。他在《太上老君说常清静经注》中说："凡欲得成真性，须修常性而为道性。得者动也，动其本性，谓其得性也。"①"常性"与"道性"之间有一个"渐入"的过程。渐入就要从"心"入手。心以清、静、净为理想状态。诚如杜光庭所说："秉道之性，本来清静。"②"灵府智性，元本清净。"③

修心时还要处理好性与情的关系。杜光庭说："自道所禀谓之性，性之所迁谓之情。人能摄情断念，返性归元即为至德之士矣。至德之本即妙道也。故言修性返德，自有归无。情之所迁者有也，摄情归本者无也。既能断彼妄情，返于正性。正性全德，德为道阶，此乃还冥至道也。"④在他看来，心之所以难以制伏，就是因为见到外物后产生贪欲。有了贪欲就有情，有了情，性的功能的正常发挥就受到阻碍。所以，要断绝贪念欲望，驾驭住情，使它返回性，合于道，"遗其色声，忘其境智"⑤。杜光庭认为，做到无心不有、定心不惑、息心不为、制心不乱、正心不邪、净心不染、虚心不著等七个方面，才算达到修道的基本条件，"可与言道，可与言修其心矣"⑥。

总之，杜光庭明确宣称："修道即修心也，修心即修道也。"⑦

三　伦理之术

修道成仙的一个重要方面是伦理道德的涵育。晚唐之前的道教对这一点固然没有忽视，8世纪中叶前后还出现了《太上老君说报父母恩重经》，但总体来说，只是作为修道者处理个人与社会关系的原则给予一般性的强调。杜光庭则不同，其《老子》注释不同于前人的一个突出特点是非常强调伦理道德。他把老子的思想概况为"三十八别"，即三十八条，其中大部分是具体的道德规范，如"崇善去恶"、"积德为本"、"不贪世利"等。不仅如此，在论证了神仙实有后，他主张"神仙之道百数，非一途

---

① 《太上老君说常清静经注》，《道藏》第17册，第187页。

② 《道德真经广圣义》卷十五，《道藏》第14册，第385页。

③ 《道德真经广圣义》卷二三，《道藏》第14册，第420页。

④ 《道德真经广圣义》卷十九，《道藏》第14册，第403页。

⑤ 《道德真经广圣义》卷三十九，《道藏》第14册，第514页。

⑥ 《道德真经广圣义》卷八"虚其心"义疏，《道藏》第14册，第353页。

⑦ 《太上老君说常清静经注》"能遣之者，内观其心，心无其心"注，《道藏》第17册，第185页。

所限，非一法所拘"①，在传统的成仙的三种途径，即飞升、山林隐化、尸解成仙之外，增加了积善成仙一途。这在道教史上第一次明确把伦理作为成仙的一种术。在现实社会中进行伦理行为的实践能够长寿，死后能够成仙，这显然有利于增强道教对一般老百姓的影响力，促进道教广泛传布，也有利于劝恶止善，稳定社会秩序。他的《墉城集仙录》十卷专门给古今三十七名得道成仙的女子作传，就是这种思想的体现之一。杜光庭对伦理道德的强调开启了宋代之后道教伦理之术鼎盛的先河。但他仍然把重玄的思想精蕴融合进来，反对"下德执德"，强调勤久地积累善功重在业成而不居，功成而不恃，只有"为而不有，旋立旋忘"，才能达到更高的境界："忘德不恃，其德益彰；忘功不居，其功益广。理国契无为之化，修身成不死之基矣。……功行既忘，忘心亦遣，无为之智，了能自明，既达兼忘，总合乎道，与道冥契，则无所不了，无所不知，无所不为……合乎阴阳天地，非无非有，非有非无，无所局滞，始可与言道矣。"② 杜光庭对伦理道德的强调与晚唐中央政府的权威摇摇欲坠，人们的道德水准急剧下降的历史背景有关。秦汉以来，中国一直是世俗的权威占据着绝对的支配地位，其他方面都是政治的附庸，人们的道德观念也主要是通过世俗的统治思想去获得。这就造成一种常见的历史现象，即每当社会出现变革，世俗的权威处于崩溃与重建时，老百姓在精神上的迷茫与混乱就十分严重，道德水准的下降就会格外地凸显出来。

　　杜光庭以"大道自然"之义来解释仁、义、礼、智、信、乐等伦理概念的内涵。"夫至道之代，兼包诸行，无所偏名。故冥寂玄廖，通生而不宰者，道也。物禀其化，各得其得者，德也。成之熟之，养之育之者，仁也。飞行动植，各遂其宜者，义也。有情无情，各赋其性者，智也。时生而生，时息而息者，信也。顺天地之节，固四时之制，礼也。鼓天地之和，以悦万物者，乐也。"③ 这是一种自然主义的伦理观。他进而以"无为"来统括诸伦理条目，说："夫无为之至妙，包于道德，统于仁义，合于礼乐，制于信智，囊括万行，牢笼二仪，至广无涯，至细无间，凝寂玄廖，与道混合，是无为之至也。"④

---

①　《墉城集仙录·序》，见周绍良主编《全唐文新编》卷九三二，吉林文史出版社 2000 年版，第 5 部，第 1 册，第 12775 页。

②　《道德真经广圣义》卷三十六，《道藏》第 14 册，第 494 页。

③　《道德真经广圣义》卷三十，《道藏》第 14 册，第 458 页。

④　《道德真经广圣义》卷三十四，《道藏》第 14 册，第 483 页。

从以道统儒的角度，杜光庭赋予了儒家伦理规范新的含义："兼爱万物，博施无极，谓之仁也。……至道之代，兼包诸行，无所偏名，故冥寂玄寥，通生而不宰者，道也；物禀其化，各得其得者，德也；成之、熟之、养之、育之者，仁也；飞行动植各遂其宜者，义也；有情无情，各赋其性者，智也；时生而动，时息而息者，信也；顺天地之节，因四时之制，礼也；鼓天地之和，以悦万物者，乐也。故恬淡无为，无所不为矣。"① 总之，从道之根本落实下来，禀循自然、率性而行、恬淡无为的伦理规范，才是真正的"大仁、大义、大礼、大智、大乐、大信"。② 人人都遵循这样的伦理规范，天下就可以达到"大顺"。

除了从儒学吸收思想营养发展道教的伦理思想，杜光庭还援佛教生死观入道，以"十善十恶"、"生死轮转"说进行劝善说教，说："得之生者，合于纯阳，升天而为仙；得以死者，沦于至阴，在地而为鬼。鬼中之中，自有优劣强弱，刚柔善恶，与世人无异也。"③ 把佛教六道轮回说引入道教，杜光庭并不是第一人，但把它与阴阳、生死、仙鬼等观念结合起来进行阐发，还是有一定新意的。

道教从产生之日起就具有显明的功利意识，东晋的葛洪已经把伦理与具体实践活动结合起来进行量化考评。大约南北朝时期成书的《西升经》则明确说："功满三千，百日升天，修善有余，坐降云车。"这是把积善立功的量与成仙得道直接关联起来了。杜光庭对善恶数量的多少与奖惩大小的比例关系作了更详细的规定。他说："行善益算，行恶多算；赏善罚恶，各有职司；报应之理，毫分无失；长生之本，惟善为基。"④，他进一步说："夫立功之义盖亦多途，或拯溺扶危，济生度死，苟利于物，可以劝行；或内视养神，吐纳练藏，服饵导引，猿经鸟伸，遗利忘名，退身让物，皆修之初门也。既得其门，务在勤久，勤而能久，可以积其善功矣。"⑤ 这扩张了立功累德的范围。金元之际全真道"功行两全"的思想，当是这一思想的继发与发展。

从杜光庭的伦理思想来看，伦理既是道，又是术。道教的伦理可谓得

① 《道德真经广圣义·上德不德章第三十八》"上仁为之而无以为"疏，《道藏》第14册，第458页。

② 同上。

③ 杜光庭：《太上洞渊神咒经序》，《道藏》第6册，第1页。

④ 《墉城集仙录·圣母元君》，《道藏》第18册，第166页。

⑤ 《道德真经广圣义·为学日益章第四十八》"损之又损，以至于无为"义疏，《道藏》第14册，第494页。

儒佛两家之精华而又有独到之处，它把儒家的社会道德取向和佛教的心理超越取向都结合起来了。

四　理国之术

在社会政治思想方面，杜光庭直接继承了唐玄宗《道德经》注疏的思想。他赞赏唐明皇的注疏，"修身之本，囊括无遗"，"理国之方，洪纤毕举"①。杜光庭承重玄之余绪，把修身与理国统一起来，在新的时代背景之下，对政治作了阐发。他强调，治国要"以道理国"、"以无为理国"、"以正理国"②。

就以道理国而言，杜光庭主张，只有道可以"统于仁义，合于礼乐，制于信智，囊括万行"③，圆融无碍，周济万类而无偏私，兼施众生而忘其迹，行仁忘仁，施义忘义。他不赞成无政府主义，认为"人非君不理"，而君王之所以能治理天下，是因为君王信道，"惟天为大，惟王则之，其德同天，而无不覆，故曰王乃天。王德如天，则无为而理，道化乃行。故曰天乃道。……王道合天，乃能行道"④。这是把道视为政治的最根本的依据。在他看来，以道治国是政治首要的步骤："先以道化之，次以德教之，复以文抚之，示以淳和，兼以仁育和。"⑤

君王需要以道治国的深义还在于，道既是治国之本，也是理身之本，它能够把理国与理身，国家与个人关联统一起来。杜光庭认识到："修身理国，先己后人，故近修诸身，远形于物，立根固本，不倾不危，身德真纯，物感自化矣。身既有道，家必雍和，所谓父爱、母慈、子孝、兄友、弟恭、夫信、妇贞，上下和睦。如此则子孙流福，善及后昆矣。"⑥ 修道立身，进而可及于乡："君子之立行也，正其身以及其家，正其家以及其乡。尊其长老，敬其幼少，教诲愚鄙，开导昏蒙，少长得宜，尊卑有序，

① 《道德真经广圣义·序》，《道藏》第14册，第310页。
② 《道德真经广圣义·叙经大意解疏序引》，《道藏》第14册，第311页。
③ 《道德真经广圣义·天下之至柔章第四十三》"不言之教，无为之益，天下希及之"疏，《道藏》第14册，第483页。
④ 《道德真经广圣义·致虚极章第十六》"天乃道，道乃久，殁身不殆"疏，《道藏》第14册，第387页。
⑤ 《道德真经广圣义·天下皆谓我道大章第六十七》"古之善为士者不武"义疏，《道藏》第14册，第542页。
⑥ 《道德真经广圣义》卷三十八，《道藏》第14册，第509页。

风教肃肃，礼乐诜诜。由一身之所修，乃万家之所禀。道之化物，善莫大焉。"① 本国本乡如此，影响所及，诸侯国"自能修道，则礼行化美，君信臣忠"。人君修道体玄，则能"书轨大同，梯航入贡"②，四夷归附，万国来朝，天下太平。

理身与理国之中，理身是基础和出发点，理国是理身的自然延伸。杜光庭说："未闻身理而国不理者，夫一人之身，一国之象也，胃腹之位犹宫室也，神犹君也，血犹臣也，气犹民也，知理身则知理国矣。爱其民所以安国也，弘其气所以全身也，民散则国亡，气塌则身死，亡者不可存，死者不可生，所以至人销未起之患，理未病之疾，气难养而易浊，民难聚而易散，理之于无事之前，勿追之于既逝之后。"③ 理身还是理国的核心。"理国之本如何？""本在理身也，未闻身理而国乱，身乱而国理者。"④ 在一定意义上说，要治理好国家，先要调理好自己的身体。"圣人理国，理身以为教本。夫理国者复何为乎？但理身尔。故虚心实腹，绝欲忘知于为无为，则无不理矣。"⑤ 调理自身要从消除欲望开始。对于理国者而言，"欲心既除，圣人无名亦舍"，消除了欲望还不够，还要消除对于无名、无为的执着，不能留下痕迹。"夫所以镇无名之朴，为众生兴动欲心，若复执滞无名，还将有迹，令此众生寻迹丧本，复入有为，则与彼欲心等无差别。"⑥ 君王理身好了，天下之人均以君王为学习的榜样，则国家秩序井然，人民欢欣。"夫理国者，静以修身，全以养生，则下不扰。下不扰则人不怨。"⑦

显然，杜光庭的理身理国之论与儒家的内圣外王之说并无二致，如果说有差别的话，那就是儒家的修身只是一种道德修养，杜光庭的修身则是把道德修养与修心存神、吐纳导引等道教修炼活动结合起来；儒家的修己目标是成就圣人，杜光庭的修己则在于成仙；儒家的治国是要实现王道伟

---

① 《道德真经广圣义·善建不拔章第五十四》"修之乡，其德乃长"疏，《道藏》第 14 册，第 509 页。

② 《道德真经广圣义·善建不拔章第五十四》"修之天下，其德乃普"疏，《道藏》第 14 册，第 510 页。

③ 《道德真经广圣义·不尚贤章第二》"是以圣人之治"义疏，《道藏》第 14 册，第 352 页。

④ 《道德真经广圣义·释御疏序上》，《道藏》第 14 册，第 332 页。

⑤ 《道德真经广圣义·不尚贤章第三》"是以圣人之治"义疏，《道藏》第 14 册，第 352 页。

⑥ 《道德真经广圣义·道常无为章第三十七》"无名之朴，亦将不欲"疏，《道藏》第 14 册，第 454 页。

⑦ 《道德真经广圣义》卷三《释御疏序上》，《道藏》第 14 册，第 332 页。

业，杜光庭的理国则不只是要实现让天下太平的政治理想，还要善于让君王自己从琐碎的政务活动中超脱出来；儒家的修身治国是世俗的，杜光庭的理身理国则是超越红尘的。

此外，应该看到，杜光庭的伦理道德观与儒家的有所不同。他认为，治国者不可悦于儒家的仁、义、礼、乐，因为"悦于仁者，是乱于德也；悦于义者，是悖于理也；悦于礼者，是助于诈也；悦于乐者，是助于淫也；悦于圣者，是助于艺也；悦于智者，是助于疵也。此八者，学之大也。安其所禀之分，则无过求之悦矣。若所禀之外，越分过求，悦而习之，则致淫悖之患，而伤其自然之和，乱其天禀之性矣。若令都绝，又失所修，但任真常，于理为得"①。这里的核心是"安其所禀之分"、"任真常"。"任真常"也就是"因其性分而任其真素"："任真智则智矣，矫于分外则为诈矣；任其真礼则礼矣，矫于分外则为乱矣；任其真忠则忠矣，矫于分外则为佞矣；任其真仁则仁矣，矫于分外则为陷矣；任其真义则义矣，矫于分外则为盗矣；任其真信则信矣，矫于分外则诬矣。"② 总之，国家对道德规范的推崇必须"无过求之悦"，否则就会让老百姓"伤其自然之和，乱其天禀之性"。杜光庭认识到，道德规范流于矫揉造作和虚伪，就会产生各种异化现象和副作用，"矫于分外，则失而多忧，任于分内，则真而无惧"③。他追求的是"真智"、"真礼"、"真仁"、"真义"、"真信"、"真忠"。这种基于自然人性的伦理观显然不同于儒家的圣人伦理观，在一定意义上说，比儒家伦理观多了一分清醒、冷峻与深刻。

杜光庭政治理论的第二方面是强调"以无为理国"。他继承了此前道家、道教无为治国的思想，但又作了新的发挥，说："世间万法，无非有为，有为之事皆当灭坏，故皆空也。唯无为无事，清静恬愉，内合真常，外无分别，以此则唯阿齐，其一致善恶，以之谓两忘。"④ 这是就根本上说。具体而言，他从如下四个方面作了阐述。

其一，"不滞于有作"。杜光庭强调："夫理国之无为者，不滞于有作，则三时不夺，百姓不劳，垂拱握图，超然宴处矣。无事者，不勤力役，不务军功，无瑶台琼室之华，无阿房虎丘之丽，则卑宫茅宇，人力存矣。无味者……菲室自安矣。忘言者正身化下，言令不烦，淡尔无营，兆

① 《道德真经广圣义》卷十八，《道藏》第 14 册，第 397 页。
② 同上。
③ 同上。
④ 同上。

人自化。如此则符于无为之道也。"① 有为有作的表现是不在农业生产季节强令百姓服劳役，不让老百姓劳顿，不事征伐，不建筑华丽的宫殿，不搞过大的工程，珍惜民力。端正自身，把自己作为普天之下人民学习的道德表率，淡泊无为，礼法政令不繁杂苛刻。杜光庭认为，无为政治的根本是："理国者任物之性，顺天之时。"②

其二，以民为本。杜光庭主张，"人惟邦本，本固邦宁"，因此，"民弱则国弱，民聚则国霸"③。他把民心的离合、聚散视为国家兴衰存亡的关键："民散则国亡。" 如何使民心不离不散呢？首先，要"使之不暴卒，役之不伤性"④。也就是说，要让老百姓活下来，役使他们时不得伤害他们的本性。前者容易做到，后者则是根据道家保持人的真性的主张提出的，在政治活动中并不是那么容易做到的。其次，杜光庭要求统治者施政不虐，轻徭薄赋，使民而不应影响农业生产，政务以节俭为本。他说："政虐而苛则为暴也，赋重役烦则伤性也，使之不以时则妨农也，不务俭约则贱谷也。"⑤ 最后，杜光庭要求统治者不要好大喜功，热衷于开疆拓土，滥用民力。他说："理国不以道则开拓边土，浸伐戎夷封域不宁，征役无已。"⑥

其三，不执着于政教法令。杜光庭认为，"圣人之理天下也，悬赏罚，制法度，垂教令，明上下"，这是政治领域内的"有"；而"端默为政，清静率人，不言兹化，万物自理，虽有赏罚之利，制度之设，教令之行，上下之别，而不用之"⑦，这是政治领域内的"无"。只有"假其有而用其无"，"不执言教"，才是真正高明的做法。他认为，"有"是权宜之教："权教者，帝王南面之术也。"⑧ 权教既然是权宜之教，就不是根本，根本的是以道理国。他说："权教者，先以善道诱之；不从，以恩赏

---

① 《道德真经广圣义》卷四十三，《道藏》第 14 册，第 532 页。
② 《道德真经广圣义·反者道之动章第四十》"反者道之动" 疏，《道藏》第 14 册，第 471 页。
③ 《道德真经广圣义·夫佳兵章第三十一》"杀人众多，以悲哀泣之" 疏，《道藏》第 14 册，第 439 页。
④ 《道德真经广圣义·载营魄章第十》"爱民理国能无为乎" 疏，《道藏》第 14 册，第 367 页。
⑤ 同上。
⑥ 《道德真经广圣义·天下有道章第四十六》"天下无道，戎马生于郊" 疏，《道藏》第 14 册，第 490 页。
⑦ 《道德真经广圣义·三十幅章第十一》"故有之以为利，无之以为用" 义，《道藏》第 14 册，第 371 页。
⑧ 《道德真经广圣义·反者道之动章第四十》"弱者道之用" 疏，《道藏》第 14 册，第 472 页。

劝之；劝之不从，以法令齐之；齐之不从，以科律威之；威之不从，以刑辟禁之。……故劝教之所不及而后用刑也。是故刑之使民，赏之使民劝，劝以趣善，惧以止恶。……理身者，体柔顺之道，去刚强之心，久而勤之，长生何远乎！"① 显然，儒家"道之以政、齐之以刑、道之以德、齐之以礼"的道德仁政学说被杜光庭很自然地融合于道教的政治学说中了。对于权教中的法治，杜光庭主张，法治要本于人的性命，让老百姓自觉遵循法律乃为上策。如果把立法的出发点定位于外在强制，那法治的效果必然不佳。他说："司契之道，由中以明，故清静而易化；立法之本，自外而制，故凋弊而难通。立法方为弊源，去善迩远；司契潜谐道要，乃善之宗。降福降殃，可以明矣。"② 这就是说，法治与道德要相互衔接，二者都以在社会中弘扬善道为目标。此外，在杜光庭看来，宗教也是权教中的一种，他的实施对象是普通人士："神道设教为中士。"③ 不可执着甚至迷恋于其中而不能自拔。

其四，以道理国的关键是君主。杜光庭对君主个人提出了一些要求。他认为，君主"虽承平御极，握纪临人，若乘道德，岂能长久？所以先虚其心，次守其静，虚静致道，乃复于常，而能公正无私，人所归往，应天合道，行道化人，道化大行，天下欣戴"④。在他看来，仅仅靠儒家所主张的道德是不能治理好国家的。君主自己必须虚心守静致道，政务活动中才能做公正无私，以道理国。他强调，君主应该把理身理国同道的原则贯彻到这里："人君抱守淳一，洗心内照，爱人理国，动法天时，雌静平和，收视返听，体道生物，顺德养人，生物而不有其功，为政而不恃其力，视听四达，功成不居。此理身理国兼爱之道，顺天之德也。"⑤ 这是以理身为出发点而重申以道理国的原则，主张要效法道生化万物的精神，秉循德养育万物的宗旨，以仁爱之心为本，让万物和人民生生不息而不居功。

总之，杜光庭"以无为理国"思想的根本点是："老君垂教，以清静

① 《道德真经广圣义·反者道之动章第四十》"弱者道之用"疏，《道藏》第 14 册，第 471—472 页。
② 《道德真经广圣义》卷四十九，《道藏》第 14 册，第 562 页。
③ 《道德真经广圣义·上士闻道章第四十一》"上士修道，勤而行之"疏，《道藏》第 14 册，第 474 页。
④ 《道德真经广圣义》卷十一，《道藏》第 14 册，第 367 页。
⑤ 同上书，第 368 页。

为用，无为为宗。清静则国泰民安，无为则道成人化。"① 无为而治要达到的效果是民风淳朴："理国执无为之道，民复朴而还淳。"② 民风淳朴意味着人际关系和谐，国家顺畅发展，人民长寿久存："淳和既著，天下化之，于国则圣德无穷，于身则长生无极。"③ 这里的实质就是以无名之朴镇静苍生，其前提是抑止"众生兴动欲心"，因为欲心生动是一切社会矛盾和冲突的根源。无为而治，关键是君主。他宣称，君主要"以仁爱为心，重静为用，俭约为基，令四海同文，万方述职，天枝帝叶，传之于子孙。善崇建于根蒂，善抱守其淳朴，使天下慕其仁而归之"④。这就明确地告诉世俗君主，"以仁爱为心，重静为用，俭约为基"，从根本上推行善道，从内心保守淳朴，大公无私，才能成就把皇位千秋万代稳传于自己的子子孙孙的大私。

杜光庭虽然强调无为，但基于重玄哲学的观点，他又孜孜告诫人君不可执着于"无为之为"："圣人无为，无为之为亦遣；圣人忘教，滞言之教俱忘。了达希微，宗尚虚漠，故不积滞于俗教矣。修真之士，亦当悟此忘言，了兹妙道也。"⑤ 这不仅是就哲理自身而言，恐怕也是基于唐玄宗耽于无为而被别有用心的人利用，扰乱国政而引致安史之乱的历史教训而言的吧？

杜光庭认为，俗人立功容易居功自傲，矜持自伐，不知其所归。"道与俗反"，修道之人既要有为进取，又要以无为为本，善于从有为的功利中解脱出来，归心于道，实现自身的超越。"善功既积，不得自持其功，矜伐于众。为而不有，旋立旋忘。功既旋忘，心不滞后，然谓之双遣，兼忘之至耳。"⑥ 在这里，功为德之阶，权为实之渐，儒家的有为便被融合在道家的无为中了。杜光庭告诫人们在建功立德的同时，不可滞于功德；在深入世务时，不可被世事所累；在有所作为的同时，不可忽视无所作为。也就是要无欲于功德，无为于有为，无欲于世事。之后，再用重玄双遣的理则，外遣诸境，内遣诸己，既遣有为，又遣无为，遣之又遣。外境

① 《道德真经广圣义》卷三十四，《道藏》第 14 册，第 483 页。

② 《道德真经广圣义·视之不见章第十四》"能知古始，是谓道纪"义疏，《道藏》第 14 册，第 380 页。

③ 《道德真经广圣义·知其雄章第二十八》"为天下式，常德不忒，复归于无极"义疏，《道藏》第 14 册，第 427 页。

④ 《道德真经广圣义》卷二十八，《道藏》第 14 册，第 449 页。

⑤ 《道德真经广圣义》卷五十，《道藏》第 14 册，第 565 页。

⑥ 《道德真经广圣义·为学日益章第四十八》"损之又损"义疏，《道藏》第 14 册，第 494 页。

与内己，有为与无为都忘，方可入重玄之境，达众妙之门。他说："理国之道先弘德化，后忘其迹，所以成太平之基也。"① 由此可见，杜光庭奉行的是"执着以臻其妙"②，"先弘德化，后忘其迹"的基于重玄哲理的政治理论。

显然，在王道政治方面，杜光庭本着唐玄宗的理身理国之道相通相同的观念，融会儒家的"仁政"、"怀柔致远"和道家的"崇道"、"尚柔"、"清静"、"无为"等思想进行了多方面的阐述，在不少具体问题的阐述上，显露出颇有洞见的新意。

五 化导、科仪等术

与六朝时期不同，由于李唐王朝把老子视为自己的祖先，太上老君在道教神谱中的地位有了很大提高，元始天尊的创世职能在很大程度上被老君取代，仅仅成为这一体系中的一个组成部分，成为老君分身变化的一部分。这样一来，太上老君与元始天尊两种信仰都被纳入到三清尊神信仰中来。

在李唐王朝把老子视为自己的祖先而推尊道教的背景下，杜光庭继承了三国时代吴国道士徐整的《三五历纪》③ 中盘古开天地等神话传说的思维方式，吸收了葛洪以来道教的宗教创世学说，极力神化老子，认为他是"大道之身"，即道的化身，创造了道教所说的天上三十六天，地中三十六洞天，以及天地之间的一切。他认为，元始天尊、玉辰大道君是述而不作的祖师和太上皇，太上老君则是名副其实的宇宙的主宰，他在历朝历代机敏神应，"随机赴感"，以不同的名号参与人类的世俗生活，"代为国师"。人类文明的进步都是老子不断教化的结果。在杜光庭等道教中人看来，"天上一日，人间一年"，洞天、仙岛、神山的时间比人世的时间要长得多，人应该修道成仙而进入神仙的时间系统，这样寿命就不可限量了。

杜光庭的《洞天福地岳渎名山记》对他之前道教经籍中有关神仙住地的描述进行了综合性的梳理编纂，形成了一部很完整的宗教地理学著

---

① 《道德真经广圣义·为学日益章第四十八》"为学日益，为道日损"疏，《道藏》第14册，第493页。
② 《道德真经广圣义·大道泛兮，其可左右》"大道泛兮，其可左右"义疏，《道藏》第14册，第447页。
③ 《太平御览》卷二，《四部丛刊三编》"子部"，上海书店1985年版，第49册，第53页。

作。这部书的内容包括天上仙山、天下五岳十山、十洲三岛、十大洞天、五镇海渎、三十六靖庐、三十六洞天、七十二福地、灵化二十四（即二十四治）等。他进而把道教哲理融贯于宗教地理学中。例如，他从结构上把空间划分为四个层次："其一生化之域，二气之内，阴阳所陶之所也；其二妙有之域，在二气之外，妙无之间也；其三妙无之域，居妙有之外，细蕴始凝，将化于有也；其四妙无之外，谓之道域，非有非无，不穷不极也。"① 这是按重玄的思想把本体论和本源论统一起来而对道教地理学进行新解释的尝试，颇有新意。

隋代以来，道教斋醮别出心裁，花样翻新，斋醮仪式变得异常混乱。上清、涂炭两类斋仪已不占据主流地位，这一地位被灵宝派的斋法取代了。而且，斋、醮的名目、内容已经膨胀了很多。例如，盛唐时的斋法只不过有七、八种，而到了杜光庭时代，他所见到的已多达二十七种，而且比以前的复杂多了。过去的醮，所祭的神少则几位，多也不超过几十位，而到杜光庭时代则多达"三千六百"。过去的醮，使用的供品不过是糈米、玉璧、薄酒、三牲，而这时的大醮用的则是绢、巾、衣、金环、盐、钱、墨、笔、砚、水果等，灯的品种多了，仪仗复杂了，还多出了各种各样的牌位、玉简、金龙，等等。仪式的形式变了，仪式的内容也变了。过去的斋、醮，无论是斋主或道士，都极端虔诚恭敬，道场的气氛显得悲凉肃穆，针对的目的是具体的、实在的消灾除难、治病救人。到了唐代，天子、妃嫔、百官、文人士大夫都参加进来了，那种自我折磨、痛心忏悔、认真首过、祈盼免灾除祸的内容少了很多，道士们也不那么全神贯注、聚精会神了，场面上的气氛随之大变，虔敬诚信、庄重肃穆的感觉不复存在。斋醮变成了人们忘却烦恼、寄托希望，获得生活的信心，求得心灵的自由和解脱，甚至成了社交和娱乐的一种形式。明知是自欺欺人，也让心灵得以麻醉一番、放松一刻。所有这些都说明，有必要对道教的斋醮仪式进行系统的整理，并顺应新的形势作出修订。为此，杜光庭做了如下工作：

其一，整理黄箓斋仪。杜光庭沿用张万福整理后的格式，在黄箓斋仪末后增加了谢恩醮这一仪节，使斋仪与醮仪融为一坛，这是对道教科仪的一大贡献。《太上黄箓斋仪·散坛设醮》规定黄箓斋设斋三日，在正斋之后一日言功拜表并散坛设醮，酬谢在斋事中下降的神灵及召役的将吏。这样一来，中唐开始出现的罗天大醮成了斋后谢恩醮，正如《罗天众神词》

① 《道德真经广圣义》卷二十一，《道藏》第 14 册，第 415 页。

所云："按遵玄格，披考灵科，修黄箓斋宝，设罗天大醮。"杜光庭编纂黄箓斋仪的贡献是在黄箓斋仪中依照《洞玄灵宝长夜之府九幽玉匮明真科》、《太上洞神三皇仪》等灵宝经，恢复性加入谢恩醮的仪节，从而令斋与醮两种被后人分离的仪式传统合二为一，使得科仪格式渐趋完备。不过，在杜光庭那里，醮的对象是往来劳役的杂神而非主神。陆修静《黄箓斋仪》只有一卷，杜光庭编撰的《黄箓斋科》则多达四十卷。经过杜光庭的整理，黄箓斋的格式更为完备，内容更为丰富，成为后世斋仪的范本，得到了宁允中、宁全真、吕太古等科仪大家的高度评价。

其二，增订与规范科仪。杜光庭修订的科仪除了黄箓斋外，还有金箓斋、明真斋、神咒斋、阅箓仪、拜表仪、仰谢仪、方忏仪等。他把科仪的模式规定为以言语表奏和颂赞祈祷为主，把科仪的内部结构规定为以节次为单位的程式化结构。他撰写了大量章疏启奏的规范文体。它们文笔优美，词章工整，成为后世章书表奏的范本。他还把道教的表奏、词章、颂赞、咒、愿等威仪加以文饰，使之大众化。《广成集》收有他撰写的数十篇醮词。其中卷九所录六篇"罗天大醮"醮词，是目前文献可见最早的"罗天大醮"醮词。此外还有周天大醮的醮词。杜光庭强调："斋必有戒，先戒而后斋。"他具体列出了不得杀害、嗜酒、不忠、不孝、不行慈心、诽谤、不恭敬等七戒，又针对在道场行科仪列出了"道场十戒"，力图增强科仪的神圣性。他还主张科仪活动中，法师、都讲、监斋、侍香、侍经、侍灯六种斋官必须各尽职责，相互配合，保证科仪的规范性与神圣性。

其三，本着天人感应的思想，把道教各派的斋醮仪式统一起来，进行了整理和修订，使之规范化，对举行斋醮活动或传授经戒法箓仪式时对时日吉凶的选择作了论述。他把斋分为"祭祀之斋"和"心斋"两种，建立了道场戒约以约束参与法事的道士，在诸多斋仪的"发愿"这一步骤中特别突出了济世度人的思想，强化了利用斋醮科仪解除人世间种种人际关系的怨怼，追求"无冤结"的理想社会的内容。杜光庭发展罗天大醮，目的是巩固统治者的王权、神权。[①] 杜光庭生当大唐国运摇摇欲坠的乱世，尤其期望能够通过道教力挽狂澜。所以，他主张斋醮与国运相关，人臣行之能为国家消灾祈太平。这当然不是他的首创，早自北魏寇谦之时就有萌芽，唐代在杜光庭之前也有多次实践，但是，可以这样说，杜光庭确实把这发扬光大到极点了。这从他编校的《太上黄箓斋仪》就可看出。

---

① 吴真：《从杜光庭六篇罗天醮词看早期罗天大醮》，《中国道教》2008 年第 2 期。

总之，杜光庭上承陆修静和张万福，把科仪在唐代新增衍的内容集中地反映出来了。他是传统斋法的集大成者，其成就超过了张万福。他所修订的科仪，是后世斋醮仪式的范本，影响深远。

六　对杜光庭思想的评价

杜光庭对道教哲学的本体论发展作出了贡献。历来对有无、同异、本迹、体用之间关系的认识，都是就本体论和本源论而言的。杜光庭则在此基础上，阐述了这几对范畴的认识论含义。例如，此前人们对有无与本迹，是以无为本，以有为迹，杜光庭则认为，从认识论的角度来说，应该说是以有为本，以无为迹。体用同样如此，以有无而论，从本体论和本源论来说，无为体，有为用。但从认识论来说，则是有为体，无为用。体无常体，用无常用，实权、色空、名象等都可互为体用。这就大大丰富了对这些范畴的认识，从而发展了道教哲学。马端临《文献通考》云："理致之见于经典者释氏为优，道家强欲效之……祈祷之具于科教者道家为优，释氏强欲效之。"寇谦之务在除去早期道教"伪法"芜杂，所取佛法只在生死轮转、读经斋戒之类，并未引发形上之哲思。陆简寂之功在立三洞四辅、达科定制，陶弘景之趣在"阴功密德"、仙阶谱系，于形神之辨有所冥会，他虽然注有《道德经》四卷，然现已不存，从相关史料来看，似无特别之处，总的说来，他也未及佛老之神髓。唐代初中期的成玄英、李荣、王玄览、司马承祯、吴筠等重玄哲学家固然在道教哲学方面贡献良多，但他们都偏重于形而上的探讨，对道教历来重视的形而下功夫重视不够，更遑论把二者结合起来。杜光庭则既有形而上的精深思辨，也有形而下的详尽阐述，并把二者紧密结合起来了。

唐代统治者提倡三教和谐共处。道教学者们也自觉地开始明确呼吁三教合一。例如，陆希声认为孔子"文以治情"，老子"质以复性"，提出"学者能统会其旨，则孔老之术不相悖矣"[1]。杜光庭更加明确地把"统其会"归结为"理"，指出："……三教圣人所说各异，其理一也。……但能体似虚无，常得至道归身，内修清静，则顺天从正，外合人事，可以救苦拔衰，以此修持，自然清静。"[2] 他进而解释说："若悟真理，则不以西竺东土为名分别，六合之内，天上地下，道化一也。若悟解者亦不以至道

---

① 陆希声：《道德真经传》卷一，见《道藏》第 12 册，第 122 页。

② 《老子说常清静经注》"能悟之者可传圣道"注，《道藏》第 17 册，第 187—188 页。

为尊，亦不以象数为异，亦不以儒宗为别也。三教至人所说各异，其理一也。"① 这就把三教合一推进到了内在的义理层次了。

唐代，在朝廷的推尊之下，道教发展迅速，影响所及，女子出家人道形成潮流，出现了大批女道士，其中一些女道士还颇为活跃，在教内教外形成了较大的影响。一批专门的女冠道观也相继出现了。在这一时代背景下，杜光庭著《墉城集仙录》十卷，为古今三十七名得道成仙的女子作传给予表彰，为提高妇女在道教乃至社会中的地位作出了贡献。

此外，杜光庭在伦理之术、理国之术、科仪之术等方面都有一定的发展。以科仪之术而言，杜广庭可以说是道教科仪的完成者。他制定的道门科范，盛行于两宋，影响到明清，成为道士做法事的依据。虽然在他之后还有人对这些规范进行过局部的修订和发展，但就总体成就而言，无人能出其右。

总之，杜光庭对道教建设作出了多方面的贡献，当时的人评价他"词林万叶，学海千寻，扶宗立教，天下第一"②。杜光庭可谓晚唐道教学术的总结者。

---

① 《老子说常清静经注》，《道藏》第17册，第187页。
② 《道门通教必用集·历代宗师略传》，《道藏》第32册，第8页。

第六章 五代十国和宋代浙江
道教的转型（上）

晚唐至宋代，是中国道教发生转型的时期。转型的表现主要是如下几个方面：其一，在政治和作为主流意识形态儒学的崇道抑术、佛教"扬道抑仙"的挤压下，道教不得不倡导道家学术，关注社会秩序的维护，重视伦理，佐助教化，道教老学、道教庄学在这时期的发达和劝善书的出现就是两个典型的表现。其二，在佛教重视思辨和心性论的刺激下，道教重玄哲学发达，道教关注的重心由外而内，外丹术在内外因素的共同作用下开始衰落，内丹术逐渐兴盛并进而取代其主流地位。其三，在内丹术逐渐兴盛的背景下，一方面内丹术力图改变自己独善其身的局面而向科仪术扩展以影响社会现实；另一方面科仪术要攀附逐渐兴盛的内丹术而获得理念解释基础和社会话语权，这两方面的作用形成了"内炼成丹，外用成法"，内丹与科仪水乳交融的局面。其四，两宋之际，政治动荡，战争频仍，人民生活在水深火热之中，为宗教提供了发展的温床，道教滋生了众多新道派，如天心正法派、东华派、神霄派、清微派、净明派等。它们把符咒、科仪、内丹三者紧密结合，进一步强化了道教传统的以天人感应为核心的巫术性思维模式，法术化、地域性倾向明显。

在全国道教转型的大背景下，五代至宋，浙江道教也出现了新的特征。作为地方政权的吴越国国土范围以浙江为主，定都杭州，实行崇道的政策，对浙江道教的发展起到了积极的推动作用。吴越国出现了兼具道士和官员身份的罗隐，《太平两同书》阐述了其道教政治思想，在道教思想史上有较高的地位。宋代，因金人入侵，朝廷南迁，最后定都杭州，称临安。宋代皇帝崇道热情是非常高的，作为都城的临安，在道教管理、宫观及其信仰上呈现出一些新的内容，御前宫观的设立和提点制、元命信仰的形成和真武信仰发展都是浙江道教新的内容。

在道派和道法方面，天台张伯端被后世尊为金丹南宗的宗师，其

《悟真篇》与《周易参同契》并称为丹经之祖。白玉蟾为南宗五祖，是南宗实际的建立人，其内丹和雷法对后世影响很大。林灵素则在宋徽宗的支持下建立了神霄派，并与王文卿共同建立了神霄派的神仙体系和神霄雷法，对后世有很大的影响。

南宋时的陈显微，是第一个为《关尹子》作注的人，也是第一个用金丹南宗思想注《周易参同契》的人，在道教思想史上有一定的地位。褚伯秀则是一位道教学者，其注《庄》作品在庄学史上有较大的影响。

第一节　吴越国道教简述

一　吴越国王崇道概述

吴越国是五代十国中东南割据政权之一，其疆域主要以浙江、江苏南部和福建为主，定都于杭州。

吴越国开创者钱镠（852—932），字具美，小名婆留，杭州临安人。钱镠十七岁开始苦练硬弓、使长矛，读《孙子兵法》，二十岁到石镜镇投军当"义兵"，改名为钱镠。黄巢起义时，钱镠成为当地军阀董昌的部将，屡立战功。唐光启三年（887），董昌为越州观察使（今浙江绍兴），自杭州移镇浙东；唐以钱镠为杭州刺史，从此就独踞一方。景福二年（893），钱镠升任镇海军节度使，驻杭州。乾宁三年（896），钱镠灭董昌，得越州。唐以钱镠为镇海、镇东两军节度使，治杭州。天复二年（902），唐封他为越王。后梁封他为吴越王。923年后梁国主再次册封钱镠为吴越国国王。吴越国历钱镠、钱元瓘、钱弘佐、钱弘倧、钱弘俶（后避宋讳，称钱俶）共三世五代，钱弘俶于北宋太平兴国三年（978）纳土归宋，吴越国亡。

唐末五代藩镇割据，战乱频仍，而吴越国则采取保境安民和"休兵息民"的战略方针，重农桑、兴水利，发展与日本、朝鲜等国海外交往，实行了一系列"保境安民"的政策，社会安定、经济发展，广大人民得以免受战争之苦，安居乐业，使两浙之地有一个较长的稳定发展时期。叶适说："吴越之地，自钱氏时独不被兵，又以四十年都邑之盛，四方流徙，尽集于千里之内，而衣冠贵人，不知其几族，故以十五州实十三州一军之众，当今天下之半。"①

由于吴越国没有遭受战争的破坏，并且统治者提倡佛、道二教，用以巩固其统治，所以吴越国佛道二教都很兴盛。吴越国的佛教，曾盛极一时，有"东南佛国"之称。当时佛学方面，在禅宗、天台宗和律宗都有很大的发展。② 吴越国王钱镠在发迹过程中，得到道士的秉力支持，执政后也推行崇奉道教的政策，兴建宫观，笼络道士，常行斋醮。后世学者认为其崇道的原因是多样的，既要借助道士神化自身，巩固其统治；也借道教向民众灌输封建伦理道德；还祈求得到道教神灵对其军队的襄助及对吴越民众的福佑。道教对吴越国军事、政治、文化都有重要的影响。③

钱镠初出生，便有生而神异的道教神话流传，《十国春秋》记之曰："先是邑中大旱，县令命道士东方生起龙以祈雨，生曰：'茅山前池中有龙起，必大异。'令乃止。明年复旱，生乃遽指镠所居曰：'池龙已生此家。'时镠实诞数日矣。"④

钱镠早年求学时期，又得到道士洪湮的赏识和激励。据载，钱镠"常游径山书院，有道人洪湮者，每迎于门，王（钱镠）颇恶之。一日，自后山僻径而往，湮亦迎焉。王问其故。湮曰：'君非常人，故预知耳。'"⑤

钱镠建国后在吴越境内兴建了不少道教宫观。钱镠重修大涤山天柱观，时在唐光化三年（900）七月。并亲自作《天柱观记》碑文。此举使一度衰落沉寂的道教得以振兴，这在道教发展史上是不应忽略的一节。钱镠还于金华建广润龙王庙，建灵德王庙于浙江⑥；梁开平二年（908），钱镠改吴山紫极宫为真圣观⑦；天宝九年（916），婺州道士周某向钱镠献赤松涧仙米，钱镠密遣张思敏按所产之地赐予紫金衣帛；天宝十年（917），黄龙见于卞山之金井洞，钱镠命立瑞应宫；宝大二年（925），建上清宫于绍兴秦望山。⑧ 明万历《金华府志》、清雍正《浙江通志》及清光绪

---

① 叶适：《水心先生别集》卷二《民事中》。

② 倪士毅：《五代吴越国的佛教文化》，《东南文化》1989 年第 6 期，第 160—164 页。

③ 曾国富：《道教与五代吴越国历史》，《宗教学研究》2008 年第 2 期，第 33—39 页。

④ （清）吴任臣：《十国春秋·武肃王世家上》，中华书局 1983 年版，第 1045 页。

⑤ 《吴越备史》卷一。

⑥ 赵亮、张凤林：《苏州道教史略》，华文出版社 1996 年版，第 56 页。

⑦ 《武林玄妙观记》卷一。

⑧ 何勇强：《钱氏吴越国史论稿》，浙江大学出版社 2002 年版，第 359 页。

《金华县志》等历代方志，都有"吴越钱武肃王（钱镠）重修"金华赤松宫的记载。钱镠还奏请中央朝廷给境内高道颁赐封号。如开平元年（907）九月，钱镠上奏后梁王朝，称："道门威仪郑章，道士夏隐言，梵修精志，妙达希夷，推诸流辈，实有道士。郑章宜赐号贞一大师，仍名玄章；隐言赐紫衣。"① 可见钱镠对道士的礼重。

钱镠之子钱元瓘也崇奉道教。第二位吴越国王钱元瓘，继位后即对各地道教神庙加以重建或请求中原朝廷的册封。如清泰二年（935）七月，重建开元宫；十一月，从吴越国文穆王钱元瓘之请，后唐敕杭州护国庙改封崇德王，城隍神改封顺义保宁王，铜官庙改封福善通灵王，湖州城隍神封阜俗安城王，越州城隍神封兴德保阇（城门外曲城）王。② 另据《吴越钱氏传芳集》，内有钱元瓘《题得铜香炉》诗并序。序称天福四年（939）七月七日，婺州金华县招隐乡民李满于溪中得铜香炉一枚，钱元瓘因作诗记此事。在序文中，钱元瓘使用了天尊、道气、玄功、太上仙客等许多道教专用术语。其诗云："莫记年华隐水中，忽于此日睹灵踪。三天瑞气标金相，五色龙光俨圣容。节届初秋兴典教，时当千载庆遭逢。仙冠羽服声清曲，共引金台入九重。"③ 反映了钱元瓘对道教的信仰。

吴越国顺德太夫人吴氏是一位受道教影响较深的女性。据载，她"性慈惠而节俭，颇尚黄老学，居常被道士服，余皆布练而已。每闻王（忠懿王钱俶）决重刑，必颦蹙以仁恕为言。母家或有迁授，多峻阻之；及入见，时加训励，间以督责。故诸吴终夫人之世不甚骄恣"④。有学者认为与封建时代那些千方百计利用自己的裙带关系为亲属谋地位争权力的后妃不同，吴氏却"峻阻"（极力阻止）其亲属的"迁授"，并严加"训励"，有过必责。吴越国无外戚之患，亦有受道教思想影响而淡薄功名权力的吴氏一份功劳。⑤

第三位吴越国王——忠献王钱弘佐继位后，于天福六年（941）九月，"命田园有隶道宫佛寺比入赋税者，悉免之"⑥。最后一位吴越国王钱

---

① 赵亮、张凤林：《苏州道教史略》，第56页。
② （清）吴任臣：《十国春秋·文穆王世家》，第1122页。
③ 何勇强：《钱氏吴越国史论稿》，第360—361页。又见于赵亮、张凤林《苏州道教史略》，第57页。
④ （清）吴任臣：《十国春秋·吴越七·列传》，第1189页。
⑤ 曾国富：《道教与五代吴越国历史》，《宗教学研究》2008年第2期，第33—39页。
⑥ （清）吴任臣：《十国春秋·忠献王世家》，第1134页。

俶虽偏重佛教，但对道教并未偏废。他曾延请高道张契真"主三箓斋事"，总管吴越国道教事务。① 暨齐物是一位道学高深的名道，钱俶曾"欲为赐度弟子，齐物对曰：'乐静已久，不愿有也'"，予以婉拒②。台州道士朱霄外"素有道术，为忠懿王（钱俶）所知，遂命葺台州之白云庵为栖霞宫，以霄外主之"③，等等。

二 吴越国王投龙简考

由于社会安定，吴越国完整地继承了唐王朝的"投龙简"仪式。关于"投龙简"，后人往往连称，其实投龙和投简不同。沙孟海先生《吴越钱氏投水府银简》一文中称："钱弘俶二十二岁简云：'辄持银简金龙，遍诣名山福地。'钱俶四十五岁简云：'羽客陈辞，凭龙负简'，分明所投有银简，有金龙，是两物。疏浚西湖同时出土又有黄金蟠龙一条，不刻文字。由此可见时王年年制造银简与金龙，同时投入水府，以祈福命。金龙出土不多，知见者更少。"④

从出土文物和文献看，投简最早出现在秦代，而成熟于刘宋时期。李零在其论文中提到了两件私人收藏的文物，其中一件是秦人的玉简⑤。此件文物用墨玉制成，铭文长300余字，大篆。其内容为一个名叫"骃"的秦国贵族，因染病而投简告之于"华大山"，乞求病"自复如故"。这件玉简中所述时间有二，一是自称"有秦曾孙小子骃"，二是"周世即没，典法散亡"。秦灭东周在公元前249年，秦朝灭亡在公元前206年，投简的时间当在其间，故投简出现的下限当为秦代。

道教产生后，投简成为道教科仪的一种，刘宋陆修静《太上洞玄灵宝授度仪》之《毕上香复炉如上法》中录有一篇银质投简告文样式，其云：

> 元始灵宝告九地土皇，灭罪言名，求仙上法。灵宝赤帝，先生（女云道士），某甲年若干岁，某月生。命后九天，南斗领籍。（解曰：此文云赤帝者，是本命丙午。命系九天者，是正月二日生。南斗

① （清）吴任臣：《十国春秋·张契真传》，第1295页。
② （清）吴任臣：《十国春秋·暨齐物传》，第1295页。
③ （清）吴任臣：《十国春秋·朱霄外传》，第1295页。
④ 沙孟海：《沙孟海论书文集》，上海书画出版社1997年版。
⑤ 李零：《入山与出塞》，《文物》2000年第2期，第87—95页。

领籍，犹取本命之方。余仿此。）愿神愿仙，长生度世，飞行上清。中皇九土，戊己黄神，士府五帝，乞削罪录，勒上太玄，请诣中宫，投简记名，金钮自信，金龙驿传。太岁某子某月某子朔某日某子于某府州县乡里中告文。

右朱书银简，青纸裹之，青丝缠钮九只，金龙一枚，埋所住中宫。

次谒版刺版，并埋坛之当方。亦可投山洞渊泉中。勿令人得之。凡简长一尺二寸，阔二寸四分，厚三分。①

唐至五代帝王投龙简较为常见，现出土的文物中有武则天金简，该简1982年5月在河南嵩山顶峰峻极峰北侧的石缝中被发现（见图6-1）。其文云："上言，大周国立武曌好乐真道，长生神仙。谨诣中岳嵩高山门，投金简一通，乞三官九府，除武曌罪名，大岁庚子七月甲申朔七日甲寅，小使臣胡超稽首再拜谨奏。"此处"胡超"，据唐颜真卿所撰《抚州临川县井山华姑仙坛碑铭》称：

华姑者，姓黄氏，讳令微，抚州临川人也。……长寿二年，岁在壬辰，冬十月壬申朔，访于洪州西山胡天师，天师名超，能役使鬼神。……②

长寿（692—694）为武则天年号，唐代有著名的道士胡慧超，曾隐于洪州，复建许逊信仰的核心游帷观，对许逊崇拜和孝道派的发展有卓越的贡献。此金简中之"胡超"与胡慧超同称为天师，又同隐于洪州西山，两人实是一人。故简上为武曌投龙简的"胡超"即是胡慧超。③

又有唐玄宗告水府银简，现藏浙江博物馆。④ 五代吴越国王的投简则更多，吴越国五个国王中，除在位仅半年的钱弘倧没有发现投简外，其余四王的投简均散见于出土文物、拓本或相关的文字记载。其中除文献记载

---

① 《道藏》第9册，第857页。

② 《全唐文》第4册，第3444—3445页。

③ 赵幼强：《唐五代吴越国帝王投简制度考》称"小使臣胡超当是武则天的随身太监"，误。《东南文化》2002年第1期，第31—36页。

④ 赵幼强：《唐五代吴越国帝王投简制度考》，《东南文化》2002年第1期，第31—36页。

图 6-1　武曌投龙简

吴越王钱元瓘向仙洞投掷过金质投简外①，其余均为告水府银简。《江苏通志·金石七》载有翁广平跋语，说在清顺治元年（1644）夏，吴中大旱，太湖龟坼，居民于湖底得钱肃王龙简，共一百七十九字，楷法颇似《麻姑仙坛记》，略有剥蚀处。四傍有一龙环之。简为银质，重二十两，长五寸四分，宽三寸七分。②清人张燕昌撰《金石契》（乾隆四十三年写刻本）上对此银简制度描述云："右钱肃王告太湖水府龙简，嘉庆壬戌冬，乍浦刘粹之淳以拓本见，贻云：顺治初出水，其质白金重二十两，以

---

① 《十国春秋·文穆王世家》曰："十二月，晋授王天下兵马副元帅"，并注曰："淳祐时，林屋洞得金简，曰：'天下兵马副元帅吴越钱王。'"赵幼强《唐五代吴越国帝王投简制度考》一文认为投金简为钱镠，但钱镠之官职为"天下兵马都元帅"及"天下兵马大元帅"，而钱元瓘之官职名为"天下兵马副元帅"，且此注又在钱元瓘之《文穆王世家》，故文献记载之投金简应为钱镠之子钱元瓘。（清）吴任臣：《十国春秋》，第1123页。

② 赵亮、张凤林：《苏州道教史略》，第57页。

今布帛尺度之，高五寸六分，广三寸七分，周刻一龙，上云下水，中刻正
书……"①（见图6-2）

图6-2　钱镠七十七岁投太湖水府银简

自第二代吴越王钱元瓘开始以后的告水府银简上，都有"请以丹简
关盟真官谨诣"（见图6-3），其说明镌刻在银简上的文字还涂有丹红色，
以表白自己的诚信和对神灵的敬重。②

其他的吴越国投龙简在考古中屡有发现。1955年浙江省人民银行收
购到一枚钱弘俶二十一岁时的投龙简；同年在西湖浚湖工程中又发现四
枚，分别是钱镠六十三岁、六十五岁和钱弘俶四十五岁时的投龙简，另有
一枚未刻名字，其简首有"吴越国王臣□年一十五岁"之语，简末有
"太岁壬寅三月乙卯二十二日丙子"之语，而壬寅乃是天福七年（942），

---

① 赵幼强：《唐五代吴越国帝王投简制度考》，《东南文化》2002年第1期，第31—36页。
② 同上。

图 6 - 3　吴越国王钱弘俶二十三岁告水府银简

推算起来，这枚龙简当是忠献王钱弘倧所投。①

　　根据已出土的吴越王投简上记载的时间，均为农历二月、三月、八月，即选在春秋两季投掷，这说明吴越王已把投简时间制度化了，同时这也符合古代春祀、秋郊的祭祀传统。从投掷地点看，吴越王投简地点多在与"水府"之神相关的太湖、西湖、鉴湖、射的潭等，故其与唐代帝王居中原，投简地点多选投如嵩山等名山不同。② 从仪式上看，吴越王投简上均有"金龙驿传"语，如前所述沙孟海先生《吴越钱氏投水府银简》一文中所称，吴越王投简应是简与龙一起配套投放的。

三　吴越国高道

　　吴越国有较多名道活动。钱朗本是江西人，但其晚年被吴越国王钱镠

---

① 黄涌泉、王士伦：《五代吴越文物——铁券与投龙简》，《文物参考资料》1956 年第 12 期。

② 赵幼强：《唐五代吴越国帝王投简制度考》，《东南文化》2002 年第 1 期，第 31—36 页。

所聘，故《十国春秋》之《吴越·列传》中记有钱朗，其记曰：

> 钱朗，洪州人。少以五经登科，仕唐累官光禄卿。文宗朝，归隐
> 庐山，得补脑还化之术。武肃王延至西府，以师礼事之。时朗曾玄孙
> 数辈，皆以明经官邑令，皤然皓首，拜于阶下，而朗貌若童子，人咸
> 异之。一夕，忽语家人曰："适为上清所召，今去矣。"俄气绝。数
> 日，颜色如生，及举棺，尸已解去。时年一百七十余岁。[①]

《十国春秋》只记有钱朗在吴越国的事迹。钱朗在南唐沈汾《续仙
传》卷中亦有传，其传较《十国春秋》略详，传曰：

> 钱朗，字内光，洪州南昌人也。少居西山读书，迥为精儒。勤苦
> 节操，五经登科。累历世宦，清直着称。所履皆有遗爱，时论美之。
> 唐文宗朝为南安都副使，后为光禄卿，归隐庐山。情深好道，师于东
> 岳道士，得补脑还元服炼长生之术。昭宗世，钱塘彭城王钱镠慕朗得
> 道长年，乃迎就钱塘，师敬之勤切。时朗已一百五十余岁，童颜轻
> 健，玄孙数人，皆以明经进身，仕为宰辅，已皓首矣，而朗犹如褪裸
> 之子。钱镠逼传秘卫。朗驻泊钱塘二十余年，忽一日告别，言：我处
> 世多年，适为上清所召，今须去矣。俄气绝。数日颜色怡畅如生，异
> 香满室。举之就棺，已为尸解。玄孙谓人曰：吾之高祖年一百七十
> 岁矣。[②]

闾丘方远是吴越国的名道，因其受吴越国王钱镠礼遇，故多种历史文
献载有其传记，如《吴越备史》、《十国春秋》，又因其为名道，故多种道
教文献也有其传记，如《续仙传》、《洞霄图志》、《仙鉴》等，其传记当
以南唐沈玢《续仙传》为最早。《续仙传》卷下"闾丘方远"曰：

> 闾丘方远，子大方，舒州宿松人也。幼而辩慧。年十六，通经
> 史。学《易》于庐山陈元晤。二十九，问大丹于香林左元泽。元泽
> 奇之，谓方远曰：子不闻老子云：吾有大患，为吾有身。盖身从无为
> 而生有为，今却反本，是曰无为。夫无为者，言无即着空，言有则成

---

① （清）吴任臣：《十国春秋》，第 1293 页。
② 《道藏》第 5 册，第 91 页。

碍。执有无即成滞。但于有无一致，泯然无心，则庶几乎道。且释氏以此为禅宗，颜子以此为坐忘。《易》云：无思也，无为也，寂然不动，感而遂通天下之故。其归一揆。又《经》云：迎之不见其首，随之不见其后。是何物也？子若默契神证，又何求焉？所惜者，子之才器高迈，直可为真门之标表也。方远稽首致谢而去。复诣仙都山隐真岩，事刘处静，学修真出世之术。三十四岁，受法箓于天台山玉霄宫叶藏质，真文秘诀尽蒙付授。而方远守一行气之暇，笃好子史群书，每披卷，必一览之，不遗于心。常自言：葛稚川、陶贞白，吾之师友也。铨《太平经》为三十篇，备尽枢要，其声名愈播于江淮间。

　　唐昭宗景福二年，钱塘彭城王钱镠探慕方远道德，访于余杭大涤洞，筑室宇以安之。昭宗累征之，方远以天文推寻，秦地将欲荆榛，唐祚必当革易，伴之园绮，不出山林，竟不赴召。乃降诏褒异，就颁命服，俾耀玄风，赐号妙有大师、玄同先生。阐扬圣化，启发蒙昧，真灵事迹，显闻吴楚。由是从而学者，无远不至。弟子二百余人，会稽夏隐言、谯国戴隐虞、荥阳郑隐瑶、吴郡凌隐周、广陵盛隐林、武都章隐之，皆传道要而升堂奥者也。广平程紫霄应召于秦官，新安聂师道行教于吴国，安定胡谦光、鲁国孔宗鲁十人皆受思真炼神之妙旨。其余游于圣迹，藏于名山，不复得而记矣。天复二年二月十四，沐浴焚香，端拱而坐，俟停午而化。颜色怡畅，屈伸自遂，异香芬馥，三日不散。弟子以从俗葬，举以就棺，但空衣而尸解矣。葬于大涤洞之傍白鹿山。复有道俗于仙都山及庐山累见之，自言：我舍大涤洞，归隐澜山天柱源也。①

　　闾丘方远，舒州（今安徽潜山县）人，曾拜多位名道为师，"师香林左元泽、庐山陈元悟，传法箓于天台叶藏质，皆晓畅大义，甚得真传"。闾丘方远既精黄老之术，又雅好儒学，曾诠注《太平经》为三十篇，对道教思想的传播有重要贡献。他多次婉拒唐朝廷的征召，遍游名山。②

　　唐景福年间（892—893）始居余杭大涤洞。钱镠势力崛起于吴越之间，闾丘方远谒见钱镠。起初，与钱镠谈论老庄道家之学，道家的清静无为之说不合钱镠奋发进取之志趣，故话不投机。闾丘方远退而认识到钱镠乃是"入世"之英雄，实不宜与谈老庄出世的玄虚之道。于是翌日再入

----

① （宋）张君房：《云笈七签》，中华书局 2003 年版，第 2508—2509 页。

② （清）吴任臣：《十国春秋·闾丘方远传》，第 1294 页。

谒，与钱镠谈论儒家的《春秋》大义，话语投合，尽日而罢。钱镠于是厚加礼遇，重建天柱宫以居之。又奏请唐朝赐紫，并赐号"玄同先生"，使之成为吴越一方道教领袖。①

时有罗隐从学于闾丘方远，《十国春秋》云："罗隐就方远授子书，方远必瞑目而授，余无他论。弟子夏隐言谓方远曰：'罗记室令君上客，先生何不与之语？'方远曰：'隐才高性下，吾非授书，不欲辄及他事也。'其严介如此。"从上可知，罗隐虽从学于闾丘方远，但却不是闾丘方远的入室弟子。

上清派的高道朱霄外，章安人，台州道士也。素有道术，为忠懿王钱镠所知，遂命茸台州之白云庵为栖霞宫，以霄外主之。广顺二年（952），吴越王钱弘俶在位，为道士朱霄外修建天台桐柏崇道观，筑室于上清阁西北用以收藏道经，并赐金银字经二百函及三清铜像。题云：吴越两街道统天台道门威仪、栖真明德大师通玄先生正一天师、特进检校太傅守太保上柱国、吴郡开国公食邑一千五百户朱霄外建。据宋代夏球《重建道经藏记》载："五代相竟，中原多事。吴越钱忠懿王，为道士朱霄外新之。遂筑室于上清阁西北，藏金字经二百函，勤其事也。"宋陈耆卿《嘉定赤城志》卷三〇：梁开平中改观为宫，有钱忠懿王所赐金银字经二百函及铜三清像。周广顺二年朱霄外建藏殿。② 天台山有圣寿观，旧名延寿，后周广顺元年（951）朱霄外建，宋治平三年（1066）改名圣寿。③

五代吴越国时期，天台山由于吴越国王的支持建设，有较多的名道出现。《道藏·洞玄部·记传类》收有《仙苑编珠》一书，题"天台山道士王松年撰"。据《仙苑编珠·序》曰："近自唐梁已降，接于闻见者，得一百三十二人。"④ 可知《仙苑编珠》共收有神真仙人132人，其下限为五代之后梁。从《仙苑编珠》所录来看，确收有后梁时代的人事，如"冲寂焚香，道华偷药"条曰："谢冲寂者，华岳道士也。志好焚香，增至三百炉，且夕不阙，无香，多以松柏子代之。以梁开平三年（909）二月清晨，有二青童乘紫云下迎，云上帝召，谢冲寂乃乘云而去。"⑤ 梁开平为梁太祖朱温的第一个年号，其撰《仙苑编珠》的年代应在五代后梁

---

① 《吴越备史》卷一。

② 《嘉定赤城志》卷三〇。

③ 卿希泰主编：《中国道教》第四卷《天台山》，知识出版社1996年版。

④ 《道藏》第11册，第21页。

⑤ 同上书，第44页。

年间，该时王松年的年龄不详，但应已成年，故王松年当出生于唐朝，其当为唐末五代人。由于五代较短，其或活到宋朝，故陈国符道藏源流考称其为"五代或宋人"①。《通志略》另著录有"王松年撰《上清天中真鉴录》一卷"②。

宋《嘉定赤城志》记有："厉归真，天台人，嗜酒，常单衣，精水墨。汉乾祐三年于中条山飞升，语人曰：吾台州唐兴县人也。"③ 乾祐乃五代后汉年号（乾祐三年为 950 年），故厉归真为五代时人。王松年《仙苑编珠》也记有此人，其卷下"可交登舟归真画鹊"曰："厉归真者，天台县人也。性嗜酒，冬夏常衣单衣，妙于水墨，见屋壁即画鹊。时人不知其得道也。以天祐三年十一月，于河中府中条山白日冲天，告时人曰：'吾本台州唐兴县人也，有弟在彼。'乃脱下破布衫，服星簪羽袂而轻举县中，寥寥有箫管之声也。"④ 厉归真为当时著名画家，各种文献多记述其书画逸事。《太平广记》记之曰："唐末，江南有道士厉归真者，不知何许人也。曾游洪州信果观。见三官殿内功德塑像，是玄宗时夹纻，制作甚妙。多被雀鸽粪秽其上。归真遂于殿壁画一鹞，笔迹奇绝。自此雀鸽无复栖止此殿。其画至今尚存。归真尤能画折竹野鹊。后有人传。归真于罗浮山上升。（出《玉堂闲画》）"⑤ 三官殿画鹞之事又见《图画见闻志》。《台州府志》又记其与梁太祖朱温之问答，曰："（厉归真）最善画牛虎，兼工鸷鸟雀竹，绰有奇思，惟著一布裘，入酒肆娼家。梁太祖召问：'君有何道理？'对曰：'衣单爱酒，以酒御寒，用画偿酒，此外无能。'梁祖然之。《厉归真传尾》"⑥

《洞霄图志》也记载了一些吴越国的名道，除暨齐物、闾丘方远外，郑元章是其他文献较少提到的。《洞霄图志》卷五《人物门》曰：

　　郑冲素先生
　　郑元章，字博文。幼号神童，十五岁辞亲学道，依真系大师李特为建星坛，授上山下乡清毕法。精修不倦。景福二年，与玄同先生同

① 陈国符：《道藏源流考》下册，中华书局 1963 年版，第 240 页。

② 同上书，第 241 页。

③ （宋）陈耆卿：《嘉定赤城志》，明弘治刻本，卷三十五，第十一叶。

④ 《道藏》第 11 册，第 44 页。

⑤ 《太平广记·卷第二百一十三·画四·厉归真传》

⑥ （民国）喻长霖纂：《台州府志》，民国二十五年铅印本，卷一百三十九，方外记上。

居天柱山精思院。武肃王因命入开元宫，启建坛箓。门下受度弟子一百三十余人。王表奏朝廷云：启建日有彩云临坛，仙鹤五百余只旋绕空中。昭宗赐紫衣，号正一大师，冲素先生。累乞归山，王亲驾送于郊外。至精思院，旬日间，忽沐浴端坐，语门人曰：今洞庭使者在此迎吾，吾当去矣。汝等精勤戒行，勿为诸恶。傲然而逝。体柔如生，享年六十有八。王命府官缟素葬于本山。[①]

郑元章，字博文，幼有神童之誉，十五岁出家学道，拜李归为师。景福二年（893），钱镠在余杭迎居闾丘方远，郑元章也与闾丘方远一起住在精思院。后来钱镠又命他入居开元宫，启建坛箓，门下受度弟子有一百三十余人。唐昭宗赐紫衣，号正一大师、冲素先生。

《十国春秋》除记载上述钱朗、闾丘方远等人外，尚有鹤衣道人、韩必、吴崧、张契真、暨齐物等人。《十国春秋》曰：

> 鹤衣道人者，不知何郡县人，亦无姓名，日醉卧处州凤凰山下，忽为里妇所诟辱，喫衣为鹤，跨之而去，竟莫知其何术。后人建祠祀之，即今报恩光孝宫是也。
>
> 韩必、吴崧者，唐末与吴琪、吴顼、皮光业、林升、罗隐、何肃同居长城八座山，号曰八友。已而稍稍散去。武肃王时，两人偕隐于洛坞，日以炼丹为事。遣罗隐招之，两人隐入石壁中，至今名为"二仙石壁"。
>
> 张契真，钱塘人。生有异相，青骨方瞳，形如瘦鹤。幼负箧从胡法师游，已而道遇朱天师，一见喜曰："子骨法应得仙也。"授以要诀。未几，复受樊先生灵宝箓，独处真圣宫数年，缣绎蓝笈琅函之秘，深得微旨。忠懿王命主三箓斋事。归宋，太宗选居太乙宫，召对，赐紫，令校道书，赐号元静大师。一日，见朱衣吏持符檄契真趣职，顷之，沐浴，卒，火葬。后得青黑色珠数升。
>
> 暨齐物（一作物齐，又作济物），字子虚，杭州人也。师玉清观朱君绪受法箓神符秘方，救物不怠。后随入大涤山中，依岩洞为室。又构垂象楼，贮道书几千卷，朝夕讨论，贯穿精微，听者莫不忘倦。忠懿王欲为赐度弟子，齐物对曰："乐静已久，不愿有也。"所居室

---

① （元）邓牧：《洞霄图志》卷五《郑冲素先生》，《中国方志丛书·华中地方·第五五九号》（据元至大年间旧钞本影印），成文出版社1984年版，第123页。

壁东西各置一隙，采日月光华，久之，忽语左右曰："吾将复往罗浮石楼间矣。"遂不知所之。①

吴越国由于从第一代国王钱镠起，就实行崇道的政策，在修建道观和礼遇道士方面都有建树，故如前所述，吴越国也出现了不少高道，以闾丘方远及其弟子罗隐最为著名。朱霄外、暨齐物、钱朗等也都是具有一定影响的道士。总的来看，吴越国高道著述不丰，故其影响力大多在吴越国或江南范围内。唯有罗隐由于其《太平两同书》，而对后世有较大影响，关于罗隐的生平和思想，在下节探讨。

四　罗隐的道教政治思想

（一）罗隐生平简述

罗隐，字昭谏，杭州府余杭郡新城县（今浙江省富阳县）人，生于唐文宗大和七年（833），卒于梁太祖开平三年（910），享年七十七岁。对于罗隐的生卒年，史料记载颇有分歧。宋薛居正《旧五代史·梁书》卷二十四（列传十四）载："年八十余，终于钱塘。"计有功《唐诗纪事》也云："年八十余，终余杭。"《吴越备史》卷一、《浙江新城县志》卷十四"人物传"、《浙江通志》卷一百七十八"文苑"中则称罗隐"卒年七十七"。因此，关于罗隐的生卒年问题可谓疑义颇多。

沈崧《罗给事墓志》有载："以开平三年春，寝疾，冬十二月十三日殁于西阙舍（在杭州），享年七十七岁。以开平四年正月二十三日归灵于杭州钱塘县定山乡居山里，殡于徐村之穴。"沈崧为罗隐同时代人，且为生前好友，其记载当为可信。梁太祖开平三年十二月十三日，按公元纪年则为公元910年1月26日。《吴越备史》卷一记载："己巳三年（909）十一月乙酉发运使罗隐卒。"查此年十一月并无"乙酉"日，而十二月十三日则为"乙酉"日，所以其"十一月"当为"十二月"之误。

《旧五代史》中关于罗隐也注云："《涧泉日记》云：……梁开平二年授给事中，三年迁发运使。是年卒，葬于定山乡。"与此正合。由以上材料可知，罗隐于梁太祖开平三年十二月十三日（公元910年1月26日）卒于杭州。从《罗给事墓志》、《吴越备史》、《浙江新城县志》、《浙江通志》诸材料中可知，罗隐享年七十七岁。那么其生年则应为唐文宗大和七年，即公元833年。

---

① （清）吴任臣：《十国春秋》，第1293页。

　　罗隐主要活动于唐宣、懿、僖、昭四朝，《旧五代史》、《吴越备史》、《十国春秋》等有传。罗隐出身寒士之门，祖父罗知微曾任福唐县令，父亲罗修古曾应开元礼试。他本名"横"，曾自号"江东生"，自幼聪慧，少而能诗。以诗名于天下，尤长于咏史，但因恃才傲物、蔑视公卿，且相貌丑陋、不善迎合，又目睹晚唐社会黑暗，故罗隐的诗文"多以讥刺为主"，致公卿权贵恶之而多次应试不中，史传称其"凡十上不中第"、仕途无望，遂更名为"隐"。

　　罗隐于五十五岁的垂暮之年辗转返归家乡余杭，投奔时任镇海节度使的"吴越王"钱镠。钱镠初任其为钱塘县令，后"授镇海军掌书记、节度判官、盐铁发运副使，除著作佐郎、司勋郎中，历迁谏议大夫、给事中、发运使，赐金紫"，令罗隐在晚年得以施展了一下才干、享受了一阵荣华。

　　罗隐早期多奔波于科举考场，且有振兴儒学之志，故实为一名儒者，后来倾向于归隐，并与道教中人多有交往。如《窭萍酒谱》记他曾与郑云叟同隐于华山，"终日怡然对饮"；《吴越备史》记他曾就道士间丘方远受子书，间丘方远以其"才高性下"而"不欲及他事"，但罗隐却坚持"尽师事之礼"；《宋高僧传》则记间丘方远、罗隐二人与杭州龙兴寺僧宗季同为"莫逆之交"。罗隐至少在晚年已属一位儒、道兼修的人物，如同时代人黄滔曾说他："三征不起时贤议，九转终成道者言。"其撰《太平两同书》，或许亦曾受到过间丘方远的启发。

　　罗隐曾言："君子有其位，则执大柄以定是非，无其位，则著私书而疏善恶，斯所以警当世而诚将来也。"罗隐的著述较多，如《江东甲乙集》、《吴越掌记集》、《湘南应用集》、《淮海寓言》、《广陵妖乱志》、《谗书》、《两同书》等，但这些书多已散佚，现存者仅《甲乙集》10卷及《补遗》1卷、《广陵妖乱志》1卷、《谗书》5卷、《太平两同书》10篇，另有序、记、碑、铭等"杂著"34篇。清《四库全书》曾收有《罗昭谏集》8卷，但遗漏颇多；今人雍文华又辑校有《罗隐集》1册，为收录罗隐著作较为完备的本子。在现存的罗隐著述中，《谗书》与《太平两同书》较为集中地反映了他的思想；《谗书》多为一些表达抱负和抒发愤懑的杂文，《太平两同书》则多为阐发君人南面之术的短文，故以下我们以《太平两同书》为重点来剖析其有关社会政治的思想。

　　（二）罗隐《太平两同书》的道教政治哲学

　　罗隐撰《太平两同书》分上、下两卷，内含《贵贱》、《强弱》、《损益》、《敬慢》、《厚薄》、《理乱》、《得失》、《真伪》、《同异》、《爱憎》

十篇短文，上卷五篇皆终以老子之言，下卷五篇则结以孔子之语，内容多为阐发君人南面之术及相关哲理。

1. 治国的核心——君王

在中国传统政治哲学中，君王的地位问题一直是政治理想和施政理念能否推行的关键因素。如韩非子提出："国无君不可以为治"[①]；荀子认为："无君以治臣，无上以制下，天下害生纵欲"[②]；《吕氏春秋》提出："乱莫大于无天子。无天子则强者胜弱，众者暴寡，以兵相残，不得休息。"[③] 从先秦诸子对君王在政治活动中的地位、作用的认识来看，他们大多认为没有君王，国家就不能治理，就会发生大乱。刘泽华据此提出："中国古代政治思想形成了这样一种基本的共识，即君王是维系国家治乱安危或王朝盛衰兴亡的核心，君王是国家得到妥善治理的必要条件，君王个人的才、德直接影响国家政治和军事的兴衰成败"[④]。

罗隐继承了中国政治哲学思想中的这一传统，更加突出了君王在政治活动中的地位和作用。《太平两同书》开篇就说人是万物之中最宝贵的，但却不能自己管理好自己，一定通过其中的尊贵者（君王）作代表来管理好人类社会，组织好各种活动。君王是社会和时代的贤明人物，那些没有才能的就只好充任黎民的角色。《太平两同书》进而提出，黎民必须依赖于君王才能生存。天下百姓所依赖的是君王，君王为天下的元首，黎民为天下的手足，天下大乱，黎民遭殃，原因出在君王的身上。在封建君王统治时代，君王核心论被认为是毫无疑义的。君王作为统治核心的思想已经被所有理论和思维固化在人的头脑中。

2. 君王之治国原则——尊道而贵德

罗隐说："不患无位，而患德之不修也，不忧其贱，而忧道之不笃也。"其所谓"德"，广义地说是指符含"道"的思想和行为，具体而言是指与"力"相对的仁、慈等，如言："所谓德者何？唯慈唯仁矣；所谓力者何？且暴且武耳。"这种"德"，对于作为统治者的君主来说尤为重要，实是他们得以坐享其位的根本基础，如罗隐言："夫人主所以称尊者，以其有德也，苟无其德，则何以异于万物乎？"

罗隐进而以有"德"、无"德"来区分古之"明君"与"暴君"道：

---

① 《韩非子·难一》。

② 《荀子·富国》。

③ 《吕氏春秋·谨听》。

④ 刘泽华：《中国传统政治思维》，吉林教育出版社1991年版，第223—224页。

古之明君，道济天下，知众心不可以力制，大名不可以暴成。故盛德以自修，柔仁以御下，用能不言而信洽，垂拱以化行，将乃八极归诚，四方重译，岂徒一邦从服，百姓与能而已哉？古之暴君，骄酷天下，舍德而任力，忘己而责人，壮可行舟，不能自制其嗜欲，才堪举鼎，不足自全其性灵，至令社稷为墟，宗庙无主，永为后代所笑，岂独当时之弱乎？

总之，罗隐认为君主若能行"德"则"天地所不违、鬼神将来舍"，不能行"德"则"九族所离心、六亲所侧目"，"德"行不仅是君主治理天下之根本，亦是"兆庶之所赖也"。以上思想，不仅有儒家"皇天无亲，惟德是辅"说法的色彩，更是对道家老子"尊道贵德"主张的推崇。

3. 君王治国之术

原则即道，方略即术。《天平两同书》既是道家与儒家的结合，故称两同；同时也是道与术的结合，亦是两同之本义。罗隐《太平两同书》曰：

夫主上不能独化也，必资贤辅。
夫天下之至大也，无其人则不可独守，有其人则又恐为乱，亦何不取其才而（不）制其乱也。[1]

君王虽然统治天下，其实是通过官吏实现其治国方略，故君王之术实是御臣之术。君主与臣民在很大程度上乃社会政治中的矛盾双方，其力量相互制约、此长彼消，如《强弱》篇言：

夫强不自强，因弱以奉强；弱不自弱，因强以御弱。故弱为强者所伏，强为弱者所宗，上下相制，自然之理也。[2]

对于这种"上下相制"的君臣关系，《太平两同书》中有很多论述，如《得失》篇将二者的关系比喻为"舟"与"水"，以为臣既能"辅君"，亦能"危君"。

---

[1] 《道藏》第24册，第917页。
[2] 同上书，第913页。

　　夫君者，舟也；臣者，水也。水能浮舟，亦能覆舟；臣能辅君，亦能危君。是以三杰用而汉兴，六卿强而晋灭；陶朱在而越霸，田氏盛而齐亡。虽任是同，而成败尤异也。①

　　基于这种认识，罗隐认为君主必须"善御"其臣下、牢牢控制住"权柄"，方可能令下民臣伏、国家得治、天下太平。关于具体的御臣之"术"，罗隐在《太平两同书》下卷诸文中多有论及，而其内容则主要有辨真伪而识忠奸、摒小人而用贤能、弃媚语而纳诤言等。与此同时，罗隐强调君主应当能够接受忠臣不同的意见而排斥佞臣的谗言媚语，如《同异》篇析"同"（相同）、"异"（相异）之性质以及"同异"（接受不同意见）之意义。《爱憎》篇指出了忠臣之诤言与佞臣之媚语对于君主的不同作用，并批评某些昏君恶诤言、悦媚语而致赏罚颠倒、劝禁不分。

　　《太平两同书》的种种"太平匡济术"是有其哲学基础的，这种哲学基础主要是种种具有辩证法性质的观念。罗隐此书的论证方法，多以其他矛盾现象的运动作类比推理之前提，然后得出有关"太平匡济术"的结论；其种种富有辩证色彩的言论，不仅丰富了古代中国的社会政治思想，而且在中国哲学史上占有重要地位。②

第二节　施肩吾与马自然考

　　历史上施肩吾和马自然都有两人。两个施肩吾，一人号栖真子，一人号华阳子，都曾隐居于洪州西山。两个马自然都为五代宋初人，一为马湘，字自然，一为姓马名自然。

一　施肩吾考

　　施肩吾有两人，一个在唐朝，一个在宋朝，且都是道士，都字希圣。唐朝的这一位，大约生活在唐德宗—顺宗—宪宗—穆宗—敬宗—文宗时期（约785—840）；宋朝的这一个，大约生活在宋太宗—真宗—仁宗时期（约980—1040），二者约差200年。唐朝的施肩吾，自号"栖真子"，是

---

① 《道藏》第 24 册，第 917 页。
② 郭武：《罗隐〈太平两同书〉的社会政治思想》，《宗教学研究》2006 年第 3 期，第 10—16 页。

睦州分水人；宋朝的施肩吾，则称为"华阳子"，是江西九江人。两人由
于姓、名、字都相同，所以很容易混为一人，故清人编的《全唐文》，依
据宋人晁公武著录的《郡斋读书志》及陈振孙著录的《直斋书录解题》，
将宋施肩吾所写的两篇文章《西山群仙会真记》和《座右铭》，都误收在
唐施肩吾的名下。其实，两个施肩吾在北宋末、南宋初道教学者曾慥所编
《道枢》中就已经分清楚了，《道枢》中凡引唐施肩吾则称栖真子，引北
宋施肩吾则称华阳子或华阳真人。

（一）唐施肩吾考

唐施肩吾，唐睦州分水人。其有《归分水赠王少府》诗一首，可旁
证此事。分水县今已不存，原分水县辖地分入了浙江桐庐和富阳两县，桐
庐和富阳都属今杭州市所辖，所以唐施肩吾可以算是今杭州人。施肩吾的
生卒年，据桐庐县所存清乾隆四十年施家后代所立之《状元肩吾公墓记》
称："公，讳肩吾，字希圣，号东斋，生于建中元年，享寿八十二岁，配
刘氏。夫人生于建中二年，享年七十九岁。并于咸通二年合葬新地之石壁
山，非独人杰地灵，亦且地以人传。及后裔附葬纷纷，辛已立禁。今虽式
微，而不忘祖德，出资采石凿碑，命为之记。"由此可知唐施肩吾生年为
唐建中元年（780），卒年为咸通二年（861）。施肩吾中进士的年份有两
说，一是元和十年（815），五代时人王定保所撰写的《唐摭言》及宋人
计有功所撰写的《唐诗纪事》均记为此年；二是元和十五年（820），宋
人王谠所撰写的《唐语林》，晁公武所撰写的《郡斋读书志》，陈振孙撰
写的《直斋书录解题》，清人徐松所撰写的《登科记考》诸书记为此年。

《唐语林》卷六曰："元和十五年，太常少卿李建知举，放进士二十
九人，时崔嘏舍人与施肩吾同榜。"这句话里除提到施肩吾外，又引出两
个人，一是主考官李建，一是与施肩吾同榜题名的崔嘏。查李建其人，死
于长庆元年（821），时年58岁。诗人元稹曾在他死后为他写过墓志铭，
记他曾"出刺沣州，入以亚太常，于礼部中核取文章，选用多荐说者，
遂为礼部侍郎"，施肩吾亦写有《上礼部侍郎陈情》诗，就是写给时任礼
部侍郎李建的，可证其确出任过主考官。

《上礼部侍郎陈情》曰："九重城里无亲识，八百人中独姓施。弱羽
飞时攒箭险，蹇驴行处薄冰危。晴天欲照盆难返，贫女如花镜不知。却向
从来受恩地，再求青律变寒枝。"这首诗说明了当时朝廷党同伐异，为官
险恶。施肩吾一是感叹"八百人中独姓施"，不愿参与党争；而"贫女如
花镜不知"则是说不参与党争则即使满腹经纶也无用武之地。这是以诗
明志，继而隐居西山。

其实施肩吾在中进士以前，就有慕道之志。唐代诗人张籍有一首《送施肩吾东归》饯别诗曰："知君本是烟霞客，被荐因来城阙间。世业偏临七里滩，仙游多在四明山。早闻诗句传人遍，新得科名到处闲。惆怅灞亭相送去，云中琪树不可攀。"可知施肩吾本来隐居在四明山。施肩吾在《全唐诗》中存有 187 首诗，其中就有数首咏四明山的诗。如《忆四明山泉》、《宿四明山》、《寄四明山子》、《同诸隐者夜登四明山》。其中第四首《同诸隐者夜登四明山》曰："半夜寻幽上四明，手攀松桂触云行。相呼已到无人境，何处玉箫吹一声。"可证其确实在四明山隐居过。施肩吾的家族中，也不乏崇道之人，他诗里便有《赠施仙姑》与《赠族叔处士》，前者说"缥缈吾家一女仙"，后者说"我家名士已无求"，可为证。

施肩吾于唐长庆（821—824）中，隐于洪州西山（在今江西南昌）学仙，或说"文宗太和（827—835）中，乃自严陵入西山访道"。他在《与徐凝书》中自谓"仆虽幸忝成名，自知命薄，遂栖心玄门，养性林壑。赖先圣扶持，虽年迫迟暮，幸免龙钟，其所得如此而已"。又在《述灵响词序》中称"慕道年久"，览《三静经》而行"三静关"法，以开成三年（838）正月一日"闭户自修，不交人事"，后"此三者皆应"。著有《西山集》十卷、《闲居诗》百余首。《道藏》洞神部方法类收有题名"栖真子施肩吾述"的《养生辨疑诀》①一篇。《全唐文》亦收有《养生辨疑诀》（或作《辨疑论》）。《全唐诗》收入其诗作。其养生之说亦见于《道枢》。

施肩吾还被认为是开发台湾的先驱。最早见于历史文献记载的是施肩吾率领族人移居澎湖的故事。1981 年出版的《台湾省地图册》在《简史》一页中就有这样一段记载："唐朝以来，东南沿海人民为了逃避战乱，出现了移居澎湖和台湾的现象。唐朝进士施肩吾，曾率族人渡海到澎湖定居。"在《继修台湾府志》中，有他的一首《题澎湖屿》诗："腥臊海边多鬼市，岛夷居处无乡里。黑皮年少学采珠，手把生犀照盐水。"这首诗，不仅真实地描写了当时尚处于原始落后状态中的澎湖"多鬼市"、"无乡里"的荒野情景，还生动地记叙了由大陆去的汉族人民和台湾当地各族人民一起生活和劳动的情景：少年们白天劳动，风吹日晒，皮肤黝黑；夜晚，还手举火把，在海中，捕蚌采珠。这是大陆人民和台湾各族人民一起耕种渔猎，共同开发宝岛的历史见证。另一首《感忆》中他写道：

---

① 《道藏》第 18 册，第 559 页。

"暂将一苇向东溟，来往随波总未宁。忽见浮云归别坞，又看飞雁落前汀。"生动地记述了他率领族人离乡去开拓宝岛时的心情以及他们在渡海中所见到的情景。还有一首《赠友人归武林》，后四句云："去去程何远，悠悠思不穷。钱塘江上水，直与海潮通。"这首诗说明当时由大陆到澎湖和台湾去的人是相当多的，浙江和台湾澎湖之间经常有人来往。

（二）宋施肩吾考

北宋道士施肩吾，字希圣，自号华阳子，九江（一说溢浦，今江西九江一带）人。生卒年不详。少年习佛，博学经史，工词章。后转而学道，隐居西山（在今江西南昌）。其活动时代约当10世纪下半叶至11世纪上半叶的北宋初中期。

华阳子的丹道思想上承钟离权、吕洞宾，认为钟吕金丹道才是仙道正宗，并在"炼形化气"、"炼气成神"、"炼神合道"之前增加一项"炼法入道"。他推崇"阳神"的生死观和神仙思想。施肩吾道成之日，作诗曰："重重道气结成神，玉阙金堂逐日新。若记西山学道者，连余即是十三人。"白玉蟾跋《施华阳文集》云："李真多以太乙刀圭火符之诀传之钟离权，钟离权传之吕洞宾，吕即施之师也。施有上足李文英。昔施君授李一十六字，世罕知者：'一灵妙有，法界圆通，离种种边，允执阙中。'予偶得之，故并以告胡栖真，使补其遗云。"

宋施肩吾的著作有《钟吕传道集》（《直斋书录解题》著录为《钟吕传道记》）三卷、《西山群仙会真记》五卷、《华阳真人秘诀》一卷、《三住铭》一卷和《座右铭》等。此外，《直斋书录解题》又有《真仙传道集》三卷，不著撰者，而《宋史·艺文志》题施肩吾撰，作二卷；又传钟吕金丹道重要典籍《灵宝毕法》。

二　马自然考

明胡应麟《少室山房笔丛正集》云马自然有二，一乃马湘字自然，一姓马名自然。[1]《仙鉴》卷三十六收有"马湘"，卷四十九收有"马自然"，或是胡应麟"马自然有二"之说的由来。《正统道藏》洞真部记传类元苗时善所编《纯阳帝君神化妙通纪》中《度施肩吾第七十一化》曰："施肩吾，字希圣，唐亦有肩吾栖真子，如此两铁拐三马自然。"据此，苗时善以为历代称马自然者共有三人。《玉溪子丹经指要》中有《混元仙派图》，记有两个马自然，一为刘海蟾之弟子，与张平叔（即张伯端）为

① 李显光：《混元仙派研究》，中国社会科学出版社2007年版，第178页。

师兄弟,二为张平叔之弟子。考张平叔之弟子中无马自然,而有马默字处厚。故《丹经之祖——张伯端传》① 与《混元仙派研究》② 都认为《玉溪子丹经指要》中记为张平叔弟子的马自然或有误,应为马处厚。所以苗时善以为历代称马自然者共有三人的原因或是因为一是马湘字自然,加上《混元仙派图》中所称有两个马自然,故共有三个马自然。但事实上只有两个马自然,似都为杭州人。

（一）马湘

马湘,字自然,杭州盐官县人。生平在《续仙传》、《历代真仙体道通鉴》、《太平广记·马自然》、陆楫《古今说海·说渊壬集·马自然传》等有传。几处传文基本相同,仅有个别文字互异。现录《云笈七签》本《续仙传》中的《马自然》如下:

> 马湘,字自然,杭州盐官人也。世为县之小吏,而湘独好经史,攻文学。乃随道士,天下遍游。后归江南,而常醉于湖州,堕雪溪。经日而出,衣不湿,坐于水上而来,言适为项王相召,饮酒欲醉,方返溪滨。观者如云,酒气犹冲人,状若风狂,路人多随看之。又时复以拳入鼻,及出拳,鼻如故。又指溪水令逆流,食顷,指柳树随溪水走来去,指桥令断复续。

此段称马湘为杭州盐官人,盐官在杭州东面,钱塘江之下游,为观钱江潮之胜地。马湘有道术多种,而常住湖州。《续仙传》中的《马自然》又曰:

> 后游常州,遇马植出相任常州刺史,素闻湘名,乃邀相见,迎礼甚异之。植问:道兄幸同宗姓,欲为兄弟,冀师道术,可乎?湘曰:相公何望?曰:扶风。湘戏曰:相公扶风马,湘则马风牛。但且相知,无征同姓。意言与植风马牛不相及也。然植留之郡斋,益敬之。或饮会次,植请见小术。乃于席上,以瓷器盛土种瓜,须臾引蔓,生花结实。取食,众宾皆称香美,异于常瓜。又于遍身及袜上摸钱,所出不知多少,掷之皆青铜钱。撮投井中,呼之一一飞出。人有以取者,顷复失之。又植言,此城中鼠极多。湘书一符,令人帖于南壁

---

① 孔令宏、韩松涛:《丹经之祖——张伯端传》,浙江人民出版社2007年版,第242—243页。
② 李显光:《混元仙派研究》,中国社会科学出版社2007年版,第234页。

下，以箸击盘长啸，鼠成群而来，走就符下俯伏。湘乃呼鼠，有一大者近阶前，湘曰：汝毛虫微物，天与粒食，何得穿穴屋宇，昼夜挠于相公？且以慈悯为心，未能杀汝，宜便率众离此。大鼠乃回，群鼠前，皆叩头谢罪，遂作队莫知其数，出城门去，自此城内便绝鼠。

此段传文中有可考之年代，文中称"游常州，遇马植出相任常州刺史"。据《资治通鉴》，马植因带着唐宣宗赐给马元贽的宝带上朝，被唐宣宗发现了，于大中四年（850）罢相，贬常州刺史。可知马湘为大中时人。《续仙传》中的《马自然》又曰：

> 后南游越州……又南游霍桐山，入长溪县界……自霍桐回永康县东天宝观驻泊。……多题诗句。其登杭州秦望山，诗曰：太一初分何处寻，空留历数变人心。九天日月移朝夕，万里山川换古今。风动水光吞远峤，雨添岚气没高林。秦皇谩作驱山计，沧海茫茫转更深。
>
> 后归故乡省兄，适兄远出，嫂侄喜归，湘告曰：我与兄共此宅，今归要分，我惟爱东园尔。嫂侄异之，小叔久离家归来，兄犹未见面，何言分地？骨肉之情，必不忍如此。驻留三日，嫂侄讶之，不食但饮酒。而待兄不归，及夜遽卒。明日，兄归问妻子，具以实对。兄感恸，乃曰：弟学道多年，非归要分宅，是归托化于我，以绝思望耳。乃棺殓之。其夕，棺辒然有声，一家惊异，乃葬于东园。时大中十年（856）也。明年，东川奏，剑州梓桐县道士马自然，白日上升。湘于东川谓人曰：我盐官人也，新羽化于浙西，今又为玉皇所诏，于此上升。以其事奏之，遂敕浙西道杭州覆之，发冢视棺，乃一竹杖而已。①

文末称马湘于大中十年（856）卒。而后世人又见马湘之踪迹，则是道教人物传记常见之叙述方式，以示传主非是已卒，而是升仙而去。

关于马湘，罗宁以为马湘是唐代另一版本的八仙之一。《新唐志》著录江积《八仙传》一卷，注云："大中后事。"上述马湘传文提到的马湘事迹都在大中前后，与《八仙传》所述之年代相仿。《崇文总目》传记类

---

① 《历代真仙体道通鉴》之《马湘》所载较其他版本多出一则故事，曰："一日，县宰令湘往西川，湘方以为忧，行至县北一十二里，忽遇一道人，与同入一石井中，移时已到西川，取讫回书，不觉又从石井出矣，至县投落回书，莫不骇异人。因号为石井仙（井见存焉）。"

下、《通志略·道家·传》也著录有江积《八仙传》一卷，此后不见书目著录，大概宋代已佚。关于此书，明代学者胡应麟曾经提及，但仅说到"《八仙传》者决非钟吕之俦明矣"[①]。

罗宁认为《仙苑编珠·序》云："松年又寻《真诰》、《楼观传》、《灵验传》、《八真传》、《十二真君传》，近自唐梁已降接于闻见者，得一百三十二人。"[②] 所谓《八真传》不见于唐宋书目，应该就是指《八仙传》。并认为卷下最后的六条十二人，除"娄庆云举"明确标出了《灵验传》，其余均未标明引书。李剑国以为此十二人事迹均出《灵验传》[③]。但经过仔细辨识，"娄庆云举韦俊龙跃"、"洞玄腾身道合蜕壳"、"法善月宫果老北岳"三条所记娄善庆、韦善俊、边洞玄、娄道合、叶法善、张果六人，均初盛唐时事，应为《灵验传》的内容。但最后六人的事情均发生在大中以后，这就是《新唐志》所说"大中后事"的意思——是指大中以后的升仙或遇仙故事。所以罗宁认为，这三条六人极可能就是《八仙传》的内容。它们是："冲寂焚香道华偷药"、"可交登舟归真画鹊"、"马真升天冯妻降鹤"[④]。《仙苑编珠》记载马湘于咸通（860—874）末白日冲天。与《续仙传》所记略有不同，但时间相差无几。

《全唐诗》记载："饮酒石余，醉卧以拳入口。"北宋蔡居厚《诗史》的有关马自然的记载中有这样的描述："道士马自然有异术，饮酒至一石不醉，人有疾，以杂草木揉碎呵与人食，无不瘥。"《全唐诗》卷八六一记有马湘的诗四首，为《登杭州秦望山》、《题龙兴观壁》、《又诗一首》、《又诗二首》。《登杭州秦望山》一首，可证其在杭州之踪迹。

（二）马自然

马自然《仙鉴》卷四十九有传，列于《张用成》（即张伯端）之后，其传曰：

> 马自然，不知何许人也。少习修真炼气之方，年六十有四至建昌酒垆，见四道人衣百结，而仪观甚伟，有童在傍，自然问其氏名，答曰：钟离先生、吕先生、刘海蟾、陈七子也。自然大惊，仆仆往拜

① （明）胡应麟：《少室山房笔丛·庄岳委谈上》，上海书店出版社2001年版，第414页。

② 《道藏》第11册，第21页。

③ 见李剑国《唐五代志怪传奇叙录》下册《灵验传》条，南开大学出版社1993年版，第1078页。

④ 罗宁：《唐代〈八仙传〉考》，《宗教学研究》2006年第3期。

之。钟离真人曰：汝骨气异凡，曹吾数十年求可救者莫尔及也。俄与吕陈二公偕去曰：尔有师矣，独海蟾留，乃为自然演金丹之秘曰：杳杳冥冥其中有精，恍恍惚惚其中有物，物非常物也，精非常精也。天得之以清，地得之以宁，人得之以灵，夫能抱元守一，回天关，转地轴，则阴阳会而乾坤合矣。于是开坎离之户，使龙虎交噬，入戊己之变化。此上天之灵宝妙中之妙者也。是法者，人皆有分焉。惟其识昧神昏，沉湎爱欲，或知之而未达，闭息孤坐，存神入妄，漱津则嗽唾，导引则劳形，辟谷则中馁，吐纳则召风邪，外荒则烧铅汞，内荒则淫阴丹，如是中不炼而神不存矣。自壮而趋老，自老而趋死。如六骥袂隙亦可哀哉。尔当求精于杳冥，求物于恍惚，形神洞达，与道合真。自然闻其言，而师之，遂得道。后游庐山酣寝石上踰六旬，莞者过，始惊瘝之，俄去入閤皂山，登紫房，访清虚时复往来市道上，著蓑裳，冠箬笠，持大铁杓化钱市，酒醉则徜徉山泽间，其后不知所终。[1]

从上可知，马自然为刘海蟾之弟子，此处与《混元仙派图》所记相契合。《道藏·太平部》收有《马自然金丹口诀》，称："六十四年都大休，五遇海蟾为弟子。"[2] 可证实《仙鉴》所述马自然六十四岁遇刘海蟾并拜为师确实是有据而言。

张伯端亦是刘海蟾弟子，故马自然与张伯端为师兄弟，两人应相识。张伯端《金丹四百字·序》曰："今因马自然去，讲此数语，汝其味之。"[3] 张伯端生于宋太宗雍熙年间（984—987），据南宋《咸淳临安志·方外》记载，马自然卒于大中祥符九年（1016）[4]，则张伯端因马自然卒而著《金丹四百字》，在年代上是有可能的。据前所述，马自然当是五代宋初人。

南宋时陈珌撰《水府净鉴观记》曰：

宝庆三年，翰林学士陈珌撰。……观为古祠，在钱氏清赏堂后，人传五季马自然修炼飞举其地也，钱氏建水府观，已而，徙桐本园，

---

① 《道藏》第 5 册，第 384 页。
② 《道藏》第 25 册，第 806—807 页。
③ 《道藏》第 24 册，第 162 页。
④ 浙江省地方志编纂委员会编：《宋元浙江方志集成》第 3 册，第 1160 页。

祠扶桑仁皇天圣，定名山而水府居一，旱投简辄雨。政和初，畀名净鉴。至七年，增"水府"字二，岁度羽衣一。①

此处提到马自然为"五季"之人，即五代末人，与我们前面的推断相合。而传杭州之净鉴观为马自然飞举之地，则马自然亦为杭州人，或在杭州修道。

第三节　张伯端及其《悟真篇》

一　生平事迹

张伯端，字平叔，后名用成，号紫阳，后人称其为张紫阳或紫阳真人。关于张伯端的籍贯和生年，目前学术界仍有争议。

张伯端在《悟真篇》自序之末自署"时皇宋熙宁乙卯岁旦天台张伯端平叔序"。古人的习惯，在称自己时往往在其名字前加上地名，而地名的大小范围一般来讲用的是县名。根据张伯端的自述，我们可以知道他是天台县人。

关于张伯端籍贯的争议，主要有天台和临海两说。天台与临海为相邻的两县，同属于台州府。张伯端是生于天台而由于任台州府吏，在北宋时，临海是台州府治的所在地，故张伯端长期住在临海。清雍正皇帝御书《道观碑文》中称"紫阳生于台州，城中有紫阳楼，乃其故居"。在临海有紫阳故居、紫阳道观、悟真坊、悟真庙、悟真桥等纪念张伯端的建筑。南宋陈耆卿《嘉定赤城志·坊市》记临海有"悟真坊"，并记："悟真坊在州东北二百五十步，庆元三年（1197）叶守籈以张平叔居此著《悟真篇》名，今有祠。"② 又记有"悟真桥"，"在州东北二百八十步，旧名黄牛坊桥，庆元三年叶守籈更今名（事见'悟真坊'）"③。

张伯端的籍贯，从历史上来看，持天台一说的人比较多。天台说最主

---

① 吴亚魁：《江南道教碑记资料集》，上海辞书出版社2007年版，第300页。录自（宋）潜说友《咸淳临安志》。

② （南宋）陈耆卿：《嘉定赤城志》，《中国方志丛书·华中地方·第五六〇号·浙江省》，成文出版社1983年版，第7081页。

③ 同上书，第7086页。

要的论据是张伯端自己称自己是天台人。其《悟真篇·序》中署名是"天台张伯端平叔序"。此后南宋时翁葆光、袁公辅、夏宗禹等人，均称张伯端为"天台张伯端"、"天台仙翁"或"天台真人"。如《悟真篇注疏·张真人本末》说："紫阳真人乃天台璎珞街人。"元赵道一撰《历世真仙体道通鉴》也称张伯端为天台人。只有南宋陈耆卿所撰《嘉定赤城志》称张伯端为"郡人"，即称张伯端为"台州人"。

称张伯端为临海人始于清康熙年间所修撰的《台州府志》和同时所修撰的《临海县志》，称"用成，临海人，为府吏"。稍后编撰的《天台山全志》，却称"张伯端，天台人"。但乾隆三十二年所撰的《重订天台山方外志》又称"张伯端，临海人，字平叔"。

在清末编撰的《光绪台州府志》和民国编撰的《民国台州府志》，对张伯端为临海人的观点提出了疑问，认为"康熙旧志与临海志等载，用成为食鱼婢死，获罪至百步溪西去云云，与《赤城志》诸书异。考《方外志》、《通志》俱不载，则旧志所云系本乡俗传，语或如是，非事实也，故不敢从，惟附记于后。并改其籍贯为郡人"。这就是说，在新撰的《台州府志》中把"张伯端为临海人"又改回到"张伯端为台州人"。

张伯端是台州人，其祖籍和出生都应该在天台，而其长期生活在临海。以今人的观点来看，张伯端既可算天台人，也可以算临海人，但作为有宗族制度的宋代来看，张伯端只能是天台人。

关于张伯端的生年并没有文献记述，而是根据其卒年加上住世的年限倒推出来的。张伯端的卒年为宋神宗元丰五年，即1082年。但其住世主要有两种说法，一说是住世九十六岁，持此说的是张伯端的再传弟子翁葆光，于《紫阳真人悟真直指详说三乘秘要》中说："于元丰五年三月初五日尸解……其阅世亦九十六岁矣。"据此推算其生于宋太宗雍熙四年，即987年。二说是住世九十九岁，此说出于《历世真仙体道通鉴》，称张伯端"元丰五年三月十五趺坐而化，住世九十九岁。"据此推算，其生年是宋太宗雍熙元年，即984年。张伯端卒于元丰五年，即1082年。翁葆光所处时代与张伯端最近，故本书采用翁说，张伯端住世九十六岁，生于宋太宗雍熙四年，即987年。

《临海县志》记载了一个对张伯端一生影响很大的事件。张伯端喜欢吃鱼，一天在衙门办事，家人派一婢把饭菜送到了衙门，当然包括了张伯端喜欢吃的鱼。他的同僚和他开了个玩笑，把鱼藏到了梁上。张伯端不见鱼，怀疑是送饭的婢女偷了鱼，回家后责问婢女，婢女受了冤枉，就上吊死了。过了几天，张伯端发现很多蚂蚁从梁上下来，这才发现鱼在梁上。

张伯端叹道："在我管理的文书档案中，类似于'窃鱼'事件的案子不知道有多少啊。"然后有感而发，赋诗一首说：

> 刀笔随身四十年，是非非是万千千。一家温饱千家怨，半世功名百世愆。
>
> 紫绶金章今已矣，芒鞋竹杖任悠然。有人问我蓬莱路，云在青山月在天。①

随后就将其所管辖的案卷全都烧了。由于张伯端烧了文书，所以被治罪，结果是被谪岭南军籍，俗称充军。

桂林是宋时桂州的府治所在地，也是广南西路路衙的所在地。张伯端被谪到桂林期间，与施肩吾、刘景交往，并一同游历。这期间对张伯端修道路途上来说最重要的事情，就是碰到了龙图阁大学士陆诜。张伯端由于跟随陆诜，辗转多处，最后才到成都遇真人得道。

陆诜，字介夫，余杭人。余杭与天台相距不过300里，同属两浙路，故陆诜与张伯端为同乡。陆诜于嘉祐七年（1062）知荆湖北路转运使，直集英院。其后进集贤殿修撰，知桂州，桂州的州治就是桂林。由于上任知桂州的潘夙于嘉祐八年（1063）六月降职被调离，所以陆诜应在六月后到任。

张伯端自幼熟读经书，于三教及其他书籍无不精熟，在家乡以及桂林是有一定声名的。作为初任桂州知州的长官，陆诜邀其为自己的幕僚。张伯端虽然久习内丹之术，却没有得到真传，所以正可以跟随陆诜的职位调动而四处游历寻访，于是欣然允诺。后陆诜因故调至秦凤一带，但不到一月，又于十一月调晋州（今山西临汾）。翌年（神宗熙宁元年，1068）陆诜被任命为龙图阁学士，知成都。于是张伯端随其至成都，任四川节度制置使安抚司参议。

熙宁己酉（1069），张伯端终于迎来了一生中最重要的时刻，在成都宿于天回寺而遇到"真人"，即"青城丈人"，授以"金丹药物火候之诀"。得到真人的传授后，张伯端赞叹道："其言甚简，其要不繁，可谓指流知源，语一悟百，雾开日莹，尘尽鉴明。校之仙经，若合符契。"②就是说，流传下来的道书，其实讲的都是正确的，但用了隐语，才使人难

---

① 清康熙年间编《临海县志》。

② （宋）张伯端：《悟真篇·自序》，《道藏》第4册，第712页。

懂，只要有明师指出各种名词，如"龙、虎、坎、离"等所隐喻的对象具体是什么，就能掌握金丹大道了。

遇真人的时间是张伯端在自序中亲口说的，所以毫无疑义，众口一词。但张伯端只说了遇到"真人"，真人具体姓甚名谁，却没有说明白，于是关于真人是谁的讨论异常热烈。

总结历代的讨论，真人主要的目标被锁定在刘操（字海蟾，故又称刘海蟾）身上。陆诜之孙陆彦孚著有《悟真篇记》，其中称王仲熙言刘海蟾所传之术，天下唯有张伯端能够窥其奥妙。根据其言可以推断张伯端所遇真人为刘海蟾。后来张伯端的五传弟子白玉蟾光大南宗后，白玉蟾及其弟子均明言张伯端出于刘海蟾门下。南宋时李简易著《混元仙派图》，称内丹之学出于钟离权，钟传吕洞宾，吕洞宾所传多人，其中最著名的是刘操，刘操门徒众多，其中一人就是张伯端。从而肯定了张伯端所遇真人为刘海蟾之说。

当然也有不同的观点，张伯端著有《悟真篇》，其卷中七言绝句64首之第十一首说："梦谒西华到九天，真人授我《指玄篇》。其中简易无多语，只是教人炼汞铅。"从此诗看，张伯端所遇真人授其《指玄篇》。写过《指玄篇》而较为有名的人有两个，一个是吕洞宾，一个是陈抟。从作者看，《指玄篇》似与刘操无关。但刘操为吕洞宾的弟子，把吕洞宾著的《指玄篇》传给张伯端也是有可能的。所以张伯端为刘操弟子的说法不能因为"真人授我《指玄篇》"这一句诗而推翻。

张伯端遇师的第二年八月（熙宁三年，1070），陆诜卒于成都。张伯端准备另觅一处适合修炼的地方，以便实践真人传授的真诀，完成自己得道的夙愿。于是离开成都出川，在"秦陇"一带修炼。秦陇是一个统称，泛指陕西咸阳一带故秦之地，张伯端修炼地很有可能是在现在的紫阳县。

北宋时，今紫阳县尚称为汉阳县，属京西南路，金州安康郡昭化军节度。南宋初沿袭北宋建置，汉阳县仍属金州辖。建炎四年（1130）改属利州路。元代汉阳县辖境未变。明正德初，川陕一带农民大起义，朝廷于正德五年（1510）设立紫阳堡，七年十二月升格为县，割金州西南，汉阳县东南为其疆域，隶于金州。万历十一年（1583），金州改名兴安州。《陕西名胜志》载："《悟真记》张平叔自号紫阳真人，修真于安康山，其洞曰紫阳洞，江下有滩，亦曰紫阳滩，故县以为名。"

到汉阳县数年之后，张伯端在安康山修道成功，于是考虑寻觅传人的问题。但神仙之事于世人来讲总属虚无缥缈之事，自己虽然得到真传，但未必有人肯信，于是著《悟真篇》一书传世。

《悟真篇》于熙宁乙卯（1075）写成。由九九八十一首诗组成，其中七言四韵一十六首，以表二八之数；绝句六十四首是《周易》六十四卦之数。五言一首以象太一之奇。后附西江月十二首以象一年十二月。又取佛经中修性之言著杂言三十二首，附于篇末。

将佛经中的修性之言附于书后体现了张伯端三教合一的思想。三教合一之说在历史上存在，已成定论，但关于三教合一之说的起因却尚有争论。总的来看形成两个不同观点，一是互相吸收优点的融合说，二是弱势教派想要发展的攀附说。从实际情况来看，这两种情况在不同历史时期有不同的表现。从自身理论的建设上讲，三教的发展都对对方的优点进行了吸收，可以说以融合为主；从争取政权的支持这个角度讲，三教是互相竞争和互为争取的结果，攀附说更符合这种实际情况。从历史来看，三教都有自己的优势，儒家一直是立国之本，道家自唐至宋一直是帝王大力推崇的宗教，而佛教相比于道教来讲，其寺庙数量、僧尼人数往往是道教的十倍以上，发展的规模最大。

三教合一的思想是逐步发展起来的，在五代以前是三教之间两两融合的情况最多。在五代以前三教合一也并不是主动发生的，往往是在争斗中互相影响、互相融合，可以说是被动的融合。在隋唐时期，实际情况是三教并存，并都有了很大的发展。直到宋初才有真正的融合三教理论的"三教合一"思想的出现。

张伯端的《悟真篇》一出，学者沓然云集，其中不乏勤学好道之人。张伯端见众人谦恭好学，便欣然取其资质佳传道，却不料所传之人并非都是深具慧根者。张伯端自言："然后所授者，皆非有巨势强力，能提危拯溺，慷慨特达，能明道之士。"① 终因受人牵累而触怒了凤州太守，刺配边疆。张伯端此时才想起，真人传道时曾说："今后有人为你脱缰解锁者，当以此道传于此人，其余皆非夙有慧根之人，均不可传授。"大道虽然简单，得之者往往能修炼成功。但此道精深，为善则其善大，为恶则其恶亦大。如果所传非人，传授者往往要承受天谴。张伯端领悟到此次获罪刺配边疆，实与他所传非人有关。

张伯端被从凤州押解往东北方向。凤州的东北是凤翔府（今宝鸡附近），从凤翔府再往东北，便是邠州（今彬县）。这一日正是冬天，大雪纷飞，张伯端一行到了一个驿站休息，围坐饮酒。此时一老者从外面进来，张伯端一干人便邀其同饮。老者见张伯端仙风道骨，不似常人，却身

---

① （宋）张伯端：《悟真篇·自序》。

为罪囚，便问其故。张伯端一干人便告之以实情。老者称自己名石泰，邵州太守是他的旧时相识，并说邵州太守是个"乐善忘势"的豪迈之人，不但喜欢助人，而且不怕权贵，可以替张伯端游说邵州太守释其罪。张伯端恳请押解的衙役在邵州等上一些时日，得到允可后，石泰便将张伯端的事情与邵州太守叙述了一遍。邵州太守听罢，召张伯端前来，问起详情果如石泰所述，立即设法使张伯端脱罪。

张伯端脱罪后，感恩不尽。想起真人所说的为你"脱缰解锁者"可传道于此人的话，立即省悟石泰正是真人所述之人，于是传道于石泰。

石泰，字得之，号杏林，又号翠玄子。得张伯端所传之道，勤修苦炼终于取得成功，著《还元篇》行于世，并传道于薛道光。于南宋高宗绍兴二十八年（1158）卒，享年137岁。以此推算，石泰遇张伯端时约为六十五六岁了。

张伯端传道的心愿已了。于元丰戊午（1078）为《悟真篇》作了一篇《后序》。序中说，虽然传道非人而遭天谴，今后虽然鼎镬在前，刀剑加项也不敢再透露金丹的奥妙了。但是《悟真篇》一书把修道的关键都已经说透了，虽然一般人难以看懂，但如果有慧根深远之人能够寻文解义而得真诀，则就是天意，而不是自己的问题了。

后世《悟真篇》果如张伯端所愿，广为流传。最初为《悟真篇》作注的是张伯端家乡的叶士表。他作注的时间是南宋绍兴三十一年（1161），此时上距张伯端卒年尚不到八十年。叶士表的原注本已经失传，但《修真十书》中所收《悟真篇》的集注本中，收入了叶士表的注，从而使叶士表注《悟真篇》的原文能够保存下来。后来有张伯端的再传弟子翁葆光，在宋乾道癸巳（1173）从陆诜后人陆彦孚手中得到了张伯端的真本，作《悟真篇注释》一书行世。后又有南宋夏宗禹于南宋宝庆三年（1227）著《紫阳真人悟真篇讲义》。《悟真篇》由是流传渐广。元代有张士弘刊印翁葆光、陆墅、陈致虚三家所注的《紫阳真人悟真篇三注》，戴起宗撰《紫阳真人悟真篇注疏》；明代有陆西星撰《悟真篇诗小序》；清代有仇兆鳌撰《悟真篇集注》；刘一明撰《悟真直指》。《悟真篇》被誉为"千古丹经之祖，垂世立教，可与《周易参同契》并传不朽"①。

---

① （元）戴起宗：《悟真篇注疏原序》，《道藏》第2册，第910页。

二　张伯端及《悟真篇》在道教史上的地位

张伯端以《悟真篇》为主的著作对后世产生了深远的影响。它们的意义，可从如下几个方面来看。

其一，对《周易参同契》丹道的发展。《周易参同契》被誉称为"万古丹经王"。张伯端对《周易参同契》丹道的继承与发挥对后世影响深远，以至于其后学在注《悟真篇》的时候常引证《周易参同契》作为疏释。如《修真十书》本《悟真篇》注、《紫阳真人〈悟真篇〉注疏》等都屡屡引证《周易参同契》、《大易志图》以及彭晓之言。所以，后人往往把《悟真篇》与《周易参同契》相提并论，给予极高的评价。如元代陈致虚在《周易参同契分章注》中说："丹书多不可信。得真诀者要必以《参同契》、《悟真篇》为主。"

其二，将"先天"观念引入内丹道，发展成为系统的"精、气、神"的理论，是张伯端道教思想的一个特色。"先天"一词古已有之，并非张伯端之发明，但将其引入内丹道则是张伯端的创举。在《金丹四百字·序》中，他对于内丹修炼的药物"精、气、神"作了明确界定："炼精者炼元精，非淫逸所感之精；炼气者炼元气，非口鼻呼吸之气：炼神者炼元神，非心意念虑之神。"显然，所谓元精、元气、元神就是先天之精、气、神。这三者概括起来就是元阳。它是修道、得道的根据。内丹修炼中炼精化炁、炼炁化神、炼神还虚的三关仙术，正是根据它而逐步从有为到无为，由后天逐步返归先天的程序。如此看来，它不但是思想理论，而且被贯穿于具体的修炼功法中去，实现了理论与实践的有机结合。

其三，性命理论。张伯端性命双修、先命后性、以性为宗的性命理论，符合内丹修炼中绝大多数人的实际情况，成为内丹学的正脉，对后世道教影响深远。张伯端之后，他的再传弟子白玉蟾发展了他的性命理论。全真道北宗的性命理论同样受到张伯端的思想影响。到了元代，李道纯把南北二宗的思想作了综合，对明清时期的性命理论产生了极大的影响。总的说来，后世道教的性命理论，都没有超出张伯端奠定的框架。张伯端的思想对宋代，尤其是南宋儒家理学的形成有一定的影响。在金元之际与全真道北宗汇合后，对道教，尤其是元代全真道的发展起了巨大的作用。他的很多功法和思想，直到今天还对气功锻炼有巨大的指导意义。

其四，中医学上的贡献。张伯端在《奇经八脉考》中提出，人体内存在着奇经八脉。这个观点与中医的经络学说有差别，因而引起了很大争议。明代大医学家李时珍对此持肯定态度。20世纪早期，蒋维乔以亲身体验证实了此说，并详细记录了修炼过程中的生理变化，创因是子静坐法，对养生效果很好。

其五，"三教合一"思想的影响。三教合一的思想是逐步发展起来的，在五代以前是三教之间两两融合的情况最多。在五代以前三教合一也并不是主动发生的，往往是在争斗中互相影响、互相融合，可以说是被动的融合。在隋唐时期，实际情况是三教并存，并都有了很大的发展。直到宋初才有真正的融合三教理论的"三教合一"思想的出现。①

三教之间两两相互融合是从魏晋南北朝开始的。在晋代，从道教的角度来看，著名人物葛洪撰写了《抱朴子》内外篇，是提倡儒道合流的主要道教学者。从儒家的角度来看，魏晋南北朝的玄学，是儒家与道家合流的结果，王弼、何晏等是"正始玄风"的领头人。

佛教传入中国后，为了在中国生存，用老庄思想来比附，这是佛教发展初期为了生存而使用的主要手段。道教在与佛教的竞争中，对于自己在理论上不如佛教的现状进行了反思，展开了大规模的造经运动。《老子化胡经》既是造经运动中的产物，也体现了当时两教互相吸收对方的优点的情况，目的是在竞争中占有优势。所以，这时的融合是一种被动的行为。

隋唐时期，三教并存由于朝廷的提倡而逐渐被普遍接受。隋文帝杨坚以儒家治国，但认为"佛法深妙，道教虚融"②，因此三教允许同时合法地存在。当时的大儒王通（580—617），认为佛道不可废，在他看来三教各有其用，"《诗》、《书》盛而周世灭，非仲尼之罪也。虚炫长而晋室乱，非老庄之罪也。斋戒修而梁国亡，非释迦之罪也。《易》不云乎，苟非其人，道不虚行"③。因此王通主张三教不可偏废。这其实代表了当时儒家的主流思想。

唐代是三教都得到发展并出现繁荣景象的时期。首先，唐代帝王以儒治国，修《五经正义》，立孔庙。对于道教，则认道教教主老子为祖先，封其为太上玄元皇帝，并有数个皇帝规定三教次序，道教为先。对于佛教，玄奘印度留学回来时，带回大批经书，得到朝廷重视，派人大量翻译佛经。武则天称帝时期，因为假托弥勒转世，曾一度规定佛教高于道教。

---

① 参见孔令宏、韩松涛《丹经之祖——张伯端传》，浙江人民出版社 2007 年版，第 211—
　214 页。

② 《隋书·帝纪第二·高祖下》。

③ 《永乐大典·王通》。

唐玄宗即位后，三教政策又回归于武则天之前。总的看来，唐代三教的平衡发展为当时人们同时接受三种思想提供了土壤，为三教合一思想的真正成型，做好了铺垫。

宋代三教合一的思想也为佛教中最盛的宗派——禅宗所提倡，如宋代契嵩主张三教及各派的创始人及其主要代表人物都是圣人，导人为善的思想是一样的，只不过用的方法不同，才有了教派的区别。宋代临济宗名僧大慧宗杲认为世间法和出世间法是一体的，儒家的忠义孝道、治国之道与佛教的宗旨并不矛盾，这些提倡代表了宋代佛教三教合一观点的基本思想。

宋代开始，三教合一的思想还为道教所提倡。张伯端是提倡三教合一的主要人物，他在《悟真篇》中说："教虽分三，道乃归一，奈何后世黄缁之流各自专门，互相非是，致使三家宗要迷没邪歧，不能混一而同归矣。"这显然是三教合一的思想。继张伯端之后，南宗五祖也主三教合一的思想。陈楠为南宗第四祖，提倡三教合一，并认为"天下无二道，圣人无两心"①。白玉蟾是南宗第五祖，主倡三教异门同源说，谓"三教异门，源同一也"②，并倡三教齐一的观点，批驳三教分高下的观点。

三教合一的思想也被随后王重阳创立的全真道所提倡。明代张三丰创武当一派，在教义上亦强调三教合一，认为"佛也者，悟道觉世者也；儒也者，行道济世者也；仙也者，藏道度人者也"③。明中叶后，道教虽然逐渐衰弱，但道教力倡的三教合一理论却经久不衰，并渗透到社会文化的各个层面。

总之，作为宋代著名的内丹家，张伯端以其富赡的文采，把道教内丹的修炼法诀凝练为脍炙人口的诗词歌颂，为后世留下了《悟真篇》这样不朽的载道之作；他以巨大的理论勇气和极强的理性精神，摒弃各种修炼杂术，绌绎出《周易参同契》的丹道理论内核，将其发挥成圆通无碍的内丹学理论体系；他把先天观念引入内丹道，通过分辨先天的元精、元气、元神与后天的精、气、神，提出了内丹修炼的炼精化炁、炼炁化神、炼神还虚的"三关"法要，倡导先命后性，性命双修，以性为宗，由有为入无为，形成了堪为后世典范的完备的修丹体系；他敏锐地把握时代精神，高倡三教合一，援禅入道，把心性论放在性命双修的核心层次上作了

---

① （南宋）白玉蟾：《谢张紫阳书》，《道藏》第4册，第624页。

② （南宋）白玉蟾：《道法九要·序》，《道藏》第28册，第677页。

③ （明）张三丰：《大道论》，《道藏辑要》毕集。

细密的阐释，使得道教心性论的视野较佛教禅宗更为开阔，较宋代儒家理学更加空灵飘逸，极大地提高了道教内丹修炼的境界。正是因为如此，《悟真篇》刚一刊行即在道教中引起众多的关注，宋代以后，道教中出现了专门注疏《悟真篇》的系列道书，元代戴起宗称赞张伯端"钟吕之后，一人而已"①。这一评价证之于宋代以后内丹道的发展史，可谓中肯之至。张伯端的思想在道教史上乃至中医等领域影响深远，以至于《四库全书总目》在收入该书时评价说："是书专明金丹之要，与魏伯阳《参同契》，道家并推为正宗。"②《道藏精华录》评价说："是书辞旨畅达，义理渊深，乃修丹之金科，为养生之玉律。"③他的思想，是中国传统文化中不可多得的宝贵的精神财富。

第四节 白玉蟾及其道教思想

一 生平事迹

白玉蟾，字如晦，祖籍福建闽清，因其祖赴任琼州，故生于海南琼州（今海南琼山）。自号海琼子或号海南翁，或号琼山道人、武夷散人、神霄散吏等。

关于白玉蟾的生年，有两种意见，一是白玉蟾首徒彭耜所作之《海琼白玉蟾先生事实》中说白玉蟾生于"绍熙甲寅（1194）三月十五日"；二是清代彭竹林所撰之《神仙通鉴白真人事迹三条》称白玉蟾生于"绍兴甲寅岁（1134）三月十五日"。赞同白玉蟾生于1194年的学者认为彭耜为白玉蟾最得意的弟子，其对师父生年的记述应该是最主要的参考，而清代的彭竹林离宋代已远，应该从彭耜之说。而赞同白玉蟾生于1134年的学者指出以下旁证，一是《闽书》引《鹤林彭耜传》曰：白玉蟾"是生于琼，盖绍兴甲寅三月之十五日"。二是《广东通志》引彭耜《白玉蟾传》曰："是生于琼，盖绍兴甲寅三月十五日。"明显，这两则都是引用彭耜《海琼白玉蟾先生事实》的，而古代的"熙"与"兴"形近，则《事实》一书的文字则可能是刊刻之误。关于白玉蟾生年的研究，两方提

---

① 《悟真篇注疏·序》，《道藏》第2册，第910页。

② 《四库全书总目》卷一四六。

③ 丁福保编：《道藏精华录》第7集《悟真篇正义·序》。

出的论据都很多，但下面两条却没有被详细讨论过，我们以这两条作为新论据来探讨白玉蟾的生年问题。

在《修真十书》卷五一白玉蟾所撰的《武夷集》卷七中记有《织机》一诗。诗前有说明，其诗如下：

> 《织机》（试神童日韩郡王令其赋之）
>
> 天地山河作织机，百花如锦柳如绿。虚空白处做一匹，日月双梭天外飞。①

白玉蟾天资聪颖，七岁时就能作诗。10 岁时（一说 12 岁）曾经赴都城临安（今杭州）参加"神童科"的考试，这首诗就是当时所作。根据诗的说明，出题之人是南宋的抗金名将韩世忠。

韩世忠，字良臣，延安人。《宋史》有传，称其生于北宋元祐四年（1089），因为抗金有功，于绍兴十年（1140）被封为英国公，兼河南、北诸路招讨使。绍兴十二年（1142），改为潭国公。绍兴十三年（1143），封为咸安郡王。绍兴十七年（1147），改镇南、武安、宁国节度使。绍兴二十一年（1151）八月卒，进拜太师，追封通义郡王。

韩世忠先于 1143 年被封为咸安郡王，死后又被封为通义郡王，所以韩世忠即前面诗中所说的韩郡王。如果韩世忠令白玉蟾赋诗这条信息是正确的话，那么白玉蟾生于 1134 年可以作为定论。一则白玉蟾 10 岁则是在 1143 年，而韩世忠正是该年就被封为郡王，那么"神童科"时，韩世忠正是以郡王的身份来参与主考，从时间上讲正好吻合。二则韩世忠卒于 1151 年，如果白玉蟾生于 1194 年，则两人无法在生时相遇了。三则白玉蟾卒期一般都认为是 1229 年，如果白玉蟾生于 1194 年，那么白玉蟾只活了 36 岁，这似乎与金丹大道的功效和白玉蟾著述众多，思想深邃的情况不相吻合。

在《修真十书》第四十六卷，白玉蟾所撰的《武夷集》卷二中有白玉蟾所写的《赞历代天师》诗三十二首②。从第一代天师张道陵开始至第三十二代天师张守真。根据天师谱历，第三十二代天师张守真绍兴十年（1140）继任天师，淳熙三年（1176）卒。白玉蟾赞的是历代天师，只赞了 32 位。按常理既然赞的是"历代"的天师，应该不会遗漏下几位没

---

① （南宋）白玉蟾：《武夷集》卷七，《道藏》第 4 册，第 818 页。

② 同上书，第 801—802 页。

写，则白玉蟾写《赞历代天师》时当在 1176 年以前。也可能白玉蟾赞的是已故天师，那么也当在第三十三代天师掌教期间完成这 32 首赞诗。第三十三代天师为张景渊，于绍熙元年（1190）卒，也在 1194 年以前。

根据以上的讨论，白玉蟾生于绍兴甲寅，即 1134 年应该是正确的说法。

白玉蟾虽然参加了神童科的考试，但却没有中举。于是便在十六岁时开始访求神仙。不过这一段经历是异常艰难的。白玉蟾在《云游歌》中记述了自己云游的艰难经历和遇陈楠得道的经过。《云游歌》中涉及的地名有漳城（今福建漳州）、兴化军（今福建莆田）、罗源兴福寺（今福建罗源）、支提峰（今福建宁德霍童支提山）、剑浦（今福建南平市）、建宁（今福建建瓯）、武夷山（今福建武夷山）、龙虎山（今江西龙虎山）、武林（今杭州）、洞庭、青城、潇湘、淮西等，从中可见白玉蟾云游各方，其主要的云游地点是在福建，也涉及浙江、江西、湖南、安徽、四川等地。白玉蟾苦苦寻找金丹大道，感叹道：“我生果有神仙分，前程有人可师问。”①

不过苦尽甘来，白玉蟾终于在宋孝宗淳熙三年（1176），四十二岁的时候，云游至东海之滨，得遇陈泥丸。白玉蟾回忆说：“贤哉翠虚翁，一见便怜我，说一句痛处针便住，教我行持片晌间，骨毛寒心化，结成一粒红渠，言只此是金丹。”②

陈楠认为白玉蟾具有慧根仙质，于是带白玉蟾回到罗浮山，授以内丹法门。并告诉他，再去游历数年，当有奇遇，然后再到罗浮来复命。

白玉蟾遵其师命，又开始了漫长的修炼和云游之路，白玉蟾在诗中写道：“炼金丹，亦容易，或在山中或在市，等闲作些云游歌，恐人不识云游意。”③

云游的作用有很多，首先是磨炼意志，意志坚强才能一心向道；其次是磨炼心境，万事如云烟，不存于心，才能达到如如不动的境界；最后是行善积德，古代修炼有“修德通真”一说，德厚方能进行更高层次的修炼。陈楠让白玉蟾云游还有一层意思，就是白玉蟾在云游中会有奇遇。

白玉蟾在 7 年间南到海南黎姆山、北游洞庭湖、西至青城山，然后归罗浮复命。此时已经是淳熙十年（1183），白玉蟾已 49 岁了。白玉蟾见

---

① （南宋）白玉蟾：《上清集》卷三，《道藏》第 4 册，第 781 页。

② 同上书，第 780 页。

③ 同上。

到陈楠，陈楠便问白玉蟾有何际遇？白玉蟾告知初至黎姥山时，便遇到神人传授了上清法箓洞玄雷诀。

自此以后白玉蟾常随陈楠身边，过去八九年，已是绍熙二年（1191）。《指玄篇》记述了陈楠传道于白玉蟾的经过：

> 海南白玉蟾自幼事陈泥丸忽已九年。偶一日，在乎岩阿松荫之下，风清月朗，夜静烟寒。因思生死事大，无常迅速，遂稽首再拜而问曰："玉蟾事师未久，自揣福薄缘浅，敢问今生有分可仙乎？"陈泥丸云："人人皆可，况于汝乎？"玉蟾曰："不避尊严之贵，辄伸僭易之问。修仙有几门，炼丹有几法？愚见如玉石之未分，愿得一言点化。"陈泥丸云："而来，吾语汝。修仙有三等，炼丹有三成。天仙之道，能变化飞升，上士可以学之。……十月可以成胎，是上品的炼丹之法……以心传之，甚易成也。夫水仙之道，能出入隐显也，中士可以学之。……百日之间可以混合，三年可以成象，此乃中品炼丹之法。……以口传之，必可成也。夫地仙之道，能留形住世，庶士可以学之。……一年之间可以融结，九年成功。此乃下品炼丹之法，以文字传之，恐难成也。"玉蟾问曰："修丹之法，有何证验？"陈泥丸云："初修丹时，神清气爽，身心和畅，宿疾普消，更无梦寐，百日不食，饮酒不醉。……对景无心，如如不动，役使鬼神，呼召雷雨。……阳神现形，出入自然。此乃长生不死之道毕矣。"[①]

然后陈楠又说，以心传心之法，当看机缘，或于深山，或于大泽，遇神人可以得授。师徒之间相授则是口传之法。于是授白玉蟾火候次第之诀。白玉蟾拜辞下山，根据师尊的吩咐大隐于市，修炼三年而丹初成，又入武夷山修炼九年而丹成。此时已经是庆元三年（1197）了，此时白玉蟾已经六十四岁了。由此可见，白玉蟾之得道成丹非常艰难，实属不易，六十四岁，方有正果。诚如其作《大道歌》所言：

> 年来多被红尘缚，六十四年都是错。刮开尘垢眼豁开，长啸一声归去来。神仙伎俩无多子，只是人间一味呆。忽然也解到蓬莱，武夷散人与君说，见君真个神仙骨。我今也不炼形神，或要放颠或放劣。

---

① 《修真十书杂著指玄篇·修仙辨惑论》，《道藏》第4册，第617页。

寒时自有丹田火，饥时只吃琼湖雪。前年仙师寄书归，道我有名在金阙。[①]

开禧元年（1205）陈楠欲带白玉蟾祭先师，便告知白玉蟾本门的传承。陈楠自号翠虚真人，出于毗陵和尚薛君之门，而毗陵一线实自祖师杏林先生石君所传，石君承袭紫阳祖师之道。然后陈楠携白玉蟾至霍童洞天（今福建宁德霍童支提山），焚香端拜石杏林与毗陵禅师而后口授"炼神还虚"诀予白玉蟾，白玉蟾作诗记之：

> 开禧元年中秋夜，焚香跪地口相传。竭尔行持三两日，天地日月软如绵。忽然嚼得虚空破，始知钟吕皆参玄。吾之少年早留心，必不至此犹尘缘。[②]

至开禧元年（1205），白玉蟾已为70老翁，终于尽得钟吕派丹法。从此佯狂江湖，深契道妙。当时隐居于武夷山中，武夷山冲佑观主管苏森，自号"懒翁"。白玉蟾喜欢与他交流，结为挚友，并作《懒翁斋赋》、《初见懒翁诗》、《赋诗二首呈懒翁》、《六言六首呈懒翁》等以赠。

陈楠于嘉定壬申（1212）将都天雷法授给了白玉蟾，同时传给白玉蟾济世利人的思想，也就是要白玉蟾广开门路，度人学道。嘉定十年（1217），白玉蟾收彭耜与留元长等人为弟子，建立了南宗的教团组织。

嘉定十五年（1222）四月，白玉蟾赴临安（今浙江杭州）伏阙上书，但却没有到达皇帝的手上，并因醉而被衙门收押，后来公差知是海琼先生，一夜之后就把他放了。白玉蟾在杭州的行踪，杭州的志书有记载。《武林玄妙观记·白琼琯仙师》一篇记其"嘉定中至临安，上命馆之太乙宫，尝往来天庆观与诸道流吟啸，辄竟日。时高士陈永灏游武夷，仙师赠之以诗，未几飘然而去"。白玉蟾"住持太乙宫"在《西湖游览志》中亦有记载[③]。又，杭州玉皇山福星观现在还存有"玉蟾还丹井"（见图6-4），其井圈所刻之文中有"郭公景仙，手凿为井，养而不穷，其光璟璟。玉蟾长春，宋元代起，采药栖真，炼丹于此"之句。

白玉蟾晚年纵游名山，不知所踪，也有人认为他尸解于海丰县（今

---

① （南宋）白玉蟾：《上清集》卷三，《道藏》第4册，第784页。

② （南宋）白玉蟾：《必竟恁地歌》，载《紫清指玄集》。

③ 田汝成：《西湖游览志》卷七，第88页。

图6-4　杭州玉皇山福星观"玉蟾还丹井"

广东省汕尾市海丰县）。

白玉蟾的著作甚多，生前有《玉隆集》、《上清集》、《武夷集》行世。后由彭耜纂辑为《海琼玉蟾先生文集》。又有谢显道等编《海琼白真人语录》、彭耜编《海琼问道集》。明万历年间，何继高、林有声曾将白氏著述合编为《琼琯白真人集》，并将原存《修真十书》中而未署明撰人的《修仙辨惑论》、《谷神不死论》、《阴阳升降论》等文纳入其中，该文集后被收于《道藏辑要》。至清代，董德宁曾辑有《紫清指玄集》，收入《道藏精华录》，内《性命日月论》一文未见于《道藏》及《道藏辑要》。①

二　南宗的建立

金丹南宗一脉，由于张伯端有三传非人的经历，故一直择徒甚严，传人不多。自张伯端以下，依次传石泰、薛道光、陈楠、白玉蟾，被称为南宗五祖。白玉蟾以前的四代，基本上是单传，且无本派祖山、宫观，故未形成教团。白玉蟾虽然得金丹之旨，开始时也未广收门徒。但事情从陈楠得受雷法开始转变。《道法会元》卷一百八有《翠虚陈真人得法记》一篇

---

① 　卿希泰主编：《中国道教思想史》，第49页。

记述了其经过：

> 先生姓陈名楠，字南木，号翠虚翁。家世为琼州人。幼年师事薛
> 道光，得太乙火符之秘。丹道既成，复归桑梓，以箍桶为业，混迹民
> 间。嘉定戊辰，游黎母山，遇一道人，笑谓先生曰：子得薛紫贤太乙
> 火符之旨，但未知太乙雷霆之法，亦可惜也。先生谓道人曰：某慕道
> 而已，不欲多学，以分其志。道人笑曰：子何其愚也。独善一身，不
> 能功及人物，神仙不取。……引至岩石之下，阴一石穴，取都天大雷
> 法付之。……临行顾谓陈君曰：吾非凡人，即雷部都督辛忠义也。吾
> 师汪真人亲授王清真王付度，今付与汝。回首蹑身云端，目送不见其
> 处。嘉定壬申，先生不鄙，以付玉蟾。今以授之鹤林。得人即传，非
> 人勿示，以有天机。琼山白玉蟾敬书。[①]

此篇中说嘉定戊辰（1208），陈楠受雷部都督辛忠义的教诲，称修道
之人除了要独善其身外，更要济世利人，并授其都天雷法。相传南宗也传
符箓，其符箓也始自陈楠，传陈楠得《高上景霄三五混合都天大雷琅
书》[②] 于黎姥山神人，《景霄大雷琅书》的内容不但包括雷法，也包括
符箓。

陈楠于嘉定壬申（1212）将都天雷法及符箓授给了白玉蟾，同时传
授白玉蟾济世利人的思想，并写了《翠虚篇》传给白玉蟾。《翠虚篇》
说："嘉定壬申八月秋，翠虚道人在罗浮，眼前万事去如水，天地何似一
浮沤。吾将蜕形归玉阙，遂以金丹火候诀，说与琼山白玉蟾，使之深识造
化骨。"[③] 诗中是说陈楠知道自己"将归玉阙"，故将金丹与雷法秘诀都传
于白玉蟾。次年（嘉定六年，1213）四月十四日，白玉蟾陪同陈楠赴漳
州梁山，亲见其师入水而逝。

陈楠于漳州解化后，白玉蟾开始考虑广收门徒和组建教团的事。白玉
蟾游历罗浮、武夷、龙虎、天台、金华等山，虽然衣服破旧，但神清气
爽，气色与二十岁少年无异。喜欢饮酒，却不醉。白玉蟾言"内炼成丹，
外用成法"，以内丹为基础，以雷法为用，祈禳多有应验。自此声名大
振，四方从学者多如牛毛。

[①] 《道藏》第29册，第483页。
[②] 同上书，第478页。
[③] 《海琼白真人语录》卷四，《道藏》第33册，第132页。

　　嘉定十年（1217），白玉蟾收彭耜与留元长等人为弟子。嘉定十一年（1218）清明，白玉蟾在南昌西山，为道士罗适庵作《玉隆万寿宫会堂记》。时逢朝廷遣使进香，使者力邀白玉蟾主醮。于是白玉蟾"为国升座"，观者如堵。使者又邀白玉蟾到九宫山瑞庆宫主持国醮。仪式举行时，有神龙见于天。使者上奏皇帝，皇帝下旨召见，白玉蟾未就诏。

　　嘉定十一年（1218）十月，白玉蟾传雷法于弟子。雷法的传授，要撰表文谢天，在白玉蟾所撰的表文中，他自称为"高上神霄玉清府雷霆令统五雷将兵提领雷霆都司鬼神公事"，其中所列弟子共有九人，分别是彭耜、留元长、林伯谦、潘常吉、周希清、胡士简、罗致大、陈守默、庄致柔，这九人也各有司职，如彭耜为"上清太华丹景吏神霄玉府西台令行仙都风雷判官"。白玉蟾的弟子与再传弟子中，除上述几人外，弟子尚有赵汝渠、叶古熙、胡世简、洪知常、陈知白、王启道等人；再传弟子有赵牧夫、谢显道、萧廷芝、李道纯等人。[①]

　　教团成立后，白玉蟾仿照天师道设"治"的经验，设立了称为"靖"的教区组织。据彭耜对其弟子林伯谦说："尔祖师（指白玉蟾）所治碧芝靖，予今所治鹤林靖，尔今所治紫光靖。大凡奉法之士，其所以立香火之地，不可不奏请靖额也，如汉天师二十四治矣……"[②] 以这些"靖"为修道传教的据点，扩大了道教影响，加速了组织发展，从而使道教南宗很快成为一个有较多徒众，有一定传教地域的较有规模的教团。[③] 白玉蟾还在福建武夷山建立了"止止庵"作为教团的活动场所。

　　后世学者认为金丹南宗实际是由白玉蟾建立的，从南宗教团组织建立的角度看，白玉蟾确实是其实际创建者。

三　白玉蟾的内丹学、雷法及其在道教史上的地位

　　南宗从张伯端起，其修炼都是和光同尘，即入世修炼。白玉蟾也继承了这个思想，认为只要能心静，入世如隐山，若是心不静，隐山同入世。认为"法法虚融，心心虚寂，何城市之可喧，何山泽之可静，山静而心常喧者，莫市之若也；市喧而心常静者，莫山之若也"。又曰："吾心无所守，则必徇乎事之所夺，任乎物之所营。然则山野之间，亦如市廛，何

---

① 曾召南：《白玉蟾生卒及事迹考略》，《宗教学研究》2001 年第 3 期，第 27—35 页。

② 《海琼白真人语录》卷二，《道藏》第 33 册，第 124 页。

③ 曾召南：《白玉蟾生卒及事迹考略》，第 27—35 页。

也？闲花野草可以眩人目，幽禽丽雀可以聒人耳。"① 虽然这些与佛教禅宗的思想很接近，但其源头似可追溯到晋陶渊明的思想，陶渊明《饮酒》诗曰："结庐在人境，而无车马喧。问君何能尔？心远地自偏。采菊东篱下，悠然见南山。山气日夕佳，飞鸟相与还。此中有真意，欲辨已忘言。"

白玉蟾的内丹学说是在张伯端所创金丹南宗的思想上继承地创新。白玉蟾其内丹学说继承了张伯端的内丹理论，其核心是"精、气、神"说。白玉蟾强调内丹修炼以神为主，"神为主，精气是客"。并将内丹归结于心性，认为："丹者，心也；心者，神也。"并认为"炼形之妙在乎凝神，神凝则气聚，气聚则丹成，丹成则形固，形固则神全"。提出修炼心性要过炼形、炼气、炼神三关，并提出了丹成的十九个步骤，为"采药、结丹、烹炼、固济、武火、文火、沐浴、丹砂、过关、分胎、温养、防危、工夫、交媾、大还、圣胎、九转、换鼎、太极"②。

同时，白玉蟾明确地否定了肉体飞身之说，其《必竟恁地歌》歌曰："世传神仙能飞升，又道不死延万年。肉既无翅必坠地，人无百岁安可延？"③ 在否定肉身成仙之说的同时，提出了元神成仙之说，这与钟吕一系的内丹学说是相通的。钟吕提出了"仙有五等"、"法有三成"的思想，成为后世论述成仙理论的典范。钟离权关于"仙有五等"曰："仙有五等者，鬼仙、人仙、地仙、神仙、天仙。""鬼仙不离于鬼、人仙不离于人、地仙不离于地、神仙不离于神、天仙不离于天。"④

白玉蟾认为："脱胎换骨，身外有身，聚则成形，散则成炁，此阳神也。一念清灵，魂识未散，如梦如影，其类乎鬼，此阴神也。"⑤ 这里提到的"阴神"之说，与钟吕所谓"鬼仙"的提法如出一辙。"钟曰：修持之人，始也不悟大道而欲于速成。形如槁木，心若死灰，神识内守，一志不散，定中以出阴神，乃清灵之鬼，非纯阳之仙，以其一志阴灵不散，故曰鬼仙。虽曰仙，其实鬼也，古今崇释之徒用功到此乃曰得道，诚可笑也。"⑥ 而钟吕一脉之丹法中实无鬼仙的修持方法，而天仙之修持方法实

①　《海琼问道集·海琼君隐山文》，《道藏》第33册，第144页。
②　《海琼传道集·丹法参同十九诀》，《道藏》第33册，第150页。
③　《道藏》第4册，第783页。
④　（宋）施肩吾：《钟吕传道集》，《道藏》第4册，第657页。
⑤　《海琼白真人语录》卷一，《道藏》第33册，第115页。
⑥　（宋）施肩吾：《钟吕传道集》，《道藏》第4册，第657页。

则是修炼阳神之法，其"法有三成"。

关于三成之法，钟离权认为"凡人仙不出小成法，凡地仙不出中成法，凡神仙不出大成法，此是三成之数，其实一也"①。南宗亦秉承法有三成之说，并有所发展。白玉蟾在《修仙辨惑论》中曾记述其师陈楠传授之法有三成之说，并详列了各丹法的内容。陈楠曰："修仙有三等，炼丹有三成。"下品炼丹之法"以精为铅，以血为汞，以肾为水，以心为火。在一年之间可以融结，九年成功"。用以教化士庶之人，为地仙之道。但"其法繁难，故以文字传之"，并且"恐难成也"。中品炼丹之法"以气为铅，以神为汞，以午为火，以子为水。在百日之间可以混合，三年成象"。用以教化中士修习，为水仙之道。"以口传之，必可成也。"上品炼丹之法"以身为铅，以心为汞，以定为水，以慧为火。在片饷之间，可以凝结，十月成胎"。上士可以学之，为天仙之道。"以心传之，甚易成也。"②

钟吕提出了"性命双修"的丹法系统。钟吕传人中，张伯端的丹法先命而后性，而全真道王重阳的丹法是先性而后命，但无论何种丹法，均以性命双修为要。先命后性是南宗丹法的特色。白玉蟾亦主性命双修说："性命之在人，如日月之在天也；日与月合则常明，性与命合则长生。"③白玉蟾又曰："今修此理者，要能先炼形；炼形之妙，在乎凝神，神凝则气聚，气聚则丹成，丹成则形固，形固则神全。"④"命"为气为形，"性"为神。先炼形即是先修命，而后再修神（性）。此种先命后性的做法，实是承南宗初祖张伯端而来。

白玉蟾的金丹派南宗教团中还有外丹炼养著作秘传，今《道藏》收录之《金华冲碧丹经秘旨》二卷就是一例。《金华冲碧丹经秘旨》卷上题为"海琼老人白玉蟾授，三山（福州别称——笔者注）鹤林隐士彭耜受"⑤，卷下则题为"白鹤洞天养素真人兰元白授，门弟子西隐翁辰阳孟煦受"⑥。据西蜀孟煦所作《金华冲碧丹经秘旨传》披露，此乃"偶于嘉定戊寅间游于福之三山参访鹤林彭真士"时，"彭君携出玉蟾白真人所授

① （宋）施肩吾：《钟吕传道集》，《道藏》第4册，第658页。
② （宋）白玉蟾：《修仙辨惑论》，《道藏》第4册，第617页。
③ 《紫清指玄集·性命日月论》，丁福保《道藏精华录》，北京图书馆出版社2005年版，第3册，第427页。
④ 《琼琯白真人集·玄关显秘论》，《藏外道书》第5册，第135页。
⑤ 《金华冲碧丹经秘旨》上，《道藏》第19册，第161页。
⑥ 《金华冲碧丹经秘旨》下，《道藏》第19册，第162页。

传法书数"，内有一书"即号《金华冲碧丹经》"。但"是书于探铅结胎分明，法象并火符缺欠"①似不完整，后孟煦于"嘉定庚辰年间复游至白鹤洞天游山"际遇兰姓元白老人，得授"秘要隐书法象九转神丹"，"大槩皆与彭君相类，运水火法象全殊"②。遂成完璧。这位神秘的元白老人，孟煦认为"元白老人者即玉蟾之化也。又见白云覆岭正显，师化古仙兰公之姓耶"③。孟煦两次得受秘传的时间分别是南宋宁宗嘉定十一年（1218）和嘉定十三年（1220），从时间上推断，此时白玉蟾已八十五六岁，尚在世。故孟煦所言并非完全不可信。从孟煦游白鹤洞天游山所描绘的地理环境来看，很可能就是武夷山的天游峰，其中有许多景观与天游峰相符合。晚年白玉蟾极有可能隐居于武夷山并终老于此。

《金华冲碧丹经秘旨》是一部外丹著作，尤其是书中对外丹烧炼的鼎器装置、制作有详尽说明和图示，例如卷上有"外鼎"的制作及"栻图"，卷下有"炼铅汞归祖既济图"、"鼎器图"、"铅汞归根未济图"以及炼制还丹第一转至第九转的具体操作和每一转（相当于现今化学合成每一分步反应）的鼎器图，鼎器图既有图示又有文字说明，是我们了解宋代道教外丹烧炼仪器设备的珍贵资料。从这部丹经中我们可以看到白玉蟾一系的南宗教团在外丹术上的水平是很高的，书中许多结构十分复杂且制作精巧的水火鼎器就是明证，其制作原理的科学性和使用功能的多样性（具有保温、升华、冷凝、循环作用等）令当今化学家叹为观止。④

白玉蟾主张"内炼成丹，外用成法"，以内丹为雷法的基础，以雷法为外用的手段。白玉蟾的雷法传自陈楠，而陈楠的雷法传自火师汪君的徒弟辛忠义。《道法会元》卷一〇四至卷一〇八收录了《高上景霄三五混合都天大雷琅书》五卷，卷前所述"主法"，陈各位仙真外，最后四位为"雷霆火师真君汪康民；传教雷霆都督辛忠义；翠虚真人陈楠南木；海琼紫清真人白玉蟾"⑤。卷一〇八末"翠虚陈真人得法记"⑥则记述了辛忠义传法于陈楠及陈楠传法白玉蟾的经过。收载《道法会元》卷一二二《太上三五邵阳铁面火车五雷大法》前有陈楠之序，记述了邵阳雷公于南

---

① 《金华冲碧丹经秘旨传》，《道藏》第19册，第169页。

② 同上书，第160页。

③ 同上。

④ 盖建民、黄凯端：《白玉蟾丹道养生思想发微》，《道韵》第5辑，中华大道文化有限公司1999年版。

⑤ 《道藏》第29册，第452页。

⑥ 同上书，第483页。

岳衡山祝融峰顶受传雷法的经过。白玉蟾在《道法会元》卷七六所载《火师汪真君雷霆奥旨序》中自称"上清大洞宝箓南岳先生赤帝真人五雷副使知北极驱邪院事海琼白玉蟾"可知白玉蟾亦得授南岳衡山之邵阳雷法。白玉蟾所传之雷法因与神霄派同传自火师汪君，故神霄派也将白玉蟾作为其宗师之一。白玉蟾曾自称"高上神霄玉清府雷霆令统五雷将兵提领雷霆都司鬼神公事"，可知白玉蟾神霄派法系中亦有司职。张宇初《道门十规》称："神霄始于玉清真王，神霄自汪王二师而下，则有张、李、白、萨、潘、杨、唐、莫诸师。"① 其中之白即是白玉蟾，可知白玉蟾名入雷法宗师之列。

---

① 《道藏》第 32 册，第 149 页。

第七章 五代十国和宋代浙江道教的转型（下）

第五节 林灵素与神霄派

一 林灵素的生平

神霄派产生于北宋徽宗年间。神霄派"神霄"之名肇始于林灵素所造之神话。政和六年（1116）林灵素入宫回答徽宗提问时说："天有九霄，而神霄为最高。"他说，神霄玉清王，是上帝的长子，主管南方，称作"长生大帝"，就是当今皇帝。徽宗欣然接受，自称教主道君皇帝，令诸州均建神霄万寿宫，以祀神霄大帝。神霄玉清真王，又号扶桑日宫大帝，为万雷总司，故神霄派所传法术称"神霄雷法"。由于徽宗的大力推行，神霄雷法遂盛行天下。

林灵素为北宋末著名道士。初名灵噩（一作"灵蘁"），字岁昌（一说字通叟），温州永嘉（今属浙江）人。家世寒微，少依佛门为童子。据《历世真仙体道通鉴·林灵素传》载，少时曾为苏东坡书僮，东坡问其志，笑而答曰："生封侯，死立庙，未为贵也。封侯虚名，庙食不离下鬼。愿作神仙，予之志也。"① 但据《家世旧闻》记载，"少尝事僧为童子，嗜酒不检，僧笞辱之，发愤弃去为道士"。《宋史·林灵素传》谓其"往来淮、泗间，丐食僧寺，僧寺苦之"。《老学庵笔记》载其为会稽天宁观老何道士所拒之事。从以上记载来看，早年贫困可知。改从道教后，志慕远游，至蜀，自称遇汉天师弟子赵升授以《神霄天坛玉书》，又称《五雷玉书》，"皆有神仙变化法，言兴云致雨，符咒驱遣下鬼，役使万灵"。

---

① 《历世真仙体道通鉴·林灵蘁》，《道藏》第5册，第407页。

林灵素"自受《玉书》,豁然神悟,察见鬼神,诵咒书符,策役雷电,追摄邪魔,与人禁治疾苦,立见功验,驱瘟伐庙,无施不灵"①。

关于林灵素何时至京、何以得宋徽宗宠信,历来异说多端,矛盾迭出。林灵素觐见徽宗的时间,标志着"神霄神话"开创的崇道高潮的开始,无论是从道教史还是宋史的角度来看,都是非常重要的。《宋史·徽宗纪》未载其时,《宋史·林灵素传》记为:"政和末,王老志、王仔昔既衰,徽宗访方士于左道录徐知常,以灵素对。"② 其他文献记载略有出入,但均在政和年间。

现在可以确定的是林灵素至京师的时间为政和三年。《两浙名贤录》和万历《温州府志》均有明确记载,则林灵素见徽宗时间当在其后。卿希泰认为林灵素见徽宗是在政和六年(1116)十月,由于道录徐知常引荐。林灵素得见徽宗,便大言神霄事说:"天有九霄,而神霄为最高,其治曰府。神霄玉清王者,上帝之长子,主南方,号长生大帝君,陛下是也,既下降于世,其弟号青华帝君者,主东方,摄领之。己乃府仙卿曰褚慧,亦下降佐帝君之治。"③ 唐代剑认为,与林灵素见徽宗相关的一个重要证据是"长生大帝君像"。陈均《九朝编年备要》卷二八"(政和)六年二月,上清宝篆宫成。……时,温州林灵素因徐知常得幸于上,托言有天神降,又云天上神霄玉清府长生大帝君,青华帝君是其弟,皆玉帝之子。又有左元仙伯、书罚仙吏诸慧等八百余官。乃谓上为长生大帝君,蔡京为左元仙伯,而己即褚慧也。上喜,又以景龙门对晨辉门作上清宝篆宫"。从中可知"长生大帝君"乃林灵素所创神霄神话中的人物,而为林灵素所建之上清宝篆宫中就有"长生大帝君"之像。该宫在政和六年二月就建成了,所以唐代剑推测最迟在政和五年林灵素觐见了宋徽宗,并托神霄之言博得其欢心。④ 关于政和五年、六年两说,或是由于林灵素这两年都有觐见宋徽宗之事,后世所记失误所致,当以政和五年为是。

政和七年四月,徽宗自称"教主道君皇帝",林灵素升为温州应道军节度。在京期间,先后被封赐、加号为"金门羽客"、"通真达灵元妙先生"、"太中大夫"、"凝神殿侍宸"、"蕊珠殿侍宸"、"冲和殿侍宸"等。

---

① 《历世真仙体道通鉴·林灵蘁》,《道藏》第5册,第407页。

② 《宋史·林灵素传》。

③ 卿希泰:《道教神霄派初探》,《社会科学研究》1999年第4期,第35—40页。

④ 唐代剑:《林灵素生平问题钩校》,《四川师范学院学报》(哲学社会科学版)1990年第5期,第92—95页。

据赵与时《林灵素传》，徽宗每以"聪明神仙"呼之，亲笔赐"玉真教主神霄凝神殿侍宸"，立两府班上。①

林灵素宣和元年（1119）十一月被宋徽宗逐归温州，其原因主要有三：一是受徽宗宠信，地位显赫，任意妄为，引起君臣不满。特别是与权臣童贯等不断地争斗，虽然有时占有上风，但为权臣所嫉恨。二是怂恿宋徽宗强迫佛教从属道教，引起社会更大的不满。林灵素于重和元年（1118）四月，曾上《释经诋诬道教议》一卷，乞颁降施行。纵言"释教害道，今虽不可灭，合与改正，将佛刹改为宫观，释迦改为天尊，菩萨改为大士，罗汉改尊者，和尚为德士，皆留发顶冠执简"。徽宗依奏，于宣和元年（1119）正月下诏，改佛为道，易服饰，称姓氏；左右街道录院改作道德院，僧录司改作德士司，隶属道德院。不久又改女冠为女道，尼为女德。三是与皇太子赵桓争道，其焦点即是宣和元年五月之洪水事件。宣和元年（1119）五月，都城暴水，林灵素登城厌胜，遭到役夫袭击，徽宗始知其为众所怨。一说：他登城治水，水势不退，回奏令太子设四拜。是夜水退尽，京城之民皆仰太子圣德，他因而上表乞归。徽宗以其为太虚大夫，斥归故里。

放林灵素归山，《东都事略》、《续资治通鉴长编》皆称在宣和元年十一月。其后林灵素即卒于温州。关于林灵素的卒年，《宋史》本传不载，其他各书又多抵牾。据史料推断，约死于宣和二年至七年间。索宋代诸正史亦无查考笔记，《宾退录》卷一载"（宣和）二年，灵素一日携所上表见太守闾丘鄂，乞缴进，及与州官、亲党诀别而卒"。此与杨氏《编年》记复释后宋徽宗得知林死讯事，在时间上吻合。据赵与时《林灵素传》，南宋时，温州天喜宫尚有徽宗亲笔题字："太中大夫冲和殿侍宸金门羽客通真达灵元妙先生在京神霄玉清万寿宫管辖提举通真宫林灵素。"② 林灵素卒时，仅有弟子皇城使张如晦随行。

林灵素的生年诸书无载，唯《历世真仙体道通鉴》卷五三记有他临终前所书的一颂："四十五岁劳生，浮名满世峥嵘，只记神霄旧路，中秋月上三更。"③据此则林灵素终年或是四十五岁，则当生于神宗熙宁末元丰初。

林灵素所撰之经书有符书《神霄篆》集九天秘书、龙章凤篆九等雷

---

① 卿希泰主编：《中国道教》第一卷《林灵素》，知识出版社 1996 年版。

② 同上。

③ 《道藏》第 5 册，第 411 页。

法而成的《集成玉篇》、《雷书》五卷、《明点纲纪录》、《金火天丁神霄三杰火铃歌》、《释经低诬道教议》一卷、《归正议》九卷等，李霖《道德真经取善集》引及他曾注《老子》，但卷数不详。此外，还有《玉清神霄秘篆》、《元一六阳神仙秘篆》、《保仙秘篆》、《青华帝君降临记略》、《道史》、《道典》等。①

二　林灵素与神霄派

神霄派产生于北宋徽宗年间。神霄派有个很奇怪的现象，就是神霄雷法由两个师承无关的人同时传授，一个就是前述创造神霄神话的林灵素，另一个是王文卿，关于谁是神霄派的创始人，学术界尚有争议，而一般都将两人都作为神霄派的宗师。

其实在宋代神霄派编撰的道书中已经出现了将两人都作为宗师的情况。《金火天丁摄召仪》叙述传派宗师的顺序是："教主雷霆火师真君，雷师皓翁真君，玉真教主妙济普化天师林真人，太素大夫侍辰王真人，左元真伯张真人……"② 其中林真人即是林灵素，侍辰王真人即王文卿。

王文卿，字述道，别号冲和子。先祖为抚之临川人，后居建昌南丰之神龟岗军峰。自称在宣和（1119—1125）初年遇火师汪真君于扬子江过，授以飞章"谒帝之法及啸命之书"。《历世真仙体道通鉴续编》卷五《火师汪真君传》说："真君姓汪名子华，字时美，唐玄宗二年甲寅，生于蔡州汝阳县。"③ 该书还说王文卿曾遇雷姥授以雷书数卷，于是通达神灵，名动天下。据《历世真仙体道通鉴》卷五三《王文卿传》载："每克辰飞章，默朝上帝，召雷祈雨，叱咤风云，久雨祈晴则天即朗霁，深冬祈雪则六花飘空，或人妖祟为害，即遣神将驱治，俱获安迹。"④

王文卿于钦宗靖康元年（1126）还乡侍母，专心传授神霄雷法，其徒甚众。王文卿的弟子有朱智卿、熊山人、平敬宗、袁庭植四人。虞集《道园学古录》卷二五《灵惠冲虚通妙真君王侍宸记》说弟子中还有萨守坚，也酷好道，见王文卿于青城山，而尽得其传。《历世真仙体道通鉴》、《义渡记》说，王文卿所传的后学中还有邹铁壁，曾从王文卿之甥上官氏学雷法。这样，邹铁壁为王文卿的再传弟子。《历世真仙体道通鉴续编》

① 唐代剑：《论林灵素创立神霄派》，《世界宗教研究》1996 年第 2 期，第 59—67 页。
② 《道法会元》卷二百三，《道藏》第 30 册，第 292 页。
③ 《道藏》第 5 册，第 446 页。
④ 同上书，第 412 页。

卷五《莫月鼎传》载：南丰人邹铁壁得王文卿九天雷晶隐书，传浙西雨言川人莫月鼎和同郡西埜沈震雷。并称自王文卿之后，惟莫月鼎与西埜沈震雷二派支流衍迤，盛于西江与东吴。① 沈震雷一派的传承已莫知其详。莫月鼎讳洞一，字起炎，吴兴人，入道后更号月鼎，生于南宋理宗宝庆（1225—1227）间，元世祖至元（1264—1294）末卒于苏州，得其传者有王继华、潘元涯、王惟一等。继华授张善渊，善渊授步宗浩，宗浩传周玄真，周玄真已是明末时人。周玄真以后，清代有施道渊一系传承雷法。施道渊师从龙虎山徐演真受五雷法，弟子胡德果，传潘元珪，潘传惠远谟，惠传张资理、施神安，此时已是清嘉庆年间。

虽然神霄派的创始人是王文卿或是林灵素尚有争议，其原因或是林灵素一系明清之后再无传人的原因，考林灵素一系传承有张如晦、陈道一、卢埜、薛洞真、徐必大、徐洪季、刘玉诸人。刘玉以后，林灵素一派传承不明。王文卿一系则一直传至清代，其后代弟子众多，故神霄派往往以王文卿所传为正宗。

如前所述，神霄派的兴起，起于徽宗之梦，而林灵素造就了神霄神话，从而天下建神霄宫，神霄雷法遂行天下。王文卿所得雷法的过程似与林灵素无关，但据史籍所载，林灵素与王文卿似为相识，且其雷法当属一个神系。《宾退录》卷一载"京师大旱，命灵素祈雨未应，蔡京奏其妄。……灵素急召建昌军南丰道士王文卿，乃神霄甲子神兼雨部，与之同告上帝。文卿既至，执简救水，果得雨三日。上喜，赐文卿充凝神殿侍辰"②。京师大旱，系宣和元年（1119）事。此时，王文卿才被林灵素推荐至京。林灵素已于政和五年（1115）见徽宗，并造作了神霄神话，可知神霄派全国性的发展实与林灵素直接有关。

自徽宗"独喜其神霄事"，林灵素便开始有计划、有步骤地建立神霄派组织。

首先，林灵素创立了神霄神系。神霄派认为，天有九霄，玉帝统管，其八子各领一霄而为王。长子神霄玉清真王任神霄玉清天王，二子青华大帝君任青霄好音元真宝耀天帝，三子蓬莱灵海帝君任碧霄开虚传度天王，四子西元大帝君任景霄至妙变空天王，五子东井大帝君任玉霄天王，六子青都大帝君任琅霄六开传济天王，七子清霄大帝君任紫霄双开化身天王，八子中皇大帝君任太霄流光变景天王。下有"神霄九师"，三师"各掌神

---

① 《道藏》第5册，第447页。

② 《宾退录》卷一。

霄法"，外六师则"自有正法"①。

其次，林灵素以神学说教促使徽宗把北宋政权神霄化，为神霄派在天下推行打下了政治上的基础。政和七年四月，徽宗讽示道录院册其为"教主道君皇帝"，从此，宋徽宗自诩为"神霄大法师、都天教主"、"明皇大道君"②。成为神、人、教三位一体的主宰者。其下大臣、妃嫔亦按林之说各有了神仙名分。朝廷成为政教合一的政权。

再次，林灵素通过"教主"规定该派的经典是大经《黄帝内经》、《道德经》，小经《庄子》、《列子》。宣和元年十一月，准蔡京奏刊颁行"神霄玉清万寿宫观玉真主所说《玉婴神变经》"。全称《高上玉清神霄真王说太一保胎玉婴神变妙经》，该经融佛道之说，主要叙神霄派的宇宙生成观和内丹吸气保神养心术。《道藏》所收《高上神霄宗师受经式》载有七十余部神霄派的道书名目，其经传、斋醮、科仪、秘篆之书无所不备。且称"神霄府内府……有历劫未传禁秘宝经一千二百卷。分为六等一十二品，列为上中下三卷，藏于东、西华堂。自太平启运壬辰、庚子之后渐当降显"③。以此建立了神霄派的经典体系。

最后，林灵素借助皇权大肆发展神霄派势力，在京城和各州建神霄宫。政和六年二月，地跨汴京城外的上清宝箓宫成，规模十分庞大，是神霄派的十方丛林。政和七年二月，"教主"令将天下天宁万寿观改作神霄宫，小州、军、监无道观者以僧寺代替。宣和元年正月，又"以寺为宫，院为观"。至此，神霄派州府小庙完全建立。当时，宋有州、府、监351个，军58个。计有神霄宫400余座。所以，刘克庄说"林灵素辈出，神霄宫遂遍天下"④。

综上所述，道教神霄派是林灵素通过宋徽宗以政教合一的形式创立的。"神霄大教"之名宣和元年已成定称，道教组织、道书神系、斋仪科范等在宣和初亦基本定型。但林灵素导致的宋徽宗六年的疯狂崇道，加重了北宋政治腐败，经济危机的程度，造成宗教矛盾异常尖锐，由此引起阶级矛盾激化，客观上作为一个重要因素把北宋王朝推到了灭亡的边缘。故林灵素是一个非常有争议的人物，其对神霄派的发展有一定的作用，但对当时中国政坛的影响是如此之恶劣，以至于后世皆以其为耻，故以王文卿

---

① 《高上神霄玉清真王紫书大法》卷一，《道藏》第28册，第563—564页。

② 岳珂：《程史》卷六《王虚密词》。

③ 《道藏》第32册，第638页。

④ 唐代剑：《论林灵素创立神霄派》，《世界宗教研究》1996年第2期，第59—67页。

为神霄派宗师为后世众人所接受。

图 7-1　宋真宗天禧二年（1018）赐给浙江丽水地区括苍洞的金龙①

第六节　南宋临安道教概述

一　南宋临安的宫观概述

南宋时杭州宫观极多，"今浮屠、老氏之宫遍天下，而在钱塘为尤众"②。虽然绝对数上与佛教寺院相比"不能什一"，但宫观无论是在与主流社会的紧密关系上，还是在宫观殿宇的规模格局上多胜佛教寺庙。

南宋临安的最著名宫观当数御前宫观。御前宫观与一般的民间宫观是不同的，其不仅仅是规模的问题，还在于御前宫观"属内侍提举宫事，设立官司守卫士兵"③。宫观如果是"御前"的话，不但官方出资兴建，

---

① 金龙为虚腹，长 11 厘米，高 7 厘米，重 79 克，2009 年 2 月 23 日出土于凝真宫，同时出土的还有白璧二块。参杨总灯编撰《括苍咏道》，内部资料，2011 年 3 月。

② 潜说友：《咸淳临安志》卷七五，浙江省地方志编纂委员会编《宋元浙江方志集成》，第1214 页。

③ 吴自牧：《梦粱录》卷八，《东京梦华录（外四种）》，古典文学出版社 1958 年版，第196 页。

派"内侍"管理，且有士兵守卫，是属官地，不是一般人都能出入的。

卿希泰主编《中国道教史》谓"南宋京师御前有九大宫观"是：东太乙宫、西太乙宫、佑圣观、显应观、四圣延祥观、三茅宁寿观、开元宫、龙翔宫、宗阳宫。①《梦粱录》卷十五"城内外诸宫观"曰京师有"御前十宫观"②，但其在卷八收入的御前宫观却只有九个，即《中国道教史》所列举的九个。林正秋认为十宫观为上述九大宫观外，还有万寿观③，《咸淳临安志》"行在所录·宫观"即把万寿观列在其中。不过"万寿观"在《梦粱录》卷八列在"御前宫观"之前，并称"御前宫观，在杭城者六，湖边者三"④，似不包括万寿观。但从御前宫观："以奉元命，或奉感生帝"⑤ 的功能来看，万寿观"后殿十二楹为二十二室，奉太祖以下。……景定（1260—1264）改道院斋阁，以奉皇太后"⑥，似与御前宫观相差不多。但从其排列来看，卷八所列是"大内、德寿宫、太庙、景灵宫、万寿观"，而后为"御前宫观"，所以万寿观的地位或较御前宫观要高，原因或是其在观中"奉太祖以下"历代宋帝。

王仲尧认为："南宋临安属皇朝中央的有'十三大宫观'之称，皆规模宏大，地位显赫。位处皇城及西湖左近者十二：西太乙宫、东太乙宫、万寿观、德寿宫、景灵宫、佑圣观、显应观、四圣延祥观、三茅宁寿观、开元宫、龙翔宫、宗阳宫，临安城附近余杭大涤山者一：洞霄宫。"其算法其实是将《梦粱录》卷八除大内、太庙外的各宫观都算上了，再加上了由宰相作提举的洞霄宫。王氏统计的口径是"属皇朝中央"的宫观，而非单纯的"御前宫观"，故其统计也可以算是正确。

此外临安重要宫观还有不少，《梦粱录》卷十五、《咸淳临安志》卷七十五、手抄《淳祐临安志》残本⑦都有记载。据《梦粱录》卷十五

① 卿希泰主编：《中国道教史》第三卷，四川人民出版社1993年版，第97页。

② 吴自牧：《梦粱录》卷十五，《东京梦华录（外四种）》，第257页。

③ 林正秋：《南宋京城御前十大宫观》，《南宋都城临安研究》，中国文史出版社2006年版。

④ 吴自牧：《梦粱录》卷八，《东京梦华录（外四种）》，第196页。

⑤ 同上。

⑥ 同上。

⑦ 《宋元浙江方志集成》收入的《淳祐临安志》为刻本的残本，有第五至第十卷，其中没有宫观的内容。台湾成文出版社《中国方志丛书·华中地方·第五一四号》收有（宋）施谔、不著年代批校抄本《淳祐临安志》，无卷号，主要内容是宫观庙宇祠等内容，所记条目均见于《咸淳临安志》，但其内容往往多于《咸淳临安志》，《咸淳临安志》似是《淳祐临安志》的节略本。

《城内外诸宫观》：

> 今撮宫观在杭者，除御前十宫观外，编次于后。天庆观，在天庆坊，以奉圣祖保生天尊大帝香火。郡家官僚，朔望到任，俱朝谒于此。报恩观，在观桥南报恩坊。元贞观，在贡院西巷。旌忠观，在丰乐桥东北，以奉凤翔府和尚原三圣庙香火。中兴观，即伍相公庙，后天明、承天，即梓潼庙。天庆、灵应、至德、崇应六宫观，俱在吴山之左右。鹤林观，在俞家园。景隆观，在新门外水府。净鉴观，在清水闸。玉虚观，奉三官。表忠观，奉钱王五庙香灯，在龙山左右。贞武观，在太和寺后。玉清宫，在葛岭下。旌德观，在苏堤先贤堂后。云涛、上清两宫观，俱在雷峰塔寺之右。冲虚观，在履泰乡。太清观，在龙井山。景星观，在临平岳祠之侧。顺济宫，在汤镇岳宫之左右。
>
> 外有在城及附郭女冠宫观者九：曰福田、新兴、明贞、神仙、承天、西靖、灵耀、长清等宫。
>
> 余外七县，首以余杭大涤洞天，即洞霄宫也。以下宫观，二十有三……又有道堂者，如西湖崇真道院、灵应希真道堂以下，城内外约有二十余处，皆舍俗三清道友，及接待外路名山洞府往来云水高人，时有神仙应缘现迹，详于志传。[1]

二　南宋临安的开封宫观

北宋灭亡后，伴随帝国统治中心由开封南迁杭州，原在开封的一些寺庙亦先后在杭州复建——"宋南渡时，凡汴京有庙者，皆得祀于杭"[2]，成为两宋宗教史颇可注目的事件，也显示了南宋朝廷在信仰上的一致性和继承性。吴自牧《梦粱录》卷八："御前宫观，在杭城者六，湖边者三。"吴氏所列九座"御前宫观"，有六观是开封宫观的在杭复建，这本身已经暗示了这些宫观在宋代政治传统中的特殊地位。兹分别简考于下：

（一）太乙宫

太乙，又作太一或泰一等，是天神的名称。太乙之神有十，《咸淳临安志》卷十三曰："按十神者，曰五福、君棋、大游、小游、天一、地

---

① 吴自牧：《梦粱录》卷十五，《东京梦华录（外四种）》，第257—258页。

② 田汝成：《西湖游览志》卷十六，上海古籍出版社1980年版，第218页。

一、四神、臣棋、民棋、直符。凡行五宫，四十五年一移，所临之地，岁稔无兵疫。"①

吴羽认为，十神太一巡行理论并非出自道教的经典，而是属于中国传统的"五行"学说。十神太一信仰虽然可能在南朝已经存在，但是迄今所见，在政治、社会中发生重要影响较早是在中晚唐时期，顾颉刚、吴丽娱二位先生分别点出中唐四川节度使刘辟因五福太一运行至蜀分野而建楼、蜀杜光庭所撰罗天醮词中有十神太一的记载。

吴羽进一步认为蜀地与吴越国所在地是十神太一信仰的重要地区，而这一信仰在地方的流行与地方主体意识，即割据政权有相辅相成的关系。宋代建立后，为了弱化十神太一与地方主体意识的联系，自宋太宗起将十神太一信仰及其祭祀的仪式收归中央管理。但在确定十神太一祭祀级别的问题上出现了一定的问题，如果将十神太一级别定得太高，则会打乱现行的祭祀体系。如果级别太低，则可能会引起崇奉十神太一的地方民众的不满。于是太宗将太一宫定位成道教宫观，十神太一也由此进入了道教的神谱之中。如南宋道士吕元素所编《道门定制》卷三中讲黄箓、罗天等醮圣号中，便有十神太一。②

据汪圣铎先生考证，北宋汴京共有四座太一宫，即太宗太平兴国八年（983）建成的东太一宫，仁宗天圣六年（1028）建成的西太一宫，神宗熙宁六年（1073）建成的中太一宫，徽宗政和八年（1118）建成的北太一宫。③

南宋定都杭州之后，仿汴京之制，新建东、西太乙宫。杭州东太乙宫兴建年代，潜说友《咸淳临安志》卷十三有明确记载："绍兴十七年，遂命两浙运司度地建宫，十八年三月成。"④据《梦粱录》卷八《东太乙宫》载：

> 东太乙宫，在新庄桥南。元东都（今河南开封）祠五福太乙神也。驻跸于此（南宋临安府），以北隅择地建宫，以奉礼寺讨论，宜

---

① 浙江省地方志编纂委员会编：《宋元浙江方志集成》，杭州出版社 2009 年版，第 1 册，第 445 页。

② 吴羽：《宋代太一宫及其礼仪》，《中国史研究》2011 年第 3 期，第 87—108 页。

③ 同上。

④ 浙江省地方志编纂委员会编：《宋元浙江方志集成》，杭州出版社 2009 年版，第 1 册，第 445 页。

设位塑像。……绍兴间（1131—1162），命浙漕度地建宫，凡一百七十四区，殿门扁曰崇真，大殿扁曰灵休，挟殿扁曰琼章宝室，元命殿扁曰介福，三清殿扁曰金阙、寥阳，斋殿扁曰斋明，火德殿扁曰明离。两庑俱绘三皇五帝、日月星宿、岳渎九宫贵神等，与从祀一百九十有五，遵太平兴国（976—984）旧制。①

绍兴以降，历朝对东太乙宫都有增修。其元命殿、三清殿、明离殿、长生殿、通真殿、北辰殿等的增修，则是对开封旧制的突破，昭示了南宋太乙宫崇奉系统的某些新扩展。

除东太乙宫外，杭州也有西太乙宫。吴自牧《梦粱录》卷八：

> 西太乙宫，在西湖孤山。淳祐间，太史奏太乙临梁、益分，请用天圣故事，于国城西南别建新宫，以顺方向，于是择八角镇地，建宫奉安，遂析延祥观地为宫，以凉堂建正殿，扁曰黄庭之殿，殿门扁曰景福之门，安奉太乙十神帝像。东有延祥殿，以备临幸，其外扁曰福祥之门。凡宫之事仪，四立祀典，皆如东太乙例遵行。②

凉堂本在御圃之中，故西太乙宫实与皇家园林合而为一，"宫观亭榭"，"殆仙居焉"③。"咸淳元年，即德辉堂为殿，奉今上皇帝元命，明应堂为寿和圣福皇太后元命"④，西太乙宫也有了本命崇奉的色彩。

《梦粱录》卷十四《祠祭》曰："四立日，祀十神太乙，祀于东西太乙宫。"⑤所谓"四立"，《后汉书·蔡邕传》："一事：明堂月令，天子以四立及季夏之节，迎五帝于郊，所以导致神气，祈福丰年。"李贤注："四立，谓立春、立夏、立秋、立冬。"则太乙宫在四季之初日被作为国家祭祀的场所祀十神太乙。

---

① 吴自牧：《梦粱录》卷八，《东京梦华录（外四种）》，古典文学出版社 1958 年版，第 196—197 页。
② 同上书，第 197 页。
③ 田汝成：《西湖游览志》，上海古籍出版社 1980 年版，卷二，第 19 页。
④ 潜说友：《咸淳临安志》卷一三，浙江省地方志编纂委员会编《宋元浙江方志集成》，第 1 册，杭州出版社 2009 年版，第 446 页。
⑤ 吴自牧：《梦粱录》卷十四，《东京梦华录（外四种）》，古典文学出版社 1958 年版，第 246 页。

（二）万寿观

吴自牧《梦粱录》卷八："万寿观，在新庄桥西。绍兴间建殿观宇……以存东都遗制。"① 万寿观也是开封在杭复建的宫观。其中"绍兴间"，据《咸淳临安志》为绍兴十七年。开封万寿观在景龙门西北，本玉清昭应宫东偏别殿。天圣七年六月，玉清昭应宫发生火灾，据《建炎以来朝野杂记》载："燔爇殆尽，惟存长生、崇寿二殿，并章献太后本命殿。稍后修葺……葺章懿太后御容殿，改名万寿观。"

杭州万寿观规制，潜说友《咸淳临安志》记载："殿东乡挹生气也，为三室：昊天曰太霄殿（玉像），圣祖曰宝庆殿（金像），长生帝曰长生殿（神位）。西则皇帝元命殿，曰纯福。后殿十有二楹，为二十二室。太祖曰会圣宫、曰章武殿；由太宗皇帝而右，凡六庙，皆一宫，曰会圣；由徽宗皇帝而右，凡七庙，皆二宫，曰会圣、曰应天玄运（塑像）。……前殿之东又有真宗皇帝室，曰延圣；章惠皇后曰广爱，温成皇后曰宁华。""景定二年，改道院斋阁以奉寿和圣福皇太后元命。"② 在观之东"建神华馆，命羽士焚修"③。与开封万寿观相比，杭州万寿观规制明显更见宏富。

（三）佑圣观

杭州佑圣观是否为开封侨置宫庙，文献无明确记载。但据李濂《汴京遗迹志》卷十记载，开封确有佑圣观，且有两座：一在城内西南隅马军衙桥之西，一在陈州门里普济水门西北。既有同名宫观在，则杭州佑圣观很有可能是绍继开封宫庙的产物。杭州佑圣观仅只一座，后世称道观所在的道路为佑圣观路，其名称沿用至今。

吴自牧《梦粱录》卷八："佑圣观，在兴礼坊西，元（原）孝庙旧邸……淳熙岁，诏改为道宫，以奉真武。绍定重建观门，曰佑圣之观，殿曰佑圣之殿，藏殿扁曰琼章宝藏，御制《真武赞》及宸翰《黄庭经》，皆刻之石以赐。后殿奉元命，西奉孝庙神御，即明远楼旧址也。"④ 所谓"淳熙间"，据《咸淳临安志》为淳熙三年。绍定赐额，学

① 吴自牧：《梦粱录》卷八，《东京梦华录（外四种）》，古典文学出版社 1958 年版，第196 页。

② 潜说友：《咸淳临安志》卷一三，浙江省地方志编纂委员会编《宋元浙江方志集成》，杭州出版社 2009 年版，第 1 册，第 447 页。

③ 吴自牧：《梦粱录》卷八，《东京梦华录（外四种）》，古典文学出版社 1958 年版，第196 页。

④ 同上书，第 197—198 页。

士院书"佑"成"右"，道士以为"宫无人何以自立"，理宗特令加上"人"旁①。

《梦粱录》卷二载，每年三月三日"正遇北极佑圣真君圣诞之日"。"北极佑圣真君"就是玄武，也称真武，佑圣观是临安唯一一个专祀真武神的宫观。真武神诞辰的庆祝活动场面宏大，民众结社参与，热情很高，可算是一个盛大的庙会。

（四）四圣延祥观

潜说友《咸淳临安志》卷十三："四圣延祥观，在孤山，旧名四圣堂。"② 同书又云："《道经》云：紫微北极大帝之四将，曰天蓬、天猷、翊圣、真武。"可知四圣延祥观所奉的是北帝之四将。北帝派自唐代邓紫阳之后曾一度大显于世。但北帝派在世流传时间并不长，至唐末北帝派似已不存。但北帝大法作为符箓道法的一种，却对后世影响很大，而其所信仰之北帝诸神对后世多个道教流派有较大影响。特别是宋徽宗所崇信之神霄派的主神有三清、三帝、九宸，其中三帝之首是"北极紫微大帝"，即为北帝派所奉之北帝。三清三帝九宸之下有九司三省和四府，四府专司调兵遣将，收摄魔邪③。《紫微玄都雷霆玉经》曰："北极紫微大帝统御三界，掌握五雷，天蓬君、天猷君、翊圣君、玄武君分司领治。"④ 可知神霄派所奉之北极紫微大帝及四位雷霆主帅正是北帝派所奉之北帝及其麾下天蓬、天猷、翊圣、玄武四帅。这说明神霄派兴起时，将北帝派的神灵体系纳入了自己的神灵体系中。这种信仰可以在四圣延祥观所奉之主神中看到。

四圣延祥观之兴建据说与韦后奉事、康王使金有关："先是显仁韦太后绘像，奉事甚谨，朝夕不忘香火。高庙为康邸，出使将行，见四金甲神人，执弓剑以卫。绍兴间，慈宁殿出财建观侍奉，遂于孤山古刹，徙之为观。"⑤

四圣延祥观也是南渡后移建的道观。汴京也有四圣延祥观，孟元老

① 田汝成：《西湖游览志》，上海古籍出版社1980年版，卷一七，第228页。
② 潜说友：《咸淳临安志》卷十三，浙江省地方志编纂委员会编《宋元浙江方志集成》，第1册，杭州出版社2009年版，第451页。
③ 参见李远国《神霄雷法》第六章《神霄诸帝与雷部众真》，四川人民出版社2003年版，第153—211页。
④ 《道藏》第1册，第756页。
⑤ 吴自牧：《梦粱录》卷八，《东京梦华录（外四种）》，古典文学出版社1958年版，第198页。

《东京梦华录》卷三《大内前州桥东街巷》记载："大内前州桥之东，临汴河大街，曰相国寺……近东四圣观、襪根巷。"① 可知在大内外之相国寺附近。《咸淳临安志》卷一三曰："二十年，诏复东都延祥旧名。"直接指出了杭州四圣延祥观为开封旧观的延续。同时说明绍兴二十年之前，称四圣堂，二十年后才称作四圣延祥观。

四圣延祥观于"十五年，内出神像奉安。（斫以沈香）"即四圣以沉香雕刻后，于绍兴十五年（1146）奉于观中。四圣延祥观亦有供奉皇帝本命的元命殿，《咸淳临安志》卷十三曰"皇帝元命阁曰清宁"②。

（五）三茅宁寿观

吴自牧《梦粱录》卷八："三茅宁寿观，在七宝山，元（原）三茅堂，因东都三茅宁寿之名，赐观额宁寿观，殿扁曰太元，奉三茅真君像。"③ 杭州三茅宁寿观原称三茅堂，为与东都旧名吻合，且所奉之神也相同，故在杭州的三茅堂赐名"三茅宁寿观"。既是赐名，其与汴京之"三茅宁寿观"的传承关系应该是相当明确的。其渊源，陆游《观碑》记载甚详："绍兴二十年十月，诏赐行在三茅堂名曰宁寿观，因东都三茅宁寿之旧也。初，章圣皇帝建会灵观，实于崇元殿之侧营三茅君殿，是为祖宗崇奉之始。至是，高宗皇帝方跻天下，于仁寿之域，尤垂意焉，乃命道士蔡君大象知观事、蒙君守亮副之，许其徒世守。又命内侍刘敖典领，置吏胥，给清卫兵，略用大中祥符故事。后十年，敖遂请弃官，专奉宁寿香火。诏如所请，赐名能真，改左右街都道箓，仍领观事，实又用至道中内侍洪正一故事。上心眷顾，每示优假如此。"④

杭州三茅宁寿观的规制，吴自牧《梦粱录》卷八记称有太元殿、三神御殿，观外东山另有元命殿、宾日亭、仁寿庵等。⑤ 据《咸淳临安志》，太元殿为其正殿，供三茅真君像，"徽宗皇帝御画也"；三神御殿即徽宗、

---

① （宋）孟元老：《东京梦华录》卷三，《东京梦华录（外四种）》，古典文学出版社1958年版，第18—19页。

② 浙江省地方志编纂委员会编：《宋元浙江方志集成》，杭州出版社2009年版，第1册，第451页。

③ 吴自牧：《梦粱录》卷八，《东京梦华录（外四种）》，古典文学出版社1958年版，第199页。

④ 潜说友：《咸淳临安志》卷十三，浙江省地方志编纂委员会编《宋元浙江方志集成》，杭州出版社2009年版，第1册，第453页。《清波小志》亦收入此文，称《行在宁寿观碑》。

⑤ 吴自牧：《梦粱录》卷八，《东京梦华录（外四种）》，古典文学出版社1958年版，第199页。

钦宗、高宗皇帝神御殿；而东山元命殿则奉度宗与寿和圣福皇太后元命。①　又记三茅宁寿观有三件"希世之珍"，"一曰宋鼎，乃宋孝武帝之牛鼎，以祀太室之鼎；二曰唐钟，系大唐常州澄清观旧物，内庭出内帑金帛易以赐之，禁中每听钟声，以奉寝兴食息之节；三曰褚遂良书小字《阴符经》，此物宣取复赐贾秋壑（似道）"②。

（六）开元宫

吴自牧《梦粱录》卷八："开元宫，在太和坊内秘书省后，元宁庙潜邸，为道宫。向东都有开元阳德观，以奉火德。嘉泰年，诏以嘉邸改充开元宫，仪制皆视佑圣观。"③　杭州开元宫为宁宗潜邸改建而成。既是因东都开元阳德观而建，其为开封旧观的复制应已昭然。"嘉泰间"者，为嘉泰元年。宋以火德立国，南渡后，火德之奉先在太乙宫内，至是改潜邸为宫始有专祠。④

杭州开元宫规制，潜说友《咸淳临安志》卷十三："嘉泰元年四月，诏以嘉邸府改充开元宫，仪制皆视佑圣观，殿曰明离，祀以立夏。四年，又诏临安府即殿之右别建阆伯宣明王殿。……绍定间更创。先是，大宗正司分其地之半，遂徙宗司他所，悉以其址为宫。端平初，增创宁宗皇帝神御殿。又有殿曰璇玑，以奉北斗；曰衍庆，以奉真武，匾皆理宗皇帝御书。咸淳三年，创顺福之殿，奉寿和圣福皇太后元命；申佑之殿，奉今上皇帝元命，而易北斗殿之匾曰北辰之殿，皆熙明殿奎画。"⑤　其中，嘉泰四年增建宣明王殿，是因为有臣僚言阆伯已封王爵，不当抑为真官陪侍星像之侧；"绍定间更创"是因为遭遇了一场大火。那么，杭州开元宫积历年所修，至少应有明离殿（正殿）、宣明王殿、璇玑殿（即北辰殿）、宁宗神御殿、衍庆殿、顺福殿、申佑殿等多座大型建筑。⑥　此外，宫之北还

---

① 潜说友：《咸淳临安志》卷十三，浙江省地方志编纂委员会编《宋元浙江方志集成》，杭州出版社 2009 年版，第 1 册，第 452—453 页。

② 吴自牧：《梦粱录》卷八，《东京梦华录（外四种）》，古典文学出版社 1958 年版，第 199 页。

③ 同上。

④ 段玉明：《南宋杭州的开封宫观》，《天台山暨浙江区域道教国际学术研讨会论文集》，浙江古籍出版社 2008 年版，第 42—55 页。

⑤ 浙江省地方志编纂委员会编：《宋元浙江方志集成》，杭州出版社 2009 年版，第 1 册，第 448 页。

⑥ 段玉明：《南宋杭州的开封宫观》，《天台山暨浙江区域道教国际学术研讨会论文集》，浙江古籍出版社 2008 年版，第 42—55 页。

有阳德馆一座，"以存修真之道侣"①。

三　南宋临安的元命信仰和真武信仰

综观杭州的开封侨置宫观，某些殿阁的重复错出是一突出印象。其中，供奉南宋诸帝后元命的元命殿、供奉宋代历祖神御的神御殿最多，几乎每观必有；次之则是供奉真武的佑圣殿、通真殿、衍庆殿，共有三座（倘含四圣殿于内，则为四座）。② 这些设置与南宋所盛行的元命和真武信仰有关。元命信仰虽然起源较早，但在宫观供奉自己的元命星神作为其信仰的形式，起自于北宋皇室，而盛行于南宋皇室，是南宋较为独特的信仰方式。真武原是北帝座下四将之一，地位不高，但从宋代起，真武信仰被推到一个较高的地位，从宋代直至明代，真武信仰可以用极盛来形容。南宋是真武信仰的一个转折点，可以结合供奉真武的宫观和民众参与的真武诞辰的庆典来做一个较为深入的探讨。

（一）南宋元命信仰

吴自牧称杭州御前宫观大抵"以奉元命"，是南宋一个独特的现象。刘长东认为元命信仰又称为本命信仰，并引宋范成大《丙午新年六十一岁，俗谓之元命，作诗自貺》："岁复当生次，星临本命辰"诗证之。③ 本命信仰的首要基础为干支计时，当是干支历所延伸出来的一种信仰，其次的基础当是星命及与星命相结合的阴阳五行学说。

元命信仰分两种，一是以干支都相同为本命年。由于天干地支合成六十花甲子，故至六十一岁，则又见其出生的干支，如范成大之诗称"新年六十一岁，俗谓之元命"。二是以地支相同为本命年，也是现在民俗最为常用的计算方法。十二地支与生肖相连，故民间往往以属相相同之年称为本命年。

从史志来看，本命之说首见于《三国志·管辂传》："正元二年，辂曰：'……又吾本命在寅，加月食夜生。天有常数，不可得讳，但人不知耳。吾前后相当死者过百人，略无错也。'是岁八月，为少府丞。明年二

① 吴自牧：《梦粱录》卷八，《东京梦华录（外四种）》，古典文学出版社 1958 年版，第 199 页。

② 段玉明：《南宋杭州的开封宫观》，《天台山暨浙江区域道教国际学术研讨会论文集》，第 42—55 页。

③ 刘长东：《本命信仰考》，《四川大学学报》（哲学社会科学版）2004 年第 1 期，第 54—64 页。

月卒，年四十八。"管辂即是以地支相同为本命。《晋书·艺术·戴洋传》亦有本命之说，曰："戴洋，字国流，吴兴长城人也……及长，遂善风角。为人短陋，无风望，然好道术，妙解占侯卜数……王导遇病，召洋问之。洋曰：'君侯本命在申，金为土使之主，而于申上石头立冶，火光照天，此为金火相烁，水火相煎，以故受害耳。'导即移居东府，病遂差。"戴洋也是以地支相同为本命年。

帝王之本命信仰至少始于隋代。《隋书·萧吉传》曰："萧吉，字文休，梁武帝兄长沙宣武王懿之孙也。博学多通，尤精阴阳算术……开皇十四年上书曰：'……辛酉之日，即是至尊本命……庚申之日，即是行年……《阴阳书》云："年命与岁月合德者，必有福庆。"……而本命为九元之先，行年为三长之首，并与岁月合德……冬至阳始，郊天之日，即是至尊本命，此庆四也。夏至阴始，祀地之辰，即是皇后本命，此庆五也。至尊德并乾之覆育，皇后仁同地之载养，所以二仪元气，并会本辰。'上览之大悦，赐物五百段。"开皇为隋文帝杨坚的年号，故"上览之大悦"是文帝之事。

《北史·袁充传》曰："袁充，字德符，本陈郡阳夏人也……充性好道术，颇解占候，由是领太史令……仁寿四年甲子岁，炀帝初即位……充复托天文，上表陈嘉瑞以媚上曰：……是以初膺宝历，正当上元之纪；乾之初九，又与本命符会。……书奏，帝大悦，超拜秘书令。"此为炀帝亦喜本命之说。从以上两件事情来看，可以认为隋代朝廷之上出现了本命喜忌之说，但隋代皇帝本人似没有与本命信仰相关的禁忌。同时隋及以前，本命信仰都与数术和干支相关，与道教的神祇和斋醮无关。

到了唐代则不同，《旧唐书·礼仪三》曰："玄宗乙酉岁生，以华岳当本命。先天二年七月正位，八月癸丑，封华岳神为金天王。开元十年，因幸东都，又于华岳祠前立碑，高五十余尺。又于岳上置道士观，修功德。至天宝九载，又将封禅于华岳，命御史大夫王鉷开凿险路以设坛场，会祠堂灾而止。"① 也就是唐玄宗生于酉年，酉属金，为西方，故以西岳华山为本命，以至于开展了一系列在华山的册封和祭祀的活动。这些活动可以看作是玄宗的主动行为，是帝王有意识地进行与本命信仰相关的宗教活动的证据。同时封"华岳神为金天王"、"于岳上置道士观"、"设坛场"之举可以看作是本命信仰与道教信仰相结合的

---

① （后晋）刘昫：《旧唐书·礼仪三》，中华书局1975年版，第3册，第904页。

举措。

到了宋代，宋代皇室的元命信仰又以新的形式出现。刘长东认为"宋代皇帝的本命斋醮很可能始于真宗"，"真宗时已有专建皇帝本命殿之制矣"①。皇帝的本命殿中供奉的内容是本命星官位牌，《宋会要辑稿》礼五之二二曰："皇帝本命纯福殿见安奉至尊寿皇圣帝丁未本命星官位牌，乞依礼例设置皇帝丁卯本命星官位牌，一处安奉。"② 本命星官之信仰与《道藏》所收的约是宋代新出的与本命信仰有关的道经有关。

《道藏·洞神部·本文类》收有《太上玄灵斗姆大圣元君本命延生心经》，其内容为斗姆生九星官，其文曰："斗姆沐浴于九曲华池中……怡养神真，修炼精魄……放无极微妙光明，洞彻华池，化生金莲九苞……现九皇道体，一曰天皇，二曰紫微，三曰贪狼，四曰巨门，五曰禄存，六曰文曲，七曰廉贞，八曰武曲，九曰破军。"又曰"天皇、紫微……二星分作余晖，为左辅右弼"③。此经为斗姆生九星官的神话。另有更为重要的一篇经文为同在《洞神部·本文类》所收的《太上玄灵北斗本命延生真经》，《道藏提要》认为"是经盖唐宋初道流扶乩降笔"④。此经《道藏》收有三个注本，其作注之人都为宋元之人，《道藏提要》认为《太上玄灵北斗本命延生真经》出于宋初，是极有可能的。《太上玄灵北斗本命延生真经》与元命信仰有关的内容是北斗七星与十二地支生人的配属关系，其经文曰：

　　　　北斗第一阳明贪狼太星君（子生人属之）
　　　　北斗第二阴精巨门元星君（丑亥生人属之）
　　　　北斗第三真人禄存真星君（寅戌生人属之）
　　　　北斗第四玄冥文曲纽星君（卯酉生人属之）
　　　　北斗第五丹元廉贞纲星君（辰申生人属之）
　　　　北斗第六北极武曲纪星君（巳未生人属之）
　　　　北斗第七天关破军关星君（午生人属之）

---

① 刘长东：《本命信仰考》，《四川大学学报》（哲学社会科学版）2004 年第 1 期，第 54—64 页。

② 《宋会要辑稿》礼五之二二。

③ 《道藏》第 11 册，第 345 页。

④ 任继愈主编：《道藏提要》，中国社会科学出版社 1991 年版，第 449 页。

北斗第八洞明外辅星君

北斗第九隐光内弼星君①

上述九星与《太上玄灵斗姆大圣元君本命延生心经》中所列斗姆所生九星基本相同，或是出于其后。按《太上玄灵北斗本命延生真经》，本命与地支相关联。而《道藏·正一部》有《六十甲子本命元辰历》，其中列出了六十甲子神的名号，所属从官，并其所属北斗七元星君。不过《六十甲子本命元辰历》只有正文没有序跋，难以了解其创作的年代。《道藏》提要称"《隋书·经籍志》著录《元辰历》一卷，或与本篇有关"②。也只是猜测之语。前引《宋会要辑稿》称宋帝所列是"丁未本命星官位牌"，按北斗七元星君只计地支，而宋帝所列为"丁未"本命星官，则其所列或是六十甲子神位牌，因其从属于北斗七元星君中之一位，或会同列星君位牌。七星又出于斗姆，或也会有斗姆之位。

《太上玄灵北斗本命延生真经》曰："帝王下及庶人，尊卑虽则殊途，命分俱无差别。凡夫在世，迷谬者多不知身属北斗，命由天府，有灾有患，不知解谢之门……或重病不痊，或邪妖克害……或上天谴责，或下鬼诉诬若有此危厄，如何救解？急须投告北斗，醮谢真君，及转真经，认本命真君，方获安泰，以至康荣更有深妙，不可尽述，凡见北斗真形，顶礼恭敬。"③ 经中所说，北斗星官信仰，帝王与庶人"命分俱无差别"，或是宋代皇帝信奉元命的原因之一。同时宋室南渡，元命信仰被推到了一个前所未有的高度，不啻各代帝后尽有专殿，有的且有多处（如理宗在东太乙宫、西太乙宫、佑圣观、四圣延祥观、开元宫皆有元命殿，度宗亦在东太乙宫、西太乙宫、三茅宁寿观、开元宫有元命殿，寿和圣福皇太后则在西太乙宫、万寿观、三茅宁寿观、开元宫有元命殿）。与南极、北斗的过度奉祀合而观之，不能不说帝后本身的安危在南宋皇室得到了高度重视。这固然不排除元命信仰发展的影响，但更重要的可能是与靖康之变的阴影有关。靖康之变以帝国破灭、帝后北迁的惨剧，把帝国与帝后的安危抬到了一个让人胆寒的程度。于是乎，帝国保护神与生命保护神双双得到了令

---

① 《道藏》第 11 册，第 347 页。

② 任继愈主编：《道藏提要》，中国社会科学出版社 1991 年版，第 1019 页。

③ 《道藏》第 11 册，第 347 页。

人注目的重视。①

（二）南宋临安的真武信仰

真武，古称玄武，为北极紫微大帝座下四将之一。北极紫微大帝又称北帝，唐代有北帝派，其北帝及座下四将天蓬、天猷、翊圣、玄武为北帝派主要的神仙系统，至宋代为神霄派所继承。在自太宗而下至于钦宗的历代奉祀加封中，他们已经被打造成了北宋帝国的保护神。北宋时，崇奉真武的习俗以汴京为中心，盛行于中原地区并逐渐向四方辐射。宋朝南渡之后，北方金人的威胁、压力越来越大，统治者希求真武神护佑的心情愈加迫切，因之，统治者在大加封号的同时，亦大力营建祭祀真武的宫观，临安（今浙江杭州）遂成为崇奉真武的中心地。②

南宋临安的真武信仰有三个方面的表现，一是在帝王的支持下奉祀真武宫观众多；二是民众借真武诞辰而形成盛况空前的道教与民俗相融合的节日；三是具有真武信仰的汴京移民的加入，使得南宋临安的真武信仰，达到了一个相当的程度，并成为全国崇奉真武的中心地。

1. 临安的真武宫观

北宋时，朝廷对真武神是和天蓬、天猷、翊圣一起崇奉的，称为四圣，所建道观称四圣堂。宋室南渡后，在杭州亦建观奉四圣，称四圣延祥观。四圣延祥观之兴建与韦后奉事、康王使金有关，韦后回京后就谨慎奉祀，朝夕不忘香火。

据《梦粱录》卷八记载，南宋王朝在临安城内外建有九座御前宫观，其中的佑圣宫为真武专祠。关于奉祀真武的宫观称"佑圣观"，这佑圣两字是有来历的。宋真宗时，创造了赵氏祖先赵玄朗为神仙，因避玄朗之讳，于大中祥符五年（1012）十二月改玄武为真武③，称"真武灵应真君"。此后宋徽宗又加封"佑圣"二字，时在大观二年（1108）。《道藏》收有《真武灵应真君增上佑圣尊号册文》④，记述了该事件。作为真武专祠的佑圣观原为孝宗未即帝位前的旧邸，淳熙三年（1176）改建，以供奉真武神。据当时的传言，观中所奉真武像，乃是比照孝宗

---

① 段玉明：《南宋杭州的开封宫观》，《天台山暨浙江区域道教国际学术研讨会论文集》，第42—55 页。

② 梅莉：《宋元时期杭嘉湖平原真武信仰》，《天台山暨浙江区域道教国际学术研讨会论文集》，第83—90 页。

③ 卿希泰主编：《中国道教史》第 2 册，第 561 页。

④ 《道藏》第 18 册，第 42 页。

的容貌做成的。宋李心传《建炎以来朝野杂记》（甲集卷二）："佑圣观，孝宗旧邸也。……淳熙三年初十二月落成，盖建以奉佑圣真武灵应真君者也。内塑真武像，盖肖上之御容也。"关于此观兴建的原因，洪迈《夷坚志》卷三十六《佑圣观梦》说："是时孝宗于潜邸王宫创建佑圣观，以答在藩祷祈感之贶。"专祀真武宫观的出现，可以看作是真武信仰到达顶点的标志。

随专祀真武的佑圣观外，四圣延祥观祀四圣，即北帝座下四将，真武、天蓬、天猷、翊圣，故四圣延祥观亦是祀奉真武的主要宫观。开元宫的主殿衍庆殿祀真武，在东太乙、宗阳宫中亦建有大殿以"奉佑圣"，由此可见真武神信仰在南宋朝廷的地位。

御前宫观中，真武专祀宫观的出现和较多祀奉真武大殿的配置，代表了朝廷和官方对真武信仰的态度。临安民间宫观受此影响，也有较多的奉祀真武的宫观或专殿。

宋元时期的临安尚有以下几座真武祠：（1）开元宫。嘉泰元年（1201）宁宗下诏将潜邸改建为开元宫，主殿供奉真武神，额称衍庆殿，仪制皆仿孝宗朝所建的佑圣观。（2）佑圣庵。嘉靖《仁和县志》卷十二《寺观》记载："佑圣庵，在德圣桥东堍，宋绍兴间建，以奉真武圣像，屡有灵应，安镇风水，庇祐居民。洪武甲子戴一庵重修，景泰间羽士王正崇等志存修复，至成化庚寅就绪，圣阁焕然一新，居民得以崇奉香火，远近永赖。"（3）真武观。宋代吴自牧《梦粱录·城内外诸宫观》载，临安大和寺建有真武观。（4）真圣观。《咸淳临安志·寺观》记载：真圣观，在城南六和塔侧，宝庆二年（1226）道士江师隆创观，有真武像，淳祐间摹本上进，理宗皇帝御书御制赞。据田汝成《西湖游览志》第二十四卷记载，此观明代已废。（5）明真宫。万历《钱塘县志·纪制·宫》记载，明真宫在杭州武林门北曰湖墅，旧名青莎镇，为玄天上帝真武行祠。[①]

2. 临安三月三真武诞辰

三月三日为真武诞辰，既是以真武诞辰而设的香会，也是临安民众的节日。《梦粱录》卷十九《社会》曰："北极佑圣真君圣降及诞辰，士庶与羽流建会于宫观或于舍庭。诞辰日，佑圣观奉上旨建醮，士庶炷香纷

---

① 梅莉：《宋元时期杭嘉湖平原真武信仰》，《天台山暨浙江区域道教国际学术研讨会论文集》，第83—90页。

然，诸寨建立圣殿者，俱有社会，诸行亦有献贡之社。"① 由皇帝"降赐御香"举办的大型法事活动，每年都要举行一次。三月三日真武圣诞节的进香，以佑圣观的最负盛名，《梦粱录》曰：

> 佑圣观侍香火，其观系属御前去处，内侍提举观中事务，当日降赐御香，修崇醮录。午时朝贺，排列成威仪，奏天乐于墀下羽流整肃，谨朝谒于陛前，吟咏洞章陈礼。士庶烧香，纷集殿庭。诸宫道宇，俱设醮事，上祈国泰，下保民安。诸军寨及殿司衙奉侍香火者，皆安排社会，结缚台阁，迎列于道，观睹者纷纷。贵家士庶，亦设醮祈恩。贫者酌水献花。杭城事圣之虔，他郡所无也。②

三月三真武诞辰而形成的"真武节"，反映民间信仰的浓烈程度。可谓是有资财之家设醮祈恩，而贫者亦积极参与其中，虽然只是"酌水献花"，杭城事圣之盛况，为当时之最。关于"社会"的盛况，宋周密《武林旧事》卷三《社会》曰：

> 二月八日为桐川张王生辰，震山行宫朝拜极盛，百戏竞集，如绯绿社（杂剧）、齐云社（蹴踘）、遏云社（唱赚）、同文社（耍词）、角觝社（相扑）、清音社（清乐）、锦标社（射弩）、锦体社（花绣）、英略社（使棒）、雄辩社（小说）、翠锦社（行院）、绘革社（影戏）、净发社（梳剃）、律华社（吟叫）、云机社（撮弄）。而七宝、鞍马二会为最。玉山宝带，尺璧寸珠，璀璨夺目，而天骥龙媒，绒鞯宝辔，竞赏神骏。好奇者至剪毛为花草人物。厨行果局，穷极肴核之珍。有所谓意思作者，悉以通草罗帛，雕饰为楼台故事之类，饰以珠翠，极其精致，一盘至直数万，然皆浮靡无用之物，不过资一玩耳。奇禽则红鹦、白雀，水族则银蟹、金龟，高丽、华山之奇松，交、广海峤之异卉，不可缕数，莫非动心骇目之观也。若三月三日殿司真武会，三月二十八日东岳生辰社会之盛，大率类此，不暇赘陈。

此文虽然是描写二月八日桐川张王生辰之事，但"三月三日殿司真

① （宋）吴自牧：《梦粱录》卷十九，《东京梦华录（外四种）》，第299页。
② （宋）吴自牧：《梦粱录》卷二，《东京梦华录（外四种）》，第146页。

武会"亦"大率类此"，故可作为真武会的盛况来看。其实这些道教节日不只是杭城当时的民间盛会，各行各业均来寻找商机，当是人头攒动，士庶争相前来，盛况空前。文中所述三月三日奉祀真武的风俗，并不仅仅盛行于杭州，其他地区也有，只不过杭州事神特别虔诚。

3. 汴京移民的真武信仰

临安真武受崇奉的原因上面提到有二，"临安为当时的行在所，经济文化的中心，具有凝聚封建王朝的向心力和举足轻重的地理位置；真武庙的修建由国家出资修建或重建、改建、增建的，真武庙的规模盛大；有皇帝派官员专程前往朝拜或皇帝御笔为庙宇题字等活动，从而造成很大影响，祭祀者盛多；这些地区有关真武的神异传说及民间崇祭真武的风俗浓厚，影响甚大"①。临安真武信仰之深刻与宋代汴京的移民也有关系。

南宋时，"当时的临安已达 16 万户，人口最多时有 150—160 万人"②。当时临安的外籍居民已经超过土著人数。而在外籍人口中，以汴京人为最多③。汴京人至迟在唐代已建有专祠奉祀真武，北宋成为都城之后，奉祀更为虔诚，据宋张师正《倦游杂录》的记载，"近世士人，洎闾巷小民、军营卒伍，事真武者十有七八，无不倾信"，汴京之人信仰真武的达到百分之七八十，说明到北宋中期真武信仰已在汴京广泛流传。南渡后，他们将真武信仰带入临安是很自然的事，而且不少人身为皇亲、贵戚、官吏，其影响力也是惊人的。④

四　南宋道教管理制度

（一）南宋道教管理的新特征

宋代是道教大发展的时期。首先由于宋朝历代皇帝的崇道倾向，道教呈现出相当繁荣的景象；其次是道教内丹理论从唐五代以来，已经基本成熟，且道教本身在教理、教义、教规等方面有了很大发展。在外部和内部两方面的影响下，道教宫观和信教人数大量增加，对道教的管理成为宋朝

① 周晓薇：《宋元明时期真武庙的地域分布中心及其历史因素》，《中国历史地理论丛》2004年第 3 辑。

② 王国平：《南宋史研究丛书序》，《南宋宗教史》，人民出版社 2008 年版，序第 12 页。

③ 林正秋：《南宋都城临安》，西泠印社出版社 1986 年版，第 179 页。

④ 梅莉：《宋元时期杭嘉湖平原真武信仰》，《天台山暨浙江区域道教国际学术研讨会论文集》，第 83—90 页。

政府非常重视的问题。宋代道教的管理虽然也沿用了前代的一些制度和方法，但宋代及南迁后，南宋的道教出现了一些新的内容，这势必使南宋的道教管理出现了一些新的特征。

从中央到地方设立道教管理部门管理宫观和道士，是道教管理的一般情况。主要以中央的道录院和地方的道正司为主。而南宋的不同之处在于以下几个方面。

一是国家的礼典的内容中较多地吸收了道教的内容。国家的礼典吸收道教的内容，其原因和内容主要有以下几个方面：第一是由于皇帝的崇道，使得在设立朝会仪注时引入了道教仪式的内容。第二是皇帝崇道的情况下，设立了很多的节日，这些节日有很多来源于道教，而相关的道教宫观往往成为节日庆祝的场所。第三是宋代，特别是南宋，摆放历代先帝神御多在道教宫观，使得到道教宫观谒见历代先祖是国家典礼的一个组成部分。"宋代国家礼制对道教的吸收，包括从礼典到实践、从普通的祈拜到含有政治意图的禀告等各个方面。这既是宋代礼制发展的特点，也是儒道二教融合的体现。"①

二是宫观的建立要得到朝廷的批准。为了控制宗教势力的膨胀，并防止民间淫祀的出现，宋代宫观的建立要逐级申报，并由祠部进行批准，然后由皇帝赐额的形式完成批准。也就是宋代的宫观名义上都是由皇帝赐额的。这种赐额是新建宫观的必要程序，而不是说这个宫观得到了皇帝的特别青睐。

三是由于摆放先帝神御和皇帝本命的御前宫观等的存在，对这些宫观的管理是在这些宫观设提点所，其中御前宫观一般由内侍任提点、提举，而南宋时余杭洞霄宫则都由左右丞相兼任提举官，这是宋代宫观管理的一个重要特色。

四是除对道士的道籍进行管理外，宋代还建立了赐道士"师号"的制度。宋代师号制度已很完善，从高到低有"先生"、"法师"、"处士"、"大师"四级，每级又有八字、六字、四字、二字四等，共十六阶。字数是决定师号等级的标准，同时也是师号升迁的凭证。师号字的内容取自道书或本于道教之说，也有据该道冠之所长而定，如："冲真"、"虚应"、

---

① 王志跃：《宋代国家、礼制与道教的互动——以〈宋史·礼志〉为中心的考察》，《殷都学刊》2011年第2期，第46—49页。

"演道"、"澄秀"等。①

（二）南宋道教管理的中央与地方机构

南宋管理道教的中央机构主要是礼部下属祠部的道教管理机构及道录院。

祠部分四案，道释案：掌功德寺观颁赐、更换紫衣、师号试经拨放度牒回收、补发亡遗度牒给降、书填、翻改空名度牒补迁僧道正整会甲乙、十方住持教门事务。详定祭祠太医帐案：掌道释神祀加封赐额拘催僧道籍帐。制造巢：掌制造、书写、勘合度牒、师号及审批度牒库送来的僧道度牒、紫衣、师号申请。知杂开拆司：接受各州县经都进奏院送来的僧道申请、文书。别有度牒库保管度牒，南宋亦"掌僧道二流承恩度牌"②。

中央道录院原是鸿胪寺的一个官属，但南宋"中兴后，废鸿胪不置，并入礼部"③。其具体时间应在建炎三年（1129），罢秘书省之时。故南宋时道录院属礼部下的祠部管理。其职能是道职迁补、制定斋醮科仪、规定名山洞府活动、选拔道士管勾宫观、管理道冠籍帐等。道录院官员一般由道士充任，是道士进行自身管理的中央机构。

南宋各府州设道正司，分管内道正司和山门道正司两类。管内道正司设于州、府、军、监，司随其人，附于宫观。④ 山门道正司设于道教名山胜地，如茅山就设有山门道正司"管辖本山诸宫观"⑤。

（三）南宋的宫观管理

宫观分为御前宫观和普通宫观。御前宫观设提点所直接管理，不由道录院管理。宫观提点所全称为"某某御前宫观提点所"。南宋定都杭州，城内有东太乙宫、西太乙宫、万圣观、佑圣观、显应观、四圣延祥观、三茅宁寿观、开元宫、龙翔宫、景灵宫、德寿宫十一个提点所。提点所一般由内侍掌领，如景灵宫"掌宫内侍七人，道士十人，吏卒二百七十六"⑥，万寿观"掌观内侍二人，道士十一人，吏卒一百五十五

---

① 石涛：《宋代对道教的管理》，《山西大学学报》（哲学社会科学版）2000年第1期，第30—37页。

② 唐代剑：《宋代道教管理机构考述》，《中国道教》1996年第4期，第18—21页。

③ 《宋史·志一一八·职官五》。

④ 唐代剑：《宋代道教管理机构考述》，《中国道教》1996年第4期，第18—21页。

⑤ 杨倩描：《南宋宗教史》，人民出版社2008年版，第48页。

⑥ 《建炎以来朝野杂记》（甲集）卷二《今景灵宫》。

人"①。其中内侍是宫观的管理者，而道士只负责法事。南宋又有余杭洞霄宫一处提举所。该提举所都由丞相任提举官，当然只是兼职。据许圣元《洞霄宫》统计，南宋有六十多位左、右丞相及参知政事（副丞相）曾提举洞霄宫。

普通宫观的管理，由"三头首"负责，依次为都监、管辖、知宫（观）。宫观的实际负责人称住持。住持由三头首中为首者担任。在有都监的宫观，住持由都监担任；没有都监或都监暂缺，住持由管辖兼任；前两人都缺，则住持由知宫担任。

宋代道教宫观与佛教寺庙，根据住持选授、财产所有制不同，分为十方制和甲乙制两种。普通宫观的住持选授主要根据宫观的属性而定，甲乙制宫观，采用的是世袭制，其住持由师兄弟，或师徒间直接传承。十方制宫观则大多是在府州的长官主持下，由道众公推。所以十方制较甲乙制更加公正、平等和民主。

五　南宋道教宫观遗存

（一）通玄观造像

通玄观造像②位于杭州市区紫阳山东麓，太庙巷紫阳小学后山的崖壁上。通玄观造像坐北朝南，长30米，高3.7米，自西向东，依次雕凿四龛六尊道教造像及南宋至明代的摩崖题记和碑十一通。该造像或是杭州乃至江南地区唯一留存的宋代道教造像。

通玄观所存四龛造像，其中前三龛为南宋造像，后一龛为明代造像。造像第一龛，内坐像一尊，高78厘米，戴道冠，着道袍，作道士装饰，题记曰："皇宋开山鹿泉刘真人像"，在"刘真人"造像的右下方有一只鹿，长56厘米，高52厘米，头西尾北，四脚撇开，尾巴向上翘起，奔跑状。造像第二龛，内坐像一尊，高86厘米，头戴黄冠，身着道袍，端坐仰莲座上，题记曰："玉清元始天尊像。"造像第三龛，内立像三尊，皆头戴黄冠，身着道袍，足踩祥云。中间一尊手捧如意，像高1.42米。脚下还有一头狮子。题记曰："掌吴越司命三茅真君像。"（见图7-2）第

---

① 《建炎以来朝野杂记》（甲集）卷二《万寿观》。

② 对于通玄观造像研究的文章不多，仅见劳伯敏《南宋临安的道观和通玄观造像》［《杭州师院学报》（社会科学版）1987年第2期］，吴燕武《杭州通玄观及其道教造像》（收入《道教美术新论：第一届道教美术史国际研讨会论文集》，山东美术出版社2008年版）。汪小洋等著《中国道教造像研究》（上海大学出版社2010年版）失载。

四龛，内坐像一尊，高90厘米，戴黄冠，着宽袖道袍，作道士装饰，题记曰："大明重开山元一徐法师像"。

图7－2　通玄观造像第三龛三茅真君像

通玄观所存南宋摩崖碑文大多已辨识不清，《两浙金石志》卷九记载了南宋三种摩崖题记，分别为《创建通元观记》（正书，二十行，行四十四字）、《宋刘能真创建通元观记》（隶书七行，行十一字）、《宋高宗赐刘能真御制诗刻》。

通过这些碑记可知，通玄观为宋高宗之内侍刘敖所建。关于刘敖，据《创建通元观记》，刘敖"丱角时，辄乃净厥身、遣厥欲、慕厥道，冀求真全元氏之门，憾世弗容宥，进事内廷，固荷天渥，授以内侍官"①。可知刘敖自小净身，入宫为宦官。但其"窃修于宫居，屡恳请于主上，匄放山林，圆就心学"。多次请宋高宗，请放于宫观之中。"绍兴庚午，顶激皇衷，命出主吴山宁寿观，手赐法名能真，给福牒。"在宋高宗应允下，刘敖于绍兴庚午（绍兴二十年，1150）给付度牒出家为道士，任吴山宁寿观住持。高宗并赐法名"能真"。之后于己卯（绍兴二十九年，1159）刘敖做了一个梦，"梦三茅君偕跌胎禽，旋游

---

① 丁丙：《武林坊巷志·通元观》，浙江人民出版社1986年版，第2册，第255页。以下所引《创建通元观记》均同。

山角，状若托于栖止。伺明旦瞻之，果见三鹤。逾年是日，鹤复来翔"。于是刘敖以为吉兆，于是兴建宫观，并请额于高宗，御题曰"通玄"，通玄观以此定名。

　　关于通玄观，宋代杭州方志文献均无记载，可知其当时影响不大。宋代以后的文献则对通玄观有了记述。据《西湖游览志》记载："绍兴二十九年，内侍刘敖入道修真，结庵于此（通玄观），高宗御书'通玄'二字榜之，赐名能真。"吴燕武考证认为通玄观或建于绍兴三十年①。其证据是碑文中称："己卯腊二日，敖夜坐甫瞬间，梦三茅君偕跌胎禽……工始庚辰之丑，讫程壬午之申，请额月弦而石壁襄于月望也。"并认为刘敖梦三茅君是在"绍兴二十九年"，而通玄观建造"工始庚辰之丑，讫壬午之申"是指开建于"绍兴三十年（1160）至绍兴三十二年（1162）完工"，该说合理。工始"庚辰之丑"当是指庚辰之丑月，也即第二年十二月才开工。也就是刘敖梦见三茅君之后，足足准备了一年才开工建通玄观。两年之后的申月，也即七月完工，所用时间略长于一年半。通玄观建设时，据"皇宋绍兴三十二年龙集壬午七月中元日"建的《创建通元观记》，"前创茅君之庭，后竖玉清之殿，筑谒斗台于乾维，立放鹤亭于艮位。经房丹屋，起盖随宜，钵室山门，箧一不备"。可知初建时有茅君殿、玉清殿、谒斗台、放鹤亭、山门等，其余所称"经房丹屋，起盖随宜"，以及"钵室"应是泛指，指道士起居用房，藏经之处等。

　　宋代以后关于通玄观之文献，有元《重修通玄观记》②，为玄教吴全节撰并书（正书十六行，行三十九字）。又有明《重修通玄观碑记》，记述徐渊澄及其弟子徐道彰重修通玄观事实，徐道彰也即建上述第四龛造像之人。之后又有明姜南撰《通玄观志》一书，清吴陈琰作了增订。上卷记述了通玄观的地理位置、观内建筑及遗迹、题诗等，下卷记述了通玄观赋、序，历代住持的生平事迹及相关的牒牌文字等。清朝康熙间，道士朱阁绪重建三清殿，至清咸丰间半毁于寇，而后没有再修，渐渐废圮了。

　　（二）东岳庙
　　杭州的东岳庙现仍存的有二。一为杭州西溪东岳庙，俗称"老东岳

---

① 吴燕武：《杭州通玄观及其道教造像》，收入《道教美术新论：第一届道教美术史国际研讨会论文集》，山东美术出版社 2008 年版，第 231—240 页。
② 关于通玄观的文献参见清丁丙《武林坊巷志·通元观》（浙江人民出版社 1986 年版，第 2 册，第 250—272 页）。

庙"，现其所在村称老东岳村，其地简称为老东岳。二为杭州吴山（即城隍山）东岳中兴观。两观都始建于南宋。

西溪东岳庙始建于南宋，据《咸淳临安志》，钱塘县西溪法华坞中的东岳庙建于南宋乾道三年（1167）①。嘉定十七年到宝庆三年（1224—1227），老东岳庙经历了一次重大的修缮和扩建，刘霁《法华山重修东岳庙记》曰：

> 法华一庙去都城仅三十里。岁久漫漶，颓毁殆尽，而士民之归向者不改其故。始蒙宁国王先生化缘，修换正殿柱木。继有居旺祝松年捐今塑岳圣像，整辑廊庑神物。厥后因卧病日久，其家密祷于庙。是夕，松年梦至其所，受神人告戒，许以募缘增创修复。既寤。厥疾顿愈。亟以其事白之李侯、崇侯。自嘉定甲申仲秋，少师大丞相枢使鲁国史公、泪都提举太尉王公受顾命定策，委之奔走，迫成功迄事，幸无旷失。常惧无以仰报君相之恩。一闻松年是请，默有所感，欣然领略，施钱三十万，具疏倡率，因是人皆乐施。起于嘉定甲申之九月，成于宝庆丁亥之三月，跨历三载，工用毕备。上而栋宇檐甍，下而衢陌街石。几案供具之属，色色整办。创立祠宇者四，以奉随祀等神。凿井汲泉，施疗病者。总计所费逾数万缗。规模制作。悉增于前。盖神之欲兴于斯地也，必假梦兆以警于人。今复以诚应之，则神之施报将有大造于我者。②

由以上碑文可知，由祝松年募捐，士大夫相助，南宋权臣史弥远（1164—1233）施钱和具疏倡率，士绅民众合力，使法华山东岳行宫得以修缮和拓建。经过这次重大的工程，东岳行宫有四个殿宇，主随祀俱全，具有相当的规模。另外，当时庙里有能治病的泉水，拓建中开凿一口井，以便疗疾。

民国时的《杭县志稿》曰："东岳庙，在西溪法华山。宋乾道之年

---

① （宋）潜说有撰：《咸淳临安志》，见《文渊阁四库全书》（商务印书馆1896年版）第490册，第30卷，第11页；第73卷，第10页。

② （清）吴本泰：《西溪梵隐志》（《杭州佛教文献丛刊》），杭州出版社2006年版，第100页。该书中录有两块东岳庙之碑，除上面的宋碑外，还有一块明郎瑛《重修东岳行宫碑记》，吴亚魁《江南道教碑记资料集》（上海辞书出版社2007年版）失载，或是因为《西溪梵隐志》为佛教志书的缘故。

（1167）建。嘉定十七年（1224）枢密使史弥远请于朝重建，三年落成。"后于"清咸丰十一年（1861）毁于乱。同治十一年（1872）里人重建。光绪元年（1875）灾，二年复建"。晚清民国时，老东岳庙秋季朝审的解饷规模和影响很大，《杭俗遗风》记述如下：

> 法华山者，供奉东岳大帝，地在沿山十八里之中，每逢三元朝审，人家多有解饷，冥镪一项，汇缴甚多，皆男女舍身者所施也。舍身者各有字号，每号千数人不等，大约通计人数，不下数十万人①。

民国二十五年（1936），钟敬文的中国民俗学会派林用中、章松寿赴法华山东岳庙考察，写了70余页的《老东岳庙会调查报告》，并于同年出版，为民国时期不多的庙会调查资料，为东岳庙的研究留下了宝贵资料。

现存之老东岳庙为20世纪90年代由东岳村复建，沿其旧习，仍由老东岳村管理，没有交予道教协会。现老东岳庙有三个殿，进门为山门殿，塑有四天君像，拾阶而上，是"东岳宝殿"（见图7-3），即东岳庙之大殿。殿内正中供奉东岳大帝（见图7-4），大帝后面奉淑明皇后和二娘娘，左边供奉关公，右边供奉包公。两边为以温元帅为首的十大元帅。旁边又有一间偏殿，供奉了很多亡者灵位。神像则是地藏王菩萨，旁边悬挂有三清画像，画像下是三清四御的牌位。

吴山上的东岳庙称东岳中兴观。一般认为其始建于北宋大观年间。如《万历钱塘志》曰："中兴观，在至德观左，俗呼东岳庙。宋大观年建。中有理宗书'东岳之殿'四字。观后有玉枢、雷院、圣姥池。"② 但从宋代《淳祐临安志》所载之吴琚《重建东岳行宫记》来看，应建于绍兴年间。"威武军承宣使吴琚《重建东岳行宫记》，其略云：绍兴初元，驻跸吴会，岳未有祠。七年，乡民始合力葺之。至二十九年，有夫人茹氏复捐私帑终成之。嘉泰辛酉，祠宇既毁，有包道成任责，遍谒檀施之门，言未既口，而倾予者源源然。由是择日鸠工，始于三年七月之丙戌，成于四年七月之壬申，縻金钱以缗计者万有奇。"③《记》中称南宋初年，东岳大帝未有祠，绍兴七年始建，于二十九年才建成。

---

① （清）范祖述：《杭俗遗风》，文艺出版社1989年版，第10页。
② 丁丙：《武林坊巷志·东岳庙》，浙江人民出版社1986年版，第2册，第448页。
③ 同上书，第447—448页。

图 7 - 3　老东岳大殿（韩松涛 2013 年 11 月摄）

不过到了《咸淳临安志》中，说法有了一点变化。《咸淳临安志》曰："（东岳庙）一在吴山，大观中造。（详具中兴观）。绍兴七年，乡民合力重修，二十九年乃成。宝祐元年，理宗赐御书'东岳之殿'四大字。""又中兴观，在吴山，大观中建东岳行祠。规置略具。绍兴七年，乡民始合力营葺之。二十九年，有茹氏者捐资讫成之。翼以道馆。嘉泰辛酉毁，包道成募缘重建，扁曰'崇道庵'。嘉定己巳，始请观额。绍定辛卯、嘉熙丁酉，仍毁。赵安抚与懂议徙他所，不果，乃即其地改卜北向建庙。淳祐壬子，赵安抚与蕙又易向而东。明年，理宗御书'东岳之殿'四字以赐。"①

从中可知大观年间所建应是"行祠"，也即临时祠祀之所，其规模应较小，且简陋。故其后才有"绍兴七年乡民始合力营葺"之说，而"二十九年有茹氏者捐资讫成之"，则说明此时庙宇才具一定规模。称庙渊源于北宋，建成于南宋比较准确。如《万历杭州府志》所称："东岳中兴观，俗呼东岳庙，在吴山馨如坊。宋大观中建东岳行祠，绍兴间始成。"从文中意思来看，也未把"行祠"作为一所正式的庙观，所以称绍兴间始成，也就是绍兴年间庙才建成。

---

① 丁丙：《武林坊巷志·东岳庙》，浙江人民出版社 1986 年版，第 2 册，第 447 页。

图 7 - 4　老东岳庙东岳大帝像（韩松涛 2013 年 11 月摄）

据陆游《渭南文集》卷二十六《今上皇帝赐包道成御书崇道庵额》称："开禧某年某月甲子，皇帝亲御翰墨，书'崇道庵'三字，赐妙行先生臣包道成，以示故史官臣陆某。"从中可知"崇道庵"额也是皇帝所赐。而后，理宗又赐"东岳之殿"四字。

中兴东岳观几经兴废，民国时尚存，据《杭州市志》，1950 年时，东岳庙尚存，属正一派，住持为胡守凡，有道士三人驻守。① 解放后该庙移作他用，21 世纪初重新修复为道观，但名称为"中兴东岳庙"（见图 7 - 5）。该庙有交予道教协会管理的意向，但进程缓慢。

据修复时所立之碑文，"东岳庙元毁，明景泰间重建，清道光间又经修葺，现存建筑五开间，硬山顶，共三进，占地 2470 平方米。第一进为山门及古戏台，山门具有清末风格。第二进为主体建筑庙堂，五开间。明间前檐柱为石雕蟠龙柱，有明末风格，古戏台和石雕蟠龙柱在杭

---

① 杭州市地方志编纂委员会编：《杭州市志》第九卷，中华书局 1997 年版，第 442 页。

州城区是独一无二的"。也就是东岳庙现存之屋宇为明清时建筑。庙中塑像为新塑，殿中间为东岳大帝，两边为大帝之子炳灵公及其女碧霞元君。

图7-5　吴山上修复的中兴东岳庙（韩松涛2007年6月摄于杭州吴山）

杭州吴山东岳庙还有与众不同的吴山"铁哥哥"（见图7-6）。据庙内碑文介绍，"吴山东岳庙庑下，有四尊铁像，皆封侯爵，称灵应侯、福佑侯、忠正侯、顺祐侯，官太尉，'以御灾危'，是杭城百姓的保护神，俗称'铁哥哥'。鲁应龙《闲窗括异志》说，南宋建炎间，铁像为当湖小东岳庙所铸，因而认为吴山四铁像或许是从小东岳庙里'移置'过来的。清代杭州诗人汪韩门《韩门缀学续编》说，宋高宗生母韦太后被金兵俘虏十五年后放归，她说所以能生还故国，是因为'虔敬四圣'，即道教中北极大帝手下四将天篷、天猷、翊圣、真武。他认为四铁像'当即四圣'。但据南宋淳祐《临安志》记载，四像原于'北宋元祐年间，由仁和县沙河东界居民吴文贵，顾希晔等，治户俞守言、郭萧铸造"。当时认为铁哥哥有申冤的功效，《瓶罄微吟》曰："铁哥哥，吴山东岳庙门左，有铁铸神像五尊。传说浮来海上，凡有冤抑者，舆神至家，焚香诉之辄应，里人呼之曰铁哥哥。"①

---

① 丁丙：《武林坊巷志·东岳庙》，浙江人民出版社1986年版，第2册，第460页。据其他文献，以及现庙内所存，都是四尊铁哥哥，该说为五尊或有误。

图7-6　吴山东岳庙铁哥哥之一
（韩松涛2007年6月摄于杭州吴山）

杭州的东岳庙有一批民国时的老照片流传下来①（见图7-7），是当时美国传教士甘博所摄。在《西湖百象：美国传教士甘博民国初年拍摄的杭州老照片》书中有七幅杭州东岳庙老照片，但甘博所摄，及沈弘所藏当不止这七幅。

（三）三方庙

杭州西溪有五方庙，始建于南宋初。庙有五座，分别称一方庙、二方庙、三方庙、四方庙、五方庙。关于五方庙，文献有载，明释大善《西溪百咏》卷上《五庙》曰："五庙，在西溪之东，宋建炎间兄弟五人于国建功，立庙，分五庙，前皆架台，每值元夜放灯演剧。五方五社几村烟，万姓祈禳大有年。南宋同功埋剑甲，西溪分福祀山川。家家社酒歌尧日，处处春耕喜舜田。欲问英雄昔日事，请看元夜闹灯筵。"五庙即指五方庙，如诗之首句曰："五方"。

清吴本泰《西溪梵隐志》记述更详，其卷二《纪刹》曰：

---

① 沈弘：《西湖百象：美国传教士甘博民国初年拍摄的杭州老照片》，山东人民出版社2010年版。第32—38页共收有东岳庙的照片七幅。据沈弘撰写的介绍，称这七幅照片为吴山东岳庙，不过据方玲女士意见，这七幅或是老东岳的照片。

图7－7　"位尊五岳"（录自沈弘《西湖百象：
美国传教士甘博民国初年拍摄的杭州老照片》）

"一方土谷神，在溪北，祀护明大王之神。"

"二方庙，在路北，今废。"

"三方土谷庙，在木桥亭，法华寺背。相传旧址在何家河口。因鼎新忽失正梁。迹之，乃自植今处，众感神异，卜迁焉。形家谓：'平地隆起寻丈，真吉壤也。'中堂三楹，前为庭，旁为两庑，祠北为观台。祠神曰："林府君德胜明王"。按《百咏》注：建炎，兄弟五人朝典旌功，庙食五处云。岁以四月二十九日为神诞，献飨有常仪。惟上元夕遗风特盛，罗祭燕演传奇，华灯鼓吹，簇拥鼎沸，观者蚁集焉。祠附佛庐，有寝楼，以居缁众。"

"四方土谷庙，在大苏林北。前庭縣廊达庙，祀神曰明王、胜王。僧庐翼神之右。二神当是兄弟行，故并祀之。俗传明王神力不逮，胜王兼摄之。"

"五方土谷庙，在坞中路左，祀五大明王。观场有台，居僧有重室。古松一本，大可数十围。"①

五方庙的来历，据《清平文录·龙驹坞游记》载："俗又传，高宗南渡遇敌，单骑走此，跃马踰涧，避匿山中，有昆季五人，耦而耕，敌问津

---

① （清）吴本泰：《西溪梵隐志》（《杭州佛教文献丛刊》），杭州出版社2006年版，第31、35、45—46页。

马，给之曰右，因而追无所获，敌怒，五人皆杀，高宗乃免，事定敕祀五义士为土谷神，今马迹石、龙隐山及五方土谷祠，皆遗迹云。"兄弟五人为林姓，西溪林家蓬人氏，名讳依长幼排，被旌功为一方土谷神的名林庭雷，二方土谷神的名林庭雪，三方土谷神的名林庭云，四方土谷神的名林庭震，五方土谷神的名林庭霏。五方庙中，以三方庙香火最盛，西溪这一片区域的迎神社戏活动，以三方庙所奉三方老爷生日农历四月二十九日和三方土谷神娘娘的生日农历十月初二为神诞。以三方土谷祠社祀活动为载体的民俗民间文化活动，已绵延了七八百年。①

现三方庙尚存，或与其香火最旺，也即信奉的人最多有关。三方庙在今天目山路南侧，花坞路与紫金港路之间。三方庙现存一大殿，殿前有井一口，大门外天目山路中间有大榕树两棵，这两棵大榕树本是三方庙前天井之中的，由于天目山路拓宽，两棵树就到了路中间。据看庙的骆师傅称，三方庙为附近东岳村、包建村、五联村、登云村、三深村、深潭口村、胜利村、民益村八个村的村庙。三方庙曾在大门匾上名三方寺，但门内有一张说明，还是称为三方庙。估计是因为佛教势大，故写成寺，以依附于佛教而得到庇护。近日，又改回"三方庙"名。

三方庙有中间供奉为三方老爷"德胜明王"及三方土谷神娘娘（见图7-8）。

两边供奉有道教一些神祇，主要有吕洞宾、关公、朱天君等。主神前还站有两个真人大小的神像，一个为判官，一个似为差役。与众不同的是庙殿正中有一骑马神像，手举令旗（见图7-9），或是德胜明王出游时所用之神像。

三方庙中的朱天君像也值得一说。朱天君为江南地区的信仰，其信仰范围大约是在江浙一带。上海、杭州、绍兴、湖州等地均是其信仰的地区。周作人在其回忆文章中说："民国初年我在绍兴，看见大家拜朱天君，据说这所拜的就是崇祯皇帝。朱天君像红脸，被发赤足，手持一圈，云即象征缢索，此外是否尚有一手握蛇。此像虽曾见过，因为系三十年前事，也记不清楚了。"②

马叙伦记述说："英玉欲赴（上海）梅白克路松柏里朱天庙进香，属余为导。及至其处，烛火香烟，目为之眩。……朱天大帝者，实则明崇祯皇帝也，故塑像右手持环，左手持棍。邵裴子说：棍以象树，环以象结

① 刘大培：《西溪民俗》，《杭州通讯》2007年第12期（下），第50—51页。
② 周作人：《阳九述略》，收入《苦口甘口》，太平书局1944年版，第150页。

图 7-8　三方庙大殿供奉之主神德胜明王夫妇（韩松涛 2013 年 8 月摄）

绳，正拟思宗自缢也。惟此间庙像颈悬人头一串，杭州无之……杭俗祀朱天甚虔，持斋一个月。杏媞谓上海人持朱天斋，世世相传，不得废也，否则有灾。余谓此皆居丧不食酒肉及示子孙不忘之意耳。"①

据上，朱天君实是崇祯皇帝，杭州当地的记载也是如此。《杭俗遗风》记曰：

> 朱天君，相传为明之崇祯帝。吾杭胜国遗民，祀之以志亡国之痛者也。因当时处满清专制威权之下，不敢显言故君，故托言之。四月二十四日，为天君生辰。是日实为吾杭人初得噩耗之日，即用以为纪念。近年以来，变本加厉，迷信之徒，则茹素；好事之徒则集会。又有出会巡行之举，会中地戏、高跷、清吹、台阁，极一时之胜。虽不如元帅之盛，亦足哄动一时。但其赛会，不仅一处，神会中之财力如何，即可出行，以故接二连三，皆有朱天会。其中以下会桥、柴垛桥两处为最热闹。②

---

① 马叙伦：《朱天庙》，收入《石屋余沈》，上海书店 1984 年版，第 77 页。
② 转引自曹本冶、徐宏图《杭州抱朴道院道教音乐》，新文丰出版公司 2000 年版。

图7-9　三方庙大殿中之德胜明王骑马像（韩松涛2013年8月摄）

　　朱天君神诞之期为四月二十四。浙江乌镇民国时期《乌青镇志》也记述："民国年间，乌青镇四月二十四日'俗传朱天君诞，近今香烟亦盛'。"① 据《杭俗遗风》记述的杭州朱天君的神诞之期也是四月二十四日。关于此事，《申报》也有记述："杭人崇秦朱天君。极为诚敬。甚至朱漆器具。一概弗用。自三月二十八日起。至五月初八日止。较之苏人之茹雷斋者。有过之无不及焉。……四月二十四日为神诞之期。"② 也就是朱天君之信仰，在其生日前后需斋戒四十日。

　　这个风俗《中华风俗总志》也有记载："杭州人无论男女老幼，莫不崇信朱天菩萨。每当四月二十三、二十四诞日，满城香火供奉，盛极一时。庙亦遍城皆是，而皆附设于他庙，无一独立者。妇孺尤信仰，四月内必茹素斋戒，谓之朱天素。夷考佛经、《封神》，皆无此菩萨，而又独为

① 董世宁原修，卢学溥续修：《乌青镇志》卷十九"风俗"，1936年，第12页。
② 《僧道断语》，《申报》（华历光绪23/5/9 - 公历1897 - 6 - 8）。

杭州所有，异哉！或谓朱天者，谓诸天也，其说不足信。殆清初，遗民追念胜朝，托名崇祀，其说或稍近欤？按民间流行讽诵之《太阳经》，即追念明故帝也。"①

朱天君信仰可以算是民间信仰，基本可归入道教，而其神像的供奉也多在道教庙观，所以朱天君是道教的神仙。朱天君信徒很多，香资也异常丰厚，以至于佛教中人也想分一杯羹。《申报》曰：

> 四月二十四日为神诞之期。男妇进香者。络绎不绝。并有香懺等会数起。固羽土之一大进益也。近年以来。僧寺尼庵羡其香火之盛。亦于殿中装塑神像。改朱天为诸天。遍贴招昂。先期发帖邀请大檀越。往彼拈香。于是道家者流深恐利源为其所夺。历叙神之灵应素昭及其出身。声明并非佛教中神。不得供于庵寺。望诸檀越弗为僧尼所惑。刊单分送。缁流中亦出单与之辩驳。噫。利之所在。人共趋之。即区区香火之资。而二氏必欲相争。若此亦可见世风之日下矣。②

从其香火之资多到佛教人想出一个谐音的"诸天君"来争夺香火，可见其信仰是非常具有普遍性的。

朱天君的供奉各庙均有，但将朱天君作为主神供奉的不多，在杭州只有仁和仓桥之朱天庙是供奉朱天君为主神的道庙。朱天庙本名水德道院，因其供朱天君，故被俗称为朱天庙。《玉皇山志》中记载有玉皇山福星观接管朱天庙之事。《玉皇山志》曰：

> 五曰"仁和仓桥朱天庙"。又名"水德道院"，里人概以朱天庙呼之。该庙素来为全真派道士主管，前蒋永林之徒有冯圆安者，在仁和仓桥水德道院为住持，其后姚明亮、朱宗成更迭充当住持。因其庙址在仁和仓桥，河上架木筑室以供朱天君，后于某年不戒于火，恢复无期，于是民国二十年（1931）时，里人及道众，公推福星观李方丈接管。自接管以后，将仓桥河左首地基挑平，瓦砾畚除，建筑楼房壹幢，供天解星君，称为天解殿，楼上为拜忏之坛，楼下香客游息之所，河上架木为梁，不筑屋舍，只通两边行走之路，其右首为朱天

① 胡朴安：《中华全国风俗志》下编，河北人民出版社1986年版，第222页。

② 《僧道断语》，《申报》（华历光绪23/5/9 – 公历1897 – 6 – 8）。

庙，亦仅楼房壹幢，实限于地基，无可扩充也。

该庙 1950 年尚在，据《杭州市志》记载的该年统计资料，水德道院属全真道士管辖，地址在屏风街，住持为孙宗良，当时有道士 4 人。屏风街即为仓桥附近的一条小巷，故其庙址称为仓桥或屏风街，都是无误的。屏风街现仍存，但庙已不存。

杭州至今仍供奉朱天君的庙堂至少有三处，其一为前述之三方庙，其二为抱朴道院，其三为城郊的另一座村庙，名"三官堂"，又名"如松庙"。抱朴道院是改革开放后全国第一批开放的道观，当时在杭州是唯一的一所道观，观中供奉神像很多，其中供奉有当年在杭州影响较大的朱天君是很正常的。三方庙与三官堂都是村庙，其中佛道神像均供，在一所不大的村庙中，还给朱天君留有一个位置，说明了朱天君信仰在民间的深入程度。

三方庙的介绍如前，其朱天君像见图 7－10。神像右手持环，左手持棍，为朱天君典型形象。

图 7－10 三方庙之朱天君像（韩松涛 2013 年 8 月摄）

三官堂是杭州骆家庄、浦家桥、三坝三个村的村庙。现址有《三官堂复建碑记》，据《碑记》，三官堂始建于清乾隆年间，具体年份据匾额则为"一七三五年"。民国年间三官堂由两名富绅出钱修复。解放后被拆，后复建，又由于城市建设被拆，现又重建于余杭塘河边。该处无路所以也无门牌号码，其地址离浙江大学紫金港校区不远，或可作为其地址。现三官堂左中右共三间，中间为大殿，挂"三官堂"匾，供奉有多个神像。西边是挂"如松庙"之匾，里面供奉似是土地神。东边是管理人员住处。一个庙有两个名称，或是原来村内有两个庙，现复建后合一了，由于三官堂更有历史渊源，故总称为三官堂。

　　三官堂大殿中供奉有如来、三官、药师佛、观音、朱天君、关公（周仓、关平）。其中朱天君之形象如各种资料所述"右手持环，左手持棍"（见图7-11）。不过其环较小，套于虎口之上。这个形象与杭州抱朴道院的朱天君像（见图7-12）的持环方式一致，只是环略有大小。三个朱天君像还有一个共同特征就是都头戴一个发箍。

图7-11　余杭塘三官堂之朱天君塑像（韩松涛2013年10月摄）

图 7 – 12　杭州抱朴道院之朱天君像（韩松涛 2013 年 11 月摄）

第七节　两浙灵宝斋仪整理与东华派

一　上清灵宝大法两个支派的流传地域

《道藏》收有同名为《上清灵宝大法》的两部斋仪，一为宁全真授王契真撰，一为金允中撰。《中国道教史》认为：金允中讥评"天台"自称"上清领教嗣师（宁全真）"为僭妄，当另属一系①，是指金允中所传之上清灵宝大法与王契真所传不属同一支派。柳存仁指出："他（指金允中）最痛恨的对象，却是南宋以来在浙东推行的所谓天台派，这个他在全书的《总序》里，已经很坦率地指了出来……天台法中乃称领教嗣师，

---

① 卿希泰主编：《中国道教史（修订版）》（第三卷），四川人民出版社 1996 年版，第 114 页。

或自称宗师，复立玉陛仙卿，太极真宰；取以系衔，大可惊畏。"这说明两个支派同出于一个系统，但斋醮之法差别较大，且都自谓正朔。两个支派所传之地域均以浙江为主，但泾渭分明。金允中在《上清灵宝大法》卷十四《怯妖拯厄品》曰："浙东诸郡之外罕行天台灵宝之治，此书目自不应如是详述，但恐邪说易布，异日他时有被其误者，故允中虽传之别州县，不得不叙天台之始末。"金氏《上清灵宝大法·序》中又曰："绍兴之后，浙江以东多宗天台四十九品。"①

上述两段引文中提到了"浙东诸郡"、"浙江"两个地理名词。在宋代，相当于现在省一级的行政区划称"路"。现在的浙江在北宋时属两浙路，南宋时分两浙路为两浙东路和两浙西路。其界线基本以"浙江"为界。浙江即浙江（河流名，也称之江），现称钱塘江（其上游称富春江）。也就是说，宋代所称浙东、浙西是有明确所指。按现在的行政区划，嘉兴、湖州、杭州为浙西，绍兴、宁波、舟山、金华、台州、丽水、温州、衢州属浙东。宋代的两浙西路除了属浙江的地区外，也包括了现在苏南（苏州、常熟）和上海等地。

按上述两段引文，基本可以推断宁全真、王契真所属支派其影响范围在浙东，其中心是天台，且其上清灵宝大法与一部名为《天台四十九品》的道书有关。从文中"不得不叙天台之始末"一句来看，宁全真之一系其影响在当时是很大的，金允中虽然称宁氏为"僭妄"，但要说清楚问题还要叙天台（即宁全真一系东华派）之始末。

金允中所传之上清灵宝大法流传地域为浙东以外的"别州县"。"别州县"在此处有歧义。这个"别州县"可以是指南宋除浙东以外的所有其他地区，也可以理解为两浙之地的"别州县"，也即"浙西"之地。从其叙述逻辑来看，浙西与浙东相对应，故金允中所指其大法所传之"别州县"，以"浙西"为主的地域的可能性最大。金允中在其《上清灵宝大法》总序中还指出了"路真官以正一科品奉行黄箓，却是设醮之后方拜表散坛，一并送师、徹席……江东西行之。"也就是行天心正法的路时中，有自己独特的斋醮之法，行之于"江东西"。"江东西"也是宋代的行政区划名的简称，全称是"江南东路"和"江南西路"。江南东路包括了苏南一部分、皖南一部分及江西东北部，江南西路包括了江西大部分。总的来说"江东西"主要地点还是在现江西省的范围为主。既然江东西是路时中的"地盘"，足可以说明，金允中所说的"别州县"并不是指除

① 《道藏》第31册，第345页。

浙东以外所有地区，而是主要指两浙西路，当然其影响范围也可以更大一些，但相距应不远。金允中在其《上清灵宝大法》卷四十四《炼度》载："昨来临安府天庆观，即行所有杂卷科，多取俗用之本。"① 临安府在浙西之地，金允中所传灵宝法所传之地或是以临安为中心的。

通过以上讨论，我们可以了解到在南宋浙江一地所行之斋醮仪式，主要有两种，一种是金允中标榜为古法的上清灵宝大法，在其所著《上清灵宝大法》中，还提到了温州永嘉人蒋叔舆曾撰过《无上黄箓大斋立成仪》，虽然金允中也指出了蒋氏之法与他所述略有不同，但从两人的师承来看，基本可以看作是一个系统的斋醮仪式。另一种为宁全真所授的经过革新改良的上清灵宝大法，这一系后世被称作东华派。

二　金允中与蒋叔舆

金允中籍贯不详，如前所引"昨来临安府天庆观"来看，其南宋时在临安附近活动。金允中生卒年也不详，但关于其活动的确切年份，可考的有多处。金允中在其《上清灵宝大法》中多次提到浙江永嘉蒋叔舆编撰的《无上黄箓大斋立成仪》，如在《上清灵宝大法》卷十七"永嘉蒋先生叔舆，编《黄箓立成仪》，则六幕皆用杜广成科，而其次序又有小异"②。蒋叔舆《无上黄箓大斋立成仪》撰成于"嘉定癸未"（1223），则金允中编定《上清灵宝大法》的时间当在其后。又金允中在其《上清灵宝大法·序》中称："南渡之初迄今将百载。"③ 宋室南渡后，建炎元年是1127 年，其后百载举的是约数，也就是金允中编定《上清灵宝大法》在1227 年左右。金允中在《道法会元》卷一百七十八《五元正法图》留有一《序》，其最后所署时间为"宝庆乙酉岁（1225）"④，综上所述，根据文献中金允中出现的时间来看，金允中生活的主要年代基本是在南宋宁宗（1195—1224）与理宗（1225—1264）年间。

柳存仁因为金允中的"书里屡称宋朝"，而"别的宋代的道书多称本朝"，故认为金允中或活到了元朝，但柳氏也认为这一点是不能确定的。柳存仁考证道：

---

① 《道藏》第 31 册，第 652 页。

② 同上书，第 441 页。

③ 同上书，第 347 页。

④ 《道藏》第 30 册，第 143 页。

　　他（金允中）正确的时代我还不清楚，我只知道他的度师曾从《田先生黄箓坛图》的著者田居实学奏法，见金著《大法》。但是，田居实（长沙真岩人）恰巧又是留用光的度师（也就成了蒋叔舆的籍师，见蒋《立成仪》），所以金允中看来也许和蒋叔舆的时代很是接近。我前文也提过说金著的《大法》里常称两宋为宋朝，甚至他引旁人的书，原文称本朝的，他都把本朝两字改做宋朝（参看王契真《上清灵宝大法》及金著《大法》《王升卿》条）。这很容易教人怀疑金也许是南宋末一直活到元代初年的人；但是这又无解于他和蒋叔舆同辈的关系。蒋卒于一二一七年，金也不可能太晚，我们既没有更好的资料，只好姑且把问题搁在这里。[1]

　　柳存仁提出的是一个疑难的问题，从金允中1227年左右撰《上清灵宝大法》到南宋1279年灭亡还有50余年。显然金要活到南宋灭亡，必定会是九十或百岁高龄。并且，即使是这样，金允中在宁宗时已经完成了《上清灵宝大法》的撰写，如果是当时就把"本朝"修改成"宋朝"也不是入元可以解释的。如果是后来入元后修改的，那又为什么会在高龄时再去修改？

　　众多学者在考虑这个问题时，有一个假设的前提，就是南宋之后是元朝。其实南宋只是当时存在于中国的一个政权，并行的主要有金朝和元朝，其中金朝在1234年灭亡，而元朝在1206年就建立了。其实把"本朝"修改成"宋朝"，很有可能的一个原因就是，金允中撰写的《上清灵宝大法》在非宋朝所占领的地区抄录或者印行。金朝在1234年灭亡之前，其疆域最南到达了苏北地区。虽然各种政权统治了不同的疆域，但当时汉民族对道教的信仰却是相同的。金朝还于金章宗明昌元年（1190），诏令十方天长观提点孙明道搜求遗书，重修《道藏》。最终收集共计六千四百五十五卷，题曰《大金玄都宝藏》。这说明金朝对于道教也是扶持的。

　　金允中的《上清灵宝大法》卷十七曰："允中经师高君，自京南渡，绍兴之初，化行江淮间。"说明金允中一系之斋醮影响力还达到长江、淮河一带，也即是两浙西路及更北的淮南东路、淮南西路一带。江淮间基本是苏南地区，紧邻金朝所占的苏北地区，那里的民众抄录或印行金允中所撰的《上清灵宝大法》，很明显要将"本朝"修改成"宋朝"。并且这个

---

①　柳存仁：《五代至南宋时的道教斋醮》，《和风堂文集》（中），上海古籍出版社1991年版，第775页。

抄录或印行的版本最终流传下来被明《道藏》收入。这个推测可以合理地解释金允中年龄与将"本朝"修改成"宋朝"相矛盾的问题，应可成一家之言。如果是这样，则"本朝"改"宋朝"不能作为金允中活到元朝的证据使用，则金允中应是南宋宁宗、理宗时人。

关于金允中的师承，其在《道法会元》卷一百七十八《五元正法图》的《序》中曰：

> 允中本以庸儒夙慕真化，[昨来]① 绍兴年间有处州道士唐先生克寿，字永年，因从高先生景修传法之时梦天降玉女，执牒赐名唐道悯，自后行持皆应，专以五府法救治利济者不计其数。拜飞鹰走犬章用直月五将祛邪逐祟，灭怪除妖，指顾之间，随即报应。高君天资异俗，亲遇至人，执职仙曹，不敢尽露。唐君晚年嗜酒难近，其法甚验，多寓饶徽之间，竟得尸解。度世亦传授弟子，刘先生混朴则受其法以授允中。……大宋宝庆乙酉岁灵宝中盟弟子南曹执法典者权童初府右翊治金允中谨书。②

刘混朴还有其他的师承。金允中在其《上清灵宝大法》卷十七《扬旛科式品》中述其师承如下：

> 允中经师高君，自京南渡，绍兴之初，化行江淮间，所行上清灵宝大法乃古书也，自唐末五代时流传者。高君归老于新安，前后主行黄箓，难计其数。莫非一遵古典，非后世私意更易之仪。其法则主于度人，一经其斋，则遵广成之科。先籍师唐君受传，以付刘副观。刘君受传以付金允中。……允中度师刘君，再行奏受斋法于正一宗坛蒋君九思，奏法于田君居实。……允中今遵此而行，乃高君之定法也，而田先生付授之旨也。③

该段文字首先所述师承与前相同，但后面又提到了刘混朴的又一师承，则金允中师承为：

---

① "昨来"两字疑衍。
② 《道藏》第30册，第143页。
③ 《道藏》第31册，第442页。

金允中经师高景修是两宋间著名道士，卷二十三《章词表牍品》中提到："先经师章本云，臣姓高，属徽州祁门县紫元庵焚修。"卷十七《扬旛科式品》云："高君归老于新安。"安徽《祁门县志·寺观》提到："六都，龙兴观，在不老山，宋乾德间道士高景修开创。……二十都，紫元庵，在文堂。"高景修晚年居在安徽祁县不老山龙兴观。元人郑玉撰《龙兴观修造记》载："不老山龙兴观，自昔高君景修以法箓炼度为四方所尊信，诛茅于此，逮奚君岳卿得观额而名之，乡先达郡守罗公为之记。"① 高景修在宋高宗绍兴年间，主要活动于"江淮间"，即临安及以北的苏南地区。高景修传处州道士唐克寿，字永年，又称唐道悯。唐晚年活动地域在"饶徽间"，即饶州与徽州。唐传刘混朴，刘传金允中。

金允中的另一个师承中，田居实亦是当时名道，金允中在《上清灵宝大法》卷十七曰："今坛图幕式，皆先经师高君之定法也，与广成之科则一同，而近世印行《田先生黄箓坛图》则有少异。盖六幕不同，则宗坛崇本，遂增正一天师三师，而广成科未有也。……允中今遵此而行，乃高君之定法也，而田先生付授之旨也。雠行坛图，虽曰田君名重，盖一时为宗坛设尔。"② 这一段是说，金允中所用坛图与田居实所出略有不同，田居实之《田先生黄箓坛图》中增加了"正一天师三师"，虽然田居实名重一时，但金允中还是沿用其先经师高君所定之广成古法。

关于田居实，还是蒋叔舆的籍师，蒋编《无上黄箓大斋立成仪》卷三十二有《释礼师序》曰：

> 先存太上三尊在天宝台中……次思籍师上清三洞法师田君讳居实，字若虚。甲寅五月初二日生，长沙真岩人，行化两浙。……次思度师上清三洞法师留君讳用光，字道辉，甲寅三月二十五日戌时生，乃信州贵溪人。以开禧丙寅天腊羽化于龙虎山上清宫，行化荆湖

---

① 陈文龙：《王契真〈上清灵宝大法〉研究》，中国社会科学院研究生院博士学位论文，2011年，第27页。

② 《道藏》第31册，第442页。

江浙。①

从中可知，蒋叔舆与金允中也可谓是师出同门，都是田居实的再传弟子，不过辈分相差一辈。从上文中可以得出传承关系如下：

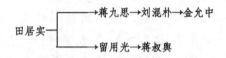

田居实字若虚，长沙真岩人，"行化两浙"，可见其活动范围大约是在浙江境内。张宇初《岘泉集》卷一曰："灵宝始于玉宸，本之度人经法，而玄一三真人阐之。次而太极徐君、朱阳郑君、简寂陆君。倡其宗者，田紫极、宁洞微、杜达真、项德谦、王清简、金允中、高紫元、杜光庭、寇谦之、镏冲靖，而赵、林、白、陈而下，派亦衍矣，是有东华、南昌之异焉。"在此文中，提到了东华派的田思真（田紫极）、宁全真（宁洞微），也提到了金允中和蒋叔舆的度师留用光（镏冲靖），可知这些人都对灵宝斋醮之法作出了贡献。最后提出灵宝法有"东华、南昌之异"或是指金允中之《上清灵宝大法》与王契真之《上清灵宝大法》代表了两个不同的流派，东华应是革新派，"南昌"或是复古派。

蒋叔舆所撰之《无上黄箓大斋立成仪》称："三洞法师冲靖先生留用光传授，太上执法仙士蒋叔舆编次。"据《无上黄箓大斋立成仪》卷五十七之《附录修书本末》②，蒋叔舆，字德瞻，旧字萧韩，号存斋先生，自梁普通（520—527）世居永嘉（今浙江永嘉）。初以父荫补迪功郎，先任扬州户掾会计，累官至信州弋阳县令，卒于任上，时嘉定十年（1217），享年六十二岁，则其出生于绍兴二十六年（1156）。

蒋叔舆"幼颖悟"，"博览不倦"，"过目率成颂"。"工唐律，清苦雅淡，自得其趣。志不安于小成，旁罗百氏，天文地理，运气律历，仓技俞方，甘星巫学，靡不研赜深造，而于混元道德之旨，尤所耽味。"

蒋叔舆于庆元乙卯（1195）四十岁时，在括苍烟雨楼初见留用光，"与论古斋法，趣尚玄合，遂定交"。后又于己未（1199）、壬戌（1202）两次再访留用光，留用光"悉以平生得于荆蜀方士隐君子者，授之先君

①　《道藏》第9册，第569页。

②　同上书，第727—728页。

（指蒋叔舆）"。留用光对蒋叔舆说："泰定田君居实所传，止于度死、消天灾、镇帝王、禳毒害，所以度天人者缺如也，盍诠考经法，且增益田君所未备，不亦善乎。"也就是留用光见蒋叔舆对古斋法很有研究，就鼓励蒋叔舆编定古仪，并补其师田居实所传斋仪之不全。蒋叔舆于嘉泰壬戌（1202）起编定斋仪，卒后尚未完成，后由其子至嘉定癸未（1223）完成，父子共积二十年之功，编成《无上黄箓大斋立成仪》。其子法名冲素、冲一，另有朱遂、林尧夫、陈自诚、赵希火得传其法。

三　宁全真、王契真与东华派

宁全真是东华派创立的关键人物。从《道法会元》卷 244 之《灵宝源流》载有东华派的谱系来看，除上清、灵宝两系之神仙与先祖外，东华派主要传承为：

> 洞灵上卿青玄府下教司命三官保命司主簿丹元姚真人讳圆字耀灵
> 司命神盖宝惠尚书王真人讳古字贤孙
> 灵虚诚应紫极田真君讳思真字清夫
> 洞微高士赞化先生开光救苦宁真人讳全真名本立字道立
> 上清宝川王真人讳锲字光宝坚
> 领教真师玉田赵真人讳德真字义夫①

宁全真之前，有姚圆（字耀灵）。王古（字贤孙）和田思真（字清夫）三人。《中国道教史》认为"东华派实际创始人为两宋间的宁全真"②。陈文龙则认为"'丹元姚真人'不知是何许人，极可能是创教者之一。……尚书王古是第二任继承者，田灵虚也对该派有所贡献，这三人是东华派初期的重要人物"③。两者观点的差异或是对东华派的理解有关。如果将东华派看作浙东的一个道派，则是由宁全真南渡后才建立的，那么宁全真是其实际创始人。但如果"东华"作为一个道派原来就存在，只不过北宋灭亡后在浙东再行发展，那么姚圆很可能是创教者。

考《道法会元》卷 244 所载之《赞化先生宁真人事实》称："会尚书

---

① 《道藏》第 30 册，第 496 页。

② 卿希泰主编：《中国道教史（修订版）》（第三卷），四川人民出版社 1996 年版，第 113 页。

③ 陈文龙：《走向民间的道派——上清灵宝东华派略述》，《世界宗教研究》2011 年第 2 期，第 49—58 页。

王古入朝，雅知先生（指宁全真）有道，檄充史椽。尚书嗣丹元真人东华嫡传，又闻田灵虚遇陆简寂于庐山，玄授三洞经教，与东华丹元玄旨会合。"又曰："一日，（田）灵虚言于尚书（王古）曰：'裴氏子（指宁全真）根器深重，内相合仙，异日当负大名，然振起吾东华教者，必此人也。'"① 从上可以看出，所谓"东华"作为道派，似从丹元真人姚圆始，王古为第二代。所谓田灵虚"玄"授陆修静（简寂）三洞经教，是指玄中所授，或是扶乩一类。而"与东华丹元玄旨会合"，则是说明东华派之斋法亦有陆修静三洞经教的传承。

据明张宇初《岘泉集》卷一曰："倡其宗者，田紫极、宁洞微、杜达真、项德谦、王清简、金允中、高紫元、杜光庭、寇谦之、镏冲靖，而赵、林、白、陈而下，派亦衍矣，是有东华、南昌之异焉。"其中提到东华派历代宗师只有田思真与宁全真两人，则田思真所持"三洞经法"对后世的影响应大于王古，同时证明宁全真在东华派的影响力也是很大的。宁全真南渡后，又有上清一系的传授神话，《赞化先生宁真人事实》曰：

> 前是杨司命得道华阳，以灵宝玄范四十九品，五府玉册符文，一宗印诀，进于朝。诏藏秘府。司命登真，付于嗣法仕子仙曰：尔嗣吾上道，谨勿轻泄。若遇绯衣人付之。后仕君放江南时，先生尚从裴姓。仕君曰：吾昔受先师绯衣之祝，今始悟绯衣者，子姓也。即以圆策心印付度。②

在金允中的《上清灵宝大法》中，认为宁全真所授王契真撰的《上清灵宝大法》是继承了《天台四十九品》，陈文龙通过对东华派部分经典内容的考证后，认为"王氏得自宁氏的天台四十九品，可能是杨司命与仕子仙传给宁氏的《灵宝玄范四十九品》或是以该书为底本作一些修改而成的著作"③。仕子仙之传承虽然近于神话，但其所传"灵宝玄范四十九品，五府玉册符文，一宗印诀"应是实有其物，且其中的"灵宝玄范四十九品"是宁全真所授上清灵宝大法的重要内容之一。并且，仕子仙这个传承是直接传于宁全真的。从上述多个仙授或玄授神话来看，宁全真

① 《道藏》第30册，第496页。

② 同上。

③ 陈文龙：《王契真〈上清灵宝大法〉研究》，中国社会科学院研究生院博士学位论文，2011年，第32页。

确实是东华派传承中的关键人物，即使他不是东华派的创立者，也是东华派后世所传斋法内容的构建者，是东华法嗣中的宏扬东华派的主要传人。

据《赞化先生宁真人事实》，宁全真"名本立，字道立，讳全真，开封府人也"。生于建中靖国之辛巳（1101），卒于淳熙辛丑年（1181），年八十一。

宁全真北宋时在汴京，受王古与田灵虚所传东华法脉，"自是修持不息，能通真达灵，飞神谒帝，名振京师"。而后，北宋灭亡，随母南渡，时年27岁。绍兴（1131—1162）中，据称以斋醮祈祷有功，被赐号洞微高士，继进"赞化"二字。朝廷凡有醮祀，皆命其主典之。孝宗朝（1163—1189），遭左街道录刘能真嫉妒陷害，被囚十余日后黥隶军籍。此后他发誓"东华灵宝，上道宗派，真真相授，不许传黄冠"，故后世宁全真的弟子大多是在家人。此后，宁全真"即晦迹深遁，益勤修炼，慕其道而归之者如市"。浙右诸处士庶率多请其建斋醮，多有应验。晚年住婺州（今浙江金华市）何淳真家，"以崇代一宗付玉牒赵义夫，宝婺兰溪何淳真"。可见此两人得传其法箓。除上述两人外，宁全真还有弟子宋扶、何德阳、王承之、章友直、宗妙道、胡元鼎、胡次裴、赵怀政、胡仲造、杜文豫等多人。卒后，其弟子赵义夫嗣教。

又有王契真，编有《上清灵宝大法》，署为"洞微高士开光救苦真人宁全真授，上清三洞弟子灵宝领教嗣师王契真纂"。东华之谱系在宁全真之后，赵义夫之前，有"上清宝川王真人讳锁字光宝坚"，可能就是王契真。

关于王契真的生平资料很少，只有《天台方外志》曰："宋王茂端，行上清大洞法，通真达灵事验甚着。养母至百岁，自年九十八，清健不衰，人呼为灵宝。其弟契真，亦行大洞法，号小灵宝，所著《灵宝教法秘箓》十卷留桐柏观。"[①] 从中可知王契真有一兄，人称"王灵宝"，应该亦是灵宝法传人，且寿近百岁仍健在。而王契真称"小灵宝"，其"小"字未必是指道法不如其兄，或是因为其为弟弟的缘故。从文中意思来看，此时王茂端或健在，而王契真已卒。因为如果王契真如在世，则亦应该有九十余岁，文中应并称两兄弟高寿才合理。又说王契真"所著《灵宝教法秘箓》十卷留桐柏观"，似是对已故之人的评语。关于王茂端活动的时间，《天台方外志》卷九《神仙》曰："商伯夷叔齐：道书称二子死为九天仆射，治桐柏山。今桐柏观有二石像镌制奇古，体色温润。或

---

① 《天台方外志》卷九《道士》。

云王灵宝请之徽宗宫中，然无所据。"① 可知王茂端在北宋末之徽宗朝就
有活动。南宋著名诗人，号称"永嘉四灵"之一的赵师秀在《清苑斋诗
钞》诗《桐柏观》中也提到王灵宝，诗云：

> 山深地忽平，缥缈见珠庭。瀑近春风湿，松多晓日清。
> 石坛遗鹤羽，粉壁剥龙形。道士王灵宝，轻强满百龄。②

赵师秀（1170—1219），生于南宋孝宗朝，卒于宁宗朝，其生平大部
分时间都生活在宁宗朝（1195—1224），则此诗基本是写于宁宗朝，则王
茂端出生时间不会早过北宋徽宗朝，其弟王契真也应出生于徽宗朝。

宁全真人天台与王契真相遇的时间，《赞化先生宁真人事实》有一记
载，称："天台巾子山素有飞猴，为郡之患。有吴崇哲者，受其害，请先
生治之。"该事件又见于《夷坚志》丁集第一卷"侯将军事"："郡人言：
'此地有宁先生，道法通神，盍往告！'吴即日持牒奔谒。宁书符篆，使
置于门首。……宁先生名全真，字立之，京师人。绍兴二十一年（1151）
七月也，赤城赵彦成亲见其事，作《飞猴传》记之。"③ 从郡人言"此地
有宁先生"，可知此时宁全真应居于天台，则宁全真与王契真见面很有可
能是在绍兴二十一年（1151）前后，从王契真出生于徽宗朝来看，其时
年纪为四十余岁。

赵义夫之后的东华派传人，据《道法会元》卷244之《灵宝源
流》为：

> 云林先生宋真人讳存真
> 玉虚先生张真人讳洞真
> 太玄先生孔真人讳敬真
> 丹霞先生卢真人讳谌真
> 东华先生薛真人讳熙真
> 灵宝通玄弘教法师水南先生林真人讳灵真
> 太极高闲先生董真人讳处谦字哭吉

---

① 《天台方外志》卷九《神仙》。
② 转引自陈文龙《走向民间的道派——上清灵宝东华派略述》，《世界宗教研究》2011 年第 2
期，第 49—58 页。
③ （宋）洪迈著，何卓点校：《夷坚志》，中华书局 1981 年版，第 1750—1751 页。

　　三十九代天师太玄张真人讳嗣成①

　　《灵宝源流》赵义之后所列五人生平不详，以后东华派著名传人是温州人林灵真，林灵真生于南宋末年，其主要活动年代已进入了元代。最后一位人物是正一派第三十九代天师张嗣成，他是在延祐四年（1317）袭位，也是元代人。

第八节　陈显微生平及其道教思想简论

一　陈显微生平、著述及弟子

　　陈显微，字宗道，号抱一子，维扬人（今江苏扬州）②。其弟子称其为"抱一先生陈君自淮游浙学者"③。淮应指淮水，亦在江苏境内。陈显微的师承不详，据道书，其"嘉定癸未（1223）遇至人于淮之都梁，尽得金丹真旨"④。现江苏省淮安市盱眙县名初为"盱台"（台，音"怡"），后为"盱眙"。境内有都梁山。隋大业初，炀帝在盱眙置都梁宫后，盱眙别称"都梁"。文中"都梁"或即盱眙县，或指盱眙县内的都梁山。

　　《四库全书总目提要》称其为"嘉定（1208—1224）端平（1234—1236）间临安（今杭州）佑圣观道士"⑤，不详其所本。有学者认为"《提要》又言及《四库全书》所收的浙江巡抚采进本《周易参同契解》前有《道藏》本未见的陈显微'自序'。《四库全书总目》之说，或许即来自此自序"⑥。以《道藏》中所收陈显微著作的序言来看，其确实驻于佑圣观，但年代似不符。《周易参同契解·叙》称陈显微"宝庆（1225—1227）初来辇下"，可知其约于1225年到当时的都城临安（今杭州）。其《后叙》称"淳祐甲辰（1244）阳月下弦日，天赐缘幸获遇抱一先生陈君于山阴之大云，明年（1245）夏五圆日，再遇于在所之佑圣观。先生且

---

①　《道藏》第30册，第496页。

②　同上书，第271页。

③　同上书，第297页。

④　同上书，第271页。

⑤　（清）永瑢、纪昀主编：《四库全书总目提要》，海南出版社1999年版，第753页。

⑥　卿希泰主编：《中国道教思想史》第三卷，人民出版社2009年版，第233页。

语仆曰……"①"山阴之大云"或即是今浙江绍兴之大云桥，绍兴离当时的临安不远。"再遇于在所之佑圣观"或即是其为佑圣观道士的由来。但从这两个事件来看，其于宝庆初（约 1225）至临安，而到淳祐乙巳（1245）仍在佑圣观，其所在临安的时间似比《四库全书总目提要》所称之时间要短。陈显微的《文始经言外旨》写于宝祐二年（1254）②，则其卒年当在其后。

明代胡文焕之《类修要诀》收有《抱一子逍遥歌》。其中有"人言晚饭少吃口，享年直到九十九。我今一百又三岁，晚饭越多越寿久"③之句，或是陈显微 103 岁时所作。如此，其在世时间应超过 103 岁。不过，考《道藏》中所收有两个抱一子，一为陈显微，二为《抱一子三峰老人丹诀》中的"三峰老人号抱一子刘某"④。《类修要诀》所录之"要诀"均只有题名和内容，没有作者介绍及创作年代等其他信息，故无法从中推断此《抱一子逍遥歌》作者是哪一个抱一子。当然，《类修要诀》所录之《抱一子逍遥歌》为陈显微所撰的可能性也是存在的。

另有文献提及"陈显微是南宋临安道士，郑观应重刻《关尹子陈注》前有陈抱一祖师传略说：'陈祖师名希贤，道名显微，号抱一，宋理宗（1225—1264）时官御史，因乱世辞官修道。'"⑤由于该文献出现年代太晚，已经到了民国时期，其"官御史"的说法应不可信。

关于陈显微的著作，《道藏·洞神部·玉诀类》收有署名"抱一子陈显微"的《文始经言外旨》。《道藏·太玄部》收有其《周易参同契解》，此书也被《四库全书》收入子部道家类。据《周易参同契解·叙》，陈显微尚有《立圣篇》、《显微卮言》、《抱一子书传》行世，今不存。⑥《道

---

① 《道藏》第 20 册，第 296 页。

② 《道藏》第 14 册，第 692 页。

③ （宋）周守忠：《养生类纂》，（明）胡文焕《类修要诀》，上海中医学院出版社 1989 年版，第 149 页。

④ 《道藏》第 4 册，第 975 页。丁培仁《增注新修道藏目录》称"称抱一者有元代金月岩，编《抱一子三峰老人丹诀》、《抱一函三秘诀》"。当误。考《道藏》中题名金月岩编的还有《纸舟先生全真直指》，三书均题名金月岩编，黄公望传。并没有说金月岩是抱一子或纸舟先生。而金月岩当是《仙鉴续编》第五卷之金篷头。而《抱一子三峰老人丹诀》中有"三峰老人号抱一子刘某"可证其非抱一子。

⑤ 周瀚光指导，戚淑娟：《〈关尹子〉研究》，华东师范大学硕士学位论文 2004 年，第 10 页。所引内容出自"1917 年香山郑观应重刻《关尹子陈注》"。

⑥ 《道藏》第 20 册，第 271 页。

藏》还收有陈显微校正的《神仙养生秘术》一卷，收入《洞神部·众术类》。该书题曰："太白山人传，后赵黄门侍郎刘景先受，宋抱一子校正。"① 其内容为外丹药物之方。此外，如前所述还有不确定的，明胡文焕《类修要诀》所录之《抱一子逍遥歌》一篇，为七言歌行体，共八十句，五百六十字。

　　为陈显微存世两书作"叙"者，除陈显微之自叙外，其余共有三位，其中一位是陈显微的弟子"希微子王夷"。王夷自称"愚师事抱一先生最久"②，应是陈显微的首徒或重要传人。从其称陈显微为"自淮游浙学者"来看，当是浙人。

　　另一位在《周易参同契解·前叙》中题为"金华洞元天璧壶道人郑伯谦拜手谨叙"，时间在"有宋端平改元（1234）夏五月朔旦"③。从叙文中的口气来看，郑伯谦只是从陈显微所学之修道人，似非其门人弟子。《四库全书》收有题为郑伯谦撰的《太平经国书》，入礼类周礼之属。《四库全书总目提要》称郑伯谦"字节卿，永嘉（今浙江温州）人。官修职郎，衢州府学教授……盖宁宗、理宗（1195—1264）时人"④。这个郑伯谦与上述自题为壶道人的郑伯谦无论从年代还是地点都相近，或是一人。

　　还有一位作叙者，《道藏》与《藏外道书》所收之《周易参同契解·后叙》中都题为"淳祐乙巳仲秋旦日门人天台□□稽首谨题"⑤，其中间有空格，按文义推测当是该门人为天台"某某"，而名字不知是何原因没有出现。唯《四库全书》收入的版本称"淳祐乙巳仲秋旦日门人天台生稽首谨题"⑥，则该门人名字即是"天台生"。由于没有更多资料，无法获知"生"字是因否上下文不通顺为后人所加，但该门人当为天台人应是无疑的。

二　陈显微《周易参同契解》的思想及其丹法流派

　　陈显微之《周易参同契解》在易学、内丹、参同契思想融合方面有一定的历史地位。有学者认为"从严格意义上来讲，金丹南宗要到（宋

---

① 《道藏》第 19 册，第 381 页。

② 《道藏》第 20 册，第 297 页。

③ 同上书，第 271 页。

④ （清）永瑢、纪昀主编：《四库全书总目提要》，第 107 页。

⑤ 《道藏》第 20 册，第 296 页；《藏外道书》第 9 册，第 218 页。

⑥ 《四库全书·子部·道家类》。

末元初）白玉蟾的再传弟子萧廷芝撰写《解注崔公入药镜》时，才表现出对道教丹经《参同契》丹学思想的直接关心，北宗的道士要到元代中、后期才撰写出自己的《参同契》注解（陈致虚《周易参同契分章注》）。……陈显微《周易参同契解》所表现出来的试图把《参同契》的思想解释与金丹南北宗的丹学思想融合起来、试图把'先天易学'与金丹南、北宗的丹学思想融合起来的思想……在道教丹学思想演变史上，应该有它独特的思想地位"①。

陈显微在注《周易参同契》时提出了较多的思想，首先是将"道"等同为"一"，并等同为"金丹"。陈显微曰："道生一也，一生而后道可得而神明矣。一者，有物混成，先天地生是也。大哉一乎，天地之母，造化之本，万物之祖也……一者，金丹也；金丹者，返本还元、归根复命之妙道也。"② 其二是对于纳甲法等象数易学进行了诠释，如《周易参同契解》曰："魏君以一月之司月形圆缺喻卦象进退，自初三为一阳，初八为二阳，十五则二阳全而乾体就。十六则一阴生，二十三即二阴生，三十日则二阴全而坤体成。"③ 其三提出内丹火候运用，全凭心意用功夫。《周易参同契解》曰："丹居神室，犹人君之立国；而人君之立国，盖取于天象，有三台公辅之位，有文昌统录之司。台辅之职则坐而论道，调燮阴阳，使百官各任其职，故诘责在台辅也。统录之司，则揆量人才，黜涉贤否，使百官各尽其能，故统录在文昌也。百官有司，各称其职，则民物安妥而天下太平。众卦火符，不失其度，则万化流通而圣胎增长。然治国者在一人之所招，修丹者在一心之所感而已。"④ 第四是将先天易学的思想融入了《周易参同契》的注释之中。《周易参同契解》在开篇的注释中就引用了先天易学代表人物"麻衣道者"和陈希夷关于先天易学著作《麻衣道者正易心法》中的经文和注文。《周易参同契解》曰："乾坤，纯体之卦也，六子破纯体而为卦也。麻衣曰：'乾坤错杂，乃生六子。六子即是乾坤破体'……陈希夷曰：'破体炼之，纯体乃成。'是知破体炼之，可返纯体而入道。"⑤ 上述所引即是先天易学代表人物"麻衣道者"和陈希夷关于先天易学著作《麻衣道者正易心法》中的经文和注文。

---

① 卿希泰主编：《中国道教思想史》第三卷，第270页。
② 《道藏》第20册，第292页。
③ 同上书，第284—285页。
④ 同上书，第276页。
⑤ 同上书，第272页。

关于陈显微丹法的流派，《中国道教思想史》认为，"在金丹南、北宗丹学派中，除了刘永年、翁葆光一系外，其余门派似乎都对《参同契》没有多少明确的实际关心"[1]。其意思或是指只有双修一系才关注《参同契》及其注本。事实也确是如此，刘永年曾在 1152 年前后刊行过彭晓注《参同契分章通真义》，翁葆光又在其被认定为作双修解的《悟真篇注释》中引用了《参同契分章通真义》的彭晓注文。朱越利则直接指出陈显微之丹法为双修丹法[2]。《周易参同契解》曰："须知一阴一阳谓之道，男女交精，万物化生，而后可语还丹矣。苟二物不合，三五不交，水火未济，刚柔离分，则阴阳隔绝，天地闭塞，所谓偏阴偏阳，谓之疾也。"[3] 其所述丹法为双修丹法无疑。又从陈显微校正《神仙养生秘术》来看，《神仙养生秘术》中所论的都是外丹与服食之方，则陈显微当亦精于此道。

综合上述内容来看，陈显微之丹法更加接近于南宗的传承。从南宗五祖白玉蟾所持丹法来看，其不仅传清修丹法，并且"内证和外证皆表明，钟吕金丹派南宗的建立者白玉蟾传授并实践阴阳双修"[4]。同时，白玉蟾还进行外丹烧炼，"白玉蟾的金丹派南宗教团中还有外丹炼养著作秘传，今《道藏》收录之《金华冲碧丹经秘旨》二卷就是一例"[5]。《金华冲碧丹经秘旨》卷上题为"海琼老人白玉蟾授，三山鹤林隐士彭耜受"[6]，卷下则题为"白鹤洞天养素真人兰元白授，门弟子西隐翁辰阳孟煦受"[7]。故陈显微"嘉定癸未（1223）遇至人于淮之都梁，尽得金丹真旨"中提到的"至人"或是南宗一系的传人。

三　陈显微《文始经言外旨》的思想及价值

陈显微《文始经言外旨》又称《文始真经言外经旨》、《关尹子言外经旨》、《关尹子陈注》。《文始真经》即《关尹子》，一般认为《关尹子》是后人伪托之书，《四库全书总目提要》曰：

---

①　卿希泰主编：《中国道教思想史》第三卷，第 268 页。

②　朱越利：《宋元南宗阴阳双修的代表人物和经诀》，《宗教学研究》2010 年第 2 期，第 1—11 页。

③　《道藏》第 20 册，第 289 页。

④　朱越利：《宋元南宗阴阳双修的代表人物和经诀》，第 1—11 页。

⑤　盖建民：《白玉蟾道养生思想发微》，《道韵》，中华道统出版社 1999 年第 1 期。

⑥　《道藏》第 19 册，第 161 页。

⑦　同上书，第 162 页。

　　考《汉志》有《关尹子》九篇，刘向《列仙传》作《关令子》，而《隋志》、《唐志》皆不著录，则其佚久矣。南宋时，徐蒇子礼始得本于永嘉孙定家。前有刘向校定序，后有葛洪序。向序称："盖公受曹参。参薨，书葬。孝武帝时，有方士来上，淮南王秘而不出。向父德，治淮南王事得之。"其说颇诞，与《汉书》所载得淮南鸿宝秘书、言作黄金事者不同。疑即假借此事以附会之。故宋濂《诸子辨》以为文既与向不类，事亦无据，疑即定所为。①

　　虽然《关尹子》是伪书，但"其书虽出于依托，而核其词旨，固远出《天隐》、《无能》诸子上，不可废也"②。《关尹子》出于宋代，其"最早的注本是宋代陈显微的《文始真经言外经旨》"③。《文始经言外旨》有多个版本，主要有二卷本、三卷本、九卷本等数种。

　　现存《文始经言外旨》最早的或是明代的抄本和刻本，其中二卷本据《古籍版本题记索引》所记有"明天启杭州书肆读书坊刊本"④。另一文献称："《明代版本图录初编》卷八书林部分，收有明代天启（1621—1627）年间由周尹喜撰、宋陈显微注、明朱蔚然所校的《关尹子》书影一页。并附编纂'图录'者的按语：'按此为诸子全书之一，合刻诸子凡十五种，每种书面各题坊斋藏版及发行书铺名。此本题"读书坊藏版杭城段景亭发行"。'"⑤ 此两种文献所称或即同一个明代的二卷刻本。

　　最早将《关尹子》划为三卷的或是陈显微为之作注时。他在解释篇题时曾提到"今将九篇分为三卷，以见自一生三，自三成九之义"⑥。分为九卷或是明代之事。明最早的本子《道藏》本《文始经言外旨·叙》后有小字注曰："原上中下三卷，今离为九卷。"⑦

　　陈显微在《文始经言外旨》中提出的道家、道教的圣人观，引起了诸多学者的注意。常大群认为："宋代抱一子陈显微在《文始真经言外

---

①　（清）永瑢、纪昀主编：《四库全书总目提要》，第751页。

②　同上。

③　周瀚光指导，戚淑娟：《〈关尹子〉研究》，华东师范大学硕士学位论文，2004年，第10页。

④　同上书，第13页。

⑤　薛钟英：《图书发行业使用"发行"一词的新证》，《出版发行研究》1988年第6期，第23页。

⑥　《道藏》第14册，第692页。

⑦　同上。

旨》中对内圣外王之道进行了阐述。他的内圣就是炼成内丹的得道人。"①
《中国道教思想史》则将陈显微的圣人观称为"仙圣观"，并认为"南宋
中后期的道教理论界重新思考和解释了自身的宗教目标，形成了'仙圣'
学说，这个学说的代表人物是陈显微"②。王燕琴认为"道教创立以后，
也把圣人作为它的根本价值目标，与儒学不同的是，道教的圣人是与道、
与仙联系在一起的，我们可以称之为'仙圣'"③。或是最早提出的"仙
圣"概念的学者。

　　《文始经言外旨》虽称为"言外之旨"，但观其注文，仍是循经文为
脉络，在经文原旨的基础上发挥己义。"圣人"之论，关尹子本文中已经
讨论，陈显微只是在其基础上有所发挥而已。不过由于陈显微是第一个注
《关尹子》的道教学者，《中国道教思想史》称其为"仙圣观"的代表人
物，也说得通。

　　《关尹子》共九篇，其九篇的内容按陈显微题解，"宇者，道也"。故
《一宇》篇论道。"柱者，建天地也"，故《二柱》篇论天地。"极者，尊
圣人也。"故《三极》篇论圣人，而陈显微的"仙圣观"的主要观点尽在
此篇。"符者，精神魂魄也。"故《四符》篇论"全精抱神之道"，也即
讨论修炼之法。"鉴者，心也。"故《五鉴》篇论心性。"匕者，食也，食
者，形也。"故《六匕》篇论神形之关系。"釜者，化也。"故《七釜》
篇论万物之化，此"化"为变化无穷之化，唯得道者可以变化无穷。"筹
者，物也。"故《八筹》篇论心与物之关系。"药者，杂治也"，故《九
药》篇论接世之道。

　　道成而成仙圣，这既是道教仙圣观的主要特色，也是陈显微仙圣观的
主要特色。张伯端云："故知大丹之法，至简至易，虽愚昧小人，得而行
之，则立超圣地。"④　丘处机在《大丹直指》中有"弃壳升仙，超凡入
圣"一节，其中有"殊不知炼精为丹而后纯阳气生，炼气成神而后真灵
神仙，超凡入圣、弃壳升仙而曰'超脱'，万之世神仙不易之法也！"⑤　抱
一子则曰："惟有道之士能为之圣人，欲显诸仁，藏诸用，以尽内圣外王

---

①　常大群：《中国传统文化的圣人观》，《齐鲁学刊》2007 年第 2 期，第 37—40 页。

②　卿希泰主编：《中国道教思想史》第三卷，第 233 页。

③　詹石窗、常大群指导，王燕琴：《陈显微"仙圣"观的哲学思考》，厦门大学中国哲学硕士
　　学位论文，2007 年，第 10 页。

④　王沐：《悟真篇浅解》，中华书局 1990 年版，第 176 页。

⑤　《道藏》第 4 册，第 402 页。

之道。"① 其丹法所达到的境界则是"脱离生死、永不轮回",其《四符》篇曰:"故丹法始终全资火候者,火之功用大矣哉……此则山河大地皆吾法身之妙用也,安有所谓生,安有所谓死哉。"② 又曰:"遇物对境,当以一息摄之,则变物为我矣。无物非我,则五行皆为吾用,而不复有相生相灭之机,孰能变之哉,此永不轮回,不受生之妙用也。"③ 其中"山河大地皆吾法身之妙用"则是得道之人可以变化无穷之意。

王燕琴认为"杜光庭的圣人观,反映了道教会通先秦道家圣人理念与神仙思想的趋向。他的'圣人'已经可以不折不扣地称为'仙圣'了"。这是认为从唐五代的杜光庭在《道德真经广圣义》的圣人观就已经可以称为"仙圣观"了。王燕琴还认为"杜光庭的'圣人'也与儒家圣人有些类似之处"。由于受前人的影响,"陈显微的'仙圣'观中明显透露出三教融合的痕迹"④。这在陈显微在《五鉴》篇论"心性"时,同引儒释两家理论以解经文可以看出:

　　抱一子曰:后世言性者,皆曰性生于心,以心为母,性为子。谓如五常之性,根于一心,皆未达夫真性之所以为性。三教圣人发明性真,如出一口。而贤人胶之,此其所以未入圣域欤?孔子言穷理而后尽性,理者,心也与?孟子言,尽其心者知其性,知其性则知天意同。释氏言明心然后见性,故直指人心,见性成佛,与今言心生于性,皆以性为母,心为子也。⑤

这里所用"贤人"一词,也是陈显微"仙圣"观中的一个重要概念。他将人分为常人、贤人和圣人三个层次。《三极》篇曰:"抱一子曰:中人以上,可以语上,故贤人趋上,中人以下不可以语上,故众人不见上,皆偏也。圣人浑通上下,无所不趋,无所不见,在贤亦宜,在众亦宜,和光同尘,所以异于贤人远矣。"⑥ 从两段引文中可以看出,有才德的贤人与圣人的差距还是很大的,那圣人的内圣和外王之道究竟是怎样的呢?

① 《道藏》第14册,第721页。
② 同上书,第708页。
③ 同上。
④ 詹石窗、常大群指导,王燕琴:《陈显微"仙圣"观的哲学思考》,第11页。
⑤ 《道藏》第14册,第715页。
⑥ 同上书,第706页。

陈显微认为圣人修身要达到"无我"的境界，其《三极》篇曰："圣人志于道，无心无我，故不为物易贤人志，洛物有心有人，故未免为物所易。"① 同时要"和光同尘"，《三极》篇又曰："抱一子曰，圣人之处世和其光同其尘，惟恐自异于众人。"②

圣人的外王之道，其核心就是老子的行不言之教，无为而治的理论。"抱一子曰：夫大道无说，善圣者不言，非无说也，不可说也。不可说而言之，则有弊……然去来牵掣，是则有言不如无言也。然则圣人果不留一言乎？圣人之言满天下，学者苟以圣人之言为言，不惟不知言，并与圣人失之矣。"这是发挥了老子"行不言之教"之说。"抱一子曰：天无为而万化成，圣人无为而天下治，圣人何心哉？"③ 又曰："圣人不自以为功，而任功于天下，是道也。尧舜禹汤得之，故皆曰自然。"④ 这是发挥了老子"功成事遂，百姓皆谓我自然"之说。

陈显微在注释中也多处引用了《阴符经》，其中"圣人犹天也，物有生杀，天无爱恶，圣人犹日也，物有妍丑，而日无厚薄是，盖圣人无为无心之治也"⑤。即发挥了阴符经"天地无恩而大恩生"之说。

陈显微对于道家和道教的贡献，体现在其所著《文始经言外旨》、《周易参同契解》两书中。《关尹子》一书历来秘传，不显于世，而于宋代始出现。陈显微《文始真经言外旨序》中称："关尹之书自昔以来，秘传于世，少有知者。虽圣明之朝，以《庄》、《列》二书名之为经，而是书不传，不得上达，使庄、列二子有知，岂不有愧于地下乎？"⑥ 陈显微未说明其得到《关尹子》的来历，但作为《关尹子》的第一个作注者，将此书传世（虽然此书不是古本的《关尹子》），陈显微应该是有其贡献的。《中国道教思想史》认为，至少到南宋中期为止，道教丹经《参同契》的思想解释，实际上与金丹南北宗的丹学思想是没有什么具体的关联的。陈显微《周易参同契解》则是在注文中引用了钟离权、刘海蟾、张伯端等人的丹诗，既显示了陈显微的丹学思想归属，也使《参同契》思想与金丹南宗的思想相关联。陈显微还使用先天易学思想来解释《参

---

① 《道藏》第 14 册，第 704 页。

② 同上书，第 703—704 页。

③ 同上书，第 702 页。

④ 同上。

⑤ 同上。

⑥ 同上书，第 691 页。

同契》，金丹南宗和先天易学思想都是在五代至宋发展起来的，《中国道教思想史》认为这体现了陈显微在撰写《参同契》注解时所表现出来的，对新思想的关心。① 陈显微的《周易参同契解》对其后注《参同契》的俞琰也有着较大的影响。俞琰在注《参同契》中较多地使用了陈显微的思想。《中国道教思想史》认为南宋以来，陈显微与俞琰对"参同学"的发展产生了"重要的推动作用"，或可以用开创了一个新的时代来形容，而陈显微无疑是先行者。

第九节　褚伯秀生平及其庄学思想简论

一　褚伯秀的生平及著述

褚伯秀，号雪巘，又号"武林道士"，钱塘（浙江杭州）人，宋代杭州天庆观（后称玄妙观）道士。宋末元初道教学者，有《南华真经义海纂微》106 卷传世，曾注《道德》、《冲虚》二经，皆佚。事见《宋季忠义录》卷一四、《武林玄妙观志》卷二。《宋季忠义录》卷一四《褚雪巘》所录之事并见于《武林玄妙观志》卷二《褚雪巘先生》，现录《褚雪巘先生》如下：

> 褚伯秀，号雪巘，一名师秀。杭人也。博学通经术，而性清介绝俗，寄迹黄冠，隐于天庆观蕉池之间，闭户著书不辍。天师以学修撰命之，不就。作《贫女吟》二首谢之。
> 元时平章尤公单骑从一童访之。诣方丈，语王管辖曰，欲以一拜褚高士。管辖曰："此孤僻士，宰相何取而欲见之？"尤意弥坚，乃叩门。先生方读书，闻剥啄声，问为谁？管辖以己姓名对，先生曰："何为至此？"管辖以山门急切事语之，乃启户，管辖曰："平章请见。"先生拒之曰："某自来不识时贵。"入而门，尤已拜于地。尤意延坐室中，先生则键户而出，偕行廊庑间。尤愈敬甚，至云堂前，语平章曰："三年前有阆州王高士尝留此，某非其人也。"因长揖竟出。尤顾盼嗟叹曰，是真一世之高士也。
> 先生平居不轻与时俗交接，间与游者皆老儒宿学。而方外之士，

若大涤周清溪、茅阜蒋玉海辈，则相与商榷道妙，书问往来无间。一夕有双鹤飞绕池上，泊然返真。异香盈室。

集注《南华经》一百六卷，名《义海纂微》。梓于咸淳乙丑之岁。奉旨入《道藏》。又注《道德》、《冲虚》二经，其他杂著诗文甚夥，惜多散轶。①

褚伯秀所隐之天庆观在杭州吴山。据《武林玄妙观志》卷一所记，玄妙观在吴山之南麓，唐玄宗天宝二年奉诏创建，号紫极宫，崇奉圣祖玄元皇帝。唐懿宗咸通三年诏重修。唐季废于兵火。梁开平二年诏改为老君庙。吴越王钱镠重建奏改为真圣观，并亲制碑文。宋真宗天禧三年，郡守王钦若奏改为天庆观，以奉圣祖司命天尊大帝。理宗绍定四年廛居不戒，毁于火，有旨重建，御书"天庆之观"四大字以赐，命秘书郎撰记。②《咸淳临安志》所记略同。褚伯秀隐居之处称"雪巘书室"，位于蕉池之间，故褚伯秀又号蕉池道士。③

上述"平章尤公"拜访褚伯秀的事件，又见于郑元祐《遂昌杂录》④，不过有学者认为元史里没有《遂昌杂录》里提到的"平章尤公"或"尤宣抚"，但是却有一位"游宣抚"游显⑤，"尤公"或是"游公"之讹。《元史》卷一百二十七："遣蒙古军都元帅阇里帖木儿、万户怀都先据无锡州，万户忙古歹、晏彻儿巡太湖，遣监战亦乞里歹、招讨使唆都、宣抚使游显，会阇里帖木儿先趋平江。"⑥ 可知游显是"宣抚使"，称为"游宣抚"是没有问题的。又《元史》卷十一："定杭州宣慰司官四员，以游显、管如德、忽都虎、刘宣充之。"⑦《元史》卷十二："命游显专领江浙行省漕运。"⑧ 可知游显在杭州任职过，游显与杭州道观的关系还有一条文献可证，元戴表元《杭州佑圣观记》曰："（佑圣观）至元十七年（1280）庚辰冬复毁，惟门台及陆君宗补虚白斋存焉。于是陆君竭

① 《武林玄妙观志》卷二，《藏外道书》第20册，第316—317页。

② 同上书，第303—304页。

③ 同上书，第309页。

④ 《遂昌杂录》收于《四库全书》"子部"十二，第1040册。

⑤ 游显，《新元史》卷一百六十七有传。又，《牧庵集》卷二十二《荣禄大夫江淮等处行中书省平章政事游公神道碑》亦有其生平。

⑥ 《元史》，中华书局1976年版，第10册，第3107页。

⑦ 《元史》第1册，第223页。

⑧ 同上书，第247页。

囊橐，躬奋锸，昼夜兴缉，大人长者，闻声胥应。时则有若平章政事游公、副总管张公援助为多。"① 从以上线索观之，游平章拜访褚伯秀的事情是很有可能的。又游显于至元十九（1282）年拜"荣禄大夫江淮等处行中书省平章政事"②，要到此年才可以称"游平章"，而第二年游显卒，故其拜访褚伯秀或在该年。

关于褚伯秀的其他著作，上文称"其他杂著诗文甚夥，惜多散轶"，据《武林玄妙观志》卷四所记，褚伯秀曾著《武林诗话》一书，但散佚，有残页，内容附刊于《义海》之后③。又其遗世有诗七首，除上述所提到的《贫女吟》二首外，还有《送金约山归洞霄》、《呈周清溪》、《春日山居》、《送玉海宗师还茅山》、《题翠蛟亭》五首。④

据《玄妙观志》载，有王福缘、马臻受业于褚雪巘。《玄妙观志》卷二记述了两位的事迹。⑤

王磐隐先生

王福缘，字子縣，号磐隐，钱塘人。自宋时弃家学道于本观，受业褚雪巘之门，究极清静之学。为诗文警策有法度，尤精大洞雷法，以术救灾弭疾，呼召风霆，挞伐魑魅，应如桴鼓。故人以神师称。

至元中，授杭州路道篆，为政清明，羽众钦服。相谓曰：二百年无此管领矣。其为教中所敬爱如此。后大德辛丑，偕天师至燕行内醮，留岁余，辞归。尝筑别馆于西湖，为养静吟咏之所，退然乐道，不汲汲于荣宠。与马虚中皆以学行为时所称。

马霞外先生

马臻，字志道，号虚中，钱塘人。生于宋宝祐甲寅岁。自少不慕荣利，翻然学道，受业褚雪巘先生之门，以诗画著名于时。平昔尤慕陶贞白之为人，因筑别业于湖上，架植松竹，徜徉山水间，以乐其志。

大德辛丑从天师张与材至燕京行内醮，将授之道秩，非所好也，

---

① 陈垣：《道家金石略》，文物出版社 1988 年版，第 878 页。
② 《牧庵集》卷二十二，《荣禄大夫江淮等处行中书省平章政事游公神道碑》，《四部丛刊》本，第五册。
③ 《武林玄妙观记》卷四，《藏外道书》第 20 册，第 345 页。
④ 同上书，第 350 页。
⑤ 《武林玄妙观记》卷二，《藏外道书》第 20 册，第 317 页。

辞而归。至大间，天师命为佑圣观虚白斋高士，亦不就。作诗谢之曰：

> 盘空独鹤下仙坛，纸上春风墨未干。驽马断无千里志，鹪鹩惟羡一枝安。
>
> 青天荡荡元恩大，白发悠悠世路难。容得闲身老林壑，湖西山色倚楼看。

尝手画龙门、桑乾二图流传海内，不见者辄以为恨，其为人所钦慕多类此。所著有《霞外诗集》及《文集》、《外集》俱行于世。

王福缘、马臻均为钱塘人（今杭州），可能是受褚伯秀的影响，两人都长于诗文书画。文中还称两人均于元大德辛丑年（大德五年，1301）跟随张与材天师至燕京行内醮，可知两人斋醮道术均应冠于当时。王福缘还担任过道职，且"为政清明"，颇得道众拥戴。

二　《南华真经义海纂微》之内容

褚伯秀撰《南华真经义海纂微》集十三家注，最后一家为范元应，为褚伯秀之师。淳祐丙午年（1246），西蜀的范元应在京师（即当时的临安，今杭州）设席讲《庄子》，褚伯秀师从他学习，得《庄子》心印。此后，褚伯秀"纂集诸解凡七载而毕业"[1]。该书是现存最早的《庄子》集注作品，被明《道藏》收录于《洞神部·玉诀类》，同时被清《四库全书》收录。《四库全书总目提要》卷一百四十六《子部五十六·道家类》对该书进行了评价，曰：

> 《南华真经义海纂微》（一百六卷　浙江巡抚采进本）。
>
> 宋褚伯秀撰。伯秀，杭州道士。是书成于咸淳庚午，前有刘震孙、文及翁、汤汉三序。下距宋亡仅六年。周密《癸辛杂识后集》载至元丁亥九月，与伯秀及王磐隐游阅古泉，则入元尚在也。其书纂郭象、吕惠卿、林疑独、陈祥道、陈景元、王雱、刘概、吴俦、赵以夫、林希逸、李士表、王旦、范元应十三家之说，而断以己意，谓之管见。中多引陆德明《经典释文》，而不列于十三家中，以是书主义理，不主音训也。成玄英疏、文如海《正义》、张潜夫《补注》，皆间引之，亦不列于十三家，以从陈景元书采用也。范元应乃蜀中道

---

[1]　《道藏》第15册，第687页。

士，本未注《庄子》，以其为伯秀之师，故多述其绪论焉。盖宋以前解《庄子》者，梗概略具于是。其间如吴俦、赵以夫、王旦诸家，今皆罕见，实赖是书以传。则伯秀编纂之功亦不可没矣。①

上述十三家之中，"由于林疑独、陈详道、陈景元、刘概、吴俦、赵以夫、王旦、范元应的庄学著作都已散佚，实赖该书才得以流传。可见褚伯秀之编纂，于庄学发展大有功劳"②。褚伯秀对于《庄子》一书的文本也花了较大的精力进行考校和音义的研究，但由于《纂微》重义理，故这些校勘记所引的内容如"陆德明《经典释文》、成玄英疏、文如海《正义》、张潜夫《补注》"都未计入十三家之内，而是出现在褚伯秀引十三家注文后，自己所写的"管见"中。如《提要》所述，褚伯秀之"管见"，除上述所说的考校外，最主要的内容还是褚伯秀自己对《庄子》理解，从中我们亦可以发现褚伯秀本人的庄学思想。

三　《南华真经义海纂微》之庄学思想

褚伯秀《南华真经义海纂微》付梓时间据《南华真经义海纂微·前序》及《武林玄妙观志》为咸淳乙丑（1265），而《南华真经义海纂微·后序》作于咸淳庚午，故《提要》作咸淳庚午（1270）。不论是哪一年，其时距临安被攻克的1276年都十分接近，褚伯秀在这样的历史背景下为《庄子》作解，其对《庄子》的理解也会带上时代的痕迹。《纂微》言："南华立言明道，高越九天，深穷九地，辟阖造化，鬼神莫测，及其引事物以为喻，则不出乎人间世之谈，而玄机妙义隐然于中，有足以觉人心，救时弊者。"③庄子的忧世之心，被同样身处离乱之世的褚伯秀发掘出来，所以褚伯秀认为《庄子》乃救世之书。《纂微》曰："凡此皆所以痛针世俗之膏肓，密显圣贤之教思，学者信能遗其迹而究其所以言，融名利之私心，归道德之大本，无为清静之化，足以仁寿八荒，岂止康济一身而已。于此足以见南华卫道弘化救时悯俗之心，与孔孟无殊辙矣。"④也就是说庄子救世之心与儒家之孔孟无殊。褚伯秀实为援儒入庄。

---

① （清）永瑢、纪昀主编：《四库全书总目提要》，第752页。

② 熊铁基主编：《中国庄学史》，福建人民出版社2009年版，上册，第443页。

③ 《道藏》第15册，第645页。

④ 同上书，第642页。

在褚伯秀看来，《庄子》同样是一部阐述"内圣外王"之道的著作，《纂微》曰："南华著经，篇分内外，所以述道德性命、礼乐刑政之大纲，内圣外王之道有在于是，而立言超卓，异乎诸子，卒难阶梯，见谓僻诞，然而渊雷夜光，不可泯也。"① 由于其立意高妙、语言奇特，异乎其他诸子百家，所以其真正的用心难以被后人所发现。如果真正读懂《庄子》，则其与儒家的思想有共通之处。

《纂微》曰："学道之要，先须求圣贤乐处，切身体究，方为得力。《易》云：'乐天知命'，颜氏箪瓢自乐，孟子养浩然而充塞天地，原宪行歌而声出金石，此皆超物外之累，全自己之天，出处动静，无适非乐，斯可以论逍遥游矣。"② 褚伯秀以儒家之例解庄子逍遥之意，其融合两家思想的努力可见一斑。

儒、道最大的分歧是在对"仁义"的看法，在"仁义"的问题上解决不好，其援儒入庄的努力也将存在理论上的问题。对此，褚伯秀提出了自己的见解。《纂微》曰："老庄之为学，非好为高大而固薄仁义也，盖尊道德则仁义在其中。然当时所谓仁义，皆多骈旁枝而非正者耳，故不得不辞而辟之。……所谓聪明仁义者，皆自吾德性中来，是亦道之徼也。但不徇其迹，以求善于物，思复其本而同乎大通，则亦终归乎道德之妙而已，何淫僻之有哉。"③ 他认为，老庄所批判和绝弃的"仁义"皆非道德之正，真正合乎性命之情的仁义才是真仁义，是包含在道家提倡的道与德之中的，而道家所"辟"的是"非正者耳"。《纂微》进一步论述道："盖仁有性之真，必有假之伪，恶夫假仁者执虚器以愚虐天下之民，故重叹仁义其非人情乎？自三代而下为仁义者，佸其嚣嚣浮薄耶？"④ 也就是庄子对仁义的鄙薄是由于很多仁义只停留于表面，其实是"嚣嚣浮薄"之徒。褚伯秀用真伪仁义的观点，调和了儒道两家仁义观点上的分歧。

褚伯秀对于佛教的理论也多有引用。褚伯秀引入佛禅思想阐明体道的方法，如《田子方》之注曰："是道也，可以心会。而不可以言尽，即禅家究竟父母未生已前，风火既散已后，虽因师指而人，终焉直须自悟，所谓说破即不中是也，学者勉之。"他认为道只能用心去体悟，与禅宗的体

① 《道藏》第 15 册，第 686 页。

② 同上书，第 188 页。

③ 同上书，第 312 页。

④ 同上书，第 316 页。

悟方法相同。《则阳》篇之注又说："昔之语道者必离四句,谓'有','无','非有非无','亦有亦无',离此即是道,犹舍东西南北即中也。"这是典型的佛教中观学说的思想,[①] 也可视为是对唐代道教重玄学的继承。

褚伯秀解《庄》亦引用了重玄学和理学等思想。如"所谓本根者,亦岂他求哉,反求诸吾身,得其所以生我者是已。知其根而守之不离,是谓归根。归根日静,静日复命,学道至此,始可进又玄一步,故日可以观于天矣。子能有无,谓知万法皆空,故独明此道。然犹坐于无,未造重玄之域"。这是重玄思想的体现。又如"月之明虽大而亏多盈少,出于天理也。火之明虽小而燃之益烈,由于人为也。天道恶盈,其亏也易复;人为好盛,其盛也易衰。月不胜火,人欲盛而天理灭之譬也。天道难谌,不容拟议,故无所措知于其间。止乎其所不知,斯真知也。要在日损之功,人欲既尽,天理见矣"。"天理、人欲"之辨是理学家提出的最为人熟知的观点,褚伯秀亦将其引入《纂微》。

当然,褚伯秀是道教学者,"褚伯秀的庄子学思想虽在一定程度上受到了诸如魏晋玄学、唐宋儒道佛三教并存等文化思潮的影响,但其主要学术思想大抵是以道家说来解释《庄子》的"[②]。褚伯秀所引注庄者共十三家,其最后一家范元应其实并未有注庄的著作问世,其在京师讲庄子,褚伯秀作为其弟子把范元应的讲义作为第十三家编入了《纂微》中,故其在序中称引范元应之注《庄子》内容为"无隐范先生讲语"[③]。由于范元应是褚伯秀的老师,所以褚伯秀注《庄》之学术思想受范元应的影响很大。褚伯秀作于咸淳庚午的后序中提到了范元应讲解《庄子》"有出寻常见闻之表者"[④],究其原因是使用了"以庄解庄"的方法。褚伯秀在其《后序》中列举范元应"以庄解庄"之事例后,感慨万分地说道:"于是众心豁然,如发重覆而睹天日也。窃惟圣贤垂训,启迪后人,义海宏深,酌随人量。笺注之学,见有等差,须遇师匠心传,庶免多歧之惑。……古语云:务学不如务求师,至哉师恩!"[⑤]

关于"以庄解庄"的具体运用,如《天下篇》曰:"其在于《诗》、

---

① 肖海燕:《褚伯秀的庄学思想简论》,《中国道教》2008 年第 6 期,第 37—40 页。

② 方勇:《庄学史略》,巴蜀书社 2008 年版,第 299 页。

③ 《道藏》第 15 册,第 176 页。

④ 同上书,第 686 页。

⑤ 同上书,第 687 页。

《书》、《礼》、《乐》者，邹鲁之士、缙绅先生多能明之。《诗》以道志，《书》以道事，《礼》以道行，《乐》以道和，《易》以道阴阳，《春秋》以道名分。"王安石、林希逸等宋代治庄者都把此作为庄子亦推崇儒家的证据。而褚伯秀却以《庄子·天运》中"师金"批评"孔子"的观点来解释这段文字①，说："自'道志'至'名分'，皆圣人致治之迹也，施之天下而效有浅深，见之事为而政有治乱者，为圣贤之指不明，道德之归不一，学者徒贵已陈之刍狗，治莫致而妖异兴焉，各得一端而自以为大全，无异指蹄涔为东海也。"②

　　修道治身是道教徒的第一要务，但褚伯秀在《在宥》篇注曰："窃惟二圣亲传道要，具载此章，初无甚高难行之事，易简明白，若此后世薄俗好奇尚怪，设为存想、抽添、交媾、采取之说，劳神苦形以求泰定，至有以盲引盲，骋冰车于火山而弗悟者，几何而不丧其所自生哉？"褚伯秀认同广成子"无视无听、抱神正形、必静必清、无劳无摇"的修性原则，反对所谓"存想、抽添、交媾、采取"的道教方术，有学者认为"由此反映了当时道教义理旨趣的变化"③。这种变化的具体内容就是"这一解《庄》旨趣鲜明地体现出了宋元道教哲学的时代特色：修道教的重点已不在于肉体飞升，而在于心性的超越和精神的解脱。"④ 不过以褚伯秀一人在《纂微》中的观点而得出宋元道教哲学的时代特色是"心性的超越和精神的解脱"，似不妥当。"心性的超越和精神的解脱"应该是《庄子》一书的重要特点，也是解《庄》者必定会回归到的原点。《武林玄妙观志》说褚伯秀"博学通经术……寄迹黄冠……闭户著书不辍"。与其说是一位道士，不如说是一位博学的隐士。所以，所谓"心性的超越和精神的解脱"是褚伯秀身上和庄学学者所共有的一个特色，应该代表了一部分道教学者的思想，但应该不是宋元时期所有的或主流的道教思想。无论金丹南宗之白玉蟾一系或是符箓大宗张天师一系在这个时期都有很大的影响，他们的观点未必认为修身已不是"道教的重点"。也有学者认为："内丹学兴起之后，到宋元时期逐渐被视为道教修炼的正途。内丹修炼'既是一种长生成仙的修命术，又是一种追求精神升华的心性学'。褚伯秀亦从道教心性论的角度来诠释《庄子》，如《则阳》篇之注曰：'人之

---

① 方勇：《庄学史略》，第 300 页。

② 《道藏》第 15 册，第 669 页。

③ 熊铁基主编：《中国庄学史》上册，第 452 页。

④ 同上书，第 454 页。

治身，犹治国也。心君正而五官理，国君正而群辅贤。'以心喻一国之君，充分肯定了心在修道治身过程中的重要性。"① 以此来调和修身和修性两者的观点，或是一个较好的解决方案。

褚伯秀是当时的名士。入元后，平章游显上门拜访，平章在元代作为丞相的副贰的官职，民间或可以看作副丞相。而为了增加故事的效果，民间传说可能会将"副"字省略，而认为有丞相级别的人物来拜访，而褚伯秀置之不理。这个故事增加了褚伯秀的传奇色彩和不为权贵所动的傲然风骨，从一定程度上增加了褚伯秀名士的风采。所以综合来看，褚伯秀受人的尊敬和重视，并不是因为其道术，而是因为其学识、文章，包括其所著的《南华真经义海纂微》。所以褚伯秀为道教所崇奉的经典《庄子》作了一个非常有价值的集注，既保存了大量失传的解《庄》著作，也提出了《庄子》为"忧世之学"的个人观点。所以褚伯秀的身份是一名道教学者，从这个视角出发，可以为正确评价褚伯秀对道家和道教的贡献。

第十节　夏元鼎生平及其内丹学思想

一　夏元鼎生平

夏元鼎，字宗禹，永嘉人（今温州永嘉），号云峰散人。南宋时期人。生卒年均不详，约南宋宁宗前后在世。《弘治温州府志》称其"自幼嗜学，刻志科举。经史群书，兵机将略，靡不精究。驰骛转困场屋，于是屡入应贾许一帅幪与苟梦王同艰难，由青齐跨太行，深入軷境，备尝劳悴，事与愿违"。其中"应贾许一帅幪与苟梦王同艰难"一句，似有误。其同乡秘书少监曹叔远则言："夏君宗禹……少有奇抱，谓功名抵掌可致，自其二十年间，遍入应、贾、许三师幕，且与苟梦玉同艰难，籑青齐，跨太行，深入軷境，极其劳瘁。"② 比较两文，可知前文"一帅"或是"师"之误。王九万也称："永嘉夏云峰，少由童子郎振策场屋，遍从诸大老游。长出入兵间，以功得赏。"③

---

① 肖海燕：《褚伯秀的庄学思想简论》，《中国道教》2008 年第 6 期，第 37—40 页。

② 《紫阳真人悟真篇讲义》序，《道藏》第 3 册，第 32 页。

③ 《黄帝阴符经讲义》卷四，《道藏》第 2 册，第 735 页。

而后，夏元鼎"因疾有教以吐纳导引法，乃差。遂知药在吾身，不假外求"。此后如王九万称："驱驰于山东、河北，登日懂拜孔林，以充大其胸中浩然之气，视世间物无足当其意，遂弃官学道。"① 留元刚也说："东嘉夏元鼎，奇伟俶傥之画策，从事制幕，转徒边檄，数奇不耦，浩然游方，访飞升还返之术，宜参默授，会萃笺解。"②

夏元鼎之师有二人，先是"嘉定（1208—1224）间，得遇关西闵先生，授以道要"。而后"遂历湖湘，至南岳祝融峰，又遇赤城周真人。"夏元鼎与周真人"虽解后于一时，有契宿缘于万劫，乃于旅寓炷香皈礼，因历叙平生修真之要，求其印证。真人曰：'汝若是精切耶？世间所论皆常谈耳。'言昔蒙西蜀铁凤洞圣师傅授，今尽付汝。遂举酒一斗，鲸饮而尽。因告以心传之妙。元鼎大悟，惊喜感泣。真人曰：'汝已知药物矣，若火候幽微，可待月出语汝。'及三鼓月上，乃指天机造化玄妙之秘。至夜将旦，元鼎就寝，觉而失师所在。门窗如故。因题诗曰：'崆峒访道至湘湖，万卷诗书看转愚。踏破铁鞋无觅处，得师全不费工夫。'"③ 俞琰《席上腐谈》卷下曰："大德庚子，夏壶隐示以金丹又玄篇，云是梁九阳所作。观其自序云：'得之王山宾。'天台山宾王可道，号真常子。与夏云峰、陈了空、郁芦庵相倡和。山宾有众妙义集。至元辛巳，文如心太傅携此书示余，系是写本。"④ 从中可知夏元鼎（云峰）与陈了空、郁芦庵、王可道等相从游。夏元鼎"一日归乡，王太监有开遇之甚厚，元鼎授以秘法，亦弃职归隐，后无疾端坐而逝。是日，乡人在闽中见之，寄书归，家人以为尸解"。关于真常子，古医籍《养生医药浅说》中有一则《真常子养生秘诀》。（一说真常子，即任源，字道源，自号真常子，宋徽宗时宦者。）

夏元鼎著有《崔公药镜解》、《阴符经注》、《悟真篇讲义》三书。见俞琰《席上腐谈》卷下："永嘉夏元鼎，号云峰，注《阴符》、《药镜》、《悟真》三书，真西山为序。"⑤ 真西山即理学大家真德秀，真德秀赞颂说："天台真人张平叔作《悟真》诗百余篇行于世，识者谓《参同》之

① 《黄帝阴符经讲义》卷四，《道藏》第2册，第735页。
② 同上书，第733—734页。
③ 此诗又见《全宋诗》第五十六册，第25236页。
④ （元）俞琰：《席上腐谈》卷下，《丛书集成初编》，商务印书馆民国二十五年（1936）版，第22页。
⑤ 同上。

后，才有此书。予闲中虽颇涉猎，然未能识其妙处。云峰夏宗禹自永嘉来游换亭，示余所为《悟真讲义》，章剖句析，读之使人焕然无疑……宝庆三年（1227）冬至后三日建安真德秀序。"① 从真德秀之序来看，夏元鼎宝庆年间尚在世。真德秀还以诗赠之曰："龙虎山前形异梦，祝融项上遇真仙。劝君早办骖鸾事，莫把天机漫浪传。"又曰："咲我深窗五柳门，无从相与细论文。会须脱嚣尘去，鹰宕山头或见君。"

对于夏元鼎所著三书，王九万称："云峰金丹三书，超然自应，显化通神，灵明妙用者哉！"② 其同乡秘书少监曹叔远则言："吾乡诸儒以经学见推、文翰自命者多矣，未有能传张平叔《悟真》诀者。夏君宗禹乃独因秘受，坐进此道，斯亦异矣。君少有奇抱，谓功名抵掌可致，自其二十年间，遍入应、贾、许三师幕，且与苟梦玉同艰难，繇青齐，跨太行，深入轵境，极其劳瘁。既而事与愿违，始屏迹绝，口不复道。著为《药镜》、《阴符》、《悟真》三书，羽流至有投誓而愿受业者。……绍定初元（1228）仲春祕书少监永嘉曹叔远序。"③

夏元鼎所著三书现存二种，《道藏》洞真部玉诀类收有《紫阳真人悟真篇讲义》，题"云峰散人永嘉夏元鼎著"。又收有《黄帝阴符经讲义》，题"云峰散人夏元鼎宗禹譔"。《黄帝阴符经讲义》卷四后附有留元刚撰《云峰入药镜笺序》，以及《云峰续记》、《云峰自序》及王九万之《后序》。可知夏元鼎确撰有《入药镜笺》。

二　夏元鼎的内丹学思想

夏元鼎继承了张伯端的三教合一的观点。《黄帝阴符经讲义图说卷之四》有"三教归一图说"，并注曰："三教殊途同归，妄者自生分别，彼谓释道虚无，不可与吾儒并论，是固然也。自立人极，应世变言之，则不侔。至于修真养性与正心诚意之道，未易畦畛也。……信知三教等无差别，本来面目只是一个，但服色不同耳。"④

夏元鼎认为三教之旨，殊途同归，皆主性命修为，清净自然。"三教归一图"（见图 7 - 13）指出：在儒家言"天生丞民，有物有则"，其境界可达神圣："充实而有光辉之谓大，大而化之之谓圣，圣而不可知之之

---

① 《紫阳真人悟真篇讲义》序，《道藏》第 3 册，第 32 页。
② 《黄帝阴符经讲义》卷四，《道藏》第 2 册，第 735 页。
③ 《紫阳真人悟真篇讲义》序，《道藏》第 3 册，第 32 页。
④ 《道藏》第 2 册，第 732 页。

谓神。"在佛教言"圆觉真如，与生俱生"。其境界可证如来："圆陀陀，
光烁烁，明了了，活泼泼，如百千灯光，无坏无杂。"在道教言"有物混
成，先天地生"。其境界可达天仙："出入定中神自在，圆光明处莫想为。
存无守有常为乐，永劫教君达灵仙。"①

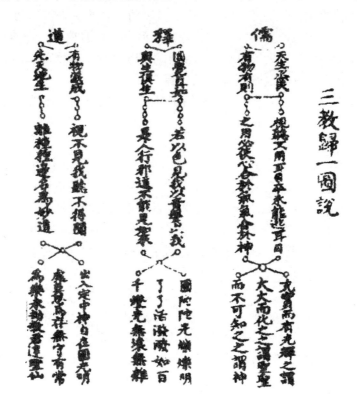

图 7 - 13　三教归一图②

　　夏元鼎所述丹法强调自身修炼，属南宗清修派。《悟真篇讲义》
取《悟真篇》诗八十一首，西江月词十二首，依据张紫阳"三教合
一"之旨，征引《道德经》、《阴符经》、《参同契》、《入药镜》、《龙
虎上经》、《钟吕传道集》、《西山会真记》、《指玄篇》等与炼丹密切
相关之道书，逐一诠释，以阐发修炼内丹之要。《阴符经讲义》则据
四百余文字本经文，逐句逐段释义，以阐内丹修炼之旨。其中卷四为
《图说》，内载日月圣功图、奇器万象图、三教归一图、五行生成图

---

① 《黄帝阴符经讲义》卷四，《道藏》第 2 册，第 731 页。

② 《道藏》第 2 册，第 731—732 页。

等。每图后有图说，以解图象之意，皆本于南宗，多论天地阴阳五行化生及金丹之道。

作为南宗丹法奠基著作《悟真篇》，本系清修丹法，亦道亦禅，先命后性。不仅《悟真篇》是这样，其后的《金丹四百字》、《青华秘文》都是主张"神为主，气为用，精为基"，"以精气合药，以神运药，以意炼药，意生于神，为神之用"等清修炼法。但由于张伯端在《悟真篇》中，借用了阴阳男女、夫妻等名词，故阴阳派依而发挥，清修派则务正其说，因此，夏元鼎即首辨《悟真篇》之宗旨。

夏元鼎注《悟真篇》"不识真铅正祖宗，万般作用枉施功。休妻谩遣阴阳隔，绝粒徒教肠胃空"。曰：

> 学道以禁欲为先。此诗之意，岂使人纵其欲哉！非也。大道无为，旁门事多，世人徒知不近女色，不食烟火，或烧炼丹药，或餐霞服气，或吐故纳新，或存心想肾，以为道之奥妙，尽在是矣。殊不知强制不出于自然，有为未免于妄想，况铅有真有凡，有祖有宗，诚未易识。苟得师传，则目击道存，赫赤金丹一日成矣。傥盲修瞎炼，以上诸法，止可安乐延年，差胜于轻生迷本之徒。仰视金丹大道，初不相关也。虽然汉天师迄今三十六代，许旌阳家有四十余口，小仿白日飞升，刘安王、刘纲亦夫妻双修，魏伯阳亦有子仕宦，岂休妻绝粒为得道哉！此无他，或得道于童男之身，或辩道于已娶之后，无非勤修内行，广积阴功，自下乘以达中乘，自中乘以达上乘，未有一蹴而能造大道也。[①]

此注中夏元鼎直接提出"学道以禁欲为先"的观点。然后说张天师、许旌阳、淮南王刘安、刘纲、魏伯阳等虽然有妻子，除了"或得道于童男之身"之外，其余都是"辩道于已娶之后"，修的都是渐进之法，通过广积阴功、勤修内行而渐达上乘。"苟得师传，则目击道存，赫赤金丹一日成矣"意指唯有清修丹法方为一蹴而成金丹的大道。

夏元鼎注《悟真篇》"不识阳精及主宾，知他那个是疎亲。房中空闭尾闾穴，误杀阎浮多少人"。曰：

> 阳精者，一身魂神之宰司也，人安能识之。况有宾有主，有疎有

---

① 见《紫阳真人悟真篇讲义》卷二，《道藏》第3册，第37页。

亲，须得师口诀，方通玄奥。否则御房闭精，徒于尾闾用意，非矣。云房曰：堪叹三峰黄谷子，误杀南阎多少人。盖三峰者乃阴丹之术，固形住世之方，非神仙之道也。是世人气血未定，对境不能忘情，心虽慕道，嗜欲难遏，古仙垂慈，于三千六百门中，亦有闭精之术，使夫人知生生化化，以精气神为主，操之则存，舍之则亡，施之于人可以生人，留之于身可以生身，非剧戏也，非可欲也。故沧海虽大，不实漏卮，尾闾不禁，人岂长生者乎！①

此注则明确指出双修之法仅住世之方，而非神仙之道。前面提出"苟得师传，则目击道存，赫赤金丹一日成矣"，此处又提出"须得师口诀，方通玄奥"。则是夏元鼎指出金丹大道最重师传，而师传口诀十分简单，往往只是只纸片言，但却能传道解惑，让人真指金丹大道。

夏元鼎注《悟真篇》"竹破须将竹补宜，覆鸡当用卵为之，万般非类徒劳力，争似真铅合圣机。"曰：

> 金丹大道不出吾身之内，其机缄默，应与天地同符，要当寻根摘蒂，反本还原，则至道不繁矣。若万般非类，不识真铅之阳，是缀花求其结果，于道何有哉！故知有竹可以补竹，有鸡可以覆卵，有真铅可以合圣机。何也？譬之有元精可以补元气，有元气可以补元神，皆出自然感化之道，以真阳以摄群阴。②

此注中夏元鼎指出"金丹大道不出吾身之内"，自身的元精、元气、元神，方是补亏延命的物质基础，则明显是清修派的观点。以上这些注解，颇能代表了夏元鼎站在清修派立场上批判双修派及清修派修炼的主要观点。表明了夏元鼎清修派的身份和立场。

夏元鼎夏元鼎丹法的核心要诀则是内外三关与内外三要之说。其内外三关（见图7－14）。

---

① 见《紫阳真人悟真篇讲义》卷五，《道藏》第3册，第53页。
② 见《紫阳真人悟真篇讲义》卷三，《道藏》第3册，第44页。

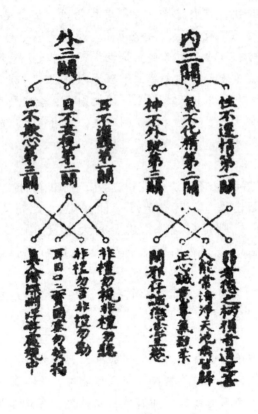

图7－14　内外三关图①

其内三关，"性不迁情为第一关，气不化精为第二关，神不外驰为第三关"。外三关者，"耳不滑听为第一关，目不妄视为第二关，口不欺心为第三关"②。夏元鼎说："户者关也，有关而后行于正道也。傥无关，则倡狂妄行之患，放僻邪侈之习矣。故曰内有三关，以性为主，以神气为宗，所谓当收归里，不放出外者是也。外有三关，以口为枢，以耳目为键，所谓九窍之邪，在乎三要者是也。"③ 也即内外三关与内外三要密切相关。

内之三要指精、气、神，外之三要指耳、目、口。在这里，眼为神之门，视之不息则神从眼漏，故当闭目内视，意注丹田。耳为精之门，听之不停则精从耳漏，故当固塞耳聪，以养肾精。口为气之门，言之不止则气

---

①　《道藏》第2册，第730页。

②　同上。

③　同上。

从口漏，故当无言无语，默默守气。修道者若能收视，返听，缄言，澄心入静，则邪毒不侵，固命长生。

夏元鼎认为，人的邪心和情欲是"五贼"通过作用人的"九窍"（即二眼、二耳、二鼻孔、口、尿道、肛门）而产生的。在这九窍之中，最主要的是耳、目、口三窍。他说："人身九窍，上七下二，无非邪秽。学道者审此，必摄乎三要，然后动静有无邪之思。三要者何？耳目口是也。《参同契》云：三宝固塞勿发扬。三者既关键，动静不竭穷。人能谨此三要，则天下之声万变，而坎之聪不为所夺；天下之色万变，而离之明不为所蔽；天下之味万变，而兑之纳不为所乱；自然清明在躬，志气如神，动静之间，一循天理之正，虽万邪不能干矣。九窍之邪，何有于我哉？此正非礼勿视，非礼勿听，非礼勿言之道，岂异端乎？"[1]

在他看来，此三窍常引诱人之心神向外驰骋，使人执着于情欲，导致人之死亡。要避免人心为三窍所诱，而导致不良的结果，必须采用"伏藏"之法。他说："伏藏，待时也，而天机寓焉。有是性则有是机，非曰终于伏藏而无所用心也。所谓怀材养浩明时，正金丹之秘旨也。或谓阴铅主伏，阳汞主飞，圣人伏阳汞以炼阴魄，故有大巧若拙之用，非也。殊不知黄帝专言巧拙者在性，伏藏者待时。盖以性则合于玄元，而铅汞则拘于形质。苟此性灵明，阳魂日盛，巧拙莫蔽，伏藏待时，天机一应，则天性见矣。此正洞宾谓七返还丹，在人先须炼己待时也。"[2]

夏元鼎认为，心和手为修炼三要之关键。《阴符经》曰："天有五贼，见之者昌。五贼在心，施行于天。宇宙在乎手，万化生乎身。""五贼"即五行。五行之理非常幽微，常人难以把握，把握它即谓得道。夏元鼎认为心即天，可以驾驭五行。"此施行于天，皆在吾心之用，盖心即天也，天即心也，人能即一心之天，以窃造化之妙，即动静陟降，在帝左右，而施行之际，未知其孰为天，孰为心也。"[3] 夏元鼎指出，心为主宰，与目相关，生死相因。他说："人生为万物之灵，日与万物交际。一念之起，随念生于物。一念之灭，随念死于物。然心非自生于物也，其机在目耳。心非自死于物也，其机亦在目耳。使当时黑白不分，妍丑不别，则心同太虚，何由能生死也。物机相应，曾无间断也。人生

---

① 《黄帝阴符经讲义》卷一，《道藏》第2册，第723页。

② 同上。

③ 同上书，第722页。

为万物之灵，日与万物交际。一念之起，随念生于物；一念之灭，随念死于物。然心非自生于物也，惟机关在目，触之而动。一睹美色，则倏然生爱；一见恶，则悠然增恶。故爱之而欲心生，是此心生于物也；恶之而欲心死，是此心死于物也。原其所自，岂是心之本然哉？皆其机之在目也。"① 因此，内修的要害首在制目敛念，炼己待时，如道教之"内观"法其深旨皆在于此。《阴符经》曰："瞽者善听，聋者善视。绝利一源，用师十倍。三返昼夜，用师万倍。"夏元鼎解释说，瞽者之所以善听，聋者之所以善视，其原因在于黜聪专心，凝神内视。人们以耳目为用，反之亦以其为累。他说："瞽者目所不睹，则心专于听，而粉白黛绿者不能杂也。聋者耳所不闻，则心专于视，而淫娃鼓吹者不能夺也。此用志不分，乃凝于神之妙也。绝利一源，则心无二用，专气致柔而已。三返昼夜者，乃三宫升降，上下往来无穷也。用师十倍、万倍者，乃精神折冲，使邪魔外道非心恶念，有不战而屈之理也。夫以弃绝于利欲，精一于本源，万累消忘，无思无虑，精诚纯笃，一念不差，此寂然不动之境也。而昼夜之间，三宫反复，阴阳升降，符节不爽，循环无穷，此感而遂通之妙也。"②

夏元鼎认为手亦为修真之要。《黄庭经》曰：口为心关精神机，足为命关生地扉，手为人关把盛衰。修道之人一心能制五贼，倘遇五贼攻心，则把定三关，以主性命。"能按天象方隅，推五运六气，握固以养和，弹指以摄化，诊视以知阴阳之候，诀目以通鬼神之灵，无一而不在手也。宇宙六合，广大无际，苟得玄妙，其犹示诸掌乎？"③

自张伯端《悟真篇》传世，随着南宗一派的形成，南宗内部因其对丹法的主张不同，又分为二系。石泰一系，也即一般认为张伯端的金丹一系正宗传人一系，主张清修，不涉异性。其传人为南宗五祖，石泰之后有薛道光、陈楠、白玉蟾。刘永年一系，也被认为是张伯端所传双修一系，主张男女双修，阴阳互补。其传人有翁葆光、若一子、龙眉子等。两派各有传承，各行其道，夏元鼎承袭石泰一脉，他以清修观点注《悟真篇》、《入药镜》、《阴符经》，倡清修丹法于世。

---

① 见《黄帝阴符经讲义》卷二，《道藏》第 2 册，第 726 页。

② 同上。

③ 见《黄帝阴符经讲义》卷一，《道藏》第 2 册，第 722 页。

第十一节　宋代浙江《道藏》及《太上感应篇》的流布

一　天台《道藏》始末

道书的目录汇编可以上溯至葛洪的《抱朴子内篇·遐览》，其所藏的道书，也可以看作是一个小型的私家《道藏》。虽然后世的《道藏》大多由官方所修，如南朝时陆修静的《三洞经书》，北周武帝时编制的《玄都经》和《三洞珠囊》，唐玄宗时主持编纂的《三洞琼纲》等。但在民间尚有一些凭借民间力量汇集而成的地方性的中小型《道藏》。"这些道经的汇编规模虽然不是很大，搜罗的道书也不尽完备，并且大多有芜杂不纯的特点。然而这些《道藏》大多注意地方性道派经书的搜集，具有宗教方面的教派传承和地域文化的特征，同时它们的成书也为中央政府编纂大型《道藏》提供了相当丰富的资料，奠定了坚实的基础，为道教文化的传承作出了不容忽视的贡献，五代北宋时期的天台山桐柏宫《道藏》就是这样的一种情形。"①

关于天台《道藏》的始末，依赖夏竦所写的一篇《重建道藏经记》②而保存，该篇现保存在《道藏·洞玄部·记传类》的《天台山志》中，现录该篇如下：

> 重建道藏经记
> 宋承奉郎守秘书省著作佐郎通判台州军兼管内劝农事借绯夏竦撰
> 唐景云中，天子为司马承祯置观桐柏，界琼台三井之下。五代相竞，中原多事，吴越忠懿王得为道士朱霄朱外新之，遂筑室于上清阁西北，藏金录字经二百函，勤其事也。国家有成命之二十载，削平天下，列为郡县，舳舻千里，东暨于海。有灵静大师孟玄岳者，始越会稽，济沃洲赤城，访桐柏，为山门都监，冲一大师稽常一等请掌斯藏。至雍熙二年，有诏悉索是经付余杭，传本既毕，运使谏议大夫雷公德祥命舟载以还，从师请也。又十载，藏室几坏，虞于风雨，师募

---

① 黄海德：《天台〈道藏〉考记——有关夏竦〈重建道藏经记〉的几个问题》，《宗教学研究》2003 年第 4 期，第 1—9 页。

② 《道藏》第 11 册，第 94—95 页。

台越右族并率己钱共二十万，召工治材，更腐替朽，丹漆黝垩，皆逾旧制。又十三载，会国家获瑞命于承天门，建封禅之议，有诏改赐观额为崇道。越明年，天子感三篇之事，筑玉清昭应宫于京师，制诏天下，访道士之有名行及仙经之有尤异者，郡籍师等名驰驿上之。师治装俟命，且有请于我，愿纪藏室之实以勒于石。我以为太虚无著，况之曰道，生二仪而不有，长万物而不知，惟圣与神，其殆庶几乎！故老氏五千言清净简易而不泥，后世其教神而明之，于是灵编秘碟、金简玉册，有太上正一品练形飞步之术，熊鸟赤白丹石图篆之法，总而谓之曰经，聚之于室曰藏。钱氏之建也，信重矣，金篆银隶以取其贵。孟师之守也，不懈矣，二十八载于兹而栋宇更丽，编简不脱。若夫观于斯，悟于斯，出处语默而不失其中，不亦达者乎。于戏！后之嗣孟师守者，为我爱之，而观者择其正焉。大中祥符三年岁阉茂建寅月记。

据唐徐灵府《天台山记》，天台山有大小两山，"天台与桐柏，二山相接而小异也"。也就是大山为"天台"，小山为"桐柏"。而观也有两处，一为天台观，《天台山记》曰："天台观在唐兴县北十八里，桐柏山西南瀑布岩下。旧《图经》云：吴主孙权为葛仙公所创，最居形胜，北沿王真君坛，东北连丹霞洞，西北抛翠屏岩。"一为桐柏观，《天台山记》曰："自天台观北路上桐柏观一十二里，皆悬崖磴道，盘折而上，皆长松狭路，至于桐柏洞门。"

今人往往将天台观与桐柏观混淆，据《天台山记》，葛玄所创的是天台观，而桐柏观创立于唐代，《天台山记》曰："观即唐睿宗景龙二年为白云先生所置。白云先生乃司马天师也，名子徽，字承祯，河内温人，事载在碑中。"[1]

夏竦《重建道藏经记》的记载即从唐景云年间唐睿宗为司马承祯创立桐柏观开始。关于天台《道藏》的建立时间，有些学者认为可以上溯至唐代，并推测唐玄宗编《三洞琼纲》时，司马承祯曾将桐柏道经运载至京，且《三洞琼纲》中收有天台道经 300 余卷。[2] 不过以"藏"称之，应当以相当的规模。虽然天台山与道教的渊源很早，但每个道观或多或少

---

[1] 唐无景龙年号，当是景云。

[2] 朱封鳌：《天台桐柏山〈道藏〉在道藏史上的地位》，《中国道教》1991 年第 1 期，第 15—17 页。

必定有道书收藏，数百卷相当于只有数十至百来册，当不能称"藏"。而天台《道藏》确切的建立时间应当为夏竦文中提到的"吴越忠懿王得为道士朱霄朱外新之，遂筑室于上清阁西北，藏金录字经二百函"的事件。

吴越忠懿王即是五代吴越国王钱弘俶（入宋后改名钱俶）。朱霄外为五代时名道（文中"朱霄朱外"，第二个朱疑衍），文中虽然提到该事件，却没有提到具体的年份。幸好《嘉定赤城志》卷三十中也有该事件的记载："梁开平中改观为宫。有钱忠懿王所赐金银字经二百函及铜三清像。周广顺二年朱霄外建藏殿。"① 钱弘俶在位时间为948—978 年，其在位期间所用年号均依祖训，使用当时中原政权的年号，故用五代周之年号广顺，从中可知天台《道藏》建藏时间是952 年。天台《道藏》的主体部分是钱弘俶所赐金银字经二百函，此二百函有专门的藏经室，位置在桐柏宫上清阁西北。

其后夏竦之《经记》记述了灵静大师孟玄岳掌管该藏的事迹，其中有一个事件尤为重要。《经记》曰："至雍熙二年，有诏悉索是经付余杭，传本既毕，运使谏议大夫雷公德祥命舟载以还，从师请也。"雍熙为宋太宗年号，二年为985 年。据《混元圣记》卷九："初，太宗尝访道经得七千余卷，命散骑常侍徐铉、知制诰王禹偶校正，删去重复，写演送入宫观，止三千三百三十七卷"② 。关于去重后的卷数，《文献通考》卷224 称为"去其重复裁得三千七百三十七卷"③ 。两者相差四百卷。据《宋史·列传四十二·王钦若》："钦若自以深达道教，多所建明，领校道书，凡增六百余卷。"王钦若所校道书为《宝文统录》，最后为4359 卷，与3737 卷相比较，差距为六百余卷，故宋太宗时去重后的卷数当以3737 卷为是。

从上可知天台《道藏》于985 年"付余杭"是参与了宋太宗主持的《道藏》编修，此次统计全国道藏只存3737 卷。张君房《云笈七签·序》记载有宋真宗时《大宋天宫宝藏》收入台州道藏的卷数："臣于时尽得所降到道书……台州旧《道藏》经本亦各千余卷……"④ 《大宋天宫宝藏》收录道经4565 卷。也就是宋真宗时期所收之道藏，约有四分之一来自天台《道藏》。而宋真宗时编定《道藏》是在宋太宗时编校道经基础上进行的，故这千余卷道经也应是宋太宗时收录的卷数。

① 该条内容可校夏竦之文中"藏金录字经二百函"中"録"为"银"字之讹。

② 《道藏》第17 册，第877 页。

③ （元）马端临：《文献通考》，中华书局1999 年影印版，下册，第1802 页。

④ （宋）张君房：《云笈七签·序》，第1 页。

　　陈国符先生认为："五季重建道藏，其可考者一在蜀中，杜光庭建；一在天台桐柏宫，吴越忠懿王建。"① 《文献通考》曰："唐开元中，列其书为藏，目曰《三洞琼纲》，总三千七百四十四卷。厥后乱离，或至亡缺。"② 可知经唐末战乱，各地《道藏》经多不存。至五代时，在全国范围内可考之道藏只有两处，而天台《道藏》为其一，可知天台《道藏》在当时的影响和价值。不过天台《道藏》也有地方道藏的特点，就是注重积累，而不注重整理，以至于颠倒误收甚多。宋金允中《上清灵宝大法》卷二十四曰："若用道家经典，切宜详审。《道藏》所畜经文，近来真伪混杂，未易分别。如天台桐柏崇道观，乃五代之末，吴越王钱氏所建。藏中诸经，拘集道童及僧寺行者，众共抄录，以实其中。碧纸银书，悉成卷轴。当时四方割据，钱氏处于偏方，随其境内所有之书，一时欲应限数；故其间颠倒错谬，不可胜纪。有脱字漏句，全不可读。有言辞鄙俚，昭然伪撰者。于今几三百年，更数世之后，不知始末，谓是道典果有此等经文。高识之士，自能剖决是非。"③ 文中提到"于今几三百年"，可推知金允中撰《上清灵宝大法》的时间，天台《道藏》建藏时间是 952 年，加近三百年，则是在南宋理宗时。说明天台《道藏》在南宋理宗时仍存。

　　关于天台《道藏》的规模，张君房称编定《大宋天宫宝藏》收入天台《道藏》千余卷，不过这千余卷或只是被收录的道经卷数，而天台《道藏》的规模应大于此数。首先是太宗所得道书有 7000 余卷，去重而得 3737 卷，也就是去重后得一半左右，这既是 985 年编定道经的总体情况，也应该是各地收罗上来道经整理的情况，也就是天台《道藏》原来的规模应在收录道经的一倍左右。其次是天台《道藏》的主体部分就有钱弘俶所赐 200 函。一般来说，古籍每函会有 2 册至 10 余册不等，如《大宋天宫宝藏》4565 卷装了 466 函，即以每函装 10 卷。即使以平均每函 5 卷来算，此 200 函也会有近千卷。何况天台《道藏》中必定有此 200 函以外的道经，如金允中所述："藏中诸经，拘集道童及僧寺行者，众共抄录，以实其中"可证此事，并且要抄录的道经应该有一定的规模，才会不择写手，广招僧道之徒来抄写。金允中还提到天台《道藏》中"有言辞鄙俚，昭然伪撰者"，可知该部分当是抄录而来，不被收录于宋代编

---

① 陈国符：《道藏源流考》，第 127—128 页。

② （元）马端临：《文献通考》，第 1802 页。

③ 《道藏》第 31 册，第 496 页。

定的《宝文统录》或《大宋天宫宝藏》中的部分道经。综上所述，天台《道藏》的规模应在 2000 卷左右才合理。

天台《道藏》最后毁于明初，据《天台山方外志》卷四："桐柏宫五代吴越王所建金银字《道藏》经二百函……历代珍袭供奉。至国朔吴元年（1368）遭火，化为丘墟。"虽然后来明永乐及清雍正年间都曾重建桐柏宫，但所毁经藏已经无法重建。①

二　洞霄宫与宋初三次编修《道藏》

宋太宗至宋真宗前后三十余年间，大规模编修《道藏》共有三次，一次在太宗雍熙二年（985），以徐铉、王禹偁总领。第二次从宋真宗大中祥符二年（1009）开始，至大中祥符九年（1016）编成，以王钦若总领，赐名为《宝文统录》。第三次编修是对《宝文统录》的修订，于宋真宗天禧三年（1019）编定，由张君房总领，赐名《大宋天宫宝藏》。宋太宗编修道藏与宋真宗则再次进行道经的编修之事具见《混元圣记》：

> 大中祥符二年己酉，诏左右街选道士十人校定《道藏》经典。至三年，又令于崇文院集馆阁官僚详校，命宰臣王钦若总领之。初，太宗尝访道经，得七千余卷，命散骑常侍徐铉知制诰，王禹偁校正，删去重复，写演送入宫观，止三千三百三十七（应为 3737，说见前）卷。至是，钦若沿旧三洞四辅经目，增补凡四千三百五十九卷。撰成篇目上进，赐名《宝文统录》。帝亲制序云……②

大中祥符二年（1009）上距宋太宗"访道经"之雍熙二年（985）已经 24 年。宋太宗虽然整理了道经，并经过初步整理，删去重复得到了 3737 卷，并将之"写演送入宫观"，但从 20 余年后王钦若可以增补道经六百余卷来看，宋太宗于雍熙年间的对道经的整理是初步的，故只是送入宫观，而没有赐名或定名。

到大中祥符二年开始编定的新《道藏》，应该说比 20 余年前进步了很多，在搜访道书上较前次多搜罗了 622 卷，这是一个很大的成绩，故皇帝赐名《宝文统录》。据记载："洞真部六百二十卷，洞玄部一千一十三卷，洞神部一百七十二卷，太玄部一千四百七卷，太平部一百九十二卷，

---

① 朱封鳌：《天台桐柏山〈道藏〉在道藏史上的地位》，第 15—17 页。

② 《道藏》第 17 册，第 877 页。

太清部五百七十六卷，正一部三百七十卷，合为新录，凡四千三百五十九卷。又撰篇目上献，赐名《宝文统录》。"① 由上可知《宝文统录》只是道藏的目录，其目分为七部。

虽然在搜访道书上成绩较大，但《宝文统录》的编纂质量不是很高，后来参与《大宋天宫宝藏》的张君房曾评价道："然其纲条澶漫，部分参差，与《琼纲》、《玉纬》之目，舛谬不同。岁月坐迁，科条未究。"② 于是对《宝文统录》的加工修订仍然继续，并改由张君房主持。最终编定时有四千五百六十五卷，较《宝文统录》多 206 卷，起《千字文》天字为函目，终于宫字号，共四百六十六字。题曰《大宋天宫宝藏》。至天禧三年（1019）春，写录成七藏以进之。也就是说《大宋天宫宝藏》是编修好并重新抄录完成的新《道藏》。

宋太宗时，道经的整理是在杭州附近的余杭进行的，夏竦《重建道藏经记》记录了天台道经是"付余杭"之事可证之。据张君房《云笈七签·序》："在先时，尽以秘阁道书、太清宝蕴出降于余杭郡。"这个"先时"是指宋真宗编修《宝文统录》，则宋初第二次编修道藏也在余杭进行。而后第三次编修道藏，宋真宗将张君房"改官领钱塘"，也就是让其到杭州任职，以方便其编修《道藏》。说明宋太宗到宋真宗时期前后三十余年，三次编修《道藏》都是在余杭完成的。

编修道藏在余杭进行的原因，首先应该是考虑到地理之便。编修道藏首先要将各地所收旧道藏集中，大约考虑到道书运输的问题，要选取与旧道藏所在地都相近的地点。据张君房《云笈七签·序》："在先时，尽以秘阁道书、太清宝蕴出降于余杭郡。"又曰："臣于时尽得所降到道书，并续取到苏州旧《道藏》经本千余卷，越州、台州旧《道藏》经本亦各千余卷，及朝廷续降到福建等州道书《明使摩尼经》等……"③ 其中所列除秘阁道书外，旧道藏经本所在地有苏州（今江苏苏州）、越州（今浙江绍兴）、台州（今浙江台州）、福建（今福建）。而"太清宝蕴"据陈国符《道藏源流考》："按谓亳州太清宫《道藏》。"④ 则是在今安徽亳州。从上可知各处地方道藏大都在以杭州为中心的江浙一带。同时余杭也收藏有千卷以上的道经。余杭有著名的大涤山洞霄宫，洞霄宫道经的收藏，或

① （元）马端临：《文献通考》，第 1802 页。

② （宋）张君房：《云笈七签·序》，第 1 页。

③ 同上。

④ 陈国符：《道藏源流考》，第 131 页。

起之于暨齐物。《洞霄图志》卷五曰："暨齐物，字子虚。师玉清观朱法师君绪，受法箓神符秘方，救物不息。后随入大涤山精思院，并重象楼三间，又名书楼，积千卷其上，日以著述为事，每讲贯玄学，听者叹服。……"①张君房《序》中之所以没有提到洞霄宫的藏书，或是因为其就在洞霄宫编修道藏，故只写明了别处所来之道藏。由于三次编修道藏都在余杭举行，故这三次道藏的编修有浙江当地的道士参与，如张契真；有寓居于余杭的道士，如冯德之；而第三次编修的张君房则是皇帝直接让他领官钱塘（今杭州）。

张契真，据《十国春秋》："张契真，钱塘人。……太宗选居太乙宫，召对，赐紫，令校道书，赐号元静大师。"② 陈国符认为此篇中称张契真所校道书，即是太宗令徐铉等人雠校之道书，而张契真参与了此事。

冯德之《洞霄图志》卷五《人物门·高道》有《冯先生》条，载冯德之编修道藏之事：

> 冯德之，字几道，河南人。少习儒业，书无不读，京师号冯万卷。不慕声利，弃家入道，被旨住杭州洞霄宫。时公卿皆以诗饯行。宋真宗锐意元教，尽以秘阁道书出降余杭郡。俾知郡戚纶，漕使陈尧佐。选先生及冲素大师朱益谦等，修校成藏以进，号《云笈七签》。③

冯德之在京师号为"冯万卷"，当是颇有名望的读书人。其入道后"被旨住杭州洞霄宫"，也就是宋真宗降旨让其入驻杭州洞霄宫。洞霄宫自宋太宗始就是编修道藏之所，而宋真宗下旨让有"冯万卷"之称的冯德之入驻洞霄宫，其意思是相当明显的，也就是让其来编修道藏。该事件张君房《云笈七签·序》中也有提及："在先时，尽以秘阁道书、太清宝蕴出降于余杭郡，俾知郡故枢密真学士戚纶，漕运使今翰林学士陈尧佐。选道士冲素大师朱益谦、冯德之等，专其修较，俾成藏而进之。"④《洞霄图志》卷五称最后编定的是《云笈七签》，大多数学者都认为《云笈七

---

① （元）邓牧：《洞霄图志·暨天师》卷五，《中国方志丛书·华中地方·第五五九号》（据元至大年间旧钞本影印），第121页。

② （清）吴任臣：《十国春秋》，第1293页。

③ （元）邓牧：《洞霄图志·暨天师》，《中国方志丛书·华中地方·第五五九号》（据元至大年间旧钞本影印），第138—139页。

④ （宋）张君房：《云笈七签·序》，第1页。

签》是张君房编的，这里是笔误。其实不然，张君房是第三次编修道藏的总领官，其编修《大宋天宫宝藏》及《云笈七签》是在第二次编修的基础上进行的。作为总领官，其编修道藏不会是一个人，一定会有助手，而第二次编修的冯德之本就是洞霄宫的道士，理所当然应该参加了第三次的编修，所以《云笈七签》的编修放到了朱益谦、冯德之及洞霄宫名下，虽然与事实略有出入，但也并无不可。《洞霄图志》卷五的这条内容恰恰说明了张君房所主持的《大宋天宫宝藏》及《云笈七签》的编修是在洞霄宫完成的。

张君房，据《四库全书总目》卷一四六记载："宋张君房，岳州安陆人。景德（1004—1007）中进士及第，官尚书度支员外郎、充集贤校理。"① 可知张君房为今湖北安陆人，进士及第，官至集贤校理。张君房最终能任集贤校理其实与宋真宗让其编修《道藏》有关。据张君房在《云笈七签·序》中的自述，张君房编修道藏结缘的原因，是由于其贬官宁海（今浙江省宁波市宁海县）开始的。《云笈七签·序》曰："祀汾阴之岁，臣隶职霜台，作句稽之吏。越明年秋，以鞫岳无状，谪掾于宁海。……俾知郡故枢密真学士戚纶……，专其修校。……适纶等上言，以臣承乏，委属其绩。时故相司徒王钦若总统其事，亦误以臣为可使之。又明年冬，就除臣著作佐郎，俾专其事。"②

"祀汾阴之岁"按《宋史》卷八："大中祥符四年春正月，辛巳诏执事汾阴，懈怠者罪勿原。乙酉，习祀后土仪。丁亥，将祀汾阴，谒启圣院。"故"祀汾阴之岁"即为大中祥符四年（1011）③。此年张君房调入御史台为官，第二年（1012）就被贬官宁海。而后负责编修《宝文统录》的戚纶就上书推荐张君房负责继续对道藏进行编修，而对《宝文统录》负总责的王钦若也同时赞同，于是张君房就于第二年被任命为"著作佐郎"，专门负责编修道藏的事。为了有利于《道藏》的编纂，"君房自祥符乙卯（大中祥符八年，1015）冬十月，改领官钱塘"。"大中祥符九年（1016）三月……仍令著作佐郎张君房就杭州监写本。"④ 从大中祥符五年（1012）就被贬官宁海至天禧三年（1019）《大宋天宫宝藏》编修完成，

---

① 《四库全书总目》卷一四六。

② （宋）张君房：《云笈七签·序》，第1页。

③ 转引自刘全波《〈云笈七签〉编纂者张君房事迹考》，《中国道教》2008年第4期，第39—42页。

④ 同上。

张君房至少在浙江居住了七年，而后张君房因编修道藏有功而有升迁。虽然编修道藏功成事遂，但张君房开始了编辑《云笈七签》的工作，《云笈七签·序》称："掇云笈七部之英，略宝蕴诸子之奥，总为百二十卷，事仅万条。"其目的有四"上以酬真宗皇帝委遇之恩，次以备皇帝陛下乙夜之览，下以裨馆校雠之职，外此而往，少畅玄风耳"①。

三　《太上感应篇》的流布

《道藏·太清部》收有《太上感应篇》三十卷。《太上感应篇》的思想来源甚早，魏晋时就有相关的思想出现。我们可以对照《太上感应篇》与《抱朴子内篇》中的文本看出其继承关系。

《太上感应篇》："天地有司过之神，依人所犯轻重，以夺人筭。筭减则贫耗多逢忧患，人皆恶之，刑祸随之，吉庆避之，恶星灾之，算尽则死。……又有三尸神在人身中，每到庚申日辄上诣天曹，言人罪过，月晦之日，灶神亦然。凡人有过，大则夺纪，小则夺筭。其过大小有数百事……"②

《抱朴子内篇·微旨》："天地有司过之神，随人所犯轻重，以夺其筭，筭减则人贫耗疾病，屡逢忧患，筭尽则人死，诸应夺筭者有数百事，不可具论。又言身中有三尸，三尸之为物，虽无形而实魂灵鬼神之属也。欲使人早死，此尸当得作鬼，自放纵游行，享人祭酹。是以每到庚申之日，辄上天白司命，道人所为过失。又月晦之夜，灶神亦上天白人罪状。大者夺纪。纪者，三百日也。小者夺筭。筭者，三日也。"

《太上感应篇》出现的时间则不详，其著录首见于《宋史·艺文志》，称"李昌龄《感应篇》一卷"。不过李昌龄应该不是《太上感应篇》的作者，因为题为《道藏·太清部》收有《太上感应篇》"李昌龄传，郑清之赞"③。这里李昌龄之"传"，是"注解"的意思，如《周易程氏传》就是程颐对《周易》的注解。书中《太上感应篇》经文的注解都称之为"传曰"可以证之。从《道藏》收录的30卷《太上感应篇》本子中的署名来看，应该说李昌龄只是现存最早为《太上感应篇》作注的人，而宋史收到的最早本子，也是李昌龄的注本，故记为"李昌龄《感应篇》一卷"。

---

① （宋）张君房：《云笈七签·序》，第1页。

② 《道藏》第27册，第7—12页。

③ 同上书，第6页。

宋代有多个李昌龄，为《太上感应篇》作注的李昌龄，据其在为《太上感应篇》作注时所举人物事例所出现的纪年，从北宋天禧（1017—1022）初至南宋初绍兴乙卯（五年，1135）来看，该李昌龄应为北宋末南宋初人。《太上感应篇》前又有"绍定癸巳季夏中澣九峰真逸陈奂子敬父序"，序中称"载读《感应灵篇》与蜀士李昌龄之注"①。此处可证两个事件，一是李昌龄非是《太上感应篇》的作者而只是作注之人，二是李昌龄为蜀士。据王利器考证，"李昌龄又编有《乐善录》十卷，今有影印绍定二年（1229）刻本，卷首有隆兴甲申（宋孝宗二年，1164）何荣孙序称'陇西李伯崇，迎曦先生之曾孙'。又有知县胡晋臣跋称：'予观邑士李伯崇所编《乐善录》。'又云：'予友章德茂以总檄来眉山，寓宿释亭云云。'则李昌龄字伯崇，眉山人，原籍陇西。其书多有渔隐之说，其在卷五又称涪溪渔隐，盖慕人蜀之涪翁黄山谷，而以此为隐名也"②。

收入《道藏·太清部》的《太上感应篇》卷首有绍定六年（1233）"右街鉴义主管教门公事太一宫焚修胡莹微"的《进〈太上感应篇〉表》。③ 胡莹微表中称："窃观《宝藏》之诸经中有瑶编之大训……"也就是胡莹微所驻之太一宫（或称太乙宫）藏中《道藏》一部，据陈国符考证，这部道藏即是《万寿道藏》。《道藏源流考》曰："孝宗淳熙二年，福州闽县报恩光孝观所庋政和和《万寿道藏》送往临安府。太乙宫即抄录一藏，四年成，其后敕写成数藏，六年成。寻颁赐道观。"④ 《万寿道藏》建于北宋政和（1111—1118）中。《太上感应篇》被收入于《万寿道藏》中，且胡莹微所上的《太上感应篇》是"一部八卷"，与今传之李昌龄注之三十卷本不同。从以上的情况来看，《太上感应篇》或出现于北宋末，而后才出现李昌龄的注本。

绍定六年（1233），在宋理宗的授意下，由太乙宫道士胡莹微负责刊印，据冯梦同之《序》，《太上感应篇》由理宗亲自书写"诸恶莫作，众善奉行"八字列于卷首，并由名儒真德秀代作序和跋，宰相郑清之作赞文，广为传播⑤。后来道教劝善书的兴起，当与此直接有关。

① 《道藏》第 27 册，第 2 页。
② 王利器：《〈太上感应篇〉解题》，《中国道教》1989 年第 4 期，第 11—14 页。
③ 《道藏》第 27 册，第 1 页。
④ 陈国符：《道藏源流考》，第 147 页。
⑤ 《道藏》第 27 册，第 1 页。

第八章　元明两代浙江道教的发展（上）

　　元明两代，道教经历了一个发展、变革、兴盛到开始衰落的过程。自宋代以来，政府对道教的管理、控制增强，对道教的神灵谱系、教阶制度直接干预，这对道教影响很大。元代各种社会矛盾相当尖锐，民族矛盾尤为突出。道教的发展也与当时的社会现实有密切的联系。元朝初期，为了笼络人心，缓和民族、阶级矛盾，对各种宗教都大加提倡，"教诸色人户各依本俗行事"（《元典章新集·刑部》）①，实行自由信教的宗教政策，这源于成吉思汗最初利用穆斯林的支持战胜了西辽屈出律汗，受此鼓舞后他于1218年宣布信教自由，"成吉思汗命其后裔切勿偏重任何宗教，应对各教之人待遇平等。成吉思汗认为奉祀之神道与夫崇拜之方法毫无关系。本人自信有一主宰，并崇拜太阳，而遵从萨满教之陋仪。"② 这一政策基本上得到了历代元政权的贯彻执行。金朝时，社会上兴起了河北新道教并持续壮大，至金朝末期已经发展为不容忽视的社会力量。细分河北新道教，大致可以分为大道教、真大道和全真教三教，其中以全真教势力最为强大。这源于丘处机审时度势，远访蒙古成吉思汗，获得成吉思汗的赏识，令他"掌管天下的出家人"，也争取到了新统治者对全真教的支持，蠲免全真门下道士的差役赋税。丘处机也不忘知遇之恩，在山东发生农民起义之后出动招降，使生灵免于涂炭。这些做法增加了元朝统治者对道教的好感，后来对道教各派都扶植利用，各派道教首领和一些著名的道士都得到封官赐爵。

　　但是，为了保持蒙古贵族的特权地位，元朝公开推行民族压迫政策，"在用人问题上，元世祖明文规定：'不以汉人为相'，'而必用蒙古勋臣'（《元史·世祖本纪》）。甚至平章、御史也不用汉人，'必择蒙古人为使，或缺，则以色目世臣子孙为之'（《元史·成宗本纪》）。元朝定制，'汉

---

① 张践：《元代宗教政策的民族性》，《世界宗教研究》1996年第4期，第67页。

② 《多桑蒙古史》上册，中华书局1962年版，第158页。

人不得与军政'（《元史·王克敬传》），'以兵籍系军机重务，汉人不阅其数'（《元史·王克敬传》）"①，一系列政策封死了汉人的仕途之路，让汉族读书人没有了仕途之路，但是也有一部分汉族读书人并不甘心于被压迫的地位，他们心怀怨愤，采取不合作的态度，不愿意出仕元朝，隐匿于佛道之中寻求解脱。这一时期道教徒的数量激增，这与道教是中国本土的宗教有关。道教徒的数量增多，道教的规模增大，不可避免地产生了与佛教的冲突。两派教徒之间相互倾榨聚众斗殴的事情时有发生，以争夺寺产为例，当时"翰林学士张伯淳所撰《至元辨伪录随函序》载北方道教徒共谋占佛寺 482 所。"②

在这种情况下，元朝廷不愿意道教继续壮大，元朝统治者本来崇尚佛教，上层社会热衷于修功德、做佛事，故采取了以佛教压制道教的政策。朝廷挑起一系列佛道优劣辩论，目的就是打压道教。如当时所辩论的《老子化胡经》本身就是一部非常有争议的作品。"此书为西晋人王浮所作，藉《史记》所载老子西出函谷不知所终的传说，编造了老子西去化胡，以成浮屠的神话。当时的道士造此说，是为了证明道教高于佛教，华夏高于夷狄，而这一点恰恰是元朝皇帝最厌恶的。"③ 道教徒的失败是必然的，论辩也是走走过场而已。《元史·释老传》载道教徒论辩失败，朝廷下令焚毁《老子化胡经》等伪经 45 部，命令道士归还寺观 237 所，道教受到重创，再加上此后道教屡次受到压制，导致"维道家方士之流，假祷词之说，乘时以起，曾不及其什一焉。"④

不过尽管如此，由于许多有民族气节的人士和失意儒士加入道教队伍中来，在一定程度上提升了道士的知识文化素质，为这一时期道教在教义、教制等方面的变革提供了人才基础。这一时期道教兴盛，道派分化繁衍。除了传统的龙虎天师、上清、灵宝三大道派继续发展外，神霄派、东华派等众多新道派也在继续发展，并且融合了符箓秘咒、内丹、科仪等于一体，这种情况一直绵延至明代。

一些民间宗教在这一时期有发展，如真大教获得了一定的发展，但大部分民间宗教遭到官方的禁止和取缔。例如，摩尼教和在摩尼教基础上混合了一些道教、佛教成分的明教，早在宋代即已传入浙江，北宋时期方腊

---

① 张践：《元代宗教政策的民族性》，《世界宗教研究》1996 年第 4 期，第 70—71 页。

② 同上书，第 71 页。

③ 同上。

④ （明）宋濂：《元史·释老传》第 15 册，中华书局 1976 年版，第 4517 页。

曾利用它发动暴乱。长生教是明代民间宗教黄天教的分支之一，万历（1573—1620）年间，由黄天教第十祖浙江汪普喜（道号长生）自黄天教中分出，其中也混合有不少道教成分，明清时期它在江浙一带传承不绝。

第一节　莫月鼎和林灵真对神霄派、东华派的贡献

一　莫月鼎与元代神霄派

元代浙江道教的发展历程中，神霄派的传播与发展非常显著。"神霄派是北宋末年浙江温州人林灵素和江西南丰人王文卿（1093—1153）所创，用神霄雷法行祈禳劾召之事……神霄派是天师道在两宋之际衍化出来的一个新道派，其中一些分支与上清派的关系很密切，吸收了东南沿海地区的雷神信仰及其相关的法术，加以系统化、理论化。"① "神霄"之名见于《灵宝无量度人上品妙经》，该经根据古代天有"九霄"、"九重"之说，认为其中最高一重为"神霄"，并对之做了如下的描绘："高上神霄，去地百万。周回八方，真游降盼。神霄之境，碧空为徒。不知碧空，是土所居。……况此真土，无为无形。不有不无，万化之门。积云成霄，刚气所持。履之如绵，万钧可支。玉台千劫，宏楼八披。梵气所乘，虽高不巍。内有真土，神力固维。太一元精，世不能知。"② 可见"神霄"是指道教神仙所居的最高仙境，神霄道士以此名其派，盖取其高远尊贵之义。

林灵素这一派的传人有张如晦、陈道一、薛洞真、徐洪季（与徐必大、卢埜同为薛洞真的弟子）、刘玉等，刘玉之后传承不明。王文卿这一派的传人主要有萨守坚、王嗣文、高子羽等人，他们分别各自开创一个支派。高子羽一系有徐次第、聂天锡、谭悟真、罗虚舟、萧雨轩、胡道玄等续传。此外还有直承王文卿的邹铁壁一派，这派入元后有莫月鼎、王继华、潘无涯、周玄真、金善信、王惟一等承传。因陈楠曾于嘉定壬申（1212）将都天雷法及符箓授给过白玉蟾，故南宗白玉蟾一系也行神霄雷法。

---

① 孔令宏：《浙江道教史发凡》，《杭州师范学院学报》（社会科学版）2005 年第 6 期，第 33 页。

② （宋）佚名：《灵宝无量度人上品妙经》卷十三，《道藏》，文物出版社、上海书店出版社、天津古籍出版社 1988 年版，第 1 册，第 89 页。

神霄派在元代的主要传人是莫月鼎。关于他的名、字、籍贯和生卒年，诸书记载不一。宋濂《元莫月鼎传碑》谓：“讳起炎，入道后，更名沾乙，自号月鼎；湖州月河溪人；于庚寅之次年（1291）正月逝世，寿六十九。”① 王逢《莫月鼎法师道行录》谓：“讳起炎，字月鼎，吴兴人，生于宝庆丙戌（1226），癸巳（1293）冬微疾，明年（1294）逝世。”② 赵道一《历世真仙体道通鉴续编·莫月鼎传》谓“月鼎真人姓莫氏，讳洞一，字起炎，浙西霅川人”③，以延祐庚寅卒，查延祐无庚寅。庚寅为至元二十七年（1290），书偈曰：“七十四年明月”云云。《秘殿珠林》谓：“莫法师者，苕溪人，提刑莫某之后也。师讳起炎，法名洞一，自号月鼎，生故宋宝庆二年丙戌四月二十九日辰时。癸巳冬，师婴疾，明年正月二十六日果卒。书偈曰‘六十九年明月’云。”④《苏州府志》谓：“莫起炎，号月鼎，苕溪人，于癸巳之明年（1294）正月逝世云”。⑤ 明徐象梅《两浙名贤录》谓：“莫月鼎名起炎，归安人，卒年六十九。宋濂为之传。”⑥ 明张元忭《（万历）绍兴府志》谓：“莫起炎，山阴人。少习举子业不利，乃绝世，故著道士服，更名洞一，号月鼎。”⑦ 清萧智汉《月日纪古》谓：“月鼎，湖州月湖人，书偈曰‘七十四年明月’也。”⑧ 明王圻《续文献通考》谓：“名起炎，归安人，入道后，更号月鼎。”⑨ 以上关于他的名、字、籍贯和生卒年的记载纷纭歧异，莫衷一是。卿希泰主编的《中国道教史》分析得较为合理：“莫月鼎名起炎，月鼎为其字或号，吴兴（今浙江湖州市）人。或谓归安，归安为北宋分乌程县地置，治所与乌程同城，在今浙江吴兴，故此说不错；或谓苕溪，亦是。因吴兴境内有东苕溪、西苕溪等水，流至吴兴城内汇合而称霅溪，霅溪遂成为吴兴之

---

① （明）宋濂：《宋学士文集》卷十一，《四部丛刊初编》“集部”，第146页。

② （元）王逢：《梧溪集》卷四下，《知不足斋丛书》，第152页。

③ （元）赵道一：《历世真仙体道通鉴续编》卷五，《道藏》第5册，第447页。

④ （清）张照等：《秘殿珠林》卷十九，《四库全书》第823册，第161页。

⑤ （清）冯桂芬：《（同治）苏州府志》卷一百三十五，《中国地方志集成》，《江苏府县志辑》第十辑，第4940页。

⑥ （明）徐象梅：《两浙名贤录》卷四十八，《北京图书馆古籍珍本丛刊》“史部”“传记类”，书目文献出版社1998年版，第18册，第1216页。

⑦ （明）张元忭：《（万历）绍兴府志》卷四十九《人物志》十五，《四库全书存目丛书》“史部”“地理类”，第200册，齐鲁书社1997年版，第719页。

⑧ （清）萧智汉：《月日纪古》卷一，《四库未收书辑刊》，第19页。

⑨ （明）王圻：《续文献通考》卷二四三，《元明史料丛编》第一辑，文海出版社1979年版，第23册，第14560页。

别名；霅溪，又称霅川，在吴兴县治南。以上诸记，皆指吴兴，盖是。或谓山阴（会稽之北）人，钱塘人，皆不确。至于生卒年及寿数，已难确定。大约是生于南宋理宗宝庆（1225—1227）年间，卒于元世祖至元末（1290—1294）。"① 故通常莫月鼎的生卒年和籍贯以此为准。

莫月鼎出身宦族，祖、父在宋时皆为显官。他生而聪敏，幼习科举，三试不利，于是无意仕途。先是"从事于禅观之学，肋不沾席者数年，已而着道士服，更名洞乙，自号为月鼎。初从四川青城山丈人观徐无极受五雷法，继闻邹铁壁（或作笔）得王文卿斩勘雷书，秘不传，乃委身童隶事之，终获受其书。"② 他来到四川青城山丈人观，跟从徐无极学受五雷法。后来听说南丰（今属江西）地区的邹铁壁得到了王文卿的《斩勘雷书》却一直秘而不传，于是甘愿以童仆的身份侍奉他，无怨无悔，精诚所至，终于打动了邹铁壁，获得他传授的《九天雷晶隐书》，此外还获得了一些符箓咒语，"特授张星一符诀，自是行四十年"。③ 于是"召雷雨，破鬼魅，动与天合。虽嬉笑怒骂，皆若有神物从之者"。④ 因此名重当时。宝祐戊午秋（1258），浙东大旱，马廷鸾方守绍兴，迎致月鼎，月鼎建坛祷之，雨立至。理宗闻之，赐诗一章，谓其为神仙。由是道价益隆，求其学道者甚众。元世祖至元己丑（1289）⑤，遣御史中丞崔彧求异人于江南，物色获之，世祖召见于滦京内殿，当时天色晴朗，世祖问："可闻雷乎？"月鼎对曰："可。"即取胡桃掷地，雷应声而发，震撼殿庭，世祖为之改容。又让他请雨，雨立至。或谓令祈雪，立验。世祖大悦，厚赐之金缯，不受。此后不久，朝廷请莫月鼎执掌道教，他推辞不受并告老还乡。回乡后，前来求道者不计其数，莫月鼎都先待以叱责之法，来试探求道者的诚心，再决定是否收为弟子，有些不能承受他叱责者都半途而废了。

莫月鼎本人行为高蹈，与世隔绝，每日以醉酒遣怀，放浪江湖间。从王文卿至于谭悟真、莫月鼎等神霄派道士，大多是居家或云游，无本派的本山及大型宫观可供居住。《历世真仙体道通鉴》载"（莫月鼎）真人落

---

① 卿希泰主编：《中国道教史》（第3卷），四川人民出版社1996年版，第333页。
② （明）宋濂：《宋学士文集》卷十一，《四部丛刊初编》"集部"，商务印书馆1926年版，第146页。
③ （元）王逢：《梧溪集》卷四下，《知不足斋丛书》第29册，第154页。
④ （明）宋濂：《宋学士文集》卷十一，《四部丛刊初编》"集部"，第146页。
⑤ 此据宋濂《莫月鼎传碑》，王逢《莫月鼎法师道行录》作"至元戊子（1288）"，《仙鉴续编》作"至元丁亥（1287）"。

魄无家，随所寓而止焉"。虽然他自己颠沛流离，但却视钱财为身外之物，"有奉束修五十缗，师受之。一日袖之而去，遇酒肆陋者乃入，见贫寒者济之，有老病孤弱者必以物与之，及晡而还，缗皆罄矣。"① 可知，他有悲悯之心，他所施行的法术也大多是帮助下层人民，或是帮助山民驱除鬼物，或是帮助卖饼人杀死偷饼的猴精，或是帮助市民救回被掳走的新妇，不一而足。对于那些生病来求助的人，有疾患求治者，或书符予之，或摘草木叶嘘气授之，"无不立愈"。世人常称他为能掌管地上鬼神的"莫真官"。癸巳冬，莫月鼎自知大限将至，嘱咐弟子王继华待"五事备"后入殓。"既逝，夜三鼓，天汹汹云风雷雨电俱。时未惊蛰，继华愕然悟，乃殓葬长洲陈公乡。"②

神霄派区别于其他道派的主要特征是传习五雷法，以天人感应、内外合一为理论基础。认为当人的精神与天地、与阴阳五行相通的时候，就能够彼此感应，从而能够吸引雷电来导致降雨，也能够驱除妖怪邪祟。关键在于道士要有非常精深的内丹修炼基础。王文卿云："斩勘五雷法者，以道为体，以法为用。内而修之，斩灭尸鬼，勘合玄机，攒簇五行，合和四象，水火既济，金木交并，日炼月烹，胎脱神化，为高上之仙。外而用之，则新除妖孽，勘合雷霆，呼吸五气之精，混合五雷之将，所谓中理五气，混合百神。以我元命之神，召彼虚无之神，以我本身之气，合彼虚无之气，加之步罡诀目、秘咒灵符，斡动化机，若合符契。运雷霆于掌上，包天地于身中，曰旸而旸，曰雨而雨，故感应速如影响。"③ 莫月鼎死后，有人传言他延祐庚寅秋日方正午，趺坐后书偈而化，死后颜面如丹，可见他的内丹修为非常高深。莫月鼎得到王文卿秘籍后，继续沿袭了邹铁壁的秘传传统，不肯轻易地传授给人，后来能够得到他的真传者，只有王继华、潘无涯两人，其余的求学者仅仅得到些皮毛。"余有求者，随其器小大浅深，自撰符箓与之，亦多验。"④ 其后弟子"继华授张善渊，善渊授步宗浩，宗浩授周玄真，皆解狎雷致雨云，而玄真尤号伟特。"⑤

莫月鼎的著述现在留存下来的很少，但是"其于雷霆之奥，发扬底

---

① （元）赵道一：《历世真仙体道通鉴续编》卷五，《道藏》第5册，第447页。
② （元）王逢：《梧溪集》卷四下，第29册，第154页。
③ （元）佚名：《道法会元》卷六十一，《道藏》第29册，第165页。
④ （明）宋濂：《宋学士文集》卷十一，《四部丛刊初编》"集部"，第147页。
⑤ 同上。

蕴，开示来学者多矣"①。他还能够因材施教，"使者一符形，每授门人各有不同，是乃真人自立法，以证派源，考其玄微，同归一致。"②莫月鼎开示门徒们雷法的精妙各有不同，但是其根本却是同归一致的。在元代彭致中集的《鸣鹤余音》收有其《满江红》诗作一首，从中可以窥测出其雷法思想。其诗曰：

> 法在先天玄妙处，无言可说。其要在守乎中正，灵台莹彻，太极神居黄谷内，先天炁在玄关穴，寂然不动感而通，凭刚烈。
> 运风雷，祈雨雪，役鬼神，驱妖孽。只此是，非咒非符非罡诀。寂定神归元谷府，功成行满仙班列。玩太虚稳稳驾祥云，朝金阙。③

可见，莫月鼎认为雷法的根本是这个处在先天玄妙处的"法"，也就是"道"，而施行雷法的关键在于进行"守中"、存思等内丹修炼功夫，修炼有成后才可以施行雷法。"太极神""先天气"是神霄道士在做法时赖以驱遣雷神的根本，雷神是道士自身内部的元神出去显灵的状态。这是神霄派基于"天人合一"的宇宙观而做的理论突破，他们认为天上的风云雷电都是由五气激荡而成，而五气在人身内为五脏之气，如果能修炼内丹，达到让自身的气去契合外在的气，就能"感而通"身外的天地阴阳，从而达到调控阴晴变化、治病消灾的目的。

同样，雷法所驱使的"元神"，是"非咒、非符、非罡诀"，它在达到目的后，还能"神归元谷府"，收放自如。故而，精通雷法的莫月鼎的许多法术都是在看似非常轻松随意的状态下展示出来的。譬如，有次莫月鼎在西湖边与朋友饮酒，烈日当空，热不可耐，朋友请他借片云来遮蔽日光，"月鼎笑拾果壳浮觞面，顷之，云自湖畔起，翳于日下"④，神妙不可言。再如，中秋节因为蕃厘观的道士没有请他一起聚饮，莫月鼎就戏作"有云蔽月，久不解"，等道士谢罪请其入席后，"月鼎以手指之，云净如洗"⑤，一点也没有影响赏月。正是由于莫月鼎对于雷法的阐释非常透彻，后学王惟一在《道法精微》卷首说明中称："余平生参尽雷法，未有若月

---

① （元）赵道一：《历世真仙体道通鉴续编》卷五，《道藏》第5册，第447页。

② 同上。

③ （元）彭致中：《鸣鹤余音》卷二，《道藏》第24册，第267页。

④ （明）宋濂：《宋学士文集》卷十一，《四部丛刊初编》"集部"，第147页。

⑤ 同上。

鼎莫君之说如此之明。"此外，由于莫月鼎自身施行雷法非常灵验，所以其流派流衍甚广。元代神霄派的活动地区主要是江苏、浙江、江西、福建、广东等省，莫月鼎对神霄派在民间的流传做出了重大贡献。"自侍宸王真君演道以来，惟真人与西野沈真人二派支流衍迤，盛于西江，昌于东吴，扶教泽民，莫有甚焉。"①

二　林灵真与元代东华派

龙虎（天师）、上清、灵宝是道教的三大符箓宗派，在隋唐之后主要流传于江南地区，分别以江西龙虎山、江苏茅山、江西阁皂山为传播中心，称为"三山符箓"。由于元代统治者对龙虎宗特别推崇，让其总领江南诸路道教，所以另外两派在元代的发展显露出衰微之势。当然上清、灵宝也积极适应现实，对教义、流派等进行一些改革，因此产生了一些支派。东华派就是由灵宝派在北宋末年分化出来的。东华派的创建可以追溯到北宋末年的道士王古和田灵虚（名思真）。但这两人似乎只是做了创建的准备工作，真正创派的是宁全真（1101—1181）。据《济度金书嗣教录》，宋尚书王古原嗣丹元真人东华嫡传，又传给得灵宝之法的田灵虚，田灵虚遂合东华、灵宝二家之学，传之于宁全真。《道法会元》卷二四四所列"灵宝源流"，自陆修静起，递经东华太皇道君、姚圆、王古、田思真、宁全真、王铋、赵德真、宋存真、张洞真、孔敬真、卢谌真、薛颐真，传于温州人林灵真。

林灵真为东华派在元代的主要传人，其传记见于《灵宝领教济度金书》内《嗣教录》。林灵真（1239—1302），俗名伟夫，字君昭，灵真为其法名，自号水南，因其母梦见洪水托盂载一婴儿从南而至得名。温州平阳林坳（今属浙江温州平阳县）人，出身官宦世家，其父官至保义郎，富贵且好修行。林灵真生于宋嘉熙乙亥（1239）九月二十八日，从小天资聪慧，"既长，经纬史传、诸子百家、若方外之书，靡不洞究。而于四辅、三奇、阴符、毕法之旨，独加意焉"。② 林灵真的文章雅致有卓见，受到乡里前辈的赞扬，但却屡试不第，仅得授"登仕郎"之小官职。林灵真悟到，追求仕途荣华不过是"黄粱一梦"，弃儒为道，家资万贯弃如敝履。他舍宅为观，取道教"洞天福地"之意，榜其门上曰"水南福地"，投礼提点复庵先生戴熠为师后，又匾其宅曰"丹元观"。此观后毁

---

① （元）赵道一：《历世真仙体道通鉴续编》卷五，《道藏》第5册，第447页。

② （元）林天任：《水南林先生传》，《道藏》第7册，第19页。

于火灾，林灵真于是在蕃芝山修炼，达到了"神光大定，庆云缤纷"的程度，这一段时间为至元二十八年至三十一年期间。第三十八代天师张与材非常敬重林灵真，任命他为温州路玄学讲师，后来又升任本路道录一职，但林灵真从此更为低调精进，对整理撰辑灵宝济度斋仪非常上心。"自视歉然，乃退居琳宇，尽三洞领教诸科，及历代祖师所著内文秘典，准绳正一教法，撰辑为篇目，为《济度之书》一十卷，《符章奥旨》二卷。"① 书成之后，正一教主第三十八代天师张与材命雕版印行，以广其传。其后，林灵真亲至龙虎山，朝拜张与材，天师亲授"灵宝通玄弘教法师""教门高士"尊号，命其住持温州天清观事。林灵真以温州为中心，所传弟子众多，达到有教无类之境界。正一龙虎宗的董处谦、玄教大宗师吴全节等都曾投其门下。

林灵真于大德六年（1302）逝世。临终前，命弟子林天任嗣其教。林天任，号横舟，昆阳（今河南叶县）人，其人曾出仕为修职郎，后才归心玄学为道士，尝"采撷道典，黼黻教科，累阐黄篆大斋"②，被授予"凝和通妙观明法师"、"玄学讲师"等称号。据《道法会元》卷二四四《玉清灵宝无量度人上道》之《灵宝源流》所列东华派历代宗师，在林灵真之后，列"太极高闲先生董真人，讳处谦"，"三十九代天师太玄张真人，讳嗣成"③ 等二人，说明此二人应该是东华派最末两代宗师。董处谦与张嗣成都是正一派道士，既已做了东华派的宗师，表明此时东华派已会归入正一道了。

林灵真在道教上的贡献，首先是舍宅为观。"于是弃儒从道，舍宅为观，家资巨万如弃敝履。追感先夫人洪水自南之梦，自号'水南'。遂榜其门曰'水南福地'。投礼提点复庵先生戴公熠为师，取'丹元方诸'之意，匾其观为'丹元观'。安抚肖梅徐公嗣孙寔为之书。"④ 观宇内外威仪一新，雕梁画栋，镂刻精致，仿佛新建宫观一样，为东华派的活动及传播提供了必要的场地。

其次是开一代之教，授徒众多。林灵真曾自谓曰："予学道于虚一先生林公、东华先生薛公，于兹有年矣。幸造道域，参玄律，讵可韫所学而不济于世?! ……乃绍开东华之教，蔚为一代真师。以度生济死为己任，

---

① （元）林天任：《水南林先生传》，《道藏》第 7 册，第 19 页。
② （元）陈性定：《仙都志》卷下，《道藏》第 11 册，第 82 页。
③ （元）佚名：《道法会元·水南林先生事实》，《道藏》第 30 册，496 页。
④ 同上书，第 498 页。

建普度大会者不一。"① 据《道法会元》卷二四四《玉清灵宝无量度人上道》之《灵宝源流》所列东华派历代宗师可知，林灵真之前，有"东华先生薛真人。讳熙真"②，此人应该就是林灵真所谓之"东华先生薛公"薛熙真。另一人虚一先生林公是林升真。"查明代朱东华所修《平阳县志》载：'林升真，仁乐之孙，能神游上清，知人祸福，祷雨阳辄应，年八十余一，冠裳端坐而化。以其教授虚一，虚一传水南。故苏水有道乡之称。'"这两条材料证明林灵真的籍师为薛熙真。度师是虚一先生林升真。③ 此谱系中将林灵真列为一代宗师，说明他已经被后人承认为东华派的宗师。林灵真所传弟子众多，"在州里不下百余人，在方外则天师门下高闲董公，宗师堂下闲闲吴公，金华谢公，括苍雨峰周公，武林盘隐王公，吴门静境周公；派孙有庐山钟岳于公，赤城天乐赵公，武陵麈隐方公，练溪岩谷周公，虚舟平公，竹外张公，此玄门之表表尤著者。其从游参妙，肩摩踵接，未可一一记之，亦可谓一时授受之盛。"④ 此外，自从担任天清观住持后，"间有愿学者进之，无倦忱，得有教无类之意"。⑤ 可见林灵真在授徒传教方面贡献很大。

最后，也是最重要的贡献是，林灵真规范科仪，著述传道。林灵真的著述有《灵宝领教济度金书》（嗣教录一卷），《内阁藏书目录》⑥ 卷七著录有"法师林灵真撰集"的《上清灵宝大成全书》疑即此书。林灵真所属的东华派原从灵宝派分化而来，也以元始天尊、灵宝天尊为最高神，以《度人经》为主要经典，以斋醮科仪为术。东华派实际创始人宁全真曾从田灵虚（思真）、仕子先（仙人）得东华、灵宝二派法箓之传。据称田灵虚曾遇刘宋道士陆修静于庐山，受三洞经教，又被嗣丹元真人东华嫡传的徽宗朝宰相王古延于家中，抄录道典，得王古东华法箓科仪。仕子先，据称嗣法于杨司命（东晋杨羲），得灵宝玄范四十九品、五府玉册符文印诀等，以之传宁全真。宁全真于是合灵宝、东华二系灵宝经教科仪为一，以善通真达灵，于北宋末名震京师。宁全真所传上清灵宝法，南宋人王契真

① （元）林天任：《水南林先生传》，《道藏》第7册，第19页。

② （元）佚名：《道法会元》卷二四四，《道藏》第30册，第496页。

③ 陈文龙：《王契真〈上清灵宝大法〉》研究，中国社会科学院研究生院博士学位论文，2011年，第59页。

④ （元）林天任：《水南林先生传》，《道藏》第7册，第20页。

⑤ 同上。

⑥ （明）孙能传：《内阁藏书目录》卷七，《续修四库全书》"史部"，上海古籍出版社2001年版，第917册，第157页。

编为《上清灵宝大法》六十卷，理宗时金允中曾编有《上清灵宝大法》四十四卷。到了元代，林灵真将宁全真一系所传灵宝科仪编辑为《济度之书》十卷，《符章奥旨》二卷。现《道藏》所收署宁全真授、林灵真编之《灵宝领教济度金书》三百二十卷，为《道藏》中卷帙最大的一部书。盖为后人据其十卷《济度之书》增广编纂而成。凡设斋建醮、祈祷炼度所用之各种科仪，如立坛法度、各种斋醮之节次仪范及所用表章款式、符书云篆、偈赞颂词等，"大而告天祝圣之文，小而田里祈禳之事，修斋奉教，粲然毕备。"① 此书刊印发行后，加快了东华派教义的传播，扩大了东华派的影响。

林灵真所传东华派一系的斋醮祭炼，有取于内丹、雷法之处，表现出鲜明的时代特点，如《灵宝领教济度金书》卷六所列"圣真班位"中，有当时神霄派所奉事的"神霄真王长生大帝"②。该书卷三二零谓摄召鬼神、亡魂必须用"元始之真光"，即内丹家所言"元神"，张继先所谓"一点灵光"。认为祭炼时所祈祷、存思的"太一天尊"即是自己元神，所用"唵吽咤唎"等咒语乃"吾心神之内讳"，"宝篆者是聚吾心中之神光"。祭炼时，以内丹修炼的三田搬运为基，符篆派的存思为用，正如在《济度金书》卷三二○中所声称的"诸破狱极有作用，法师能破身中之狱，方能破地下之狱"③，如存想太乙救苦天尊坐于自己泥丸宫中，放大光明下照地狱，度诸亡魂，而地狱者即自己两肾之下。该派强调炼度亡魂阴鬼超升须以法师自己内炼全阳为本，若未能全我之阳，便谈不上补彼之阴以全其形神，强调"诸摄召全以运神为主，至于歌章吟偈，乃科仪耳"④。所以行灵宝法祈禳炼度者，须常修"大定神光"，"法曰：兆绝虑澄心，凝神思道，运绛宫赤气下降，玄泉上升，心血肾精二气交合，放丹田中，孕生婴儿，渐长如真人形。次运肝中青气如云下罩，真人被青衣青玉冠青圭，欢颜和悦。次运心火，池中有火龙一条，跃出垂载真人乘五色云气，自夹脊大度桥直上泥丸与元始天尊合为一体，金楼玉殿，法座宝幢，一一周备。须曳元始运化生一，一生二，二生三之道化化百宝光，化生诸天童女官君，森然环列，元始寂定，复放宝光一条，洞照北阴之处，

---

① （元）林天任：《水南林先生传》，《道藏》第 7 册，第 20 页。

② （元）林灵真：《灵宝领教济度金书》，《道藏》第 7 册，第 63 页。

③ （元）林灵真：《灵宝领教济度金书》，《道藏》第 8 册，第 819 页。

④ 同上。

并化为碧玉色，自上而下，光明洞达……"① 可知，其具体功法是于每日清晨静坐静心，然后再运绛宫（心）赤炁下降，玄泉（肾水）上升，心血肾精二炁交合，放丹田中孕生婴儿，次则存想婴儿"自夹脊大度桥直上泥丸"，行周天运转。这些内容明显是取自内丹法，而略加以上清、灵宝派传统的存思之术，以内炼成丹为外用符箓之本。总之，其论斋醮之要，在于内炼存思为科仪符法之本。金允中批评宁全真、林灵真一系所传灵宝法违格失经，不合古人之意，恰恰说明宁全真一系在斋醮之术方面确有创新之处。

与传统灵宝派相比较，东华派既继承了晋唐的灵宝古法，又表现出新的时代特点，既取材于内丹学说，也重视盛行于宋元的雷法，还广收百家道术，包括升神飞步、存思服气、吞日踏斗、洞观内视、祝圣禳解、开度追摄、炼尸生仙等。这样既保持了传统灵宝派普度众生、擅长斋醮的面貌，又有一定的创新。东华派著述甚丰，内容丰富，分门别类，条理清晰，堪称符箓、斋醮、科仪文献中的典范。

此外，灵宝派在浙江地区的传播还有道士周颐真，其人在《浙江通志》卷一百零二、《福建通志》卷六十中有传。周颐真，字养元或字养玄，号"山雷子"，世称"兰室先生"，闽福清（今属福建）人，至元中移居永嘉。幼颖异，"能画《周易》、《方圆》二图，年未弱冠，遇西蜀异人，授以隐书及壬遁反闭之术"②，后来跟从开元观道士蔡术学习灵宝法，并能用易学灵活变幻运用所学法术，神化无方，人莫能测。元统甲戌（1334）岁旱，郡请祷雨，周颐真默运神机，电出袖中，雷雨随至。不久后，有人攻讦他左道惑众，抓捕很急，但周颐真挺身立州桥石栏侧等候，一整日，抓捕者走来走去都看不到他。有司这才知道他的神奇，就赦免了他。一日忽命笔书偈云："我从空来我即空，我向空归空自在。八十五年幻化空，非幻不化空不改，豁达大空空不空，一轮红日古今同。"③ 掷笔而寂。从周颐真的偈语中，可以看出他受佛教的影响很深，从而折射出元末三教圆融的趋势对灵宝派的影响。他所著有《洞浮老人集》行于世，此书清乾隆《福州府志》丙部子集释家类有著录，今已佚。

① 王契真：《上清灵宝大法》卷三，《道藏》第 30 册，第 675 页。
② （明）徐象梅：《两浙名贤录》外录卷二《玄玄》，《北京图书馆古籍珍本丛刊》"史部""传记类"，第 18 册，第 1391 页。
③ 同上。

第二节　王惟一与王寿衍对正一道的贡献

一　王惟一及其雷法

王惟一（？—1326）是元代神霄派道士①，自号景阳子，本括苍人（今浙江丽水）②。"以从父官华亭，遂家焉。"③ 可知在他父亲做官华亭县的任职期间，他们全家搬迁到了上海地区。华亭今属上海市。唐始置华亭县，元代至元间，兼置华亭府，以县治为府治，不久府名改为松江府，县名不变。王惟一现存著作署名皆题名为"松江后学景阳子王惟一谨序"④，或"松江后学雷霆散吏景阳王惟一述"⑤，刘仲宇分析认为："古人重籍贯，常常侨居外地多年仍署以原籍，王惟一署以松江后学，盖此书成于置松江府之后，当时他可能在松江居住日久，或已落籍该地。"⑥ 但由于其原籍是浙江，故王惟一在浙江道教史上应该占有一定的地位。

王惟一"少业儒，粗通六经，而知仁义礼乐教化之道"。⑦ 曾一度入官场，"尝以儒饰吏事"⑧，可知官职仅为小吏，这在官场上并不值得一提。或许是父辈给他安排的小官，就像一般官宦子弟那样，但王惟一却不肯走这条业儒做官的路，"已而弃吏"⑨。他一直在思考一个问题："窃怪夫三才（天、地、人）既同此道而立，何天地之运如是其久，而人之数如是其短耶？"⑩ 相比于天地的永恒来说，人的生命为何如此短暂？经过

---

① 历史上另有一人亦名王惟一，又名王惟德（987—1067），北宋医家。宋仁宗（赵祯）时当过尚药御，对针灸学很有研究，集宋以前针灸学之大成，著有《铜人腧穴针灸图经》一书，奉旨铸造针灸铜人两座，为我国著名针灸学家之一。两者时代不同，绝非同一人。

② （元）杨惠：《（至正）昆山郡志》卷五，《丛书集成续编》，上海书店出版社1994年版，第48册，第27页。

③ （元）杨惠：《（至正）昆山郡志》卷五，《丛书集成续编》第48册，第27页。

④ （元）王惟一：《明道篇》序，《道藏》第4册，第926页。

⑤ （元）王惟一：《道法心传》前序，《道藏》第32册，第413、419页处。

⑥ 刘仲宇：《神霄道士王惟一雷法思想探索》，《道韵》第五辑《金丹派南宗研究论文集》，中华大道文化事业公司2001年版，此节中多处引用此文。

⑦ （元）王惟一：《明道篇》序，《道藏》第4册，第926页。

⑧ （元）杨惠：《（至正）昆山郡志》卷五，《丛书集成续编》第48册，第27页。

⑨ 同上。

⑩ （元）王惟一：《明道篇》序，《道藏》第4册，第926页。

思索和阅读，道家的思想给了他很大的启发，"天地之所以能长且久者，以其不自生，故能长生。人之所以夭且速者，以其厚于求生，是以轻死。"① 他认识到人生在世，"其六欲七情所盗者众，名缰利锁所贼者深，斫丧既多，夭亡不免，是徒自好生而无延生之术，莫不恶死而无远死之方。"② 所谓的"远死之方"就是"游方外，求金丹之学，上乘之道"。明白这个道理之后，王惟一决然离开官场，开始了他的探索之旅。他曾经广泛涉猎，三教经书、行雷祈祷、医卜星数，无不备考，贤愚师友，莫不参求，但都未能够明白至道，甚至由于过分辛劳，心力交瘁，积忧成疾。后来终于"遇至人授以还丹九转，心领其要"③，"亲授无上至真妙道，一言之下，直指真诠"④，使他悟入金丹大道。

目前还无法考证王惟一所说"至人"到底指的是谁。《道法心传》中，王惟一既说"幸遇真师传授'雷霆一窍'，说破这些道理，使余如醉方醒，前学皆妄。后又得月鼎莫先生使者一法，历说先天之妙"⑤，可知其遇"至人"、"真师"在前，得莫氏之说在后。至人所传有"还丹九转"和"雷霆一窍"或称"玄关一窍"，则此人既精通内丹修炼，又精于雷法。"神霄雷法从北宋末年崛起，就有内丹外法的倾向，习练雷法者必须相应地学习内丹。从陈楠开始，内丹南宗传人也兼习雷法，白玉蟾更成为雷法大家，将雷法和内丹法进一步融合"⑥，所以王惟一之师既传"雷霆一窍"，又能指明性命"真诠"，并不难理解。"雷霆一窍"与所谓"真诠"，本来是同一件事的两个侧面，王惟一既服膺于莫氏之说，但写《道法心传》时仍强调此"一窍"之重要，"一窍"云者，既是丹窍，又是雷窍，一而二，二而一，不可截然分开。莫月鼎所传为神霄雷法，王惟一署于书前书后皆自称"雷霆散吏"，故王惟一也可以归入神霄派。

神霄派在元代支派繁衍，传承不绝，其徒众广泛活动于苏、浙、赣、闽，广以至湖北、陕西地区，在民间的影响很大。其传授谱系于下⑦（见下页）：

---

① （元）王惟一：《明道篇》序，《道藏》第 4 册，第 926 页。

② 同上。

③ （元）杨惠：《（至正）昆山郡志》卷五，《丛书集成续编》第 48 册，第 27 页。

④ （元）王惟一：《明道篇》序，《道藏》第 4 册，第 926 页。

⑤ （元）王惟一：《道法心传》，《道藏》第 32 册，第 419 页。

⑥ 刘仲宇：《神霄道士王惟一雷法思想探索》，《道韵》第五辑《金丹派南宗研究论文集》，中华大道文化事业公司 2001 年版。

⑦ 卿希泰：《中国道教史》第三卷，四川人民出版社 1996 年版，第 337 页。

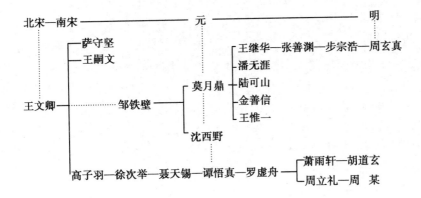

王惟一得到至人的"真诠"和莫月鼎"使者之法"之后，明白了"先天之妙"，心领其要，于是"乃著《景阳明道篇》、《金丹枢要》、《先天易赞》、《祈祷问答》、《行雷心传》、《道法精妙》凡六书"①，从著述情况来看，他也是神霄派传人中的佼佼者。刘仲宇只提到"《苏州府志》载王惟一撰道书六卷，但未载具体书名"②。清代王昶撰《（嘉庆）直隶太仓州志》③、明张昶《吴中人物志》④记载与此相同，清代黄虞稷撰《千顷堂书目》仅录"王惟一《金丹扼要》、王惟一《祈祷问答》、又《行雷心传》、又《道法精微》"四书⑤。清万斯同《明史》仅录"王惟一《祈祷问答》、又《行雷心传》、又《道法精微》"三书⑥，可知，清朝时，其著作已经有所亡佚。

现存《道藏》中收其著述两种，即《道法心传》与《明道篇》。《道法心传》一卷，由《道法心传》（也称《心传录》）和《道法精微》二篇组成，刘仲宇《神霄道士王惟一雷法思想探索》对此做了详细考证：

---

① （元）杨惠：《（至正）昆山郡志》卷五，《丛书集成续编》第48册，第27页。

② 刘仲宇：《神霄道士王惟一雷法思想探索》，《道韵》第五辑《金丹派南宗研究论文集》，中华大道文化事业公司2001年版。

③ （清）王昶：《（嘉庆）直隶太仓州志》卷五十二，《续修四库全书》"史部""地理类"，上海古籍出版社2006年版，第697册，第981页。

④ （明）张昶：《吴中人物志》卷十一，《四库全书存目丛书》"史部""传记类"，第97册，第107页。

⑤ （清）黄虞稷：《千顷堂书目》卷十六，《四库全书》第676册，第421页。

⑥ （清）万斯同：《明史》卷一百三十五，上海古籍出版社2008年版，第1880页。

细检《道法心传》前半段为《心传》，王惟一自己在后文多处提及，称《心传录》，前有序，在《拜问先天一》诗后，有图一幅，后置文一篇，末署"至元甲午上元日松江后学雷霆散吏景阳王惟一述"，与序言所署日期一致，可以肯定是完整的一书。此后一段，王惟一自述缘起，称之为《道法精微》，凡载图十三幅，并各作说明；且文中每提及"余《心传录》"，是则系与前书并列的另一独立著作。该书《万法归心图》后提及"余《明道》云"，《明道》，指其所撰《明道篇》，成书于大德甲辰（1304），是此作晚于《明道篇》，故或对《心传录》、《明道篇》有所补充，也有所发挥。又全书之末，载题作《王真〈满庭芳〉》的词三首，皆非惟一自己之作，而且，末首"法在先天"云云，又见于《先天一雷法》，题作《月鼎一之妙〈满江红〉》，则系莫月鼎作品。如此，可以考定王惟一著作今存者实有三种：《明道篇》，《心传录》（或题《道法心传》），《道法精微》，后二种混而为一，皆存于今本《道法心传》。①

《道法心传》收诗一百余首，主要论述修道理论和雷法之要，强调断绝尘缘、心地清静为修道之要，以掌握风雷变化之道、凝神聚气为雷法之要。《道法精微》以图文形式进一步阐述《道法心传》所述之理论，内有《行持戒行图》、《万法归心图》等一十三图，图后皆有文论。撰《道法心传》后十年，乃有《明道篇》之作，阐发神霄雷霆丹道之学。《明道篇》一卷，凡著诗八十一首，《西江月》十二阙，编后并有《金丹造微论》一篇，《得道歌》一首，其说颇具融会三教心性论之色彩。

王惟一在《道法心传》中讲述了其著书的原因，世传"雷霆一窍"、"先天一气"等雷法之理皆不得其要，自言观察风云聚散、气候变化达三十年，又得至人指点和莫月鼎之启示，方得道法之妙。"是以用心三十余年，观风云聚散、气候之变通，默会其心，喜不自知，宿生多幸，又遇至人，一言之下，即证无疑。"② 这个被证实的奥秘就是要以对外界气象变化之观测和自身元神之保养为雷法之要，传统的修行方法以符诀，或以丹田之气，或以两肾间为"雷霆一窍"，与他说的"一窍"相差太远，"惜乎后学不明此理，却认臭尸肉孔，留心于丹田之中，着意于两肾之间，或

① 刘仲宇：《神霄道士王惟一雷法思想探索》，《道韵》第五辑《金丹派南宗研究论文集》，中华大道文化事业公司 2001 年版。

② （元）王惟一：《道法心传》，《道藏》第 32 册，第 413 页。

运气于脐下，或目视于泥丸，胡思乱想便为明了"①，以至于"滥游于斜径，昏迷于欲海，断丧本真，却认纸上之文以为秘宝"②。因此他"故作心传以明后学，如先达之士，试览之必点头也。"此外，王惟一又参邹铁壁，"奉度师铁壁先生邹君传授口诀"③，皆为先圣玄机，又认为"余平生参尽雷法，未有若月鼎莫君先生之说如此之明也。④"因此"故作数图，名之曰道法精微，用留于世倘遇达人，必当具眼。"⑤《明道篇》也是"率循先哲立言著道"，"誓愿天下学者皆臻于至道。"⑥"王惟一作为莫月鼎之后的神霄派传人，他得莫月鼎之法时，莫月鼎可能已经去世或者是莫氏晚年，莫月鼎的卒年有至元二十七年（1290）和三十一年（1294）二说，而王惟一现存的两部著作中较早的一部《道法心传》正作于至元甲午即1294年，其序则作于甲午正月上元日，而莫月鼎或者卒于癸巳之明年（1294）正月或者更早"⑦，因此王惟一怀着崇敬的心情感慨："使余朝夕思慕先生之学，不可得见，惟怅怏耳。"⑧另外他也深深体会到后继无人的悲凉，"先生在世，学者纷纷，多不得其传。余今老矣，欲留秘诀于人间，无个知音可语。"⑨可知王惟一到了晚年，仍无得意弟子传其一生的心血，实为可悲。《道法心传》是对元代雷法的系统总结，论述精要，在道教史上具有重要价值，但却无人流传乃至于失传，是道教理论的巨大损失。

王惟一"晚年寓樊泾岳祠，泰定丙寅（1326）正月三日自笔其遗事及偈毕，端坐而逝，颜貌如生。火龛之际，双鹤盘旋于上，久之而去。龛既灰而灵骨挺然。"⑩由于王惟一生年不详，因此无法得知他的具体年龄，但是从"颜貌如生"可以看出他的内丹修炼达到了非常高的境界。双鹤盘旋应该是后人的溢美之词，但也说明人们认为像王惟一这样一位道法高

---

① （元）王惟一：《道法心传》，《道藏》第32册，第419页。

② 同上书，第413页。

③ 同上书，第420页。

④ 同上。

⑤ 同上。

⑥ （元）王惟一：《明道篇》序，《道藏》第4册，第926页。

⑦ 刘仲宇：《神霄道士王惟一雷法思想探索》，《道韵》第五辑《金丹派南宗研究论文集》，中华大道文化事业公司2001年版。

⑧ （元）王惟一：《道法心传》，《道藏》第32册，第420页。

⑨ 同上。

⑩ （元）杨惠：《（至正）昆山郡志》卷五，《丛书集成续编》第48册，第27、28页。

深的道士，必然要升天成仙。"灵骨挺然"就是说王惟一火化后留下了舍利子。"灵骨"原指称仙人的躯体。南朝梁江淹《云山赞·阴长生》："阴君惜灵骨，珪璧讵为宝。日夜明山侧，果得金丹道。"① 胡之骥汇注："《列仙传》：'阴长生，从马明生受金液神丹，乃入华阴山合金液，不乐升天，但服半剂为地仙。'"② 后人又指灵骨为佛舍利。明代刘绩《霏雪录》载："舍利按佛书云'室利罗'或'设利罗'，此云'骨身'又云'灵骨'，即所遗骨分，通名'舍利光明'。经云此舍利者是戒定慧之所熏修，甚难，可得最上福田。大论云：'碎骨是生身舍利，经卷是法身舍利。'"③ 目前只有《昆山郡志》记载了舍利一事，是否属实，尚待考证。

王惟一在道教史上的贡献主要是他的理论建树，其内丹著作《明道篇》和雷法著作《道法心传》奠定了他在道教史上的地位。现分别就现存的两部著作探讨一下其在内丹学和雷法上的创新之处。

王惟一的内丹学源自张伯端、白玉蟾一系，他在《金丹造微论》中认为最权威的内丹家是张伯端及其四传弟子白玉蟾，但是当时一般练习内丹的人并不理解张、白的学说，"非惟不能穷究厥旨，其于紫阳《悟真》之书'火候不用时'、'冬至不在子'，及其沐浴法'卯酉诚虚比'之语，与夫白先生'采药物于不动之中，行火候于无为之内'之言，能诵言而晓其义者，吾未见其人矣！"④ 因此他《得道歌》中欲将"天机都漏泄，学人若作等闲看，只恐临终悔不迭"。⑤ 表明了他对张伯端所创的南宗丹法的推崇和对自己著作的自信。因此《明道篇》在形式上仿张伯端《悟真篇》。《悟真篇》"内有七言四韵一十六首，以表二八之数；绝句六十四首，按《周易》诸卦；五言一首，以象太乙；续填《西江月》一十二首，以周岁律。"⑥ 《明道篇》则内含："著诗八十一首，以按纯阳九九之数；内七言四韵一十六首，以按二八之数；内绝句六十四首，以按六十四卦；五言一首，以象太一之奇；《西江月》一十二阙，以周十二律吕。"⑦ 几乎是逐一依《悟真篇》的排列及赋义。王惟一虽然在格式上跟随张伯端，表明皈依其道，但是在内容上却有所创新。

① （南北朝）江淹：《江文通集》卷十，《四部丛刊初编》，第 61 页。

② （明）胡之骥：《江文通集汇注》卷五，中华书局 1984 年版，第 68 页。

③ （明）刘绩：《霏雪录》，《丛书集成初编》第 328 册，第 6 页。

④ （元）王惟一：《明道篇》，《道藏》第 4 册，第 931 页。

⑤ 同上书，第 932 页。

⑥ （宋）翁葆光：《紫阳真人悟真篇注疏》卷一，《道藏》第 2 册，第 915 页。

⑦ （元）王惟一：《明道篇》序，《道藏》第 4 册，第 926 页。

首先，他挑出了若干在内丹实践中遇到的难点问题进行解释，即"所谓药物、火候、斤两、法度，诸丹经所未尽者，莫不敷露。"① 例如，他指出，"炼丹先要炼元精，炼得元精气便真。气若聚时神必住，保全无漏作真人。"②"惜精惜气养元神，苦志劳形使不亲。寂寞无为无所着，真人出现离凡身。"③"涕唾精津气血液，学人莫执作丹基。心中自有天然药，日用常行要得知。"④ 可知，王惟一认为要以人自身的精气神作为内炼的基础，而不是以那些涕、唾、精、津、血液来扰乱修炼，走入歧途，他所说的采药、结胎都是依据精气神而非其他。如《铅汞何物》就说"精神二物有铅汞，用之不见见无用。移将坎实点离虚，神运其中不见缝。"也是这种意思。另外诸如元神、真土、真炉鼎、真药物、龙虎、铅汞等内丹名词，他都尽可能诠释明白如话，明确指出铅汞即元精、元神而非其他。这样一来，以往被弄得扑朔迷离的内丹词汇都更明确了一点。不过，最初张伯端在《悟真篇》中广设譬喻代号，如龙虎铅汞、婴儿姹女、黄芽白雪等是为了保密考虑，后人阐释之时加以《周易》卦象、河图洛书，益发名相纷繁，难辨其意。实际上，内丹修炼无外乎杂糅阴阳五行以归根返本，王惟一能够将以往烦琐隐晦的丹经理论在丹诗中阐释明白，虽未增添多少新理论，但是阐释之功不可没，在元代内丹著述中可称难得。

其次，王惟一对传统的南宗"性命理论"进行了突破，更加强调明性先于了命，是南宗丹法中的一个重大的变化。所谓"性命"，"性"指神，"命"指气，围绕着"性、命"的含义、地位和修炼方式、修炼次序的不同，形成了纷繁的派别。传统钟吕派以性命双修为宗，从修命（精气）入手，先炼精化气，进而练气化神，最后炼神还虚。在养神修性方面，佛教略高一筹。张伯端后来就向禅宗取经而著《青华秘文》，融摄禅宗于内丹学中，大大发展了钟吕派内丹学。他主张禅道结合，先命后性，"方其始也，以命取性，性全矣，又以性安命，此是性命大机括处，所谓性命双修者，此之谓也。"⑤ 这种性命双修理论实际重在修性，但是张伯端并无"性"先于"命"的主张，因为他认为"先性固难，先命则有下手处，譬之万里虽远有路耳；先性则如水中捉月，然及其成功一也，先性

① （元）王惟一：《明道篇》序，《道藏》第4册，第926页。
② （元）王惟一：《明道篇》绝句六十四首，《道藏》第4册，第928页。
③ 同上。
④ 同上。
⑤ （宋）张伯端：《玉清金笥青华秘文金宝内炼丹诀》卷中，《道藏》第4册，第372页。

者或又有胜焉。彼以性制命，我以命制性，故也未容轻议"①。王惟一率先提出"明性"应该先于"了命"。他说："了命不如先了性，明性了命始无魔。要知性命安身处，意未萌时合太和。""命虽可授性难传，愚暗盲修实可怜。不得至人真口诀，精魂弄尽反招愆。"② 这种观点与北宗"先性而后命"的理念不谋而合。王惟一是南宗道士，而其内丹理论却与北宗的观点相近。至于这一思想到底是他从自己的修丹实践中悟出还是采自北宗的，刘仲宇先生认为，在王惟一四处访师及成就自己理论的年代，北宗全真道已经传播至江南，在王惟一的《道法精微》一书中就引用了北宗披云真人的言论，说明他对北宗的内丹之学也有所了解。故王惟一的性命观点应该是融合了南北宗理论并互相吸收交流的产物，此说可能近真。无论如何，王惟一能够在内丹理论中突破前人，独树己见，确实难能可贵。

第三，王惟一的内丹理论有取于宋代儒家理学，既是当时时代特征的体现，也是道教历史发展的必然，道教在发展的过程中一直广泛吸取各种理论来充实完善自身。理学对于包括本原、心性等问题在内的很多问题都进行了探讨，并结合儒家学说进行了逻辑化、心性化、抽象化的提升，这与玄妙的内丹理论有契合之处，因此为王惟一所借鉴。在《明道篇序》中说："易之道初无怪异，要在至心诚意，格物致知，去人欲之私，存天理之公，自然见心中无限药材，身中无限火符，药愈探而不穷，火愈炼而不息。"③ 这里面涉及的"至心诚意"、"格物致知"、"天理"、"人欲"等都是宋代理学家常用的词语，用理学概念阐释内丹学，便使得"修己内炼"的内丹与理学去人欲存天理、格物致知等基本学说一致了起来。"人欲未萌天理在，念头才动鬼神知。勿欺微隐严加畏，日用常行不可违。"④ 这是把内丹家提倡个人道德修养和主张积功累德的思想与要求守戒以免天谴，诚心以感天心相结合，既将丹法与天理相关，又将人欲与天谴相连，这样就显示出了浓厚的禁欲主义色彩，表明他的宗教伦理受到儒学的影响。此外，王惟一还征引理学家周敦颐、邵雍等人的哲学理论，如"坤复之间理极微，鬼神虽妙也难窥。要知这个真消息，熟读尧夫《冬至》

---

① （宋）张伯端：《玉清金笥青华秘文金宝内炼丹诀》卷中，《道藏》第4册，第371页。
② （元）王惟一：《明道篇》绝句六十四首，《道藏》第4册，第929页。
③ （元）王惟一：《明道篇》序，《道藏》第4册，第926页。
④ （元）王惟一：《明道篇》绝句六十四首，《道藏》第4册，第929页。

诗。"① 这是认为邵雍的诗歌对于理解《周易》阴阳变化和内丹修炼有帮助。又如："天地相交为物生，精神念后道方亨。尝观太极流行妙，无物无诚不至成。"② 这是以理学《太极图》匹配内丹图来阐释内丹修炼思想，这一做法，在王惟一之前有"南宋宝庆二年萧应叟撰的《元始无量度人上品妙经内义》，其中将《太极图》与《度人经》旨相联系并将之与修丹一致起来而画出《太极妙化神灵混洞赤文图》，又有至元甲申道士俞琰撰成《易外别传》，其中广泛征引周敦颐、邵雍以及理学集大成者朱熹关于先天学、《太极图》的学说以解释内丹要义。"③ 在王惟一之后，元代陈致虚，明代张宇初也都探讨过这一问题。"《太极图》、先天学源自道教，滋润、养育了理学，并在理学家手上得到进一步的研究、阐明，它们重回道教，是儒家和道教思想的又一次融合，并对此后的道教哲学、丹学和法术理论有深远的影响。由上可知，王惟一在内丹理论上结合了宋代理学家的学说，在性命观上采纳了内丹北宗即全真道的若干思想"④，说明王惟一的内丹学说已经不是纯南宗的内丹学，而是结合了雷法的内丹学说，体现了时代特点。

王惟一行神霄雷法，但雷法的行持本来就以内丹为基础，他站在神霄派雷法的立场上，内丹只是为他行使雷法所用，他用心最久、收获最大、留予后人最丰硕的遗产，正是体现在《道法心传》中的雷法理论。"雷法理论上称内道外法，也就是内丹外法。雷法作为一种法术体系，其本质在于企图以想象和神秘方法控制、支配、改变对象，包括外物、鬼神，也包括人体本身。因此凡法都有操作技艺的讲究，要用符、咒、诀、步以及其他法器例如剑、印、法水等等。"⑤ 在行持时要按照科范编定的种种操作程序一一进行。王惟一获莫月鼎之法主要是于其"使者"一法，该"使者"全称为"先天一炁飞捷报应使者旸谷张神君珏"⑥，雷法中认为"使者"的职能主要是负责通报信息，通报将雷部诸神召集起来以便行雷布雨的信息。因此呼唤召唤使者的方法就是"使者法"，在《道法会元》中收有多种使者法，其中《道法会元》卷九十《先天一炁雷法》在"一参

---

① （元）王惟一：《明道篇》绝句六十四首，《道藏》第 4 册，第 929 页。

② 同上。

③ 刘仲宇：《神霄道士王惟一雷法思想探索》，《道韵》第五辑《金丹派南宗研究论文集》。

④ 同上。

⑤ 同上。

⑥ （元）佚名：《道法会元》，《道藏》第 32 册，第 420 页。

同玄妙"后就指明"此乃电母亲传月鼎，血脉相传之妙"。① 意思是这种使者法是电母传给莫月鼎后才流传开来的，这是一种借神明来自神其术的手法。王惟一的雷法也是传承莫月鼎一派的。不过他还总括了其他诸家的雷法，故其道法非常繁杂，不限于一家之辞。基于深厚的文学艺术修养，他用诗歌的形式概述雷法作了《心传录》，不过用诗歌来表达理论虽然能够言简意赅，却不如长篇散文叙述那么明晰，后学者不容易把握其思想脉络，这也造成了其学说传播不广泛的弊端。

王惟一在《道法精微》中阐述了自己雷法理论的特色，他认为莫月鼎所传的雷法并没有被后学者真正领悟，"先生在世，学者纷纷，多不得其传，盖谓不识道之故也"②，这其中的"道"是指雷法理论，也就是行使雷法所需要的内丹修炼基础。可惜莫月鼎所传雷法，"学者纷纷"却只是在学习如何运用外在的法器，学习如何亦步亦趋地照科范操演而已，对于雷法的真正内在基础即内丹修炼却忽视了。王惟一批评时人的庸俗做法，"书符朱墨岂能灵，其所灵者元气灵"。③ 他认为雷法的精髓应该是精气神，"养得神灵将自灵，何劳闭目去存神。举心动念洋乎在，一点灵光不离身。"④ 可知王惟一的内丹修炼尤其重视自我精神意志的作用。这与莫月鼎的雷法体系有一定区别，说明他综括了其他家雷法理论，最终形成了自己的特色。"王惟一论雷法主要是先从论内丹着手，首述先天祖炁，次述自己元神，然后神通、妙用以及真药物、真炉鼎，一一道来，先论丹，后论法。这一精心构筑的雷法体系，紧紧围绕着'先天一炁'展开，对'雷霆一窍'等难点展开探讨，在理论上和行持原则上都突出了人心的作用，并非具体的科范、方法，而是系统的理论框架介绍，这在雷法理论上是一个突破。"⑤

首先，王惟一突破莫月鼎"先天一炁"为雷法根本之说，提出以"心"作丹法和雷法之本。他推崇莫月鼎的先天一炁之说，在《道法精微》卷首指出莫月鼎的先天说之妙：

道言：天地之间，其犹橐籥乎，虚而不屈，动而愈出。祇这些子

---

① （元）佚名：《道法会元》，《道藏》第29册，第376页。

② （元）王惟一：《道法心传》，《道藏》第32册，第420页。

③ 同上书，第416页。

④ 同上。

⑤ 刘仲宇：《神霄道士王惟一雷法思想探索》，《道韵》第五辑《金丹派南宗研究论文集》。

便是造化枢机。橐者，犹我腹也，籥者，犹我口鼻也。虚而不屈者，乃中黄先天混元之祖也，释氏曰慧曰宝灯、摩尼珠，儒家号曰浩然之气，禅宗号曰安身立命处，修真之士号曰金丹，其实一也。又曰神室丹谷，又曰天地之根，万化之宗，太极之蒂。其所浩浩渺渺，恍恍惚惚，无内无外，无著无所，亦无四围。动而不屈者，橐鼓则籥自鸣也。余昨奉度师铁壁先生邹君传授口诀：拒塞天河，掀翻斗柄，取水沧溟，掇动九州，将乾补坤，以离塞坎，开眼仰视为否，闭目俯视为泰。……余平生参尽雷法，未有若莫君先生之说如此之明也。①

上述可知莫月鼎的雷法非常强调"先天一炁"，通过论述"先天一炁"在道教经典中的理论基础，说明气在呼吸之间，实际上莫月鼎的内丹修炼就在模仿气体的流行与运动，其理论中的口诀也实质上是各种运气的形象化描述。这里采用了模拟的方式以体内的气机发动模拟道、炁的运动，并通过这种原初发动来运转外部世界，达到"拒塞天河，掀翻斗柄"的效果，从而能够移动星辰，呼风唤雨。王惟一对莫月鼎的雷法进行了一定的修正，他更加重视元神的作用。

"夫自己元神即先天一炁之体，先天一炁即自己元神之用。故神不离于炁，炁不离于神。神乃炁之子，炁乃神之母。子母相亲，如磁吸铁，不可须臾离也。纳则为金丹，出则为将吏。"② 刘仲宇分析说，"在王惟一的理论体系中，先天一炁、自己元神，以及太极、神等概念是相互联系的。总称为先天一炁，在宇宙称为太极，在人体称为先天祖炁，析而言之，则与元神相表里，具体则可以分成精、气、神三大要素。这三者，他各称之为万物之母、万物之宗和太极之祖。"③ "夫精者乃先天之元精，为万物之母，得之则生，失之则死。故精住则气住，气住则神住，三者既住，我命在我不在天。"④ "夫炁者，乃先天之炁。元炁为万物之宗也。虚而不屈，动而愈出。夫子之《系辞》曰：天地氤氲，万物化醇。盖人之元炁与天地之炁相似。一吸而天炁下降，一呼而地炁上升。一呼一吸之间，化生金液炼形，形神俱妙，与道合真。"⑤ "夫神者，乃先天之元神，太极之祖

① （元）王惟一：《道法心传》，《道藏》第32册，第420页。

② 同上书，第422页。

③ 刘仲宇：《神霄道士王惟一雷法思想探索》，《道韵》第五辑《金丹派南宗研究论文集》。

④ （元）王惟一：《道法心传》，《道藏》第32册，第421页。

⑤ 同上。

也。虚无自然，包含万象。视之不见，听之不闻。变化无方，去来无碍。清静则存，浊躁则亡。"① 刘仲宇认为，王惟一在三者的关系中，将元炁、元精作为万神之宗和万物之母，这实际上是突出了元神的作用，因为元神则是太极之祖，比前者处在更深、更终极的层面上，所以王惟一并不是单纯地继承莫月鼎"先天一炁"作为雷法的根本的说法，而是更进一步，认为元神比元炁更加根本，是心决定了元神的调度与支配，所以心比元气要更深一层，心也是雷法的基础和根本根据，心也让雷法的主观性更进一步。

王惟一的雷法理论主张道体法用，行法以修道为本。这是受南宗丹理的影响。张伯端曾说："欲体夫至道，莫若明乎本心。故心者道之体，道者心之用也"②，"心者众妙之理而宰万物也，性在乎是，命在乎是"。关于"心"与"道"的关系，白玉蟾做了更加详尽的阐述："虚无生自然，自然生大道，大道生一气，一气分阴阳，阴阳为天地，天地生万物，则是造化之根也。此乃真一之气，万象之先。太虚太恶太空太玄，杳杳冥冥非尺寸之所可量，浩浩荡荡非涯岸之所可测，其大无外，其小无内，大包天地，小入毫芒，上无复色，下无复渊，一物圆明，千古显露，不可得而名者，圣人以心契之，不得已而强名曰道，以是知心即是道也。"③ 王惟一认为，"夫心者，一身之主，万法之根。其大无内，其小无外，大则包罗天地，小则隐在毫芒，修之则成佛作仙，纵之则披毛带角。存之于内则为性，施之于外则为情。千变万化，未有定时。故圣人教之修心，即修道也，教之修道，即修心也。"④ 王惟一将描述道的"其大无外、其小无内"用来描述"心"。在他看来，心与道本一，修道便是修心。可见王惟一受南宗丹理的启发而在雷法理论的阐述上更加透彻。既然真正的雷法根基是元神而非元炁，王惟一的法术理论事实上可以归结为心本论，即"万法归心"。这使得雷法中长期沿袭的炁本论思想开始向神本论、心本论转变。

其次，王惟一雷法理论中最重要的创新是对"玄关一窍"、"雷霆一窍"的阐释。"玄关一窍"在丹法中非常玄妙，"一窍虚无天地根，绵绵

---

① （元）王惟一：《道法心传》，《道藏》第32册，第421页。

② （宋）张伯端：《禅宗诗偈》，《道藏》第2册，第1031页。

③ （宋）白玉蟾：《海琼问道集》，《道藏》第33册，第142页。

④ （宋）张伯端：《玉清金笥青华秘文金宝内炼丹诀》卷中，《道藏》第4册，第371页。

密密不通风，恍惚杳冥包有象，真人出现宝珠中"。① 这一窍是内丹修炼的关键处，但是一般练习内丹者往往不得要领，"却认臭尸肉孔，留心于丹田之中，着意于两肾之间，或运气于脐下，或目视于泥丸，胡思乱想便为明了"②，让人颇为叹惋。因此，王惟一特绘一幅《玄关一窍图》来阐释"玄关一窍最难明，不得心传莫妄行。若识念从何处起，方知道在个中生。阴阳未判元无象，日月相交岂有情。君更要知端的意，中天日午正三更"③，并称"此窍通天窍，法中真奥妙，得遇至人传，教君需大笑"④。并反复征引张紫阳、白玉蟾、保一真人李少微之语来证明"玄关一窍"的重要性："夫玄关一窍，内藏天地阴阳，日月星宿，三元八卦，四象五行，二十四炁，七十二候，风云雷电雨，皆在其中矣。"⑤ 大抵说来，王惟一认为这"先天一窍"是要"后天便有下功夫"才能得到的，即"诚于午夜清心坐，此气方知出太虚"。⑥ 所以这个"窍"即"炁"，而此"炁"的形象是"无象无形无前无后，无长短无阔狭之可量，无东西南北之可别，正在乎天地交界之中，阴阳泯合之处，虽鬼神妙用亦莫能窥。"⑦ 这里指出，"先天一窍"并不是具体的实有的"窍"，而是一个虚无的"炁"，它既在人体之"中"又超出具体形体之上，只能在"午夜"、"日中"等"阴阳未判"、"日月相交"的时候来体会。这些玄虚的语言若没有修丹的真切体验，很难让人理解，但是对于撇清以往笼罩在"先天一窍"上的迷雾来说已经算是"泄尽天机"了。

最后，王惟一在雷法的理论和行持上突出了"心"作用。"时之成序，万物之发生，皆出乎太极流行之妙。圣人莫能形容，强名曰神。其神非青非白，非红非黑，非水非火，非方非圆，亘古亘今，在乎人心，清静则存，秽浊则亡。故精住则气住，气住则神住。三者既住，则道法备，散而为风云，聚而有雷霆，出则为将吏，纳则为金丹。"⑧ 王惟一认为雷法的行使关键在于人心，心静定则能发挥雷法，心混乱秽浊雷法就施展不出，所谓精住则气住，气住则神住，精、气、神都具备了，道法也就完备

---

① （元）王惟一：《道法心传》，《道藏》第 32 册，第 413 页。

② 同上书，第 419 页。

③ （元）王惟一：《明道篇》律诗一十六首，《道藏》第 4 册，第 927 页。

④ （元）王惟一：《道法心传》，《道藏》第 32 册，第 422 页。

⑤ 同上。

⑥ 同上书，第 418 页。

⑦ 同上书，第 419 页。

⑧ 同上书，第 413 页。

了，可以役使它散而为风云，聚而为雷霆，并且向外发出就是将吏，向内汇合就是金丹。王惟一甚至直接把五雷解释为五脏中精、神、魂、魄、意等变化成五炁的结果，说："耳目口鼻身，精神魂魄意，攒簇在中宫，化作先天炁。"① 登坛祈禳的诀窍在于激发自己身内的阴阳之气交感，阴阳升降而成雨，阴阳激搏而成雷，阴阳凝流而为电，阴阳邻和而为雪，但激励身内阴阳、感应身外阴阳的根本还在于自己心中的"元神"即"心"，它"统御万灵"，是三界的主宰，这样王惟一就将心的作用抬高而置于雷法理论最根本的地位。

正是因为"心"的作用如此巨大，王惟一极度重视严守戒行，因为这是保证雷法施行的前提。在《道法精微》的第一图就是《行持戒行图》，位置比《万法归心图》还要靠前，并且强调"先行戒行为根本，次守天条莫妄为。要得雷神来拱伏，雷轰电掣剖心窥"。② 主张"夫行持道法先当受持十戒，日用常行无所违，更能济贫救苦积功累行，自然感动天地神钦鬼伏坐，役雷霆呼风召雨"③，他不但要求行持雷法者在日常生活中自觉遵守而无违背，更进一步要求他们扶贫济困，积累功德，发挥社会作用。这一是由于神霄雷法要求敬畏神明以求雷法灵验；二是由于受到理学思想的影响，要求发挥其宗教伦理作用；三是由于一些不法之徒利用雷法招摇撞骗，破坏了雷法的形象，因此"严申戒律"对于整顿教内混乱状况是有积极作用的。此后明四十三代天师张宇初为了整顿当时颓废的道风，也采取了"戒行为先"的做法，可知王惟一有一定的先见之明。

神霄雷法自北宋风行以来，其理论已经有许多道教学者及道教人士加以阐释，其科仪也不断地进行调整阐发，修行者也对不同的行持方法进行了尝试与试验，到南宋时期，神霄派已经蔚为大观。北宋末的王文卿的雷法理论最受推崇，其后的白玉蟾也被认为内丹修炼的权威，雷法的精义在元代基本上已经被发掘殆尽，王惟一在雷法理论上的探讨已经不具备首创性，但王惟一对雷法系统的整理却独树一帜，能够在一定程度上代表元代雷法理论所达到的高度，这于他来说是一个综括诸家、独有领悟的体系，于道教史来说，能有如此成就颇为不易。在王惟一之后行持和阐发雷法奥秘的虽然仍有人在，但是对雷法的系统探讨却几乎没有再出现过，因此，王惟一的雷法理论成就从某种程度上来讲也是另辟蹊径所获得的成功。

---

① （元）王惟一：《道法心传》，《道藏》第 32 册，第 413 页。
② 同上书，第 420 页。
③ 同上。

二　王寿衍与玄教[①]

王寿衍是龙虎宗玄教的著名高道，历朝受封，显耀非常，对玄教在浙江一带的发展做出了巨大的贡献。但由于相关的史料记载比较少，一直以来对王寿衍的研究者不多。目前主要的材料依据是明朝王祎的《王忠文公集》卷十三所载《元故宏文辅道粹德真人王公碑》并序，据碑中所记，王寿衍于至正十三年庚寅十月十六日逝世于湖州德清县百寮山之开玄道院，享年八十一岁，此碑文是在王寿衍死后，应主持大开元宫的薛廷凤的请求所作，其中对于王寿衍功过生平的介绍应该具有非常高的可靠性，因此本节拟从对碑文的详细分析入手，探讨王寿衍的人物生平及其在玄教中的重要地位与献。

（一）武官世家、少年得志

王寿衍（1273—1353），字眉叟，号玄览，又号溪月或溪月散人，元杭州（今属浙江）人。《元故弘文辅道粹德真人王公碑并序》载："其先河南修武人，宋建炎初从渡江，遂家于杭而著籍焉。曾祖云武翼大夫保信军承宣使，祖显宗右武大夫某州观使，考子才武功郎判修内司干办御酒库。"[②] 考"武翼大夫"、"右武大夫"、"武功郎"皆是宋阶官名，宋徽宗政和（1111—1117）中，定武臣官阶五十三阶，其中第三十四阶为武翼大夫，代旧官供备库使；第十四阶为右武大夫，代旧官西上阁门使；第三十五阶为武功郎，代旧官皇城副使，可知王寿衍家族世代为武官，武官世家的熏陶对他的人生道路有着重要的影响。"公生而颖悟，迥然有拔俗之标，自幼笃志于道，人莫不以远大期之。"[③] "以远大期之"说明家族对他寄予厚望，从家族背景来说，势必会在正常的知识传授之外，还教授幼年的王寿衍一些有关军事武艺等方面的知识，这一点吸引了同样精通军机的陈义高，所以陈义高一眼相中了王寿衍，收他作为弟子，"至元甲申玄教大宗师开府张公之弟子陈真人义高为梁王文学，以事至杭，馆于四圣延祥观，见公即器爱之，遂度为弟子。"[④] 陈义高本人精于兵机，晋王北征，

① 本节部分内容已经前期发表，参见王巧玲《王寿衍与玄教在浙江的传播》，《中国道教》2012 年第 1 期。此处对内容做了进一步的修订。

② （明）王祎：《王忠文公集》卷十三，《丛书集成初编 2426》，商务印书馆 1935 年版，第335 页。

③ 同上。

④ 同上书，第 336 页。

他曾几次从行出使塞外，出谋划策。王寿衍被他收为弟子后第二年，就随他上京入见裕宗于东宫，这时王寿衍才十五岁。后来王寿衍是陪梁王出使塞外的同行者，"陈（义高）公从梁王北行，公（王寿衍）与之俱止于哈察木敦，驱驰朔漠，备殚其勤。"①。可知王寿衍不仅熟悉军事征战，而且身体素质和勇气胆量都足以应对驱驰朔漠之辛劳，这就更确证了陈义高是因为是王寿衍身上的一些特质而特意挑选他为弟子的，而这些特质中至少有一些与他的武官世家背景有关。王寿衍年纪轻轻就见到了圣上并参与到了高层的政治军事活动中去，这不是一般道士可以获得的殊荣。王寿衍从塞外回来后，劳苦功高，再加上师傅陈义高为"崇正灵悟凝和法师、大都崇真万寿宫提点"，是玄教中地位较高之人，自然在玄教中获得了重要的地位。他少年得志，从此开始了他辉煌的人生旅程。

（二）宗师青睐、晋王荫蔽

在王寿衍的人生历程中，还有两个人对他进行了提携与帮助。一是玄教大宗师张留孙。张留孙是玄教创始人，受到从元世祖起历代皇帝的尊宠，其政治地位之高，道教权力之大，在当时道教诸派首领中是独一无二的。张留孙对王寿衍也非常赏识，王寿衍曾经侍奉开府公张留孙到地方上祭祀和协助他处理宫观事务，"丙戌还京师，丁亥从开府公代祀诸山川，至杭俾公提纲四圣延祥观事，寻侍开府公还朝"。② 可知王寿衍是获得张留孙认可之人，而王寿衍能够于至元二十四年（1287）协助他提纲四圣延祥观事，也证明了王寿衍的能力和才干。张留孙不久就返回京师，王寿衍也随之还朝，经历了一个从京师到地方又回到京师的历程。有了这一段经历，开府公张留孙对王寿衍大力提携，"至大戊申，开府公辟公金议教门公事，被玺书"。③ 有了张留孙的支持，王寿衍在玄教中的地位自然非同一般，这一点我们可以从袁桷《元开府同三司上卿辅成赞化保运玄教大宗师张公家传》得到印证，该文中载张留孙主要弟子五十四人；首为继任玄教大宗师吴全节；其次以真人佩银印者三人：夏文泳、毛颖达、王寿衍。④ 而与王寿衍同级的夏文泳是张留孙钦点的第三任掌教，可知王寿衍的等级基本同于玄教首领。

---

① （明）王祎：《王忠文公集》卷十三，《丛书集成初编2426》，商务印书馆1935年版，第336页。

② 同上。

③ 同上。

④ 陈垣：《道家金石略》，文物出版社1988年版，第925页。

丁未武宗御极，王寿衍从第三十八代天师入觐。皇庆元年（1312），仁宗特授以"灵妙真常崇教真人"之号。延祐元年（1314），改授"弘文辅道粹德真人"之号，领杭州路道教事，给予银印章，视二品。丙辰三十九代天师入觐，公从偕行。此处两次天师入觐，王寿衍都得以随行，说明当时玄教虽然是由龙虎宗分离出来的，但是实际地位在龙虎宗之上，王寿衍只是玄教阶层中第三级人物就能与龙虎宗天师平起平坐，可知在朝廷对玄教更看重。

这主要是由于玄教形成与政治有着密切的关系，历届玄教首领也有参与到国事中去，如赵孟頫《大元勅赐开府仪同三司上卿辅成赞化保运玄教大宗师志道弘教冲玄仁靖大真人知集贤院事领诸路道教事张公碑铭》说，张留孙"每进见，必陈说古今治乱成败之理，多所裨益。士大夫赖公荐扬，致位尊显者数十百人。及以过失获谴，赖公救解，自贷于死者，亦如之。"[①] 张留孙的弟子也都具有非凡的才华，"其高第门人，多聪明特达，有识量才器，可以用世，而退然奉其教唯谨。"[②]。正是因为如此，皇帝对玄教中人更加信任，经常将推荐贤才或者搜访遗逸的重任交予他们。王寿衍也屡次受诏外出访贤，如"奉诏访求江南遗逸，举永嘉徐侣、孙金华、周世昌引见于香殿，奏对称旨。"[③] 延祐四年（1317），"复奉旨求东南贤良，两宫锡予加厚，朝臣祖饯都门外，供帐甚盛"[④] 而从"朝臣祖饯都门外，供帐甚盛"中，我们可以看到王寿衍在朝臣中颇有人缘，这不排除朝廷大臣为了自己的利益而巴结，但也从侧面烘托出玄教首领的政治影响力。

王寿衍作为位高权重的玄教人物，自然也有朝廷官员与他关系密切，其中最为密切者是"梁王"亦"晋王"孛儿只斤甘麻剌（1262—1302），一直奉旨镇北边。王寿衍曾跟随陈义高陪同"梁王"北上征战，与他的关系较为密切。"己亥（大德三年）春，诏公从忽剌真妃北行，梁王既改封晋，公继被旨，代陈公事晋王。陈公还至桓州，化去，公茕茕扈从而归。庚子春，侍晋王入觐，蒙两宫锡予加厚，寻得旨南还，仍给佑圣观印

① （元）赵孟頫：《玄教大宗师张公碑铭》，《全元文19》卷六零零，江苏古籍出版社2000年版，第316页。
② （元）虞集：《张宗师墓志铭》，《全元文27》卷九零一，凤凰出版社2004年版，第661页。
③ （明）王祎：《王忠文公集》卷十三，《丛书集成初编2426》，商务印书馆1935年版，第336页。
④ 同上书，第337页。

章，视五品。"① 可知若干年后，陈义高去世，王寿衍接替陈义高服侍晋王，为他出谋划策，与晋王的关系更加密切，虽然后来南还杭州，但是毕竟与晋王结下了深厚的感情，"丙辰，三十九代天师入觐公从偕行，时晋王在朝，特命内史府设宴以礼公。"② 可见二人之间的亲密关系，所以王寿衍政治生涯中经常受到晋王的帮助。

王寿衍至元二十五年（1288），第三十六代天师授予他"灵妙真常法师"称号，并袁州路道录之职，未任，改杭州开元宫提举，王寿衍回到了他的家乡杭州。而他能够改任杭州开元宫提举之职，也与晋王的推举有关。《杭州路开元宫碑铭》也证明了这一点："元贞二年丙申，陈君天锡奉旨住持，实嗣董君。董君之时，今住持王君寿衍贰宫事。大德四年庚子，奉晋王旨主宫席，不就。八年，特拜宣命，以灵妙真常崇教法师住持提点，仍赐玺书护持，给上方五品印，光华震赫，遂甲诸方。"③ 可知王寿衍最初只是宫观住持的副手，是晋王的力举才使他最终正式住持宫观。《杭州路开元宫碑铭》载："元贞二年，陈君天锡奉旨继董君，时晋王以真人（王寿衍）藩府之旧，请以主宫事，真人固辞。大德八年，始以宣命继陈君，奉被玺书加护如故事。初赐印视五品，以重所领领之。"④ 此处的"藩府之旧"指的就是王寿衍与晋王之间多年的深厚情感，因此晋王才会大力推荐王寿衍主持宫观。至元二十九年（1292），第三十七代天师加授王寿衍"崇教"之号为"灵妙真常崇教法师"，仍提举开元宫。"甲辰，制授开元宫住持提点。"⑤ "延祐甲寅，改授弘文辅道粹德真人，领杭州路道教诸宫观事，住持开元宫事"⑥。王寿衍此后的宗教活动基本上是围绕着杭州和开元宫进行的。

由于张留孙和晋王的大力支持，皇帝对王寿衍的态度也异常亲密，

① （明）王祎：《王忠文公集》卷十三，《丛书集成初编 2426》，商务印书馆 1935 年版，第 336 页。
② 同上书，第 337 页。
③ （元）任士林：《杭州路开元宫碑铭》，《全元文 18》卷五八四，江苏古籍出版社 2000 年版，第 443 页。
④ （元）虞集：《开元宫碑》，《全元文 27》卷八八六，江苏古籍出版社 2000 年版，第 437 页。
⑤ （明）王祎：《王忠文公集》卷十三，《丛书集成初编 2426》，商务印书馆 1935 年版，第 336 页。
⑥ 同上书，第 337 页。

"陛辞之日，上御嘉禧殿，赐坐与语移时，以字称之曰眉叟"。① 皇庆壬子，王寿衍想辞去开元宫的有关职务，仁宗特地赐给他"真人"称号为"灵妙真常崇教真人"，并且让人把诏书拿到开元宫当面宣旨，王寿衍因而不能如愿辞去职位，后来仁宗于嘉禧殿召见他，可见对王寿衍的恩宠非常。此外还经常给王寿衍各种赏赐，"戊戌入朝，扈驾至上京，赐衣三袭赉及其徒"② 或者"赐宝冠、金服以备真人之服章"③，或者"敕词臣为赞书褒扬之"④，或者"乙丑有旨，赐金织法衣，遣使卫送南归，且被玺书"⑤，等等。张留孙去世后，第二任掌教吴全节对王寿衍也是恭敬有加的，"开府公以是年仙去，嗣师特进吴公嗣为大宗师，于公尤加亲敬"。⑥可见王寿衍在玄教中地位显赫。

（三）斋醮精通、法术灵验

王寿衍显赫的政治地位，使得他能够参与较高层次的道教活动，主要是主持大型斋醮、祭祀山川等活动。从最初的辅助张留孙祭祀山川，"丁亥从开府公代祀诸山川"⑦，到后来自己独立主持斋醮，"（至大戊申）被玺书，及兴圣太后旨加开元等九宫观，且代祀诸名山"⑧，"（延祐甲寅）别降玺书，使代祀江南诸名山"⑨，延祐四年（1317），王寿衍又奉旨代祀北岳、济渎、天坛、中丘及汴朝元宫等。此外，"丁酉奉香诣阙下，隆福太后有旨命公求经箓江南"⑩，可知王寿衍还替朝廷权贵求箓祈福，以此获得宫中的信任，"两宫锡予加厚"⑪。能够代朝廷祭祀山川，是王寿衍获得朝廷信赖的证明。

王寿衍的主要活动是主持大型斋醮，"甲午成宗登极，命公召天师龙

---

① （明）王祎：《王忠文公集》卷十三，《丛书集成初编2426》，商务印书馆1935年版，第337页。

② 同上书，第336页。

③ 同上书，第337页。

④ 同上。

⑤ 同上书，第338页。

⑥ 同上。

⑦ 同上书，第336页。

⑧ 同上。

⑨ 同上书，第337页。

⑩ 同上书，第336页。

⑪ 同上。

虎山，比至岁，醮翠华阁及万岁山圆殿，竣事锡赍优渥。"① "丙辰三十九代天师入觐，公从偕行……其冬以金箓醮事告成，受白金楮币之赐。"② "泰定甲子，天师继至，同建大醮者三，出内府道经并金币赐之。"③ "丁卯，天师至杭岁醮禳海患，公与同行事焉。"④ 这些斋醮仪式中，王寿衍与天师共同主持，说明玄教与龙虎宗两者之间的一脉相承。"至顺辛未，集贤移文请公往龙虎山提调醮事"⑤，可见，王寿衍也非常熟悉符箓斋醮仪轨，堪当斋醮仪式提调之重任，"至元乙亥春，今上命黄真人崇大函香至四圣延祥观，建金箓大醮，特命公主之。"⑥ 此处由皇上钦点他主持斋醮，说明对王寿衍在斋醮上所达到造诣的认可。

王寿衍不仅精通斋醮科仪，同时对于法术也非常精通，"水合舟胶，以法祷之，冻则自解"。⑦ 这里是解冻的法术，"适天旱，县令耆老来请雨，命弟子彭大年祷于百寮山上，甘雨随应"。⑧ 弟子彭大年会祈雨的法术，王寿衍自然也精道教传统的符箓、祈雨、禳祸等法术。值得注意的是，玄教的方术又是在袭龙虎宗的符箓斋醮的基础上再杂采众家，因为玄教道士积极向其他道派学习，取长补短。如玄教第二任掌教吴全节既向南宗道士陈可复学雷法，又向东华派首领林灵真学道法，还向南宗道士赵淇学内丹，融合众家之长。而第三代掌教夏文泳也是对"道法、斋科悉加考订、折衷，下至医药、卜筮，莫不精究"⑨。张留孙大弟子"保和通妙崇正真人"徐懋昭"能役鬼神致雷雨，祭星斗，弭灾沴，所至，人迎候之唯恐不及"⑩。可知，王寿衍所精通的各种道教法术极有可能也是杂糅众家的结果。

---

① （明）王祎：《王忠文公集》卷十三，《丛书集成初编2426》，商务印书馆1935年版，第336页。
② 同上书，第337页。
③ 同上。
④ 同上书，第338页。
⑤ 同上。
⑥ 同上。
⑦ 同上书，第337页。
⑧ 同上。
⑨ （元）黄溍：《夏公神道碑》，《全元文30》卷九七二，江苏古籍出版社2004年版，第242页。
⑩ （元）朱思本：《故保和通妙崇正真人徐公行述》，《全元文30》卷一零零八，江苏古籍出版社2000年版，第398页。

（四）坐镇宫观、修缮维护

王寿衍曾经主持过开元宫、佑圣观、玉隆万寿宫等几个非常重要的宫观，元贞元年（1295），王寿衍提点主持杭之佑圣观，又御授开元宫住持提点。大德五年（1301），御授龙兴路道箓，嗣陈义高之职提点主持玉隆万寿宫。壬寅入朝，玺书加护玉隆万寿宫。大德八年（1304），制授开元宫住持提点。甲辰制授开元宫住持提点等，能够主持这几个重要宫观也是王寿衍在玄教中地位的又一体现。宫观对于玄教的发展具有非常重要的作用，玄教所领主要宫观遍布今北京、江苏、浙江、江西、湖南、广东等地。自从至元十五年张留孙成为玄教宗师以后，他陆续从龙虎山征调道士到两都崇真宫（后升崇真万寿宫），或委以京师道职，或派至江南各地管理教务，大多重要的宫观都有亲信子弟主持。其中，王寿衍提举杭州开元宫兼领杭州路道教诸宫观，这对于玄教在江南地区的传播与发展具有非常重要的意义。

由于玄教是一个独立的道派，有独立的组织体制和传承系统，"玄教大宗师的印、剑都来自皇帝所赐，承袭历代天师以张陵都功印和佩剑相传承的制度，但比张陵的印、剑更具有权威性。因此，他们可以凭借这些象征教权、皇权之物，独立自主地行使对该教派的管理权，不必再听命于天师。无论该教派所辖区域道官的任命、宫观的建立，以及道士的吸收等，都是由玄教历任掌教独自处理。"① 由此推断，王寿衍在主持宫观时有很大的自由度，因而能达到"历江南四省之境，所至奉行上命，无所不及"② 的境界，这无疑对于玄教的传播和发展具有非常重要的意义。

除了主持观事，王寿衍还通过对宫观的修建和维护来促进玄教的发展。元贞元年（1295），王寿衍提点主持杭之佑圣观时，"观宇久弊一新之"③。王寿衍对开元宫情有独钟。己酉夏，王寿衍居开元宫，在他居住的三年期间，使得开元宫的规模进一步扩大，"凡宫制之未备者，悉完之"④，至治辛酉冬，开元宫毁于火灾后，王寿衍主持宫观重修工作，由于他的政治影响力，再加上是在原宋朝公主第的基础上兴建，"公主亲理

---

① 卿希泰：《中国道教史》（第三卷），四川人民出版社 1996 年版，第 295—296 页。参见白娴棠《宗师考释：神圣与世俗文化之混成》，《求索》2010 年第 5 期。

② （明）王祎：《王忠文公集》卷十三，《丛书集成初编 2426》，商务印书馆 1935 年版，第 337 页。

③ 同上书，第 336 页。

④ 同上。

宗文，有司护作唯恐"①，得到各方面的帮助，"省台百司悉来致助，规制钜丽，有加于昔"。② 修成后的开元宫，形制壮丽超过以前，"规制工伐，甲于当时，至是，易其檐桷、门陛、牓署，因加表饰。设貌位被服，以象其天神、帝仙人之属。隆隆然，湛湛然，真神宫殊庭矣"。③ 并得到朝廷所赐的观额："夏，玺书赐大开元宫额"④。对其修复宫观的行为，皇帝也予以肯定和慰问，"泰定甲子，诏遣使函香为新宫落成，就召诣阙，见上于宣德府，劳问甚至"。⑤ 至正辛巳，开元宫又一次遭受火灾，"复以蔺毁，委提点毛子敬任兴创之功，而公亲为之谋画，曾不踰岁，旧观复还"。⑥ 可见王寿衍对杭州开元宫的宫观倾注了很多的精力与心血，他所在任期间，不断对宫观进行维护，"领之九年，外完垣舍，内严台殿，凡宫之制始备。又封植其花石竹树，疏导其池渠，高梁跨云，取馆进风，神鱼灵鹤，来泳来止，所以休宁。其修真者，尤还密亲。雅乐哉！"⑦ 可知王寿衍将开元宫变成了修真圣地，完成了此前两任住持想完成而未能完成之重任，"故凡宫之役，董初创而未完，陈欲继而不遂，灵妙式克成之。规宏事举，教立道行"。⑧ 他还兴建了开玄道院为自己栖真侂老之所，"乙酉，即宫中造阁，有白鹤飞绕之异，因表曰胎仙"。应该说，王寿衍对道观修缮与维护的活动是值得肯定的。

除了宫观兴建问题，由于王寿衍的政治影响力，他所主持的宫观还享受到其他优惠政策，"开元以甲乙传次庄田所在，咸加护之，中宫东朝锡赍尤厚"。⑨ "先是杭之九宫观，财用出纳隶都财赋府，及是太后有旨，都府勿有所与。"⑩ 可知有时候宫观的相关费用都是出自官府的，相比于其

---

① （元）虞集：《开元宫碑》，《全元文 27》卷八八六，江苏古籍出版社 2000 年版，第 436 页。

② （明）王祎：《王忠文公集》卷十三，《丛书集成初编 2426》，商务印书馆 1935 年版，第 338 页。

③ （元）虞集：《开元宫碑》，《全元文 27》卷八八六，江苏古籍出版社 2000 年版，第 437 页。

④ （明）王祎：《王忠文公集》卷十三，《丛书集成初编 2426》，商务印书馆 1935 年版，第 338 页。

⑤ 同上。

⑥ 同上。

⑦ （元）虞集：《开元宫碑》，《全元文 27》卷八八六，江苏古籍出版社 2000 年版，第 437 页。

⑧ （元）任士林：《杭州路开元宫碑铭》，《全元文 18》卷五八四，江苏古籍出版社 2000 年版，第 443 页。

⑨ （明）王祎：《王忠文公集》卷十三，《丛书集成初编 2426》，商务印书馆 1935 年版，第 338 页。

⑩ 同上书，第 337 页。

他的教派来说，玄教宫观的发展更具有优势。

（五）志行高远、淡泊名利

王祎在《元故弘文辅道粹德真人王公碑》中评价王寿衍曰："公器识高朗，局度弘旷，履贵盛而能谦，处满盈而能虚，以故历事累，朝昭被帝眷，躬辅玄教光扬祖风。"① 确实，王寿衍一生虽然位高权重声名显赫，但他却恪守道教清静无为宗旨，志行高洁，处荣华贵盛而不骄奢，待人接物平和谦恭，以巨大的人格魅力影响了周围的人。皇庆壬子，王寿衍想辞去开元宫的有关职务，仁宗于嘉禧殿召见他之时，其上疏中充满了谦卑之意，"臣闻道家以无为为宗，古之言真人者，闵邈矣。今为其道者，善传上意达诸神明，导况祉存著专一其事也。惟大宗师、大真人及嗣师真人，久侍中被宠遇，有号名命数，其贵视公卿侯伯，于玄教显荣极矣。夫名者，实之宾，泰甚则忌，真人非远臣所可得名，臣请固辞不敢称'真人'，得还山奉祠事以报圣明志，愿诚足矣"。② 可见他认为自己尚不够格得到"真人"的称号，玄教的宗旨是清净无为，自己久被恩宠贵超公卿侯伯，"灵妙真常崇教真人"之号已经逾越了他的本分，所以后来他又一次"复移文集贤乞免真人号，不报"。③ 可见他是确实志行高洁，不以名利为重。古往今来，宣称自己淡泊名利的人很多，但是能以实际行动来证明的人甚少，而王寿衍却能够将自己从朝廷所得到的赏赐送官府充公，"公自以平生宠数逾分，乃集上所赐冠服及所蓄图书琴剑之属，簿送宫藏，以传诸后"。④ 在大受朝廷尊崇的情况下，他还能保持道教传统的淡泊精神，实属难能可贵。而且王寿衍对于道教理论也有自己独到的见解，"辛丑制受龙兴路道箓，玉隆万寿宫住持提点，实嗣陈公之职。莅事之日开堂演法，听者翕然，道价弥振。"⑤ 可惜的是，王寿衍没有留下道教理论方面的著述。

王寿衍有谦虚亲和的人格魅力，他"应物接人，尤不滞于形迹。上而王公显人，下而韦布寒士，遇之以礼，曾无间然性。"⑥ 王寿衍位高权重并屡次替朝廷访寻遗逸，而他能做到这一点应该与他谦卑的处事态度有

① （明）王祎：《王忠文公集》卷十三，《丛书集成初编2426》，商务印书馆1935年版，第338页。
② 同上书，第337页。
③ 同上。
④ 同上。
⑤ 同上书，第338页。
⑥ 同上书，第339页。

关，能够赢得他人的信任与称赞，"一时名士，若虞杨范揭，皆与友善，大振玄风。"① 玄教的影响力也就无形中因他而得到了扩大。

王寿衍不仅谦卑待人，更是古道热肠之人，他性好施予，禄廪虽厚，未尝周其用也，可知他经常周济贫苦之人，《西湖游览志》记载了他为友人埋葬之事："时有浙省都事刘时中者，名士也。既卒，贫无以为葬，寿衍躬至其家吊哭，抚其遗孤，营其丧事，乃为葬于德清县，与己寿穴相近，便于拜扫，人皆服其友义"②。王寿衍在友人去世之后，能够接济其遗孤，并为其操办丧事，如果这尚属常人也可以完成之功德，那以古人对阴宅风水的重视情况来看，能够将他人安葬在自己寿穴附近，与己共同分享好风水，春秋祭扫不息，然此事行之于异教中尤不易得。这就需要异常开阔的胸襟了，可知王寿衍确实"局度弘旷"，名副其实。

王寿衍其人品行高洁，"其所为诗，闲远典雅，为世所传"，可惜今多佚。但是我们可以推测出他的思想非常开阔，因为延祐五年（1318），王寿衍"得永嘉戴侗《六书故》、鄱阳马端临《文献通考》二书，并上表获得官钱刻印使其得以颁行于世"。③ 戴侗的《六书故》为文字学著作，该书订正了许慎《说文解字》中的多处错误，在文字训诂学史上有着重要的地位和意义，为后世的文字研究者们所推崇，马端临的《文献通考》是一部从上古到宋朝宁宗时期的典章制度通史，是继《通典》、《通志》之后，规模最大的一部记述历代典章制度的著作。王寿衍能够积极推广这两本书的出版刊印，说明他思想深远，具有独到的眼光，绝非只有宗教思想的平常道士。

作为道教中人，王寿衍将自己的居室命名为"玄览"，以寄托其高远的志向，晚岁寄傲溪山间，又号溪月散人，平常居住时候，他"头戴华阳冠，白羽衣，朱颜鹤发，爽气生眉睫间，洒然乐方外之趣，望之者以为真神仙也"。④ 可知，他过着悠然自得的生活。至正十三年（1350），"庚寅十月望，宾客集开玄以公生辰相率为寿。弟子陈子浩后至，公笑曰：'吾迟子久矣，吾将就休息，汝其为我歠诸宾。'明日夙兴，气息稍促，

---

① （明）田汝成：《西湖游览志余》卷十五，浙江人民出版社1980年版，第260页。

② 同上。

③ （明）王祎：《王忠文公集》卷十三，《丛书集成初编2426》，商务印书馆1935年版，第337页。

④ 同上书，第339页。

及日昃，奄然而逝。弟子遵治命以时服敛焉"。①王寿衍的一生中，其人其行是符合人们对他的赞誉的。王寿衍传有弟子多人，比较著名者有彭大年、陈子浩、张嗣显等。

综上所述，王寿衍在玄教中位高权重，他发挥了自己的政治影响力，其所统领的杭州路诸宫观，为江南诸道派在元后期合并为正一道提供了契机，他所主持或者修建的道教宫观，成为玄教传播中的重要据点，其人志行高洁，言行合一，以实际的行动阐释了道教教理的精义，是名副其实的道教高人，他以显赫的政治地位为玄教的发展做出了自己的贡献，因而对于王寿衍对玄教乃至道教发展的贡献，我们应给予应有的肯定。

玄教是符箓派的支派之一，创始于元初，流传至元末。该派直接从龙虎宗分衍而来，其创始人为元初龙虎山道士张留孙（1248—1321）。在至元十三年（1276），张留孙随第三十六代天师张宗演阙觐元世祖后留侍阙下，此后以祈祷术有验，为元世祖所信任。至元十四年，赐号上卿，铸宝剑予之。至元十五年，赐号玄教宗师，授道教都提点，管领江北淮东淮西荆襄道教事，佩银印。此后历成宗、武宗、仁宗等朝，宠遇不衰，屡蒙加封，由上卿加特进上卿；由知集贤院事到领集贤院事；由玄教宗师到玄教大宗师，并加开府仪同三司。至延祐二年（1315），头衔为"开府仪同三司、特进上卿、辅成赞化保运玄教大宗师、志道弘教冲玄仁靖大真人、知集贤院事、领诸路道教事"。张留孙从至元十五年做玄教宗师以后，即陆续从龙虎山征调道士到两都崇真宫（后升崇真万寿宫），或委以京师道职，或派至江南各地管理教务，以这批人为骨干，逐渐发展组织，最后形成一个规模较大、辖域较广的道派，时人称之为玄教。王寿衍是龙虎宗玄教的著名高道，多次受封，显耀非常，其主要的活动地区是浙江省，"历江南四省之境，所至奉行上命，无所不及"。②对于玄教在浙江地区的传播起了非常重要的作用，在浙江道教史上占有重要地位。除了王寿衍外，浙江地区还有几位比较著名的玄教道士，如薛玄曦、倪文光、吴自福、王应瑾、朱希晦、郑本中等人，现一一介绍如下：

薛玄曦

薛玄曦（1289—1345）是元代龙虎山正一道士，是玄教在江南地区的主要骨干，是元室所器重的张留孙、吴全节的弟子。他的生平事迹见除

① （明）王祎：《王忠文公集》卷十三，《丛书集成初编2426》，商务印书馆1935年版，第338页。

② 同上书，第337页。

见于黄溍撰传《黄金华集》卷二九《弘文裕德崇仁真人薛公碑》外，还见于《书史会要》卷七、《元诗纪事》卷三三、《元诗选·二集》小传等。他在玄教中地位较高，属于"以玺书命者"九人之一。

薛玄曦是江西贵溪之仙浦里人，曾祖父薛豫曾官居太学进士，祖父薛亨默默无闻，父亲薛勉学识丰赡，获得乡里赞誉，私谥文清先生。薛玄曦生来就聪异非常，行为举止也与一般儿童不同，尤其不喜欢繁华而爱好清净。因此在十二岁那年，他就到龙虎山入道了。薛玄曦的师傅是张留孙和吴全节，这两人都是赫赫有名的玄教首领，张留孙得忽必烈授以江南诸路道教都提点之职，后来经历成宗、武宗、仁宗、英宗四朝，备受宠遇，历次加封为特进、上卿、玄教大宗师、开府仪同三司，荣耀自不待言。张留孙死后，其弟子吴全节继任玄教大宗师，总摄江淮荆襄等处道教、知集贤院道教事，继续受到优遇。元代中期以后，玄教成为道教中最显赫的一个派别。

师从这两位玄教首领，薛玄曦必定不同于其他道士。他一生负有才名，为人倜傥不羁，涉猎广泛且日记万言，所涉猎的内容包括孔老之学，至于天文、地理、阴阳、数术，靡所不通，在文学方面尤其精通，非常善于写诗。他的作品有《上清集》若干卷，《樵者问》一卷，荟粹群贤诗文为《琼林集》若干卷。[1]

薛玄曦属于道士中尤其以文著称者。道士中有才华的人很多，仅宋元间即有董嗣杲、马臻、陈义高、吴全节、朱思本、张雨、薛玄曦等人，但尤以张雨、薛玄曦最负盛名。

他的诗文造诣曾得到虞集的指点，他与张雨二人都是虞集的弟子，其诗风格"飘飘有凌云之风"、"如霜松雪桧"、"如豪鹰俊鹘"、"如空山流泉"，其主要造诣也是在文学创作上，所著《上清集》，未见传本，《元诗选·二集》选入薛玄曦诗二十八首，题为《上清集》。揭傒斯曾为《上清集》作序，对其诗文评价颇高，称为"清拔孤峻"。薛玄曦的诗在古代文学史上评价一般，基本上以歌颂帝王与官僚酬和之作居多，如《万岁山次韵》："万岁仙山耸碧空，广寒春殿最当中。桥连绮石通三岛，路逶银河接两宫。柳拂甘泉巢翡翠，花凝太液下冥鸿。年年此地经游辇，自是承平乐未终。"[2] 因此，从某种程度上说，他是称职的宫廷宗教诗人，算是御用道教文人。

---

[1]　周永慎：《历代真仙高道传》，中国社会科学出版社 2003 年版，第 313 页。

[2]　（清）顾嗣立：《元诗选二集·壬集》，中华书局 1987 年版，第 1355 页。

薛玄曦到了京师后不久就四海云游去了，曾去过渤海地区，到处观览古代仙圣遗迹，踪迹飘忽不定，很久后才又回到京师。仁宗时，他受到推荐，获得重用，参与宫观事宜。延祐四年（1317），获得“大都崇真万寿宫提举”一职，三年后升职，提点上都崇真万寿宫，自此以后开始与公卿王侯周旋交接，谈玄论道，其学问日益精进。泰定元年（1324），薛玄曦奉诏征嗣天师，到了之后被授予住持镇江乾元宫的职务，还未上任，又改任溧阳，仕途劳顿如此，因此他有次到龙虎山触景生情，感慨万分，认为背井离乡，无法尽孝，愧疚非常，退隐之心油然而生。即日辞归龙虎山，时泰定三年（1326）八月。士大夫咸与他珍重道别，互赠以诗。

至元六年（1340），杭州佑胜观住持去世，无人继承，外宰相部使者及诸官僚准备好文书材料迎接薛玄曦来补这个缺，却被他拒绝。直到至正三年（1343）四月八日，皇帝驾临明仁殿，集贤大臣奏请薛玄曦的德行高尚，足以堪任，因此朝廷授予他“弘文裕德崇仁真人”的称号，让他住持佑圣观，并兼领杭州诸宫观的观务。他推脱不得，只好接受了任命，但是他很少真正参与宫观的具体事务，而是让他的徒弟们来负责宫观的具体事宜，他自己乐得逍遥自在，追求恬淡无为的境界。

薛玄曦为人非常孝顺，遵从儒家传统道德，并没有因为自己是道士放松了自己的伦理道德要求。他父亲去世之时，他从京师奔赴加重，风餐露宿，日夜兼程，回到家中，他面对父亲遗像痛哭流涕，悔不当初，他母亲当时都已经将近八十三岁了，这是古人中都难得一见的高寿，于是薛玄曦下定决心从此淡泊名利，专心供养母亲照顾幼弟。有次他和母亲都得了一点小病，病好之后都觉得生命脆弱，触景伤怀。至正五年（1345）正旦之日，薛玄曦丁忧期满，又当出任，他非常担心母亲悲伤，特意派人劝导母亲，希望母亲能看开些，不要过于伤悲，许诺自己会经常回来看看她的。同时，他一一拜访了自己在山中的朋友和素常交好的人，仿佛要诀别一样。有一天，薛玄曦像往常一样与别人酬咏唱和，坐到半夜时候，他洗漱完毕，对弟子嘱咐完后事，黎明时分，翕然而去，时为至正五年（1345）二月七日，享年五十七岁。

从薛玄曦的生平可知，作为一道土，他虽然身居高位，但是仍然坚持道教隐居无为的理念。泰定三年（1326）八月归隐之后，薛玄曦主要在龙虎山上修建亭台楼阁，如清宁端、见心亭、熙明轩、琼林台等皆是，与此同时，薛玄曦与其他道教徒徜徉山中，秘密修炼大洞回风混合之道，这是拜异人所授。因为从龙虎山到贵溪一带，以筱岭的地理环境最为险峻，所以薛玄曦在此选址构建崇贤馆，并在东面建了振衣亭，用自己私田的收益来免费为过往客人提供茶水。同时，他的道教避世无争理念也体现在其诗歌中，其诗作《题刘京叔归潜室》诗曰："独构茅堂养道真，满前俗事罢纷纭。磻溪夜钓波心月，汾曲春耕陇上云。长笑熊罴劳应梦，直教猿猴怨《移文》。近来传得安心法，万壑松风枕上闻。"①刘京叔即金元名士刘祁，字京叔，号神川遁士，山西浑源人。出身世宦之家，年轻时曾试金朝科举，榜无名。金亡时曾被元军包围于金朝南京（今河南开封），后辗转返归故乡。刘祁有感于在京师"昔所与交游，皆一代伟人。今虽故物，其言论谈笑，想之犹在目。且其所闻所见可以劝戒规鉴者，不可使淹没无传"②，遂著《归潜志》，意在"异时作史"③。刘祁筑有"归潜堂"，并有《归潜堂记》，其云："归欤！归欤！其潜于南山之下。"④"潜乎！潜乎！亦可以为娱兮。"⑤刘祁潜隐，志在作史，薛玄曦诗赠金元名士刘祁，对其避世归隐深表理解、赞扬。可知，薛玄曦理解刘祁的潜隐，宣扬"罢纷纭""安心法"思想，这一方面是当时金元之际战乱频仍所造成的社会现实，让许多文人弃儒向道，同时也是他自己所坚持的道教理念的体现。事实上，刘祁的本意是为了编撰史书而归隐，与薛玄曦的志向不完全一样。

事实上，薛玄曦的诗歌之所以能够与张雨齐名，以诗著名当世，还在于其诗歌并不全是御用之作，也有其思想的体现。揭傒斯对薛玄曦的诗歌评价极高："老劲深隐，如霜松雪桧，百折莫能挠，清拔孤峻，如豪鹰俊鹘，千呼不肯下，萧条闲远，如空山流泉，深林孤芳，自形自色，不与物竞。"⑥薛玄曦也有一些较为独特的诗作。如《元诗选》载他《送文中郎奉使交趾》曰："天子龙飞统万邦，玉符册检下殊方，远人尽是雕题獠，奉使唯应粉署郎，翡翠飞时铜柱湿，鹧鸪题处石门荒，炎风苦雨烦珍重，荖叶槟榔取次尝。"⑦此为作者写给友人文子方（名距）的送别诗，记录

---

① 申维辰主编，田同旭、霍建宁卷编注：《山西文学大系》第 4 卷《元明文学》，山西人民出版社 2005 年版，第 241 页。

② （金）刘祁撰，崔文印点校：《归潜志》，中华书局 1983 年版，第 1 页。

③ 同上。

④ 同上书，第 173 页。

⑤ 同上。

⑥ 揭傒斯：《薛元卿上清集序》，李修生主编《全元文》第 28 册，凤凰出版社 2004 年版，第 398 页。

⑦ 申维辰主编，田同旭、霍建宁卷编注：《山西文学大系》第 4 卷《元明文学》，山西人民出版社 2005 年版，第 239 页。

了蒙元与邻国交通共处的历史。交趾古代泛指五岭以南地区，汉称交趾，东汉改为交州。越南独立建国后，宋亦称其国为交趾。《元史·外夷传·安南》："安南国，古交趾也。"元宪宗、元世祖时对交趾曾多次出兵征伐，皆失利。元成宗即位，罢征伐，遣使臣通好。诗中透露出一度强大无敌的蒙元逐步走向了衰败，不得不一改兵戈征伐邻国的政策而为遣使臣通好的历史事实。"铜柱湿"、"石门荒"可谓形象的写照。铜柱指铜制的作为边界标志的界柱。《后汉书·马援传》记伏波将军马援征交趾，"援到交趾，立铜柱，为汉之极界也"。第三联写得最好，既为嘱告友人主语，又寓意至深地指出了蒙元国势的衰败。①

薛玄曦还是著名的书法家，以行书见称。他的所有书法作品都被人们珍藏为墨宝，甚至有慕名前来者，因为不得其人见面，还常常使人画了薛玄曦的画像带回去。

薛玄曦至正五年去世。他生前住所附近往东五十里处有辰虹岭，其地峰峦回复，林木苍润，澄潭前汇，秀峰外崎，神气翕聚，实为一个风水宝地，当初薛玄曦曾在此地筑坛名之曰栖神，他去世之后，其弟子陈彦伦已卒，诸孙詹处敬、于有兴、于景平及赵宜裕等七十余人，遵卜者言择时，按照薛玄曦的遗愿将其安葬于此。薛玄曦弟子中最受他喜爱的赵宜裕，清修文雅，感念恩师恩德，无以为报，因此刻石为铭。

综上所述，薛玄曦是玄教的骨干成员，社会地位较高，曾作为御用道教文人，写了很多歌功颂德之作，他在诗歌方面确有独到之处，以诗文著称于世。薛玄曦淡泊名利，有志归隐，其书法有非常高的造诣，是典型的道教文人。

倪瓒

倪瓒，字文光②（1278—1328），无锡人，元朝玄教知名道士，杭州开元宫住持。又名昭奎。晚年自号玄中子、初阳真逸，是元代著名画家倪云林的兄长，云林有《述怀》一诗，谓："嗟余幼失怙，教养自大兄，励志务为学，守义思居贞……大兄忽捐馆，母氏继沦倾，恸哭肺肝裂，练祥寒暑并。"③可知倪文光对幼弟非常关爱，兄弟俩感情很深。倪文光出生时即有所谓灵异之兆，"母邵氏，始娠文光，梦异僧持械至其家，及生有

---

① 申维辰主编，田同旭、霍建宁卷编注：《山西文学大系》第4卷《元明文学》，山西人民出版社 2005 年版，第 240 页。

② 参见《道园集》卷五十。

③ 陈三弟：《倪云林与道教》，《中国道教》2006 年第 4 期，第 28 页。

光，夜赫然出屋上，乡人以为火也。操具舁水四奏至，则知非火也。其家固已异之"。① 再加上有善于相面的异人对其父母说，"此儿不策勋万里，亦且标名九霄矣"。倪文光甚为自负，稍长，好读书，博览群籍，敏于思考，凡儒学佛学舆地学象胥之说等，皆通晓，无不精究。及冠，雅志屏华绝欲，因念别无兄弟养亲，遂不忍舍父母而出家。久之，幼弟长成，遂出家为黄冠师。

倪文光师从金应新为玄学，又从余杭王寿衍真人游，于弓河之上筑玄文馆，祠事老子、关尹子、庄子、列子等。玄教大宗师器重之，召入京师，上荐于朝。署文光为州道判，又进道正，以领道教祀事。有道术祷雨除蝗。至大元年（1308）诏改玄元馆为玄元观，文光为住持提点，并赐号"元素神应崇道法师"。至大三年（1309）宣授常州路道录。延祐元年（1314）有旨诏升玄元观为玄元万寿宫，文光乃住持提点杭州路开元宫事。延祐二年（1315）特赐"玄中文节贞白真人"称号。晚年，自筑清微馆、栖神伟观，与茅山宗刘大彬大洞法师友善。天历元年（1318）无疾向卒，享年五十岁。②

倪文光被尊奉为真人，但是又与其他真人不同，"至若真人者，多在朝廷任祝釐之事，不然亦当以釐事入奏则命之。文光高居云海之上，林泉之间，跬步不逾于户庭，而君命狎至，遂跻清显，非名实素孚者畴克尔耶？"③ 正如虞集所说的那样，其他道士真人无不以法术取悦于朝廷，而倪文光则主要是其以人格魅力获得了朝廷的认可，他孝敬父母，行为举止符合礼法规定，"文光既服道士服，然执亲之丧，亦遵程子、朱子所修礼，用古葬法。亦不徇流俗，为祠以奉祀。又为永思堂于锡山，以瞻望其祖父之始来居者。母夫人且老，文光筑室先庐之近，岁时归养，亲燠寒饮食之宜，得亲之欢心焉。"④ 可知他虽为道教人士，但尊老爱幼，行为举止堪称楷模。

他对邻里乡亲也照顾备至，"族人里中子弟不暇教者，为义塾教之。

① 虞集：《倪云光墓碑》，李修生主编《全元文（第二十七册）》卷八八七，江苏古籍出版社2004年版，第452页。
② 胡孚琛主编：《中华道教大辞典》，中国社会科学出版社1995年版，第169页。
③ 虞集：《倪云光墓碑》，李修生主编《全元文（第二十七册）》卷八八七，江苏古籍出版社2004年版，第454页。
④ 同上书，第453页。

殁不能葬者，葬之。贫无归者，资遣之"。① 诸如此类，造就了他良好的社会声誉。其人行为高蹈，寄情山水，不以名利为意，建造了很多宫观庙宇，"别有清微馆于锡山之陲，盖将神游寥廓，又为楼居曰栖神伟观，又临黄公涧，左作小蓬莱之亭，右为天渊之亭，自拟于陶隐居之听松风也。又卜霞步峰下，为栖神之地，筑室种树，高风堂在焉"。② 可知倪文光是非常有个性的道教人物。

吴自福

吴自福（1281—1355），字梅涧，吴兴人，自幼好清静，父母谓他有仙风道骨，后来成为玄教知名道士，紫虚观住持。少年时期的刘基和几个同学相约来紫虚观游览，受到观主吴自福道士的热情接待，由此结下了深厚的友谊，刘基曾撰写《紫虚观道士吴梅涧墓志铭》载其道行。"自福字梅涧，吴兴人。少入紫虚观，从叶邦彦先生为道士。读《道德》习《黄庭》，咸通其大旨。……天师正一真人闻其名，授号崇德清修凝妙法师，玄教宗师亦畀号教门高士，金阑紫衣，主领观事。"③ 可知吴自福自幼出家，在括城东南十多里处的少微山上的道教宫观紫虚观中，师从道士叶邦彦，熟读《道德经》、《黄庭经》，很有学问。刘基曾向他请教说："学生听说，有道士和道人两种称谓，请问道长，这两种称谓有何区别？"吴道长笑道："我们道教南派第五祖白玉蟾自号'琼山道人'。这里的道人和道士是一回事。但有时道士未必是道人，而是指有道之士。有道之士不能称为道人。"④ 刘基听了很佩服。

紫虚观的修建完善吴自福出力很多。"先是，观毁于兵，继作极草率，及其领事，乃重修三清殿，建藏室，新作山门，复建通明宝阁，以只奉昊天上帝。"⑤ 因此，吴自福对紫虚观的建筑非常熟悉，刘基和朋友来游时，吴道长领着他们遍览观内各样建筑，从三清殿到藏室，从通明宝阁到演法堂乃至吴道长的居室晚翠楼，每至一处，道长都为几个年轻人详述道观的兴衰历史，使他们大开眼界，游毕一起"登肴速觞"，"主仆皆酣

---

① 虞集：《倪云光墓碑》，李修生主编《全元文（第二十七册）》卷八八七，江苏古籍出版社2004年版，第453页。

② 同上书，第453—454页。

③ 参《刘文成公集》卷六。参见吴光、张宏敏《刘基与道家道教关系考论》，《世界宗教研究》2010年第5期，第69页。

④ 杨世铎：《刘伯温演义》，知识出版社1997年版，第12页。

⑤ 《刘文成公集》卷六，周永慎：《历代真仙高道传》，中国社会科学出版社2003年版，第319页。

饫"。他还告诉刘基,少微山又名大括山,因为这地方与天上的少微处土星相对应,所以山名少微,州名处州。括城因背倚括苍山而得名。括苍山上多梧树,所以叫梧苍、梧城,但有人将梧写成"括",以后便以讹传讹沿袭下来。刘基对吴梅涧所在紫虚观的晚翠楼一带景色十分留恋,有《题紫虚道士晚翠楼》诗赞叹:"晚翠楼子好溪南,溪水四围开蔚蓝。微阴草色尽平地,落日木杪生浮岚。岩畔竹柏密先暝,池中菱荷香欲酣。闻说仙人徐泰定,骑鸾到此每停骖。"① 此外,"刘基还有《题紫虚观用周伯温韵》赞紫虚观:'少微山直太微宫,山下楼台起半空。丹井石床缠地络,琼窗翠户出天风。传闻仙子常时到,应是神霄有路通。会待九秋明月夜,高吹铁笛上青葱。'这两首诗赞,一方面,诗人交代了仙人也时常被晚翠楼景致所留恋驻足;另一方面,透露了诗人也时常被少微山、晚翠楼的美景所倾迷。"② 吴自福思想上对刘基影响很大,他甚至也想遁入空门,"成为列仙",在《送龙门子入仙华山辞并序》中,刘基表示了自己的想法:"先生行,吾亦从往矣。"表示也想跟随宋濂一起隐居修道。

吴自福以德行著称于世,"天师正一真人闻其名,授号崇德清修凝妙法师,玄教宗师亦畀号教门高士,金阙紫衣,主领观事。"③ 可知他主领观事,领袖教门五十余年,得到大家的敬服,至正十五年卒,年七十五岁。其弟子有王君采,法孙梁惟适及其徒王有大。死后弟子梁惟适求刘基为吴自福作墓志铭。刘基和梁惟适一起来到紫虚观,撰写了《紫虚观道士吴梅涧墓志铭》,祭扫了道长的坟茔,之后又重游了紫虚观。"当听说有些紫虚观的道士还俗后贫老困加、无以为生时,刘基又和石抹宜孙商量,让这些还俗的道士再回观就养,以终天年。"④

王应瑾

王应瑾,字景舟,杭州佑圣观主。据明徐一夔《王真士寿藏碑铭》载云:"王应谨,字景舟,钱塘人。父德原,母沈氏,兄弟四人而真士行居四。"⑤ 王应瑾刚出生时也有异象,"始生时,其母梦紫气满室",其人也与寻常儿童举止不同,"稍长,气韵凝重,奉祠神明惟谨,识者曰:

---

① 赵毅:《刘基大传》,黑龙江人民出版社 2005 年版,第 16 页。

② 张宏敏:《刘基思想研究》,浙江人民出版社 2011 年版,第 66 页。

③ 林家骊点校:《刘基集》,浙江古籍出版社 1999 年版,第 183—184 页。

④ 赵毅:《刘基大传》,黑龙江人民出版社 2005 年版,第 120 页。

⑤ 《王真士寿藏碑铭》,《丛书集成续编》第 234 册,《宝前两溪志略》卷十二,台北新文丰出版公司 1989 年版,第 526 页。以下关于王应瑾所引均为同书第 526—527 页。

'此道器也，非人家儿。'"因此到十八岁时，他就跟从鹤林宫沈日瑞成为了道士。佑圣观为宋孝宗之潜邸，环境非常优美，"地势亢爽，林木葱蒨，飞楼杰阁在烟霞之中，城府之仙都也，星冠霞帔之侣集焉"，是道教修炼的圣地。王景舟入处其观，精究玄业，造诣出同辈上。主领观事者器之，请知库司事，旋升充"提举观事"。洪武三年（1370），第四十二代天师赐其号为"教门高士"、"洞微真隐纯一法师"①，住持玄妙观，任杭州府道纪司都纪，同领本府诸宫观事。洪武十二年（1379），第四十三代天师张宇初授他为"东华弘道纯一法师"，"教门真士"，"贞白先生"，住持杭州龙翔宫，兼杭州府道纪司都纪，兼领本府诸宫观事。

王景舟能获得如此一系列的荣誉，是以他的精湛道术为前提的，他在雷法上有非常高的造诣，民间天旱求雨，他能够"用其术发扬蹈厉，鼓舞阴阳之橐钥，雷作雨至，若呼而应，前后二三十年之间以旱求告者，惟真士是赖"。②可见其造福一方。他在住持宫观期间也能尽心为宫观服务，以修缮宫观为主要任务。"在龙翔时，以兴废补弊为事。而佑圣观乃其业成之地，颓圮尤甚，凡栋宇之挠屈者，赤白之；漫漶者皆撤而新之。"③对宫观的维护整修尽心尽力。他虽然是道教人士，但仍以孝道为人之楷模，"性至孝，善事父母。父母殁，购地五亩于南山之金沙坞，葬其父母而为祭享之所，俾其从子奉祀。所以厚其亲者，不以托迹玄门而或后焉"。④并不以自己是道教人士而对伦理孝道有所亏欠。

王应瑾也像其他道教人物一样喜欢结交各界名士，"雅好结交名胜，如故杨提学廉夫、张外史伯雨、俞山人子中、今玘讲经大补、仁讲经一初，或师或友，情好甚笃"⑤。他虽然是道教人士以无为为宗，但转益多师，"王盘隐、何东霞、邓子皋、邓仲修，皆师事之也"。⑥这对他的学问造诣大有裨益。王应瑾后期辞去俗务，在延真馆颐养天年，"初真士谢龙翔之席，归延真馆。疏种药畦，作洗竹亭，浚天一泉，置吹笙石，筑驭鹤

---

① 《王真士寿藏碑铭》，《丛书集成续编》第234册，《宝前两溪志略》卷十二，台北新文丰出版公司1989年版，第527页。

② 同上。

③ 同上。

④ 同上。

⑤ 同上。

⑥ 同上书，第526页。

台，而日逍遥其间。曰：'吾聊以尽吾之有夜旦者尔，他无所为也。'"① 行为非常阔达，置生死于度外，早早就预备了后事，"既豫营冢圹于西山莲花峰之下，凡衣衾棺椁以及铭旌之类，亦皆备具。"② 他对生死的看法秉承了道教一贯的理念，"死生者昼夜之道也，惟不死不生乃无昼夜，而一气之所聚则不能独免，吾将以吾之有昼夜者为之地焉，愿得徐君为我志之，庶吾未瞑目时，得一睹焉亦足快也。"③ 这种豁达的态度使得作者徐一夔不禁感慨，"真士亦诚异于人哉？且吾闻之古者王公贵人盛年而为椑岁一漆之有事则载以从，初不以蚤为讳，惟夫昧者不知制事于未然，故有以为讳者。一旦仓卒，卒堕于墨子之所谓薄，不免为君子所诮，闻真士之风，其亦少自广乎？"④

朱希晦

朱希晦，字明宇，原为龙虎山道士，后提举杭州元妙观，与张伯雨友善。"先生素与张外史伯雨交，居于邑之西马塍。有堂甚幽胜。至元后丙子，外史至而爱之。因筑菌阁于其傍，与之共处。而岁一至，去则先生居守焉。"⑤ 武林玄妙观是道教的重要宫观，主要是正一天师道踞守，提点本宫的多为天师道道士，这反映了当时全真道与正一天师道之间的微妙关系。

郑本中

郑本中，元末至正年间（1341—1368）杭州元妙观高道，有道行。根据清仰蘅青屿《武林玄妙观志》记载可知，其人"能诗善鼓琴。至正间住持观事，时值多难，物用维艰。先生设施有方，不辞劳悴。凡四方巾衲来依止者，粥鼓斋钟，供给无少阙。而先生自甘淡泊，锐意修持。应物之外，日惟焚香晏坐，而他无所慕焉。"⑥ 可见，郑本中属于清心修炼的道教人士，雅趣很多，曾收藏苏霖所作《跋仇山村手书诗卷》节录唐律三十八首，是仇山村赠虎林盛先生行者。郑本中也是偶然得此，但却显示其人对文学艺术的爱好，"本中年富力强，修炼闲暇，从事辞翰。得此卷

---

① 《王真士寿藏碑铭》，《丛书集成续编》第 234 册，《宝前两溪志略》卷十二，台北新文丰出版公司 1989 年版，第 526 页。

② 同上书，第 526 页。

③ 同上。

④ 同上书，第 527 页。

⑤ （清）仰蘅青屿：《武林玄妙观志》卷二，王国平主编《西湖文献集成第 24 册西湖寺观志专辑》，杭州出版社 2004 年版，第 1079 页。

⑥ 同上。

于离乱中，愈加爱护。长留天地间，兹非山村、虎林二先生之幸也欤。岁在丁酉闰九月识。"①

　　综上所述，"玄教随元世祖统一江南而兴，随元亡而亡，历世既不长，对道教的建树也不多，但在促成江南诸道派在元后期合并为正一道中却发挥了巨大的作用。一方面，历代天师虽然受命掌管江南道教，但他们却长期住在远离京城的江西龙虎山天师府，而把联系皇室和联络各派的在京据点崇真万寿宫，交给玄教历代掌教居住。因而历代玄教首领实际成了天师在京的常住代表和代理人，由他们担当起联系皇室和联络各派的责任。通过他们的工作，帮助江南各派解决了需要解决的问题，协调了它们之间的关系，加强了它们的团结，为江南诸派最后联合成正一道大派做了必要的准备。另一方面，玄教组织的发展，又壮大了龙虎宗的力量，为正一道的形成提供了必要的组织基础。因此元代后期正一道的出现，不能忽视玄教所发挥的作用。它在道教发展史上的地位，也应予以应有的肯定。"② 浙江地区这几位比较著名的玄教道士，通过自己的政治影响力修建宫观，因其显赫的政治地位来响应教义的传播，对于玄教在浙江地区的发展做出了自己的贡献。

第三节　谢守灏与金志扬对道教的贡献

一　谢守灏的道教活动

　　谢守灏（1134—1212），字怀英，永嘉（今浙江温州）人，生于宋高宗绍兴四年甲寅（1134）三月二十二日午时，卒于宁宗嘉定五年壬申（1212）二月二十日。少聪慧明敏，立志学习。经一道人点化后，"默然似有觉悟，自是诸经子史一览无遗，励精儒业，天才该赡。"③ 十四岁能作文，后馆于曹忠靖公府。谢守灏经常游历名山大川，遇到道士沈若水送给他《许真君石函秘文》，通过研读，对金丹修炼之理达到精妙程度，

---

① 《武林玄妙观志》卷四，王国平主编《西湖文献集成第 24 册西湖寺观志专辑》，杭州出版社 2004 年版，第 1131 页。

② 郭丽亚：《略论玄教的特色及其消亡原因》，《绥化学院学报》2011 年第 4 期。王巧玲：《王寿衍与玄教在浙江的传播》，《中国道教》2012 年第 1 期。

③ （元）赵道一：《历世真仙体道通鉴续编》卷五，《道藏》第 5 册，第 444 页。

"内焉养真，外焉混俗，人莫知之也。"① 当时，皇上宠爱清虚皇甫真人（即皇甫坦，《历世真仙体道通鉴续编》有传），谢经常向他讨教修道方法。曹公也经常将其请入府中宣讲。谢守灏为真人风范所折服，弃儒从道，继曹弥深之后成为皇甫坦的第二个弟子。谢守灏跟随皇甫坦十余年，曾经跟随皇甫坦入见孝宗及光宗，对答朝政，备方伎顾问。孝宗淳熙十三年（1186），江西漕使牒请他主持西山玉隆万寿宫。光宗绍熙（1190）之初，朝廷赐他"观复大师"称号，担任寿宁观管辖高士一职。绍熙四年（1193）再任玉隆万寿宫住持，宁宗嘉泰元年（1201）复任焚修，管辖宫事。宁宗嘉定五年壬申二月十九夜，谢守灏梦见天人下降曰："太上有命趣召修真仙史记"，翌日午时具香汤沐浴，辞别道众，并书颂"造物逆旅主，天地一蘧庐，还汝已生有，还我未生无。"颂毕正衣冠端坐奄忽而化。住世引年七十有九。后门人私谥"修文辅教观复先生"。

谢守灏在道教史上的贡献主要有如下几个方面：首先是在政治上扩大了道教的影响力。谢守灏历宋孝宗、宋光宗、宋宁宗三朝，颇得皇室"眷遇优渥"。其平生交友，俱当代大贤，论道议学，纵言时政，皆超群拔俗，人莫能及。谢守灏博学强记，议论宏伟，虽然他经常在言论中抬高道教贬低佛教，但是心里实际上认为不需要将两教区别而比较其轻重高下。一个崇尚佛教的人问他："三教孰优耶？"他答道："天下无二道，万殊同一初，至理昭然，何疑之有？"② 谢守灏精通经史，在辩论中引经据典，出言有据，经常占上风，因此他非常自得，认为："儒家有云，能言距杨墨者，圣人之徒也，吾于道家亦云。"他是道教的主要弘扬者和辩护者。此外，除了住持大型宫观外，他还利用自己的政治影响力，申请建造新宫观，如"晚年复辞往永嘉郡瑞安县紫华峰创宫，请额于朝为九星宫，兹盖先生汤沐之邑也。"③ 为道教的传播和扩大作出了贡献。

第二，谢守灏著述丰富，对道教教义的发展贡献巨大。谢守灏众多著作中最重要的是于光宗绍熙年间，"究览三教诸子百家之书"而作的《太上老君混元皇帝实录》，又名《太上老君混元圣纪》。谢守灏尝注解《老子》，认为历代有关老君之传记率多疏略，难窥全貌，或记述虽详，枝蔓旁引，取舍失当，致使错乱乖违，首尾不一，每令读者迷惑，遂"编考三教经典传记，究其源流，仍序历代崇奉之事"，撰成《太上老君混元圣

①　（元）赵道一：《历世真仙体道通鉴续编》卷五，《道藏》第 5 册，第 444 页。

②　同上书，第 445 页。

③　同上。

纪》九卷。卷首为《老君年谱》，以编年体简记开辟以来，至宋宣和间老君事迹本末，以及历代帝王崇奉老君之事。卷二至九详记老君于历代垂世立教，应显变化之灵异。全书旁征博引，史料丰富，为最详备之老君传记。陈傅良为之作序，"怀英尝为举子，知推尊孔氏矣，已而脱儒冠去为道士，以其推尊孔氏者尊老子，于是为书若干卷。"① 陈傅良指出了这本书的"推尊"性质，同时赞赏了谢守灏的考据功力，能够将"自开辟以来凡老子名迹变化，及其遗事言散见于百家，撮拾诠次无遗，谓之实录"，确实对道教教义的整理贡献巨大。陈认为他弃儒从道对儒家来说是莫大的损失。此书奏闻皇上后盛行于时，声动朝野。谢守灏直到晚年对这本书仍旧非常看重，曾经感叹道："知我者其惟是书乎，罪我者其惟是书乎？"对于书中的观点，有弟子曾经问他是否需要补充改动，他正色说："吾志在修文、辅教、明辨正邪，立见已定，一言不易。后世毁誉任之也。"② 此外，谢守灏撰写了《太上老君年谱要略》③《太上混元老子史略》三卷④，内容与《太上老君混元圣纪》卷首之《老君年谱》略同；其中《太上混元老子史略》卷中、卷下，尚叙及老君自三皇以至周时随方设教，历劫为师，西度玉门关及阳关，传经授道，化胡西域之事迹。另有《太上老君金书内序》⑤、《老子解》一卷⑥。谢守灏的这些著作都是在释道斗争时期，为了确立道教的宗教地位而对老子进行的神化渲染，从而增强了道教主神的信仰，密切了道家与道教的关系，提升了道教的理论水平。

第三，谢守灏会通儒、释、道，提倡"三教合一"。他博览儒家经典，又贯通佛教经典，因此道教教义的阐发中推崇"三教合一"说，认为"天下无二道，万殊同一初"。他广泛宣传"三教合一"，"一升经座，拨妙指玄，勾引三教，高人问话，应答如响"。有时他也借佛教寺院之地进行说法，"禅林尊宿亦多叹服。"⑦ 谢守灏还利用自己的辩才折服对手。"一日，复有难者曰：'尽信书不如无书。'先生曰：'如是则校之经史尚

① （清）孙诒让：《温州经籍志》卷十八子部道家类《谢氏守灏》，中国社会科学出版社2003年版，第471页。
② （元）赵道一：《历世真仙体道通鉴续编》卷五，《道藏》第5册，第445页。
③ （明）白云霁：《道藏目录详注》卷三洞神部敬字号计十卷，《道藏》第36册，第69页。
④ 同上。
⑤ 同上。
⑥ （明）汤日昭：《（万历）温州府志》，《四库全书存目丛书》"史部"，第210册，第452页。
⑦ （元）赵道一：《历世真仙体道通鉴续编》卷五，《道藏》第5册，第445页。

不可信，足下之言尚可信乎？'其人无答，钦服而去。"① 谢守灏"三教合一"理论的提出是在佛教神学理论占优势的情况下，对道教的发展争取空间的一种做法，为在释道斗争中道教提升自己的理论实力争取了时间，同时也得到了部分佛教徒的认同。

第四，谢守灏在内丹修炼上的成就巨大。谢守灏精于道学，披览经籍，必洞达玄旨，尤擅金丹理论。谢守灏自从得到《许真君石函秘文》（又名《金丹法象论》）后，内丹修炼达到了非常高的境界。逮至晚年，他相貌清古，须发皓白，人咸谓活老君出世"老耄之年，颜容悦泽，耳目聪明，清夜对灯解书，蝇头细字"② 都看得非常清楚，这种效果很大原因是由于其"内焉养真"。为了将许真君的内丹修炼法传播下去，他将此文"书字如粟，刻于银叶之上，藏于岩穴，以俟骨相合仙之士焉。"③ 在文前有序云："西山玉隆高士谢观复，泊高弟清虚羽衣朱明叔，东嘉郑道全等，递相授受传至于今。"④

总之，谢守灏对于道教的传播和内丹学的发展起了推动作用，其所编著的《太上老君混元圣纪》，对于提高老子的地位、神化老子起了不可估量的作用，后世道士大多以此书作为与佛教向抗争的依据，为道教神灵谱系的进一步发展提供了理论依据。

二 金志扬与元代内丹南宗

金丹派南宗为南宋时期形成的道教内丹派别，与北方的全真道相对。因地处江南，故称"南宗"。作为一个独立的炼养道派，其存世时间并不长，但影响深远。该派祖述五代至北宋间道士钟离权和吕洞宾，谓其丹法传自钟、吕，以北宋张伯端为开派祖师，并提出张伯端—石泰—薛道光—陈楠—白玉蟾的传法谱系。实际上只是从白玉蟾开始才打破了自张伯端至陈楠以来的南宗单传历史。白玉蟾在武夷山止止庵传道授法，先后收留元长、彭耜、陈守默、詹继瑞等为徒，他还仿照汉天师的立"二十四治"传教的手法，立"靖"为建宗传法之所，因为道教初期有"师家曰治，民家曰靖"的说法，从此正式创立了金丹派南宗，他自己也就成为南宗的实际创始人。

---

① （元）赵道一：《历世真仙体道通鉴续编》卷五，《道藏》第5册，第445页。

② 同上。

③ 同上。

④ 同上。

白玉蟾，本姓葛，名长庚，父殁，跟随母亲改嫁给白氏，故又名白玉蟾。字如晦、紫清、白叟，号海琼子、海南翁、武夷散人、神霄散吏。南宋时人，祖籍福建闽清，琼州（今海南琼山）人，一说福建闽清人。幼聪慧，谙九经，能诗赋，长于书画。白玉蟾十二岁应琼山童子试，主考官命赋《织机诗》，他便即应而赋："大地山河作织机，百花如锦柳如丝。虚空白处做一匹，日月双梭天外飞。"① 主考官认为诗含狂意，不予录取。受此刺激，他厌秽风尘，臊膻名利，慕长生久视之道，喜神通变化之术，超脱尘世，外游寻师，十六岁出家，云游黎母山，养真松林岭。后来跟从陈楠学道九年，在全国各地流浪，陈楠也倾囊相授。嘉定五年陈楠在罗浮山寿终，临终嘱托白玉蟾继续修道。白玉蟾就又潜心研读经典，三教之书，靡所不究，并只身渡海，拜师学道，游历于罗浮、武夷、龙虎诸山，也曾游于杭州、天台等地，他立愿要走遍南宋天下。在世俗人看来，他时而蓬头赤足，时而青巾野服，"或狂走，或兀坐，或镇日酣睡，或长夜独立，或哭或笑，状如疯癫"②。他自称自己"非道非释亦非儒，读尽人间不读书，非凡非圣亦非士，识破世上不识事"③。

在京城临安（今杭州），嘉定中（1208—1224）皇帝诏他进宫，"对御称旨，命馆太乙宫，诏封海琼紫清明道真人"④。他就在杭州太乙宫居住下来，曾在玉皇山南麓的三一庵修炼。今存白玉蟾井相传为他所开凿，在旧福星观玉皇殿（今龙殿）西侧庭院中，井圈石以白玉蟾雕制，表面浮雕三足蟾等道教吉祥物图案。又有诗《浙江待潮》曰："秋空无尘雁可数，芦花蓼花满江渚。夕阳影里高掀蓬，落叶声中更鸣橹。六角扇起解热风，三杯酒为浇诗雨。船头拔剑叫飞廉，潮花捲雪鱼龙舞。"⑤ 嘉定十年白玉蟾收彭耜、留元长为弟子。十一年宁宗降御香，白玉蟾"为国升座"，主国醮于洪州玉隆宫，后又在九宫山瑞庆宫主持国醮。十五年（1222）白玉蟾来到南宋都城临安，分析当时由宋、金、元三种力量所构

① 朱逸辉编：《白玉蟾真人评介集》，银河出版社 2005 年版，第 287 页。

② 见苏森《跋修仙辨惑论》，该跋成于嘉定丙子（1216）中元日，是至今我们所见到的有关白氏生平的最早史料。见《海琼白真人全集》卷六，《道藏辑要》第 6 册，第 236 页，中华书局、巴蜀书社 1985 年 10 月影印本。

③ 朱逸辉编：《白玉蟾真人评介集》，银河出版社 2005 年版，第 264 页。

④ 卢国龙：《浊世佳公子 蟾宫谪仙人——白玉蟾的求道之旅及归隐之乡》，《中国道教》2003 年第 4 期。

⑤ 王国平主编：《西湖文献集成》，第 1 册，正史及全国地理志中的西湖史料专辑，杭州出版社 2004 年版，第 778 页。

成的天下形势，为南宋朝廷出谋划策，所谓"伏阙言天下事"，但这一番努力却是"沮不得上达，因醉执逮京尹，一宿乃释"①，并且他的行为也得不到臣僚们的支持，反倒被诬蔑为以左道惑众，最后，白玉蟾只得隐遁到一个无人知晓的地方隐居著述，虽然再若干年后，南宋政权被蒙元推翻，但白玉蟾已经心灰意冷。

白玉蟾著述众多，"有《玉隆集》、《上清集》、《武夷集》行世。由由弟子彭耜编《海琼玉蟾先生文集》、谢显道编《海琼白真人语录》、《道德宝章》、《海琼词》、彭耜编《海琼问道集》。另据俞琰《席上腐谈》称，张紫阳《金丹四百字》、石泰《还源篇》、薛式《复命篇》、陈楠《翠虚篇》等，皆为白玉蟾托名之作。"②

白玉蟾是内丹理论家，其内丹学说的基本理论是"精、气、神"学说，认为"人身只有三般物，精、神与气常保全。其精不是交感精，乃是玉皇口中涎。其气即非呼吸气，乃知却是太素烟。其神即非思虑神，可与元始相比肩。……岂知此精此神气，根于父母未生前。三者未尝相返离，结成一块大无边。"③白玉蟾对内丹的理解是"身有一宝，隐在丹田，轻如密雾，淡似飞烟"④，他主张性命双修，又坚持独身清修的南宗传统，因此终身没有娶妻，身体力行地践行南宗的宗旨。白玉蟾内丹学说自成一派，与张伯端、石泰的内丹理论有所不同。张伯端用"顿悟圆通"来解释内丹还虚的原理，白玉蟾则认为"至道在心，即心是道，六根内外，一般风光。"⑤有一些融合佛教心性理论于内丹修炼的趋势，这与白玉蟾"身通三教，学贯九流，多览佛书，研究禅学"⑥有关，因此他自称"圣即仙之道，心即佛之道"，熔道佛二家与理学思想、道教修命之术与佛教养神之方于丹道一炉之中，有着明显的个人特色。

从师承上来说，白玉蟾继承了陈楠的内丹及雷法，同时又融合了其他

---

① 王国平主编：《西湖文献集成》，第 1 册，正史及全国地理志中的西湖史料专辑，杭州出版社 2004 年版，第 778 页。

② 卿希泰：《中国道教》第 1 卷，四川人民出版社 1996 年版，第 341 页。

③ （宋）白玉蟾：《修真十书·武夷集》，《道藏》第 4 册，第 783 页。

④ （宋）白玉蟾：《冬至小参文》，曾枣庄、刘琳主编《全宋文》卷六七五零，上海辞书出版社 2006 年版，第 296 册，第 219 页。

⑤ （明）涵蟾子：《金丹正理大全诸真玄奥集成·东楼小参文》，《道书全集》，中国书店 1990 年版，第 55 页。

⑥ 苏森：《跋修仙辨惑论》，《道藏辑要》娄集《海琼白真人全集》卷六，中华书局、巴蜀书社 1985 年 10 月影印本，第 6 册，第 236 页。

大洞法箓等斋醮科仪，因此在道法修炼上，他尤其以神霄雷法著称。这是因为他的雷法与内丹修炼是相辅相成的。白玉蟾认为雷法的灵验与否，关键在于行法者的内炼功夫是否精深。内炼的功夫到位，雷法和相应的符咒才能灵验。而内炼的关键又在于心，他认为："法是心之臣，心是法之主，无疑则心正，心正则法灵，守一则心专，心专则法验，非法之灵验，盖汝心所以。"① 白玉蟾认为符咒召役的神灵实际上是行法者的精气所化，因此他的内丹修炼有"内炼成丹，外用成法"的特点，这种特点也影响了南宗理论，对五代以后的道教修炼方术都有较大的影响。

金志扬（1276—1336），号野庵，常蓬头一髻，世呼之曰"金蓬头"。浙江永嘉人。生而不群，自幼果敢，大志不羁。甫长慕道，弃世虑若焚溺，师全真道士李月溪。张宇初《岘泉集·金野庵传》谓："月溪，白紫清（白玉蟾）之徒也。"②《历世真仙体道通鉴·金蓬头传》则谓："月溪乃真常李真人（李志常）之徒，真常又长春丘真人之高弟也。"③ 盖李月溪本南宗道士，而又师李志常者，李志常又是丘处机的徒弟，因此李月溪兼有北方全真教的血脉。李月溪很器重金志扬，命其游学燕、赵、齐、楚，求证于先德。金志扬行经袁州治（今江西宜春）时，看到守城校尉颠军子长得状貌奇伟，行动怪异，素日不与世接，夜晚则宿神祠，就觉得此人甚为奇异必有过人之处，就从而师之，果亦有所得。"时紫山邹廷佐慕道，建长春观礼之（指金志扬）"④，但没过多久，金志扬就让他徒弟刘志玄来住持长春观的事务，他自己云游武夷、龙虎二山去了。龙虎山先天观的观主招待他住在蓬莱庵。此庵位于圣井山上几个山峰交汇之处，所谓"庵据征君、圣井、藐姑诸峰之会"⑤，非常陡峭。金蓬头本着全真派苦修的精神，"攀陟岩壑，侣鹿豕，卧云雾，视以为常。或夜坐盘石，蛇虎值前，辄愕而逝去。"⑥ 后来他让徒弟李全正、赵真纯在峰顶上筑天瑞庵，形成了自己的传教基地。

延祐（1314—1320）中，"金蓬头在先天观旁结草庵，独居二十有六年。素（指危素）屡宿庵中，闻松风涧水之音，清清泠泠，有高举远引

---

① （宋）白玉蟾：《海琼问道集》，《道藏》第33册，第135页。

② （明）张宇初：《岘泉集》卷四，《道藏》第33册，第231页。

③ （元）赵道一：《历世真仙体道通鉴续编》卷五，《道藏》第5册，第447页。

④ （明）张宇初：《岘泉集》卷四，《道藏》第33册，第231页。

⑤ 同上。

⑥ 同上。

之志"①。四方闻其道者，无远近，有疾患辄扣之。金志扬以所供果服之，无不愈，由是名声大振，参礼者日集。金志扬还曾经在天旱之年登龙井招龙出来，龙出井后慢慢变小跃入其袖中，金志扬警龙以偈，龙复腾入水，不一会儿就天下大雨，甚为神奇。惠帝元统元年（1333），金志扬复隐于武夷山，居住在白玉蟾所修建之止止庵。浙东元帅李太平闻而礼之，金志扬告诫他说："命严则君治，心清则虑寡。"② 李益叹服。当时李志在漳州谋反作乱，金志扬帮助官府平定叛乱，得罪了某些人，因此有人谋划用药毒死他。不料，金志扬早就预料到了这点，让其弟子凿池（此池今名"吐丹井"）储水以备之，届时"果服浴而出之安然"③。他与桂心渊皆以道法闻名当世。桂心渊世称"桂风子"，于至元丙子岁（1336）正月一日坐解于庐山。听到这个消息后，同年四月十日，金志扬令徒书一颂后坐逝。④ 尸体过了十三天后仍旧两颊若栗，温软如生，后葬于庵侧之古梅下。所授弟子有劳养素、郭处长、李西来、张天全、殷破衲、方方壶、黄公望等人。

金志扬在道教史上的主要贡献，第一个是身体力行地实践了南宗和全真道两派教义。金志扬坚持了南宗建庵立坛以为香火之地的传统，这是南宗在活动初期扩大社会影响的一种方式。金志扬所修建的天瑞庵、长春观等地，是他内丹修炼、施行法术、传道立教的场所。金志扬因发扬了全真道苦修的精神而得到了世人的赞扬。张宇初在《岘泉集》中称赞其曰："古之烈夫义士，必苦行洁身，以成其志，故其视裂肌肤，摧筋力，若所固然，是以其卓绝特立，足以垂示千载。若金蓬头是也。然欲立名于世，且必是而后可，况其超脱幻化者哉。求能若此，而于道无成焉，未有也。惜能是者，代亦几人哉。"⑤ 可知，金志扬是南宗苦行修炼中之佼佼者。

第二个主要贡献是施行了道教治病救人之理念。金志扬在天瑞庵时，四方有疾患者前来求助，以所供果服之即愈，医术神奇。明代李时珍撰《本草纲目》中的一些药方上都注明"此方乃上清金蓬头祖师所传"⑥。可见金志扬颇知药性，这从他能够在吃了毒药后"浴而出之安然"中得

---

① （明）危素：《危学士全集》卷四序，《四库全书存目丛书》，第 33 页。

② （元）赵道一：《历世真仙体道通鉴续编》卷五，《道藏》第 5 册，第 448 页。

③ 同上。

④ 此事《岘泉集》、《历世真仙体道通鉴续编》、《先天观诗序》皆载。

⑤ （明）张宇初：《岘泉集》卷四，《道藏》第 33 册，第 231—232 页。

⑥ （明）李时珍：《本草纲目》卷十一，上海科学技术出版社 1993 年版，第 502 页。

到确证。天旱之时能够为黎民苍生祈雨、祈禳消灾，甚至能在适当的时候助官府平定叛乱，这些与他"攀陟岩壑，侣鹿豕"当隐居道士的修行并行不悖。因为南宗一贯秉承"志士若能修炼，何妨在市居"的思想，不提倡出家修行，认为"有志之士若能精勤修炼，初无贵贱之别，在朝不妨为治国平天下之事，在市不失为士农工商之业。"① 这种灵活的修炼思想正是《悟真篇》中所提倡的"混俗和光"、"大隐居尘"的思想。

金志扬的第三个贡献，也是最重要的贡献，就是他对于内丹的运用。金志扬之师李月溪乃是白玉蟾之徒，金志扬必定继承了本派的内丹术。惠帝元统元年，金志扬隐居在武夷山，居住在白玉蟾所传道的止止庵，可见他与南宗的关系非常密切。另外《（嘉靖）赣州府志》曾载神人向赵原阳传授道法，"初授《尘外妙方》，次授《金蓬头金液内外丹诀》"②，这说明金志扬有丹诀传世，在内丹修炼方面达到了非常高的境界，他死后多日仍旧两颊若栗，肢体温软如生，赵原阳死后也是"逝后三日棺殓，肢体屈伸、颜色如生，流汗遍之"③。金志扬的内丹修炼还表现在对雷法的运用上。南宗从陈楠起，将内丹修炼引入斋醮活动之中，兼行神霄雷法，白玉蟾师承其业并授予弟子，也寓内丹于雷法之中，使南宗修持具有"内炼成丹、外用成法"的特点。金志扬能够在天旱时候召龙祈雨和其他诸般灵验，也都是雷法的运用，这都离不开其内丹修炼的深厚积淀。

浙江还有许多南宗道士归入全真道者。陈铭珪《长春道教源流》引《西湖志》曰："徐弘道，号洞阳子，元至元间修真瑞石山。年八十三，沐浴更衣，书颂而蜕，有'不离本性即神仙'之句。得法弟子丁野鹤也。常感张平叔住山传诀，故庵名紫阳。"④ 瑞石山为杭州西湖东南吴山之一部分。徐弘道因感张伯端传诀而名其庵曰"紫阳"，并有"不离本性即神仙"之颂，可知其推崇张伯端，为南宗徒裔。

徐弘道弟子丁野鹤也是南宗兼全真道士。丁野鹤⑤，"钱塘人，元延祐（1314）初，祖徐太师法，弃家为全真道士。居吴山之紫阳庵，导引辟谷者二十余年"⑥。丁野鹤师事徐洞阳，潜修密证，不露风采，乡人视

---

① （宋）夏元鼎：《紫阳真人悟真篇讲义》卷六，《道藏》第3册，第57页。

② （明）董天锡：《（嘉靖）赣州府志》卷十二，《天一阁藏明代方志选刊》，上海古籍出版社1982年版，第38册，第259页。

③ 同上。

④ （清）陈铭珪：《长春道教源流》卷七，《藏外道书》第31册，第123页。

⑤ 丁野鹤与丁鹤年应为两人，戴良《高士传》所载应为丁鹤年。

⑥ （清）陈铭珪：《长春道教源流》卷七，《藏外道书》第31册，第123页。

之为一鄙朴道人而已。因此他就稍稍显露了一下自己的神奇本领。"元宵夜偶与乡人集，共言苏州灯盛。野鹤笑曰：'诸公有意往观乎？'皆令闭目。少顷，目开灯见，正在异间门外也。"[1] 转瞬之间就能帮众人穿越到异地。等众人回头找丁野鹤的时候，他已经消失不见了，原来他是回到家乡挨家挨户去告诉他们家人的去向了。众人回到家乡后非常感激，都前去拜谢。"野鹤笑曰：'更能致群鹤为诸公娱。'众举目，忽仙鹤盖绕。众争起捕鹤，有得者皆化也。"[2] 这些触手即化的野鹤，应是丁野鹤用内丹修炼的元神所形成的，可见其内丹修炼也有一定的造诣。鹤鸣人喧的时候，众人再去找丁野鹤，发现他"已作控鹤坐而化"[3]。或曰："一日，（野鹤）召守素（其妻王守素，钱塘民家女）入山，自付四句云：'懒散六十三，妙用无人识，逆顺两俱忘，虚空镇常寂。'坐抱一膝而逝。方外者流谓之骑鹤化。守素遂亦束发簪冠着道士服。"[4] 应是后一种说法更为贴近事实。紫阳庵此后似为丁野鹤后人掌控的子孙庙。如《瑞石山志略序》提及丁野鹤有后人名为丁梅石的道士。[5] 但丁野鹤羽化未及百年，紫阳庵即已破毁一空。明正统年间杭州府副都纪全真道士张守常的高弟，同为全真道士的范应虚，重建（紫阳庵）并作丁仙亭，亭中有龛，奉丁野鹤遗蜕。后此庵遭火灾，明贡修龄还撰写有《吊丁野鹤吴山紫阳庵前有丁野鹤遗蜕余每游辄礼之今阳月十七与楚中门人张胥庭饮秀石轩复肃其下次夕忽火游览诸亭树一空》一诗记载了此事："空山玉骨已千秋，瞻礼犹疑紫气浮。一夕火风销浩劫，翩翩飞入碧云头。"[6] 丁野鹤坚持全真道苦修理念，经常"沿门诵经，受少许米，不他丐"[7]，显示出了非常高的精神境界。

浙江人张悌是南宗全真道士，字信甫，居鄞（今浙江宁波市）之象山，傲兀烟霞，自号无为子。象山在大瀛海间，多陶隐君、司马子微之遗

① （明）徐象梅：《两浙名贤录》外录卷二，《北京图书馆古籍珍本丛刊》"史部""传记类"，第 18 册，第 1391 页。

② 同上。

③ 同上。

④ （清）陈铭珪：《长春道教源流》卷七，《藏外道书》第 31 册，第 123 页。

⑤ （清）严书开撰：《严逸山先生文集》卷一，清初宁德堂刻本。

⑥ （明）贡修龄：《斗酒堂集》卷八诗，《四库禁毁书丛刊》"集部"，第 80 册，第 349 页。

⑦ （民国）李格：《（民国）杭州府志》卷一百七十一，转引《武林纪事》，《中国地方志集成》，《浙江府县志辑》，江苏古籍出版社、上海书店出版社、巴蜀书社 1993 年版，《浙江府县志辑》，第 4686 页。

迹。无为子早从方士，习闻长生久视之说，既壮出游。南粤北燕回薄万里，爱武当神明之奥，炼形服气莫此为宜。遂归与妻子诀，妻子不肯，乃中夜引刀截发留之。但是张悌去意已诀，他枕畔解故衣，披布衲、敝履、着行縢、佩钵囊，侵晓，掉臂出门径去。上武当止紫霄宫，师事张真人执弟子役。真人启之道要，署为首众。张悌昼则服劳，薪水与众同甘苦，滋味取其至薄者，夜则危坐一榻，肋不至席者三年。忽晨起别众曰："我将归去。"众方怪之，即泊然而化。①

赵与庆曾在浙江黄岩委羽山修炼，亦是南宗全真道士。袁桷《野月观记》云："赵宋宗室某，家于黄岩。其四世孙赵与庆，号虚中，遁世乐道。从北方之学者而慕之。志强气坚，肋不至席，今逾十年矣。遂筑室委羽山之西北……而名之曰野月焉。"② 其中"北方之学"表明是北方全真道向南传播，"志强气坚，肋不至席"，正是全真道士苦行之风。袁桷此记作于至治元年（1321），证明赵与庆已在此前十年，即大体在仁宗朝（1312—1320）于委羽山修习全真之术。

陈可复也是浙江地区的南宗道士。陈可复③（？—1307），舟山定海人，宋末元初道士，号雷谷。幼年居南宋都城杭州，师从张与真，习正一道。与真应召入禁宫精斋设坛行法，可复随行，且代为撰写祝文，极流畅清雅。时浙江绍兴有一姓林道士，嗜好饮酒，善神霄雷法，自称概不外传，有问其法者，辄斥去。陈可复前往拜之，昼夜侍奉，投其所好，乃至卖衣服以换酒。终于得雷法秘术，能御雷部诸神，呼风唤雨，驱邪招灵。元世祖至元年间（1264—1294），天大旱，"祈祷莫应"。陈可复奉命施法兴云，顷刻间，"雷电大作"，暴雨如注。时人由此信服其道高妙，遂主教于宁波府之元妙观。适逢中秋佳节，有方士数人寓于元妙观赏月。陈可复初未被邀请，因以墨水喷符，转瞬便乌云遮月，墨雨横飞，众人大惊。既而延邀可复入席，于是云开雾散，月光朗照如初。其道法灵验多如此类，朝廷召为"承应法师"。元世祖身患足疾，令治之。而可复言病重不可药除，乃施以"禁架术"，元祖遂得康复。"复命止风，风返却；祈雪，雪立至。"大德元年（1297）为庆元路道录、玄妙观住持。陈可复以雷法

① （明）徐象梅：《两浙名贤录》外录卷二《玄玄》，《北京图书馆古籍珍本丛刊》"史部""传记类"，第 18 册，第 1391 页。

② （清）袁桷：《清容居士集》卷十九，《丛书集成初编》，第 1158 页。

③ 王巧玲：《宁波与道教文化》，《浙江万里学院学报》2012 年第 1 期，第 62 页。此部分内容已经先期发表。

玄机立足丛林，得朝廷青睐，从皇帝巡幸，备问奏对多称旨。从上巡幸几十年，卒京师。追封为"诚明翊教太极真人"。① "今玄教大宗师吴公全节，中和真人夏公文泳，皆尝师事之，以为博大宏远云。"②

综上所述，入元以后，全真道南下，南宗在与全真道接触中，逐渐产生了与之合并的要求。在陈致虚等人的推动下，元代中后期南北二宗实现了合并，从此金丹派南宗即成为全真道的南宗。南宗的内丹理论对全真道有较大影响，全真道的内丹理论在吸收南宗内丹成就后变得更加充实和完善。上述几位南宗道士，都以自己的努力将内丹修炼的成果运用于雷法之中，共同使得南宗的修持呈现出"内炼成丹、外用成法"的特色，此后出现的神霄、清微、净明等道派也都以"内炼成丹，外用成法"为其宗旨。

第四节　冷谦、赵孟頫和张雨、章居实等对道教文学艺术的贡献

一　冷谦与道教艺术

冷谦，元末明初人。字起敬③，或启敬④，道号"龙阳子"。其籍贯有三说，或曰钱塘（今浙江杭州）人⑤，或曰嘉兴秀水人⑥（今浙江嘉兴市）人，或曰武陵（今湖南常德）人。⑦ 翁同文在《冷谦生平考略》中曰："冷氏于任协律郎前，隐居杭州吴山。郎瑛且谓其原籍即为钱塘。惟嘉兴有冷氏祠庙，生于嘉兴之朱彝尊，于其《明诗综》卷十二页十六之《冷氏小传》，则谓冷氏为其乡人。是否因吴山亦名胥山，而嘉兴亦有胥山，遂两附会，今已无从确知。"⑧ 但按嘉兴亦属于浙江，考冷谦的游历

---

① （元）袁桷：《（延祐）四明志》，《宋元浙江方志集成》，杭州出版社2009年版，第4384页。

② （元）王元恭：《（至正）四明续志》，《宋元浙江方志集成》，杭州出版社2009年版，第4675页。

③ （清）姜绍书：《无声诗史》卷一，上海古籍出版社1996年版，第485页。

④ （明）过庭训：《本朝分省人物考》卷八二，《续修四库全书》"史部""传记类"，上海古籍出版社2006年版，第533册，第1759页。

⑤ （明）郎瑛：《七修续稿》办证类，《续修四库全书》"子部"，第1032册，第25页。

⑥ （明）陆应阳：《广舆记》卷十，《四库全书存目丛书》"史部"，第173册，第384页。

⑦ 《无声诗史》和《本朝分省人物考》都称冷谦是武陵人。

⑧ 翁同文：《冷谦生平考略》，《艺林丛考》，台北联经出版事业公司1977年版，第193页。

隐居等活动皆在浙江一带，所以"冷氏为浙人则无可疑。至于《湖南通志》以冷氏为湖广武陵人，当因杭州古名武林，同音致误，亦始于伪张三丰跋"①。由此可知冷谦为浙江人。现存清代著名画家上官周的《人物肖像画册》中有《冷谦画像》，头着黄冠、长髯、神情飘逸。冷谦开始为僧，继而弃释业儒，最后为道、为吏，堪称儒、释、道兼通，其人生充满了传奇色彩，是浙江道教史上的重要人物。

冷谦初为僧人，但何时剃度、师从何人，尚无史料记载。《无声诗史》记载"起敬中统初，与邢台刘秉忠，从沙门海云游"②，可知他与刘秉忠和海云禅师交往密切。海云禅师是佛教中精通政治的人才，海云长期追随元初几位帝王，"历事太祖、太宗、宪宗、世祖，为天下禅门之首"，蒙哥汗曾命他"掌释教事"③。他对蒙古统治者讲："孔孟之道，万世帝王法程，宜加宣表，以兴学校"，并建议免除儒生的劳役④。海云在离开忽必烈时，留下了他的大弟子刘秉忠。刘秉忠（1216—1274），其人十七岁时就从政，为邢台节使府令史。后来不愿困于吏，谓"丈夫不得志于世间，当求出世间事"⑤，他先于1238年初，隐居武安山中学全真道；不久入休宁寺为僧掌书记。同年秋，随师就食云中（即今山西大同），遂留居南堂寺。海云即印简（1202—1257），金元之际禅僧，俗姓宋，字海云，是临济宗传人。冷谦与这两个僧人交往密切，可知其为僧人无疑。1242年，禅宗高僧海云奉忽必烈之诏起步漠北，冷谦与刘秉忠被邀同往，此时他仍旧是僧人身份。

冷谦"弃释业儒"是在刘秉忠入释太保、参中书事之后，即"至元间，秉忠入拜太保，参中书事。君乃弃释业儒"⑥。查《元史》可知，刘秉忠用为中书平章政事在1260年以后。1242—1260年，其间18年，冷谦基本上是与刘秉忠在一起充当忽必烈藩府的谋臣。刘秉忠伴随海云禅师接受忽必烈召见时显示出了他的博学多能，"既至，见公洒落不凡，及通

---

① 翁同文：《冷谦生平考略》，《艺林丛考》，台北联经出版事业公司1977年版，第193页。

② （清）姜绍书：《无声诗史》卷一，第4页。

③ 《元史·宪宗记》，张践：《元代宗教政策的民族性》，《世界宗教研究》1996年第4期，第68页。

④ 《佛祖历代通载》卷三十二。

⑤ （元）刘秉忠：《藏春集》卷六附录《神道碑铭》，《四库全书》"集部""别集类"，第1191册，第56页。

⑥ （清）姜绍书：《无声诗史》卷一，第4页。

阴阳天文之书，甚喜"①。当时忽必烈接受了"以马上取天下，不可以马上治天下"的道理，重视任用文人。刘秉忠在世祖行营"应对称旨"，成为忽必烈的重要谋士。"癸丑，从世祖征大理。明年，征云南。每赞以天地好生，王者之神武不杀，故克城之日，不妄戮一人。己未，从伐宋，复以云南所言力赞上，所至全活不可胜数。"② 可知，刘秉忠利用蒙古人对佛教好生之德的尊崇而使得本民族人免于生灵涂炭。刘秉忠后被留在王府中，成为最早的汉人谋士，"自是礼遇渐隆，因其顾问之际，遂辟用人之路。"③ 刘秉忠利用自己的顾问的便利，为汉人文人提供仕途之路。正是在这样的大背景下，冷谦才转而从事儒业。冷谦的学问非常广博，"书无不读，尤于《易》及邵氏《经世》（即邵雍的《皇极经世》），天文、地理、律历、众技皆能通之。"④ 因其履历未见有仕宦的记录，冷谦在元朝很可能只是刘秉忠的幕僚。

元末，冷谦已经是一位著名的画家。他是在 1260 年"弃释业儒"之后才开始学习绘画的。《无声诗史》记载说："（冷谦）游于雪川（今浙江吴兴县南）。与赵子昂游四明卫王府，睹唐李将军画，忽发胸臆效之。不月余，山水人物悉臻其妙，而傅彩尤加纤细，神品幻出，由此以丹青鸣于时。"⑤ 赵子昂即赵孟頫（1254—1322），子昂为其字，号松雪道人，湖州（今浙江吴兴）人。赵孟頫是宋太祖赵匡胤的十一世孙，宋亡后在家闲居。至元二十三年（1286）被召至元大都，那他与冷谦游雪川的交往极有可能在此之前。李将军即唐代著名青绿山水画家李思训（651—716），出身书画世家，"一家五人并善丹青（思训弟思诲，思诲子林甫，林甫弟昭道，林甫侄凑），世咸重之，书画称一时之妙"⑥。李思训继承发展了展子虔以来的山水画法，以石青绿为主要颜色，或勾以金线，金碧辉煌，璀璨耀目，形成了独特的青绿山水画系。"其画山水树石，笔格遒劲，湍濑潺湲，云霞缥缈，时睹神仙之事，窅然岩岭之幽"⑦，通过仙山

---

① （清）姜绍书：《无声诗史》卷一，第 55 页。

② 《佛祖历代通载》卷三十二，张践：《元代宗教政策的民族性》，《世界宗教研究》1996 年第 4 期，第 69 页。

③ （元）刘秉忠：《藏春集》卷六附录《神道碑铭》，《四库全书》"集部""别集类"，第 1191 册，第 55 页。

④ （清）姜绍书：《无声诗史》卷一，第 4 页。

⑤ 同上。

⑥ （唐）张彦远：《历代名画记》卷九，人民美术出版社 1963 年版，第 63 页。

⑦ 同上。

楼阁之类神话题材来表现最理想的自然生活环境，把高水、流水、云雾、树林、花草，按照想象去做最美的组合安排，因此冷谦"忽发胸臆效之"，决意描摹。冷谦悟性很高，不出月余，"悉得其法"①，所画山水酷似原作，几乎可以乱真。其笔法傅彩，比原作更加纤细，神奇幻出。从此，冷谦以擅长丹青名噪当时。

至今冷谦传世的画作有两幅：《蓬莱仙弈图》和《白岳图》。《蓬莱仙弈图》的真伪存在争议。明郎瑛《七修类稿》卷四称其为后人伪作，清李西月则认为此图为真，并将张三丰对冷谦《蓬莱仙弈图》之题识收录在《张三丰先生全集》中，其文曰："天朝维新，君有画鹤之诬，隐壁仙逝，则君之墨本绝迹矣。此卷乃至元六年五月五日为予作也，吾珍藏之。吾将访冷君于十洲三岛，恐后人不知冷君胸中丘壑三昧之妙，不识其奇仙异笔，混之凡流，故识此。特奉遗元老太师淇国丘公，览此卷则神清气爽，飘然意在蓬瀛之中，幸珍袭之，且以为后会云。时永乐壬辰孟春三日，三丰遁老

图8－1　明冷谦《白岳图》

书。"② 张三丰是元明之际的著名道士，一生行踪不定，不慕荣利，遁世清修，声望弥高。姜绍书说冷谦"所画《蓬莱仙弈图》尤为神物，图后有张三丰题识，二仙之迹可称联璧"③。

冷谦的《白岳图》，已被新修的《常德市志》上册收录刊载。图的上方有作者题诗并记、刘基的诗和张居正的赞。其文载：元至正三年（1343）秋，作者和刘基同游安徽休宁的齐云山，登白岳岭，又去黄山，见到"怪松、奇石、巍峰、峭壁、飞瀑、温泉、丹台、鼎灶"，听到"猿吟鸟语"，觉得"留我心身，遏我神思"，于是"援萝及颠"，但见"长江一线，金陵了然"，而"南北无几，四隅八荒，悉障面前。"这时候，刘基惊喜万分，以为"误入仙山"，并"强余模写，余亦勉涂"。署款："黄冠道人冷谦作

①　（明）陈继儒：《妮古录》卷二，《丛书集成初编》，第1558册，第13页。

②　（清）李西月：《张三丰先生全集》卷二，《藏外道书》第5册，第389页。

③　（清）姜绍书：《无声诗史》卷一，第4页。

并题于朱砂庵。"① 张居正赞曰："斯画斯题，我亦神驰，钦哉钦哉，二大仙师。"② 刘基（1311—1375），字伯温，明太祖朱元璋的开国元勋。张居正（1524—1582），明神宗时的首辅大臣，有很大政绩。《白岳图》能受到刘基、张居正的推崇，不仅是冷谦的画技高超，也与画中蕴蓄的丰富道教因素有关系，即"览此卷则神清气爽，飘然意在蓬瀛之中"之谓也。

图 8-2   冷谦明代青绿山水手卷

钤印：冷谦之印   印：鸳湖姚氏公南珍藏。

许葇和跋尾：于光绪戊子冬日。

尺寸：36cm×313cm 质地：设色绢本

拍卖日：2005 年 12 月 1 日

拍卖公司：北京嘉信昌拍卖有限公司

拍卖地点：北京首都大酒店锦云厅（北京前门东大街 3 号）

拍卖会：2005 首届拍卖会

注：此图不知是否为《蓬莱仙逸图》，如非，恐为后人摹本。③

---

① （清）张照：《石渠宝笈》卷十七，《四库全书》第 824 册，第 334 页。

② （清）李佐贤：《书画鉴影》卷二十三，《续修四库全书》"子部"，第 1086 册，第 329 页。

③ 上述拍卖信息来自博宝艺术品拍卖网，http://auction.artxun.com/paimai - 189 - 942563.shtml。

　　道教绘画是道教艺术中非常重要的一个方面。第三十八代天师张与材擅画龙；第三十九代天师张嗣成除画龙外，也擅画山水，画有《庐山图》面世，虞集为之题词。第四十代天师张嗣德擅画墨竹、禽鸟。龙虎山道士方从义（号方壶）、张彦辅也负画名。方从义画有《青山白云图》，虞集为之题句；《钟山隐居图》，宋濂为之题词；另有《山庵图》和《仙岩图》，危素为之作序。张彦辅亦擅山水，曾作《圣井山图》、《江南秋思图》等，享名当时。入明以后，张陵第四十三代孙张宇初擅画墨竹，自成一家，又精兰蕙，兼擅山水，有《秋林平远图》传世。第四十七代天师张玄庆擅画兰蕙、竹石。《无声诗史》、《明画录》所收道士画家即有多人。清代道士傅金铨亦善画，其《道书十七种》中收《自题所画》一卷，为诗画合璧之作，有诗有画者上百，有画无诗者二百六十以上，可见画稿之丰。其画也颇有造诣，周正儒为其诗画册作序云："其诗力健声高，如戛石金；画宗北苑，飞毫走墨，逸韵天成。……有作必加咏赞，以诗题画，以画作诗。深自秘惜，不轻染翰。"[1] 张霭瑞序云："济一先生，天姿超逸，博学工文章，于画得荆关三昧，结构幽深，运笔古雅。……信文人笔墨，非俗工所能仿佛。"[2] 由此可知，道教人士中以绘画著称者大有人在。

　　冷谦对道教绘画的贡献之处，在于他继承了唐代山水画家李思训的风格，以"色彩为主的表现手段，采用青绿勾斫，并在山石坡脚勾以金线，达到'青绿为质，金碧为纹'的'金碧山水'画的效果"[3]，同时能够在笔法傅彩上更胜一筹。青绿山水技法是非常高超的，需要有精湛的水墨画功底。清王石谷说："凡设青绿，体要严重，气要轻清，得力全在渲晕，余于青绿法静悟三十年始尽其妙。"[4] 民国时期许多画家在制定润格时，往往将青绿山水定得很高，至于金碧山水一般在青绿的基础上再加倍。"出现这一情况的原因：一方面是材料昂贵，绘画难度大；另一方面是青绿山水历来在市场上很受藏家的青睐和追捧，价格一般比其他作品要高得多。"[5] 元代文人作画喜以道教题材结合山水、花鸟的内容，追求"清静无为"的境界，形成了超逸、淡泊、高雅的艺术风格。由此可知，冷谦

①　（清）傅金铨：《自题所画》序一，《藏外道书》第11册，第616页。

②　同上书，第617页。

③　百度百科"唐李思训青绿山水图"词条。

④　（清）张庚：《国朝画征录》卷中，《中国书画全书》第10册，第35页。

⑤　朱浩云：《青绿山水期待更多惊喜》，《中国商报》2007年10月18日。

的青绿山水技法，创作的难度大，观赏性强，丰富了道画的表现力，在道教艺术史上有重要地位。

不仅是绘画，冷谦在道教音乐的领域也颇有贡献。古代，皇帝十分重视郊天、祀祖、祭百神等祭祀活动，把它看作保社稷、求丰年、安百姓的大事。儒学家们也很重视此事，且把制定祭祀礼仪和乐章等看成非己莫属的专业。然而自唐宋以降，因为统治者对道教的推崇，某些祭祀音乐和仪式中已引入了道教内容。中国古代的宫廷乐舞可以分为礼仪性和娱乐性两类，礼仪性的乐舞是在重大的礼仪活动举行中使用的，如册立太子、纳后、元旦、冬至、朝会、宴会等，最主要的是用于祭祀。音乐也就有雅乐、燕乐之分。元朝近百年的统治使得中国宫廷传统乐舞基本无传。《明史》载："殿中韶乐，其词出于教坊俳优，多乖雅道；十二月乐歌按月律以奏，及进膳迎膳等曲皆用乐府小令、杂剧为娱戏，流俗喧扰淫哇不雅。太祖所欲屏者，顾反设之殿陛间，不为怪也。"① 甚至于太祖登极前，曾经有一段时间用女乐代替了朝贺的雅乐。这些混乱的乐舞状况，对于一个自命为正统的新朝是非常不合适的，因此"明兴，太祖锐志雅乐"②，"而掌故阔略，欲还古音其道无由"③。由于相关史料残缺不齐，加上懂得古代乐理的人很少，"文皇帝访问黄钟之律，臣工无能应者"④，士大夫们能论述乐理，但不知其调；乐官们能记得曲调，但不知其义。太祖非常着急，攻克南京后就立典乐官。第二年，置雅乐以供郊社之祭。据《明太祖实录》载，洪武十二年（1379）二月，"上以道家者流，务为清静，祭祀皆用以执事"⑤，正式决定以道士做祭祀的执事人员。为了培养音乐人才，明太祖决定建神乐观，于当年十二月建成，"命道士周玄初领观事，以乐舞生居之，上亲制文立碑志其事"⑥。上面这些措施实行的结果，自然使道士成为国家祭典上的重要成员，也必然使道教音乐及道教思想渗入国家祀典中。

龙凤十年（1364），朱元璋为吴国公，命选道童做乐舞生。一日，"太祖御戟门，召学士朱升、范权引乐舞生入见，阅试之。太祖亲击石

---

① （清）张廷玉：《明史》卷六十一《乐志一》，中华书局1974年版，第625—626页。

② 同上书，第620页。

③ 同上。

④ 同上。

⑤ （清）嵇璜：《续文献通考·乐考》，《四库全书》，第1941页。

⑥ 同上。

盘，命（朱）升辨五音，升不能审，以宫音为征音。太祖哂其误，命乐生登歌一曲而罢。"① 是年，置太常司（后改太常寺），设司乐、赞礼、协律郎等官，以道士充任。有道士"冷谦者，知音善鼓瑟，以黄冠隐吴山，召为协律郎，令协乐章乐谱，俾乐生习之。取石灵璧以制盘，采桐梓湖州以制琴瑟。乃考正四庙雅乐，命谦较定音律及编钟、编盘等器，遂定乐舞之制。"② 明人黄瑜《双槐岁钞》卷三《冷协律》也说：明初，冷谦被"授太常司协律郎。洪武元年五月，诏校正音乐。太常少卿陈昧、翰林学士詹同、待制王祎，与起敬（冷谦字）及儒士熊太古等，定郊庙诸乐章，起敬裁定为多。"③ 冷谦到底有何德何能堪当此重任，我们可以从刘伯温赞美冷谦高超的音乐才能的一首诗中略知一二。《旧在杭时为冷起敬赋〈泉石歌〉，乱后失之。今起敬为协律郎，邀予写，旧作已忘而记其起三句，因更足之》诗曰：

君不见吴山削成三百尺，上有流泉发苍石。冷卿以之调七弦，龙出太阴风动天。初闻涓涓响林莽，悄若玄宵鬼神语。玲然穿崖达幽谷，笋籁飔飔振乔木。永怀帝子来潇湘，瑶环琼佩千鸣珰。女夷鼓歌交甫舞，月上九疑啼凤凰。还思娲皇补穹碧，排抉银河通积石。咸池泻浪入重溟，玉井冰澌相戛击。三门既凿龙池高，三十六麟腾夜涛。丰隆咆哮震威怒，鲸鱼犍尾惊蒲牢。

倏然神怪归寂寞，殷殷余音在寥廓。鲛人渊客起相顾，江白山青烟漠漠。伯牙骨朽今几年，叔夜《广陵》无续弦。绝伦之艺不常有，得心应手非人传。忆昔识子时，西州正繁华。筝笛沸晨暮，兜离傝休争矜夸。子独徜徉泉石里，长日松阴净书几。取琴为我弹一曲，似掬沧浪洗尘耳。否往泰来逢圣明，有虞制作超茎英。和声协律子能事，罔俾夔挚专其名。④

冷谦是最早进入太常寺的道士，第二个进入太常寺的是武当山道士丘

① （清）张廷玉：《明史》卷六一《乐志一》，中华书局 1974 年版，第 620 页。
② 同上书，第 621 页。
③ （明）黄瑜：《双槐岁钞》卷三，《丛书集成初编》第 2892 册，第 26 页。
④ （清）钱谦益：《列朝诗集》甲集第一，《四库禁毁书丛刊》"集部"，第 95 册，第 123 页。

玄清，他是张三丰的弟子，于洪武中被荐入京，初授监察御史，后转太常卿。① 宋元明清时代，由于帝王干预编纂道教的斋醮仪式，道教音乐被进一步规范化，并吸收了大量的宫廷音乐而发展。明初考正四庙雅乐的工作出于道士冷谦之手，一方面是因为冷谦在音律方面的高超造诣；另一方面是因为在道教音乐中较多地保留了传统乐舞的因素。冷谦的考订在当时是十分有限的：因为"稽明代之制作，大抵集汉唐宋元人之旧而稍更易其名，凡声容之次第、器数之繁缛，在当日非不灿然俱举，第雅俗杂出，无从正之故"②。实际上只能是当时道教音乐的变种罢了。不过，明代的雅乐是集历朝之旧加以民间音乐，那所谓雅俗杂出，这使明代雅乐考订成为一次集大成的再创造。《续文献通考》记载："十五年正月朔，宴群臣于谨身殿，始用九奏侑食乐章"③ 的盛况：每进一杯酒，每上一道菜都用特定的曲目来配合，曲目的名称都符合天下安乐天平之意；还确定了各种礼仪活动中宫廷乐舞的定制，如参与人数、使用乐器、规定动作等。经过冷谦等一帮人等的裁定，明代的宫廷乐舞和郊庙乐章又恢复了皇家的恢弘气象。由于道士参与到国家祭典和音乐考订工作中，这种政治影响力反过来又促进了道教音乐的发展。洪武十五年（1382），朱元璋亲定道教科仪乐章，永乐年间（1403—1424），成祖朱棣制《大明玄教乐章》，以"工尺"法记谱，有《醮坛赞咏乐章》、《玄天上帝乐章》、《洪恩灵济真君乐章》三部分，曲目有《迎风辇》、《天下乐》、《圣贤记》、《迎仙客》、《步步高》等十四首，后收入《正统道藏》，成为研究明代音乐的宝贵资料。可见，道士冷谦对明初宫廷乐舞、郊庙音乐的创制起了很大的作用，也间接促进了道教音乐的发展。

冷谦著有琴谱《太古遗音》④ 一卷，此书清万斯同《明史》著录为《太古正音》一卷，今已佚；又著《琴声十六法》，今存。"《琴声十六法》实际上是提出了十六个审美范畴，为琴乐的审美与表演作了提炼和归纳。十六法分别为：轻、松、脆、滑、高、洁、清、虚、幽、奇、古、澹、中、和、疾、徐。"⑤ 在每一个美学范畴之下，冷谦详细地论述了它

---

① （明）过庭训：《本朝分省人物考》卷一百三，《续修四库全书》"史部"传记类，第533册，第2156页。

② （清）张廷玉：《明史·乐志一》，第620页。

③ （清）嵇璜：《续文献通考·乐考》，《四库全书》，第1942页。

④ （清）万斯同：《明史》卷一三三《志》一百七十，第1676页。

⑤ （明）项元汴：《蕉窗九录》，《丛书集成初编》第1557册，第33页。关孟华：《论琴筝审美的雅俗分野》，《中国音乐》2008年第3期，第112页。

的内涵和外延，引导听众从不同的本质与现象去把握古琴音的美感特征。这些美学标准对后世影响巨大。

道教中有不少人擅长音律。如清代道士傅金铨也善音律。金铨，字鼎云，号济一子，又号醉花老人，江西金溪人。阿应麟在《杯溪录》序中记载："道人（指傅金铨）淹贯经史，工词翰，解声律，善画能琴，俊绝一时。"① 阿应麟做广丰县（今属江西）知事时，曾向傅金铨学琴。正是由于道士们的不断努力，道教音乐在音乐曲式、情调、内涵上渗透着道教的基本信仰，在审美思想上反映了道教所追求的长生久视和清静无为的人生目标和理想境界，作为一种古老的宗教音乐，情调庄严肃穆，清幽恬静，又不乏欢快，既出世又入世，成为中国古代文化遗产的一个组成部分。

明末清初姜绍书在所撰《无声诗史》说冷谦"至明百数十岁，绿鬓俱童颜，如方壮时。"② 可见，冷谦的内丹养生之术非常有效。冷谦的养生术沿袭张伯端南宗一派。"隶淮扬，遇异人，授中黄大丹，出示平叔悟真之旨，悟之如己作。"③ 平叔即张伯端，"悟真之旨"即《悟真篇》一书。冷谦看了此书后，深刻领会了其中的内丹思想，仿佛此书是自己写出来的一样。冷谦此后又以黄冠即内丹南宗道士闻名于世，至正末年，冷谦年近百岁却鹤发童颜，"避游金陵，以方药济人，取效如神"④，隐居在吴山，仍能为人采药治病，可知其内丹修炼造诣之深。

作为元末明初的著名养生学家，冷谦著有《修龄要指》一书。书中倡导的养生健身法简单而实用，至今仍被养生家所重视。冷谦的养生法，归纳起来主要有以下几项。

首先是以"长生十六字诀"为代表的中医"肾命水火说"养生理论，即"一吸便提，气气归脐，一提便咽，水火相见"⑤。"肾命水火说"认为，命门的相火和真水，相互依赖，保持平衡状态，才有利于身体健康。"一吸便提（即提肛门），气气归脐"，就是用提肛导引之法，来补肾命火；"一提便咽（即吞咽津液）"，以滋肾水，这就是肾命"水火相见"。

---

① （清）傅金铨：《杯溪录》序，《藏外道书》第 11 册，第 1 页。

② （清）姜绍书：《无声诗史》卷一，第 4 页。

③ 同上。

④ （明）过庭训：《本朝分省人物考》卷八二，《续修四库全书》"史部""传记类"，第 533 册，第 1760 页。

⑤ （明）冷谦：《修龄要指》，《丛书集成初编》第 686 册，第 4 页。

如此导引补水配火，调补肾之阴阳，水火相济，能使身体保持平衡状态。用现代医学观点分析，"长生十六字诀"是一种"提肛"和"吞咽津液"相结合的健身法。采用这种方法，一方面可以防治肛肠和泌尿系统生理性老化；另一方面唾液中含有一种唾液腺激素，能促进细胞的生长和分裂，可延缓内脏器官功能的生理性衰退。"提肛"和"咽津液"简便易行，"在官不妨政事，在俗不妨家务，在士商不妨本业，只于二六时中略得空闲，及行住坐卧，意一到处便可行之"①。巧妙配合而有利于强身长寿，确实如作者所说是"至简至易之妙诀也"②。

另外一个非常简便易行的养生方法是冷谦的《四季却病歌》，即"春嘘明目木扶肝，夏至呵心火自闲。秋咽定收金肺润，肾吹惟要坎中安。三焦嘻却除烦热，四季长呼脾化餐。切忌出声闻口耳，其功尤胜保神丹。"③在春天，呼吸时发"嘘"音，可以使眼睛明亮；在夏天，吹气时发"呵"音，可以自然而然地减除心火；在秋天，呼气时发"咽"音，可以润泽肺腑；在冬天，吹气可以使肾旺盛。这首歌针对四季的不同特点，指导人们运用呼吸的方法健身，内容充实，形式规整，在明清时代甚为流行。

其次，以"十六段锦"、"导引却病歌诀"为代表的导引理论。导引是道教吸收古代强身祛病炼养方法而加以创新的一种修炼方式，最早见于《庄子·刻意》："吹呴呼吸，吐故纳新，熊经鸟伸，为寿而已矣，此导引之士，养形之人，彭祖寿考者之所好也。"④葛洪《抱朴子·别旨》具体指出："夫导引不在于立名象物，粉绘表形著图，但无名状也，或伸屈，或俯仰，或行卧，或倚立，或蹲踞，或徐步，或吟或息，皆导引也。不必每晨为之，但觉身有不理则行之。"⑤冷谦认为，"导气令和，引体令柔"是自古以来对人有益寿延年功效的强身方法。他说："其法，自修养家所谈无虑数百端，今取其要约切当者十六条参之，诸论大概备矣"⑥，定其总名为"十六段锦"。

冷谦创编的这套功法的卓越之处，首先在于他指明了练习导引的最佳时机，"凡行导引，常以夜半及平旦将起之时，此时气清腹虚，行之益

---

① （明）冷谦：《修龄要指》，《丛书集成初编》，第 4 页。

② 同上。

③ 同上。

④ （宋）褚伯秀：《南华真经义海纂微》卷四十八，《道藏》第 15 册，第 426 页。

⑤ （晋）葛洪：《抱朴子别旨》，《道藏》第 28 册，第 251 页。

⑥ （明）冷谦：《修龄要指》，《丛书集成初编》，第 5 页。

人。"① 这一点已经被很多修行者证实是正确有效的。其次，他将这十六段导引术组织成一套类似于现代广播体操的形式。开始练习时，先从闭目握固（两手握紧，并拄两肋，摆撼两肩，以去腰间风邪）、冥目叩齿做起，最后结束时仍以闭目握固、冥目叩齿收功。此外，冷谦进一步简化了步骤，将其归纳为"八段锦导引法"，更加便于人们记忆，练习起来也更加连贯流畅，起到了良好的锻炼效果。因此冷谦对于导引术的提炼、整理之功不可没。

《修龄要指》中的《导引却病歌诀》在道教的导引术中也很著名，这是冷谦结合内丹理论所阐述的导引养生方法。其诀曰："水潮除后患，起火得长安。梦失封金匮，形衰守玉关。鼓呵消积聚，兜肾治伤寒。叩齿牙无疾，升观鬓不斑。运睛除眼翳，掩耳去头旋。托塔应轻骨，搓涂自美颜。闭摩通滞气，凝抱固丹田。淡食能多补，无心得大还。"② "水"、"火"作为道教的内丹名词，一般指阴阳。内丹家认为先天真一的"神水"和先天虚灵的"神火"，都是虚空天然的水火。《金丹或问》说："天以日月为水火，易以坎离为水火，禅以定慧为水火，圣人以明润为水火，医道以心肾为水火，丹道以精气为水火。我今分明指出自己一身之中，上而炎者皆为火，下而润者皆为水。种种异名，无非譬喻，使学者自得之也。"③ 元神是火，元气是水，若能神气混融，"水火既济"，阴阳调和，可使三元、九宫、五藏、百节，保固长存，丹成不死，此即"得长安"。歌诀中的"守玉关"，即道教中重要的修炼方法"守一"。"守一"的思想源于老子《道德经》中"是以圣人抱一为天下式"④，后被《庄子》继承，《在宥》云："慎守女身，物将自壮。我守其一，以处其和，故我修身千二百岁矣，吾形未常衰。"⑤ 后世道教也多阐发。《太平经》云："一者数之始也，生之道也，元气所起也，天之大纲也。故守而思一也，子欲养老，守一最寿，平气徐卧与一相守，气若泉源其身何各，是谓'真宝'老襄自去。"⑥《西升经》云："丹书万卷，不如守一。"⑦ 以上所引观点，与冷谦此说的"形衰守玉关"是一致的。歌诀中的"升观"，亦

①　（明）冷谦：《修龄要指》，《丛书集成初编》，第5页。

②　同上书，第9页。

③　（元）李道纯：《中和集》卷三，《道藏》第4册，第501页。

④　（三国）王弼：《道德经真经注》卷二，《道藏》第12册，第277页。

⑤　（晋）郭象注：《庄子》外篇，《四部丛刊》，第89页。

⑥　（宋）李昉：《太平御览》卷六六八，《四部丛刊三编》，第3967页。

⑦　（元）赵道一：《历世真仙体道通鉴》卷八，《道藏》第5册，第68页。

称"内观"或"内视"，也是道教的一种修炼方法。《养性·道林养性》卷二云："常当习黄帝内视法，存想思念，令见五脏如悬磬，五色了了分明，勿辍也。"① 要求摒除外缘，不得浮思外念，否则就会炼功失效。"丹田"是道教内丹名词，指人体脐下男子精室，女子子宫所在部位。内丹家以其为炼丹之处，故名。或谓丹田有三，脐下称下丹田；心窝为中丹田；眉宇间称上丹田。冷谦描述的导引功夫不仅结合了守一、内视、守丹田等方术，还涉及饮食养生法和美容养颜术。"淡食能多补"即是讲饮食清淡对人体补益良多；而"以两手搓热拂面七次，仍以漱津涂面搓拂数次，行之半月，则皮肤光润，容颜悦泽"的"搓涂自养颜"方法，能够自内达外，使人保持青春活力。这或许可以解释冷谦高龄之时仍旧面若童颜，以及古代修炼之士都容颜不老的奥秘。歌诀最后总结养生的秘诀在于"无心得大还"。"大还"即还丹。冷谦认为只有"无心者"，即"常清常静"的人才能炼得此丹，即通过澄心遣欲，湛然常寂，便能体道合真，益年延寿。冷谦所提倡皆符合道家清净无为之旨。

第三是以"却病八则"为代表的按摩理论。《却病八则》讲的是导引的八种方法，确切地说是八种按摩方法。《一切经音义》指出导引实际是按摩的一种："凡人自摩自捏，伸缩手足，除劳去烦，名为导引。若使别人握搦身体，或摩或捏，即名按摩也。"② 这套自我按摩法包括握脚趾、搓脚心、按摩肾俞穴、熨目、端坐伸腰、叩齿、咽津、作谷谷声咽之等八个步骤。整套功法难度不大，但效果很好，适合老年人日常练习，有益祛病。其中防止受到惊吓法非常有趣，"凡经危险之路，庙貌之间，心有疑忌。以舌拄上腭，咽津一二遍。左手第二第三指，按捏两鼻孔中间所隔之际，能遏百邪。仍叩齿七遍。"③ 人类遇到恐惧时候的自然反应就是紧张，口舌发干，所以"咽津"方法确实是有一定帮助的，但是"按指"、"捏鼻隔"的功效如何尚不十分明确。

道教是一种"生道合一"的宗教，认为修身、养身本身就是修道。道教提出"我命在我不在天，还丹成金亿万年"④ 的口号，力图把人的命运掌握在自己的手中，向生老病死的规律提出挑战，因而世界上所有的宗教中独以研习修持方术见长。道教养生术的最高成就是内丹学，此外还

① （唐）孙思邈：《孙真人备急千金要方》卷八一，《道藏》第 26 册，第 533 页。

② 徐时仪：《慧琳音义研究》，上海社会科学院出版社 1997 年版，第 63 页。

③ （明）冷谦：《修龄要指》，《丛书集成初编》第 686 册，第 7 页。

④ （晋）葛洪：《抱朴子内外篇》内篇卷十六，《道藏》第 28 册，第 233 页。

有存思、按摩、导引、武术等养生术。冷谦的《修龄要指》涉及饮食调理、内丹、导引、按摩、吐纳等各方面，通过自己的整理提炼，使其更简便易行，对道教养生术的在民众间的推广有积极的贡献。

冷谦的一生充满传奇色彩，其生卒年因为史料的缺乏和各种神话传说的影响，笼罩了一层神秘的面纱。若据张三丰跋语，冷谦最早的活动时间为1242年，他与刘秉忠、海云禅师同游。时隔100年以后的1343年，冷谦又与刘伯温同游安徽休宁齐云山，登白岳岭，并且去黄山，绘下传世的《白岳图》。再到明朝朱元璋登基的洪武元年，即公元1368年，又是25年时间。这断不符合常理。但是一般记载都称冷谦"盖百余龄矣"①，如明何乔远《名山藏》卷一百三《方外》记载"（冷谦）元末则百数岁矣，而绿发童颜如年少。"②这是否属实呢？这一点自古就有人质疑，如明顾应祥《静虚斋惜阴录》卷十二认为"予窃有疑焉。据三丰之言，冷谦在元中统，初从沙门海云，至元中弃释从儒，游雪川，与赵子昂于四明史弥远府睹唐小李将军画，效之，遂以丹青鸣。据此则冷谦于洪武初，为协律郎已一百二十余岁矣。既有此仙术，当时宋濂诸臣何无一言及之？况其隐去之事或曰在瓶，或曰在壁，而三丰又云画鹤之诬。又似乎诬其画鹤者，大抵神仙怪异之事，天地间所必有者，然其中间为好事者增饰附会者多，如近日之赤肚子、唐神仙卓晚春之类，可见矣。又安知左慈之流不因人之附会，而作史者遂笔之于书耶。"③这里他认为冷谦的这些传说都是撰史者以讹传讹，未必为真。不过他所谓"宋濂诸臣何无一言及之"不完全正确。因为据有关记载，当时的人都将冷谦视为"异人"，如明黄佐《庸言》卷十载"大明集礼有万岁乐十二，管还相为宫，各以征起调，以宫毕曲。乃洪武元年五月，太常司少卿陈昧、协律郎冷谦与学士詹同、待制王祎所定。盖取月令征火生宫土之义。谦异人也，其必有见矣"④。这个"异人"之异在何处？窃以为彼时冷谦人已高龄，却仍旧鹤发童颜，行动如壮年，因此为"异人"。且明焦竑《国朝献征录》卷一百十八《释道》记载："至正间则百数岁矣，其绿发童颜如方壮。下惑之年时值红巾之

---

① （清）姜绍书：《无声诗史》卷一，第4页。

② （明）何乔远：《名山藏·方外记》，《四库禁毁书丛刊》"史部"，第1562页。

③ （明）顾应祥：《静虚斋惜阴录》卷十二，《北京图书馆古籍珍本丛刊》"子部""杂家类"，第64册，第147页。

④ （明）黄佐：《庸言》卷十，《四库全书存目丛书》"子部"，第9册，第141页。

暴，君避地金陵，日以济人利物，方药如神。"① 按红巾之乱发生于至正十一年（1351），这里的"下惑之年"，疑是"不惑之年"之误，按古人不惑之年为四十岁，是否可以就此断定，冷谦此时为四十岁左右，但这又与前文提到的"百余岁"相悖。如果联系其他有关记载，如明郎瑛在《七修续稿·蓬莱仙弈图》中也提到"冷善鼓琴，居杭之吴山，锻泥为钉，以供衣食。中年卖药金陵。"② 这里提到了"中年"，也就是四五十岁，与前文不惑之年较为接近。结合有确切史料记载的冷谦被招为协律郎是在至正二十七年（1367），那时冷谦已经到了六十岁的耳顺之年，相对来说更符合逻辑。联系上文，在平均寿命不高的古代中国，冷谦能以六十多岁的高龄为朝廷协律郎，确实可以称得上"异人"。

翁同文所撰《冷谦考略》中谓冷谦生于元至大三年（1310）前后，卒年当在明洪武四年（1371）后不久。③ 其说甚当，摘录如下：

> 由于其与萨都剌，刘基与宋濂生年接近，至三人交游，窃谓冷氏生年当亦相去不远。盖萨氏生于至大元年（1308），刘氏生于至大四年（1311），宋氏生于至大三年（1310），如定冷氏生于至大三年（1310）前后，盖误当不致太远。又洪武四年制乐章，为有关冷氏之最后记载，上推其近似生年，已过耳顺之年，则其卒年当即在该年以后不久。盖即充满神话之《蓬莱仙弈图》后张三丰跋，亦谓其于洪武初年仙逝。或因所谓张三丰跋题于永乐十年壬辰（1412），清初姜绍书《无声诗史》遂误以其卒永乐间。陆心源《三续疑年录》且加沿袭，绝非事实。④

关于冷谦的死有许多神异传说，影响最广的一种说法是隐身于瓶而逝。"先生于永乐中有画鹤之诬，隐壁仙去。英武如成祖，不能以世法绳之，其种种狡狯变幻，真欲借六合为游戏者也。"⑤ "画鹤之诬"指的是冷谦帮助故人盗窃官府银两之事。冷谦有故人，贫不能自存。知道冷谦有异术就前去求助。谦曰："汝命薄，吾指汝一所有赢金二锭可以资助，但勿

---

① （清）张照：《石渠宝笈》卷三十三，《四库全书》第 824 册，第 622 页。

② （明）郎瑛：《七修续稿》，《续修四库全书》"子部"，第 1032 册，第 25—26 页。

③ 杨殿珣：《中国历代年谱总录》（增订本），书目文献出版社 1996 年版，第 162 页。

④ 翁同文：《冷谦生平考略》，《艺林丛考》，第 193 页。

⑤ （清）姜绍书：《无声诗史》卷一，第 5 页。

过取。不听吾戒，吾与汝皆不利也。"① "乃于壁间画一门一鹤守之。"②
其人贪心多取，导致追查到冷谦身上。冷谦被捕后，借口渴向官差求水
喝，"守门者以瓶汲水与之，谦遽以足插入瓶中，其身渐隐。守者惧罪，
遂携瓶至御前。上问之辄于瓶中奏对，上曰：'汝出见朕，朕不杀汝。'
谦曰：'臣有罪不敢出。'上怒碎其瓶，片片皆应，终不知所在"③。这个
传说还有一个版本是冷谦隐身入于瓮中。明人周圣楷的《楚宝》记载：
"谦就逮，语逮者曰：'我能遁能飞，桁杨桎梏不能制我，须以大瓮贮我，
我乃得赴上前。'逮者如其言，取一瓮至庭中。谦以脚插入良久，身尽入
瓮，端坐其间。明日视之，瓮空矣。逮者惧甚，从瓮口呼谦，谦辄应。比
舁瓮至上前，白其事，上亲呼谦，谦应。上曰：'朕赦汝，汝宜出见。'
固不出，上怒，命左右碎瓮百余片，片片而呼之，而无不应也，意逸不可
复得。"④ 还有一个版本是君臣之间游戏说。"一日至便殿，上曰：'汝善
遁，即此处能否？'谦曰：'得一小罂亦可遁也。'命与之。谦以足渐没其
中，呼冷谦辄应，及视之空罂耳。命碎之左右执碎罂，片片皆应。自是遂
不复见。下诏命所在物色之，竟不得。后有人见谦于武夷山中云。"⑤ 明
顾应祥《静虚斋惜阴录》卷十二载："《双槐岁抄》则云谦被逮，隐身入
板壁中。使者凿壁以献。"⑥ 更为神奇的是还有人认为，冷谦所谓的瓶隐
是另有其人，而真正的冷谦已经骑纸鹤飞走了，事见明都穆《都公谈纂》
卷上载"或云谦被逮时剪纸鹤骑去，瓮中言者乃刘月林也。"⑦ 冷谦并没
有入瓮而化，反而出现了一个刘月林。这个刘月林为何人呢？目前只有都
穆记录了这一故事。真假待辨。

　　上述各个版本时人未必相信。如清人徐沁《明画录·冷谦传》谓：
"世传其化鹤入瓶，事甚诡异。"⑧ 还有记载说"杭州冷谦字启敬，善幻

① （明）焦竑：《国朝献征录·释道》，《明代传记丛刊》"综录类"，明文书局1991年版，第
　114册，第4461—4462页。
② 同上。
③ 同上。
④ （明）周圣楷：《楚宝·名释》，《续修四库全书》"子部"，第945册，第590页。
⑤ （明）过庭训：《本朝分省人物考》卷八二，《续修四库全书》"史部""传记类"，第533
　册，第1760页。
⑥ （明）顾应祥：《静虚斋惜阴录》卷十二，《北京图书馆古籍珍本丛刊》"子部""杂家类"，
　第64册，第147页。
⑦ （明）都穆：《都公谈纂》卷上，《四库全书存目丛书》第2899册，第7页。
⑧ （清）徐沁：《明画录》卷二，《丛书集成初编》第1658册，第9页。

术，居尝锻泥作钉，卖以供食。人莫测也。"① 但这一类传说从侧面反映出当时人们普遍认为冷谦"善于幻术"的特点。翁同文认为这是因为叶公远隐形的这一类故事早已广泛流传而深入人心，时人就嫁接到冷谦身上。冷谦仙逝的真正原因，他认为："按明初人为太祖朱元璋杀害者，原委及卒年多不可考，或因当时人有所顾忌，不敢记述。所谓张三丰跋虽伪而不经，其述冷氏终于洪武初年则尚近真。窃疑冷氏或因曾忤太祖被害，又因其原为黄冠，当时遂有'仙逝'神话。"② 翁说甚是。冷谦极有可能是因为"画鹤之诬"蒙受文字之狱而被治罪身亡。因洪武四年后就再无冷谦的相关文献记载，可知冷谦卒于洪武四年（1371）后不久。

综上所述，道士冷谦以他的智能和才能推动了道教音乐、道教绘画、道教养生等多方面的发展，在道教史上具有重要的地位。

二　赵孟頫与道教

赵孟頫（1254—1322），字子昂，号松雪道人、鸥波、水晶宫道人等，生于南宋理宗宝祐二年（1254），卒于元英宗至治二年（1322），年六十九岁。他的身世生平非常丰富多彩，他是宋太祖赵匡胤之子秦王赵德芳的十世孙，其族在南宋孝宗时于湖州获得赐第，从此为湖州吴兴人，人称"赵吴兴"。他以宋朝皇族后裔的身份出仕元廷，引来诸多诟病；他在书画艺术上创造的辉煌成就，也惹得后人议论纷纷。围绕在赵孟頫周围的话题是如此之多，以至于人们常常忽略了他的道士身份、他对道教的贡献以及他在浙江道教史上的地位。事实上，赵孟頫从孩童时期就接触道教，其家族中也充满道教氛围，他成年之后也一直与道教人士来往，并在晚年正式入道，成为一名道士；他的书画艺术、诗词中也充满了道教韵味；他一生中为道教宫观题额撰碑无数，为道教的发展做出了自己的贡献，因此他是讨论浙江道教史时不可逾越的人物。

有关赵孟頫生平的资料较多且大都比较确定，主要文献有《元史·赵孟頫传》（以下略称本传）、杨载《大元故翰林学士承旨荣禄大夫知制诰兼修国史赵公行状》（以下略称《行状》）、欧阳玄《魏国赵文敏公神道碑》（以下略称《神道碑》）、《松雪斋集》及未收入集内的诗文、信札和题跋等，还有元人文集、笔记、稗史等相关文献提供的资料。此外，任道斌先生著《赵孟頫系年》梳理了赵孟頫的生平，其他研究者也对赵孟

---

① （明）都穆：《都公谈纂》卷上，《四库全书存目丛书》第2899册，第7页。
② 翁同文：《冷谦生平考略》，《艺林丛考》，第198页。

频生平中的诸多未决之处也做了深度的探讨①，赵孟频的生平已经相当完善，本书只选取了与道教相关之部分来探讨其在浙江道教史上的重要地位。

（一）赵孟频早期深受道教熏陶

赵孟频的出身极其高贵，他是宋太祖赵匡胤之子赵德芳的后裔，五世祖是南宋第二代皇帝赵眘的生父，而这样的人却与道教有了不解的渊源。究其原因却发现其家族背景与道教有着密切的关系。杨载《行状》首句就为："曾祖考垂，故宋定江军节度使，开府仪同三司，万寿观使。"② 可知其曾祖父曾担任过万寿观使，而卢仁龙认为此万寿观可能就是万寿宫，"当知宋自政和以后，万寿宫使都由朝廷诏任侍郎担任，而皇族又是侍郎的优先人选。"③ 而万寿宫是为了纪念净明忠孝道的真人许逊而建，最初为"许仙祠"，南北朝时改名"游帷观"，宋真宗赐名并亲笔提"玉隆万寿宫"，因位于江西省南昌市新建县西山镇而又称为"西山万寿宫"。所以极有可能赵孟频的曾祖父在担任万寿宫使之时对道教产生了浓厚的兴趣。这从其夫人的喜好上也可略知一二。赵孟频的曾祖母庄氏也偏爱黄老之道，"夫人姓庄氏，世居常之宜兴。自高祖询银青起家，为望族。曾祖敬潜隐不仕。祖□□□□赠光禄大夫。父□□通直郎宰平江常熟。母安人黄氏。夫人十有七岁归我先君少师郡王。淳熙改元，受初封，十三年进宜人。皆以郊恩。绍熙三年，锡庆宗属，进硕人。夫人，恭淑皇后之从母。庆元三年以后媲封永嘉郡夫人。嘉泰元年封信安。开禧二年封通议。明堂需也。二年七月，先王拜视仪，加封成国。十二月宗祀封衞国。夫人事先王四十又七年，曲尽顺承之义，侍舅姑尤循礼法，奉已以约，侍下以宽，志怀怡静且不喜饮。常以琴阮自娱，时炷炉香默坐，存养性真深悟黄老元妙之旨。"④ 庄氏的日常生活起居严谨清静，颇具道教风范，应该有一定生活环境的影响。

赵孟频生于南宋理宗宝祐二年，当时，赵孟频的父亲赵与訔四十二岁正主管建康府崇禧观。赵与訔，字中父，号菊坡，1213 年生。初调饶州司户参军，辟监海昌盐场。尔后仕途顺利。宝祐元年，升军器监，寻除

---

① 邓淑兰：《关于赵孟频生平几个问题的考论》，《船山学刊》2007 年第 3 期，第 95 页。

② 杨载：《大元故翰林学士承旨荣禄大夫知制诰兼修国史赵公行状》，李修生主编《全元文》卷八一二，江苏古籍出版社 2001 年版，第 25 册，第 579 页。

③ 卢仁龙：《赵孟频与道教》，《世界宗教研究》1991 年第 3 期，第 26 页。

④ 陈兴吾：《从赵孟频曾祖母庄氏墓志看其家学渊源》，《文物天地》2007 年第 10 期。

直宝章阁，两浙西路提点刑狱公事。十月，知平江府（今苏州）。三十八岁时，妻李氏卒。不久，丘夫人继室。至四十二岁生赵孟頫。因此有人说赵孟頫的出生地为建康（今南京）。[①] 但多数说赵孟頫的出生地为吴兴，故存疑待考。因此，赵孟頫一出生就与道教有了关系，崇禧观在江苏省句容与金坛两县之间的茅山丁公山前，原是南北朝时所建"曲林馆"，后为陶弘景的"华阳下馆"。唐贞观九年（635）太宗在此为道士王法主建立"太平观"，宋初赐名"崇禧观"，元代延祐六年（1319）奉敕改"观"称"宫"，是茅山道教三宫之一。赵孟頫去世之前撰写了《茅山崇禧万寿宫记碑》碑文[②]，据根碑文推算，此碑系赵孟頫暮年作品，他时已67岁，碑建成后第二年至治二年（1322）夏，赵孟頫即去世，真生也崇禧观，死也崇禧观也！

景定三年，赵与訔又被任命为隆兴府玉隆万寿宫提举。南宋隆兴元年（1163）以孝宗潜藩，升洪州置，治南昌、新建二县（今江西南昌市），为隆兴府。赵与訔所提举的正是赵孟頫的曾祖父赵师垂所主持过的玉隆万寿宫，可谓继承祖业。"两任道观之职，正是赵孟頫启蒙前后，赵孟頫所师的既是道徒，连生活所在地也常是道教宫观。显然，幼年耳濡目染、习以为常的道教生活，对他日后久游于道教之中不无影响。"[③]

（二）赵孟頫与杜道坚的师徒情谊

赵孟頫的一生也都因崇禧观而改变，原因在于其父赵与訔此时遇到了杜道坚。宋时崇禧观是道教活跃的中心，茅山派文献代代相传，不仅有历代编修的《茅山志》，还有《道藏》等道教经典文献，年轻时候的杜道坚就在此读《道藏》，《杜南谷真人传》载杜道坚："继入茅山，阅道藏，宗师蒋玉海（蒋宗瑛）见而器之，授大洞经法。侍郎赵与訔漕金陵，延至宾馆，至于最厚。"[④] 可知杜道坚为茅山宗嫡传弟子，而杜道坚的师傅蒋玉海当时正作为宗师主持道务，赵与訔既然担任崇禧观使，二人必然有来往；而杜道坚作为蒋玉海的得意弟子，也必然引起赵与訔的注意。赵与訔赏识他的学问与才华，因此两年后，杜道坚成了赵与訔的塾师。据卢仁龙考证赵孟頫大致在六岁之时就师从杜道坚。"赵孟頫为杜道坚留下了一

---

① ［日］吉田良次：《赵子昂——人与艺术》，二玄社 1991 年版，第 16 页。

② 闻毅先：《凤歌鹤舞润健挺秀——〈茅山崇禧万寿宫记碑〉赏析》，《老年版教育（书画艺术）》2008 年第 7 期。

③ 卢仁龙：《赵孟頫与道教》，《世界宗教研究》1991 年第 3 期，第 26 页。

④ （明）朱右：《白云稿·杜南谷真人传》，《四库全书》第 1228 册，第 41 页。

篇相当详明的碑传，其中云：'孟頫粤髫龄，夙慕高标。先君将漕于金陵，真人假馆于书塾，携持保抱，缘契相投。'而考之赵孟頫《先侍郎阡表》（卷八），载其父赵与訔景定元年（1260）'十月，除右文殿修撰，两浙计度转运使。'是其'漕金陵'之时。从上可以显明，赵孟頫在年仅六岁的时侯，就是由杜道坚这位早已入道、研阅过《道藏》、并游历过许多道教名胜，既具很高文化修养，又执着地修炼仙道者为塾师。这不能不影响及赵孟頫以后的抉择与取向。"① 而赵与訔作为皇族传统知识分子，愿意延请一位道士作为儿子的私塾教师，这不能不说他对道教有着深切的好感。与此同时赵孟頫与杜道坚之间一直保持着师徒情谊，任士林也记载赵孟頫师事杜道坚之事："通玄观在吴兴计筹山白石顶，尊师杜道坚所建。师有道之士，蓟丘李衎、吴兴赵孟頫、金华胡长孺与之游，执弟子礼，余最晚。"② 而杜道坚不仅在赵孟頫人生的早期给他以道教的启蒙，在他最终出仕元朝这件事上也发挥了关键的作用。

赵的仕元问题历来是研究的重点，研究者的态度和持论都有差别，"一种观点认为他本意退隐，而勉强被召。如美术史家李铸晋先生说赵孟頫并不愿出仕，而特意趋避，终为程所寻获，才勉强应召而到大都。"③ 另一种则认为其具有积极的"入世"愿望，史学家陈高华先生即持此种观点，他的根据是赵孟頫门生杨载《行状》中的丘夫人激励赵孟頫立志读书以为新朝所用的记载，据载："皇元混一后，闲居里中。丘夫人语公曰：'圣朝必收江南才能之士而用之。汝非多读书，何以异于常人？'公益自力于学。"④ 这段广为引用的话对于理解丘夫人和赵孟頫的人格非常关键。有人认为赵孟頫的性格非常软弱，非常可能因为其母亲之言而发起为元朝效力之心，因为他从小就对母亲过分依赖，"赵为其父续弦丘氏所生，在家中八兄弟中排七，因之其'既非长子，又系庶出'。他在家中的地位可想而知，在封建纲常统治一切的时代，这种身份对其生活遭遇、性格形成有着极其重要的影响。直到他父亲死，他十多年来一直生活在这种受压制的封建大家族中，这样的环境对其性格的摧残可想而知；特别是

---

① 卢仁龙：《赵孟頫与道教》，《世界宗教研究》1991 年第 3 期，第 26 页。

② （元）任士林：《松乡集》卷一《通玄观记》，李修生主编《全元文》卷五八二，江苏古籍出版社 2000 年版，第 18 册，第 396 页。

③ 李铸晋：《赵孟頫仕元的种种问题》，《冯平山图书馆金禧纪念论文集》，香港大学冯平山图书馆 1982 年版，第 342—355 页。

④ 杨载：《大元故翰林学士承旨荣禄大夫知制诰兼修国史赵公行状》，李修生主编《全元文》卷八一二，第 25 册，第 580 页。

其父死后，仅剩母子二人相依为命，其对母的依赖更甚，因之其性格的软弱是难以避免的。这表现在他对其母的要求是言听计从，其母要求他好学以求仕时，他采取了遵从之态度。性格的过分软弱和对母亲的过分依赖导致了他对母亲的言听计从"①。

　　实际上，从本传和《行状》的记载来看，赵孟頫并非软弱之人，他能与权臣桑哥进行有勇有谋的抗争，能心地坦荡、直言不讳，"独人有过失，必面致讽谏无隐，然直而不讦，人亦易从"②，都充分说明了他就是性格耿直之人，这样的人绝非软弱之辈。所以张文澍认为这段内容的真实性很值得怀疑，该文只见于杨载《行状》，《宋史》本传不载，且"赵孟頫读书治学，固然是本业；但丘氏作为故国宗室、贵官之妻，能热衷儿子出仕仇国吗？还'圣朝'、'圣朝'地挂在嘴边！"③ 此说有一定道理，数千年来汉文化熏陶使得知识分子极其重视气节，即使女子也能深明大义，赵母贵为宗室，识见定不同于泛泛之辈，绝对不可能鼓励儿子出仕新朝，且在江南才能之士都纷纷拒绝朝廷的征召的风气下，赵孟頫作为贵胄的出仕更带有特殊的含义，他的举动将成为众矢之的，因此他估计也不愿意出仕元朝，所以才屡次拒绝征召。第一次是伯颜到南宋搜寻南宋旧臣和文人，赵孟頫逃走了；第二次仕元机会也是这一年，赵孟頫同样没有应诏；第三次是赵孟頫年少时就很崇拜的恩师杜道坚鼓励他出仕，他也没有出仕；第四次是赵孟頫父亲生前的至交留梦炎奉旨招贤；第五次是赵孟頫的诗友夹谷之奇想推荐赵孟頫仕元；"明行修，声闻涌溢，达于朝廷。吏部尚书夹谷公奇之，举翰林国史院编修官，辞。"④

　　因此最接近事实的应该是，赵孟頫的母亲在他小时候激励他读书，"'汝幼孤，不能自强于学问，终无以觊成人，吾世则亦已矣。'语已，泣下沾襟。"⑤ 宋朝灭亡，南人地位低下之时母亲也必然会勉励他奋进，学问乃文人的本业，即使不出仕朝廷，琴棋书画之类也可以使人的精神有所寄托，这从赵孟頫日后的成就主要是在艺术方面就可以略知一二。按丘

①　施建华、王东方：《同样悲怆，异样情由——试评赵孟頫与石涛人生抉择、心态及品性》，《艺术教育》2007 年第 12 期，第 121 页。

②　《魏国赵文敏公神道碑》，李修生主编《全元文》卷一一零三，第 34 册，第 684 页。

③　张文澍：《踟蹰于末世天胄与新朝显贵之间——寻绎赵孟頫降元后的仕宦、著述与书画生涯》，《中国典籍文化》2004 年第 2 期，第 106 页。

④　杨载：《大元故翰林学士承旨荣禄大夫知制诰兼修国史赵公行状》，李修生主编《全元文》卷八一二，第 25 册，第 580 页。

⑤　同上书，第 579 页。

夫人看来，无论顺境逆境，人都不应该无所事事，荒废时日，更何况赵孟頫贵为帝胄，世人的眼睛都盯着他，元廷也不可能让他过上普通文人的生活，只有自己努力进取才能开辟出新境地。未来虽然茫然，但除自救外别无他法。丘夫人的这番话无论原文如何，其用心不可谓不良苦，有其母必有其子，这种坚强奋进的人生态度给了赵孟頫以无尽的动力。在其母亲的激励下，赵孟頫时常向寓居湖州的福建名儒敖继公求教；另外又与吴兴一带的儒生、书画家，如钱选、张复亨、年应龙、陈仲信、姚式、萧子中、陈元逸等人交游，"放乎山水之间，而乐乎名教之中"，诗文书画交酬，驰名于时，号称"吴兴八俊"，经过十年的发奋努力，学问大进，声闻遐迩，达于朝廷，当然也为他以后被元世祖征召埋下了伏笔。

同时我们更应该注意到杜道坚在赵孟頫最终出仕元朝事件中的作用，虽然第三次杜道坚鼓励赵孟頫出仕未果，但是从赵孟頫对杜道坚的尊重程度来说，他的话并非一点作用也没有。因为是由宋入元的著名道士，元军南渡致使生灵涂炭，杜道坚冒矢石叩军门，为民请命，元将伯颜厚待之并将其送到大都入觐元世祖，对平定江南、巩固元朝政局，提出了许多很好的意见，言求贤养贤用贤之道，推荐了一些堪为将相的人才。赵孟頫与杜道坚相知甚深，杜道坚势必也曾劝导过他，这某种程度上动摇了赵孟頫坚决不出仕元朝的决心。赵孟頫曾在诗中写道："俯仰志不屈，又不辱其身……劳生本非情，禄仕吾不苟。……中道世所难，狂狷诚足取。"① 可见他秉承了隐逸的志向。徐复观在其《中国艺术精神》中也说："赵松雪当宋亡的时候，还是二十多岁的青年。从馀荫下曹，身当夷狄巨变，恢复既无可言，他唯一可走的路，便是入山归隐。"② 但是看到杜道坚受到元朝的厚待，至元十七年（1280）世祖又亲授"玺书"命他提点道教，住持杭州宗阳宫，护持纯真观，兼领升元观。到大德七年（1303）升任杭州路道录，教门高士真人，别立通玄观，兼领杭州四圣延祥观。仁宗皇庆改元（1312），锡号隆道冲真崇正真人，依旧住持杭州宗阳宫，兼湖州计筹山升元观、白石通玄观，这些对于赵孟頫来说不能不有所触动。杜道坚很早就鼓励他出仕，据元代张雨跋赵孟頫《三段书》卷（北京故宫博物院藏）云："我谷翁真人当至元之初首举浚仪公……至元后戊寅正月

① 赵孟頫：《咏逸民》，任道斌校点：《赵孟頫集》卷二，浙江古籍出版社1986年版，第10页。

② 徐复观：《中国艺术精神》，春风文艺出版社1987年版，第378页。

正月廿又九日甲子谨记"。① 南宋亡后不久，杜道坚赴大都拜谒元世祖，献纳贤之计，赵孟頫在仕元前就声闻朝廷，很有可能与他在元廷对赵孟頫的举荐活动有关。

更重要的是赵孟頫不能不出仕，身为元统治者政敌的后裔，归隐山林，在当时不失为一条保全性命和名声的方法，也是许多知识分子所采用的方法，但是赵孟頫没有办法走这条路，他的名声在外，让他难逃一劫。虽然之前赵孟頫对于来自各方面让他出仕元朝的举荐能推辞就推辞，但是这次至元二十三年（1286）的征召不同以往，忽必烈亲自批准、点名索要南人入都为官。《元史·程钜夫传》中载："帝素闻赵孟蘋、叶李名，钜夫临当行，帝密谕必致此二人，钜夫又荐赵孟頫、余恁、万一鹗、张伯淳、胡梦魁、曾晞颜、孔洙、曾冲子、凌时中、包铸等二十余人，帝皆擢置台宪及文学之职。"② 可知，当时元世祖忽必烈接受翰林直学士程矩夫"兴建国学，乞遣使江南搜访遗逸。御史台、按察司并宜参用南、北之人"③ 的建议，并派矩夫南下办成此事。行前，矩夫密奏孟頫等二十余名南国名士当在必致之列，忽必烈允准。"此事如此重要，影响如此巨大，以至于不仅忽必烈和程矩夫两位策划人的本纪、本传予以详悉记录，就是吴澄、叶李等直接关系人的本传里也都有明确记载。可知赵孟頫在不知不觉中，命运已经被安排定了。程钜夫不是自发地来搜寻逸民的，而是奉诏行事，赵孟頫与生俱来的'政敌'身份是不容许他有违于奉旨的'钦差大臣'之命的，他已两次拒绝了朝廷的征诏，若再拒绝便要冒杀身之险，后来谢杭得被杀即是明例。"④

我们也无法苛责赵孟頫不以死相拒，徐复观先生曾经说："轻责人以不死，实为不恕。"⑤ "赵孟頫的仕元，与颜真卿的壮烈牺牲相比，与文天祥、谭嗣同英勇就义相比，当然不能让人敬仰；与傅山救助其师长袁继咸、抵死不应清廷之试相比，也显得不够气宇轩昂。然而，不是谁都能当烈士的，也不是人人都可以称之为义士的"⑥，而从赵孟頫出仕元廷后忍

---

① 余辉：《赵孟頫的仕元心态及个性心理》，《赵孟頫研究论文集》，上海书画出版社 1995 年版，第 447 页。

② （明）宋濂：《元史·程钜夫传》，中华书局 1976 年版，第 13 册，第 4016 页。

③ 同上。

④ 张文澍：《踟蹰于末世天胄与新朝显贵之间——寻绎赵孟頫降元后的仕宦、著述与书画生涯》，《中国典籍文化》2004 年第 2 期，第 107 页。

⑤ 徐复观：《中国艺术精神》，春风文艺出版社 1987 年版，第 378 页。

⑥ 老城：《池鱼思故渊——一代巨匠赵孟頫》，《长城》2009 年第 9 期，第 181 页。

辱负重的表现来看，他更多地采取了其母所教导的在困境中努力寻求突破的生存方式，"在山为远志，出山为小草。古语已云然，见事苦不早。平生独往愿，丘壑寄怀抱。图书时自娱，野性期自保"①。从中我们也可以看出赵孟頫所秉承的是"大隐隐于朝"的理念，这何尝又不是他思想中道教观念的体现呢？正如他画的《红衣罗汉图》，恰是他人格与思想的最好写照，徐建融指出，"此图虽学唐人而不袭其貌，用线凝重，敷色深穆，气格深静沉着如老僧补衲，罗汉的形象刻画更如石雕像，似在其中冻结了巨大的默如雷霆的心理能量"②。我们今天去看古代知识分子的行为，应该给予更多的理解，赵孟頫的行为从某种程度上来说也是值得钦敬的。他作为传统知识分子中的一员，想学以致用无可厚非，"士少而学之于家，盖亦欲出而用之于国，使圣贤之泽沛然及于天下，此学者之初心。"③同时特定的历史环境与特定的身份，使他身不由己也是事实，"其材与学不可以仕，其身不可以不仕也"④，这真是对赵孟頫出仕的最好最恰当的一种解释。

（三）仕元时期道教活动

1. 赵孟頫其人的仙风道骨

前文已经提到赵孟頫有道教的家族背景，同时又深受道教熏陶，因此青年才俊的他不仅风流倜傥，更表现出了一种道教气质，这是其他文人所不具备的，不能不说是拜道教所赐。

《元史》载："孟頫才气英迈，神采焕发，如神仙中人。世祖颇之喜，使坐右丞叶李上。或言孟頫宋室子，不宜使近左右，帝不听。时方立尚书省，命孟頫草诏颁天下，帝览之，喜曰：'得朕心之所欲言者矣。'"⑤

《魏国赵文敏公神道碑》载："公初见世祖，风神散朗，容止闲暇，上以为有神仙风。"⑥

《大元故翰林学士承旨荣禄大夫知制诰兼修国史赵公行状》载："又独引公入见。公神采秀异，珠明玉润，照耀殿庭。世祖皇帝一见称之，以为神仙中人，使坐于右承叶公李之上。耶律中丞言：'赵某乃故宋宗室

---

① 赵孟頫：《罪出》，任道斌校点：《赵孟頫集》卷二，浙江古籍出版社 1986 年版，第 20 页。

② 徐建融：《元代书画藻鉴与艺术市场》，上海书店出版社 1999 年版，第 32 页。

③ 赵孟頫：《送吴幼清南还序》，李修生主编《全元文》卷五九三，第 19 册，第 66 页。

④ 戴表元：《送屠存博之婺州教序》，李修生主编《全元文》卷四一四，第 12 册，第 34 页。

⑤ （明）宋濂：《元史·赵孟頫传》，第 13 册，第 4018 页。

⑥ 《魏国赵文敏公神道碑》，李修生主编《全元文》卷一一零三，第 34 册，第 644 页。

子，不宜荐之，使近左右。'程公奏曰：'立贤无方，陛下盛德。今耶律乃以此劾臣，将陷臣于不测。'上曰：'彼竖子何知！'顾遣侍臣传旨，立逐使出朝，毋过今日。"①

上述三条记载都不约而同地记录了赵孟𫖯"神仙中人"、"神仙风"等评语，可见其所具有的一种飘然尘世外的精神气质，而这种脱俗的气质是与他自小的道教熏陶分不开的，更值得注意的是，其行为行事有时竟然也颇具道教色彩。如《行状》和《神道碑》都记载了这样一件事：

"旱，祷龙洞山，有云如车盖，随马而行，顷之，大雨骤至，逾月，复旱，东门外有龙潭，潭上有庙，公为文以责之，是夜雷雨大作，槁苗复苏。"② 如果不知这段记载是赵孟𫖯的传记，极有可能被认为是某个道士的神奇事迹的描述，他不仅能够祈福禳灾，更重要的是其效果非常灵验。如果说中国古代的官员在这种情况下都会采取祈雨的行为，但是不得不说，祈雨这种行为本身就充满了道教色彩，而赵孟𫖯做起这件事来如鱼得水，更反映出了其思想中的道教意识。

赵孟𫖯在晚年能够正式入道，成为一名道士。卢仁龙认为："他真正受诀成为过一名道士。卞永誉《式古堂书画汇考》卷十九录虞集《跋赵承旨书高上太洞经》云：'近世吴兴赵子昂，尝亲受诀于刘真人。'我们知道，道教茅山宗对每个归入道门的道徒，都要授以《大洞真经玉诀》，也称授大洞法，以表明这一道派以《上清大洞真经》（又称《上清真经》、《大洞真经》）为中心的传统特色。自然，授过诀的人也就是茅山道徒。那么，虞集是说赵孟𫖯是受过大洞诀的茅山派道徒，师从的是当时茅山的四十五代宗师刘大彬。……可知至少在五十九岁之后，赵孟𫖯开始成为一名真正的道徒。"③ 因此赵孟𫖯终其一生都与道教有着密切的精神联系，这种精神气质影响了他的政治行为与艺术创作，是我们在分析其政治活动与作品时不能忽略掉的重要因素。如元世祖时权臣桑哥专权，他一直看赵孟𫖯不顺眼屡次与他作对。赵孟𫖯上朝稍微迟到一会儿，他就要手下实行对他笞刑，"桑哥钟初鸣时即坐省中，六曹官后至者，则笞之，孟𫖯偶后至，断事官遽引赵孟𫖯受笞，赵孟𫖯入诉于都堂右丞相。"④ 经丞

---

① 杨载：《大元故翰林学士承旨荣禄大夫知制诰兼修国史赵公行状》，李修生主编《全元文》卷八一二，第25册，第580页。

② 同上书，第584页。

③ 卢仁龙：《赵孟𫖯与道教》，《世界宗教研究》1991年第3期，第25页。

④ （明）宋濂：《元史·赵孟𫖯传》第13册，第4020页。

相求情并明以大义后才得赦免，其蒙古族人行事彪悍可见一斑。不仅如此，蒙古人动辄以武力解决问题，崇尚仁义礼仪的南方知识分子非常看不惯，尤其是他们还以势逼迫南人如此行事，"至元钞法，滞涩不行，遣尚书刘公宣与公乘传至江南，问行省丞相慢令之罪，左右司及诸路官，则径笞之。公深以为衣冠之辱，力辞。桑哥以威逼公，不得已受命。虽遍历诸郡，未尝笞一人。还朝，桑哥大以谴公，然士大夫莫不诵公之厚德。"①可知赵孟頫有他自己的官场处事之道，将道家道教的"以柔克刚"精神发挥得非常巧妙，这是他能够在满朝文武都忘不了赵孟頫的出身和"政敌"的身份的情况下从政，并获得政绩的主要精神动力。他平冤狱，办学校，不以酷刑而以安抚治盗，以德感人，显示了"无为而无不为"的道教精神。

2. 悠游于道众之中

赵孟頫"家乡吴兴在太湖之滨、东西苕溪汇集之处，境内河流湖泊纵横交织，有水晶宫之谓，故他自号为水晶宫道人"②，也有人认为水晶宫是当时的金盖山纯阳宫的别称。不论如何，赵孟頫仕元期间大部分时间都待在浙江地区，他所进行的活动大都属于浙江地区的道教活动。"赵孟頫一生四次在宫廷供职，第一次是作为赵宋王孙入京，尽管在政治上、经济上显示了自己的才华，但在元世祖眼里，他只是其政治笼络的对象，他得到的也不过是从五品、从四品的闲职。第二次入京修《世祖实录》，许多人因为国史中涉及太多军国大事而反对赵孟頫参与编修国史，有自知之明的赵孟頫便借病乞归。第三次入京用金字书写《藏经》，没有得到元成宗的重用。每次不过数月，时间不长，因而赵的仕元，虽称'荣际五朝，名满四海'，但最受宠遇的还是仁宗时期第四次入京。其他时间，除在济南任儒学教授外，大都在江南度过。"③大德三年（1299），赵孟頫被任命为集贤直学士行江浙等处儒学提举，官位虽无升迁，但此职不需离开江南，"统诸路府、州、县学校、祭祀、教养钱粮之事及考校呈进著述文字"④，并且与文化界联系密切，相对儒雅闲适，非常适合赵孟頫的旨趣，他借此机会广泛结交各界人士，其中不乏道教名流。赵孟頫在世时

---

① 杨载：《大元故翰林学士承旨荣禄大夫知制诰兼修国史赵公行状》，李修生主编《全元文》卷八一二，第 25 册，第 581 页。

② 胡光华：《赵孟頫及其山水画研究》，《东方博物》2006 年第 2 期，第 87 页。

③ 罗晶：《赵孟頫的交游与创作》，湖南师范大学硕士学位论文，2011 年，第 7 页。

④ （明）宋濂：《元史·百官志》第 8 册，第 2305 页。

期，全真教等由北向南，玄教由南而北，再度发展，渐入全盛。值得注意的是，赵孟頫与南北教派人物多有交往，与玄教关系尤密。

排在首位的是张留孙，张留孙被赐为"玄教大宗师"，同知集贤院道教事，提点江南诸路道教。而赵孟頫至元二十七年（1290）被拜为集贤院学士后基本上二十年间一直待在那里任职，与张留孙有过来往，以至于张留孙死后，赵孟頫奉英宗皇帝谕旨撰文书写《大元敕赐开府仪同三司上卿辅成赞化保运玄教大宗师志道玄教冲玄仁靖大真人知集贤院事领诸道教事张公碑铭》，碑成放置在东岳庙的后殿中。从《上卿真人张留孙碑》来看，洋洋洒洒两千言，详细记述了张留孙平生之盛迹，赞美之意，溢于言表，也显示了他对道史把握的精准。更值得注意的是，赵孟頫在碑铭中说到自己，感慨平生，不能自已。元朝五代（世祖、成宗、武宗、仁宗、英宗）都看重张留孙，不断加封号、官名，与赵孟頫有一定的类似性，赵孟頫受到忽必烈、仁宗的恩遇，又与张公同在集贤院里共事，所以感慨："呜呼，先皇帝（指仁宗）弃群臣，老臣伏在田里且三年矣。张公遂去世。感叹存没，不亦悲乎？今上（指英宗）皇帝不以臣远去，老病且死，犹记忆之。命以论次公事。呜呼，旨意所及，岂直为张公哀荣哉！①"可谓兔死狐悲，物伤其类矣！

其次是玄教大宗师吴全节。赵孟頫与他也来往甚密，吴全节本人也是热衷交游之人，《道园学古录·河图仙坛之碑》称："至元、大德之间，重熙累洽，大臣故老，心腹之臣，莫不与开府（吴全节）有深契焉。至于学问典故，从容裨补，有人所不能知，而外庭之君子，巍冠褒衣以论唐虞之治，无南北皆主于公矣。若何公荣祖、张公思立、工公毅、高公昉、贾公钧、郝公景文、孟公季、赵公世延……诸执政多所谘访。阎公复、姚公燧、卢公挚、王公构、陈公俨、刘公敏中、高公克恭、程公矩夫、赵公孟頫、张公伯纯、郭公贯、元公明善、哀公桷、邓公文原、张公养浩、李公道源、商公琦、曹公元彬、王公都中诸君子雅相友善，交游之贤，盖不得尽纪也。"② 可见，与吴全节来往的人中颇多文学特达之士，而赵孟頫与之来往尤其密切，两人有深厚的感情。以吴全节南归为例，群臣都以诗歌相赠，赵孟頫除了像其他群臣一样赠文、赠诗外，尚觉得不能表

---

① 《大元敕赐开府仪同三司上卿辅成赞化保运玄教大宗师志道玄教冲玄仁靖大真人知集贤院事领诸道教事张公碑铭》，李修生主编《全元文》卷六零零，第 19 册，第 316 页。

② 《道园学古录·河图仙坛之碑》，王云五主编《万有文库》，商务印书馆 1935 年版，第 420—421 页。

白自己的心意，乃合绢两大幅作《古木竹石之图》以遗之，并详细解说了此图之意，"《诗》不云乎'绿竹猗猗'，卫人所以美武之德也。'维石岩岩'，言民之所具瞻也。'南有樛木，葛藟累之'，君子之所以绥福履也。乃合绢两大幅作《古木竹石之图》以遗之……竹并立如铁石，枝叶交错深至不可测，而历历可数。老木参植其间，若寒蛟古虬，角刌距矩，苍然真有以共夫千载之冰雪者。石脉缜密，八面具备，蔚乎高深而坚润，有以见所托之固且厚者焉，而变化之妙，乃不系于形质，盖其翰墨法度深稳，能极古人神巧之所至而兼之，固数百年之寥寥者矣，此尤其心许而神完者也。"① 虞集详细地记载了赵孟頫作画的用心，苍坚有节的竹子，虽多不乱的枝叶，这自然象征君子的穆如清风，饱经风霜的老树，正突出了岁寒之姿，即于其人所托之固且厚，就通过石脉的缜密、石势的高深、石质的坚润，而表现得无微不至。赵孟頫对吴全节的深厚感情跃然纸上。赵孟頫的《松雪斋集》中有很多与吴全节之间的诗文题赠，如《送吴真人谒告归为二亲八十寿兼降香明山》诗（卷五）曰："许迈杨羲奕世仙，木公金母共长年。斑衣归戏酆君侧，绛节朝辞玉帝前。去去青牛随紫气，飞飞白鹤绕香烟。大椿自得人间寿，八十从今数八千。"② 该诗广用典故，频用道教术语，仙气十足，体现了赵孟頫的道教旨趣。

第三，赵孟頫与茅山派文学道士张雨交情很深。前文提及到赵孟頫实际上是茅山道徒，而张雨也是茅山宗的著名道士，"雨性狷介，常渺视世俗，悒悒思古道，知弗能与人俯仰……独与翰林学士吴兴赵文敏公善，赵每以陶弘景方雨，谓雨曰：昔陶弘景得道华阳，是为华阳外史；今子得道于句曲，其必继陶，后乃号雨为句曲外史。雨遂自居曰句曲外史，四方人称之曰句曲外史"③。可见二人之间的关系非常密切。张雨桀骜不驯，缘何却对赵孟頫异常青睐，皆因为赵孟頫是张雨的书法之师。张雨《跋武定兰亭》中载张雨小时候曾跟随赵孟頫学习书法，赵孟頫任江浙提举时期与张雨的祖父逢源相识，因而指点张雨书法。赵孟頫曾以《送张伯雨归江南》一诗为张雨离开元大都送别，"张君岩穴士，一旦谒天阁，敝

① 虞集：《送吴真人序》，李修生主编《全元文》卷八二九，第14册，第250页。

② 《送吴真人谒告归为二亲八十寿兼降香明山》，《龙虎山志》编纂委员会编《龙虎山志》第九章，江西科学技术出版社2007年版，第313页。

③ （明）刘基：《句曲外史张伯雨墓志铭》，《道家金石略》，文物出版社1988年版，第993—994页。

屣妻子累，珍函诰箓尊，忽持九重诏，还归众妙门，久为方外友。"① 张雨在茅山入道后，赵孟𫖯曾为其建造的菌阁与玄洲精舍题匾、赠诗《玄洲十咏寄张贞居》等。

赵孟𫖯曾为玄教第三代宗师夏文咏画像，"松风兮飕飕，石泉兮交流，逍遥兮燕座，与造物兮同游。清扬皎其玉雪，气宇凛乎高秋，古之仙者不可得而见矣，我仪图之，其陶贞白之俦欤？"② 赵孟𫖯不常给人画像，此为例外，可见其对夏文咏另眼看待。

赵孟𫖯也与全真道士有过接触，他早年师从的尊师杜道坚对全真道也有传承，民国初成书的《道统源流》明确记载，长真真君传杜处逸先生③，长真真君即北宗全真七子之一谭处端。赵孟𫖯所教授绘画的黄公望中年入全真教，在苏杭一带开三教堂、广收弟子，自号"大痴道人"，此外像王蒙、吴镇、倪瓒等人也或多或少地与全真道有一定关系。北方全真教仿效佛教禅宗，不立文字，在修行方法上注重内丹修炼，反对符箓与黄白之术，以修真养性为正道，以识心见性、除情去欲、忍耻含垢、苦己利人为宗，加之早期随元朝南下，也吸引了很多前朝文人遁入全真道门。

赵孟𫖯也非常赞成全真教所弘扬的三教圆融理论，他常与佛教徒来往，关系最为密切的是禅宗高僧中峰明本。"中峰明本（1263—1323），浙江钱塘人，姓孙，号中峰，元代江南高僧，人称江南古佛。赵孟𫖯1299 年冬最初在吴兴弃山幻住庵拜见明本，并在之后的大德四年春作致明本的佛法帖，其后 1299 至 1309 年，赵孟𫖯任江浙儒学提举时在杭州、苏州，与明本多有往来，并深受其禅宗思想影响。"④ 大德五年（1301）春，赵孟𫖯书写明本著《环净土诗》108 首并作跋语："右《怀净土诗》者，中峰和上之所作也。诗凡一百八首，取素珠之一周也。予尝为书其全稿矣，兹特采其要者再为书之。悯群生之迷涂，道佛境之极乐，及其成功，一也。"⑤ 1303 年，"时吴兴赵公孟𫖯提举江浙儒学叩师心要，师为说《防情复性》之旨"⑥。诸如此类，两人常常书信往来。他

① 张光宾：《元仙儒句曲外史张雨生平考述》，《元朝书画史研究论集》，故宫博物院 1979 年版，第 82 页。

② （宋）赵孟𫖯：《夏真人真赞》，任道斌校点《赵孟𫖯集》卷十，浙江古籍出版社 1986 年版，第 217 页。

③ 严合怡编：《道统源流》卷下，民铎报社出版社 1929 年版，第 7—8 页。

④ 罗晶：《赵孟𫖯的交游与创作》，湖南师范大学硕士学位论文，2011 年，第 86 页。

⑤ 纪华传：《江南古佛中峰明本与元代禅宗》，中国社会科学出版社 2006 年版，第 226 页。

⑥ 同上。

在致中峰和尚的多封信中，反复申说："其于佛法，十二年间时时向前，时时退后，见人说东道西，亦复随喜（'佛法帖'）卅年陈迹，宛若梦幻，此理昭然，夫复何言。但幻心未灭，随灭随起，有不能自已者。"① 可见他也深受佛教思想的影响，其夫人管道升也是虔诚的佛教徒，但是赵孟頫并不向往佛道的苦修生活，只是想修身养性得到内心的安宁，他并未从佛教境界中找到终极信靠，并成就清凉圆通的心性，这从他最后最终归入道门可知。

其他全真道士或不明道派道士，通过赵孟頫的诗词和书画题跋确切可考的有："徐志根（《题洞阳徐真人万壑松风图》卷二）、孙德彧（《长春宫孙真人题赞》卷十）、张全真（《南径道院记》卷七）、道隆上人（《赠道隆上人》卷二）、季明道（《赠季明道尊师》卷三）、张秋泉（《赋张秋泉真人所藏研山》卷四）、黄石翁（《清权斋内稿序》卷六）、章耕隐（《挽洞霄章耕隐》卷五）、危功远（《挽道士危功远》卷五）等等。"② 不过总体来说，赵孟頫因为主要在江南地区活动，与南方道派的关系更为密切些。《式古堂书画汇考书考》卷十六有一篇赵孟頫《松雪道人方外交疏》的逸文，其文曰："处西湖之上，居多志同道合之朋；歌白石之章，遂有室迩人远之叹。第恐大赢之小刹，难淹名世之俊流。石室长老禅师，学识古今，心忘物我……阙祝华封寿象教常隆。至治元年十二月□日松雪道人书。"③ "疏中提到者有玄览真人王寿衍、紫霞道士马臻、句曲道人张嗣真等。此疏撰于至治元年（1321），即赵孟頫谢世的前一年。由此可见，即便到了晚年，赵孟頫仍然优游于道众之中。"④

（四）以书画诗词体道寄志

赵孟頫的书画艺术成就非凡，在江浙地区担任负责文化艺术方面的官员一职为赵孟頫书画诗文技艺的增长，提供了非常优越的环境。他有机会遍游江浙佳山秀水，心摹手追，创作进入旺盛时期。著名道士黄公望也曾向其学习绘画，元代柳贯在元至正二年（1342）为性之所藏大痴《天池石壁图》轴（北京故宫博物院藏）题诗中就说："吴兴室内大弟子。"大痴黄公望自己也在跋赵孟頫的《千字文》中称："当年亲见公挥

① 单国强：《古书画史论集·元赵孟頫系年版初编》，紫禁城出版社2002年版，第46—48页。

② 卢仁龙：《赵孟頫与道教》，《世界宗教研究》1991年第3期，第32页。

③ 《式古堂书画汇考书考·松雪道人方外交疏》，《中国书画全书》编纂委员会编《中国书画全书》，上海书画出版社1993年版，第3册，第392页。

④ 罗晶：《赵孟頫的交游与创作》，湖南师范大学硕士学位论文，2011年，第111页。

洒，松雪斋中小学生。"① "元四家中还有倪瓒、吴镇，他们虽不是赵孟頫的学生，但间接受赵孟頫影响。他对四家的影响并不仅在画法上，更为重要的是画学理念和创作路数，黄公望空灵萧散，倪瓒简淡荒疏，王蒙苍茫浑厚，吴镇沉郁温润，而这些风格都能在赵孟頫作品中找到风格原型和精神源头。"② 他后来担任"儒学提举"一职，给他带来了更多的声望，许多人依附他的门下来求学求教。皇太子爱育黎拔力八达对他产生了兴趣，至大三年（1310），赵孟頫拜翰林侍读学士，知制诰同修国史，朝夕与商琦、王振鹏、元明善等才艺之士相处，侍从于皇太子左右，谈论儒学文艺，颇为相得。次年五月，爱育黎拔力八达即位，是为仁宗。他登基后不久，立即将赵孟頫升为从二品的集贤侍讲学士、中奉大夫，管夫人亦被封为吴兴郡夫人。元仁宗赞赏赵孟頫共有七条理由："帝王苗裔一也；行貌昳丽二也；博学多闻知三也；操履纯正四也；文词尚古五也；书画绝伦六也；旁通佛老之旨，造诣玄微七也。"③ 元仁宗把他视为类似唐朝的李白、宋朝的苏轼那样的人物，称他"操履纯正，博学多闻，书画绝伦，旁通佛老之旨，皆人所不及"④，为了显示对他的恩宠，多次给他赐予钱钞及贵重裘皮等物，这也从表面上看起来是赵孟頫的仕途从此进入了一个辉煌时期，而人前风光的赵孟頫，内心中一直存在着苦痛和郁闷的情绪得不到纾解，因此他一直通过书画诗词等艺术创作来抒发自己的隐逸之情。

画山水画和观山水画在古人看来是一种体道、味道的行为，所谓"圣人含道暎物"、"圣人以神法道"、"山水以形媚道"⑤，而山水画中用各种物象来表现大自然的包罗万象、生生不息之道，充满了道教韵味，"非画也，真道也"，可见山水画与道教精神之间的联系。赵孟頫的主要生活范围就是在江南一带，而这里恰恰是大量南宋遗民聚集的地方，很多文人知识分子聚集在这里，他们常以前朝道统文脉自居，对赵孟頫出仕元朝常有非议，给赵孟頫的内心造成了非常大的压力。虽然他常与鲜于

① 胡光华：《赵孟頫及其山水画研究》，《东方博物》2006 年第 2 期，第 90 页。

② 罗晶：《赵孟頫的交游与创作》，湖南师范大学硕士学位论文，2011 年，第 113 页。

③ 杨载：《大元故翰林学士承旨荣禄大夫知制诰兼修国史赵公行状》，李修生主编《全元文》卷八一二，第 25 册，第 585 页。

④ （明）宋濂：《元史·赵孟頫传》，第 4022 页。

⑤ 宗炳：《画山水序》，俞剑华编《中国画论选读》，江苏美术出版社 2007 年版，第 65—69 页。

枢、仇远、戴表元、邓文原等四方才士在一起谈艺论道，但是戴表元也曾作《招子昂歌》，以"虚名何用等灰尘，不如世上蓬蒿人"来委婉劝说。因此赵孟頫只有通过大量隐逸山水画和诸如《咏逸民十一首》等诗词来表达自己的内心情感，与他们沟通交流，获取他们的认可，而实际上他也确实是有感而发。

因为满朝文武也都忘不了赵孟頫的出身和"政敌"的身份，时不时拿出来说事，赵孟頫在元廷中动辄得咎，如赵孟頫于刑部议钞法，力排众议，据理力争，就有人认为他年幼且为南人说话不足为凭，"今朝廷行至元钞，故犯法者以之计赃。公以为非是，岂欲沮至元钞耶?! 昔金人定法，亦与大儒共议，岂遽无如公者?!"① 话语中的讽刺不屑之意溢于言表。而且元世祖多次想重用赵孟頫都因为受到各方的阻难而作罢，说明了满朝文武都想着法要将赵孟頫挤出权力中枢机构，致使赵孟頫一直担任的是闲职，如最初被任命的兵部郎中是从五品，两年后被任命的集贤直学士是从四品，这些都是文学侍从一类的闲职，没有实权。至元二十九年（1292）赵孟頫出任济南路总管府事，这算是个有实权的官职；他也想在任上大干一番，可是其他蒙古官员总是用带有偏见的眼光看他，事事为难他，让他难展抱负。甚至元世祖也介意他的宋宗室背景，曾向他询问赵孟頫太祖、太宗之事，并借评论叶李和留梦炎两人的优劣而委婉地表达了自己鄙视不忠不直之人的思想，赵孟頫曾经无限感慨自己是个受人"疏远"的人，"桑哥罪甚于似道……然我疏远之臣，言必不听"②。

赵孟頫本性正直，又有宋宗室背景，这些都不能不引起蒙古色目权臣的警觉，他又议论钞法，触及了不少人的权益，更遭到同僚的嫉恨，他竟然又参与到诛杀权臣桑哥的斗争中去，这又得罪了一批人，上述种种，都使得赵孟頫在元廷如履薄冰，如笼中鸟般无奈，长诗《罪出》曰："谁令堕尘网，宛转受缠绕；昔为水上鸥，今为笼中鸟，愁深无一语，月断南云杳，恸哭悲风来，如何诉穹昊。"③ 可知，"在他的内心，实际上是以这种富贵为精神上的压迫，因而这便加深了他对自由的要求，对自然的皈依，对隐逸生活的怀念。"④ 赵孟頫所作诗歌收录在《松雪斋集》前五卷

---

① 杨载：《大元故翰林学士承旨荣禄大夫知制诰兼修国史赵公行状》，李修生主编：《全元文》卷八一二，第580页。

② （明）宋濂：《元史·赵孟頫传》，第4021页。

③ 赵孟頫：《罪出》，任道斌校点：《赵孟頫集》卷二，浙江古籍出版社1986年版，第20页。

④ 徐复观：《中国艺术精神》，春风文艺出版社1987年版，第383—384页。

中的有四百余首，但多以出仕和归隐为主题，表现的是对出仕的无奈，对归隐的向往，对高士的景仰和对故土的眷恋。最著名的是《至元庚辰由集贤出知济南暂还吴兴赋诗书怀》，"多病相如已倦游，思归张翰况逢秋……闲身却羡沙头鹭，飞去飞来百自由。"① 从中可以窥见他内心深处的矛盾和痛苦，以及进退两难、不能自主的无奈。赵孟頫的这种心态还表现在他尤其喜欢陶渊明。无论是陶渊明的诗，还是陶渊明其人，他都深向往之，他常书《归去来辞》卷，也爱画陶翁的画像，甚至在五十六岁的时候还画了 14 幅陶潜事迹的白描图。除此之外，唐人、北宋的古画也成为他寄托自身隐逸情怀的载体，他写山水、绘人物、作花鸟、画鞍马，以抒发胸中纵横逸气，妙趣蔼然；除了水墨丹青外，他还乐于为佛寺道观题词，无论是篆书、隶书，还是楷书、行书、草书，他都游刃有余，其中他的行楷尤其肖似王羲之的风格。总之他在山水画和书法中寄托了他无限的隐逸情怀，也以此来获得自我认同，寻找着在文人士大夫和元廷官员之间的微妙平衡。

赵孟頫终其一生也没有真正过上他想要的隐逸生活，甚至在日常生活中也异常忙碌，作为御用文人，他要奉敕撰写大量的制、表、经卷、墓志、碑文、颂词，许多都需要亲笔撰写；作为名声在外的名人，他还要忙于日常应酬，给人题字题画，不得空闲。在《与德俊茂才》手札中，他曾叹息说："不肖不幸书颇好，凡寄与人，多是为寄书者所匿，甚苦甚苦！"② 在《送赵子昂提调写金经》中，他又写道："门前踏断铁门限，苦向王孙竟真迹。有时乘兴扫龙蛇，图画纸素动成匹；有时厌俗三叹启。何乃以此为人役！如池如沟弃残墨，如家如陵堆败笔。"③ 这样的生活实在是不胜其烦。管道升曾填《渔父词》数首，劝其归去。其一曰："人生贵极是王侯，浮名浮利不自由。争得似，一扁舟，吟风弄月归去休！"④ 延祐五年（1318），与赵孟頫相濡以沫的妻子管道升脚气病发作，赵孟頫多次请求回乡休养，都不得批准，直到次年四月才获批。彼时，管夫人已经病入膏肓，在五月中旬途经山东临清时病逝舟中。赵孟頫悲痛万分，

① 《松雪斋文集》卷四，任道斌编校：《赵孟頫文集》，上海书画出版社 2010 年版，第 70 页。

② 吴升：《大观录》，《中国书画全书》编纂委员会编《中国书画全书》，上海书画出版社 1993 年版，第 8 册，第 286 页。

③ （元）方回：《桐江续集·送子昂提调写金经》，《四库全书》"集部""别集类"，第 414 册，第 9 页。

④ 管道升：《渔父词》，鲁文忠选析《历代名媛诗》，花城出版社 1990 年版，第 40 页。

对官场的虚名也彻底看破，从此醉心于佛道，常书写经文，也创作了许多书画作品，但从此平淡度日，不求荣达。英宗至治二年（1322）六月，他逝于吴兴，与管夫人合葬于德清县千秋乡东衡山"阳林堂"别业东南侧，享年六十九岁。

赵孟𫖯和夫人管道升的合葬墓是其子赵雍等所建，墓地坐北朝南，地处"龙穴"，北倚鸡笼山、勤王山，左有鸡山，右有赤山，南临弯曲的小河，远处有屯山、张家山，是极典型的道教堪舆学产物，既符合通常的阴宅审美，也符合赵孟𫖯作为"水晶宫道人"的思想旨趣。此墓穴距地下约 1.5 米，长 3 米，宽 2.6 米，墓为石棺双室墓，墓前有石马一匹，石朝官二尊。先是 1319 年管道升下葬于此，后是 1322 年赵孟𫖯与管道升合葬。再后来，由于元廷追赠赵孟𫖯为荣禄大夫、江浙等处行中书省平章政事，追封为魏国公，谥文敏，这些殊荣让墓地的规模进一步扩大。

赵孟𫖯的一生充满了荣华与尴尬，他作为一代书画大家，传世画作有《鹊华秋色图》、《红衣罗汉图》、《幼舆邱壑图》、《秋郊饮马图》、《江村渔乐图》等，诗文都结集在《松雪斋集》中，此集是至元五年（1339）赵雍所辑付梓的。赵孟𫖯曾作《自警》诗曰："齿豁童头六十三，一生事事总堪惭。唯馀笔砚情犹在，留与人间作笑谈。"[1] 可以看作其一生的刻画，这些传说故事供后人不断地谈笑评论，实际上，赵孟𫖯矛盾复杂而荣华尴尬一生在道教史上也做出了诸多的贡献。

（五）赵孟𫖯的道教贡献

赵孟𫖯是个全才，他文采飞扬，诗文纯熟，精通音乐、书法、绘画，还爱好篆刻，也醉心于佛道旨趣，基本上属于文学艺术和学术汇聚一身的人物；他具有显赫的宗室背景，在元朝任职兵部郎中、翰林学士承旨，官居一品，具有比一般道士更为显赫的政治地位；他在书法绘画上的成就影响了元代的文化发展走向，间接扩大了道家道教的影响力，其在艺术上取得的巨大成就属于道教对文化艺术的贡献。除此之外，他的其他道教活动也促进了道教的传播与发展。

第一，资助修建道院。道教人士一般以修建道院为荣，赵孟𫖯也不例外，只不过赵孟𫖯是以夫人的名义修建道院。皇庆元年（1312）赵孟𫖯夫人管道升回老家建造了"管公孝思楼道院"，《魏国夫人管氏墓志铭》载："孟𫖯请假归，为先人立碑，夫人亦以管氏无丈夫子，欲命继又无其人，乃即故居作管公孝思楼道院（昔湖州金婆弄内有管公楼，为管夫人

---

[1]　（元）赵孟𫖯著，任道斌点校：《赵孟𫖯集》，浙江古籍出版社 1986 年版，第 118 页。

父亲所居。明成化、万历《湖州府志》载：'管公楼在金婆楼左，元赵孟頫建'，'赵子昂夫人奉赞先之所'）。"① 可知，赵夫人修建道院的决定也得到了赵孟頫的支持，夫妇齐心协力，斥资使之具有一定的规模，当时是赵孟頫借改元之庆而申请返乡为先人立碑修墓，在赵孟頫父、祖都获得荣宠的情况下，夫妻修建道院，说明他们有共同的道教情怀，这种情结不会因仕途的荣华而受到淡忘。

第二，绘制《玄元十子图》。《道藏》中所收录的《玄元十子图》也是赵孟頫遵从杜道坚之命而作的②，《玄门十子图》后有一段赵孟頫的逸文，揭示了他与杜道坚之间的关系："南莽先生杜尊师，予自儿时识之，居升元观来十年，师嘱予作老子及十一子像，并采诸家之言为列传十一传见之，所以明老子之道。兹事不可以辞，乃神交千古，仿佛此卷，用成斯美。师名道坚，南谷其自号云。"③ 此文又见于《式古堂书画汇考》卷十九引述，录自旧传赵孟頫帖。可知赵孟頫确实绘制了此图，卢仁龙的《赵孟頫〈玄元十子图〉及其他》详细论述了这个问题，此不赘述。

第三，撰写《上清传真图序》，并为《茅山志》所采用。前文提到了赵孟頫与张雨的密切关系，张雨在撰写《茅山志》时，收录了很多赵孟頫有关茅山的书法与文字，甚至其中的《上清品》是在借鉴了赵孟頫的《上清传真图传》的基础上形成的。④ 卢仁龙认为《上清品》传文出于赵孟頫，是因为清笪蟾光重编《茅山志》卷十一引明江永年序中"传于翰林赵孟頫"中之"传"当作"写作"之"传"，更因为《茅山志》的修撰起先是吴全节提出来，但当时的宗师王道孟并没有实行。刘大彬主坛（1311）后才真正着手编纂的，"主坛一纪，始克修撰"，可知茅山志于1323 年出现，而《上清传真图序》撰于延祐七年（1320），在《茅山志》之前并被《茅山志》采用进去了⑤，因此赵孟頫于《茅山志》大有功劳。

第四，为宫观撰写碑铭。赵孟頫的书法功底深厚，许多重要道观的碑匾都是由他所撰写的，《张留孙碑铭》自不待言，是我们研究元代玄教、正一派等道教史的重要参考资料；此外还有《隆道冲真崇正真人杜

---

① 余方德、稽发根：《湖州掌故集》，三秦出版社1997 年版，第65、223 页。

② 卢仁龙：《赵孟頫〈玄元十子图〉及其他》，《文献》1992 年第4 期，第38—46 页。

③ 《道藏》"洞玄部灵图类"，此文又见于《式古堂书画汇考》卷十九引述，录自旧传赵孟頫帖。

④ 卢仁龙：《赵孟頫与道教》，《世界宗教研究》1991 年第3 期，第32 页。

⑤ 同上书，第33—34 页。

公碑》，收入《松雪斋集》卷十，此文是我们研究杜道坚生平史料中最为全面的，它的史料价值不仅在于记叙了杜道坚的生平贡献，更透露出许多宋末文人纷纷入道的社会大背景，这是宋末元初道教发展受到政治影响的明证。这仅是赵孟𫖯所撰写碑传中最为著名的两篇，其他赵孟𫖯一生中所撰写的碑铭无数，他为很多道观撰文记叙了其兴废发展的历史，这都离不开其对道教发展史的充分掌握，再一次证明了赵孟𫖯浓厚的宗教热情与自觉性。

综上所述，王朝闻主编的《中国美术史·元代卷》说得好："历史地分析那些服务于元朝政权的汉族知识分子，会发现他们中不少是通过自己的行动在捍卫、弘扬着汉民族的先进文化的同时，也改造和提高着蒙古族的文化水准和政治素质，也可以说正是通过这些人的努力，使一个向以'杀伐、狩猎、宴飨'为生存主旨的民族步向文明，也使各民族的文化得到交流融会，汉民族的文化得到发扬光大，赵孟𫖯仕元后起到的正是这个作用。"① 赵孟𫖯作为著名的文学道士，能够利用自己的政治影响力扩大道教的影响，雅化了道教的形象，我们不能苛责他仕元的气节问题，任何事情都有两面性，倘若赵孟𫖯执意隐逸或者拒绝同元廷合作而早亡，他就不能入京得见大都内府所收藏的历代书画，尤其是晋人顾恺之，唐人王维、李思训，五代董源，北宋王诜等人的画作并使得自己的技艺精进；倘若他在江南时期隐于故里，而不是与三界人物广泛接触，则未必能引导元代艺术潮流、使自己的艺术观念影响整个元代书画史并流传后世。赵孟𫖯在杭州期间，总共九年的时间，这一期间，他的书画技艺纯熟，能够在杭州文化圈内如鱼得水，当时的书画鉴赏活动非常活跃，赵孟𫖯某种程度上成为其中的核心人物，从而引导了当时的书画导向。另外，他摒弃了以往轻视佛道之流的观念，发挥文士记录史实的作用，积极为道士立传，替道门传学，真实地记录了道教发展的历史，使得道教在一定程度上摆脱了弘教的传统模式，而具有相当的史料价值，其记录之功不可没，应该在浙江道教史上占据一席之地。

三　文学道士张雨

元末活动于浙江地区的茅山宗道士中有以文学知名的张雨。张雨（1277—1348），字伯雨，又名天雨，是一名道士，法名嗣真，别号贞居

---

① 陈云琴：《松雪斋主赵孟𫖯传》后记，浙江人民出版社2006年版，第358页。

子，又号句曲外史。杭之钱塘（今浙江杭州）人，宋崇国文忠公九成之裔①。年二十弃家，遍游天台、括苍诸名山。后去茅山礼宗师许道杞弟子周大静为师，受大洞经箓。再师玄教道士王寿衍，法名嗣真。居杭州开元宫，"风裁凝峻，见者异之"②。皇庆二年（1313），他随王寿衍入京，居崇真万寿宫。关于"句曲外史"这一称号之来由，不是由于编写过《茅山志》，而是出于对陶弘景的仰慕之情。这点可以从刘基《句曲外史张伯雨墓志铭》中可得到证实："赵每以陶弘景方雨，谓雨曰：'昔陶弘景得道华阳，是为华阳外史；今子得道于句曲。'其必继陶，后乃号雨为句曲外史。雨遂自居曰'句曲外史'，四方人称之曰'句曲外史'。"③ 可知，张雨素来就很仰慕闲云野鹤般的陶弘景等人，希望自己也能像他们那样，因此而得名。这在《句曲外史书诗文卷》之《马陶三传》中也可以推测出来，其中三人指的就是司马相如、五柳先生（陶渊明）、陶弘景三人。此外张雨有《冬十一月菌山修嗣真馆成制十绝句》诗，其一云："崇元馆主在齐梁，乃有元之吴郡张。相望八百四十载，我居鹤台如故乡。"④ 又之六云："但倚茅君为座主，从称外史作官衔。道家六经发愿写，深向石头藏一函。"⑤ 可见，张雨内心既有高远的文学追求，又有低调的道教旨归，这种内心动力最终促成了一代文学道士的诞生。张雨还有其他称号，如有"贞居子、贞居老仙、茅山外史、幻仙、山泽臞者、华阳隐逸、华阳外史"⑥ 等不一而足，但都不如"句曲外史"名气响。

由于素有诗名，京中士大夫与文人学士多愿与张雨交游，"一时贤士大夫，若浦城杨仲弘（杨载）、四明袁伯长（袁桷）、蜀郡虞伯生（虞集），争与为友。"⑦ 或谓："一时浦城杨仲弘、清江范德机（范梈）、金

---

① （明）姚绶：《句曲外史小传》，《藏外道书》第 34 册，第 58 页。

② 同上。

③ 此墓志铭今收于《藏外道书》第 34 册，第 59—60 页，但为删节本，全本见于明人朱存理《珊瑚木难》卷五，程杰在《刘基〈张雨墓志铭〉及相关问题》中有专门论述，《浙江社会科学》2005 年第 2 期，第 171—173 页。

④ 此诗《句曲外史贞居先生诗集》卷五题作《冬十一月菌山修嗣真馆成制十绝句》之一，《句曲外史集》卷上作《元统元年冬十一月句曲外史菌山巢居成制十小诗以自见录呈华阳隐居资一捧腹》，实则为同一首诗。

⑤ （元）张雨：《句曲外史贞居先生诗集》卷四，《四部丛刊三编》，第 43 页。

⑥ 丁雪艳：《张雨年谱》，广西师范大学硕士学位论文，2005 年，第 28 页。

⑦ （明）刘基：《句曲外史张伯雨墓志铭》，《句曲外史集附录》。此文未收入刘基《诚意伯文集》。载《道家金石略》，文物出版社 1988 年版，第 993—994 页。

华黄晋卿（黄溍）、吴兴赵仲穆（赵雍），交甚善。"① 总之，所交皆当时
的文学知名之士。张雨不希荣进，"彼玺书赐驿传，欲官之，非其志也，
即自誓不更出。"② 元仁宗延祐二年（1315）乙卯，张雨回到钱塘，住持
西湖福真观。刘基《句曲外史张伯雨墓志铭》云："外史虽为道士，恒以
亲老为忧，乃固辞，归钱塘。玺书赐号'清容玄一文度法师'，住持西湖
福真观。"③ 邓文原《巴西集》卷上有《请张伯雨提点住杭州福真观疏》，
可以为证。元仁宗延祐四年（1317）丁巳，张雨之父肖孙亡故，张雨重
返儒家装束，撤去道士衣冠，按照儒家的丧仪在墓旁结庐守墓三年，丁父
忧，守墓完毕后，张雨仍旧回归道士装束。刘基《句曲外史张伯雨墓志
铭》："父卒，庐于墓三年。丧毕，为道士如初。延祐庚申谢观居开元
宫。"④ 此时，张雨辞去福真观住持的职务，徙居开元宫。元英宗至治元
年（1321），开元宫火灾，张雨因此于次年回到茅山，主持崇寿观务，尝
作《四月十九日杭城灾毁数万家，开元再造廿一季，至是复毁，书异鸟
一首以自解》："异鸟鸾之族，臆对如有诉。自从羽翼成，栖息无定处。
一飞三十载，营巢经十度。"⑤ 诗中流露出了遇灾宫毁之后居无定所之哀。
元文宗天历二年（1329）己巳，张雨仍居茅山，然生计艰难。《句曲外史
贞居诗集》卷一有诗《己巳岁饥乞米》云："故人念我饥，贷粟仍借车。
归来荒山道，不敢嗟驰驱。升斗乞东家，西邻瓶甑虚。前车得倾筐，后车
已无余。饿殍满中野，扼揽将何如。"⑥ 可见当时穷困之窘态。

元文宗至顺四年、顺帝元统元年癸酉（1333）冬，张雨菌山巢居
（菌阁）成，作诗庆贺，赵孟頫有《玄洲十咏寄张贞居》其一《菌山》
诗："结茅依菌山，焚香候芝盖。真灵幸悯我，冠佩时来会。"⑦ 陈旅《张
外史马塍菌阁记》："外史旧有菌阁，在金菌山。吴兴赵文敏公篆榜，极
古。"⑧ 即此之谓也。至元六年（1340）庚辰，张雨"归阳德馆，作黄篾

① （明）姚绶：《句曲外史小传》，《句曲外史集附录》，《藏外道书》第34册，第58页。
② 同上。
③ （明）朱存理：《珊瑚木难》卷五，《道家金石略》，文物出版社1988年版，第993—994页。
④ 同上。
⑤ 《句曲外史贞居先生诗集》卷一。
⑥ 此诗亦收于《诗渊》册一之一二四页，文字略有出入。"升斗"作"升升"、"余"作
　"饥"、"饿殍"之间衍一"馀"字、"扼揽"作"搧擎"。
⑦ （元）赵孟頫：《松雪斋文集》卷五，《四部丛刊初编》"别集类"，第389册，第50页。
⑧ （明）田汝成：《西湖游览志》卷二十四，《丛书集成续编》"史地类"，第223册，第483
　页。

楼，储古图史甚富，往来于灵石坞之精舍"①。黄箓楼是张雨晚年所筑的藏书楼。此外，张雨还造水轩于浴鹄湾。《西湖游览志·南山胜迹》："自太子湾而西，为玉岑山；其对为赤山、惠因涧、惠因讲寺。赤山，其土赤埴，故名。由湖而陟此者，近定香桥为赤山埠，其水曲为浴鹄湾，张伯雨构水轩于此。"② 后来，张雨也将墓地选择在灵石坞。乾隆《杭州府志》记杨维桢《悼句曲外史》有"黄箓楼头仙一去，明年黄箓归狼烽"之句，可知黄箓楼毁于兵火中，后此楼复建。不过，从张雨《送黄先生归乌伤序》所说"至正元年，国子先生黄公提举江浙儒学，迎侍母夫人来钱塘。时母夫人年八十有六。雨尝屈致板舆，游开元后圃"③ 可知，张雨此时仍主要居于开元宫。元顺帝至正二年（1342），刘基《句曲外史张伯雨墓志铭》云："（外史）仍提点开元宫，时年已六十矣。乃先葬其冠剑于南山而辞宫事，但饮酒赋诗，或焚香终日，坐密室，不以世事接耳目。"④ 元顺帝至正十年（1350）七月，张雨卒，享年六十八岁⑤，葬于钱塘县灵石山玉钩桥。

张雨是茅山宗道士中长于著述者之一。在世时常手编生平诗文成集，元顺帝至正三年（1343），张雨曾造石室（龙井石室）藏其著述。《句曲外史集》卷下有《石室铭并序》："外史承留侯之裔，修隐居之业，年六十迁南峰灵石洞，所著《老氏经集传》、《茅山志》、《幽文玄史》与其诗若干卷，藏龙井之石室，解所服剑代其形合藏焉，以示道之不可传者。既阖户，勒铭其上曰：'藏书何为？道无累猗。瘗剑何为？神无体猗。玄室之闭，阅千岁而未始猗。大元癸未岁，吴郡张雨造。'"⑥ 即便如此，张雨的著作经兵火多半散佚。《贞居先生诗集》附录卷下有陈应符《辑张贞居遗诗书后》："黄箓手抄编年列类所积富矣，惜乎兵火，荐惟岁蠹月蚀。逸而存者无几，其间得之者，或宝有而靳于传，或欲传而沮于力，斯文之

① （明）姚绶：《穀庵集选》卷九，《四库全书》"集部""别集类"，第 1201 册，第 49 页。

② （明）田汝成：《西湖游览志》卷四，《丛书集成续编》"史地类"，第 223 册，第 41 页。

③ （元）黄溍：《黄文献公集》卷十二，《丛书集成初编》"文学类"，第 2088 册，第 566 页。

④ （明）朱存理：《珊瑚木难》卷五，《道家金石略》，第 993—994 页。

⑤ 关于其卒年，说法较多，共有五种即：至正六年（1346）、至正八年（1348）、至正九年（1349）、至正十年（1350）、至正十二年（1352）。详考见丁雪燕《张雨生卒年考》，《广西师范大学学报》2003 年第 2 期。

⑥ （元）张雨：《石室铭》并序，《全元文》卷一〇八八，第 34 册，第 372 页。

晦，识者兴嗟。"① 毛晋《张贞居集书后》记载："贞居子黄篾楼手编生平诗文甚富，惜乎红巾寇杭之余，不知所在。"② 其所著《出世集》三卷、《碧岩玄会录》二卷、《寻山志》十五卷，"考索精博"，今皆不存。又著《玄史》，即《玄品录》五卷，自序"老子立足者也"。现存于《道藏》。《四库全书》又存其诗集《句曲外史集》八卷。钱大昕《元史·艺文志》卷二著录张天雨《茅山志》十五卷，《成化杭州府志》卷十五云："张天雨，字伯雨，钱塘人。……尝屏居修《茅山志》，因号句曲外史。"故陈国符先生认为，现《道藏》中署名刘大彬所撰之《茅山志》，"实为张天雨所修，刘大彬窃取其名而已。"③ 关于《茅山志》的作者问题，请参看刘大彬部分的相关论述。

丁雪艳在《张雨年谱》中考证出了张雨的其他著作，现摘录如下：

《师友集》为张雨所编，其中皆为其友朋赠答酬唱之作。《元史·艺文志》卷四记："张雨《师友集》。"未记卷数。黄溍《金华黄先生文集》卷一八《师友集序》云："《师友集》者，张君伯雨所得名公赠言及倡酬之作也。……诗文总若干篇，其次第不系乎齿爵位望，而一以岁月为后先。方外一二士既编辑而校雠之，复俾溍为之序，而刻置伯雨所居灵石山之登善庵。"今不见他书著录，已佚。《诗渊》册三辑有《师友集》，录时人与张雨酬唱之诗一百零四首。又《贞居词》一卷，《八千卷楼书目》卷二十："《贞居词》一卷，元张雨撰。《知不足斋》本，《西冷词萃》本。"《贞居词》今传最早刊本即为吴讷《唐宋名贤百家词》本，不知何人何时所编，收词五十三首。《道德经集注》（又称《老氏经集传》）刘基《句曲外史张伯雨墓志铭》云："又建紫虚阁于葛岭，会玄教吴宗师命外史为《道德经》注，注成加教门修撰。"《句曲外史贞居先生诗集》卷一有《初阳台集老子注》一诗："闲居葛翁馆，载翻老氏书。肃然开宝蕴，浩若披海图。仰观宇宙大，俯怜心力微。日月有成数，不数独玄虚。疏根既隐约，岩岫亦萦纡。林雨奔绿气，风花哆红裾。养生竹素间，

① （明）陈应符：《辑张贞居遗诗书后》，《贞居先生诗集》附录卷下，《藏外道书》第 34 册，第 183 页。

② （明）毛晋：《张贞居集书后》，《贞居先生诗集》附录卷下，《藏外道书》第 34 册，第 184 页。

③ 陈国符：《道藏源流考》下册，第 248 页。

而我羡蟫鱼。总角志闻道,白首将焉如。"又雨《句曲外史集》卷下有《石室铭序》:"外史承留侯之裔,修隐居之业,年六十迁南峰灵石涧。所著《老氏经集传》、《茅山志》、《幽文玄史》与其诗若干卷,藏龙井之石室,解所服剑代其形合藏焉,以示道之不可传者。既阖户,勒铭其上。"①

据上述材料可知,张雨还曾经为《道德经》做过集注,说明他对道教的经典有比较深入的了解。不过,此书没有在历代著录中出现,可能很久之前就已经失传了。

张雨是一个多才多艺的文学道士,精于诗、能文、善书、工画,尤以诗享盛誉于元末文坛。徐达左说:"贞居以儒者抽簪入道,自钱塘来句曲,负逸才英气,以诗著名,格调清丽,句语新奇,可谓诗家之杰出者。当是时,以诗文鸣世者,若赵松雪(孟頫)、虞道园(虞集)、范德机、杨仲弘诸君子,以英伟之姿,凌跨一代,谐鸣于馆阁之上,而流风余韵,播诸丘壑之间。贞居以豪迈之气,超然自得,独鸣于丘壑之间,而清声雅调,闻诸馆阁之上。诸君子亦尝与其唱酬往还,虽出处不同,而同为词章之宗匠,辟如轩轾,讵知其孰先而孰后耶?"②姚绶评其诗文说:"诗宗杜,惟肖古选,类大历间诸子;文学韩,而冷语类汉。"③王彝评其诗云:"今观雨自书杂诗……词翰之妙如是,自当与赵、虞诸公诗集并传也。"④

张雨又善书法。《六砚斋笔记》卷三云:"在书法方面,张雨是早得赵孟頫之墨妙。他所写刻的《茅山志》就是典型的赵体字,并为世所称道。"⑤姚绶云:"饮酣伸纸作大草,尤妙;小楷变率更(欧阳询)家数,世称二绝。"⑥张雨的存世书迹有《山居即事诗帖》、《登南峰诗》、《杂诗卷》等。《题画诗卷》是其行草书的代表作。其诗清虚雅逸,其书雄沉遒劲,堪称诗书融通的佳作,倪云林称其诗文字画为"道品第一"。姚绶谓张雨"独于画未工。"⑦此评似不确,张雨好友倪瓒《题张贞居书卷》

---

① 丁雪艳:《张雨年谱》,广西师范大学硕士学位论文,2002年,中国古典文献学专业,第10页。

② (明)徐达左:《句曲外史集》前序,《藏外道书》第34册,第57页。

③ (明)姚绶:《句曲外史小传》,《藏外道书》第34册,第58页。

④ (明)王彝:《王常宗集》续补遗,《四库全书》第1229册,第42页。

⑤ (明)李日华:《六研斋笔记》卷三,《四库全书》第867册,第39页。

⑥ (明)姚绶:《句曲外史小传》,《藏外道书》第34册,第58页。

⑦ 同上。

曰："贞居真人，诗、文、字、画皆为本朝道品第一。"① 元人陶宗仪《书史会要》卷七："（张雨）博闻多识，善谈名理，作诗自成一家，字画亦清逸。"② 可见张雨在画上也有造诣。

张雨工书画，善诗词，才思横溢，称得上是元代道士中的一位佼佼者。但因种种缘故，过去史家对他并不重视，《元史》不载张雨传，即为明显的一例。张雨在文学艺术上的光芒掩盖了他在道教史上的贡献。其实张雨在道教史上应该占有一定地位。

首先，张雨在元朝颇负声望，与著名文人、僧人密切来往，扩大了道教在社会上的影响力。上面已经谈到他与众多著名文人的酬和往来，道士身份的张雨在元朝文人中有巨大的影响力，这势必影响到文人对于道教的态度和看法，进而促进道教思想理念的传播。张雨与僧人的来往也很密切。张雨的诗集中多见与僧侣交游之作，"如《句曲外史贞居先生诗集》卷一有《僧号月潮自金陵来乞诗》、《断江和尚迁化追和芙蓉洲雅集韵悼之》、《独游龙井方圆庵僧照请阅五贤二开士画像》，卷二有《次韵天镜僧昧旦绝湖二首寄谢德嘉征君》、《赠惠山僧天泽二首》、《明静院夕佳楼晋卿秘监、绝宗法师同赋》、《次韵僧易道见投》、《本无、秋海二上人鹄湾月夜弹琴》、《句容陈仲扬诗送净月游山次韵一解》，等等。可知张雨与当时名僧如觉恩、良琦、照、元瀞、善继、维翰、本无、来复、夷简、净月等，皆有交游。"③ 张雨还曾教授僧人书法，《续书史会要》载："释夷简，字易道，义兴人，书师张雨；释正除，字见原，天台人，书师张雨。"④ 张雨以道士身份，与文人和僧人交往，既是元末三教融合观念的体现，又进一步促进了三教之间的交流，为道教从儒释两家吸取精华，促进道教教义的理论提升提供了契机，至明代道教教义中的"援儒入道"、"援释入道"现象明显增多。

其次，张雨在道教界也有相当的影响。元代中晚期正一派发展壮大，道教上层人物如张留孙、吴全节等都受到尊崇，曾累次进京朝觐，获得封赏和封号，风光无比。当时由于玄教的发展，江南各地宫观都统一归为正一派，其中各符箓派都归正一派领导。张雨所属的茅山派是以存思、存神和诵经为主要修道方式，虽然茅山派对其他各种修行方法也有兼容并包，

---

① （元）倪瓒：《清閟阁遗稿》卷十一，《四库全书》第1220册，第118页。

② （元）陶宗仪：《书史会要》卷七，《四库全书》第814册，第101页。

③ 丁雪艳：《张雨年谱》，广西师范大学硕士学位论文，2005年，第4页。

④ （元）陶宗仪：《续书史会要》，《四库全书》第814册，第140页。

但是茅山派的主要修行方式仍旧偏向精神性的存思修炼，尤其是张雨与杜道坚等道士多以诗文名世，成为文学道士的代表，其在道教修炼方面基本上不涉及太多符箓咒语。关于这种情况，《南村辍耕录》卷九曾有提及："他日，伯雨往谒谢诸公，惟虞先生全不言儒者事，只问道家典故，虽答之，或不能详末。问能作几家符箓，曰：'不能'。先生曰：'某试书之，以质是否。'连书七十二家。伯雨汗流浃背，辄下拜曰：'真吾师也。'自是托交甚契，故与先生书必称弟子焉。"① 可知，张雨能够在有生之年数次执掌各大宫观并获得"清容玄一文度法师"的称号，只是说明他可能名气较大，或者说明他对道教经典的内涵领悟很深，但在符箓法术方面比较欠缺。

首先表现在，许多茅山宗道士出身仕宦之家，具有较高的文化修养，带有贵族与知识分子气质，因而茅山宗主要走上层路线，与统治阶级关系密切，这为道教向上发展提供了可能。再者，许多茅山宗道士有极强的社会活动能力，他们或者充当帝王之师，如茅山宗多位宗师受到朝廷的册封，或者与当世名流密切交往，对统治者极具影响力，也因倚重皇权而为茅山宗的发展带来了机遇。

最重要的是，茅山派道士素有长于著述的传统，对道教教理、教义的著述极为丰富，为前期诸道派之冠。"笪蟾光《茅山志·真人著述经忏道书》收有《上清大洞宝经篇目》百部，《上清二十四高真玉箓》一部，《上清大洞箓篇目》三十五部，《众真所著经论篇目》六十二部，郑樵《通志·艺文略》著录《茅山道书目》四十部。"② 有了这么多著述，茅山派有了值得自豪的资本，因此长期以来跟龙虎宗、阁皂宗并驾齐驱，成为符箓派三宗之一，后来才跟其他符箓派合并归入道正一派。

元代茅山宗除以苏浙为主要基地、兼及福建外，江西亦有传播踪迹。《道园学古录》载："上清法师孙庆衍受玺书领相山之宫观"③。相山即在今江西崇仁县境内。合并入正一派以后，传上清法箓的茅山派以其教理仪规之严，仍保持独立的上清派传统，与各地正一道明显不同。同时，北方兴起全真道，全真道也逐渐渗入茅山道场，但茅山仍以"真人法派"和"续编法派"的九十六字诀系代，至今已传至第七十八代受字辈。

---

① （元）陶宗仪：《南村辍耕录》卷九，《四部丛刊三编》，第 68 页。
② 张崇富：《上清派修炼思想研究》，四川大学博士学位论文，2003 年，第 6 页。
③ （元）虞集：《道园学古录》卷四十七，《四部丛刊初编》"集部"，第 558 页。

四　道士章居实

章居实（1254—1304），宋元时黄岩人。号明素真冲妙法师。尝名修真之室曰耕隐，时人又称耕隐翁。元戴表元《故道录章公墓志铭》①载其道行称其幼时敏悟，入乡校有奇名。其家族也有隐逸传统，"章之世多达者，至师曾祖某、祖某、父某，俱隐德不仕"②。十八岁，正式出家为道士。"至元十五年（1278年）升擢西湖崇真观上座兼书记。十八年（1281年）充任玄学修撰、西太乙宫焚修。二十三年（1286年）任台州路道录。二十七年（1290年）进玄学提举，龙德通仙宫住持。元贞二年（1296年）提点佑圣观事。旋又为凝神斋高士，兼玄洞观住持。大德元年（1297年）提点玄妙观。大德二年（1298年）充任西太乙宫提点知宫。三年（1299年）授杭州路道录。五年（1301年）升任提点知宫。六年（1302年）任大护持。居实性情通豁，与人交无城府，师事郎一山近三十年，毫无倦容。内饬风纪，外接光尘，道门内外咸敬重之。大德八年（1304年）病逝于西太乙宫，享年五十一。"③

章居实是洞霄宫住持郎如山的弟子，郎如山，字鲁瞻，号一山，世为余杭望族。年十八任事于洞霄宫，元世祖至元丁丑（1277）春担任西湖崇真观开山住持、通真斋高士；戊寅年（1278）十一月奉师命充副宫事；至元二十二年（1285），升本道道录洞霄宫提举知宫；己丑（1289）八月升提举知宫浙西道道教提点；元贞元年（1295），被旨提点住持洞霄宫兼管本山诸宫观事；大德元年（1297）卒。章居实1268年侍父来杭，后为大涤山洞霄宫诸老看中，因为他表现出众，"居纷华之场而读书一室，端凝如愚人。"④己巳（1269）春，竹宫翻经，往游观焉。仪止修雅，应对开爽，众目为属。遂携以入山，由郎如山（1295年提点住持洞霄宫）专意育教，命礼四世孙李某为师，这些都对章居实后来的发展有潜移默化的影响。

元代时洞霄宫地位显赫，不论文士抑或龙虎山正一教以及玄教诸人皆

---

①　（元）戴表元：《故道录章公墓志铭》，《剡源集》卷十六，《丛书集成续编六十五（文学类、诗文别集—宋、诗文别集—金、诗文别集—元）》，台北新文丰出版公司1995年，第245页，影印本第496页。

②　周永慎：《历代真仙高道传》，中国社会科学出版社2003年版，第353页。

③　见《松雪斋全集·卷五》，胡孚琛主编《中华道教大辞典》，中国社会科学出版社1995年版，第137页。

④　周永慎：《历代真仙高道传》，中国社会科学出版社2003年版，第353页。

与洞霄宫关系亲密，洞霄宫被尊为"道教祖庭"，名列天下名山洞府三十六洞天、七十二福地中的第五位。据《余杭县志》卷十六记载："洞霄之名始于宋，而其迹实肇于汉，恢于唐，至宋南渡而称极盛。"① 宋代浙江境内所建的宫观很多，但最为著名的还是要数洞霄宫。洞霄宫在浙江余杭县大涤山中岭下。据载，汉武帝元封三年（前108），始建宫坛于大涤洞前，以做祈福之所。唐高宗弘道元年（683），敕本山道士潘先生于其地建天柱观。中宗朝赐观庄一所。乾宁二年（895），吴越武肃王钱镠与道士闾丘方远相度地势，进行重建。又于光化三年（900）作《天柱观记》，述乾宁二年与闾丘方远"创建殿堂，兼移基址"事，谓"其大殿之内，塑天尊、真人、龙虎二君，侍卫无阙。其次，别创上清精思院，为朝真念道之方。建堂厨及陈鼎击钟之所，门廊房砌，无不更新"。北宋大中祥符五年（1012），始改天柱观为洞霄宫。并赐仁和县田顷，悉蠲租税。天圣四年（1026），诏道院详定天下名山洞府凡20处，杭州洞霄宫大涤洞为第五。政和二年（1112），以宫宇颓圮，奉旨赐度牒300道以兴复之。后因方腊起事，废于兵火。高宗南渡后，绍兴二十五年（1155）出内帑重建。淳祐七年（1247），诏赐钱以置恒产，山门规制更加崇广。陆游于嘉泰三年（1203）撰《洞霄宫碑记》，除历述洞霄宫之兴革历史外，又特别强调了它的重要地位，称它在宋时"与嵩山崇福宫独为天下宫观之首。……其地望之重，殆与昭应、景灵、醴泉、万寿、太一、神霄宝篆为比，他莫敢望"。并谓两宋期间，朝廷常以去位之宰辅大臣提举洞霄宫，"先后担任洞霄宫提举的高官多达160人，其中副宰相以上的就有43人。"② 故时人称洞霄宫为"山中神仙府，人间宰相家"，李纲、朱熹皆任过"提举洞霄宫观察使"。至元代，洞霄宫居于"管领江南诸路道教所，总摄江淮荆襄等路道教"的突出地位，是为江南道教至高无上的洞天福地。在当时位尊势大，权倾江南，这也是为何后来《瑞鹤诗》被送到余杭洞霄宫收藏的背景之一。家铉翁《则堂集》卷二有《洞霄宫记》，提到至元甲申年（1284）曾大作法事，香火极盛；元贞乙未（1295）年新筑大殿及余屋，落成时"金碧瑰丽、照映林谷、神运鬼工"，可见其辉煌。

　　章耕隐一生皆活动于杭州道观，起初他在洞霄宫学习，大德元年（1297）提点玄妙观，大德二年（1298）充任西太乙宫提点知宫。"知宫"

---

①　沈冬梅、范立舟：《浙江通史》第5卷《宋代卷》，浙江人民出版社2005年版，第326页。

②　杨海军：《章耕隐与洞霄宫考》，博宝艺术网，http://news.artxun.com/dadeyuan－1694－8468964.shtml。

是宋朝是道官制度的一个基层宫观职务，属于第三级。当时第一级是京师道录院；第二级是地方道正司，分路、州（府、监、军）和县三级；第三级是基层宫观，主要有知宫观事、观主、都监、住持等，"知宫"是"知宫观事"的简称。大德三年（1299）他被授杭州路道录，即道官制度的第二级。辛丑年（1301）被降任为提点知宫，经极力请求，他得以继续保持现有职位，壬寅年（1302）他被加封玺书护持。大德八年（1304）他病逝于西太乙宫。他性情通畅豁达，师事郎如山近三十年如一日，毫无倦容。同时，他住持的宫观，内部规矩严明，井然有序，对外严整有礼，道门内外都敬重他。

章耕隐能获得如此广泛的称誉与他尽力为道众谋福祉有关，例如当初西太乙宫破败，不堪居住，道众们无处栖身，只能寄居在湖侧的小宫观，地方狭小、阴冷异常，实在是不宜居住。为了改变这种状况，郎如山和他的继任者杨公相继极力补缀，使得宫观渐渐有了一定的样子。章耕隐接管宫观之后，立志要改变宫观的现状。他不仅想要恢复宫观，而且还想让宫观与周围的环境相适宜，从而发扬光大。因此，他在周边地区物色合适地点，凡杭州附近的地区他都一一考察，找到了杨氏一个废弃的园圃。这个废弃的园地背靠高山，视野开阔，经风水师勘察过后，各项条件都堪称合适，因此双方就签订了契约，购置了这块田地。章耕隐于是致力于宫观的修建。他亲自监督工程的材料和进度，全身心地投入宫观的设计和建造监督上，以至于废寝忘食、呕心沥血。在他的努力之下，不到一年时间，宫观的库舍、斋堂、方丈室等已经初具规模，但是正在此时，章耕隐却因为过于劳累而积劳成疾。他不以自己的身体为意，继续致力于宫观的建设。无论严寒还是酷暑，他都奔波在建筑工地上。他认为，个人的寿命长短是天定的，但是宫观的建设是几代人的心愿，不能不完成，不能不为此尽心尽力。有次，他步履蹒跚得走到建筑工地上，感慨地说："命之修短，天也。西宫吾家世事，不可不竟。"[①] 这种将修复宫观当作毕生使命的高度责任感，自然使得众道众对他倍加尊重。

章耕隐不仅在道众中人缘好，而且与文人学士也交好，元贞三年（1297）二月，元成宗铁穆耳命道士张留孙在大都（北京）崇真万寿宫"设金箓醮仪，恭礼上玄"，意即祭天祈祥。同时命集贤学士阎复、郝采麟二人充代祀官。张留孙在北京奉旨设金箓醮仪祭天之举，既是朝廷大礼，也是整个道教界的盛事殊荣。在这次为期三天的活动期间，有瑞鹤两

---

① 周永慎：《历代真仙高道传》，中国社会科学出版社 2003 年版，第 354 页。

次飞临现场上空，盘旋翱翔。鹤本来就是道教所推崇的祥瑞之物，在举行醮祀仪式之际现身，更是灵验吉兆。于是，代祀官集贤学士阎复便作了一首长诗记述此事。阎复《序》言及，元贞三年二月，斋醮举行的第二天，就有三只鹤飞来，在祠宫之上，久久盘旋；第三天午，高功法师"星冠云冕"，举行"拜表"程序，"法音琅然，芬燎上达"，气氛庄严肃穆，只见两鹤在空中飞舞，而后会聚于北斗新宫的南门，继而又飞翔起来，"凌风驭气，下临坛宇，盘旋移晷，掠殿庭西北而去"。奇观出现，令在场的人兴奋不已，大家拭目观看，赞叹连连。从卷上家之巽的和诗题写于大德三年（1299）九月和章耕隐卒于大德八年（1304）可以推断，此卷《瑞鹤诗》应书写于元贞三年二月醮仪举行后至大德三年九月之间。完成之后，阎复的这卷《瑞鹤诗》便被送到余杭洞霄宫收藏，章居实算是最早的收藏者与传播者。

　　章耕隐与当时的书画名家赵孟頫相友善，深得道教书法精蕴，章耕隐死后，赵孟頫还写有《挽洞霄章耕隐》诗，诗意凄切，诗中尊章耕隐为师长，道出了他俩相见时的欢愉以及愕闻挚友西去，心中无以言状的哀悼，可见两人关系密切。章居实特别珍惜阎复撰文、书写的《大都崇真万寿宫瑞鹤诗并序》，"元代流行一种新的鉴赏方式，即'合卷'的形式，就特定的题咏，多人唱和，或用诗或用词，合诸家书法作品汇成一卷，以供清玩。"① 这种文人学士之间浓厚的题咏风气，到元代中后期特别盛行并延续到明代。当时章耕隐把阎复的墨宝出示给家之巽时，这位前朝进士肃然起敬，即次韵奉和，成诗一首，抄写续上，时在大德己亥（1299）九月六日。大概在同一时期，章耕隐也把阎复的《大都崇真万寿宫瑞鹤诗并序》出示给通议大夫前建德路总管兼府尹紫阳方回。于是，方回也和诗一首。此外，尚有张模、牟应龙、杜道坚等多人，都是在看了《大都崇真万寿宫瑞鹤诗并序》之后，有感于道教斋醮瑞应的奇观而写下和诗，总体上说，家之巽等五人的和诗题咏应书写于大德三年九月至大德八年之间。元朝文人知识分子与道教人士的来往是一种较被认可的社会风气，这两种类型人士的来往常常是通过诗文互动来实现的，无形之中，使得儒家思想与道教思想相互接受、相互融合。因为有了道士的参与，也因为当时的文人对道教和道士比较接受和认同，元代的文化才呈现出一种崭新的面貌。"这应该是历史上有关道教斋醮法事瑞应的最长书法条幅，而那些风格各异的钤印则彰显了诸多文人、道士对张留孙领衔的崇真宫道教

---

① 蔡梦霞：《论元代章草的复兴》，中央美术学院硕士学位论文，2005年，第24页。

斋醮法事的积极响应。"① 而此事又是由与文人雅士交往密切的章耕隐出面请诸位文人和诗题咏的，所以章耕隐对此也功不可没。

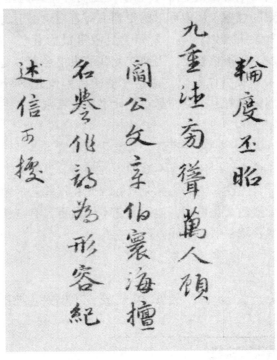

图8-3　瑞鹤翔天：元《崇真万寿宫瑞鹤诗唱和卷》局部

这件书法作品有很高的艺术价值，因为元代书法与唐宋相比有很大不同的一点是篆隶二体的复兴，不仅像赵孟頫、虞集、周伯琦等著名书家都兼善篆隶，而且许多书名不显、甚至不以书名的文人士大夫都擅长此道，但留存至今的作品，除碑刻外多数都是题跋、诗翰一类的小品，鸿篇巨制很少。此卷隶书《瑞鹤诗》并序，全篇六百七十余字，可谓洋洋洒洒。一般说来，元代善写隶书的书法家虽然都是取法古人，但因当时距离隶书的繁荣期汉代间隔久远，多是以唐人隶书为学习模板，在技巧风格上以工稳、整齐和洁净为特点。《瑞鹤诗》的隶书也是如此。"其书法用笔

---

① 詹石窗：《道教斋醮瑞应的艺术珍品》，博宝艺术网，http：//news. artxun. com/wenzuoming － 1694 － 8469006. shtml。本文系国家社会科学基金特别委托重大项目"百年道教研究与创新工程"阶段性成果，项目批准号：09@ ZH011。

稳健流畅，结体方整均衡，首尾六百余字而能气息完整，一字不苟。其中对隶书特有的蚕头燕尾笔法运用娴熟而稳定，对于隶书某些特殊的结体方法和装饰性笔划的把握处理也十分和谐，因而在整体风格上具有一种古朴、静穆、雅致的意趣，从中可以感受到书写者在隶书上的精湛造诣和功力。"① "元代善隶书者以虞集、萧𣂀、吴叡等最为著名。阎复的年龄比虞、吴大数十岁，比萧长五岁，因而在元朝的隶书名家中是最年长者；另外在现存的元长篇隶书作品中，这卷《瑞鹤诗》也是书写时间最早的一件。综合上述因素来看，这件作品在元代书法史特别是隶书方面的突出价值就不言而喻了。"②

综上所述，大凡一种重要宗教，对文化领域皆有各种辐射作用。道教进入中期以后，这种辐射作用有不断加强的趋势。道教人士由于养生的需求对琴棋书画异常关注，他们心无旁骛，因此在这些艺术领域能有较高的造诣；由于饱受道教文化熏陶，他们的艺术作品更具有道教艺术特色，是道教文化对艺术领域辐射的最好体现。

第五节　黄公望、吴镇和王蒙对道教绘画的贡献

一　画家道士黄公望③

黄公望（1269—1355），本姓陆，世居平江之常熟（今属江苏），幼年时候父母双亡，贫苦无依，永嘉黄氏"年老无子，居于邑之小山，见公望姿秀异，爱之，乞以为嗣"。④ 黄公望同意后，就被过继给永嘉黄氏，公望因用其姓，"遂徙富春（浙江富阳）"⑤。有记载曰黄公望出于"莆田

---

① 《元朝8米书法手卷〈崇真万寿宫瑞鹤诗唱和卷〉亿元成交》，http：//blog. sina. com. cn/s/blog_ a555b0580101117z. html。

② 刘恒：《崇真万寿宫瑞鹤诗卷》书法浅议，博宝艺术网，中国书法家协会研究部主任刘恒，2011 - 11 -1119：55：11。http：//news. artxun. com/zuozuozuozuozuozuozuozuozuozuozuozuozuozuo - 1694 - 8469001. shtml。

③ 此文已先期发表，王巧玲：《论黄公望的全真修炼及著述贡献》，《吉林师范大学学报》（人文社会科学版）2012年第3期。

④ （清）冯桂芬：《（同治）苏州府志》卷九十八，《中国地方志集成》，《江苏府县志辑》第九辑，第3322页。

⑤ （清）陈铭珪：《长春道教源流》卷七，《藏外道书》第31册，第124页。

巨族"①，应不确。黄父年近九十才得到黄公望作为子嗣，有人戏言曰
"黄公望子久矣"，所以黄父为其取名作"公望"，字子久。黄公望少年时
候，"性禀敏异，藻思日发，应神童科"，"博学多才，自经史百氏九流之
术，无不习而通之"②。黄公望精通的诸艺里面最为世人称道的是其绘画，
"尤工画山水，运思落笔出人意表"③，"专师董源，晚年稍变其法自成一
家。山顶多岩石瀑布必数折而后下，皴染秀密笔法雄健，后来名手无不奉
为楷模。董源以还一人而已。"④ 黄公望的绘画题材主要是江浙一带的风
光，所谓："黄公望隐于虞山，落笔便是常熟山色"⑤。黄公望在山水画上
的造诣很高，皆因他不是以画为生，而是以画为乐，故而能达到非常高的
境界。其作品流传至今者，有《富春山居图》、《雨岩仙观图》、《天池石
壁图》、《九峰雪雾图》、《陡壑密林图》、《快雪时晴图》、《秋山幽寂图》
等，以《富春山居图》最为著名。其在诗歌上也有造诣，人评"诗效晚
唐"⑥，其中记载较多的一首是《和铁崖竹枝词》："水仙祠前湖水深，岳
王坟上有猿吟。湖船女子唱歌去，月落沧波无处寻。"⑦ 另外，黄公望于
"九流百氏，音律算数，无不精晓。"⑧ 且有些技艺传予后人，"今此地有
精《九章算术》者，盖得其传也。"⑨ 这些都说明黄公望多才多艺，只是
由于其绘画才能过于突出，以至于其他方面不为人所知而已："世以绘事
知名，而掩其文学。"⑩

　　黄公望"天姿孤高，少有大志"⑪，希望干一番大事业，在政治上大
展身手。但元朝规定汉人做官必须从当吏开始，并不是像以往那样采用科

---

① （明）顾清：《（正德）松江府志》卷三十一，《四库全书存目丛书》"史部""地理类"，第
　　181 册，第 435 页。

② 同上。

③ （明）李贤：《明一统志》卷三十九，《四库全书》第 472 册，第 1376 页。

④ （清）王毓贤：《绘事备考》卷七，《四库全书》第 826 册，第 141 页。

⑤ （明）唐志契：《绘事微言》卷下，《四库全书》第 816 册，第 30 页。

⑥ （清）陈焯：《宋元诗会》卷九十五，《四库全书》第 1464 册，第 1359 页。

⑦ 同上。

⑧ （明）张昶：《吴中人物志》卷九，《四库全书存目丛书》"史部""传记类"，第 97 册，第
　　82 页。

⑨ （明）顾清：《（正德）松江府志》卷三十一，《四库全书存目丛书》"史部""地理类"，第
　　435 页。

⑩ （明）张昶：《吴中人物志》卷九，《四库全书存目丛书》"史部""传记类"，第 97 册，第
　　82 页。

⑪ （清）陈焯：《宋元诗会》卷九十五，《四库全书》第 1464 册，第 1359 页。

举制度来选拔官员，任何汉人都要在基层当管理若干年后，经考察决定办事能力如何，再决定可否做官。甚至当个小吏也需要有人引荐方可。黄公望直到中年才得到徐琰的赏识，"至元中，浙西廉访徐琰辟为书吏"①，或云其职务为"早尝试吏浙西宪司丁"②，或云"尝为浙西宪司史"③，或云"辟为书佐"④，虽然"书吏"、"司丁"、"司史"等名称不一，但估计皆是掌管文书工作的小官吏。因为他"清苦畏慎，平反狱，活数十人，宪长徐容齐高礼重之。"⑤ 黄公望通过自己的审慎断狱，平反了数十冤案，功绩显赫为上司所重，说明他有适合在仕途发展的政治才能。后来他到大都（今北京），在御史台下属的察院当书吏即"黄公望尝掾中台察院"⑥。元仁宗时期因为土地兼并严重，税收不足，"于是遣官经理，以章闾等往江浙，尚书你咱马丁等往江西，左丞陈士英等往河南"⑦。黄公望的具体职责是辅助章闾等经理田粮杂务。可是由于"期限猝迫，贪刻用事，富民黠吏并缘为奸，以无为有虚具于籍者，往往有之。于是人不聊生，盗贼并起，其弊反有甚于前者"⑧，元统治者不得不于延祐二年（1315）九月，将章闾逮捕下狱。因杨仲弘有《次韵黄子久狱中见赠》诗："世故无涯方扰扰，人生如梦竟昏昏。何时再会吴江上，共泛扁舟醉瓦盆。"⑨ 可知黄公望也因此事受到连累而银铛入狱。

黄公望后来放弃宦途改儒为道，其原因众说纷纭。一说是由于"母丧哀毁骨立，自是绝意仕进。"⑩ 前已述及黄公望少时即丧双亲，后来过继的黄公时年九十，黄氏当时是否已经丧偶尚无记载，但是"母丧"一

---

① （清）陈铭珪：《长春道教源流》卷七，《藏外道书》第 31 册，第 124 页。

② （明）张昶：《吴中人物志》卷九，《四库全书存目丛书》"史部""传记类"，第 97 册，第 82 页。

③ （明）杨子器：《（弘治）常熟县志》卷四，《四库全书存目丛书》"史部"，第 185 册，第 297 页。

④ （清）邵远平：《元史类编》卷三十六，《续修四库全书》"史部"，第 312 册，第 790 页。

⑤ （明）杨子器：《（弘治）常熟县志》卷四，《四库全书存目丛书》"史部"，第 185 册，第 297 页。

⑥ （清）孙岳颁：《佩文斋书画谱》卷五十四，《四库全书》第 820 册，第 1289 页。

⑦ （明）宋濂：《元史·食货志一》第 8 册，第 2353 页。

⑧ 同上。

⑨ （元）杨载：《杨仲弘集》卷六，《四部丛刊初编》，上海商务印书馆 1926 年版，第 32 页。

⑩ （明）杨子器：《（弘治）常熟县志》卷四，《四库全书存目丛书》"史部"，第 185 册，第 297 页。

说缺乏说服力。二说是由于犯罪后"以罪逃去"①，上文已经说过黄公望因牵连入狱，所以不存在"逃去"一说。三说是由于"一日着道士服，持文书白事。琰怪而诘之，即引去。"② 联系到后来黄公望进一步在大都任书吏一事，所以即使当时"引去"也不可能是从此退出仕途。四说由于他曾经"忤权豪"③，再加上"先充浙西宪令，以事论经理田粮，获直，后在京，为权豪所中"④，而受到牢狱之灾，备受打击而对仕途绝望，此说近真。

黄公望放弃仕途后，几番改换自己的名号，先是"改号一峰，原居松江，以卜术闲居。目今弃人间事，易姓名为苦行净坚，又号大痴翁"⑤；或曰"更名坚，自号大痴道人"⑥；或云是由于"更名坚，号一峯，每作一图，辄废寝食忘应对，又自称大痴道人"⑦；又有人说"大痴"一名不是他自封的，是由于"吴人以一为大，以风为痴，又曰大痴人，因称为大痴道人"⑧。无论哪种说法为真，都表明了黄公望此时失意的心境。他从此闲居下来并到处云游，曾以卖卜为生，"黄冠野服，往来三吴"⑨，或曰"幅巾鹤氅，放浪湖海间"⑩。"教授吴越间，谈儒墨黄老，以口辩屈人"⑪。由于其学识渊博，"所以所交皆当世名人，至于高僧方士多执子弟

① （清）邵远平：《元史类编》卷三十六，《续修四库全书》"史部"，第 312 册，第 790 页。

② （清）陈铭珪：《长春道教源流》卷七，《藏外道书》第 31 册，第 124 页。

③ （明）顾清：《（正德）松江府志》卷三十一，《四库全书存目丛书》"史部""地理类"，第 181 册，第 435 页。

④ （清）阮葵生：《茶余客话》卷十七，《续修四库全书》"子部"，第 1138 册，第 273—274 页。

⑤ 同上。

⑥ （元）杨维桢：《东维子文集》卷二十八，作"一日火痴子黄公望"，疑"火"为"大"之误。《四部丛刊》，上海商务印书馆 1926 年版，第 252 页。

⑦ （清）邵远平：《元史类编》卷三十六，《续修四库全书》"史部"，第 312 册，第 790 页。

⑧ （明）张昶：《吴中人物志》卷九，《四库全书存目丛书》"史部""传记类"，第 97 册，第 82 页。

⑨ （明）顾清：《（正德）松江府志》卷三十一，《四库全书存目丛书》"史部""地理类"，第 181 册，第 435 页。

⑩ （明）杨子器：《（弘治）常熟县志》卷四，《四库全书存目丛书》"史部"，第 185 册，第 297 页。

⑪ （清）邵远平：《元史类编》卷三十六，《续修四库全书》"史部"，第 312 册，第 790 页。

礼"①。

黄公望还与著名画家赵孟頫等元代画家结交，"吾松贞溪故松雪赵荣禄管夫人外家。荣禄往来洲上甚数。嗣后杨铁崖、黄公望、倪元镇以避兵，多与曹云西游。一时幽人豪客，舍文章书画外无事矣。"② 同道中人一起吟诗作画非常逍遥，有时还戏弄一下贪婪吝啬的地方官员，《语林》载："嘉兴林叔大铺为江浙行省掾，贪墨鄙吝，颇交名流以沽美誉。其于达官显宦，则品馔甚丰，若高人胜士，不过素汤饼而已。一日延黄子久作画，多士毕集。复以此供客，诸人不能堪，讥讪交作。"③ 潘子素在画上题诗："阿翁作画如说法，信手拈来种种佳。好水好山涂抹尽，阿婆脸上不曾搽。"以此来讽刺林大铺的吝啬，使他羞愧得好几天不见客。此外，黄公望与孝子、诗人兼画家陈彦廉交往甚厚，因为彦廉父"商于闽，溺死海中"，所以他虽然住在位于海边的碤石东山，但是却"居终身不至海上"，对于黄公望拉他同去观涛的邀请，断然回绝曰："阳侯，吾父仇也，恨不能如精卫以木石塞此，何忍以怒眼相见？"黄公望深受感染，自己也不看而返，还作《仇海赋》以记其事。④

黄公望与茅山宗道士有来往。张雨与黄公望交游颇多，其诗文投赠次韵亦多。《句曲外史贞居先生诗集》卷一有诗《题黄子久画》、《黄子久小幅山水》，卷三《黄子久画》。《草堂雅集》卷五有张雨《题大痴画山水》。《贞居先生诗集》卷五有《黄一峰画贞居图》、卷六有《题大痴哥画山水》。《贞居词》有《木兰花慢和黄一峰闻筝》、《石州慢和黄一峰秋兴》、《百字令寿玄览真人次黄一峰韵》等。《珊瑚纲·名画题跋》二十载："黄子久云壑幽居，至正四年春日，黄公望送伯雨张炼师归句曲山，张肯题云：玄洲别驾郁茏葱，满谷闲云护万松。痴老留图琼笈秘，隐居悬诰玉函封。"⑤

出狱后，黄公望思想苦闷，饮酒度日，"公望居小山，日以酒发其高旷，恒卧于石梁，面山饮。饮毕，投罂于水而去。卒悟山水神观，后村人

① （明）杨子器：《（弘治）常熟县志》卷四，《四库全书存目丛书》"史部"，第185册，第297页。

② （明）陈继儒：《陈眉公集》卷七序，《续修四库全书》"集部"，第1380册，第77页。

③ （明）何良俊：《何氏语林》卷二十八，《四库全书》1041册，第415页。

④ （元）姚桐寿：《乐郊私语》，《四库全书》"子部""小说家类"，第1040册，第10页。

⑤ （明）汪砢玉：《珊瑚网》卷四十四，《四库全书》第818册，第711页。

发其罂，殆盈舟焉。"① 黄公望常静坐，"尝终日在荒山乱石丛木深篠中坐，意态忽忽。每往泖中通海处看激流轰浪，虽风雨骤至，水怪悲咤不顾。……其据梧隐几，若忘身世，盖游方之外非世俗所能知也。"② 其思想中儒、道、释并存："三教之理无不淹贯，信口而出皆成文章，诵读余闲旁及诸艺"③。据陈垣的《南宋初河北新道教考》："全真王重阳本士流，其弟子谭、马、丘、刘、王、郝，又皆读书种子，故能结纳士类，而士类亦乐就之。况其创教在靖康之后，河北之士正欲避金，不数十年，又遭贞佑之变，燕都之覆，河北之士又欲避元，全真遂为遗老之逋逃薮。"④ 黄公望有才华、有政治抱负，却不能施展，最终加入了全真道，与金篷头、莫月鼎、冷启敬、张三丰等为师友⑤。所谓全真，"盖屏去妄幻，独全其真"⑥ 之意也。《吴中人物志》记载了他与金蓬头之间的对话："又见金月岩老师，问曰：'汝何人邪？'答曰：'黄子久也。'师曰：'通身不是汝，唯有此声是汝。'公望于言下有悟。"⑦ 他还在苏州等地开设了三教堂，来宣传全真教义，"间开三教堂于苏之文德桥，至松寓柳家巷"⑧。黄公望对徒弟的道德品质有严格的要求，"筲箕泉在赤山之阴，黄大痴结庐于此。其徒沈生狎近道姑，同门将白之于师。沈惧，引刀自割其势。众救得活而疮口流血，经月不合。"⑨ 从中侧面反映出黄公望平时教导的严格，也可以看出黄公望对全真道戒律的坚持。不仅对弟子要求严格，黄公望更是以身作则，"鹑衣垢面，白发垂愤投南山，或鼓袒扬勇"⑩。《辍耕录》载张句曲戏题《黄大痴小像》云："全真家数禅和鼓，贫子骨头吏员脏

① （清）冯桂芬：《（同治）苏州府志》卷九十八，《中国地方志集成》，《江苏府县志辑》第十辑，第 3322 页。

② （清）顾嗣立：《元诗选》第二集卷十四，《四库全书》第 1470 册，第 1820 页。

③ （清）王毓贤：《绘事备考》卷七，《四库全书》第 826 册，第 141 页。

④ 陈垣：《明季滇黔佛教考·南宋初河北新道教考》，河北教育出版社 2000 年版，第 585 页。

⑤ （清）姜绍书：《无声诗史》卷一，第 1—2 页。

⑥ （元）李道谦：《甘水仙源录·终南山神仙重阳真人全真教祖碑》，《道藏》第 19 册，第 723 页。

⑦ （明）张昶：《吴中人物志》卷九，《四库全书存目丛书》"史部""传记类"，第 97 册，第 82 页。

⑧ （明）顾清：《（正德）松江府志》卷三十一，《四库全书存目丛书》"史部""地理类"，第 181 册，第 435 页。

⑨ （明）田汝成：《西湖游览志余》卷十九，《四库全书》第 585 册，第 208 页。

⑩ （元）郑元佑：《侨吴集》卷三，《四库全书》第 1216 册，第 31 页。

腑"，此虽戏言，然亦足证公望为全真道士，① 并坚持全真道的苦行。

　　黄公望为道士时主要活动于江南一带，从常熟至杭州、富春，松江也曾有他活动的遗迹。黄公望"晚爱杭之筲箕泉，结庵其上，将为终老计"②，《钱塘县志》载有"黄公望宅，南山筲箕泉侧"③。"三教中人多执弟子礼"④ 让黄公望"已而倦于应酬"⑤，"已而归富春，年八十六而终"⑥。黄公望"生故宋德佑己巳八月十五日，卒于至正甲午十月二十五日，年八十六。"⑦ 对于其卒年还有一说是九十岁，"年九十余碧瞳丹颊"⑧。支持这种说法的人说是由于黄公望善于绘画而得到"烟云供养"。"《太平清话》云：大痴九十而貌如童颜，米友仁八十余，神明不衰，无疾而逝。盖画中烟云供养也。"⑨ 但是陈传席根据目前现存画作上的序跋进行考证，可知此说不真。其论证如下：

　　黄公望七十四岁那年，他题倪云林《春林远岫小幅》有云："至正二年十二月廿一日，叔明持元镇（倪瓒字）《春林远岫》，并示此纸，索拙笔以毗之，老眼昏甚，手不应心，聊塞来意，并题一绝云：'春林远岫云林画，意态萧然物外情。老眼堪怜似张籍，看花玄圃欠分明。'"看来他七十多岁时就已"老眼昏花"，并不像明人所说"黄子久年九十余，碧瞳丹颊"。同年，自题《夏山图》也云："今老甚，目力昏花，又不复能作矣。"同年夏五月，他寓云间玄真道院，作《芝兰室图》；七月，作《秋林烟霭图》；九月，于江上亭作《浅绛山水》。此后几年中，他虽然目力不逮，但仍抓紧作画。⑩

　　可见即使黄公望没有修炼到返老还童的地步，其勤奋的精神仍能打动后人。所以他的画非常珍贵，即使是其仿品也常受到时人的追捧，"运思

---

① （清）陈铭珪：《长春道教源流》卷七，《藏外道书》第31册，第124页。

② （明）王鏊：《（正德）姑苏志》卷五十六，《四库全书》第30册，第899页。

③ （清）嵇曾筠：《（雍正）浙江通志》卷四十，《四库全书》第138册，第791页。

④ （明）何良俊：《何氏语林》卷二十八，《四库全书》第1041册，第415页。

⑤ （明）杨子器：《（弘治）常熟县志》卷四，《四库全书存目丛书》"史部"，第185册，第297页。

⑥ （明）王鏊：《（正德）姑苏志》卷五十六，《四库全书》第493册，第899页。

⑦ （明）张昶：《吴中人物志》卷九，《四库全书存目丛书》"史部""传记类"，第97册，第83页。

⑧ （清）李西月：《张三丰先生全集》卷五，《藏外道书》第5册，第118页。

⑨ （明）朱谋垔：《画史会要》卷三，《四库全书》第816册，第87页。

⑩ 陈传席：《黄公望的生平和思想》，《陈传席文集》，河南美术出版社2001年版，第713—714页。

落笔，气韵流动。画家有极力不能追者，每拟其为仙品，人得其片纸皆宝之。"① 黄公望死后墓在小山南麓②。而民间对他有许多传说。如"一日于武林虎跑，同数客立石上，忽四山云雾拥溢郁勃，片时竟不见子久，以为仙去。又国朝钱曾有学集注云，大痴晚年游华山憩车箱谷，吹仙人所遗铁笛，白云瀴起足下，拥之而去。二说不同然皆以为公望得仙也"③。又有《紫桃轩杂》载："此老原从十洲来，绘事特其狡狯之一耳"④，也是对其神化的一种说法。

"酥醪洞主曰：元世祖至元十三年始平宋，其先全真教何巨川随郝经使宋，不能至杭也。然观罗蓬头及黄公望诸人，则宋平后，浙人多学全真者矣，特稍参以南宗耳。"⑤ 也就是说黄公望作为全真道士，他还修炼了南宗的内丹术，因此他的著述有很多是内丹方面的。"所著曰《大痴道人集》，别有《纸舟先生全真直指》一卷，《抱一含三秘诀》一卷，并金月岩编、公望传《元诗选》，参国朝钱大昕《元史·艺文志》补⑥，《道藏目录》有《纸舟先生金丹直指》与《亲传直指》，同卷云'嗣全真正宗金月岩编、嗣全真大痴黄公望传'。此当即《全真直指》一卷。"⑦

《纸舟先生全真直指》现收入《道藏》第四卷，洞真部方法类。该书一开始就指明："夫全真之学直究玄宗，乃单明向上大道，非小乘众学杂术之比。"⑧ 认为诸如"顽坐拈心"、"吞精咽气"、"存心想贤"等做法无益而有害，"若人以心印空，觉悟本真，则真自全，金丹之道具，而大要之基立矣"⑨。作者继而认为以往人们所认为的两个看法，"金丹乃神仙之道，必有口授师传密语；或指大道谓单修性宗，不达命宗不得成仙道"都是错误的。作者要为大众破这一疑。首先，他指出历史上已经有过"谓如鱼化为龙，朽麦化为蝴蝶，雀入水化为蛤，蛤化为飞鹌，贞女化为

---

① （明）徐象梅：《两浙名贤录》卷四十四《高隐》，《北京图书馆古籍珍本丛刊》"史部""传记类"，第 18 册，第 1108 页。

② （清）冯桂芬：《（同治）苏州府志》卷五十，《中国地方志集成》，《江苏府县志辑》第十辑，第 1943 页。

③ （清）陈铭珪：《长春道教源流》卷七，《藏外道书》第 31 册，第 124 页。

④ （清）李西月：《张三丰先生全集》卷五，《藏外道书》第 5 册，第 118 页。

⑤ （清）陈铭珪：《长春道教源流》卷七，《藏外道书》第 31 册，第 124 页。

⑥ 这几种丹书分载《道藏》第 4 册和第 10 册。金月岩未详，或疑即金志扬（野庵）。

⑦ （清）陈铭珪：《长春道教源流》卷七，《藏外道书》第 31 册，第 125 页。

⑧ （元）金月岩编，黄公望传：《纸舟先生全真直指》，《道藏》第 4 册，第 382 页。

⑨ 同上。

石"等事情，而这些鳞甲翎毛之属根本没有所谓的"口授师传密语"，但不也达到了"变化"的目的了么？可知人为万物之灵，领悟能力较动植物更强，定可不必等所谓的"口授师传密语"后才成仙，而是可以通过自己领悟"全真之妙"而得道。这个"全真之妙"就是"念念相续，专炁致柔，照一灵而不昧，返六用以无依，守一忘一，至虚而静极，静极则性停，性停则命住，命住则丹成，丹成则神变无方矣。"① 可知作者不赞成"性命双修"，而主张修好性宗，命宗自然可得，关键是要悟得"全真之妙"。因为"人之化仙，即与物之念坚触炁而变化，无有异也"②，《常熟县志》载黄公望还曾与陈存甫讨论性命之理。"游钱塘，与陈存甫论性命之理。公望曰：'性由自悟，命假师传'。陈云：'不然，性则由悟，不假师传，命则师（或此字作"从"③）传，必由理悟。'公望服其言。"④ 这也说明了作者坚信"领悟"、"体悟"等"悟"的作用。

《纸舟先生全真直指》上篇为"七返七真合同印子"，即炼丹过程为"七返亡真"："形神相顾，入道初真；形神相伴，名曰得真；形神相入，名曰守真；形神相抱，名曰全真；形神俱妙，与道合真；形神相舍，名曰证真；普渡后学，以真觉真。各以图像表之，并释以七绝颂诗一首。"下篇为"入室节目筑室阔狭各自定例"，讲入室静坐功夫及各种体验，主要是如何看待入静过程中出现的各种境象，对指导后学修炼非常有意义。景扶明的《〈全真直指〉论入静诸相》对此亦做了简明的评说：

> 如"一坐久，或自身觉得真气自下而上往来升降，或肾作热，或身觉跳动；止是真气渐聚，偶然如此，不可以为奇时，听其自然。"初习静功，许多人能感觉到身上有各种气感，对这种真气自发活动，不应视为功夫提高的必然标志，也勿视为奇特而惊喜，且忌用意引导，不要受其任何影响。"一坐久，或见山林城市、平日中极爱人物及极嫌人物，皆是见处未尽，妄忽现前，扫去莫理。"当入静中显现某些自然景观，生活中特别热爱、憎恶的人和事，都会曲折而又

---

① （元）金月岩编，黄公望传：《纸舟先生全真直指》，《道藏》第4册，第382页。

② 同上。

③ （明）张昶：《吴中人物志》卷九，《四库全书存目丛书》"史部""传记类"，第97册，第82页。

④ （明）杨子器：《（弘治）常熟县志》卷四，《四库全书存目丛书》"史部"，第185册，第297页。

顽强地浮现于表层意识，成为修道降碍，必须果断制伏这些念头，不得起心留恋。"一坐久，形神忽忘，身中或有真境界，不可为好，认著心即生魔。"静坐中修到静、空、喜乐等舒适美妙的境界时，都不可用意执着。陈白沙静坐诗云："刘郎莫问归时路，只许刘郎一度来"。就是指对美好的功境、功感，都不宜有丝毫留恋、探究，若一分心去分析、追寻，那种佳境就再也难以得到了。"一入室，坐中日久，忽然心旺，胡见乱见，不得胡说与人，此是神识所使，如心旺不得遇时，放宽些子，要人惊觉，一觉便散。"经一段时间入静训练，大脑皮层某些内抑制解除，潜意识、无意识层面被激活，思维念力因而空前活跃，灵感纷呈，口才演讲能力大大提高，这都是识神作用所致，并非练功真正效应，这时可练养结合，以正念正觉来化散之。个人的入静感应，也不宜对外宣讲。"一坐久纯熟，忽然有一位无位真人忽出忽没，听其自然，不可认著。"静坐有相当基础时，有些人会见一仙佛异人显现，若从高层次上看，无论其多么真实，有何等神通，亦属幻象范铸。所以要听其自然，任其自生自灭，以免妨碍了向高层次功夫的进一步修持。①

《抱一子三峰老人丹诀》收入《道藏》第四卷，洞真部众术类。署名"嗣全真正宗金月岩编、嗣全真大痴黄公望传"。该文一开始就表明了"'性命'二字尚有真假。真性命者出阳神也，阳神者此是天仙大成之法；假性命者出阴神也，阴神者此是鬼仙小成之法"②。主张炼丹要求真铅真汞，掌握金丹大药之术，而不能执着于旁门左道。作者指出水银是假铅汞，真铅汞来自内肾，"内肾者，对脐贴着脊骨两个腰子是也，元阳金精从内肾而生。"同时"内肾与外肾，坎家一卦，切不得净身，去其外肾，损其造化，难成道也。"③ 并分别列出"真性命"口诀和"假性命"口诀，用《金蝉脱壳天仙之图》即"乾坤坎离之图"来说明金丹炼成后阳神随意出窍的神奇感受。作者认为"凡修长生不死，炼龙虎金丹大药之士，先须知阴阳升降之路径，然后可以下手抽铅添汞，飞腾日月。"④ 所以特意强调了尾闾穴在修炼中的重要作用，并作《尾闾骨图》以明示后

① 景扶明：《〈全真直指〉论入静诸相》，《气功》1996 年第 9 期。

② （元）金月岩编，黄公望传：《抱一子三峰老人丹诀》，《道藏》第 4 册，第 973 页。

③ 同上书，第 974 页。

④ 同上书，第 978 页。

学。总体看来，该书应是修炼内丹的入门书，重在讲明初入道门修炼的种种诀窍，梳理内丹修炼中众多名词造成的烦扰，对于后学明确心肾水火、三宫五行变化之理非常有帮助。

《抱一函三秘诀》收入《道藏》第十卷，洞玄部众术类。署名"嗣全真正宗金月岩编、嗣全真大痴黄公望传"。所谓"抱一函三"即"乾一阳曰性也，谓之阳晶，一曰天魂，喻为银矿，是一炁三本也。"① 该文内有《伏羲先天始画之图》、《文王后天八卦之图》、《天地五十五数图》等共十三个图，结合八卦、五行理论等来指导内丹修炼。如用《伏羲先天始画之图》之中的"（乾）谓之元神，受胎之后藏于坤宫，所谓藏于亥，发于壬，生于子，旺于癸，因一炁化归中宫，而为丹母者也"②。以此来表明"父母媾精之后，先天一炁感会而生，此乃倏忽感附者，谓之性，藏在坤宫两肾中。"③ 诸如此类，用"一日百刻，分为十二时之内，然天地之中，万汇长育，在于甲庚、壬丙，初交之际，过此则已。修真之士，日以甲庚二时，夺取天地发生之灵炁，谓之采药。盖此二时，以应月之上下弦，阴阳中分之候，如年春秋之分也。当以鼻息准测，子时左通，丑时右通，以后十时亦然。"④ 用八卦代表漏刻，指导采药、呼吸等修炼的最佳时机；用五行指导采取其药；用河图、洛书、天地造化、生成之数、坎离互用等来指导水火交媾，金液还丹等；用《道化玄机复归无极之图》和《太极图说》表现金丹炼成；用八卦圆图指导修炼火候，直至最后丹成温养，入室神化。该书继承陈抟一派传统，用《周易》、八卦、象数指导内丹修炼，间接说明了道教易学当时的发展情况。

黄公望虽然由于在绘画上的巨大光芒掩盖了其在其他方面的贡献，但在浙江道教史上，他作为一个全真兼南宗道士，一方面积极宣扬"三教合一"的教义，一方面自己潜心修炼，并将体悟出来的内丹理论著述成篇，对于全真道和内丹理论的传播具有不可低估的价值。

黄公望有弟子王玄真，张雨跋其所撰《丹阳祭炼内旨》说："学全真道人王玄真，字无伪，号体玄，苏人也。妙年志慕清虚，辞亲割爱，从大痴黄先生于钱塘西湖南山之曲。其奉师也谨，执侍杖履，暑雨祁寒，不惮劳苦。十数年间，尽得先生之旨。其事亲也孝。……尤汲汲好施，济死度

① （元）金月岩编，黄公望传：《抱一函三秘诀》，《道藏》第 10 册，第 695 页。
② 同上。
③ 同上。
④ 同上书，第 697 页。

生。是以名公巨卿，时加礼敬。……观其集中所著《性命混融歌》、《日
用铭》二篇，可为矜式，同志者宜载于《祭炼内旨》之末，庶不泯灭而
无闻于后世矣哉。故为之序云。"① 末署"至正丙申十二月句曲外史张雨
书于箕泉小隐"。查至正丙申为至正十六年（1356），张雨已先于此前之
至正八年（1348）逝世，且现存张雨《句曲外史集》中未收此文，此是
后人托名之作，抑或丙申（1356）为丙戌（1346）之误，尚有待于
考定。②

二　吴镇与道教绘画

吴镇（1280—1354），字仲圭，魏塘（今浙江嘉善县城关镇）人。生
于元世祖至元十七年，卒于元顺帝至正十四年。吴镇一生喜爱梅花，房前
屋后遍种梅花，自号梅花道人、梅花和尚、梅沙弥。今尚存吴镇居所梅花
庵的遗址，与其墓一并坐落于嘉善县魏塘镇花园弄路西侧，经修葺翻建，
在 1963 年被列为省级重点文物保护单位。关于吴镇的生平记载，历来极
为简单。《新元史》和《元史类编》都只有寥寥数语，除了《画史会
要》、《清河书画舫》、《六研斋笔记》、《容台集》、《沧螺集》等稍稍记载
了吴镇在书画上的成就之外，其家世和身世长期鲜为人知。20 世纪 80 年
代，在与吴镇故里相邻的吴家栅村，发现了保存在吴氏后裔家中的《义
门吴氏谱》（现藏于浙江省平湖县图书馆），学界开始了对吴镇身世的探
索。如李德壎《元代大画家吴镇考》（《山东师范大学学报》1986 年第 2
期）、李德壎《吴镇家谱续考》（《山东师范大学学报》1988 年第 1 期）、
余辉《吴镇世系与吴镇其人其画——也谈〈义门吴氏谱〉》（《故宫博物
院刊》1995 年 4 期）、吴静康《吴镇家世再探》（《故宫博物院刊》2001
年第 1 期）等一定程度上揭开了吴镇身世家世的神秘面纱。据《义门吴
氏谱》可知，吴镇先祖为周王室吴王之后，吴镇祖父吴泽，字伯常，在
宋代是一名抗金健将；父吴禾，字君家，号正心；叔父吴森，与赵孟頫
为至交，家甚富，人号"大吴船"。吴镇累代富庶的家庭背景颠覆了其以
往穷困潦倒的形象，为今人重新研究吴镇的思想与艺术提供了契机。

尽管吴镇一生隐逸，志向高洁，但在以往的研究中对吴镇与道教的关
系研究却涉及不多。这极可能是李德壎的相关研究中考证吴镇的思想主要
是佛教思想所造成的先入为主的印象的缘故，例如在《元代大画家吴镇

---

① （元）佚名：《道法会元》卷二一〇，《道藏》第 30 册，第 321—322 页。

② 卿希泰主编：《中国道教史》第三卷，四川人民出版社 1996 年版，第 370 页。

考》中，他认为：

> 宋元之间所谓"道人"，并非指僧道而言。文人画家中以"道人"为别号者比比皆是。……如以元代而论，在画家中以"道人"为别号者更多了。……道人这个概念并不很明确。如宋僧仲仁号华光长老，亦称华光道人。后人往往沿用古时新呼，故而并非指"羽士"。从吴镇的交往来说，也都是和尚，他常去的地方大胜寺、景德寺、慈云寺都是魏塘镇上的和尚庙，所以吴镇如果是出家人，也只能是"和尚"，决不可能是"道士"。①

这里，李德壎认为吴镇的"梅花道人"之号，只是一种称呼并不代表实质内容，"据此可推知吴镇的削发为僧，是在他晚年六十岁以后的事。"② 对此我们有不同意见。我们认为，即使吴镇在晚年皈依佛教，这一事实并不能否认其早年思想中含有道教思想的事实。一个人的思想是随着环境的变化而改变的，吴镇生活在道教盛行的元代，同时他又终身隐居不仕，他的思想中必定会受到道家、道教影响。因此此处将《义门吴氏谱》中吴瑱、吴镇兄弟二人的小传抄录如下，并对吴镇与道教的关系进行重新审视。

> 吴瑱（应为瑱），字原璋，一字伯圭，以世沐国恩，义不仕元，征聘不赴。治别业魏塘，今名竹庄；又治别业于当湖北之云津，植修竹，亦名竹庄，今遗址在庄桥右，自号竹庄老人。闻毘陵柳天骥讲天人性命之学，与弟仲圭往师之，得孔明、康节之秘，精易理奇门之数。尝卖卜于崇德，日止一课，得钱米酒肉与人。吕翁授丹金四十万，散宗戚乡里之贫者。迹遍四海，言多验，天下驰名玄都吴先生。本字元璋，临化，将生平所著之书，凡纪元璋二字者，特改元为原，改璋为璋，人无解者，至今乃知公预避吾明太祖御讳也。有《奇门天易》、《天文地理》、《医方》诸秘传。后预示死期，竟尸解。至今里人香火祀之，祷必应。有南北竹庄、锦川御书堂、玄都书院、吴家桥、竹庄桥及养丹处、义塾处、义赈处，详载碑记志传。
>
> 吴镇，字仲圭。至正辛卯（1351）举朵列图榜进士。公以家世

---

① 李德壎：《元代大画家吴镇考》，《山东师范大学学报》1986 年第 2 期，第 56 页。

② 同上。

宋勋戚，隐居不仕，以诗酒自娱。善泼墨画，贵介求之不与，惟赠贫士，使取值焉，海内珍之。其诗、字、画名三绝，推元代四大家。与兄原璋，师事柳毗陵，尤邃奇门先天易，言机祥多中，众信服之。能与父言慈，与子言孝，史称有君平风。结庵前后栽梅花数百株，自号梅花道人，手题墓碣曰："梅花和尚之塔"。又预推死期于碣曰："生于至元十七年（1280）庚辰七月十六日子时，卒于至正十四年（1354）甲辰九月十五日一子时。"后果至期坐化。其改道人为和尚，呼墓为塔，当时无解者，后元僧杨琏真咖兵发各冢，疑此为僧塔，舍去，其仙灵显应。今锦川三仙堂等处奉祀。墓在武塘东花园弄之右，墓侧有橡林、古梅。公尝墓上吟曰："老子生平学蓟丘，晚年笔法似湖州，画图自写梅花号，荒草空存土一抔"。吟罢笑谓兄原璋曰："百年内有官人住吾宅，居民侵吾园矣。"原璋曰："二百年内有人学汝画，三百年内官人稍葺汝墓，后人稍读吾与汝书，后当以吾汝术济世者。嘻！"宣德（1426—1435）中，以公宅为嘉善县治，墓在治东二百五十步许，为市店所迫；今士大夫摹公画甚众，其言不爽。余详载公传中。有小词行世。①

上述族谱，李德壎根据其言辞认为约是明朝前期所录，其中不乏与史实相悖之处，如吴镇为"至正辛卯举朵列图榜进士"与他终生不仕的事实相悖，对两人预知后世有夸大嫌疑，但是总体上说来是可信的，"据笔者目前掌握的材料来看，认为吴镇的家谱是真的，少数记载不实之处，是吴门后代为了夸耀自己的祖先而写进去的。"② 因此能够为我们探讨吴镇的思想提供一些有益的线索。

（一）吴镇与道教的若干联系

1. 吴镇早年曾接受道教思想与方术

从上述《义门吴氏谱》中可知，吴镇早年曾接受过道教的思想与方术，"师事柳毗陵，尤邃奇门先天易"。其兄在道教上的造诣更深，不仅学习天人性命之学，而且在与道教人物的接触中吕翁授丹金四十万给他，可知他接触过道教炼金术。吴瑱能够实践道教教旨，扶危济贫，如将卖卜所得全部接济宗戚乡里之贫者等，名声在外，"迹遍四海，言多验，天下

---

① 嘉善县政协文史委员会编：《吴镇世系及其家族传略》，《嘉善文史资料》第五辑，嘉善县政协文史委员会1990年版，第6—7页。

② 李德壎：《吴镇家谱续考》，《山东师范大学学报》1988年第1期，第96页。

驰名玄都吴先生。"吴瑱还有"《奇门天易》、《天文地理》、《医方》诸秘传。"可见对道教方术非常了解。吴镇兄弟俩的关系甚好,吴镇在与其兄的相处中必然受到道教的熏陶。

吴镇年轻时候还喜好剑术。《嘉善县志》载:"吴镇,字仲圭,性高介,少好剑术,读易有悟,乃一意韬晦,效君平卖卜。"① 自古以来我国舞剑之风甚重,即使文人也都以能文善武而自豪,所谓一舞剑器动四方,杜甫《观公孙大娘弟子舞剑器行》就描述了唐代剑器舞所达到的高超境界。吴镇出生于元灭宋的第二年,由于家族中的耿介氛围的影响,"祖、父辈在与海浪搏斗中练就出不随波逐流的刚毅秉性,十分自然地影响了吴镇的性格形成。"② 吴氏的第十九世先祖森孙宣,"字泰然,豪侠善医,兄弟析居,能以义让。"③ 也是豪爽之辈。因此吴镇喜爱刚健的剑术也就不足为奇了。道教在东汉创立以后,剑成为道教的法器之一。剑术所蕴含的武术技巧与道教非常密切。剑术强身健体,是道教诸多修炼方法之一。武术中广泛使用的"丹田"之说源于道教的守一术,武术的呼吸方法及气血之说源于道教吐纳之术,剑术中所强调的"手眼身法步,精神气力功"、"以静制动,后发制人"以及"以柔克刚"的理念都与道教思想有关。吴镇成年后,"先生节侠交游,气谊豪天下,一时吴越之隽,杨廉夫、顾阿瑛、黄子久、倪云林、张句曲皆以翰墨抗衡,残楮断煤人挟为宝。"④ 吴镇耿介任侠的性格与道教武侠精神非常契合,说明其性格生成与早期道教熏陶有密切关系。

2. 吴镇曾垂帘卖卜

吴瑱"尝卖卜于崇德,日止一课,得钱米酒肉与人",吴镇也有卖卜的行为,"仲圭亦尝以易数设肆武川,推人休咎,言多警世,有严君平之

① (清)顾福仁纂,江峰青修:《(光绪)重修嘉善县志》卷二十五"隐逸",《中国地方志集成》,《浙江府县志辑》第十九册,江苏古籍出版社、上海书店出版社、巴蜀书社1993年版,第401页。

② 余辉:《吴镇世系与吴镇其人其画——也谈〈义门吴氏谱〉》,《故宫博物院刊》1995年第4期,第56页。

③ (清)(康熙)《杨志》卷八"行谊",嘉善县政协文史委员会编:《嘉善文史资料》第五辑,嘉善县政协文史委员会1990年版,第5页。

④ (明)陈继儒:《陈眉公集》卷十一题词跋疏,《续修四库全书》"集部",第1380册,第132页。

风。"①《元诗选》载："少与兄元璋师事毘陵柳天骥，得其性命之学，尤邃先天易。言機祥多中，垂帘卖卜，隐于武塘。"②《梅道人遗墨序言》载："先生生于元季，感时稠浊，隐居不仕，生平耽精易理，垂廉卖卜。"③可知其卖卜确有其事。"奇门先天易"是一种利用《周易》八卦、洛书九宫和六十甲子等天文历法知识，将时间空间、天地人结合在一起进行预测和选择有利时间方位的方法，吴镇"言機祥多中"的程度，说明了他对此道非常精通。严君平是西汉道家学者，汉成帝时隐居成都市井中，以卜筮为业，常常因势导之以善，宣扬忠孝信义和老子《道德经》以惠众人。此处以严君平比拟吴镇，且他如此精通道教五术之中的"占卜"之术，可知即使吴镇"师事柳毘陵"之时没有正式入道，也足以证明他与道教的关系是非常密切的。

对于吴镇的卖卜动机，原来研究者以为是为了度日糊口，而今随着《义门吴氏谱》的出现，可知吴氏家族历代航海业积累了丰厚的财富，如吴瑱有多处房产，"治别业魏塘，今名竹庄；又治别业于当湖北之云津，植修竹，亦名竹庄，今遗址在庄桥右，自号竹庄老人"。可知哥哥吴瑱生活并不窘迫，且乐善好施，有"义塾处、义赈处"等，那么弟弟吴镇必然也从父辈留下的产业中得到了一份家产足以养家糊口，不用为生计担忧。这就解释了他为何视富贵如浮云，"有势力者求之不得，惟贫士慨赠之，使取值焉。"④

既然吴镇不为生计所迫，那他为何要垂帘卖卜呢？

原因一，或许因为吴镇对奇门易理非常精通，孤芳自赏无甚乐趣，因此需要展现出来以便为人所熟知，以获得那份为人所尊崇的荣耀感。这一理由与吴镇"耽贫性僻"、"孤高自许"的性格不符，若他是那种汲汲于富贵功名之人，或许早已出仕元朝而不是闭门隐居了。

原因二，《图绘宝鉴》说他"耽贫性僻，博学多闻，渺功名，薄富贵，村居教学以自娱，参易卜挂以玩世。"⑤所谓的"自娱"、"玩世"说明了这是文人自娱自乐的方式。古代的很多文人都精通易理且用以消遣，

---

① （明）（万历）《章志》卷九《隐逸》，嘉善县政协文史委员会编：《嘉善文史资料》第五辑，嘉善县政协文史委员会 1990 年版，第 1 页。

② （清）顾嗣立：《元诗选》第二集卷十四，《四库全书》"子部"，第 1470 册，第 1806 页。

③ 钱棻：《梅道人遗墨序言》，嘉善县政协文史委员会编：《嘉善文史资料》第五辑，第 8 页。

④ 钱棻：《梅道人遗墨》本传，嘉善县政协文史委员会编《嘉善文史资料》第五辑，嘉善县政协文史委员会 1990 年版，第 20 页。

⑤ （元）夏文彦：《图绘宝鉴》卷五，《丛书集成初编》第 1654 册，第 342 页。

如大学者朱熹。但易卜消遣和垂帘卖卜在性质上不可同日而语，未必精通就一定要开门卖卜，未必卖卜的就一定精通。吴镇的先祖就对易理有研究，第十五世祖"吴柔胜，字胜之。公倡崇朱晦庵集注，文行表率，伊洛之学晦而复明。"① 第十六世祖"吴渊，字道父，号退庵。著《易解》。"② 吴镇的先祖们精通易理，又位居朝廷官位，他们实无必要卖卜。卖卜在古代是低人一等的三教九流之人为之的。吴镇有先世累积下来的财富以供他衣食无忧，义不仕元隐居避世，但这并不妨碍他过悠闲的生活。只要他愿意的话，他有宅院亭台多处，有梅花百余株，平日书写山水、墨竹墨花以消遣，完全不必选择一种为士人所鄙的卖卜来消遣。且其以诗文书画自娱，兼游览西山、太湖，方式不可谓不多，实无再"卖卜"以自娱的必要。吴镇为人耿介，其所喜爱的梅花、竹子皆孤高坚贞之物，可知其胸中有一股郁郁不平之气，肯定不甘居人下，因此其卖卜必定有其他的原因，绝非一般庸碌之文人消遣玩世那么简单。从这一方面来说，"玩世自娱"说不能成立。

原因三，余辉认为"他（吴瑱）的卖卜行为，关键是要表明他已入道，同时也亲身体验了道徒的生活，想必吴镇卖卜活动的要旨与其兄相去不远。"③ 这一说法认为吴镇信奉的是道教全真派，其卖卜是践行全真道的教旨。也有人考证，吴镇选择隐居乡野，是受元代全真道所提倡的"自食其力"之风的感染。④ 元灭宋后希望借助道教来消除江南文人的抗争情绪，元廷频繁召见南方名道，赏赐不绝，全真道获得了空前的发展。在当时的社会条件下，"信奉道教诸派者，均能得到该教派的政治保护，获得一个相对安定的生活环境，以便从事其文化活动。"⑤ 如元四家之一的黄公望，中年入全真道，在苏杭一带开三教堂，广收弟子，自号"大痴道人"、"井西道人"等，倪瓒也曾入全真道，赵孟頫自号"松雪道人"，等等。作为重重压迫下的南人，吴镇选择以道教的名义来自保也不是没有可能的。但就吴镇对元朝的反感程度来看，他对元廷支持下的全真道也未必有多大的好感。他在《沁园春·题画骷髅》中对那些被朝廷利

---

① 《吴镇世系及其家族传略》，嘉善县政协文史委员会编《嘉善文史资料》第五辑，第 2 页。

② 同上书，第 3 页。

③ 余辉：《吴镇世系与吴镇其人其画——也谈〈义门吴氏谱〉》，《故宫博物院刊》1995 年第 4 期，第 55 页。

④ 潘公凯：《插图本中国绘画史》，第 265—266 页。

⑤ 余辉：《吴镇世系与吴镇其人其画也谈——〈义门吴氏谱〉》，《故宫博物院刊》1995 年第 4 期，第 55 页。

诱过去的蝇利蜗名之徒表示了鄙夷和讽刺："漏断元阳，爹娘搬贩，至今未休。百种乡音，千般狙扮，一生人我，几许机谋。有限光阴，无穷活计，急急忙忙作马牛。何时了，觉来枕上，试听更筹。古今多少风流。想蝇利蜗名几到头。看昨日他非，今朝我是，三回拜相，两度封侯。采菊篱边，种瓜圃内，都只到邙山土一丘。惺惺汉，皮囊扯破，便是骷髅。"①因此依吴镇"董宣之烈，严颜之节，研头不屈，强项风雪"②的性格来看，他是不屑于与一般名利之徒为伍的，即使践行道教教旨，也未必是践行如日中天的全真道的教旨，而极有可能是最初的道教隐逸精神对他的召唤力。

虽然他不想与权贵之人有任何形式上的瓜葛，但其隐于乡野的生活方式最终也只能选择以道教的算命、占卜这样的方式来隐于野。只有"卖卜"最草根化，最接近民众，同时又是道教的修行方式之一。从吴镇诗词书画间所表现的不平之气看来，他对社会必定非常关注。虽然他不齿供职于元朝，但并不代表他对朝政不关心，相反他太关心元朝该何时灭亡这类问题了。因此，在街市上占卜也许是他了解当时社会上各种问题的一种方式，从他"言机祥多中，众信服之"的占卜水平来看，他了解比较充分，预测得比较准确。因此吴镇的卖卜并不一定是他入道的体现或是其体悟教旨的行为，最有可能是出于他心目中对道教的理解。也许在吴镇看来，那些争名逐利的道教徒，已经完全背离了道教隐居修炼的本旨，但是天下之大，像吴镇这样的耿介之士何以持身立世呢，最终可能还是只有"杂而多端"的道教吧。并且从《义门吴氏谱》对吴镇兄弟二人的记载来看，吴瑱、吴镇兄弟都能够预知后世变化，以及预知死期，这种描述手法与道教手法一致，虽然这是后人神化祖先之笔，但是至少表明吴氏后人认为两人都是道教修行者，这从另一方面反证出吴镇与道教的密切联系。

3. 吴镇改号"和尚"或有隐情

目前的研究都认为，吴镇晚年思想向佛教靠拢。"他经常去魏塘镇大胜、景德、慈云寺与僧人谈经论佛、吟诗作画，可行、松严和尚、竹叟、

---

① 钱棻：《梅道人遗墨》词十二首，嘉善县政协文史委员会编《嘉善文史资料》第五辑，第35页。
② 钱棻：《梅道人遗墨》四言绝句，嘉善县政协文史委员会编《嘉善文史资料》第五辑，第25—26页。

古泉讲师均与吴镇私交甚厚。"① 至正七年（1347），吴镇侨寓嘉兴春波门外（今嘉兴市城区）春波客舍，时与友人会于精严寺僧舍，心仪佛门，始自称"梅沙弥"。四年后回到魏塘，殁前自选生圹，自书碑文："梅花和尚之塔"。吴镇晚年才开始向佛教靠拢，说明之前对佛教不是那么热心，那无疑就是儒、道两种思想在交锋中占上风。但"吴镇作为汉族文人，同样会接受儒家思想的熏陶，但儒家的出仕观念对处于特定环境下的吴镇来说毫无激励作用，一方面是他的家世所形成的忠宋意识不可能使他效忠于元廷，另一方面，儒家的科举制度多半被元朝的举荐制所替代，更使吴镇无意于功名利禄。"② 如此看来，吴镇思想中的儒家思想使得他沿袭家族中的忠宋传统而义不仕元，所以剩下的只能是道教思想占主导地位。吴镇终生闭门隐居、寄情山水、诗画自娱、卖卜玩世的人生经历也是道教隐逸精神的自觉诠释。因此吴镇晚年改信奉佛教并不能消除之前影响其生活方式的道教思想之存在。

此外《义门吴氏谱》还为我们提供了另外一种思考方向。据族谱所知，吴镇之所以改名为"和尚"，是提前预知到后世朝代更替以及为了避免死后坟墓遭到损毁而所做的变通之举，"其改道人为和尚，呼墓为塔，当时无解者，后元僧杨琏真伽兵发各冢，疑此为僧塔，舍去，其仙灵显应。"这里将吴镇看作精通易理并能预知后事的神仙一类人物。陈继儒《梅花庵记》、李日华《六研斋笔记》也有类似记载。但是杨琏真伽是活动于世祖朝（1260—1294）的僧官，至元十四年（1277），任元朝江南释教都总统（后改江淮释教都总统），掌江南佛教事务。次年，在宰相桑哥支持下，盗掘钱塘、绍兴宋陵，窃取陵中珍宝，弃尸骨于草莽之间。吴镇（1280—1354）比他晚生 20 年，他绝不可能活到吴镇卒后。《四库全书总目提要》批驳曰："考札木杨喇勒智发宋陵，在至元甲申、乙酉之间，《元史》与《癸辛杂识》所记竣同。是镇方年五、六岁，安有预题墓碣之事。此好事者因镇明于易数，故神其说，而未思岁月之错舛，继儒摭以为说，亦疏误也。"③ 可知这件事是后人伪托的。李德壎《梅道人二事考》中对此有详细的论证，认为吴镇"生前为自己准备下墓碑，这是完全可

① 张繁文：《只钓鲈鱼不钓名——吴镇山水画艺术研究》，《中华文化画报》2004 年第 1 期，第 12 页。

② 余辉：《吴镇世系与吴镇其人其画——也谈〈义门吴氏谱〉》，《故宫博物院刊》1995 年第 4 期，第 56 页。

③ （清）永瑢：《四库全书总目提要》卷一百六十八，商务印书馆 1933 年版，第 77 页。

以做到的。如《元史类编》也曾记载吴镇'未殁时尝自题其墓曰："梅花
和尚之塔。'……至于推算死后若干年的灾祸，本身就很荒唐了。"① 此
外，他在《吴镇家谱续考》中再次强调："这些记载，发展了陈继儒在
《梅花庵记》中的谬说，显属虚妄。据笔者目前掌握的材料来看，认为吴
镇的家谱是真的，少数记载不实之处，是吴门后代为了夸耀自己的祖先而
写进去的。"② 对于吴瓘、吴镇能够预知死期和身后之事的这类描述，是
道教传说中的常用手法，其后人虽然有神化先人之倾向，但吴镇精于易数
确是不争的事实，这又一次从侧面证明了吴镇与道教的密切关系，或许也
从某种程度上反映出了后人对吴镇改号"和尚"的不认同。

余辉在研究中也认为吴镇的"和尚"称呼不被人们所认可而导致墓
碑上的字迹被毁，"吴镇墓前的原碑相传是吴镇生前以隶书所书，即'梅
花和尚之塔'。现此碑有残，'花'字存大半，以上全无，察其断形，是
出自人为，而非风化。砸碑之举的时间下限当在明代中期，有沈周诗为
证：'梅花空有塔，千载莫欺人。草证警光妙，山遗北苑神。断碑犹卧
雨，古橡未回春。欲致先生奠，秋塘老白费。'砸'梅'字行径的出现，
极可能是出于当地人对吴镇亦僧亦俗的晚年生活的一种否定，便其碑字呈
'花和尚之塔'。"③ 吴静康认为吴镇自题碑上曰"梅花和尚之塔，从梅花
道人忽又成梅花和尚，亦道亦僧，道耶僧耶？非也"的本意是揭示出
"橡林一个老书生"的真实身份。④ 但是综合吴氏后人、当地人以及吴镇
自己"和尚"之号的质疑，都提示我们吴镇晚年改号或许另有隐情，存
疑待考。

吴镇一生洁身自爱，不肯出仕元朝，他的寓所内种植的松、竹、梅、
兰都是品性高洁的植物，不同凡俗。吴镇在《义门吴氏谱》的自画像，
是一个身穿儒服，头戴道冠，手拄锡杖，松鹤为伴的标准的道者。即使他
未能真入道，也能看出其心目中对道教的崇尚之情。其所处的元代道教盛
行，从吴镇的为人处世和绘画中都可看出的道教因素对其影响。吴镇是嘉
兴人，据此我们也可以将其作为在浙江地区生活的有影响力的道教徒之一

① 李德壎：《梅道人二事考》，《美术研究》1987 年第 1 期，第 85—86 页。

② 李德壎：《吴镇家谱续考》，《山东师范大学学报》1988 年第 1 期，第 96 页。

③ 余辉：《吴镇世系与吴镇其人其画——也谈〈义门吴氏谱〉》，《故宫博物院刊》1995 年第 4
期，第 57—58 页。

④ 吴静康：《读赵孟頫〈义士〉吴公墓铭》，嘉善县政协文史委员会编《嘉善文史资料》第十
五辑，嘉善县政协文史委员会 2001 年版，第 37 页。

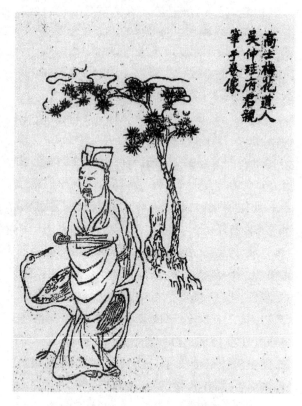

图 8-4 《吴镇家谱》中的吴镇自画像

而探讨其在浙江道教史上的意义。

（二）吴镇的为人处世是道教隐逸精神的诠释

"元末腥秽，中华贤者，先几远志，非独远避兵革，巨欲引而逃于弓施之外。倪元镇隐梁黔，杨廉夫隐干将，陶南村隐泗径，张伯雨隐勾曲，黄子久隐琴川，金粟道人顾仲瑛隐于碎李，先生隐于乡。"① 同是隐居，这些文人隐居的初衷却不同。就拿元四大家来说，"黄公望早年热衷于功名，结交了不少文人士大夫，失意后，才专意于画；王蒙青年时期也对仕途一再留恋过，又凭借和赵孟頫、赵雍、赵麟的特殊关系，结交了不少有地位的文人；倪瓒是吴地三个首富之一，虽自己不擅理财，但由于家中

① 陈继儒：《梅花庵记》，嘉善县政协文史委员会编《嘉善文史资料》第五辑，嘉善县政协文史委员会1990年版，第46页。

殷实的资财和富裕的收藏，也给他创造了结交文人士大夫的诸多条件。"①
青年时期的吴镇淡泊名利，虽然先辈们都有着显赫的政治背景，许多人还
是两宋的台阁重臣，但吴镇对仕途毫不在意。他家境殷实，也具备与权势
者来往的条件，但其孤高的禀性使他终生不仕，绝少与权势者来往。

1. 抗简孤高、淡泊名利的人生态度

吴镇出生在元灭宋之后，"义门吴氏的祖先，在宋代有开国元勋，皇
亲国戚，卫国名将，台阁重臣。其中不乏忠义爱国，正直无私之士，还有
著名的文学家，不甘心做贰臣的义士。"② 家族的忠宋情结对于后来吴镇
终生拒不仕元的生活道路有着重要的潜在影响。"吴氏家族在明初的仕明
行为，表明了该家族对元朝统治者有着较为统一的政治态度和民族意识，
因此在元朝选择了一条不仰人鼻息而自谋生路的隐逸生活之路"③。吴镇
家世富裕，他的寓所在今嘉善县魏塘镇，原名"竹庄"，后更名"梅花
庵"。"今人陈华宗据清光绪《嘉善县志》卷五的史料，考证出明宣宗宣
德五年（1430）秋营造的县衙是以吴镇故居的全部和吴镇的远房侄子吴
瓘'竹庄'及元陈景纯花圃的废址为基础的，可知吴镇当年宅第之大。"④
他也无为五斗米折腰的必要。时人孙作认为："余观仲圭，隐者也，其趣
适常在山岩林薄之下，故其笔类有幽远闲放之情，殊乏贵游子弟之气。"⑤
说的就是吴镇耽贫性僻不像通常的纨绔子弟那样爱交游、逐名利。

吴镇品性孤高。《沧螺集》卷三曰："（吴镇）为人抗简孤洁，高自标
表，号梅花道人。从其取画，虽势力不能夺，惟以佳纸笔投之案格，需其
自至，欣然就几，随所欲为，乃可得也。"⑥ 可见对他来说，权势、富贵
都不足以使他屈服，只有真正尊崇其绘画的人，才会得到他的画。明董其
昌《容台集》记曰："吴仲圭本与盛子昭比门而居，四方以金帛求子昭画
者甚众，而仲圭之门阒然，妻子顾笑之。仲圭曰：'二十年后不复尔'，

① 张繁文：《只钓鲈鱼不钓名——吴镇山水画艺术研究》，《中华文化画报》2004 年第 1 期，第
12 页。

② 李德壎：《元代大画家吴镇考》，《山东师范大学学报》1986 年第 2 期，第 54 页。

③ 余辉：《吴镇世系与吴镇其人其画——也谈〈义门吴氏谱〉》，《故宫博物院刊》1995 年第 4
期，第 57 页。

④ 同上书，第 55 页。

⑤ （明）孙作：《沧螺集·墨竹记》，《四库全书》"集部""别集类"，上海古籍出版社 1987 年
版，第 1229 册，第 14 页。

⑥ （明）孙作：《沧螺集》卷三《墨竹记》，《四库全书》"集部""别集类"，第 1229 册，第
14 页。

果如其言。"① 他不以画媚俗博虚名，因此在士大夫家中很少能看到他的画，"余留秀州三年遍访士大夫家，征其笔迹，蔑有存者。"② 且当时受时人所追捧的盛子昭的画风是纤巧精致，"盛懋字子昭，嘉兴魏唐镇人。父洪甫善画，懋世其家学而过之，善画山水人物花鸟，始学陈仲美，畧变其法，精致有余，特过于巧。"③ 而吴镇的风格是豪迈沉郁，风格判若云壤，且吴镇认为自己的画风超前以至于时人不能欣赏，明末王绂《书画传习录》吴镇条下注曰："其笔端豪迈，泼墨淋漓，无一点朝市气，虽似率略，人莫能到。然当其世者，不甚重之，仲圭尝语人曰，吾之画直须五百年后方遇赏音耳。"④ "无一点朝市气"就点出了其不媚俗的特点。

吴镇不仅不肯屈从于时人的喜好，而且就连绘画同行的评价也毫不在意，与几乎不与那些"风流纵诞，广延声誉之士"交流。"如玉山、清闲、铁崖、句曲诸君子，诗酒留连，征歌选胜，纸出一出，标榜互高。先生独匿影菰芦，日与二三羽流衲子为群。画残缣断楮，惟自署梅花庵主，不容他人著一字。盖其至性孤骞，终不肯傍人篱落若此。"⑤ 可见吴镇的不同凡俗。吴镇的画多是自画自题，很少有当时的文人替他题诗，而他自己每作画往往题诗文于其上，或行或草，墨沈淋漓，诗、书、画相映成趣，时人号为"三绝"。以至于钱棻赞曰："若乃不讳曲俗，不治名高，淡然无闷，而声光所溢千载犹馨，此非得道者不能，而吾邑吴仲圭先生真其人也。"⑥ 孤僻的个性限制了他的交游活动。据现存的史料，与吴镇切磋画艺的仅有其远房侄子吴瓘，与"元四家"中其他三家也没有直接交往的记载，他的艺术成就因此不为世人所认可，在当时他的画也不热门，也很少受到重视，这种状况直到明中期才有所改变，这源于董其昌在明后期的时候，认为他是元四家之一，虽然是排名第四，这也是对吴镇绘画艺术的认可。就吴镇自己来说，他不以时人的臧否为意，只以对艺术的虔诚之心为意，这在某种程度上是对道教"淡泊名利"精神的有力诠释。

---

① （明）董其昌：《容台集》别集卷四，《四库禁毁书丛刊》"集部"，第 32 册，第 339 页。

② （明）孙作：《沧螺集》卷三《墨竹记》，《四库全书》"集部""别集类"，第 1229 册，第 14 页。

③ （元）夏文彦：《图绘宝鉴》卷五，《丛书集成初编》，商务印书馆 1937 年版，第 1654 册，第 343 页。

④ （明）王绂：《书画传习录》，《中国书画全书》编纂委员会编《中国书画传全书》第 3 册，第 142 页。

⑤ 钱棻：《梅道人遗墨》序，嘉善县政协文史委员会编《嘉善文史资料》第五辑，第 18 页。

⑥ 同上。

2. 僧道为友、寄情山水的生活方式

"吴镇的家世已无可考，仅知他有一儿子佛奴，吴曾画了一本《墨竹谱》传给他；吴镇还有一个侄儿吴瓘，系吴镇叔父吴森之孙，也是元代著名的竹梅画家，吴镇也曾有竹谱传于他。"① 除此之外，吴镇长期幽闭和独乐式的生活，使他几乎没有与江南的文人墨客展开广泛的交酬活动，倪瓒尊其为"隐君"。后人论及吴镇必先谈其隐逸一面，称其为"高隐"、"画隐"、"渔隐"等。他"能与父言慈，与子言孝"的一面，说明他的"隐"更多的是出于自身的不屑于与世俗来往所致。

他所交往的人中，很多都与道教有或多或少的联系。王蒙之父王国器倾向于道教，他曾向吴镇求过画。王蒙也和吴镇互相有赠诗，是"元四家"中唯一与他有交往的画家。

据《嘉兴文史资料》上收录的画作题跋可知：吴镇和道士张善渊有来往，还将《双桧平远图》赠给他。其时吴镇四十九岁。张善渊，字渊父，号癸复道人，人称"张雷所"，是莫月鼎的弟子，吴郡（今江苏苏州）人，南宋末年居平江光孝观，元至元间（1264—1294）入朝称旨，授平江道录，住持天庆观，改镇江道录，住绍庆宫，寿达九十二岁。

葛乾孙（1305—1353），元代名医，字可久。平江路长洲（今江苏苏州）人。科举屡败后承家传习医，兼通阴阳、律历、星命。为人治病，常见奇效。曾经将异人传授的秘方整理成《十药神书》，造福百姓。至元二年（1336）吴镇为葛乾孙作《中山图》等。吴镇五十七岁，葛乾孙三十二岁，两人因为兴趣相投而成为忘年交。

道士周元真与吴镇交游甚密。周元真居住在吴县葑门外报恩道院，字元初，嘉兴人。至正二年（1342）正月，吴镇于玄妙观东轩赠给周元真《平林野水图》一幅，上面有题诗曰："平林方漠漠，野水正汤汤。苍茫日欲落，辛苦客异乡。草店月回合，村路迂处长。渡头人散后，渔父正鸣榔。"倪云林跋吴镇《平林野水图》云："元初，真士曾与嘉禾紫虚观，好与吴仲圭隐君游，故得其诗画为多。今年十月，余始识元初，即出示此帧，因走笔次吴隐君韵题于上。"② 倪云林题跋在 1361 年，其时吴镇已经去世 7 年了。吴镇书画平素不轻易予人，能够赠画赠诗，可见与周元真交

---

① 张繁文：《只钓鲈鱼不钓名——吴镇山水画艺术研究》，《书画艺术》2004 年第 1 期，第 12 页。

② （明）朱存理：《铁网珊瑚》，《中国书画全书》编纂委员会编《中国书画传全书》，第 3 册，第 716 页。

情匪浅。且两人分别自号"梅花道人"和"鹤林先生"，常结伴作游，吴镇去世后，周元真出此画请倪瓒赋诗，可见两人有深厚的友谊。

与他交往的画家方方壶，是上清宫道士。他在《题己画松》中曰："青云山中，太玄道人，隐者也。时扁舟往来茜武之上，与游从则樵夫野老而已。余拙守衡茅橡林有年矣。夏末会于幽澜泉，出主常师方啜茗碗。若爽气逼怀，黄帽催行甚急，别后流年迅速，惜哉。因就严韵，戏成四首。书于画松之上。且发一笑而别。梅花道人。"画的题诗曰："幽澜话别汗沾衣，飒尔西风候雁飞。我但悠悠安所分，谁能屑屑审其微。钓竿不插山头路，猎网宁罗水际矶。独有休心林下者，腾腾兀兀静中机。"① 闲适求静，远离世俗之罗网，隐迹林泉以识静中机趣，富含道教的审美趣味。道家这种追求无为、物我同一的思想对吴镇的画学观念产生了很好的影响。

吴镇与僧道来往，参禅悟道之举，在王伯敏看来是一种"儒家释道观"的体现，"具有一种哲理性内涵，反映在生活行止上，虽不属于异端，但也不寻常"②。只是文人画家的审美要求和审美情趣的体现。但是很多研究者仍旧认为吴镇的思想中佛教胜过道教，如吴静康认为："吴泽自命居士，吴森与二三高僧为友，吴镇自称梅花和尚，嗣胜为尼，二十二世还有一位观音奴，从中可窥吴氏一宗对佛门的虔诚。"③ 我们认为，从目前能见的最早的梅沙弥落款来看，吴镇1347年《草亭诗意》图跋语中有明确的"梅沙弥书"的款识，时吴镇已67岁，此前的大半段人生他都处在道家、道教的熏陶之下，而且"吴镇的心灵并不走向佛家的空寂，他晚年旺盛的创作力充分证明了他的学佛学道，其归宿还是在书画中实现人生的自我价值。"④ 这与道教顽强抗争的精神是一致的。

吴镇像道教徒一样云游四海，经常游历在杭嘉湖平原，曾居杭州西湖孤山二十年。他对有隐居圣地之称的太湖、洞庭、西山情有独钟，《吴镇与太湖》⑤ 考证出他从青年到晚年曾经多次游览太湖，欣赏那里的"渔家

---

① （明）朱存理：《铁网珊瑚》，《中国书画全书》编纂委员会编《中国书画传全书》，第716页。

② 王伯敏：《吴镇自号"和尚"、"道人"浅释》，嘉善县政协文史委员会编《嘉善文史资料》第六辑，嘉善县政协文史委员会1991年版，第23页。

③ 吴静康：《吴镇家世再探》，《故宫博物院刊》2001年第1期，第11页。

④ 楚默：《中国画论史》，百家出版社2002年版，第296页。

⑤ 姚立军：《吴镇与太湖》，嘉善县政协文史委员会编《嘉善文史资料》第十五辑，第50—63页。

清笛道家钟"景象，将其当作"水外青山山外天，疏林茅屋数归船。垂纶罢网相忘处，还羡逃名乐世贤"①的乐土。西山有很多道教修炼的遗迹，如汉朝道士刘根在涵峰置毛公坛苦练飞升，东汉墨佐君在水月寺置坛修炼等，让吴镇禁不住感慨："慈里山居林屋西，远山碧磴接丹梯。"②西山附近的十里梅海对于酷爱梅花的吴镇也具有巨大的吸引力。倪所题《平林野水图》中诗句有"家住梅花村，梦绕白云乡……缅怀图中人，看云杖桄榔"③，吴镇持杖漫游的形象跃然纸上，从中可知吴镇的游山玩水与道教之间有千丝万缕的联系。

（三）吴镇的绘画是道教隐逸精神的鲜明表现

1. 渔父情结

吴镇十八九岁开始学画，年轻时游历杭州、吴兴，饱览太湖风光，创作了一系列山水画。其中最引人注意的就是渔父情结。渔父形象在中国绘画中带有特殊含义，屈原的《渔父》和庄子中的渔父形象都带有一种清高孤洁、避世脱俗的意味，从此就成为文人画家笔下笑傲江湖的智者、隐士的化身，带有特殊的文化内涵。蒙古统治阶级采用残暴的统治方式，再加上民族歧视政策，与汉人离心离德，导致大量文人都采取了不与统治者合作的态度。"当时为了防止汉人聚众反抗，元朝不仅不许汉人拥有军械、马匹，甚至连聚众祈神、划棹龙舟、集市买卖、学习武术都在禁止之列。"④文人画家只能在诗画中用渔父形象来寄托自己的情感。赵孟頫、管道昇、黄公望、王蒙、吴镇、盛子昭均有渔父图传世。在吴镇传世山水画中，渔父题材的作品占有相当数量。通常吴镇把渔父安排于水面一个较突出的位置上，渔父们神态的丰富性、动作的多样性也给人留下了深刻的印象，如"渔父仰首观望双雁起飞（《芦花寒雁图》）、渔父凝视水面等鱼上钩（《渔父图》，1342年）、渔父撑篙回船动作矫健（《洞庭渔隐图》）、渔父抱膝回顾（《渔父图》，1346年）等，加上周围烟雨朦胧的环境氛围，整幅画面予人一种宁静、超脱的感觉。"⑤与通常伤感的、消沉的渔父形象不同，吴镇更多地表现了渔父自在逍遥、乐观阔达的一面。这从他

---

① 吴升：《大观录》，《中国书画全书》编纂委员会编《中国书画传全书》第8册，第515页。

② 钱棻：《梅道人遗墨》，嘉善县政协文史委员会编《嘉善文史资料》第五辑，第25页。

③ 《平林野水图轴》题句，嘉善县政协文史委员会编《嘉善文史资料》第五辑，第77页。

④ 张践：《元代宗教政策的民族性》，《世界宗教研究》1996年第4期，第71页。

⑤ 张繁文：《只钓鲈鱼不钓名——吴镇山水画艺术研究》，《书画艺术》2004年第1期，第13页。

图 8－5　《芦花寒雁图》

的题画诗里可见一斑，"兰棹稳，草衣轻，只钓鲈鱼不钓名"（《洞庭渔隐图》）、"山突兀，月婵娟，一曲渔歌山月边，酒瓶倒，岸花悬，抛却渔竿和月眠"（临荆浩《渔父图》）、"渔童鼓枻忘西东，放歌荡漾芦花风"（《渔父图》，1342 年）、"云影连江浒，渔家并翠微。沙鸥如有约，相伴钓船归"（《秋江渔隐图》），所有这些都写出了渔父不图名利、与世无争、四海为家、旷达乐观的精神面貌，更是道家倡导"以人合天"精神的写照。以无为清静之人合归于无为本然的"道"及"无"，这在吴镇的山水画中体现得淋漓尽致。但吴镇"渔兮渔兮不汝期，渔中之乐那能知。此渔此景定何处，长啸一声出门去"①的诗句，说明其笔下的渔父，不仅仅是放浪江湖、悦乎山水，而且是在隐逸的旷境中充满着抗争情结。这也是吴镇自己义不仕元、隐遁避世的思想情趣的体现。

---

① 吴升：《大观录》，《中国书画全书》编纂委员会编《中国书画传全书》第 8 册，第 515 页。

图 8-6　吴镇《双桧平远图》

2. 大树情结

一般来说，树木在山水画中只是配角，吴镇却经常侧重于描写近景大树和山石，特别是三两棵树的表现，在构图上追求奇险，打破了山水画通常的宁静氛围。吴镇的大树形象夸张变形，"或直立挺拔、俯势向上；或倚斜偃蹇、欲倒还立；或枝条倒挂、曲折盘桓，并且通常是松柏之类，且几乎每幅山水画均有此类形象。若将他与其他三大家做一比较，就更能突显吴镇的这一特色。黄公望、王蒙为了表现高士的居住环境，经常用平和、冷静的笔触刻画群山诸峰，力量均匀，气势平缓，画中树木郁郁葱葱，但都是山的点缀，很少突出某一大树。倪瓒也喜画几棵树，这一点与吴镇相似。但不同的是倪瓒的树通常是纤细、弱小的，树干上长出几条树枝，枝上顶着几片叶子，立在空旷的荒野里显得孤独而又凄凉。吴镇的树棵棵粗壮而枝叶茂密，富有顽强的生命力。倪瓒的树往往是叫不出名字的杂树，而吴镇的树通常是被赋予隐逸人格象征的古松柏。吴镇的《双桧平远图》上，巨大的画幅上画了两株老桧并立于平坡上，顶天立地，占据整个画幅。造型盘曲遒劲，气势雄秀挺拔，使远处山峦、林木、村居蹊径，尽在其俯视之下。《洞庭渔隐图》中两松后植一杂树，从后横出，倚

图 8 –7　吴镇《洞庭渔隐图》

斜偃蹇，每个枝条均俯势向上、伸臂布指，与远方踏浪归来的渔父遥相接
应。"① 这样一来，吴镇在景物取舍上的独特性就体现出来了。再加上吴
镇画面题款舍楷书而用草书，其奔放不羁的书风，加上愤激狂放的题画
诗，使得画家胸中的不平之气喷薄而出。

　　结合吴镇所处的压抑的元朝社会，以及吴镇落落寡合的生活状态，不
难理解，这些大树恰是吴镇的精神象征。他那种孤高、耿直的个性在元朝
沉闷的社会中就如同这些出现在平和、宁静境界里的大树那样显得格格不
入。在万马齐喑的元朝，吴镇苦闷、高傲的精神人格，不惧于张扬自己的
生命个性，恰似道教"我命在我不在天"抗争精神的体现。

---

① 张繁文：《只钓鲈鱼不钓名——吴镇山水画艺术研究》，《书画艺术》2004 年第 1 期，第
　　14 页。

3. 梅竹精神

图 8-8 吴镇《墨竹谱》

《图绘宝鉴》载吴镇"亦能墨竹、墨花"①。翠竹天生虚心而有节，宁折不屈，不畏霜雪，终年长青，自古以来受到文人的青睐。元人画墨竹成了风气，且每个画家差不多都兼工水墨，梅兰竹菊四君子画名之为"墨戏"。吴镇说："墨戏之作，盖士大夫词翰之余，适一时之兴趣……余之竹聊以写胸中逸气耳！岂复较其似与非……仆之所谓画者，不过逸笔草草，不求形似，聊以自娱耳。"②不过即使是游戏之作，吴镇有独特造诣，笔力雄健，墨法精微，书画相映、洒脱清劲。正如孙大雅所云："世赖笔墨以传者非一物，而竹之可传岂以声色臭味为足，嗜与若是，则幽远间放自其竹之性耳，今使人指其画曰'是有山僧道人之气'，则仲珪于竹宜得其天者，顾欲以是非之可乎，渭川千亩多如蓬麻，其挺然修拔郁然茂，遂识不识皆知，其可爱至于荒滨，寂微烟梢，露叶凌雨，暴日悬崖，拂云偃仆植立之势，生枯稚老之态，斯则非高人逸士窥之岁月之间，不能悉也。"③至正七年（1347），时吴镇 71 岁，侨寓嘉兴春波门外（今嘉兴市

---

① （元）夏文彦：《图绘宝鉴》卷五，《丛书集成初编》第 1654 册，第 342—343 页。
② 谭伯平：《墨竹基本技法》之《集古今论竹》，台北艺术图书公司 1988 年版，第 11—12 页。
③ （明）孙作：《沧螺集·墨竹记》，《四库全书》"集部""别集类"，第 1229 册，第 14 页。

城区）春波客舍。现藏台北故宫博物院《墨竹谱》作于元至正十年（1350），前两页书苏轼撰《文同偃竹记》，后二十幅画各种姿态的墨竹，分新篁、嫩枝、老干、垂叶、雨竹、风竹、雪竹、坡地竹林、崖壁垂竹，或粗竿挺拔，竹叶清劲，或细枝临风，摇曳生姿。每幅都有图有文，每幅画的构图都有着很大的区别，并为题画诗预留好位置，是后人临摹的样本。

　　吴镇的墨竹造诣有三个方面，"一是他对竹子人格化的认识，这也是他创作墨竹的原动力；二是画竹者的心境；三为画墨竹的一些具体技法。"① 最重要的是吴镇以竹为墨戏，但实际上仍是有感而发，"与君俱是厌尘氛，一日不堪无此君。更喜龙孙得春雨，自抽千尺拂青云"②。他实际上是以竹子表明自己的心迹："抱节元无心，凌云如有意，寂寂空山中，禀此君子志。"③ 充分表明了他不变节褪色、不愿俯仰"元"的民族气节和贫贱不移、威武不屈的凛然正气。

　　除了竹子，吴镇还喜爱梅花，遍种于屋前屋后竟有百株之多，并以宋代有"梅妻鹤子"称誉的林逋自比。他自号梅花道人，他所居住的寓所（在今嘉善县魏塘镇）原名"竹庄"，后更名"梅花庵"。"结庵前后栽梅花数百株"，其"墓在武塘东花园弄之右，墓侧有橡林、古梅。公尝墓上吟曰：'老子生平学蓟丘，晚年笔法似湖州，画图自写梅花号，荒草空存土一抔。'"④ 他生前手书"梅花和尚之塔"的墓碑。他生平的诗文集也以梅花为名，"镇著有《梅花庵稿》多散佚，钱孝廉菜辑遗墨行世。"⑤ 吴镇咏梅之词作《梅边》，曰："雪冷松边路，月寒湖上村。缥缈梨花入梦。云巡小檐芳树，春江梅信，翠禽啼向人。"⑥ 这是吟咏被列为道教第

① 余辉：《吴镇世系与吴镇其人其画——也谈〈义门吴氏谱〉》，《故宫博物院刊》1995 年第 4 期，第 62 页。

② 钱菜：《梅道人遗墨》，嘉善县政协文史委员会编《嘉善文史资料》第五辑，第 34 页。

③ 同上书，第 29 页。

④ 《吴镇世系及其家族传略》，嘉善县政协文史委员会编《嘉善文史资料》第五辑，第 6—7 页。

⑤ 《嘉善县志》卷二十五"隐逸"，清光绪年间重修（嘉善于明宣德五年建制，县治设魏塘）。

⑥ 姚立军：《吴镇与太湖》，嘉善县政协文史委员会编《嘉善文史资料》第十五辑，嘉善县政协文史委员会 2001 年版，第 50—63 页。

四十三福地的鸡笼山梅海①的景色。吴镇对梅花如此喜爱，以至于陈继儒认为要在"（对其毁损的墓进行修缮）工竣之后，酌幽澜泉以酬公，并种梅花一株于墓上，招其魂而归之"②。梅花傲霜凌雪，是坚贞、高洁、刚毅的象征，吴镇的一生在梅花身上寄托了无限的感情，而这种坚贞高洁的品质也正是道教致力追求的。

（四）结语

除了绘画题材富含道教韵味之外，吴镇湿笔重墨、大气磅礴的画风在中国绘画史和道教绘画史都具有重要地位。吴镇于大德初（1297—1307）开始习画，早年常临摹董、巨、李、郭等北宋诸家的山水，五十岁以后，画风渐趋成熟。与黄公望、王蒙、倪瓒三家干笔皴擦较多不同，吴镇善用湿笔表现山川林木郁茂景色，笔力雄劲，墨气沉厚。其作品中"沉郁而极富润湿的水气"及所用湿笔并非墨中多加点水那么简单，而是所谓的"五墨齐备"。吴历云："江山无尽、万里长江两卷……浑然天成，五墨齐备，盖仲圭擅长，非后学者所能措手。"③ 正因为其中暗含玄机，因此许多后学者画虎不成反类犬，贻笑大方。清代王原祁说："梅道人泼墨，学者甚多，皆粗服乱头，挥洒以自鸣得意，于节节肯綮处，全无梦见。无怪乎有墨猪之诮也。"④ "吴镇非常熟悉笔、墨、绢的特点，作画中的五墨并施而不腻，

---

① （唐）杜光庭《洞天福地岳渎名山记·七十二福地》记载："鸡笼山，在和州历阳县。"唐司马承祯著《洞天福地记》载："第四十三鸡笼山。在和州历阳县，属郭真人治之。"宋施谔《（淳祐）临安志·山川》载："鸡笼山，在龙井凤凰岭，侧高而圆有若鸡笼。"宋王象之《舆地纪胜》卷二说："赤松山，在富阳县东九里，一名鸡笼山。《隋书·地理志》富阳县有鸡笼山，《晏殊·地志》云：赤松子驾鹤尝停。其形孤圆秀崒，群山环拱，望之如华盖，故又名华盖山。"相传此山夏朝称亭山，秦称历山，唐谓鸡笼山，明曰凤台山。东汉末年，有金福、金干、金坤兄弟三人在此山悟道成仙，被后人奉为"三茅祖师"，后人为之塑金身于佛殿，千百年来，香火不绝。《道藏》洞神部谱录类有《华盖山浮邱王郭三真君事实》六卷，南宋道士沈庭瑞、章元枢等编，里面收录唐颜真卿《王郭二真君碑铭》、宋李冲元《三真记》、沈庭瑞自之《二真君实录》，记叙浮邱公度王郭二真升仙之事。按华盖山在江西崇仁县，山中有浮邱、王、郭三真君祠庙及遗迹。相传浮邱公乃周代神仙，晋时降世，度王褒、郭真人升仙，后世称为"三真"。唐宋以来华盖山及江南各地颇有三真灵迹，文人道士多记述之。太湖西山与林屋山相通，其附近的鸡笼山历来产梅，"鸡笼梅雪"为西山十景之一。

② （明）陈继儒：《陈眉公集》卷十一题词跋疏，《续修四库全书》"集部"，第 1380 册，第 132 页。

③ （清）吴历：《墨井画跋》，顾廷龙主编《续修四库全书》"子部""艺术类"，第 1066 册，第 202 页。

④ （清）王原祁：《麓台题画稿》，《中国书画全书》第 8 册，第 706 页。

反复皴擦而不胀，产生了浓而润、湿而厚、涩而不干、枯而不燥的艺术效果。"① 总之，对于吴镇在元代山水画变革中的作用与地位，潘天雄认为可以用"出新意于法度之中，寄妙理于豪放之外"② 来概括。吴镇对文人山水画的贡献也代表着其精神中的道教因素对文人书画创作的贡献。

吴镇的诗、书、画相映成趣而为"三绝"，且"大有神气"，这些都离不开道教因素对文人书画创作深远的影响。关于这一方面已经有一些研究成果，如《论元代道教与文人画审美精神》③、《道教与明清文人画研究》④ 等，此处就不再赘述，但是就元朝来说，道教主张返璞与平淡，与元朝的大画家主张艺术贵有古意，以及平淡自然的水墨山水的创作观念不谋而合。吴镇与黄、倪、王等许多山水画大家都不同程度地受到了道教的影响，他们创造了极富特色的文人山水画，但若论体现道教隐逸精神最彻底的当属吴镇。

中国隐逸传统由来已久，始于先秦，盛于魏晋及宋元。用诗词书画来表达道家道教的隐逸精神在历代文人中也很普遍。但纵观吴镇的隐逸思想，他不是单纯的与世无争，而是暗含了一定政治意义的隐遁。他的诗词风格简劲奇拔，感情真挚，常以比兴自吐胸臆，接近陶潜诗风，外示平淡而内实郁愤。说明他在很大程度上继承了道家思想因"不争"而"无忧"的处世态度和清静无为的人生哲学，虽然有研究者说"吴镇一生的思想相继浸染在道家和佛教之中"⑤，但就其艺术成就而言，我们认为道家道教思想对吴镇其人其画的影响更明显。

三　王蒙与道教绘画

元代在中国历史上历时仅九十年。宋朝的灭亡给文人带来沉重了的打击，许多文人转而寄情于艺术，从而使元朝艺术获得了空前的发展，创造了辉煌灿烂的成就。与黄公望、吴镇、倪瓒并称为"元四大家"之一的王蒙，其画风对明清数百年以来的绘画发展产生了巨大影响，因而一直得到

---

① 张繁文：《只钓鲈鱼不钓名——吴镇山水画艺术研究》，《书画艺术》2004 年第 1 期，第 12—14 页。

② 潘天雄：《出新意于法度之中，寄妙理于豪放之外——吴镇在元代山水画的变革中格的作用与地位，嘉善县政协文史委员会编《嘉善文史资料》第十五辑，第 64—71 页。

③ 何松、姚冰：《元代道教与文人画审美精神》，《中国道教》2008 年第 2 期，第 35—38 页。

④ 张明学：《道教与明清文人画研究》，四川大学博士学位论文，2007 年。

⑤ 余辉：《吴镇世系与吴镇其人其画——也谈〈义门吴氏谱〉》，《故宫博物院刊》1995 年第 4 期，第 56 页。

研究者的重视。诸如对其风格技法的传承、绘画技巧和画作的研究已经有很多，总体分"画什么"和"怎么画"两个方面，前者侧重于结合画家的家世、交游等史实来确定画作的真伪和历史价值；后者侧重于指导绘画和鉴赏的实践性和操作性。相比之下，对于其思想中的道教因素探讨不多，而从社会学角度来说，画家的生平传略、时代背景、宗教信仰的影响对其创作都具有重要的影响，因此需要对王蒙与道教的关系重新审视。另外"王蒙，字叔明，吴兴人"[①]，湖州（今浙江吴兴）人，因其避乱隐居于浙江杭州黄鹤山三十年，这使得王蒙其人其作品在浙江道教史上也具有重要的意义。

（一）王蒙身世辨析

目前学术界关于王蒙生年尚有争论，大多这样著述，"出生年月不详，一般认为是 1301 年或 1308 年"。1301 年之说，得于赵孟頫 48 岁时有得外孙的记载；而 1308 年之说起源于清代吴修，他在《续疑年录》卷三引陶宗仪诗注后说："若年七十以外，当生元至大初年。"按至大元年即 1308 年。温肇桐在《元季四大画家》中采用 1301 年之说，"王蒙的生平，假使依他人的年岁来推测，那或者会有眉目，因为他的外祖父赵孟頫卒于至治二年壬戌，年 69 岁，倪云林生于大德五年，而孟頫为 48 岁，这年恰巧生外孙，于此知道叔明与云林是同一年间出生，也许是可靠的。"[②] 在此基础上，翁同文于《王蒙为赵孟頫外孙考》中在指出"吴修 1308 年之说当是险便猜测，并无根据"之后做了辨析："赵孟頫的女婿有六位之多，外孙自然更不少，若赵孟頫所得外孙未能确指出于哪一位女儿或哪一位女婿，自然也未便即定为王蒙""既然王蒙生年有两说都难确立，若无新材料发现足为佐证，则连近似年也不必酌定了。"[③] 这一论说显然是不无道理的，但翁氏对 1301 年之说取保留态度，在考证了王蒙之父王国器的生平事迹后说："若假设不会差误太远，则以旧日早婚风俗，王国器与赵孟頫第四女于 1300 年左右结婚，于 1301 年生王蒙，并非绝不可能。但即使可能，也还待文献证明。"[④] 因此其生年仍旧待定。

① （元）夏文彦：《图绘宝鉴》卷五，《丛书集成初编》第 1654 册，第 344 页。

② 温肇桐：《元季四大画家》，《中国名画家丛刊》，世界书局 1945 年版，第 12 页。

③ 翁同文：《王蒙为赵孟頫外孙考》，台北《大陆杂志》第 26 卷第 1 期，1963 年版，第 30—32 页。

④ 翁同文：《艺林丛考·王蒙之父王国器考》，（台北）联经出版事业公司 1977 年版，第 149 页。

王蒙卒于 1385 年，元代陶宗仪《哭王黄鹤（乙丑九月初十日，卒于秋官狱）》诗曰："人物三珠树，才华五凤楼。世称唐北苑，我谓汉南州。大梦麒麟化，惊魂狌犴愁。平生衰老泪，端为故人流。"①　其中"乙丑九月初十"可以确考为明洪武十八年（1385）。学界一般认同王蒙在明初出任泰安（今山东）知州被胡维庸案牵累，死于狱中之说。"洪武初起家泰安州，守坐法死。"②　"洪武中，官泰安知州，坐事卒。"③　当然也有学者提出不同意见，如中央美术学院讲师邵彦认为"其真实原因是他有仕张士诚的经历而遭到朱元璋报复"④　等，但也无实证推翻前论。

关于王蒙的生父，翁同文在《艺林丛考·王蒙之父王国器考》中已有详细考辨，认为王国器就是王蒙的生父。关于王国器的史料极为有限。

> 经考，其字德琏，别号筠庵，湖州人，生于元初至元年间（约 1280—1285）。大德年间（1297—1307）娶赵孟頫四女，在赵孟頫的诸位女婿中以长于文墨见长。他工诗词，喜爱收藏古法帖、字画及古陶瓷等文物，亦长书法，现藏北京故宫博物院的赵孟頫《临黄庭经卷》后有王国器的十一行题跋，从中可以略见其书艺之一斑。王国器没有诗文集流传于世。从散见于各书中的文辞与记载来看，他是当时的才俊之士之一，与当时活跃于吴门及沪、杭一带的许多文人雅士都有交往。目前王国器的诗歌共存世有 12 首，其中除了题赵雍画两首，题王蒙画一首，题母氏墓志铭一首和《踏莎行·香奁八咏》外，剩下的几首如《菩萨蛮·题黄公望溪山雨意图卷》、《菩萨蛮·题倪元镇写赠仲明惠览图》、《金蓬头像赞》等都可见他与张伯雨、黄公望等道教中人来往甚多，可知王国器更倾向于道教。⑤

王国器的思想倾向与行为必定会对王蒙的艺术、思想、行为产生一定的影响，正如翁同文认为的，"考订王国器是他的父亲，不仅将这个问题解决（指王蒙为赵孟頫外甥还是外孙的问题），同时也阐明他的诗画，在

① 林树中、王崇人：《美术辞林（中国绘画卷）》上，陕西人民美术出版社 1995 年版，第 548 页。
② （明）王世贞：《弇州山人四部续稿》"文部"卷一百六十二，《四库全书》第 1280 册，第 1743 页。
③ （明）文征明：《甫田集》卷二十三，《四库全书》，第 139 页。
④ 邵彦：《中国绘画的历史与审美鉴赏》，中国人民大学出版社 2000 年版，第 262 页。
⑤ 翁同文：《艺林丛考·王蒙之父王国器考》，第 151—154 页。

某一程度上受他父亲的影响。"①

关于王蒙是赵孟頫的外甥还是外孙的问题，曾引起了学界的探讨。元末夏文彦《图绘宝鉴》卷五中称"王蒙，字叔明，吴兴人，赵文敏甥"②，这是"外甥说"的开端。顾瑛在《玉山草堂雅集》卷九中也持这一说法。因为夏文彦与王蒙同属吴兴人，而顾瑛是王蒙的好友，两人必定熟悉王蒙的情况，因此其所记所说非常有说服力③，其后《明史·文苑传》、《浙江通志·文苑》、《无声诗史》等都延续其说。但王蒙的其他友人在赠诗或者题画中称其为赵孟頫外孙，"所谓承平公子有故态，文敏外孙多异书者是也"④，从而提出了"外孙说"。后来，温肇桐在《元季四大画家》中认为，夏文彦对王蒙和赵孟頫的关系的记述不够可靠，并列举出相关的资料，如倪瓒《寄王叔明诗》曰"允尔英才最，居然外祖风"、方孝孺《题王叔明墨竹为郑叔度赋》曰"吴下王蒙艺且文，吴兴赵公之外孙"。以及元末陶宗仪等资料做佐证，推断出王蒙为赵孟頫之外孙。⑤ 翁同文在温肇桐辨析的基础上撰写《王蒙为赵孟頫外孙考》一文做了进一步的考证。他考察了赵孟頫姊妹夫家状况即"赵氏先侍郎阡表"，发现其姊妹夫中没有王姓者，从而推断出不可能有王姓的外甥。⑥ 其实更具有说服力的是王蒙题《赵氏三马图》中的自我承认："右湖州路总管赵公仲穆、其子知州赵彦徵所画二马，气韵精神，各得其妙。总管笔法得曹将军为多，知州笔法得韩幹为重。独文敏公兼曹韩而获其神妙，此所以名重千古，无愧前人。雪庭禅师与总管公为心交，父子之间同为知己，王蒙在文敏公为外孙，总管为母舅，知州为表弟，岂敢品题哉？实识悲感之诚耳！王蒙谨书。"⑦ 可知王蒙确是赵孟頫外孙无疑。自此"外孙说"有理有据，遂成定论。

王蒙家境优越，他的外祖父赵孟頫、外祖母管道升、舅父赵雍和赵奕、父亲王国器、表弟赵彦征皆是以诗文书画称誉于时，在这样的家庭环境的熏陶之下，王蒙很早便对艺术情有独钟，因而后人评论其"诗文书

---

① 翁同文：《艺林丛考·王蒙之父王国器考》，第146页。

② （元）夏文彦：《图绘宝鉴》卷五，《丛书集成初编》第1654册，第344页。

③ 对于这一点，翁同文认为是二人的作品遭到后人篡改所致。

④ （明）王世贞：《弇州山人四部续稿》"文部"卷一百六十二，《四库全书》第1280册，第1743页。

⑤ 翁同文：《艺林丛考·王蒙之父王国器考》，第145页。

⑥ 翁同文：《王蒙为赵孟頫外孙考》，《大陆杂志语文丛书》第二辑，总第26期，《序跋文法丛考传记》，大陆杂志社1963年版，第5册，第365—367页。

⑦ 郁逢庆：《郁氏书画题跋记》，《中国书画全书》第4册，第588页。

画尽有家法"①。目前普遍认为王蒙的绘画艺术受赵孟頫的影响较大，但赵孟頫于元至治二年（1322）去世，此时王蒙年纪尚轻，故其受赵孟頫亲授所学到的东西似乎有限。明末董其昌曾这样评论道："王叔明画从赵文敏风韵中来，故酷似其舅，又泛滥唐宋诸名家而以董源、王维为宗，故其纵逸多姿，又往往出文敏之外。若使叔明专师文敏，未必不为文敏所掩也。"董氏认为王蒙从舅父赵雍处得到了很多的指授。但是对王蒙影响最大、最直接的估计仍是其父王国器。王国器在诗词书画上均有很好的修养。传世元人书画旧迹上，有不少他的题咏。杨维祯曾评其词："坚强清爽，妍丽流利，此殆雪月中神仙也。"翁同文也因为王国器是个鉴藏家，所以"王蒙的画，少年时或曾受其外祖影响，但后来自成一家，未始非因王国器有所收藏，王蒙得时常赏玩之故。"② 因此可以说，王蒙从思想到书画造诣都曾受到王国器的影响。

（二）王蒙的信仰辨析

台中师范学院教授吕佛庭说："关于王蒙的信仰，因为没有可靠的史料，所以很难确定。但他隐居的黄鹤山，本来是佛教的圣地，他与泐季、玄津、潭济诸大名僧常相往来，而他的外祖赵孟頫又是虔诚的佛教弟子，和少林寺有名的雪庭禅师是很好的朋友；从这几方面我们可以推断叔明信仰佛教大概是没有问题的。我们从他所题《萝壁山房图卷》诗中亦可以窥得一些消息。诗云：'绿萝蔓苍壁，花香散春云。松房孤定回，袈裟留夕薰。山高萝月白，独立霜满巾。回风震层巅，崖云洒余芬。昔在净石室，雨花不沾身。心室诸观寂，漏尽本无因。孰与幽境会，赏竟去纤尘。心期后来者，矫首空嶙峋。'此诗与摩诘的诗境界很相似，如没有禅学的修养，是不会吟出这种净化的优美的诗句哩！"③ 我们认为这一观点还有待商榷。美国斯坦福大学教授文以诚（Richard Vinograd）对王蒙颇有研究，他于1979年完成的伯克莱加州大学博士论文《王蒙的〈青卞隐居图〉：14世纪末中国山水画中的隐逸主题》中第三章就论述了王蒙的生平、思想和艺术④，指出王蒙的佛教和道教思想，现就王蒙的道教思想分析如下：

首先，王蒙的家世除了对其有艺术上的熏陶外，更有思想观念上的

①　（元）顾瑛：《草堂雅集》卷十，《四库全书》"集部""总集类"，第1369册，第185页。

②　翁同文：《艺林丛考·王蒙之父王国器考》，第150页。

③　吕佛庭：《论元四大家》，《中华学术与现代文化丛书》第5册《美术论集》，华冈出版公司1979年版，第321—334页。

④　辛骅：《20世纪以来王蒙研究综述》，《朵云》第六十五集《王蒙研究》，第65页。

熏陶。

上文提到王蒙的父亲王国器经常与黄公望、张雨等道教人士来往。其祖父赵孟𫖯也倾向于道教，这从赵孟𫖯自号松雪道人、别号甲寅人、水晶宫道人、在家道人、太上弟子、三宝弟子等称呼中可见一斑。赵孟𫖯出生于宋理宗宝祐二年（1254），时其父赵与訔四十二岁，任平江知府，主管建康府崇禧观，其祖父和父亲都曾任职于道观，而他本人师从过茅山宗高道杜道坚，往来对象多是吴全节、张雨和薛元曦等高道，并曾受诀于茅山宗师刘大彬，可以算一名茅山宗道士。他在《玄元十子图》后的《书为南华真经》中写道："师（杜道坚）嘱余作老子及十子像，并采诸家之言为列传。十一传见之，所以明老子之道。兹事不可以辞，乃神交千古，仿佛此卷，用成斯美。"① 可见，赵孟𫖯与道教有较深的渊源，他的思想和艺术追求也必然会深刻打上道教思想的烙印。王蒙家中亲属的道教影响必然对其接受道教影响甚多。

其次，元朝道教盛行的社会背景，对王蒙倾向于道教有潜移默化的作用。

元朝以后，三山符箓合归龙虎山。贵溪张留孙、安仁吴全节师徒俩见重于元室，一时名盖天下，东南名士趋之若鹜，宾座长满。在这一特定的历史文化背景下，诸多文化名流和道教结下了不解之缘，如赵孟𫖯原号"松雪道人"，顾仲演别字"金粟道人"，杨维桢别字"铁笛道人"，等等，无不表现出对道教的热情，其他如黄公望、方从义、张雨、倪元林等则是当时著名的道士。王蒙对道教的认识、对道教的接受和崇奉也是在情理之中的。王蒙与众多道教人士来往，如"昆山道人"顾瑛、倪元林等人。倪瓒曾规劝他隐居，倪瓒《送王叔明》曰："仕禄岂云贵，贝琛非所珍，当希陋巷者，乐道不知贫。"又有"野饭鱼羹何处无，不将身作系官奴；陶朱范蠡逃名姓，那似烟波一钓徒"②！虽然王蒙未必听从这些建议，但这些劝导不能不对王蒙倾向于道教起到推波助澜的作用。

台北历史博物馆谢世英以王蒙《葛稚川移居图》为个案，讨论了王蒙画作的主题、题款及风格诸问题，较大程度地还原出《葛稚川移居图》的历史原貌。王蒙熟悉东晋葛洪的故事，并曾定居于葛洪当年炼丹之处宝石山。他创作这幅画的原因是与受画者有共同的兴趣，为赢得在艺术上的共鸣。他在当时道教风气下选择葛洪故事为主题，呈送给于 1368 年奉旨

---

① （明）朱存理：《铁网珊瑚》，《中国书画全书》第 4 册，第 548 页。

② 陈传席：《中国山水画史》，天津人民美术出版社 2001 年版，第 289 页。

出兵交趾（也是葛洪想往而未成行的地方）并客死他乡的军事文人曾日章。① 从送画者和受画者都喜欢道教题材，可知当时道教的影响力，因此在这种情形下，王蒙思想中必定有道教的因素。王蒙的《有感》中说："驯龙若御马，下上何足奇，飘摇海东鹤，司晨不如鸡。白云本无心，每与仙人期，悠然岩壑姿，卷舒岂无时，偶来还自赏，倏去令人思，燕台十二月，雪没黄金基，正月河水泮，二月下流澌，江南三月暮，花落舞晴丝，归帆天际来，烟雨渡江迟，渌波映吴树，双飞锦鸂鶒，相思极春水，一夕到天涯。"② 这体现了道教的审美趣味。

最后，王蒙的仕途不顺是促使他青睐道教的原因之一。

湖州赵孟頫家族是宋朝皇族的后裔，曾是当地声名甚隆的望族，一连四代均在宋朝中任重要官职。从元世祖到元英宗，赵孟頫家族都有人显赫一时，荣际五朝，名满四海。在古代社会，一个人的升降沉浮往往决定了其家族的荣辱兴衰，湖州赵氏家族随着赵孟頫在仕途上的闻达也日益隆兴，在当地极享盛名。年轻时的王蒙才华横溢，"强记力学，作诗、文、书、画，尽有家法，尤精史学。"③ 今存诗集《草堂雅集》。他也善于写文章，"为文章不尚矩度，顷刻数千言可就，君子咸以豪士目之"④。王蒙终究未能真正免俗，他借助赵孟頫一家的影响力，在元后至元到至正初年这一时期曾经担任过"理问"这一职务，杨维祯有《送王叔明理问》诗可证。理问是行省下属的僚员，据《元史》载：行省下设理问所，"设理问二员，正四品，副理问二员，从五品"。⑤ 理问虽属僚属小官，但其官阶不低。王蒙为官时应在江浙行省司，其治所在今浙江杭州，有《送许具瞻驰驿之鄞县尹》诗，曰："县尹新承天子诏，汉家旧制重郎官，甬东群盗知王式，海内苍生望谢安，修竹故乡山迭迭，梅花驿路雪漫漫，行春劝课无余事，得意新诗好寄看。"⑥ 此为一旁证。

但王蒙仕宦时间并不长，旋即遇乱而辞官隐居浙江杭州黄鹤山："后徙居仁和黄鹤山"⑦ "黄鹤山去县东北三十八里，《寰宇记》旧有黄鹤权

---

① 辛骅：《20 世纪以来王蒙研究综述》，《朵云》第六十五集《王蒙研究》，第 64 页。

② （元）顾瑛：《草堂雅集》卷十，《四库全书》"集部""总集类"，第 1369 册，第 185 页。

③ 同上。

④ （明）朱存理：《珊瑚木难》，《中国书画全书》第 3 册，第 339 页。

⑤ （明）宋濂：《元史·百官志七》"各省属官"，第 8 册，第 2314 页。

⑥ （元）顾瑛：《草堂雅集》卷十，《四库全书》"集部""总集类"，第 1369 册，第 185 页。

⑦ （明）沈朝宣：《（嘉靖）仁和县志》卷二，《中国方志丛书·华中地方》，成文出版社有限公司 1893 年版，第 179 册，第 184 页。

修道于此，故名。今佛曰山之北高约百余丈，巅有龙池，一名渥洼。北坞有龙洞，石裂为路，深险不可视。山之腰有黄鹤仙洞，外甚狭，中可容数人，深窈而黑。时有樵牧爇松明而入，愈行愈远，疑有龙在焉。池出云必雨。又有潭在山之东，故老相传：但看黄鹤山顶云，化作白龙潭上雨。盖僧道潜之句也"①。黄鹤山与道教有密切的关系②。王蒙"自号黄鹤山樵"③，有时在题画时亦自称黄鹤山中樵者、黄鹤山人等。自至正初到至正末的二十余年间他芒鞋竹杖，往来于苏州、松江、吴兴一带，不仅与黄公望、吴镇、倪瓒等画家过从甚密，也与杨维桢、赵廷采、陈征、郑元祐、文伯、潘子素、岳季坚等林下高士诗酒唱和，是昆山顾仲瑛玉山草堂中的常客。钱塘范立曾有诗云："天上仙人王子樵，由来眼空天下士，黄鹤山中卧白云，使者三征那肯起。"④ 不得不说，诗中有抬高之嫌。王蒙心里其实一直都有出仕的意愿。他与太仆危素有交往，在至正末年接受张士诚之聘至吴门出任长史、录事一类的官职，可见他的隐居是不得已而为之。

　　1368 年，朱元璋建立了明朝，使许多汉族文人士大夫都产生了巨大的希望，纷纷走入仕途。王蒙也在其中，他在明初洪武年间大量搜求遗逸的环境下，以花甲之年出任了山东泰安知府，并在此时与陈汝言合作了《岱宗密雪图》。据顾瑛所编《草堂雅集》卷十二载："曾游寓京师，馆阁

---

① （明）沈朝宣：《（嘉靖）仁和县志》卷二，《中国方志丛书·华中地方》第 179 册，第 31 页。

② 据南宋《咸淳临安志》卷九"山川"记载，仁和县东北 38 里，有黄鹤山，宋《梦粱录》明确记载如下："城东北山：仁和县界东北有黄鹤山。""杭州府治之东北六十里，构山曰黄鹤，高百余丈，与皋亭山离立，而俗呼为皋亭之黄鹤峰，以两山皆从天目蜿蜒东来，峰而非属故也。"（（明）钱谦益：《杭州黄鹤山重建永庆寺记》，《余杭文史资料》第 5 辑《余杭风物》，浙江省余杭县委员会文史资料委员会 1989 年版，第 43 页）据《续齐谐记》载，有仙人王子安骑黄鹤到过此山，鹤唳数声，声震长空，群峰回应，良久不绝于耳，世人遂将此山称为黄鹤山。《续齐谐记》现存传本只有 17 条，所记故事多为怪异之事，而无此条。但《隋书·经籍志》有刘宋东阳《齐谐记》7 卷，已佚；吴均续作 1 卷，则可知为未必无。山上旧有黄鹤楼。《述异记》说：荀环爱好道家修仙之术，曾在黄鹤楼上望见空中有仙人乘鹤而下。仙人和他一同饮酒，饮毕即骑鹤腾空而去。此处黄鹤楼或许指武昌黄鹤楼。但是毕竟其所依托的黄鹤和王子安仙人与道教有关系。山腰有一石洞，名黄鹤仙洞；山西有留月泉；山巅有龙池，水清终年不竭，据说池出云必雨，宋代著名诗僧道潜曾这样吟咏黄鹤山："但看黄鹤山顶云，化作白龙潭上雨。"

③ （明）陆应阳：《广舆记》卷十，《四库全书存目丛书》"史部"，第 173 册，第 389 页。

④ 陈传席：《中国山水画史》，天津人民美术出版社 2001 年版，第 286 页。

诸公咸与友善，故名重侪辈。"① 顾瑛所记其游寓京师，大概就是洪武初年出仕之时。是时他与朝中公卿间往还密切，其诗《八月十五夜陪徐校书饮酒》曰："校书同是京华客，共对月明怀故乡，光沦太液鱼龙动，风度长秋草树凉，莫使华灯继尊俎，不辞白露湿衣裳，千门万户秋声里，玉漏沉沉夜未央。"② 可见其自觉生活得意之状。他曾与郭传及僧知聪同在丞相胡惟庸府中观画，不料以后却因此惹来牢狱之灾。明朝初年，朱元璋为了确保自己的政权稳固，杀功臣除异己。洪武十三年，以丞相胡惟庸企图谋反为由，将胡处死，并且大肆搜捕胡党，受株连者达数万人之众。王蒙因为曾经到过胡府观画，在数年后受株连被捕入狱，结果竟瘐死狱中。并且因为他受胡案牵连，故在明代初期没有得到应有的评价，甚至在文人的文集中也几乎找不到他的名字。不少研究者认为王蒙在元末并没有什么名气，只是到了明代中后期被归入"元四家"后，才真正出了名，这其中与王蒙在明初被涉嫌为胡党应有较大的关系。

　　吕佛庭从王蒙隐居的黄鹤山本来是佛教的圣地，兼之王蒙常与渤季、玄津、潭济诸大名僧常相往来就推断其是佛教信仰者，缺乏说服力。王蒙《留别》曰："都门柳色黄，我作江南客，折柳送将归，玉壶况琥珀，羡尔青云士，琼钩戛珠舄，朝辞汉殿春，暮就干时策。声名人所钦，轩车日相索，归人梦还家，五湖烟水汐，何处我思君，莺啼柳花白。调古世寡和，才高自无羣。种玉秘奇术，还丹隐玄文，披裘负薪士，拾金非所闻。虽无箕颍节，亦不慕高勋，石田长芝草，暮春自耕耘。曲肱枕末耜，长歌至日曛，所乐良在兹，没齿复何云。"③ 诗中流露出了对功名的羡慕以及无奈隐居的自我开解，可见作者是羡慕那些"琼钩戛珠舄"的青云客的，只不过元朝对文人的不重用，导致其报国无门，只能隐居，但是诗中"种玉秘奇术，还丹隐玄文"以及"石田长芝草"都显示出他的隐逸生活是遵循道教的养生、服食、内炼之类的隐逸，而不是佛教青灯古佛之类的禅悟，这种道教审美趣味如果尚不足以说明王蒙的思想是属于道教的，那也决不能说明他是佛教的，只能说王蒙与当时大多数文人士夫一样，奉道但并不排佛，近释又好儒，其思想中多家思想相互交融，和谐并存。

　　（三）王蒙山水画与道教情结

　　王蒙一生画了许多隐居图，他内心始终对退隐和出仕十分矛盾。"他

① （元）顾瑛：《草堂雅集》卷十，《四库全书》"集部""总集类"，第1369册，第185页。
② 同上。
③ 同上书，第185—186页。

画中的隐逸气息不如黄公望、吴镇、倪瓒的作品那么浓厚与平静超脱，他的绘画线条中往往透露出不安的情绪。但是由于他不能忘情止俗，对周围的环境与社会反倒更加关心，对山川自然的描写也更为尽心尽力。"① 王蒙技法多样，艺术上非常多能。他平生所接受的道教思想自然体现在他的绘画当中，因此他对元代文人画的贡献，也可算得上道教思想对文人画的贡献。王蒙曾经在浙江隐居，他在浙江道教史上也具有重要的地位与作用。现结合王蒙画作的分析来探讨他在绘画史上的贡献和其思想中的道教情结。

奠定王蒙在绘画史上地位的是他的山水画。元代山水画不是简单地描摹自然的风光，而是画家精神的诉求与流露，是画家人生态度的表达，是画家人生追求的体现。"叔明以画重胜朝号四大家"②。山水画的产生是与中国的道家思想密不可分的。儒家思想是入世的，对绘画的影响多体现在早期的人物画上，明劝戒，著沉浮，建立社会礼教；道家思想追求的是自然无为、天人合一的精神境界，能"官天地，府万物"，能"胜物而不伤"。山水画多体现的是出世精神，所以得道教的影响比较多。

1. 王蒙的山水画造诣

《图绘宝鉴》说王蒙"画山水，师巨然，甚得用墨法。秀润可喜，亦善人物。"③ 实在是点睛之笔，归纳出了王蒙山水画的诸多特色。

首先，"甚得用墨法"说的就是王蒙对水墨画技法的贡献。"中国山水画在长期的发展中，为了更好地表现各种树石的特点，根据各种山石不同的地质结构和树木表皮状态，加以概括而形成了许多行之有效的表现程式，如表现山石的皴法就有披麻皴、折带皴、斧劈皴、雨点皴、卷云皴、荷叶皴等十多种。王蒙对皴法有贡献，他常用皴法，有解索皴（弯弯曲曲的长线条，形同解索）和牛毛皴（细线密皴，宛如牛毛）两种。王蒙还好用蜷曲如蚯蚓的皴笔，以用笔揪变和'繁'著称，他的画以繁密见长，而且笔法变化多，功力深厚。"④ 王蒙的另一创新是用"淡墨钩石骨，纯以焦墨皴擦，使石中绝无余地，再加以破点，望之郁然深秀"⑤。根据

① 许可、郑博文：《王侯笔力能扛鼎 五百年来无此君——读元代王蒙的山水画》，《荣宝斋》2012 年第 11 期。
② （明）王世贞：《弇州山人四部续稿》"文部"卷一百六十二，《四库全书》第 1280 册，第 1743 页。
③ （元）夏文彦：《图绘宝鉴》卷五，《丛书集成初编》第 1654 册，第 344 页。
④ 《关于中国山水画》，http：//blog. sina. com. cn/s/blog_ 9075ad770100un83. html。
⑤ 王伯敏：《山水画纵横谈》，山东美术出版社 1986 年版，第 23 页。

《朵云》第六十五集《王蒙研究》①中对王蒙绘画作品的分析，在《葛稚川移居图》中，山石皴法运笔较短促，石块凹面或转折处以淡墨侧锋笔触染出明暗光泽，形成山石质地的结实感。其繁也体现在《葛稚川移居图》构图缜密，但满而不闷、密而不塞，层次与明暗的处理使全图充满生趣。在用墨法上，他所创造的"水晕墨章"，丰富了民族绘画的表现技法。又如在表现太湖一带景色的《具区林屋图》中，画面构图相当饱满，除下部一潭清水外，全图几乎被山石树木、林间茅舍填充得毫无空隙，这种山水画构图在中国古代绘画作品中极为罕见，开辟出国画构图之奇境。

王蒙此图对景物的描绘极为细腻，画面右下角是一坡角，数株大树并列生于其间，林下有高士临水而坐，似正在领略眼前美景；水波荡漾，一人悠闲地划着小船向岸边驶来；对岸山脚下，草亭临水而建，一人独坐其中观书；山间小路迂回，曲径通幽，数栋屋宇参差错落于山谷之中，有妇女活动其间。此图截取了太湖山中极小的一块区域。经过画家的提炼加工，组织而成这幅极富生活情趣的画面。它极似一幅写生小品画，在尺幅不大的画面上，画家尽可能地将所见景物一一描绘出来。王蒙的作品以细致见长，以描绘工细而称雄元代画坛，正如董其昌所评："若于刻画之工，元季当为第一"②。图中的山石纯用干笔皴擦而成，"牛毛皴"与"解索皴"并用，但很少纷披而下者，多曲折旋转之笔，以突出太湖一带山石所特有的质感。树木先用墨笔勾形，复杂以赭石，树叶则用墨与色直接点染而成，丹崖碧树，一派秋日山水景象。又如《花溪渔隐图》，在技法上，此图基本上呈现出了王蒙所特有的绘画风格，山石用长线条的披麻皴，自上而下，由密而疏，由浓而淡，自然纷披而下；山头用重墨点苔，远望郁郁葱葱，恰如其分地表现出南方山石所特有的温润清秀的质感。

其次，"秀润可喜"说的是他的画用各种手法表现江南林木的苍郁茂盛和湿润感。对于王蒙的绘画风格和面貌，温肇桐曾说明："叔明的绘画，在元季四大画家之中，他自有一种特长，黄大痴以浑厚见长，倪云林以疏淡见长，吴仲圭以简约见长，而叔明是以刻画秀润见长，这是完全与其他三家异趣的。"③王蒙的《太白山图》是对这句话的最好诠释。《太白山图》画的是浙江宁波太白山天童寺及其周围景物，青红间施，意境深邃。全幅以二十里松道为构景主线，沿线两侧屋宇人家、溪流小桥、行

---

① 马季戈：《王蒙的生平及其艺术》，《朵云》第六十五集《王蒙研究》，第7—11页。

② （明）董其昌：《画禅室随笔》，《中国书画全书》第3册，第1015页。

③ 《中国名画家丛刊》，世界书局1945年版，第15页。

图 8 - 9 《葛稚川移居图》

旅香客、僧俗人等尽入画中；远处山峦叠起，绵延不绝，山间平缓处，溪水成流，农人耕作，渔人泛舟，一派静谧祥和之气；画面末段山势峭峻，松林转折处映现出规模宏大、高堂深重的寺院，这就是著名的宁波天童寺。寺中僧众活动频繁，寺外路上骑马而来的官员似乎是来朝山进香，松林向右延伸，沿着一条清晰的山道，构成二十里松道的景观。可见，王蒙善于表现江南山川草木蓊郁、湿润的景色，即使画得密、画得满，有时还全无空白，非常饱满、丰厚，但仍感画面灵透、清新，而绝无迫塞的感觉。

最后，"亦善人物"指的是王蒙对于绘画中的人物也有造诣。由于他流传下来的作品都是山水画，在一定程度上掩盖了他人物画的风采，但是我们可以从其山水画中的人物身上看出其高超造诣。如《太白山图》图中的人物虽细小如豆，但画家却将其表现得十分清晰，令人一望而知其为耕夫、香客抑或是官员、扈从。虽然画家并未用大量的笔墨去细致地描绘他们，但寥寥数笔，已使其形神跃然纸上。图中一条山道刻画人物达四十

图 8 - 10   《具区林屋图》

五人之多，马五匹，驴二匹，桥四座，牌坊一座，人物描写细腻，空间穿插经营细致，蔚为壮观。由此可见王蒙在表现人物方面也是具有很深造诣的。总之，王蒙在继承董巨画法的基础上能自出新意，笔法变化多且功力深厚，是元代具有创造性的山水画大师，明清及近代画家几乎都学过他的画。

2. 王蒙书画中的道教情结

"元代时局的动乱与社会的不安，让士人们自愿或被动地放弃了原来对外在世界自负的使命感与基本关怀。"① 隐居生活成为了文人的常态。王蒙思想中的道教因素对其绘画创作产生了相当大的影响，正如《鹊华秋色图》中表现的那样，没有过于戏剧化的气氛。如悬崖峭壁的压迫感，所有的人物、家畜、自然景观都好像是真实的，远离俗世烦嚣喧闹，村夫渔叟恬静朴实的生活，宛如动荡时代的桃花源。当时文人知识分子的交际

---

① 万新华：《20 世纪以来王蒙研究述评》，《美术观察》2005 年第 7 期，第 88 页。

图 8 - 11　《花溪渔隐图》

图 8 - 12　《太白山图》

圈也相应地变小了，只与附近地区的文人来往，很多都是隐士，只是各自的文化背景不同。赵伯肃曾言："吾辈胸次自应有一种风规，俾神气倚然，韵味清远，不为物态所拘，便有佳处。"①　因此"王蒙困以时局的纷扰，被迫隐居于黄鹤山中，他的隐居因此可说具有一种与赵孟頫不同的矛盾与挣扎，也完全没有吴镇的自在与宁静；王蒙的隐居山水画总是以皴染繁复绵密，造型变化多端，结组层叠串动的山体为主，只在谷中水口的

_____

① 　徐复观：《中国艺术精神》，春风文艺出版社 1987 年版，第 386 页。

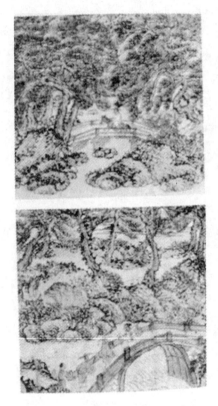

图 8 – 13　王蒙《太白山图》局部

狭小空间中安置两三间象征隐士居所的简单屋舍。因而王蒙的隐居山水像
是在述说着乱世中对宁静生活的无奈企求。"① 王蒙山水画的风格是"其
幽闲萧散，不减文敏风韵"②，他所习得的技法再加上自我的创新，就是
"得外氏法，然不求妍于时，惟假笔意以寓其天机之妙"③。他的画作常表
现出幽寂静谧，充满祥和平静，暗示了他对隐逸山林的向往。如《葛稚
川移居图》通常被认为是反映王蒙避世隐居思想的最具代表性的作品，
画面所表现的场景也是葛洪在路上的情节。图中手执羽扇，牵鹿渡桥的就
是主人翁葛洪，他身着道服，神态安详，正回首眺望。身后其妻骑牛抱

① 石守谦：《冲突与交融：蒙元多族士人圈中的书画艺术》，石守谦、葛婉章主编《大汗的世
　纪：蒙元时代多元的文化与艺术》，台北故宫博物院 2001 年版，第 202—219 页。

② （明）沈朝宣：《（嘉靖）仁和县志》卷二，《中国方志丛书·华中地方》第 179 册，第 184
　页。

③ （明）朱存理：《珊瑚木难》，《中国书画全书》第 3 册，第 339 页。

子，一仆牵牛而行。逶迤于山谷间的小路上，仆从们或行或憩，向深山中的房舍行进。山上有人倚舍而望。似在迎候主人的到来。画面右上方作者自题："蒙昔年与日章画此图已数年矣，今重观之，始题其上。王叔明识。"① 此图表现的虽是一个道教历史故事，但却表达了王蒙隐居黄鹤山时的内心活动。

作为宗教，道教一向具有劝人向善、看破红尘，转而修炼成仙、离世出尘的超脱思想。元代由于文化上的疏离，传统儒士文人的地位下降，成为第四等人。受儒家文化气质的影响，文人士大夫们大都不愿出仕新朝，再加上元代取士之门关闭，大部分文人也很难进入仕途，所以他们只能转向宗教以寻求精神寄托，以此来表达个体人格的独立。这部分人才华横溢，将无限的精力投注到艺术中去，形成了文人画这种新的艺术形式，而文人画的主旨就是表现清高、雅致、隐逸的生活态度。王蒙《花溪渔隐图》就是寄咏其渔隐情怀的作品。图绘山泖之间，溪水聚而成潭。山角下茅舍一区，杂树环绕，绿树成荫，房中有妇人活动。门前潭水曲折，坡岸参差，水中一舟轻渡，高士垂钓其间。画面下部树木坡岸、屋宇、人物构成了此图的主要情节，表现了高人雅士隐居生活的淡泊恬适。画面右上角篆书题："花溪渔隐"，又诗一首并款云："御儿西畔雷溪头，两岸桃花绿水流，东老共酤千日酒，西施同泛五湖舟。少年豪侠知谁在，白发烟波得自由；万古荣华如一梦，笑将青眼对沙鸥。黄鹤山中樵者王蒙敬为玉泉尊舅画并赋诗于上。"② 题画诗点明了此画的主旨。又如王蒙的《溪山风雨图》中绘山水一区，以平远法构图，山下林木丛郁。茅舍屋宇蔽于林荫间，临水亭阁楼台，有人凭窗而坐，数条小船泊于岸边，有渔人正劳作其间。远处山峦起伏，云雾缭绕，构景清雅，表现了江南山水疏秀平淡之天趣，也体现了道教清静无为的旨趣。以赵孟𫖯为代表的一批文人画画家均与道教有较深的渊源关系，他们或为道士，或具有一定道教思想，并力图用简练的形式表现意味无穷的"道"，所谓"天人体道天机深，书画时传道之迹"。因此画风偏向于清虚淡泊，即便像王蒙这样画得满、密的绘画，也着色清淡，烟霭微茫，远景空明，整个画面仍然呈现淡、远、空的境博界。王蒙以其空灵的画风、清简静谧的创作风格充分传达了道教的隐逸精神，他及其作品在浙江道教史因此具有重要地位。

①　谢世英：《主题、题款及风格——王蒙之〈葛雅川移居图〉》，《朵云》第六十五集《王蒙研究》，第140页。

②　陈传席：《王蒙花溪渔隐图轴》，《豪华本国宝大观》，上海文化出版社1990年版，第520页。

元代是一个受异族统治的时代，而在绘画艺坛上，却有其特殊的风貌，以道释人物画而论，纯粹的道释画家，比之前代已显著减少，其中生平事迹可考者，更是寥寥可数，除前文几人外，还有刘贯道等人。

"刘贯道，字仲贤，中山人，工画道释人物，鸟兽花竹，一一师古，集诸家之长，故尤高出时辈，亦善山水，宗郭熙，佳处逼真，至元十六年，写裕宗御容称旨，补御衣局使。"① "其于应真人物，变化态度尤雅，一展玩间，恍然置身如入五台国与阿罗汉对语，眉睫鼻孔皆动，可谓神笔。"② 刘贯道尚有白描罗汉名迹保存于台北故宫博物院。

张渥，字叔厚，祖籍河南，宋末元初迁居杭州，道士画家，传世作品有《太乙真人图》、《白描麻姑图》等。"张渥，字叔厚，号贞期生，杭州人，工水墨梅，兼善白描人物。"③ 但夏文彦却说他"笔法不老，无古意。"④

王景升，宋末元初杭州开元宫道士，曾从王辉、李嵩学画，善画道教神仙人物画。"道士王景升，杭人，居开元宫，善画道释人物，学王辉、李嵩。"⑤

丁清溪，宋末元初杭州钱塘人，工于画道教人物，尤善写真。"道士丁清溪，钱唐人，工画道释人物，师李嵩、王辉、马麟，尤善写貌。"⑥

宋汝志，宋末元初开元宫道士，号碧云，钱塘（今杭州）人。宋景定（1260—1264）间画院待诏，1277 年为开元观道士，长于人物、山水，兼工花鸟。流传至今的一幅《雏雀图》显示了其较高的绘画造诣，"图中五只雏雀在巢笼周围骚动，但画中没有描出它们骚动的原因。大概是看见妈妈衔饵飞来。构图是明显的斜线结构巢笼用粗线强有力、连纲目也画精确了。但巢笼非常不稳定，仿佛因骚动的雏雀而横倒。雏雀也一只只分别精确地抓住了动势，洋溢着蓬勃的生命感，而这强有力的动感因巢笼的不稳定状态而得以强调。背景依然保持空白，抛弃了所有繁杂的添景。从雀儿的专注方向是与背景完全别样的左方画外判断，这一空白不是暗示深度空间。极精确的写生、添景的省略、偏向的结构全部是院体的传统，但明

---

① 上录自夏文彦《图绘宝鉴》卷五刘贯道条。
② 见俞剑华《中国绘画史》下册。
③ 见清童翼驹撰《墨梅人名录》。
④ 上录自夏文彦《图绘宝鉴》卷五张渥条。
⑤ 上录自夏文彦《图绘宝鉴》卷五，第 554 页。
⑥ 同上。

确的雏雀心身的强烈运动和强调它的不安定的巴罗克式斜线结构，明显超越了当时的院体范围。"①

　　综上所述，近代文豪鲁迅曾说："中国根柢全在道教。"② 在特定的历史文化背景中，道教不仅是在宗教信仰和宗教理论（教义、学说、戒律）方面，还是宗教实体（宗教组织、设施、活动）方面，抑或是在文化艺术（音乐、绘画、书法）等方面都体现了它的巨大影响。"文人们追求平和清逸的心态与道教追求清静无为的主旨相契合"③，再加上崇尚自由的诗意情怀、亲物中近自然的隐逸作风、清雅脱俗的美学追求，简、清、静、淡、空、远的美学意趣，这些都为整个中国文化艺术染上了一层道教色彩。道教对于绘画的贡献不仅催生了元代文人画兴盛，也在后世让隐逸图成了诠释道教隐逸思想的最好载体和表现方式，道教绘画激发和升华了道教"不离此在又超越此在"的审美哲学思想。

---

① 扎瓦茨卡娅：《外国学者论中国画》，湖南美术出版社 1986 年版，第 120 页。
② 鲁迅：《鲁迅书信集》上卷，人民文学出版社 1976 年版，第 18 页。
③ 何松、姚冰：《元代道教与文人画审美精神》，《中国道教》2008 年第 2 期，第 35—38 页。

第九章 元明两代浙江道教的发展（下）

第六节 刘大彬与茅山宗

茅山上清派以东晋魏华存为初祖，第二、三、四代宗师杨羲、许谧、许翙自晋哀帝兴宁二年（364）制作《上清大洞真经》等经书，创立道教上清派。从陶弘景开始，上清派以茅山为重镇，茅山宗遂成为上清派的代表，从南北朝到宋元以来，该派名道辈出，受到统治者重视。元代茅山宗有五代宗师：第四十二代宗师翟志颖，第四十三代宗师许道杞，第四十四代宗师王孟道，第四十五代宗师刘大彬。曾召南认为，在刘大彬之后还有一代宗师，即第四十六代宗师王天符。茅山宗以茅山为中心，住茅山宫观的知名道士较多。但从元初起，苏、杭一带反而超过茅山，成为该宗力量最雄厚的地区。有一些浙江籍的道士为茅山宗和全国道教的发展都作出了巨大的贡献。

陆修静（406—477），字符德，吴兴东迁（今浙江吴兴县）人，上清茅山第七代宗师，官至上清监仙大夫，南朝宋国师。曾游历名山，搜集道书。从句容茅山爰季真处取得杨羲、许谧之"上清"经法，于句容葛粲处取得"灵宝"经法，又得"三皇"经法。"刊正真伪"，鉴定经诚、方药、符箓千余卷，将道教经书分为洞真、洞玄、洞神三部。洞真部以《上清大洞真经》为中心，洞玄部以《灵宝经》为中心，洞神部以《三皇文》为中心，"总结三洞"，使众多的道教经书系统化，奠定后世撰修《道藏》的基础。南朝宋泰始七年（471），撰成《三洞经书》，为最古的《道藏》目录。陆修静还总结和改革了天师道，编撰斋戒仪范著作百余卷，使道教仪轨臻于完备，其倡导的以斋仪为主的道教，史称"南天师道"。宋徽宗赵佶追封陆修静为"丹元真人"。

刘大彬，号玉虚子，吴郡钱塘（今杭州市）人，是第四十四代宗师王道孟的入室弟子。有关他的记载很少，生年不详，明人徐象梅《两浙名贤录》外录曰其"蜕骨于华阳洞中"①。现在所见他最晚的活动年代为天历三年（1330），可以推断其卒年为 1330 年之后。《道家金石略》收有题为《茅山元符万宁宫碑》的石刻拓片，有"宣授冲素明道贞一真人嗣上清经箓四十六代宗师主领三茅道教住持元符万宁宫事王天"的内容，有学者据此可以知茅山宗有第四十六代宗师王天符。② 上载该碑立于元至正十三年（1353），而此时王天符已经执教，则刘大彬应当卒于 1330—1353 年。

王道孟死后，元至大四年（1311），刘大彬袭教为上清茅山派第四十五代宗师。《茅山志》赵世延序称："皇庆改元，制赐茅山四十五代宗师刘大彬洞观'微妙玄应真人'。后五年，褒封'三茅真君'，徽号各加二字：曰'真应'，曰'妙应'，曰'神应'。仍敕三峰为观，曰'圣祐'，曰'德祐'，曰'仁祐'。"③ 延祐四年（1317）得"九老仙都君"玉印④，此印久湮，至是复出，有司闻于朝，仁宗皇帝特旨嘉升本山，还赐（茅山元符之上清）宗坛，以传统绪。⑤ 按此玉印是宋徽宗赠给刘混康的。《三宝太监西洋记》载，此印是用战国"和氏璧"的一部分刻制而成，有"夜食四两朱砂，日盖千张黄表"之说。传说朱元璋曾将此印收至宫中，意欲改制"奉天承运文宝"玉玺。但三刻三试，玉印上仍是"九老仙都君印"六个字。无奈之下，只得于洪武十三年（1379），将玉印送回茅山。元初，茅山宗道众怀着对抗情绪，借口找不到传法印剑来拒绝与元朝合作。但拒绝合作导致元室的冷落，日渐衰落的茅山宗可能难以承受这样的代价，杜道坚开始与元朝全面合作，却受到茅山道众的抵制，所以他奉朝廷的使命南下却不去茅山。许道杞执教时期，在社会公益活动方面与官方合作，却不领受政治任务，他把传法印剑拿出来，但又继续藏着玉印，表示对元朝统治的信任有所保留。刘大彬执教时期，元室统治已经稳定，再藏印下去没有必要反而有损宗坛威信，因此借助神话把玉印拿出来。元仁宗很高兴，特地下旨把这印送还茅山上清宗坛。延祐六年，仁宗把茅山

① （明）徐象梅：《两浙名贤录》外录卷二，《北京图书馆古籍珍本丛刊》"史部""传记类"，第 18 册，第 1391 页。
② 刘晓：《被遗漏的元代茅山宗末任掌教》，《世界宗教文化》2004 年第 4 期，第 21 页。
③ （元）刘大彬：《茅山志》序，《道藏》第 5 册，第 548 页。
④ 该玉印：长 6.8 厘米、宽 6.4 厘米、厚 2 厘米，印把高 3.8 厘米，上有瑞兽钮，刻篆体阳文"九老仙都君印"六字，现存于茅山道观，为其镇观四宝之一。
⑤ （元）刘大彬：《茅山志》卷十二，《道藏》第 5 册，第 610 页。

总辖诸山的"崇禧观"改为"崇禧万寿宫"。从此印的复出轨迹来看，可以推测出茅山派对元朝态度的变化。

现存署名刘大彬编集的《茅山志》，所记刘大彬事甚少，但刘大彬对道家的贡献不可忽略。首先，刘大彬对茅山现有的宫观进行了整治。茅山本是句曲山，是道教"第八华阳洞天"和"第一地肺福地"，因汉代有三茅兄弟在此隐居修炼并成仙，此山因而得名"茅山"。"元符万宁宫系茅山宗最重要的宫观，位于茅山积金峰，起初为茅山宗第二十五代宗师刘混康（1035—1108）所居庵址，后刘混康受到宋哲宗召见，哲宗下诏扩建其居，适逢当时改元为'元符'，因号为元符观。崇宁五年（1106），元符观落成，徽宗亲题额曰元符万宁宫。元符万宁宫为上清宗坛，在宋元两代，朝廷经常在这里举行醮祠活动。"① 刘大彬于元至大四年（1311）继任茅山宗第四十五代宗师后，"凡经录栋宇，百废之宜饬治缮完者，宗师得以悉其心力焉。"② 从而将茅山宫观整饬一新。

其次，刘大彬扩大了茅山宗的影响。元朝出于统治的需要，对各宗派都加以安抚利用，对茅山宗也不例外。正如《茅山志》赵世延序所称："皇元治尚清静，自版图归职方氏，主坛席者，征至阙下，优降玺书金汤。"③ 第四十三代宗师许道杞（1236—1291）因祈雨有功被元世祖召见，赐法服宝冠，第四十四代宗师王道孟（1254—1311）也因祈雨驱蝗有功，得赐"真人"称号。但茅山宗有了最大的发展是在刘大彬执教时期，"其教至宗师始显，被恩数度，越前躅"④。确实，刘大彬数次接受元朝的尊封，先是"洞观微妙玄应真人"，接着"三茅真君"，加徽号二字"曰真应，曰妙应，曰神应"。《尔雅·释诂》："徽，善也。"徽号即善美的称号，是尊号的别名。虽然目前关于刘大彬具体活动的史料阙如，但是可以肯定刘大彬之所以能屡次得到元室的加封，必定由于其道行高深，抑或是其对茅山宗的巨大贡献，即赵世延所谓"亦宗师之道行，升闻寂通之妙"⑤ 也。 《茅山志》载有刘大彬于延祐五年（1318）、泰定三年（1326）、天历三年（1330）连续奉旨诣茅山建斋设醮的记录⑥，说明当时

---

① 刘晓：《被遗漏的元代茅山宗末任掌教》，《世界宗教文化》2004 年第 4 期，第 21 页。

② （元）刘大彬：《茅山志》序，《道藏》第 5 册，第 548 页。

③ 同上。

④ 同上。

⑤ 同上。

⑥ 同上书，第 574 页。

茅山宗对朝廷的影响力颇大。

　　最后，刘大彬编写了《茅山志》，是宋元茅山派宗师中唯一有著作传世者。《茅山志》前有赵世延、吴全节、刘大彬三序，略述撰志之缘起及此书之概要。卷一至卷四《诰副墨》，录历代诏诰，并附表奏（其中汉诏诰当是六朝人伪撰）。卷五《三神纪》，记三茅君（茅盈、茅固、茅衷）世系及事迹。《茅山志》将"传"升为"纪"，意在抬高三茅及上清派在道教史上的地位。卷六、卷七《括神区》，叙茅山地理形胜和自然景观，赋予其道教人文色彩。卷八《稽古篇》，稽考仙真、道士之遗迹。卷九《道山册》，著录茅山道教书目。卷十至十二《上清品》，记茅山宗所尊仙真及祖师之谱系及传记。卷十三、十四《仙曹署》，记茅山神仙宫府。卷十五、十六《采真游》，记隐遁茅山之著名道士和隐士的事迹，计一百四十一人，所记详略不等。卷十七、十八《楼观部》，记茅山宫观（附庙）二十五处，山房庵院若干处。卷十九《灵植检》，记茅山神芝奇药、名花异卉。卷二十至二十七《录金石》，集录梁、唐、宋、元诸碑铭，大都录碑文，少数只列碑目。卷二十八至三十三《金薤编》，录齐、梁、唐、宋、元人咏茅山之诗及著作。本书收录资料详备、编辑条理清晰，读之可见元以前茅山上清派之历史全貌，是今天研究茅山宗的发展历史时的主要依据。"值得注意的是，《茅山志》内容庞杂，但杂而不乱，书前自序总揽全局，阐明全书大旨；其后分二十篇依次叙述，有条不紊；遇到事有重出，理有互现者，作'见某篇'或'事见某篇'或'详具某书'，均一一注明，可见其体例得当，分类合理，编纂得法，具有重要的研究价值。"①

　　关于刘大彬是不是《茅山志》的真正作者，一直以来众说纷纭。陈国符在《道藏源流考》中对《茅山志》的编纂及各代版本进行了较详的考证，得出结论："钱大昕《元史·艺文志》卷二另著录张天雨《茅山志》十五卷。《（成化）杭州府志》卷十五云：'张天雨，字伯雨，钱塘人'。尝屏居修《茅山志》，因号'句曲外史'。刘大彬志元原刊本明永乐及成化重刊本皆为十五卷。吴全节序、刘大彬叙录、胡俨序，亦皆云十五卷。《正统道藏》本则析为三十三卷。又胡俨云：'元原刊本张伯雨所书'。盖此书实即天雨所修，刘大彬窃取其名而已。此志详审而有条理，

---

①　刘永海：《试论元代道教史籍——兼论道教史家和道教史学》，《甘肃社会科学》2005 年第 3 期，第 158 页。

非通常道士所能为也。"① 他认为《茅山志》的作者是张伯雨而不是刘大彬，因为至治二年（1322）张雨主茅山崇寿观，正是《茅山志》修撰之时。此后《道教大辞典》中"张雨"条、《道藏提要》中"茅山志"条等也都纷纷引用了这一结论。卢仁龙先生也认为："刘大彬与此书不无关系。……根据我们的考察，《茅山志》的修撰是刘大彬主其事，具体修撰者是张天雨。"②

　　孙王成在《元版〈茅山志〉作者究竟是谁》一文中对陈国符的立论依据一一进行再论证，最后得出结论："元版《茅山志》的作者是刘大彬，而不是张伯雨，但张伯雨在《茅山志》的编撰中也是功不可没的。确切地说《茅山志》是刘大彬同赵孟頫、虞集、张伯雨等众弟子大家共同合作的结晶。"③ 首先，钱大昕在《元史·艺文志》中不但收录有"张天雨《茅山志》十五卷"，而且同时收录有"刘大彬《茅山志》三十三卷"④，两者是同一个版本，只因《正统道藏》版式有定规，每卷字数不能超过一定的定额，所以《茅山志》在收录入《正统道藏》之时进行了重新分卷，由原来的十五卷划分为三十三卷收录入《正统道藏》，钱大昕对其进行了二次著录，而非陈国符所说的剽窃行为。其次，张伯雨并不是因为曾经编修过《茅山志》而有"句曲外史"这一称号的，"句曲外史"是他的朋友兼老师赵孟頫为他所起，这一点在刘基撰《句曲外史张伯雨墓志铭》中可得到证实，"赵每以陶弘景方雨，谓雨曰：'昔陶弘景得道华阳，是为华阳外史；今子得道于句曲，其必继陶。'后乃号雨为'句曲外史'。雨遂自居曰'句曲外史'，四方人称之曰'句曲外史'"⑤。再次，胡俨序云："茅山旧有记，而志则始于嗣宗师刘大彬，故元时所编集也。又外史张伯雨所书极精洁"。明江永年在序中说："旧志编自前元宗师刘大彬，传于翰林承旨赵孟頫，赞于大学士虞集，书于华阳（应为句曲）外史张伯雨，世称四绝。"这两条史料说明，《茅山志》是由刘大彬所撰，而文字书写工作则是由张伯雨来完成的，这一点在《六砚斋笔记》中可以得到证实。《六砚斋笔记》卷三云："在书法方面，张雨是早得赵孟頫

① 陈国符：《道藏源流考》下册，第248页。
② 卢仁龙：《〈道藏〉本〈茅山志〉研究》，《社会科学战线》1992年第2期，第36—43页。
③ 孙王成：《元版〈茅山志〉作者究竟是谁》，《中国道教》2001年第1期，第17—22页。
④ （清）钱大昕：《元史·艺文志》卷三，《续修四库全书》"史部"，第916册，第23页。
⑤ 此墓志铭今收于《藏外道书》第34册，第59—60页，但为删节本，全本见于明人朱存理《珊瑚木难》卷五，程杰在《刘基〈张雨墓志铭〉及相关问题》中有专门论述，《浙江社会科学》2005年第2期，第171—173页。

之墨妙。他所写刻的《茅山志》就是典型的赵体字，并为世所称。"① 最后，虽然张伯雨在元时的文学界享有很高的声誉，素有"精诗、能文、善书、工画之名声"，但是刘大彬在道教界的影响力远超过他。他能执掌茅山宗且被元室赐封为"洞观微妙玄应真人"，就说明他不是泛泛之辈。此外虞集在《跋赵承旨书高上大洞经》中云："近世吴兴赵子昂……尝亲受诀于刘真人"，说明了刘大彬是张伯雨书法教师赵孟頫的传度之师。茅山宗素有长于著述的传统，杜道坚就深于玄理，撰有《玄经原旨》、《玄经原旨发挥》、《通玄真经缵义》十二卷等著作；刘大彬除了《茅山志》外，还撰有《诸师真诰》、《三茅志》等著作，所以正如孙王成所说："单凭张伯雨在文学界的声望，便断言《茅山志》的作者是张伯雨，也是不切实际的。"本处赞同此观点，并补充两条史料如下：明人李日华《六研斋笔记》卷三记载："茅山旧志前元四十五代宗师刘大彬编，句曲外史张伯雨手书，刻之甚精，国初毁于火。"② 明人徐象梅《两浙名贤录》亦载："洞观微妙玄应真人作《茅山志》三卷，张伯雨为之书。"③

　　从现存的史料中我们可以梳理出《茅山志》的编纂始末。《茅山志》编撰之前已有若干茅山志书，但甚简略。北宋《崇文总目》著录《茅山新小记》一卷；嘉祐（1056—1063）中，陈倩知句容县，曾校修《句曲山总记》；南宋绍兴二十年（1150），南丰人曾悄和茅山山门都道正傅霄重修《茅山记》四卷，所书"山水祠宇，粗录名号而已；考古述事；则犹略焉。"④《茅山志》编撰的发起人是集贤院玄教大宗师吴全节，"至大庚戌予以祀事至茅山，因阅其山之旧志遗阙甚多，尝次语之四十四代宗师牧斋王真人。未几真人传真，山志无所闻。后五年，复祀其山，又以语之嗣宗师刘真人。"⑤ 吴全节在至大庚戌年（1310）来茅山为皇室做醮事之时，看到由傅霄撰录的《茅山记》四卷，觉得旧《记》遗缺很多，便提出让第四十四代宗师王道孟修编新《志》。但王道孟在接受任务不久就传位第四十五代宗师刘大彬，因而没能着手修编新《志》，一直到吴全节在延祐二年（1315）再一次来茅山之时，重新把修编新《志》的任务交给

① （明）李日华：《六研斋笔记》卷三，《四库全书》"子部"，第867册，第39页。
② 同上。
③ （明）徐象梅：《两浙名贤录》外录卷二，《北京图书馆古籍珍本丛刊》"史部""传记类"，第18册，第1391页。
④ （元）刘大彬：《茅山志》序，《道藏》第5册，第549页。
⑤ 同上。

第四十五代宗师刘大彬，至此《茅山志》的编撰工作才真正启动。刘大彬在《茅山志》叙录中称："大彬登坛一纪，始克修证，传宗经录"①。刘大彬同众弟子经过十年的收集整理，在泰定甲子年（1324）完成了《志》书初稿，并在同年征得了集贤院大学士赵世延为之撰序，吴全节在泰定丙寅年（1326）来茅山之时看到了《志》书初稿，吴全节序曰"十又三年为泰定丙寅，天子用故事醮其山，予实代礼。始获观其成书，凡十有五卷，自汉晋而下及齐梁唐宋之书，搜括无遗。"②并在次年即泰定丁卯年（1327）春为新《志》撰写了序言，此后又经过五年时间的修改与完善："又五载而成，是书凡十二篇十五卷，题曰《茅山志》"③，终于在天历元年（1328）完成了《茅山志》的编撰，并由刘大彬亲自为新《志》撰写了序录。此志于元泰定天历（1324—1329）间刊行。元末板毁，明永乐元年（1403）重刊。成化二年（1466）板复毁，六年重刊。《四库全书总目》地理类存目著录之浙江孙仰曾家藏本，亦十五卷，系嘉靖二十九年（1550）玉晨观刊本，续入明事，已非元刊本之旧。"旧本为张雨所书，至为精洁，后毁于兵。姚广孝复为刊版，后成化庚寅、嘉靖庚戌又重刻者再。此本即嘉靖时刻，不但纸恶劣非张雨之旧，且为无识道流续入明事，叙述凡鄙，亦非刘大彬之旧矣。"④此外，有清康熙十年刊本《茅山志》十三卷，题"郁冈真隐笪蟾光审编"。光绪三年曾重刊。陈国符说："是志删节刘志而紊其条贯，除稍增辑明清文献外，无可取者。"⑤

刘大彬有弟子吕虚夷活动于浙江。吕虚夷（？—1344）字与之，浙江奉化人。"端谨而文，慕陶隐居司马炼师之风"⑥，少尝执事鄞县、象山二县庭，翼得微禄以养母。母殁，遂谢去，入天台桐柏山（今浙江境）崇道观，着道士服、著道书、治经史于其间。后从宗师刘大彬受上清法箓于华阳宗坛。大德十一年（1307），为象山县令祷雨有应，被邀居象山之大瀛海道院，"大瀛海道院，在县东二十里地名爵溪。至元二十七年，里人王一真建。大德间，道士吕虚夷奉命教所开山。翰林直学士吴澄为记，

---

① （元）刘大彬：《茅山志》序，《道藏》第 5 册，第 549 页。

② 同上。

③ 同上。

④ （清）永瑢：《四库全书总目》卷七十六，中华书局 1997 年版，第 1281 页。

⑤ 陈国符：《道藏源流考》下册，第 248 页。

⑥ （元）王元恭：《（至正）四明续志》卷十，《丛书集成三编》"史地类"，第 81 册，第 137—138 页。

见前志。道院多名公士人题咏，编为《瀛海纪言》若干卷"①。或曰："尝作大瀛海道院于海坞②"。皇庆年间（1312—1313），诣庆元报恩寺，礼吴尊师受"役风雨使鬼神"之法。元人袁桷《清容居士集》记载了吕虚夷对尊师的敬慕之情，"雪厓吴法师饬身制行，道流所尊企，弟子吕虚夷请赞：长斋以养年，持敬以籁天，若鸡抱雏，如珠守渊。望之山林，即之珪璋，知止葆静，合太古之淳扬。夫如是逍遥乎白云之乡。"③ 天历二年（1329），吕虚夷由句曲山还四明（今浙江宁波），元王元恭撰《（至正）四明续志》卷十载："朝列大夫、临江路同知总管府事赵由松，具书致其治郡城之废观，吕君起应之"，在福顺观的基础上"吕虚夷重建，就观建四明山仙官祠。翰林学士虞集题曰'四明别馆'，临川危素为记。"④ "祠之既完，与其徒讲老庄氏之道，乃以书至京师，求为记。"⑤ 至正元年（1341），庆元（治鄞县）旱，为之祷雨，应。

吕虚夷好义而耿直，善为文，通禅观之学，与沙门大师俱有倡和之作，与当时的文人如危素、袁桷、吴澄等交往密切。危素《四明别馆记》曰："（吕君）著《老子讲义》若干卷，舆余寂故，乃不让而记之，并系之以诗。其诗曰：'纯阳真人列仙翁，佩剑游嬉都市中，常来武林谒君公，笑而不语乘刚风。白鹤飞去沧海东，井泥路断栋宇空。大瀛海客颜如童，还归故邦树灵宫。祝厘报上鸣鼓钟，伏藏蛟鳄驱丰隆。仰闻至道贵虚盅，阴滓阳尽精濡融。欻然变化犹神龙，后天而老茫无穷。真人玩世如冥鸿，下土阳炎何蒙蒙，方蓬云气通云梦，千二百岁常相从。"⑥ 宋舒璘撰《舒文靖集》亦载："里人吕虚夷素尝属之求公文集"⑦，尝与翰林侍讲学士袁桷、僧岫云坐松阴讲《老子》。或绘为图，翰林学士吴澄为之赞。其

---

① （元）王元恭：《（至正）四明续志》卷十一，《丛书集成三编》"史地类"，第 81 册，第 139 页。

② 同上书，第 137—138 页。

③ （元）袁桷：《清容居士集》卷十七，《丛书集成初编》第 2067 册，第 200 页。

④ （元）王元恭：《（至正）四明续志》卷十，《丛书集成三编》"史地类"，第 81 册，第 137—138 页。

⑤ 同上。

⑥ 同上。

⑦ （清）丁丙：《善本书室藏书志》卷三十，《续修四库全书》"史部"，第 927 册，第 597、598 页。

所著的《老子讲义》、《啬斋文集》今已佚。① 吕虚夷后归隐杭州吴山，与古梅、藤蟠为益友。正至四年（1344）卒。吕虚夷的道教活动主要在浙江地区，其人品道行及修建道观的功绩在浙江道教史上应该占有一定的地位。

第七节　杜道坚的道教政治思想

杜道坚（1237—1318），字处逸，自号南谷子，当涂采石（今安徽当涂）人，自号南谷子，西晋著名学者杜预的裔孙，少年时期即有超凡脱俗之志，"年十四，得异书于异人，决意为方外游。乃辞母去俗，着道士服，师事石山耿先生。继入茅山，披阅《道藏》，依中峰岩木，葺巢以居，玉海蒋宗师异之，授以大洞经法、迥风合景之道"②。明朱右《白云稿·杜南谷真人传》记载稍详，年"十七，寄迹郡之天庆观，师蒙庵葛师中。宋淳祐（1241—1252）为御前道士。蒙庵师虚白陈元宝，是为陆修静裔孙。道坚继入茅山，阅《道藏》，宗师蒋玉海见而器之。授大洞经法。"③ 蒋宗瑛为上清派第三十八代宗师，他传授杜道坚大洞经法，杜因而成为茅山宗的嫡传弟子。此后又受教于丹阳谢道士，广交名士，"蓟丘李衍，吴兴赵孟頫，金华胡常孺，实与之游，执弟子礼"④。杜道坚著有《中和集序》，陕西楼观元时藏有杜道坚所撰《希声堂碑》、《文始先生碑》，而从《大元重修古楼观宗圣宫记》⑤ 等来看，杜道坚撰碑时的楼观是属于全真道的。民国初成书的《道统源流》明确记载，长真真君传杜处逸先生，杜处逸先生传谢律师、莫洞乙先生。长真真君即北宗全真七子之一谭处端，谢律师名德模，元季丹阳人，精于斗法。莫洞乙即莫月鼎，受五雷法，祷雨有验。⑥ 由此看来，杜道坚有全真道的传承，且对全真道有所研究。咸淳（1265—1274）年间，在承宣使入内都知邓惟善引荐下，

---

① 吴澄：《大瀛海道院记》，黄溍：《澄碧堂记》，危素：《玄儒吕先生道行记》等。载《道家金石略》，第916—918页。

② （元）赵孟頫：《松雪斋集·隆道冲真崇正真人杜公碑》，《四库全书》第1196册，第722页。

③ （明）朱右：《白云稿·杜南谷真人传》，《续修四库全书》第1326册，第250页。

④ 任士林：《松乡集·通玄观记》，《四库全书》第1196册，第18页。

⑤ 陈垣编，陈智超、曾庆瑛校补：《道家金石略》，第549页。

⑥ 庄严编：《道统源流》卷下，民铎出版社1929年版，第7—8页。

南宋皇帝度宗赐其"辅教大师"称号，入住吴兴计筹山升玄报德观。在此期间，他致力于深究玄学、制建清规，颇得道徒拥戴，声名日显。至元十三年（1276），元兵南渡，城内军民惊慌失措，道坚不顾个人安危，冒矢石叩军门，亲自谒见太傅淮安忠武王伯颜，披胆陈辞，希望元军不杀无辜。忠武王接纳了他的建议，禁将士劫掠。江南平定后，伯颜偕道坚入觐元世祖，陈述当务之急在于求贤、养贤、用贤，被采纳。此后道坚多次诏对便殿，详陈治国安邦之策。忽必烈欲委其重职，道坚坚辞不就。至元十七年（1280）奉诏护持杭州宗阳宫、纯真观、湖州升玄报德观。大德七年（1303）授杭州路道录教门高士，奉旨改建披云庵为通玄观，主持杭州四圣延祥观。皇庆元年（1312）成宗授"隆道冲真崇正真人"。杜道坚弟子有四十余人之多，著名者，除前述谢德模、莫月鼎外，还有姚志恭、赵嗣祺①、袁德迲等。杜道坚著有《道德玄经原旨》（四卷）、《道德玄经原旨发挥》（二卷）、《通玄真经缵义》（十二卷）和《关尹阐玄》（三卷）。杜道坚生于宋衰元兴之际，亲眼目睹了朝代更替、战乱中民众的罹难②，基于救民于水火的热情，他交合《易》、《老》，融合儒道，重在阐发王道之术。

在形而上层次，杜道坚认为，《易》与《老》相通相同，都是先天之道。"先天，先天而天者也，其虚无自然无极之道乎。老子曰：'无名天地之始'，曰：'道生一，一生二'，是皆形容先天之道，可以意会，而不可以言象求也。《易》曰：'易有太极，是生两仪。'易，太易也，道也，无极也。'易有太极'，'道生一'也；'一生二'，'太极生两仪'也。"③这是力图把《老子》的"道生一，一生二，二生三，三生万物"与《易》的"太极生两仪，两仪生四象……"融合起来，阐发本源论。在他看来，道即无极，具有虚无、自然的特性。"一"即太极，是"物初混沦

---

① 赵嗣祺承嗣杜道坚住持江浙茅山宗。赵嗣祺（1277—1340），字虚一。24岁学道福建武夷山天游道院，初师事杜道坚弟子张德懋。后师事杜道坚，居升玄观。后随杜游京师，受玄教大宗师张留孙及嗣师吴全节礼遇，留居京师，声名渐显。延祐元年（1314）奉旨任仙都山（今浙江缙云县境内）玉虚宫，兼少微山（今浙江丽水县境）紫虚观提点焚修。延祐三年（1316）受铜印，视五品，延祐五年（1318）杜道坚卒，受命住持，兼领本路诸宫观，后两次受命代祀东南名山，并访求隐逸之士。泰定（1324—1328）年间，受命金陵（今南京市）玄妙观住持。至顺二年（1331）觐见元文宗图帖睦尔，"求归仙都，不获请，有旨更赐号曰教门真士，玄门信道虚一先生。"（《道园学古录》卷三十八）

② 汤其领：《杜道坚与茅山宗之传承》，《中国道教》2005年第5期。

③ 《道德玄经原旨发挥》卷一，《道藏》第12册，第759页。

之一气"。"二"即阴阳。"二气本乎太极之一气，一气本乎无极之太虚……太极，乃物初混沦之一气；无极，即太极未形之太虚。"① 这样，道生一就是无极而太极，一生二就是太极生阴阳两仪，二生三就是两仪生冲和之气而成天、地、人，即三才，三才立而万物生。杜道坚认为，"变"、"化"是道的根本特性。他在论述"反者道之动，弱者道之用"的"原旨"时说： "道无定体，惟变是体，动则造化流行，万物生焉。……道无定用，惟化是用，用则生意发施，万物安焉。"道没有固定不变的体与用，以变为体，以化为用，自无而生有，自然地生化万物而永不停止，就是道的根本。这是对道的性质的一种颇具特色的解释。

天道以虚无、自然为本，人道则是它的翻版。所以，人应该"观天道而修人道"。人道中最重要的莫过于治道。治道的精髓即为"无为"。"无为"的含义，杜道坚认为是"自然"，是"行其所无事"②，"应物而不先物，因其自然之势而曲成万物"③。也就是不以主观之见扰乱事物，按照事物运动变化的客观规律办事，顺应自然而不勉强。这也就是"无为"。治理国家必须实施"无为"的方针政策。他认为，只有这样才能国泰民安："太古之世，巢居穴处，无赋敛征役之为，无礼乐刑法之事，无典谟训诂之言，下不知上之有君，上不知下之有民，熙熙自然，无为而已。"只有无为之治，百姓方可熙熙自然。为此，"当上推帝皇，思复古道，外见纯素内包淳朴，正己于上，以劝其下，借曰能无私无欲，庶几少私寡欲。"实际上，古代的君王就是这样的。"古之圣人，官天地，府万物，藏精存诚，无形无声，正其道而任物之自然，当是时也，朝无佞臣，野无遗逸，国无游民，干戈不起，劳役不兴，四民乐业，故不待家至人晓而坐致隆平。"④ 只要国君无为而治，"民将自化之"。民心归往，天下便可不治而太平。如他所说："石蕴玉而山辉，水含珠而渊媚，有诸内形诸外也。水石无言，人自信之。国家怀其仁诚，推其信实，罚不以怨，赏不以私，有不待悬法设赏而民将自化之。"⑤ 他还说："圣人因人性而设教，观风俗以为治，民之好好之，民之恶恶之，是以民心归往而无敌于天下

---

① 《道德玄经原旨发挥》卷一，《道藏》第 12 册，第 756 页。
② 《通玄真经》卷十二，《道藏》第 16 册，第 728 页。
③ 《通玄真经缵义》卷八，《道藏》第 16 册，第 799 页。
④ 《通玄真经缵义》卷二《精诚篇》，《道藏》第 16 册，第 761 页。
⑤ 同上书，第 765 页。

矣。"① 就治理国家而言，杜道坚认为，无为之道是对君主而言的，臣下则必须有为。"君依臣而立，臣依君而行。君无为乎上，臣有为乎下。论是处当，守职明分，臣之事也。君臣各得其宜，即上下有以相使，小大有以相制，故异道即治，举措废置，有关于治乱，为君者不可不审也。"②总之，君无为而臣有为，上下相通，相互制约，天下才能得以平治。

君道即治道。杜道坚认为，君主治理天下，应该先无为后有为。

古之君天下者，太上无为，其次有为，是故皇以道化，帝以德教，王以劝功，伯以力率。四者之治，若四时焉。天道流行，固非人力所能强。然则时有可行，道无终否，冬变而春存乎岁，伯变而皇存乎君，此《文子》作而皇道昭矣。③

这里所阐发的《文子》思想，实为他的思想的自白。把治道划分为皇、帝、王、伯四个等级，是脱胎于儒家的王道与霸道之论的。他认为，"皇道帝德"之说是《道德经》的中心思想。在《道德玄经原旨》卷一中，他说："《玄经》之首，本为君上告。""老圣作《玄经》，所以昭皇道帝德也。"在《玄经原旨发挥》中，他又说："老君著《玄经》以道德名者，尊皇道，尚帝德也。"④ "老圣之言，纪无始有始开天立极之道，太古上古皇道帝德之风，下至王之功，伯之力，见之五千文，括囊天下人之可以纲维人极，可以伏入圣域，老圣撼古史以著《道德》、孔圣撼鲁史以代《春秋》，一也。"⑤ 他把老子的《道德经》与孔子的《春秋》相提并论，借"老圣之意"来表达自己的"致君泽民之心"的观点。杜道坚认为，历史是退化的。太古时期行皇道，上下关系和谐，自然无为；上古时期行帝道，天下开始有为；中古时期行王道，礼乐法度开始兴起；近代行霸道，欺诈、混乱、战争开始出现。历史的进程是每况愈下。他认为，皇道以道为根本，重在生化；帝道以德为根本，重在教化；王道以仁义规劝为根本，重在建功；霸道以智力为根本，重在强取。尽管四种治道有高低层次的不同，但杜道坚认识到，它们正如一年的四季流行一样，不可拘

---

① 《通玄真经》卷八，《道藏》第 16 册，第 713 页。

② 《通玄真经缵义》卷十一，《道藏》第 16 册，第 813 页。

③ 《通玄真经缵义·序》，《道藏》第 16 册，第 755 页。

④ 《道德玄经原旨发挥》，《道藏》第 12 册，第 758 页。

⑤ 同上书，第 770—771 页。

泥，必须根据客观情况进行选择和适时改变。正如冬天的寒冷可以迎来春天的温暖一样，霸道也可以为皇道的到来奠定基础、铺平道路。这一观点，与儒家拘执于褒扬王道贬低霸道不同，既强调了皇、帝、王、霸四道自优而劣的常理，也考虑了权宜之通变，而常理与通变，都被置于"天道流行，固非人力所能强"这一客观情况的基础之上。道教哲学重客观、重通变，强调把常变关系的处理建立在尊重客观情况的基础上。杜道坚的上述观点，是这一思想的继承和发挥。杜道坚把儒家的皇帝、王霸之论与道教的无为、有为之论嫁接在一起，在继承此前道教学者们对社会历史每况愈下的退化理论的基础上，阐述了他自己关于社会历史的理论。杜道坚大概也知道复古的不可能，所以着力强调了君主正己正人的方面。他在阐发"天下柔弱莫过于水"章的"原旨"时说："《玄经》本旨，一皆以正己正人与为人主告，人主正则百官正，百官正则天下之民正。"这虽是继承孔子所说的"其身正，不令而行；其身不正，虽令不从"的观点，但杜道坚赋予它哲理意义，与道教理身理国同道的观点相结合作了发挥。他说：

> 表正景直，源远流长，本末相资之道也。知心为身本，则知君为民本，是故人君之好不可不正。好勇，则劫杀之乱生；好色，则淫佚之难起。惟好德者，精神别于内，好憎明于外，刑罚不用而奸邪服，本根既固，国家自宁。①

以本统末，本末相资，这是哲理。在心身关系上，心为身本；在君民关系上，君为民本，君主是天下人效法的师表。所以，君主必须处理好身心关系。这首先是必须以心端正嗜好。上之所好，下必从之。君主自身榜样作用的好坏，关系到国家的治乱。君主好勇会导致劫杀之乱，好色会导致淫佚之难，这两种嗜好都必须泯灭。只有好德，才能精固神全，心宁而身定，以心统身。这样，君主作为民之本坚固了，国家才能安宁。这是把道教王道之术重本的无为观与儒家的重德结合起来了，不过主旨仍然是道教的虚、静、无欲、无为。对此，他在阐述"绝圣弃智"章的"原旨"时明确说过，作为君主，"当上推帝皇，思复古道，外见纯素，内包淳朴，正己于上，以劝其下，借曰不能无私无欲，庶几少思寡欲，不为盗贼

---

① 《通玄真经缵义》卷二，《道藏》第 16 册，第 764 页。

之行矣，民利既足，孝慈可复也。"① 显然，上古之世的无为无欲，不过是一种违背历史事实的幻想，要求社会回归到那样的时代是不可能的，但要求最高统治者以身作则，即使不能做到无私无欲，也应当做到少私寡欲，应该说还是有一定合理性的。少私寡欲的一个重要表现是处理财富在君与民之间的分配问题。从无为而治的基本原则出发，杜道坚主张，国要富首先得民富，人民的富裕则首先得解决粮食问题。所以，君主必须考虑到年岁的丰歉，考量老百姓的虚实，然后决定取奉的多少。这里的基本原则是"视民犹己，取下有节，自奉有度"。这是强调为政在于得民。

如同儒家一样，杜道坚没有跳出把政治的清明合理建立在君主或者官吏自身的修养上的窠臼，没有想到用法制来保证、警戒和惩罚。当然，在君主专制中央集权的政体下，完全意义上的法制是不可能实现的，君主始终可以超越于法律之外。无奈，杜道坚只能劝说君主模范地带头守法。"先王立法，务适众情，故先以身为检式，所禁于民者，不敢犯于身，是故令行而天下从之。"② 不仅如此，君主执法应当公正，秉循法律面前人人平等的原则。"法者，人主示度量为天下准绳也。法定之后，不二所施。夫犯法者，虽尊贵必诛；中度者，虽卑贱无罪，故私欲塞而公道行矣。"③ 法是度量考校天下人的行为活动的准则，一旦制定，在施行中就必须不折不扣地遵循，立法与执法不能脱节。在执法中，犯法的人，无论地位多么尊贵，按照法律该杀的，仍然必须诛杀。没有犯法的，无论地位多么卑贱，也不能定其有罪。只有把一己之私杜绝，才能公开、公平、公正地执法，才能正名分、明法理、严法纪，用法制达到法治。

杜道坚很清楚，君主的无为而治要得以施行，前提是必须有合格的臣下。这就涉及择人用人的问题。对此，杜道坚的主张是：古者，无德不尊，无能不官，无功不贵，无罪不诛，故官不失人，人不失用。④

没有德行的人，不能尊重他。没有能力的人，不能任用他做官。没有立功的人，不能让他享受富贵。与儒家政治哲学重德轻能不同，杜道坚认为，德与能中，两全是最好的，如果不能两全，则应该重能，因为能是设官分职的基本依据，"百官分职，各以其能。"⑤ 杜道坚强调，金无足赤，

---

① 《道德玄经原旨》卷一，《道藏》第 12 册，第 733 页。
② 《通玄真经缵义》卷十一，《道藏》第 16 册，第 812 页。
③ 同上。
④ 《通玄真经缵义》卷十，《道藏》第 16 册，第 810 页。
⑤ 《通玄真经缵义》卷八，《道藏》第 16 册，第 797 页。

人无完人。每一个人都既有优点，也有缺点。每一个人的能力发展，既有其短，也有其长。世上自古至今，全才历来少见。木匠求栋梁之材，能够不拘小节，才能得到大材。君主选择臣下同样如此，应该主要考察其大节而不计较小节，略其短而用其长，不追求十全十美，这样才能选拔出真正的贤才。人才选拔出来之后，杜道坚认为，君主应该以能力为标尺，任用贤能，用人有方，创造一个有利于人才发挥其所长的环境，为他们施展才华搭起舞台。在处理人事问题时，杜道坚认为，君主要无私无欲，善于听取臣下的意见，客观地看问题，公平待人，公正处事，对无功之人不可责罚，对无罪之人不能诛杀，奖赏而不至滥，刑罚而不至苛酷。"夫用人之道，以天下之目视耳听则聪明广，以天下之智虑力争则功业大。故贤者尽智，愚者竭力，近者怀恩，远者服德，此三代之所以久，后世无以及之。"① 总之，杜道坚明确提出，"能知贤、爱贤、尊贤、敬贤、乐贤，则求贤、养贤、用贤之道得矣。"② 在儒家强调德行至上的背景下，杜道坚的这一思想，颇有价值。因为德行的评价没有客观的标准，具有很大的随意性，在专制政体下，一些不学无术、没有真才实学的人，由于颇能针对上层人物在人性上普遍具有的弱点而弄虚作假、巴结逢迎，就往往被评价为有德，任用这样的人行职，往往误国误民。这样的教训，在历史上多得不计其数。

在伦理之术方面，杜道坚的基本倾向是以道为本，融合儒道。对《老子》中"绝圣弃智"、"绝仁弃义"的言词，他认为那并不是真的想抛弃仁义道德，而只是"所恶假其名而行之耳"，即厌恶那些"假圣智以惊愚俗"、"假仁义以舞干戈"、"假巧利以启盗贼"的伦理异化行为。③他认为，道是伦理的终极根源。德是由道派生出来的。他宣称："道德，五常之祖，有祖而无子孙，不可也，有子孙而不知祖，可乎？"④ "仁义者，道之孙，德之子。"⑤ 德是仁、义、礼、智、信这五常的总名。如他所说："德者，五常之总名，有德之人，五常备焉，仁则慈，礼则敬，智则明，信则实有之，是谓五常，一曰五德。"⑥ 五常具体落实到人的内心。

① 《通玄真经缵义》卷十，《道藏》第16册，第806页。
② 同上书，第810页。
③ 《通德玄经原旨》卷一，《道藏》第12册，第733页。
④ 《通玄真经缵义》卷二《精诚》，《道藏》第16册，第763页。
⑤ 《通玄真经缵义》卷七《微明》，《道藏》第16册，第793页。
⑥ 《通玄真经缵义》卷五《道德》，《道藏》第16册，第780页。

"五常，五神也，道德存乎中，则神不超乎外，一失所守，神越言华，德荡行伪，鲜不丧于物役矣。"① 在心中立定道德这一根本，神就不会溢出于身外。否则，把握不住根本，神溢身外，浮华的言词就会出口，虚伪的行为就会出现，在声、色、名、利的诱惑和驱使下，各种伦理异化现象的出现就不可避免了。在他看来，只有以道来界说伦理，才能避免伦理规范的异化现象和消极作用的出现。在这个前提下，他认为，礼、义、廉、耻等伦理规范是不能不用的，治国要以礼、义、廉、耻为本制定各项规章制度，让贤能之人处于官吏的职位上发挥其表率和教化的作用。只要礼义确实用好了，刑罚就可以不用。那如何让普天之下的人民都懂得"礼义廉耻"并能切实地在行动中表现出来呢？杜道坚以无为而治为本，吸收理学"存天理、灭人欲"的思想，提出了自己的观点："自然者，天理；不自然者，人欲。夫清虚而明，天之自然；无为而治，人之自然也。自然则贤不肖齐于道矣。"② 与理学用公私之别来判分天理与人欲不同，杜道坚站在道教的立场上，提出了用自然与否来判分天理与人欲的崭新观点。他认为，清虚而明是天的自然，无为而治是人的自然。禀循天的自然，以无为治理天下，则天下的老百姓，无论贤愚不肖，都会遵循大道。但这是就宏观层次的治理天下而言的。天下的老百姓是否能够真正在行为中贯彻礼、义、廉、耻，主要还是取决于每一个人自己的个人修养。就个人修养而言，天理与人欲的划分是看他的心是道心还是人心。"道心人心，天理人欲之分也。理胜则所为皆天，欲胜则所为皆人，此又君子小人之分矣。理欲相胜，邪正相伤，君子不为，况圣人乎？"③ 儒家理学家主张，人的心中理欲相胜，理胜欲则为天理，欲胜理则为人欲，要成为圣人就必须存天理灭人欲。杜道坚不赞同这样的主张，因为这样不合于天道清、虚之自然。他主张用道心与人心来判分天理与人欲。道心为天理，人心为人欲。道心与人心不是两个心，而是同一个心的两种表现，合于道时的心就是道心，不合于道时的心就是人心。道心作主，则人为君子；人心作主，则人为小人。人的言语行为，均受心的控制。心为道心，则行为得福得利，否则遭祸遇害。心合于道，在实践中对术的运用则能无所不能，畅通无碍。所以说，"天理人欲，同乎一心；君子小人，由乎一己，亦同出而异名者耶？执一而应万，谓之术；见动而知止，谓之道。言出乎口，行发乎心，

① 《通玄真经缵义》卷二，《道藏》第 16 册，第 763 页。
② 《通玄真经缵义》卷八，《道藏》第 16 册，第 795 页。
③ 《通玄真经缵义》卷四，《道藏》第 16 册，第 775 页。

夫祸福利害，有如影响，自非至精，孰能分之？可不察诸己而慎诸心乎？"① 心合于道，自然能够懂得言语行为的合宜、对错与否，懂得及时停止不合时宜的言论和错误的行为，从而免祸获福、趋利避害。要保证心合于道，就得摒弃物欲，保持心室空虚。这说明，在这里，杜道坚虽然吸收了理学的思想，但仍然是站在道教的立场上的。

杜道坚在道教内丹修炼理论方面也有一些独到的见解。他基于老子"有无相生"的观点，以有无关系来解释形（身）与神之间的关系，说："身有形、神无形……知有无相生，则无不害有，有不害无，是以圣人无为而治者，身不伤神，神不伤身也。"② 无不害有，有不害无，因而身不伤神，神不伤身。他进而指出："神依形生，精以气盈，交相养生而不失其和者，养生之主也。"③ 对"反者道之动"，他阐述说："天下万物生于有，有生于无。有也，无也，是何物耶？芽虚化神，神化气，气化形，凡具形气者皆物，物必有坏，坏则复归于无。有一不坏者存，是何物耶？芽观其生物者气，则知其气者神，生神者道矣。去神，性也，气，命也，合曰道。"他概括说，"神依形生，精依气盈，交相养而不失其和"④ 是养生的原则。

形神关系是性命关系的基础。在形神关系上主张二者交相养，在性命关系上，杜道坚也持类似的观点，认为二者是相辅相成的。他不同意机械地划分性命修炼的先后的做法，认为道是合神气而言的，神是性，气是命，性命相互依存，缺一不可。性无命人就不能生存，命无性则人不可能产生。所以修道必须性与命交相养，才能得道。他在论述"反者道之动，弱者道之用"的"原旨"时说：

> 观其生物者气，则知生气者神，生神者道矣。夫神，性也；气，命也；合曰道。圣人立教，使人修道，各正性命，盖本诸此。……尝论性者，吾所固有；命者，天之所赋，生之始也。性不得命，吾无以生；命不得性，天无以赋，性与命交相养，而后尽有生之道也。生之终也，形亡命复，惟性不亡，与道同久。修此，谓之修道；得此，谓

① 《通玄真经缵义》卷七，《道藏》第16册，第791页。
② 《通玄真经缵义》卷二《精诚》，《道藏》第16册，第766页。
③ 《通玄真经缵义》卷三《九守》，《道藏》第16册，第772页。
④ 《通玄真经缵义》卷三，《道藏》第16册，第772页。

之得道。①

就修道的过程而言，性与命确实不能机械地划分先后，确实必须"交相养"。但相对而言，就修道的阶段性来说，在修道的不同阶段，修炼的侧重点应该有所不同。例如，按照南宗的理论，在修道的初期阶段，必须以祛除疾病、提高身体素质为首要任务，这些是命功修炼所要解决的问题。在这个阶段，以命功为重点是对的。在命功修炼大体完成后，就可以转入更高阶段的修炼，此时虽然还有命功的因素在内，但重点必须变为性功的修炼。而且，按照内丹道教的看法，纯阳之体主要是依靠性功修炼来获得。就修道的最终目的来说，得道是性功修炼的直接结果。所以，道教中人虽然主张性命兼修，但无论是主张先性后命的北宗或者主张先命后性的南宗，都不约而同地强调以修心为主的性功修炼的重要。杜道坚也正是在这个意义上强调心的作用，并把心上升为本体和本源。

他在阐发"有物混成"章的"原旨"时说："未有吾身，先有天地。未有天地，先有吾心。吾心，此道也。岂惟吾哉？人莫不有是心，心莫不有是道。知此，谓之知道；得此，谓之得道。"② 他进而阐发说："官天地，府万物者，心也。心者，道之枢。人莫不有是心，心莫不有是道。惟其冲虚妙用，渊静有容，故能包裹六极不见其盈，知周万物不离其宗，一瞬此道为物所夺，则茅塞矣。"③ 这是对宋代以来道教中"心即是道"、"即心求道"、"修道即修心"思想的继承和发挥。心是道的枢纽，人的一切行为都要受心的统御调节，因而，就能动性而言，在身体作为既定存在的情况下，确实是"心为身本"④。在这个意义上，就不难理解杜道坚何以屡屡强调修道中心神的重要了。

杜道坚继承了前人理身理国同道的观点，认为，谈论修身时，齐家、治国就已经包含在内了。谈论治国、齐家，修身自然也包括在内。在杜道坚看来，道只有一个道，无论是修身还是治国，都得遵循同一的道。而且，"国之本在家，家之本在身。文子问治国之本，老子语以本在治身，则是身治而后家治，家治而后国治矣。身犹国也，国犹身也"⑤。这样，

---

① 《道德玄经原旨》卷三，《道藏》第12册，第741—742页。
② 《道德玄经原旨》卷二，《道藏》第12册，第735页。
③ 《道德玄经原旨》卷一释"道冲而用之"，《道藏》第12册，第728页。
④ 《通玄真经缵义》卷二，《道藏》第16册，第764页。
⑤ 《通玄真经缵义》卷十，《道藏》第16册，第806页。

杜道坚就把治道与修身之道统一起来了。理身理国同道的观点,当然不是杜道坚的首创,而是晚唐之前道教一贯坚持的观点。但是,在内丹术兴盛起来之后,只理身不理国的理论形态逐渐形成,道教中很少有人再强调理身与理国合一的观点。杜道坚在内丹修炼盛行的背景下,以无与有、无为与有为、心与身等范畴对这一观点做了系统的论证,既是对内丹修炼只重一己孤修而忽略社会担待意识的偏失的纠正和警醒,又提高了道教王道之术的哲理思辨水平,使道与术圆融起来,其意义和价值仍然应该得到肯定。

杜道坚的王道之术及其思想,在元代社会矛盾尖锐、激烈,政局动荡的历史条件下,是很有现实意义的。杜道坚在新的历史条件下,吸收理学的思想,把道教的社会政治思想做了新的阐述,得到了一些儒家学者的赞赏。徐天祐在序中说:"南谷杜君之为是学也,不以道家说训老氏书,独援儒以明之,章研句析,而前后相蒙……悉举五三帝王。孔孟之道传诸其说……诸微言妙旨,与六经合者,不可一二举。"[1] 杜道坚的思想颇具学术价值。尤其是"能知贤、爱贤、尊贤、敬贤、乐贤,则求贤、养贤、用贤之道得矣"的观点,是一个振聋发聩的口号,可谓把古代重视贤能的思想一语道尽! 在杜道坚之后,道教中再也没有出现如他这样系统深刻地阐述社会政治思想的著作的人。这样看来,在思想史、哲学史上,杜道坚思想的意义和价值,不可低估。

此外,杜道坚把《文子》之书和散见于其他书籍中的关于文子的事迹搜集荟萃起来,刻版印刷,使得"三代古书遗迹一旦震发于湮没之余"[2]。这是他对文化学术史的一个贡献。

第八节　赵嗣祺的道教活动

赵嗣祺(1278—1340),号虚一,龙泉人,或云缙云人,是杜道坚的弟子,杜道坚于延祐五年(1318)卒,传有弟子40余人[3],赵嗣祺属于弟子中较有成就者,承嗣杜道坚住持江浙茅山宗。

据《黄铧集卷》二十九载:"姓赵氏,讳嗣祺,故宋魏悼王十一世

① 《道德玄经原旨》,《道藏》第 12 册,第 726 页。

② 《文子缵义原序》,《陵阳集》,《四库全书》,商务印书馆 1986 年版,第 1133 册,第 84 页。

③ 卿希泰、唐大潮:《道教史》,中国社会科学出版社 1994 年版,第 266 页。

孙。南渡后，家于龙泉，父曰若舒，生先生于宋亡之明年（1278）。幼即不凡，稍长，慨然有出尘拔俗之志。"可知其人自幼就有心向道。赵嗣祺24岁时，学道福建武夷山天游道院，师事杜道坚弟子张德懋，"年二十四，学道于武夷山天游道院高士张德懋，凝神宴坐，未尝出山"。后来，"张君携之至钱唐，谒其师真人杜公于宗阳宫。一见，大奇之。"此处记载中并没有说明赵嗣祺哪一点使得杜道坚"大奇之"，但是可以推测，势必是由于赵嗣祺卓然不群并且在道教修为上有很高的天赋，因为此时杜道坚已经功成名就，见过的人不知凡几，能使得他"大奇之"的人势必有过人之处，"该宗在这一时期的特点，除著书发挥老庄道教义理外，还有以内丹融入其符箓中之举，如萧应叟著《度人经内义》以为炼就内丹方可使真炁外布，从而使所用符箓具有祈禳劾治、呼风唤雨、治病度鬼的效验，并说这便是经中'无量度人'的上品'大乘之法'"[1]，因此也有可能赵嗣祺也精通道教科仪法术，但此处只是猜测。不过，杜道坚对他们师徒的礼遇非同一般，"公方兼领吴兴计筹山升元报德观，其旁有通玄观，则公所创也，遂令张君居玄，先生居升元，以便于咨叩"。杜道坚安排其弟子张德懋居住在通玄观，而将赵嗣祺留在自己身边，方便他随时向自己询问与学习，对其的偏爱可见一斑，所以赵嗣祺"后又师事杜道坚，居升玄观。"时间久了，杜道坚想让赵嗣祺有宽广的眼界与人脉，便勉励他到京师游学，"久之，杜公欲广先生之见闻，乃勉之出游京师，诸公贵人多慕而与之交。"当时的达官贵人也都争相与他来往，一方面是由于其人是杜道坚的爱徒；另一方面也由于其人受到道教著名人士的青睐，如当时的玄教人宗师张留孙和嗣师吴全节礼遇，这两个人当时都属于在社会上颇有声望的道教人士，他们将赵嗣祺"挽置馆下"，赵嗣祺由此名声大噪，为他今后在道教地位上的进一步提升奠定了基础。当时道教为了扩大自己的影响力，往往派自己的弟子主持宫观事务，赵嗣祺能够奉旨回缙主持玉虚宫，也是由于"嗣汉三十九代天师及玄教大宗师请以宫中师弟子甲乙相次主其宫事"[2]上奏朝廷，获得批准。

赵嗣祺的主要活动宫观是缙云仙都山的玉虚宫，这玉虚宫在道教史上有非常重要的地位，据《仙都山新作玉虚宫碑》可知，"缙云县仙都山

---

① 姜生、郭武：《明清道教及其历史流变》，四川人民出版社1999年版，第109页。

② 虞集：《仙都山新作玉虚宫碑》，《道园学古录》卷四十八，王云五主编《万有文库第二集七百种道园学古录（1—6册）共6本》，1937年版，第801页。

者，道家书以为祈仙总真洞天，相传黄帝曾于此炼丹而仙去。"① 其前身是祭祀黄帝的庙宇，唐天宝七年（748）玄宗下旨在缙云山建立黄帝祠宇，并将缙云山改名为仙都，在诏书中规定"岁度道士七人奉（黄帝）香火"，这是我国道教史上的重大事件。道教是以"黄帝为宗，老子为教"的宗教，所以各地的老君庙和黄帝祠宇都是有特殊性质的道观。黄帝祠宇奉帝旨特建，是全国仅有的专为祭祀黄帝的道观，地位规格非同一般。这一来仙都声名大显，成为天下道教名山之一。北宋张君房编写的道教类书《云笈七签》中就把仙都称为祈仙洞天。北宋英宗治平二年（1065），黄帝祠宇改名为玉虚宫，并进行了大规模扩建，全盛时有三殿二厅六庙，屋 99 间，附属设施 20 多处。除了玉虚宫中有许多道士外，以玉虚宫为中心，在仙都各处利用天然洞窟或搭草庐修炼的道士道姑曾有数百人之多。玉虚宫在北宋末被方腊起义军焚毁，后虽经道士游大成重建，但规模恐已大不如前。南宋理宗时，在处州知府刘安的支持下，道士陈观定对它做了改建。这玉虚宫几经战乱和人事更迭，到赵嗣祺主持之前，宫观的管理体制有严重的问题，"四方之人皆得为之，而宫日废。"② 等到赵嗣祺主持宫观之后，才对玉虚宫重新进行了修缮，"延祐元年（1314），有旨以先生住仙都山玉虚宫，给以铜章，俾用甲乙相授受。"玉虚宫主持者由皇帝特派，可见当时玉虚宫在全国道观中地位仍不低。玉虚宫在赵嗣祺主持时期经十几年不断修建，大概恢复了北宋时的规模。元代著名学者、文人虞集曾应赵嗣祺之请，为这次修建竣工撰了《仙都山新作玉虚宫碑》。道教界受到鼓舞，还编撰了《仙都志》，《四库全书总目》卷七十六史部三十二地理类存目五载有《仙都志》二卷，"两淮马裕家藏本，元道士陈性定撰，仙都山古名缙云山，唐天宝中敕改今名。此志分六门：曰山川，曰祠宇，曰神仙，曰高士，曰草木，曰碑碣题咏，前序题至正戊子？不著姓名。以序及志中祠宇门考之，盖元延祐中给道士赵嗣祺五品印，提点是山玉虚宫，羽流荣之，因撰是志也。"③ 不过明清时期道教走向衰落，玉虚宫逐渐废圮。到了清代中期，玉虚宫已全毁了，这是后话。

除了玉虚宫之外，赵嗣祺还与其他许多宫观有渊源，如延祐元年

---

① 虞集：《仙都山新作玉虚宫碑》，《道园学古录》卷四十八，王云五主编《万有文库第二集七百种道园学古录（1—6 册）共 6 本》，1937 年版，第 800 页。

② 同上书，第 801 页。

③ （清）永瑢、纪昀主编：《四库全书总目提要》地理类存目五，海南出版社 1999 年版，第 407 页。

（1314），有旨命其住仙都山（今浙江缙云县境）玉虚宫，兼少微山（今浙江丽水县境）紫虚观提点焚修。此处少微山也是当地名胜，紫虚观也是重要宫观。延祐三年（1316），赵嗣祺被朝廷"刻铜印授之，视五品"，延祐五年（1318），受命住持，兼领本路诸宫观。他所管辖的宫观更多了，至治（1321—1323）、泰定（1324—1328）间，又受命金陵（今南京市）玄妙观，玄妙观是南京的重要宫观，"寻诏改玄妙观为大元兴永寿宫，出内帑金帛使加缮治，先生即以造大殿，建法轮，且出私钱作堂宇及外门。"① 道教兴盛时期的一个主要标志就是大兴宫观，不仅借助朝廷的力量，各道教著名人士也是以完善宫观为自己的必备职责之一，宫观是所有道教活动的活动场所，宫观的兴衰也折射了道教的繁荣情况，因此著名的道教人物无不以新建宫观、修葺宫观为重要事务之一，但通常都是借力朝廷或者乡贤募捐，此处赵嗣祺能够用自己的钱来修缮宫观，确实有可圈可点之处，也是其人格魅力的体现，当时"会升元住山姚君季安仙去，先生奉制命嗣为住持，莅事未几，为建大门，买山四百余亩，修饬敝坏，补葺坠缺，靡惮其烦。吴郡有胥氏之崇福观，管氏之玄真观，张氏白鹤观，俱备礼求先生主之。既得旨，以崇福、玄真隶永寿，及先生至升元，遂兼白鹤。"② 此处各个宫观纷纷邀请赵嗣祺前来主持宫观，说明他当时有非常大的影响力，好的宫观与好的主持对于道教发展同样是非常重要的。

赵嗣祺的努力也获得了朝廷和社会的认可，元至顺元年（1330）赐号教门高士，玄明宏道虚一先生③。元黄溍《玄明宏道虚一先生赵君碑》有载。也有记载说，至顺二年（1331），觐见元文宗图帖睦尔。"求归仙都，不获请，有旨更赐曰教门真士、玄门通道虚一先生。"④ 两种封号说法不一，与"真士"、"高士"意思一致或许有关。"虚一盖先生自号，因以命焉，人以为荣。"赵嗣祺的荣宠加于一身，但他本人却是非常淡泊名利，贪恋山林生活。"先生既厌纷华，甘淡泊，归休于江之南，而往来山林间，凡十年。"⑤ 惠宗至元六年（1340）卒，春秋六十四。偶自升元至

---

① 周永慎：《历代真仙高道传》，中国社会科学出版社 2003 年版，第 303 页。

② 同上。

③ 参见黄溍《黄金华集》卷二九。

④ 《道园学古录》卷三十八，卿希泰、唐大潮：《道教史》，中国社会科学出版社 1994 年版，第266 页。

⑤ 周永慎：《历代真仙高道传》，中国社会科学出版社 2003 年版，第 304 页。

宗阳，遂至白鹤，忽顾谓弟子袁守约曰："吾世缘已尽，将回光而返照矣。"因索笔书遗言，于至元六年（1340）俄敛笔羽化，次年（1341）弟子奉遗蜕藏于紫云关乾元山之麓。① 弟子有袁守约等人。

赵嗣祺是属于茅山宗在南宋金元时期以道术或学问著名的道士之一，他也充分发挥了他作为道教首领的影响力，交游广泛。赵嗣祺在游历四方的时候，结交了很多文人名士，如赵孟頫、虞集、柳贯、黄溍等人，这些交游为他顺利开展道教活动提供了支撑，如重新修复玉虚宫，离不开文人权贵的支持。

据元《仙都志》记载，缙云仙都山玉虚宫前"仙都山门"之额和玉虚宫中"风雨堂"之匾，俱为元代大书法家赵孟頫所书。这是因为大德三年（1299），赵孟頫被任命为集贤直学士行江浙等处儒学提举。"他利用公务之便，遍游江浙名胜古迹，佳山秀水。其中也就来到了唐宋以来声名远扬的黄帝飞升地、道家名洞天的仙都山。但是赵孟頫看到的是断垣残壁、满目疮痍的玉虚宫遗址，心中感伤不已，约于元武宗至大年间，赵嗣祺游历到元朝京师大都。凑巧的是在元至大三年（1310）冬，五十七岁的赵孟頫也应诏进京，受封翰林侍读学士，知制诰同修国史，朝夕侍奉在太子左右。次年五月，太子即位（即元仁宗帝）不久又将他提升为二品集贤侍讲学士、中奉大夫。虞集等赵氏门生也在赵孟頫的推荐下纷纷回京任职。赵嗣祺则利用以往结下的交情，经常在赵孟頫、虞集等朝庭重臣的府上走动。赵嗣祺是缙云人，最早入道又在玉虚宫，而赵孟頫则游过仙都山，玉虚宫的倾圮遗迹历历在目，所以玉虚宫古迹及其如何恢复经常成为赵孟頫和赵嗣祺之间的攀谈话题。后来在赵孟頫的协调下，经过与虞集、柳贯、黄溍等人的一致努力，元仁宗于延祐元年（1314）亲自下旨，命赵嗣祺提点仙都山玉虚宫，全面重建玉虚宫。赵嗣祺领旨，火速返回故乡缙云，立即着手玉虚宫的恢复之事。因是领旨行事，所以玉虚宫的重建得到了地方官府的大力支持，工程进展非常顺利。经过四年多的建设，玉虚宫的重建工程已经全面完成。玉虚宫建好后，为了进一步提高其文化内涵和品位，赵嗣祺在着手将历史上李阳冰、潜说友等名人为仙都山、玉虚宫有关建筑所书的匾额进行恢复的同时，把宫观事务托付弟子主持，自己则立即进京去向赵孟頫、虞集等赫赫名家求赐墨宝。元延祐六年（1318），赵嗣祺到达大都，赵孟頫欣然以楷书书写了'仙都山门'和'风雨堂'两幅大字交与赵嗣祺。虞集身为赵孟頫门生，所以只谦书

---

① 周永慎：《历代真仙高道传》，中国社会科学出版社 2003 年版，第 304 页。

'金莲馆'一幅授予赵嗣祺。"① 延祐六年（1319），赵嗣祺奉旨礼祠南海、会稽、缙云时，顺便将赵孟𫖯、虞集的匾额题字带回了仙都，并命人在仙都山的门额上精心雕刻赵孟𫖯"仙都山门"题词，又命人刻制"风雨堂"、"金莲馆"大匾分别挂在有关堂、馆大门之上。从此，书法大家赵孟𫖯和元代四朝文学名臣虞集的墨宝，成了仙都历史以来最珍贵文化瑰宝之一。元代"儒林四杰"当中，除揭傒斯外，其他三人分别都为赵嗣祺写过诗文。虞集为赵嗣祺写了《送赵虚一奉祠南海序》和《仙都山新作玉虚宫碑》；柳贯为赵嗣祺写有《送赵虚一法师还括提点仙都观》、《题王若水为仙都宫主赵虚一画〈苍崖古木图〉》等诗；黄溍则为赵嗣祺写了《玄明宏道虚一先生赵君碑》②，可知其与当时文人交往的深度。

"先生自奉甚约，终身不茹荤，而坐客常满，持珍击鲜，为具必丰。尤喜推毂士类，赖其引重而成名者甚众。"③ 他自己坚持道教的简朴修持，却能够以极大的盛情招待客人，将道教修炼与人际交往关系处理得非常巧妙，因此获得了良好的社会声誉，也受到了朝廷的重任，在他住持玉虚宫期间，曾经先后两次受命代祀东南名山，并访求隐逸之士。"在玉虚时，两将使指代祀太华、吴山、江渎、嵩高、王屋、济源，竣事过家，慨然兴追远之思，置田若干亩，畀犹子仲成给春秋馈荐之事，乃还京师。以乘传函香藏祠事于龙虎山，宣大护持诏书于江淮、荆襄、广海、八番诸郡，使节所憩，历览胜慨，而访求岩穴之士，得一善辄荐扬之"④。代祀名山和访求贤逸是很多道教首领也都受过的待遇，赵嗣祺也将这份职责完成得很好，能够积极地推荐人才，从而使更多的道教徒接触到上层人物。"先生于吴兴、金陵并领本路诸宫观，钦承上意，扶植道教，不遗余力，其徒赖焉。"⑤ 由此可知，赵嗣祺对当时浙江道教的发展有一定的推动作用。

第九节　刘基与道教及风水

刘基（1311—1375），字伯温，今浙江温州地区方成县（旧属丽水地

---

① 《赵孟𫖯书额仙都山考》，http：//blog. sina. com. cn/s/blog_ 6ac2d01a0100kyhn. html。

② 同上。

③ 周永慎：《历代真仙高道传》，中国社会科学出版社2003年版，第304页。

④ 同上。

⑤ 同上。

区青田县）人。元武宗至大四年出生于江浙行省处州路青田县南田山武阳村，故时人称他刘青田。曾祖仕宋为翰林掌书，刘基自幼颖异，元至顺间举进士，除高安丞，有廉直声。刘基博通经文，于书无不窥，尤精象纬之学。在元朝做官不顺心，遂弃官还青田。后投入朱元璋门下，为朱元璋出谋划策，甚得宠信。历任太史令、御史中丞、弘文馆学士。明洪武三年封诚意伯，人们又称他刘诚意。后归老还乡，唯饮酒弈棋，口不言功。最后被胡惟庸陷害直至毒死，享年六十五岁。明武宗正德九年被追为太师，谥文成，因而后人又称他刘文成、文成公。

刘基是个传奇人物，他一生辅助朱元璋"西平江汉（陈友谅）、东定吴会（张士诚）、北伐中原（元朝），群雄归命，一统天下"，使朱元璋"遂成（大明）帝业"，是开国功勋；其人读经史、练诗词，研杂学，通易数，习百艺，琴棋书画，天文地理，无所不晓，对文学、哲学、地理、天文历算、军事学、医学等，都有专门研究，是学问大家。从明清两代开始一直到现在，对刘基的研究从各方面展开，包括刘基史实研究、学术思想研究、著作研究、民间传说研究、刘基文化和当代价值研究等，研究成果汗牛充栋，此处仅择取刘基与道教、风水的关系进行探讨。虽然刘基在历史上是一个风云人物，但流传后世的形象却是一个能掐会算、未卜先知的道教风水大师，这其中经历了什么样的演变过程？刘基功勋众多，为何后世只流传他的风水故事？对这些问题的探索能够进一步厘清刘基与道教、风水之间错综复杂的关系，深化当今对刘基的研究。

世人之所以将刘伯温与道教风水大师联系在一起，是因为刘伯温既是一位未卜先知、呼风唤雨的活神仙，与道教有关；又是一位阴阳风角无所不知、相地风水占验极灵的神军师，这与风水有关。故本书就从这两个基本条件入手来探讨刘基与道教、风水的纠葛联系。

一 刘基与道教的纠葛

刘基没有正式入道，他不是道士，他是古代文人知识分子，思想以积极入世为主。他对儒道释三教的态度可以从这样一段话中看出，"予尝见世俗以儒与僧、道为三教，谓当各道其道，各志其志，言不得同词，行不得同躅，衣服不得同制度也。今于是乎相从游而赠以诗，何独异乎人之言耶？盖吾徒之所以与上人游者，非欲求其道也。上人能赋诗而乐贤士，寺之胜足以资吾游，道士又远来，见吾徒而欣慕焉，吾安得而拒之！三王世远，天下之为民者不易矣。怀才抱志之士，遗其身于方外，以远害而离尤，岂得已哉!"① 这段话出自《送道士张玄中归桐柏观诗序》，至正十三年（1353）十月，刘基被罢去行省都事之职。随后，刘基携带家眷搬到绍兴，开始了长达三年的羁管生活。关于此事《明史纪事本末》卷五记载："（至正）十三年十月，时青田刘基为浙东行省都事，建议谓方氏（国珍）首乱，宜捕而斩之。执政多受国珍金者，辄罪基擅作威福，羁管于绍兴，竟受国珍降。"当初朝廷起用他为江浙省元帅府都事，主要任务就是帮助当地政府平定浙东一带的盗贼，特别是以方国珍为对象，而如今他以文官参与军幕，为浙东元帅府都事，力主镇压，但当局受了方的贿赂，决定予以招安，反责刘基擅作威福，将其革职羁管绍兴，此时刘基的心中无比悲愤，"当公羁管绍兴之时，感愤至欲自杀，门人锡里实抱持之得不死。"②（《静志居诗话》）但是即便如此，佛、道二教的终极信仰仍不足以征服刘基，"盖吾徒之所以与上人游者，非欲求其道也。"刘基等文人与佛教、道教等方外之士的交游，并不是出于信仰，更多的是诗词歌赋之应酬对答，因为在文学史上，刘基与宋濂、高启并称"明初诗文三大家"，在诗文上有着非常高的造诣。

　　刘基被元廷羁管于绍兴期间，受到德高望重的"别峰上人"的邀请游览宝林，偶遇道士张玄中来告别"别峰上人"而归桐柏观，三教之人会合在一起，刘基认为"吾安得而拒之!"但从这个"拒"字，我们可以看出刘基并不把自己和佛教徒、道教徒放在同一队列，他将自己放在"吾徒"的文人知识分子行列，但是对佛教徒、道教徒并不拒绝排斥，甚至抱着"同情之理解"的态度，认为他们是"怀才抱志之士"，是为了"远害而离尤"才置身事外的，是不得已而为之，"岂得已哉!"这就为他后来在仕途不顺、暮途困苦的时候，思想向道教倾斜设下了伏笔。但是在当时，他的思想仍旧是积极入世的，他认为"置身方外"的做法并不可取，因为生民仍在涂炭，"三王世远，天下之为民者不易矣。"他将百姓的疾苦放在心上，将国家的稳定放在心上，认为当时时局仍旧动荡，"风尘正郁勃，原野塞戈梲。盗贼炽炎火，平人走狼狈。湮沦海底珠，黯淡日中沫。忧深杞国天，卜渎文仲蔡。"③ 说明他仍旧忧国忧民，认为当时还不是逍遥隐逸的时机，他真实的人生旨趣乃是《治国平天下》，一展胸襟抱负。

---

① （明）刘基著，林家骊点校：《刘基集》，浙江古籍出版社 1999 年版，第 78 页。

② （清）朱彝尊：《静志居诗话》。

③ （明）刘基著，林家骊点校：《刘基集》，浙江古籍出版社 1999 年版，第 79 页。

　　刘基既然是这样一个忧国忧民的知识分子，那为何人们总是将他与道教联系在一起，甚至他本人在后世的演义小说中也是"呼风唤雨"、"未卜先知"的"半仙"形象呢？任何演绎附会都曾有一定的历史依据，就刘基本人来说，他与道教的纠葛主要体现在以下几个方面：

（一）拥有道教知识储备

　　刘基自幼聪颖，一生好学。"凡天文、兵法诸书，过目洞识其要"，"闻镰洛心法，即得其旨归"，他不仅领悟力惊人，记忆力也是同样的出色，《明实录》谓基"敏吾绝伦、过目不忘"。《行状》称他："人未尝见其执经读诵，而默识无遗。"可知刘基天资聪颖，平日的四书五经自然满足不了他强烈的好奇心，因此天资超群的刘基无书不读，"凡天文地理、阴阳卜筮、诸子百家，莫不涉猎"。这些知识储备使得刘基后来不仅是一个开国功臣，也是一个治国良臣，他能够卜建南京城、制定《大统历》、草创《大明律》、奏立军卫法以及重开科举制，无不与他丰厚的知识储备有关，但是古时文人也不乏广泛涉猎之人，为什么只有刘基后来被附会成道教之人呢？

　　这主要是因为刘基所涉猎的天文地理、阴阳卜筮等属于术数的范畴。术数，一直是中华传统文化的重要组成部分，曾经是我国历史上社会生活中的时尚，但它的内涵和外延至今不清晰，在学术界并没有确切的划分。术数较早出现在《黄帝内经》中，如《素问·阴阳应象大论》云："其知道者，法于阴阳，和于术数，食饮有节，起居有常，不妄作劳。"王冰注："术数者，保生之大伦，故修养者必谨先之。"可以说是道家较早使用、但主要是指古人对养生保健方法的总称，即古人调摄精神、锻炼身体的一些养生方法，但不是后来道教意义上的术数。道教是一个宗教，而道家是一个诸子流派，但道家道教之间有渊源传承关系。儒家的六艺"礼、乐、射、御、书、数"这里面的"数"也内涵丰富，也包括卜筮之事，即数理易学的基础理论知识，但这些还不完全是术数。《四库全书总目·术数类》"术数之兴，多在秦汉以后，要其旨，不出乎阴阳五行生克制化，实皆易之支派，传以论述"，《汉书·艺文志》将群书分为六类，中有术数，包括天文、历谱、五行、蓍龟，杂占、形法六种，共一百九十家，书两千五百二十八卷。《隋书·经籍志》无术数类，有关历法、占法之书，则归于天文、历数、五行三类，兵家书中亦稍涉及；载有风角、九宫、太一、遁甲、周易占、易林、东方朔占、堪舆、八卦阵图、相法等四百余种著作书目。此后术数的范畴大致如此，演变成以阴阳五行生克制化之理，附会各种迷信之说，以制定人事和国家的气数的"方术"，而道教在发展的过程中"兼容并蓄"，将众多术数吸收过来，因此民众就将"术数"与道教扯上了密切的联系。

但是仅仅"了解术数知识"并不能让人误认作道士，"精通术数"者，民众往往认为是三教九流之人，历史上不乏儒家文人"精通术数"如朱熹，但是仍不能掩其"大儒"的身份，刘基不仅掌握了众多术数知识，而且还能在精通术数的基础上熟练地"运用术数"，这才使他与众文人区分开来。

刘基虽然为文人知识分子，但是在为朱元璋效力之时，往往以"术士"的形象出现。《明太祖实录》载他提议伐陈友谅，"昨观天象，金星在前，火星在后，此师胜之兆。愿主公顺天应人，早行吊伐。"① 其中就与观天象有关，鄱阳湖大战时候，刘基定决战时机为"金、木相犯"之日。朱元璋对天文卜占之术非常迷信，刘基归家葬亲，他常遣人就家咨询：

《翊运录》所收《御名书》中云："六月二十二日克期回得教墨，谕以六月、七月间举兵用事，不利先动，当候土木顺行、金星出见则可。使愚一见教音，身心踊跃，足不敢前。如此者何？盖以先生一二年间，以天道发愚，所向无敌，今不敢违教。然择在七月二十一日甲子，未得吉时，是以再差人星夜诣前，望先生以生民为念，德教为心，早赐来临，是所愿也。如或未可即来，可将年月、吉日、时辰、方向、门户择定，密封发来，实为眷顾。"

洪武元年三月《御史中丞诰》云："若夫观象视祲，特其余事。"

同年七月《弘文馆学士诰》云："及将临敌境，尔乃昼夜仰观乾象，慎候风云，使三军避凶趋吉，数有贞利。"

同年十一月《诚意伯诰》云："累从征伐，睹列曜垂象，每言有准，多效劳力，人称忠洁，朕资广闻。"

洪武四年初刘基归里，因天象异常，朱元璋于八月致书咨询，所问仍是天文历数，中云："即今天象迭见，且天鸣已及八载，日中黑子又见三年。今秋天鸣震动。日中黑子或二或三，或一日日有之，更不知灾祸自何年月日至。卿山中或有深知历数者、知休咎者，与之共论封来。"②

可知通晓天文历数，并能依据天象提供建议是刘基的独特之处。朱元

---

① 《明太祖实录》卷九，辛丑年八月庚寅条。

② 见《诚意伯文集》卷二十《翊运录》，高寿仙：《刘基与术数》，《浙江工贸职业技术学院学报》2006 年第 3 期，第 89 页。

璋多次称刘基为："吾之子房也。"洪武元年十一月《御宝诏书》云："动则仰观乾象，察列宿之经纬，验日月之何光，发踪指示，三军往无不克。"当然，朱元璋也并非仅仅信赖刘基一人，朱元璋还曾赐朱升手诏，亦盛赞其"察历数，观天文，择主就聘"，"蓍言趋吉避凶，往无不克"①。但刘基用他的天文历数知识来帮助朱元璋打天下是不争的事实，虽然他的其他谋略、计策、兵法并不完全都是使用天文历数，但是由于"顾帷幄语秘莫能详，而世所传为神奇，多阴阳风角之说"（《明史·刘基传》），故后人就以讹传讹，神乎其神了。

在刘基的《诚意伯文集》中处处可见天文历法术数语言，如《诚意伯文集》卷一《述志赋》："无蓍龟以决疑兮，迷不知余所从。""要傅说于箕尾兮，命灵龟使占之"。《九叹》："蓍龟孔昭兮，勿远余思。"② 卷二《艳歌行》："荧星入天阙，武库一朝灾。"《煌煌京洛行》："妖星入太极，边尘侵御床。"这些玄妙的词汇让人如坠入五云中，但对他来说却顺手拈来，说明他对此类内容极为熟稔。刘基在《灵棋经解序》中说："昔者圣人作易，以前民用灵棋，象易而作也，易道奥而难知，故作灵棋以象之。虽不足以尽易之蕴，然非精于易者，又安能为灵棋之辞也哉？……予每喜其占之验，而病解之者不识作者之旨，而以世之卜师之语配之。"③ 他确实精通易占之理，才能够自负的给《灵棋经》作注。他所作的《郁离子》也颇有深意，其中郁，有文采的样子；离，八卦之一，代表火；郁离，就是文明的意思，其谓天下后世若用斯言，必可抵文明之治。可知，天文历法思维已经在刘基头脑中根深蒂固。

刘基既通经史，又精通象纬之学，"嘉靖和隆庆本《诚意伯文集》所附《诚意伯次子阁门使刘仲璟遇恩录》，记录了洪武二十三年十二月二十二日朱元璋与刘璟的一次谈话，其中谈到：'他（刘基）的天文，别人看不着，他只把秀才的理来断，到强如那等。'由此可知，刘基之天文占验，主要不是凭占书论断，而是根据现实情势和自然道理推断。"④ 尤其象纬之学是古代的天文学，这门学问因有"观星象而知未来"之类的内容，被历代统治者禁止私学，刘基是自学成才还是有异人传授已经不得而知，但是他利用这些天文历数知识为统治者出谋划策的故事已经深入人

① 朱升：《朱枫林集》卷一《赐朱升诏书》、《免朝谒手诏》。
② 高寿仙：《刘基与术数》，《浙江工贸职业技术学院学报》2006 年第 3 期，第 89 页。
③ 同上。
④ 同上。

心，再加上朱元璋要问计于刘伯温时，爱在密室之中，"上或时至公所，屏人语，移时乃去，虽至亲密，莫知其由"。正史又因为阴阳风角之类术数难登大雅之堂而极少论及，故反而留给后人无限的猜测空间，后世将刘基神化为一个未卜先知的"半仙"也就在情理之中了。

（二）与高道羽士交游

张宏敏认为"刘基与道士之间顺利交往有主、客观两方面的原因。客观因素得益于元明王朝实行的扶植发展道教的宗教信仰政策。……主观因素是刘基本人与老庄道家、道教之间有诸多的情感纠葛。"① 此说有一定道理，蒙古入主中原后，采取了多种种族歧视措施，但对道教却持扶持态度，借以拉拢人心。汉族知识分子有的采取彻底不合作态度，遁入道门，有的则经历了与元朝统治者合作、犹疑到背离、决裂的过程。

刘基博学颖异，1333 年（元顺帝元统元年），刘基到京城大都参加会试，高中明经科进士，1336 年（至元二年），刘基担任江西瑞州府高安县的县丞，开始了他在元朝的仕途，在任官的五年内，处理地方事务的原则是"严而有惠爱"，能体恤民情，但不宽宥违法的行为；对于发奸摘伏，更是不避强权。因此受到当地百姓的爱戴，但地方豪强对他恨之入骨，总想找事端陷害他，幸得长官及部属信任他的为人，才免于祸患，刘基遂弃官还青田。1343 年（至正三年），朝廷征召他出任江浙儒副提举，兼任行省考试官。后来因检举监察御史职，得不到朝中大臣的支持，还给他许多责难，他只好上书辞职，任期约一年。后来，朝廷起用他为江浙省元帅府都事，帮助平定浙东一带的盗贼方国珍等，但又不采纳他的建议，致使他愤而辞职。可见，刘基在元朝断断续续为官十余年，几乎都是基层小官，还一再因为人耿直受抑贬，几度罢黜赋闲，面对元末改朝换代的社会大变革，他的满腔抱负无法施展，在主观上感到失望沮丧，情绪上倾向归隐，转而以诗文来自娱。

1343 年（至正六年），刘基接受好友欧阳苏的邀请，与欧阳苏一同来到丹徒，在距欧阳苏家附近的蛟溪书屋住下，过了一段半隐居的生活。以教授村里中的子弟读书来维持生活，偶尔和月忽难、陶凯等好友时相往还。1348 年（至正八年），刘基结束在丹徒约两年的半隐居生活，再度投入人群。他来到杭州居住，在杭州的四年当中，他和竹川上人、照玄上人等方外之士时相往来；也和刘显仁、郑士亭、熊文彦、月忽难等文士诗文

① 张宏敏：《刘伯温的道缘》，《中国道教》2010 年第 4 期，第 51 页。

相和；同时也与许多高道羽士进行来往①，据考证，与刘基有过交往的道教徒有十五人，② 多是诗词歌赋之应酬对答。

刘基所交往的这些高道羽士大多属于知识文化层次较高的文学道士，双方性情相投，因此也不排除刘基受到这些交往道士影响的可能。"如刘基早年读书之时，多次与挚友一起登游紫虚观，其间和道士吴梅涧成为好友。吴梅涧其人从小聪颖好学，喜好老庄清静之道，父母说其有道士气度，后来道紫虚观做道士，在修炼中悟性渐长，日益声名鹊起。后被天师正一真人授予崇德清修凝妙法师的称号，主持紫虚观事五十余年。后吴梅涧卒，刘基满怀深情作《紫虚道士吴梅涧墓志铭》，在铭文中深切回忆和其交往的往事，表达了刘基和吴梅涧之间真挚的友谊和情感。又如文学道士张雨，刘基是在杭州任职时结识了他，张雨是元代茅山派道士，少年为人大气不拘小节，有隐居之志。年方二十弃家做了道士，游历诸多名山，后拜周大静为师，后又去杭州开官师跟随玄教道士王寿衍，张雨虽是道士，却有相当的文学修养，故而和刘基兴趣相投，二人相见恨晚，刘基认为'始获与外史一见，即生平生欢。'刘基也在张雨羽化离世后为其撰写墓志铭。"③ 刘基与道士来往的文采主要体现在赋诗与墓志铭上，如与刘基私交甚笃的道士刘云心羽化，刘基作七律《挽诗》以寄哀思，"少微星下葬神仙，白玉楼中迓翠軿。弟子焚香玄鹤逝，天官肃驾紫鸾翩。金丹缥缈空山月，铁笛凄凉远树烟。溪上故人如见问，碧梿花里过年年。"④ 刘基与吴梅涧道长相熟，因而认识道长的弟子王君采，王君采有位高徒梁惟适，非常重视感情。当时有位名人章思廉道士，该人少时曾经是儒生，以经学闻名，后来弃儒从道，在遂昌寿光宫出家，后来曾到过少微山的紫虚观，他羽化后其冠舃葬于紫虚观南面的眉岩山，他的弟子王有大在章思廉羽化之后成为梁惟适的弟子，梁惟适、王有大在眉岩旁建室，"岁时致享祀"曰神仙宅。两位道徒追慕前人的深挚感情真让人为之动容。刘基也不例外，因此"故为述其事，而继以歌"，并作有《少微山眉岩神仙宅记》。除了为人写墓志铭作记外，有人求诗，刘基也会慷然题词，如处州仙都道士陈此一与刘基在处州平"寇"期间相识而交往，其人豁达，"作

---

① 周松芳以为与刘基有交往的道士有 8 位，见《刘基与谶纬术数关系平议》，《浙江社会科学》2008 年第 2 期，第 109 页。

② 张宏敏：《刘伯温的道缘》，《中国道教》2010 年第 4 期，第 51 页。

③ 文豪：《刘基道家思想研究》，西南政法大学硕士学位论文，2011 年，第 14 页。

④ （明）刘基著，林家骊点校：《刘基集》，浙江古籍出版社 1999 年版，第 490 页。

石室预为葬地，求诗"①，刘基相赠七律一首："仙都道士陈此一，偷得蟾宫龙虎丹。便开白石为金穴，坐待青天落玉棺。驭气九秋风引佩，步虚五夜月当坛。他年欲访朝真路，绛节霓幢此地看。"②

值得一提的是宋濂，他是与刘基来往甚密的道教人士，他辞绝元朝翰林院编修而不仕，入浦江仙华山修道长达十余年，虽然与刘基出仕元朝道路不同，但两人的感情很好，刘基在悉闻挚友宋濂入仙华山修道，"则大喜，因歌以速其行"，特作《送龙门子入仙华山辞》相赠，看到好友入门修道，刘基也不是没有羡慕，他早年欲做道士而未能成行，据刘基《送龙门子入仙华山辞》载："予弱冠婴疾，习懒不能事，尝爱老氏清净，亦欲作道士，未遂。"③ 故他说"先生行，吾亦从此往矣。他日道成为列仙，无相忘也。"④ 在《潜溪图歌为宋景濂赋》中，刘基甚至表示愿与挚交一起前往潜溪龙门福地修道，"金华山水天下希，潜溪龙门尤绝奇。群峰峻极河汉上，一峰独立芙蓉陂。先生结庐在其下，文追班扬兼贾马。……山有蔬，水有鱼，幽涧有泉清可唆。何时上疏乞骸骨，寄声先遣双飞凫。"⑤ 这种对于神仙修道生活的向往，也同样体现在他为张玄中所作的《送道士张玄中归桐柏观诗序》中，"我欲往从之，逍遥解沉昧"，但是刘基毕竟还是不能放下他的社稷抱负，与道教人士的来往也只是排遣仕途上的不如意，因此他更多的是与道士在诗文书画上的来往，如《画竹歌为道士詹明德赋》就是刘基和詹明德两人在研讨《画竹》图，满图的参天绿竹、寒烟、流水、崖石等景致引得刘基睹"画"生情，赋歌陈情，诸如此类还有《夜听张道士弹琴》、《道士周玄初鹤林行》、《赠道士蒋玉壶长歌》等。

应该说，刘基与众多道士的交往既符合当时"三教合一"的历史大趋势，也契合他在人生特定时段的心理诉求，如排解在元朝做官郁郁不得志的苦闷，打发功成身退后的无边落寞。从《刘基集》中可知，与刘基相过从之僧人是远远多于道士，"僧人有 35 人之多，涉及 51 篇"⑥，而言及道士者不超过 14 人，但从情感来说，刘基信赖道教大于佛教，道教是

① 吴光、张宏敏：《刘基与道家道教关系考论》，《世界宗教研究》2010 年第 5 期，第 68 页。

② （明）刘基著，林家骊点校：《刘基集》，浙江古籍出版社 1999 年版，第 372 页。

③ 同上书，第 213 页。

④ 同上。

⑤ 同上书，第 293 页。

⑥ 周松芳：《刘基与谶纬术数关系平议》，《浙江社会科学》2008 年第 2 期，第 109 页。

土生土长的宗教，不同于外来宗教，已经深入刘基的潜意识中，刘基冠婴疾，爱老氏清静，亦欲做道士，未遂，在他与多位道士中的诗文酬和之中也可见他对修道生活的倾慕，"明年定约赤松子，与尔群峰顶上游"，是其晚年不可或缺的精神寄托。紫虚观一位周姓道士还俗多年而贫苦多病，最终只能"复归观就养"，刘基为此赋诗一首表示惋叹。总之，刘基的生活中有众多的道教因素，道教交游是非常重要的一个方面。

（三）认同并实践道教思想

仅仅是拥有道教知识储备和与道士来往，不是人们猜测刘基道教身份的充分必要条件，而对道教思想、行为抱有同情之理解，认同甚至亲身实践道教某些教理教义，才是人们误认为刘基是道教徒或者与道教有纠葛的重要原因。

道教神化老子为道德天尊，刘基也推崇老子，"道得复何怨，老子尤其龙"，道教以"道"为基点建立神学理论体系，这"道"被老子当作宇宙本体、万物规律，是超越时空的神秘存在，道教还继承发扬了老子、庄子提出的清静无为、见素抱朴、坐忘守一等修道方法，对老子的肯定在某种程度上也就是对道教的肯定。可知，"先秦老、庄道家学说对刘基道学思想的形成产生了巨大影响，道教经典如《阴符经》等对刘基思想体系的建构也有启发意义"①。

对于道教的神仙思想，刘基也是肯定的，道教信仰体系中，崇拜天神，信奉仙真，相信人死为鬼；这鬼、神、仙是解读道教思想的重要范畴。刘基肯定了鬼神、仙人的存在，并对鬼、神、仙等概念范畴给出了自己的见解②，他认为："人死为鬼"是一种虚妄无稽之论，因为世界上容不下永不死亡之鬼，"有生则必有死。自天地开辟以至于今，几千万年，生生无穷，而六合不加广也，若使有生而无死，则天地之间不足以容人也。故人不可以不死，势也。既死也而皆为鬼，则天地之间不足以容鬼也。"③ 故"鬼"是不可以长久存在的，终将归于"气"。对于道教所崇奉的种类繁多的神灵，刘基也是坚持"气化论"观点，认为"夫神也者，妙万物而无形，形则物矣。是故有形而有质者，有形而无质者，有暂者，有久者，莫非气所为也。气形而神寓焉，形灭而神复于气，人物鬼神，或

① 吴光、张宏敏：《论老庄道教对刘基学术思想的影响》，《浙江工贸职业技术学院学报》2008年第3期。

② 俞美玉：《刘基的道教仙学思想论略》，《周口师范学院学报》2006年第3期。

③ （明）刘基：《郁离子》，中州古籍出版社2008年版，第201页。

常或变，其归一也。"① 对于仙人，他认为神仙实有，是"人之怪变者"，"天地万物，各秉气以成形，人亦物之一也，物能化，人焉不能化……天下之物无不能变化也审矣，何独于最灵之人而疑之哉？"② 只不过刘基并不认同长生不死、永久驻世的说法，他认为神仙活得再长久，也是最终要死亡的，《古歌》诗云："旧花欲落新花好，新人少年旧人老。佳人见此心相怜，举觞劝我学神仙。我闻神仙亦有死，但我与子不见耳。祇言老彭寿最多，八百岁后还如何？"③ 虽然以"气"释"鬼"、"神"的理论并非刘基的首创，王充、葛洪、柳宗元、刘禹锡、张载等对此早有论述，但是刘基能够认同"神仙实有"，从某种程度上肯定了"道教修炼成仙"的可能。

刘基不仅认同道教"修炼得道"的观点，还亲身实践。刘基因为自幼体弱多病，也非常关注养生修身，据说刘基自己也曾经亲身实践道教修炼，宋濂《游钟山记》载，刘基与朋友酣饮之后即兴行道教"坐忘"之功："坐之二更，或撼之，作儾笑钓之，出异响畏协之，皆不动。"④ 这说明刘基的道教修炼已达到一定境界。刘基还曾以《蟾室》为题赋诗台州栖霞观道士，阐发自己对道教内丹修炼方式的理解："我心有灵丹，光与日月同。子能精炼之，可发天地朦。"⑤ 可知，他对于道教内丹修炼有一定的了解。

也有人传说刘伯温曾在潍坊峡山修炼得道⑥，"潍坊峡山顶上有刘伯温洞，伯温为避难曾在这里隐居并得道成仙，写下了《烧饼歌》，现在峡山刘伯温洞里仍有当年刘伯温修行时候留下的两首诗"⑦。传说真假有待考辨，但在黄岩某道观确实存有刘伯温生前所用古琴，上镌"大元至元五年，青田伯温氏置"的字样⑧，后来这古琴由黄岩辗转去了北京白云

① （明）刘基：《刘基集》，浙江古籍出版社 1999 年版，第 14 页。

② （明）刘基：《郁离子》，中州古籍出版社 2008 年版，第 199 页。

③ （明）刘基：《刘基集》，浙江古籍出版社 1999 年版，第 102 页。

④ （明）宋濂著，罗月霞主编：《宋濂全集》，浙江古籍出版社 1999 年版，第 213 页。

⑤ （明）刘基著，林家骊点校：《刘基集》，浙江古籍出版社 1999 年版，第 346 页。

⑥ 魏丽：《刘伯温峡山得道》，《潍坊日报》2008 年 5 月 19 日。

⑦ 张宏敏：《2008 年刘基与刘基文化研究述评》，《浙江工贸职业技术学院学报》2008 年第 4 期。

⑧ 蒋逸人：《古琴轶闻》，《钱江晚报》，2007 年 3 月 20 日，http：//www.china.com.cn/weekend/txt/2007－03/23/content_8003467.htm。

观①，据考证，此琴确实制作于元代，而且是刘基使用过的，道教先师择其门徒中的可教之才授以琴艺，临终前将此琴遗赠给琴艺最高超的门徒，这样代代相传到黄岩道长手中也不知几代了。历届师父都遵守先师的遗嘱，黄岩道长是几位师兄弟中琴艺最好的，所以此琴就归他所有，可知刘基有过类似清修的道教生活体验。

不仅如此，刘基对道教斋醮科仪也相对较熟悉。他在《送道士张玄中归桐柏观诗序》中对道教七十二福地之一的天台赤城"桐柏金庭洞天"，尤其是道观道士斋醮、授道、修炼场景予以刻画，"道士张玄中，年少气方锐。从师桐柏宫，饵术啖松桧。黄冠紫霓衣，赤舄青组带……振衣赤诚岑，漱齿白鹤濑。餐霞炼精魂，洗髓去埃壒。晨朝玉宸高，夜醮金景曒。偓佺授宝诀，列缺助禳桧"②，若不是对道教生活有一定的了解，也难以写出这样的诗篇。

刘基不仅了解道教生活中的科仪斋醮，对于道教科仪斋醮的效果也是比较信赖的。以至正十六年（1356）起，刘基"奉省檄在括"，与同知副都元帅石抹宜孙共谋"括寇"；至正十八年（1358）夏五月，括苍一代，干旱不雨，"禾黍既芟"，"民大忧惧"。此时，刘基曾向石抹宜孙建议采用道教醮坛仪式求雨，石抹宜孙"命道士设醮于玄妙观"，果然有灵效，"是日大雨。明日又雨。又明日，乃大雨至夜分"③。刘基参与并目睹了玄妙观道士设醮祷雨的全过程，因喜而赋诗为歌，先后成《喜雨诗序》、《雨中寄季山甫》、《五月二十九日喜雨奉贺石末元帅》、《用前喜雨韵寄呈石末元帅》、《次韵和石末公闵雨》④ 等，从中完全可以看到刘基对道教设醮求雨的行为还是认同的。

刘基后来被贬斥，也是和道教祈雨有关。《明史》卷128《刘基传》载：洪武元年，帝幸汴梁，善长与基居守，"基谓宋、元宽纵，失天下，今宜肃纪纲，令御史纠劾无所避，宿卫宦寺有过者，皆启皇太子置之法，人惮其严。中书省都事李彬坐贪纵抵罪。善长素匿之，请缓其狱，基不听，驰奏，报可。祈雨即斩之。由是与善长忤，乞归"。朱元璋回来，出尔反尔，怪罪刘基不该在祈雨坎下杀人，善长等人乘机"交潛"，"帝纳其言，旬日仍不雨，帝怒"，刘基乘着丧妻，"遂请告归"。刘基献言祈

---

① 《古琴是这样进京的》，《钱江晚报》2008 年 12 月 5 日。

② （明）刘基著，林家骊点校：《刘基集》，浙江古籍出版社 1999 年版，第 78—79 页。

③ 同上书，第 91 页。

④ 同上书，第 91、451、452、452、490 页。

雨，结果不灵验，朱元璋不满，自己也很尴尬，李善长用天不雨为借口攻击他，以其人之道反治其人之身，胡惟庸亦步亦趋，以望气为口实来攻击他，以为不如此不足"动上听"。结果刘基深受牵累，主动"求退"。

虽然祈雨有时不灵，但是并不能影响道教斋醮科仪在刘基心目中的分量。对古代广大民众来说，天旱斋醮求雨是天经地义之事，因此在后世的演义小说中，刘基甚至化身为道士亲自求雨。如在《英烈传》，第三十八回"遣四将埋伏禁江"至第三十九回"陈友谅鄱阳湖大战"中，叙述了朱元璋大战陈友谅于鄱阳湖时，刘基从金陵赶来助阵，献策以火攻敌舟师。这实乃平常之计，妙就妙在当时风势不利于用此计，是刘基建坛祭祀，登台作法，身披八卦袍，披发持剑，口中念念有词，借风以助阵，片刻间，风云大作，基乘势挥军火攻，因而大获全胜。同书第五十九回"破姑苏士诚殒命"，讲述朱军围姑苏时刘基以法术助阵，刘基按定吉时登台，披发仗剑"忽见雷霆霹雳，大雨如注"①。

可见，由于受宋、元以来的"说书"及小说《三国演义》的影响，刘基已经从一个"军师"、"术士"的形象，转变为一个道士形象，刘基的事功、智慧、德操均被后人无限夸大，由凡人变成了神，甚至成为某种文化符号，国内各地都流传有道士形象的刘伯温故事。如青岛"刘伯温抓山搭海桥"中传说刘伯温与八仙之一的张果老打赌，一夜之间能兴建一座海桥；又如"刘伯温在西海"传说中，"相传，六百年前的大明军帅、号称神机妙算的'半仙家'刘伯温先生，至今仍在幽邃莫测的黄山西海仙居着……"等②。青海还有"刘伯温讨封"的传说，在这些传说中刘伯温往往是一个神奇的神仙或者道士，而且其他传说中刘伯温所具备的神异本领也是颇具道教特色的，如能劈山开河、能预知未来真龙天子的诞生等。

二　刘基与风水的纠葛

刘基作为一位具有传奇色彩的人物，也是个民间神化了的人物，传说与历史真实间有很大的出入实属正常，但在《明史·刘基传》中并没有记载多少刘基风水术方面的成就，在民间却将他捧成了神机妙算的风水大师，有关刘基的风水传说在全国各地都有，甚至占全部刘伯温传说的五分之一。究竟这些风水传说真假几何？刘基作为一位明代开国功勋，为何后

---

① 周元雄：《历史书写与民间演绎》，温州大学硕士学位论文，2008年，第18页。

② 同上书，第26页。

世流传故事中很少提及他的满腹经纶，而更多地强调他是未卜先知的风水大师呢？要回答这些问题，需要从以下几个角度入手：

（一）精通象纬与精通风水之间的联系

刘基的多才多艺毋庸置疑，朱元璋起兵时，他陈时务十八策，受到重用，充分体现了他卓越的军事谋略和政治才能；明朝建立后，诸如科举、刑法、乐礼等大典，刘基也都参与制定，充分体现了他的知识和才学。那么历史上他精通象纬之学是否意味着他也精通风水之学呢？我们知道历史上，民众往往出于某种需要，把历史加以传奇化，就形成了传说，但或多或少都有一定的历史依据。那么民众认为刘基精通风水的依据很可能就是他精通象纬之学的历史定论。

众所周知，风水也叫相地，古称堪舆术，核心是人们对居住或者埋葬环境进行选择和处理的艺术，想达到趋吉避凶的目的。其中形势派讲究的是觅龙、察砂、观水、点穴、取向等辨方正位；理气派则注重阴阳、五行、干支、八卦九宫等相生相克理论，此外还建立了一套严密的现场操作工具罗盘，帮助确定选址规划方位，其所依据的主要思想是天地人合、阴阳平衡、五行相生相克等原则。风水理论实际上就是地球物理学、水文地质学、宇宙星体学、气象学、环境景观学、建筑学、生态学以及人体生命信息学等多种学科综合一体的一门自然科学。

象纬之学则是象数谶纬，亦指星象经纬，谓日月五星。象数谓龟筮之类；谶纬谓谶录图纬、占验术数之书，古人认为"天道高远难窥，儒者之书，或经见，或不传，然种种备于星数家，可按策而知。张衡曰：'星乃五行之精。'三垣二十八舍为经，五星为纬。三垣居中央，二十八宿环绕于四面。一为中元紫微垣，象天子宫寝之位，北极五星居之。首前星、次帝座、次庶子、次后宫、五天枢，即语云北辰。宋人以铜仪管候之，不动处犹在枢星之末一度，以其相近，故取此名极星。极左右宰、辅、尉、丞之属，而北斗七星附焉。魁四星为璇玑，杓三星为玉衡，象号令之主，取运动之义也。一为上元太微垣，象天子殿廷之位，十星，在轸、翼北。一为下元天市垣，象天子明堂之位，二十二星，在房星东北。宫寝所以燕息，殿廷所以听政，明堂所以巡狩。天市岁临之，太微日临之，紫微朝夕在焉。南方列朱雀七，曰：井、鬼、柳、星、张、翼、轸。唐一行以自柳至张为鹑火，故《书》云：'日中星鸟。'东列苍龙七，曰：角、亢、氐、房、心、尾、箕。心属火，故云：'日永星火。'北玄武七，曰：斗、牛、女、虚、危、室、壁，云：'宵中星虚。'举昏以见日。西白虎七，曰：奎、娄、胃、昴、毕、觜、参，云：'日短星昴。'以昴当西中也。七曜必遵黄道、历天街，岁一受事太微而出，犹大臣受君命以行其职。盖日月同道则食；而木曰岁星，土曰填星，二皆德星，所居不为害；惟辰星属水，太白属金，荧惑属火，至则为灾，而荧惑尤甚。"① "天文星象在古代来说是既高深又神秘的学问，掌握在皇帝和极少数权臣手中，平民百姓不得使用，为免遭灭族之祸，有关国家命运大事都要通过占星术来决定。"② 可见，象纬之学就是观察天象推断人事，与推步、天文、占风、望气类似，强调的是天人感应。传言刘基曾游西湖，见异云起而预卜朱元璋将兴于金陵；见日中有黑子，预言东南当失一大将等都是象纬之学的运用。

风水又称"堪舆"，汉许慎曰："堪，天道也；舆，地道也。"风水一开始就与天文历法、地理结下了不解之缘，仰观天文、俯察地理，这是风水术的两大特征，"堪舆"不只看风水而已，还应分五部分，曰：罗罗、日课、玄空学、葬法及形家。风水与象纬两者之间有重合的部分，但又有不同的侧重点，象纬之学所侧重的天象部分，是正确判断风水宝地以及预测风水宝地发福效力的依据，风水术所强调的上知天文范畴大致与"象纬之学"相当，两者互为印证，但又不完全重合，"象纬之学"所预测的人事变与风水所强调的"下知地理"不同，应该说对同一个天象的观测，象纬之学侧重的是它所代表的人事变迁，而风水之学所侧重的是它所对应的地理上的位置，这其中也暗含了此地后世的发福之力和人事变迁，但非直接关注点。可见，精通象纬之学应该是精通风水的条件之一，但不是充分必要条件。

（二）家学渊源和师承关系的催化

刘基之所以被后人神化为风水大师，也有家学渊源和师承关系的影响。家学方面，其祖父刘庭槐即"穷极天文地理，阴阳医卜诸书"。黄伯生《故诚意伯刘公行状》谓其少年时代读书时，"凡天文、兵法诸书，过目洞识其要"③；刘辰《国初事迹》说他"于书无所不读，凡天文、地理、阴阳、卜筮，诸子百家之言，莫不涉猎"。可知，刘基从小就开始接触、研习这方面的学问，有这方面的悟性和天分。《明史·刘基传》称他"尤精象纬之学"，《故诚意伯刘公行状》还有如下细节记载，"公在燕京

---

① 张瀚：《松窗梦语·象纬纪》。

② 赵瑶丹、方如金：《揭开千古人豪刘伯温与俞源的神秘面纱——刘基为俞源村设计太极星象真伪考辩》，《浙江师范大学学报》（社会科学版）2008 年第 3 期，第 7 页。

③ （明）程敏政：《故诚意伯刘公行状》，任继愈主编《中华传世文选明文衡》，吉林人民出版社 1998 年版，第 597 页。

时，间阅书肆，有天文书一帙，因阅之，翊日即背诵如流。其人乃大惊，欲以书授公，公曰：'已在吾胸中矣，无事于书也。'"成年之后的刘基仍然继续学习。刘基任高安县丞后，"有进贤邓祥甫者，精于天文术数，乃以其学授基焉"。瑞州上高县有术士曾义山，善占卜之术，尽以其法授刘基，刘基又向他"借观乾象诸书"，他"以原本畀之"。勤奋好学又天才聪颖，精通风水又有何难？故有学者认为刘基文集卷八《拙逸解》一文中的耀华公子就是以他自己为原型的："五岁诵《诗》，七岁诵《书》，上贯三坟，下通百家。晨兴习礼，宵坐肆乐。射御星历，隶首所作，方程勾股，卜筮农圃，孙吴申韩，扁鹊俞跗，九流六艺，靡不究极。"① 刘基精通象纬之学，那么后人附会他精通风水离事实也不会太远。

（三）刘基风水神话的渊源

虽然说精通象纬之学为刘基精通风水提供了一定的可能，但是历史上流传的那么多刘基的风水故事孰真孰假，应该如何看待？溯本清源，将刘基的风水实践进行一定的梳理，对署名刘基的风水著作进行厘别，从而廓清刘基风水神话的真实面目。

1. 刘基的风水实践寥寥可数

从正史的记载中可知，刘基并没有多少风水实践，但历史上胡惟庸指使手下官吏诬告刘伯温，说刘伯温精通阴阳学，看出谈洋这块地方有王气，因此想占为己有，以便将来作为自己的墓地，想死后葬在有王气的地方，想让子孙当皇帝。这一番说辞竟然惹得皇帝大怒，说明朝中上下对于刘基的风水术早已经达成了共识，所以这招才非常阴险、暗藏杀机。

历史上刘基主要的风水实践是至正二十六年（1366），运用堪舆术为新皇宫选址。据说当时刘基卜筑前湖为正殿基址，立桩水中，朱元璋嫌其逼窄，将桩移立后边。刘基依此断言："如此亦好，但后来不免有迁都之举。"明成祖后来果然迁了都，被刘基说中了。这是刘基阳宅风水实践。作为古代更为重视的阴宅风水实践，想必刘基也花费了不少精力来帮助朱元璋及其后代选择葬地，如有人撰文提到"刘伯温凭借自己的风水学知识，为朱元璋的第十个儿子朱檀在山东邹鲁九龙山南麓亲自选定陵墓的故事传说。"② 刘基为朱明皇朝探寻风水宝地，或者建城，或者建坟，这些事情正史不载，却并不能堵住悠悠民众之口，因此后世才流传了众多刘基的风水故事。

① 吕立汉：《千古人豪：刘基传》，浙江人民出版社 2005 年版，第 355 页。

② 邵泽水：《刘伯温"点穴"葬朱檀》，《中国文化报》2008 年 10 月 21 日。

民间传说的刘伯温的风水故事中有非常大的比重是他为保大明江山，到处查、断龙脉的传说。如江西、福建、浙江几省流传的"刘伯温破风水"传说、安徽巢湖流传的"刘伯温为主破风水"和南京"刘伯温凿井治龙"传说等，北京密云东智一带流传的"狼峪"传说、北京郊区流传的"燕王采坟地"传说等①，这些风水优劣成败直接与社稷江山相关，还有一些风水故事是为了彰显刘伯温的智慧与造福一方，如浙江遂昌一带有诸如刘伯温探金脉、刘伯温听泉等传说，杭州萧山流传的"刘伯温剑劈砖堰山"讲述的是刘伯温寻找龙脉、疏通浦阳江的事迹②，浙江武义有刘基为俞源设计太极星象的说法，这些都是借刘伯温的名义为当地的风土人情赋予神秘色彩。在其他的民间传说中，也有刘伯温风水的情节，如江苏溧水人民讲述的兴龙灯保佑一方缘由就是刘伯温镇了当地龙脉。

综上，刘伯温看风水是有一定事实依据的，虽然并不是他设计、建造了南京城，但是也确实为新皇宫选址过，也有可能接受了朱元璋的委托，从而为使朱明江山子孙传袭、世代可守而进行一系列勘探风水的活动，但是从历史上刘基的履历来看，刘伯温看风水的时间不会持续很久，他主要的功勋是在辅佐朱元璋打江山、治天下的过程中，他所精通的天文地理、象纬堪舆之学发挥了作用，而在明王朝建立之后，刘基能够明哲保身，抽身而退，此后就在青田老家归隐，想必很少有奔走各地勘探风水的时间和精力，并且他死后还警戒自己的后人不要学习天文学，因为他是因象纬之学建立勋业，也因此而招来不测，他对此深有体会。因此，可以推测，流传全国各地的刘伯温风水故事，大部分都是为了迎合民众的风水需求而托名刘伯温的。

2. 刘伯温风水著作寥若晨星

除了刘伯温的风水故事外，坊间还流传着各种刘伯温的著作，有关星命象纬之作、多部术数奇谈怪论，一股脑地标上刘基之名，不是著，就是解、撰、注、编等，让人莫衷一是。更重要的是官修文献中也将这些著作认为是刘基的作品。"《明史·艺文志》和《处州府志》在卜筮类、阴阳类、星象类、堪舆类中把一大批著作归至刘基的名下，如《清类天文分野之书》二十四卷、《天文秘录》一卷、《观象玩占》十卷、《白猿经风雨占侯》一卷、《玉洞金书》一卷、《注灵棋经》二卷、《解皇极经世稽

---

① 周元雄：《历史书写与民间演绎》，温州大学硕士学位论文，2008 年，第 25 页。

② 周元雄：《刘基到"刘伯温"——历史人物的传奇化》，《浙江工贸职业技术学院学报》2008 年第 3 期，第 97 页。

览图》十八卷、《三命奇谈滴天髓》一卷、《演禽图诀》一卷、《一粒粟》一卷、《地理漫兴》三卷、《灵城精义》二卷、《注玉尺经》四卷、《佐元直指图解》十卷、《多能鄙事》十二卷等。"①

刘基的著述如此多而混杂，明清两代一些治学严谨的学者就不时加以稽考，以还其历史的本来面目，清乾隆年间四库馆臣用力尤多，功不可没。他们对《玉尺经》、《天文秘略》、《白猿经风雨占侯》、《披肝露胆》等皆详作厘辨，以证其非刘基所著，不过四库馆臣在厘辨时标准严苛，有过于绝对化之嫌疑，经他们考订，刘基的传世著作只有《诚意伯文集》，在《四库全书·诚意伯文集提要》中《四库全书》总纂官纪昀、陆锡熊、孙士毅则认为："基遭逢兴运，参预帷幄，秘计深谋，多所神赞。世遂谬为前知，凡谶纬术数之说一切附会于基，神怪谬妄无所不至，方技家递相荧惑，百无一真，惟此一集尚实出基手。"此集中包括《郁离子》、《覆瓿集》、《写情集》、《春秋明经》、《犁眉公集》等作品。

不过由于《诚意伯文集》中录有《灵棋经解序》，故《注灵棋经》二卷也完全可以肯定为刘基所作。现代学者中也有人认为《多能鄙事》也基本可以认定是刘基所编著，专测分野、不载占验《清类天文分野之书》二十四卷，虽说是明初太史院"奉敕修撰"，编定于刘基去世之后的明洪武十七年（1384），"但是书清朝的许多方志都予以引用，后世援引此书时则多冠名刘基，也基本上可以认为是刘基的作品。"②《观象玩占》也是如此。

由上可知，刘基并没有什么风水著作传世，《注灵棋经》、《观象玩占》都是占验性著作，《清类天文分野之书》是一部治学严谨的天文地理方面的著作，它们严格来说，都不能算是风水著作。但中国古代术数类作品，往往伪托名家以自重，刘基精通术数，是最好的伪托对象，因此一些画面奇奥玄虚、文字晦涩含蓄的作品就有了依靠，而广为传播，如《烧饼歌》③ 等，这些用隐语写成的"预言"性歌谣，根本无法斩钉截铁地推断出未来将发生什么事件，只是可以从不同的角度去诠释这些隐语的意思，再等待事情发生后才来印证，但由于它们按一定的"象数"规律排

---

① 陈守文、何向荣、俞美玉：《刘基诠释及"刘基文化"内涵初探》，《刘基与刘基文化研究》2006 年。

② 吕立汉：《千古人豪：刘基传》，浙江人民出版社 2005 年版，第 355 页。

③ 蒋星煜：《朱明王朝神化刘伯温的历史过程——兼谈烧饼歌产生的几何轨迹》，《杭州大学学报》1984 年第 1 期。

列，涉及"象、数、理、占"的应用，神秘难解，因此反倒引起了民众的广泛兴趣，而托名刘基，只是为它们找到了一个名正言顺的幌子而已。

（四）刘基风水神话的传播

从上文可知，刘基本人在历史上并没有很多风水实践，也没有很多风水著作，但是为何他流传给后世的形象是一位能够"前知五百年，后知五百年"的预言家和风水大师呢？这期间经历了什么样的历史演变过程？揭示了什么深层原因和文化背景呢？本书认为可以从以下几个角度探析：

1. 功勋尚存在争议

刘基是明朝开国功臣，为辅佐朱元璋立下了汗马功劳，但是他所得到的却与他所做的贡献不相符。1370 年（明洪武三年），为嘉勉刘基的功荣，授命刘基为弘文馆学士。十一月朱元璋大封功臣，又授命为他开国翊运守正文臣、资善大夫、上护军，并封为诚意伯。名头是不少，但是每年俸禄只有二百四十石，与宣国公李善长相比差之甚远，这从刘基归隐后的清苦生活可知，《明史·刘基传》载："洪武四年正月赐老归，惟饮酒、弈棋，口不言功。邑令求见不得，微服为野人谒见。基方濯足，令从子引入茅舍。"可见刘基当时住房的简陋，现存刘基故居为五开间，还有房舍碑志、石臼等用物。

应该说，朱元璋不是不知道刘基劳苦功高，但是他却怕刘基的威望超过自己，刘基聪慧、知识渊博、战术精湛、思维敏捷、处世老练，使朱元璋不能不忌不防，因此虽然他倚仗刘基，甚至几次到他老家求教，但从不给刘基升官，也不让他当宰相，甚至提拔刘基反对的汪广洋、胡惟庸为相，对刘基抱病觐见并婉转地向他禀告胡惟庸带着御医来探病，以及服食御医所开的药之后更加不适的情形，听了之后，只是轻描淡写地说了一些要他宽心养病的安慰话，这使刘基相当的心寒。可知朱元璋既离不开刘基，又不委他以重任，唯恐难以控制，只是把他当作一个"术士"来使用。皇帝的态度如此，估计对外的宣传上更侧重刘基的神异功能。这也是出于神化朱元璋的考虑。"毕竟在历代开国帝王中，朱元璋是出身最卑微的一个，编造关于他的出身神话传说以证明朱是真命天子非常必要"[1]，而围绕在朱元璋周围的奇人异士如铁冠道人、周颠、刘基等其功能就是如此，所以民间更多流传的是刘基的神异故事而不是他的丰功伟绩。

当然后来朝廷对刘基的功绩也做了认可。1513 年（明武宗正德八

---

① 周元雄：《历史书写与民间演绎》，温州大学硕士学位论文，2008 年，第 14 页。

年），朝廷赠他为太师，谥号文成。1531 年（明世宗嘉靖十年），因刑部郎中李瑜的建言，朝廷再度讨论了刘基的功绩，并决议刘伯温应该和徐达等开国功臣一样，配享太庙，但是已经有点为时已晚，民众心中的印象已经根深蒂固了。

　　2. 民众偏爱风水故事

　　从国人心理上来说，民众更偏爱风水故事，这也是造成后世刘伯温风水传说众多的一个因素。风水是中国历史悠久的一门玄术，它之所以能流传千年，主要是它已经在民众头脑中根深蒂固，风水是中国传统文化意识中不可分割的一部分，它满足了人性深处的众多欲望，因而流传不衰。

　　古代风水打动民众内心的更多的是荫蔽后世的阴宅风水。皇家更是重视风水，因为这是关系到子孙万年基业的重要因素，富贵人家也想通过风水来继续保持荣华富贵，贫困人家则想通过风水来改变命运，人们对风水各有所求，因此对与风水有关的故事则侧耳聆听。但是风水是可遇而不可求、充满变数的，正是因为有变数，所以才比某些不变的事物更有吸引力。通常来说，民众还是普遍认为"恶有恶报，善有善报"，对风水来说也是如此，积德能够给后世子孙带来福泽。如刘基能够有如此巨大的成就，在民众看来，也是和风水福德有关。先祖刘濠，曾义救反元义士林融及多位义民，而让自家烧毁，之后人们甚至预言，这样的义行，将会为后代子孙带来福泽。1327 年（泰定四年），当时著名的理学家郑复初到距离青田县七十里的石门洞讲学，在一次拜访中对刘基的父亲赞扬说："您的祖先积德深厚，庇荫了后代子孙；这个孩子如此出众，将来一定能光大你家的门楣。"后来，郑复初的预言，在刘基二十一岁时初步应验了。1333 年（元顺帝元统元年），刘基到京城大都参加会试，高中明经科进士。而在刘基死后，围绕着他的坟墓也有《三十六圹墓》的传说，说刘基因祸靠柱吞金而亡，刘基一遇胜地就建坟，故有三十六疑冢，而实际上现存南田《刘氏宗谱》中《永嘉刘氏世系》载："基，字伯温，行永七，诚意伯，溢文成。夫人富氏、陈氏、章氏。享年六十五，救葬本都七源，土名夏山冈，今名其坟为九龙抢珠。"在《行状》中叶有"公之子琏、仲景以是年六月某日葬公于其乡夏山原礼也"的记载，时间、地点确凿，但民众仍对三十六疑冢津津乐道。甚至"刘基后裔流布又有避嫌之说，据说是由于风水先生告诉刘基六世孙通祯他的父亲的墓地对他不利，惟有他葬父之后提灯一直往南行，行至莒溪之地住下便可避开墓地对三房即通祯一房的不利，此为避嫌之说，故刘璟分支自刘通祯迁移至莒溪在此地生活了

500多年"①，此举可见风水思维影响之深。

3. 传播方式通俗有效

目前学界对于刘基的"被神化"已经大致有自我神化、朝廷神化、文人神化、民众神化四种看法，而实际上，传播方式也对刘伯温的风水神话的传播起着至关重要的作用。在刘伯温神化的传播过程中，道教化的神化方式有着重要的地位。

道教神化了刘基的得道经历，如民间普遍认为刘基得道是由于神人传授了天书，才精通象纬之学的。传说刘基于深山遇白猿，得张良所留"黄石公秘传"，又受异人周颠指教，从而成为具有沟通天人的异能的异人。还有的传说根据刘基曾阅一天文书，翌日背诵如流的故事不断地衍变扩展，后来在《都公谈纂》中衍变为，"诚意伯刘基，元末在燕京时，书肆有天文书一部，久无售者。基至，手其书不置，次日往肆中，老翁扣基昨所观，则已能成诵矣。翁大惊，乃以书授之，且为语其奥。基归复，往则翁已闭肆不知所之"。在杨仪《高坡异纂》中衍变为，"诚意伯刘基，少读书青田山中，忽见石崖谽开，公弃手中书极趋之。闻有呵之者曰：'此中毒恶，不可入也。'公入不顾。其中别有天日。后壁正中一方白如碧玉，刻二神人相向，手捧金字牌云'卯金刀刀持石敲'。公喜，引巨石撞裂之，得石口，中蔽书四卷。甫出，壁合如故。归读之，不能通其辞，乃多游深山古刹，访求异人。久之，至一山室中，见老道士凭几读。公知其匪君子也，再拜恳请。道士举手中书厚二寸许授公，说'旬日能背记，乃可授教；不然，无益也。'公一夕至其半，道士叹曰：'天才也！'遂令公共壁中书，乃闭门讲论。凡七昼夜，遂穷其旨。或谓道人即九江黄楚望也。"② 无论是到刘基去还书的时候不知去向的老翁，还是山室中的老道士黄楚望，都是道教神人的代表，而一切环境的铺设，都是为了证明刘基的神异之处来自道教的仙人，这种正统的来源，是道教神化人物的常用方式，将刘基传奇化为仙道人物的做法，也是建立在国人共同的民俗心理、民俗信仰的基础之上的，深受道教文化熏陶的百姓对这样的传闻愿意相信，也愿意将它当作谈资流传下去。正是如此"石室得书"、"西湖望云"、"鄱阳湖更舟"、"筑城之谶"，甚至《烧饼歌》等神秘的谶纬，才

---

① 陈守文：《刘基后裔、文物、遗迹在温州丽水分布情况调查》，《浙江工贸职业技术学院学报》2007年第4期，第83页。

② 仪梦羽：《高坡异纂》，文明书局1915年版，第1页。周元雄：《历史书写与民间演绎》，温州大学硕士学位论文，2008年，第17页。

能流传千年，具有非同寻常的影响力。

此外，不得不提传统戏曲、评书、讲唱等文化传播方式对刘伯温风水故事传播的影响。古代民众知识文化层次普遍不高，他们主要的娱乐方式就是看戏听书，而这些戏曲、评书故事中的很大一部分都是经过改编的历史故事。如小说《英烈传》就是明代通俗长篇历史小说，讲的就是元朝末年顺帝失政，朱元璋率兵起义最终推翻元朝统治、建立明政权的故事，先是在宫中太监讲唱，后来民间的说书业也将其当作主要内容，从明后期至有清一代，说者乐此不疲，听者兴味盎然，那些英雄似的人物如刘基、常遇春、胡大海、花云、徐达、李文忠、沐英、朱文正、邓愈、汤和、郭英、朱亮祖等更是家喻户晓、妇孺皆知，以此改编的戏曲也很受欢迎，以刘伯温为主角的脍炙人口的京剧也不少，因此刘伯温的形象就定型下来，他是一个"神算军师"、"道人术士"，再加上《英烈传》宣传载朱元璋定都金陵，是刘基相的地；所建宫殿地点也是由刘基所选定。《乐郊私语》载，刘基在海盐县与风水先生讨论中国龙脉时，认为海盐山是南龙尽处，是块风水宝地，但只有周公、孔子这样的圣人才可葬于此地。民间流传的众多著作如《堪舆漫兴》等都托名是刘基所作，平民百姓将他作为风水宗师也就不足为奇了。

综上所述，刘基由一代名臣演变为道士神仙、风水宗师的历程更多的是由道教文化传统和民众的风水文化心理所推动的，但是也离不开他因谙韬略，通天文地理，故往往"遇急难，勇气奋发，计划立定，人莫能测"的史实。但是通常来说，经过神化衍变后的人物通常与历史原型、历史事实大相径庭，因此对于刘基的道教术士、风水大师形象也就很好理解了。

第十节　宋濂与道教

宋濂（1310—1381），字景濂，号潜溪，一号玄真子、玄真遁叟，自称"禁林散吏"，谥号文宪或太史公，远祖居京兆（今陕西西安），其后裔屡次迁徙，至六世祖始从义乌迁金华潜溪（今金东区傅村上柳家村），后举家迁居浦江青萝山，又谓浦江人。明初以书币征，除江南儒学提举，迁翰林学士承旨，知制诰。以长孙慎得罪，安置茂州，卒年七十二。正德中追谥文宪，明史卷一百二十八有传。

宋濂是明代著名散文家，文学家，与高启、刘基并称"明初诗文三大家"，历来多给他以"儒士"、"硕儒"的定位，实际上，宋濂的一生，交织着隐与仕的矛盾，他在元末明初还入仙华山出家，做过一段时间的道士。他所生活的时代，道教发展繁盛。元朝统治者在政策上扶持道教，明朝朱元璋制定了三教并用的政策：以儒为主，佛道为辅，利用道教在民间的影响巩固其统治。因此宋濂生活的时代与道教的关系非常密切。宋濂本人由于具有非常高的政治地位和社会影响力，所以他是浙江道教史上的重要人物，值得一提。

目前有关宋濂与道教关系的研究已经比较深入，罗凤华探讨过《道家道教对宋濂及其文学创作的影响》，刘建明分析过《论道教与宋濂及其诗文创作》，张之楠也对《宋濂与明初道教》写了一系列研究文章，这些研究中都对宋濂与道教关系的内因、外因做了分析，梳理了宋濂的道教交游情况，分析了宋濂诗文中所体现出的道教思想，本书在参考这些文献的基础上，认为宋濂与道教的关系，主要体现在以下几个方面。

一　宋濂与道教养生

宋濂在幼时便对道家道教产生了浓厚的兴趣，其中最直接的原因是他体弱多病，生存的迫切需要使他很早就熟知道教养生学。宋濂是个早产儿，从小体弱多病："母妊七月，臣体即降。生未五龄，百疢交攻。热火爨木，邪渗制阳。肝气动摇，手牵目瞪。谒医视之，谓为瘰瘲。毒艾燃肤，其苦莫膺。虽脱于虎口，筋骸弗强。有牛负轭，有镈在场。"[1] 正是因为他自身"赋质甚弱，十日九疾"的健康状况所迫使，宋濂经常行道家养生之服气法，"幼多疢，常行服气法"[2]，用道教呼吸吐纳法养身健体，后来身体才恢复了健康，因此他对道教治病养生的功能深信不疑。

但是，在宋濂看来，道教养生与求长生并不完全一致，养生是保养身体，而长生是追求长生不死，宋濂并不认同长生不死。他在《白牛生传》中说："盗跖甚夭，颜子甚寿，子知之乎？"他认为生命的长久不是真正的长寿，"窃阴阳之和，以私一己，服气矣。运量元化，节宣四时，服气乎？"服气是吸收大自然的精华，因此有益于身心。

宋濂在正式入道后，也修炼过道教内丹。《和刘先辈〈忆山中〉韵》中就描述了炼丹情况："忆昔山中炼九阳，山头旭日正苍凉。凤笙吹暖云中火，龙药凝成鼎内霜。灵户启扃森虎御，中房持戟混桃康。山分秋色侵玄氅，蜗学天书篆败墙。五乌花开呼鹿守，千龄桃熟迟罗尝。伐毛定欲追

---

[1] （明）宋濂：《文宪集》，文渊阁《四库全书》本，第1224册，第448页。

[2] 罗月霞：《宋濂全集·潜溪前集·白牛生传》，浙江古籍出版社1999年版，第81页。

秦女，歌风谁能笑楚狂？种得神瓜如盎大，养来瘦鹤似人长。楼延虚颢殊庭上，树蚀苍霞曲濑旁。剑气尚堪吞鬼伯，诗魂端合起獵郎。但求脱粟三升饭。肯赋眠云六尺床。洞雪成浆烹日铸，海苔为纸写凡将。举头便觉三山近，小大俱冥百虑忘。"① 这首回忆当年修道生活的诗，描写了洒脱闲适、与鸟兽为伍、眠云饮雪的山中生活，使人感受到百虑皆忘、三山将近的惬意炼丹生活。

在《大还龙虎丹赞》五篇中他对炼丹的过程、方法做了详细的介绍，"源因读金碧古文《龙虎上经》有悟'大还'之旨，用之修炼，节节有奇验。复以其玄秘也，请予白之作是赞。赞凡四章：《苞乾灵》一，人生苞精气，妙与玄化并。一神管摄之，铅汞各流行。神所栖止处，寅为天地中。板辟类两扉，循环不竭穷。廓然含冲虚，独立不以形。是即真息根，强名帝乙庭。挣极必自显，内境垂白芒。或想为连环，无乃丧其常。"② 此处涉及了修炼的基础精气神的关系，而《考火记》三则涉及了修炼火候的问题，说："鼎炉乾坤枢，匡郭水火魂。戊己居土官，一气中夜存。火候十二时，暮蒙复朝屯。"③ 又如《题方方壶画〈钟山隐居图〉》中也写到修炼内丹时的情形："相期守规中，结庵在江村。心游帝像先，神栖太乙根。我授上清诀，卫以龙虎君。内涵玄命秘，中夜一气存。"④ 因为内丹的修炼成效，往往只可意会、不可言传，若不亲身实修，很难体悟到其中的玄妙，此处宋濂能够按照《龙虎上经》修炼，并有效验，说明他已经进入了修炼者的角色，对于很难描摹的内丹修炼的经验，宋濂能写得如此细腻，说明他对内丹学有着深刻的体验。

二　宋濂与道教经典

除了因为自身疾病的养生之外，对道家道教的兴趣也使宋濂细致深入地钻研道家典籍，宋濂幼时聪颖，"甫六岁即能诵古文，书过其目，辄成诵。为诗歌，有奇语，操笔立就。人异之，呼为神童。"在他九岁的一

---

① 罗月霞：《宋濂全集·郑济刻缉补·和刘先辈〈忆山中〉韵》，浙江古籍出版社 1999 年版，第 1951 页。

② 罗月霞：《宋濂全集·潜溪前集·大还龙虎丹赞》，浙江古籍出版社 1999 年版，第 47 页。

③ 同上书，第 48 页。

④ 罗月霞：《宋濂全集·芝园续集·题方方壶画〈钟山隐居图〉》，浙江古籍出版社 1999 年版，第 1614 页。

天，遇楼节翁道士，赠诗曰："步罡随踢脚头斗，噀水能轰掌上雷。"① 这为他与道教的结缘埋下了伏笔，道教神仙也出现在宋濂的梦中，《太乙玄征记》即是写宋濂梦到道教神仙太乙真精授其业术的一篇文章。二十四岁时，宋濂到太霞洞中拜谒隐居修道的鹿皮子，接受他的教诲。二十五六岁间，宋濂来到郑氏义门所居之麟溪，结识了义门道士郑源，即非非子，结下一生的深厚友谊。王祎说他"于天下之书无所不读，而析理精微，百氏之说悉得其要旨。至于佛老之学，尤所研究"。② 从道教经典中，宋濂汲取了与积极入世不同的另一种思想境界，由此开始形成影响他一生的哲学思想。

　　道教因此浸染了宋濂诗文创作的多种形式，在宋濂的作品中，《老》、《庄》思想的影响非常明显。如在《〈非非子悬解篇〉引》中宋濂化用庄子《庄子·齐物论》中主张泯灭物我，是非双遣，与道合一的主张，而写下："非非子庐于仙华山下，幼不嗜书，读鲁论未终篇，弃去。寻，学炼金碧九还宝丹。斫丹房如方榻。中仅容膝，而述古仙人辞于四周。澄坐其间，身如槁木不动，或睡睫不能禁，辄下榻，僵立达旦，如斯者七岁。凡堪与气化之原，事物盈亏之数，神鬼幽显之秘，似不能越其范围。又久之，若有物鲠其中，芒角森然，胶刺肺腑，必吐去乃畅。于是濡毫著书，炳然成文。老生宿儒，或有所未及，而其藻思之奋发，若山下出泉，涓涓而不断；若独茧之抽，愈出而不穷。既成书，自号之曰《非非子县解》云。金华宋濂读而疑之，曰：'子自称为非非，孰非之耶？以为人之非子耶，则子为非而人为是；以为子之非人耶，则子为是而人为非。非者固非，而非之者不尤非非耶？是故有是则有非，无非则无是，是其所非，非其所是，非其是是，是其非非，是是者固二，而非非者果能一耶？辟诸鬃几焉，人以其文墨墨也，而不知其质皦皦也。皦皦者谓之白，如其墨墨者何？墨墨者谓之黑，如其皦皦者何？惟黑惟白，惟白惟墨，惟白而黑，黑非白乎？惟黑而白，白非黑乎？亡白白则黑黑有，有黑黑则白白无。欲黑白而黑黑，宁黑白而白黑也。虽然此犹以迹言也。吾本为白而黑何加焉？吾本无黑而白何形焉？是谓白黑忘矣。白黑忘而有亡齐矣，有无齐而是非泯矣，是非泯而非非者绝矣，非非者绝则天与人凝而合矣，此之谓葆纯，此之谓熙神，此之谓物冥，若是者何？'如非非子笑曰：'始吾学道，物

---

① 郑涛：《宋学士全集》，《丛书集成新编本（67 册）》，（台北）新文丰出版公司 1985 年版，第 439 页。

② 罗月霞：《宋濂全集·潜溪录·王祎〈宋太史传〉》，浙江古籍出版社 1999 年版，第 2325 页。

我而我物也，继而唯我我在，今则吾丧我矣。我我且不我，又何有非非者乎？子言良信也。'濂亦莞尔一笑，为系其说于篇端。非非子，郑姓源名，婺浦阳人，生贵人家，能坚厉入道，大夫士服其操行奇怪劲云。"①

这段"是"与"非"、"黑"与"白"之辩本来自庄子"齐物"、"齐论"之意旨，正所谓"夫言非吹也，言者有言。其所言者特未定也。果有言邪？其未尝有言邪？其以为异于鷇音，亦有辩乎，其无辩乎？道恶乎隐而有真伪？言恶乎隐而有是非？道恶乎往而不存？言恶乎存而不可？道隐于小成，言隐于荣华。故有儒墨之是非，以是其所非而非其所是。欲是其所非而非其所是，则莫若以明。"② 这显示了宋濂对庄子思想的化用已经非常纯熟，其余如《冲虚室铭》、《述玄》等大致此类。

在《述玄》中，宋濂对道教的宗旨，即"玄玄之道"做了概括，云："天地之间有玄玄之道焉，塞八区，宰六幕，茫乎大化，莫见其迹，窈冥忽荒之中而有神以为之枢。其神何如？洞乎无象，漠乎无形；瞻之弗睹，聆之弗闻；履冰弗寒，炙日弗温。故巍然高而不知其际，邃然深而不知其止，恢然大而不见其外，藐然细而不见其内。其施之于用也，能覆能载，能阴能阳，能静能动，能柔能刚，能上能下，能圆能方，能舒能惨，能翕能张。毛者亦以之而趋，羽者亦以之而翔，甲者亦以之而出，鳞者亦以之而行。凡有血气者，莫不藉是以存。所谓不依形而立，不待力而强，不以生而存，不随死而亡者也。故古之圣人，能养而全之。守一处和，若蛰龟然。一故弗杂，和故弗戾，久而行之，其道乃至。盖惧其摇而散也，乃啬其精；恐其劳而汩也，乃定其神；虑其躁而失常也，乃宁其气。而弗撄精与气合，其神则凝。然后驾太清以为舆，指溟滓以为盖，荷日月以为轮，运六气以为辕，化莽苍以为马，直远游乎无穷之门。"宋濂所作"本黄、老氏余论"，所谓"玄玄之道"与老子所说的道基本一致。道是客观存在的，然而"虽鬼神不能测其机，而况于人乎！"原因是："人皆有之而不能之者，则眼之精疲于五色，耳之精没于五声，鼻口之精散于臭味，四肢之精削于运用。精既散矣，气随竭矣，神虽弗离，将安传之矣？卒俯首就毙，如慕光之趋火，其亦可悲也欤。"这也是天地永存、人皆死者的原因："混沦在上者谓之天，磅礴在下者谓之地，中立两间者谓之人。天地不死，而人皆死者何也？不知有玄玄之道故也。"③ 但是却从某种程度上

---

① （明）宋濂：《文宪集》，文渊阁《四库全书》本，第 1224 册，第 379 页。

② 郭庆藩：《庄子集释》，中华书局 1961 年版，第 63 页。

③ 《潜溪前集》卷九，第 103—104 页。

证明了他对道教经典的熟稔。

宋濂还深究过道教经典《真诰》和《大洞真经》诸部，陈太虚作《陵梵骞辰五气大有宝书》，"闻余尝究《大洞真经》诸部，书求发其秘"，宋濂"因揽精搴华，为辞五章，托于中黄灵君，序以告焉"，五章即"东方延蓝渺郁康弥浮皇洞真青炁九始龙文"、"南方帝漻禅育郁罗干那洞神赤炁三微神文"、"西方颢凝飞玄雍观龙炎洞精白炁七华策文"、"北方爽朗挽术大演潇图洞明黑炁五威皇文"、"中央阿奕流华曜驾回嶽洞灵黄炁一元王文"，叙玄玄之道："语各有征，意皆有寓，太虚慎览之，则玄玄之道毕矣。"① 可知，宋濂对道教的精研已经超出了一般文人对道教经典的认知，宋濂深通道教大旨，在后期给道教人士所写的碑铭、像赞等文中，阐发的道教大义，其水平丝毫不低于道教中人。

三　宋濂与道教法术

道教除了个人修炼外，还经常以各种法术服务社会，宋濂并不绝对否定道教所宣扬的成仙、长生等方技，而是认为，若方术能为国家服务，就会带来益处。明初，天气经常干旱，朱元璋多次让正一派道士邓仲修祈雨，宋濂多次专门撰文记载邓仲修的祈雨事，如记洪武五年三月的祈雨云："洪武四年秋八月，上召嗣天师冲虚真人至京，仲修实辅行。九月晦入觐，赐食禁中，既而辞还山。五年三月，复诏中书征有道之士六人，而仲修与焉。未几，遂选仲修专祝祠之事，留居朝天宫。会天不雨，京尹请仲修祷之，仲修入室凝神而坐，雷雨又随至。上悦，出尚方白金以赐焉。"② 又说："尊师通混元大道，而尤加意九还宝丹之法，数著奇验，役使鬼物特其余技耳。"③ 邓仲修的祈雨，得到应验，缓解了全国的旱灾，故受到宋濂的赞扬。从这里来看，宋濂对于方技的态度，是从是否有益于国家来判定的。对于具有真才实学的道士，宋濂也非常尊重。邓仲修曾对宋濂说："吾幸从先生游，吾冢必得先生铭，然孰若及吾存而见之？"宋濂说："仲修学长生久视之术，固蕲不死，余将托仲修而长存，而仲修乃欲属余以不朽乎？"这里宋濂以有些戏谑的语气表达了对邓仲修修行的赞赏。在宋濂看来，道家、道教足以济世安民："濂闻道家者流，盖出于古之史官，而其为书，有《皇帝君臣》十篇，《力牧》二十二篇，《伊尹》

---

① 《五气大有宝书》，《潜溪后集》卷三，第 190 页。

② 《赠云林道士邓君序》，《銮坡后集》卷十，第 775 页。

③ 《游仙篇赠邓尊师》，《芝园续集》卷十，第 1620 页。

五十一篇，《太公》二百三十七篇，《管子》八十六篇，皆言治国之道，非但如老聃、庄周之所谈而已。故或者称其术与虞书所载者合，良不诬也。不然，汉之用盖公言，何以致清静无为之治哉？斋科之行，符箓之傅，特其法中之一事尔。钦惟圣皇垂拱法官，凝神穆清，方外之臣屡蒙宠眷，上之所以遇下者，其礼甚渥。同虚感激奋励，中心弗能忘，形之咏歌，亹亹不已，下之思报其上者，亦无所不用其情。猗欤盛哉！虽然，君臣之际如此，上之有望于同虚者，岂直斋科之文哉？同虚诚能以盖公自期，使世之人咸知道家功用足以济世而安民，信为伟丈夫矣。"① 可知，宋濂认为道士能行符箓、祈雨与斋科等方技，也具有其济世安民的功用，因此朝廷对他们的宠遇是可以理解的。但是任何事情都有一个限度，在历史上，许多帝王因为沉溺于道教的养生、斋醮、房中术、神仙之说等而荒废政务，导致国家的衰败灭亡，对于这些要严格区别。宋濂在《读宋徽宗本记》中，提到宋徽宗导致北宋灭亡的一条原因是："兼之妖人乘衅，蛊惑帝聪。天神降于坤宁，璇宫通于寰宇。玄科秘箓，方崇醮祠之仪；太虚金坛，遂定道阶之品。其视法弊令乖、民生涂炭、将骄卒弛、边备摧落，纵有耳而不闻，虽有奏而弗鉴。"② 在宋濂看来，宋徽宗迷恋的是道教的方技之道，而非道教治国、理政、安民的根本之旨，故使得政务荒废。

四　宋濂与道教人士

宋濂出生在疏于名利的处士世家，受到了良好家风的熏陶；他一生精勤好学，先后师从淡泊守志的浙东名士闻人梦吉、吴莱、黄溍、柳贯；又交游于众多对道家道教思想有深厚涵养的有道之士，"加上入明后特殊的政治地位，在社会人际交往中，他的周围集聚了大量的道教徒或习染道教的名士"③，"求文者肩摩袂接"④，这些都构成了宋濂的道教交游，应该说，在与这些人的交往中，宋濂对道家道教思想认识逐渐深刻。

与宋濂交往最密切并有姻亲关系的道士是郑源。郑源，号飞霞先生，自称非非子。幼时不爱读书，成年后筑庐仙华山下，修道学仙，炼成了金

---

① 《傅同虚感遇诗序》，《芝园续集》卷一，第 1482—1483 页。

② 《潜溪前集》卷三，第 40 页。

③ 刘建明：《论道教与宋濂及其诗文创作》，《南华大学学报》（社会科学版）2011 年第 4 期，第 87 页。

④ （明）宋濂：《文宪集》，文渊阁《四库全书》本，第 1223 册，第 512 页。

碧九还宝丹，宋濂非常热情地为他写了一篇《大还龙虎丹赞》。序云：
"《龙虎丹赞》为予友郑源氏作。源因读金碧古文《龙虎上经》有悟'大还'之旨，用之修炼，节节有奇验。"郑源久居仙庐，有物积于胸中，发吐为文，写成《非非子悬解》，宋濂又为此书作了《〈非非子悬解篇〉引》，与他谈论玄理。宋濂与郑源交情甚笃，对他的修为许以敬慕之心，并将自己的二女儿嫁给了郑源之子郑杕。在《飞霞先生传》中宋濂写道：
"余与先生友，且联姻，因为著小传一通。他日白鹤焱轮下迎，冷然上升，欲为执鞭且不可得，尚可以语言文字描画之邪？"[1] 这段简短的文字描摹了宋郑二人的交情及宋濂的慕道之心。

除了郑源之外，宋濂与"江南第一家"郑氏义门的关系也非常好，在郑氏义门中，宋濂与郑仲涵、郑仲舒、郑浚常是相契的好友；与郑仲德、郑涛同拜于吴莱门下；与郑源为道友，其次女嫁郑源之子郑杕；郑柏、郑楷为宋门弟子中较出色的人物，宋濂第一次迁居青萝山就是因为要教授郑氏义门子弟，与郑氏为邻。宋濂在其文章中称与其志行最恰者是郑仲德，其人为修道之士，素有隐操，有人荐为医官，推辞不就，身披古冠服，放情丘壑间，不以外物为累，啸歌云水苍茫之中。曾采苓于九蓝山，自号"采苓子"。又有郑仲涵，其人既是宋濂的弟子，又是宋濂的好友。曾跟从宋濂游学，宋濂师从吴、柳、黄时，他侍从宋濂。仲涵早年用心于举子业，业无所成，后绝意仕进。元、明两朝征用，均不赴。有人荐为月泉书院山长，力辞去。有友如此，其两人对隐逸生活的追求无形中会影响到宋濂对隐居修炼的看法。

宋濂与邓仲修相厚，仲修修道云林山中，以云林自号，师从嗣汉天师张正常。朱元璋在洪武四年诏张正常进宫时，随从弟子就是邓仲修，宋濂就是在此时与仲修相识的。仲修绘制了《三十六峰图》，宋濂为之作序，仲修死后，宋濂为他作了《邓炼师神谷碑》，称仲修为有道之士，非常赞赏他"卑伐不让，言语若不出口"[2] 的品性，在铭文中宋濂还说道："老子之道充以夷，显可用世微守雌。阙文五千意易知，今之宗者皆其支。汉留侯孙号天师，玉章宝剑大绛衣。……百千弟子杰者谁，邓君挺然熊豹姿。"[3] 说邓仲修学老子之道，进以用世、退以修身，这既是宋濂对仲修的敬意，也是宋濂对老子之道的尊崇。

---

① 罗月霞：《宋濂全集·馀集缉补·飞霞先生传》，浙江古籍出版社 1999 年版，第 2227 页。

② 罗月霞：《宋濂全集·芝园续集·邓炼师神谷碑》，浙江古籍出版社 1999 年版，第 1520 页。

③ 同上。

刘基与宋濂交情匪浅，互相推崇。在明初文坛上，两人总是被相提并论。洪武二十年三月，宋濂与刘基、章溢、叶琛以"浙江四先生"同时被征。两人同具经天纬地之才，也都由于自小疾病缠身而倾心道教养生，喜爱老子之学，深究道教思想和方术，想入山为道士，两人共事明朝多年，晚年时还一起学习了庄子的"心斋"来养生。在刘基笔下，刘宋两人不仅是现世的知己，更是天上人间相期同游的伴侣。刘基曾写《二鬼诗》将自己与宋濂喻为被谪下凡间的"二鬼"，为天地灵气之所钟，含英咀华，在天上相伴游戏。之后来到人间，一鬼乘白狗入天台山呼龙唤虎，一鬼乘青田鹤，采青田芝。当宋濂辞避元职，隐入龙门山修道时，刘基热情洋溢地为他写了一篇《送龙门子入仙华山辞并序》，序中嘱咐宋濂："他日道成为列仙，无相忘也。"① 刘基精通易占和道教术数，也深受道教思想影响，两人在赠答唱和的诗文中，经常探讨人生，感慨世事，常有列身仙班之想。

方壶子年幼时就超然有绝尘之意，后入混成道院为道士，跟从金仙翁学炼丹，深受仙翁赏识，授以龙虎大丹秘诀。宋濂仰慕方壶子之高蹈仙风，称自己十年不作诗，见方壶子《钟山隐居图》，不觉逸兴顿生，欣然命笔，诗云："飘飘方壶子，本是仙者伦。固多幻化术，笔下生白云……我授上清诀，卫以龙虎君。内涵玄命秘，一气中夜存。行当去采药，共入无穷门。"② 诗中期望自己能与他一同修得玄命之秘，入于天地无穷之门。

刘俊民是在宋濂做道士时期与他一同修炼的一位隐士，在宋濂《和刘先辈〈忆山中〉韵》中，以愉悦的笔调回忆了当年隐居山中时与先辈一起炼丹修仙的世外生活。

由于宋濂对道教濡染之深，与宋濂交往的道士还有茅山宗第四十六代宗师王天孙，上清道的周尊师，神霄派首领莫月鼎，正一道天师张正常、道士刘思敬，灵宝派宋宗真以及清微派道士等。③ 与宋濂交往更多、更密切的是同朝为官、掌管全国道教事的张正常与张宇初。张正常，号冲虚子，并以"冲虚"名其室，宋濂解云："'冲虚'二言，乃玄门之关键，道学之符征也。"并"掇其义而为之铭"云："惟其冲，足以全玄黄之功；

---

① 罗月霞：《宋濂全集·潜溪录·送龙门子入仙华山辞并序》，浙江古籍出版社 1999 年版，第 2596 页。

② 罗月霞：《宋濂全集·芝园续集·题方方壶画〈钟山隐居图〉》，浙江古籍出版社 1999 年版，第 1614 页。

③ 王春南、赵映林：《宋濂方孝孺评传》，南京大学出版社 1998 年版，第 231—232 页。

惟其虚，可以干造化之枢。盖和以益于四体，而空以涵夫中腴。一吻契乎自然，曾弗爽于无为。迎于先而不见其合，推于后而不见其离。虽恍惚其有物，竟孰探其几微。彼专气如伏雌，抱一若婴儿。以大道之难言，姑假象而示斯。神明之胄，为世玄师，约万言之喉衿，贯一理之妙机。琼台小史，执笔受书，掇三洞之隐文，请揭之于座隅。"①张正常撰成《汉天师世家》之后，让傅若霖持之请宋濂作序，宋濂欣然命笔，为之作长序，言："古者，名世诸臣，史官必为序其世系表以传，所以敦本始昭功伐也。况于神明之胄，理有不可得而阙者。"而且还据群书补其不足："今所辑《世家》，但始于留文成侯，而其上则无闻焉。濂因据氏族群书补之，复用史法略载其相承之绪，使一阅辄知大都。"②由此可见宋濂对张天师的重视。宋濂在《四十二代天师张公像赞》中称张正常为"列仙之儒"："含冲葆虚，执真之枢。翊度宣灵，契道之符。龙虎卫乎左右，风霆属于指呼。此古之博大真人，而今之列仙之儒者耶?"③张正常去世后，张宇初"恐遗德未能大白于世，与群弟子辑为成书，使张致和即金华山中，请铭神道之碑。"宋濂说："幸辱与公游，义不可辞。"④

　　在与张宇初的交往中，宋濂自称玄真道士，寓意为同道中人。张宇初作《林泉幽趣图》，宋濂题其画云："翩翩公子实仙才，笔下云泉泼翠开。若是人间逢此景，定应呼作小蓬莱。"⑤张宇初在龙虎山所居之室名为"了罶"，静心修行，宋濂称其"神聚气凝，混含为一，至和块扎，返乎太初"，铭其室云："高上洞玄，阳阴之根。凝和摄真，是谓昆仑。中有三关，七鲸守阍。上绝霞表，下沦洞冥。遡而索之，黄房绛庭。灵明潜通，空澄净泓。真人之居，规中为城。龙帔凤舄，灵裙飞翻。左挟元英，右卫白元。仰睨太朦，嘘气成云。化生万神，合妙为真。升真玉虚，朗契洞清。哀厥下士，粗秽莫澄。神随形化，降于北阴。乃敕雷电，指麾六丁。授以赤书，制魄摄魂。还乎混沌，闭绝九门。南阳熙真，爽朗秀英。三灵发曜，八素启琼。出入泥丸，翱翔紫清。羽葆先导，飚台后登。与天为徒，振古长存。"⑥此铭"假象取喻而多庾辞"，而不是"著明言之"，

---

① 《冲虚室铭》，《銮坡后集》卷九，第740页。

② 《汉天师世家叙》，《翰苑别集》卷六，第1056—1061页。

③ 《銮坡前集》卷九，第528页。

④ 《四十二代天师正一嗣教护国阐祖通诚崇道弘德大真人张公神道碑铭》，《芝园后集》卷五，第1407页。

⑤ 《题张子璿璿画林泉幽趣图》，《芝园续集》卷十，第1630页。

⑥ 罗月霞主编：《宋濂全集》，浙江古籍出版社1999年版，第1594页。

为什么要这样做呢？宋濂解释说："呜呼！斯岂言之可明哉？然而人身之内有至虚焉，丝络之所群凑，命蒂之所由生，不倚八偶，巍然中居，此谓神之庭，气之母，真息之根也。人能存神于兹，则性自复，养气于兹，则命自正。神与气未始相离，分之为二，合之为一，其殆化源也欤？然欲了之，则未易为功也。鸟之伏鷇，不足以言温；陶之烹瓦，不足以言凝；鉴之照形，不足以言明。胜是三者，庶几气神混合，自然成真，而犹未忘乎迹也。盖有非神之神而行乎九天，非气之气而超乎九地，方所不能拘，小大不能计，而了之名且不立矣。了之名苟未泯，如隔纱縠而观明月耳，著明之言，固无越于此。然亦精粕而已尔，土苴而已尔，何是以言了哉？"① 大道之真，很难用语言来准确说明。

张友霖，字修文，江西贵溪人，龙虎山道士。上面提到其逝世后遗体火化，宋濂言道经所载之尸解仙可信而不诬。张正常入朝时，张友霖为"辅行"，宋濂叙其行实说："（张正常）入我国朝……公皆为辅行，翊赞相导，靡不备至。洪武辛亥秋八月，更辟教门高士，寻提点大上清正一万寿宫，而诸宫观之事咸莅焉。未几，与高行道士黄棠吉、邓仲修同被召，公奏对称旨，赐食禁中而退。冬十月，大驾幸钟山崇禧寺，复燕劳有加。明年壬子春，公屡乞还山，上欲属以禜祈之事，命中书留之，且有白金之赐。秋七月，公示微疾于朝天宫，谓仲修及丹霞炼师周玄真曰：'盍趣宫主宋玄真相见乎？'既至，正襟危坐，从容言曰：'自非我有，性本虚空，生浮死休，处世一梦。吾将观化于冥冥之中矣。'遂操觚赋诗一章，翛然而逝，是月十又七日也。"②

傅若霖，号同虚子，龙虎山道士，屡随张正常入朝，1373 年以高道被召，"尝应制赋诗，讲《道德经》，修校道门斋科行于世"③。宋濂住在銮坡时，受到傅若霖的拜访，两人谈庄论玄，切磋道术，相见恨晚。傅若霖性恬淡，好读书，修道山中。他为自己修炼的山房取名"同虚"，取庄子所言"同乃虚，虚乃大"之意。宋濂为此作了一篇《同虚山房记》，文中宋濂以道友"玄真子"自称，言辞之中见出两人对道家精义的深辟见解，也流露出对傅若霖的赞叹之意。宋濂还为傅若霖写下了《傅同虚象赞》《傅同虚感遇诗序》，在其中表达了对他道行的赞美和殷切的嘱咐。

宋宗真，号浩然，洪武初任北京报恩光孝观提点，洪武五年（1372）

---

① 《了圞铭》，《芝园续集》卷八，第 1593—1594 页。又同前页《宋濂全集》，第 1594 页。

② 《太上清正一万寿宫住持提点张公碑铭》，《銮坡后集》卷五，第 655—656 页。

③ 张宇初：《故神乐观仙官傅公墓志》，《岘泉集》卷三，文渊阁《四库全书》本。

受命主持朝天宫。宋濂为之作《赠浩然子叙引》，云："余尝见浩然子于冶城山，风度凝简，执谦而有容，澹然无所累其心。所谓其中有物，不为思虑声利之所惑者，诚近之。此所以遭逢盛迹，而眷遇有加焉。然而忠君尊上，臣子之职也，浩然子益宜振拔精明，倾竭诚悫，以颂祷国祚于无疆，非特敬恭明神而已。"① 宋濂赞宋宗真不为声利所惑，并激励他要忠君尊上，为朝廷更加尽力。

宋濂笔下的道士，多数是为朝廷服务或响应朝廷征召的，如记黄庭坚的八世孙黄中理为道士后响应朱元璋的征召事云："双井黄尊师中理，文节公庭坚之八世孙也。年弱冠以门资袭爵，为光之固始尉。寻患半身不遂，弃官来归。有神师号金花君者，谓曰：'吾能疗而疾，疾愈，当为道士。弗听，吾将去。'尊师曰：'倘能起废疾为全人，敢不受命？'金花君以帛粘其体，炳灯遍灼之。越七日，起行。尊师曰：'神师之言犹在耳也，小子其敢忘？'乃去学老子法于钦天瑞庆宫。宫在兴国九宫山上，即真牧张真君道清炼丹之所，居十余年，遂主其徒。其徒凡一千人，咸服其教，恂恂有道行。当皇上西平江汉，尊师拜迎于鄂，应对称旨。后八年，上思其人，复召至南京，所以宠劳者甚至。既退，命仪曹设宴享之，荐绅家以为尊师幸逢盛际，上简主知，龙光赫奕，山中泉石，当被余辉而绰有喜色，不可无咏歌以夸张盛美。"② 黄中理在朱元璋平天下之初，就投奔之，可见其也是洞察世事之道士。

宋濂还为元明两朝诸多的隐士、道院写下了大量的传记、铭文，共有一百八十篇左右。宋濂也乐于为道士和信仰道教者作文。如为信仰道教的王以道作墓志铭云"君嗜佳山水，间一出游，辄留连连不忍去。一日至洞庭之君山，遇异人，长鬣碧瞳，如古仙人，授以《龙虎金碧丹经》。君受而行之，气志益冲巤，自号为'三槐隐士'。……著书有诗集若干卷，《丹经新注》若干卷。"③ '王景行出示《蛟门春晓图》，宋濂为其"赋长歌一篇，而于神仙之事独多云。'④ 宋濂应邀，还为邓仲修作《游仙篇赠邓尊师》，为黄仲理作《送黄尊师西还九宫山》，为张正常作《张天师世家》、《冲虚室铭》、《四十二代天师张公像赞》，为陈彦正作《陈彦正丹室铭》，为陆永龄作《赠陆菊泉道士序》，为许从善作《送徐从善学道还

---

① 《朝京稿》卷五，第 1747 页。

② 《送黄尊师西还九宫山序》，《銮坡后集》卷一，第 577—578 页。

③ 《故三槐隐士王府君墓志铭》，《銮坡前集》卷四，第 422 页。

④ （明）宋濂：《文宪集》，文渊阁《四库全书》本，第 1224 册，第 559 页。

闽南序》，为蒋应琪作《玉壶玄记》，为周雒之作《东雒山房诗》，为张仲毓作《雨寓轩诗》，为林静作《玄武石记》，为叶华卿作《兰隐亭记》，为骆月溪作《庐龙清隐记》，为许仲孚作《贞白堂记》，为张三益作《看松庵记》，为刘宗弼作《崆峒雪樵赋》等等。"① 元末处士林茂漕，著有《陇上白云稿》，林氏去世后，有人持其书请宋濂为之作序，此时宋濂年事已高，不愿再为索文者写作，此人便介绍林茂漕事迹云："晚年颇嗜金丹之学，取《周易参同契》与二三友讲之，叹曰：'一气孔神，无为之根。水火交构，载其营魂。浮游规中，存之又存。粗秽既澄，游神九门。奈之何猬弃之邪？'乃调息致修，取心一物一道一之说，自呼为三一子，通玄之士多奇之。"宋濂闻后，说："予为文所累几欲焚毁笔砚，若而翁者，其事有可书如此，又安能靳一辞耶？遂序其事而系之以铭。"② 可知，宋濂在内心深处，非常认同这些道教人士，敬佩他们的选择与追求。应人之邀所作的文章，占宋濂所有与道教有关的文章总数的绝大多数。

由上可知，宋濂交往的道士中，既有炼外丹的道士，如依诀炼铅汞为丹砂治愈疾病的刘思敬，建混成道院采炼黄庭的仙华炼师葛道庆；又有前文提到的修炼内丹的非非子郑源、邓仲修等；还有受到朝廷器重的正一派张氏父子，他所接触的道士并不因为出仕或是隐居受到很大影响，说明他与道教界一直保持着密切的联系。

五　宋濂最终入道

作为元末明初的文人，宋濂最终遁入道门，也是受到当时社会背景的影响所致。"宋濂，字景濂，浦江人。元至正末，用荐除翰林编修，以亲老辞，入仙华山为道士。"③ "宋濂在元朝生活了50多年，经历了武宗、仁宗、英宗、泰定帝、天顺帝、文宗、明宗、文宗、宁宗、惠宗（顺帝）10朝（文宗两次继位）。"④ 像他这样的文人，秉承的主流思想仍旧是"有道则仕，无道则隐"，元末吏制腐败、民不聊生，目睹了一个帝国的日趋衰败直至灭亡，在宋濂的心中激发了救民于水火的豪情壮志，但是，

① 刘建明：《论道教与宋濂及其诗文创作》，《南华大学学报》（社会科学版）2011 年第 4 期，第 87 页。

② 《故巾山处士林君墓碣铭》，《芝园前集》卷八，第 1316 页。

③ 《御选明诗》姓名爵里一，文渊阁（四库全书）本；朱彝尊：《明诗综》卷三，中华书局2007 年版，第 122 页。

④ 王春南、赵映林：《宋濂方孝孺评传》，南京大学出版社 1998 年版，第 3 页。

满目疮痍的元朝已经是穷途末路，在宋濂看来，仕与隐就是"宁其死为留骨而贵"还是"宁其生而曳尾于涂中"① 的区别，他最终拒绝仕元。元至正（1341—1368）年间，朝廷以翰林国史院编修官征，宋濂固辞不起。后觅寄迹老子法中，入仙华山为道士，虽然他的托词是向往享受道教徒闲散自纵的生活，"余闻居人伦必以礼，处官府必以法。然自闲散以来，懒慢成癖。懒则与礼相违，慢则与法相背，违礼背法，世教之所不容，大不可者此也。又，心不耐事，且惮作劳酬答，少顷必熟睡尽日，神乃可复。而当官事业杂，与夫造请迎将之不置，一不能也；啸歌林野，或立或行，起居无时，惟意之适，而欲拘之以佩服，守之以卒吏，使不得自纵，二不能也；凝坐移时，病如束湿，一饭之久，必四三起。当宾客满座，俨如木偶，俾不得动摇，三不能也；素不善作字，举笔就简，重若山岳，而往返书札，动盈几案，四不能也。以一不可之性，而重之以四不能，自度卒难于用世，故舍之而遁。又，闻道士遗言，吐纳修养，可使久寿，故即其师而问焉。"② 而实际上，在宋濂的心中，只是尚未遇到明主而已。

朱元璋是个专权而多忌讳的君主，他用铁腕手段强迫士人出仕。他明文规定："寰中大夫，不为启用，其罪至抄劄。"③ 士大夫不肯出仕，便视同罪犯。这个"创见"不仅写入了刑法条文，在朱元璋的御制文章里也有涉及。在这种文化专制的压迫下，宋濂最终出仕明朝，但他过得战战兢兢、小心翼翼。当时的文人学士，一授官职，亦罕有善终者。宋濂也两次因触犯圣颜而被贬官。第一次是洪武三年七月由撰修元史总裁官降为编修，第二次是洪武四年八月因上《孔子庙堂议》忤怒圣意而谪安远知县。伴君如伴虎，宋濂虽一度为太子师、帝师，但一举一动都在朱元璋的监控之下，《明史·宋濂本传》载："尝与客饮，帝密使人侦视。翌日，问濂昨饮酒否，坐客为谁，馔何物。濂具以实对。笑曰：'诚然，卿不朕欺。'"④ 宋濂在朱元璋面前战战兢兢。洪武六年（1373）八月七日，朱元璋在东黄阁与群臣品诗饮酒，据史料记载，当时的饮酒气氛并不轻松欢快：朱元璋赐酒宋濂，宋濂"踧走"出列，推辞说："臣荷陛下圣慈赐以醇醪，敢不如诏，第臣念衰迈，恐志不慑气，或衍于礼度，无以上承宠光

① 　郭庆藩：《庄子集释》卷六下，中华书局 2004 年版，中册，第 604 页。

② 　郑涛：《宋学士全集》，《丛书集成新编本（67 册）》，（台北）新文丰出版公司 1985 年版，第 442 页。

③ 　张廷玉：《明史》卷九三，中华书局 1974 年版，第 8 册，第 2284 页。

④ 　张廷玉：《明史》，中华书局 1974 年版，第 3786—3787 页。

尔。"当朱元璋赐第二杯酒时，宋濂则"举觞至口端，又复瑟缩者三。"①宋濂不敢饮酒之主要原因是怕酒醉失礼致祸，遭遇不测。"瑟缩者三"之细节清楚地折射出了他惶恐不安的心理。

在这样的环境里，宋濂对曾经的道教生活念念不忘，年老后，还一直期望能再回仙华山修道："予老矣，诸书皆忘去。此卷虽久留斋中，不克题就。今日退朝稍早，逍遥禁林，凉飔飘飘然吹衣，神情爽朗，有若凭虚而行歌天上，遂濡毫赋此。他日炼丹仙华山中，九转功成，当与冲虚神游八极，握手一笑，何啻三千年也。"② 可知，宋濂在精神上非常向往神仙遨游八极，不受时间和空间束缚的超然境界。

六 宋濂与道教著述

"龙门子"是宋濂入小龙门山隐居时的自号，《宋文宪公年谱》记载宋濂的字号云："先生讳濂，字景濂。初名寿，后更今名……号潜溪，又号龙门子（案：先生著《凝道记》所自署也），又号元贞子（案：先生尝自称玄真遁叟。见《全集》卷八《月堀记》。又戴良《送序》称'今易其名曰元贞子，署其号曰仙华道士'云。见《潜溪集》卷五。又《全集》卷三十《了圜铭》，自署元贞道士）、白牛生（案：先生自撰《传》，见《全集》卷二十）、仙华生、南山樵者。"③ 仅从字面上来看，仙华生、仙华道士、元贞子、龙门子、南山樵者这些字号就具有浓重的道家、道教色彩。宋濂此时著述称为《龙门子凝道记》，四库馆臣评价说："《龙门子凝道记》二卷……是书乃元至正间，濂入小龙门山所著，有四符、八枢、十二微，总二十有四篇，盖道家言也。"④ 明确指出此书乃道家之言。旧载《潜溪集》中，嘉靖丙辰与刘基《郁离子》合刻于开封，李濂为之序。据濂题词云："濂学道三十年，世不我知，不能见其一割之用，颠毛种种而老将至矣，于是入小龙门山著书，曰四符、曰八枢、曰十二微，符合言枢、言奥微、言组也。总二十有四篇，以按一岁之气号之，曰凝道记。濂于元至正十六年十月四日入小龙门山著书，次年正月一日书成，夏四月五日以此书付其仲子璲重录成编，计上、中、下三卷。四库总目著录此书，

① 朱睦楔：《圣典》，《续修四库全书》"史部"，第 432 册，第 492 页。刘建明：《论道教与宋濂及其诗文创作》，《南华大学学报》（社会科学版）2011 年第 4 期，第 88 页。
② 《协晨中寮辞一首》，《銮坡后集》卷九，第 740 页。
③ 《宋文宪公年谱》上，第 2691 页。
④ 《四库全书总目》卷一百四十七。

入道家类存目，然作二卷，误。"可知，此书并不完全属于道教书籍。成化间，浙江布政使司左布政使张瓒至浙，有感于"此刻独亡，学者罕见"而"亟求此集，偶得抄本于金华侯家，反覆渊诵，不忍去手，然卷帙失次，焉马莫分，公暇因为考订成集，以属嘉兴士人周寅缮录，寅且为句读注解，复捐资镂梓"。周寅，字汝钦，性醇笃，安贫守义，乡人重之。①

《龙门子凝道记》是寓言体散文集，书中以一些生动故事来说明抽象的哲理，寓意深刻，耐人回味。如《尊卢沙》讥讽了好说大话、贻误国事之人，文章以"终身不言。欲言，扪鼻即止"作结，颇有谐趣。《束氏狸狌》则写因享受而丧失搏斗能力的狸狌竟望鼠而抖，表现了长期养尊处优之害。其他如《成阳借梯》、《越人溺鼠》、《白雁啄奴》等皆风趣诙谐，启人深思，为较好的讽刺小品，其中有些故事已在民间广为流传。

《龙门子凝道记》著书初衷为"在不得用于世之时隐居求志，撰著子书，成一家之言，表达其政治理想与道德观念。宋濂于元季毫无出仕之意，曾谢绝危素等公的国史院编修官之荐，入仙华山为道士，但他内心仍忧国忧民，因此在内容上重人伦教化与为政之道，有追尚先王之世之意，怀念远古时代的道明德懿与风俗淳厚，抨击当世人性的弱点，如贪财好利、见风使舵等"②。如其他寓言体文章一样，作者善于用隐喻手法，借历史人物、历史故事和虚拟人、物来喻事明理，表达思想。《龙门子凝道记》多描述社会动荡造成的人心不古，作品重在批判现实，以期树立良好的民风民俗，闪耀着思想的光辉，但却不见用世的勇气。作品中对先王之学、先王之世的歆羡与对现实的不满俯拾即是，随处可见。政治国事、世道人情、文坛风尚，直刺俗弊、士弊，乃至"在位者之弊"，无所不及，而且流露出浓重的厚古薄今倾向。处处表现出一介儒士面对动乱社会的无奈与痛苦。他只看到了现实中的阻力与矛盾，尽管也同情百姓在"虎豹成群"的社会中水深火热的生活，却因"不得用"与"不敢用"而隐遁；欲救生民，却又待聘，以为不待聘而出"违礼"、"出位"③，这在《终胥符第三》与《观渔微第五》中也有生动体现。在叙事方式上，质实简朴，虽也托古言事，但卒章多显其志。文中甚至出现"曰：'尔为谁？'龙门子曰：'越西宋濂也'"的字样，还多处谈及自己的"迁"，

① 沈津：《书城挹翠录》，上海社会科学院出版社1996年版，第58—59页。

② 索宝祥、刘应伦：《郁离子》与《龙门子凝道记》，《刘基与刘基文化研究》2006年。

③ 张慧芳：《深山中的两朵奇葩——元末两部子书的比较》，《山西经济管理干部学院学报》2011年第2期，第99—100页。

"颜色甚若戚戚者"（微十二），"年近五十绝不事方策，日惟熙熙，仰观俯察，若有所自乐者"（同上），等等。其中百分之八十的篇章都以"龙门子曰"起句，《终胥符》第二、《悯世枢》第一等章节中更是以"龙门子"为主人公，体现出了强烈的主观意识，也表明作者著书主要就是为了"立言"①，阐述自己的观点，作品的自我意识是比较浓重的。

不过，除有个别篇章如《闽姝》、《束氏畜猫》等文笔活泼外，《龙门子凝道记》，在艺术趣味方面较弱。大多数章节都贯彻篇首明确提到的"符言合，枢言奥，微言蕴"，故富于论辩色彩，说理成分多。大段的议论使寓言作品更像正襟危坐的高堂讲经，谈"礼"说"义"，教诲学生，似乎更应算作杂文而不是寓言。

综上所述，宋濂一生都与道教有着这样那样的联系，道家、道教思想对宋濂的人生也起着至关重要的作用。宋濂在信奉道教的同时又对其有着清醒的认识，并不一味迷信道教。他认为后世道教著作繁多，但"多杂以符咒、法箓、丹药、方技之属，皆老氏所不道。米巫祭酒之流，犹自号诸人曰'吾该道家，吾该道家'云"②，这些道教徒并未真正继承老学精华。但宋濂对潜心修道之士却很尊崇，对道家修身养性之法非常重视，将其用于实践之中，终生修习不辍。越到老年，越悟到老庄思想的至理。由于宋濂的政治地位较高，他又为道士们书写了大量碑铭，《宋学士文集》中有和道教有关的六十篇，元末修道生活的惬意又转而促进他更深入地了解并接受道家、道教思想，这些都拓展了道教在当时的影响，对浙江道教的发展有推动作用。

第十一节　何道全的道教活动

何道全（1319—1399），元末明初人。据《无垢子随机应化录》序记载，他祖籍浙江四明（今浙江宁波），出生时其父住在浙江钱塘附近。何道全自幼修道，号无垢子，又号松溪道人。他先是云游东海之上，时人并未觉得他有何神奇之处，后来他又去终南山，"居于圭峰之墟而道成"③。

---

① 张慧芳：《深山中的两朵奇葩——元末两部子书的比较》，《山西经济管理干部学院学报》2011 年第 2 期，第 99—100 页。

② 罗月霞：《宋濂全集·潜溪后集·诸子辨》，浙江古籍出版社 1999 年版，第 130—131 页。

③ 何道全述，贾道玄编集：《随机应化录》序，《道藏》第 24 册，第 128 页。

直到这时，时人才认识到了他的奇异之处并为之立碑记载。洪武己卯孟春望后，何道全卒于长安医舍。他的葬礼非常隆重，"王公赠以羽化之仪，礼葬群仙之茔"①。明王朝因为全真道与元朝的关系过于密切，且认为全真道唯独修一己之性命，不如正一道的社会性广，因此对全真道不甚重视。全真道当时的社会地位比较低，大多数全真道士都是隐居修炼，在传教宏宗方面比较消极。何道全是少数尚践履全真道教义并弘扬全真教教旨者之一。

　　何道全的主要道教活动是到处云游，并随机教化徒众。他到过淮楚沭阳（今江苏省沭阳市）赤莲湖真武堂，曾西渡黄河至湛首座庵、崇宁庵、邳州（今江苏省徐州市）佑德观、宿迁县峒峿山七真洞、裕州（今河南省南阳市方城县）仙翁观、三乡（今河南省洛阳市宜阳县三乡乡）光武庙、福昌县（今河南省福昌县）、鲁山（河南省平顶山市鲁山县）度老庵，安东州（今江苏省涟水县）、东海大伊山（今江苏省连云港市）古佛陀寺、伊庐山（江苏省灌云县伊芦乡）重阳洞、太白山②安乐窝、华阳（今陕西省洛南县）东岳庙、长安丹阳万寿宫（陕西西安户县大重阳万寿宫）、长安北关元君祠等，足迹遍布在今江苏、浙江、河南、陕西各省。在云游的过程中，何道全与各派人士广泛接触，通过与道士、和尚、文人探讨关于"道"、"性命"、"动静"、"养生"等问题的对话，来阐发其对修炼的认识和相应的全真道教旨。他的思想不是系统、抽象的，而是分散、具体的，与实践中的问题密切相关的。其门人贾道玄认为何道全的思想不能用抽象的理论概括出来，所谓"（师）道不能显诸于形容，必纪叙其实行"③，而必须通过对其行动、言语的描述才能显现出"何君达性命之理，行无为之教，庸人俗子皆仰其化"④的功绩。因此他将何道全的活动资料与作品加以整理而编成《随机应化录》一书，共分两部分，前部分为何道全随机应答的语录，后半部分为何道全所作的诗歌近五十首。这部著作既是何道全生平事迹的再现，也是他在特殊背景下道学思想的具体

---

① 何道全述，贾道玄编集：《随机应化录》序，《道藏》第 24 册，第 128 页。
② 宁波也有太白山，位于浙江鄞县和北仑区的交界处，是四明山山脉向东北延伸的一座山峰，是宁波市东部山体的最高峰。陕西宝鸡也有一太白山，位于陕西宝鸡，秦岭北麓，眉县、太白县、周至县三县境内。是我国著名的秦岭山脉的主峰，也是我国大陆东部的第一高峰，海拔 3767 米。因陕西省宝鸡市岐山县有安乐镇，此处太白山安乐窝（窝疑为庵之误）应指陕西太白山。
③ 何道全述，贾道玄编集：《随机应化录》序，《道藏》第 24 册，第 128 页。
④ 同上。

反映。

第一，何道全坚持全真道"三教圆融"的思想。他认为："先圣因人贤愚不同，根基深浅，所以立此三法，量人根基而接也，且乘者，载物之义。譬如大车可载大器之物，中车可载中器之物，小车可载小器之物。量人根基利钝而提之。此乃圣人随机立教，用则有三，道即一也。古云，水流异脉，到海同源。岂有差别之分？"① 儒释道三家，教虽为三，其"道"却归一，所谓"水流异脉，到海同源"。因此在何道全的传道过程中，他经常以道融通儒释，或以禅解道，或以道会儒，教授对象不限，儒、俗、僧、道皆可。例如："师游西渡黄河，至湛首座庵，与老僧坐话间，有一僧来听法。老僧曰：'无法可说'。师曰：'此乃真说法也。岂不闻《金刚经》云：无法可说，是名说法。儒云：视听不用耳目，卒不能逃耳目之用。昔须菩提岩间宴坐，诸天雨华曰：我见尊者善说般若。尊者曰：我于般若未尝说一字。雨华曰：尊者无说，我亦无闻。无说无闻，乃真般若也。《雷祖经》云：欲闻至道，至道深窈，不在其他。尔既欲闻，无闻者是。夫学道之人须是诚实，柔弱默守，方可入道。'僧又问'中'字。师曰：'念头起处谓之中，此道家之中也。释云不思善，不思恶，正想么时，那个是自己本来面目，此释门之中也。儒云喜怒哀乐之未发谓之中，此儒门之中也。汝宜思之。'"② 在这里，何道全通过儒、释、道三家的核心理论来互相印证《金刚经》中的"无法可说"与"至道"是一样的，这个最根本的"道"是无法言说而只能自己领悟的，而体悟"道"的关键在于修炼者要澄净心神，收敛凡俗之意念，在精神上无杂念。像这样的三教合一言论在《随机应化录》里面俯拾皆是，一方面体现了何道全对于"三教圆融"观念的认识，另一方面也解释了他之所以采取"随机应化"这种传教方式的原因。何道全认为，正是因为各人先天的禀赋不同，传教也应该根据具体情况采取不同的方式，对不同情况的人使用不同的解说话语，此即"随机"。他在使用儒、释、道三家的名词概念来阐述问题时，是紧紧围绕着三教共同的"道"来进行论述的，这样做不是对"道"的背弃，而是为了让信众能够更好地体会"道"深奥的含义而采取的变通方式，此即教化民众的"应化"。所以在《随机应化录》里面经常可以看到何道全与僧人"见性参玄"，与儒者探讨如何"养心"，与道友探讨参悟修炼之诀窍。他不因为门派不同而对佛、儒之人加以排斥，反而以一

---

① 何道全述，贾道玄编集：《随机应化录》序，《道藏》第 24 册，第 135 页。

② 何道全述，贾道玄编集：《随机应化录》上卷，《道藏》第 24 册，第 129 页。

个"得道"者的身份为他们指示心要，解答公案，这种胸襟是难能可贵的，正如其门人贾道玄所说："庸人俗子皆仰其化，非其天性纯笃，何能若是欤"①？

第二，何道全精通儒、释、道教义，有着较高的文化素质，这是坚持全真道"博文广知"教育理念的体现。全真道之所以能在丘处机时期兴盛，很大一部分原因是很多具有较高文化素质的士大夫入道，带动了全真道道士素质的整体提升。后来全真道规定以三教经书《道德经》、《般若心经》、《孝经》为全真道士必修的经典，提倡道士博览群书提高文化修养，既有巩固全真道政治地位的考虑，也是教团与社会交往的需要。何道全在传教过程中，每每引证三教之说来论述大道、心性等重要问题，其所谈多涉佛法，词旨口气颇带禅味，显示出对佛教经典理论的了解。他会解答禅宗机锋公案，如："师至静室，有僧聪都参师，问曰：'假若有一女子迎面而来，看为女子，看为男子乎？'师曰：'此是古语公案，要你自参自悟。吾若开解，难做功夫。'其僧再三请解，师叱曰：'看作女人着境相，看作男子无眼目。真性本无殊，着相生分别，背境向心观，自然万事彻。'师又叱曰：'学落花流水去。'其僧不语。师曰：'见如不见焉，知男女；心若无心焉，有罪福。大道不分男女，你别辨做甚。经云：一体同观，犹自着相。活泼泼地过去，应事若风鸣万籁，鉴物似月照千江，若此之人乃高士也。'僧谢而别。"② 他甚至高谈念佛法门，认为："且念佛法门有三等，一降魔，二观想，三参究。此三段俱不在念佛数珠上。如初学念佛之人，先须念佛降魔，魔伏念灭，方入法门。若不如是，枉劳神气，终不成功。"具体的做法是：

> 紧要降魔灭念，念佛时不要丝毫念起，将杂念作正，要把顽心换佛心。如若根基浅薄，急换不过，乃自思忖："我乃是念佛之人，何有此念，此是业根。"如此自持自戒，再将佛号慢慢举起，一声至十声，或至百声，莫教杂念间断，有念即扫，无念即举。先师云："无念中念，念中无念是也。"久久纯熟，自然有个道理。只要行住坐卧常常举起，不可间断。若心念不离，动静不忘，直至不举自举，无念自念，方是得力处。如此念佛，后有善果。若心恶念多，口念心非，此乃造业，名曰佛口蛇心。观想念佛者，行住坐卧，语默动静之间，

① 何道全述，贾道玄编集：《随机应化录》序，《道藏》第 24 册，第 128 页。
② 何道全述，贾道玄编集：《随机应化录》下卷，《道藏》第 24 册，第 136 页。

时刻念想，不在出声。心不离佛，佛不离心，如子母相忆。若境物上才有动念，即便摄景归心，以作观想。自己心中一尊真佛，紫焰金容，端坐于中，峆然不动。无时暂舍，念念观想，或千百声念念现前。若遇逆境顺境，邪魔一齐扫荡，一心且观且念，阿弥陀佛，作个主宰，如靠须弥山相似，如急水中抱着桥柱，不可放舍，其魔自散，其邪自正。如若百年命终之时，亦是如此，一心把佛为主，心念不离，自然不随邪道。若在生念佛，刻刻不忘，久久自有入头处。猛然拶着磕着，得自己之弥陀，千了百当。此般念佛一声，强如千百声，罪消道长，则本性自悟也。参究念佛者，须择静处，节饮食，厚毡褥，宽衣结跏趺坐，坚脊调气，屏除杂念，然后将佛号轻轻举起。不在出声，默念一声至百声，如有杂念，重头再举，直至百声无间断。一声声参究意义：念佛的是谁？四大分张之时，念佛的归于何处安身立命？且参且念，时时不离。行住坐卧中参念，不可忘部穷根究本，直须要个明白。直至不参自参，不举自举，日久月深，猛然摸着自己鼻孔，认着阿弥陀佛。恁时一声，即登彼岸，胜似念千万亿佛名，数念珠耗气也。①

　　这里对如何念佛做了翔实的阐述，其循序渐进的步骤仿佛他亲身修行过一般，显示出其对佛教修行独到的理解。何道全还撰有《般若心经注》一书，其通佛法之深为道士之翘楚者。

　　何道全在诗词等文学修养上也有一定的造诣。像早期全真教徒一样，他也喜欢以诗诀颂赞的形式来答人。《随机应化录》中几乎每一次答问后都用诗来总结主旨。何道全在沭阳赤莲湖真武堂与弟子们和泥，弄得满身都是泥水，正好被道友高卧云看到，因讥讽曰："这几年无垢，今番拖泥带水。"何道全就用"虚空本不立纤尘，外相非真裹面真，只知藕在淤泥长，不识莲花出水新"② 来回应他，认为道人在日常生活中应该与众人无异，只是在"应事方寸"上才与众人不同，而这"应事方寸"就是心、心性。何道全在闲暇时刻也喜欢用诗歌来表达自己的思想，如云游到裕州仙翁观时听到蝉声聒噪，不由得感慨曰："泥丸百转用功多，不觉翻身出粪窠。抛弃从前殗秽壳，绿扬独占最高柯。"③ 这首诗表面上看来是描述

① 何道全述，贾道玄编集：《随机应化录》上卷，《道藏》第 24 册，第 129—130 页。

② 同上书，第 131 页。

③ 同上。

蝉一生的自然蜕变过程，实际上却一语双关，隐喻了修炼得道的过程。"泥丸"既是指蝉的幼虫从土地中艰难地爬出，又可隐喻在"泥丸宫"的内丹百般修炼，以此类推，"出粪窠"即脱离世俗的生活和交往，抛却"殗秽壳"即通过内丹修炼来炼铸新的肉体，直到能修道成真异于凡俗，独占"仙乡"之最高处。又如时值孟夏，何道全又适兴作《满庭芳》词一首："日月如梭，光阴似箭，不觉人老颜悴。那时曾听，高柳噪新蝉。今日又逢首夏，欻忽间、又早经年。寻思起，人生一世，能有几时坚。空之字，诸公闻早悟，急忙下手，犹是俄延。劝疾速放下，净洗三田。煅炼阴消阳长，迷云散、杲日当天。光辉满，十方明朗，照见未生前。"① 通过时间流逝，岁月无多的感慨来劝告世人要及早修炼，认识"大道"才能达到永生。该词言辞流畅，含义丰富，显示了非常高的文学修养。另外还经常有人向他来请教对道教经典中字句的理解。如："师至太白山安乐窝，有讲师陈弘道参师，问《庄子·齐物篇》中有言：'大知闲闲，小知间间，大言炎炎，小言詹詹，何也？'师曰：'大知闲闲者，无不容受也；小知间间者，有间别也，此盖知之同。大言炎炎者，同是非也；小言詹詹者，小扁之貌。此语言之异，莫不只此四者差别，万物万情取舍不同，若有真宰使之自然也。'"② 此外，明祁承爜的《澹生堂藏书目》载何道全撰有《无垢子道德经注解》四卷③。清范邦甸撰《天一阁书目》卷三之二《子部》载"太上老子道德经，二卷，刊本，无垢子何道全述注，太极左仙公葛元序"④，这些儒、释、道知识储备都为他传教时灵活运用三教理论来传授教义提供了非常强大的理论支持。

　　第三，何道全提出了"福慧双修"理论。在新的时代背景下，何道全对全真道功行两全的修行观，吸纳佛教的相关思想做了新的阐发。他认为，"修炼"就是要"修者修其外行，炼者炼其身心。修外行者，恤孤念寡，敬老怜贫，修桥砌路，扶患释难，总有八百之数。炼身心者，居环守静，磨身炼心，惜精养气，炼神还虚，总有三千之数。外行生福，内功生慧，福慧两全，超越生死也"⑤。作为道教修炼者不仅要自我提升修炼，还要为社会做贡献，这一方面是对儒家伦理的吸纳，另一方面也是对以往

---

① 何道全述，贾道玄编集：《随机应化录》上卷，《道藏》第24册，第131页。

② 同上。

③ （明）祁承爜：《澹生堂藏书目》，《续修四库全书》"史部"，第919册，第156页。

④ （清）范邦甸：《天一阁书目》，《续修四库全书》"史部"，第920册，第181页。

⑤ 何道全述，贾道玄编集：《随机应化录》上卷，《道藏》第24册，第133页。

全真道仅注重"个人独善其身"的一种修正，反映出在明初正一派贵胜的形势下，全真派在彰显道教传统的清静无为精神的同时，亦不忘所承担的社会责任。

何道全在继承传统道学思想基础上提出了富有特色的"体道"法门，就是关于"坐圜"中的"死环"、"活环"理论。他认为："死圜者，四面皆墙，坐圜者在内，将门封闭，不令出入，按时送饭，须安身绝念，息气调神，百日而出，有志者功多，无志者反成疾病。活圜者以四大假合为墙壁，以王（当为玉）锁金关为封闭。令一点灵光在内，刻刻不昧。使神不离气，气不离神，内想不出，外想不入，闹中取静，静里分明。精神内守，勿令外扰。如此百日胜如死圜千日。死圜者闭形不能养神，纵制其心，亦是强为。如笼闭猿，如绳圈马。去笼绳依旧颠劣，非是自然。若能向境物上磨炼，心地胜如外边纽捏强为。①"可见何道全反对形式上的"闭关修炼"，而认为关键之处是修持者如何使自身神气相守。坐活圜者能够不局限于物理上的墙壁，而以"四大假合"为墙壁。"四大假合"原为佛学术语，指的是地、水、火、风四种构成色法的基本元素，因其周遍于一切法，能造一切色法，即万事万物，但是这些万事万物都是虚幻的，没有本质，没有本性。因此是"假"的、"虚幻"的。这里佛学的因明义理术语被注入了新的意义，成为他阐述体道法门的凭借。参透"四大假合"的方法是要在"境物上磨炼"，也就是要"见一切物类，不爱则不著物；见诸般境界，不动则不逐境。如是磨炼久久，得入无心三昧，定处不动，不定处亦不动，乃是真静真定也"②。这样就能够认识到自己的真本性，使形神相守，真静真定，这就达到了坐圜的真正目的。《随机应化录》载何道全某次出环后，心情舒畅，作词《无梦令》二首，其中一首云："百日如磨宝镜，尘尽清光彻莹。照见本来真，有路通玄达圣。真静，真静。自有神明表正。③"

值得注意的是，何道全虽然认为"死圜"属于强制作为，不符合"道法自然"的原则，但他也不是全然否定"死圜"。在他看来，如果坐圜者具有修持的极大决心和志气，坐圜是能够达到安身绝念、息气调神的目的的，因此也不失为一种入门体道的初阶。他说："先真坐圜非是不了，因后人见景生情，闻声动念，所以闭门百日，使心不乱，与后人做个

---

① 何道全述，贾道玄编集：《随机应化录》下卷，《道藏》第24册，第135页。

② 同上。

③ 同上书，第137—138页。

榜样，方便教人修炼，功成返本还元。且如达摩西来，在少林寺蒙头面壁九年，接得神光法师，且非未了，皆是与人做个规矩。"① "坐圜"是一般学习修炼的人初始无法专心，容易受到外界干扰而不得已采取的措施。与"坐圜"相类似作用的还有蒙头、面壁。"或曰：如何是裹头造化？师曰：'蒙头者教人纳住念头，面壁者见如不见也，又是背境向心。观道经云：不见可欲，使心不乱。夫修行人须是眼不观色，耳不听声，见如不见，听如不闻，绝声色，除念虑。只妆外相，终成何济。'"② 因此关键是修炼者要真的摒除一切思虑，如果仅仅是装装样子，是无济于事的。

第四，何道全对以往道教养生理论进行了总结。何道全不仅在理论上有他的独特之处，而且还是一位真行者，他修炼道教炼气、保精、延命以及内丹术等，把理论的"真知"和修炼实践结合起来。上述通过"坐圜"方法能够达到心性上的真定，属于修性部分；修命部分也同样重要，因为养身是得道的生命基础。他认为初机之人可习养身安乐四法，一齿要频叩，二津要频咽，三发要频梳，四气要频炼。他认为，这虽然是小乘之法，就久久行之，却能够去病延年，身轻体润。他指出，内修者，心上事少，口中语少，腹中食少，夜间睡少。这"四少"被称作是日常生活的基本原则。因此，"有沈法师参问修行何处下手，师曰：'下处不用手，养则自然有修成。无漏房便得长生寿。夫初学之人不离八法：养体、养胃、养心、养神、养气、养精、养性、养智。凡养体者要减重从轻；养胃者节食薄味；养心者少思寡欲；养神者俭事勿窥；养气者息言缄口；养精者少淫寡听；养性者安知勿思；养智者沉静默然。此八法不可离也。'"③ 何道全所说的"八法"、"四少"等实际上是对道教传统养生理论的概括，其宗旨是通过清心寡欲来保证心定守一。

第五，何道全援用佛教理论来论述内丹修炼。何道全不仅在传教时候广泛引用佛教理论，如"静则自如，动则差别。一念归家，万缘尽绝。云散青霄，一轮皎洁。照见本来，不生不灭。只这个是，休生枝节。放下放下，决烈次烈。蓦直便行，有何可说。若能敬信，行之不谒"④。用类似佛教的偈语来论证"动静"，用"虽是心上无情，意中无念，不落顽空，一点真性湛然不昧，须要空中不空，无里生有。古云：虚无生白雪，

---

① 何道全述，贾道玄编集：《随机应化录》下卷，《道藏》第24册，第135页。

② 同上。

③ 何道全述，贾道玄编集：《随机应化录》上卷，《道藏》第24册，第132页。

④ 同上书，第131页。

寂静发黄芽"① 来论证"无中有"。在论述道教内丹修炼时用佛教术语，数量之多，范围之广，鲜有人能及。如他认为炼养要"以乾坤为炉鼎，以精气神为药材，以静定为水，以慧照为火，一意和合三宝，密密为丸，混而为一，久久不散，即成丹矣。只这一也是眼中添屑，和一除去，方可合道。"② 这里面除了传统道教词汇"乾坤"、"炉鼎"、"药材"等，还有"静定"、"慧照"等佛教术语，用"静定"和"慧照"这些修道时的心理状态来代替传统的水火概念，用"一意和合三宝"来合成金丹。可见何道全借鉴了佛学关于"不落顽空"的心性论来论证道教修炼。"心性"在何道全看来乃是佛、道、儒三教共同的东西，也即道教中的内丹之本。何道全把道教和佛教的论说相互印证，运用佛教理论来陈述"道"这个本体，认为修行之人要见"本来面目"，必须"屏息诸缘，六根清净，一心不二，寸丝不挂"，从"无形"中感觉"有形"，如此则能显出"元初"的本来面目，"自然迷云消散，性月呈辉"。表面看来他在讲佛法，其实他是用佛法来明心见性，虽然他的修道途径借鉴了许多佛学理论，但其目的仍然是体悟道体。

综上所述可知，何道全力主三教一源，在修炼理论上借鉴佛教的修行方法，参用佛禅求心证道，在修行实践上重视坐圜内修、在境物上磨炼的修行方法，具有较高的文化修养，能够用"随机应化"的传教方式来传扬教旨，并对内炼之学做进一步的发挥，体现出了将内丹学通俗化、明朗化、系统化的特点。在明初全真道团总体沉寂的大背景下，何道全能够把理论和实践相结合，打破了儒释道三教在理论和修行上的界限，使之相互印证，求道证果。何道全可谓明初全真道的杰出学者，在道家史上理应占有一席之地。

第十二节　周思得对灵宝派的贡献

周思得（1359—1451），浙江钱塘人，字养真，一字素庵野人，曾署名思德。他生于元至正十九年（1359）正月十八日。"少颖悟，从月庵丘公学道，其师洪武初任杭州府道纪司都纪，兼宗阳宫提点。又从四十三代

---

① 何道全述，贾道玄编集：《随机应化录》上卷，《道藏》第24册，第132页。

② 何道全述，贾道玄编集：《随机应化录》下卷，《道藏》第24册，第135页。

天师张宇初读道家书，得龙虎山正一派道法的传授。"① 明成祖时，周思得以灵官法名显京师，后住持京师大德观、朝天宫，主持编撰《上清灵宝济度大成金书》。周思得精习灵宝度人之旨，行持五雷火府之法，以道法济幽度显，门下弟子百余人，加上其所弘扬的灵官法，奠定了他在明代道教史上的地位。

宣德、正统年间，他被累次封为"崇教弘道高士"②，为明代颇受优宠的道教名流。周思得历事成、仁、宣、英、景五朝，正统十年（1445），他以年迈恳乞还山。英宗敕于杭州城西南凤凰山上建太清观，为周思得退居之所。景泰元年（1450）五月，周思得获准告老还山，由其徒周道宁扶持，返居杭州仁和县玄元庵。景泰二年（1451）八月二十四日，周思得羽化于玄元庵，享年九十三岁。英宗闻奏，特遣行人司行人徐旎往赐谕祭，赐谥"弘道真人"。元代道士吴全节、张惟一，明四十八代天师张彦頨都曾有"弘道真人"③ 之号，此谥号为对高道的褒奖。

门人弟子葬周思得于杭州八盘岭，《浙江通志》卷二三五载："明真人周思得墓。《杭州府志》在八盘岭，景泰间谕葬。"④ "三台山之前，为栗山八盘岭周真人墓"⑤，明代文士习经应周思得门人之请，撰《故履和养素崇教高士管道录司兼朝天宫大德观住持周思得墓志铭》传诸后世。"明田汝成《西湖游览志》卷四载其墓规制宏大，作为道士之墓，古今罕见，由此可见其在当时的显著地位。"⑥ "考其主要的活动地点在浙江与京师，其所显扬的主要道法为宋元道教新出的灵官法"⑦，因此，周思得在浙江道教史上，乃至明代道教史上都是有地位的。

周思得以显扬灵官法知名于世，是灵官法在明代传播的主要推动者。明倪岳《青溪漫稿》卷十一说："萨真人之法，因王灵官而行；王灵官之法，因周思得而显。"⑧ 强调了周思得对于灵官法传播的推动作用。周思得在当时以灵官法术灵验著名，明刘侗、于奕正《帝京景物略》卷四载

① 张泽洪：《周思得与〈上清灵宝济度大成金书〉》，《中国道教》1998 年第 1 期，第 26 页。

② （明）李贤：《明一统志》卷三十九，《四库全书》，第 472 册，第 1376 页。

③ 张泽洪：《周思得与〈上清灵宝济度大成金书〉》，《中国道教》1998 年第 1 期，第 26—27 页。

④ （清）嵆曾筠：《（雍正）浙江通志》卷二百三十五，《四库全书》第 525 册，第 5744 页。

⑤ （明）田汝成：《西湖游览志》卷四，《丛书集成续编》"史地类"，第 223 册，第 27 页。

⑥ 张泽洪：《周思得与〈上清灵宝济度大成金书〉》，《中国道教》1998 年第 1 期，第 26 页。

⑦ 汪桂平：《鄂东地区民间道士所用度亡科书的研究——兼论〈上清灵宝济度大成金书〉的流传地域》，《世界宗教研究》2006 年第 3 期，第 126 页。

⑧ （明）倪岳：《青溪漫稿》卷十一，《四库全书》第 1251 册，第 103 页。

《周思得事》曰:"永乐中,道士周思得行灵官法,知祸福先,文皇帝数试之,无爽也。至招弭被除,神鬼示彰,逆时雨,弥灾兵,远罪疾,维影响。乃命祀王灵官神于宫城西。世传灵官藤像,文皇获之东海,崇礼朝夕,对如宾客,所征必载。及金河川,舁不可动。就礼而秘问之曰:'上帝有界止此也。'成化初,灵应愈著。"① 此事在明张岱《夜航船》卷四亦证明"已而,果有榆川之役。"② 明沈德符《万历野获编补遗·萨王二真君之始》载:"国朝永乐间,杭州道士周思得居京师,以王灵官法降体附神。所谓'灵官'者为玉枢火府天将,在宋徽宗时,先从天师张继先及林灵素等传道法,又从师蜀人萨真君讳守坚者,学符术。"③ 从周思得的道学传承来看,"其主要传承的是流行于浙江地区的东华派的灵宝斋法与符章法术"④,也传承了创始者为神霄派王文卿、林灵素的神霄雷法。雷法兴起于北宋时期,在南宋、金、元、明最为兴盛。灵官法是宋代雷法的衍生物,周思得显扬的灵官法,实为萨守坚所行雷法。

周思得还在其编撰的《上清灵宝济度大成金书》中增加了灵官信仰的内容。如《上清灵宝济度大成金书·礼成醮谢门·开度各幕三献品》,有《大献斋设灵官醮科》⑤、《生神斋设灵官醮科》、《设全角灵官醮科等灵官科仪》等⑥。宋代普天大醮中尚无灵官神位,周思得在新修定的普天大醮三千六百圣位中,把明代崇祀的王元帅及众灵官纳入神位,适应了时代的要求,推动了王灵官信仰的传播。

第一,周思得历经五朝道教名流,他曾住持京师著名的显灵宫、朝天宫,曾有许多宫观因他而修建,他还广泛授徒,这些都促进了灵宝派在当时的传播发展。首先,周思得以行灵官法,名显京师,很多宫观都是因他而修建的,为灵宝派教义的传播提供了活动场所。明田汝成《西湖游览志》载:"皇明永乐间,道士周思得者,仁和人。操行雅洁,精五雷法。成祖闻其名,召试称旨,建天将庙居之。扈从北征累著功绩,仁宗建玉虚延恩殿;宣宗建弥罗宝阁,崇演法殿,改庙额为大德观;英宗建紫极殿,

① (明) 刘侗、于奕正:《帝京景物略》卷四,《续修四库全书》"史部",第729册,第114页。

② (明) 张岱:《夜航船》卷十四,《续修四库全书》"子部",第1135册,第264页。

③ (明) 沈德符:《万历野获编》补遗卷四,中华书局1959年版,第684页。

④ 汪桂平:《鄂东地区民间道士所用度亡科书的研究——兼论〈上清灵宝济度大成金书〉的流传地域》,《世界宗教研究》2006年第3期,第126页。

⑤ (明) 周思得:《上清灵宝济度大成金书》卷二十,《藏外道书》第16册,第724页。

⑥ 同上书,第725页。

宠遇优渥。"①《明史》载："永乐中，以道士周思得能传灵官法，乃于禁城之西，建天将庙及祖师殿。"② 明倪岳《青溪漫稿》卷十一说："永乐中有杭州道士周思得，以灵官之法显于京师，附体降神祷之有应，乃于禁城之西建天将庙及祖师殿。"③ 据习经撰《故履和养素崇教高士管道录司兼朝天宫大德观住持周思得墓志铭》，天将庙初建于永乐十八年（1420），奉祀"玉枢火府天将王灵官"，即道教新出护法神"王灵官"，为天庭二十六天将之首。《道藏》中《太上元阳上帝无始天尊说火车王灵官真经》即是奉诵王灵官的经典，该经称，王灵官"职任先天，剪除凶恶，专治不忠不孝，违背君亲师友诸事，掌管得此神将，下世救度，誓断妖魔，扫邪阪正，方得清灵"④。祖师殿奉祀王灵官受法之祖师萨守坚。天将庙位于紫禁城附近的位置，显示明成祖对灵官法的重视。

　　宣宗宣德年间，敕改庙额为大德观，封萨真人为"崇恩真君"，王灵官为"隆恩真君"，又建一殿崇奉二真君，左曰"崇恩殿"，右曰"隆恩殿"。大德观具有皇家内道场的性质，专门为明代皇帝的祷祀服务，因此明徐有贞《赠太常博士顾惟谨序》说："大德之祠，国之秘祠也。永乐中，今高士周君思得，始以道术幸上，兴祠事"。⑤ 明宣宗封萨真人为"崇恩真君"，王灵官为"隆恩真君"，二真君成为灵官法的象征。大德观的规格高于京师一般宫观，杨震宗《上清灵宝济度大成金书·后序》说："洪熙改元，鼎建九天雷殿。今上嗣登宝位，愈加隆眷，嘉升清秩，敕赐大德观额。复创弥罗宝阁，规摹宏大，像设尊产，金碧辉映，俨若清都紫府，实为京师之伟观也。"⑥《万历野获编补遗》卷四亦称此宫"雄丽轩敞，不下宫掖。"大德观随灵官法的风行而不断扩大规模。宪宗成化十八年（1482），改观为宫，加"显灵"二字，为"大德显灵宫"，并在此年扩建宫宇。清于敏中、英廉等撰《钦定日下旧闻考》卷五十曰："成化中，更拓其制，又建弥罗阁。嘉靖中复建昊极通明殿，东辅萨君殿，曰昭德；西弼王帅殿，曰保真。"⑦ 而弥罗阁、昊极通明殿的兴建，标志着王灵官的神格更为突出。大德观国之秘祠的显赫地位，是周思得显扬灵官法

① （明）田汝成：《西湖游览志》卷四，《丛书集成续编》"史地类"，第223册，第27页。

② （清）万斯同：《明史》卷五十一，上海古籍出版社2008年版，第628页。

③ （明）倪岳：《青溪漫稿》卷十一，《四库全书》第1251册，第103页。

④ 《太上元阳上帝无始天尊说火车王灵官真经》，《万历续道藏》第34册，第737页。

⑤ （明）徐有贞：《武功集》卷三，《四库全书》第1245册，第99页。

⑥ （明）周思得：《上清灵宝济度大成金书》，《藏外道书》第17册，第625页。

⑦ （清）于敏中：《日下旧闻考》卷五十，《四库全书》第497册，第589页。

的结果。

大德显灵宫作为京师之伟观，宣宗、英宗、代宗、宪宗朝，成为国家斋醮之法坛。每当万寿圣节、正旦、冬至及二真君示现之辰，皆遣官致祭，可谓崇奉备至。明代中后期，显灵宫作为灵境，成为文人学士访道之去处。明代文士何景明、江晖、顿锐、余寅、李言恭、冯琦、王嘉漠、袁宏道、何宇度、魏允中、顾起元、冯有经、朱宗吉等，皆有吟诵显灵宫诗传世。王嘉漠《显灵宫》诗曰："琳宫星澹晓光残，楼观巍临太乙坛。台自凌云如动影，茎犹承露不盈盘。窗闻玉女箫还起，座展天书夜欲寒。何问黄冠能住世，达怀高肃使人难。"① 继周思得之后住持显灵宫者，史籍所载有嘉靖年间的邵元节、陶仲文等，皆为明代道教的风云人物。清震钧《天咫偶闻》卷五载："大德显灵宫今已废尽。惟山门之在兵马司胡同者，今尚岿然，而石额亡矣。"② 震钧此书刻于光绪三十三年（1907），说明至清末，显灵宫已废纪殆尽。显灵宫在明代盛极一时，对道教在明代的传播可谓巨大，周思得仅此就值得在道教史上写上浓墨重彩的一笔。

因他而建的宫观还有杭州城西南凤凰山建太清观，为周思得退居修道之所。明沈榜《宛署杂记》卷十九"太清观"条注称："正统十二年，朝天宫住持周思得创。"③ 周思得退居修道羽化的玄元庵，其门弟子后来请求扩修，扩建成的道观改名"宝极观"。明田汝成《西湖游览志》卷二十一载："宝极观，在报恩坊内，旧玄元庵。元延祐五年，道士章无为建。"并说周思得于"景泰初，归老故庵。甘茹淡泊，其门人以法显者，殆百余人……成化间，其徒昌道亨得宠宪宗，诏徙玄元庵于思得墓左，而改其故居为宝极观"。④

第二，周思得曾主持朝天宫，并执管道路司，显赫的政治地位为其弘扬灵宝派教义提供了保障。宣德八年（1433），明朝仿南京朝天宫式，于京师皇城西北，建朝天宫，为习仪之所。明李贤《明一统志》卷一说："朝天宫，在府西，宣德间建。凡行庆贺礼，百官习仪于此，道录司在焉。"⑤ 由于明代历朝皇帝都尊崇道教，道教祭祀仪礼成为国家礼仪的主流，明显有别于唐宋时期。"明代主管全国道教的道录司是正六品衙门，

---

① （明）刘侗：《帝京景物略》卷四，《续修四库全书》"史部"，第729册，第114页。

② （清）震钧：《天咫偶闻》卷五，《续修四库全书》"史部"，第730册，第87页。

③ （明）沉榜：《宛署杂记》，北京古籍出版社1983年版，第23页。

④ （明）田汝成：《西湖游览志》卷四，《丛书集成续编》"史地类"，第223册，第27页。

⑤ （明）李贤：《明一统志》卷一，《四库全书》第472册，第24页。

设有左右正一、左右演法、左右至灵、左右玄义等道职，专门管理天下道教之事。道录司隶属礼部，其衙门设在两京朝天宫。"① 明人习经撰《故履和养素崇教高士管道录司兼朝天宫大德观住持周思得墓志铭》的题目表明周思得确曾管道录司。《钦定日下旧闻考》卷五十二说："朝天宫本元代旧址，盛于明嘉靖时，斋醮之及无虚日。"② 朝天宫是明代道教的核心宫观之一，道录司由正一派道士出任，是明代正一道贵盛的一个佐证，周思得曾主坛为国建醮，可见其当时的显赫地位。

周思得有门徒百余人，徒子徒孙，枝叶繁衍，形成了强大的道法传承体系，对于灵宝派教义的传播有着不可估量的推动作用。周思得曾管道录司，地位显赫，他的门徒中亦不乏担任道录司要职者，如周道宁、周道玉曾担任"至灵"，梅道真、王道弘曾担任"玄义"等③。另外，周思得在编写《上清灵宝济度大成金书》时，有门徒三十一人为之抄写书版，在刻本每卷结尾注明"某某抄"的字样。如卷二末注为"门弟子王道安书"④、卷三末为"门弟子周道宁书"⑤，等等。可以推测，周思得的门徒对这套科书也是了解或者熟悉的，他们之中必定有能够亲身实践此书中道法科仪的法师，随着这些门徒的迁居和流动，周思得的科仪道法必有向全国各地流传的可能，从而推动了灵宝派斋醮科仪在全国的传播。

第三，周思得才思敏捷，勤于著述，所编《上清灵宝济度大成金书》是灵宝斋法的集大成者，它门类齐备、内容丰富、简洁适用，在道教史上意义重大。周思得少从月庵丘先生学道，即遵其师诲训，以传承林灵真灵宝法为己任。不久丘公羽化，二十余年，拳拳之心，不敢自逸。出任大德观住持之后，时机成熟，"遂访求演法吴公大节，提点杨公震宗，复得真集，间尝窃附己意，补其散失，订其讹谬，参以简箓，佐以符章"⑥，撰成《上清灵宝济度大成金书》。《上清灵宝济度大成金书》的编撰，据顾惟谨、周士宁《上清灵宝济度大成金书·赞》之序文称："履和养素崇教高士周先生，集其所得水南林真人济度金书符箓，与夫卫国佑民、捍灾止患、济生度死不传之科，通为四十卷，题之曰《上清灵宝济度大成金

---

① 张泽洪：《明代道士周思得与灵官法》，《中国道教》2006 年第 3 期，第 19 页。

② （清）于敏中：《日下旧闻考》卷五十，《四库全书》第 497 册，第 589 页。

③ 汪桂平：《鄂东地区民间道士所用度亡科书的研究——兼论〈上清灵宝济度大成金书〉的流传地域》，《世界宗教研究》2006 年第 3 期，第 136 页。

④ （明）周思得：《上清灵宝济度大成金书》，《藏外道书》第 16 册，第 108 页。

⑤ 同上书，第 145 页。

⑥ （明）周思得：《上清灵宝济度大成金书序》，《藏外道书》第 16 册，第 4 页。

书》。”除林灵真科书外，灵虚田宗师符书也是周思得撰书之源，杨震宗《上清灵宝济度大成金书·后序》中称：周思得“暇日，乃以所传灵虚田宗师《符章奥旨》，集为《金书》三卷，散施四方，与同志者共，犹虑未广。复以水南林先生修撰《济度之书》，参以平昔所用诸品科范，校做成帙，命之曰《上清灵宝济度大成金书》，凡四十卷。”考《上清灵宝济度大成金书》正文四十卷，其中有八卷，即卷一、二十三、三十四、三十五、三十六、三十七、三十九、四十，题为“制授履和养素崇教高士周思得修集”，其余三十二卷题为“嗣青玄府下教司命灵宝领教法师林灵真撰集，制授履和养素崇教高士周思得重修”。说明这套书不仅在林灵真的基础上有所修改，而且有八卷是周思得新修的内容。

《上清灵宝济度大成金书》博采前世科书精华，综合了以前诸经之体例，以门统品，条分缕析，为道教科仪书中体例最完善者。《上清灵宝济度大成金书》的编撰体例是：每卷分门，门下分品，品下分细目。除分四十卷之外，又以十天干，分为十集，立甲、乙、丙、丁、戊、己、庚、辛、壬、癸集，每集据内容分为上、下卷，或上、中、下卷，或前、后卷，其中辛集分为上、下、前、后、左、右六卷，为分卷最多之集。该经共分二十门八十七品。该书在当时就受到道界同仁的一致好评。第四十五代天师张懋丞赞曰：“予尝披阅诸品经科，未有若是其明且尽者也！”① 杨震宗在后序中亦认为，该书“字正义明，心目为之开朗。自非崇教公闻见博洽，诚意专精，则何能致纂述之备如此哉。是书流布，实法海之舟航，玄门之梯级，增耀宗风，阴翊皇度，其功德力莫可名言。”

《上清灵宝济度大成金书》于宣德七年（1432）刻印出版。但因该书没有收入正、续《道藏》，明清以来的多种道教丛书亦没有收集，所以近代以来传本极稀。据查，“现存的明宣德本《上清灵宝济度大成金书》全球共有三套，一套藏于上海图书馆，一套藏于台北国立中央图书馆，一套藏于美国普林斯顿大学葛思德东方图书馆。20 世纪 90 年代《藏外道书》出版时，收录了上海图书馆藏明刻本的《上清灵宝济度大成金书》四十卷，使得这套科书为世人所广知”②。

《上清灵宝济度大成金书》虽然在后世传本稀少，但在当时乃至后世

---

① （明）周思得：《上清灵宝济度大成金书序》，《藏外道书》第 16 册，第 1 页。

② 有关周思得及《上清灵宝济度大成金书》的情况，可参阅丁煌《国立中央图书馆藏明宣德八年刊本〈上清灵宝济度大成金书四十卷〉初研》，载《道教学探索》第 2 号；张泽洪：《周思得与〈上清灵宝济度大成金书〉》，《中国道教》1998 年第 1 期。

却是影响深远。因为形成于两宋之际的上清灵宝大法是道教调整自己生存模式的一个重要成果，《上清灵宝济度大成金书》与王契真的《上清灵宝大法》有一种渊源传承的关系。周思得《上清灵宝济度大成金书》是在秉承宁全真、林灵真道法思想的基础上修订，而宁林二人的道法也受到王契真的《上清灵宝大法》的影响。《上清灵宝济度大成金书》从名称上来看，"也涵括上清与灵宝两系内容，上清凭存思修仙著称，灵宝以科仪超度闻名，两系各有侧重，上清灵宝大法则结合两者之长而用之于现实宗教服务"①，主要是适应了当时基层社会民众的需要，显示了强大的生命力。这套道法对于斋醮科仪进行了一系列变革，发展出带有自身特色的仪式形态。

　　上清灵宝派道法最重要的内容称"七经八纬"②，它构成上清灵宝派最核心的道法体系。七经主要包括七项内容："洞视百灵"、"参斗"、"朝元"、"分神治事"、"仙曹建邸"、"超度玄祖，寄治南宫"、"选应玄举"。七经指七个阶段的学习方法。"洞视百灵"指度师授给灵宝大法混元玉札洞视隐文之后，按要求行法吞服内讳神文，以便能"坐观三界洞明幽显，澈视鬼神"。③接着"参斗"，参斗即"存神参斗"，目的是参拜北斗七星，割移死籍，参斗完有所感应后才能学习其他经法。参斗毕才能"朝元"，存神上天门（太清欲境）朝拜上真。朝元之后就会得到任命的仙职，接着就要"分神治事"，即每日朝元完后要到自己的官署治理事情，如果有事要相应的治局批准请假方可。既被任命为仙官，就要有自己的官署，这就是"仙曹建邸"，即在自己修炼的"靖局"内设相应的坛场，前列各仙曹，后供奉高真。以上五个阶段完成之后，才可以超度自己的先祖，即"超度玄祖"。最后一个阶段是"选应玄举"，即参加仙界的科举考试，共设二十四司，每司有自己的经书作为应举之书。"七经实际上建立了一个从人到神的转化体系，并借用人间的科举考试为仙界建立一个选仙官的机制，用以鼓励学道之士。这已经不是一个分散性的宗教，而是一个有体系的宗教。"④不同的道书对"八纬"的内涵有不同的看法，"七

---

①　陈文龙：《王契真〈上清灵宝大法〉研究》，中国社会科学院研究生院博士学位论文，2011年，第1页。

②　同上书，第97页。

③　王契真：《上清灵宝大法》卷三，《道藏》第30册，第666页。

④　陈文龙：《王契真〈上清灵宝大法〉》研究，中国社会科学院研究生院博士学位论文，2011年，第97—98页。

经八纬"则主要是行持科仪的系列理论。

周思得《上清灵宝济度大成金书》的编撰体例是每卷分门，门下分品，品下分细目，其目的是突出科仪的重要性。"品目的划分原则，是按科仪类别。如受炼更生门分解炼科品、施戒品、解炼换用文愒品、祭炼科品、普炼科品、正炼科品。有的品目内容较多，又可细分。如合契舟章门的开度秘篆品，分为判设解食一宗、灵宝祭炼一宗、青玄祭炼一宗、玄都玉山大献普度一宗、灵宝炼度一宗、生神炼度一宗。文检立成门的祈禳品，分为祈禳黄箓大斋文字、传度大斋文字、雷霆祈雨文字、谢雷文字、消灾请福道场文字、普福道场文字、酬盟道场文字、禳檜道场文字、璇玑祈告道场文字、禳瘟道场文字、安宅道场文字、禳荧道场文字、祈嗣道场文字、阅箓道场文字、预缴箓文道场文字、九天醮文字、玄天醮文字、祈晴斋文字。"① 应该说，民众的需求促使道士根据不同的斋法采用不同的科仪，这对此后中国道教产生了深远的影响。

时至今日，"在鄂东地区的民间道士中仍然完好传承并实践着《上清灵宝济度大成金书》中的有关科品。如民间手抄本《小供王科》的内容完全来自《上清灵宝济度大成金书》中的相关科品，在后世数百年的流传过程中，几乎没有任何的增删变化，反映了道教经书传统的一脉相承与高度稳定性。"② 周思得在编纂《上清灵宝济度大成金书》时，为了使其流传广泛并流行永久，据第四十五代天师张懋丞在序言里所说："常恐其文词浩瀚，蠹朽篇帙，后人难于笔书。遂命工锓梓，广而传之，以示悠久。"既然周思得持有这样的修书思想，"该书修成以后，他必定会极力地将其推广流传开去。且周思得作为一代名道，历经五朝，备受尊崇，他还曾主管道录司事，掌理全国的道教，以他的声望和所处的地位，其著述一定会得到道教界的认可，并有向全国各地推广的条件。因此除了京师和浙江地区，还传播到了湖北鄂东地区。湖北鄂州地处长江中游沿线，水路交通非常发达，顺江而下就能到达南京，进入江浙地区。自古以来长江沿线地区的经济文化交流就很频繁，所以江浙的道教文化顺江而上传入湖北

---

① 张泽洪：《周思得与〈上清灵宝济度大成金书〉》，《中国道教》1998 年第 1 期，第 30 页。

② 此处相关内容借鉴了汪桂平在《鄂东地区民间道士所用度亡科书的研究——兼论〈上清灵宝济度大成金书〉的流传地域》一文中的观点，该文见于《世界宗教研究》2006 年第 3 期，第 123—136 页。

鄂州地区，亦完全可能。"①《上清灵宝济度大成金书》的传播恰好反映了浙江道教在明朝时候的广泛影响力。

周思得还擅长诗文，著有《弘道集》一卷。此书有《附录》一卷，有刻本传世。《千顷堂书目》②、《百川书志》③都著录周思得所撰《弘道集》。明嘉靖时俞宪编《盛明百家诗》从《弘道集》中选诗数十首题名为《周真人集》，其诗颇有道家韵味思致。如周思得《梦游仙诗》三首：

> 云树苍茫月正明，座中还遇董双成。玉箫吹罢桃花落，犹记霓裳谱上声。
> 玉扉双启烂金铺，楼阁玲珑湛玉壶。一曲霓裳看未了，又随白鹤下玄都。
> 翩翩鹤羽拂重云，仙乐嘈嘈世未闻。一虎借骑何处去，定应月下访茅君。④

清光绪二十三年（1897），杭州人丁丙将此诗集及周思得《上清灵宝济度大成金书序》、《重刊清净经注解序》二篇序文，收入《武林往哲遗著》⑤。

第四，周思得擅长斋醮，对于灵宝派道术的传播有推动作用。周思得住持之大德观一度成为国家斋醮法坛。第四十五代天师张懋丞、第四十六代天师张元吉，都曾在大德观为国建醮。明倪岳《青溪漫稿》卷十一载："岁以正月十五日为祖师示现之辰，遣官诣大德显灵宫告祭。"⑥周思得更是亲自主坛为国建醮，第四十五代天师张懋丞说："大德观高士周思得，遭际明朝，栋梁吾道，恭沐圣恩，屡修金箓。其封坛典仪，一依此式，莫不感应骄臻，诸天称庆。"⑦金箓的作用是为国主帝王镇安社稷，保佑生灵，上消天灾，下禳地祸，制御劫运，宁肃山川，摧伏妖魔，荡除凶秽。

宋代宁全真、蒋叔舆都曾经论述过前代科仪，提出陆修静、张万福、

---

① 汪桂平在《鄂东地区民间道士所用度亡科书的研究——兼论〈上清灵宝济度大成金书〉的流传地域》一文中的观点，该文见于《世界宗教研究》2006 年第 3 期，第 136 页。
② （清）黄虞稷：《千顷堂书目》卷二十八，《四库全书》第 676 册，第 669 页。
③ （明）高儒：《百川书志》卷十三，《续修四库全书》"史部"，第 919 册，第 87 页。
④ （清）张豫章：《四朝诗》明诗卷一百十四，《四库全书》，第 1444 册，第 5266 页。
⑤ 张泽洪：《明代道士周思得与铁官法》，《中国道教》2006 年第 3 期，第 20 页。
⑥ （明）倪岳：《青溪漫稿》卷十一，《四库全书》第 1251 册，第 101 页。
⑦ （明）张懋丞：《上清灵宝济度大成金书序》，《藏外道书》第 16 册，第 1 页。

杜光庭为科教三师之说。在《上清灵宝济度大成金书·朝真谒帝门》之《存真堂祝香演道文》中，周思得对东汉至宋元道教科仪诸宗师都做了总结性的阐述：

> 东汉天师张真君开正一大教，醮天祭鬼，保国宁家，辅正除邪，其功大矣。亘古迄今，宗风益振，乃此道也。三国时葛真君阐太极之文，济度幽明，位登仙翁，亦此道也。且灵宝一书，始自天真皇人，按笔乃书，留行下土，非人不传。南宋简寂陆翁，闭藏其书，以待至人。而出元魏，寇天师宣扬此道，广演经科，公侯将相，靡不敬礼。唐叶靖天师行飞神御炁之道，神虎追摄之法，杜光庭天师立黄箓斋醮之仪，二师兼行，此道愈大。至宋徽庙时，侍宸林宗师出神霄大法，流布人间，符图炁诀，悉皆隐书，此道盛行。南渡以来，祖师诚应田真人得灵宝书于庐山石室中，此即陆师所藏之书也。自兹而后，龙章凤篆，玉炎琅函，广度学仙弟子。继有王、宁、金等诸祖，各派之分，源流颇殊，其道则一。龙虎山留用光宗师，东华水南林真人，各集大成而全之，可谓备矣。①

这段总论概述了一千多年以来科仪之源流。"值得注意的是其所举科仪诸宗师中，唐代的不提张万福，而提叶法善，这仅见于周思得的评价，反映出他重法术的倾向。叶法善以法术见重高宗、武则天、中宗、睿宗、玄宗五朝，明代周思得以灵官法历事成、仁、宣、英、景五朝，二人颇有相似之处。"②

周思得不仅在斋醮科仪上有所继承，还在具体操作中对其进行了创新。如《礼成醮谢门·开度各幕三献品》提到的三种《设全角灵官醮科》，与《灵宝领教济度金书》中的《医治全角灵官醮仪》迥然不同，应是周思得新编醮科。"此外《礼成醮谢门》还收录有《梓撞帝君醮科》、《东岳设醮科》、《天妃醮科》、《纯阳真人醮科》，《赞祝灯仪门》有《天妃灯科》等，这些科仪在宋代的几部科仪书中都是无载的"③，当属周思得新创。周思得增加的这些新斋醮仪，是适应明代道教特点的新创。

综上所述，周思得显扬灵官法而闻名于世，并因此获得了显赫的政治

---

① （明）周思得：《上清灵宝济度大成金书》卷三，《藏外道书》第16册，第110页。

② 张泽洪：《周思得与〈上清灵宝济度大成金书〉》，《中国道教》1998年第1期，第11页。

③ 同上书，第31页。

地位。他借此政治优势，一方面广修宫观，为灵宝派的传播提供场地；另一方面修撰科仪大全来助灵宝斋醮科仪的传播；同时自己主持斋醮，并根据时代特点而加以创新，这些都对明代道教的发展产生了巨大的促进作用。

第十三节　多产道士周履靖

周履靖（1549—1640），明隆庆、万历间人，字逸之，初号梅墟，改号螺冠子，晚号梅颠，嘉禾（今浙江嘉兴）人。他少年时候身体羸弱，于是"屏去经生业，博涉子史百家言①"。性喜花草，"所居编茅引流，杂植梅竹，读书其中。"周履靖乡居未仕，"时时标勒古今虫书、鸟篆、汉隶、章草、行楷、金石，所录百千种，及山经、水品、草谱、禽言，又为诗林、赋海百千帙，至老无倦色。②"周履靖个性慷慨，"平生负气任侠，能赈人之急，邑有重役破产③"。中年丧妻之后，周履靖娶同郡桑氏女为继室，名贞白，字月姝。贞白工诗有才艺，纂组之外，留心典籍。与履靖唱和数百首，删繁撷精后，其诗结集为《香奁稿》二卷。又《和陆氏诗》一卷，《二姬倡和稿》二卷④，茅坤（茅鹿门）为之序⑤。"其为人闺范淑懿，抚前儿如己出。有一女适程之远，将结缡而程疾笃。家人难之。氏白父母请践期，父嘉其志，为笄栉而往。独行庙见之礼，即躬侍汤药，越二十五日，之远卒。氏以贞节自矢，孝事翁姑，抚侄灿为后。卒年七十有二。⑥"崇祯间有司闻其事于朝，立坊旌表有女若此，宁非母德所致乎？⑦"主动嫁给病入膏肓的未婚夫，履行婚约，侍奉公婆矢志不渝，这在古代确实是值得敬佩的。这可以从侧面反映出周氏家教有方。

周履靖夫妇偕隐唱和，郡县交辟，不应。诗名噪海内，胜流莫不愿与交之。他同青楼女子赵彩姬有来往，《林下词选》载："赵彩姬，字今燕，

---

① （清）盛枫：《嘉禾征献录》卷四十七，《续修四库全书》"史部"，第544册，第420页。

② 同上。

③ 同上。

④ （清）黄虞稷：《千顷堂书目》卷二十八，《四库全书》第676册，第666页。

⑤ （清）查继佐：《罪惟录》闺懿列传卷之二十八，《四部丛刊三编》"史部"，第11册，第1798页。

⑥ （清）嵇曾筠：《（雍正）浙江通志》卷二百五十，《四库全书》第525册，第5050页。

⑦ （清）沈季友：《檇李诗系》卷三十四，《四库全书》1475册，第669—707页。

秣陵妓。有集行世。"① 周履靖为之作序，力赞"燕虽籍在青楼，乃靓妆冶容夷然不屑，惟是香炉茗盏、把卷称诗，所交如四明沉嘉则、广陵陆无从、京口邬汝翼、吴门张幼于、俞羡长辈，尽一时名下士。即多寒俭，今燕每私为供具，至脱簪珥不辞。他挟赀势者非其好也。"② 周履靖与当时的文人名士如王世贞、屠隆、茅坤、陈继儒、董其昌、李日华等为莫逆之交。

对于周履靖，《梅墟先生别录》（又名《周履靖事实》）二卷，上卷李日华撰，下卷郑琰撰③，记载颇详。太仆李日华幼与履靖比屋居，周氏之母为李日华太姑也，所以李称周为外从父，两家关系甚好。李氏儿时，尤得梅墟厚爱。稍长，即从其读书问艺。《别录》云："六岁始识字，七岁始读书，十二而属文。是时亦知好古矣。以家贫，无所得书。先生悉出所藏书教余。后即读书于先生晴雪斋中，益得亲先生言论。先生不以余愚幼而谬与谭，兼出古墨，指点笔意。或夜深秉烛，披咏唐人诗而上下之。余虽以青衿肄业，而雅好吟弄。尝戏以诗文呈先生，先生击节叹赏曰：'异日以词章起江左者，是子矣。'余扪心知愧。"④ 周履靖年九十一卒。李日华抚之曰："他日文章风雅宗也。"⑤

周履靖好游、工诗、善琴、知医、能剑等，尤擅书。李日华云："先生学书，手不弃筦者廿余年，每作一字则太息以为不如古。秃毛废楮蒲室，寒暑勿易。卧则以指书被角，被为穿。一日，欢跃解脱，细楷行草及种种篆籀，无不如意。尝醉后学书颇老书《赤壁》，大如掌。徽客乞去。遇一胡贾以数十金易之。盖先生醉中不下名号，贾以为真笔购去耳。所书《道德》、《黄庭》一出，吴越中善书者，皆错愕弃笔。流至剡中，王元美惊视以为不可易得，遂为娄东诸名士欣赏。如文文水、周幼海、王百谷等皆跋其尾，至今此卷称妙绝一时。然予力购归，为家宝也。"⑥

正如西渡隐者傅先生所称，周履靖是中国有史以来屈指可数的多才多艺之人，不仅仅是诗人、词人，还是大画家、大书法家，更是一位真正的大隐之士。除了以上冠冕，周履靖同时是美食家、园艺家、道家、太极武

① （清）周铭：《林下词选》卷九明词，《续修四库全书》"集部"，第1729册，第54、55页。
② 同上。
③ （清）黄虞稷：《千顷堂书目》卷十，《四库全书》第676册，第260页。
④ （清）李日华：《梅墟先生别录》，《丛书集成初编》第103册，第182页。
⑤ （清）盛枫：《嘉禾征献录》卷四十七，《续修四库全书》"史部"，第544册，第421页。
⑥ （清）李日华：《梅墟先生别录》，《丛书集成初编》第103册，第182页。

学家、音乐家、金石家、大医学家、绘画理论家、养生家、茶道家、命相家、气功高手、大藏书家、博物家、游冶家等，古至今，尚未见一人能涉猎研究如此广泛的领域，并有专著行世，其著述内容之丰富，涉及领域之广，对后世影响之深远，令人慨叹。

周履靖是一位大藏书家。明清两代是嘉兴在古代发展的鼎盛时期，藏书家不可胜数。尤以嘉兴、海盐为多，海宁、平湖次之。著名的藏书家有嘉兴的沉启元、项元汴、项笃寿、高承埏、冯梦祯、李日华、陈邦俊、姚北若、沉嗣选、蒋之翘、王志和、俞汝言，海盐的胡彭述、胡震亨父子，平湖沉懋孝，海宁周明辅等。周履靖"少羸，去经生业，专力为古文词。废箸千金庋古，令典籍编茚"。[1] 以其丰富的藏书和典藏珍稀古版书籍而著称，名列大藏书家之列。

周履靖五言诗学陶渊明，七律有唐人王孟风致。李日华评其诗云：

先生于诗，从陶谢门入而波及盛唐诸子，故清绝古简处，往往似浩然。如"木落山容减，蕖开浦色添"；如"屋窄云俱住，瓢空鹤并饥"；如"好鸟拂檐过，闲云当户列"；如"花发溪前树，云生屋后山"；如"竹炉烹紫苑，棐几注丹经。池水碧于染，山云淡若空"。如"棹迹分开溪藻绿，屐迹踏破野花香"；如"落叶打窗疑夜雨，乱松迷径杂秋烟"；如"喜抛山果因风落，笑看溪云隔水生"之句，读之令人五内俱爽。郑琰在下卷亦云："逸之诗，晚年精诣，其和陶诸什，俨若居五柳宅中作脱巾漉酒态，读之不能去手。"又云："观其律诗庶几王孟风致，进乎技哉。余谓逸之胸中了了，信手拈出，不加镂磨而自有天然趣，此迥别有肺腑。世之知逸之者，宜索之牝牡骊黄之外。"

他经常在画上题诗，如在《张古塘〈爱荆图〉卷首行草欸休休居士申时行为爱荆词文书》上题诗："昔闻孝义属君家，顷睹名图谁敢夸。独步尚年堪作主，幽然时对紫荆花。"[2] 署名梅墟周履靖。又在《沉士兰作凝霞阁图欸云甲午夏日为爱荆先生写碧霞沉俊》后题诗："城南高阁枕湖头，绣栭文珰映碧流。石榻漫陈霞作幙，湘帘半卷月为钩。敲诗午夜惊牛

---

[1] （清）嵇曾筠：《（雍正）浙江通志》卷一百七十九，《四库全书》第 525 册，第 4336 页。
[2] （明）汪砢玉：《珊瑚网》卷四十二，《四库全书》第 818 册，第 678—679 页。

斗，对客花朝馨鹭鸥。不必然藜苕梦醒，一声长啸落沧洲。"① 署名为梅
痴道人周履靖。他还仿照高邮王盘作《野菜谱》并缀以词，雅俗相杂的
做法，编制了诙谐的《茹草编》，仿山家之公案，效西楼而起编，中咏
《燕子不来香》云："新蒲正短，旧垒犹空，绣箔珠帘面面风。粘天芳草，
碧玉茸茸，趁呢喃声杳。晓摘芳丛，昭阳殿里，妒绿嫌红，无奈香消一晌
中。"时人评其"清婉可咏"。② 周履靖在写诗作文的同时，还提出了一些
写作规则，如"一句内忌俳，一联内非对者忌繁，隔联忌字相似，一篇
忌句相似。痛芟刻取撮出至要。险则倒持造化，鬼神莫知，易则浑然天
成，人人惬意。"③

　　周履靖非常喜欢花草，尤其是梅花，自号"梅痴道人"。清人陈敬
《山舟纫兰集》中有集古七律《梅花》一首："弹压千花不敢春，不须妆
抹自然真。更无俗艳能相杂，时有清香暗袭人。千片白云吹不散，一林疏
雨净芳尘。世间绝品应难识，雪后行看倍有神。"④ 后面注明一些著名的
爱梅之人，如张泽民、张豫源、郑毅夫、冯海粟、余渊、申时行、林逋、
周履靖。周履靖在嘉禾鸳湖自建闲云馆清居，植梅三百余株。冬日大雪之
时，梅花含苞欲放。其时梅颠道人肩披白色羽衣，于梅林酣饮，吟咏终
日。明月高悬，携酒梅下，尽夜浅斟低酌。梅盛时节，梅颠道人骑于牛
背，赴深山溪涧探访梅花。比之宋时孤山林和靖"梅妻鹤子"毫不逊色。

　　周履靖通本草及炮制，所做中医之方甚多。《茹草编》也是中医著
作，清人赵学敏《本草纲目拾遗》卷九所载《绵珠》之方就是来源于周
履靖，"绵有木绵、丝绵二种，惟丝绵制服则有珠。新制衣每每有丝珠透
出衣外，周履靖《群物奇制》云：伏中装绵布衣无绵珠，秋冬则有。以
灯草少许置绵上则无珠也。入药用旧衣内绵珠，取其袭人气既久。其新衣
透出衣外，绵珠无用也，治蝎虎咬，香油调涂神验。"⑤

　　周履靖是一个居家修道信士，笃信道教，长期在家修行。经常进行道
教的"扶乩降笔"活动，作有《群仙降乩语》。李叔还编《道教大辞典》
说："乩者，卜以问疑也。术士制丁字形或人字形木架，悬锥于直端，状

① （明）汪砢玉：《珊瑚网》卷四十二，《四库全书》第 818 册，第 679 页。

② （明）徐渤：《徐氏笔精》卷五诗谈，《四库全书》第 856 册，第 75 页。

③ （清）费经虞：《雅伦》卷十九，《续修四库全书》"集部"，第 1697 册，第 279 页。

④ （清）陈敬：《山舟纫兰集》卷下，《四库未收书目辑刊》"集部"，第 10 辑，北京出版社
1997 年版，第 21 册，第 478 页。

⑤ （清）赵学敏：《本草纲目拾遗》卷九，《续修四库全书》"子部"，第 994—995 册，第 259
页。

如踏碓之春杵，承以沙盘，名为乩笔。由两人扶其两端，依符咒延神至，则锥自动，画沙成文字，或示人吉凶，或与人诗词唱和，或为人开药方治病。事毕，神退，锥亦不动……司其事者，俗呼为鸾手，亦曰鸾生。"①"升仙"是道教修炼的最高目标，"扶乩降笔"是道教的一种奇特的法术活动。周履靖能够熟练地操作"扶乩降笔"的道教法术，说明他不是一般的道教信仰者，而是具有较高的道行。如其诗《梅花道人》曰："罗浮遥入梦，千古道人名。笔底生春色，云中奏玉笙。空中明月影，野寺暮钟声。寂寞松丘里，春风几听莺。"② 具有浓厚的神仙氛围。彭辂在谈及周履靖"群仙降乩"之诗时指出："周子梅墟运乩召仙而仙集，各赠之篇章。何以故周子固翛翛湖海，超然尘溘，而平生躭诗嗜字，无一日废咏，是以得仙且得诗，其气所符合然也。"③ 可见周履靖不仅熟谙道教法事，而且善于借助道教典故以渲染神仙意境。他对道教精神的把握，自然会在戏剧作品中留下印记。周履靖与朱权都是明清时期信道的戏剧作家。许多戏剧作家尽管并没有出家修道，但他们往往在家中研习道教典籍，有较深的道教理论造诣，所以他们的戏剧作品往往闪烁着"道"的灵光，这些在道教史上都具有重要的意义。

　　周履靖丰富的藏书为他研究各种学问和著述提供了非常有利的条件。据《螺冠子自叙》所记，他所编著的著作达七十九种，可谓著作等身。《光绪嘉兴县治》三四载有：《漠隶仪例》一卷、《汉隶正宗》四卷、《景行录》、《怪疴单》三卷、《文苑》以百卷、《周氏绘林》十六卷、《闲云馆画数》九卷、《书法通释》二一卷、《汉隶钩元》二卷、《书苑瑶华》二卷、《墨池白璧》三卷、《字学释疑》二卷、《字学要语》二卷、《文苑遗容》一卷、《嘤翔春谷》一卷、《淇园肖影》二卷、《罗浮幻质》一卷、《书评会海》二卷、《绿绮新声》五卷、《元赏编》一卷、《茹草编》四卷、《菊谱》、《汤品》一卷、《续易牙遗意》一卷、《螺冠子》十卷、《夷门广牍》一二六卷、《炼形内旨》三卷、《八段锦图》一卷、《益龄单》一卷、《赤凤髓》三卷、《海外三珠》四卷、《鹤月瑶笙》三卷、《玉函秘典》一卷、《金笥元言》一卷、《天形道貌》一卷、《梅墟杂稿》、《梅癫稿选》二十卷、《古今歌纪》二十卷、《晋宋明十三家归去来辞》一卷、《毛主坛倡和》一卷、《鸳湖倡和》一卷、《梅坞贻琼》四卷、《古今宫闱

---

① 李叔还：《道教大辞典》，浙江古籍出版社1987年版，第80页。

② （明）周履靖：《群仙降乩语》，《丛书集成初编》"文学类"，第1761册，第5页。

③ 同上。

诗》十卷、《骚坛秘经》三卷、《闲云馆诗余》、《九歌》八卷。民国时，商务印书馆的《民国丛书集成》，影印过周履靖的不少著作。

在上述著作中，与道教养生相关的著作不少。周履靖之所以对道教养生有兴趣，在于他自己从小多病弱瘦，"余少而有厄羸之疾"，"则聚族而谋，养生、采荃、饵术、烹炼、炮灸之攻，月不日暇，然而体不加腴，急则且付之无若彼何矣！"就是说运用了各种养生、药补、食补、治疗等办法，都不见效验；以后则"悉心冥漠之道，捐床帷，谢闺榻，幽栖蠖屈，读《道德》《黄庭》，而揣摩其窍奥，不币期而气充然旋复，不惟疾愈，雇飘然有噱云吸露之思矣。"他采用了我国流传的道家的导引、气功养生运动方术，认真修炼之后，身体很快便康健起来，体会到了道家传统体育功法的功效，于是，"探山寻谷，结缘名流"，"裹粮游黄山，自岳之间，见其逸老者皆颐多寿，有年百旬以上者，遂相与跌坐谈话，贻诗结盟"，从而收集到大量养生益寿的经验和方术，"先后所梓导引吐纳之书，不一而足。"①

周履靖不仅关注道教养生，他对道教修炼也应该有一定的实践，他校对过《玉函秘典》、《炼形内旨》两本道教修炼书籍。《赤凤髓》当是这些经验与方术的集大成者。书名《赤凤髓》有丰富的内涵，《道枢》载："心有血马，谓之赤凤之髓。其流入于脑，谓之海，其流入于华池，谓之神水。""赤凤髓"就是心中之血，周履靖为此书取名之义，可能有三：其一为此书之重要有如心血之于人体生命；其二为此书之功效专在推促心血之流转，而保生命之活力；其三为作者心血之结晶。《赤凤髓》共三卷。第一卷收辑古人导引吐纳流传之法八种。第二卷为本书之精华所在，具体介绍了46式导引体操功法，每式占一页，其内容包括四部分。

第一部分为导引动作组的功式名称。每一功式都用古代传说中实的或虚的神仙故事来命名。②

例如，第一式叫作"偓佺飞行逐走马"，偓佺传说是尧时的槐山采药人，好食松实，形体生毛长数寸，两目正方，能飞行追逐奔马，时人食其所遗松子，皆至二三百岁。偓佺的主要特点就是迅跑可以追及奔马，因此就把此式名曰"偓佺飞行逐走马"，这组动作的特点就是两手平举如双翼之展动。46功式的46位古仙，都是从《列仙传》、《神仙传》中选出的，

---

① （明）周履靖：《群仙降乩语》，《丛书集成初编》"文学类"，第1761册，第5页。以下多处借鉴此文。

② 韩丹：《导引强身的要籍——〈赤凤髓〉》，《体育文史》1992年第4期，第39页。

有张良受兵书的黄石公、寿星彭祖即钱铿、冀州曲周的不老奇人啸父、行气练形寿数百年的邓疏、《庄子》中的楚狂人接舆、以饵术寿三百年的涓子、黄帝之师容成公、钓鱼于渭水百余年的寇先，等等。

第二部分则注明本组运动功式所主治的疾病以及对强身健体的功效，如："山图折脚"功式治"专治夜梦遗精"，"服闾滇目"功式治"肚腹疼痛"，"子英捕鱼"功式治"血脉不和"等，依症行功，以功疗病。

第三部分为动作的说明，例如"偓佺飞行逐走马"功式的动作是："用托布式行功，向左运气九口，转身向右运气九口。"就是两脚自然分开，两手平举与肩平，如托重物姿势。头向左，眼看左手，左手掌心向下，右足尖着地，运气九口；转身向右侧，姿势同左，运气九口，治疗赤白痢疾。其余各式均有动作说明，有简有详，大多三言两语，全靠读者在动作中去体会。

第四部分是绘图，均按功式的名称之含义绘制，以补说明文字之不足，图绘制刊刻得比较精细，动作姿势是依照实际操作者的作操姿势绘制，便于人们学习，这一卷的46式，看来不是从古籍抄来，而是周履靖根据亲身体验并采取别人经验而创编的，周君对此十分重视，把自己的图像置于末页。①

第三卷为"华山十二睡功"，首为睡功总诀，讲明睡功的功法要领，行功程序以及注意事项等。所谓"十二睡功"乃十二首歌诀，每一功为一页，先为睡功的功法名称，也以神仙命名，如："毛玄汉降伏龙虎"，"瞿上辅炼魂魄"，"麻衣真人和调真气"，"胡东邻运化阴阳"等；其次则为睡功歌诀，除"麻衣真人"为七言四句："调和真气五朝元，心息相依念不偏，二物长居于戊巳，虎龙盘结大团圆。"其余均为：七、七、五、五、五（或四）、五句式。如"毛玄汉降伏龙虎"："心中元气谓之龙，身中元精谓之虎；性定龙归水，情忘虎隐山；二家和合了，名姓列仙班。"又如，"张怡堂炼成灵宝"："万神不散谓之灵，一念常存谓之宝"。"自存身中宝，施之便有灵；诚能含蓄深，放出大光明。"又"谭自然廓然灵通"："悟本知源谓之灵，廓然无碍谓之通；识破娘生面，都无佛于仙，廓然无不碍，任取海成田。"等等。然后各附睡功图一幅，除"麻衣真人"为左侧卧式外，均为右侧姿位，除枕、席（包括床、台）不同外，卧势基本全同。睡功不在于姿势之同异，主要在于睡时头脑内的矛盾斗

---

① 韩丹：《导引强身的要籍—〈赤凤髓〉》，《体育文史》1992年第4期，第39页。以下多处借鉴此文。

争，这矛盾斗争基本上有十来种方式，也就是斗争双方的性质不同，方式亦有不同，全在仔细体味歌诀的内涵，如龙虎、魂魄、体用、复娠、火候、炉鼎、灵宝、沐浴、收放、灵通、了当，等等。睡功歌诀都包含了意识修养的哲理，各有侧重点，耐人仔细体味、咀嚼，也就是在似睡非睡之中体会。尚未发现这十二首歌诀从何处抄来，大约亦为周履靖所撰。①

《赤凤髓》这部书，可以说有这样一些特色：其一，图多而精：共有绘图 72 幅，是同类书中图画最多的，图之精美，也为同类书之冠，因而受到当时学者王文禄、彭格等的赞赏，是为特色之一。其二，具有鲜明的道家文化色彩：第一卷为道家传统功法，第二卷、第三卷的导引、睡功功法都以道家之神仙命名。其三，具有明显的健身治病的目的性：从《赤凤髓》三卷的内容，特别是第二卷 46 式导引运动，都可以明显看出为治疗病患、增强体质服务的特性。其四，重视精神、心理的修炼，所谓睡功，不是别的，就是自我意识修养和修炼，这是一种看不见的身体运动，也是人的生命修炼的关键。《赤凤髓》特别设一卷来讲睡功，是有其重要意义的。也是其特色之一。总之，《赤凤髓》是我国古代体育运动的重要文献，其许多功法至今仍有实用价值。②

《赤凤髓》卷二载《八段锦图》，有说一篇，图八幅，并未独立成书。无论是图或文，在晚明养生文本中，"八段锦"的"能见度"很高，晚明记载"八段锦"口诀的养生书不少，《赤凤髓》、《遵生八笺》、《尊生要旨》与明人所撰的清版《万寿仙书》不仅有文，同时有图。晚明类书诸如《五车拔锦》、《妙锦万宝全书》、《五车万宝全书》以及《三才图会》也都列有"八段锦图"，可见其受欢迎的程度。书中记载有口诀："闭目冥心坐，握固静思神，叩齿三十六，两手抱昆仑，左右鸣天鼓，二十四度闻"。周履靖的《赤凤髓》与《遵生八笺》的刻版较为精致，人物为坐姿，"还会把修炼时的坐垫画出来，如蒲团，或还有竹、藤、棉、毛等材质与款式不同，且花样各有巧妙变化，五花八门。"③ 从某种程度上说明了此种导引锻炼方式在民间各个阶层的普及程度。值得注意的是宋到清这类导引图基本上是遵循着相同的传统和样式，图中人物多是下巴有须、头上有髻、身着长袍的成年男性，他们或着衣，或赤裸上半身，动作以静态

① 韩丹：《导引强身的要籍——〈赤凤髓〉》，《体育文史》1992 年第 4 期，第 38 页。

② 同上书，第 40 页。

③ 李文鸿、吕思泓：《晚明文人养生的身体再现与口语传承》，《山东社会科学》2012 年第 4 期，第 94 页。

居多，不仅发型、脸型神似，姿势也大同小异，这应该与道教书籍有一脉相承的关系。

晚明养生文化盛行，"对于广大不识字的下层平民而言，口传作为知识的传播形式仍异常重要，把前人养生观点在晚明以格言形式出现，这其中或有知识重组以便于读者记忆理解、普及的考量。"① 周履靖还有《益龄单》所辑均为前人的养生经验，内容包括五脏养生法，精神保养，饮食宜忌，藏精节欲，四季禁食以及养目，洗眼等方法，对于老年摄养有一定的指导意义。如：

> 饮食：朝欲实，暮欲虚，朝饭细嚼，微饥而食，微渴而饮，宜淡食，食毕漱口，食后吸杯茶，食讫以手摩面，食盾行百步，食饱摩腹仰面呵气。
>
> 寝息：春夏晚卧早起，秋冬晚起早眠，夏不取极凉，冬不取极热，夜寒濯足，勿露星月下，勿踢卧讴唱，勿卧留灯烛，勿昼卧，勿坐卧当风，勿卧湿处，勿卧发言语，勿夜说梦，枕不欲高，睡宜侧卧屈膝，觉宜舒展，夜半不可不睡，睡宜握固，睡勿掩心，睡觉勿饮冷水。
>
> 六宜：面宜常摩，唾宜常咽，鼻毫常摘，拳宜常握，身宜常小劳，足宜夜濯。四时，春宣脏腑，夏补丹田，秋温脾胃，冬凉上膈。②

《唐宋卫生歌》是对古人在养生方面所留下来的经验总结，"世言服灵丹，饵仙果，白日而轻举者，但闻而未见也。至如运气之术，甚近养生之道，人禀血气而生。……予所编《去病歌》，盖采诸家养生之要，而为言。能依而行之，则获安乐。若尽其要妙，亦长年之觊。"周履靖认为服灵丹、仙果而长寿者世所罕见，主张养生应以运气按摩、节制饮食等预防措施为主，故博采诸家养生之要而编成七言歌诀，言少意深，便于诵记。《唐宋卫生歌》的旨趣不是为道教"轻举者"的修炼，而是为了民众百姓的"安乐"和"长年"。因此与其他养生歌诀不同的是，《唐宋卫生歌》非常通俗易懂，贴近民众的生活。任何与人的身体、生命有影响的各种因

① 李文鸿、吕思泓：《晚明文人养生的身体再现与口语传承》，《山东社会科学》2012 年第 4 期，第 93 页。

② 民国间涵芬楼影印万历刻本《夷门广牍》。

素，如饮食起居、行止坐卧、修炼避忌、戒性节欲，无不涉及，既是对唐宋以前的卫生经验的概括，又是对这些经验的普及和传播。"秋冬日出始求衣，春夏鸡鸣宜早起，子后寅前睡觉来，瞑目叩齿二七回，吸新吐故毋令误，咽漱玉泉还养胎，热摩手心熨两眼，仍受揩擦额与面，中指时将摩鼻胫，左右眼耳擦数遍，更能干浴遍身间，按肋时须纽两肩，纵有风劳诸冷气，何忧腰背复拘挛。"此处将日常早起后的保健运动一一叙述，只要按时作息，并勤行这些导引按摩，自然能够延年益寿。其中关键的是要心态平和，持之以恒。"欲求长生先戒性，火不出兮神自定。木还去火不成灾，人能戒性方延命。"这里所说的"戒性"，然虽是指性怒、肝火，但亦可引申为修养良好的性情、性格，如忍耐性、宽容性、乐天性，等等。人易不易生怒，不单是神经类型上的生物因素，主要还是后天的修养和修炼。有良好的修养和修炼的人便能调节自己的性情、情绪，进而形成有修养的个性品质。这就能遇事处之泰然，保持心境平和。总之，《唐宋卫生歌》是一部珍贵的中国古典养生文献，对于日常生活强身保健有一定的参考价值。

周履靖还校对过《金笥玄玄》这本中医书。此书内容记载了人体寄生虫的名称、形态及治疗方药。金笥犹金篋，汉应劭《风俗通·封泰山禅梁父》："俗说岱宗有金篋玉策，能知人年寿修短。"《老子》第一章："玄之又玄，众妙之门。"玄即幽深玄妙。作者谓医理深幽玄妙，且关人之寿命，故名之曰《金笥玄玄》。此书有《夷门广牍》本。此书有浓厚的道教色彩，图像非常富有想象力。

周履靖还编写过《茹草编》四卷[①]，作者亲自在山野采集可食的野生植物，通过访问、绘图的实践所编成的一部野菜食谱。卷一至卷二共收录野菜一百零一种。卷三至卷四引录古书中有关服食草木的资料，所绘各图可供药用植物学参考，但书中缺乏医药内容。

综上所述，由于道教文化的涵盖面极宽，其宗教文化层面的影响越来越大，在宗教推动和影响下形成的多层多向文化，也促进了道士综合文化素质的提高，上述周履靖就是多才多艺道士的代表人物，能以一人之力涉猎研究如此广泛的领域，并有专著行世，其著述内容之丰富，涉及领域之广，对后世影响之深远，无不让人赞叹佩服，对道教文化的传播贡献巨大。

---

① （明）周履靖：《茹草编》，《丛书集成初编》，中华书局1991年版。

第十四节　扑朔迷离詹碧云

明代浙江道教史上的道士詹碧云，身份扑朔迷离，他有可能是一个普通的道士，也有可能是明代帝王朱允炆，这样一个奇特的人物，不能不提。

一　道士詹碧云

詹碧云（？—？），全真道士，浙江常山人。《常山县志》中并无此人的记载，但清光绪二十一年（1895）《太原王氏延溪重修宗谱·延溪王璁公传》卷二传十九中载，明景泰末年（1456），王祐长子王璁"寻贾江浙滁州"，"有碧云詹师者，常来公贾之所，见公之为人洒落，襟期便把谈不忍去，盘桓数日，公遂得詹师之生平，归具告于父。"明景泰年间，王璁在滁州（今安徽滁县）经商。詹碧云常到王璁经商之处，见王璁为人洒落，襟怀宽广，便与他交谈甚欢，不忍离去，逗留数天。王璁了解到詹碧云的经历与品性，便归告于父王祐。按理，王璁断不至于将詹碧云的籍贯弄错，所以詹碧云的籍贯是常山人无疑。考詹姓确实是常山的一大姓氏，常山俗话即有"徐占半边，詹占一角"的说法，意思是姓"徐"的人占了常山一半，姓"詹"的人占了常山的一个角。因此如今三清山北麓三清宫的东南的陵园的路口，竖着一块题为"詹碧云墓"的标识牌，上面最后一行汉字赫然写着："詹碧云，又名詹本山，今浙江常山人，明全真派道士，内丹学派。"[①] 故詹碧云属于浙江道教史上的人物。

据《王氏宗谱》记载，王祐（1423—1515），原名王赵祐，号帽峰，又号费隐，今皈大乡汾水村人。据《王氏宗谱》载，王祐系唐光化年间（898—900）金紫光禄大夫、左押衙使王鉴裔孙。王鉴率兵"清剿"黄巢义军"获功"，后经朝廷恩准赐少华山（三清山）归隐。今当地"引浆"村名，即"隐将"之谐音。三清山为历代道家修炼场所，自晋朝葛玄、葛洪来山以后，便渐成为道家洞天福地，为信奉道学的名家所向往。但自唐宋后，三清山的道观因年久失修而逐渐荒废。宋乾道六年（1170）王鉴第十一代孙王霖，捐资在少华山营建三清殿宇，故少华山又名三清山。

---

① 《重磅发现：三清山道教的中兴者竟是浙江常山人!》，该文已被12月7日《衢州日报》人文·地理专版全文刊载，http://blog. sina. com. cn/s/blog_ 4cb1d59c0100gd6y. html。

"后因世乱荒芜，三清宫坍塌湮没。延至明景泰年间，丹鼎派（讲究修身养性，炼丹吃药的道教宗派）道士王祜家境比较殷实，欲重修三清宫，弘扬道教文化，并得到族人的支持。"① 明景泰七年（1456），王祜继承祖业，重整旧址。他偕弟永翀、永优和族中长者王景阳等，复建三清宫殿及后阁、阙廊、门楼、牌额、膳堂、斋舍、厨房等，塑圣像，奉玉清元始天尊、上清灵宝天尊、太清道德天尊三神位，冠名"三清宫"。明资政大夫、兵部尚书孙原贞亲书"三清宫"匾额并题款。由于所筹之钱粮远远超出了按原制重修的预算，便决定扩大道观的规模。

为了保证重建三清宫的质量和层次，王祜也不少操心。正巧詹碧云与王璁相识，"夫詹师者飘飘然，有仙家风不与世伍者也"。王祜曰："少华鼎新，余正虑住持无人，汝其于予请。"邀请詹碧云炼师上山住持，王璁秉承父命，拜谒詹碧云，敦请詹碧云上山，詹碧云道骨仙风、超凡脱俗，固知王祜并非平庸之辈，所以一请即至。詹碧云一旦抵山，即与王祜议洽规划，欲有光大道教事业之意，而王祜也为了保证重建三清宫的质量和层次，非常信任他，由他全权进行重新规划，增其旧制。"詹师抵山，与永祜公规画，更欲有光大之意，凿石卷砌，穿洞架桥，备极精巧"。②

这样一来，詹碧云在三清山依势布景，雕镂石刻，辅修磴道，架建桥亭，创建了以"三清宫"为中心的"少华福地"道教建筑群。此工程于景泰七年（1456）动工，逾三年而告竣。据勘查，自三清山北麓汾水村步云桥经风门至玉京、玉虚、玉华三峰，道教建筑景观达百余处，成为远近闻名的道教名山，赢得"江南何处是仙家？孤柱擎空见少华"和"少华之奇，不让天台雁荡"之盛誉。尤其值得称赞的是其总体布局形同"八卦太极图"③，即以三清宫为中心（无极），前后二殿象征阴阳两极（太极）。围绕这个中心的各景点建筑向四面八方辐射全山，按八卦方位营建八大道教建筑：北是天一水池（坎卦），南是九雷神庙（离卦），东是龙虎殿（震卦），西是涵星池（兑卦），西南是演教殿（坤卦），西北是飞仙台（乾卦），东北是王祜墓（艮卦），东南是詹碧云墓（巽卦）。这个设计展示出浓郁的道教神秘色彩，成为千百年来道教人士必访之地。

詹碧云与王祜等王氏族人密切合作，共襄三清山道教大业，并为道观

---

① 《重磅发现：三清山道教的中兴者竟是浙江常山人！》，该文已被 12 月 7 日《衢州日报》人文·地理专版全文刊载，http://blog.sina.com.cn/s/blog_4cb1d59c0100gd6y.html。

② 同上。

③ 同上。

住持40余年，终使三清山道业大振，成为三清山道教事业的开创者和主持人之一。他对于道教史的贡献主要在于：

第一，詹碧云主持修建了三清宫，提出新建的三清宫总体布局规划形要同"八卦太极图"，即以三清宫为中心（无极），前后二殿象征阴阳两极（太极），围绕此中心的各景点建筑向四面八方辐射全山，按八卦方位营建八大道教建筑。这种形式的"八卦"的建筑格局为全国名山所罕见，其规模与气势，可与青城山、武当山、龙虎山媲美。自此三清宫香火不断，成为道教文化渊源，享有"清绝尘嚣天下无双福地，高凌云汉江南第一仙峰"的盛誉。"尽管三清山主要由王祜出资筹建，但整个三清山建筑的规划设计与建设，主要是由浙江常山全真道士詹碧云来完成的。若没有詹碧云对道教真谛的准确把握和深刻理解，不可能规划设计出如此新颖的三清宫。"①

第二，詹碧云对三清山道教事业具有开创性的意义。"三清山道教派别原本是王祜的丹鼎派，但詹碧云是浙江常山全真教内丹学派道士，内丹学追求人与宇宙的自然本性相契合、同道一体化的境界，是参天地、同日月、契造化、返自然、还本我、修性命的天人合一之道，詹碧云主持三清宫长达40多年，内丹学派影响可谓十分深远。"② 如三清宫周围的八大建筑，都以丹炉为中心，按《易经》先天八卦方位一一对应排列。这就是道教内丹学派取"人体小宇宙以对应自然大宇宙"、同步协调修炼"精气神"思想在道教建筑上的反映。"殿开白昼风来扫，门到黄昏云自封"，三清宫门柱上石刻的对联，无不暗示着三清山道法的高深。

第三，詹碧云担任三清宫住持，弘扬道教达40余年。"身为开山之祖的王祜道长，对浙江常山全真道士詹碧云由衷地佩服和崇敬，同时深感詹碧云的道行修为比自己更深，为使三清宫道教事业不断发扬光大，王祜便诚恳邀请詹碧云在三清宫任住持，以开创三清山道教事业。詹碧云主持三清宫40余年，可以说把毕生精力献给三清山，深得王祜的信任和信徒香客的热爱"③，在他的主持下，山中道教达到鼎盛阶段，三清山也逐渐成为江西道教名山之一。因此，詹碧云对道教的传播有一定的贡献。

---

① 《重磅发现：三清山道教的中兴者竟是浙江常山人！》，该文已被12月7日《衢州日报》人文·地理专版全文刊载，http：//blog. sina. com. cn/s/blog_ 4cb1d59c0100gd6y. html。

② 同上。

③ 《重磅发现：三清山道教的中兴者竟是浙江常山人！》，该文已被12月7日《衢州日报》人文·地理专版全文刊载，http：//blog. sina. com. cn/s/blog_ 4cb1d59c0100gd6y. html。

据说，詹碧云是赣剧（玉山道士班）的创始人。赣剧是玉山古老的地方戏。据玉山县文化馆原副馆长张国清先生考证，它起源于玉山灯戏，发端于玉山道士戏。始唱高腔，明融昆曲，出现唱昆阳班的二合社，并逐步摆脱"迎神赛会"的宗教牵制，成为经常性演出的职业班社而流行于福建、浙江、安徽、湖南及江西本省。玉山道士班即高腔玉山班和玉山二合班大约在明永乐年间成型。据张国清先生介绍，20 世纪 80 年代，他在考证《赣剧在玉山的源流》时，采访到民间传说玉山道士戏班，源于詹碧云所传。故玉山班均以"云"字号命名。但当时他考证不出詹碧云是什么人，因此未将詹碧云写进考证文章。而发表于 1991 年 10 月《玉山文史资料》一书中的《赣剧在玉山的源流》一文中，留下了大量有关詹碧云之"云"的印记。现摘录如下："（二）玉山二合班。源于'作法'和'跳傩'（即傩舞）的玉山道士戏，在人多声杂的'迎神赛会'演唱活动中，形成了动作夸张粗犷、唱腔高亢激昂的高腔表演风格。随着表演活动的多样化和正常化，高腔在小场面表演显得热闹有余而细腻不足。于是玉山班吸收了轻歌曼舞的昆曲艺术，并成功地融于自己剧种之中，叫昆阳腔，俗称二合班。二合班活动时间不长，详情易失稽。仅知官溪'中保社'胡氏乐班与仙岩'步云社'郑氏道班联手'报赛'（会演）合并后，仍沿用詹碧云之'云'字号命名'紫云班'。继后四股桥大洋口王姓人办唱昆阳腔的'彩云班'（即江西第一班）……"清代"云"字系的玉山班有庆云班、紫云班（沿用老班名）、长云班、金云班、高云班、赛云班、积云班、贵云班、鸿云班、基云班、云敖班、云和班、大长云班、梁玉云班、紫玉云班、老赛云班、新寿云班等戏班。玉山班供奉戏祖和散班艺人聚集的场所叫"化龙社"。根据以往考证和民间传说建文皇帝曾在道士戏班扮过寻角等情况，现张国清先生和笔者共同推断：詹碧云是赣剧（玉山道士班）的创始人。

二 皇帝朱允炆

在中国道教史上，开山建观的道士数不胜数，但是却没有哪个道士能够引起像詹碧云这么多的争议。道教于生死颇为放达，道士在自己生前自营墓地的做法很常见，一些著名的道士死后很显赫的情况也很普遍，但是在三清山上，三清宫东南松竹掩映中的这座"明治山詹碧云藏竹之所"却没有那么简单。该墓依山势建筑，面积 210 平方米，墓分上下五层，共41 级台阶，冢顶呈椭圆形，有双层冢圈。圈中有座石塔，石塔分上中下三层，上段为七层六角密檐塔身及塔顶，中段为腰鼓形，下段为双层环形基座，石塔正面神龛内是詹碧云石像。陵园雕刻精细，是三清山的石雕精品，整座墓全用花岗岩砌成，结构严谨，风格别致。

图 9 - 1　三清宫旁的詹碧云墓

这座墓本来被称为方士羽化坛，位于三清宫东南 270 米处，一直被认为是全真道士詹碧云的墓。当初，詹碧云为重修三清宫作出了极大的贡献，暮年，詹碧云只有一个想法，就是死后把尸体埋葬在三清山巽卦的方位上。卒后，徒弟们就按照师傅的遗愿，将詹碧云葬在这里。该方位正对方向是飞仙台，为三清福地单体建筑面积最大的明代古建陵冢。相传，"詹碧云所选的墓地，正好是王祜早已看中的，但由于詹公的功绩高于自己，王祜只好让给他。王祜墓的布局结构和风格样式与詹碧云墓虽然差不多，但规模小得多，从这一点上也可看出，詹碧云在三清山地位的尊崇。"① 但是也有人认为，并不是因为詹碧云功劳大，王祜就不惜耗费巨

① 《重磅发现：三清山道教的中兴者竟是浙江常山人！》，该文已被 12 月 7 日《衢州日报》人文·地理专版全文刊载，http：//blog. sina. com. cn/s/blog_ 4cb1d59c0100gd6y. html。

资为其营建大型墓地，而是因为"詹碧云是明代第二代皇帝、《明史》记载失踪的建文帝朱允炆，脱生逃亡晚年藏身三清山时所建改名换姓的隐陵。"①

明朝开国皇帝朱元璋死后，由于皇太子朱标已于洪武二十五年（1392）先他而死，乃由皇太孙朱允炆即位，这就是建文帝。然而建文帝刚即位不久，燕王朱棣就图谋夺取帝位，以讨伐其身边"逆臣"为名，起兵北平（今北京），发动了历史上有名的"靖难之役"。1402 年，燕兵攻陷了京师（今江苏南京），燕王即位，是为明成祖。就在朱棣攻入南京时，皇宫已是一片大火，建文帝下落不明。此后，有关其出逃的传闻颇多。通过考证此墓地上各种连环暗套、谐音、假借、会意、暗指、引申、别解、白描、文义谜等隐谜，人们联想到了墓主"天颜"身份、逊国出亡以及其他一些有助于揭谜释疑的旁征佐引，产生一种"真作假来假却真，假作真来真不假，多重解释趣无穷，云里雾里猜不透"的感觉。

首先，詹碧云的墓非一般道士规制。

"藏竹之所"② 为仿陵园式建筑，墓冢地面水平距离纵长 25 米，最宽处 8.55 米，前后高差 13.25 米，气势恢宏，总建筑面积 210 平方米，全部用花岗岩麻石干砌构筑，造价高昂，非寻常人所能建就。其构造因山制形，依山为陵，拾坡而上，前陵后寝，共建五层。玄宫前设台阶五级，墓门外设石阶十三级，隐含有"九五"之尊、脚踏十三行省的意思。

前面三层是平台，平台之上是拜台，拜台上面是玄宫，玄宫前嵌空白无字青石板墓碑一方。玄宫墓门前置的这块无字青石墓碑，非常类似像唐女皇武则天陵墓前的无字碑一样，故意空白，留予后人评说。以无字青石碑存世，是象征着建文帝清苦的一生，漂泊流亡，先隐身于佛，后隐身入道，神秘离奇的一生是不方便也是无法用文字来描述的。

玄宫正中置须弥座，座上置佛教七级浮屠宝塔。宝塔高 3.67 米，由

---

① 本文有关建文帝的相关研究，借鉴了官涛的研究成果。官涛曾任上饶玉山县旅游局局长的，从 1982 年至今一直参与三清山风景普查工作，被称为"三清山活地图"。在历经了十余年的探究、思考后，官涛大胆推测、求证，推断明朝建文皇帝隐姓化名为全真道人"詹碧云"，并巧施谋略，应王祐（1456 年重建三清宫人士）之邀成为三清山"三清宫住持"。建文帝藏身三清山后，以王祐做掩护，大规模进行三清宫等道教场所建设，"詹碧云藏竹之所"陵墓就是他本人墓冢。2006 年官涛随同江西明史研究专家、江西历史研究所所长方志远教授及记者等人赴三清山进行了实地考察，此处也借鉴了相关媒体报道材料。

② "明建文帝失踪之谜"整理文摘（一），http://blog.sina.com.cn/s/blog_ 6060eea20100ssdr. html。

整条花岗石雕刻而成，分三段造型，下段为双层环形基座，中段成腰鼓形，正面镂空成拱状神龛。神龛内壁漆以明代皇家专用的朱红色。龛内放置詹碧云石雕像：左手托一小石砵，右手持一小石杵，紫钵长携；耳廓低垂硕长，福康寿相；束发童颜，面容清癯；鼻梁高耸，脸如美玉；道冠长须，骨骼清奇。雕像刻工细腻，栩栩如生，为三清山石雕珍品。又因设计存放于花岗岩镂空石龛内，虽历经五六百年却完好无损。

图 9 - 2　詹碧云石雕像

七级六角密檐通身石雕宝塔，即七级浮图，隐大德高僧墓塔之意。塔身正面刻"昊天玉皇上帝"，自诩玉皇上帝之尊；背面刻"十方救苦天"，隐以丛林领袖自居。如果詹碧云仅作为一个全真道本山派的住持，一个品德修养高尚的道长的身份，他不可能如此胆大妄称自己是"玉皇上帝"、"十方"丛林领袖，因此，墓主应是具有帝王身份的朱允炆，只有他，才可以名正言顺地冠以"皇上"和十方宗教领袖这样的名号。"十方救苦天"如用明代流行的"韵谜"、"谐音谜"、"文义谜"等制谜、解谜的方法综合来解，"十"是"文"字的斜脚，"方"是"文"字的头，即"十方"可为"文"字的谜面。"敕苦天"可意会为"以剑刺苦天",而"剑"谐音为"建",即"十方敕苦天"隐谜有朱允炆年号"建文"二字。与石塔正面"玉皇上帝"相联系,即石塔正反两面隐含有"建文皇帝"的尊号信息,此应是朱允炆在流亡被追杀隐身特定历史条件下精心设置的揭示其身份刻在墓塔上的隐谜佐证。

图9-3　七级浮屠宝塔

从这个七级浮屠宝塔来看,僧人去世后一般只建塔不建墓,道士去世后一般只建墓不建塔,而此墓是下建墓上竖塔,非僧非道,亦僧亦道,既融合了释、道文化特征,又在陵墓入口上方门框上标示"藏竹之所",有大儒雅韵,颇为新奇异类。詹碧云墓玄宫顶上之塔,特置佛教七级浮屠神龛塔,是象征大德高僧圣道才有资格享有的特殊建筑规制。佛教浮屠塔一般是藏高僧舍利、身骨用的,与一般风雷塔避雷镇邪的功能完全不一样。

墓周围矮墙仿五岳封土火墙式,墙身壁、柱暗做,前后四进院落敞露式拜堂结构,每层以寻杖石栏相隔,栏柱上端分别雕刻象征崇高圣洁、和合为贵的荷花;代表福禄长生、吉祥灵宝的葫芦;和雕工精湛、工艺精美、小巧玲珑的雌、雄石狮一对。雌狮怀抱幼狮象征子嗣昌盛、源远流长；雄狮脚踩圆球，表示权贵和一统寰球。在明代，龙、凤、狮子是不能乱用的。据《明太祖实录》载：洪武三年八月，丁丑，"诏中书省申禁：官民器、服，不得用黄色为饰，及彩画古先帝王后妃、圣贤人物故事、日月、龙凤、狮子、麒麟、犀象之形，如旧有者，限百日内毁之。"据资料，此狮在明清时一般用于守陵狮。国家文物局古文物专家罗哲文先生1994 年 7 月上三清山看了此文物后连声称赞："绝了，这是中国民间的石狮子，中国独有，世界没有"。墙正中辟门，有汉唐遗风。"在三清山景区，除三清宫以外，该陵墓是最大的明代古建筑，从墓基到宝塔，陵墓很不简单，绝不是一般道士的墓，其建筑风格与南京的明太祖皇孝陵十分相似"①，种种特征给人一种扑朔迷离之感。

其次，三清宫与詹碧云墓的"八卦"关系。

从墓地的方位来说，"詹碧云藏竹之所"处于三清福地八卦迷宫文王八卦"巽"位，即"巽山乾向"位置，在三元风水里，巽卦是文昌位，卦数为 4，又称四文曲星，有象征尚文的皇帝朱允炆的"建文"称号。在伏羲先天八卦里，巽卦卦数为 5，故隐含有"九五"尊数。巽卦在易经64 卦中排序第 57 卦，属中上卦，象曰："一叶孤舟落沙滩，有篙无水进退难，时逢大雨江湖溢，不用费力任往返"。这个卦是同卦相叠，巽为风，两风相重，长风不绝，无孔不入，巽义为顺，谦逊的态度和行为可无往不利。建文帝属相为蛇。蛇居巽位，适得其所。巽卦五色：青色、绿色、蓝色、碧色、洁白，暗应碧云假托之名。

"明治山詹碧云藏竹之所"东北侧面的一块山岩上刻有"螣冈"二字。经考证，"螣"为"蛇"，即小龙。建文帝生于洪武十年（1377），为农历丁巳年，属相为蛇，即位时年仅二十一岁，可谓"小龙"。一个"螣"字，刻置于墓侧，堪称用心良苦。在三清宫前牌坊上有一副石刻对联，"云路迢遥入门尽鞠躬之敬，天颜咫尺登坛皆俯首之恭"。经查典籍，"天颜"只有"帝王的容颜"一种解释。据《王氏宗谱》记载推测，当时詹碧云正被延为三清宫住持，往来烧香拜神的善男信女，对虔诚礼神三跪九叩的"詹碧云"实在是"天颜"咫尺。此外，三清宫大殿石柱楹联镌刻"一统大明祝皇祚于百世千世万世，三元无极存道气于玉清上清太清"②，有传说是建文帝隐身三清山时所题。

---

① 《发现明朝建文帝陵墓?》，三清山旅游网，http://www.sqs373.com/article/862.html。

② 同上。

处于三清福地正东北方向风雷塔，前临深谷，气势险峻。塔以悬崖之上巨石为基，用整条花岗石仿唐宋楼阁式六层六面实心雕凿而成，与塔基拼接得天衣无缝。塔檐六角稍向上翘，塔顶为葫芦形，塔底截面宽0.62米，塔高1.96米。塔身六层，加塔顶宝葫芦共七层，古朴玲珑，千百年来迥秀屹立，岿然不动，考察此塔位于伏羲先天八卦震位，给人以三清福地道教建筑是按先天八卦形制建筑的感觉。而实际上三清宫有两层八卦图，在内里又按文王后天八卦形制暗布了第二层，多层迷宫迷局布局设置，掩盖了真相，迷乱了人们的视线，从而达到了巧妙将詹碧云墓深掩密藏于第三层北斗七星覆斗核心之内的目的。用文王八卦七星覆斗作为以詹碧云墓为核心的隐蔽布局，还具有特别的象征意义，突出了詹碧云（建文帝隐踪化名）是效法文王，以文治国的"建文"理念。其整体构思缜密奇巧，藏竹之所既包裹在两重八卦图阵里又秘隐于紫桓七星勺斗之中，规划布局竟合天地人合一之尊，天时地利之妙。

再次，詹碧云墓有各种隐晦含义。

《抱朴子·论仙》中说"列仙之人盈乎竹素"，这座雄伟壮丽的明代陵园，陵园石门上刻着"明治山詹碧云藏竹之所"，有人墓碑上的"治山"、"藏竹之所"，用词充满神奇，极有可能寓意"詹碧云藏主之所"，以"竹"代"主"，遮人耳目。"这或许与陵墓的建造者有关，建文帝自幼聪明好学，为人仁厚有余，刚强浑厚不足，依照建文帝的经历和性格，以及当时逃亡的历史环境下，他本人不具备运作建造陵墓的能力。因此建造陵墓的人却可能另有其人，很有可能是效忠于建文帝或同情其遭遇的臣子，也有可能是与建文帝关系密切的道士子弟。"① 从史料上来说，詹碧云死后，是王祜建造了詹碧云的墓，以其协助创建三清道境的功绩，特葬于"腊冈"。弘治十四年（1501），王祜逝世。生前留置田产，遗嘱子孙用于"修理有损桥路"、"整饬三清、颐乐二处屋宅"，"供膳羽士焚修香火、上祝"。王祜再三叮嘱后代"无违吾命，以安吾九泉之下，幸甚！感甚！"祜殁葬于"少华福地"天门右侧，其墓今仍存。后人赞颂王祜："丰姿潇洒，德道趣深。诗高自误，宽和为心。善于继述，乐于山林。少华绩伟，垂后传今。"王祜其人慈和谦让，高风亮节，让人敬佩，但是也人认为这是建文皇帝隐姓化名为全真道人"詹碧云"，并巧施谋略，应王祜（1456年重建三清宫人士）之邀成为三清山"三清宫住持"。建文帝藏身三清山后，以王祜作掩护，大规模进行三清宫等道教场所建设，"三

---

① 《发现明朝建文帝陵墓？》，三清山旅游网，http：//www.sqs373.com/article/862.html。

清山道教建筑物大多为微缩小殿、小庙，这与建文帝隐身财力受限有关。官涛认为，其殿堂虽小，但规制未减。局限于特定历史下的有限财力但仍然精巧作之，利用信教徒崇教捐资，苦心经营几十年才全部完成。其以名山大川为陵的豪博大气，决不亚于一般在位帝王陵墓的建制。"① 因为两厢墓石雕刻精致豪华，墓门巨石拱砌宽阔高大，墓后弧形太师椅座，塔龛中碧云塑像居高临下直视墓门之前，令人望而敬畏。这样的大墓不是寻常僧道能够拥有，独特的形制在国内难得一见。说明墓主人不但拥有非同寻常的身份，还拥有十分可观的财富或募集财富的能力。

三清山遗存含"云"字的明代古景点和古楹联石刻有十三处之多，各有含义、代指和佐证，另有"六合岩"石雕一处。据史载，1402 年 6 月 13 日是南京金川门失守，燕王朱棣率兵入城，建文帝"逊国"辱身，悲怆不已，由密道出逃，切肤之痛的日子，他终生难忘，记忆犹新。三清山以不多不少正好十三个"云"和一个"六合岩"命名景物，遣词造联，一方面客观反映了三清山云飞雾绕的仙境景象，丝毫没有让人察觉出重复累赘的感觉，其用词构思之精妙实非常人能比。另一方面却暗藏深意，可能代指建文皇帝逊国出亡的六月十三日。今又考得明洪武九年（1376），朱元璋废中书省，设吏、户、礼、兵、刑、工六部国家管理机构，全国设十三个布政司（亦称十三省）的行政建制，从建文皇帝沿用的情况看，更可能是以"六合岩"隐指六部制，以十三个"云"隐指十三个布政司（行省）。以体现"詹碧云"的帝王身份，即以一云统治十三云（行省）。此墓为了掩盖世人耳目，避免被官府人员侦缉而毁于一旦，被民间盗贼发现而失其所留，抱憾终身。又不忍后人对他亡故之身青骨风姿，妄加猜测，甚至诋毁，能为后世研究关心他的智者仁人破译解读，还其真相，告白于天下。他发挥了其身为大明天子满腹经纶、大儒大雅、至高无上的天赋和才华，绝顶高超的隐身隐语神术，可称为天下第一隐身大圣，寰宇第一隐文化大师。

但是，也不是没有疑点，最大的疑问是建文帝是否真活了 120 岁。官涛从建文帝的年龄判断其在三清宫重建时仍健存于世。据《让氏家谱》让氏后裔称，建文帝出逃后改名为"让銮"，即逊让出江山銮殿时，享年百岁，葬于武昌洪山，但找不到其墓。而三清宫历三年建竣后开光，时间为 1459 年，建文帝朱允炆（生于 1377 年）时为 82 岁。根据刻在三清山天门石香炉石磬外壁的"弘治丁巳本山占题"阴文楷书来分析，官涛推

---

① 《发现明朝建文帝陵墓？》，三清山旅游网，http://www.sqs373.com/article/862.html。

测，"占"即詹碧云之"詹"的简写通假，用以掩人耳目。弘治丁巳为1497年，那时的詹碧云如果正是朱允炆的话，他已是120岁高龄的仙寿，又值他本命属相年，故特置香炉、石磬作为祭祀。"在当时的医疗条件下，要活到120岁基本上不可能。据史料记载，有确切年龄记载的道士一般都只有60多岁。而一些没有年龄记载的道士如'张天师'都是活了100多岁的，这些只不过是道教故事中的一些传说罢了，没有依据。"① 方教授认为，从年龄上来推断詹碧云就是朱允炆几乎是没有道理的。但这其中又不能排除存在詹碧云（朱允炆）死后其弟子为纪念他诞辰120周年而假托其名置香炉、石磬（天灯磬）以纪念之，或存在其他某些特异玄机使詹碧云得以长寿的可能。

文帝失踪后的行踪，成了千古之谜，治史者或谓已死于火，或谓逃出京师，争论了几百年未有结论，至今史学界仍为这两种观点喋喋不休。"谓逃出京师一方者，目前对于建文帝的下落，普遍认为他成功地从京师出逃之后，经江苏、浙江、江西西上，其后四十年间，在四川、重庆、贵州、云南、广西数省市辗转云游，结庵隐修，潜心向佛，因为这些地方都有丰富、鲜活的地方志记载，也留下大量历史遗迹。"②

对于建文帝最终的隐居地，普遍认为是流落巴蜀云贵及广西，清初谷应泰《明史纪事本末·卷之十七·建文逊国》篇记录最详细，也相对具有说服力，其中提到"众拟浦江，而（翰林待诏）郑（洽）亦巨族，且忠孝可居也。"建文帝从南京出亡后，由于他的义兄沐晟居西平侯之位，故对随驾人员说："吾今往滇南依西平侯。"最后，建文帝终老宫中，"迎建文帝入西内……帝既入宫，宫中人皆呼为老佛，以寿终。葬西山，不封不树"。

当然，这些说法也仍在商讨之中，但是毕竟某种程度上已经达成了共识，对于官涛所推测的詹碧云就是建文帝的说法，除了詹碧云墓外，并无多少佐证材料，缺乏说服力，而建文帝"自湖湘入蜀，自蜀进云贵，最后入广西"（见《南宁府志》卷十一）的证明材料却多如牛毛，两者相较，不辩而明。因此道士詹碧云不太可能是皇帝朱允炆，但是不排除建文

---

① 《发现明朝建文帝陵墓?》，三清山旅游网，http://www.sqs373.com/article/862.html。

② 参考管维良《地方志是建文帝出亡的历史见证》，《重庆师院学报》2001年第2期；吴德义《明成祖遣臣寻找建文帝下落诸说之由来》，《史学月刊》2010年第5期；陆宏辉《揭开明代历史上的一个大谜——从地方志看建文帝失位后的行迹》，《广西大学学报》1988年第3期等。

帝及其随从曾经在三清山一带逗留的可能性。

上饶市文物考古研究所所长黄上祈的著作《三清山道教文化考略》中就有《明代建文帝失踪之谜和三清山追踪》一文，该文对建文帝有可能逃往三清山，隐居玉山境内，做了合理猜测、推断。书中认为，明朝三清山林深叶茂、地广人稀，不易引起朝廷注意。而且兴盛的道教文化和众多佛、道宫观寺院形成较为安全的隐蔽条件。另外，1983 年玉山县东南发现的《重修三学禅院碑记》碑文中有一段提到了建文帝当年逃出南京后曾来到三学禅院避难。据民间传说，建文帝出走云游曾经到过云南、贵州、四川峨眉山及江浙等地。在经过玉山县群力三学寺时，据 1985 年版《玉山县志》记载：“相传明惠帝朱允炆曾为该寺手书：‘冰骨凌霜月，清心扫艳云’的联语一对，经寺僧精制成板，悬挂方丈净室”。但是建文帝在江西境内经过，并不一定就等同于在此隐居，因为众多史料证明建文帝出亡西南，最终隐居在州寿佛寺十年有余，只因“归者甚众，恐事泄，复遁至南宁陈步江一寺中。”（见《横州志》第八册）1637 年，明代地理学家徐健客游横州南山时，对于建文帝德居横州南山一事曾经做过考察和肯定，应该比较接近事实真相。

建文帝作为一个货真价实的真龙天子，坐了四年天下，在位期间孜孜求治，绝非荒淫无道之君，这是天下有目共睹、有口皆碑的。朱棣以“清君侧”为名起兵夺位，建文因兵败失位，这件事孰是孰非，百姓心知肚明，对建文帝抱有同情之心是不言而喻的，因此虽然建文帝“以寿终，葬西山，不封不树”，也不能排除建文帝受到全国各地百姓庇护，为他建立纪念性冢墓的可能性，但是这种可能性很少，尤其是在建文帝传说并不广泛流传的江西三清山地区，最大的可能是道士詹碧云就是一个浙江常山地区的道士，不是皇帝朱允炆，至于他的坟墓为何如此独特，极大可能是与他确实劳苦功高有关，王祜为他建立了豪华墓葬，即使有其他的隐情，也应该与建文帝关联不大。

第十五节　元明两代全真道在浙江的传播[①]

浙江山川秀丽，气候宜人，是道教思想萌生的好地方。早在东周时期

---

① 本节内容已以同名论文发表，卢敦基主编《浙江历史文化研究》第四卷，浙江大学出版社 2012 年 12 月版，第 54—62 页。这里略有修改。

越地就流行起道家思想。东汉以降，作为一种宗教派别的道教传入浙江。随着魏晋南北朝时期的文化重心南移，浙江跃居道教传播的重要区域，庙观林立，香火繁盛，杭州、天台、会稽、吴兴、天目山、金华等地名山大川都成了道教修炼的洞天福地，道教因此也就渗透到社会的各个阶层，出现了许多著名的道教人物。元明两代特定的时代背景中，道教经历了一个发展、变革、兴盛到衰落的过程，道教此时的发展与当时社会现实有密切的联系。元朝初期，统治者为了笼络人心，缓和民族、阶级矛盾，对各种宗教都大加提倡，对道教各派都扶植利用，各派道教首领和一些著名的道士都得到封官赐爵。因此，这一时期道教兴盛，道派分化繁衍，新道派纷纷涌现，也涌现出了一大批有一定文化水平的著名道士和深受道教影响的学者、文人。

前文所及，元代神霄派的传播与发展主要是江苏、浙江、江西、福建、广东等省，入元以后，传林灵素、张继先者转衰，传王文卿者较盛。除莫月鼎一系十分昌盛外，还有沈震雷等一些支系同时活动，但缺乏相关记载，故未得其详。入明以后，仍有神霄道士的活动，莫月鼎一系传至周玄真，享誉于元明之际，又有周思得显名于永乐间。周思得所行灵官法，是萨守坚弟子王灵官（名善）传下的，此后传奉萨守坚道法的道士，继续传行，称"西河派"或"天山派"，其详无考。入元以后，东华派的主要传人为林灵真。林灵真于逝世前，所传弟子甚众，在州里不下百余人。林天任虽被授命嗣教，但《玉清灵宝无量度人上道·灵宝源流》所列东华历代宗师名单中，却未列其名，而是在林灵真之后，列：太极高闲先生董真人，讳处谦，字巽吉；三十九代天师太玄真人，讳嗣成。这是该书所列的最后两代祖师。《林灵真传》称"高闲董公"（即董处谦）是天师门下弟子，即正一派龙虎宗道士；而第三十九代天师张嗣成，于元延祐三年（1316）嗣教做正一教主，表明此后东华派即融入正一道而不单传。茅山宗以茅山为中心，住茅山宫观的知名道士较多。但从元初起，苏、杭一带反而超过茅山，成为该宗力量最雄厚的地区，一些浙江籍的道士为茅山宗和全国道教的发展都作出了巨大的贡献。元代以后茅山派归并于正一派。这些道教内部的发展、变革、兴盛、衰落其实都伴随着全真教在浙江地区的传播而起，全真道兴起并获得元朝的肯定，从而在道教中占据了主要地位，因此其他教派发展不旺也是在情理之中的。

全真道在浙江的传播首先从南宗即金丹派开始，金丹派南宗为南宋时期形成的道教内丹派别，与北方的全真道相对。因地处江南，故称"南宗"。作为一个独立的炼养道派，其存世时间并不长，但影响深远。该派祖述五代至北宋间道士钟离权和吕洞宾，谓其丹法传自钟、吕，以北宋张伯端为开派祖师，并提出张伯端—石泰—薛道光—陈楠—白玉蟾的传法谱系。由于全真道奉吕岩为纯阳祖师，故世称吕祖。据《历世真仙体道通鉴》，吕祖生于唐贞观十二年（638）四月十四日，河中府永乐县人。其父吕让，初为太子右庶子，后迁海州刺史。吕岩生于林檎树下，出生时异香满径。幼年时期极其聪明，日诵万言。长大后，身高八尺二寸，面淡黄，笑脸，微麻，三髭须。一说武后时期三举进士而不第。唐文宗开成二年（837）举进士，后游庐山，遇异人受长生诀而得道。另一说，吕岩两举进士不第，后在赴长安道中，遇钟离祖师，授枕做黄粱梦。梦中举进士，登科第，历任显官，入台阁，擢侍从，居朝三十一年。偶上殿应对差误，被罪谪官，南迁江表，路值风雪，仆马俱瘁，一身无聊，方自叹息。忽然梦觉，入睡前所煮黄粱米饭尚未炊熟，世称"黄粱一梦"。梦醒大悟俗世无常，民利乃身外之物，于是抛弃家庭，随钟离祖师赴终南山鹤岭修道①。传说唐僖宗广明元年（880），吕祖遇到崔公，崔公授他《入药镜》，吕祖据此修行性命，不差毫发。后在湘潭、岳阳、湖北一带游历度人。又据《吕祖本传》，吕祖得钟离之道以后，又得火龙真人天遁剑法，一断烦恼，二断色欲，三断贪嗔。初游江淮，即以灵剑除长蛟之害。后奉天帝之命，居荆山洞府。年六十四上朝元始天尊、玉皇大帝。从此以后隐显变化不一。他誓愿宏大，精勤不懈地在浮尘浊世中行化度人，因而产生了众多的传说故事。② 白玉蟾用诗歌的形式诵说了吕祖一生的传道度人的活动，如云"或时磨镜市中行，或时卖墨街头走，或称姓田或姓回，江口京口归去来"，"江都度得西山施（即施自吾），雪川度得东村沈（即沈东老）"，"茶中传授郭上灶，酒里点化何仙姑"，等等。元代道士苗善时则将吕祖的事迹编为一百零八化③，著有《纯阳帝君神化妙通纪》七卷，汇集吕祖一百零八化的故事，以劝人尽忠行孝、积善除邪为核心思想。其中所述传道对象不乏达官贵人，但更多的是广大下层民众。正因为吕祖慈悲为怀，不拘一格随缘度人，在民众中获得广泛的赞誉，进而受到各阶层民众的真诚尊崇。如吴兴就有回道人（吕洞宾）在北宋熙宁元年劝度湖州归安东林人沈思（自号东老）的传说，陆元光《回仙录》云：

---

① 赵道一：《历世真仙体道通鉴》卷四五，《道藏》第5册，第358页。

② 同上。

③ 尹志华：《深入人心的道教神仙——吕祖》，《运城学院学报》2006年第4期；尹志华：《吕洞宾生平事迹考》，《中国道教》2007年第4期。

　　吴兴之东林沈东老,能酿十八仙白酒。一日,有客自号回道人,长揖于门曰:"知公白酒新熟,远来相访,愿求一醉。"实熙宁元年八月十九日也。公见其气骨秀伟,跫然起迎,徐观其碧眼有光,与之语,其声清圆,于古今治乱,《老庄》浮图氏之理,无所不通,知其非尘埃中人也,因出酒器十数于席间曰:"闻道人善饮,欲以鼎先为寿,如何?"回公曰:"饮器中,惟钟鼎为大,屈卮螺杯次之,而梨花蕉叶最小。请戒侍人次第速斟,当为公自小至大以饮之。"笑曰:"有如顾恺之食蔗,渐入佳境也。"又约周而复始,常易器满斟于前,笑曰:"所谓尊中酒不空也。"回公兴至,即举杯浮白。常命东老鼓琴,回乃浩歌以和之。又尝围棋以相娱,止弈数子,辄拂去,笑曰:"只恐棋终烂斧柯。"回公自日中至暮,已饮数斗,了无醉色。是夕,月微明,秋暑未退,蚊蚋尚多,侍人秉扇殴拂,偶灭一烛,回公乃命取竹枝,以余酒噀之,插于远壁,须臾蚊蚋尽栖壁间,而所饮之地洒然。东老欲有所叩,先托以求驱蚊之法。回公曰:"且饮,小术何足道哉!闻公自能黄白之术,未尝妄用,且笃于孝义,又多阴功,此予今日所以来寻访,而将以发之也。"东老因叩长生轻举之术,回公曰:"以四大假合之身,未可离形而顿去,惟死生去住为大事,死知所往,则神生于彼矣。"东老摄衣起谢,有以喻之。回公曰:"此古今人所谓第一最上极则处也。此去五年,复遇今日,公当化去。然公之所钟爱者,子偕也,治命时,不得见之。当此之际,公亦先期而致谨,勿动怀,恐丧失公之真性。"东老颔而悟之。饮将达旦,则瓮中所酿,止留糟粕而无余沥矣。回公曰:"久不游浙中,今已为公而来,当留诗以赠;然吾不学世人用笔书。"乃就擘席上榴皮画字,题于庵壁,其色微黄,而渐加黑,故其言有回仙人《题赠东老诗》:"西邻已富忧不足,东老虽贫乐有余,白酒酿来缘好客,黄金散尽为收书。"凡三十六字。已而告别,东老启关送之,天渐明矣,握手并行,笑约异时之集,至舍西石桥,回公先度,乘风而去,莫知所适。后四年中秋之吉,东老微恙,乃属其族人而告之曰:"回公熙宁元年八月十九日,尝谓予曰:此去五年复遇,今日当化去。予意明年,今乃熙宁之五年也,子偕又适在京师干荐,回公之言,其在今日乎!"及期捐馆,凡回公所言,无有不验。①

---

① (宋)胡仔:《苕溪渔隐丛话后集》卷三十八,人民文学出版社1962年版,第306页。

此记源自北宋大文豪苏轼（1037—1101）作于熙宁七年（1074）的一首诗序。①《东坡诗话》也有类似记载并把回道人坐实为吕洞宾。苏轼之后，其诗友郭详正（1035—1113）作《寄题湖州东林沈氏东老庵》诗。这进一步扩大了吕洞宾度沈东老传说的影响力。上述《回仙录》即在其影响下的作品。关于吕洞宾度沈思的故事的真实性，周扬波认为，沈思之子"沈偕捏造仙话，显性目的是为得到苏轼美言而使亡父生辉，隐性目的实为增强东林沈氏家族在乡里的影响力"，此后这一仙话通过建祠立碑和过客传播、名家诗文和类书蒙文传播，广为流传，成为北宋有关吕洞宾的两个最著名的仙话之一（另一个为吕洞宾过岳阳楼）。② 湖州很早就建立了回仙观，据传说是沈东老舍宅而建。绍兴年间（1131—1162）修道观时，额曰"回山人祠堂"，两宋之交湖州绅士刘一止撰写了《回山人祠堂碑记》③。南宋官吏程公许（1182—?）在 1249 年为它写了碑记④，即《回仙观碑记》，对回山人做了解释："回姓盖吕字之隐，山人则仙字之拆"，回山人就是八仙中的吕洞宾，吕是道教全真派的祖师。淳祐九年（1249）赐额回仙观。山下原有一座回仙桥，相传是吕洞宾去游东林山在一条石块上睡了一觉，留下了一个人影，此石横跨涧上，后人称为回仙桥，苏东坡亲书"回仙桥"三字，并刻在桥上。砌墙盖瓦装了铁栅，以做保护，此桥毁于"文化大革命"期间。

元代至元六年（1269），杭州仁和奉敕建玉阳庵，主奉纯素守忠大司马仁真建，居云水道人至元十年（1273）重建，赐"玉阳体玄广（慈普）度真人"⑤。"玉阳"是全真七子之一王处一的号。大约与此同时，杭州有罗蓬头、黄公望等人参学全真之道。关于罗蓬头，《长春道教源流》引元郑元祐（1296—1364）《遂昌杂录》说："罗蓬头者，寓杭西北羊角埠上全真小庵。非痴非狂，冬夏惟一衲衣，居庵一室，中无坐卧具，惟书夜蹲

① （宋）苏轼著，（清）冯应榴辑注，黄任轲、朱怀春校点：《苏轼诗集合注》卷一二，上海古籍出版社 2001 年版。

② 周扬波：《"吕洞宾过沈东老"仙话考述》，浙江大学宋学研究中心编《宋学研究集刊》第一辑，浙江大学出版社 2008 年版。

③ 刘一止：《苕溪集》。

④ 见周学浚等人编辑的《湖州府志》卷五十，台湾成文出版社，《中国方志丛书》第 54 号影印同治十三年刊本；陆心源《吴兴金石记》卷十二。据南宋末年李简易《玉溪字丹经指要》内《混元仙派图》的记载，沈东老为吕洞宾弟子。

⑤ 沈朝宣：《仁和县志》，见《中国方志丛书》第 179 号第 3 册，第 732—733 页。

地上，秽汙殊胜，而往往能前知。"① 闽人马都箓（号静斋）以道法见赏于宋度家，曾治愈谢后病。宋亡，崔中丞荐之于元世祖，道法复有验，宣授浙西都道箓、提点西太乙宫，恩赏特别优厚。一日大雪，访罗蓬头于全真庵，问未来吉凶，罗书"贺"字，复书"正"字，告诉他但问知堂，知堂曲解其意。次年正月，宣州贺雷岩持玺书，宣命接替马都箓前职。诸如此类预言多有验。若人有吉，则乞钞买酒肉吃，否则摇手，终不为一书。后将死，大笑拍手歌唱，立地而卒。人以为神仙。罗蓬头在元代杭州西北羊角埂上全真山庵中修炼。

内丹南宗代表人物之金志扬（1276—1336）也与全真道有关，他是浙江永嘉人，师从全真道士李月溪。张宇初《岘泉集·金野庵传》谓："月溪，白紫清（白玉蟾）之徒也。"②《历世真仙体道通鉴·金蓬头传》则谓："月溪乃真常李真人（李志常）之徒，真常又长春丘真人之高弟也。"③ 李月溪本南宗道士，而又师李志常。李志常是丘处机的徒弟，因此李月溪兼有北方全真道的血脉。金蓬头本着全真派苦修的精神，"攀陟岩壑，侣鹿豕，卧云雾，视以为常。或夜坐盘石，蛇虎值前，辄愕而逝去"④。后来他让徒弟李全正、赵真纯在峰顶上筑天瑞庵，形成了自己的传教基地。南宗从陈楠起，将内丹修炼引入斋醮活动中，兼行神霄雷法。白玉蟾师承其业并授予弟子，也寓内丹于雷法之中，使南宗修持具有"内炼成丹、外用成法"的特点。金志扬能够在天旱时候召龙祈雨和其他诸般灵验，也都是雷法的运用，这都离不开其内丹修炼的深厚积淀。此后出现的神霄、清微、净明等道派也都以"内炼成丹，外用成法"为其宗旨。

赵友钦（1279—1368），名敬，字子恭，自号缘督，人称缘督先生，宋末元初人。他是宋室汉王十二世子孙，籍贯为江西鄱阳。宋朝灭亡后，为避免受到新王朝的迫害，他浪迹江湖，隐逸道家，曾经到过江西德兴、浙江锡县（龙游）、金华等地。最后在龙游鸡鸣山定居，死后葬于此地，并在鸡鸣山上建有观象台。赵友钦是元代全真道中重要人物上阳子陈致虚的老师。陈致虚在《上阳子金丹大要列仙志》中载："缘督真人姓赵讳友钦，字缘督，饶郡人也。为赵宗子。幼遭劫火，早有山林之趣，极聪敏，

---

① 陈铭珪：《长春道教源流》下册，《藏外道书》第31册，第478—479页。
② （明）张宇初：《岘泉集》卷四，《道藏》第33册，第231页。
③ （元）赵道一：《历世真仙体道通鉴续编》卷五，《道藏》第5册，第447页。
④ （明）张宇初：《岘泉集》卷四，《道藏》第33册，第231页。

天文、经纬、地理、术数莫不精通。及得紫琼师授以金丹大道，乃搜群书经传，作'三教一家'之文。名之曰《仙佛同源》。又作《金丹难问》等书行于世。己巳之秋寓衡阳，以金丹妙道悉付上阳子。"张紫琼是金丹派南宗传人。从上述"得紫琼师授以金丹大道"一说，可以断定友钦的仙学属于南宗。他注《周易》数万言，著有《革象新书》、《金丹正理》、《盟天录》、《推步立成》等书，可惜除《革象新书》外的其他著述都已失散了，仅存陈致虚《金丹大要》中的少量遗说。《上阳子金丹大要》卷十六记载："缘督子间气聪明，博物精通，挹尽群书，或注或释。总三教为一家。作《仙佛同源》、《金丹难问》等书。到此而金丹大备。其意悯怜修道之人率多旁门，以伪乱真，故于卷中指出先天一气，独是。谓若水银、朱砂、黑汞、白金、火候、抽添、安炉立鼎，名之则是，用之则非……《金碧经》、《参同经》分明指出铅汞、火候、弦气、爻符，借《易》为准。其妙在于'欲作服食仙，宜以同类者'。取象于月，以验采铅。后之所述无以易此。"说明赵友钦仙学精深，也已不同一般了。

赵友钦最为人称道的是他在道教科技与古代光学上的贡献。赵友钦是一位热衷于科学探索，并在天文学、数学尤其是光学领域中有所建树的人物，他最早开始对光的直线传播、小孔成像等现象进行研究，最早对光线直进、小孔成像与照明度进行大规模实验，这些实验在世界物理学史上是首创的，它被记载在《革象新书》的"小罅光景"那一部分中。他的"小罅光景"中介绍了两个关于小孔成像的光学实验。第一个是利用壁间小孔成像，第二个实验则是一个在楼房中进行的、更为复杂的大型实验。赵友钦在结束"小罅光景"篇时最后写道："是故小景随光之形，大景随空之象，断乎无可疑者。"此外，他还研究了"月体半明"的问题。他将一个黑漆球挂在屋檐下，比作月球，反射太阳光。黑漆球总是半个球亮半个球暗。人从不同位置去看黑球，看到黑球反光部分的形状不一样。他通过这个模拟实验，形象地解释了月的盈亏现象①。他对视角问题也有自己的看法。他说："远视物则微，近视物则大"，"近视物则虽小犹大，远视物则虽广犹窄。"赵友钦既重视实验，又重视理论探索。在安排实验步骤时，每个步骤都确定一个因素作为研究对象，而将其他的因素控制不变。这种思想方法也是十分科学的②。赵友钦当之无愧是 13 世纪末的光学实验物理学家。

---

① 孔国平：《赵友钦及其〈革象新书〉的数学成就》，《中国科技史料》1998 年第 2 期。

② 赖谋新：《元代高道赵友钦的光学研究和科学成就》，《中国道教》1998 年第 1 期。

　　元初括苍（今浙江丽水）人王惟一是南宗道士，但其内丹理论《道法精微》却与北宗的观点相近，并在其著作中引及北宗披云真人的言论，可知北宗全真道已经传播至江南。王惟一的内丹理论结合了宋代理学家的学说，在性命观上采纳了内丹北宗即全真道的若干思想，体现了时代特点，说明王惟一的内丹学说已经不是纯南宗的内丹学，而是结合了雷法的内丹学说。入元以后，全真道南下，南宗在与全真道接触中，逐渐产生了与之合并的要求。在陈致虚等人的推动下，元代中后期南北二宗实现了合并，从此金丹派南宗即成为全真道的南宗。南宗的内丹理论对全真道有较大影响，全真道的内丹理论在吸收南宗内丹成就后变得更加充实和完善。

　　元代中期全真道已传入浙江的台州、杭州等地。浙江还有许多南宗道士归入全真道者。陈铭珪《长春道教源流》引《西湖志》曰："徐弘道，号洞阳子，元至元间修真瑞石山。年八十三，沐浴更衣，书颂而蜕，有'不离本性即神仙'之句。得法弟子丁野鹤也。常感张平叔住山传诀，故庵名紫阳。"① 瑞石山为杭州西湖东南吴山之一部分。徐弘道因感张伯端传诀而名其庵曰"紫阳"，并有"不离本性即神仙"之颂。其所命名之紫阳庵，又名紫阳道院，在杭州瑞石山，始建年代有元延祐（1314—1320）初、至元（1264—1294）间两种说法，以延祐初较为可取。初为金丹派南宗道士徐宏（弘）道在此修道，其徒丁野鹤②及其妻王守素继之，但已受全真北宗的影响。至明永乐（1403—1424）年间仍延续全真南北二宗的道脉。入清之后，无文献可征，似乎在咸丰年间毁于战争。③

　　浙江人张悌是南宗全真道士。张悌字信甫，居鄞（今浙江宁波市）之象山，傲兀烟霞，自号曰无为子。象山在大瀛海间，多陶隐君、司马子微之遗迹。无为子早从方士，习闻长生久视之说，既壮出游。南粤北燕回薄万里，爱武当神明之奥，炼形服气莫此为宜。遂归与妻子诀，妻子不肯，乃中夜引刀截发留之。但是张悌去意已决，他枕畔解故衣，披布衲、着敝屣、着行縢、佩钵囊，侵晓掉臂出门径去。上武当止紫霄宫，师事张真人执弟子役。真人启之道要，署为首众。张悌昼则服劳，薪水与众同甘苦，滋味取其至薄者，夜则危坐一榻，肋不至席者三年。忽晨起别众曰：

---

①　（清）陈铭珪：《长春道教源流》卷七，《藏外道书》第 31 册，第 123 页。

②　《清史稿·艺文志四》收录《丁野鹤诗钞》十卷。

③　吴亚魁：《江南全真道教》，商务印书馆 2006 年版，第 111—126 页。

"我将归去。"众方怪之，即泊然而化。①

赵与庆曾在浙江黄岩委羽山修炼，亦是南宗全真道士。袁桷《野月观记》云："赵宋宗室某，家于黄岩。其四世孙赵与庆，号虚中，遁世乐道。从北方之学者而慕之。志强气坚，肋不至席，今逾十年矣。遂筑室委羽山之西北……而名之曰野月焉。"②其中"北方之学"表明是北方全真道向南传播，"志强气坚，肋不至席"，正是全真道士苦行之风。袁桷此记作于至治元年（1321），证明赵与庆已在此前十年，即大体在仁宗朝（1312—1320）于委羽山修习全真之术。

元灭宋后希望借助道教来消除江南文人的抗争情绪，元廷频繁召见南方名道，赏赐不绝，全真道获得了空前的发展。在当时的社会条件下，"信奉道教诸派者，均能得到该教派的政治保护，获得一个相对安定的生活环境，以便从事其文化活动。"③因此吸引了很多文人加入其中。据陈垣《南宋初河北新道教考》："全真王重阳本士流，其弟子谭、马、丘、刘、王、郝，又皆读书种子，故能结纳士类，而士类亦乐就之。况其创教在靖康之后，河北之士正欲避金，不数十年，又遭贞祐之变，燕都之覆，河北之士又欲避元，全真遂为遗老之逋逃薮。"④全真道之所以能在丘处机时期兴盛，很大一部分原因是很多具有较高文化素质的士大夫入道，带动全真道道士素质的整体提升。如画家冷谦于1238年初隐居武安山中学全真道，黄公望有才华、有政治抱负，却不能施展，最终加入了全真道，与金蓬头、莫月鼎、冷启敬、张三丰等为师友⑤。元四大家都与全真道有联系，吴镇曾卖卜活动于市，其卖卜是践行全真道的教旨，要旨与其兄相去不远⑥。也有人考证，吴镇选择隐居乡野，是受元代全真道所提倡的"自食其力"之风的感染。⑦不过践行全真教旨最勤者当属浙江籍道士画家黄公望。《辍耕录》载张句曲戏题《黄大痴小像》云："全真家数禅和

---

① （明）徐象梅：《两浙名贤录·玄玄》，《北京图书馆古籍珍本丛刊》"史部""传记类"，第18册，第1391页。

② （清）袁桷：《清容居士集》卷十九，《丛书集成初编》，第1158页。

③ 余辉：《吴镇世系与吴镇其人其画——也谈〈义门吴氏谱〉》，《故宫博物院院刊》1995年第4期，第55页。

④ 陈垣：《明季滇黔佛教考·南宋初河北新道教考》，河北教育出版社2000年版，第585页。

⑤ （清）姜绍书：《无声诗史》卷一，第1—2页。

⑥ 余辉：《吴镇世系与吴镇其人其画——也谈〈义门吴氏谱〉》，《故宫博物院院刊》1995年第4期，第55页。

⑦ 潘公凯：《插图本中国绘画史》，第265—266页。

日鼓，贫子骨头吏员脏腑，此虽戏言，然亦足证公望为全真道士。"① 并坚持全真道的苦行。所谓全真，"盖屏去妄幻，独全其真"② 之意也。黄公望还在苏州等地开设三教堂，宣传全真教义，"间开三教堂于苏之文德桥，至松寓柳家巷"③。《道藏目录》有《纸舟先生金丹直指》与《亲传直指》，同卷云"嗣全真正宗金月岩编、嗣全真大痴黄公望传"。此当即《全真直指》一卷。④ "酥醪洞主曰：元世祖至元十三年始平宋，其先全真教何巨川随郝经使宋，不能至杭也。然观罗蓬头及黄公望诸人，则宋平后，浙人多学全真者矣，特稍参以南宗耳。"⑤

值得一提的是元代前期全真道势力发展过猛，对群众影响过大，引起了统治者的疑忌，因此元代后期将重点扶植对象也略微转移到张陵所创正一派上来，玄教得到元朝统治者的大力扶持，这从某种程度上来讲，是对全真道的发展略加制约之举。王寿衍利用元室对玄教首领的尊宠和优越的政治地位，使玄教获得很大的发展。当时玄教宫观的分布范围非常广，除张留孙坐镇京师崇真万寿宫外，大批弟子被选派主持各地宫观，其所领主要宫观除北方两京附近的宫观外，遍布今江苏、浙江、江西、湖南、广东等省。其组织规模、社会影响都超过当时南方诸符箓派和北方的真大道、太一道，较之北方的全真道也毫不逊色。王寿衍提举杭州开元宫，兼领杭州路道教诸宫观。玄教大宗师的印、剑都来自皇帝所赐，无论是该教派所辖区域道官的任命、宫观的建立，还是道士的吸收等，都是由玄教历任掌教独自处理，这些对于道教在江南地区的传播具有重要的意义。玄教随元世祖统一江南而兴，随元亡而亡，历世不长，对道教的建树也不多，但它还是有历史性贡献的，即用其政治影响力促成了江南诸道派在元代后期合并为正一道。

稍后，杭州吴山东面出现了重阳庵。重阳庵始建于唐代开成（836—840）年间，但至元代全真道进入此庵，才名为重阳庵。⑥ 周鼎《重阳庵记》说："盖重阳之说，滥觞乎完颜氏之域……迨蒙古氏得国，宏其教而

---

① （清）陈铭珪：《长春道教源流》卷七，《藏外道书》第 31 册，第 124 页。
② （元）李道谦《甘水仙源录》卷一《终南山神仙重阳真人全真教祖碑》，《道藏》第 19 册，第 723 页。
③ （明）顾清：《（正德）松江府志》卷三十一，《四库全书存目丛书》"史部""地理类"，齐鲁书社 1996 年版，第 181 册，第 435 页。
④ （清）陈铭珪：《长春道教源流》卷七，《藏外道书》第 31 册，第 125 页。
⑤ 同上书，第 124 页。
⑥ 吴亚魁：《江南全真道教》，商务印书馆 2006 年版，第 82—85 页。

庵亦丽矣。"①成吉思汗于 1206 年称帝，1271 年定国号为元，1279 年灭南宋。据这里所说，全真道进入重阳庵当在 1271 年至 1279 年。其住持的传承谱系为：冉无为→刘碧虚→江铁庵（守真）（1335）→杨古岩、孙守素→钟本清（钟道铭）（1396）→何志远（1445）→梅志暹（古春）（1458）→骆仲仁（玉峰）（1475）→潘崇正（苍崖）（1479）→沈月川……俞宾梅→陈曰可（1575）→朱之一→丘春岳→俞霈恩……②其后有迹可寻的道士有：陈戴墨（1595—?）及其徒翟翥缑、薛尊师、水上善。从明初开始，重阳庵立为全真丛林，统领杭州全真庵、观、院十一所，如凝真观等。明中期以后，转为正一派。清代咸丰年间因战争而毁。

梅志暹，明中叶人，生卒年未详。钱塘人，明代杭州重阳庵住持，全真道士，对扩建重阳庵有功，重阳庵于明天顺二年戊寅（1458）有过一次修葺，而此时正由梅志暹主持；重阳庵在吴山之右，自唐宋以来，为羽士全真之所。庵后岩崖之半有洞，洞有涌泉流出。相传有道士在洞口遇到过青衣童子，忽而不见。好事者因构亭泉上，内塑青衣童子像，故名"青衣洞"。其地林峦胜绝，泉石灵秀，有"重阳八景"，谓吴山福地、青衣洞天、云水钵堂、龙虎丹室、松巢白鹤、地产灵芝、万竿翠竹、一泓涌泉等。梅志暹又辑《重阳庵集》③初稿，从明成化十三年（1477）和十五年（1479）朱镛、周鼎所作《八咏诗序》中，知梅氏作为一道士，在静修之余，致力于辑成此书。书辑于成化间，嘉靖时重编。南京图书馆藏有原刊本。又有光绪六年（1880）刊《武林掌故丛编》本。雍正《浙江通志》卷二百五十四著录，作者题梅古春。古春为志暹之别号。重阳庵在钱塘县吴山，建于唐开成间。至明嘉靖十三年甲午（1534）。梅志暹的徒弟俞大彰称"此集流远，前后缺失。今大彰益其所损，始为全帙"，则知此书从编成到后来的重编，师徒两人用了七十多年时间。此书中集重阳庵兴建始末之资料，以及"重阳八景"的诗词题咏。

俞大彰，字用昭，号宾梅，崇德（今浙江桐乡）人，梅志暹的弟子，他精五雷法，祷雨多有验，《重阳庵集》附录中多有记载他祈雨应验的事迹，如《知大真人府赞府宾梅俞法师祷雨神验序》、《俞宾梅祈雨实录》、《嘉靖壬戌夏月，羽客俞宾梅祈雨有验，作飞龙吟以赠》、《赠宾梅道士祷

---

① 《重阳庵记》，《中国道观志丛刊》第 12 集第 17 册，第 112 页。

② 吴亚魁：《江南全真道教》，第 88 页。

③ （明）梅志暹：《重阳庵集》，《丛书集成续编 48》，（台北）新文丰出版公司 1988 年版，第 1000 页。

雨》、《赠俞宾梅祈雨十二韵》等皆是，有载："孟秋之望，建坛于净慈寺。而延法师俞大彰于其上，书符走牒，恭礼百神，而请雨焉。方是时，百官祝天罗拜曰：'法师能雨乎？'乃刻日以限雨之期。士民祝天罗拜曰：'法师能雨乎？'乃拭目以望雨之济。而俞法师者，术传天师府之正诀者也。探星象之微，阐幽都之秘，飞行要旨，鬼神其依。乃复命于院司，示应于士民曰：'大彰祇承上帝，今将得雨也。期在三日后，乙丑雨，丙寅又雨，丁卯大雨，嗣后飘风拔树滂沱者绵绵焉，吾浙济矣。'已而雨果如期捷至，若持左券以示验而时刻不爽先报焉。"① 可知，雷法造诣较高，故在当时颇为知名，祷雨禳灾，芟邪辅正，历五十余年，随试辄效，杭地远近，咸以神异称之。上述熊遹的《飞龙吟》诗也赞之："重阳羽客青衣仙，异书勘破三十年。芟治祈祷悉贯熟，试之捷于声应谷。昨宵一札下龙潭，海中蛟竞来东南。江翻海立雨如注，霹雳轰空人骇避。槁苗赖之顷泞然，更倩何人补漏天。官民酬功馈以物，长啸却之兼自律。且云厥功非我有，太真冥冥假吾手。物不夺志功不居，飞龙之诗岂易书。"② 其人获得"真人府赞教"的称号，"素行高洁，善属文艺，笃信仙家者。术学黄老清静之策，凡所建白规为悉。怡然退居人下，生平无疾遽色。仗节义，慎取与，人有告急者，辄以所仅者周之，而忘己之贫。时或以不道加之，卒能反己自修，喜怒弗之形也。"③ 可知，俞大彰为人品行端正，修身养性，有非常好的社会影响力，扩大了道教的影响力，在浙江道教史上有一定的作用。

元末明初，武当全真道士张守清弟子彭通微（1307—1395）"东浮浙水，陟天目，至松江，择腾栖止。明洪武十四年，始至细林山结茅居之。"④ 据《松江府志》，彭通微结茅而建的道观即崇真道院。元代存在的浙江全真道观还有：杭州玄元庵、杭州承天灵应观（本为正一派，元延祐年间改为全真）、杭州长春庵、杭州长生庵、湖州迎真道院、嘉兴南泾道院、嘉兴文始道院、嘉兴崇真道院、杭州全真道院、杭州凝真庵、嘉兴紫虚道院、嘉兴全真道院、嘉兴福清道院等。这些道院大多延续到明代，

① 《知大真人府赞府宾梅俞法师祷雨神验序》，王国平主编《西湖文献集成第 24 册西湖寺观志专辑》，杭州出版社 2004 年版，第 993—994 页。

② 熊遹：《飞龙吟》，王国平主编《西湖文献集成第 24 册西湖寺观志专辑》，杭州出版社 2004 年版，第 996 页。

③ 《俞宾梅祈雨实录》，王国平主编《西湖文献集成》第 24 册《西湖寺观志专辑》，杭州出版社 2004 年版，第 994 页。

④ 陈铭珪：《长春道教源流》下册，《藏外道书》第 31 册，第 473 页。

重阳庵则入清。杭州长生庵至明万历（1573—1620）年间已为僧人所据，湖州迎真道院至清代道光二十六年（1846）为僧人所据。①

徐道彰，字凝虚，明初杭州通玄观高道，师事徐渊澄，曾任真人府赞教，精于清微、五雷法。《杭州府志》载："徐道彰，号凝虚，职任真人府赞教，住通元观，能采三光之氙治襁儿之失明，行紫庭追蠱法，救瘝療于几危者退通，醮禳必延请焉，所获金帛建三清等殿，法相器具聿新，筑丹室数椽，潜身修炼，足不踰外者十数年，至癸未长夏山亭，忽有群鹤飞鸣，乃嘱徒曰：后三日我当去矣。至期书偈跌坐而逝。"② 见许仁徐《法师传》。由上可知，徐道彰能够役使三光之氙为人治病祛邪，有较高的道教造诣。故明邹虞《三清殿碑记》称他"端重清雅，有道缘，得受清微五雷诸法及灵宝宗法，精修道法。"③ 明金璐《记通玄观始末》记载："道彰雅有道行，善用五雷诸法，祛使鬼神，一切神祷，辄应不爽。"④ 明陈珂《重修通玄观碑记》的碑阴称："徐炼师道彰者……更民济物，祛邪伐崇，靡不响应。"⑤ 嘉靖年间（1522—1566）玉皇山上敕建福星道院。徐道彰和张落魂、唐秩等道士以习五雷，行气吐纳，炼丹药，铅汞，焚符念咒，结坛祈祷等，进行道术活动。不过徐道彰活动的主要宫观是通玄观，据《西湖游览志》卷十二记载："绍兴二十九年，内侍刘敖，入道修真，结庵于此，高宗御书'通玄'二字榜之，赐名能真。"刘能真曾为内侍宦官，得高宗宠幸，开创通元观，供奉三茅真君，高宗赐名能真。《宋刘能真创建观记》载："皇宋绍兴壬午岁（1162年）中元节日，都录少师鹿泉真人刘能真开山建观，请赐额曰通元，奉安元始天尊，三茆真君，香火朝元，礼圣福国。太平能真谨题。"当时刘氏是内廷掌权的宦官，对道家修炼之术有浓厚的兴趣，与宁全真同在宫内的时间大约有四年，两人之间有可能成为师徒而将东华派发扬光大，但他亲笔自述的碑文中只字未提师承，个中缘由不得而知。刘能真崇奉三茅真君，强调"观心养性，炼质守形"，可见刘氏注重上清派的内炼之术。这个碑文"右在通元观后摩崖，隶书七行，行十一字，径一寸五分。后有正德戊辰本观徐道彰跋云：右石壁记乃开山刘真人手笔也。距今四百余年，两经兵□，旧刻不

---

① 吴亚魁：《江南全真道教》，第147—149页。

② 《续修四库全书》703《史部·地理类》，《续修四库全书》编纂委员会编，第668页。

③ 吴亚魁编：《江南道教碑记资料集》，上海辞书出版社2007年版，第335页。

④ 同上书，第336页。

⑤ 同上书，第333页。

伤，字角微刓。道彰虞后愈昏，艰于辨认，故少加抉剔。庶祖师之文不泯而嗣观者有所鉴云。该碑文后还有明正德年间，本观徐道彰所作跋。"①此处徐道彰称刘能真为"祖师"，可知也是奉祀此派的。旧时，通玄观在城南太庙巷，如今位于紫阳小学教学楼南山坡上，至今仍有六尊道教造像留存，主龛高 220 厘米，宽 235 厘米，左、右及上方各一龛，中龛为三茅真君像。像旁有"掌吴越司命三茅真君像"的题记。中为"司命真君"，名盈，头戴黄冠，足踩祥云，手执如意，容相肃穆。左为"定箓真君"，束发戴冠，留长须，着道袍，拱手而立，右为"保生真君"，头束发髻，留长须，穿道袍，拱手而立。造像上方另有一龛坐像，高 86 厘米，头戴黄冠，身着道袍，端坐于莲座上，左上方刻有"玉清元始天尊像"的题记。三茅真君像西首一龛坐像，高 78 厘米，道家装束，正襟危坐，旁刻题记："皇宋开山鹿泉刘真人像"，此龛即为刘敖造像。东首为明代雕造的一龛法师像，像高 90 厘米，右旁刻"大明重开山元一徐法师像"的题记，此当为明代重修通玄观的徐道彰。② 通玄观造像属道教造像，而道教造像全国也不多见，这是真正有确凿纪年可供资证，属南宋时期的石窟道教造像，在道教文化史上，占有一定的地位。

俞悟元，号清隐，钱塘人，明代杭州宗阳宫道士，曾任杭州府道纪司都纪，致力于修复宗阳宫。史载："俞悟元，相传世居钱塘，入元妙观为道士，精清微五雷诸阶法，宣德癸丑主席宗阳宫，携沈栖霞重构老君台、得月楼以复旧规，前后开山二十余处，年八十二。（玄妙观志）"③ 可知，俞悟元属于存想专精，并以之作为修道行法的关键的清微派，"不是全真道士。"④ 他修行有成、德高望重，"初遭时乱，避地海滨。及归，人以耆德推举任郡都纪，从学者甚众。是时杭诸宫观多颓废，先生度弟子二十余人，开创玄风，所在琳宫秘馆，次第兴复。"⑤ 可知，他在宫观维护方面的贡献很大，不仅能修复当时破败不堪的宗阳宫，还新建了诸如老君台、得月楼、清隐斋等建筑，前后开山二十余处，其中史载："清隐斋，明道

① 陈文龙：《走向民间的道派——上清灵宝东华派略述》，《世界宗教研究》2011 年第 2 期。

② 《杭州市志》第三节"古代石窟造像、摩崖题刻、碑刻"。

③ 《续修四库全书》703《史部·地理类》，上海古籍出版社 2013 年版，第 668 页。

④ 吴亚魁：《江南全真道教》，中华书局 2006 年版，第 208 页。

⑤ （清）仰蘅青屿：《武林玄妙观志》卷二，王国平主编《西湖文献集成》第 24 册《西湖寺观志专辑》，杭州出版社 2004 年版，第 1080 页。

士俞悟元筑。"① "清隐斋，明道士俞悟元筑，有诗咏之。"② 该诗表现了他淡泊宁静的胸怀，《清隐斋题壁》："雨过秋空一雁飞，却看暝色动林扉。石床唤补午时睡，明月满身不下帏。"③ 俞悟元有弟子二十余人，对道教传播有一定的贡献。

俞复中，俞悟元弟子，玄妙观道士，曾任杭州府道纪司都纪，被在师封号为"显通谦恭法师"。"先生俞复中，清隐弟子也。少习举子业，于清隐为族父，尝从读道家书籍，爱慕不已。清隐知其有宿契，遂度为道士。先生益究心玄学，及易算术数之类，无不精通。时传同虚外史道法高妙，侍祠京师。先生走叩之，悉得其传，遂以道称于时。久之，为杭都纪，天师赐号显道谦恭法师。时本观罹兵燹，其址多为居人佔据。先生乞复于陈氏。得址之半。遂立志恢复。勤力数十年．观得以复整。"④ 可知，俞复中少有道缘，并且精通易学术数，他对浙江道教的主要贡献在于对玄妙观的维护，因为此玄妙观在杭州道教史上地位显著，"唐玄宗天宝二年，奉诏创建紫极宫，崇奉圣祖玄玄皇帝。至懿宗咸通三年，诏重修。唐季废于兵火。梁开平二年，诏改为老君庙。吴越王钱镠重建，奏改为真圣观，亲制碑文。宋真宗天禧三年，郡守王钦若奏改为天庆观，以奉圣祖司命天尊大帝。南宋高宗绍兴六年，诏重修，赐田颁御书《道德经》。理宗绍定四年毁于火，有旨重建，御书'天庆之观'四字以赐，命秘书郎撰记。度宗咸淳六年，增赐田亩。元成宗元贞元年九月，诏改元妙观，敕重修。元末兵燹，又毁。明洪武间，观基悉为民占，道纪俞复中以其左半竭力重创，奏请建殿。正统八年工成。"⑤ 此玄妙观在石龟巷，其中有珍贵的高宗书《道德经》石刻，在浙江道教史上有一定的价值。

郑如松，字卫凡，号真常，明万历年间（1573—1619）出家杭州长春院，长春院院据宝山之胜，石秀泉清，竹树蓊蔚，极幽静之致，俗呼后

① 《杭州玉皇山志》卷十八《古迹》，王国平主编《西湖文献集成》第21册《西湖山水志专辑》，杭州出版社2004年版，第927页。

② 《武林玄妙观志》卷一《古迹》，王国平主编《西湖文献集成》第24册《西湖寺观志专辑》，杭州出版社2004年版，第1065页。

③ （清）仰蘅青屿：《武林玄妙观志》卷四，王国平主编《西湖文献集成》第24册《西湖寺观志专辑》，杭州出版社2004年版，第1145页。

④ （清）仰蘅青屿：《武林玄妙观志》卷二，王国平主编《西湖文献集成》第24册《西湖寺观志专辑》，杭州出版社2004年版，第1080页。

⑤ 王国平主编：《西湖文献集成》第21册《西湖山水志专辑》，杭州出版社2004年版，第926页。

房，郑如松就在这样的环境中修炼，他最擅长的是医术。史载："郑如松，字卫凡，号真常。万历间出家长春院，姿禀颖异，师祖周彬泉一见即器之。及长，三氏经籍，无不通晓，尤以善医鸣于时。天启中，以其术游京师，士君子争延誉之。供职太医院，赐八品服。久之，归其平居治疾。或贫而以钱物酬者，悉却之，且施之药。积数十年如一日，仁厚多类此。山有至德观者，地势故高。崇祯庚辰遭飓风，势且欲倾。先生见之恻然，罄橐出赀购木以支殿，遂不毁。未几，其观中人以事被斥于官，道纪方奉藩伯命慎选主者，以任兴建。于是里中父老以先生德望素隆，且有助木之义。金相举之。先生辞不获，而心惮于独任，因同皮场庙羽士孙乾宇者，相与协力重整。积勤久之，栋宇遂焕然一新焉。"① 由上可知，郑如松对浙江道教史的贡献主要是在道医学方面，能够做到供职太医院，赐八品服，说明其人的医学造诣很高。同时他还以术传道，扩大了道教在民众中间的影响，体现了道教治病救人的原始宗旨。同时，郑如松还曾鼎力修建吴山至德观，此观年久失修，栋宇颓敝不整，郑如松先是购买了木材支撑大殿，有助木之功，后来协同他人一起，共同修复了至德观，会延毁复募，至国朝顺治十年成，经过修建的至德观具有相当的规模，"中建至德殿，后起星宿宝阁，前植上门，翼以两庑。丹腠照日，觚稜插汉。肖塑三天帝真、五星九曜、周天星宿、后土神煞。慈严猛奋，起敬起愕。又以余力治方丈井爨，在在完好，跨越前规。施者祷者云集焉。"② 修建后的至德观，道众云集，香火旺盛，成为浙江道教活动开展的又一平台。

明王朝因为全真道与元朝的关系过于密切，且认为全真道唯独修一己之性命，不如正一道的社会性广，因此对全真道不甚重视。全真道当时的社会地位比较低，大多数全真道士都是隐居修炼，在传教宏宗方面比较消极。何道全是少数尚践履全真道教义并弘扬全真道教旨者之一。何道全（1319—1399），号无垢子，祖籍浙江四明，生于浙江钱塘，悟道于浙江萧山。他到处云游，随机教化徒众。他到过淮楚沭阳（今江苏省沭阳市）赤莲湖真武堂，曾西渡黄河至湛首座庵、崇宁庵、邳州（今江苏省徐州市）佑德观、宿迁县峒峿山七真洞、裕州（今河南省南阳市方城县）仙翁观、三乡（今河南省洛阳市宜阳县三乡乡）光武庙、福昌县（今河南

① （清）仰蘅青屿：《武林玄妙观志》卷二，王国平主编《西湖文献集成》第24册《西湖寺观志专辑》，杭州出版社2004年版，第1081—1082页。

② （清）仰蘅青屿：《武林玄妙观志》卷一《附重建至德观记元人宋授之撰》，王国平主编《西湖文献集成》第24册《西湖寺观志专辑》，杭州出版社2004年版，第1067页。

省福昌县）、鲁山（今河南省平顶山市鲁山县）度老庵、安东州（今江苏省涟水县）、东海大伊山（今江苏省连云港市）古佛陀寺、伊庐山（江苏省灌云县伊芦乡）重阳洞、太白山①安乐窝、华阳（今陕西省洛南县）东岳庙、长安丹阳万寿宫（陕西西安户县大重阳万寿宫）、长安北关元君祠等，足迹遍布今江苏、浙江、河南、陕西各省。

何道全提出了"福慧双修"理论。在新的时代背景下，何道全对全真道功行两全的修行观，吸纳佛教的相关思想做了新的阐发。他认为，"修炼"就是要"修者修其外行，炼者炼其身心。修外行者，恤孤念寡，敬老怜贫，修桥砌路，扶患释难，总有八百之数。炼身心者，居环守静，磨身炼心，惜精养气，炼神还虚，总有三千之数。外行生福，内功生慧，福慧两全，超越生死也。"② 作为道教修炼者不仅要自我提升修炼，还要为社会做贡献，这一方面是对儒家伦理的吸纳，另一方面也是对以往全真道仅注重"个人独善其身"的一种修正，反映出在明初正一派贵胜的形势下，全真派在彰显道教传统的清静无为精神的同时，亦不忘所承担的社会责任。像早期全真教徒一样，他也喜欢以诗诀颂赞的形式来答人。《随机应化录》中几乎每一次答问后都用诗来总结主旨。在明初全真道团总体沉寂的大背景下，何道全能够把理论和实践相结合，打破了儒释道三教在理论和修行上的界限，使之相互印证，求道证果，难能可贵。

此外，元末明初浙江全真道士还有沈季荣。据《道统源流》，沈季荣本名贵，字季荣，派名真寅，乌程人，是洪武年间巨客沈万三之弟，遇张无我（静定，浙江余杭人）得度，不知所终。明代值得一提的全真道士还有：阎希言（1508—1588），字希言，山西人。年二十七时，几病死，遇高士教以坐功得治愈。嘉靖十四年（1535）弃家学道，曾在杭州雷峰塔修炼多年③，后从武当太和山至句曲茅山乾元观，继任住持。经常劝人行阴骘、广施与，勿淫勿杀、勿忧勿患、勿多思。并教导徒众："心无不存谓之照，欲无不泯谓之忘"，又曰："喜中知止则不喜，怒中回思则不

---

① 宁波也有太白山，位于浙江鄞县和北仑区的交界处，是四明山山脉向东北延伸的一座山峰，是宁波市东部山体的最高峰。陕西宝鸡也有一太白山，位于陕西宝鸡，秦岭北麓，眉县、太白县、周至县三县境内，是我国著名的秦岭山脉的主峰，也是我国大陆东部的第一高峰，海拔3767米。因陕西省宝鸡市岐山县有安乐镇，此处太白山安乐窝（窝疑为庵之误）应指陕西太白山。

② 何道全述，贾道玄编集：《随机应化录》上卷，《道藏》第24册，第133页。

③ （明）聂心汤修，虞淳熙纂：《万历钱塘县志》"外纪"，明万历三十七年修，清光绪十九年刻本。

怒。能咬此二语，便入忘境。"住乾元观二十年。卓晚春，全真道士，曾住净慈寺，《名山藏》记载："晚春，莆田人，生嘉靖间，自号无仙子，亦曰上阳子，人呼为小仙人……或走浴溪浃，饮水十数瓯，曰：漂我紫金丹也，后脱化于杭州净慈寺。"[1] 他工于书画，精于内丹，对三一教产生了很大影响。主要表现在，从嘉靖二十七年（1548）开始至嘉靖四十年前后，作为一个重要原因，在他的影响下，林兆恩（1517—1598）从一位儒家学者蜕变而为宗教教主，后林兆恩曾"摘其遗言，拾其遗诗"编辑成集，名《寱言录》，附于己作《林子三教正宗统论》之后。从中可看到林兆恩"人身乃一天地"的思想直接来源于卓晚春，林兆恩所创的《九序》内丹理论之前五序也渊源于卓晚春。此后三一教建无山宫专门祭祀卓晚春。各地三一教堂（祠）正殿中所供奉的三尊偶像，正中是林兆恩，左即为卓晚春，右为张三丰。可见卓晚春对三一教的影响之大。

明代浙江全真道较为沉寂，主要道观是：杭州葆真观、湖州金婆楼道院、湖州祥应宫、嘉兴郁秀道院、嘉兴清真道院、嘉兴楼真观。其中湖州祥应宫、嘉兴郁秀道院、嘉兴清真道院均为道士沈野云所建。[2] 关于湖州金婆楼道院，明《永乐大典》第2282卷《清州府志》第12页记载："金楼婆道院在仪凤桥乐，旧志所无。宋末有金婆遇仙而化，郡人张宪以其所居楼为道院，全真道士主之。"《道统源流》有相关记载："沈野云，师赵复阳，名真至，原名道宁，号野云，乌程人。金婆楼迎真道院为道士。后入龙虎山得祈禳之法，有试皆应，旋归龙门。明宣德（按：1425—1435）初归，卒于黄龙洞祥云宫。"

从上述可见，明代杭州全真道大致可分为四派，以徐弘道和丁野鹤为代表的南宗一系，以重阳庵为代表的全真道一系，以黄公望为代表的金蓬头一系兼南宗和全真道的法嗣，还有以张守常为代表的源自华山陈抟的张三丰派。而且，丁野鹤家族从一个具体例子说明，这一时期杭州全真道有家族世代为道的传统。

第十六节　元明两代其他浙江名道

浙江从南北朝以来，文化渐趋发达。以雄厚的历史文化积淀为基础，

---

① 《西湖志》卷二十二，万历唐装本。
② 吴亚魁：《江南全真道教》，第174—175页。

在元明两代特定的时代背景中，涌现出了一大批有一定文化水平的著名道士和深受道教影响的学者、文人，除本书前述提到的重点人物外，还有如下几人不容忽略：

怀君仲彬

怀君仲彬，元代高道①。道号"懒云子"，嘉兴人。元代邵亨贞《送全真懒云子序碑》载其事迹曰："嘉禾懒云子怀君仲彬，师事老氏而习其道。"从文中可知怀君仲彬在道教修炼方面有较高的造诣。怀君仲彬认为，道教修炼的基础是身体健康，倘若身体已经老朽，则修炼很难达到预期的效果，"学老子之道者，必年富力强，血气充盛，加以存养之功，则其神易完，守易固，而心之所操者一，其为道易成也。"因此，古人曾有欧阳公尝问道于石唐隐者，隐者曰："公之屋舍已坏，难复语此。"由是知血气既衰，斯不可以有为矣。唯其远取诸物，近取诸身，身之屋舍有坏，固不可以语道。正是如此，才越发显得道教人士的造诣精深，"兵火之余，屋室荡尽，浮游毕县，寄身故旧。而能不废其学，日夕思念，遑遑焉惟恐业之不精，岁之不我舆，而此身之屋舍亦随以坏也。"② 可见其人修道的态度严谨，世人都知道要建筑屋舍来保护身体不受风雨的侵袭，"予谓世之知爱肉体，为之宫室以藩蔽之者，人莫不然也。至于固其精神血气而存养之，求其放心而操存之，非学道之士弗能也，而老氏之徒乃能若是，岂不可尚也哉。"③ 怀君仲彬能够不为风雨霜露是惧，神完气充，以全其存养之功，应该是道教徒中比较重视修炼精神的人士。

高濂

高濂，字深甫，号瑞南道人、湖上桃花鱼，杭州钱塘人，曾任鸿胪寺官员，后退隐西湖。他约生于嘉靖初年，创作活动主要在万历前期。明代著名戏曲作家，能诗文，兼通医理，更擅养生。所作传奇戏曲有《玉簪记》、《节孝记》；散曲现存小令十余支，套曲十余套，见于《南词韵选》、《南宫词记》、《吴骚合编》、《词林逸响》等书。此外，还有《雅尚斋诗草》初集、二集，《芳芷楼词》、《遵生八笺》、《牡丹花谱》、《草花谱》、

---

① 参见《野处集》卷二。

② （元）邵亨贞：《送全真懒云子序》，原载《野处集》卷2，李修生主编《全元文》第60册，凤凰出版社2004年12月第1版，第482页。

③ （元）邵亨贞：《送全真懒云子序》，李修生主编《全元文》第60册，凤凰出版社2004年12月第1版，第483页。

《兰谱》等。《遵生八笺》以"求真、求信"的态度从经典古书、医典、名人言论中有选择地广引博收，再结合自身体验，总结出切实有效的方法，辑录成册，是古代养生学的集大成之作。它从八个方面（即八笺）讲述了通过修身养生来预防疾病、达到长寿的方法。这八笺是"清修妙论笺"、"四时调摄笺"、"起居安乐笺"、"延年却病笺"、"饮馔服食笺"、"燕闲清赏笺"、"灵秘丹药笺"、"尘外遐举笺"。其中"饮馔服食笺"自卷十一至卷十三，收录了3253种饮食和药方及15种专论。此外，该书中的卷十一至卷十三和卷十二中的"野蔌类九十六种"一章曾分别以《饮馔服食笺》和《野蔌品》为名单独出版。

王嘉春

王嘉春（家春），又名涵虚，字九灵，明代浙江永嘉人，道士。"潜心《老》、《易》，为应道观道士，居无几，遂遍游五岳，禁足武当，注《道德经》，李本宁为之序。寻复著《太极图说》、《易粹篇》，注《参同契》、《悟真篇》、《阴符经》、《维教正论》。晚年归瓯，朱之蕃赠之诗云：五岳归来云满袖，九山高卧雪盈头。后《道德经》注板散逸，永嘉令韩则愈补而梓之"①。王嘉春的以上著作载于雍正年间《浙江通志》，俱佚②。《四库全书》之《浙江通志》卷二百四十五亦有载，云："《悟真篇注》。《永嘉县志》，王嘉春著。"③

陈楚良

陈楚良，自称益元道人，武林（今属浙江杭州）人，科举失意，弃儒从医，进而慕道。著有《黄帝阴符经阐秘》和《武林陈氏家传仙方佛法灵寿丹》二书。后者成书于明万历十六年（1588），实仅记"群仙灵寿丹"一方，其方用药36种。书中对这36种药物作注，在药物来源、制药方法等方面有独到的见解④，值得关注。

由上可知，元明两代全真道在浙江的传播广泛，名道辈出，但也并非唯此一家，据陈垣的考证："南宋初河北新兴三教，全真为盛，凡有宫观，十之七皆属全真，故不必特为著录。若太一则所存宫观史料太少，不

---

① （清）陈梦雷编纂，蒋廷锡校订：《古今图书集成》第51册（《神异典》第288卷），中华书局、巴蜀书社1985年版，第62694页。

② 宋慈抱原著，项士元审订：《两浙著述考》，浙江人民出版社1985年版，第1611—1622页。

③ （清）嵇曾筠等监修，沈翼机等编纂：《浙江通志》（七），《四库全书》第525册，第588页。

④ 贺信萍：《明刊养生医籍〈武林陈氏家传仙方佛法灵寿丹〉文献考察与研究》，《中国道教》2013年第5期。

足成章。惟大道上不及全真，下有余太一，辑而存之，可见其教区之广狭及组织也"。① 可知当时真大道教也有一定的发展势头。

真大道，初名大道教，创始人为刘德仁（1122—1180），流传至元代，后并入全真道。《真大道教第八代崇玄广化真人岳公碑》载第八祖岳真人的事迹，"真大道第八代师，曰岳真人，讳德文，……故家绛州冀县，娶泽州王氏。兵间迁涿之范阳，今为涿州人……遂以（至元）二十一年，宣授崇玄广化真人，掌教宗师，统辖诸路真大道教事。"② 岳德文，涿州（今河北涿县）人。年十六，辞亲入道隆阳宫。年十八，受教于五祖郦希成。元世祖至元十九年（1282），李德和付以教事。二十一年，宣授崇玄广化真人、掌教宗师、统辖诸路真大道教事，赐玺书护持之。在他掌教期间，真大道教获得了较大的发展。"西出关陇，至于蜀，东望齐鲁，至于海滨，南极江淮之表，皆有奉其教戒者。"岳德文"尝使人行江南录奉其教者，已三千余人，庵观四百。其他可概知矣"③。岳德文之后，真大道内又出现了波折，张清志并没有接替掌教，而由赵真人（亡名）、赵德松、郑进元摄掌教事。"至元庚寅（二十七年）君（郑进元）从卫辉道录贾师来燕，抵天宝居堂下。"郑进元（1267—1302），温州人，元代高道，真大道十一世祖。④ 元程巨夫《郑真人碑》⑤ 载其事道行曰：其十一世祖，曰郑君，名进元，以宋咸淳三年（1267）五月十四日，生于永嘉。家本儒也，幼值乱离，至于辉州……逢悟真大师党君，因留之学孔、老二氏言。大道第七祖李真人祠岳过辉，一见许为道器。至元庚寅（1290）第八祖岳真人异之，授以戒牒道名。又授明真大师神篆秘诀，及亲书道训四章，自是术业益著，治病立验。大德六年（1302），第十祖召为"都提举"，付以祖师经笔琴剑。十祖逝，有旨命君设金篆大斋于天宝宫，赐号"演教大宗师"、"明真慧照观复真人"。

全真教、太一教和真大道教都是金代产生的，但只有全真教后来成为

---

① 陈垣：《南宋初河北新道教考》，见《明季滇黔佛教考》（下），河北教育出版社 2000 年版，第 653—654 页。

② 《真大道教第八代崇玄广化真人岳公之碑》，见虞集《道园学古录》卷五〇，文渊阁《四库全书》本，第 1207 册，台湾商务印书馆 1986 年版，第 692 页。

③ 同上。

④ 参见《雪楼集》卷十七。徐雪凡：《道教碑刻揭示的浙江道教史》，《浙江社会科学》2006 年第 4 期，第 168 页。

⑤ 《郑真人碑》，见程巨夫《雪楼集》卷一七，文渊阁《四库全书》本，第 1202 册，台湾商务印书馆 1986 年版，第 244 页。

社会中的一股不可忽视的力量。不过，真大道也在长期的掌教传承中，逐渐形成了一套比较完整的从中央到地方的领导体制。首脑机关是大都天宝宫，为历代掌教所居之地，设诸路真大道教都提点，教门都举正等以辅助掌教工作。如郑进元就曾任卫辉路道录，赵世瑜分析后认为："他本来也在邻近的豫西北活动，后来也是在河北获得蒙古人支持，重新在河南北部，即许州天宝宫建立据点。这个过程，应该是亟望获得势力扩展、与全真道一争短长的真大道和该教门一拍即合的结果。"① 可知，真大教也在不断谋求自己的发展，包括将民间宗教的庙宇如圣姑庙纳入自己体系中去。由于真大道得到蒙古统治者的支持，被其纳入的这个民间教门也就因此得以生存和发展，两者互为利用。大德十一年（1307）郑进元卒于龙山。其徒众根据郑进元临终时的嘱咐，去华山请回张清志，仍举其为九祖，如算上二赵一郑，则为第十二祖，吴澄于泰定二年（1325）为天宝宫做碑时，张清志尚在世，张何年逝世，何人嗣教，不见记载。可能此后不久，真大道即归并入全真道，全真道仍旧是道教发展的主要流派，在当时地位是其他宗教势力不能企及的。

---

① 赵世瑜：《圣姑庙：金元明变迁中的"异教"命运与晋东南社会的多样性》，《清华大学学报》2009 年第 4 期，第 5—15 页。

第十章 清代浙江道教的发展

清代早中期（1644—1862）是浙江全真道的大发展时期。这一时期全真宫观数量大为增加。见之于史料者有：湖州龙门静室、杭州大德观、杭州余杭天柱观、嘉兴崇真道宫、湖州纯阳宫（古梅花观）、杭州宗阳宫、杭州鹤林道院、嘉兴松鹿道院、嘉兴（嘉善）长春宫、杭州机神殿、杭州松晟殿、杭州玉皇山福星观、杭州余杭半持庵、杭州余杭洞霄宫、杭州余杭三元宫、湖州归安射村开化院、杭州登云观，台州天台桐柏宫、黄岩大有宫，等等。其中杭州11所，嘉兴3所，湖州3所①，台州2所。这些道观多数活跃于清代顺治、康熙、乾隆三朝，止于嘉庆。在道派上，除余杭洞霄宫属于全真华山派外，其余均为全真龙门派。

清代晚期（1862—1911）是浙江全真道颇为兴盛的时期。这一时期的全真道院主要是：杭州显真道院、杭州福星观、杭州抱朴道院、湖州德清紫极观（梵云坛）、湖州牟山佑圣观、嘉兴洞虚道院、湖州古报恩观、湖州长兴五雷观、湖州双井岭纯阳宫、湖州玉枢道院、湖州玉皇殿、湖州河口武圣宫、湖州黄龙洞庙、湖州雷祖殿、湖州纯阳宫在长兴、德清、武康、安吉、孝丰等地的众多支坛（主要者为夙云坛、望云坛、玄云坛、福云坛、碧云坛、依云坛、云楼坛、云遗坛、下昂舨云坛、双井岭立云坛、奚家庄嗣云坛、后庄荫云坛、织里万云坛、王家村崇云坛、避村清云坛、轧村雷云坛、金溇嗣云坛、旧管万云坛、菱湖还云坛、一城坛、荻塘云怡坛、水含宝云坛、双林指云坛、长生桥馥云坛、土山郁云坛、南浔袭云坛、南浔器云坛、南浔丹云坛、南浔怡云坛、南牟翘云坛、下昂善云坛、含山金云坛、嘉兴闲云坛、海宁龙山憩云坛等）、台州黄岩大有宫、天台桐柏宫、雁荡山道松洞、瑞安集真观、鄞县佑圣观、镇海渊德观等。其中，杭州有道观3所，道坛3所，湖州道观10所，道坛42所，渊源于黄岩大有宫的全真宫观42所。这一数量分布说明，清代晚期，湖州金盖

① 吴亚魁：《江南全真道教》，第234—235页。

山已成为江南全真重镇，大有宫则为浙东南全真重镇。从时间分布来看，除杭州显真道院、湖州德清紫极观建于清同治（1862—1874）年间外，其余多建于光绪（1875—1908）之后。此前全真道士多为出家住观，此期则多为居家俗士，且无分男女。宫庙也不再如此前多称"宫"、"观"、"庵"、"道院"，而是多称为"坛"，或者内部称"坛"，对外称"善堂"。① 这说明清代晚期社会经济对道教影响较大，全真道的世俗化比较严重。

清代，正一道在杭州的寺庙有城隍庙、紫阳庵、通玄观、三茅观、宗阳宫、承天观、黄龙洞等，在湖州的有玄妙观、郡庙、天医院、天庆观等（后来郡庙即城隍庙、天医院相继转为全真道寺庙）。正一道在浙江稍显衰落之势，但在局部地区仍较为兴盛，如温州正一道比较活跃，金华的黄大仙信仰颇为兴盛，白鹤大帝赵炳的信仰在临海、台州等地民间广为传播，妈祖信仰多以天妃宫为据点而传播，在沿海、沿江地区颇为兴盛。浙江还出现了一些新的道教地方神，如以崇祯皇帝为原型的朱天君、唐葛周三将军等。一些民间宗教或民间信仰与道教也有千丝万缕的紧密联系，如主要流传于金华地区的胡公大帝信仰，还有一个例子是从温州发源而传播至杭州等地区的温元帅信仰②，其每年三月的温元帅巡游，场面壮观③。此外还有在温州、丽水等地区颇为兴盛的平水大王周凯信仰，从福建传入的闾山教三奶夫人信仰，在浙江南部和福建东部地区传播的孝仙——马氏夫人信仰，在杭州、衢州一带盛行的城隍神周新的信仰，等等④。道教与庙会、香会相结合的民俗信仰也较普及，如杭州老东岳的庙会，杭嘉湖平原三月三日庆北极佑圣真君即真武大帝诞辰的庙会等。道教渗透到职业生涯中，一些行业把道教的神当成行业神加以崇拜，如永康醒感戏奉张天师为行业神，糠人担则把刘伯温视为本行业的祖师，理发业的祖师则为吕洞宾（罗祖），杭州扇业的祖师神齐纨是古代齐地所产白细绢所做的团扇，把物崇拜为神，既是原始宗教信仰的遗迹，也符合道教万物均有道性，均可成仙了道的道性论。此外，道教还渗透到浙江区域文化的方方面面。例

---

① 吴亚魁：《江南全真道教》，第 249—267 页。

② Kaul R. Katz, *Demon Hordes and Buring Boats—The Cult of Marshal Wen in Late Imperial Chekiang*, State University of New York Press, New York, 1995.

③ 《永嘉县志》卷十三。相关研究参见 Paul R. Kalz, *Demon Hordes and Burning Boats*: *The Cult of Marshall Wen in Late Imperial Chekiang*, NY: State University of New York Press, 1995。

④ 朱海滨：《祭祀政策与民间信仰研究——近世浙江民间信仰研究》，复旦大学出版社 2008 年版。

如，道教渗透到风水中，涌现出了风水大家徐大鸿（1616—1714）。他名珂，字平阶，号宗阳子，门人称其为杜陵夫子。出生于松江张泽镇，晚年定居绍兴。《绍兴府志》载，明亡，"福建破，遂亡命，服黄冠，假青乌之术，浮沉于世。"为净明道弟子。曾参学吴天柱的水龙法和武夷道人的阳宅法，精研玄空风水，长于云间派诗词，著有《地理辩证》、《天元五歌》、《阳宅指南》、《天元余义》、《集评水龙经》、《古镜歌》、《支机集》、《平砂玉尺辨伪》、《秘传水龙经》等，对后世玄空风水影响甚大。再如，浙江地方戏曲昆剧、高腔、乱弹、滩簧等剧种均赖道教仪式而生存，从道教活动中获得大量观众，从而推动自己发展壮大，进入城市后才逐渐摆脱道教仪式，剥离道教色彩而成为纯艺术的剧种①。

　　大部分道教著作着眼于全国，并以正一道为观察角度，尤以张天师与政治的关系渐趋松脱为焦点，得出了清代道教衰落的观点。但如果考虑到全真道，则这一观点就有修正的必要。尤其就浙江而言，总体来看，清代浙江道教不但没有衰落，反而有较大的发展。这表现在全真道，尤其是龙门派在台州、湖州、杭州等地，无论是在宫观寺庙、人数还是在教义理论建树方面都取得了很大的成绩。就正一道而言，清微派、灵宝派、东华派、上清派等在温州、丽水等地区的民间也有旺盛的生命力。正一道还吸纳了部分地方神灵进入道教，涌现出了赵炳信仰、黄大仙信仰、温元帅信仰、朱天君信仰等众多浙江地域性的信仰，并与闾山教等民间宗教相互渗透，与民间庙会、习俗、文学、音乐、戏曲、武术等文化紧密结合，渗透到民众的日常生活中去，扩张了道教的信仰空间。浙江道教的真正衰落，是从太平天国运动对道教的破坏才开始的。限于篇幅，对近现代部分浙江道教的历史研究，我们将在另外的著作中进行论述。

第一节　台州道教在清代的发展②

　　台州道教历史悠久。《云笈七签·天地宫府图》中记载，十大洞天中的第二洞天是黄岩委羽山洞，第六洞天是天台赤城山洞，第十洞天是仙居

① 徐宏图：《浙江的道教与戏剧》，连晓鸣主编《天台山暨浙江区域道教国际学术研讨会论文集》，浙江古籍出版社 2008 年版，第 103—109 页。

② 本节内容已以题名《清代全真道在浙江台州的发展》发表于《地方文化研究》2013 年第 1 期，这里略有修改。

括苍山洞。三十六小洞天中，台州有第十九小洞天临海盖竹山洞。七十二福地中，台州有第三福地石磕山（即黄岩松岩山石大人峰），第四福地东仙源，第五福地西仙源，第七福地玉溜山（在玉环县），第十福地丹霞洞（在仙居县），第十四福地灵墟（在天台县），第六十福地司马悔山（在天台县）。这样，台州有三大洞天，一小洞天，七处福地。这说明台州道教在唐宋时期即已兴盛。金元之际全真道出现后，很快传入台州。黄岩人赵与庆在元代已在黄岩传播全真道。

一　晚明到清代嘉庆时期的台州道教

从晚明开始，全真道在台州发展很快。这是以孙玉阳发端的。孙玉阳，原名尚之，归安（今浙江湖州）人，十九岁时游金陵，遇沈常敬于陶谷，诚心求道。沈常敬携回茅山，授其秘旨，命名守一，号玉阳。清顺治十三年（1656）归金盖山。后居天台山修炼多年，又继沈常敬任茅山乾元观住持。门下有阎晓峰、周明阳、范青云等。其中阎晓峰承其衣钵住茅山乾元观。周明阳从黄赤阳受戒而开杭州金鼓洞支派，范青云开天台山桐柏宫支派。

范青云（1606—1748），俗称范八，名太青，以号行，湖广江夏（今湖北武昌）人。年轻时任侠，南明弘光朝兵部尚书阮大铖假南明福王旨意征之，不赴而避入道门，自号青云子。清顺治元年（1644）至茅山拜见沈常敬，沈常敬命他师于孙玉阳，但此时孙玉阳居天台，二人并未谋面。康熙四年游历至天台才见到孙玉阳。孙玉阳授予《玄偈》一百一十首，付以龙门秘诀。康熙六年（1667），范青云与天台山桐柏宫住持童融阳至金盖山礼见至此传戒授徒的王常月，获授《钵鉴》五卷，次年正月归天台山。康熙十三年，孙玉阳为其命名、加冠，授予《锦记》数章。这样，他"一身独承沈顿空、卫平阳、沈太和、孙玉阳四代之宗派"。孙玉阳羽化后，范青云常年往来于江浙间。后清世宗在桐柏敕建崇道观，赠良田六百亩，遂启崇道观支派。康熙三十二年（1693）前后，范青云回到天台山，继无力维持桐柏宫的童融阳而住持宫务。此时桐柏宫一片破败、荒芜，地基、田产为豪强所夺。范青云历二十余年，冒着生命危险，不懈讼争而要回桐柏宫基址和一部分田产，并新建大殿。雍正十三年（1735），因年老体衰，延请高东篱主桐柏宫讲席，自己退居杭州金鼓洞鹤林道院，撰《钵鉴续》九卷，记述从顺治甲申（1644）至雍正乙卯（1735）近百年龙门派的历史。

童融阳（1619—1716），名清和，号融阳子，龙游（今浙江龙游）

人，幼即入道。拜孙玉阳门下王永宁为师。明崇祯年间（1628—1644）随太师孙玉阳入天台山隐修，后主天台山桐柏宫。清康熙六年（1667）与范青云同至金盖山向王常月请教。康熙十二年（1673）"自天台琼台之金盖，旋至杭谒明阳周祖"①。晚年自外地返回天台主桐柏宫务，谦于能力有限而举范青云代，外出云游，康熙五十五年卒于天台桐柏。

继而把台州全真道龙门派推向发展高峰的是高东篱（1654？—1768）②。高东篱名清昱，字东篱，祖籍山东宁海，寄居长白（今吉林长白）。康熙三十一年（1692）自台湾至杭州金鼓洞拜周明阳为师，获授《南华子》等经。康熙四十四年获授《道德经》、《周易参同契》、《悟真篇》，此后又获授《华严经》、《心经》、《大学》、《中庸》等。康熙四十六年（1707）获授大戒。据《金盖心灯·高东篱宗师传》："周起初授以《南华》，高东篱受而伏揣，益自折节以事之。十三年后，周乃授以《道德》，且为标拨宗旨。旋授以《参同》、《悟真》。未几，又授以赵注《学》、《庸》、《道德首章》、《心经》全册，曰：'此出世、入世真消息，简易易行。进此后，熟揣《周易》，神仙之能事毕矣！'"看来，他深得周明阳的真传，深悟三教经典而总归"一心清净，自与道合"的龙门宗旨。雍正十三年（1735），受范青云之请，高东篱至天台主桐柏崇道观任讲席，其徒方镕阳（号一定）、沈轻云、闵一得等人同至，协理观事，由此启桐柏宫支派③。高东篱著有《台湾风俗考》三卷，弟子众多，其中沈轻云、闵一得均对龙门派做出了很大的贡献。为此，《金盖心灯·周明阳律师传》说："全真一派，东华而下，盛自重阳，历传邱赵张陈周祖，周传张赵王黄，并传沈卫沈孙诸师祖，皆奉元始度人无量之心，修其内观无心之法，故能化愚迷而成知识，遵正轨而破歧途，不重法力神通、长生不

① 王宗耀：《湖州金盖山古梅花观志》（内部资料）。

② 《金盖心灯》记高东篱宗师生于后金天命元年（1616），享年151岁。若以1616年至1768年算，应是153岁。《三尼医世说述序》说："忆自弱冠时，得侍东篱老师于桐柏山。师奉天人，年已百有十余岁。"证以上段《自述》，"年百五十一岁"可能是"年百一十五岁"之误。若如此，则高东篱生于1654年，即清世祖顺治十一年。今本《金盖心灯高东篱宗师传》所记年代明显有误，如谓"稽其初入道也，岁在壬申（鲍注：康熙三十一），出台湾而至浙，年已七十五矣（鲍注：稽师手注《台湾风俗考》三卷，成于康熙二十四年乙亥之秋。周叙所述载又如此。盖师居久居台湾者也）。"其中，"康熙二十四年乙亥"应为康熙三十四年（1695）乙亥，或为康熙二十四年（1685）乙丑。但壬申为戊申之误，以高东篱宗师生于1654年计算，则清世宗雍正六年（1728）戊申正好七十五岁。

③ 《龙门正宗觉云本支道统薪传·第十代高大宗师传》，《藏外道书》第31册，第468—469页。

死，惟炼性淳心净、大道同风。逮我明阳子周律师出，祖道南行。"① 全真龙门派至周明阳而大盛于南方，故曰"祖道南行"。

方镕阳，名一定，宁海（今山东牟平）人，少从高东篱出家，随师居天台山桐柏观多年，曾担任讲席，并倾力维修桐柏观。后至临海百步紫阳宫修炼。此后"住盖竹洞天苦修三十余载。功圆行满，羽化成真，葬临海县仙岩洞"。著有《太极元经》、《心印经注》。门徒不少，以顾阳昆（字沧州）最为著名。顾沧州递传王来真（号峄阳），王来真传潘雪峰，王来真开苏州裴嫁桥斗母宫支派。

闵一得学综三教，著述甚丰，是清代少有的杰出道教学者。在金盖山纯阳宫开龙门方便法门（即嗣龙门派），下传弟子很多，其徒孙辈王来因等又宗祖他开启觉云支派。

沈轻云（1708—1786），名一清，又名一炳，字真阳（一作"扬"），号谷音，道号轻云子，蜕号太虚主人，浙江归安（今湖州）竹墩人。十六岁时，于金盖山遇李虚庵，获授秘诗三首而有出家之念。十七岁时于杭州金鼓洞师事高东篱，获授三天大戒，得东篱真传。高东篱的众多弟子中，"求其贤贤，相继得心解而力行者，惟轻云氏"。沈轻云学综三教，高东篱只是沈轻云的老师之一。沈轻云还有另一师承"泥丸真人"。闵一得自称，"余道得之于太虚翁，翁为驻世神仙。"沈师"所授余者，悉为泥丸真人口授"。关于泥丸真人所授的内容，闵一得自述："余于嘉庆（1796—1820）间，游于河上，遇长山袁君培，为述所授：一曰《太虚集录》，二曰《双修宝筏》，三曰《古法养生》，四曰《河上琐言》。"② 泥丸真人所授内容，似乎就是这些，或与此类似。沈轻云后住无锡正气庵三年，至松江复遇李虚庵。《金盖心灯·沈轻云律师传》云：

　　（师）究心儒书、耽性理，参《周易》五十余年。其得力在慎独，其致功在真诚，步趋语默，未尝心离中正也。晚岁通神知未来，洞悉三教一贯而谦让不自盈，亦未尝预示可否。人问吉凶悔吝，但据理以答之，不涉神异。③

次年遇西河萨祖于天台桐柏山，获授符箓咒术和五雷法。乾隆三十一

---

① 《金盖心灯·周明阳律师传》，《藏外道书》第31册，第214页。
② 同上书，第253页。
③ 同上书，第247页。

年（1766）离开天台山后至北京等多地，曾住持余杭大涤山洞霄宫。其间在松江遇周法师传播符箓"诸大法秘宗"。乾隆五十一年（1786）卒于射村道院澹泊斋。沈轻云门下有陈阳复（字云樵）、周阳本（字梯霞）、费阳得（字丹心）等，为龙门第十二代。其中陈樵云启余杭南湖三元宫支派，门下有阮来宗、杨来逸、钱来玉、鲍来金等。其中鲍来金"精雷法，明地理，兀坐多秋，尤称杰出"①。周梯霞开余杭桐山半持庵支派。费丹心，吴兴千金人，六岁归清微派，开归安（吴县）射村开化院支派②。

沈轻云的道教思想，颇重儒道融通。他曾对他人说："有道德者有神通，无道德者无神通……关尹五千惟明道德，可知道德，体也；神通，用也。取其用而遗其体，适成其妖孽。君子则不然，廓其真灵，养其真气。积之宏、畜之久，及时流露，有行乎其所不得不行，止乎其所不得不止之妙。"沈轻云教人有十义，曰忍辱，曰仁柔，曰止敬，曰高明，曰退让，曰刚中，曰慧辨，曰勤，曰信，曰廉。闵一得谨受行持三十余年，并赞叹其师"道高且深矣"。闵一得七十五岁时还说："师传天仙功夫，余于乾隆丙午岁，耳食于玄盖洞天，心袭以藏之，迄今四十有七年矣。③"他认为沈轻云所授的《天仙心传》，直指太上心宗，故拳拳服膺，体悟出《天仙心传》不外"虚寂恒诚"四字，这其实就是他所张扬的龙门方便法门的核心思想。此外，沈轻云传授给闵一得的还有《道程戒忌》等。

沈轻云之后，雍正、乾隆年间，陈栖霞居天台山桐柏观传播龙门派。陈栖霞（1763—1805），临海，名阳真，字太朴，原名朴生，号春谷，又号栖霞子，为龙门第十二代律师。幼而好道。十七岁时于临海百步紫阳宫师事方镕阳，从学子午功。后至天台桐柏宫谒孙来明。稍后于黄岩遇江西李蓬头，弃家与之出游，三谒五台、五朝九华、七礼南海，通内外典，善诗，精演禽、十八丹头等。复返天台桐柏宫修炼。嘉庆七年（1802）至金盖山沈轻云像前受三大戒。曾为《悟真篇》、《周易参同契》、《清静经》等作注。

民国《临海县志》记载，清雍正十年为祀紫阳真人张伯端建紫阳道观："初，世宗宪皇帝梦一天台山道士乞住居地，下抚臣查访。时天台桐

---

①　《藏外道书》第 31 册，第 275 页。

②　同上书，第 262 页。

③　闵一得的《古书隐楼藏书》中，有许多内丹著作及思想，多获授于沈一炳，如其最重要的《天仙心传》。见《藏外道书》第 10 册，第 430 页。

柏宫方被豪族占据，嚣讼多年，抚臣上其案，乃命工部主事刘长源来山督造，扶臣别委朱观察伦瀚同监人工。以用诚故居在璎珞街，又俗传百步溪为用诚羽化蜕处，两得各建观宇，树御制碑文，天章焕烂，逄映江山。"此举有力地促进了天台山道教的发展。

综上所述，晚明以来，天台山桐柏宫是全真龙门派在台州的传播基地。之所以如此，是因为有孙玉阳这样的一代宗师，收徒多且其中多有成器之才，代代相传而让全真道得以在台州地区发扬光大。

二　嘉庆至晚清时期的台州道教

嘉庆以后，台州道教的中心逐渐转移到地处黄岩的委羽山大有宫，并以此为据点向周围扩散。促成这一转变的是杨来基。杨来基，号国宁子，浙江黄岩东乡人。自幼羡道，父母双亡后即想飘然出尘，于是云游名山洞天。至天台山百步紫阳宫，虔诚地在张伯端像前请祷而获感应指示，后于临海栖霞宫遇龙门派第十二代传人徐阳明，执弟子礼。徐阳明为他讲授《道德经》、《南华经》、《悟真篇》和龙门说偈四句，是为龙门派第十三代传人。此后他道业精进，驱邪祈祷屡有应验。后居委羽山空明洞，修大有宫胜迹，制定《清规榜》，精严戒律，十余年间，弟子日众。[①] 杨来基于嘉庆元年（1796）正月望日在委羽山大有宫传戒，受戒弟子共十二房，十余人。民国二十九年蒋宗翰撰《续纂道统征文事略》则谓传戒得其真传者有十四大弟子。不知孰是。杨来基门下弟子著名者有陈复朴、张永继、沈永良、凌圆佐、褚圆图、章本旭、陆致和、金理筌等。大有宫此后涌现出了不少人才。兹简述如下。

陈复朴（1755—?），名志华，号春谷，太平（今温岭）岩下人，幼年出家于委羽山大有宫，后至天台桐柏崇道观，学龙门宗旨，此后云游天下名山，再返回委羽山从杨来基隐修。嘉庆九年游终南山梅花观，回天台后往返于委羽、桐柏之间，并传法于温州苍南。陈复朴通内外典，著有《归真要旨》、《易数十八卦》、《注悟真参同清静经》等。

张永继，生卒年不详，道光年间（1821—1850）出家于大有宫，得龙门之传。从宫中四川云游道人学医，精于眼科，自此施医济众数十年。

沈永良（?—1866），名岐山，字凤芝，号醉癫，黄岩人。先在黄岩大有宫学龙门心法，后至天台山桐柏宫从道士金教善学，继而出外云游，于南岳遇鸡足道者，获授一九谷神金液沧景之旨，终岁一衲，不知寒暑，

---

① 《委羽山续纂龙门宗谱·第十二代浣尘阳明自述》（1940）后附杨来基传。

年七旬，貌如童子。颇有南宗"大隐居尘"和"混俗和光"的思想。

凌圆佐（1828—1911），道号会默子，浙江临海下陵人。早年受胃病之困，十八岁时弃儒入道，至委羽山大有宫拜张永翰为师，与沈永良真人（号醉颠）相友善，励志静坐清修，兼行外功，每遇善举，力行不息。曾独创茶亭三座，募建石桥二座，因其德高望重而被迎请为雁荡山净明道院方丈，于光绪二十六年登坛传戒，影响较大。① 《委羽山续纂龙门宗谱》卷四载，童明云于光绪二十六年春至雁荡净明道院受戒于凌圆佐律师三大戒，考取第二名，赐号陟霄子。又载金理筌（1856—1935），号竹泉，"就雁荡净明道院，领三坛戒法于凌圆佐律师"。

光绪年间，《委羽山续纂龙门宗谱》卷四载，委羽山道士王圆法、薛明德于光绪十一年（1885）受戒于杭州玉皇山福星观蒋永林律师。陆至和、华理勤（号占尘）、邓理言于光绪丙申年（1896）受戒于杭州玉皇山福星观蒋永林律师。

章本旭，号超阳子，乐清人。事母孝顺，入道后潜心修炼，尤精于医。《委羽山续志》载，太平进士黄浚游羽山诗说："山中道士皆修养，超阳章老尤萧爽。"

陆致和，生卒年不详，黄岩人，早年出家于委羽山大有宫，师从柯明良道士，为龙门派第二十一代弟子。光绪二十二年受戒于杭州玉皇山，后历任镇海渊德观证盟大师、乐清羊角洞监戒大师等职。复住持临海百步紫阳宫，募化重建紫阳宫。晚年退居大有宫深研《易经》和《道藏》。

金理筌（1856—1935），名竹泉，天台人。因科举不遂至委羽山大有宫从陆致和学龙门道法。光绪二十六年正式出家，同年事凌圆佐受三坛大戒，复还天台，后云游，晚居天台桐柏宫。著有《清静经解》、《玉皇心印注》、《金丹论》等。其中《金丹论》精辟地论述了全真修炼的根本原理，是清末民初龙门派的力作。

蔡理鉴（1880—1940），字显教，号心斋，别号龟道人，太平（今温岭）人。年少出家，旋隐雁荡山道松洞清修。光绪二十六年出山，二十九年参加镇海渊德观学礼考试，名列第三。后住持瑞安集真观，历任鄞县佑圣观、镇海渊德观监院。民国十九年为黄岩大有宫监院。其间塑圣像、修亭阁、建山门，厥功甚伟。民国二十二年（1933）开坛授戒，一时名闻。蔡理鉴工诗善画，如诗《莞蔡渔人》道："半篙明月半篙风，寄迹烟波缥缈中。网得鱼来沽美酒，船中一枕醉朦胧。"画尤擅松鼠，破笔茸

---

① 任林豪、马曙明：《台州道教考》，中国社会科学出版社 2009 年版，第 363—364 页。

毛，多传神之笔。彩绘《荷塘三友》色彩明艳，描写逼真。

黄理贯（1891—1945），黄岩路边村人。年少出家，从大有宫道士吴至道学龙门秘旨。民国十六年九月，在北京白云观受三大戒，后任委羽山大有宫讲席三年。他一生戒律精严，操持不苟，处己诚厚，待人和平，为道俗所共仰。

绍林，生卒年代及里籍均不详。年少时在委羽山大有宫学龙门之道，嘉庆（1796—1820）年间栖止于平阳县金乡云台山（今属浙江苍南），创三元道观以居。自此隐居宫观，蓄发不娶，持斋诵经，炼丹清修。

在杨来基一系的影响下，全真道在黄岩颇为兴盛。这可从宫观兴建来看。有清一代至民国，除了委羽山大有宫和一些重修的宫观外，黄岩新建的龙门派宫观尚有下列十八处：东极宫，在黄岩城关斗鸡巷（今移建西城东路村）。清道光八年（1828），龙门派坤道赵永凤与道士吴永忠、徐永寿建。光绪二十一年（1895）重修。八仙宫，在黄岩城关。清咸丰四年（1854）龙门派坤道牟圆聪、鲍圆真、胡圆求、管圆定、王明台建。西园经堂，在黄岩城关。清同治四年（1865），龙门派道士李至重建。永福宫，在黄岩鼓屿三余闸。清光绪五年（1879），龙门派道士柯明亮建。广福宫，在黄岩北洋前蒋。清光绪五年（1879），龙门派道士沈明广建。民国二十九年（1940）重修。震阳宫，在黄岩鼓屿草鞋路廊。清光绪七年（1881），龙门派道士林教云建。锡龄宫，在黄岩焦坑。清光绪七年（1881），龙门派坤道杨明体建。广福宫，在黄岩讴韶。清光绪十年（1884），龙门派道士凌圆佐建。三元宫，在黄岩院桥镇店头村。清光绪十二年（1886），龙门派坤道章圆福建。历传章至领、章理元、王宗求、林诚法、杨信隐等。福灵宫，在黄岩院桥镇三友村。清光绪二十年（1894）建。济阳宫，在黄岩城关。清光绪二十七年（1901）九龙门派道士毛明池建。妙严宫，在黄岩鼓屿葛番。民国七年（1918），龙门派坤道高宗净建。逸仙宫，在黄岩十里铺。民国十六年（1927），龙门派坤道任诚根建。山头宫，在黄岩委羽山。民国二十年（1931），龙门派坤道王宗平建。小玄都观，在黄岩城关九峰。民国二十年（1931），龙门派道士伍止渊建。延寿宫，在黄岩城关施平桥里。民国二十二年（1933），龙门派坤道程诚佐建。三元宫，在黄岩焦坑头梳路廊。民国二十六年（1937），龙门派道士陈宗绪建。紫阳宫，在黄岩城关大南门。民国三十三年（1944），龙门派坤道何诚秀建。

清代晚期，台州全真道的传播中心从黄岩转到太平（今温岭）。温岭全真道的传播始于雍正年间（1723—1735）的道士张一崑。张一崑的生卒年代及里籍不详。他在杭州金鼓洞从盛清新学龙门之道，为龙门律宗第十一代传人。雍正时期至太平长屿嵛岙山，创嵛岙洞以居。他的弟子有方阳悟、张阳善、周永熬、吴永标、罗圆修、林圆济、吴圆丹等。太平除张一崑一系外，更重要的是源出黄岩委羽山大有宫这一系，这一系的夏合通、任合庆、蔡昭慧、王圆法、陈圆善、鲍圆环、童明云、蔡至敬、许明宝等都各传一方，弟子众多。兹择要简述如下。

方阳悟，生卒年代不详，太平（今温岭）萧家桥下方家人。少从张一崑出家，居长屿嵛岙洞。清乾隆十六年（1751），在长屿黄监山深谷山腰建万福洞（今名双门洞）而传龙门秘旨。从万福洞得法的道士有沈教亮、管永衡、林圆勤、王明松、林至璇、毛理祥、陈宗波等。

夏合通，生卒年代不详，太平西乡人。自幼出家，从黄岩委羽山大有宫林本还出家。后归太平，于青屿山创建会元宫，另建有大溪肠山头朝阳宫。传有弟子林教芳、人教统、冯教德、杨教仁等。此外，源出会元宫门下的有林永庆、陈圆顺、谢圆满、李明贤、张明桂、陈明掘等道士。出于朝阳宫门下的道士有杨永言、杨圆衡、周永钦、王圆龙、李明华、杨明辉、林至祥等。

任合庆，生卒年代不详，太平南区朱村人。少从黄岩委羽山大有宫王本法学龙门之法，颇有所得。清道光时期（1821—1850）于太平北郊莞田岭头建三清观。传有弟子徐教惠、毛教明、张教财、张教球、陶教授、陈教兴、张教康等。其中毛教明于长屿岙里创仁明宫。

蔡昭慧（1765—1852），名教敬，太平莞渭蔡后洋人。自幼好道，方冠即从师金合宗于本乡松云宫入龙门派。既而往居太平羊角洞、白龙山及方岩小斗洞，诚心修炼数年后回松云宫传播龙门派。

陈圆善（1803—1898），又名体阳，字静远，号少谷，太平人。清咸丰年间（1851—1861）从杭州玉皇山福星观龙门派第十八代传人叶永申出家。后居乐清（今浙江乐清）羊角洞，斩草结茅，重辟道场，面壁十年，行业精进。同治时期（1862—1874）于洞建三清殿、吕祖殿、三官殿、紫庭楼及厨房等八十余间。光绪中叶，建玉蟾宫。陈圆善门下弟子很盛，有周明义等各传一方。

王圆法，号松林子，太平河边后王人。少嗜道，弱冠即投本地枕流宫，从道士陈永春出家。后遍游名山胜境，访道施善。清光绪元年（1875），在本乡鹅冠山结茅静修，后募筑修真观。光绪十一年（1885），从杭州福星观道士蒋永林受三大戒。旋居福星观，咏诵《玉皇经》，不论风晨雪夜，久志不懈，立功立德，人咸称为有道。传有弟子张明样、童明坤、黄明莲、廖明兰等。

鲍圆环（1857—1902），太平上马石人。少出家于本乡莞田岭三清观，从杨永言道士学龙门道法。潜心修养，道业洪深。曾筹资募建所居之三清观。

童明云（1860—?），号月泉，太平武模人。少敏慧过人，素慕长生之术。及弱冠，拜本乡修真观道士王圆法为师。清修静坐，博览经史，探明易理。光绪二十六年（1900），于雁荡山净名道院从凌圆佐律师受三大戒，考取第二名，赐号陪霄子。民国五年（1916）募建清风宫。

蔡至敬（1843—1919），太平莞渭蔡西塘桥外人。素好道不茹荤，有超尘出世之想。光绪九年（1883）至本乡枕流宫从童明云学龙门道法。随即独居雁荡山道松洞十余年，修真不倦。后回太平，募修仙化洞以居。

许明宝（1870—1928），太平莞田西番人。年少时在本乡枕流宫出家，复拜修真观王圆法为师。后云游武夷、武当诸名山，访求大道。晚住鹅冠山修真观，潜心修炼，传龙门衣钵。民国十七年（1928）太平大旱，以身投寒坑潭祷雨，广受百姓好评。

叶至煌，生卒年代不详，太平黄湾小石桥人。少敏慧，好修持。后于本乡枕流宫出家，从童明云学龙门之道。民国十六年（1927），事镇海渊德观黄律师受三大戒。民国二十二年（1933）任黄岩大有宫戒坛"引礼"之职。后建江夏清风宫以居，并造梅澳大桥，士民称颂一时。

金合宗，生卒年代不详，太平人。出家于黄岩委羽山大有宫，从王本法律师得法。嘉庆（1796—1820）中于太平肖村凤山头创松云宫。

杨教莲，生卒年代不详，太平人。出家于黄岩委羽山大有宫，从吴合印学，嗣为龙门第十七代。清光绪十五年（1889），于太平城东凤凰山创建混元宫。

周永钦，生卒年代不详，太平岭下周人。出家于本乡大溪晒山头朝阳宫，师从冯教德，获授龙门之道。道光年间（1821—1850）在太平大溪太乙山创桐肠观。

邵永律（1861—1929），太平田洋邵人。出家于本乡大合山八仙宫，从仇教萍得龙门教旨。光绪年间（1875—1908）在太平石沾大神庙东首创建同福宫。

章圆盛，生卒年代不详，太平洋江人。出家于本乡紫皋枕流宫，从陈永春得法。清同治年间（1862—1874）创温峤许宅堂。

潘圆机，生卒年代不详，太平西洋潘人。出家于邑之紫泉枕流宫，从陈永春得法。光绪二十六年（1900），雁荡山净名道院凌圆佐律师开戒坛时，任"引礼"一职。

丁圆香，生卒年代不详，太平紫泉人。年少时从本乡肖村河头福星宫道士蔡永成出家，学龙门法旨。同治年间（1862—1874）在河头建东极宫。

邵圆木浸（1873—？），太平西乡下番人。出家于本乡长屿紫云洞，事项永法为师。光绪年间（1875—1908）分支于西仙源山，创建纯阳宫。

季明友（1863—？），太平高洋人。出家于本乡紫泉枕流宫，从修真观王圆法得法。后分支神童门，创月顶宫，复建上新堂于栋头山脚。

石明舜，生卒年代不详，太平虞番大岭坛人。少出家于本乡鹅冠山修真观，得王圆法法旨，后至陆山头创建青龙宫。

林明江，生卒年代及里籍不详。少出家，拜太平方山羊角洞道士陈圆善为师。清光绪十五年（1889）创建长屿中岗道源洞。

戴明莲，生卒年代不详，太平温岭街人。从本乡许宅堂道士章圆真出家，后分支江厦岭栋头，创月瞻宫。

郑明福，生卒年代不详，太平后洋郑人。出家于本乡肖村河头混元宫，从郭圆英得法。光绪十五年（1889）创建凤山头清福宫。

陈明标，号奎贞子，生卒年代不详，太平东乡岩下人。出家于本乡肖村问头福星宫，从丁圆香得法。光绪二十六年（1900）于雁荡山净名道院从凌圆佐律师受三大戒。

刘至昌（1887—？），字春园，太平西乡螺屿人。出家于本乡紫泉枕流宫，从童明云得龙门之道。后分支西仙源山，创建紫云宫。

林圆勤，生卒年代不详，太平肖村人。出家于本乡长屿双门洞，从管永衡学法。光绪二十七年（1901）从杭州福星观道士蒋永林受三大戒。

清代晚期，温岭宫观林立，新创道源洞、清凉洞、高明洞、三清观、混元宫、月瞻宫、三元宫、纯阳宫、月顶宫、青龙宫、清福宫、福星宫、东极宫、松鹤宫、石梁洞、碧霄洞等宫观三十余处。出家为道者多达二百多人。

此外，清末曾居台州传播龙门派的还有林九、范笠南、闻理朴等人。林九，清代道士，生卒年代不详，杭州人，居无定所，佯狂玩世，众人称他为双木真人。天师张真人驻锡杭州天后宫时，曾对金鼓洞道士顾阳息说："此林真人乃娄真人之师也，道行高妙。暂坠凡间济度众生，以完其功行耳。尔等道流宜护持之，勿使其坠劫也。"[1] 后行龙门派于天台山。

---

[1] （清）朱文藻：《金鼓洞志》卷七引《碧溪草堂杂记》，任林豪、马曙明《台州道教考》，中国社会科学出版社 2009 年版，第 369 页。

范笠南，清代道士，生卒年代及里籍不详。居杭州圣堂桥，熟知九天机法。因所泄之机日多，遂遭天谴，为雷电所逐。金鼓洞道士顾阳息获悉而救之，自是改悔不敢。"后随双木真人学道于天台山"①。闻理朴（1892—1935），字达之，道号文素子，永嘉梧埏人。民国七年（1918）出家，初隐温州胜美尘吕公祠。民国九年从平阳东岳观道士方至通学习。方至通曾谓"此吾教承道人也"。后遍游四明、武林及北京白云观，及回台州，至温峤、上天台。民国十三年赴湖北长春观受三大戒，荣登魁首，得授"天仙妙道状元"之号。复居平阳东岳观，并任住持。又应大有宫蔡理鉴道长之请，助其传法。民国二十一年应邀任天台山桐柏宫方丈，于正月至三月开坛传戒，受戒道之徒有七十余人。闻理朴天资聪颖，擅书能画，尤擅文辞，著有《道德经浅著》、《文素子诗文集》等行世。另有诗稿若干首，藏于平阳东岳观中。

自嘉庆元年（1796）杨来基重兴黄岩委羽山大有宫后，龙门派大行于台州。杨来基所传十四房弟子中，一房仅传一代而终；二房、五房传至第二十代后断绝；三房、十二房、十三房分传临海；六房、七房、八房、九房、十房、十一房、十四房驻守大有宫。此后，在黄岩委羽山大有宫承传的七房弟子又陆续分传临海、临海的海门、太平、乐清、乐清的雁荡山、永嘉、平阳、天台、宁海、玉环、诸暨、上海等地，如清嘉庆年间（1796—1820），杨来基门下弟子陈复朴和翁复泉即传法于平阳。光绪年间（1875—1908），龙门派第十九代弟子林圆丹、薛圆顺，自黄岩委羽山大有宫南下平阳，在钱库望里镇紫云洞、金乡玉龙山水帘洞和环丝观，以及望州山白云洞等地创立龙门道场。林圆丹，号耀灵子，生卒年代不详，太平人。后林圆丹复传吴明善、蔡明全，吴明善再传方至通、林至金、林至广。其中方至通授徒多至十八人。薛圆顺则传薛明德，薛明德传吴至荣、石至鹤；石至鹤授徒二十一人。吴至荣传王理湘，王理湘授徒更多，有七十三人。民国二十二年，浙江温岭紫阳宫全真道士陈铁海和蔡启良因募修所居宫观而云游至上海，于曹家渡一带创紫阳宫上海分院，后改名为紫阳宫坤道院，成为上海全真宫观之首。

清末民初，台州境内的道教活动渐趋衰微，唯一例外的就是黄岩委羽山大有宫的龙门派。当时台州境内各地都有它的分支，据不完全统计，主要是：临海城关的八仙岩永清观、盖竹山的盖竹洞、海门老子山老子殿、海门太乙宫、海门太和宫；黄岩的九峰小玄都观、东极宫、八

---

① （清）朱文藻：《金鼓洞志》引《碧溪草堂杂记》，任林豪、马曙明《台州道教考》，第369页。

仙宫、焦坑锡龄宫、坦田王万寿宫；太平（今温岭）的仙化洞庆云宫、长屿紫云洞、太乙山桐肠观、岭栋乾元宫、圣屿山会元宫、肖村松鹤宫、肖村福德宫、肖村清福宫、肖村东极宫、肖村混元宫、西源山三友宫、西源山仙元宫；玉环的楚门虎头山青华宫；温州永嘉的东蒙山天然观、高殿山玉皇楼、梧埏福胜观、吹台山伴云观；平阳的钱库望里镇紫云洞、金乡玉龙山水帘洞、望州山白云洞、坡南东岳观、云台山三官堂、圣莱池天平观、江南龙隐观、江南凤仙观、江南妙觉庵、金乡环绿观；乐清的宝台山紫霞观、中高山三清观、白龙山青云观、象阳乡清阳观、长水山灵仙观、岐头山三圣观、雁荡山北斗洞；瑞安的金山道院；宁波鄞县的报德观等。

民国二十二年，道士蔡理鉴出任大有宫方丈，邀请蒋宗瀚律师共同启建全真龙门登箓典礼，为来自全国十二个省的戒子分授初真、中极、天仙三大戒。计有湖南省三人、甘肃省二人、湖北省九人、河南省九人、河北省一人、江西省五人、陕西省一人、四川省四人、贵州省一人、山东省四人、广东省一人和浙江省的永嘉三人、温岭十八人、乐清九人、平阳四人、湖州一人、宁海一人、瑞安二人、黄岩九人，总计八十七人，编有《大有宫癸酉擅登真录》，其中黄岩坤道月光子汪理荷，被录取为第一名"天仙"。

宣统二年（1910），委羽山大有宫龙门法系在乐清紫芝观纂修《龙门法派谱》五卷，房谱三本，分藏各地。在此基础上，民国二十九年（1940），道士蔡理鉴、蒋宗瀚和黄岩举人王松渠于委羽山大有宫编纂《续纂龙门宗谱》四卷四十七册，分藏所属道观和道士。其中，黄岩大有宫三册；温岭肖村福德宫、肖村清福宫、肖村东极宫、肖村温元宫合一册；临海八仙岩永清观、盖竹洞、海门老子山老子殿、海门太和宫，黄岩九峰小玄都观、东极宫、八仙宫、焦坑锡龄宫、坦田王万寿宫，温岭仙化洞庆云宫、长屿紫云洞、太乙山桐肠观、岭栋乾元宫、圣屿山会元宫、肖村松鹤宫、西源山三友宫、西源山仙元宫，玉环楚门虎头山青华宫，永嘉东蒙山天然观、高殿山玉皇楼、梧埏福胜观、吹台山伴云观，平阳坡南东岳观、云台山三官堂、圣莱池天平观、江南龙隐观、江南凤仙观、江南妙觉庵、金乡环绿观，乐清宝台山紫霞观、中高山三清观、白龙山青云观、象阳乡清阳观、长水山灵仙观、岐头山三圣观、雁荡山北斗洞，瑞安金山道院，鄞县报德观各一册，蔡理鉴大师、吴宗法炼师、高宗羽炼师、应至镇炼师、谢宗沂大师等各一册。宗谱中记录自元皇庆元年（1312），全真道龙门派第一代祖师赵道坚起，至第二十五代"信"字辈的委羽山大有宫支派和各分支宫观的宗师、律师、嗣师、炼师等共计三千二百三十人。

在《宗谱》修成之时，龙门派大有宫支派在台州有道观一百一十六所，在温州一百四十八所，占两地宫观总数的99%。出自大有宫的道士，亦占两地道士总数的97%以上。对此盛况，撄宁子陈圆顿道长的评价是："玄门丕振，教化盛行，迄今阅一百四十年。代代传薪，枝枝衍秀，四方德众，源远流长。其创始也艰辛，其贻谋也深厚，不有当年，安能今日，杨真人之功可谓巨矣。"①

此外，光绪二十七年（1901），与温岭毗邻的乐清县羊角洞传戒，传戒律师及受戒人数不详。据赵模撰写于1915年的《羊角洞碑记》②，羊角洞开山始祖为温岭人陈圆善，其事迹前已述及。《委羽山续纂龙门宗谱》卷四载，邓理言于光绪辛丑年（1901）任乐清羊角洞戒坛纠察（当为纠仪）大师，陆至和任证盟大师。光绪二十九年（1903）和三十年（1904），宁波镇海渊德观传戒，律师姓方，名不详，受戒人数不详。《委羽山续纂龙门宗谱》卷四载，叶明达于光绪二十九年于渊德观受方老律师三坛大戒，朱宗祥秋从方老律师受三坛大戒。这说明清末时期台州全真道在温州的乐清、宁波的镇海等地也有传播。

综上所述，清代台州全真道的发展，先是以天台山桐柏宫为中心，继而转至黄岩委羽山大有宫，再转至温岭。其中，委羽山大有宫一系影响深远并绵延至民国时期，温岭全真道也多为其流裔。传播中心的转移，取决于开宗立派的祖师之后，有没有弟子代代相承地把道脉延续下去。大有宫一系之所以道脉深广，得益于杨来基有较高的宗教修养和对弟子的严谨要求，与社会有良好的互动关系而造成广泛的社会影响，更得益于在此基础上的多次开坛授戒，培养有很高宗教修养的众多弟子。

第二节　清代湖州道教（上）

一　计筹山龙门派

计筹山，又名计岘山，俗名界头山，地处湖州武康西南，距县城九公里。传说是春秋时越国大夫计然隐居之地。计然，一作计倪，一名辛钘，

---

① 陈撄宁：《重修委羽山大有宫宗谱序》，署名"皖江撄宁子陈圆顿拜序"，1941年1月《仙道月报》第25期第3版。

② 陈纬编：《乐清历代碑志选》，中国民族摄影艺术出版社2004年版，第458页。

号文子，老子再传弟子，范蠡之师。山之得名，一说是由于计然"尝登此山，筹度面势，以营隐居"①，一说是由于计然曾与范蠡在此筹划伐吴之策，故山因之而名。②汉末，葛玄曾炼丹其上。后建有常清观。宋绍兴（1131—1162）初，和王杨沂中将道观修缮一新，把观改名为升元报德观。乾道二年（1166），已退位为太上皇的宋高宗驾幸计筹山，御赐《通玄经》注并赐冲妙炼师匾额③。南宋末年，著名道士杜道坚受杨沂中后人之请，住持升元报德观。④元兵南渡，杜道坚冒矢石，叩见元军统帅伯颜（一译作巴延，1236—1295），以不杀无辜相请。伯颜与他交谈后大悦，携其北上。元世祖特委派他驰驿江南搜访遗隐。后"钦奉玺书，提点道教，住持杭州宗阳宫"，兼领升元观事。又在计筹山上创建通玄观，以弟子主之。元仁宗皇庆元年（1312），宣授隆道冲真崇正真人。"真人居宠思退，请老而传"，朝廷遂以其弟子姚志恭（姚桂庵）为升元观提点，其徒孙孙拱真为提举，"俾世世相传，玄玄不绝"。⑤姚志恭传弟子柯德嗣（号巢云），柯德嗣传弟子洪善渊。此外，史料记载，赵嗣祺（琪）（1277—1340），缙云人，号虚一，为杜道坚弟子张德懋的弟子，是元代著名高道，曾住持升元报德观，兼白鹤观主持，赐号玄明通道虚一先生教门真士。

元末，著名诗人岳榆（字季坚，江苏宜兴人）入计筹山学道。元至正九年前后，计筹山道士主事者为吕敏（无锡人，与道士画家倪瓒有交往）。此后，升元观毁于兵火。明代洪武二十四年（1391），道士袁居安重建。⑥可惜，"不意自明而清，荒废久，而高人去；仙迹毁，而谋占多"。⑦康熙六年（1667），当地村民请炼师余体崖担当修复道观之任。

余体崖（1621—1670），道名守淳，字体崖，别号静虚。杭州钱塘湖墅人。幼年双亲弃世，由祖父抚养。稍长，祖父又去世，衣食难支，遂出家为道士，居杭州孤山上的文昌祠，继入南山无门洞修炼，博访黄老之术。崇祯十五年（1642），避暑栖霞岭紫云洞中，遇白发头陀，得返骨洗

① （元）戴表元：《剡源集·计筹山升元报德观记》，《丛书集成初编》第 1 册，第 78 页。

② （元）郑元佑：《侨吴集·计筹山巢云楼记》，《四库全书》，第 1216 册，第 104 页。

③ 《计筹山升元报德观记》，载宗源翰等修，周学濬等纂《湖州府志》第 54 号，第 3 册，《中国方志丛书》，成文出版社 1970 年版，第 1034—1035 页。

④ （元）戴表元：《剡源文集·计筹山升元报德观记》，《丛书集成初编》第 1 册，第 79 页。

⑤ （元）赵孟頫：《松雪斋集·隆道冲真崇正真人杜公碑》，《四库全书》第 1196 册，第 107 页。

⑥ 同治《湖州府志》卷二八，成文出版社 1970 年版，第 562 页。

⑦ （清）李钟：《计筹山志》［民国十七年（1928）版，浙江省图书馆藏本］所载雍正初年佚名《升元观记》。

髓长生之诀。入清后，受知于钱塘令高汉章，互相赋诗酬答。顺治七年（1650）闭关，修头陀诀三年，未见成效。顺治十二年（1655），浙江提学谷应泰慕其高风亮节，为之创建讲堂，遣诸子读书于其中。时吕留良也与他相交甚密，朝夕议论甚洽，遂延请他至石门东庄，杜门谢客，独修头陀诀，颇有所得，声名日著，造访者甚多。辛丑（1661）复避归武林，住涤山书院。后受门人之请，居余杭洞霄宫，住天柱峰下①。有《大涤草》行世。康熙三年（1664），给事中姜希辙读其诗，颇为推崇，迎其住绍兴之两水亭。余体崖在这里著有《越游草》。次年（1665），住杭州皋亭之烟石矶，修头陀诀越见成效，符篆之用颇有效验，声名颇隆。康熙六年（1667），受邀兴复武康计筹山升元观，不到一年，观宇落成②。余体崖博学多闻，道术甚深，品行高尚，善诗文，与文人士大夫交往甚多，因而社会知名度较高③。

余体崖弟子众多，《计筹山志》列名者即有鲁太兴、方太琼、李太霞、胡太琼、方太瑞、金太琛、李太增、徐太权、傅太梅等。鲁太兴又名鲁抱玉，有徒弟施楼云等。施楼云有徒弟陈慧熙等。从师徒名字来看，余体崖为全真道龙门派第八代。

余体崖为众弟子制有《规训》，公布于斋堂中。其内容是：

> 学道之人，第一要脚跟稳当，不被人骗。在山住十年，今见方外之人，廿年（即二十）炼得心如槁木，意若死灰，虽富贵功名，美色财帛，烦恼种种不起，才算得入门一着。辄云，某说好，某说歹，骂我，妒我，某处有钱，某处有斋，就要搬移，生出别样心肠。呵呵！殊不知命运不济，徒自劳碌。惹人不重，惹自颠倒。奉劝诸弟，知命可守，含忍过去，筹山腐渣菜根冷斋饭，倒有滋味，自然苦尽甜来，水到渠成，如大悟大彻，徒死心主宰为最也。

---

① 清初王嗣槐说于顺治十五年（1658）三月，"偕友人访道士孙善长于洞霄（宫），登金竹屏最高处，与道士余体崖穷讨其幽趣"（《桂山堂文选·游洞霄宫记》，《四库未收书辑刊》，北京出版社2000年版，第7辑，第27册，第394页）。

② 雍正《浙江通志·寺观》载：武康县东唐泫村有修真观，始建于元泰定间，元末毁，明洪武二十四年（1391）复建，清康熙六年（1667）道士余体崖重建。

③ 清初毛奇龄（1623—1713）《西河集·送余炼师居升铉观序》说："菰城山水甲天下。武康计筹山，则春秋计倪所栖地也。……临安（杭州）余炼师自皋亭来，顾而乐斯，乃葺其废坠，假之偃息，同人各为诗赠行，而命予以序。夫炼师修髯广颡，身具仙骨，而又好读古异书，阐经国谋野之学，虽谭众妙，如九术焉，殆章甫而黄冠者。"

筹山道人体崖氏，初夏静坐之余，澄思涤虑，万象皆空，适大德持纸笺求书教言，随即迅笔拈此以勉之。凡我及门，其各禀遵毋忽。①

余体崖精于内丹和默斗科仪，著有《火符真指歌》：

天下交友半文章，我之交友非寻常，张君品格殊不凡，性与溪山共徜徉，年来忽悟神仙事，身轻如鸟意颉颃，遇人可傅不避责，河曲倒流龙虎降，雨霁云开日轮紫，波翻浪激月色黄，日月吞吐天地窄，万物掩映分阴阳，蓦然不动春寂寂，桃李芬菲露晓霜，长吟短啸海门应，青天霹雳起扶桑，休符歇火真定鼎，沐浴更衣坐高堂，幽暗无灯修炼情，传送黄婆达玉皇，玉皇口里流涎沫，君家饮之莫错失，要知歘忽火焰飞，老嫩根苗自把握，鼓琴招凤已欢娱，夫妇团圆感氤氲，似醉似痴结圣基，胎圆十月产奇突，婴儿跨鹤远遨游，力掺纵横不仓卒，抚松拂石任盘旋，入尘在野无损益，炼之炼之愈炼之，未许丈人能事释，直待三一与无一，击碎虚空谁怜惜，我生立命岂由天，华封三祝轻一掷。

　　计筹山道人余守淳体崖氏具草

此歌从内容看，描述的是内丹修炼。余体崖所修头陀诀，应该是道教自宋代以来内则结丹，外用成法的符箓派的传统祈禳功夫。

余体崖修复的升元观，只是粗具规模。此后，周玉峰、卓火传等相继修缮。吴绮（1619—1694）的《送卓火传归隐计筹山升元观序》说："余体崖始为结茅，周玉峰继为除草。然金亭未显，空存九节菖蒲；绛阙犹虚，未长万年神药。而我火传年兄褰裳独往，将寻赤水之珠；着履思从，欲访玄都之箓。何其勇也，不亦异哉。"② 周玉峰，事迹不详。卓火传（1623？—1694？），名天寅，初名大丙，号亮庵。仁和（清代为浙江杭州辖县）人。顺治十一年（1654）中副贡。工诗文，诗宗盛唐，为江南名士。于塘栖镇建藏书楼曰"传经堂"、"月波楼"，藏书数万卷，供文士阅读并免费提供食宿。文士多作诗文以纪之。大学士张玉书（1642—1711）的《书卓氏传经堂集后》说："卓子火传建祠于塘栖里第，奉其先入斋（卓搏）、左车（卓发之）、珂月（卓人月）三先生，而名其堂曰传经。海内文章之士，皆以卓之子孙世守侍郎忠贞公（卓敬）之教，以克绍其

----

① （清）李钟：《计筹山志》，1928 年。
② 吴绮：《林蕙堂全集》卷七，《四库全书》第 1314 册，第 123 页。

先烈，为能不愧于传经之义，争为诗文以纪之。"① 卓火传把这些诗文编为《传经堂集》。卓天寅晚年（时间当在 1688 年之后）入道，曾隐居计筹山，重建升元观。吴绮的《送卓火传归隐计筹山升元观序》说："予与同年火传卓君联半世之交，历深情于风雨；赋十年之别，托远梦于湖山。适于戊辰（康熙二十七年，1688）之冬相见邗江（今江苏扬州市邗江区）之上，形容非昔，情好有加。曲巷泥深，予方委形于皂帽；名山花发，君忽托兴于黄冠。"以此推算，卓天寅入道时间当在 1688 年之后。

卓火传隐居计筹山升元观之时，余体崖一系的道士仍住持该观。《计筹山志》载有雍正初年佚名《升元观记》，称余体崖率徒鲁抱玉（即鲁太兴）、徒孙施栖云等，复建升元观。当时"拜谒者纷纷，皆曰神仙复来，观宇新建，将有葛（玄）、杜（道坚）之兴"，"孰意天不假年，余与鲁相继而逝，今惟赖施子栖云，率徒陈慧熙等，苦守清规，略加整饬"。

康熙年间，计筹山著名的还有高道沈和（住持重建通元观）、贝常吉（精于医术，有弟子李有峰）。

乾隆壬辰（1772）时有龙门派道士胡复心等住山。光绪、宣统年间，筹山老人（自号白云仙子，又称半颠道人）住通元观。民国十七年有玄苑道人姚真超住山。

二　金盖山云巢派②

浙江湖州金盖山，本名横山，汉末开始名为金盖。山分南北二坞，北坞名春谷，现在称为桐凤；南坞名白云，现称为何山。传说东汉、三国吴赤乌年间尹屈桢、东晋时期的葛洪、南朝时期的陆修静曾隐居于这里。南宋庆历年间，乌程人沈思入山建斋，铸造吕祖像，奉信而居，又访得精于黄白术的异人梅子春，为其筑净居。元初，华亭人卫富益率徒千余人在山中隐居。顺帝至正年间（1341—1368），高士闵牧斋，即闵一得的先人曾隐居于此。明初，金盖山属归安陶氏。崇祯年间，陶氏净居大半为权贵所夺。从上述情况来看，金盖山虽然有宋朝沈东老在此遇吕仙的传说，但是在此后几百年间，主要是儒者隐居之地。至清代初年，金盖山曾经一度成

---

① 张玉书：《张文贞集》卷六，《四库全书》第 1322 册，第 68 页。

② 本节第二、三部分和下一节第一部分的内容已以题名为《清代湖州金盖山全真道研究》提交茅山乾元观与江南全真道学术研讨会（2012 年 10 月 10—12 日，江苏金坛）并被录用交流出版，尹信慧主编：《茅山乾元观与江南全真道国际学术研讨会论文集》，广西师范大学出版社 2013 年版，第 148—189 页。

为名僧藕益智旭的居所。顺治年间僧人散去以后，陶靖庵在这里供奉吕祖，金盖山于是成为道教全真龙门派的据点之一。与此同时，闵一得家族的闵声也在此隐居。闵声（1597—1682），字毅夫，号雪蓑，闵珪元之孙，文才横溢，善饮酒，与陶靖菴、藕益智旭为至交。晚年修炼导引法，能前知卒年，年八十六而卒。著有《泌庵小言》、《无衣吟诗稿》等。清初大学者黄宗羲曾为其撰写《雪蓑闵君墓志铭》①。金盖山是元代以来闵氏家族的墓地，它的声名的隆盛，与闵氏家族有很大的关系。

　　据《金盖心灯·靖庵先生墓表》等载，陶守贞（1612—1673），原名然，字浩然，自号靖庵子。世居浙江会稽，先祖在后唐时期到四川应藩之聘，遂居蜀。幼孤，随母居蜀。母卒，至浙江吴兴依族侄陶思萱，曾有牢狱之灾，得闵毅甫的帮助而解除，后入金盖山修道。顺治十五年（1658），受戒于北京白云观王常月，授以卷册，命名守贞，遣归金盖②。康熙十二年（1673）卒。关于陶守贞的思想，《靖庵先生传》说：“先生曰：天上神仙，皆是人间孝子、忠臣，汉寿亭侯血刃终身，位登大帝，未闻其有子午烹炼、休粮出俗之行也。人从实朴朴地下手，便是筑基妙诀。神通法术，乃驻世神仙万不得已一行之事，非经教，圣贤仙佛所不取也。”③ 这透露出他对儒学忠孝思想的推崇和对世俗生活的眷恋。这对后

---

① 《金盖山志》卷四。

② 《藏外道书》，巴蜀书社 1994 年版，第 31 册，第 184 页。但此说有疑。《金盖心灯》的“靖庵先生”传中则说明是委托程守宏寄卷册、如意、玉尘、芝杖等物异地授戒。依据《金盖心灯》的记载，王常月是把衣钵传给陶然。但康熙时人陈鼎在《留溪外传》卷十七中则说王常月的衣钵传人是谭守诚，谭守诚后在南京城西虎踞山的隐仙庵，时间与地点也与《金盖心灯》的记载不同（《四库全书存目丛书》“史部”，第 122 册，第 797 页）。此外，《金盖心灯》的《吕云隐律师传》中提到王常月把“自用锦囊、如意、源流、拂尘等印封完，密嘱侍者曰：姑苏吕守璞来，付之。时康熙十九年十二月二十五日也”（《藏外道书》第 31 册，第 199 页）。由此看来，王常月的衣钵传承者又是吕云隐（即吕守璞，开苏州冠山支派，龙门第八代律师，同承其父吕贞九而为清微派第二十四代法师）。此外，彭定求所的《詹维阳律师塔铭》中明确提及王常月的法嗣是谭守诚。由于《留溪外传》刊于康熙三十七年（1698），与王常月、谭守城生活时代较近，比闵一得的《金盖心灯》成书时间早，故王常月的衣钵传人，如果只能算一人的话，应为谭守诚。此外，《明遗民录》还记载，心月道人明亡弃家遍游名山，礼全真龙门第七代律师王常月为师，为龙门第八代律师，晚年隐居隐仙庵［（民国）孙静庵：《明遗民录》，浙江古籍出版社 1985 年版，第 347 页]。龙门派第八代，王常月的及门弟子还有黄守正（字得一，开苏州浒关太微律院支派）、盛青崖（即金筑老人，开余杭金筑坪天柱观支派）、黄守中（即鸡足道者，开云南鸡足山西竺心宗）等。

③ 《金盖心灯·靖庵先生墓表》，《藏外道书》第 31 册，第 193 页。

世金盖山道教颇有影响。

陶守贞传法给族侄陶思萱（？—1692）。陶思萱，一名太定，自号石庵子，为龙门第九代，曾从闵雪蓑授业。陶石庵曾注解《周易》、《参同》、《悟真》。"其居山，日惟静默，晨起读《学》、《庸》一过，继之《道德》、《楞严》，晚则炷香礼斗，以祝世寿。"① 由此开启全真龙门派云巢支派，并以金盖山为中心向外传播。

陶思萱传第十代弟子徐清澄（1630—1719）。徐清澄号紫垣，原名拱宸，字北瞻，江南昆山人，家遭多难而出家。陶师过世后，独自居山自养。闵一得《金盖山纯阳宫古今迹略》称其"贵介而隐，不事生业，居之存否，不之问。"② 他辑有《黄庭经注》，又与闵声合著《金盖云笈》，创办经社。

徐紫垣即将过世时，杭州金鼓洞道士方凝阳派弟子徐一返（号隆岩）来山，后继徐紫垣而为第十一代。徐一返字龙元，山东东昌人。他居山二十五年，于康熙五十九年（1720）开始主持金盖山讲席。徐一返兼承正一派，法名汉臣。他"祷雨祈晴，无不立应"。所传的弟子蒋雨苍、史常哉、朱春阳等都以正一派龙虎宗字辈排名，所以不被列入龙门派③。徐一返主持时期，作为金盖山山主的陶氏家族的负责人陶起哉把山中产业赠予僧人，改变了对道教支持的立场，造成"陶黄殁后，未几春秋，山非陶（有），存惟虚名"④，"斯时山居，颇不易"的境况。此外，沈轻云弟子，即第十二代陈阳复（号樵云）亦曾得徐一返授正一道法。乾隆八年（1743），蒋雨苍（1680—1765）入山，五年后徐一返因与白云僧产生激烈冲突，不得已把山中事务交给蒋雨苍后，到下昂墩等地静室居住。徐一返对金盖山有一定的贡献。

第十一代弟子除徐一返外还有董芝筥，生于明泰昌元年（1620）十月，卒于清康熙时期，名一揆，儒名汉策，法名麟科，字帷儒，号南林，又号芝筥，乌程南浔人。事母至孝，岁饥出资先赈。康熙庚戌，两浙大水，范承谟中丞访荒政，董芝筥条程上之，被采纳施行，后旌为孝子。董芝筥的著作有《苏庵家诫》、《紫光斗科》、《太极祭炼》等书，

继蒋雨苍主持山事者为陈樵云（1730—1785）。陈樵云道名阳复，原名

---

① 《金盖心灯·靖庵先生墓表》，《藏外道书》第31册，第211—213页。

② 闵一得：《金盖山纯阳宫古今迹略》，《藏外道书》第31册，第232页。

③ 《金盖心灯》，《藏外道书》第31册，第166页。

④ 同上书，第366页。

去非，字翼庭。早年嗜好禅宗，研习十六观经。二十五岁时从徐隆岩而获授紫光梵斗法，居云巢。乙未年（1775）拜沈轻云为师，嗣入律宗，乾隆三十年（1765）掌管金盖山事务。乾隆四十五年庚子（1780）把山事交闵一得代理而出外云游①，乙巳年（1785）延住余杭南湖三元宫，同年卒。

闵一得此次代理山事，时间不超过四年。接着山事被交给陈樵云的徒弟杨来逸掌管。② 此后嗣管山事者分别为朱春阳、吴君峙等人。朱春阳③（1734—1792），名暄，字春阳，一字通道。归安世家子。十四岁时到金盖山从徐隆岩学习。后出游四十年，回归金盖，建有吕祖殿、神将殿、兴云怡和崇德堂。朱春阳于乾隆三十四年（1769）在归安获罢发起创建吕祖庙，乾隆四十三年（1778）落成。嘉庆五年（1800），浙江巡抚阮元奏请皇帝御赐"玉清赞化"匾额，并把对吕祖的祭祀列为当地正式典礼④。吴君峙，石门人，掌山不到一年，遭遇匪乱，不得已离开金盖山赴京访道。

从上述可见，金盖山云巢派的发展路向是背离全真龙门派而向正一派靠拢。它自称龙门派，却与传统龙门派强调出家修炼和绝欲颇为不同。对此，闵一得说："非隆岩不能拔之火坑，非雨苍亦难承其山守，是亦一代嗣师也，惜未有派名，不得列龙门派。"⑤ 云巢派又分衍为更小支派，传衍于江浙地区。

云巢派传播所及，在康熙前后，吴兴及其周边地区都有全真道士在活动。康熙二十四年（1685），双林镇（今浙江省湖州市南浔区中部）建有指云道院。清末蔡蓉升《双林镇志》第九卷"斗姥阁"条下记："旧名指云道院。康熙二十四年乙丑，本里全真道人姚文叔（字冲斗，号隐汉）募建。上奉斗姥，下祀吕祖。旁列草屋数楹为修炼所。羽化即葬于其南。乾隆间，阁将圮。晟舍僧法容募修山门，复旧规。西创佛殿，名静梵禅院。嘉庆丙寅，阁下增设雷祖像。移吕祖像于右。设有仙方灵签。右侧设司药姚真人位，即隐汉。"《双林镇志》第二十三卷方外类又记："姚隐汉，字文叔，号冲斗，里人。康熙时出家，筑庐于斗姥阁，修真炼丹。及蜕化，葬于阁之西南。"因文献缺失，现在已经无法得知姚文叔的师承渊

---

① 原因为与费氏家族的地产纠纷而被迫离开，参见《藏外道书》第31册，第262页。

② 《金盖心灯·阮杨钱鲍四律嗣合传》，《藏外道书》第31册，第275页。

③ 光绪八年陆心源等人编纂的《归安县志》卷三十二说他曾经在云巢读书时遇到异人。陆心源等编纂《归安县志》，《中国方志丛书》第83册，《金盖山志》卷七有传。鲍廷博在注释中说他虽然从徐一返修道，但没有派名。

④ 《湖州府志》卷四十。

⑤ 《金盖心灯·蒋雨苍先生传》，《藏外道书》第31册，第317页。

源，他受到乡人崇拜也仅能推测为他知医擅药。但可以肯定的是，姚文叔及其云道院必定与金盖山有紧密的联系。此外，《乌程县志》卷九"龙门静室"条云："邑人程荫善、汪亮采共建，延邱真人龙门派羽士住持。内有斗姥阁楼，藏弄经典。"此外，同一时期邻近吴兴地区的嘉兴地区也有全真道士活动。丘太生，号寅阳，名圣集，嘉善富家弟子，为吕云隐（派名守璞）受戒弟子。他二十五岁受初真戒，能绝正色，弃嗜好，深得道众拥护。年余后继受大戒，此后弟子众多，开嘉善长春宫支派。

三　金盖山嗣龙门派

吴君峙离开后，金盖山无人管理。三年后，即嘉庆初年（1796），闵一得在诸多道友的劝说下，在闵氏家族的强力支持下入住金盖山①，开始重建。次年山洪暴发，大部分建筑被冲毁。闵一得募捐重建。到了1808年夏天，再次遭遇洪灾，秋天重建。重建后的建筑包括梅花观、吕祖殿、崇德堂、弥罗阁、神将殿、斗姥阁、古书隐楼等。《金盖志略》中已载有宗坛和祖堂的名目了。宗坛是金盖山宫观的总称，是扶箕求吕祖降笔的。祖堂则是纯阳宫的一座殿宇。1864年，金盖山再次重建。根据《金盖山志》卷一所收俞樾1882年为纯阳宫重建而写的碑记记载，这次重建始于1864年，完成于1874年。发起人是龙门第十三代钟雪樵，前后参与的道士很多。在复兴旧观的基础上有所扩建，如山门和神祠，但是更突出了吴兴龙门派的道统。纯阳宫正殿供奉吕祖，配殿供奉丘处机。在新建的殿宇中有五师堂，供奉陶靖菴、沈一炳、闵一得、费拨云、周抑凡。古书隐楼中供奉着卫正节。沈一炳画像曾经被放在弥罗阁。

闵一得（1748—1836）②，名苕旉，字补之，一字小艮，道号懒云（子），又号定梵氏，自称闵真仙、金盖山人、发僧际莲氏。湖州乌程县仁舍镇（现属湖州市吴兴区织里镇仁舍村）人，世为吴兴望族，其父闵

---

① 赖全：《闵氏及诸家族与江南龙门派之发展》，《茅山乾元观与江南全真道国际学术研讨会论文汇编》，第506—524页，江苏金坛，2012年10月。

② 关于闵一得，人们对他的卒年没有争议，生年则有争议。通行的说法是生于清乾隆二十三年（1758），卒于清道光十六年（1836），享年七十九岁。如《中华仙学》中陈撄宁先生所作的《闵小艮真人传》，以及卿希泰主编的《中国道教史》第四册、胡孚琛主编的《中华道教大辞典》等都持此说。巢云子认为这是人们沿袭《古书隐楼藏书》卷首晏端书写的《闵懒云先生传》（《闵懒云先生传》亦见于清闵宝梁纂《仁舍镇志》）的错误所致，闵一得真正的生年是乾隆一十三年（1748）（《闵一得生年考疑》，《中国道教》2005年第6期）。此外，谢正强《闵一得小考二则》（《中国道教》2004年第1期）一文也赞成生于1748年之说。

莨甫中举得授河南息县令。他幼年体弱，大约九岁时从高东篱受戒于天台桐柏山①，修炼服食、导引术，身体始强。数年后皈依龙门，派名一得。乾隆三十三年（1768）高东篱仙去后，以师礼侍高东篱的弟子沈一炳（号轻云）修习内丹约二十年。沈一炳羽化后，闵一得出游吴、楚、燕、赵等地，与龙门西竺心宗之金怀怀（王清楚，云南人）、白马李（李清纯，湖北江夏人）、李蓬头（名字、里籍不详）、王袖虎等人相往还，乾隆五十五年（1790）至五十七（1792）年间似曾"官拜州司马"，"服官滇南"，署曲靖府同知②。曾于乾隆五十七年（1792）③持《大戒书》往云南鸡足山谒鸡足道者④，止宿三月，获授西竺斗法，归纂《大梵先天梵音斗咒》凡十部，计十二卷刊行于世，奉为西竺心宗。⑤嘉庆元年（1796），闵小艮入金盖山，重建古梅花观（从宗奉吕洞宾的角度，又称为纯阳宫），主持金盖山教务，建设云巢宗坛，隐居金盖山古梅花观四十

---

① 闵一得《遗言》说："我九岁皈道。"

② 在闵一得的诸传记材料中并无他热衷儒学，参加科举考试成功的记载。所以，他官拜云南州司马之事似有可疑，或是用钱买的头衔，并无实际职位。

③ 对闵一得见鸡足道者的时间，谢正强认为《金盖心灯》的记载有误，应以《古书隐楼藏书》所记乾隆五十七年壬子为准（谢正强：《闵一得小考二则》，《中国道教》2004 年第 1 期）。

④ 《金盖心灯·第八代鸡足道者黄律师传》，《古书隐楼藏书·持世陀罗尼经法》中有《度师野怛婆阇传》述其生平。鸡足道者"来自月支，休于鸡足。自称'野怛婆阇'，而无姓名字号。野怛婆阇，华言求道士，所精惟斗法"，自称是"西竺心宗"第一百代。顺治庚子（1659）赴京师"观光演钵"，"昆阳王祖赠姓曰黄，命名守中，且曰：'怛住世，越百三十秋，大戒自得。'遂促返，仍持斗秘"（《藏外道书》第 31 册，第 277 页），遂为龙门第八代弟子。黄"退与管天仙、张蓬头、王金婴、王袖虎、李赤脚、云大辫、李蓬头、王大脚辈互相砥砺"（《藏外道书》第 10 册，第 553 页），开西竺心宗，以云南鸡足山为传播中心。其后，黄守中将斗法全部秘要传给闵一得，这样佛教的密咒也传入了全真道，后世将该派为"龙门西竺心宗"。闵一得受鸡足道者黄守中的西竺斗法，纂为《大梵先天梵音斗咒》十二卷刊传于世。其内容除了西竺斗法之外，还有正一之法，从《古书隐楼藏书》中的《天仙心传》、《雨香天经咒注》、《智慧真言》、《一目真言注》、《增智慧真言》、《祭炼心咒注》、《持世陀罗尼经法》、《持世陀罗尼经注》、《大悲神咒注》、《密迹金刚神咒注》等可见其端倪。黄守中所传"西竺心宗"，实为道教中的佛密派，其法多采用道教符箓派的"云篆"和佛教的"真言"，佛密色彩很浓。其徒多为行迹诡异、身挟绝技的江湖奇士。据载，黄守中传管天仙（派名太清），管传金怀怀（王清楚）、白马李，金传活死人（云大辫，本姓王）、李赤脚、石照山人（章大亨），活死人传往往生（郭阳晓），为龙门第十二代。黄又传大脚仙、王袖虎。大脚仙传张蓬头，张传龙门道士郭来澄和李蓬头等。第十二代后传承不详。

⑤ 《金盖心灯·鸡足道者黄律师传》，第 277—278 页。

余年，修炼、论道与讲学①。此外，方志记载，闵一得还重建了家乡晟舍镇的三官殿②。

关于闵一得的道学渊源，在乃师沈轻云谢世后，他曾"出游吴楚燕赵，先后遇金怀怀、白马李、李蓬头、龙门道者，相与往复讲论，多所契合"③。这四位都是鸡足道者黄守中所传龙门西竺心宗的弟子，均有神通法力，《金盖心灯》有传。闵一得曾拜金怀怀（王清楚）为师，白马李（李清纯）、龙门道士（郭来澄）、李蓬头也常至金盖山，访道于沈轻云、闵一得。另外，金怀怀的弟子石照山人（章大亨）也是闵一得的好友。闵一得以戒易法，获授鸡足道者的西竺斗法，且投金怀怀为师，与西竺心宗一脉传人交往密切。说明西竺心宗是闵一得道学的重要渊源之一。

当然，龙门派是闵一得最基本的道学渊源。除了前已述及的高东篱、沈轻云外，与其先后同宗的师友也多有所亲炙熏习。举例而言，一是陈樵云。闵一得说："陈云樵律师，轻云律师戒弟子，金盖之嗣师。余之畏友也。……谓余曰：'若吾子心性磊落而好为其难者，犹当戒。'"④ 二是周梯云。"周梯云律师，初事符箓，年六十余始过轻云律师，乃皈龙门，一意金丹，入铜山半持庵，独居三十余年。日惟礼诵，倦则凝神养炁。樵者过访，嘱以守正、少者孝、老者慈；士大夫来，惟举《学》、《庸》、《论》、《孟》中语，返复详示，不杂二氏说；遇释氏，证以《金刚》、《圆觉》等经；遇同门，则以五千言为宗旨。……余以师友交三十余年矣。师尝同居金盖山六载，每曰：'真人者，不失其赤子之心之谓也；真人者，物物圆觉而一无所惑。'……师可谓得吾沈师（引者注：轻云）之宗旨。"⑤ 三是潘雪峰。潘雪峰是闵一得的莫逆之交。他童真慕道，年十五即舍俗精修云游，海内胜境名山无不踵至。他兼承王峄阳、钱阳、王一诚、沈轻云诸师道嗣，于宗、律、教、法四科兼而求之。闵一得对他推崇

---

① 有关闵一得的生平事迹，参见晏端书《闵懒云先生传》、杨维昆《闵懒云先生传》、沈秉成《懒云先生传》三篇传记，收录于《古书隐楼藏书》，见载于《藏外道书》第 10 册，第 153—155 页；另有《龙门正宗觉云本支道统薪传》卷下《第十一代闵大宗师传》，收录于《藏外道书》第 31 册，第 469—471 页。

② 闵宝梁编：《晟舍镇志》，见《中国地方志集成·乡镇志专辑》，上海书店出版社 1992 年版，第 24 册，第 1017 页。

③ 《金盖心灯》附录之《懒云先生传》，《藏外道书》第 31 册，第 369 页。

④ 《金盖心灯》卷五，《藏外道书》第 31 册，第 259 页。

⑤ 同上书，第 261 页。

备至，认为他是"世之羽客罕有得而及之者"。①

闵一得生平勤于著述，撰有《金盖心灯》八卷，记述东南龙门派历史；辑撰《古书隐楼藏书》，以内丹为主，收道书三十余种。

《金盖心灯》初稿为七卷，嘉庆庚午（1810）秋，闵一得携稿与鲍廷博②商订，次年（1811）三月鲍廷博集注完成并为之作序，1814 年秋钱塘太守鲍锟为之作序评。1817 年冬至萧抡又序。今本卷六《白马李宗师传》末段有"今岁戊寅秋季"之语，是 1818 年补入的。卷六附《陆芳卿传》有"岁辛巳"之语，已到 1821 年了。卷七有不少未注未评的传记。说明现在的八卷本是 1814 年之后不断增补而成的。据沈秉成《重刊金盖心灯序》言"是书刻于道光辛巳（1821）"。今本末附道光三年（1823）写的《金盖山纯阳宫古今迹略》，有可能是 1873 年重刻时加入的。此书取名"心灯"，意在点明龙门宗"儒仙"心法："夫龙门一派，学穷性命，不事神奇，穷则独善而有余，达则兼善无不足。宗盖道而儒，儒而道者也。"书前有《道谱源流图》、《龙门正宗流传支派图》、《龙门分派西竺心宗流传图》。第一至五卷为龙门正宗诸师传记，卷六上为西竺心宗诸师传记，卷六下为女贞传记。卷七为名贤高士等传记，卷八上为高僧，下为神仙传记。闵一得的《金盖心灯》参照了王常月所纂的《钵鉴》，龙门派第九代传人范太清所撰的《钵鉴续》，龙门派第八代律师吕守璞纂的《道谱》，清代杨慎庵纂的《逸林》，陶石庵纂、徐紫垣订的《金盖云笈》，龙门派传人吕全阳所纂的《白云同门录》、《东原语录》。它不仅是研究金盖山历史的重要文献，也是研究整个龙门律宗历史的重要书籍。但是，应该看到，该书不少观点和记述与历史真相是有出入的。潘锡春为《金盖山志》写的跋语说："懒云氏著书立说，以玄教为主，士林病之，或相疑诋。先生所撰之志，力矫其《心灯》、《志略》之弊……荒诞不经者，概不屓入。信而有征，足为千秋掌故。"

《金盖心灯》记述与历史真相出入较大者，首先是龙门派的系谱。

龙门派可做广义与狭义两种理解。前者"当指从金元时期开始，由丘处机亲传的体系，但迄今尚未发现其有类似于现存谱系之类的派单"，后者"又称龙门律宗，相传起于丘处机亲传弟子赵道坚，但时间链条有

———————————

① 《金盖心灯》卷五，《藏外道书》第 31 册，第 276 页。

② 据《金盖山志》卷三，鲍廷博，字渌饮，乌镇人，藏书众多，不求闻达，善诗，曾参与营建纯阳宫。

疑问"①。《金盖心灯·赵虚静律师传》说：

> 师姓赵，名道坚，号虚静，南阳新野人……闻七真演教，独携瓢笠，谒长春邱祖，诚敬精严执弟子礼。邱祖与语而奇之，曰："此元门柱石，天仙领袖也。他日续心灯，而流传戒法者，必此子矣。"遂侍祖游燕阐教……祖乃传以清虚自然之秘，栖隐龙门者多载。复出侍祖于白云观，统大众。师于至元庚辰（1280）正月望日，受初真戒、中极戒，如法行持，无漏妙德。祖乃亲传心印，付衣钵，受天仙戒，赠偈四句，以为龙门派，计二十字：道德通玄静，真常守太清，一阳来复本，合教永圆明。……师谨识之，未敢妄泄。是为第一代律师……修持凡三十年，功圆行满，将示化，始以戒法口诀，于皇庆壬子年（1312），十月望日，郑重其礼，亲授河南道士张碧芝名德纯。②

此传本之于王常月《钵鉴》，把它与《长春真人西游记》、《祖庭仙真内传》比较，不同之处在于改变了籍贯，更重要的是略而不提赵道坚（1163—1221）的真实经历，而将其时代延后，着重叙写他在元世祖至元十七年（1280）受丘处机传三戒、付衣钵等事，目的是标榜"世祖乃敕封真人以长春全德神化明应主教真君，号曰儒仙，主全真道教，开龙门派"。但是，丘处机逝世于1227年，赵道坚辞世于1221年，没有可能会在此后五十余年给人传授经戒、衣钵。即使他们真多活了五十多年而延续到元世祖时期也不可能发生此事，因为那时佛道相争，朝廷倾向于佛教，至元十七年（1280），下诏焚毁以《老子化胡经》为首的大量道经，在这一背景下，不可能有亲近全真道的举动。泰定二年（1325）撰写的《太华山创建朝元洞之碑》记录了丘处机亲传弟子贺志真门下四代一百六十多人，其道名首字多为"志"、"道"、"德"三字，并无辈分的区别③。说明清代龙门派沿用至今的字派当时尚未形成。立于明世宗嘉靖四十五年（1566）的《金莲正宗仙源图赞》碑中的"七真宗派之图"记载了全真七子宗派的完整字谱，只是与现今《诸真宗教总簿》等的记载不甚吻合。把它与《王屋山天坛大顶总仙宫修造白齐道人张公太素行实之碑》所录

---

① 樊光春：《碑刻所见陕西佳县白云观全真龙门派传承》，《道家文化研究》第23辑，三联书店2008年版，第269页。

② 《金盖心灯·赵虚静律师传》，《藏外道书》第31册，第176页。

③ 张江涛：《华山碑石》，三秦出版社1995年版，第262页。

《长春真人仙派传授图》等碑文结合起来，"不仅可以得出明朝嘉靖（1522—1566）年间已经有成熟的'全真七子'宗派字谱流行的确切结论，而且可以得知全真道'龙门派'的字谱最迟在明朝洪武（1368—1398）年间就已经出现"①。存在于河南南阳玄妙观，1658 年撰写的《张大将军收瘗枯骨碑》和 1665 年撰写的《十方功德碑记》表明，它们所记载的大部分道士的道名辈分与世传龙门派系谱吻合，表明那时后世龙门派二十代辈分已经形成，但似乎不是龙门派专用，以刘处玄为祖的随山派、以郝大通为祖的华山派也用②。说明宗派字谱经历了一个不断演进的过程，并在不同地域传播有时间的先后。所以，龙门派字谱前二十字的形成时间应在元末至清初。受明太祖"子孙世系预锡嘉名"的影响，中国大部分家谱、辈字谱形成的时间在明代中期，所以，龙门派辈字谱的成熟也当在明代中期前后。总之，《金盖心灯》以赵道坚为龙门派创始人的观点是不成立的③。

《金盖心灯》称赵道坚"修持凡三十年，功圆行满，将示化，始以戒法口诀，于皇庆壬子年（1312）……亲授河南道士张碧芝名德纯。"④ 张德纯在华山隐居五十余年，于元至正二十七年（1367）传衣钵于陈通微。由此推算，张德纯传陈通微时已年逾一百。即使张德纯确属丘处机之裔，他在元代也没有创建龙门派。因为记录元代全真道活动的资料，至今尚保存很多，从中看不出元代有分衍支派的迹象。

据相关文献记载，第三代陈通微，第四代周玄朴，第五代张静定，都居无定所，但在四川青城山停留的时间较久。周玄朴在明洪武二十年（1387）受戒，"是时玄门零落，有志之士，皆全身避咎。师隐青城，不履尘世五十余年。面壁内观，不以教相有为之事累心。弟子数人，皆不以阐教为事。律门几至湮没！住世一百一十年，始得天台道者张宗仁，承当

---

① 郭武：《从〈金莲正宗仙源图赞〉碑文看明清全真道宗派字谱》，《香港中文大学道教文化研究中心通讯》第 33 期，2014 年 3 月。

② 刘讯：《张大将军收瘗枯骨：清初南阳重建中全真道与清廷之合作》，《道家文化研究》第 23 辑，三联书店 2008 年版，第 345 页。

③ 闵一得极有可能把赵道坚（号虚清）与另一位赵道坚（号虚静，檀州人，1163—1221）搞混淆了（刘讯：《张大将军收瘗枯骨：清初南阳重建中全真道与清廷之合作》，《道家文化研究》第 23 辑，三联书店 2008 年版，第 348 页），但即便如此，龙门派的开创者也不是后一位赵道坚。龙门派的形成时间当在他之后。具体时间待考。

④ 《金盖心灯·赵虚静律师传》，《藏外道书》第 31 册，第 176 页。

法戒。……于景泰庚午岁（景泰元年，1450）十月望日他适，不知所终。"① 可见在景泰元年前，龙门派也未形成。此后，龙门派第五代分张静定和沈静圆两支派传播。张静定，号无我子，生卒年代不详，浙江余杭人，早业儒，后入道。明永乐中（1403—1424）弃家云游，至天台桐柏山入道门，精于《元阳经》及丹诀。景泰元年在青城山受道士周大拙戒而从学。受教后返回天台居桐柏观，开戒坛传徒众，于嘉靖元年（1522）收赵真嵩为徒，六年（1528）以教传赵真嵩。如按此推算，他世寿高达140 岁左右，颇让人生疑。第六代律师赵真嵩（？—1628），原名得源，琅琊（今山东胶南）人，父母双亡后云游武当、茅山、天台山及吴越等地。明嘉靖元年（1522）再次至天台山，皈依桐柏宫张静定，获授戒法，更名真嵩，号复阳子，嘉靖七年（1528）从受龙门秘旨，后奉师命往王屋山隐修，于崇祯元年（1628）授戒法于王常月。

另一第五代宗师沈静圆，字哉生，原名旭，太原（今山西太原）人，少时随父母迁居江苏句容，父母双亡后扶枢归葬山西，偶遇道士张玄朴，得授法要。明正统十三年（1448）再遇张玄朴于青城山，师事之，改名静圆，号顿空氏。景泰二年（1451）闻天台全真道盛而至桐柏山修道。天顺三年（1459）至金盖山，挂单于书隐楼，"慨仙踪之不振，吊逸绪之无承"，从而"有终焉志"②。成化元年（1465）春遇卫真定于语溪（今浙江桐乡崇福镇），携至南宫，授以宗法要旨，不久谢世。卫真定（1441—1645），明末清初嘉兴石门（今属浙江嘉兴）人，字元宰，号平阳子。《金盖心灯》卷一载："其先世居华亭，宋末元初，正节先生开白社书院于石泾塘，遂家石门。真定生性鲁钝，但性至孝。既长，欣慕方外之游，师事沈静圆，乃从师至南宫，命名真定，授以宗旨，从此修道愈勤，毫无倦志。"顺治二年（1645）十月逝世，时年二百零五岁，是为龙门第六代宗师。如此高寿，世所罕见，也颇让人生疑。

由上可见，第五代和第六代传人也是游方不定，传人甚少，看不出在他们周围已形成了教团。

王常月（1594③？—1680），于弱冠即二十岁时（1614）到王屋山，师从赵复阳，受初真戒，五年后，受中极戒。十年后，在湖北九宫山受天仙戒。《金盖心灯》记载，清顺治十二年（1655），王常月遵赵真嵩之嘱

---

① 《金盖心灯·赵虚静律师传》，《藏外道书》第 31 册，第 178 页。

② 同上书，第 179 页。

③ 朱展炎：《驯服自我——王常月修道思想研究》，巴蜀书社 2009 年版，第 41—43 页。

从华山至北京，起先挂单于灵佑宫，因白云观俞姓居士的诚心迎请而往居白云观，任方丈。次年三月，奉旨说戒于白云观①，顺治十五年、十六年、十七年，王常月三次开坛传戒，收弟子千余人②。在这些受戒弟子中，陶然、黄赤阳等许多弟子后来在江浙一带开启龙门支派，成为龙门中兴的骨干。但这些说法，均无其他文献支持，似有可疑之处。尹志华认为："按道理来说，王常月若在北京白云观大规模传戒，受戒弟子达千余人，在当时的京城一定是一件很轰动的事。然而，直到嘉庆时（1796—1820）才突然出现对此事的记载，使人感到疑惑。而北京白云观恢复传戒，也是在嘉庆十三年（1808）。个中缘由，需要进一步探讨。"③康熙二年（1663），王常月率弟子詹守椿、邵守善等人南下江、浙传戒。当年十月，王常月在南京碧苑登坛说戒，系统阐述全真道龙门派的思想特点，撰著《碧苑坛经》（《龙门心法》）。次年三月，驻杭州宗阳宫，后曾造访湖州金盖山，康熙六年秋七月至止我山，康熙七年（1668）至穹窿山（江苏苏州），又到过青坪、栖霞等地。然后返回北京，康熙十三年（1674），去湖北武当山传戒。通过这些活动，使龙门组织得以以这些地区为根据地迅速向全国传播，形成龙门派的"中兴"局面，王常月因此被其徒裔称为龙门"中兴"之臣。

龙门派在传播过程中不断分衍出许多小支派，主要是：王常月弟子第八代黄守正（号虚堂）在苏州启太微律院支派，下传第九代孙太岳（号碧阳）；王常月弟子第八代吕守璞（号云隐）在苏州启冠山支派，下传第九代吕太晋（号全阳）、鲍太开（号三阳）等；王常月弟子鸡足道者黄守中在云南鸡足山启西竺心宗，下传管天仙，管传金怀怀，金传活死人，再传往往生等。第十代弟子陈清觉在四川青城山开碧洞宗，递传至民国时期已至第二十三代。龙门派自清初"中兴"后传承不断，大多延续到乾、嘉之世，局部地区则到民国时期。它的支派愈衍愈繁，地域愈传愈广，其规模超过了全真道其他支派，进而掩盖了这些支派，而且在许多省区大有取代正一派之势，所以出现了"临济、龙门半天下"之说。不过，应该看到，江浙地区是龙门派发展的大本营。王常月的大批弟子长期在这些地

---

① 《金盖心灯》转《钵鉴续》说伍守阳是王常月的受戒弟子，《铁刹山志》和民国《奉天通志》说郭守真是王常月的受戒弟子，均不可信。朱展炎：《驯服自我——王常月修道思想研究》，第48—49页。

② 《金盖心灯》，《藏外道书》第31册，第183—184、201页。

③ 尹志华：《王常月传戒新考》，《道学研究》2008年第1期，第31页。

区传戒授徒，不断分衍，出现了许多龙门支派，其中较重要的是：金盖山云巢支派、天柱观支派、金鼓洞支派、桐柏宫支派。后世所谓龙门派"中兴"盛世，即以清代江浙地区的发展为代表。这一时期的龙门派有几个特点：一是大批文化素养高的儒生涌进教门，他们是推动龙门派中兴的骨干，这一点与金元之际全真道人才济济、成就鼎盛的局面颇为相似；二是教派融合，学兼儒释，法兼正一，"三教合一"的祖风表现得更加鲜明、深刻；三是顺应时代变迁，教义、教规日趋世俗化、普及化①。

在《金盖心灯》中，闵一得建构了把北京与江浙关联起来的龙门正宗谱系，以赵道坚为第一代，依次经历了张碧芝、陈冲夷、周大拙、张无我、赵复阳、王昆明的律师一系传承谱系。从历史事实来看，北京—江浙一系并非唯一的龙门派系谱，此外还有《铁刹山志》所载的东北一系，清代道教学者陈教友在《长春道教源流》中所考证的华山一系，陈教友《长春道教源流》所提及的山东崂山一系，《金盖心灯》转述《钵鉴续》的伍守阳一系，等等②。但不可否认的是，《金盖心灯》所建构的龙门正宗谱系虽然不无疑点，却在后世有广泛而深远的影响，被后世《白云仙表》、《长春观志》、《白云观志》、《龙门正宗觉云本支道统薪传》、《道统源流志》等全真道著作认可，基本奠定了道教内对龙门正宗的认同和承袭。

关于《古书隐楼藏书》，闵一得说："嘉庆庚午（1810）入圜三载，学养稍纯，渐通经咒微言。旋至河上（1818），与诸同人问答，琐言曾录于册。嗣是远近好道者，或持其师说，或携所习之本，过访于得，间尝就地辨正其讹，皆为门下士后先付梓。"③其所作先后付梓之书，是积多年学养而后发，"无一不从性海中流出"。

这套丛书中，闵一得撰著的有：《读吕祖师三尼医世说述管窥》一卷，《天仙心传》一卷，《养生十三则阐微》一卷，《管窥编》一卷，《二懒心话》一卷，《琐言续》一卷，共六种。由闵一得注释的有：《栖云山悟元子修真辩难参证》二卷，《阴符经玄解正义》一卷，《皇极阖辟证道仙经》三卷，《泄天机》一卷，《吕祖师三尼医世说述》一卷，《吕祖师三尼医世功诀》一卷，《雨香天经咒注》一卷，《智慧真言注》一卷，《一目真言注》一卷，《增智慧真言》一卷，《祭炼心咒注》一卷，《密迹

① 刘焕玲：《试析闵一得之龙门方便法门》，《中国道教》2005 年第 5 期。
② 朱展炎：《驯服自我——王常月修道思想研究》，第 65—72 页。
③ 《天仙心传·古书隐楼藏书》，《藏外道书》第 10 册，第 449 页。

金刚神咒注》一卷，《大悲神咒注》一卷，《西王母女修正途十则》一卷，《李祖师女宗双修宝筏》一卷，共十五种。他人著作有：张三丰《玄谭全集》一卷，蒋元庭辑《太乙金华宗旨》一卷，王常月《碧苑坛经》五卷，李德洽《上品丹法节次》一卷，闵阳林《金丹四百字注解》一卷，哆律师《持世陀罗尼经法》一卷，际莲《陀罗尼经注》一卷，太虚翁《天仙道程宝则》及《天仙道戒忌须知》各一卷，陆世沈《就正录》及《与林奋千先生书》各一卷，《尹真人寥阳殿问答编》一卷，《如是我闻》一卷，《清规玄妙》一卷，共十四种。① 兹就各书略作说明。

1. 原收书二十二种，外一种

（1）《碧苑坛经》，王常月著。

（2）《三尼医世说述》，附《医世管窥》。此书的收集时间较长。《医世说述》序记载：闵一得弱冠时即曾于高东篱处听说过"三尼医世"。1786 年沈轻云羽化前两日得《吕祖三尼医世功诀》，后被人借走未还。己酉岁（1789）从浙江督学朱石君处得见《医世说述》，拟录未果。过了四年（1792），在鸡足山黄守中处再次见到《医世说述》，乞讨未得。次年从洞庭朱氏得《医世说述》详善本二种（一为朱石君誊本，一为陶石庵辑本），读后未完全理解。道光五年（1825），太虚翁询问从前所授医世功诀，才明白其重要性。后通过扶乩请教而明其理，进而注解。"爰谨节录沙示，又采闻见，汇而注之。儒释二家之说，则分引经义以补之。以未读《持世经》故，爰附《管窥》七则，钞成一册。"于道光戊子年（1828）夏成稿。此书原文为乩笔所示，金盖山原有藏本，曾佚，后蒙吕祖降坛重宣，陶石庵于康熙甲辰（1664）作序。光绪本《藏书》分《说述》与《管窥》为两种。此书所谓三尼指仲尼（孔子）、牟尼（释迦）、青尼（老子）三大圣人。三尼之称，首见于万历年间莆田人林兆恩所创三一教，孔子称儒仲尼氏，老子称道青尼氏，如来称释牟尼氏，林兆恩则称夏午尼氏。这说明三尼医世说似与三一教有思想上的渊源关系。此书内容阐述的是"羲皇以身治世之大道也"，非常精简，分六步说法，而"以

---

① 闵一得还于道光辛卯年（1831）编印过《道藏续编》，其内容收《太乙金华宗旨》、《东华正脉皇极阖辟证道仙经》、《尹真人寥阳殿问答编》、《泄天机》、《古法养生十三则阐微》、《上品丹法节次》、《管窥编》、《就正录》、《与林奋千先生书》、《吕祖师三尼医世说述》、《读医世说述管窥》、《吕祖师三尼医世功诀》、《天仙心传》、《天仙道戒忌须知》、《天仙道程宝则》、《二懒心话》、《三丰真人玄潭全集》、《如是我闻》、《西王母女修正途十则》、《泥丸李祖师女宗双修宝筏》、《金丹四百字注释》、《琐言续》、《修真辩难证证》等 23 种，当为《古书隐楼藏书》的精华版。

得合真一为本，而功用总自胎息一节始"。前二步存神寂照，自顶至胸，言身不言世，尚有功法，第三步从心至腹，外应世事，旨在迎真，一迎乾元以贯注。第四至六步，意在世功，谓之"燮理阴阳，寅亮天地"，但只可意迎元一以陶以融，不可妄自施功。简而言之，"法造身等虚无，迎罡（在人为顶，在天为天镇）下照，纯行三才卯守，中无他念杂人而已。"①《管窥》七中则述有身、世同治的功效。理论上说，"近则一家一村，远则一县一郡，推其极则四大部洲，无不调摄于此方寸（玄窍）之中。"②闵一得称不二不一的心气为真一（心）、真元（命），但强调真一为本为主，真元为用为宾。

（3）《张三丰真人玄谭集》。

（4）陆世忱《陆约庵先生就正录》，附《与林奋千书》二册。

（5）《三尼医世功诀》。小序说："《三尼医世说述》刻本，余曾得而疏之，而功诀未备，功诀一册，得自太虚翁。……中为友人携去，岁越四十春秋，始得重事。乃为重述而手注之。"③ 未署日期，以沈太虚真人仙逝后"四十春秋"计算，为 1825 年，但此年作《说述》注时仍悔《功诀》"迄今未归"，或许稍后得此书注解。与《医世说述》疏注一起在 1828 刊刻。医世功诀不同于医世说述，功诀的行持，闵一得说："（太虚）翁谓功惟神持《玉经》，而诀自《玄蕴咒》入手云云。……后更申以祝词，以昭示我功用。如是，诀功乃备。"④ 如是"调心虚寂入门。调至胸怀清静，而天都泰定；调至坤腹通泰，而间阎富庶；调至四肢通畅，而四夷安靖。如是体调而身安，身安而世治，功效捷如响，一经参破，即圣门赞育化功，并非说妙谈玄，乃是脚踏实地道学。"⑤ （"调至胸怀清静，而天都泰安"云云，又见于《女修正途》第十则）参赞圣功依旧在胎息成就、玄关洞启后才有实效。《医世功诀》和后面的《天仙心传医世玄科》、《持世陀罗尼经法规则》一样，都是科仪，是融通于"法家"而作的。

（6）《西王母女修正途》。此书序中提及，吕祖于"己未孟冬朔日乩临焕彩楼"，感孙不二阐述《西王母女大金丹诀》，改为女修正途九则，并颁示女真九戒共十则。陈颐道《西泠仙咏·焕彩楼咏孙不二》说："孙

---

① 《天仙心传》，《藏外道书》第 10 册，第 436 页。

② 同上。

③ 《吕祖师三尼医世说述》，《藏外道书》第 10 册，第 344 页。

④ 同上书，第 345 页。

⑤ 同上书，第 346 页。

清静……嘉庆中降武林焕彩楼，传《西王母大金丹》为《女修正途》，金盖弟子陈兰云刻于吴门葆元堂。"则此已未为嘉庆四年（1799）。陈兰云曾刻《女宗双修宝筏》。或许两书同年刊刻。《大女金丹诀》原收于《吕注北斗九皇丹经》内，《藏外道书》第二十二册有收录。闵真人收入《藏书》时有所增改。

（7）《女宗双修宝筏》。李泥丸约在 1818 年传出。道光十年（1830）重订。闵一得推重此书，说："我师太虚翁无上大道得传于师祖泥丸氏者，十有八九，更于此书见矣。按此中心传，岂仅女宗之宝筏？男宗枕秘，于中逗透者，不一而足。"① 参考《修真辩难参证》，可更明了双修之旨。

（8）《金丹四百字》。据说是张紫阳托马自然寄来，南宋白玉蟾传出。

（9）《天仙心传》与（10）《天仙心传医世玄科》。道光十二年（1832），闵一得说："师传天仙功夫，余于乾隆丙午岁（1786），耳食于玄盖洞天。心袭以藏之者，迄今四十有七年矣。"② 那时只有《内篇》九章、《外篇》八章。之后把传示薛阳桂的《圆诀》四章收入。道光十三年除夕（1834）纂述《续篇》十二章发明医世之功。补入"真人瞿蓬头、沈太虚真人，两相宣说于大涤洞天"的《大涤洞音》十一节，并作《天仙心传医世玄科》。道光甲午（1834）二月，结以《自警篇》共十九章，总名《天仙心传》，《玄科》为一册一种，其余内容为两册一种。三月，继续汇录《心传》，增入附录法言两则。四月作所刊书目的小结而完稿。光绪本《藏书》将上述内容合为一种。民国重刊本也一样，但顺序不同。《天仙心传医世玄科》分设坛、进坛、退休、告圆四步仪则，正本持念开科偈、镕一真言、圣诰、情词、忏解真言、云篆（四言玉章经）、普应真言、回向誓偈八科。"可谓简易之至。准而行之，捷应如响者，为能致虚致寂而致诚耳。学鲜克成，乃在不恒。学用体注，功法并如也。"③

（11）《修真辩难前编参证》和（12）《修真辩难后编参证》。《修真辩难》为悟元子刘一明作于嘉庆三年（1798）。新安鲍兰浦以之印证于闵一得。闵一得反复探讨而于道光九年（1829）作《参证》，揭示了许多丹道秘密——玄关一窍、上乘双修、肉身冲举、拔宅圣功，等等。

（13）《古法养生十三则阐微》，嘉庆戊寅（1818）仲冬刊刻。系用浅

---

① 《泥丸李祖师女宗双修宝筏》，《藏外道书》第 10 册，第 546 页。

② 《天仙心传·自叙》，《藏外道书》第 10 册，第 431 页。

③ 同上书，第 446 页。

显易懂的语言对以导引调息、炼精化气为主的十三则功法进行阐说。

（14）《道程戒忌》，初名《太虚集录》，同《古法养生》、《河上琐言》、《双修宝筏》一样，是闵真人为长山袁君培传述沈太虚授受之道之一。据袁浦间回忆，原稿录于乾隆丙午十月，存于玄盖天柱峰金筑坪，刊刻于嘉庆戊寅（1818）冬季。光绪本、民国本都分为《道程》与《戒忌》两种。内容集中体现了沈太虚三教合一的丹道思想，剖析修行戒忌与行功得进之由，昭示内炼秘诀。

（15）《琐言续》，是《河上琐言》的增订本，道光六年（1826）刊行。内容以炼法三则（端直其体，空洞其心，真实其念）开始，继述冬春、春秋行功常法及治病行工活诀数则。再述十二时活气象，活子活午秘诀。结以培火之说。之后重申三则而细说之，补以化食诀、虚空无妄诀。以十二时活气象，活午诀最为精彩。

（16）《如是我闻》和（17）《泄天机》。前者出自西川陈翁口授，后者为神人泥丸李翁口授，均与闵真人的师祖神人李泥丸有关，道光癸巳（1833）七月重订、重纂。前者详说一身关窍，详述"鼻息若无，而息归心脐"之后，玄关大开之前，以意引气扫荡周身阴滞之功，以为后来中黄仙道之基。后者是对"筑基全凭橐篰，炼己须用真铅，金水铸剑采先天，得药方施烹炼，抽添火候不忒，方为陆地神仙。再求大药证金仙，火候修持九转。九年面壁绝尘缘，始合神仙本愿"的注解，融合南北二宗功诀而释九年面壁行医世之功。

（18）《上品丹法功夫节次》，本为衡阳道人李德洽作，经闵一得于1833年孟冬改定而成。全书分炼己存诚、筑基培药、坎离交媾、采药归鼎、周天火候、乾坤交媾、十月养胎、移神换鼎、泥丸养慧、炼神还虚、炼虚合道、与道合真十二章。除《还源篇阐微》外，此书是闵一得阐述丹道功程最细致的书。如他《遗言》中说："我所著书十几种，其中多有随地随人补偏救弊说法，不是经常公正之论。最玄妙显豁者是《大涤洞音天仙心传》，是不朽的。《丹法节次》也是我一部正书。此皆是太虚的传。"①

（19）《吕祖师金华宗旨》。闵一得说："是书出于康熙戊辰岁（1688），吴兴金盖龙峤山房所传，先哲陶石庵先生寿诸梓。"②因见《道藏辑要》所收本与陶本差异颇大而叹大道之晦，故于道光辛卯年（1831）

---

① 《遗言》，见《古书隐楼藏书》，《藏外道书》第10册，第156页。

② 《吕祖师先天虚无太乙金华宗旨》，《藏外道书》第10册，第328页。

依陶本订正并注。《道藏辑要》本中有屠乾元跋和恩洪识语，后跋按语说："此经于康熙戊申，蒙孚佑上帝垂示人间，其时受法弟子潘易庵、屠宇庵、庄惺庵、庄诚庵、周野庵、刘度庵、许深庵七人。"① 此书前有潘易庵序，说："忆自戊申（1668）冬，我纯阳祖师传示宗旨，同盟七人，再拜而受，七人之外，无传也。其奥旨，不过一二语，全不涉语言文字。迨其后七人各有所叩，我圣祖慈悲，亦不吝教诲，日积月累，乃至成帙……越二十余年，（屠）宇庵复收散编，与门下细加订正。"② 潘易庵即潘静观③，道名潘乾德，晋陵（今常州）隐士，生卒年不详，生于1627年左右，卒于1692年前，龙门派第五代弟子，其师为朱元育（龙门字派本为玄，避康熙讳而改为元），字云阳，为龙门派第四代弟子，师从龙门派第三代弟子张碧虚。潘易庵才学甚高，与清初大儒李二曲有交往。顾日融说他："生平深入道教，其于《悟真》、《参同》、《阴符》、《清静》诸经，皆有注疏。"《藏外道书》第十一册《丘祖全书》内收有《丘祖语录》，后面附有潘静观所写的序言一篇。潘易庵撰有《道德经妙门约》，但现存版本经过他的弟子顾日融的删削整理。此外，潘易庵还有文集《白下草》、《易庵存稿》，惜已佚。

《太乙金华宗旨》成书的第二阶段是壬申年（1692），"孝悌王又重提旧时宗旨"，于是屠乾元授予张爽庵等人"订辑书成"，诸真降坛作序。待到乾隆乙未（1775）"钱塘邵志林得苏门吴氏抄本，自加订定，刊入全书宗正。"④ 之后由广化子根据宗正本详为厘订，归入集中（已有《阐幽问答》）。由此看来，此版本为净明后学多次扶乩、厘定而定稿。陶石庵羽化于康熙壬申（1692）秋，生前即已刊刻《金华宗旨》。此书之所以版本众多，借闵真人的话说"当是后人以此书质诸吕祖，仙笔凭沙所示"⑤，所以才有了第一章的极大差异。民国时，也有相类似的一幕，悟玄子佟世勋读《回光守中》"看鼻尖"数节有疑，且见《辑要》本无，于是开坛请祖，吕祖为之辨析，而后删节掉此数节而成章⑥。总之，《太乙金华宗旨》于康熙年间分别以潘易庵、屠宇庵为首的两个扶乩团体借助于吕祖

① 《太乙金华宗旨后跋二》，《道藏辑要》室集二，第3页。
② 《太乙金华宗旨序》，《道藏辑要》室集二，第1页。
③ 李二曲：《二曲集·南行述》，中华书局1996年版，第82页。
④ 《太乙金华宗旨序》，《道藏辑要》室集二，第2页。
⑤ 《三尼医世述说序》，《藏外道书》第10册，第344页。
⑥ 《道经秘集》，《藏外道书》第22册，第631页。

而多次演编成书，大致无疑。潘易庵等六人在各自所作的序文中的署名都是全真以谭处端为祖师的太乙派的法名，但又署"净明嗣派"。邵志琳整理本《太乙金华宗旨·天心第一》称吕祖说："自太上化现东华，递传岩以及南北两宗，全真可为极盛。盛者盛其徒众，衰者衰其心传。以至今日，泛滥极矣。极则返，故蒙净明许祖垂慈普度，特立教外别传之旨，接引上根。"这话说明，潘易庵等人为全真道，只不过因对全真的现状不满，在净明道盛行的背景下，不得已用许逊和吕祖为旗号革新全真道。对此，还有不少旁证。陶本第八章有"朱子云瞎子不好修道"一语。注云："云阳讳元育，北宗派。"辑要本已删。万善子邵志琳《吕祖全书》所收《金华宗旨》内有此语。民国《道经秘集》所收《金华宗旨》大致与辑要本相同。其第八章直言"朱子云阳讳元育，北宗派。"这里所说"朱子"是一重要线索。"朱子"当为朱云阳。他于康熙己酉（1669）作《参同契阐幽》序。传说由他传出的秘本《邱祖语录》（收入《济一子道书十七种·邱祖全书》）中阐明了"回光"之意。

师示众曰："世法用实，大道用虚。惟虚故明，明即慧也。慧非根生，心定而凝，心凝神现，性见人成。人非块然者，元始与威音。……学者急须止念，念止则心定，心定则慧光自生。慧既生矣，还须自涵于不睹不闻、无声无臭之中，久之方返于虚无真境。今学人皆理解，非心解也；皆识光，非智光也。……学者现有外光，几在目也。太阳流珠，将欲去人，顺也。逆而内之，金华含苞矣。有内光，迷而失之，六欲牵之，妄想惊其神也。不能片时清静，为有无颠倒耳。悟而超之，破除无始习气，寻取最初种子，光烁圆陀也。"

师示众曰："学人但能回光，即了生死。此光超日月、透三界。若无此光，天地亦冥顽不灵矣，万物何处发生。此光即元始威音也。众生轮回者，因此光顺出，作种种妄想，故幻出皮囊，积骸如山，积血如海。今一句说破，人自两目外皆死物也。一目中，元精、元气、元神皆在，可不重欤！眼光落地，万古长夜。人在胎中，先生两目，其死也，先化两目。……"或问曰："回光与金丹工夫是一是二？"师曰："回光不止金丹，即宗门真诀也。摩顶者，此也，受记者，此也。《楞严》二十四位圆通，原有谛观鼻端，心空漏尽，出入息化为光明，证菩萨果。吾宗皆是此法。"曰："每日将一时回光，如何？"师曰："真正一时也妙，一时已夺天地万年之数。一日奔驰光散，即造罗酆千劫之苦。"① 短短两则，本于重阳祖师"本来真性唤金丹"、《南华》"虚室生白"、《阴符》"机在目"、《楞严》"出入息化为光明"，点明识光慧光，目（性）光息（命）光，内光外光，回光顺光，"逆而内之，金华含苞"，而回光之理诀已备。由此大约可以演出《太乙金华宗旨》矣。

此金华即作为本性元神之光，性中兼命，回光则性命双修，与"净明忠孝"干系不大。回光之说早见于《重阳全真集》②。顾日融《序》中说："访明阳朱道师，而与闻回光守中之旨。"这里所说"明阳朱道师"极有可能是朱云阳，明阳或系误抄，或系朱云阳的同道。邵志琳整理的《太乙金华宗旨·逍遥诀第八》记载：

> 朱子（原注：云阳师，讳元育，北宗法派）尝云："瞎子不好修道，聋子不妨。"与吾言何异？特表其主辅轻重耳③。

总之，上述证据说明，潘易庵等人所传《太乙金华宗旨》本质上源自全真龙门派。但是，闵一得所说此书源自金盖山之说是不正确的④。

《吕祖师金华宗旨》为医世之说张本。"回光"是此书的最大特色。

（20）《尹蓬头皇极阖辟仙经》、《寥阳殿问答编》。据传此书为尹蓬头于"寥阳殿演出"。道光辛卯年（1831），闵一得受人之请，见青羊宫传钞本强半失真，遂依金盖山康熙年间刊刻的初传版本加以订正，认为此书与《太乙金华宗旨》相表里。《尹蓬头皇极阖辟仙经》中提到"樵阳子"，注引《三山馆录》说：王昆阳律祖，潞洲人，相传生时，有仙人过其门曰："樵阳再生矣！太上律宗，从此复振矣！"此为龙门律裔的传说。在净明后裔中则传说樵阳为玉真子刘玉，明末清初钱谦益《牧斋有学集》

---

① 《藏外道书》第 11 册，第 286 页。其序为潘静观作，但其署为"皇明永乐十三年"作，这一时间显然是错误的。

② 《重阳全真集》，《道藏》第 25 册，第 716、721 页。

③ 《道藏辑要》所收《金华宗旨》无这几句话。闵一得《古书隐楼藏书》所收《金华宗旨》则有保留，但把"讳元育"改为"避玄育"以与龙门字谱一致。

④ 森由利亚：《太乙金华宗旨的成立与变迁》，孙颖、葛强中译，吴光正主编《八仙文化与八仙文学的现代诠释——二十世纪国际八仙论丛》，哈尔滨：黑龙江人民出版社 2006 年版，第 476—493 页。尹志华：《太乙金华宗旨的问世及其道派特征考》，《香港中文大学道教文化研究中心通讯》2010 年 4 月，第 17 期。

有绝句云："八百分明着籍仙，樵阳名记石函镌，珠帘正面龙沙树，记取垂垂拂槛前。"《济一子道书十七种》中则直接将《玉真先生语录》改为《樵阳语录》。闵一得多处引用的"人道不修，仙道远矣"，本为净明思想，在金盖一系中则成了以任督为人道，以中黄为仙道的功法术语。其实"以儒证道，以道振儒"之旨，太虚翁、闵真人与净明道是一致的。

（21）《阴符经玄解正义》。闵一得说："《阴符经玄解》者，范一中所著，名曰玄解而义不轨于正，遗误非细，故述本经之义以正之"，故名《阴符经玄解正义》。正文前有"师太虚翁遗有泥丸李真人《三一音符》一书。……一得藏之四十春秋矣"之语，疑为1825年作品。此书辟除阴阳邪说，辨明双修正途。

（22）《雨香天经咒注》，是汇总闵一得本着"心通则音通"的原则为佛道经咒作注的全集。"雨香天"指姑苏莲华庵雨香天，闵一得曾在那里会通佛教密咒，故以之为集名。

（23）《金盖心灯》。前已述及。

2. 续收七种考

（1）《二懒心话》，作于嘉庆戊寅（1818）十一月，疑为闵一得托名懒翁给大懒传授功诀之作，内容主要是内照开关，既有理诀，又有依诀行持的经验记录，对内丹研究较有价值。

（2）《持世陀罗尼经法》。闵一得作于道光十四年（1834）冬至。他说："原世建立坛场一切规则，盖为祈求现证者设。若夫缁素，平时行持，凭诚足矣。……要而论之，必须三密相应，所谓口诵神咒，心想梵字，手结印相，谓之三坛。然非初学所能，我师野怛婆阇一准《三尼医世功法》纂成便科以授余。盖以佛说世字，乃合身世世身者，义与医世宗旨无二无别。"[①] 闵一得传下的三个经咒仪规，即《吕祖师三尼医世功诀》、《天仙心传医世玄科》和《持世陀罗尼经法》，都非常简洁，不似藏密仪规繁杂，又不以意识妄想观像、观光、观气、观脉、观空、观净，而是强调，万缘放下，自然呈现空净心体，在心气和平后，音韵调泰（无声之声，自三摩地者），不高不下，不散不结，字字韵韵，流自性天，置夫应验得未等思议于绝无，无中斯能圣凡混一，世身、身世融成一片，乃证世身、身世大陀罗尼。

（3）《管窥编》。成书时间不详。自嘉庆庚午（1810）入圜三载，学养纯熟以来，闵一得一方面强调借假修真之道，如初学之士，心性未纯，

---

① 《持世陀罗尼经法》，《藏外道书》第10册，第550页。

关窍莫启，法当洗涤情尘，继事存思通关。另一方面强调上品天仙之道，如上士但崇止念，晋造自然，终始不贰，一意虚寂，念中无念，自然后天气寂，先天呈现，元炁仍行，身中关窍，豁然洞开。晚年重心更加放到了上品丹法上，如《上品丹法节次》说："即如白紫清祖师《修仙辩惑论》，凡吾门下已为家传户诵之书。"此篇是对《修仙辩惑论》上品丹法的具体阐述，解释了铅汞、定慧、采取、操持、进退、提防、抽添等内丹概念，主张内丹修炼的药物要以身为铅，以心为汞，但身非色身，乃指法身；心"即儒之仁心，释之佛心，吾道谓之天心是也"①。这一观点颇具慧识。

（4）《还源篇阐微·翠虚吟附》，题为闵一得口授，门人闵阳林述、蔡阳倪订。此书集《天仙心传》与《上品丹法节次》之长，可谓闵一得最圆满的著作。

（5）《遗言》，为闵师之子闵傅臣所述，钱塘陈云伯编次，沈来仁刊，记录闵一得逝世前对子弟的谆谆告诫与嘱托。

（6）《清规玄妙》。此书据闵一得说："纂自碧云子，而订正于逍遥客。我山僻在吴兴，金盖道众乐闻，爰为重梓。"②书分为内外两集。外集记载参访须知的规矩。内集有《学道须知》、《戒食铭》、《紫清白真人清规榜》、《长春邱真人清规榜》、《长春邱真人执事榜》、《清规榜》、《执事榜》、《长春邱真人垂训文》等数篇，是全真道士住观与参访应遵守的规矩。

（7）《梅华问答编》，闵一得高足薛阳桂于道光己亥（1839）仲冬所作。薛阳桂于丙子（1816）秋拜师，癸未（1823）春玄关顿开。本书系把三十年口传心授之言演成，共四十章。梅华乃古梅华岛，即金盖山，以此标明授受。明阳道人汤东晖赞道："《梅华问答编》一本，将列真妙诀，与师门所传，和盘托出，而归本于太上心宗，是真能承先圣以开后学者，厥功伟矣！"③

3. 未收六种

（1）李息斋注《元始天尊先天道德经》一部，收录于《道藏》第一册第425页至第452页。另《道藏》收有李息斋《道德真经义解》。

（2）宋代白玉蟾手注《道德经》一部，即《道德宝章》，明代陈继儒尝刊之，改题《蟾仙解老》，收录于《藏外道书》第一册。

---

① 《管窥编》，《藏外道书》第 10 册，第 427 页。

② 《清规玄妙全真参访集》，《藏外道书》第 10 册，第 598 页。

③ 《梅华问答编》，《藏外道书》第 10 册，第 631 页。

（3）云阳朱祖《参同契阐幽》一部与（4）《悟真篇阐幽》一部，分别收录于《道藏辑要》虚集一、奎集三，《道书集成》第十八卷中。《藏外道书》第六册只收录了《参同契阐幽》。

（5）王无异《周易图说》一部。

（6）郧阳守梓陈翁《易说》一部。

总之，《古书隐楼藏书》汇集了闵一得一系龙门派所传的内丹著作，是研究此派丹法的基本资料；其中所收的张三丰《玄谭全集》和王常月《碧苑坛经》等，是研究张三丰、王常月思想的重要文献。所收《西王母女修正途十则》、《泥丸李祖师女宗双修宝筏》等女丹经，对女丹功法有详细阐述。所收《清规玄妙全真参访集》真实记录了清代全真派丛林的有关教理教规、科仪等制度，是研究清代全真道的珍贵历史文献①。

以上为闵一得相关著述。下面分析其龙门方便法门思想。

（一）融汇三教，合归于心

闵一得的道学思想，站在道教的立场上融合儒、释二教，尤其是融合儒学的特征极为明显。据《龙门正宗觉云本支道统薪传》中《第十一代闵大宗师传》记载："沈师羽化金盖山，师遂主之。闭关修道……修葺增壮，拓其规模，遂启龙门方便之法，以三教同修。儒者读书穷理，治国齐家；释者参禅悟道，见性明心；道者修身寡过，利物济人。至律、法、宗、教四宗及居家出仕、入山修道、寻师访友、蓄发易服，均俾有志者自然而行，大旨以五伦八箴为体用，盖圣贤仙佛无不由五伦八箴而证果焉。故曰龙门方便法门。"② 其实，这一点并非闵一得首创，黄赤阳时期就已有很强的忠孝神仙观念，传说黄赤阳律师是净明忠孝道隐真子的后身。如往前追溯，这种特征更可追溯至金元时期全真道初创时期。这说明龙门方便法门继承了全真道的传统。不过，金盖山的龙门派比传统全真道更具有儒化色彩。闵一得的《金盖志略》和李宗莲《金盖山志》两书内容以及有关人士写的序言跋语表明，他们似乎都要避免阐扬道教的嫌疑，有意识地向儒家靠拢。例如，闵一得在叙述历史时反复重申历代隐士的主旨是"阐扬理学"。陶靖庵等道士虽然以清净为宗，但他们"知黄白而弗行，明数术而弗卜"。张城的序言中宣称，《金盖志略》的宗旨是申明金盖山"实为历代理学宗门，非只清净道场"。黄辉的跋语提及，闵一得曾经对

---

① 陈云：《〈古书隐楼藏书〉之医世思想探析》，《中华文化论坛》2008 年第 4 期。

② 《龙门正宗觉云本支道统薪传》之《第十一代闵大宗师传》，《藏外道书》第 31 册，第 470 页。

他说："自先圣人设教洙泗，其后鹿洞鹅湖最著，予于云巢窃有志焉。"金盖山的道教活动一直受到当地士林的批评。湖州在清代是儒学兴盛的地区之一。《金盖山志》记载，道光年间吴兴地区瘟疫流行，王来觉的妻子和儿子染病而死，他因而萌生了出家为僧的念头，母亲反对，他去请教费少房（阳熙，号拨云）。费少房对他说："身体发肤，毁伤非孝。"于是他只好到金盖山皈依道教。这里，皈依道教成了保全儒家伦理规范的妥协办法。由此可见，闵一得及其他龙门派道士对于儒学的强调有全真道传统延续的原因，更重要的原因则是基于生存压力而不得已迎合舆论，他们刻意如此的结果是，吴兴的很多龙门派道士有儒家功名，吴兴全真道在很大程度上成了当地一部分兼有儒道背景的知识分子的宗教[1]。

（二）即身医世，功行圆满

正是因为自觉地向儒学靠拢，金盖山的全真龙门派进而提倡"即身以治世，身治而世宁"的医世说。这并非闵一得首倡，而是得自沈轻云（太虚翁）和鸡足道者，据称是吕洞宾得自孔子（仲尼）、如来（牟尼）、老子（青尼）所传的三尼医世之道。闵小艮说："医世一宗，律宗之秘，向惟口授，是书不述，似出谨慎。然既详述篇目，理应略述端倪。如或不信此理，请读《碧苑坛经》，得承师训，谨补述之。道光癸巳（道光十三年，1833）七月七日，后学闵一得谨识。"[2] 医世宗的传承，据《天仙心传·自序》记载为："吕祖悯之，肇启医世一宗。我祖泥丸李翁，默相辅相。无如世逐浇漓，群染污浊，惟于亿亿万亿中，得一我师太虚翁，宗承无替，克守虚寂，而行合中庸，不尚功勋，而因心则友。"[3] 如此说来，医世说的渊源，最早可追溯到王常月。鸡足道者野怛婆传授给闵一得的《持世陀罗尼经法》，也是阐述三尼医世思想和功法的著作："是经佛曰'持世'，盖犹我宗之医世，乃有以身治宁之义。……不外靖身、靖心、靖念而已。"[4] 此后，李泥丸、沈轻云等人又给予强调。闵一得注《天仙心传》的《内篇》首句"师曰混化"时说：

师乃泥丸李祖也，谨按混化乃即吕祖三尼医世功诀，身等虚无，

---

① 王宗昱：《吴兴全真道史料》，"Scriptures，Schools and Forms of Practice in Daosim"会议论文集，Harrassowitz verlag，Wiesbaden，Germany，2005。

② 《泄天机》，《藏外道书》第10册，第407页。

③ 《天仙心传·自序》，《藏外道书》第10册，第430页。

④ 《持世陀罗尼经·跋》，《藏外道书》第10册，第558页。

太虚（沈轻云）曰："此是无上上乘丹诀，然可心领，不可言传者。
我师泥丸氏述授余曰：'是真太上心传，而入手务先止念。'"①

　　总之，医世说可谓王常月一系龙门派一以贯之的思想。但是，闵一得
把它发扬光大了。

　　医世说的大要，是通过内炼外养，培养真元，先治身，次治心，最终
修真证果，达到无为济世的目标。它的入手功夫，"当以《参同》、《悟
真》了命，《大洞玉经》化凡，《唱道真言》炼心，然后以《三尼医世》
证果，则医世经义自可默会。而行之自有步骤，使世之士，从此上续三尼
心学。累行积功，天仙之梯航也"②。能医世者，就是拥有三千功、八百
果，功行圆满的天仙了。

　　医世说的哲学基础为天、地、人三才归为一气而相通的观念。《天仙
心传·真师太虚氏法言一则》说：

　　　　太虚氏曰：三才曰世，我身亦曰世。故世与身，可分可合。③
　　　　太虚又曰：人身一小天地。言天地，而人在其中。太乙不云乎，
　　我心即天，我身即地，我念即人。如是体之，三才一我也，何身何世
　　之可分哉。此我遭祖纯阳吕翁，肇有医世圣功之原由。后学承之，身
　　治而世宁，其验疾于影响。④

　　这就是说，天地人一体，所以身与世既是一，又是二，可合可分。三
才以一气相通，所以三才合三为一，身与世后二为一，所以有可能即身以
医世。人能即身以医世的理由，如《三尼医世说述》所述，是因为"天
地无心，寄心于人，人故能行，行必有成"⑤。《修真辩难参证》也说：
"地天无心，心寄于人者，故人有补天医世之职。"⑥《持世陀罗尼
经》说：

————————————

① 《天仙心传》，《藏外道书》第 10 册，第 436 页。

② 《吕祖师三尼医世说述管窥》，《藏外道书》第 10 册，第 355 页。

③ 《天仙心传·真师太虚氏法言一则》，《藏外道书》第 10 册，第 447 页。

④ 同上。

⑤ 《三尼医世说述》，《藏外道书》第 10 册，第 345 页。

⑥ 《栖云山悟元子修真辩难参证》，《藏外道书》第 10 册，第 219 页。

　　太乙有言：心即天也，身即地也，念即人也。如是体之，三才一身也，原人一身，自心以上曰天，自心以下曰人、曰物，自腹以下曰地曰海，而心能包身，身能容念，故身亦名世，世身身世，不二不一，盖谓主夫世者惟人，主夫身者乃念，而念承夫心，心承夫天，身承夫地，地天无心寄心于人，故人得为造化主。①

闵一得具体阐明了以身医世的原理：

　　人禀天地之气，故通天地之气，而纯运天地之气。人气为天地二气之枢纽，作善则百祥随之，作不善而百殃随之，皆自然之道也。而致殃致祥之柄，乃人操之，而天随之，是可见人有转移造化之力矣？……转移在人，而藉有转之、移之之人。一气转，而人心皆转；人心转，而天心亦转矣。②

　　这就是说，人之气得之于天之气，故人气改变，天地之气也随着改变。人之气由人心管控，人心改变，天心也改变。人心善良，天心同样也善良，人所生存于其中的社会，自然得到善良的结果。
　　医世的关键在于是否能够做到修心。

　　要知灾劫频临，皆由人造者，故尔仙佛圣贤，教主修身心，返还道体，夭寿不贰焉。医世之学，吕祖肇而集示……功诀简易，端在维持一念耳。所谓意诚心正，心正身修，身修家齐，家齐国治，国治而后天下平也，夫岂专利一身哉？至谓道不外我，其义精玄而切实也。③

　　这里，修心被视为意念端正的结果。意念端正不只是解决一身之长驻久存的问题，而是要由此循儒学《大学》中的"三纲领"、"八条目"而达到天下太平的目的，即"意诚心正，心正身修，身修家齐，家齐国治，国治而后天下平"。正是在这个意义上，闵一得宣称："医世说乃三圣之精蕴……实不外始基于定静，定静乃三家同人之门。……至于尽性知命而

①　《持世陀罗尼经》，《藏外道书》第 10 册，第 559 页。
②　《吕祖师三尼医世说述管窥》，《藏外道书》第 10 册，第 356—357 页。
③　《天仙心传》，《藏外道书》第 10 册，第 445 页。

功及于天地，则三尼同道。"① 也就是说，就静定而端正心中念头而言，闵一得的医世与儒家的修齐治平宏旨和释家的"持世"说是相通的，都是在天人一体、身国同治的基础上济世利人②。

医世的原则是"在治心炼性，修身了命，达到身世两忘，即由后天道返先天，复归先天真元真一的身心状态时，以之医世，出神入化。"③ 医世的方法是大壮、夬、乾、姤、遁、否、观、剥、坤、复、临、泰这十二个《周易》卦象指导六步内丹修炼。医世的具体功诀，《三尼医世说述》、《三尼医世说述功诀》中有详细的记载，这里不再赘述。医世的效果，按闵一得的说法，调摄于方寸之中，可医疾于四极八荒，"近则一家一村，远则一县一郡，推其极则四大部洲，无不调摄于此方寸之中。消其灾研，无水火、刀兵、虫蝗、疫疠；正其趋向，则俗无不化，人无不新，民安物阜，熙熙然如登春台。小用之而小效，大用之而大效，道如是也，而用之则存乎其人。④"

医世说，除了《吕祖师三尼医世说述》、《吕祖师三尼医世说管窥》、《吕祖师三尼医世说功诀》、《太虚氏天仙心传医世玄科》之外，在闵一得

---

① 有关"医世说"，详载于《吕祖师三尼医世说述》、《吕祖师三尼医世说管窥》、《吕祖师三尼医世功诀》，均收录于《古书隐楼藏书》。三尼即仲尼孔子、牟尼如来、青尼老子。学者们的论述除前引刘焕玲和陈云的论文外，还可参考盖建民《闵一得与道教医世思想》，《世界宗教研究》2002 年第 1 期。Esposito, Monica（莫尼卡）．"Longmen Taoism in Qing China：Doctrinal Ideal and Local Reality"，Jounal of Chinese Religions，29（2001），pp. 191－231；Esposito, Monica（莫尼卡），"The Discovery of Jiang Yuanting's Daozang Jiyao in Jiangnan：A Presentation of the Taoist Canon of the Qing Dynasty"，麥谷邦夫（Mugitani Kunio）編：《江南道教の研究》，第 79—110 页，京都：人文科學研究所 2007 年版；Esposito, Monica（莫尼卡）"The Longmen School and its Controversial History during the Qing Dynasty"，In John Lagerwey，ed.，Religion and Chinese Society，pp. 621－698；Hong Kong：Chinese University Press，2004；Esposito, Monica（莫尼卡）：《清代道教の密宗——龍門西竺心宗》，麥谷邦夫（MugitaniKunio）編：《三教交涉論丛》，頁 287—338. 京都：人文科學研究所，2005。Esposito, Monica（莫尼卡）：《清代における金蓋山龍門派の設立と金華宗旨》，京都大學人文科學研究所編《中國宗教文獻研究》，頁 239—64. 京都：臨川書店，2007。森由利亞（MoriYuria）：《全眞教龍門派系譜考——〈金蓋心燈〉に記された龍門派の系譜に關する問題點について》，載道教文化研究會編《道教文化への展望》．東京：平河出版社，1994，頁 180—211。森由利亞（MoriYuria）：《吕洞賓と全眞教——清朝湖州金蓋山の事例を中心に》．載野口鐵郎（KikuchiNoritaka）編《道教の神と経典》．東京：雄山閣，1999，頁 242—264。

② 刘焕玲：《试析闵一得之龙门方便法门》，《中国道教》2005 年第 5 期。

③ 《吕祖师三尼医世说述管窥》，《藏外道书》第 10 册，第 356—357 页。

④ 同上。

对其他经典所做的注释、序、跋或参证等著述中也不时可以见到。如《泄天机》末尾说：

> 即身即世，即世即心，是以世治愿始圆耳，其法备于吕祖三尼医世功诀。……吾宗乃全真，全真末后大着指此步也。是以道凭行进，功赖德圆，故有三千功八百行之积。然以在下匹夫，功由何积？行由何圆？惟此别传，不劳丝力，不费一钱，只与造化一心，即身以理，但具恒诚而无息。……其诀至简至易，然皆天机也。……泥丸氏泄之，余承而述，故仍以《泄天机》名之。①

《古书隐楼藏书》全部文本中，除"持世"、"治世"等概念外，"医世"这一概念共出现120次以上②。医世说可谓龙门方便法门的核心。闵一得认为，如果能功行两全、虚寂恒诚，其修道境界直可契入参天地赞化育之大道。"医世说，是闵一得的金盖山支派最具特色的一个方面，也是其能够吸引众多俗居弟子的重要原因之一。"③ 闵一得的医世愿望，不能不说是善良的、美好的，虽然其实现的方式具有道教特有的神秘性，但他认为个体的转变可以达成社会的转变，内在的转变可以造成外在的变化的思路，就抽象的理论而言是正确的，只是落实到现实中却缺乏具体的可操作性，要求社会上每个人都修炼内丹而证真得道显然是不可能的。

（三）提发丹道之秘，自有为而无为，直指太上心宗

《古书隐楼藏书》内闵一得撰、注之书大多为内丹著作。《栖云山悟元子修真辩难参证》是对刘一明《修真辩难》所做的阐释论证。《阴符经玄解正义》是对范一中《阴符经玄解》的纠谬。《皇极阖辟证道仙经》共十章，据称为尹真人（尹喜）所说，闵一得对每章之义做了阐发。《泄天机》是对无名氏所做丹书之注释。《养生十三则阐微》是对古法养生十三则的阐说。《管窥篇》是闵一得据其师授而阐述丹道。《二懒心话》以"一号懒翁，一号太懒"之问答的方式而谈论丹道。《琐言续》是阐述太虚翁所授之丹法。以上各书内容为龙门正宗所传丹法。

此外，闵一得从鸡足道者受西竺斗法，其注、撰之《吕祖师三尼医世说述》、《读吕祖师三尼医世说述管窥》、《三尼医世功诀》、《天仙心

---

① 《泄天机》，《藏外道书》第10册，第407页。
② 陈云：《〈古书隐楼藏书〉之医世思想探析》，《中华文化论坛》2008年第4期。
③ 吴亚魁：《江南全真道教》，第293页。

传》，以及七种经咒、真言注（《雨香天经咒注》、《智慧真言注》、《一目真言注》、《增智慧真言》一卷，《祭炼心咒注》、《密迹金刚神咒注》、《大悲神咒注》）。《吕祖师三尼医世说述》的内容实即据《易》之十二消息卦（大壮、夬、乾、姤、遁、否、观、剥、坤、复、临、泰）以言修丹的六步功法理论，闵一得对之做解说。为了进一步加以阐发，作《读吕祖师三尼医世说述管窥》。《吕祖师三尼医世功诀》是修持上述丹法的口诀密语，有"玄蕴咒"、"灵符"、"玉经"、"祝词"等内容。用歌诀形式叙述丹法要诀是道教丹鼎派的传统，《天仙心传》也属于这样的著作。它分《内篇》、《外篇》、《圆诀》、《续篇》、《大涤洞音》等各章（首），另有《天仙心传玄科》，含设坛、进坛、退休、告圆、开科偈、熔一真言、圣诰、情词、忏谢真言、云篆、普应真言等。此书的特点有二，其一是把内丹功法与符箓道法、佛教密宗咒语相结合；其二，所述丹法重视玄关一窍，并以三光聚合于梵天（指眉心处）起手（在闵一得所订正的《太乙金华宗旨》中讲述甚详），凸显性功修炼，具有释道融合的特色。

闵一得认为，丹经众多，邪正混淆，流弊不少，所以以力雠校勘订，剖其真伪，归于中正。所著"《金盖心灯》八卷，沿流溯源，发潜阐幽。又书《隐楼藏书》三十余种及《还源篇阐微》，以儒释之精华，诠道家之元妙。言言口诀，字字心传，俾有志者，循序渐进，自有为以造无为，不至昧厥旨归"[1]。在清代丹经著作中，闵一得之作可谓最为精当明了。[2] 他研读丹经四十余年，拳拳服膺，师承多门而熔归一炉，基于自己的修道经验，为他人指点修道正途，堪称一代明师。因此，习其龙门方便法门者，不论"居家出仕、入山修道、寻师访友"，均俾有志者自然而行[3]。

选编《古书隐楼藏书》的用意，从功法来说：

> 我宗功法，一准天元，中间杂有作用者，盖以学人向自世尚入手，不得不假有作以致中庸耳。若未入世尚者，只从《碧苑坛经》入门，而致由夫白祖所注《道德经》，云门朱祖所注《参同》、《悟真》两书，归宗于张祖《金丹四百字》，累行于《三尼医世》，致化于《天仙心传》，救弊于悟元子《前后辩参证》一书，证明于《阴符

---

① 《闵懒云先生传》，《藏外道书》第 10 册，第 153 页。

② 有关闵一得著作中之仙学思想，可参考刘利《闵小艮仙学思想泛言》、《续一》、《续二》、《续三》，《气功杂志》1999 年第 20 卷，第 2—5 期。

③ 刘焕玲：《试析闵一得之龙门方便法门》，《中国道教》2005 年第 5 期。

经玄解正义》，《泥丸氏双修宝筏》二书。以上所事，翻翻覆覆，不过造致中和两字耳。其旨只是返本还元，乃即所谓全受全归而已。①

这里列出了让人循序进修的书单。"造致中和"、"返本还元"之旨集中体现在闵一得的遗作《还源篇阐微》中。从理法来说，是"以儒释之精华，诠道家之元（玄）妙。"体现三教传本一贯之旨。从心法来说，是以玄关一窍"一以贯之"。书中描述的返本还元之功，始于洗涤心性，疏通经络，然后玄关开启，采药结丹，待到玄窍大开，合虚合道，则内通外达，便有陶镕天地，参赞化育之实功。这是中华道脉薪传，老庄相袭的绝学。《藏书》围绕这一主题，务实而不尚虚玄，或在开通任督，培养鄞鄂上施以有为之法，如《二懒心话》、《古法养生十三则》，实乃"有用用中无用"；或澄情涤虑，惩忿窒欲以明心和气，如《就正录》、《碧苑坛经》，是为"无功功里施功"。由是性光发现、橐籥动机，待神凝气定之后复命复性，进而超凡入圣。

丹经往往隐晦难懂。丹家有"得诀归来好看书"之说，意思是修炼者一旦明白了丹诀，再读丹经就会感觉茅塞顿开，头头是道，句句都落在实处。闵一得在《古书隐楼藏书》中所收之书籍，书前皆有自序或自述，阐明该书的功诀法要，说理透彻②。兹举三例来说明：

《还源篇阐微》的《序》说：

> 以宿所耳于先师者，参解石子《还源篇》，阐述人生之源，历循节次。归复还返，以变化气质为入手功夫。以复命复性合元为究竟之道，开讲即标正念为主，持到底为养其无形为了当。其中步骤精详，窃于石子简易功法，少有发明。……于《还源篇阐微》为阐其契静精微之教也。因为摘其丹法次第口诀，只取清静铅汞四字。

> 按此篇（《还源篇》）大段功诀，始于有为，终于无为。有为之功，只是正位凝命、养我浩然；无为之诀，只是自强不息、养其无形。

> 吾师（太虚氏沈轻云）尝语人曰："人必端直其体，空洞其心，真一其念，则得诀、炼丹自是容易。即不修炼，亦足却病延年，老而

---

① 《天仙心传·附录》，《藏外道书》第 10 册，第 449 页。

② 刘焕玲：《试析闵一得之龙门方便法门》，《中国道教》2005 年第 5 期。

强健。是真入手之总持正诀也。"①

这里所述以变化气质入手，以复命复性为旨归，自有无而入于无为的丹理，可谓熔儒道于一炉而归于丹理，确为真知灼见。

闵一得在《悟元子修真辩难参证》的《序》中认为，刘一明如果不是数十年苦学，断难写成《修真辩难》这本书，还认为此书最为适合初学者用。"然即是书而论，惟于玄关一窍致开功诀未备，虚空大交大媾，从何入手？……余既有所闻，不敢自秘，爰为采择师传，谨述补于问答……以请证于得读是书者。"②

闵一得在《天仙心传》中概括说："揭其总持，不外虚寂恒诚四字而已。四字所宗，自完神始，即以神完为究竟之学。"③

由上述三例可见闵一得精于点化，直指骨髓的育人风范。

赤、黑、黄三道关窍说是闵一得一系龙门丹法的特色之一。在《泄天机》中，他对沈轻云传授的赤、黑、黄三道关窍说做了阐发。他认为，赤道为任脉，黑道为督脉，赤、黑二道，丹家称为人道，兼容先、后天之精气运行；而"黄道乃黄中，道介赤、黑中缝，位在脊前心后，而德统二气，为阖辟中主，境则极虚而寂，故所经驻，只容先天，凡夫仙胎之结之圆，皆在斯境。虽有三田之别，实则一贯。法故标曰'仙道'。然为先哲宝秘，故尔丹书充栋，鲜敢备述"④。黄道只容先天真精、元炁通过，称仙道，自虚危穴（一名阴跷）过中黄，直达顶骨（天灵盖、囟门）。丹家有"欲修仙道，先尽人道"、"人道不修，仙道远矣"之说⑤。欲通中脉（黄中），必先通任、督二脉。闵一得用的是自然缓进之法。"必先坚持正念，就伦常日用中，处处惩念窒欲，真实无妄，是为炼己。进而涤虑忘情以疏通督、任二关，遂由慎独而退藏于密，是为筑基，自然身中还出一点真阳。从此心自存诚，气自周行，久则万缘澄澈，六根清静，方寸虚明，如是始终以清静自然为运用，可以还源返本与道合真，是为全真金丹之要。"⑥

① 《还源篇阐微》，《藏外道书》第 10 册，第 714 页。

② 《悟元子修真辩难参证·序》，《藏外道书》第 10 册，第 218 页。

③ 《天仙心传》，《藏外道书》第 10 册，第 431 页。

④ 《泄天机》，《藏外道书》第 10 册，第 402 页。

⑤ 胡孚琛、吕锡琛：《道学通论》，社会科学文献出版社 2004 年版，第 566—567 页。

⑥ 《还源篇阐微》，《藏外道书》第 10 册，第 670 页。

　　玄关是丹道中至关重要的一个范畴，内丹各派多有不同的解说。《还源篇阐微》说："先知夫身中一窍，然后可以入手。"① 这里所说的"一窍"即指玄关。从《还源篇阐微》中得知，玄关之境实有三个层次。一是静极而动，"我身中未得药时，清净内守，七窍已归一窍，此中虚灵洞敞，圆浑如卵，盖其静也翕焉；及至药产，我之正令一到，窍即仰如承盂以受药，盖其将动也亦将辟焉。……迨既受药而冥合，仍如卵守矣。盖念头一动而即静，玄窍亦将辟而仍翕焉。"② 二是于呼吸气无，凝然大定中，"勃然机发，顿失我与天地现存形相，第觉虚灵朗耀，无际无边。一觉急收，登时冥息，即自入于窍中，混混冥冥、不识不知、无声无臭，斯为大开玄关，深入一窍。"③ 三是从此无之极处迸出真机，"温养时足，元性已含六气以周流至虚不宰，元命已历三关而诣极无道可行，尔时无极中自然发一真机（并非另一个真机外至者也，亦非心思计虑所能撮合者也），即我妙无元始一气来复，混合元神，是为金液大还。"④ 此无之极处，不可知，不可见，老子强名之道。待其真机迸出，乃最初本性、妙明真心、元始祖气、金液大丹。得之者是为大觉金仙、妙道真人。第三个层次，闵一得并未明说，但据其丹道逻辑可单列析出。闵一得常说的是第二层次的玄关，并以之为上透下达、左右旁通的中枢。

　　闵一得的思想，陈撄宁断言："湖州金盖山闵小艮一派，是调和派。他与阴阳栽接和清静孤修常立于反对地位，便另外开一条门径，将二者合二为一：虽讲清静，而不是孤修；虽说阴阳，而不是栽接；既非《参同》、《悟真》之法，亦非冲虚、华阳之法，更非悟元子《道书十二种之法》。"⑤ 这一评论颇可商榷。这里略引《修真辩难参证》中上乘双修得药以窥一斑。嘉庆间张蓬头来金盖，闵真人请教阴阳门派，"师谓有得于太空，有得于通都大邑，有得自丹室，有得自坛靖，更有得自丹座。而皆非旁门"，究竟以何派为的？张蓬头回答：

　　　　得自太空者，以太空为法体，以三才为药物，乃是无上上乘。得

---

① 《还源篇阐微》，《藏外道书》第 10 册，第 670 页。

② 同上。

③ 同上书，第 671 页。

④ 同上书，第 672 页。

⑤ 陈撄宁：《答复苏州张道初君十五问》。洪建林编《仙学解秘——道家养生秘库》，大连出版社在 1991 年版，第 110 页。

自通都大邑者，以六合为法身，以活虎生龙气化之材为药物。得自丹室者，以法身为鄞鄂，亦用龙虎为种为媒，致感太极阴阳交生之物，以意摄归黄庭为丹本。得自坛靖，以丹室为鄞鄂，法身为玄窍。法虎法龙，神凝丹室，摄归玄窍，产生真一。留一配元，以为真种者有之；或用虎龙为媒，致含太极阴阳，神凝丹室，而虎龙亦有所生。乃留太极交生之一与我，致还虎龙所生元一。以一归龙，以元归虎，寂然各归而止，皆属上乘。此下尚有中下两乘，汝师勿道是也。汝守吾示而行，能虚尔心，寂尔神，忘尔气，世财充足，所得必富。汝欲事此，培德为先，德大则福大。上天泄此妙道，所以度一而济万。志在长生，上天未必鉴佑。汝自量材以行可也。①

以玄关一窍横包三才彼我，纵贯三关（炼精、炼气、炼神），是双修上乘法门的关键和起点。上乘双修是玄关窍开之后的事，途径不一，所得也不一，"自成天、水、地、人、神、鬼六等仙眷者"，并非陈撄宁以中下乘之理法视之而误以为调和清静、阴阳而归为"调和派"。其实，对闵一得丹学体悟较深的《西泠仙咏》也说："师于阴阳炉鼎之道，靡不宣究，晚乃一归清净，性命双修，尤以性功为主。"② 这可旁证陈撄宁之说不确。

以存诚正念，清静自然而论丹道，是闵一得思想的重要特点之一。《还源篇阐微·翠虚吟附》对此阐发道：

还源之法必先坚持正念，就伦常日用中，处处惩忿窒欲，真实无妄，礼以行之，是为炼己。潜致力夫涤虑忘情以疏通督任三关、遂由慎独而退藏于密，是为筑基。自然身中还出一点真阳正气，心中泻出一点真阴至精，相与浑融，凝结成丹，是为丹头。从此心自存诚、气自周行，久则藏心于心而不见、藏气于气而不测，静虚动直、气爽神清，是为完体。第觉三际圆通，万缘澄澈，六根清静，方寸虚明，如是期月不违，药物亦源源而至，始终以清静自然为运用，可以还源返本与道合真，是为全真。金丹之要如是而已，然大要先知夫身中一窍，然后可以入手。③

---

① 《修真辩难参证》，《藏外道书》第 10 册，第 240 页。

② 丁丙辑：《武林掌故丛编》第 3 册，第 1411 页。

③ 《还源篇阐微·翠虚吟附》，《藏外道书》第 10 册，第 692 页。

用"惩忿窒欲"、"礼以行之"来解释炼己，颇与净明道合汇儒家理学有异曲同工之妙。以"涤虑忘情"、"慎独而退藏于密"来解释筑基，也颇具儒家理学的色彩。

闵一得内丹学以天元丹法炼性还虚为主。他在《天仙心传》的《自序》中认为，修道要取法于古代圣人，"三教经文，洗心以读之。自知身世不二，性命一物"①。而世运、道运之通否明晦，其机由人。所以"上古至人，治世功法，惟自尽己以为功，即使人人尽己以为学，何等简易"②。闵一得进而阐明"尽己在于净念返诚，初学者但崇止念，晋造自然，终始不贰，自还先天。故欲还先天法，惟一意虚寂，念中无念，自然后天气寂，先天乃现"③。他认为："学道者，正心为第一义"，"学知尽心穷理，自克原始返终，是知行并进之学。……身心不二，是为脚踏实地，能自第一着。实实体返，体还，玄关自开；玄关一开，金丹大道修复，不落虚妄。而致开之诀，端自克己第一着始"，"克己功法，端自净心除妄始"。④ 所以，他在《上品丹法节次》中把内丹修炼分为十二个步骤：炼己存诚、筑基培药、坎离交媾、采药归鼎、周天火候、乾坤交媾、十月养胎、移神换鼎、泥丸养慧、炼神还虚、炼虚合道、与道合真。他认为，其间的要诀就在于克己功纯，抱元守一，造至自然，到了虚极静笃之境，玄关一窍自然会打开。

这一思想在《天仙心传》中进一步得到了强调。《天仙心传》是沈轻云口授，闵一得纂述并注释的，内容包括：太虚氏所授《内篇》、《外篇》、《医世玄科仪则》，闵一得示门人的《圆诀》、《续篇》、《自警》，记载瞿蓬头真人及沈太虚两相宣说于大涤洞天之《大涤洞音》，附录有《神人李蓬头法言一则》、《真师太虚氏法言一则》。为便于理解，兹将作为《天仙心传》重点的《内篇》、《外篇》内容抄录如下：

> 师曰混化，天仙功夫，万缘放下，身自寂虚。爰引清镇，承照常持，正维中下，罔或刻疏。圆虚圆寂，圆清圆和，何内何外，何有何无。化化生生，一付如如，还返妙用，如斯如斯。成身内身，是名真吾，尊之曰宰，亲之曰儿。温养沐浴，乳哺尔疏，功纯行粹，还我太

---

① 《天仙心传·自序》，《藏外道书》第10册，第430页。
② 同上书，第431页。
③ 同上。
④ 《悟元子修真辩难参证》，《藏外道书》第10册，第293页。

初。自终溯始，诰诚无多，惟喜混穆。切戒模糊。模糊混穆，相去几何，一仍圆觉，一竟胡涂。觉则成圣，昧则成魔，师训乃尔，慎勿参讹。① （《内篇》）

　　天仙心传，视身晶若，假以迎镇，如承日下。镇照则生，镇注则化，化化生生，功为一法。天以一生，地以一成，身失其一，晶而得能。一之为一，无念而诚，有无不立，人法双泯。原用之神，互根其根，置身于一，置一于心。大周天界，细入微尘，视之不见，听之不闻。神通变化，隐现随心，功圆行满，平昇玉清。② （《外篇》）

此书可谓闵一得毕生心血所结，其大旨如他所说：

　　初学之士，或心性未纯，关窍莫启；或情尘久搅，锢蔽方深。法惟先事洗涤，继事存思（原注：存是存想，思是精思）。倘有中阻，虽因后天物滞，究因杂念中肆，以致真炁隐藏，关窍闭塞。上士于此，惟有不事搬运，但崇止念，晋造自然，终始不贰，自还先天，身得晶若。故欲还先天，法惟一意虚寂，念中无念，自然后天气寂，先天仍现，元炁仍行，身中关窍，豁然洞开。惟觉五色神光，亿万千聚，此系攒簇五行之实据。学士不为惊惶，不为喜悦，亦全凭真一不贰，遂得凝然大定，纯粹以精。仍以真一育养，功圆行满，梵炁弥罗天地，元胚模范十方，谓其现而显诸仁也，岂知其贯三清而上下，太极本无；谓其隐而藏诸用也，岂知其乘六气而周流，至虚不宰。坐镇太虚真境，长为无极金仙。谓其将升证也，更何天阶之可升？正不知我之为太初玉清，太初玉清之为我矣。③

以上所述，可以概括为"揭其总持不外'虚寂恒诚'四字"④。
　　《天仙心传》对修习内丹者的重要性，闵一得说："《天仙心传》乃得脱去丹家窠臼，将自己效验功诀编成一册，冀可启迪学人。"⑤ "《天仙心

---

① 《天仙心传》，《藏外道书》第 10 册，第 432 页。
② 同上。
③ 同上书，第 431 页。
④ 同上。
⑤ 《还源篇阐微·序》，《藏外道书》第 10 册，第 669 页。

传》是不朽的丹法节次，也是我的一部正书，此皆太虚的传。"① 如此看来，《天仙心传》可谓龙门方便法门的功诀与心法。功法平实，最宜实修。②

闵一得修道思想还有一大特点，即强调三教同修，"以儒释之精华，阐道家之元妙"。当然，这是道教历来多有强调的观点。闵一得不同于前人的地方在于把这落实到以五伦、八箴为体用，"盖圣贤仙佛无不由五伦、八箴而证果焉，故曰'龙门方便法门'"，在理论上独具特色，在实践中更是形成一个有广泛影响的流派。在闵一得看来，只要能融汇儒、释、道三家而贯通为一，不需要出家修行也一样可以成仙、成佛、成圣。他所阐发的龙门方便法门，指出了一条不分贫富贵贱，人人可自然而行的简易修道步骤。这是它能在当时社会上得以广泛传播的重要原因之一。

总之，闵一得是清代龙门派在江浙地区盛传期间，在教理、著作方面最有成就的道教学者。他所辑撰的《古书隐楼藏书》及《金盖心灯》，是有关龙门方便法门的师承源流、教理、功法的重要典籍。他秉承全真龙门派传统丹法，又兼承西竺心宗的特殊丹法，对内丹学理有系统、精深、独到的见解。近人精研丹道者，有陈撄宁、萧天石、张义尚，对闵一得均有较高的正面评价。如张义尚说："闵为乾嘉间证果之仙人，其学识渊博，不特深通道门各家各派，并且也涉及佛法、密宗、儒门心法。在道家中，是抱朴子后一人。对于道家历来从不公开之秘密，流露不少，大宜注意。"③ 刘利在《闵小艮仙学思想泛言》中提道："近代仙学大师陈撄宁先生提出'最上一乘仙学顿法'之概念，实际上是受了闵氏'太上心宗'提法之影响。"④《金盖心灯》所建构的龙门传法宗谱，虽未必完全符合史实，却得到了后世教门内外的广泛认同，影响深远。

有学者主张："支持闵一得作为金盖山创派祖师的根据大致有三：一是《龙门正宗流传支派图》、《龙门正宗支派传流图》所示传承系统；二是闵一得自成一体的修炼理论和实践；三是闵一得居金盖山有年，蕃衍宗

---

① 《遗言》，见《古书隐楼藏书》，《藏外道书》第 10 册，第 156 页。

② 《天仙心传》中（《藏外道书》第 10 册，第 430—449 页），太虚氏授《内篇》首章云："师曰混化，天仙功夫，万缘放下，身自寂虚。"《续篇》前三章说："嗟我志士，有志竟成。三尼医世，胡不踵行。""亦主混化，不事支离。假虚涵静，假静还虚。""虚寂静笃，至道已基。三年五载，身世希夷。"

③ 孔永劫：《闵小艮与西竺心宗刍议——兼与南怀瑾等商榷》，《气功杂志》1999 年第 20 卷，第 5 期。

④ 刘利：《闵小艮仙学思想泛言》，《气功杂志》1999 年第 2—4 期。

支，光大全真龙门金盖山一系的史实。"[1] 闵一得在陶靖庵全真道龙门派云巢支派的基础上自成一家，创龙门派之方便法门——金盖山古梅花观嗣龙门正宗法门，在中国传统修真史上独占一席之地，是继王常月之后清代乾隆、嘉庆、道光年间全真龙门派最具影响的人物之一[2]。闵一得所开创的嗣龙门派除传播至浙江多地外，还远传上海、江苏（茅山、苏州、无锡、太仓等）、安徽（宣城）、湖北（武当山）、山东（崂山）、河南（王屋山）等地。其徒孙王来因等宗祖闵一得，开觉云支派，为浙湖云巢分支，闵一得被尊为开启龙门方便法门的祖师，在上海、江苏、浙江一带影响很大。

第三节　清代湖州道教（下）

一　闵一得后学

《道统源流》[3] 书后有"宗坛祖堂纪名录"，内收五十三个人物。其中元代闵逊、明代闵珪与闵声、清代闵鹗四位是闵氏家族中的名士或做过高官的。作为龙门第六代传人的闵真善（1334—1368）[4] 却没有被列入祖堂。在第十一代至第十三代被列入祖堂的闵氏道士有七人：闵一得、闵阳楷、闵阳文、闵阳述、闵来怡、闵来安、闵来铺。第十五代以后又有五名

---

① 吴亚魁：《江南全真道教》，第 291 页。

② 王宗耀：《闵一得生年考疑》，《中国道教》2005 年第 6 期。

③ 《藏外道书》没有收入一部重要的史料《道统源流》，编者为庄严。庄严即吴兴全真道龙门派第十六代传人严合怡。《道统源流》的材料有着深厚的全真道色彩，分上、中、下三卷。中卷所记载的人物，大大超出《金盖心灯》所载之《道谱源流图》及《龙门正宗流传支派图》。下卷由赵虚静开始，共记录了二十五代道士两千二百余名。它对闵一得以后金盖山梅花观出身的道士，在吴兴地区建立的道团，有大量的记录。闵一得在吴兴地区道教发展中，巩固了金盖山的中心地位，梅花观成了吴兴龙门派的宗坛。此后分坛发展组织，是主要的特征。设立分坛的活动从闵一得的再传弟子王来因开始有了很大的发展，反映在《道统源流》中的分坛名目有 31 个，觉云坛可能是最兴旺的。相关内容，参考王昱显《吴兴全真道史料》，International Symposiumon "The Telationship Between Scriptures，Schoolsand Forums of Practice in Taoism"，Hum-bold-Universiat，Berlin，2001。

④ 儒名性，号希仁，闵逊之子，闵珪曾祖。《晟舍镇志》卷七有明代礼部尚书谢迁为他写的神道碑铭。文中盛赞其乐善好施，但未提及其修道经历。该书卷四称他因闵珪而被朝廷追封光禄大夫太子太保刑部尚书的头衔。

闵氏道士。① 这些事实和闵一得在吴兴的传法说明闵氏家族对吴兴龙门派道教的兴盛贡献很大。

闵一得晚年隐居乌程县金盖山，主持教务，弘扬道法。其中最主要的是两个方面，其一是编纂、刻印经书。梅花观印行了众多经典，如《太极祭科》、《玉皇本行集经》、《长生疏牒》、《南极长生经忏》等。《古书隐楼藏书》和《道藏续编》均在1834年出版。这一工作在闵一得仙逝后得以继续并形成传统，如1896年出版了《金盖山志》。这一传统至少持续到1915年印行《方壶外史》。其二，收徒传道，把金盖山变成为宗坛，以之为中心向周边地区传播龙门方便法门。《金盖心灯》载："其教人也，有体有用，有本有末，笃于实行，不事神奇，大旨以修身寡过为入门，穷理尽性至命为究竟，省察涵养为彻始彻终功夫。"② 《第十一代闵大宗师传》说："自是学者日进，自当代名公卿相，及缁流羽士，以至胥吏仆舆，钦其道范，纳交受业者，实繁有徒。入室者虽不多，而诱掖奖劝，因其言而自新者，亦复不少，是亦咸称补之先生者也。"③ 通过闵一得的工作，金盖山成了吴兴地区道教的中心，梅花观成了吴兴龙门派的宗坛。

闵一得弟子多为俗居。弟子中姓名可考者如下：薛阳桂、闵阳林、蔡阳倪、李碧云、陈春谷、徐根云、王护云、朱巽夆、徐芝田、江默斋、陈归云、高芗云、费拨云、闵餐霞、徐浩然、余莲村、许餐霞、潘六阳、徐梅谷、徐先仁、潘省根、姚兆芝、费玉泉等。其中，费拨云、陈归云、高芗云、潘六阳、许餐霞、余莲村、徐先仁、费玉泉、徐浩然等九人均传宗授徒，其中以费拨云门庭最盛。据《道统源流志》记载，这九人传下的第十三代弟子，有三十二人。闵一得仙逝后，其弟子费阳熙（费拨云）继闵一得之后，主金盖山纯阳宫讲席，"从学显者甚众，所传甚广。近江浙各云坛，悉皆出自师门。秉金盖之遗续，启方便之法门，闵祖而下，伟为一代之宗师也"④。

费拨云，名阳熙，道号拨云子，讳熙，字养和，号少房，又号真牧，浙江乌程诸生，道场山人。纂有《太极祭炼》，并著有《禹贡注》、《曾子节要》、《朱子晚年定论评述》，为己编读书、随笔、书札，杂著《国策行

① 汪曰桢《南浔镇志》卷十五记载了住在广惠宫的道士闵九阳，不见于《道统源流》，不知否属于这个道团。见《中国地方志集成》乡镇志专辑第22册，上海书店出版社1992年版。

② 《第十一代闵大宗师传》，《藏外道书》第31册，第370页。

③ 同上书，470页。

④ 《道统源流志》，《藏外道书》第31册，第471页。

文》、《开关阖程》、《人谱类纂》、《证人要录》等书，担任云巢古梅花观讲席多年，建有拨云精舍。他的弟子众多，著名者有周来学、王来因等。

周抑凡，名来学，讳思诚，号一庵，又号抑凡子，浙江乌程诸生。事母至孝，授徒以忠孝为本，勉人以敬恪为先，故群称为厚道先生。太平军围城，母亲命他逃逸，说："安有背亲而自图活者，禽兽不若焉！"同治壬戌五月初三日，湖州城陷，骂太平军不屈而死，年四十四岁，门人私谥曰：孝节先生。后得先生玉钤一方，制衣冠招魂，葬金盖之西南麓。事平，奉平奉旨旌恤，入浙江忠义祠，传入《湖州府志》有，入载《浙江忠义录》。著有《愿学编》、《下学指南》，并述《太极祭炼》，为其同门谱弟（归安周文桂派名复善）一力捐资，校刊行世。

王希贤，名来因，原名淦，号笤窗，道号希贤，浙江乌程人。生于嘉庆，卒于光绪，住世七十余岁。太平天国战事平息后，《太极祭炼》被烧毁，王来因从字篓（用竹篾编的盛零碎东西的小篓）之中找寻出来，刊刻行世，并演行教授后学。王来因曾担任云巢古梅花观都讲，筹建浙江湖州双井岭北山保寿宫，立云坛支派，对各分坛支派多有教益。

费拨云之后，闵一得再传弟子程无心、钟雪樵、三传弟子傅玉林先后任梅花观主席。民国初期的梅花观主席周本清为龙门第十五代，是费拨云的三传弟子。闵一得的亲传弟子的主要贡献是在他之后继续巩固了金盖山的中心地位并使之一直保持到民国初期。

金盖山龙门派的发展模式是以金盖山为宗坛，在金盖山周围乃至吴兴之外的地区设立分坛。闵一得的同门师兄沈一炳的两个弟子在全真龙门派的传播方面也有新的开拓。费阳得幼年时在射村皈依清微派，皈依沈一炳以后在射村开创了"开化院支派"，在射村传播龙门派。顾半凡，名阳浩，号雪江，浙江海宁州人，《道统源流》说他在海宁开创了"龙山憩云坛支派"。这两个支派实为金盖山宗坛的分坛。设立分坛的活动从闵一得的再传弟子王来因开始有了大的发展。《道统源流》说王来因不但开启了双井岭的立云坛，对各分坛的建立也都有贡献。据《龙门正宗觉云本支道统薪传》，他在1888年和其他两位道士被请到上海，奉为上海觉云坛的开派宗师。王来因是梅花观都讲，程来永是梅花观主席。金盖山的大部分分坛是由第十三、十四代道士建立的。作为金盖山的下院，很多分坛是由几个道士合作创立的。例如，庐琴舫，名来善，乌程人，与杨来鸿共启奚家壮嗣云坛。郑问云，名来悟，号问云，始创皈云坛。柴含章，名来开，号含章，在皈云礼师，复创还云坛。第十四代弟子程无心，名来永，传高清和。高清和名复缘，儒名以藩，号翔轩，道号清和，浙江乌程人，民国初年为古梅花观董事会董事，启湖州玄云坛支派。各分坛之间没有严格的界限，有些道士可能是在某一分坛皈依的，但是后来又到另一分坛活动。如张复诚在吴兴织里创建了万云分坛，又参与了上海觉云坛的开创。应该指出的是，一般而言，设立分坛只是一种扩大组织的行为，并非严格意义上的开创支派。不过，也有少数分坛自认为是支派，如《龙门正宗觉云本支道统薪传》认为觉云坛就是支派，但即便如此，这些分坛也没有自己的派字。其中一些分坛建立后，又独立地在其他地区发展组织。分坛的建立标志着吴兴龙门派道教进入了其发展的全盛时期。《道统源流》的道士名录自第十七代起分别记录宗坛和分坛的道士，大约有六百名。记录的分坛有会云、景云、灵云、慈云、皈云、翘云、觉云、青云、指云、玄云、惠云、荫云、望云、云遗、霁云共十五个。据王圆贵的查考，古梅花观的分坛共有 72 个，现已查清的有 69 个，名单如下：

湖州城区：城内：夙云（仁济堂）、碧云、依云、云遗（报恩观）、云栖（天医院）；城东：后庄荫云、奚家庄嗣云；城南：望云、避村清云、菁山善云、菁山祥云；城西：福云、牟南翘云；城北：王家庄崇云、玄云、旧馆万云。

织里万云、金楼嗣云、金楼慈云、后林青云、轧村雷云、旧馆万云

菱湖还云、一城支派、皈云、水舍宝云、荻港怡云

双林指云、长生桥馥云、含山金云、土山郁云

南浔宜园器云、袭云、怡云、丹云

长兴县：城内望云、城东下箬透云、横山桥瑞云

德清敷云、文墅山绿云、三桥埠庆云、上柏憩云、常觉支派、乡井支派

安吉惠云、阴云、隋云、孝丰锦云

嘉兴闲云、瑞云、海宁芝云、袁化碧云、龙山憩云

诸暨觉云

广德善堂闲云

苏州华云、平望望云、盛泽青云、太仓惠云

上海觉云、会云、景云、慈云、济云、联云、遗云、立云、玄云、青云①

---

① 王圆贵：《全真道在湖州的传承与演绎》，尹信慧主编《茅山乾元观与江南全真道国际学术研讨会论文集》，广西师范大学出版社 2013 年版，第 284—285 页。文中所载分坛为 68 个，另有一个为王圆贵在论文写成后新发现的。

　　上述各分坛的发展并不平衡，诸暨觉云坛和上海觉云坛是其中最兴旺的。前者由周来学的弟子陈复聪等人于民国乙丑年（1925）创建，编有《觉云轩云霄玄谱志》①，其中收有一千零一位道士的姓名，可见其发展之兴盛。因其主要活动在民国时期，故本书略谈。后者的第十七代道士有一百四十八名，第十八代有二十二名，比《龙门正宗觉云本支道统薪传》辑录的这两代道士还要多出十几名②。此外，《道统源流》记录了不见于《金盖心灯》和《龙门正宗觉云本支道统薪传》的龙门派支派。如第四代周大拙开灵宝派、孙金山开金山派，第十四代阎守真开茅山派（即阎祖派）、徐涤尘开鹤山派、齐真人开崂山派，第十五代齐伏霆（徐涤尘弟子）开金辉派，并且都给出了谱系。

　　从闵一得时期开始，吴兴全真龙门派深受儒学思想影响，提倡"简易"的龙门方便法门，可以在家修行，不摒弃七情六欲，可以娶妻生子、纂辑著述、经营谋利、为官干禄等，从事各种职业。事实上，这些修习内丹者当中确也有一些人科举出仕，且有官居显要者。下面举例说明。

　　陈文述（1771—1843），原名文杰，字隽甫、退庵（盦），号通斋、云伯，别署碧城、碧城外史、玉清散吏、圆峤真逸、团扇诗人、退庵老人、莲可居士、颐道居士、颐道先生，室名颐道堂、碧城仙馆、三十六芙蓉读书楼、妙天香室、注晋书斋、桂叶书堂、桂华书屋、紫玲珑画坊、题襟馆等，浙江杭州人，陈兆仑族孙。少年时即以诗而闻名。嘉庆五年（1800）应杭州乡试，督学阮元以《仿宋画院制团扇》命题，陈文述所作之诗最佳，人们因而称他为陈团扇。游京师时，与杨芳灿齐名，时号"杨、陈"。曾任江苏江都县知县，两次担任常熟县令，又担任"上海市安亭中学"的前身"震川书院"的首任院长。他为人虽然趋炎附势，但治政求惠民，对父母极为孝顺，善交际，朋友众多，与王昙、郭廖、查揆、屠倬关系最为密切。他热衷于名人遗迹。早年和中年的文、述、诗工于西昆体，晚年敛华就实，归于雅正。他是袁枚的忠实追随者。他对袁氏性灵特色的保持与新的时代氛围之间的不和谐，显示了袁枚"性灵"论的先天不足，但他继袁枚之后对女性诗人的表彰、推举，成为女性在文学领域继续开拓的重要推动力量。他一方面表现出崇尚妇才的开明态度，喜收闺阁女弟子，对袁枚甚为景仰，有意模仿和追随；另一方面又把那

① 载于《中国道观志丛刊》第22—23册，江苏古籍出版社2000年版。

② 《龙门正宗觉云本支道统薪传》记录的道士只有江陈合孝（第十六代）一人不见于《道统源流》。另外，两书所记录人物的姓名别号有出入，有些是音误，如王与黄、胡与吴。

"崇尚"浓郁地渲染出桃色仙气。他的著作《碧城仙馆诗钞》、《颐道堂集》、《秣陵集》、《西泠怀古集》、《仙咏》、《闺咏》及《碧城诗髓》，均并行于世，事迹入《清史列传》。陈文述的父亲陈光陛"晚得重（月迫）之疾"，所以才"晨起焚香告天，诵古圣贤格言数卷，尤笃信《阴骘文》、《太上感应篇》二书，曰：'此三教会通之学，俗儒妄肆抵谋，不过文其作奸犯科。天道有知，当不使此辈获福也'。"① 陈文述是一个官僚、文人，同时还是金盖山龙门派的俗家弟子。关于他的入道经历，《西泠仙咏》说："先是嘉庆戊寅（1818），余在吴门患病甚剧，闵师为颂《大洞玉章经》而愈，因执弟子礼，而未遑问道也。至是，师自山中来，余尝谒葆元堂，师与谈阴阳双修之理"，然后"示以性命双修仙家之正宗，佛家之上乘，仙佛合宗之秘旨，亦即儒家之心传。"此后，"道光八年戊子（1828），余年五十四矣，客居汉皋，始得《性命圭旨》读之，行止念调息之法，略有所得。"次年，客邗上，后"归吴门，遇同族女弟兰云，金盖闵师弟子也，曾静坐四十七日而开元关，传西竺心宗，悯余衰朽，传余以内视胎息之法，行之有效。"兰云是闵一得的亲传弟子。因兰云之故，陈文述加入龙门派，派名阳逸。

在陈文述的影响下，陈氏一家入道或受道教影响者甚多，受箓者九人，受箓而嗣法派者三人，未受箓者二人，未受箓而向道者二人。"余家眷属奉道者，守性外女子为多受箓者九人，受箓而嗣法派者三人，余名阳颐，次室管守性，名阳纯，子妇汪心澈，名来涵。未受箓者二人，赵姬云姬，名来和，通元坛命，名婉贞，与心澈同皈依兰云也。"② 陈文述原配龚玉晨，"为结璘宫混元飞素太空蹑景持节夫人干本宫侍御事，法名韫和"③。管筠为陈文述次室，后被扶正，法名心贞，"通《内典》，暇辄举《法华》、《楞严》诸经义相问答，注《心经浅说》，古德尊宿叹不及也"④。自言"未尝学问，处事别无他法，惟以'理'字起头，'中'字立脚。"⑤ 陈樵云说其前身为玉局掌籍，太虚命名心贞。姜赵云姬"诵大悲咒、《弥陀经》上口辄成诵。大巫李媪言其前生为虎丘山寺花神，今生

① 陈文述：《颐道堂文钞》卷五《先祖丹森府君行状》，《续修四库全书》第 1505 册，第 611 页。

② 陈文述：《西泠仙咏》，《藏外道书》巴蜀书社 1994 年版，第 34 册，第 625 页。

③ 陈文述：《颐道堂文钞附录》，《续修四库全书》第 1506 册，第 117 页。

④ 龚凝祚：《西泠闺咏序》，陈文述《西泠闺咏》前附，《丛书集成续编》第 64 册，第 472 页。

⑤ 陈文述：《西泠仙咏》，《藏外道书》巴蜀书社 1994 年版，第 34 册，第 686 页。

现优婆夷身也"①。次女陈丽娥（即苕仙），夫妇仳离，一心奉母，每日从摩钵礼朝真斗。通元命名芝石，樵云师给名心恒，皈依兰云，习礼诵，为弟子兼以母呼之②，名来依，字曰馥云。叔姬文湘霞，通元命名秀贞，皈依龙门，陈文述为其命名曰来净，随陈受《大洞玉章经》普吉真言，希望能剪发披缁入道门③。

上述诸人中，陈文述的儿媳汪端是颇为卓越的。汪端（1793—1838）④，字允庄，号小韫，生于浙江钱塘书香世家。祖父名宪，字千波，号鱼亭，是著名藏书楼振绮堂主人。父亲名瑜（？—1809），字季怀，自号天潜山人，博学多才，隐居不仕，工诗善琴，精于医道。母亲梁应鋗也出身于书香门第。家族长辈中享有盛名的有外伯祖梁同书、表舅祖张云璈、姨母梁德绳、姨父许宗彦、表舅钱杜等著名人物。汪端的从妹陈羲是在家修行的道姑，为龙门派第十二代弟子。汪端的父亲汪瑜、外祖父梁同书均为信道之士。汪端后皈依陈羲为龙门派第十三代弟子，法名来涵。她的案头常置《神仙通鉴》、《金华宗旨》等道教典籍十余种。她对于西王母《女修正宗》、李泥丸《女宗双修宝筏》参究不辍。因巫师言丈夫身后有孽，遵从闵一得之言，每日面对亡夫遗像诵《玉章经》⑤。据说她"不参语录，不事元功，礼诵七年"，或闭关数月不出。礼玉皇忏及朝真斗以千计，诵《玉章经》以数十万卷计，诚信逾常，曾说："名士牢愁，美人幽怨，都非究竟，不如学道"。汪端的文才、妇德、道术都博得时人的赞美，文学方面的成就尤为引人注目。她曾撰成历史小说《元明逸史》八十卷，为古代闺秀中所仅见。学道后自焚其稿，如今传世作品仅《自然好学斋诗钞》十卷，收诗1143首。这些诗作几乎贯串了她的整个生命历程，相当完整地记录了一个才女才华的成长和发挥过程。她所编《明三十家诗选》分初二两集，各八卷。初集正选十三家，附录二十二人；续集正选十七家，附录四十八人。每家系以事略，旁采前人评论，以备参

① 陈文述：《西泠仙咏》，《藏外道书》，巴蜀书社1994年版，第34册，第625页。

② 陈文述：《颐道堂文钞附录》，《续修四库全书》第1506册，第112页。

③ 胡扬帆：《试析汪端与道教的关系》，《温州暨浙江区域道教学术研讨会论文集》，2013年8月10—12日，杭州。

④ 关于汪端的生平事迹，可参见胡扬帆《试析汪端与道教的关系》，温州暨浙江区域道教学术研讨会论文集，2013年8月10—12日，杭州；蒋寅：《一代才女汪端》，《文史知识》2000年第9期。

⑤ 汪端丈夫陈裴之（1794—1826），字孟楷，号小云，别号朗玉山人，清代钱塘（今杭州）人，官至云南府南关通判，有诗集《澄怀堂集》。

考。梁德绳评价汪端的工作及其意义说："兹集之选，虽曰诗选，实史论也。盖前明三百年，自高帝以马上得天下，草菅文士；成祖以叔攘侄，芟剃忠良；中间奄人权相，望尘接踵。又以制义取士，词章古文，无真知灼见。虽有前后七子主坛坫者，务以声气相高，文章之途，有市道焉。虞山蒙叟《列朝诗选》富矣，冗杂无次序；小长芦钓师《明诗综》较有次序，亦博而不精；沈归愚《明诗别裁》即《明诗综》约选之，沿袭皆前人旧说，无足观览。今允庄所选，以清苍雅正为宗，一扫前后七子门径，于文成、青丘、清江、孟载诸人表章尤力。至于是非得失之故，兴衰治乱之源，尤三致意焉。读是书者，不特三百年诗学源流朗若列眉，即三百年之是非得失已了如指掌。"诗选刊印后博得多方赞誉，如女批评家恽珠赞其"深于诗学"，"知人论世，卓尔大家"（《闺秀正始集》卷二十），近代以来诗家大多肯定汪端的选目远胜于朱彝尊、沈德潜。她短暂的人生不仅留下了数量丰富的诗作，为女性诗歌贡献了不凡的七律成就，以咏史诗和论诗诗开拓了女性写作的疆域；而且还以独到的批评眼光改变了男性世界对明代诗史的认识，在文学史上留下了女性的批评印迹①。

　　与汪端并通环珮之好者有吴飞卿、张云裳、吴苹香、陈灵箫等女诗人。如吴规臣，字飞卿，江苏金坛人，与汪端交善，其文多散佚。人谓"飞卿善舞剑，蒙城张云裳善骑射，二人诗皆清绝尘氛"。对于其宗教信仰的记载仅见陈文述《西泠仙咏》"余女弟子皈道者七人：吴飞卿，名来恩"②，其诗《呈颐道夫子并题碧城仙馆诗集》对陈文述崇道有赞颂之语："珍重西泠好诗格，谪仙空复擅诗才。"③此外，吴藻字苹香，自号玉岑子，仁和人。著有《花帘词》、《香南雪北词》、《香南雪北庐诗》、杂剧《乔影》和散曲若干。

　　在陈文述的影响下，他的三十多女弟子中皈依道教者较多，"余女弟子皈道者七人：吴飞卿，名来恩；李宛卿，名来慈；刘若卿，名来惠；许定生，名来淑；陆湘鬟，名来莹；黄兰娸，名来觉；段梦香，名来智。守性另有传。"④另有记述则为九人⑤。

　　闵一得还收有女弟子，如陈兰云，她是嘉庆二十三年戊寅（1818），

① 蒋寅：《一代才女汪端》，《文史知识》2000 年第 9 期。
② 陈文述：《西泠仙咏》，《藏外道书》巴蜀书社 1994 年版，第 34 册，第 625 页。
③ 吴规臣：《晓仙楼诗》，《碧城仙馆女弟子诗》1915 年西泠印社聚珍版。
④ 陈文述：《西泠仙咏》，《藏外道书》巴蜀书社 1994 年版，第 34 册，第 625 页。
⑤ 丁丙辑：《武林掌故丛编》第 3 册，第 1370—1371 页。

图 10 - 1   汪端

闵一得七十一岁时所收的弟子之一。《西泠仙咏·卷三·怀仙阁咏陈兰云》："兰云，名義，越籍吴产，余族妹也，适长山袁司马。袁闵世姻，司马尝延小艮师至袁浦问道，君窃闻绪论，一意修真，四十七日而玄关开。幼未读书，因定生慧，经典无不通晓。兼受西竺心宗，解铁罐祭炼。方伯某公女遇祟，巫医不效，君至应手而除，因于瑶潭赞化宫建葆元堂也。于龙门为第十二辈，派名阳莱。金盖女真向未入派，入派自君始。前身为太虚玉女胡刚刚也。中年以后，兼修性功。"① 陈兰云刻有女丹专著《女宗双修宝筏》、《女修正途》，有女弟子汪端、陈丽娴、王惕云、女冠穆来恩等二十余人，其中汪端为最著名者。

鲍渌饮，名廷博，字以文，寄居乌镇，刊《知不足斋丛书》流传海外。

薛阳桂，吴中（今属浙江）人，师事闵一得，得龙门派丹法秘旨。著有《金仙直指性命真源》②（成书于道光乙酉年，1825）、《梅华问答编》。前者经闵一得点定，共九章，多以图像指示。《阴阳章》中对内丹双修有阐述，《性功章》、《命功章》中直指性命真源。

姚秋农，名阳曦，讳文田，谱名加舍，号秋农，浙江乌程人。未第时

---

① 丁丙辑：《武林掌故丛编》第 3 册，第 1370—1371 页。《藏外道书》第 34 册，第 623 页。
② 此书现有民国十二年刊本，收录于《道书集成》卷四十九，第 681—688 页。

侨寓金盖山读书，与闵一得谈论性理，多受启迪，遂拜闵一得为师。乾隆己酉年被录取拔贡，中本科举人。甲辰年召试一等一名进士，授内阁中书。嘉庆己未（1799）进士，试一甲一名及弟（状元），授修撰官、至经筵讲官、都察院左都御史、礼工二部尚书，卒谥文喜。他居官清正，学识渊博，精于考据，著有《易原》、《说文考异》、《说文声系》、《邃雅堂文集》等，并手抄《玉枢经》，藏金盖山之书楼。

姚兆芝，名阳信，道号兆芝，讳端，字肇之，德清人。以花翎同知调南河寻，署山东竞沂曹济道①，著有《安澜纪要》、《刚澜纪要》，钱唐张勤果公曜，重刊二书，通颁山东，河工奉为法程。

汤阳希，本名汤金钊（1772—1856），字敦甫，一字勋兹，浙江萧山人。其家世代以经商为业，唯有他勤奋求学。乾隆五十九年（1794），汤金钊22岁举乡试第一，即称解元。嘉庆四年（1799），金钊中进士，选庶吉士，授编修。嘉庆十三年（1808），入直上书房，母丧回籍。嘉庆二十一年（1816），仍入直上书房，不久升礼部侍郎，嘉庆二十五年（1820），转吏部左侍郎。道光元年（1820），兼户部侍郎。道光六年（1826），父丧归乡，期满仍直上书房，实授户部侍郎。道光七年（1827），任左都御史，礼部尚书，不久充上书房总师傅，调任吏部尚书、工部尚书、户部尚书之职。道光十八年（1838），以协办大学士调回吏部。咸丰四年（1854），值汤金钊中进士六十周年之际，清朝廷特地加封他太子太保衔，并赐御书"庆衍恩荣"匾额，恩宠有加。终年85岁，谥为文端公。子汤修，官通政司副使。汤金钊为官刚正不阿，严明纪律，不徇私情，办事公道，平时不发高论，不苟言笑，吃小米，盖布被，节俭如同平民。主张抗英禁烟。著作有《寸心至室存稿》、《游焦山记》、《儒门法经辑要》、《卫正节先生传碑》②等。

钮来显（1805—1854），乌程（今浙江吴兴县）人，字右申，号松泉，原名福保。清道光十八年（1838）状元，与三甲第四十名曾国藩同榜，授翰林院修撰，掌修国史。道光十九（1839）年，出任江南乡试副主考官。道光二十（1840）年，出任江西乡试副主考官。后转任广西学政。道光二十五年、二十七年两次任会试同考官，公允取士。任中允，后来官至詹事府少、正詹事。在朝为官，以主持试事为主。多次出任典试官，以公平选拔，认真取士著称于世。晚年弃官买下徽商汪氏木桥头大

---

① 嘉庆五年，奏报安澜入告，钦奉颁赐御书"玉清赞化"匾额。

② 《金盖山志》卷四。

宅，取名"理德堂"，居内静修诗书。他工于书法，尤其精于小楷，偶画山水，擅诗文，书味盎然。他的一些书画作品被拍卖行和博物馆收藏。

李庸庵，原名宗莲，道名庸庵，派名来述，号少青，字在庚，又字友兰，吴兴乌程人。同治四年恩科举人，同治十三年中进士。他曾著《金盖山志》，校勘金盖山所刊经怀。事迹见于《湖州府志》卷十三，蔡蓉升原纂、蔡蒙续纂的《双林镇志》卷二十。

沈耦园（1823—1895），道派名来鹤，儒名秉成，号仲复，自号耦园主人，浙江归安（今湖州）人。道光己酉顺天举人，咸丰六年进士，改编修，授云南迤南道。同治八年（1869），任江苏常镇通海道。同治十一年，调苏松太道。在苏淞太道任职期间，多次因功被赏，"八年授江苏常镇通海道，十年调苏淞太道，累以筹饷功，加按察使衔，晋布政使衔，赏戴孔雀翎。"拒绝英商在华设立海底电线的要求，遣员赴日本会同审办秘鲁船玛也西号拐卖华工事。派人至浙江湖州购桑树苗，刊发《蚕桑辑要》一书，劝民种桑养蚕。次年，在上海南园创设诂经精舍，分俸于诸生。又选聪颖子弟入广方言馆兼习西洋文字。照会各国领事请饬洋商购货时即行结账付款。不准美方提出的重定美租界北面界线。照会英国领事麦华陀查禁大北公司在吴淞建电报馆并擅设淞沪陆路电线。出示严禁钱庄借倒空渔利。同治十三年，命上海知县叶廷眷疏浚城内支河。四明公所血案发生后，与叶廷眷出示要求宁波籍商民不得妄生事端；向法领事馆提出抗议，议定法领事劝公董局让步，劝各界复工复市；照会法领事重惩屠杀华民的罪犯。同日本公使就日本侵略台湾一事"反复辩论"。与各国领事酌定《上海口各国洋船从有传染病症海口来沪章程》条款。曾为上海豫园"点春堂"书写堂匾（堂匾至今尚存）。后擢四川臬司以臬司，继升为河南按察使。深以官场为累，加之年逾不惑，膝下尚虚，遂决意告病，退休姑苏之耦园。调臬湖北，不赴。精古玩，一日得砚石一方，剖之，中有鱼形，遂名所居曰鲽砚室，与夫人严氏咏花（龙门派名来宜），"日则虔诵皇经，夜则共祷北斗，不四年，选举二子"。在他看来，两个儿子在科举考试高中是他虔心修道的果报。光绪甲申被召授顺天府尹，旋命巡抚广西，调抚安徽。在皖时，曾创办经古书院，"以课经史实学"。升署两江总督，后回皖抚任开缺。他的职位还有侍读、国史馆协修、功臣馆纂修等。光绪甲午七月十八日，卒于耦园，住世七十有三岁。他是个性情中人，好道学佛理，疏淡名利，与政客类官僚完全不同。吴昌硕《石交集》中撰有《沈秉成传略》，说他"与人无忤，与世无竞，似得老子之道"。经师兵动后，在京与杭州夏同善奏请减赋，奉准减去三十分之八，浙江民众受惠不少。

在常、镇巡道时，掩骼埋眦。他工诗文书法，精鉴赏，收藏金石鼎彝、书法名画，美富一时。著述有《蚕桑辑要》、《鲽砚庐金石款识》、《鲽砚斋书目》、《所见书画录》、《榕湖经舍藏书目录》、《夏小正传笺》等。沈耦园振兴金盖，首创湖州仁济善堂，厥功甚伟。他传了十个弟子，其中潘复盛和翁复义是吴兴道门的活跃人物，促成了《道统源流》的出版。沈耦园在同治年间重刻了闵一得的《金盖心灯》。沈耦园的两个儿子都是全真道徒，也都有儒家的功名。长子沈瑞琳授湖北候补道，不知是否放过实缺。次子沈瑞麟，号研裔，道号云螺，派名复延，后来做到民国外交总次长。沈耦园的长孙沈迈士（1891—1986），字祖德，自幼在园中"储香馆"读书，以工书画，善鉴赏著名当代艺苑。他居吴后，时与俞樾、吴云、顾文彬、潘遵祁、李鸿裔、彭慰高等，在园中鉴赏金石书画，考订文字。曾为上海市文物保管委员会委员、上海市文史馆馆员、上海中国画院画师。

姚勤元，道派名来宣，原名勤元，号彦侍，浙江乌程人。道光癸卯举人，官至广东布政使。

吴兴做过知县以上的道士还有许阳春、凌复聪、凌来苏、庄复留、蒋复初、丁本性等。凌复聪的父亲凌来苏精通医术和正一五雷法，并且参与了多个分坛的创立，是湖州高道。凌复聪在福建、台湾做县官，但他"兼谙正一清微诸法"，是有真才实学的道士。查复功是王来因的徒弟，中举后授候补道，对觉云坛的创立做出了重大贡献。《龙门正宗觉云本支道统薪传》说到查复功在上海供职时参与了创建觉云坛，建议采取"善堂为表，坛场为里"的形式。这说明有些道士进入仕途后并没有断绝和道门的关系。兼有儒家功名的吴兴道士不只上述这些。吴兴道教领袖中的儒生并不是仕途失意的读书人，这说明道教和儒学在一个人的社会生活中和一个社区的社会生活中是可以相辅相成地产生作用，彼此和谐地相处的。

此外，古梅花观弟子中还有一些商人。例如，庞元济（1864—1949），字莱臣，号虚斋，其父庞云鏳为南浔巨富"四象"之一。庞元济继承父业，是南浔近代有名的实业家。同时，他热衷书画收藏和鉴赏，著有《虚斋名画录》、《虚斋名画续录》、《中国历代名画记》。他还热心慈善和公益事业，1896年创造承济善堂，创器云支派；潘厚载，归安双林镇丝绸业富商。潘厚载的长子潘益寰，为上海绸业富商；高古声，湖州富商，开创吴兴后林青云支派。

古梅花观在太平天国战争时期被毁，除崇德堂外，其余建筑荡然无

存。1864 年至 1874 年，一些地方乡绅重建了梅花观并支持梅花观刊印
《太极祭炼》等道教文献①。1912 年由最主要的全真道士在北京创建的全
国道教会。② 严合怡，《道统源流》的编辑者，于 1912 年创立了全国道教
会的吴兴（以湖州地区为中心）分会和孔教会的地方分会。③ 这样，严合
怡与其他金盖山道门的领军人物们，基于求同存异的原则，与持反对迷
信、倡导改良的新协会结成了同盟。④

闵一得前后，虽然未入嗣龙门派，但曾在金盖山居住过的道士不少。
例如，金叶来、王清虚、周阳本、李阳春、陈阳真、徐阳盈、曹来松、王
来觉、黄复恕、高廷锡、黄德夙、程子翔等⑤。

在嗣龙门派发展的过程中，还有一些人虽未入道，但隐居于金盖山或
与金盖山有紧密的联系，为金盖山道教的发展作出了贡献。例如，史吉，
字常哉，号西河，好黄老，淡功名，往来云巢，以济人疾苦为事，精祷雨
术。周农，字稻孙，号七桥，归安人，隐居云巢，善诗，著《铁笛楼诗
稿》，自号铁瓜道人。类似者还有凌鸣喈、奚疑、闵希濂、费熙、杨维
昆、钱孚威、卓康、黄立干，等等。⑥ 他们的行迹、诗文等也提升了金盖
山的声名。

二　觉云派

觉云派，又称为海上觉云派，是全真道嗣龙门派的支派之一。现存有
专门记载全真龙门觉云派的《龙门正宗觉云本支道统薪传》一书。该书
序言称：

> 海上觉云为浙湖云巢分支，于有清光绪戊子（1888）开派，迄

---

① 有关修复梅花观的文献主要是：俞樾：《金盖山重建纯阳宫记》（1882），载王宗耀《古梅花
观志》，第 155—156 页；另载《春在堂杂文》卷四。其中沈秉成家族贡献良多。刊印《太极
祭炼》主要是得力于凌壶隐家族的支持。

② 关于此道教会，参见高万桑《北京的道士》，第 74—77 页。

③ 吴亚魁：《论清末民初的江南全真道"坛"》，第 5 页；王宗昱：《吴兴全真道史料》，Interna-
tional Symposiumon "The Telationship Between Scriptures，Schools and Forums of Practice in Tao-
ism"，Hum-bold-Universiat，Berlin，2001 年版，第 217 页。

④ 关于 1912 年创立的各种宗教协会之间的共同的改良主义观点，参见高万桑《民国的教会工
程》。

⑤ 《金盖山志》卷三。

⑥ 同上。

今缘法云兴，皈依日众，惟有师传而无统系。正虑阅时既久，稽考无从，未几奉高真人谕本坛总理戴子本珩督饬编纂本支薪传，可见冥漠中有相感之诚也。戴子等于乙丑年冬，尽心搜辑，条分缕晰，秩然可观。而寒暑无间者于兹三载，全书行将告竣，旋谕复功序之。复功不文而未敢辞，勉撮宗派源流与本传缘起，载笔而僭书之，以副真人之命而待高明之教焉。①

末署"民国十有六年旧历岁次丁卯（1927）七月望日龙门嗣派第一十四代查复功谨序于黄歇浦上"②。戴本珩在该书《后跋》中说：

> 粤溯我龙门启派，肇始于邱长春真人，真人以儒宗而作道祖，本正心修身之学，立开物成务之功，道法神通，昌明于元叶，斑斑史乘，历有可稽。……是以学者奉为圭臬，心镫赓续，代不乏人，蕃衍宗支，盛于金盖山中，皈依弟子自闵祖启方便法派，而后多出自俗居有志之士。于是儒而道者日愈多，推行教法日益广，今者云坛竟遍于江浙，海上觉云之立，于有清光绪十四年（1888），已历四十寒暑……③

《例言》谓："光绪戊子（1888），本坛张复诚、陈本翀、沈本仁等，恭诣云巢宗坛，禀准开派。是年三月春，启建醮典，敦请宗坛王来因、程来永、姚来槛三师启派，本刻故尊三师曰宗师。"④ 从这些记载可知，该派是龙门派分支金盖山云巢派之岔派，开派时间在光绪十四年（1888）三月，尊王来因、程来永、姚来鉴三人为开派宗师，没有另起新的派字，仍是宗承丘处机龙门派字辈，从十四代来字辈，经复、本、合、教传至十八代永字辈，自光绪十四年开派以来，直到民国仍传续不绝。从《薪传》所列《觉云本支道统薪传图》看，有功于创始开派的弟子不少，如十四代的汤愎弼、彭复善、沈复忠、钱愎澈、张愎诚、王复辅、宋很能，十五代的汪本渊、沈本廉、干本谦、吴本厚、周本英、干本诚、王本惠、卜本学、汤本爽、蔡本进、章本益、沈本仁、吴本蕴。此外，还有许多赞护有

---

① 《龙门正宗觉云本支道统薪传·序》，《藏外道书》第 31 册，第 419 页。

② 同上。

③ 《龙门正宗觉云本支道统薪传·跋》，《藏外道书》第 31 册，第 473 页。

④ 《龙门正宗觉云本支道统薪传·例言》，《藏外道书》第 31 册，第 420 页。

功者，不再一一列举。《觉云本支道统薪传》有传系图加以记载。如开派人之一的程来永传第十四代汤复弼，汤传第十五代车本镒等，车传第十六代邱合度、徐合建，邱传第十七代倪教学等，倪传第十八代沈永家，此时已是民国十六年（1929）。

该派宗承云巢开派宗师龙门第八代陶守贞（号靖庵）和第十一代闵一得（号懒云）之传，继承他们提倡的神仙与忠臣孝子不二，出家与在家、出仕与入仕各随方便的思想，并在实践中给予发扬光大，使龙门派更加世俗化。上引《觉云本支道统薪传·后跋》云："自闵祖启'方便法派'而后，半多出自俗居有志之士，于是儒而道者日愈多，推行教法日益广。今者云坛竟遍布于江浙。"① 看来，近代全真道已不再如他们先辈那样强调出家清修和拒世离俗了。

觉云派自开派以来，发展较为兴盛，但到庚申年（民国九年，1920），出现衰微之势，再加之金本斡逝世而坛堂主持乏人，遂进行了坛堂改组的活动，由戴本珩出面组织董事会，整顿教务，取得了成效，《龙门正宗觉云本支道统薪传》把民国九年（1920）至十年（1921）这两年称为"中兴"。据载，协赞"中兴"及有功"中兴"者有：第十四代查复功、翁复羲，第十五代费本德、沈本韶、王本真、谢本恩、胡本常、戴本珩、陆本基，第十六代邱合度、张合明、李合义、戴合道、林合智、潘合雅、费合珊、费合新、任合因、倪合定、唐合嘉、张合和、黄合融、沈合恕、黄合挚、戚合良、赵合朴、徐合恩、李合缘、寿合宗、杨合虔、徐合纲、尤合慧、费合文、李合洁，第十七代倪教学、倪教宝、余教诚、马教良。可以看出，民国九年（1920）改组后，觉云派的发展是比较迅速的。

下面简略介绍觉云派的主要代表人物。

王来因（？—？），字希贤，里籍不详。金盖玄裔，觉云启派宗师之一。待人和蔼可亲，"甘淡泊，绝嗜欲，致力于金盖，数十年如一日，是以云门中奉为泰斗，名重一时。而于地方公益，遇有慈善事业无不悉心赞助，乡党目之为善人，尊之以长者。晚年尤精炼度，一时学者风从。师曾于郡城合股开设采芝堂药肆，修合丸散，必诚必敬，人有谓其精诚所感，二次遇仙云"②。

程来永（1814—1895），原名符，字子翔，号无心，晚号抱云，湖州

---

① 《龙门正宗觉云本支道统薪传·跋》，《藏外道书》第 31 册，第 473 页。
② 《龙门正宗觉云本支道统薪传》下卷，《藏外道书》第 31 册，第 471 页。

归安人。觉云启派宗师之一。曾以典史官山西，事亲至孝，咸丰十年（1860）弃官，居杭州慵书养母，同治年间（1862—1874）入云巢度为道士。自入山后，二十年足迹不出山，"潘学使衍桐使江浙时，慕先生高致，三造其庐始一见。"① 光绪二十一年（1895）卒，门人私谥曰"孝节先生"。

姚来鉴（？—？），字守梅，吴兴人。金盖玄裔，觉云启派宗师之一。青年时好道，喜参玄学。初习《灵宝毕法》，精勤不倦，皈依龙门后遂弃其学，"信道之笃，见道之真，确得九戒中修持专一之旨"②。"师之为人乐善不倦，经办湖郡仁济善堂有年。凡遇各省及本乡灾赈，无不饥溺己任，竭力劝募，即如各镇乡育婴、保婴各善堂或有不给，无不出为维护支持，见善勇为，无微不至。朔望亲自赴乡到处宣讲因果报应，感化乡愚。是以官民钦仰，众口皆碑，即乡村妇孺无不称之为善士。"③

陈来干（1826—1896），字牧斋，号西崖，吴兴陈泰人。担任觉云大法师。青年即慕道，闻知金盖抱云子（程来永）主讲席，文章道德炳耀一时，遂皈投之。"侍座多年，因得沈、闵诸祖不传之秘，厥后祈晴祷雨，治病驱邪，依法奉行，辄获感应。殚毕世之精神，阐诸阶之篆，利济是任，终身行之而不懈，晚年学尤贯彻。"④ 他曾办射村育婴善堂，地方公益、掩埋露骨等善举，靡不尽心竭力。为人谦和，持己端方。

汤愅弼（？—？），字少谷，嘉定人。自入道之后，举止端严，于庭帏间尤加尊敬。觉云开派，需购地基建屋，汤愅弼输资独钜。他为人慷慨好施，奉道尤切，协助重建湖州东林山太祖师大殿。平时喜诵《玉皇本行集经》，日诵不辍，"主持坛事井井有条，一时称盛。沪上云坛之兴，当推自觉云始，而觉云发轫之始，当以师为功"⑤。

钱复澈（？—1918），字月樵，号梯云。里籍不详。他对觉云派的创立和经营有功，"嗣以本坛主持乏人，老成凋谢，延师出任艰钜，任劳耐怨，保守常住。赓办善举，驻堂维护十有七年，始终如一日。是时同玄云散，而常住香火不致中断，皆师之力也"⑥。钱复澈对于觉云派香火承继

---

① 《龙门正宗觉云本支道统薪传》下卷，《藏外道书》第31册，第472页。

② 同上。

③ 同上。

④ 同上书，第473页。

⑤ 《龙门正宗觉云本支道统薪传》上卷，《藏外道书》第31册，第438页。

⑥ 同上书，第439页。

有很大的功劳。钱复澈传有弟子华本诚、姚本德等。

查愎功（？—?），字揄先，号觉斯，海宁袁花人。光绪十一年（1885）举孝廉，后皈依湖州北山双井岭。光绪十二年（1886）冬贡职上海道署。对建立觉云坛不辞劳苦，并提出因"沪上风气未开，恐惊奇异，宜以善堂为表，坛场为里"① 的建议，得到采纳。对觉云派的"中兴"亦有维护之功。民国十六年（1927），他为《龙门正宗觉云本支道统薪传》作《序》。

费本德（？—?），字钧堂，号正持，定海人。民国九年（1920）入坛，身体多病，自奉道后，病愈，于是抛弃商贾之事，潜心研道。民国十一年（1922），任协理坛事之职，"中兴"出力甚多。收有弟子卞合恭、章合理、陆淇园等。其中陆淇园又曾师江西分宜人林品三（1873—1943），陆与郑方正等记述了林品三讲内丹修炼的内容编成《江西分宜林品三先生语录》② 并刊印于1947年。

卞本学（？—?），字鼎三，号复阳。青年奉道，性至孝，为人耿直不阿。民国十二年（1923）应某钜公之请至京师建醮祈祷，名重一时。对觉云派创始及"中兴"颇多用力，并曾受法于陈来干门下。收有弟子多人。

金本翰（？—1920），字梅亭，号明霞，吴兴人。青年奉道，出驻南浔怡云多年，恢宏教法，从中规划指引，不遗余力。"后以行医驻堂，兼佐坛务，是时常住香火衰微，同缘寥寥，而朔望斗期及诸圣诞未尝有间，赖师有以维持之。驻坛十有余年，庚申羽化于坛。"③ 门人有唐合嘉、雇合坚等。

戴本珩（？—?），字嘉宝，号楚云，上虞百官人。初皈依会云坛下，"是时适本堂支持不易，延师为董事，屡年多所资助。庚申（1920）金梅亭作古，坛堂主持乏人，约师出组董事会，重加整顿"④。与王一亭、翁寅初、徐炳辉被公推为总理、协理之职，分任主持坛堂事务，于是添办义学，扩充善举。坛堂事务在戴本珩的总理之下，有很大起色，即所谓："法缘云集，诸事振兴，捐款则踊跃输将，屋宇亦从而扩张修筑。七八年来中兴之象者，皆师之力也。"⑤ 戴本珩的门人顾合嵩对"中兴"效力也颇多。

---

① 《龙门正宗觉云本支道统薪传》上卷，《藏外道书》第31册，第443页。

② 收于《三洞拾遗》第7册，第419—440页。

③ 《龙门正宗觉云本支道统薪传》上卷，《藏外道书》第34册，第441页。

④ 同上书，第443页。

⑤ 同上。

　　陈本护（？—？），字席珍。生平里籍不详。《龙门正宗觉云本支道统薪传》中说他"赞护功高，捐募尤为出力，堂宇重新，悉赖师力。上承师志，下启后昆，悉心维护坛堂历有年所，亦觉云继起之秀也。"①

　　李本才（？—？），字龙田，号银蟾，生平里籍不详。为"还云玄裔，驻坛有年，策画维护，颇著功力，堂宇重新，尤多致力之处。光绪丁酉（1897）以后数年，与陈君省三合力维护，亦功不可没者也。"②

　　曹合义（？—？），字诒孙，号不烦，生平里籍不详。为"还云玄裔"，在觉云坛充职多年，对觉云"中兴"出力，曾受法于张荷庄。③

　　应合龙（？—？），字佐御，号真如，生平里籍不详。谓"于坛堂颇多致力。此次梓印《薪传》，慨然独任，见善勇为，实堪钦佩，亦云门中不可多得之人"④。

　　唐合嘉（？—？），字昆甫，号昌阳，生平里籍不详。《龙门正宗觉云本支道统薪传》中说他对"本坛赞护有力，庚申（1920）改组，不辞劳怨，致力于中兴，尤多依赖"⑤。

　　从以上觉云派主要人物的传记中可以看出，他们几乎都没有著述传世。在宗教行持方面，多行斋醮祈禳，表现出与全真道在明清以来的特点的一致性。他们的主要活动除恢宏教务之外，就是进行社会慈善活动。

　　有关他们的社会慈善活动方面的情况，见诸文献记载者不少。《道统源流》记载了发展到上海的吴兴全真道分坛建立或参与了一些社会公助事业，如闸北慈善团、保卫团、济生会、协济救火会。《道统源流》记载，沈秉成（来鹤）和姚来鉴创办了湖州仁济善堂。归安名士陆心源等人于光绪八年编纂的《归安县志》卷十八记载："同治十二年邑人四川按察使沈秉成、广东高廉道陆心源、封员邵玉峰州⑥同姚鉴等捐资创建劝办各乡村保婴接婴事、施医送药、养老清节、恤螯栖病、太湖救生诸务。光绪四年，晋豫等处大旱饥，善堂绅董劝捐银数万两，解往赈饥。"经直隶总督李鸿章奏请，皇帝御赐匾额给仁济善堂悬挂在关帝像上方"以答灵贶而顺舆情"。这条材料的注文中列出仁济善堂在湖州各县村落设立接婴

---

① 《龙门正宗觉云本支道统薪传》上卷，《藏外道书》第 31 册，第 444 页。

② 同上。

③ 同上书，第 445 页。

④ 同上书，第 441 页。

⑤ 同上。

⑥ 原文如此，当有误。

公所的地名。同卷还介绍了"仁济善堂义冢"。这说明，仁济善堂不只承担本乡的慈善事业，还积极参与了其他地区的赈济。仁济善堂有三位创办人，但真正主持工作的是姚来鉴，当然还得到了其他全真道徒的合作与支持。姚来鉴和第十四代全真道徒邵复申（儒名桂生）在德清县发起创办了育婴堂①。仁济善堂设在乌程南浔镇的施药局后来并入了姚来鉴弟子、南浔人庞元济的承济善堂。从目前所见文献来看，姚来鉴和庞元济是清末吴兴全真道团慈善事业的两个代表人物。庞元济（1864—1949），道名复超。擅长书画，是著名的书画收藏家，其所筑宜园为当时吴兴著名的私家园林。庞元济的慈善事业是对其父因经营丝业发达而在乡里所兴办的慈善事业的继承。他的弟弟庞元澄（1875—1945），嗜好藏书和金石，独资创办浔溪公学，依日本学制，为南浔最早的中学堂。又与其兄提倡西医，合办浔溪医院，收费很低廉，为人称颂。庞元澄还多次捐巨款支持孙中山的革命事业。庞元济、庞元澄兄弟进一步发展出承济善堂和庞氏义庄，参与兴办栖流所。光绪二十四年，承济善堂接办了仁济善堂设在南浔广惠宫的施药局。仁济善堂的主要慈善活动是恤嫠保节，资助对象包括临近的江苏吴江、震泽两县。堂内还附设了赈火会。承济善堂和庞氏义庄都有明晰的章程，据此可以明了其宗旨和管理制度②。庞氏善堂在庞元济父亲时即由官府上奏朝廷给予嘉奖。庞元济曾捐巨资赈济河北、河南灾害，由李鸿章上奏朝廷，赐举人出身，赏给四品顶戴，其父亲也因他受到追封③。庞氏在苏浙两省有大量田产。承济善堂的资金虽然有同乡捐献的成分，但是主要来自庞氏商业的捐献。庞元济在宜园开创器云坛④。

---

① 见吴翼皋《德清县志》卷九，知县唐熙春：《德清县新市镇育婴堂记》，《中国方志丛书》第60 号影印 1931 年刻本。

② 周庆云：《南浔志》卷三十五，《中国地方志集成·乡镇志专辑》第 22 册影印 1922 年刻本。

③ 《南浔志》卷三十九，郑孝胥：《清赐光禄大夫庞公墓表》卷二十七。

④ 《道统源流》中没有庞元济和器云坛传授弟子的记录。器云坛创建的年代不明。他于 1909 年出版的《虚斋名画录》有陆恢廉后序，说："虚斋有才有识。释褐登朝而后，出门求友，亦欲有为于时。乃生世不偶，不得不折而入于此。折而入此，即于此中辟一境焉。是即陶靖节之桃花源也。"他于 1924 年出版的《虚斋名画续录》自序中说："生不逢辰，适更国变。从此杜门谢客，日以名迹为伴侣。品藻山水，平章真赝，亦聊以销磨岁月，遣送余生而已。"朱孝臧为此书写的序言说他"国变后韬迹淞滨，烟云供养，不问世事"。《虚斋名画录》和《虚斋名画续录》均在上海出版（二书因记录了历代名家绘画，近年多有重印，可见《中国历代书画艺术论著丛编》第 17—20 册，中国大百科全书出版社 1997 年版）。这说明他至少在辛亥以后已经离开吴兴到上海。庞氏依违于儒道之间，由此推理，其所创立之器云坛是否确有作为，似可存疑。

姚来鉴在清末吴兴道教发展中无疑起了重要作用。《道统源流》说他"启各分坛支派，并设夙云坛于仁济堂中"。他有十个弟子，可惜只有三个弟子续传，其中金复德在安吉、孝丰等地传了三十名弟子，促成了安吉霁云坛的创立。

根据王宗昱的研究①，善堂是吴兴全真道发展的一种形式或媒介，如薛本常在家乡嘉兴县建立了广德堂②，附设了闲云坛；钱复缘在长兴同善堂中设立了望云坛；上海的觉云坛也设在位中堂内。《道统源流》书末的发行处就列有这些善堂。从地方志文献可以看出，吴兴全真道团的善堂和当地其他善堂并无本质区别，主要事务是收养被遗弃的女婴、赡养守节寡妇及其幼小子女、赈灾、施医送药，说明清末的吴兴全真道徒并不以避世修道、独善其身为主流，与此前有很大的不同，以至于在发展中逐渐与当地社会的政治、经济、文化活动融为一体，讲求经世致用，不空谈心性。吴兴全真道在早期已经有相当多的教徒兼习儒业，在后期的善堂活动中更不乏儒教成分。例如，《道统源流》说仁济善堂"收养贫民、施医舍药、宣讲乡约、募赈恤饥"。宣讲乡约是宋明以来儒家宣传伦理纲常的重要措施，在清末则成了吴兴全真道的活动内容之一。庞氏承济善堂创建时的宗旨是赡养志愿守节的寡妇。这些寡妇因夫家亲属图财，逼迫她们再嫁。庞元济《设立承济善堂呈》中说："就地豪恶及不肖亲族图财逼嫁，纠众抢媚，力弱不支，每多失节，实为风俗人心之大害。"庞元济把他父亲创办的清节堂扩大为承济善堂，收留或赡养媚妇。他曾计划救济百名媚妇以及她们的幼小子女和衰迈公婆。这在当时确是做了一件功德无量的大好事。但是，应该指出，寡妇守节是宋明以来儒家极力提倡的礼俗。庞氏义庄创建于 1911 年，资金雄厚，条例明晰。义庄设在庞元济父亲重修的庞氏宗祠后面，慈善对象是庞氏族人。《庞氏义庄条规》为庞元济、庞元澄所拟，称"今义庄之设，所以尊遗命而恤宗支"。义庄善事主要是兴学和赡养鳏寡孤独，补助婚丧。义庄兴办了义塾和两所小学堂，资助本族子弟在外就学并奖励优秀者。小学堂的办学宗旨是"按照颁定小学堂章程办理，务以礼教为本，不得徒尚时习。"庞氏义庄从侧面证明了吴兴全真道的社会活动有鲜明的儒教成分。这是闵一得龙门方便法门的儒学特色的继承与发扬。

---

① 王宗昱：《吴兴全真道史料》，International Symposiumon "The Telationship Between Scriptures, Schools and Forums of Practice in Taoism"，Hum-bold-Universiat，Berlin，2001.3。

② 见《道统源流》和《中国方志丛书》所收《嘉兴县志》。

从上述可见，觉云坛是古梅花观七十二个分坛中最有活力、影响最大的分坛。觉云派不只在宗派传承上不绝如缕，在社会慈善活动方面也成就非凡，在近代中国道教史上值得浓墨重彩地书写。

第四节　杭州道教在清代的发展

清代杭州道教有了一定的发展，道教宫观、坛宇众多。其中最著名的是金鼓洞和玉皇山福星观。

金鼓洞是清代杭州道教的一个重要活动场地。金鼓洞之名成于明代，道院的建设则始于清代康熙年间。"鹤林道院"之名出现得更晚，是在乾隆年间有人在石壁上书"飞来野鹤"四字后才出现的。鹤林道院的开创者为龙门派第九代弟子周太朗（1628—1711），字明阳，号元真子，江苏震泽人。周太朗二十岁时，随仕宦的父亲至北京而有机会参访北京白云观。父亡后谒王常月，在王常月的指点下南返茅山乾元观，受教于孙玉阳，得名太朗，赐号明阳。后出外云游。康熙三年（1664），遇黄赤阳于大德观，受大戒。同年秋，王常月南下杭州传戒，周太朗随学两年多。康熙五年（1666），听闻西湖栖霞岭金鼓洞风景甚佳而前往参观。金鼓洞原有观音大士像，没有房屋，主持慧登禅师因欣赏周太朗而让出此地供其修炼。周太朗于是结茅而居，继而建屋，收戴清源（1662—1735，号初阳）、高清昱（1616—1768，字东篱）、方清复（号凝阳）①、许清阳（号青阳）为第十代弟子，于是开龙门派金鼓洞支派。戴清源传骆一中（字圣哲）为第十一代。骆一中传蔡阳善（字天一），为第十二代。从周太朗到骆一中，金鼓洞支派的日子是颇为艰辛的。情况到了蔡天一（？—1793）任住持时有了较大改善。

蔡天一为海宁人。他于乾隆三十年（1765）任住持，持续二十五年，对金鼓洞贡献很大。在此期间，在富者捐助之下，扩建斗姆阁，增建文昌阁、玉皇阁、吕祖殿等，此时石壁上有好事者书"飞来野鹤"四字，道院因之而名鹤林道院。蔡天一还在山下增建懒云窝，其内有报本堂、七宝阁等。"金果泉之题名，降魔岩之表众，懒云坞，报本堂，成自斯人；松山若干亩，禾田若干亩，置自斯人；鹤林为之一振，十方云水，日聚百

人，无复有瓶罄之耻，是真能安我明阳周祖之堂构者也。"① 当然，这得力于汪希圣、施俊文、张聚九、邵华乾、夏国华、潘连城、徐清来、江静娴、江拱辰、王廷钧、吕国柱、丁叙园、丁静波、张叔蛟、骆一龙、金振山、汪崎中等富宦的捐助。这些捐资者中的第二代有一部分人还成了龙门派的居士，如张云瞻、张万程、张上锡、汪新余等。在这些护法的支持下，鹤林道院还陆续购置了各类田产近百亩。另建懒云窝、愿真观。这说明，鹤林道院"在经济上完全几乎没有得到国家和地方政府的任何资助，完全是凭依道众募集，士绅、信众施善而发展起来的"②。这实际上也是清代很多全真道院和正一道寺庙宫观发展的实际情况，是道教从嘉庆年间复转为民间宗教后生存状态的经济情形。

　　蔡天一之后，金鼓洞住持是韩来方，受位时间是乾隆五十四年（1789），任职六年。此后是赵来洲，受位于乾隆五十九年（1794），任职四年。张复纯继之，受位时间是嘉庆三年（1798），至《金鼓洞志》成书时（1807），已任职九年。

　　鹤林道院作为新兴道院能快速发展，很重要的内部原因之一是有严格的规矩。其一，建立交家制度，强化道院财物管理。《院规》规定，道院设当家一人，"专主合院听命。授受之际，一切开载簿籍，每次交家，皆有序说。"其二，强化对道院人员的规范化管理。周太朗在世时即已根据三极大戒七十四条简化后制定十条院规，后称《周真人遗规十则》。其三，确保道院人员素质，不滥收徒弟。比较有特色的是，鹤林道院规定，凡收弟子，均须中年出家，道心坚固者。从不收幼童入道，因为担心他们智识未开，长大之后不愿受约束，反而坏了道院清规。其四，为确保道院人员宗教素养而有"三不留之例"，即"法侣弟子思欲分住他处院观，暂辞祖林，则宜助其演正派而布元气，不强留也；若云游参访，亦修真者常务，冀其扩眼界而结胜缘，不便留也；不耐清闲，不甘淡泊，颇思还俗，则心已外役，决难守静默而进元关，不应留也"。其五，勤俭持家，倡导朴素节俭，二粥一餐。《院规》宣称："淡泊宁静为入道之门。全真教中不茹荤辛，断食六畜众生之肉，布衣蔬食，通教已然。而是院素无恒产，周祖定约，不得奢侈供奉，令后来道众每日早晚食粥，中饭一餐，要知来处不易，此约不可渝也。"

　　据《金鼓洞志》，鹤林道院龙门派第八代弟子有：黄赤阳（守元）、

①　《金盖心灯·蔡天一嗣师传》，《藏外道书》第31册，第257页。

②　王文章：《略析朱文藻〈金鼓洞志〉的史料价值》，《中国道教》2009年第5期，第48页。

林茂阳（守木）、程华阳（守丹）、孙玉阳（守一）。

第九代仅周太朗一人。

第十代有：童融阳（清和）、金静灵（清来）、方凝阳（清复）、戴初阳（清源）、高东篱（清昱）、孟逸阳（清晃）、叶旻阳（清徹）、许清阳等。

第十一代有：徐圣宗（一正）、骆圣哲（一中）、戴圣学（一振）、方融阳（一定）、沈轻云（一炳）、黄圣惠（一静）、王圣德（一本）、沈圣权（一化）、潘圣靖（一善）、吕圣文（一衡）、严圣日、张一吕、岳圣范（一模）、朱圣耀（一新）、刘圣楚（一恒）、戎圣真（一显）、徐子来（一水）等。

第十二代有：杨成铠、顾成伦（阳息）、高阳莹、汤成杰（阳志）、夏阳声、董成涌（阳铭）、戴阳复、俞阳复、俞阳连、夏阳闵、郁成山、朱成旭（阳临）、陈成泰、张成进、朱成宏（阳广）、王成坤（阳炳）、戴阳杰、张成果、蔡天一（阳善）、朱成谟（阳裕）、郑咸丰（阳裕）、袁心斋（阳月）、顾隐达（阳宗）、郭卧霞（阳华）、张成宗（阳顺）、陈成恺（阳治）等。其中，袁心斋于乾隆年间住临海盖竹洞及小芝庵等地修道，传金鼓洞支派。

第十三代有：戴北庄、苏明先（来华）、赵明刚（来渊）、诸明通（来亨）、冯明翔（来鹏）、周明省（来思）、余明芳（来彝）、阮逸素（来凤）、王凝虚（来艮）、王竹亨（来青）、张明章（来能）、高明渊（来源）、韩世章（来芳）、吴毓奇等。

第十四代有：张复纯、许铁山（复初）、钱彭年（复龄）、冯端和（复礼）等。

上述弟子中，除前述第十二代传人蔡天一对金鼓洞派贡献较大外，第十一代弟子沈一炳（1708—1786），字轻云，对全真龙门派及金鼓洞的贡献也很大。他"年十六，遇蜀人李泥丸于金盖山，授受秘诗三章，遂有出尘之志。十七遁迹武林金鼓洞，师事子高子，未几尽得其传，乃命今名。"① 后来住无锡正气庵，面壁三年，游松江，复遇李泥丸，问其究竟，回答说："三一音符，道之至中、至正、至真者，但事长生，非吾愿也。嗣是究心儒者，耽于性理，参《周易》，五十余年。其得力在慎独，其致功在真诚，步趋语默，未尝心离中正也。晚岁通神，知未来，洞悉三教一贯。而谦谦不自盈，亦未尝预示可否。人问吉凶悔吝，且据理以答之，不

① 《金盖心灯·沈轻云律师传》，《藏外道书》第31册，第247页。

涉神异。"① 闵一得极为赞赏而拜为师，说："师之道，高且深矣。当时之从师游者，类皆望洋而叹，不知所宗。然有其一体，则已卓卓。当时宗族称孝，乡党称弟，或以富，或以贵，或以年长证果，有自然之效也。师之教人有十义：曰忍辱，曰仁柔，曰止敬，曰高明，曰退让，曰刚中，曰慧辨，曰动，曰信，曰廉。"② 看来，沈轻云出道入儒，儒道兼通，与全真北宗之旨颇为吻合。

杭州玉皇山，又称育王山，为龙山支脉。玉皇山道教始于唐代。唐玄宗年间（712—756），时"建玉龙道院，造大罗宝殿"。五代时，"吴越王钱镠造玉皇庙。宋仁宗年间（1023—1063）重开山，敕建玉龙道院。"南宋时，南宗大师白玉蟾曾住持太乙宫并到过玉皇山。《武林玄妙观记》卷二有《白琼管仙师》一篇，记其"嘉定中至临安，上命馆之太乙宫，尝往来天庆观与诸道流吟啸，辄竟日。时高士陈永灏游武夷，仙师赠之以诗，未几飘然而去。"玉皇山福星观现存"玉蟾还丹井"。明正德年间（1505—1517），罗普仁（即无为教，又称罗教教主罗清）在玉皇山苦修十三年，"大悟、小悟"多次，被封为无为宗师。明嘉靖年间（1522—1566），敕建福星道院。据郁达夫游记记述玉皇山道士口述之玉皇山的历史称："这山唐时为玉柱峰，建有玉龙道院；宋时为玉龙山，或单称龙山，以与东面的凤凰山相对，使符郭璞'龙飞凤舞到钱塘'之句；入明无为宗师，创建福星观，供奉玉皇上帝，始有玉皇山的这一个名字。"③据此，玉皇山之名始自明末，而《杭州市志》则称玉皇山之名始自清初："清初，因当时山顶建造了规模宏敞的道教玉皇宫，山以宫名，始称玉皇山。"究竟哪一些正确，未见其他文献参证，无法断定。清雍正年间（1723—1735）浙江总督李敏达（李卫）听道士言，在山巅开日月池，山腰置七星缸，造福星观。嘉庆二十四年（1819）重置七星缸。咸丰十一年（1861）道观毁于太平天国军与政府军的交战中。④ 同治三年，全真道士蒋圆林来到玉皇山。蒋圆林（1826—1896），道派名蒋永林（一作永龄），号玄晶子，一号四为，受戒道号长青子，"圆林"为其传戒法名，浙江东阳县人。蒋圆林幼即好道，父母为之娶妻，不愿就范而避走普陀

① 《金盖心灯·沈轻云律师传》，《藏外道书》第 31 册，第 247 页。
② 同上书，第 250 页。
③ 郁达夫游记：《玉皇山》。收入曾智中、尤德彦编《郁达夫说杭州》（四川文艺出版社 2007 修订版），第 12—15 页。
④ 任振泰主编：《杭州市志》（第 9 卷），中华书局 1997 年版，第 444 页。

山，后至天台山崇道观，礼龙门派道士董教礼（疑为台州黄岩大有宫杨来基所传第十四房支系弟子）为师，同治三年（1864）至杭州玉皇山。当时玉皇山道观毁于战争。蒋圆林在地方官员、商人、信士的支持下修复，使之成为道教十方丛林。光绪七年（1881），蒋圆林赴北京白云观，从孟永才律师受戒。次年九月、十月在福星观两次传戒，任方丈律师。九月份的传戒，其他八大师分别是：证盟黄明莲、监戒柯明超、保举黄圆怡、演礼马明和、纠仪张圆纯、提科刘明诚、登箓朱明亨、迎请郑明性。十月传戒，证盟、监戒、保举、演礼、登箓诸师未变，纠议刘明诚、提科洪明通、迎请曾明元。此后，受各地信士之请，蒋圆林先后往余杭洞霄宫、杭州佑圣观、镇海渊德观、嘉兴玄妙观、钱塘四乡东岳庙"整顿规模"，派徒管理。① 光绪十一年（1885），蒋圆林在福星观再次传戒，此次传戒的其他大师分别是：证盟朱明亨、监戒冯至安、保举陈至峻、演礼范至受、纠仪储明炳、提科吴至能、登箓郑至珍、迎请陈明海、纠察陈明融、道值姚明亮、引礼储明松和郑明行② 。光绪二十二年（1896），蒋圆林在玉皇山福星观第四次传戒，此次传戒的其他大师分别是：证盟冯明安、监戒姚明亮、演礼李明升、纠仪陈明诚、提科林明清、登箓沈明坚、迎请沈明福。③

朱圆亨（1821—?），传戒法名"明亨"，浙江平湖县人。师从蒋圆林。同治十年（1871）至北京北云观受戒，考试排名为张字第十六名，道号通彻子。光绪元年（1875），蒋永林往余杭洞霄宫，朱圆亨接任福星观监院，光绪八年（1882）任方丈，次年开坛传戒。此次传戒的其他大师分别是：证盟洪明通、监戒储明安、保举黄圆怡、演礼夏明馨、纠仪王明清、提科何明本、登箓金明纯、迎请陈明海、纠察徐明真、道值叶明义、引礼吕圆功和杜圆修。朱圆亨后往诸暨牌头镇斗子岩龙王殿任主持。④

道教本为民间宗教，北魏开始成为官方宗教，到了清代嘉庆年间，朝廷取消了张天师的品级和进京觐见的资格，意味着它重新回归为民间宗

① 卓炳森等辑：《玉皇山庙志》，《西湖文献集成》第25册，杭州出版社2004年版，第1257—1258页。来裕恂编：《杭州玉皇山志》，《西湖文献集成》第21册，第865页。
② 来裕恂编：《杭州玉皇山志》，《西湖文献集成》第21册，第801页。
③ 同上。
④ 卓炳森等辑：《玉皇山庙志》，《西湖文献集成》第25册，第1258、1235页。来裕恂编：《杭州玉皇山志》，《西湖文献集成》第21册，杭州出版社2004年版，第904页。

教。道教与民间宗教的关系一直非常紧密。除了从民间宗教吸收养分以发展自己外，也有民间宗教借重道教，向道教靠拢的这一方面。这是因为道教作为制度化宗教有丰厚的社会文化资源，有民众中业已形成强大的影响力。在道教作为官方宗教的时期，有道录司、道纪司、道正司、道会司等从中央直达基层的管理机构，张天师则是道教的最高精神领袖。在这一背景下，民间宗教或民间信仰有的借用神仙的权威，与他们拉上关系以示正统，有的借重道教机构的权威，为自己所奉的神灵讨封或提高神格。清人陈其元（1812—1882）在《庸闲斋笔记》卷八"庙鬼慢神"条记述：

> 杭人崇尚鬼神，每庙之神，必撰其姓名，尊以官爵。在庙从事之人，皆里中好事者，号曰"庙鬼"。道光己丑，余在外家读书，居十五奎巷。巷中有施将军庙，即宋殿前小校，刺秦桧者也。是庙香火颇盛，遂有积资。将欲赛会，而苦神之官爵不高，庙鬼乃遣人赍三百金，至江西张真人府，为神捐一伯爵。得请之后，乃大行出会，极仪从台阁之盛，计所费千金有余。他庙之鬼皆啧啧称羡不置。①

据这里所说，民间信仰中管庙的人对庙中供的神灵，都要拟出姓名，尊以官爵，目的是抬高身价，增加信仰力，吸引更多人来参拜，增加庙里的香火收入。十五奎巷的施将军庙供奉南宋时行刺秦桧牺牲的小校施全。虽然香火很盛，但在出会时，因神的爵位不高，感觉到没有面子，于是庙鬼便派人带上三百金到江西张天师府为神捐一伯爵。成功后，其他庙鬼很羡慕。其实，施将军庙此前供奉的也并不是施全，而是源自民间的蛇神，在环太湖流域和杭州附近颇受崇拜，但管庙者总感到蛇神在神仙等级中地位不高，因为民间信仰中非生物、植物、动物之精总要修炼到人形，进而才能成为神仙。所以，后来有好事者把这蛇神的来历变更为历史人物施全，为尊者讳。到了道光年间，庙鬼们还不满足，于是到天师府为神捐官讨封。类似的例子在杭州还有。如杭州西湖边的金华庙，原来供奉的是青蛙神，是民间信仰场所，后道士进住，为了提高其神格，于是谐音为金华，并杜撰了人名，姓谢，是烈士，庙名于是更名为金华庙。

道书记载，张天师可以上奏三清、玉帝给神讨封，所以，敕封民间俗神应该也没有问题。明清一些笔记小说还明说，张天师具有敕封都城隍以下等级的神的权力。如下面两则在杭州发生的材料所述。

---

① （清）陈其元撰，杨璐点校：《庸闲斋笔记》，中华书局1989年版。

正乙真人府碑①

袭封正乙嗣教大真人府张札。仰浙江杭州府道纪司俞九思遵照。兹因本府遵旨朝观，案准礼部咨开为转牒事。曾于嘉庆十二年闲，仁和县盐桥广福庙该里绅士检考志乘，列陈神迹，吁闻上告，具结呈请，详题送部祠祭司，案呈本部具奏谥。奉旨敕部议复。钦此。随经本部抄录原奏移交内阁，撰拟封号字样，进呈。恭候钦定，遵奉施行。奉旨"依议，钦此"。经准内阁交出封号。奉朱笔圈出加封"广济"、"利济"、"灵应"字样，钦此。颁发给该抚，钦遵办理去后。今奉前因律循转达，应邀晋牒封典，以答灵佑。咨会前来，本府例应汇核撰拟。谨具拜表，转达上奏。恭请敕命褒锡优封，除遵照外，合饬谕，仰谕到该道纪司遵即确查事迹，并原颁部发，颁给诏册。候本府奉旨回山，迅速抵浙，呈送禀复。并谕广福庙矜人等知悉，预应谨备典礼，事宜妥办。虔肃伺候，恭迎天章丹诏下颁，例应遣委该员，恭玉牍金书至殿，敬谨宣读，以光大典。均各凛遵。该司仍将颁领日期，造册申报，毋违须知，内单右牌准此。

正乙真人承行敕文

泰元都省钦奉玉旨金书。诏曰：覆载无私，昭临有象。凡守土之神，生已名垂于宇内，没则福庇于人间阳既有封，阴亦有典。尔浙江杭州府仁和县馨德坊广福土谷蒋，兄弟挺杰，协力施赈。自宋以来，列陈事迹，功德咸大，钦受今上褒封龙章宠锡，邀殊恩于北阙，司保障于武林。兹授尔为总领漕务兼辖水利，仍服原谥，例晋王衔。於戏！万古英灵，千秋正气，神德普施，物阜财丰，懋德殊勋，与吴山而并峙；威声赫濯，随越水以同长。永享蒸尝，呵护黎庶。故敕"广济孚顺王"、"利济孚惠王"、"灵应孚佑王"。嘉庆十四年五月日，袭封正乙嗣教、五十九代大真人臣张钰承诏奉行。②

这两则材料，前者是嘉庆十二年第五十九代天师张钰（？—1821）给浙江杭州道纪司的公文，后者嘉庆是十四年张天师封杭州府仁和县馨德坊广福土谷神蒋氏兄弟为"广济孚顺王"、"利济孚惠王"、"灵应孚佑王"的敕文。事实上，早在乾隆四年，朝廷即已禁止天师派法员到江西之外省区

---

① 这里原文中的"碑"当为"牌"。
② 《广福庙志》，陈述主编《杭州运河文献》下册，杭州出版社 2006 年版，第 417—418 页。

传度①，嘉庆皇帝虽然在嘉庆二十年之前②对张钰稍有优待，但并未恢复其统领龙虎山之外道众的权力，所以，此时张天师事实上已无权对杭州道纪司发布命令。这是张天师不甘心放弃其历史特权的反映，而且不是个例。《清朝野史大观》卷十一记载，清末时，"张氏子孙乃犹有僭用极品仪制，舆从焉奕，声气招摇，游历江浙闽粤诸省，沿途以符箓博金钱，并勒索地方有司供张馈赠。"这说明晚清张天师在教界和民间仍然有一定的影响。

民间宗教和民间信仰向道教靠拢，但并不等同于完全道教化。即使是从道教中拿来的神，民间信仰往往也不管他们原来在道教中的神格，而是根据自己的理解对其形象重新塑造。据梁绍壬等人的记载，宋代诗人林和靖曾经隐居于杭州孤山上，喜梅，蓄鹤，但未娶妻，时人称他有"梅妻鹤子"。死后有人为他立祠，后来便有好事者在祠中塑了个"梅影夫人"。这是把人物故事放进信仰生活中去了。此外，道教中神与神之间的关系严谨有序，但民间信仰中，即使是从道教纳入进来的神或受道教影响的神，它们之间的关系往往也如民间社会的人际关系一样称兄道弟。例如，前述《庸闲斋笔记》卷八在记载庙鬼为施全讨封事后，紧接着记载：

> 白马明王亦曾出会，本有王封，故仪卫烜赫，神无姓名，撰为赵骏二字，所过之庙，皆以愚弟帖拜之。乃拜至一社庙，其神为宋康王，于是康王庙鬼噪而出曰："尔神乃我王所乘骑者，安得称弟？无礼若此，应行议罚！"旁人为讲解，始免。又出神会时，遇他庙之神爵高于本庙者，则多人拥神舆疾驱过之，谓之"抢驾"，云以示敬。五月中，关侯出会，会中人以侯已封协天大帝，其尊无对，虽过宗阳官亦不抢驾。宗阳官所祀为玉帝，向来各神过，无不抢驾者，此届独否，庙鬼耻之，乃连夜塑一诸葛武侯像坐于庙门口，比会前导至，止，则遣人迎诘曰："君侯未奉将令，何往？"于是随从之庙鬼相顾色骇曰："军师在此，不能不抢驾矣。"大抵庙鬼所本，皆小说家言，慢神不经，荒诞无理，真令人捧腹。至关侯手中之扇款落"云长二兄大人属，愚弟诸葛亮书"，以及"玉极紫微顿首"，愚妹"观音大

---

① 《清朝续文献通考》，商务印书馆1936年版，第1册，第8494页。

② 嘉庆二十年（1815），张天师下属法官至江南苏杭考选道童被地方官查获参奏，上谕"其私令法官在外考选道童之处，著永远禁止"（《仁宗实录》卷三一一）。

士裣衽”，等帖，姑无论矣。

这里，庙鬼们让神与神之间论资排辈、称兄道弟，显然是民间信仰的做法。虽然多了世俗的生活气息，却少了宗教的神圣性。

民间宗教信仰的仪式往往会吸收一些道教科仪中的成分，把以赞歌娱神示福的仪式做得比较规范，它们不是只吸收道教的成分，而是杂凑佛教、道教和民间巫术。例如，在清代和近代流行于浙江杭嘉湖地区的赞神歌赕佛。它是民众为祈求神灵保佑五谷丰登、六畜兴旺、家丁安康、流年吉利而向神佛许愿，待祈求的事情有了结果，便择吉举行还愿仪式，称为赕佛，主要方式为唱“神歌”，故又称“赞神歌”。这里的“佛”实为各种仙、佛、神灵的泛称。供奉仪式一般在家中举行，正厅摆开若干张八仙桌，分别供三牲、瓜果、糕点、香烛。桌后方供神位，即用厚纸印各种神佛图像，折叠成屏风状，俗称“马幛”。一般设五桌，称上筵、中筵、下筵、东筵、西筵。上、中、下筵在正厅中轴线上依次排列：上筵在最三面，三张八仙桌叠高而成；中筵居中，两张桌叠成；下筵在前方门口，和两面侧的东、西筵各为一张八仙桌，整个摆设结构类似庙宇。也有设七筵、九筵乃至十三筵的。筵中所列神佛芜杂，属于佛教的有三世如来、普大士（观音）；属于道教的有玉皇大帝、三元大帝、玄天上帝、赐福财神、关圣帝君、南极仙翁、正乙玄坛（与财神重出）、值年太岁、城隍、土地等；属于地方俗神有施王正神、张老相公、顺风老太、蚕花五圣，甚至还把《西游记》中的铁扇公主等小说中的神灵纳入，总计四五十个。把这些各路神灵按照民众心目中的品秩排定座次，称为排筵。仪式由“骚子歌”歌手主持，以唱为主，其歌词及唱歌顺序中糅合了道教科范和民间傩礼的一些做法。先唱《通神》（发出符书通知各方神、佛前来赴筵），再唱《赞符官》、《接神按位》，然后唱《拈香进酒》，接着再唱“神书”，如《卖鱼观音》、《韦陀》、《玄天上帝》、《寿星》、《钱郡王》等。演唱过程中同时举行点香燃烛、斟酒、上供、礼拜等仪式。每天下午三时许开始唱“汤节”，有生活歌（如《农夫汤书》、《懒惰阿嫂》等）、时政（如《剪辫子歌》、《东洋人打进来》等）、长篇叙事歌（如《白蛇传》等）。时间少则一天一夜，多则七天七夜不等。最后歌手选唱《发舟》和《送神》，并将预先准备好的一只纸扎的“龙舟”送至野外焚烧或送入庙中存放。末后一节，其含义与通常由道士主持的送瘟遣舟仪相同，做法亦相类。赞神歌中吸收道教的科仪虽有部分表现，但基本上是道、佛、巫杂糅，与道教仪式有很大距离①。

香会、庙会也是道教与民间宗教信仰交汇的节点。它们具有杂糅道教、佛教和民间宗教信仰的特点。以时间为序，杭州一年中的庙会主要是春节期间至三月，玉皇山等地香会非常兴盛。正月初一吴山各庙庙会；二月初八至十三日的霍山真君诞日庙会"百戏杂陈，西湖竞舟"；二月十九日天竺观音庙会；三月初一至初三日，宝极观、报恩观、水德殿等处盛行香会，拜斗礼忏；② 三月初三，北极佑圣真君诞日会和半山娘娘庙会；三月二十八法华山东岳庙会；四月初六城隍诞集会；四月二十日朱天庙会；五月十八旌德观老元帅庙会；六月二十二吴山火神庙会；六月二十四吴山雷神庙会；七月十八张大仙庙会；九月初一九皇斗坛庙会；十月十五三官庙会，等等。甚至供着被称为"盗贼"的时迁、张顺、武松、杨雄、石秀等"淫祠"也有庙会。③ 凡有较大庙宇，必有庙会。这些庙会中以老东岳、吴山等处最盛。以吴山庙会为例。杭州吴山，一名晒网山，曾为春秋时期吴国南界，早在两千年前就建有吴国大夫伍子胥的伍公庙，故名；又因建有供奉周新的城隍庙而称城隍山。吴山上寺庙庵观日益增多，几乎遍及吴山十多个大小山头和山麓，以至于有吴山"七十二庙"之说。庙多，庙会自然也多，庙会四季不断，香客游人如织。除夕夜万家灯火，大年初一至初五，到庙里来的多为本地人，为的是辞旧迎新，求一年财运亨通，俗称"上城隍山兜喜神方"；二、三月间，到山上来的多为杭州周边、嘉兴、湖州、苏州、无锡、常州一带外地香客；其余节日、神诞日也是人山人海，立夏还有"五郎八保十三匠上吴山"之俗，说的是算命、看相、测字摊、卖字画、庙台戏、卖唱小曲、变戏法、耍杂技、卖花、斗鸟，店家、小贩在寺庙四周和沿山路上遍地都是，山下清河坊一带的各类商店各类商品琳琅满目，生意很好④。

与庙会相关，还有出巡法会。例如，五月十六日，下城区永宁院举办赛元帅出巡法会⑤，旌德观举办温元帅出巡法会⑥。类似这样的出巡法会

---

① 刘仲宇：《道教与民间信仰》，李远国、刘仲宇、许尚枢《道教与民间信仰》，上海人民出版社 2011 年版，第 232 页。

② 《申报》光绪二年三月十二日（1876 年 4 月 6 日）《香会纪盛》。

③ 高有鹏：《中国与庙会文化》，上海文艺出版社 2008 年版，第 263—264 页。

④ 陈德来主编《浙江民俗大观》，当代中国出版社 1998 年版，第 505—506 页。

⑤ 《申报》光绪十三年五月二十四日（1887 年 7 月 14 日）《杭垣胜会》。

⑥ 《申报》光绪十三年八月十六日（1887 年 10 月 2 日）《杭城赛会》。

还不少。其中以温元帅崇拜①影响最大。因人众聚集甚多，难免滋生事端，太平天国战争以后，一度遭官府禁止，但正如《申报》的系列报道所载，1870和1880年代，地方人士总是一边协调，一边执着奉行不息②。杭城于九月初一至初十日止，盛行设斗坛，礼忏拜斗，供天施食。据说可得神祇保佑，可以祈福免祸③。东岳庙则逢东岳大帝诞辰日举办朝审幽冥法会，盛况空前。

总之，清代，道教与民间宗教信仰相交融，在民众社会生活中有广泛而深入的影响，有鲜活的生命力。

第五节　余杭道教在清代的活动④

大涤山古名大辟山，在浙江余杭县西南。关于其得名，宋代潜说友《咸淳临安志·大涤山洞天》条说："或言：此山清幽，大可以洗涤尘心，故名。"⑤ 大涤山何时有道教宫观呢？清代宣统《临安县志》卷一《舆地志·寺观》记载，汉元封三年（公元前108）建坛于大涤洞前，此说当不实。因为道教开始有宫观的历史开始于南北朝时期。当然，个别道士的结茅而居早于南北朝时期。据记载，从三国时代起，已有道士居大涤山、天柱山修道。《云笈七签·尸解部二》记载："左慈，字元放，庐江人也。少明五经，兼通星纬。见汉祚之将尽，天下向乱，乃叹曰：值此衰运，官高者危，财多者死，当世荣华不足贪矣！乃学道术，尤明六甲，能役使鬼神，坐致行厨。精思于天柱山中，得石室内《九丹金液经》，能变化万端，不可胜纪。"左慈属于游方道人，行踪不定。他游历大涤山，说明这里在道教界已有一定知名度。这也可以说明大涤山道教的历史当开端于汉末。

---

① PaulR Katz（康豹），*Demon Hordes and Burning Boats. The Cult of Marshal Wen in Late Imperial Chekiang*（《群魔与烧纸船：帝国晚期浙江的温元帅崇拜》），Albany：SUNY, 1995.

② 《申报》光绪十五年五月十三日（1889年6月11日）《赛会先声》，光绪十八年五月十二日（1892年6月6日）《禁止赛会》，光绪二十年五月二十五日（1894年6月28日）《赛会记余》，光绪二十三年六月十三日（1897年7月12日）《杭州会景》。

③ 《申报》同治13年9月20日（1874年10月29日）《斗坛挤倒游女》。

④ 本节内容已以题名为《余杭道教历史考述》发表，卢敦基主编：《浙江历史文化研究》第五卷，浙江大学出版社2014年版，第92—100页。这里略有修改。

⑤ 《影印文渊阁四库全书》第490册，第286页。

　　三国、两晋、南北朝时期，外族相继入侵，晋室南迁，促进了江南和钱塘江两岸经济文化的发展。与此毗邻的大涤山道教在两晋南北朝时期也有所发展，主要表现是一些外地道士进入此山修炼，著名者主要是郭文和许迈。《洞霄图志》卷五记载，郭文，字文举，河内轵人。十三岁时游华阴山，在石室中得到石函，内容为神虎内真紫元丹章。后晋室动乱，于是到余杭大涤山，依林为舍，独居十余年。[①]《晋书·隐逸传》也记载了郭文的事迹，说："余杭令顾飏与葛洪共造其舍，携与俱归。飏赠以物，不纳，辞归山中。王导闻其名，遣人迎之，居导园七年，未尝出入。一旦忽求还山，导不听，逃归临安，结庐舍于山中。病卒，葛洪、庾阐并为作传。"[②]《洞霄图志》卷五还记载，上清派宗师许迈，字叔玄，一名日英（多作映——引者注），后改名玄，字远游，与许逊、许穆为再从兄弟，初立精舍于垂霤，永和二年（346），移入临安西山，即今大涤山。登岩茹芝，渺然自得，有终焉之志，后莫测其所终。[③] 据陶弘景《真诰》，许迈与上清派无涉；"与许逊为再从兄弟"也应是孝道派的伪托。

　　进入唐代，大涤山道教渐次兴盛。除张整、叶法善、司马承祯等游历此山外[④]，住山道士亦多有著名者。潘先生，不详名字，遍游山川，止于天柱山。唐高宗闻其名，弘道（683）时敕建天柱观使居之。此后，名道叶法善曾游历大涤山。朱君绪，字法满，余杭人。年十八入道，居玉清观，后拂衣入天柱山修道，所编纂的《要修科仪戒律钞》十六卷是唐代道教戒律建设的代表作之一。暨（翼）（卢）齐物，字子虚，师玉清观朱君绪受法箓，随入大涤山精思院。创垂象楼三间，又名书楼，积书数千卷，日以著述为事，后不知所之。吴筠，字正节，华阴人。开元（713—741）间南游，后止于余杭天柱山。于大历十三年（778）作《天柱观碣》（又名《天柱山天柱观记》），常行教于江汉，大历十三年（778）卒于剡中，归葬天柱山西麓。主要著作有《玄纲论》和《神仙可学论》，还有《心目论》、《复淳化论》、《形神可固论》、《坐忘论》、《明真辨伪论》、《辅正除邪论》、《契真刊谬论》、《道释优劣论》、《辨方正惑论》。今有《宗玄先生文集》上、中、下三卷传世。白元鉴，西川成都人。玄宗幸蜀时，为威仪道士，住上皇观。后周游山川，止于余杭天柱观，居四十年而

---

① 《影印文渊阁四库全书》第 587 册，第 433 页。
② 《晋书》第 8 册，第 2440—2441 页。
③ 《影印文渊阁四库全书》第 587 册，第 433—434 页。
④ 吴筠：《天柱观碣》，胡道静等编《道藏要籍选刊》，上海古籍出版社 1989 年版，第 619 页。

逝。著有《大涤十咏》。夏侯子云，从峨眉山来，师从司马承祯十数年。司马承祯卒后，在大涤山中筑药圃，种芝术等中药。天复（901—903）间归隐东峰，不知所在。上清派道士闾丘方远，字大方，舒州人。年二十九，师香林左元泽，既得道，乃遍游名山，后止于余杭天柱山①。钱武肃王曾师事他，赐号玄同先生。唐景福二年（893），为筑室以居之。乾宁二年（895），钱镠与之相度地势，改建天柱观。昭宗屡诏不起，赐号妙有大师。曾撰《太平经钞》二十卷行于世。郑元（茂）章，字博文，十五岁入道，依真系大师李归。景福二年（893），与闾丘方远同居天柱山精思院。昭宗赐号正一大师冲素先生。后卒于精思院。长于科仪。②

大涤山之宫观，当以天柱观最早。唐高宗弘道元年（683），命道士潘先生于其地建天柱观。

与大涤山相距不甚远的江苏句容茅山地区是上清派的发祥地。在上清派主导下形成的道教洞天福地体系中，逐渐兴盛的大涤山道教于是获得一席之地，被列为三十六洞天的第三十四，名大涤玄盖洞天。元代邓牧《洞霄图志·大涤洞》条引《茅君传》说："第三十四洞天，名大涤玄盖之天，周回四百里，内有日月分精，金堂玉室，仙官校灾祥之所，姜真人主之。"③ 司马承祯《天地宫府图·三十六小洞天》说："第三十四天目山洞，周回一百里，名曰天盖涤玄天，在杭州余杭县属，姜真人治之。"④ 杜光庭在《洞天福地岳渎名山记·三十六洞天》中说："天柱山大涤玄盖洞天，一百里，在杭州余杭县天柱观。"⑤ 据此，道书将余杭的大涤山、天柱山（与大涤山相对）和临安的天目山视为同一洞天。天柱山被列为七十二福地中的第五十七福地。⑥

五代吴越国时期，杭州是吴越国的首都，偏安一方，经济文化发达。大涤山距离杭州不远，道教因而也臻于发达。五代末，天柱观升格，改名为天柱宫。这一时期，大涤山"仙宫岳立，高道云屯"⑦，颇为发达。高道中最著名的是暨齐物，字子虚，朱君绪弟子，积书数千卷，日以著述为事。

---

① 《洞霄图志·大涤山》，《道藏》第 5 册，第 92—93 页。

② 《影印文渊阁四库全书》第 587 册，第 434—438 页。

③ 同上书，第 422 页。

④ 《天地宫府图·三十六小洞天》，《道藏》第 22 册，第 201 页。

⑤ 《洞天福地岳渎名山记·三十六洞天》，《道藏》第 11 册，第 58 页。

⑥ 《天地宫府图·三十六小洞天》，《道藏》第 22 册，第 201 页。

⑦ 钱镠：《天柱观记》，《道藏要籍选刊》，第 618 页。

宋代，在朝廷重视道教的背景下，大涤山道教到达了发展的高峰。北宋大中祥符五年（1012）改天柱宫为洞霄宫。天圣四年（1026），认定大涤洞天为天下名山洞府之第五。① 这都提高了大涤山道教在教内外的地位。在这一背景下，大涤山道教人才济济，高道辈出。《洞霄图志》卷五列有宋代列仙、高道二十余人。这里略述其中著名者。冯德之，字几道，河南人。少习儒业，书无不读，京师号冯万卷。后弃家入道，皇帝下旨让他住杭州洞霄宫。宋真宗敕修《道藏》，令知郡戚纶、漕使陈尧佐，选其与冲素大师朱益谦等在洞霄宫修校成藏以进，张君房辑其精华曰《云笈七签》②。常中行，钱塘人，有道行，对《阴符经》尤有所得。唐子霞，政和（1111—1117）间入道洞霄宫。性嗜读书，尤长著述。政和二年（1112）撰成《大涤洞天真境录》。后远游，不知所终。陆维之，字永仲，一名凝之，字子才，余杭人。隐于大涤山之石室，人们因此以石室称呼他。"行将六十而有婴儿之色"。高宗召见，辞疾不赴，高宗览其所作诗，甚为称许。著有《石室小隐集》三卷。喻天时，字齐仲，号蟾华子。自幼肄业洞霄宫。政和间，以诗科试中选，精于天文、历数、谶纬、医药之学。宣和（1119—1125）年间，敕住信阳军神霄万寿宫，淳熙三年（1176）卒，归葬于大涤山栖真洞侧。擅长雷法。徐仲渊，字叔静，自号栖霞子，获高宗召见，擅诗，著有《经进西游集》。贝大钦，号懒云，南宋末人，奉诏住持洞霄宫，建洞晨观。此外，从南宋绍兴年间（1131—1163）至德祐乙亥（1275），石自方、金致一、叶彦球、李洞神、陈希声、叶彦球（再任）、潘师华、高守中、王居实、龚大明、王大年、贝大钦、杨大中、龚文焕、郎道一等曾经先后住持洞霄宫。③ 此时，洞霄宫"与嵩山崇福宫独为天下宫观之首"④。又有何士昭、王朴、杨乃诚、陈良孙、徐应庚、水丘居仁、俞延禧、孙处道、周崇道、李知柔、朱真静等在大涤山的道士见诸史册。两宋时，除洞霄宫不断修葺扩建外，在余杭还新建了若干宫观。例如，洞晨观，南宋道士贝大钦建，景定三年（1263）赐额。冲天观，初名上清道院，后经扩建，咸淳九年（1273）赐额。⑤

---

① 《影印文渊阁四库全书》第 587 册，第 452 页。

② 闻人儒纂辑：《洞霄宫志》。张智、张健主编《中国道观志丛刊续编》，广陵书社 2004 年版，第 17 册，第 133 页。

③ 邓牧：《洞霄图志》卷五，另参《影印文渊阁四库全书》第 587 册，第 439—449 页。

④ 陆游：《洞霄宫碑》，载《渭南文集》卷十六。

⑤ 《影印文渊阁四库全书》第 587 册，第 463—465 页。

　　此年，宋代有大批政府官吏提举洞霄宫。这是宋代特有的祠禄制度，始于大中祥符五年（1012），开始时还"掌奉斋醮之事"①，王安石变法后就成了纯粹的祠禄官，南宋后越来越泛滥。多数提举只领俸禄，并不前往自己奉祠的宫观，极少数到宫观者也只是闲居养颐，并不管理道教事务。所以不宜以此证明这些官员重视道教或爱好道教②。但是，祠禄制度无形中对提升道教的社会影响还是有一定作用的。

　　入元，大涤山道教继续发展，著名道士较多。张希言，第三十三代天师张守贞之孙，曾住持龙虎山演法观，敕授"冲妙大师"号，江州都道正，管领余杭大涤山洞霄宫。③ 宋咸淳（1265—1274）初，宣醮内廷，赐号"妙有大师"。元至元戊寅（1278），授"崇道冲应清真大师"、洞霄主席，后兼领太乙宫。④ 朱特立、吕贵实在天柱岭建清真道院，至元十四年（1277）受元帝封号。贝守一（1199—1280），号月溪。"通经史，贝大钦韧洞晨观，命开山，领袖斋道千余人，筑居避喧丈室。久之，迁九锁外山庵。"元至元戊寅（1278），序升主席，授"凝真抱素大师"。⑤ 周允（元）和（？—1285），字谦弗，号清溪。"年十八岁，入大涤，师冲妙先生。"被赐号妙有大师，至元戊寅（1267）年获授崇道冲应清真大师、洞霄主席，壬午（1282）三月兼领太乙宫。金正韶，字九成，号约山，余杭人，至元年间住持洞晨观，获授冲素大师、名山讲师，有徒舒逢原等。郎如山（1226—1297），字鲁瞻，自号一山，世为余杭望族。幼礼大涤山洞霄宫明一先生杨公、明一之师凌公，又师刘先生。年十八，任事于洞霄宫。"宋景定（1260—1264）间，居延翔馆，赐号总教大师。"元至元丁丑（1277）年开西湖崇真观。逾年，领洞霄宫主席，兼西太一（乙）宫，掌浙西道教⑥。元世祖至元二十二年（1285），升本道道录、洞霄宫提举知宫。贞元元年（1295），奉旨提点住持洞霄宫兼管本山诸宫观事，大德元年（1297）卒。⑦ 朗如山有徒章耕隐、杨清一等人，其中杨清一（1248—1299），字元洁。"蚤遇明师，精于符法"，初为东太乙宫法师，

---

① 《元丰官制·管勾宫观》，《文献通考》卷55《职官考》九。

② 唐代剑：《宋代道教管理制度研究》，线装书局2003年版，第166—167、181页。

③ 卿希泰主编《中国道教史》第三卷，第180页。

④ 张吉安等修，朱文藻等纂：《余杭县志》，《中国地方志丛书》第1册，第455页。

⑤ 同上。

⑥ 同上书，第455—456页。

⑦ 《影印文渊阁四库全书》第1194册，第465页。

后"改升西太乙宫，继朗公席。"① 获授冲真洞元葆光法师、归领杭州路道录。吕贵实，字若虚，休宁人，至元丁丑（1277）获授明一凝虚冲妙大师兼本路道录。阮日益，号鹤岩，于潜人，"注《道德》、《南华》二经，自成一家之言"。叶林（1248—1306），字儒澡，一字去文，号本山，钱塘人，有道行，擅诗文。邓牧（1247—1306），字牧心，钱塘人，自称三教外人，又号九鉴山人，世称文行先生，著作有《游山志》、《杂文稿》，与孟宗宝合作编撰《洞霄图志》，另有诗文集《伯牙琴》等。沈多福，字介石，至元年间（1264—1294）住大涤山，大德（1297—1307）初，住持洞霄宫，对修复大涤山宫观贡献不小。② 他的徒弟孟宗宝编有《洞霄诗集》。徐国祥，字端仁，自号大涤山人，仁和人，"幼好道书，事陆浦沾为师，天性淡泊，知识清旷。长于音乐与绘画。时往来洞霄，有振起元宗之概。"③ 舒元一，临安人，先后任洞霄宫副宫事、浙西道道教提举、洞霄宫提举知宫、洞霄宫住持提举知宫，赐号通明养素真人，筹建元清宫④，弟子众多，其中金常清开元清派。李道坦，字坦之，钱塘人，长于诗文。此外还有徐应时、史德芳、章居实见诸史册。元代除对大涤山原有之洞霄宫、冲天观⑤等进行修葺外，还新建了若干宫观，主要的有：元清宫，始建于至元三十一年（1294），落成于大德三年（1299），有寥阳殿、璇玑阁等。⑥ 白鹿山房，初为唐吴筠所构石室，宋道士陆维之筑舍，元道士沈多福扩建为道院，成于大德九年（1305）。⑦ 清真道院，建于至元二十六年（1289），有屋五六十楹。⑧ 此外还有明星观、洞晨观、元阳观等，地涉杭州城、余杭、临安、湖州长兴、嘉兴澉海、台州宁海等地，兴盛繁衍，"独木成林"。至《洞霄图志》编成，元代洞霄宫住持依次为郎道一、贝守一、曹至坚、吴处仁、郎如山、舒元一、沈多福。

《洞霄图志·宫观门》中记载，洞霄宫内正一派有三个支派，即三院，上清、精思、南陵。后分为十八斋。左庑七斋，即山隐、山素、岫隐、崇隐、怡云、粟隐，为上清院派，迥紫为南陵院派。右庑四斋，即清

① 张吉安等修，朱文藻等纂：《余杭县志》，《中国地方志丛书》第 1 册，第 456 页。
② 《大涤洞天记》，《道藏》第 18 册，第 161、第 163—164 页。
③ 张吉安等修，朱文藻等纂：《余杭县志》，见《中国地方志丛书》第 2 册，第 462—463 页。
④ 张伯淳：《元清宫记》，《中国道观志丛刊》第 16 册《洞霄图志》，第 283—290 页。
⑤ 沈多福：《重建冲天观记》，《中国道观志丛刊》第 16 册《洞霄图志》，第 290—294 页。
⑥ 《大涤洞天记》，《道藏》第 18 册，第 161—162 页。
⑦ 同上书，第 161 页。
⑧ 同上书，第 164 页。

隐、谷隐、盘隐，也是上清院派，清虚则为南陵院派。正面七斋，即壶隐、橘隐、悠然、闲隐、学隐，为上清院派，怡然、碧虚，为精思院派。① 上清院派出自闾丘方远，南陵院派奉祀许逊真君，有可能是净明道的分支之一，精思院派出自唐代高道朱君绪②。总之，都属于正一派。

元末，洞霄宫遭兵火。明初有金抱素居山，洪武二十三年（1390）起，贾守元、吴逢源、龚自然、曹元隐等道士耗时二十余年重建，大体恢复旧貌③。继有道士周应常、詹道成、张复阳等在此修炼④。明末，"今半颓残矣"⑤。

清康熙元年（1662），有道士孙道元（1604—1677）及其弟子金一淳、吴象岩、陈戴墨、翟蟊缑、魏大成、陆尔仁等正一清微派道士在此修道，对洞霄宫有所修整。孙道元，道名善长，别号复阳子，桐川人，师从天师府詹太宇，得授"养气延年之术，并受正一清微五雷大法，呼召风雷兵将之方"。"道器深邃，容貌若愚，常曰：天道以无心为体，忘言为用，柔弱为本，清净为基，道在是矣。又曰：此性与道同体，不关形相，了彻性命，后天地而不老，岂在年历修短哉？"书偈"七十四年梦已残，翻身跳出太虚间。要知复命归根处，水满前溪云满山"而逝⑥。

从康熙年间起，开始有全真道士进入大涤山。首先是金筑老人。关于他的情况，《金盖心灯·金筑老人传》记载，金筑老人，"字号三见而三异：《洞霄闻人志》载，盛青崖，江南桐城人，明末进士，隐天柱观；《杨氏逸林》载，樵云氏者，桐乡人，姓盛，名未详。明末进士，值世沧桑，高隐大涤，自号退密山人。《菰城拾遗》载，异人金大涤，学富五车，尝自比管、乐。明亡遂隐，初休金盖山之白云居，更号樵云，既归老于天柱金筑坪。……著作颇多，石庵辈梓以行世。"⑦ 诸书记载不一。金筑老人为清初隐君子之一，浙江桐乡人，曾从王常月受戒，为龙门派第八代弟子，居湖州金盖山，后以浙江余杭金筑坪天柱观为传道中心，开启浙

① 戴日强纂修：《余杭县志》，见《四库全书存目丛书》"史部"第 210 册，第 27—28 页。

② 《洞霄图志》，《中国道观志丛刊》第 16 册，第 122、86、119、120 页。

③ 戴日强纂修：《余杭县志》，《四库全书存目丛书》，台南：庄严文化事业股份有限公司 1996 年版，"史部"第 201 册，第 429—430 页。

④ 王达：《赠洞霄副知宫周应常序》，闻人儒编《洞霄宫志》卷三。

⑤ 张吉安等修，朱文藻等纂：《余杭县志》，见《中国地方志丛书》第 1 册，第 209—210 页。

⑥ 黄机：《洞霄宫道士孙善长碑》，张吉安等修，朱文藻等纂《余杭县志》，见《中国地方志丛书》第 2 册，第 460 页。

⑦ 《金盖心灯·金筑老人传》，《藏外道书》第 31 册，第 205 页。

江余杭金筑坪天柱观派。潘太牧，字牧心，吴兴世家子。明末入天柱山金筑坪，康熙三年（1664）受戒律于金筑老人，为龙门第九代，越二十一年逝。①潘太牧传龙门第十代王清虚（号洞阳），王清虚传第十一代潘一元（字天崖，余杭人）。此后承传不详。

半个多世纪以后，全真华山派进入天柱山。这发端于贝本恒。贝本恒（1688—1758），字常吉，淮阳人。年十七，礼武当袁正遇为师，度为道士。《长春道教源流》和《余杭县志》均称贝本恒"师之学，宗郝（太古）真人，先明易道之源，晚造神仙之域"。据《诸真宗派总簿》，华山派字辈前二十字为：至一无上道，崇教演全真，冲和德正本，仁义礼智信。由此可推断袁正遇为托名郝太古为祖师的华山派第十四代弟子，贝本恒则为第十五代弟子。袁过世后，贝本恒至茅山乾元观求王常月律师授修真戒律。此事当不确。因为此时王常月早已不在人世。不过，贝本恒有龙门派的学源则是无疑的。因为《道统源流》记载，贝旭阳律师名清升，原名常吉。先皈依郝祖所开华山派，得名同仁，后遇樊师于武林，又皈依龙门。后主大涤山洞霄宫讲席。②康熙己亥（1719）年，贝本恒"结茅于武康（按浙江旧县，1958年并入德清）之高池山，参元静炼，得祖箓符篆，施符济人，祈者回应。"③乾隆十年（1745），余杭邑侯及乡绅延请他入主洞霄宫。明末以来，大涤山道教渐趋衰微。在贝本恒的住持下，于乾隆十六年（1751）做了一些修复洞霄宫的工作，但是年冬季，洞霄宫无尘殿再次遭遇火灾，从此无力修复而废圮。贝本恒曾以治病、禳疫、叱虎等闻名，曾请余杭文人闻人儒编辑《洞霄宫志》并刊印。为管理山产而编《万年香火册》。此外还有《游山志》、《杂文汇传》。他在道教学理上承袭郝大通，主张"先明易道之源，晚造神仙之域"。道士要以修炼为本，注重道德涵养："常住事暇，早晚自己工夫。行住坐卧，不间存神，最要者息心清静，寂然趺坐；其次者持诵礼拜，方便功行。若以旁门炫奇，外道惑人，非我徒也。至于私募肥橐，侵公益私，仍行俗事，不顾常住，岂是法门？弟子众当攻之可也。"④相互关系的处理，要"绝彼我之相，开利济之门，有重于道德，无分于亲疏，同显同行，斯为道友，同心

① 《道教文献》，丹青图书有限公司1983年版，第10册，第52页。

② 庄严编：《道统源流》卷下，民铎出版社1929年版，第9页。

③ 民国重刊《余杭县志》、《长春道教源流》均载此事。

④ 闻人儒编：《洞霄宫志》卷五。

同志，便是我徒。"① 在《万年香火册》序言中，贝本恒指出，十方丛林宫观管理要"量才任职，力理常住，护持宗教，有过相规，有非当谏，切磋砥砺，以期有成"。选拔人才，"择其可者与之，得其人者授之，不定于岁月久暂，不执于年岁尊卑，德行优者为之住持，方称先登标；帜心行公者为之监宫，堪任护道司城。所谓十方道场，龙天常住，以如是传即以如是代，以如是代即以如是传"②，才能长存。在财产管理上，要"开载现在殿宇圣像法器什物及山庄田地等项，当众举授监宫管理，在副事、司库二职协办，稽查出入之簿，每月会稽登记，自此为例。每岁钱粮，首务早计，按纳随常，应给所需，务在量入为出。应否增减去取，则可公同酌量，因时制宜。至常住之产勉惟续增。"③ 贝本恒弟子有方仁浦、童仁敷、李仁凝、张仁逸、陈仁恩、童仁恬、杭雯等。其中，陈仁恩号大涤山人，于易学颇有造诣，注有《周易参议（微）》、《黄老指归》二书，对《阴符经》也有所钻研④，有杂咏诗作。李仁凝在贝本恒过世后有可能师事龙门派第十一代律师沈轻云为师。嘉庆五年（1800），陆顺豪游洞霄宫并撰《游洞霄宫记》。此时住守洞霄宫者为贝本恒的再传或三传弟子吴一泉、张礼恭、沈智辉等⑤。他们在半个世纪中，在龙门派炽盛的环境中延续了华山道脉。

此外，与贝本恒同时，有龙门派道士沈轻云（1708—1786）在洞霄宫修炼过，有徒弟陈樵云、周梯霞、陆清微等，陈樵云开余杭三元宫龙门支派，周梯霞开桐山半持庵龙门支派。陈樵云在余杭祈雨有验，死后被当地人塑像立祠⑥。

此后，1847 年夏天，洞霄宫遭遇洪涝灾害，损失较大。咸丰十年（1860）九月，太平军李秀成、陈玉成部与地方团练在洞霄宫一带激战，村民七百余人被杀。洞霄宫道教遭遇重大创伤。光绪年间，龙门派第十九代律师蒋圆林入驻洞霄宫。光绪十三年（1887），夏出土宋真宗所赐"金宝牌"。明清以来，洞霄宫多次遭遇火灾、兵灾，没有了政府的支持，也没有得到巨富的资助，道众消散，每况愈下，逐渐衰微。民国十年左右，

① 《洞霄宫志》卷五。

② 同上。

③ 同上。

④ 张吉安等修，朱文藻等纂：《余杭县志》，《中国地方志丛书》第 1 册，第 210—211 页。

⑤ 同上书，第 211 页。

⑥ 光绪《余杭县志稿·方外》。

图 10-2　左图出自嘉庆《余杭县志》卷一　　右图出自《洞霄宫志》

洞霄宫版住持毛道士被何道士雇凶手腾道士杀害，道众星散。山、林、田、场被夺占，部分被改为学校。余杭地方绅董请玉皇山福星观方丈李理山派员接收管理，经两年左右的交涉诉讼，民国十二年（1923），终于夺回被占的山林田场。李理山派其徒弟陈宗云（1904—1972）到洞霄宫做当家。当时在洞霄宫的道士，除了陈宗云外，主要是朱理和、王锦山、孙宗良、石宗良、刘福来、王明显等，此外还收留了一批逃荒出来的幼童。此时的洞霄宫，已非常破败。有游记提及："顾华表、丰碑、岩墙、危栋，大率颓圮、摧剥，多不足观。遍游其宫，则蔓草碍步，晃葛篱途。举古来胜迹，而一一汩没之，诚足令人临风浩叹也。"[①] 另一篇文章中也说："现在是炉不绕烟，烛奴无焰，衰落得不堪言状了。"[②] 1936 年 10 月 18 日，蒋介石一行人到西天目山时曾在洞霄宫短暂停留。1937 年农历春节前后，蒋介石、蒋经国等人再次造访洞霄宫。1938 年 4 月，洞霄宫遭遇日本侵略军的破坏，众多房屋被烧毁。1942 年，高信一到洞霄宫，协助陈宗云管理宫务。1949 年后，陈宗云在镇反运动中被拘留审查一年。此后洞霄宫上下大殿、金筑坪庙宇被拆毁。历史上曾经繁盛多时的洞霄宫，最终荡然无存了。

　　总观洞霄宫的历史发展，汉末发端，初兴于两晋南北朝，发展于唐代，原因在于江南经济文化发展的拉动，外来道士的加入为其发展奠定了人才基础。五代、宋代和元代是洞霄宫发展的鼎盛时期。五代之鼎盛是因为吴越国偏安江南，定都杭州，杭州是吴越国的政治、经济、文化中心，

①　管锥：《洞霄记游》，《红玫瑰》1926 年第 46 期。
②　小道士：《余杭洞霄宫有三牌　金字牌就是急脚递》，《十日戏剧》1937 年第 13 期。

洞宵宫距离杭州很近，在杭州的辐射范围内，获得了发展。此外还有一个重要原因是吴越国主重视道教，尤其关照大涤山、天柱山道教，在政治、经济上支持天柱观。北宋时期是道教在政治上得到推崇和支持最多的时期之一，洞宵宫继续吴越国时期享受到政治上的眷顾，地位更高。南宋定都杭州，杭州成为全为政治经济文化中心，洞宵宫同样得与杭州距离相近之便，获得了众多政治、经济、文化资源，例如，它是众多高级政府官员退休后的提举之所，文人墨客纷纷造访，这导致它在道教内外享有崇高的声望，人才济济，高道纷呈。但是，应该看到，五代和宋代的洞宵宫虽然高道辈出，人才云集，但只有一些山志和诗文集出现，没有高水平的道教学术著作，没有涌现出大批的道教学者，洞宵宫也没有成为开宗立派之地，缺乏深厚的宗教文化内涵，难于在教内形成广泛深远的影响。元代，洞宵宫道教因有良好的人才基础而能大致延续南宋的鼎盛，但是，由于它获得朝廷的政治支持不多，远离了全国的政治经济文化中心，局面没有继续扩展，所以，元代末期的一场兵火就让它大伤元气。进入明代，情况也没有根本性的好转，明末已颓败得只有鼎盛时期的一半了。清代，它既没有得到政治的支持，也没有得到强有力的经济支持，仅靠道士的力量，正常情况下只能苟且度日，遇到火灾、洪灾、战争破坏，就无法延续道脉。不幸的是，清代洞宵宫相继遭遇多次火灾、一次洪灾、太平天国的战争破坏之后，宫观逐渐颓废，道教逐渐式微。道教宫观建筑多为土木结构，固然在抵御地震、台风这些自然灾害上有优势，但却难于抵御火灾、洪灾。而且，土木结构建筑风化迅速，通常寿命也就是百年左右。这又造成道观不得不在三代人左右就有一次废兴之举。如果没有社会活动能力比较强的道士去社会上争取到政治或经济上的支持，那么道教宫观的重建往往就难于进行。宫观坍塌，无法住人，道众星散。于是，一地的宫观道教往往也就终结（各地除宫观道教外，还有不住庙的正一派散居道士）。道教重在个体性的实践性自我修炼，在以言论激发增进人的信仰、传播教义方面弱于佛教，信教人数少于佛教，这是它难以形成强大的宫观经济、难于从社会上获得资源的重要原因之一。所以，道教在历史上对政治有高度的依赖性，往往获得政治支持就有大的发展，成就一时之影响，没有政治支持就困顿不堪，迅速萎缩下去。余杭洞霄宫道教就是一个很好的写照。

参考文献

一　主要论文文献

1. 白奚：《先秦黄老之学源流述要》，《中州学刊》2003 年第 1 期，第 134—141、152 页。

2. 陈建勤：《越地鸡形盘古神话与太阳鸟信仰》，《民俗研究》1994 年第 1 期，第 31—38 页。

3. 陈寅恪：《天师道与滨海地域之关系》，《金明馆丛稿初编》，上海古籍出版社 1980 年版，第 1—40 页。

4. 丁煌：《汉末三国道教发展与江南地缘关系初探》，《汉唐道教论集》，中华书局 2009 年版。

5. 方玲：《赵炳香火的历史考察》，连晓鸣主编《天台山暨浙江区域道教国际学术研讨会论文集》，浙江古籍出版社 2008 年版，第 307—319 页。

6. 盖建民、黄凯端：《白玉蟾丹道养生思想发微》，《道韵》第 5 辑，中华大道文化事业有限公司 1999 年版。

7. 盖建民：《左慈、葛洪入闽炼丹略考》，《中国道教》1997 年第 1 期，第 39—40 页。

8. 高敏：《范蠡与计然》，《河南社会科学》1998 年第 1 期，第 93—95 页。

9. 郭武：《罗隐〈太平两同书〉的社会政治思想》，《宗教学研究》2006 年第 3 期，第 10—16 页。

10. 黄涌泉、王士伦：《五代吴越文物——铁券与投龙简》，《文物参考资料》1956 年第 12 期。

11. 康新民：《民间节日文化价值初探》，《中国民间文化》（二），学林出版社 1991 年版。

12. 乐祖谋：《历史时期宁绍平原城市的起源》，史念海主编《中国历史地理论丛》第三辑,1989 年第 3 辑,陕西师范大学西北历史环境与经济社会发展研究中心编辑出版。

13. 李零:《入山与出塞》,《文物》2000 年第 2 期,第 87—95 页。

14. 李修松:《徐夷迁徙考》,《历史研究》1996 年第 4 期。

15. 李学勤:《范蠡思想与帛书〈黄帝书〉》,《浙江学刊》1990 年第 1 期,第 90、97—99 页。

16. 李永飞:《七千年前的瑰宝》,《光明日报》1993 年 5 月 9 日第 6 版。

17. 林富士:《东汉晚期的疾疫与宗教》,《中央研究院历史语言研究所集刊》第 66 本(1995),第 716—718 页。

18. 林巳奈夫:《关于良渚文化玉器的若干问题》,《南京博物院集刊》1984 年。

19. 林蔚文:《周代吴越民族原始宗教略论》,《民族研究》1996 年第 4 期,第 105—112 页。

20. 罗宁:《唐代〈八仙传〉考》,《宗教学研究》2006 年第 3 期。

21. 马晓坤:《东晋的名士和道术——许迈与鲍靓交游考论》,《西南民族大学学报》(人文社科版)2007 年第 4 期,第 89—92 页。

22. 倪士毅:《五代吴越国的佛教文化》,《东南文化》1989 年第 6 期,第 160—164 页。

23. 饶恒久:《范蠡生平考论》,《社会科学战线》2000 年第 6 期,第 135—143 页。

24. 饶恒久:《范蠡与文子之师承关系考论——范蠡思想渊源考论之二》,《宁夏大学学报》(人文社会科学版)2000 年第 4 期,第 26—31 页。

25. 盛珍:《黄大仙信仰的文化内涵》,《中国宗教》2005 年第 7 期,第 38—39 页。

26. 史延廷:《鸟图腾崇拜与吴越地区的崇鸟文化》,《社会科学战线》1994 年第 3 期,第 109—113 页。

27. 孙以楷:《范蠡徐人考》,《皖西学院学报》2002 年第 1 期,第 48—49 页。

28. 汤其领:《陆修静与南朝道教》,《江南大学学报》(人文社会科学版)2005 年第 5 期,第 51—55 页。

29. 唐代剑:《林灵素生平问题钩校》,《四川师范学院学报》(哲学社会科学版)1990 年第 5 期,第 92—95 页。

30. 唐代剑:《论林灵素创立神霄派》,《世界宗教研究》1996 年第 2 期,第 59—67 页。

31. 唐兰:《〈老子〉乙本卷前古佚书释文》,《考古学报》1975 年第 1 期,第 28—36 页。

32. 唐兰:《马王堆出土〈老子〉乙本卷前古佚书的研究》,《考古学报》1975 年第 1 期,第 7—16 页。

33. 王博:《论黄帝四经产生的地域》,《道家文化研究》第三辑,上海古籍出版社 1993 年版。

34. 王及:《天妃以前的海洋保护神——白鹤崇和大帝赵炳》,《台州学院学报》2009 年第 2 期,第 19—23 页。

35. 王士伦:《越国鸟图腾和鸟崇拜的若干问题》,《浙江学刊》1990 年第 6 期,第 25—29 页。

36. 王仲尧:《南宋临安及元明清杭州道教宫观考》,连晓鸣主编《天台山暨浙江区域道教国际学术研讨会论文集》,浙江古籍出版社 2008 年版,第 91—102 页。

37. 魏启鹏:《〈文子〉学术探微》,《道家文化研究》第十八辑,三联书店 2000 年版,第 151—162 页。

38. 魏启鹏:《范蠡及其天道观》,《道家文化研究》第六辑,上海古籍出版社 1995 年版。

39. 吴郁芳:《舜家族与季风观测》,《浙江学刊》1988 年第 5 期。

40. 肖海燕:《褚伯秀的庄学思想简论》,《中国道教》2008 年第 6 期。

41. 阎江:《黄大仙民间传说与庙宇的考察——以粤港为背景》,《学习与实践》2007 年第 5 期,第 160—165 页。

42. 杨成鉴:《吴越文化的分野》,《宁波大学学报》(人文社科版)1995 年第 4 期,第 8—16 页。

43. 杨建华:《吴越凤鸟神话论》,《浙江学刊》1990 年第 1 期,第 107—110 页。

44. 游子安:《二十世纪前期香港道堂——"从善堂"及其文献》,《华南研究资料中心通讯》2000 年第 19 期。

45. 曾国富:《道教与五代吴越国历史》,《宗教学研究》2008 年第 2 期,第 33—39 页。

46. 曾召南:《白玉蟾生卒及事迹考略》,《宗教学研究》2001 年第 3 期,第 27—35 页。

47. 张秀君：《浅论绍兴出土汉代画像镜之主神及其反映之神仙思想——试以东王公与西王母来探讨》，《道教学探索》第五号，道教学探索出版社 1991 年版。

48. 浙江省文物管理委员会、浙江文物考古研究所等：《绍兴 306 号战国墓发掘简报》，《文物》1984 年第 1 期。

49. 钟国发：《东晋江东天师道首领杜昺考论》，连晓鸣主编《天台山暨浙江区域道教国际学术研讨会论文集》，浙江古籍出版社 2008 年版。

50. 周晓薇：《宋元明时期真武庙的地域分布中心及其历史因素》，《中国历史地理论丛》2004 年第 3 辑。

51. 周幼涛：《一件研究百越文化的重要实物——绍兴 M306：13 铜屋模型考辨》，《文史知识》1993 年第 11 期。

52. 朱渊清：《王家台〈归藏〉与〈穆天子传〉》，《周易研究》2002 年第 6 期。

53. 邹逸麟：《谭其骧论地名学》，《地名知识》1982 年第 2 期。

54. 丁煌：《汉末三国道教发展与江南地缘关系初探——以张陵天师出生地传说、江南巫俗及孙吴政权与道教关系为中心之一般考察》，《汉唐道教论集》，中华书局 2009 年版。

55. 陈寅恪：《天师道与滨海地域之关系》，《金明馆丛稿初编》，上海古籍出版社 1980 年版。

56. 刘仲宇：《神霄道士王惟一雷法思想探索》，《道韵》五《金丹派南宗研究论文集》，中华大道文化事业公司 2001 年版。

57. 翁同文：《冷谦生平考略》，《艺林丛考》，（台北）联经出版事业公司 1977 年版。

58. 程杰：《刘基〈张雨墓志铭〉及相关问题》，《浙江社会科学》2005 年第 2 期。

59. 景扶明：《〈全真直指〉论入静诸相》，《气功》1996 年第 9 期。

60. 卢仁龙：《〈道藏〉本〈茅山志〉研究》，《社会科学战线》1992 年第 2 期。

61. 孙王成：《元版〈茅山志〉作者究竟是谁》，《中国道教》2001 年第 1 期。

62. 汤其领：《杜道坚与茅山宗之传承》，《中国道教》2005 年第 5 期。

63. 丁煌：《国立中央图书馆藏明宣德八年刊本〈上清灵宝济度大成金书四十卷〉初研》，《道教学探索》第贰号。

64. 张泽洪：《周思得与〈上清灵宝济度大成金书〉》，《中国道教》1998 年第 1 期。

65. 汪桂平：《鄂东地区民间道士所用度亡科书的研究——兼论〈上清灵宝济度大成金书〉的流传地域》，《世界宗教研究》2006 年第 3 期。

66. 王宗昱：《吴兴全真道史料》，"Scriptures, Schools and Forms of Practice in Daosim" 会议论文集，Harrassowitz verlag，Wiesbaden，Germany，2005。

67. 袁清湘：《唐宋·通玄真经·诠释思想研究——以徐灵府、朱牟、杜道坚为考察对象》，华中师范大学博士学位论文，2008 年。

68. 李德壎：《吴镇家谱续考》，《山东师范大学学报》1988 年 1 期，第 96 页。

69. 卢国龙：《浊世佳公子　蟾宫谪仙人——白玉蟾的求道之旅及归隐之乡》，《中国道教》2003 年第 4 期。

70. 丁雪燕：《张雨生卒年考》，《广西师范大学学报》2003 年第 2 期。

71. 李德壎：《元代大画家吴镇考》，《山东师范大学学报》1986 年第 2 期，第 56 页。

72. 余辉：《吴镇世系与吴镇其人其画——也谈〈义门吴氏谱〉》，《故宫博物院刊》1995 年第 4 期，第 55 页。

73. 李德壎：《梅道人二事考》，《美术研究》1987 年第 1 期，第 85—86 页。

74. 嘉善县政协文史委员会编：《吴镇世系及其家族传略》，《嘉善文史资料》第五辑，嘉善县政协文史委员会 1990 年版，第 6—7 页。

75. 吴静康：《读赵孟𫖯撰〈义士〉吴公墓铭》，嘉善县政协文史委员会编：《嘉善文史资料》第十五辑，嘉善县政协文史委员会 2001 年版，第 37 页。

76. 王伯敏：《吴镇自号"和尚"、"道人"浅释》，嘉善县政协文史委员会编：《嘉善文史资料》第六辑，嘉善县政协文史委员会 1991 年版，第 23 页。

77. 潘天雄：《出新意于法度之中，寄妙理于豪放之外——吴镇在元代山水画的变革中格的作用与地位》，嘉善县政协文史委员会编：《嘉善文史资料》第十五辑，嘉善县政协文史委员会 2001 年版，第 64—71 页。

78. 吴静康：《吴镇家世再探》，《故宫博物院刊》2001 年第 1 期，第 11 页。

79. 张繁文：《只钓鲈鱼不钓名——吴镇山水画艺术研究》，《书画艺术》2004 年第 1 期，第 12—14 页。

80. 何松、姚冰：《元代道教与文人画审美精神》，《中国道教》2008 年第 2 期，第 35—38 页。

81. 张明学：《道教与明清文人画研究》，四川大学博士学位论文，2007 年。

82. 翁同文：《王蒙为赵孟頫外孙考》，《大陆杂志语文丛书》（学位论文）第二辑总第 26 期《序跋文法丛考传记》，大陆杂志社 1963 年版，第 5 册，第 365—367 页。

83. 辛骅：《20 世纪以来王蒙研究综述》，《朵云》第六十五集《王蒙研究》，上海书画出版社 2006 年版，第 64 页。

84. 马季戈：《王蒙的生平及其艺术》，《朵云》第六十五集《王蒙研究》，上海书画出版社 2006 年版，第 7—11 页。

85. 谢世英：《主题、题款及风格——王蒙之〈葛雅川移居图〉》，《朵云》第六十五集《王蒙研究》，上海书画出版社 2006 年版，第 140 页。

86. 石守谦：《冲突与交融：蒙元多族士人圈中的书画艺术》，石守谦、葛婉章主编《大汗的世纪：蒙元时代多元的文化与艺术》，台北故宫博物院 2001 年版，第 202—219 页。

87. 何松、姚冰：《元代道教与文人画审美精神》，《中国道教》2008 年第 2 期，第 35—38 页。

88. 刘晓：《被遗漏的元代茅山宗末任掌教》，《世界宗教文化》2004 年第 4 期。

89. 卢仁龙：《〈道藏〉本〈茅山志〉研究》，《社会科学战线》1992 年第 2 期，第 36—43 页。

90. 孙王成：《元版〈茅山志〉作者究竟是谁》，《中国道教》2001 年第 1 期，第 17—22 页。

91. 陈传席：《黄公望的生平和思想》，《陈传席文集》，河南美术出版社 2001 年版，第 713—714 页。

二　主要著作文献

1. 曹本冶、徐宏图：《杭州抱朴道院道教音乐》，（台北）新文丰出版公司 2000 年版。

2. 林正秋：《杭州道教史稿》，中国文史出版社 2008 年版。

3. （明）胡应麟：《少室山房笔丛》，上海书店出版社 2001 年版。

4. （明）田汝成：《西湖游览志》，上海古籍出版社 1958 年版。

5. （南宋）陈耆卿：《嘉定赤城志》，《中国方志丛书·华中地方·第五六〇号·浙江省》，成文出版社 1983 年版。

6. （清）陈景钟：《清波小志》，上海古籍出版社 1999 年版。

7. （清）吴任臣：《十国春秋》，中华书局 1983 年版。

8. ［日］吉川忠夫、麦谷邦夫编，朱越利译：《真诰校注》，中国社会科学出版社 2006 年版。

9. （宋）吴自牧：《梦粱录》，浙江人民出版社 1980 年版。

10. （宋）张君房：《云笈七签》，中华书局 2003 年版。

11. （元）邓牧：《洞霄图志》，《中国方志丛书·华中地方·第五五九号》（据元至大年间旧钞本影印），成文出版社 1984 年版。

12. 《藏外道书》，巴蜀书社 1994 年版。

13. （清）蒋元廷：《道藏辑要》。

14. 《南史》，中华书局 1975 年版。

15. （清）永瑢、纪昀主编：《四库全书总目提要》（浙本）。

16. 《全唐文》，中华书局 1983 年影印本。

17. 《宋会要辑稿》，中华书局 1957 年版。

18. 《宋史》，中华书局 1977 年版。

19. （南朝·梁）沈约：《宋书》，中华书局 1974 年版。

20. （宋）李昉：《太平御览》，《四部丛刊三编》子部，上海书店出版社 1985 年影印本。

21. 范垌、林禹：《吴越备史》，中华书局 1991 年版。

22. 周生春：《〈吴越春秋〉辑校汇考》，上海古籍出版社 1997 年版。

23. （东汉）袁康、吴平辑录：《越绝书》，上海古籍出版社 1985 年乐祖谋点校本。

24. （清）仰蘅：《武林玄妙观志》。

25. 安作璋、熊铁基：《秦汉官制史稿》，齐鲁书社 2007 年版。

26. 陈鼓应：《黄帝四经今注今译》，台湾商务印书馆 1995 年版。

27. 陈国符：《道藏源流考》，中华书局 1963 年版。

28. 陈桥驿：《吴越文化论丛》，中华书局 1999 年版。

29. 陈垣编，陈智超、曾庆瑛校补：《道家金石略》，文物出版社 1988 年版。

30. 程乐松：《即神即心——真人之诰与陶弘景的信仰世界》，中国人民大学出版社 2010 年版。

31. 丁福保：《道藏精华录》，北京图书馆出版社 2005 年版。

32. 董楚平：《吴越文化新探》，浙江人民出版社 1988 年版。

33. 高致华：《金华牧羊——黄大仙传》，宗教文化出版社 2006 年版。

34. 葛刚岩：《〈文子〉成书及其思想》，巴蜀书社 2005 年版。

35. 葛洪：《神仙传》，上海古籍出版社 1990 年影印本。

36. 何勇强：《钱氏吴越国史论稿》，浙江大学出版社 2002 年版。

37. 赵亮、张凤林：《苏州道教史略》，华文出版社 1996 年版。

38. 孔令宏、韩松涛：《丹经之祖——张伯端传》，浙江人民出版社 2007 年版。

39. 孔令宏：《中国道教史话》，河北大学出版社 1999 年版。

40. 李显光：《混元仙派研究》，中国社会科学出版社 2007 年版。

41. 林正秋：《南宋都城临安》，西泠印社 1986 年版。

42. 刘屹：《敬天与崇道——中古经教道教形成的思想史背景》，中华书局 2005 年版。

43. 刘屹：《神格与地域：汉唐间道教信仰世界研究》，上海人民出版社 2011 年版。

44. 刘泽华：《中国传统政治思维》，吉林教育出版社 1991 年版。

45. 《东京梦华录（外四种)》（《都城纪胜》、《西湖老人繁胜录》、《梦粱录》、《武林旧事》)，古典文学出版社 1958 年版。

46. 浙江省地方志编纂委员会编：《宋元浙江方志集成》，杭州出版社 2009 年版。

47. 潜说友：《咸淳临安志》。

48. 卿希泰：《中国道教》，知识出版社 1994 年版。

49. 卿希泰主编：《中国道教思想史》，人民出版社 2009 年版。

50. 任继愈主编：《中国哲学发展史》，人民出版社 1983 年版。

51. 沙孟海：《沙孟海论书文集》，上海书画出版社 1997 年版。

52. 王博：《老子思想的史官特色》，文津出版社 1993 年版。

53. 王光德、杨立志：《武当道教史略》，华文出版社 1993 年版。

54. 王明：《抱朴子内篇校释（增订本)》，中华书局 1985 年版。

55. 王明：《太平经合校》，中华书局 1960 年版。

56. 吴亚魁：《江南道教碑记资料集》，上海辞书出版社 2007 年版。

57. 萧汉明、郭东升：《〈周易参同契〉研究》，上海文化出版社 2001 年版。

58. 余嘉锡：《四库提要辩证》，中华书局 1980 年版。

59. 赵亮、张凤林：《苏州道教史略》，华文出版社 1996 年版。

60. 钱穆：《先秦诸子系年》，商务印书馆 2001 年版。

61. 杨殿珣：《中国历代年谱总录》（增订本），书目文献出版社 1996 年版。

62. 陈垣：《南宋初河北新道教考》，中华书局 1962 年版。

63. 卢国龙：《中国重玄学》，人民中国出版社 1993 年版。

64. 庄严编：《道统源流》，民铎出版社 1929 年版。

65. （明）沉榜：《宛署杂记》，北京古籍出版社 1983 年版。

66. 《中国方志丛书》，成文出版社 1975 年版。

67. 吴亚魁：《江南全真道教》，商务印书馆 2006 年版。

68. 吴筠：《宗玄集》，上海古籍出版社 1992 年版。

69. 广陵书社编：《中国道观志丛刊》，江苏古籍出版社 2000 年版。

70. 陈纬编：《乐清历代碑志选》，中国民族摄影艺术出版社 2004 年版。

71. 任林豪、马曙明：《台州道教考》，中国社会科学出版社 2009 年版。

72. 陈鼓应：《道家文化研究》第 23 辑，三联书店 2008 年版。

73. 朱展炎：《驯服自我——王常月修道思想研究》，巴蜀书社 2009 年版。

74. 李二曲：《二曲集》，中华书局 1996 年版。

75. 胡孚琛、吕锡琛：《道学通论》，社会科学文献出版社 2004 年 6 月增订版。

76. （清）陆本基：《龙门正宗觉云本支道统薪传》，1927 年。

77. 《道教文献》，台北丹青图书有限公司 1983 年版。

78. 潘公凯：《插图本中国绘画史》，上海古籍出版社 2001 年版，第 265—266 页。

79. 楚默：《中国画论史》，百家出版社 2002 年版。

80. 谭伯平：《墨竹基本技法》之《集古今论竹》，艺术图书公司 1988 年版。

81. 温肇桐：《元季四大画家》，《中国名画家丛刊》，世界书局 1945 年版。

82. 林树中、王崇人：《美术辞林》（中国绘画卷）上，陕西人民美术出版社 1995 年版。

83. 陈传席：《中国山水画史》，天津人民美术出版社 2001 年版。

84. 王伯敏：《山水画纵横谈》，山东美术出版社 1986 年版。

85. 徐复观：《中国艺术精神》，春风文艺出版社 1987 年版。

86. 陈传席：《王蒙花溪渔隐图轴》，《豪华本国宝大观》，上海文化出版社 1990 年版。

87. 吴亚魁：《江南全真道教》，香港：商务印书馆 2006 年版。

88. 韩森著，包伟民译：《变迁之神：南宋时期的民间信仰》，浙江人民出版社 1999 年版。

89. 孔令宏：《从道家到道教》，中华书局 2004 年版。

90. 孔令宏：《宋明道教思想研究》，宗教文化出版社 2002 年版。

91. 孔令宏、韩松涛：《江西道教史》，中华书局 2011 年版。

92. 卢国龙、汪桂平：《道教科仪研究》，方志出版社 2009 年版。

93. 蔡林波：《神药之殇——道教丹术转型的文化阐释》，巴蜀书社 2008 年版。

94. 李志鸿：《道教天心正法研究》，社会科学文献出版社 2011 年版。

95. 吴文裳：《处州乡土史》，中国档案出版社 2008 年版。

96. 孔令宏：《道教新探》，中华书局 2011 年版。

97. 王士伦：《浙江出土铜镜》（修订本），文物出版社 2006 年版。

98. 吴羽：《唐宋道教与世俗礼仪互动研究》，中国社会科学出版社 2013 年版。